中南大学湘雅三医院

2008年4月9日，国家主席胡锦涛在海南省三亚市凤凰镇槟榔村卫生室询问村民新型农村合作医疗情况。

（农卫司　供稿）

2008年10月19日，全国人大常委会委员长吴邦国在广西柳州柳江县里雍镇广实村岩冲屯刘先喜家院内，与村民围坐在一起拉家常，仔细了解新型农村合作医疗等强农惠农政策的落实情况。

（农卫司　供稿）

2008年5月10日，国务院总理温家宝在河南省西峡县丹水镇丹水村卫生所向医护人员了解村民的卫生防疫情况。

（农卫司　供稿）

2008年4月6日，国务院副总理李克强在湖北省恩施市龙凤坝镇龙马村村民家中，察看农民新农合证，深入了解新型农村合作医疗等政策的落实情况。

（农卫司　供稿）

2008年2月，国务院副总理吴仪在安徽省安庆市怀宁县月山镇中心卫生院考察，对新型农村合作医疗工作情况进行专题调研。

（农卫司　供稿）

2008年6月20日，卫生部部长陈竺考察绵阳市安县京安灾民安置点卫生防病综合示范点和桑枣镇卫生院灾后重建工作。

（办公厅　供稿）

2008年4月8日，卫生部党组书记高强一行在浙江视察城市社区卫生服务工作。

（妇社司　供稿）

2008年4月18日，启动专科医师试点工作会议在北京召开。卫生部副部长黄洁夫出席会议，并对试点工作做了部署。

（办公厅　供稿）

2008年5月16日，卫生部抗震救灾前方综合协调组总指挥、卫生部副部长王国强来到华西医院视察抗震救灾医疗救治工作，慰问灾区伤病员。

（办公厅　供稿）

2008年7月31日，卫生部副部长马晓伟在中日友好医院考察奥运医疗保障工作。

（办公厅　供稿）

2008年8月12日，卫生部副部长陈啸宏在水立方和奥运村视察奥运食品安全和医疗保障工作，看望医疗卫生工作者。

（办公厅　供稿）

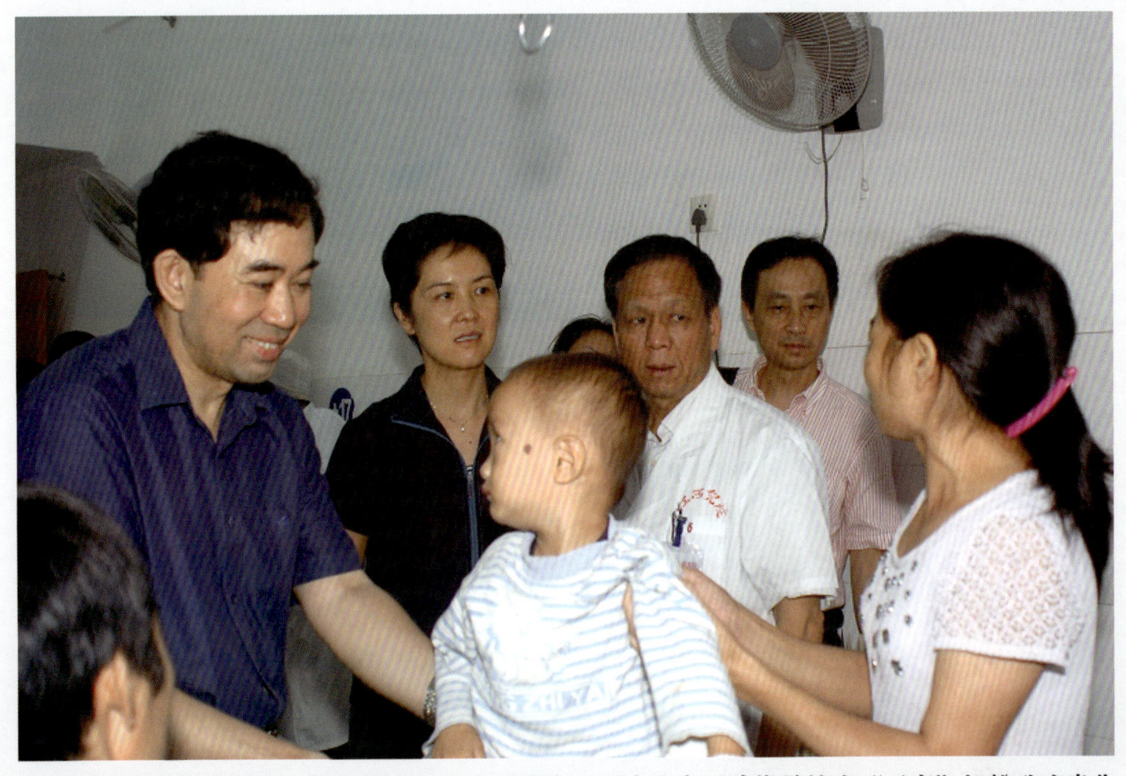

2008年9月26日，驻卫生部纪检组组长李熙在江西省儿童医院指导检查“三鹿”奶粉致病患儿救治工作。

（驻部监察局　供稿）

2008年1月30—31日，卫生部副部长、国家食品药品监督管理局局长邵明立出席全国食品药品监督管理工作暨党风廉政建设工作会议并讲话。

（国家食品药品监督管理局　供稿）

2008年4月16—17日，卫生部副部长刘谦一行到天津市塘沽、河东及河西区调研社区卫生服务工作，并参加了建立社区卫生机构与大医院合作机制研讨会。

（办公厅　供稿）

2008年12月，卫生部副部长尹力考察海南省海口市龙华区新农合定点医疗机构。

（农卫司　供稿）

2008年1月7日，2008年全国卫生工作会议在北京召开。

（办公厅　供稿）

2008年1月24—25日，全国中医药工作会议在北京召开。
（国家中医药管理局　供稿）

2008年8月19日，全国食品药品监管工作座谈会暨党风廉政建设工作会议在北京召开。
（国家食品药品监督管理局　供稿）

2008年2月14—15日，全国新型农村合作医疗工作会议在北京召开。
（农卫司　供稿）

2008年2月28日，全国医学教育工作会议在北京召开。

（办公厅　供稿）

2008年3月26日，全国卫生系统护士技能竞赛复赛举行。

（办公厅　供稿）

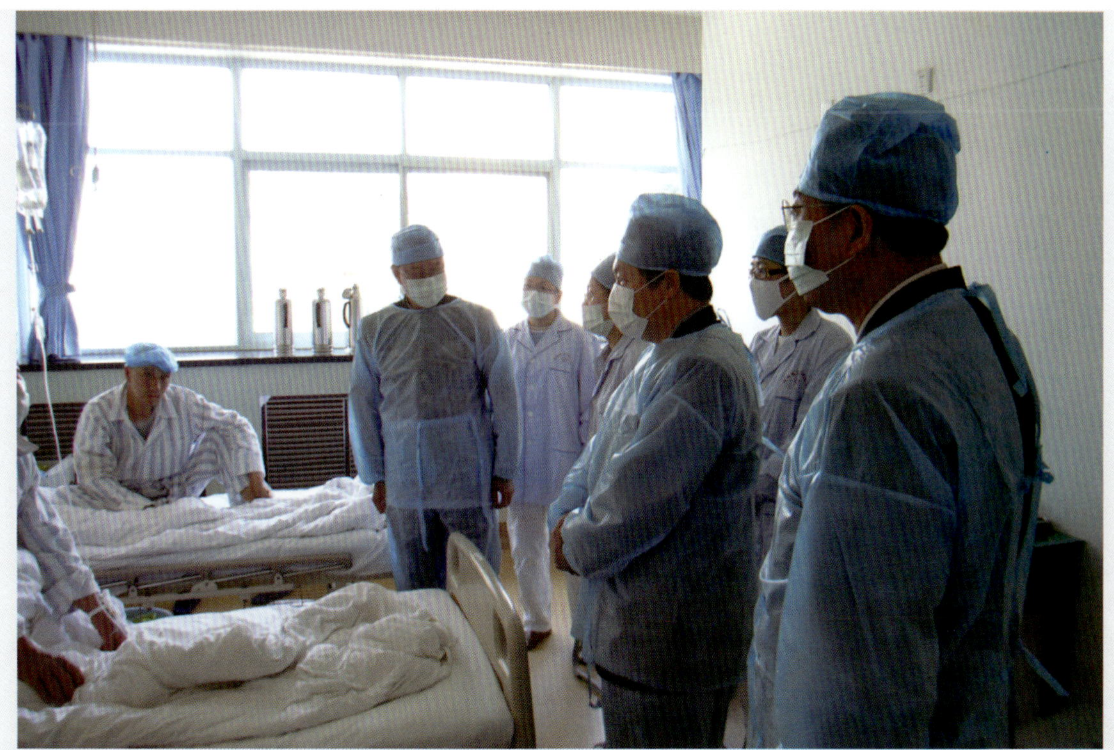

2008年4月，山西农科院钴-60事件调查和救治。

（监督局　供稿）

2008年5月12日，卫生部与国家中医药管理局、总后卫生部及中华护理学会在北京召开贯彻实施《护士条例》暨庆祝5·12护士节电视电话会议。

（医政司　供稿）

2008年5月13日，全国打击非法行医专项行动和非法采供血专项整治总结电视电话会议召开。

（监督局　供稿）

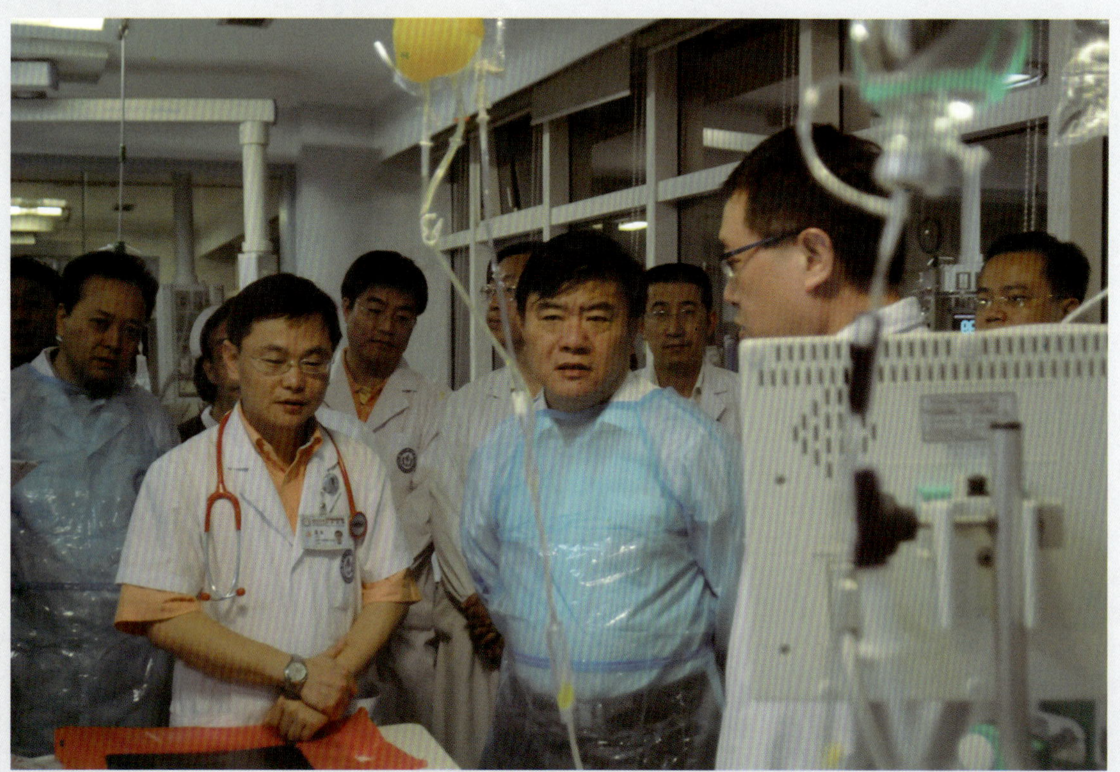

2008年5月29日，卫生部部长陈竺在四川省华西医院检查抗震救灾医疗救治工作并慰问医疗队队员。

（医政司　供稿）

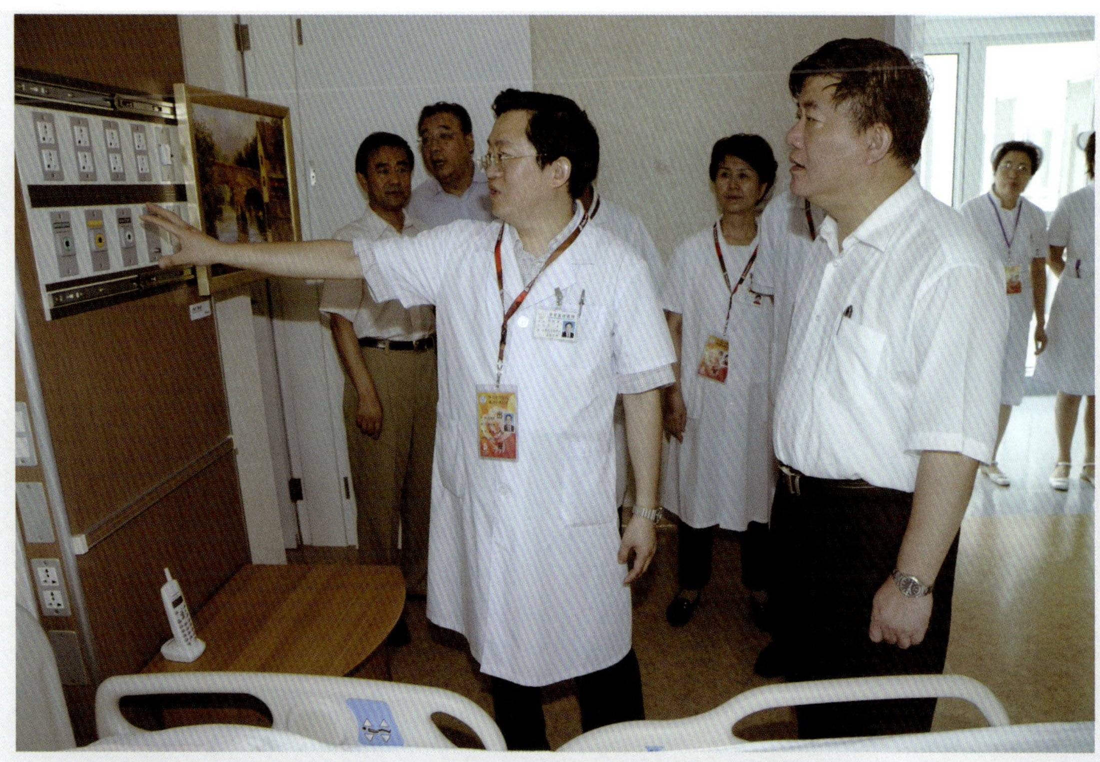

2008年8月5日，卫生部部长陈竺在中日友好医院视察奥运医疗保障工作。

（医政司　供稿）

2008年8月28日，2008年深化医院管理年活动暨2008年全国医政工作会议在北京召开。

（医政司　供稿）

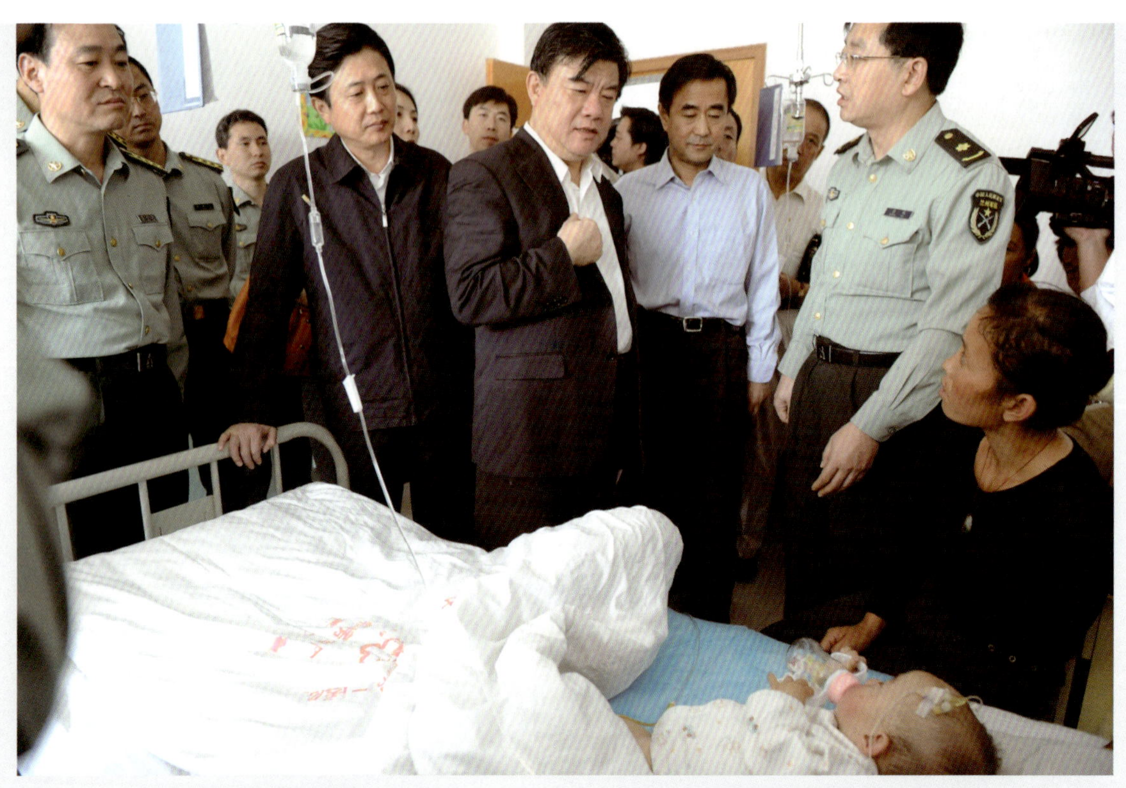

2008年9月14日，卫生部部长陈竺在甘肃考察“三鹿”奶粉事件医疗救治工作。
（医政司　供稿）

2008年9月16日，卫生部党组书记高强在河北省调研“三鹿”奶粉事件患儿医疗救治工作。
（医政司　供稿）

2008年9月25日，抗震救灾医药卫生先进集体和先进个人表彰工作电视电话会议在北京召开。
（办公厅　供稿）

2008年10月，驻卫生部纪检组组长李熙在江苏省人民医院考察行风建设工作。
（驻部监察局　供稿）

2008年10月22—24日，卫生部副部长马晓伟带领卫生部相关司局负责人及卫生管理专家等赴辽宁省，就公立医院改革工作进行专题调研。

（医管司　供稿）

2008年12月5日，中国援外医疗队派遣45周年纪念暨表彰大会在北京举行。

（办公厅　供稿）

2008年12月17日，卫生部在天津河东区召开促进公立医院与社区卫生服务机构合作试点项目启动会。

（妇社司　供稿）

2008年5月29日，卫生部副部长、国家食品药品监督管理局局长邵明立到中国药品生物制品检定所就做好抗震救灾中药品检验工作进行考察。

（国家食品药品监督管理局　供稿）

2008年9月2日，全国医师资格考试考务工作会议在广西召开。

（卫生部医学考试中心　供稿）

2008年3月19日，患者安全目标行动大会在北京举行。

（中国医院协会　供稿）

2008年5月9—10日，2008年中国医院协会院长论坛在厦门市召开。

（中国医院协会　供稿）

2008年8月1日，"全国百姓放心示范医院2008动态管理"暨"创建第三批百姓放心医院启动"工作会议在深圳召开。

（中国医院协会　供稿）

2008年10月11—12日，缩短平均住院日，提升医疗服务效能院长高层论坛在北京举行。

（中国医院协会 供稿）

2008年11月14日，中国医院协会会长曹荣桂在2008年度中国医院突出贡献奖和优秀院长表彰大会上为获奖者颁奖。

（中国医院协会 供稿）

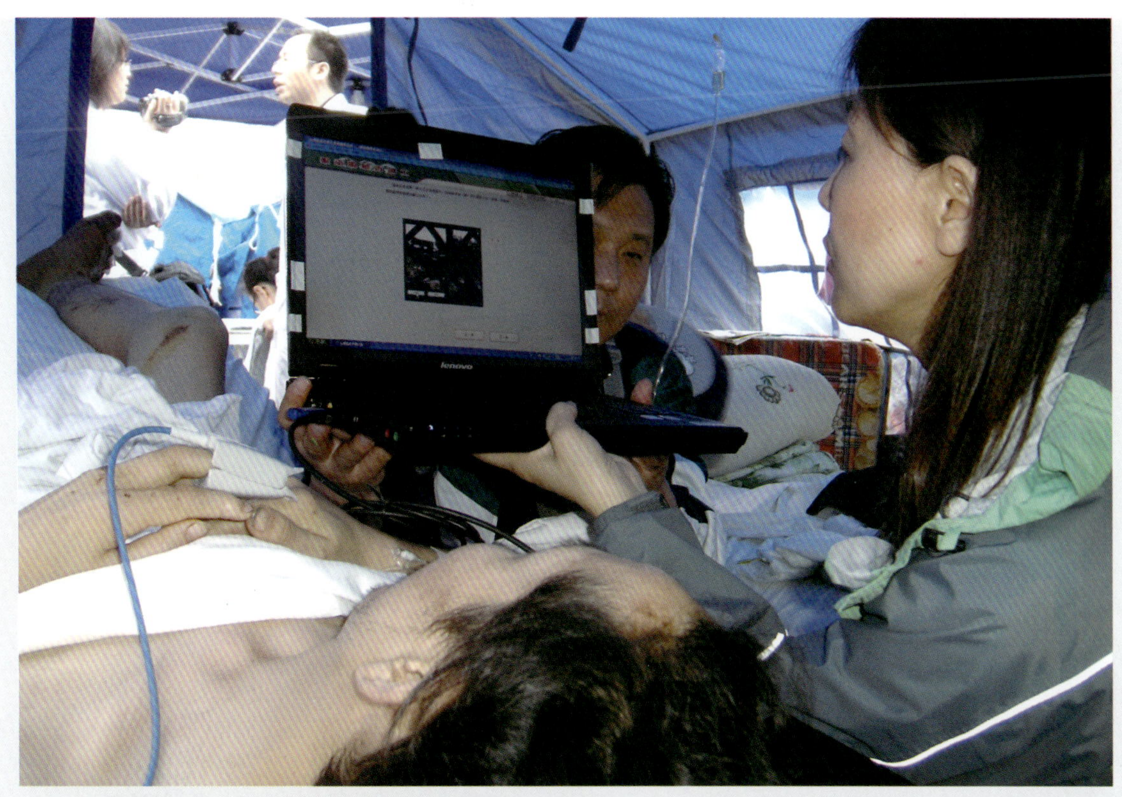

2008年5月23日，北京安定医院心理医生对被埋139小时获救者进行心理干预。
（北京市卫生局　供稿）

2008年10月6日，北京大学人民医院90周年院庆暨第一届医院管理国际高峰论坛举行。
（北京大学人民医院　供稿）

2008年9月8日，内蒙古自治区通辽市扎鲁特旗人民医院医务人员随流动医院下乡为农牧民义诊。

（内蒙古自治区卫生厅　供稿）

2008年10月11日，内蒙古医学院附属医院医务人员下乡开展食用“三鹿”婴幼儿奶粉患儿筛查工作。

（内蒙古自治区卫生厅　供稿）

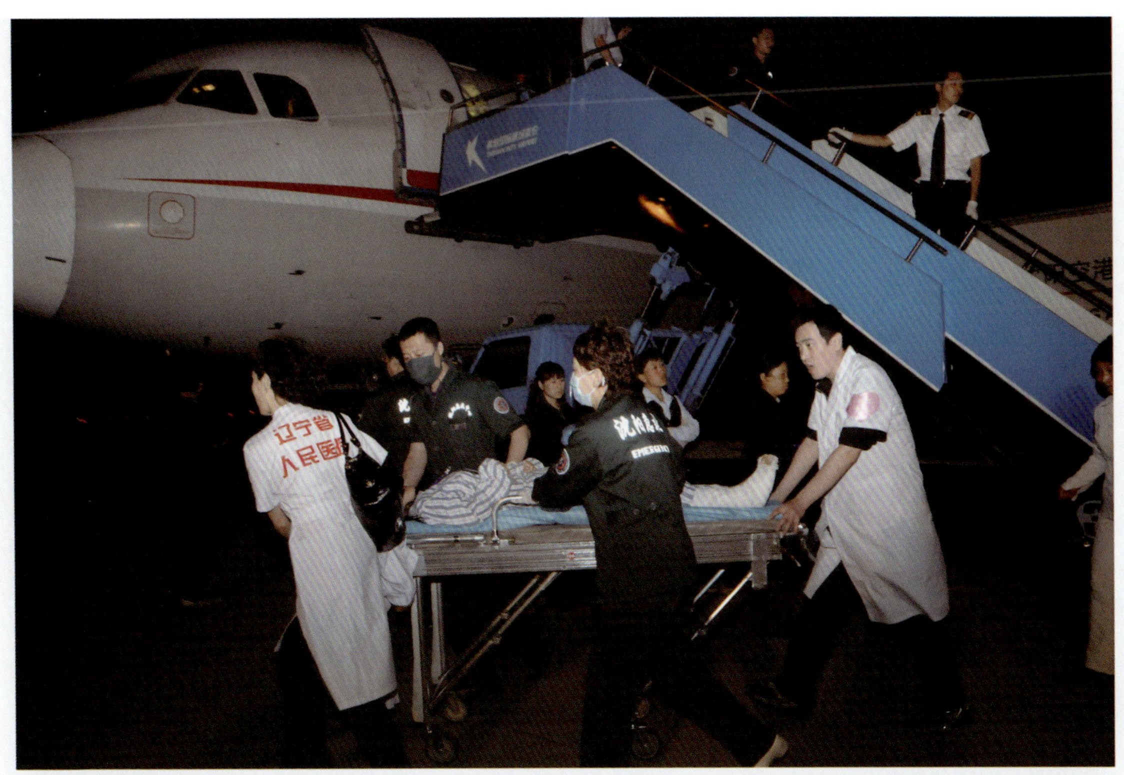

2008年5月22日，辽宁省省医院在机场接收四川伤员。

（辽宁省卫生厅　供稿）

2008年6月2日，大连医学院第二附属医院为灾区小伤员送去“六一”节日礼物。

（辽宁省卫生厅　供稿）

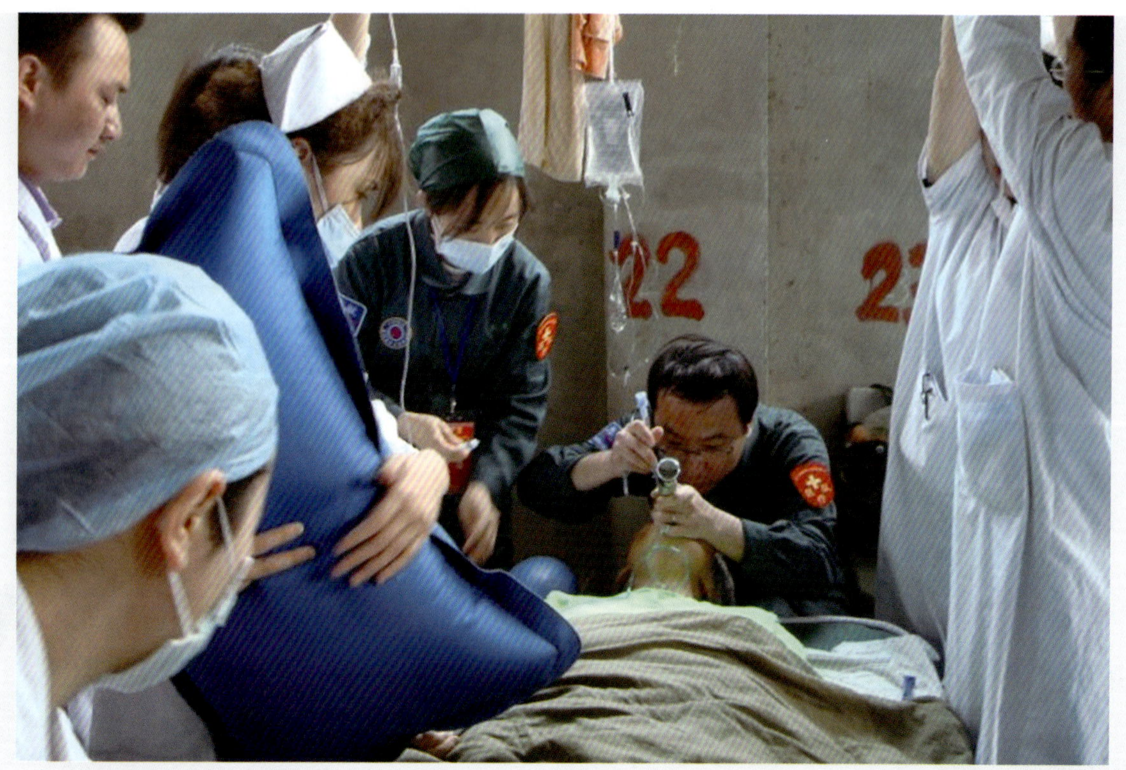

2008年7月3日，中国盛京医院医疗队员在余震中抢救重伤员。

（辽宁省卫生厅　供稿）

2008年，黑龙江省有1.8万人参加全国执业医师资格考试。

（黑龙江省卫生厅　供稿）

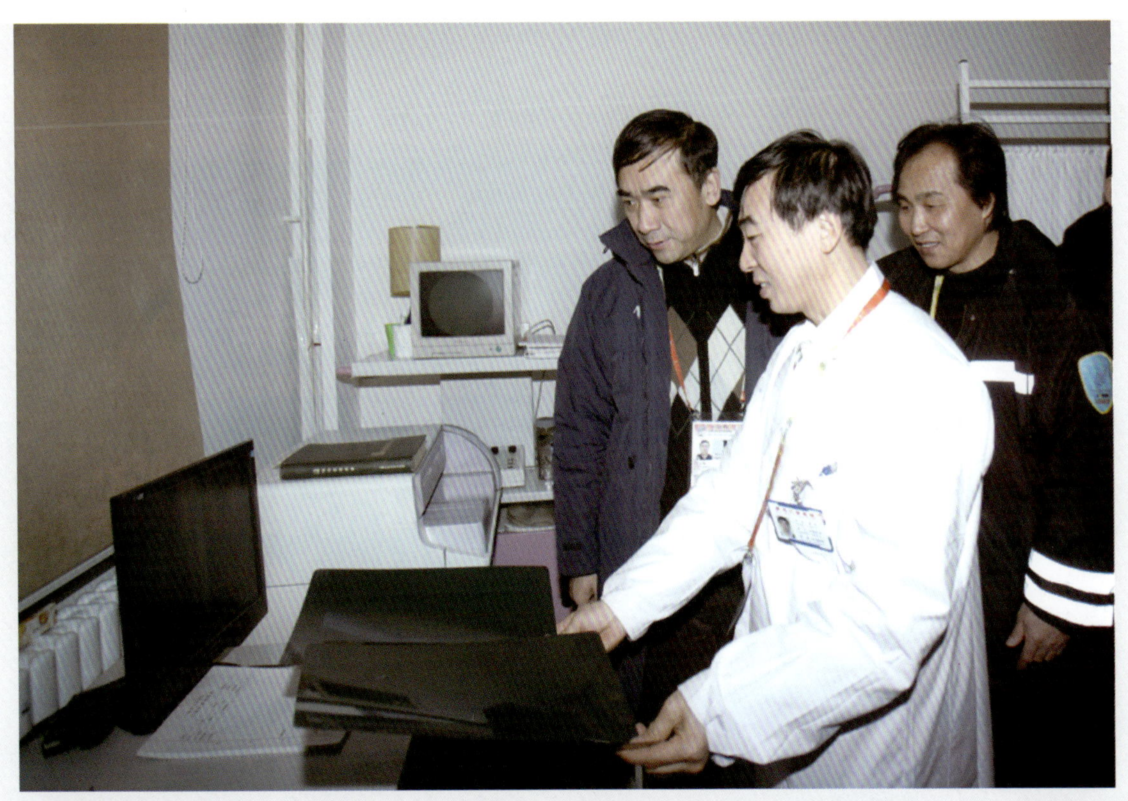

黑龙江省万名医生支援农村活动开展顺利，基层医务人员专业水平显著提高。

（黑龙江省卫生厅　供稿）

2008年11月20日，“健康快车李宁基金眼科显微手术培训中心”开幕仪式在江苏省人民医院举行。

（江苏省人民医院　供稿）

2008年7月29日，江西省百名执业医师下乡启动仪式暨岗前集中培训班举行。

（江西省卫生厅　供稿）

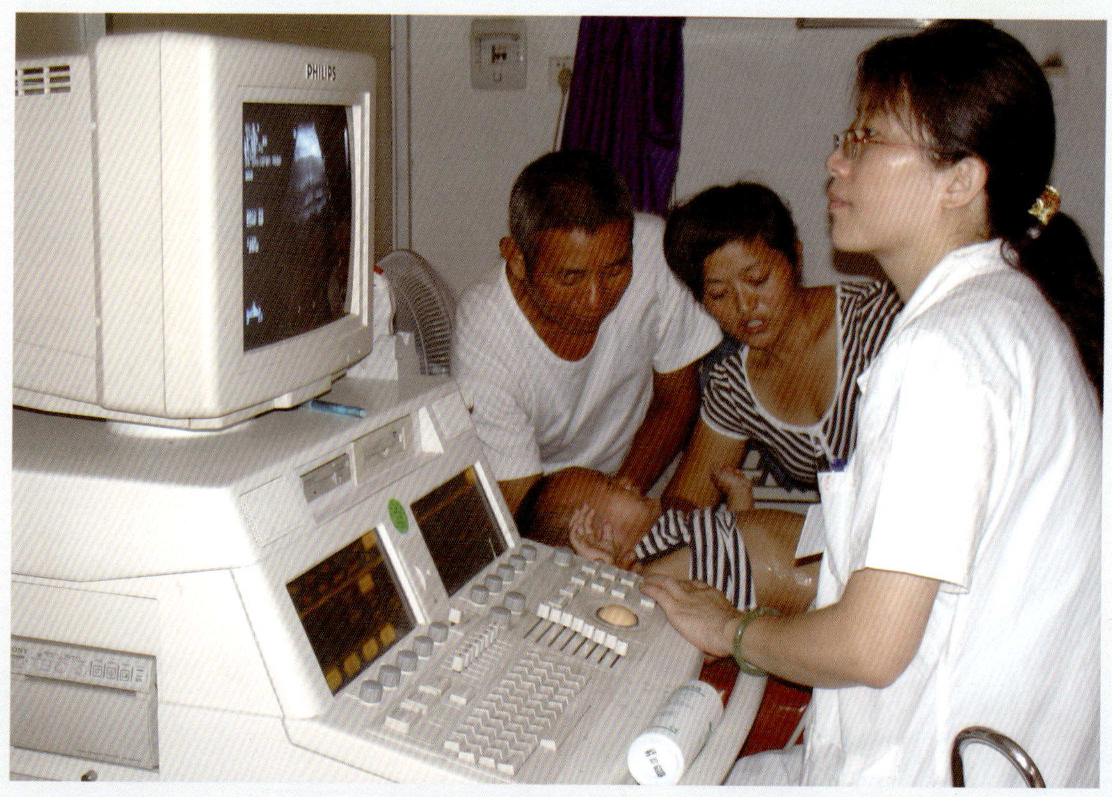

2008年10月9日，江西省儿童医院医务人员为“三鹿”奶粉患儿做筛查诊疗工作。

（江西省卫生厅　供稿）

2008年10月，郑州市中心医院深入开展“万名医护送健康活动”。

（郑州市中心医院　供稿）

2008年12月16日，广州军区总医院和廉江市人民医院结为军民共建医院。
（广州军区总医院　供稿）

2008年11月21日，四川大学华西第二医院建院20周年暨中国出生缺陷监测中心成立20周年庆典在成都举行。

（四川大学华西第二医院 供稿）

2008年1月冰冻雨雪灾害期间，贵州省铜仁地区医护人员在公路旁设置医疗救护站，为群众免费发药和诊治。

（贵州省卫生厅 供稿）

2008年9月，贵州省黔南医院抽出10名护士为食用问题奶粉的患儿进行分诊。

（贵州省卫生厅 供稿）

中国医院年鉴

（2009）

《中国医院年鉴》编辑委员会　编

中国协和医科大学出版社

图书在版编目（CIP）数据

中国医院年鉴．2009/《中国医院年鉴》编辑委员会编．—北京：中国协和医科大学出版社，2010.2

ISBN 978－7－81136－334－0

Ⅰ.中…　Ⅱ.中…　Ⅲ.医院－中国－2009－年鉴
Ⅳ.R199.2－54

中国版本图书馆 CIP 数据核字（2010）第 010468 号

中国医院年鉴（2009）　　www.zgyynj.com

编　　著：《中国医院年鉴》编辑委员会
责任编辑：傅雪华　谢　阳

出版发行：**中国协和医科大学出版社**
（北京东单三条九号　邮编 100730　电话 65260378）
网　　址：www.pumcp.com
经　　销：新华书店总店北京发行所
印　　刷：北京丽源印刷厂

开　　本：889×1194 毫米　1/16 开
印　　张：30
彩　　图：56
字　　数：1450 千字
版　　次：2010 年 2 月第一版　2010 年 2 月第一次印刷
印　　数：1－1000
定　　价：230.00 元

ISBN 978－7－81136－334－0/R·334

《中国医院年鉴》(2009) 编辑委员会

（以姓氏笔画为序）

编 辑 说 明

《中国医院年鉴》由卫生部、国家中医药管理局、解放军总后勤部卫生部、中国医院协会共同参与，组成编委会，由《中国卫生年鉴》办公室和中国医院协会共同组稿编写。《中国医院年鉴》2009 卷收编内容的时间范围主要为 2008 年 1 月至 2008 年底，综合反映我国医院各方面工作进展和主要成就。

本卷收编的内容分为 12 部分：1. 重要会议报告；2. 政策法规；3. 工作进展；4. 军队医政管理工作；5. 省、自治区、直辖市医政管理工作；6. 医院工作；7. 社会团体；8. 医疗卫生人物；9. 医院工作纪事；10. 医院统计信息；11. 附录；12. 医疗卫生行业风采录。

工作进展部分下设 13 个专栏：1. 疾病预防控制；2. 卫生监督执法；3. 医学教育；4. 医学科学技术；5. 规划财务管理；6. 医政管理；7. 医疗保险管理；8. 中医医政管理；9. 药品监督管理；10. 妇幼与社区；11. 院务公开；12. 医院管理年；13. 万名医师支援农村卫生工程。

全书引用的数字均由国家主管机关颁布（不包括香港、澳门特别行政区及台湾省数字）。

《中国医院年鉴》办公室

2009 年 10 月

目　录

重要会议报告

周密部署　扎实工作　努力把新农合制度建设推向新高度
——卫生部部长陈竺在2008年全国新型农村合作医疗工作会议上的总结讲话 ……………… (3)
深入贯彻落实党的十七大精神　为人民健康培养更多更好的卫生人才
——卫生部部长陈竺在全国医学教育工作会议上的讲话 ……………………………… (6)
实施"中国妇女健康行动"努力实现人人享有基本医疗卫生服务的目标
——卫生部部长陈竺在中国妇女健康行动研讨会上的讲话 …………………………… (11)
准确把握医政工作地位和作用　全面加强医疗质量管理
——卫生部部长陈竺在2008年深化医院管理年活动暨全国医政工作会议上的讲话 ……… (12)
卫生部部长陈竺在2006—2007年度全国无偿献血表彰电视电话会议上的讲话 ……………… (16)
全力以赴　做好深化医药卫生体制改革的各项准备工作
——卫生部党组书记高强在2008年全国医政工作会议上的讲话 ………………………… (18)
卫生部党组书记高强在全国援外医疗队派遣45周年纪念暨表彰大会上的讲话 ……………… (22)
卫生部副部长、国家中医药管理局局长王国强在2008年全国中医药工作会议上的总结讲话 ……… (24)
卫生部副部长马晓伟在贯彻实施《护士条例》暨庆祝"5·12"护士节电视电话会议上的讲话 ……… (26)
巩固成绩强化监督　切实保障人民群众就医和用血安全
——卫生部副部长马晓伟在全国打击非法行医专项行动和非法采供血专项整治工作总结电视电话会议上的讲话 ……… (29)
全面贯彻党的十七大精神　开创食品药品监管工作新局面
——国家食品药品监督管理局局长邵明立在2008年全国食品药品监督管理工作会议上的报告 ……… (33)
以科学发展观为指导　让全国百姓放心医院永远放心
——中国医院协会会长曹荣桂在"全国百姓放心示范医院2008动态管理"暨"创建第三批百姓放心医院启动"工作会议上的讲话 ……… (38)
自律为民所系　维权为民所用
——中国医院协会会长曹荣桂在全国医院第三次自律与维权工作大会上的讲话 …………… (44)
坚持科学发展观　在深化医药卫生体制改革进程中再创辉煌
——中国医院协会会长曹荣桂在2008年度突出贡献奖、优秀院长表彰大会上的讲话 …… (47)

政策法规

中华人民共和国国务院令（第517号）
护士条例 ……………………………………………………………………………… (53)

国务院办公厅关于进一步做好地震灾区医疗卫生防疫工作的意见
国办发〔2008〕54 号 …… (55)
中华人民共和国卫生部令（第 58 号）
单采血浆站管理办法 …… (57)
中华人民共和国卫生部令（第 59 号）
护士执业注册管理办法 …… (61)
中华人民共和国卫生部令（第 60 号）
预防接种异常反应鉴定办法 …… (63)
中华人民共和国卫生部、中华人民共和国商务部令（第 61 号）
《中外合资、合作医疗机构管理暂行办法》的补充规定二 …… (65)
中华人民共和国卫生部令（第 62 号）
香港、澳门特别行政区医师在内地短期行医管理规定 …… (66)

2008 **年医疗卫生法规及规范性文件目录** …… (67)

工 作 进 展

2008 年卫生工作 …… (73)
2008 年全国卫生工作会议 …… (75)
公开征求深化医药卫生体制改革政策意见 …… (75)
卫生部抗震救灾医疗卫生应急救援工作 …… (75)
卫生部抗震救灾新闻宣传工作 …… (76)
中国卫生政策支持项目（HPSP）启动人人享有基本医疗卫生服务实验研究 …… (76)
卫生法制建设 …… (76)
行政复议工作 …… (77)

疾病预防控制 …… (77)
2008 年全国法定传染病疫情 …… (77)
全国维持无脊髓灰质炎工作 …… (78)
艾滋病高危人群丙型肝炎病毒感染血清流行病学调查 …… (78)
全国滥用阿片类物质成瘾者社区药物维持治疗工作总结暨现场经验交流会举办 …… (79)
修订《中国结核病防治规划实施工作指南》 …… (79)
血防地区有螺地带禁牧情况快速评估 …… (79)
中国全球基金疟疾项目第一轮结束，第五轮、六轮进展顺利 …… (79)
印发《包虫病外科治疗项目管理办法》（试行）和《包虫病外科治疗项目技术方案》（试行） …… (80)
卫生部抗震救灾疾病预防控制工作 …… (80)
卫生部开展地震重灾区地方病防治工作需求调查 …… (80)
卫生部开展灾后结核病防治工作 …… (81)
全国爱卫会开展灾后爱国卫生运动 …… (81)
卫生部加强贵州省燃煤污染型氟中毒防治工作 …… (81)
《中国结核病防治规划实施工作指南》修订工作 …… (81)
结核病管理信息系统的优化工作 …… (81)
艾滋病合并结核病（HIV/TB）防治试点工作 …… (82)

DNA—复制型痘苗艾滋病疫苗Ⅰ期临床试验进展 …… (82)
美沙酮维持治疗工作进展 …… (82)
儿童预防接种信息管理系统国家信息管理平台完成验收 …… (82)
卫生部与世界卫生组织流脑和乙脑等疾病监测合作项目 …… (82)
中央补助地方慢性非传染性疾病综合干预控制项目暨健康体重和血压管理社区慢病综合防治项目进展 …… (83)
全国医院感染监测 …… (83)
化妆品不良反应监测 …… (83)
国家职业病防治规划起草顺利进行 …… (83)
完成全国核和辐射应急医学资源调查 …… (83)
中国疾病预防控制中心抗震救灾医疗卫生工作 …… (84)
中国疾病预防控制中心开发地震灾区手机应急疫情报告系统 …… (84)
中国疾病预防控制中心开展地震灾区居民营养状况评估与干预 …… (84)
中国疾病预防控制中心加强地震灾区结核病防治工作的技术指导 …… (84)
中国疾病预防控制中心开展地震灾区群体性预防接种工作 …… (84)

卫生监督执法 …… (85)
开展对食品、化妆品和消毒产品仿冒药品生产经营行为专项整治工作 …… (85)
组织查处苗岭洁肤霜、苗岭鼻通生态液违规添加西药等违法行为 …… (85)
开展《职业病防治法》实施6周年系列宣传活动 …… (85)
推进云南省个旧市锡矿工人肺癌防治工作 …… (85)
卫生部抗震救灾卫生监督工作 …… (86)
卫生部抗震救灾食品和饮用水卫生保障工作 …… (86)
卫生部抗震救灾医疗机构放射防护工作 …… (88)
卫生部抗震救灾卫生监督人员和物资保障工作 …… (88)
卫生部督办安徽省无为县小煤窑农民工尘肺病高发和广西自治区2起职业性慢性铅中毒事件 …… (88)
加强职业卫生技术服务机构监督管理工作 …… (89)
加强放射工作人员健康管理工作 …… (89)
组织开展全国传染病防治监督重点检查 …… (89)
编辑出版《卫生监督员手册—医疗卫生机构传染病防治监督》分册 …… (89)
全国打击非法行医专项行动和非法采供血专项整治工作总结电视电话会议召开 …… (90)
督导调研安徽、山西、黑龙江3省打击非法行医和非法采供血长效机制建设工作 …… (90)
编印《血液监督案例评析汇编》、《中国卫生监督医疗服务和血液安全专刊》 …… (90)
全国医疗服务和血液安全监督骨干培训班暨长效机制建设经验交流会举办 …… (90)
通报河南省商水县医疗服务市场混乱查处情况 …… (90)
通报黑龙江省绥化市、兰西县非法行医诊所查处情况 …… (90)
消毒剂、消毒器械行政许可工作 …… (91)
建设项目职业卫生审查工作 …… (91)
卫生部卫生监督中心抗震救灾卫生防疫工作 …… (91)

医学教育 …… (92)
全国医学教育工作会议召开 …… (92)
颁发《医学教育临床实践管理暂行规定》 …… (92)
乡村医生中专学历教育 …… (92)
乡镇卫生院卫生技术人员培训试点工作评估 …… (93)

《乡镇卫生院卫生技术人员在职培训指导手册》修订再版 …… (93)
乡村医生培训工作评估 …… (93)
中西部社区卫生人员岗位培训工作 …… (93)
全科医师规范化培训基地评审 …… (94)
印发《亚专科医师培训登记手册系列》 …… (94)
《临床药师培训指导手册》出版 …… (94)
全国继续医学教育委员会学科组第十四次工作会议召开 …… (94)
全国继续医学教育委员会人员组成调整 …… (95)
复旦大学中山医院通过远程医学教育机构评审认可 …… (95)
认可四川大学华西医院为开展远程医学教育试点单位 …… (95)

医学科学技术 …… (95)
建立国家医学科学研究部际会商机制 …… (95)
颁发《关于加强适宜卫生技术推广工作的指导意见》 …… (96)
卫生部第二轮面向农村和城市社区适宜卫生技术推广十年百项计划第八批项目启动 …… (96)
卫生部第二轮面向农村和城市社区适宜卫生技术推广十年百项计划第五批项目验收 …… (97)
2008 年度国家科技奖励推荐工作 …… (97)
参与制订《公共卫生、创新和知识产权全球战略和行动计划》 …… (99)
卫生系统颁布《卫生系统认证认可实施指南》 …… (99)
21 个单位、部门通过国家实验室资质认定、国家实验室认可的监督评审和复查评审 …… (99)
小檗碱治疗高胆固醇血症的基础、临床研究及类似物或前药的开发研究项目获第七届
德彪－CCRF 中国奖一等奖 …… (100)
中国医学科学院九项科研成果荣获 2007 年度中华医学科技奖 …… (101)
2008 年中华医学科技奖推荐、评审情况及获奖项目名单 …… (101)

规划财务管理 …… (105)
制定印发《接受国（境）外资助的卫生国际合作项目财务管理办法》 …… (105)
制定《公共卫生项目支出绩效考评暂行办法》 …… (105)
印发《新型农村合作医疗基金财务制度》和《新型农村合作医疗基金会计制度》 …… (105)
制定印发《卫生行业科研专项经费管理暂行办法》 …… (105)
卫生部抗震救灾经费保障工作 …… (105)
驻卫生部纪检组监察局抗震救灾资金物资监管检查工作 …… (106)
港澳台地区积极参加抗震救灾 …… (106)
卫生系统抗震救灾灾后恢复重建工作 …… (106)
医疗卫生对口支援地震灾区工作 …… (107)
医疗机构药品集中采购工作 …… (108)
高值医用耗材集中采购工作 …… (108)
全国医疗服务价格工作会议召开 …… (109)
开展射波刀治疗参考成本测算 …… (109)
继续完善医疗服务价格项目规范 …… (109)
规范和理顺卫生行政事业性收费 …… (109)
2008 年中央财政继续加大卫生投入 …… (109)
重大公共卫生事件经费保障工作 …… (109)
加强新型农村合作医疗基金管理 …… (110)
中央财政加大重大疾病免费救治范围 …… (110)
落实中西部地区农村孕产妇住院分娩补助政策 …… (110)

组织实施汶川地震灾区卫生系统灾后恢复重建规划 …… (110)
举办全国安全医院建设管理培训班 …… (111)
综合医院建设标准修订颁布 …… (111)
乡镇卫生院建设标准正式颁布 …… (111)
《卫生部甲类大型医用设备配置审批工作制度（暂行）》印发执行 …… (111)
《2008 年—2010 年全国正电子发射型断层扫描仪配置规划》印发执行 …… (112)
开展全国大型医用设备装备清理排查工作 …… (112)
2008 年医学装备评估选型工作完成 …… (112)
北京大学第一医院内科病房楼竣工交付使用 …… (112)

医政管理 …… (112)
2008 年医政工作 …… (112)
组织完成 2008 年医师资格考试工作 …… (116)
开展专科医师准入试点工作 …… (117)
批准首批心血管介入诊疗培训基地 …… (117)
加强合理用药监测工作 …… (117)
卫生部抗震救灾医政管理工作 …… (117)
卫生部抗震救灾医疗救治工作 …… (118)
卫生部开展抗震救灾血液保障工作 …… (118)
卫生部开展地震伤员医疗康复工作 …… (119)
卫生部开展地震灾区护理人员培训工作 …… (119)
手足口病医疗救治工作 …… (119)
婴幼儿奶粉事件婴幼儿的筛查及医疗救治工作 …… (119)
北京奥运会、残奥会医疗保障工作 …… (120)
印发实施《救护车》行业卫生标准 …… (120)
第二届“挪度杯”全国急救中心急救技能大赛举办 …… (121)
制定医疗机构审批管理若干规定 …… (121)
规范医疗机构命名管理 …… (121)
完善中外合资、合作医疗机构审批管理规定 …… (121)
制定《〈中外合资、合作医疗机构管理暂行办法〉补充规定二》 …… (121)
加强医疗广告管理 …… (121)
无偿献血工作 …… (122)
2006－2007 年度全国无偿献血表彰 …… (122)
北京奥运会和残奥会医疗卫生的血液保障工作 …… (122)
深化采供血机构岗位培训和在职继续教育 …… (122)
《单采血浆站管理办法》发布实施 …… (122)
继续开展采供血机构质量管理督导检查活动 …… (123)
贯彻实施《护士条例》 …… (123)
制定颁布《护士执业注册管理办法》 …… (123)
对全国卫生系统护士岗位技能竞赛活动获奖单位进行表彰 …… (123)
开展关于护士队伍分级管理的调研工作 …… (124)
卫生部通报西安交通大学医学院第一附属医院发生严重医院感染事件 …… (124)
开展加强多重耐药菌感染的控制工作 …… (124)
进一步规范医疗机构临床使用便携式血糖检测仪采血笔 …… (125)
宣传贯彻《禁毒法》 …… (125)
全国“爱眼日”宣传活动举行 …… (125)

开展全国“爱耳日”宣传活动 ……（125）
开展中西部地区儿童先天性疾病和贫困白内障患者复明救治项目 ……（125）
推进微笑列车唇腭裂修复慈善项目 ……（126）
启动“畅听未来—中国耳聋防治五年计划”项目 ……（126）
卫生部/非政府组织防盲治盲工作协调会召开 ……（126）
卫生部印发《世界卫生组织人体细胞、组织和器官移植指导原则（草案）》 ……（126）
开展公立医院改革专题调研 ……（127）
卫生部医疗服务监管司成立 ……（127）
2008 年医师资格考试工作 ……（128）
2008 年卫生部医师资格考试工作会议 ……（129）
2008 年全国医师资格考试考务工作会议 ……（129）
2008 年医师资格考试医学综合笔试督导工作 ……（130）

医疗保险管理 ……（130）
2008 年城镇基本医疗保险工作 ……（130）
2008 年城镇居民基本医疗保险试点工作 ……（131）
抗震救灾期间基本医疗保险和工伤保险工作 ……（132）
国务院加快推进城镇居民基本医疗保险试点工作 ……（132）
国务院办公厅印发《关于将大学生纳入城镇居民基本医疗保险试点范围的指导意见》 ……（132）

中医医政管理 ……（133）
2008 年中医药工作 ……（133）
国务院中医药工作部际协调小组第一次全体会议召开 ……（136）
2008 年全国中医药工作会议召开 ……（136）
全国中医药局长会议召开 ……（136）
国家中医药管理局抗震救灾宣传工作 ……（136）
国家中医药管理局抗震救灾医疗救治工作 ……（136）
举办“中华中医药心连心”主题活动 ……（136）
中医药服务北京奥运会 ……（137）
继续开展“中医中药中国行”活动 ……（137）
国家投入中医药行业资金增加 ……（137）
城市社区中医药人才培养工作 ……（137）
启动第四批老中医药专家学术经验继承工作 ……（137）
中医药标准化工作取得新进展 ……（138）
首届中医诊疗设备论坛暨展览会举办 ……（138）
农村中医药工作 ……（138）
社区中医药服务工作 ……（139）
加强中医医院特色管理 ……（139）
民族医药工作 ……（139）
中医临床适宜技术发布第三批公告 ……（139）
《中华本草》编纂工作全部完成 ……（140）
“十五”国家科技攻关计划“名老中医学术思想、经验传承研究”完成并通过专家验收 ……（140）
中药标准国际合作研究课题通过验收 ……（140）

药品监督管理 …… (141)
规范药品零售企业经营行为 …… (141)
加强药品零售企业销售凭证管理 …… (141)
建立兴奋剂监管长效机制 …… (141)
国家食品药品监督管理局抗震救灾医疗卫生工作 …… (142)
国家食品药品监督管理局采取监管措施确保救灾药械质量安全 …… (142)
组织对蛋白同化制剂、肽类激素药品生产企业开展飞行检查 …… (142)
卫生部药物政策与基本药物制度司成立 …… (143)
起草建立国家基本药物制度配套文件 …… (143)
制订 2009 年《国家基本药物目录》 …… (143)
建立国家基本药物制度工作座谈会召开 …… (143)
开展国家基本药物使用情况调研 …… (143)

妇幼与社区 …… (144)
召开全国产前诊断技术专家研讨会 …… (144)
启动实施中西部 6 省出生缺陷防治项目 …… (144)
开展生殖道感染防治项目 …… (144)
卫生部抗震救灾妇幼卫生工作 …… (144)
卫生部抗震救灾儿童健康保护工作 …… (145)
推进全国预防艾滋病母婴传播工作 …… (145)
开展高级产科生命支持（ALSO）培训 …… (145)
实施卫生部/联合国儿童基金会城市流动人口妇幼保健服务试点项目 …… (145)
继续实施卫生部/联合国人口基金生殖健康/计划生育第六周期项目 …… (145)
降低孕产妇死亡率和消除新生儿破伤风项目进展 …… (146)
推进新生儿窒息复苏工作 …… (147)
促进母乳喂养工作 …… (147)
开展社区儿童保健规范试点 …… (147)
中国西部四省儿童微量营养素补充项目启动 …… (147)
开展全国新生儿疾病筛查现状调查 …… (148)
母子系统保健项目工作 …… (148)
卫生部召开全国社区卫生服务体系建设重点联系城市工作研讨会 …… (148)
卫生部新增 7 个社区卫生服务体系建设重点联系城市 …… (149)
卫生部召开社区卫生服务机构收支两条线管理研讨会 …… (149)
卫生部组织开展社区卫生行政管理人员培训 …… (149)
研究推广社区卫生服务技术规范 …… (149)
卫生部与拜耳医药保健有限公司合作开展中国社区卫生促进项目 …… (149)
卫生部/联合国儿童基金会灾后妇幼卫生重建支持项目启动 …… (150)

院务公开 …… (150)
公布首批全国院务公开示范点/推进全国医院院务公开工作 …… (150)

医院管理年 …… (150)
继续深化医院管理年活动，探索建立医院管理长效机制 …… (150)
2008 年深化医院管理年活动暨全国医政工作会议召开 …… (151)
对 2005—2007 年度全国医院管理年活动先进单位进行表彰 …… (151)
印发《医院管理评价指南（2008 年版）》 …… (151)

万名医师支援农村卫生工程 …… (152)
万名医师支援农村卫生工程取得成效 …… (152)
组织召开万名医师支援农村卫生工程项目工作座谈会 …… (152)
万名医师支援农村卫生工程信息沟通工作 …… (152)
部属（管）医院支援西部地区农村卫生工作项目 …… (152)
“走进西部”万名县级医院医师培训项目取得进展 …… (153)
开展温暖工程李兆基基金万名乡村医生培训项目 …… (153)

军队医政管理工作

2008 年度军队医疗管理工作 …… (157)
军队中医药工作 …… (158)
2008 年度“中国医师协会中国医师奖”军队获奖者 …… (158)
2008 年度“全国医院管理突出贡献奖”军队获奖者 …… (159)
2008 年度“全国优秀院长”军队获奖者 …… (159)
全军建成 11 个护理示范基地 …… (159)
军队卫生系统抗震救灾医疗卫生工作 …… (159)

省、自治区、直辖市医政管理工作

北京市医政工作 …… (163)
天津市医政工作 …… (166)
河北省医政工作 …… (169)
山西省医政工作 …… (171)
内蒙古自治区医政工作 …… (173)
辽宁省医政工作 …… (176)
吉林省医政工作 …… (180)
黑龙江省医政工作 …… (182)
上海市医政工作 …… (188)
江苏省医政工作 …… (192)
浙江省医政工作 …… (195)
安徽省医政工作 …… (198)
福建省医政工作 …… (202)
江西省医政工作 …… (206)
山东省医政工作 …… (208)
河南省医政工作 …… (212)
湖北省医政工作 …… (214)
湖南省医政工作 …… (218)
广东省医政工作 …… (223)
广西壮族自治区医政工作 …… (225)
海南省医政工作 …… (229)
重庆市医政工作 …… (231)

四川省医政工作 …… (233)
贵州省医政工作 …… (238)
云南省医政工作 …… (241)
西藏自治区医政工作 …… (246)
陕西省医政工作 …… (249)
甘肃省医政工作 …… (253)
青海省医政工作 …… (255)
宁夏回族自治区医政工作 …… (258)
新疆维吾尔自治区医政工作 …… (261)
新疆生产建设兵团医政工作 …… (265)

医院工作

北京大学人民医院 …… (271)
北京大学第一医院 …… (274)
吉林省结核病医院 …… (276)
复旦大学附属中山医院 …… (277)
上海市第十人民医院 …… (278)
湖北省天门市第一人民医院 …… (279)
湖北省襄樊市中医院 …… (281)
四川凉山州第一人民医院 …… (284)
四川省雅安市人民医院 …… (287)
兰州大学第一医院 …… (289)
青海大学附属医院 …… (292)

社会团体

中国医院协会 …… (297)
2008 年中国医院协会工作 …… (297)
2008 年中国医院协会工作纪事 …… (299)
2008 年中国医院协会Ⅰ类学分继续医学教育项目（第一批） …… (308)
2008 年中国医院协会Ⅰ类学分继续医学教育项目（第二批） …… (312)
2008 年国家级继续医学教育项目表 …… (313)

医疗卫生人物

卫生部系统 …… (319)
卫生部部长、副部长 …… (319)
卫生部正、副司（局）长、主任 …… (320)
卫生部直属单位行政正、副职领导 …… (322)
各省、自治区、直辖市正、副卫生厅（局）长 …… (324)
各计划单列市卫生局长 …… (329)

全国爱国卫生运动委员会系统 …… (329)
全国爱国卫生运动委员会主任、副主任、办公室主任…… (329)
各省、自治区、直辖市爱国卫生运动委员会主任 …… (329)
各计划单列市爱委会主任 …… (330)

国家食品药品监督管理局系统 …… (331)
国家食品药品监督管理局局长、副局长、驻局纪检组组长 …… (331)
国家食品药品监督管理局正、副司（局）长、主任、巡视员、稽查专员 …… (331)
国家食品药品监督管理局直属单位正副职领导 …… (332)

国家中医药管理局系统 …… (334)
国家中医药管理局局机关副司级以上行政领导 …… (334)
国家中医药管理局直属单位正、副职领导（2008 年 12 月） …… (334)

军队卫生系统 …… (335)
总后勤部卫生部领导 …… (335)
总后勤部卫生部机关业务局室领导 …… (336)

社会团体 …… (336)
中国医院协会会长、副会长、秘书长名单 …… (336)
中国医院协会 30 个分支机构名称及主任委员名单 …… (336)

表　　彰 …… (337)
卫生部、国家食品药品监督管理局、国家中医药管理局、总后勤部卫生部关于授予北京赴四川抗震救灾医疗队等 175 个单位“抗震救灾医药卫生先进集体”称号和授予于鲁明等 1400 名个人“抗震救灾医药卫生先进个人”称号的决定 …… (337)
人力资源社会保障部、卫生部关于表彰第二批卫生系统抗震救灾英雄集体和抗震救灾英雄的决定…… (368)
开展向冯理达学习活动…… (369)
2007—2008 年度卫生部有突出贡献中青年专家名单 …… (369)
中国医院协会和健康报社联合表彰 2008 年度突出贡献奖和优秀院长 …… (371)

医院工作纪事

2008 年医院工作纪事…… (377)

医院统计信息

医疗服务 …… (386)
医疗机构诊疗人次及入院人数 …… (386)
2008 年各类医疗机构诊疗人次及入院人数 …… (387)
2008 年医院分科门诊人次、出院人数及构成 …… (388)
综合医院分科门诊人次构成（%） …… (388)

医院医师日均担负诊疗人次和住院床日 …… (389)
2008 年各地区医院诊疗人次及住院人数 …… (389)
2008 年各地区非营利性医院诊疗人次及入院人数 …… (390)
2008 年医疗机构病床使用情况 …… (391)
卫生部门医院和卫生院病床使用率（%） …… (392)
卫生部门医院和卫生院出院者平均住院日 …… (392)
2008 年各地区医院病床使用情况 …… (393)
2008 年各地区非营利性医院病床使用情况 …… (393)
2008 年东中西部地区医院工作量 …… (394)
2008 年三级医院工作量 …… (395)
2008 年政府办医院收入和支出 …… (395)
2008 年卫生部门综合医院收入与支出 …… (396)
综合医院门诊病人次均医疗费用 …… (397)
综合医院出院病人人均医药费用 …… (398)
居民两周就诊情况 …… (400)
居民住院情况 …… (400)
卫生部门城市医院住院病人前 10 位疾病构成 …… (400)
卫生部门县医院住院病人前 10 位疾病构成 …… (401)

农村和社区卫生 …… (403)
乡镇卫生院医疗服务及病床使用情况 …… (403)
2008 年各地区乡镇卫生院诊疗人次及住院人数 …… (404)
2008 年各地区乡镇卫生院病床使用情况 …… (404)
2008 年东中西部地区乡镇卫生院工作量 …… (405)
社区卫生服务中心（站）工作量 …… (406)
2008 年各地区社区卫生服务中心诊疗人次及住院人数 …… (406)
2008 年各地区社区卫生服务中心病床使用情况 …… (407)

妇幼保健 …… (408)
妇幼保健情况 …… (408)
监测地区孕产妇死亡率（1/10 万） …… (408)
2008 年监测地区孕产妇死亡原因 …… (409)
监测地区 5 岁以下儿童死亡率 …… (409)

疾病控制 …… (411)
法定报告传染病发病及死亡率 …… (411)
2008 年 27 种法定报告传染病发病及死亡率 …… (412)
2008 年部分市县前 10 位疾病死亡专率及死因构成（合计） …… (413)
2008 年部分市县前 10 位疾病死亡专率及死因构成（男） …… (414)
2008 年部分市县前 10 位疾病死亡专率及死因构成（女） …… (415)
2004—2005 年前 10 位恶性肿瘤死亡率（1/10 万） …… (416)
一岁儿童计划免疫报告接种率（%） …… (417)
2008 年血吸虫病防治情况 …… (417)
2008 年地方性氟中毒防治情况 …… (418)
2008 年克山病、大骨节病、碘缺乏病防治情况 …… (418)

卫生监督 …… (419)
2008年被监督单位基本情况 …… (419)
2008年卫生监督和检测情况 …… (420)
2008年建设项目卫生审查情况 …… (420)
2008年卫生行政处罚情况 …… (421)

医疗保障制度 …… (422)
新型农村合作医疗情况 …… (422)
城镇居民基本医疗保险情况 …… (422)
居民社会医疗保险构成（%） …… (423)
医疗救助情况 …… (424)

卫生资源 …… (425)
卫生机构数 …… (425)
2008年各地区卫生机构数（1） …… (426)
2008年各地区卫生机构数（2） …… (427)
2008年医疗机构数 …… (428)
2008年医院等级 …… (429)
按床位数分组医院数 …… (430)
卫生机构床位数 …… (431)
医院分科床位数及构成 …… (432)
2008年医疗机构床位数 …… (433)
2008年各地区医疗机构床位数 …… (434)
卫生人员数 …… (435)
分市县卫生技术人员数 …… (435)
2008年各地区卫生人员数 …… (436)
中高级卫生技术人员数 …… (437)
2005年卫生技术人员年龄及学历构成 …… (437)
2005年执业（助理）医师年龄及学历构成 …… (438)
分科医师数及构成 …… (438)
妇幼保健机构及床位、人员数 …… (439)
农村乡镇卫生院及床位、人员数 …… (440)
2008年各地区农村乡镇卫生院及床位、人员数 …… (441)
社区卫生服务中心（站）及床位、人员数 …… (442)
村卫生室及人员数 …… (442)
2008年各地区村卫生室及人员数 …… (443)
疾病预防控制中心及人员数 …… (444)
医学专业招生及在校学生数 …… (444)
医学专业毕业人数 …… (445)
卫生总费用 …… (445)

香港和澳门特别行政区与台湾省卫生状况 …… (447)
香港特别行政区医疗卫生条件 …… (447)
澳门特别行政区医疗卫生条件 …… (447)
台湾省医疗卫生条件 …… (448)

附 录

附录 1：主要国家卫生状况 …… (451)
人口状况 …… (451)
妇幼卫生状况 …… (452)
卫生设施 …… (453)
卫生费用 …… (454)

附录 2：我国主要人口与社会经济指标 …… (455)
全国行政区划（2008 年底） …… (455)
人口数 …… (456)
各地区人口数 …… (457)
人口年龄构成（%） …… (458)
人口文化程度 …… (458)
五次全国人口普查数 …… (459)
2007 年按人口分组城市数 …… (459)
国内生产总值和财政收支 …… (460)
居民消费价格与商品零售价格指数（上年＝100） …… (461)

医疗卫生行业风采录

济宁医学院附属医院
徐汇区中心医院
复旦大学附属中山医院
新疆巴音郭楞蒙古自治州人民医院
广东省廉江市人民医院
大连大学附属新华医院
郑州市中医院
北京市昌平区红十字会北郊医院
昆明医学院第一附属医院
锦州市中心医院
山西省儿童医院、山西省妇幼保健院
呼和浩特市第一医院
深圳市布吉人民医院
中南大学湘雅医院
天津市南开医院
贵州省金沙县中医院
乌兰察布市卫生局
航空工业中心医院
北京市隆福医院
上海市第一人民医院
上海市中医医院
上海长海医院、第二军医大学第一附属医院
广东医学院附属第二医院、广州新海医院
济宁市第二人民医院
山东省聊城市人民医院
太原市妇幼保健院
三亚市人民医院
重庆市巴南区人民医院
内蒙古乌海市海南区人民医院
甘肃省康复中心医院
吉林省结核病医院
长春市儿童医院
河北省青龙满族自治县医院
吴忠市中医医院
新疆农二师焉耆医院
青海大学附属医院
包头医学院第一附属医院
鄂尔多斯市广夏医院

乌兰察布市察右前旗人民医院
乌兰察布市察哈尔右翼中旗医院
上海市第一人民医院
上海市第十人民医院
山东省文登整骨医院
济宁市第二人民医院
吉林大学第二医院民康医院
吉林省前卫医院
甘肃省肿瘤医院
三河市妇幼保健院
唐河红会医院
沈阳军区赤峰二二〇医院
武警新疆总队医院

重要会议报告

周密部署　扎实工作
努力把新农合制度建设推向新高度

——卫生部部长陈竺在2008年全国新型农村合作医疗工作会议上的总结讲话

（2008年2月15日）

这次新农合工作会议是在全国各地认真贯彻落实党的十七大精神和深化医药卫生体制改革的关键时刻，国务院连续召开的第五次会议，是新农合制度承前启后、继往开来，走向全面覆盖的一次十分重要的会议。国务院副总理吴仪同志亲自到会并作了重要讲话。卫生部、发展改革委、民政部、财政部的负责同志分别结合各自职能作了大会发言，与会代表围绕吴仪副总理的讲话和如何进一步做好新农合工作进行了分组讨论。

代表们普遍认为这次会议开得很及时，也很成功。吴仪同志的重要讲话高屋建瓴、内涵丰富、情真意切。对成绩的总结实事求是、令人鼓舞；对经验的总结高度概括、指导性强；对工作的部署思路清晰、具体明确，对我们今后巩固完善新农合制度建设有着重要的指导意义。5年来，在党中央、国务院正确领导下，我们积极探索、开拓创新，从开展试点、扩大试点、到全面推进，一步一个脚印，稳扎稳打，直至今年的全面覆盖，可以说认识逐步统一，信心日益增强，一个符合国情，具有中国特色的农村基本医疗保障制度已经初步建立起来，并且不断巩固、完善和发展。

大家一致表示，要按照吴仪同志的讲话要求，借这次会议东风，认真学习借鉴各地区、各部门的成功经验，把今后的工作做好，不辜负中央的希望，不辜负广大农民对我们的期望。

全面建立和完善新农合制度既是建立基本医疗卫生制度重要内容，也是保证广大农民“病有所医”的重要措施之一。希望各位代表回去后要及时向党委、政府汇报这次会议的精神和提出的要求，结合本地实际，认真研究落实好相关工作。下面，我就深入学习、贯彻落实吴仪同志讲话精神，进一步做好新农合工作谈六点意见。

一、坚定不移地完成新农合制度全面覆盖的目标

这次会议已经明确2008年新农合制度建设要实现全面覆盖，大家要按照会议的精神统一思想、坚定信心、扎实工作，坚决完成这一目标。目前，全国已有20个省份实现了全面覆盖，剩余省份尚未开展新农合的县（市、区）中，一部分是“老少边穷”地区，受地域、经济以及卫生服务能力等客观条件制约，开展新农合有困难；也有一部分是中部农业大县，人口多，地方财政补助压力大。对这些县（市、区），希望省、市两级政府给予高度重视，切实拿出办法和措施，协助其建立新农合制度。省级卫生行政部门要通过开展培训、监督检查等措施加强指导，必要时派出工作组或者技术指导组直接进驻当地指导。卫生部今年也将组织人员对一些工作难度大的省份开展调研和重点指导，确保尚未开展的地区顺利启动新农合工作，实现全面覆盖的目标。

二、完善政策措施，确保各级财政补助及时足额到位

今年中央财政对参合农民的补助标准提高了一倍，为确保中央财政补助资金及时审核下拨，足额到位，希望各省卫生和财政部门要积极配合，如实核定参合农民人数，按规定时间尽快上报补助申请。根据2007年相关部门对新农合联合督导的情况，中央财政6月底前将补助资金拨付到省后，省级财政一般可以在7月底至8月初下拨中央财政补助资金。但是，个别县（市、区）到10月底甚至11月初仍然将上级财政补助资金滞留在县级财政预算内账户，没有拨付至新农合基金专户。希望各省要加强对基金到位情况的检查，发现滞留情况，要及时督促纠正。同时，各省要加强制度建设，完善地方各级财政补助资金拨付办法，确保地方补助资金也能及时足额到位。今后卫生部将商财政部进一步改善资金拨付办法，提高效率。

根据吴仪同志讲话精神，地方财政增加的补助资金是一年到位还是分两年到位，可由地方自行决定，但一定要保证按规定及时落到实处。这次会上，大部分省份都表示今年将一步到位，把地方财政补助标准从人均20元提高到40元，并主要由省级财政承担，江西、陕西、贵州等省还表示地方新增的人均20元补助资金将全部由省级财政承担，不增加困难县的负担，这些做法体现了各省省委、省政府切实推进新农合工作的决心，值得充分肯定。当然，我们也要实事求是，量力而行。对于确有困难的省份，可分两年到位。关于提高农民个人缴费问题，各地应根据具体情况作出规定，2008年有条件提高个人筹资标准的，要抓紧时间，争取3月底前完成，确有难度的，可暂不提高，但要从现在起就要开始加大宣传工作力度，把新的筹资和补助政策向农民群众讲清楚，为2009年提高个人缴费水平做好准备。

三、在把握新农合基本性质的基础上，合理使用新增资金

新农合的主要目标是解决大多数农民的基本医疗需求，应以此为核心设计统筹补偿方案，基金主要用于农民的基本医疗，重点提高补偿水平，适当增加门诊补偿，扩大受益面。具体来说，在住院补偿方面，如现有新农合用药目录和诊疗项目已基本能够满足农民的基本医疗需求，则新增资金应主要用于提高补偿比例，提高农民的实际受益水平，不宜盲目扩大服务包。在门诊补偿方面，要探索住院统筹加门诊统筹模式，适当提高门诊费用的补偿，扩大参合农民受益面，保证大多数农民受益。新农合只是农村医疗保障的一种主要形式，不能期望通过这一制度来解决农村医疗卫生的全部问题，因此，各地要严格界定新农合基金的补偿范围，目前只能用于农民的医疗费用补偿。对于公共卫生、婚检等服务项目，应由政府专项补助的，目前不宜列入新农合补偿范围。对于特殊群体的特殊医疗需求、少数农民的高额医疗消费或者其他政策目标，可以通过补充的制度安排来解决。如建立医疗救助制度重点解决贫困人口就医可及性问题；人口计生、残联等部门通过筹集专项资金的方式来补充解决计划生育户、残疾人的特殊医疗需求问题；通过商业保险设计专门险种，解决较高医疗消费人群的医疗需求问题等。

四、建立健全各项制度，完善管理运行机制和基金监管措施

五年来，新农合由试点走向全面覆盖，是一个制度不断完善，运行机制不断成熟的过程。吴仪同志在2007年全国新农合工作会议上的讲话中就指出，要力争及早地以规范性文件的方式把行之有效的做法固定下来，逐步把新农合纳入规范化、法制化的发展轨道。目前，卫生部已经会同有关部门起草了关于全面建立新农合制度的规范性文件，将力争尽快下发，指导今后新农合全面覆盖后的制度建设，使管理体制和运行机制进一步规范和完善。同时，一些具体的制度和办法也要抓紧制定和完善，如加强定点医疗机构监督管理等。

2008年，新农合实现全覆盖，提高筹资标准后，给基金监管工作带来更大的挑战和压力。为管好用好基金，首先，要进一步完善新农合基金监管的相关制度。近期，财政部和卫生部下发了《新型农村合作医疗基金财务制度》，又会签了《新型农村合作医疗基金会计制度》，对基金的账户管理、分配使用、基金划转、对账制度、会计核算、违规行为处理等都作了具体规定，两部门将尽快组织专题培训，帮助各省学习理解这两项制度。各地要结合本地实际，抓紧修订本地的实施办法，并严格遵守制度规定，认真贯彻落实。此外，还应结合本地实际，进一步完善基金管理方面的政策措施，比如风险基金的管理、基金征管拨付办法等。各地要继续坚持县、乡、村报销补偿的定期公示制度，并畅通信访渠道，健全举报投诉查处制度，充分发挥社会、舆论等各方面监督的作用。

其次，要重视运用现代信息化手段，提高监管水平和效率。要充分利用现有资源，本着节约、实用的原则，加快新农合信息化建设。中央财政2007年安排资金支持中西部省份进行省级新农合信息平台建设，一些省份已经建成使用，通过省级新农合信息平台实时监控各县新农合基金流向，发现基金异常变化立即预警，对保障基金的安全起到了积极的促进作用。希望没有完成的省份要抓紧时间，尽快完成。要逐步实现新农合联网对接，充分利用信息网络加强对各地运行情况的及时掌握以及对重点地区的监测和评估，加强科学规范管理，提供决策依据。

第三，建立健全新农合管理经办体系，提高管理经办能力。在机构编制管理部门的积极支持下，各地在新农合体系建设方面进行了有益探索。讨论中一些省份表示将不等不靠，加快研究落实管理经办人员和经费等问题。今后，地方特别是县级卫生部门要将新农合基金管理作为日常主要工作，切实加强监管。各地卫生部门要配合编制部门积极探索，加强经办机构建设。卫生部也将配合中央编办、财政部等部门进一步深入调查研究，认真总结试点经验，把宝贵的资金管好用好，把全部的新农合基金用于农民。

五、加强对定点医疗机构的监管

加强定点医疗机构监管，控制医药费用不合理增长是保证新增资金能给农民带来实实在在好处的关键。各级卫生部门要建立健全新农合定点医疗机构的准入和退出机制，实行动态管理；要通过严格对医疗费用的审核、加强转诊管理、推行单病种定额付费办法等方式，加强对医疗机构的监管，降低医疗费用；要建立定点医疗机构监测评价指标体系，完善医疗费用分析、评估和通报制度，把医疗费用上涨幅度、医疗服务质量以及新农合制度执行情况等，纳入定点医疗机构考核范围，考核结果与定点资格和费用拨付挂钩；要充分发挥中医药简、便、验、廉的特色优势，开展适宜的中医药服务。定点医疗机构也要加强内部管理，建立健全疾病检查、治疗、用药的规范、制度和自律机制。吴仪同志在讲话中提到，301医院的药品使用原则是，能用普通的不用贵重的，能用口服的不用注射的，能用国产的就不用进口的。这些原则很多医疗机构都很明晰，但关键是要认真落实，并坚持下去，真正做到合理用药、合理施治。对医疗机构的监管和费用控制是一项长期的工作，由于医疗机构补偿机制还不健全，不少医疗机构仍存在逐利行为，个别医疗机构还存在弄虚作假、违规套取新农合补助资金的问题，影响了新农合的声誉，也损害了农民的利益。各级卫生部门务必要加大监管力度，完善监管措施，切实加强管理，保证新农合实实在在地惠及亿万农民。

六、结合实际做好五项试点工作

新农合正在走向全面覆盖，对于面临的一些新问

题，需要我们在实践中进一步探索研究解决的办法。我们要坚持积极稳妥的原则，组织做好5项试点工作。

一是开展新农合以地市为统筹层次的试点。提高新农合统筹层次，牵涉面大，影响面广，必须要遵循积极稳妥的原则，因地制宜组织开展试点。目前，一些地方已经开展了一些这方面的探索。如这次大会交流材料中介绍的河南省焦作市，针对每个市辖区的农业人口较少，独立开展新农合风险较大的实际，探索将所有市辖区联合起来开展新农合工作，由市一级直接履行相关职能，取得了较好的效果。一些西部地区的市（地、州），所辖县区人口很少，单独开展新农合抗风险能力较差，也可以探索以市（地、州）为统筹单位开展新农合工作，提高抗风险能力。另外，对于一些行政上独立的开发区、高新技术区、工业园区、示范区、农场、林场等，可按照属地化原则纳入所在地新农合，节约管理成本。总之，可以选择有条件的地区开展各种形式的提高统筹层次的试点，明确市、县两级管理经办机构的权责，统一全市（地、州）补偿方案，利用全市（地、州）的优质医疗服务资源，重点探索提高统筹层次后的基金管理办法，创新医药费用结算方式。但必须注意量力而行，循序渐进，保证平稳运行。

二是开展大病统筹与门诊统筹相结合的试点。随着新农合工作的逐步推开，家庭账户的一些弊端也逐步显现出来。如基金结余较高，难以发挥互助共济作用，不利于基金监管等。而门诊统筹模式可以较大幅度地提高农民门诊就诊率，能起到小病早治和互助共济的作用。但是，开展门诊统筹需要较高的管理能力，对医疗机构的行为规范和费用控制也提出了更高的要求，门诊统筹的方案制定也将是一个新的挑战。这次大会交流材料中介绍的湖北公安县的做法值得各地研究、学习和借鉴。此外，安徽、江苏、浙江也在全省范围内推广门诊统筹模式，中西部一些省份也都在省内开展了一些探索。各省应抓住今年筹资水平提高的契机，至少选择1、2个县开展门诊统筹试点，还可结合门诊总额预付、按人头付费等支付方式的改革，探索门诊补偿的适宜办法和管理制度，逐步扩大门诊受益面，提高受益水平。

三是开展新农合与城镇居民基本医疗保险相衔接的试点。2007年12月24日国务院新农合部际联席会议决定，由卫生部、劳动社会保障部组织开展新农合与城镇居民基本医疗保险相衔接的试点。因此，卫生行政部门要主动协调城镇居民基本医疗保险主管部门，对失地农民、外出务工农民等特殊群体制定有效的参合或参保衔接办法，结合地方实际，并充分尊重这部分农民的意愿，允许他们自由选择参加新农合或城镇居民基本医疗保险，确保他们能享受到基本医疗保障服务，在制度上不留空白。此外，在业务上，包括政策、补偿方案、报销结算等方面也可以互为借鉴，互相参考提高，如可以采取定点医疗机构互认，报销目录互认等方便农民的举措。

四是开展新农合与医药卫生体制改革相衔接的试点。新农合是深化医药卫生体制改革的重要组成部分，也是确保人人享有基本医疗卫生服务这一改革总体目标顺利实现的重要措施之一。在深化医药卫生体制改革中，要不断巩固、完善和发展新农合制度，使这一制度与医改相关政策相衔接，特别是要与国家建立覆盖城乡的多层次医疗保障制度的相关政策一致。当前，要注意将新农合制度与国家基本药物制度，医疗（包括中医）适宜技术的推广相衔接，将基本的、经济适宜的药品纳入新农合用药目录，将安全有效的诊疗项目纳入新农合诊疗项目目录，确保农民基本医疗需求的满足。

五是在加快推进农村卫生服务体系建设的同时，组织开展老少边穷地区巡回医疗、远程医疗试点。目前，通过各级政府加大投入，农村卫生基础设施和装备条件有了一定的改善，今后要争取加快建设步伐。但是，农村卫生队伍的建设和稳定还是一个薄弱环节，要作为我们今后的一项重点工作，着力探索解决的办法和措施。近年来，在中央财政的支持下，我们开展了“万名医师支援农村卫生工程”，以及农村医务人员的在职在岗培训等工作，一些初步效果已经显现，各地要继续坚持，并逐步形成制度。对于一些老少边穷等特殊地区，还要探索采取其它方式提高医疗服务能力。这次会议提出开展巡回医疗和远程医疗试点，就是要探索利用上级的优秀医生、利用现代化的手段，尽快把高水平的医疗服务送到农村。卫生部在河北承德市和宁夏自治区开展了远程医疗试点，各省也可根据实际情况进行探索。前几年，在发展改革委的支持下，为各县配备了一批巡回医疗车，要充分发挥好医疗车的作用，把医疗服务及时送到最需要的地方去。

做好新农合工作是卫生部门的重要职责，我们责无旁贷。但是新农合制度建设也离不开财政、民政、农业、发展改革、编制等部门的积极支持和通力协作。希望各相关部门继续给予大力支持和协助，积极推进农村卫生服务体系建设，做好医疗救助工作，积极发挥财政职能，加强协作，做好衔接，共同推进新农合制度建设。

新农合制度的发展正处在一个新的起点上。机遇前所未有，挑战也前所未有。我们一定要按照党中央、国务院的要求，全面落实吴仪同志讲话精神，继续保持高昂的工作热情，戒骄戒躁，不断开拓进取，努力把新型农村合作医疗制度建设推向更高的水平。

深入贯彻落实党的十七大精神　为人民健康培养更多更好的卫生人才

——卫生部部长陈竺在全国医学教育工作会议上的讲话

（2008 年 2 月 28 日）

今天，教育部、卫生部共同召开全国医学教育工作会议，主要任务是深入贯彻党的十七大精神，加强医学教育与卫生需求的结合，以提高教育质量为核心，深化改革，规范管理，办好人民满意的医学教育，促进“人人享有基本医疗卫生服务”重大战略目标的实现，为提高全民健康水平服务。我国卫生事业和教育事业都是功在当代、利泽千秋、造福于人民的事业。医学教育事关卫生人才的培养，事关卫生事业改革发展。这次会议是继 1990 年卫生部召开全国医学教育工作会议之后，时隔 18 年，我国医学教育和卫生事业改革发展处于新的历史时期召开的一次重要会议。今天，韩启德副委员长作为国家领导人和医学专家双重身份亲临会议指导。刚才周济部长的报告对我国医学教育发展的整体目标、方向和政策措施作出了重要部署。我相信，这次会议一定会对我国医学教育和卫生事业的改革发展产生积极而深远的影响。下面，我讲几点意见，供大家讨论。

一、认真贯彻落实党的十七大精神，充分认识医学教育在全面建设小康社会中的重要作用

胡锦涛总书记在党的十七大报告中深刻阐述了教育和卫生工作在经济社会发展中的重要地位和作用，指出教育是民族振兴的基石、健康是人全面发展的基础，提出坚持教育和卫生事业的公益性质、更新教育观念、办好人民满意的教育、人人享有基本医疗卫生服务、提高全民健康水平等一系列新要求。这些重要论述为我国教育和卫生改革发展指明了方向。认真学习贯彻党的十七大精神，就是要用党的十七大精神统一认识，并把统一的认识进一步转化为统一的行动。

医学教育是教育事业的重要组成部分，是卫生事业发展的重要基础。医学教育的产生和发展与社会进步、人民健康紧密相连。医学教育的历史悠久，大致经历了五个发展阶段：第一个阶段是最初的师承和家传形式的医学教育。这种教育形式在东西方类似。第二个阶段是学校医学教育出现，我国早在魏晋时期，就出现学校形式的医学教育，到隋唐时期，有了官办的医学教育机构——太医署；欧洲在 13 世纪出现了最早的政府认可的医学院，进行以基础医学为主的教学。第三个阶段是基础医学与临床医学相结合的教学，开始于 18 世纪后半叶，是现代医学教育的雏形。第四个阶段是“基础医学－临床医学－临床实习”教学模式的普遍应用，20 世纪初弗莱克斯纳报告问世后，提出高标准举办医学教育，生物科学与医学相结合，现代医学教育得到建立和发展。第五个阶段是在校医学教育－毕业后医学教育－继续医学教育三阶段连续统一体形成，20 世纪 50 年代后，现代医学教育快速发展并不断完善。众所周知，人是世界上最复杂的生物体，具有自然属性和社会属性。医学教育具有传播医学知识、通过医学科学研究创造知识、满足社会卫生需求的职能，体现了科学、技术和人文的高度结合。医学教育培养的人才要服务于人和人的健康，这不仅要求医学人才在人文精神上要追求伦理的至高境界，也要求他们熟练掌握人体及其与外环境相互作用、以及影响这一复杂系统的科学知识和技术服务能力。医学教育是极其复杂的教育，高等教育应当把医学教育放在更加重要、更加优先的位置。医学院校是我国医学教育的重要组成部分，是医学人才培养的主力军。

新中国成立后特别是改革开放以来，我国医学教育事业为卫生事业发展培养了大批高素质卫生人才，为卫生事业改革发展提供了不可替代的人才支持和智力支撑。目前，我国卫生部门约有 658 万名卫生工作者；其中，卫生技术人员约 462 万人，乡村医生和卫生员约 96 万人。2007 年全国医疗机构诊疗病人约 25.7 亿人次，其中入院人数达 8623 万人。作为一个发展中国家，我国举办着世界上最大规模的卫生事业。我国卫生事业快速发展，人民健康水平不断提高，平均期望寿命已达到 73 岁，2007 年婴儿死亡率下降到 15.3‰，孕产妇死亡率下降到 36.6/10 万。总体上，我国的主要卫生指标已处于发展中国家的前列。国际社会赞誉我国用低廉的成本保护了世界上最多人口的健康。卫生事业取得的这些成绩，是党和国家高度重视人民健康和卫生事业的结果；是坚持以农村为重点，预防为主，中西医并重，依靠科技与教育，动员全社会参与，为人民健康服务，为社会主义现代化建设服务的结果；是各有关部门大力支持和全社会共同参与的结果；是卫生战线广大卫生工作者爱岗敬业、无私奉献、艰苦奋斗的结果。我国卫生事业发展取得的成就也离不开教育系统的大力支持。借此次会议的机会，我代表卫生部向长期以来关心和支持卫生事业发展的各级教育行政部门、向广大医学教育工作者致以最诚挚的感谢和崇高的敬意！

当前，我国经济社会发展正处于一个新的历史阶段，本世纪头 20 年是一个重要战略机遇期。国民经济要保持又好又快发展，需要良好素质的劳动者。良好的素质首先是良好的健康水平和教育水平，这是社会生产力发展的必备条件。一个拥有健康的民族，才能建立起人才优势。人才优势才是当今国际竞争中的真正优势。国民健康水平不仅是一个国家经济社会发展水平的综合

反映，更是一个国家综合国力强弱的重要标志。实现人人享有基本医疗卫生服务，提高全民健康水平，是全面建设小康社会、加快推进社会主义现代化和构建和谐社会的必然要求。加快卫生事业改革发展必须依靠人才，各项卫生工作呼唤着人才，“人才强卫”是新时期做好卫生工作的重要指导思想。为此，我们必须培养和造就一批又一批医德高尚、医术高超的优秀卫生人才。在新的形势下，我国医学教育和卫生人才培养工作的重要性和战略地位更加突出，对于搞好医学教育和卫生人才培养工作的要求也更加迫切。医药院校是培养高素质卫生人才的摇篮，是源源不断输送卫生人才的活水源头。多年来，教育和卫生行政部门相互合作、相互支持，共谋医学教育改革和发展，共商卫生人才培养大计；各级各类医药院校积极探索、锐意改革、精心培养，为卫生事业输送了大量不同层次和类型的卫生人才，对我国卫生队伍发展和整体素质提高起到了重要作用。

但是，我们也要清醒地看到，我国卫生人力资源在总量增加、结构变化和素质提高的同时，卫生人力现状还不能适应广大人民群众对卫生服务的需求。主要表现在：一是卫生人力总量不足、整体素质不高。2007 年每千人口执业（助理）医师为 1.56 人，每千人口注册护士为 1.12 人，低于一些发展中国家和中等发达国家水平。二是卫生队伍专业结构不合理、布局不平衡，医护比例倒置（去年调查结果是 1：0.72）。卫生人力资源过度集中在医疗机构，尤其是城市大医院，从事公共卫生服务的人员不足。全科医师的数量和质量远远不能适应社区卫生服务发展的需求。卫生管理队伍职业化建设亟待加强。三是素质差异较大。卫生队伍学历水平存在显著的差异，农村和城市社区卫生队伍整体素质有待提高，乡镇卫生院无专业学历比例高达 18.6%，缺少规范的临床实际工作能力培训。四是地区分布不均衡。东部与中、西部以及城乡之间卫生人力资源差距较大。五是继续教育和培训工作薄弱。参加住院医师规范化培训的比例过低，继续医学教育缺乏经费支持和统筹安排。上述问题的存在对我国卫生人才培养和队伍建设提出了严峻的挑战。

当前和今后相当长一段时期，我国仍将处于社会主义初级阶段。面对着 13 亿多的人口，人口结构日益老龄化，经济社会快速发展，群众对卫生服务的需求不断增长，我们的医疗卫生问题越来越复杂多样，我国卫生改革发展任重道远，医学教育面临着新形势和新的历史使命。

二、以科学发展观为统领，大力加强卫生人才培养工作

科学发展观是党中央立足国情，总结我国的发展实践，借鉴国际发展经验，适应新时期改革要求提出的重要战略思想，是我们一切工作的重要指导方针。科学发展观的基本要求是全面协调可持续，根本方法是统筹兼顾。做好卫生人才培养工作，必须坚持以科学发展观为统领，使卫生人才培养与我国经济社会发展相适应，符合以人为本的宗旨，落实到发展为了人民、发展依靠人民、发展成果由人民共享上来。

（一）坚持正确的医学教育价值观导向

我国一半以上的人口在农村，人均收入水平较低，经济、教育、卫生发展水平的地区差异和城乡差异较大，将长期处于社会主义初级阶段。医学教育的改革发展、卫生人才的培养应紧密结合这一国情，坚持以卫生服务需求和区域卫生规划为引导，与经济社会发展水平和卫生事业改革发展方向相适应。1988 年世界卫生组织与联合国儿童基金会、联合国开发计划署联合召开的世界医学教育大会发表的著名的《爱丁堡宣言》明确指出，医学教育必须适应时代的新挑战和健康的新要求。医学教育的最高标准是最大限度地满足健康需要，这是国际社会总结医学教育和卫生人力资源开发的基本经验。

当前，我国卫生事业改革发展的主要任务是，建立覆盖全民的基本医疗卫生制度，为群众提供安全、有效、方便、价廉的公共卫生和基本医疗卫生服务。根据党的十七大精神，我国基本医疗卫生制度框架包括公共卫生服务体系、医疗服务体系、医疗保障体系和药品供应保障体系。建设医疗服务体系，在农村主要是健全县医院、乡镇卫生院、村卫生室三级卫生服务网络，加强农村医疗卫生人才培养，提高农村医疗卫生服务能力，为农民提供质优价廉的预防保健和基本医疗服务；在城市主要是大力发展社区卫生服务，形成“小病”在社区、“大病”到医院的医疗卫生服务格局，构建新型城市卫生服务体系，优化医疗卫生服务结构，提高医疗卫生资源的利用效率，满足人民群众对卫生服务的需求。

医学教育要以社会卫生服务需求为导向，以保证办学质量为前提，根据医学教育资源状况，确定招生规模，统筹规划各学科（专业）、各层次、各阶段医学教育。当前，医学类专业要以 5 年制为主体，保留 3 年制，控制长学制总体规模；要大力发展护理、药学、预防医学、康复医学、医疗技术相关医学类专业，注重临床医学专业与公共卫生专业、医师培养与护士培养的协调发展。医学教育不仅需要造就一批高水平的卫生领域的学科拔尖人才，更需要培养千千万万具有适宜医学知识和技术、在城乡基层承担大量卫生工作的农村及社区卫生人才。多层次的卫生人才才能适应多层次的卫生服务需求，才能满足人人享有基本医疗卫生服务的需要，才能为卫生事业的改革和发展提供切实的人才支持。

学校要多渠道筹措资金加强对实践教学基地建设的投入，改善实践环节教学条件，保障教学运行需要。附属医院的教学条件建设应纳入学校医学教育发展整体规划，充分发挥附属医院在医学教育中的重要作用。附属医院和承担实践教学任务的其他医疗卫生机构应不断加强教学基地建设，为临床教学提供良好的条件。承担教学工作是附属医院的基本任务之一，要在保证依法行医、特别是在保证就医安全的前提下，妥善处理好医疗、教学和科研工作的关系，积极开展临床教学和科研工作，为医学人才的成长创造良好的环境，逐步完善医

学教育管理制度和运行机制。

我们要高度重视医学教育和卫生人才培养的价值观。目前，社会上存在一些误区，主要表现是：重医疗轻预防，重西医轻中医，重城市大医院轻乡镇和社区小医院，重医术轻人文关怀和医学伦理，重科研论文发表轻分析和解决临床及公共卫生重大问题能力，重考试轻实践，重理论轻技能等等，这些倾向的形成既有传统习惯势力的影响，也有制度方面的原因，令人十分担忧。医学教育和卫生人才培养必须针对以上存在的问题，加强正确价值观的引导，在医学教育各个环节、各个方面、各个阶段、各种场合加强正确的价值观教育、伦理道德教育，强化国情教育和“大卫生”理念的培养。医学教育和卫生人才培养的各项制度安排应做出相应调整，要加大舆论宣传力度，营造正确价值观教育的良好氛围。要加强医学生公共卫生教育和全科医学教育，着力提高其社区卫生服务的能力。综合性大学要注重发挥好自然科学和人文社会科学学科力量雄厚、学科齐全的优势，促进医学与理、工、文学科的交叉融合，强化学生综合素质的培养。

值得注意的是，在近年来的医疗纠纷中，有些是与医务人员的爱心、同情心、责任心缺乏，法律意识淡薄有关。医学教育，德育为先，无论是在校的医学生，还是已经工作的卫生人员，都要对他们进行以医学职业道德、职业态度和职业价值观为基本内容的职业素质教育，强化道德责任感、人际交流沟通能力、人文关怀精神、团队合作精神的培养，重视伦理问题，关爱病人，将预防疾病、解除病痛和维护人民的健康利益作为自己的终身职责。在我国，唐代医学家孙思邈的《大医精诚》医德思想和医术境界已经融入我国传统医学，应当成为医药工作者毕生的志向和追求。古希腊的《希波克拉底誓言》也是举世闻名的医学道德准则。东西方医德规范和行为准则应该得到遵守并发扬光大，成为培养医学生医德和医学职业素质的要求和行为指南。

（二）加快培养农村和城市社区卫生人才

农村和城市社区卫生人才培养和队伍建设是发展中国特色卫生事业的重要条件。目前，我国卫生事业发展的突出矛盾，主要是城乡不协调、区域不协调，特别是少数贫困地区的卫生发展严重滞后，因病致贫、因病返贫的现象依然不同程度的存在。加强农村和城市社区卫生人才培养是解决诸多矛盾的关键环节，我们要充分认识这项工作的重要性和紧迫性，优化政策环境，加强投入和配置更多资源，为农村和城市社区培养大批适宜卫生人才。

要围绕教育、培训、准入、稳定等环节，探索建立农村卫生人员培训的长效机制。把加强农村卫生人才培养作为推进农村卫生工作的重要手段，采取有力措施，在政策导向和资金、项目安排上给予倾斜。制定农村卫生人才培养和队伍建设的中长期规划，坚持学历教育与非学历教育并重、短期培训与长期培训相结合，统筹安排人才培养工作。医学院校要在农村卫生人才培养方面积极发挥作用，明确培养目标，改革培养模式，调整专业设置和教学内容，强化能力培养，使毕业生适应农村基层卫生工作的需要。可采取定向免费培养等多种方式，为贫困地区农村培养实用的卫生人才，造就大批扎根农村、服务农民的合格医生。进一步组织实施农村在职卫生人员和在岗乡村医生培训，建立定期进修学习制度，面向农村卫生技术人员开展继续医学教育活动。要深入开展二级以上城市医院对口支援乡镇卫生院工作。大医院医生初级晋升中级、中级晋升高级岗位，必须要有在基层工作累计一年的经历，使得大医院支援基层医疗卫生的发展成为一种制度安排。支农不仅要为农村提供较好的医疗服务，更重要的工作是为农村培养卫生人员，提高他们的诊疗水平。

要健全和完善社区卫生人才培养体系，采取有效措施吸引稳定社区卫生人才队伍。当前工作的重点，就是要全面推进对已经从事和拟从事城市社区卫生服务工作的人员的岗位培训，争取在三年内使所有城市社区卫生技术人员达到相应的岗位执业要求。从长远的发展考虑，就是要积极开展全科医师规范化培训。到2010年，全国各省区市都要开展全科医师的规范化培训，逐步建立全科医师规范化培训制度，培养一大批全科医学人才。大力开展城市社区卫生技术人员的继续教育工作，充分利用现代远程教育手段为城市社区卫生人员提供更多的继续教育机会。要采取有效激励措施，吸引医学院校毕业生到社区卫生服务机构工作，动员组织医院、疾病预防控制及保健机构的医务人员下沉到社区卫生服务机构工作，实施技术指导，加强人员培训，建立联系社区家庭的全科责任医生和责任护士服务团队。

医学院校围绕社区卫生人才培养这一重点工作，应把全科医学作为重点建设学科，成立全科医学系或学院，加强全科医学教育研究，开设全科医学课程，加强师资队伍和教材建设，积极承担培训任务，切实为社区卫生人才培养发挥积极作用。要高度重视社区卫生人才培养临床基地和社区教学基地建设，积极在社区卫生服务中心规划建立一批教学和实践基地，满足医学生实习需要，着力培养医学生社区卫生服务能力。

在加强适宜卫生技术推广工作中，应注重适宜卫生技术人才的培养，把适宜卫生技术推广与农村和城市社区卫生人才队伍建设紧密结合起来，将适宜卫生技术作为基层卫生人员在职培训的重要内容，制订协调统一的推广和培训方案，确保各项技术推得开、有人用、留得住、起作用。

（三）大力促进卫生职业教育健康发展

要加强对卫生职业教育工作的领导和管理，严格规范举办卫生职业教育的准入制度。卫生行政部门要积极配合教育行政部门，对举办卫生职业教育的院校和专业进行评估，建立和完善质量评估监督体系。根据卫生服务需求的变化，适时设置新的专业，完善以岗位需求为引导的卫生职业人才培养和专业发展机制，促进卫生职业教育体系的建立。发展卫生职业教育，努力解决好临床医学与公共卫生的平衡、医生与护士的平衡、医生与卫技人员的平衡。卫生职业教育要与岗位需求密切结合，以实践技能培养为核心。严格实行卫生行业职业资格证书制度，对目前尚无职业资格规定的岗位，要尽快建立起相应的职业资格标准，并以此来引导卫生职业教育发展，规范培养目标，改革培养模式。制定卫生技术人才的用人政策，并与有关部门协调，建立有利于卫生职业教育发展的用人机制。卫生行政部门要充分利用当地的卫生资源，为举办卫生职业教育的院校创造条件，帮助建立校外实训基地。要进一步整合卫生职业教育资源，优化卫生职业教育布局，加强规划和协调管理，促进我国卫生职业教育又好又快地健康发展。

（四）做好住院医师/专科医师培训试点和继续医学教育工作

毕业后医学教育是临床医学人才成长的特有阶段，对培养临床医师的临床能力至关重要。目前，许多省市都实施基层医务人员招聘计划，吸引、稳定人才的制度和政策正逐步落实；基层医务人员也希望得到系统的毕业后教育，进一步提高为病人服务的能力。我国现行医学教育体系要不断完善，要尽快建立起规范的毕业后医学教育制度。

我们要学习借鉴国外先进经验。一些欧美国家建有严格而规范的毕业后医学教育制度，毕业后教育以住院医师培养为主，但住院医师不是终身岗位，其在临床各科轮转受训后，绝大部分要离开培训的医院，到基层和社区工作，仅有少部分留下继续担任主治医师。这部分人在其住院医师培训后期一般会进入专科培训，获得专科医师证书。主治医师在工作若干年后，仅有少数人能晋升到教授。这样，大医院就成了基层医疗机构医生的“孵化器”。由于经过了严格而规范的训练，基层医生质量得到保证，能真正成为民众所信赖的“健康守护神”。北京协和医院等综合实力很强的医院，蜚声海内外，在人民群众中享有极高的声誉，重要的原因就是培养出了一批又一批优秀的临床医师，就是因为这些医院都有着非常严格的医师培训制度。

长期以来，我们针对现有队伍开展各种短期培训，组织“万名医师支援农村”，对提高卫生队伍素质和改善农民就医状况发挥了积极作用，但是还缺乏根本意义上的革故鼎新，还是不能从根本上改变基层卫生队伍状况。如果我们满足于对现状的修修补补，长此以往，将会付出历史的代价。要从根本上提高农村和城市社区卫生队伍素质，必须对医学教育整个链条进行改革，把医学教育的重点放到为基层培养人才。建立和普遍实施住院医师培训制度是改革的有效措施之一，要使大部分住院医师接受全科医学及其他普通专科的培训，再下到基层工作。这不仅能提高其临床诊治能力，还能提高其公共卫生、心理咨询、保健康复等综合医疗服务能力，成为面向基层、服务基层的高水平人才。同时，其本身在综合性大医院受训的经历也能使其成为联系大医院和基层医疗机构的纽带。

专科培训也很重要。住院医师中只能有一部分向专科方向发展。我们现在推行的专科医师培训试点，就是遵循医学人才成长规律的要求，通过分阶段培训，不但能为临床医师向更高层次进一步发展提供条件，更重要的是能培养出大批适合农村和社区工作需要的普通专科医师和全科医师，以及适应不同医疗单位需要的临床医师。严格而规范的住院医师培训制度将使临床医师终身受益。已经开展专科医师培训试点工作的地区和单位，要规范管理，保证经费，积累经验，为适时在全国推广专科医师培训和准入制度奠定基础。

多年来，我国的继续医学教育坚持以新知识、新理论、新技术、新方法为主要内容的“四新”教育，构建医学终身教育制度，已经成为卫生技术人员在职业生涯中不断发展职业能力、医疗卫生单位增强核心竞争力的重要途径和手段，在卫生人才队伍建设中发挥了重要作用。我们要在认真总结经验的基础上，不断完善继续医学教育相关制度与配套政策，多渠道筹集经费，建立健全继续医学教育投入机制，研究制订适合我国国情的继续医学教育标准。要扩大继续医学教育的覆盖面，在大中城市全面启动全科医学继续教育，探索东部支援西部、城市支援农村的继续医学教育途径和方式，为农村、社区卫生技术人员提供更多的继续医学教育机会。加强对疾病预防控制、卫生应急、卫生监督等人员的继续教育工作，增加护理、药学、检验、康复等医学相关技术专业的继续教育项目。积极发展远程继续医学教育，丰富继续医学教育资源，提高继续医学教育的可及性。强化过程管理，提高质量和效益，为卫生技术人员终身学习提供条件和营造良好氛围。

（五）重视并加强中医药学教育

中医药学是中华民族的灿烂瑰宝，是世界医学宝库的一个重要组成部分，也是我国优秀传统文化的重要组成部分。几千年来，中医药为中华民族的繁衍生息和健康做出了不可磨灭的贡献，不仅为中华文明的发展做出了重要贡献，而且对世界文明的进步产生了积极的影响。党和国家非常重视中医药学，但是中医药学教育现状与党和国家的要求、人民群众的需求都存在一定的差距。中国特色的医学教育肩负着继承和创新中医药学的重任，要积极探索和实践符合中医药人才成长的规律、培养合格中医药人才的体制和机制、以及院校教育、继续教育和师承教育相结合的新模式。推进中医药教育教学改革，一是医学教育资源应向中医药教育倾斜，教育部、卫生部、国家中医药管理局等部门可重点共建几所高水平的中医药大学，并纳入教育部的有关建设工程规划；二是契合中医药自身的传承规律，建立健全中医药师承教育制度，防止以“西”代“中”，在中医药大学中除现有既教中医又教西医的专业设置外，可考虑设置以传承中医药为主的专业，以承接“薪火”；三是坚持中西结合、以中为主的理念，中医药大学的教学医院适当地做一点西医服务，购置使用现代医疗诊断设备是必要的，但都应该在中西结合、以中为主的理念和体系框架下运行，特别要发展壮大原汁原味的中医药学教学和实践体系；四是中医药学教育要开放、创新，中医药学教育应该成为一个开放的体系，要充分利用现代教育教学方法和手段，强调教学和医疗活动的标准化和质量控制，建立符合中医药教育自身规律的标准体系；五是在中医药教学中要注重文化建设，读典籍、学历史、重实践。强调学习和应用《内经选读》、《伤寒学》、《金匮要略》、《温病学》等中医学典籍的重要性。

（六）积极开展医学教育国际交流合作

他山之石可以攻玉。建设中国特色医学教育体系，必须借鉴国际社会有益的经验。通过走出去、请进来，联合教学、科研等形式，同世界各国广泛开展卫生和医学教育方面的交流合作，互相学习，取长补短，从而使我们在建设人人享有基本医疗卫生服务的制度和以健康促进为核心的医学及医学教育中，走出一条符合中国国情的卫生改革发展道路。医学教育交流不仅要与欧、美、日等发达国家进行交流，也要重视印度、巴西、古巴等发展中国家取得的经验，特别是古巴等发展中国家在卫生人才培养、卫生成本效益、卫生产业发展、价值观及制度安排等方面的经验尤其值得我们学习。在一个世界人口最多的发展中大国，发展医学教育、培养卫生人才、实现人人享有基本医疗卫生服务的目标，将是中国对世界医学教育、卫生人力开发和卫生事业发展的一个巨大贡献。

三、紧紧围绕人人享有基本医疗卫生服务的战略目标，齐心协力开创卫生人才培养工作的新局面

病有所医，人人享有基本医疗卫生服务，是党的十七大对卫生事业发展提出的新要求，是对人民群众新期盼的郑重承诺。医学教育承担着培养高素质卫生人才的使命，培养和造就一支为社会主义现代化建设服务，具有职业素质、实践能力、创新精神和国际交流与合作能力的卫生人才队伍，是卫生部门和教育部门当前和今后一段时期工作的光荣使命。

（一）落实制度，强化医学教育的协调合作机制

卫生人才培养和队伍建设是一个庞大的社会系统工程，需要教育和卫生行政部门密切配合，需要其他部门的支持和社会各方面的共同努力。我们要加强与人事、财政等有关部门的沟通协调，为卫生人才培养工作争取更多的政策和资金支持。卫生部和教育部已经建立了医学教育宏观管理的协调机制，定期沟通和交流，共同研究和解决医学教育的重点和难点问题。希望各地也要建立这样的协调机制。各级卫生行政部门要积极主动与教育行政部门和办学机构进行交流和沟通，通过制定卫生人力发展规划，对卫生人力需求进行详细分类、分层，积极参与和支持医学教育工作，科学引导医学教育的发展。卫生部将密切和教育部的合作，研究共建一批高等医学院校，在教育、科研项目上加大对共建院校的支持。即将实施的传染病防治科技重大专项、新药创制科技重大专项、公益性行业科研专项，以及中西部社区卫生人才培养项目等都需要医学院校的支持和参与。我们还将共同研究制定中国医学教育的中长期发展规划，携手构建院校教育、毕业后教育和继续教育各阶段合理衔接的医学教育体系。

（二）统筹协调，健全卫生人才培养体系

卫生人才的培养具有实践要求高、成长周期长的特点，医学教育是由院校教育、毕业后医学教育和继续医学教育三阶段组成的连续统一体，具有不同于其他教育的特殊性。要进一步明确三个阶段的目标和任务，院校教育以医学通识教育为出发点，构建学生合理的知识结构，开发学生终身学习和继续职业发展的潜能，为从事医疗卫生工作打下坚实的基础；毕业后医学教育主要是通过系统而规范的培训，使医学毕业生能运用专业知识，掌握临床基本实践技能，成为能够独立工作的临床医师；继续医学教育是以学习现代医学科学技术发展的新理论、新知识、新技术、新方法为重点，注重先进性、针对性和实用性的一种终身性医学教育，目的是使卫生技术人员在整个职业生涯中保持高尚的职业道德和较高的业务水平。要不断完善终身教育体系，统筹协调院校医学教育、毕业后医学教育和继续医学教育，使其相互紧密衔接，合理分工，真正建立起我国卫生人才培养的完整体系，有效培养出合格的医疗卫生人才。

（三）完善政策，建立健全卫生人才培养工作的保障机制

卫生人才培养工作离不开政策的引导与支撑。我国大量的卫生人力资源集中在大城市大医院，农村、社区和边远地区人才短缺、能力薄弱的问题始终没得到很好解决。解决基层卫生人才问题，既有教育培养的问题，更有吸引、使用和管理的问题。特别是在吸引和使用环节上，要从制度层面着手，完善相关政策，为卫生人才培养工作可持续发展创造一个良好的环境。各级教育、卫生行政部门要制定和完善农村和城市社区卫生人才培养和队伍建设的各项政策，调动和发挥各方面的积极性，切实推进农村、城市社区和中西部卫生人才培养和队伍建设。制定优惠政策和采取综合措施，要紧紧抓住人才培养、吸引和使用三个重要环节，逐步解决农村和城市社区卫生人才下不去、留不住、用不上及队伍不稳定等难点问题。在政策导向、资金投入、项目安排上给予优惠，为农村、城市社区、中西部地区卫生人才培养和队伍建设提供有力的支持。对长期在城乡基层工作的卫生技术人员，在职称晋升、业务培训、生活待遇等方面，应给予适当倾斜。对于优秀的基层卫生人员应给予表彰和奖励，弘扬他们的奉献精神和高尚医德医风。

加大投入，建立卫生人才培养和队伍建设的经费保障机制。经费投入是决定各项工作实施效果的基本条件，在卫生人才培养和队伍建设中起着关键性作用。各级卫生行政部门要加大经费投入力度，设立专项资金，多渠道筹措经费，保证卫生人才培养和队伍建设可持续发展，保障卫生技术人员整体水平和卫生服务质量的不断提高。

卫生人才培养工作任重而道远。这要求我们既要突出重点，又要统筹兼顾，坚持可持续发展；既要踏实工作，又要善于协调，形成合力；既要解决现实问题，又要着眼制度建设，谋划长远；既要继承传统，又要大胆创新，正确处理好改革、发展、稳定的关系。

党的十七大为卫生和教育事业制定了新的目标，提出了新的任务，做出了新的部署，卫生工作面临着新的历史使命。完成这一使命必须依靠千千万万卫生人才，必须依靠一支道德高尚、医术精良的卫生人才队伍，造就这样一支队伍是我们医学教育肩负的重任。我们要以对国家、对人民高度负责的态度，增强责任感和使命感，以开拓进取的精神、奋发向上的风貌、求真务实的作风，扎实工作，不断开创医学教育和卫生人才培养工作的新局面，为我国卫生事业改革和发展、为提高全民健康水平做出新的更大的贡献！

实施“中国妇女健康行动”努力实现人人享有基本医疗卫生服务的目标

——卫生部部长陈竺在中国妇女健康行动研讨会上的讲话

（2008年3月1日）

在2008年“三八”妇女节即将来临之际，我们隆重举行“中国妇女健康行动”研讨会，以实现人人享有基本医疗卫生服务为目标，在全国推动实施妇女健康行动，使妇女的健康状况和生活质量得到进一步改善和提高。这给全国妇女带来了健康福音，必将在新的起点上推动我国妇女健康事业的发展。

党的十七大报告提出“健康是人全面发展的基础”，把人人享有基本医疗卫生服务作为实现全面建设小康社会奋斗目标的一项新要求。这体现了党和国家对人民群众健康的高度重视，也反映了人民群众对改善生活质量的殷切期盼，是卫生工作和“中国妇女健康行动”必须遵循的指导原则和正确方向。为了实现人人享有基本医疗卫生服务的奋斗目标，我国正在加快推进医疗卫生体制改革，着力建设基本医疗卫生制度，建设和完善覆盖城乡居民的公共卫生服务、医疗服务、医疗保障和药品供应保障四大体系。卫生改革发展的新形势、新要求，为我国妇幼卫生事业发展和妇女儿童健康的持续改善提供了难得的历史机遇。

刚才，顾秀莲副委员长就认识促进妇女健康的意义，重视维护妇女健康权益和进一步完善妇女健康的保障政策与工作机制发表了重要讲话，给我们以很大的鼓舞，也是对中国妇女健康行动的有力指导。妇女儿童的健康状况，是社会发展质量和发展水平的一面镜子。妇幼卫生的主要指标，例如，孕产妇死亡率和婴儿死亡率，不仅反映妇女儿童的健康水平，也反映全民的健康素质、生活质量和文明进步，反映社会公平和现代化程度，这已成为国际社会的共识。上世纪70年代以来，有关发展的联合国大会和各国首脑会议，都高度关注妇女儿童的健康，把孕产妇和儿童生存状况作为测评各国发展的最重要指标，作为促进人类进步的优先行动领域。特别是2000年9月联合国千年首脑会议签署的《联合国千年宣言》，庄严承诺全力以赴实现八项重大发展目标，其中妇幼卫生领域就承担了降低儿童死亡率和改善产妇保健两项任务。我国政府对此已经作出庄严承诺。妇女儿童健康作为长期影响社会发展的战略性要素，对于促进社会和谐、全面建设小康社会和基本实现现代化具有全局意义。着力改善妇女儿童的健康状况，不仅仅是为了实现联合国千年发展目标，为了我国经济社会的全面协调可持续发展，更是为了提高全民健康水平和生活质量的目标。

在党和政府高度重视和全社会的支持下，建国以来妇女儿童的健康状况显著改善。近几年妇幼卫生工作取得了令人鼓舞的新成就。全国婴儿死亡率由2003年的25.5‰降到2007年的15.3‰，降幅达40.0%；孕产妇死亡率由2003年的51.3/10万降到2007年的36.6/10万，降幅达29.0%。全国已经形成了以《母婴保健法》及相关法律法规为法治保障，中国妇女、儿童两个发展纲要为规划目标的妇幼卫生管理体系；妇幼卫生服务网络以各级妇幼保健机构为龙头，基层卫生机构为基础，其他医疗卫生机构为支撑，基本覆盖全国城乡。

但是，历史长期形成的城乡差别、区域差别和现阶段不同群体的收入差别，使我国妇幼卫生服务的可及性、公平性仍然受到严重挑战。卫生资源过多集中在城市，70%以上可以避免的孕产妇和婴幼儿死亡大多发生在农村和边远贫困地区；西部边远农村还面临着普及妇幼卫生基本服务的困难；妇幼卫生服务还难以覆盖城市农民工群体。同时，随着社会经济条件的变化和疾病谱变化，一些妇女常见疾病，如乳腺癌在我国发生率近年来呈明显上升趋势，而宫颈癌的防治任务也十分艰巨。妇女生殖道感染所致疾病仍待控制。新生儿出生缺陷的防治也已列入卫生工作的主要议程。因此，提高妇幼卫生服务的可及性、公平性，应当成为发展妇幼卫生事业需要优先考虑的战略选择；缩小妇幼卫生服务的城乡、区域和人群差别，是加快降低孕产妇死亡率和婴幼儿死亡率，防治各种主要妇女常见疾病，提高妇女儿童健康水平，实现人人享有基本医疗卫生服务的最有效的途径。

为此，政府应当切实承担起提供公共服务的职责，充分发挥主导作用，扶持妇幼卫生事业，并以农村和边远贫困地区为重点，调整投入结构，促进妇幼卫生服务公平、可及。许多国家的经验表明，将妇幼卫生纳入公共卫生领域，加大投入，在基本服务项目上逐步实行由政府投入提供，对于促进妇幼卫生服务惠及弱势人群、提高可及性和公平性具有关键性作用。同时，我们也要充分注意发挥卫生科技在妇幼卫生工作中的重要作用。注意有效药物、疫苗、器具、疾病筛查的生物标志和有效技术的研究、开发与创新，要高度重视疾病流行病学队列研究，发挥公共卫生和基层医疗服务机构在这一研究中的网底作用。要鼓励临床医学和基础医学的研究中心，组织优秀团队针对妇幼卫生的重大需求，加强转换型研究。妇幼卫生事业发展和妇女儿童健康状况的改善，不仅仅取决于妇幼卫生系统甚至整个卫生系统，还取决于国家经济社会发展的大环境以及人口受教育的水平、妇女的社会地位、消除贫困和公共筹资机制的完善等。应当在政府的主导下，建立相关部门的协调合作机制，将妇幼卫生发展与经济社会政策有机地结合起来，这样才能加快推进妇幼卫生服务的公平、可及，使妇女儿童共享改革发展带来的健康成果。

为落实全面建设小康社会奋斗目标的新要求，提高全民健康水平，卫生部正在积极研究制订“健康中国2020”战略规划，这是一个到2020年整体推进我国公共卫生建设、促进人民群众健康的中长期规划，包括公共卫生各个领域的行动计划，是以人人享有基本医疗卫生服务为目标的重大公共卫生行动。“中国妇女健康行动计划”是其中的重要组成部分，也是一个我们希望先期实施的行动计划。积极推动实施“中国妇女健康行动”，将为卫生工作中长期规划妇女儿童健康工作打下坚实的基础，同时也有助于整体实现公共卫生的规划目标。希望各级卫生部门在各级政府的领导下，同有关方面共同努力、精心组织、扎实推进，使“中国妇女健康行动”真正成为全社会共同参与的公共卫生行动，为提高妇女儿童健康水平和全面建设小康社会做出应有的贡献。

准确把握医政工作地位和作用　全面加强医疗质量管理

——卫生部部长陈竺在2008年深化医院管理年活动暨全国医政工作会议上的讲话

（2008年8月28日）

2008年深化医院管理年活动暨全国医政工作会议今天在北京召开了。首先，我代表卫生部向获得全国医院管理年活动先进单位和全国卫生系统护士岗位技能竞赛获奖单位的代表们表示热烈的祝贺！向与会的代表们表示亲切的问候，向全国医政战线工作的同志们表示诚挚的感谢！

今年的全国医政工作会议，有着与往年不同的背景。第一，今年是贯彻落实党的十七大精神的第一年，也是改革开放30周年；第二，我们刚刚经历了汶川特大地震和成功举办第29届北京奥运会这两件大事，全国医政战线的同志们做出了重大贡献，得到了党中央、国务院的高度评价，也得到了全国人民的高度评价；第三，医药卫生体制改革方案计划于今年出台，卫生改革与发展的任务非常繁重，医政战线的同志们责任非常重大，使命也非常光荣。下面，我就医政管理工作讲几点意见。

一、正确认识形势，以十七大精神统领医政工作发展思路

当前，我国卫生工作正处在一个重要的发展阶段，机遇和挑战并存，做好医政工作需要我们正确认识医政工作面临的新形势。经过多年的改革、发展和建设，我国经济实力大幅度提升，改革开放取得重大突破，社会建设全面展开，人民生活显著改善，国际影响日益提高。这些成绩的取得既有医疗卫生战线同志们做出的不可替代的贡献，同时，也让我们的工作面临更好的发展机遇。我们面临的形势有以下一些主要特点：

第一，健康问题是党和政府高度关注的民生问题。胡锦涛总书记在党的十七大报告中指出：健康是人全面发展的基础，关系千家万户幸福。这一观点深刻揭示了健康对于人的全面发展和实现社会和谐发展的基础性作用，将卫生事业的地位提高到事关经济社会发展全局的高度。特别是总书记在十七大报告中提出“提高医疗服务质量”，“为人民群众提供安全、有效、方便、价廉的医疗卫生服务”。这是在党的全国代表大会上第一次提出医疗服务质量和医疗安全管理这一医政工作的核心内容，充分说明党和政府对卫生工作、对医政工作的高度重视。温家宝总理也曾明确提出：要更加重视社会发展和改善民生，坚持以人为本，促进社会事业加快发展，积极解决人民群众最关心、最直接、最现实的利益问题，维护社会公平正义，让全体人民共享改革发展成果。2003年抗击非典的斗争和5·12汶川大地震的举国大救援都充分体现了党中央、国务院对人民健康的高度关心，对卫生工作的高度重视，为我们做好卫生工作，特别是医政工作提供了坚定的信心和坚实的政治基础。

第二，医疗服务是人民群众衡量卫生工作的重要尺度。卫生工作与人民群众的利益密切相关，是社会各界高度关注的热点领域。卫生工作千头万绪，卫生行政部门和卫生系统的同志们与政府其他相关部门一道，为做好这项工作也付出了很多心血，但落实到人民群众那里感同身受的就是看病就医问题。人民群众往往通过医疗卫生服务来看经济发展成果、看政府管理能力、看政策落实情况、看社会和谐公平。我们讲看病就医最根本是两条：一是能不能看得起病；二是能不能看得好病。看得起病需要医疗卫生部门和其他政府部门共同努力，也需要动员全社会的资源。而让人民群众把病看好，看得

明白，看得放心，看得有安全感，看得有温馨的人文关怀，就是各级卫生行政部门，尤其是医政部门义不容辞的责任。

因此，我们要正确认识当前医政工作面临的形势，深入贯彻落实科学发展观，认真学习党的十七大报告，深刻领会总书记在报告中对卫生工作，特别是医政工作提出的任务和要求，坚持公益性这一主线，以十七大精神统领医政工作发展思路。医政工作的核心内涵是保证医疗质量和医疗安全，提高医疗服务水平，也就是总书记在报告中提到的“安全、有效”，这是我们最根本、最重要的工作任务。同时，在医政工作领域贯彻落实科学发展观，就是要做到平衡发展、协调发展。我们不仅要为人民群众提供安全、有效的医疗服务，还要通过采用适宜技术、合理选择药物、规范诊疗方法，在保证治疗效果的前提下，控制医药费用的不合理增长，做到“方便、价廉”，切实提高医疗服务的可及性，使医疗服务与我国社会主义初级阶段的基本国情相适应，与我国经济社会的发展水平相适应，特别是要与广大人民群众的经济承受能力和心理承受能力相适应，而不能脱离社会发展的现实。所以同志们要从医疗服务是人民群众衡量卫生工作重要尺度这样一个高度来审视、促进、做好医政工作。

二、主动适应形势，提高统筹管理医政工作的能力

1949年新中国成立、卫生部成立以来，医政工作就是卫生部主要的核心业务工作之一，为保障人民群众的身体健康发挥了十分重要的作用。进入新的历史时期，随着经济社会的发展和人民群众需求的提高，医政工作被赋予越来越丰富的内涵。特别是近几年来，医政工作取得了令人瞩目的成绩，效果显著。医政战线的同志们要进一步适应新形势，提高统筹管理医政工作的能力，要注意以下几个方面：

第一，主动转变思路，适应工作需要。思路决定出路。在长期的医政管理实践中，我们积累了丰富的工作经验，打下了良好的工作基础。但是也有少部分同志形成了一套惯性的固定思维模式，距离党和政府的要求，距离人民群众的期望还有一定差距。必须看到，在新的历史时期，我们的思想观念、管理思路、工作方法，以及干部的素质、能力和作风，要进一步适应新形势、新任务的需要，要按照十七大的要求，转变思想、更新观念、奋发有力，要思考一些深层次的问题，要关注深化医疗卫生体制改革的进程，进一步加强对医疗服务的指导、监管和统筹协调，充分发挥积极性、主动性、创造性，不断研究新问题，总结新经验，开创新局面。

第二，提高管理能力，加强指导监督。近年来，医政工作面临的形势不断发生变化，医政队伍的管理手段也需要不断适应这些变化。所以同志们要多统筹规划，少行政命令；多指导帮助，少批评指责；多解决问题，少简单处罚。我们要特别注重加强医政队伍的能力建设，这是我们做一切工作的根本。要充实医政队伍力量，加强培训、指导和学习，不断提高从宏观和战略上思考解决问题的能力；提高应对复杂局面、有效处置的能力；提高统筹规划、协调发展的能力；提高依法行政和指导医院、管理医院的能力；提高科学决策的能力。

第三，突出工作重点，落实管理责任。医政工作内容庞杂，牵涉面广，但医政队伍人手少，责任重，必须突出重点，以点带面。普天之下，以民为大；医疗安全，重于泰山。医政工作最核心、最重要的内容是确保医疗质量和医疗安全，这是医政工作的根基，也是医院管理的永恒主题，任何时候都不能动摇。其次，要强化管理措施，落实管理责任。个人的能力来自于经验，来自于学习，组织的能力来自于制度。我们在长期的医院管理和医政工作实践中总结了大量行之有效的管理措施，许多已经上升到法律和制度的层面，是我们做好医政工作的宝贵财富和基本依据。要切实把医政相关的法律、法规、制度落实好，落实到位，并随着社会的发展和实践的需要逐步加以补充和完善。医政处长和医院院长们要切实负起责任来。第三，要加强对医政管理干部的培训。在这方面各地都采取了不少措施，也取得了很大成效，今年要继续抓紧这方面的工作。卫生部也要对各地医政干部加大培训力度。

三、发挥队伍优势，不断提高医政工作管理水平

多年来，全国医政战线的同志们和600万医务人员兢兢业业，努力工作，为保护人民群众身体健康做出了突出贡献。我最近看的一个统计资料显示：2007年整个卫生系统队伍共590万人，还有93万乡村医生和卫生员。在这590万人的卫生队伍中，356万在医院工作，其中268万在综合性医院工作。医生护士共356万人，也就是说，590万人的队伍中一半以上是在医政管理的系统里工作。所以，在历次突发事件的处置和紧急医疗救治工作中都有医政管理干部和广大医务人员的身影。特别是在“5·12”汶川特大地震灾害中，医政战线的同志们和广大医务工作者在党中央、国务院的号令下，积极响应卫生部的号召，将灾区人民群众的生命安全放在首位，在最短的时间内集结了数万名医疗卫生救援人员火速赶往灾区，与各方面救援力量一起开始了抢救生命的接力。许多救援队伍都是由卫生厅厅长、医政处长和医院院长们亲自带队，并且一去就是十几天，有的甚至长达几十天。在救援早期，灾区的生活条件十分艰苦，可是同志们没有任何怨言。面对灾区群众生命的呼唤，医政战线的同志们和包括医生、护士和医技人员在内的广大医疗救援人员将生死置之度外，不畏艰险，不顾疲劳，为生命抗争，与死神赛跑。在气壮山河的举国大救援中，在余震不断的灾区大地上，白衣天使们以巨大的勇气和无私的奉献，呈现了崇高的精神力量，庄严阐释了“救死扶伤”的职业信仰，生动见证了可歌可泣的民族精神，使全社会更加深刻地体会到我们的医疗卫生队伍是一支在关键时刻拉得出来、能打硬仗、能打胜仗的队伍，是一支值得信赖和需要倍加珍惜的队伍。

最近在奥运卫生保障工作中，我们这支队伍又承担了重要的任务。在北京和其它的赛事城市，通过我们扎实、细致的工作，圆满完成了奥运卫生保障任务，确保了奥运期间的医疗工作有序、有效、有力进行，真正做到了让国际社会满意、让运动员满意、让人民群众满意，为保证举办一届有特色、高水平的奥运会做出了重大贡献。

最近中央要求各行各业总结改革开放 30 年取得的成就，卫生部也在组织力量全面回顾和总结 30 年来卫生系统改革开放取得的成绩和进步。我常常想，在卫生系统取得的诸多成就中，最大的成就就是我们锻造出了一支对祖国和人民特别忠诚，特别具有大局意识和奉献精神，具有精湛的专业技能的医疗卫生队伍。这支队伍特别能吃苦、特别能战斗，他们优良的品质和优秀的素质在关键时刻往往能得到更大的体现。我想起郭沫若先生在《满江红》中写过的一句话，“沧海横流，方显出英雄本色”。这支队伍就是我们国家一笔非常宝贵的财富，对卫生系统而言就是最宝贵的资源。

回顾过去 30 年卫生事业和医政工作发展，成绩是主要的，当然，我们也要正视问题，不回避问题，但要分清什么是主流，什么是支流，在这个问题上我们必须有清醒的认识。我认为改革是卫生事业在已经取得成绩基础上的自我完善，是为了更好地满足人民群众不断增长的需求和期盼，是为了改革那些不适应卫生事业发展的体制、机制。所以卫生系统的同志们，特别是医政和医疗战线的同志们一定要有自信心。在改革当中我们是生力军，也是改革的动力，这个认识我希望同志们要很好地确立。尽管现在卫生改革还面临诸多的困难，我们的医疗服务也还需要进一步提高质量，但有了这支队伍，我们就能克服一切困难，战胜一切挫折，在保护人民群众身体健康，提高国民健康素质的道路上奋勇前进。我们要充分发挥这支队伍的积极性，努力保护在抗震救灾工作和整个改革开放 30 年，乃至于建国以来卫生系统保留下的宝贵遗产，特别是要使伟大的抗震救灾精神发扬光大，代代传承。

我本人多年在医院工作，主要从事医学研究，对于医政工作和医院管理工作还需要进一步了解。但是对医政工作近年来取得的进展和成就还是有很深的亲身感受的。卫生工作讲到底，一个是防病，一个是治病。这些年全国医政部门在有关医疗质量和医疗安全管理的法律、制度建设和体系建设等方面做了大量工作，医政管理法律法规日臻完善，国家医疗质量保障和持续改进系统正在建立，为进一步提高我国医疗服务的技术水平和管理水平打下了坚实基础。当前在十七大提出“人人享有基本医疗卫生服务”这样一个时代背景下，在卫生系统构思“健康中国 2020”这一卫生事业中长期发展规划的时刻，在医疗卫生体制改革的关键时期，医政工作还要在以下一些领域有所突破：

第一，要进一步加强医院管理工作。医院管理是医政工作的重点领域，在医院管理工作中医疗质量和医疗安全又是医院工作的核心和永恒主题。3 年来，通过开展“以病人为中心，以提高医疗服务质量为主题”的医院管理年活动，我们集中解决了医院的一些内部管理问题。下一步大家要按照 2008 年医院管理年活动方案确定的总体原则，继续巩固成果，不断创新，持续改进医疗服务质量。要重点抓好三甲医院的管理，这是医疗行业的标杆。我们也要加强对医院院长，特别是三甲医院院长的管理，以三甲医院带动全国医院。院长是医院管理的第一责任人，一个院长对一所医院的建设、管理和发展起着重要作用。院长们责任重大，一定要树立责任意识、角色意识和大局意识。当然，院长们也是医院管理团队的班长，医院领导班子的建设非常重要，医院管理当中要非常强调党政领导之间的密切配合和无缝衔接。医政部门也要加大对医院管理和指导的工作力度，借助这个平台，把这个品牌做精做细。同时，还要立足当前，放眼长远，要从制度和机制方面加以考虑和设计，逐步建立医院管理评价的长效机制，不断探索符合我国国情的医疗机构法人治理结构，提高我国医院管理的整体水平。

第二，巩固医疗质量体系建设，持续改进医疗服务质量。近年来，医政系统出台了许多有关医疗机构、医务人员和医疗活动准入、控制、评价的法规和规定，建立了医疗质量管理制度的基本框架，这是一个历史性的进步。但是也要看到，医疗质量和医疗安全管理是一个持续改进、不断追求完善的过程，永无止境。随着时代的发展，框架内一些已经建立的制度需要进一步修订，以适应新需要，如合理规划、布局不同级别、类别，不同规模和服务类型的医疗机构，使之充分发挥功能，做到优势互补。这就是我们讲的区域卫生规划中的区域医疗服务体系规划。最近我们正在原有的医疗服务体系基础上进行一些重大调整。社区医疗卫生服务体系这几年成为城市医疗卫生事业发展中的一个新的重点领域，但是原来三级医院的构架如何与社区医疗卫生服务中心、站的发展形成良性互动，将来在城市医疗服务体系当中分两个层级还是三个层级等，都是一些新问题，需要我们认真加以研究。前一阶段我们在乡镇卫生院的建设方面下了比较大的力气，但是农村的医疗卫生服务网络是县、乡、村三级服务网络，龙头还是县医院，所以一方面要继续加强、加大对乡镇卫生院的扶持力度，另一方面还要抓好县医院的建设。在三级网络中县医院是县域的医疗服务中心，把县医院做强、做大了，才有可能使农民群众小病不出乡，大病基本上不出县，才能发挥县医院对县域医疗卫生机构的支持、辐射作用，并做好对乡镇卫生院和乡村医生的培训工作。

随着时代的发展和进步，这些问题需要我们不断加以思考，改进工作。对各类综合医院和专科医院的准入标准、执业规范等也要进行重点研究。我们一直在思考医院评审、评级工作。原来的医院评审是一个比较合理的形式，但是评价标准应当随着医疗卫生事业的发展，随着医疗服务内涵的不断扩大，随着医疗技术含量的不断提升加以补充和完善。所以我们要进一步研究这方面的制度。还有一些尚未建立的制度也亟待建立，如医疗技术，尤其是特殊医疗技术的临床准入、单病种的质量控制标准和临床路径选择等，这方面我们还要不断学习、借鉴先进国家的一些做法和经验，要通过这些工作使医疗活动准入、控制、评价的法规、规定、标准的体系及内涵越来越丰富、越来越完善。一个高质量、高水平的医疗服务，最终是要靠一个高质量、高水平的管理控制系统来发挥作用。

第三，关于深化医药卫生体制改革。党中央、国务院高度重视这项工作，温家宝总理多次听取各方面意见，前不久李克强副总理到卫生部视察和指导，就医改的有关问题和近期工作重点进行进一步深入研究，制定工作方案。今天我在这里向同志们转达克强同志代表党中央、国务院对卫生系统同志们的亲切慰问。

去年11月卫生部受国务院委托向全国人大报告工作的时候，谈到了医改的主要框架。医改的目标就是十七大提出的“人人享有基本医疗卫生服务”。如果把这个目标看成是一座大厦，那么就要有梁、有柱。医改方案形象地说就是“四梁八柱”，四梁就是医疗服务体系、公共卫生体系、医疗保障体系和药品供应和保障机制；“八柱”就是管理、运行、投入、价格、监管、科技和人才、信息平台和法制环境八方面的保障和支撑。

在深化医药卫生体制改革指导意见修改、完善的过程中，克强同志提出“四梁八柱”是一个比较长远的建设目标，要进一步明确近期的工作重点。经过一段时间的酝酿，在广泛听取各方面意见的基础上，医改部际协调工作小组16个部委的同志们经过反复协商讨论，明确了到2010年前要实现的框架性目标，一共包括5个方面：

一是加快推进覆盖城乡的基本医疗保障制度建设。农村要进一步巩固发展新型农村合作医疗。目前扩面的工作进展很好，今年上半年已经实现了全覆盖，农民参合率达到91.54%，参合农民达8.15亿；城市要进一步扩大城镇职工基本医疗保险和城镇居民基本医疗保险的覆盖面。

二是建立国家基本药物制度。基本药物制度是体现国家公益性药物政策的基石，也是药品供应保障体系的核心，它是针对绝大多数公民的常见病、多发病，价廉、质优并具有普遍可及性的药物目录，以及为了实现这些药物的可及性所要建立的政策体系和具体的保障措施。

三是健全基层医疗卫生服务体系。就是城市以社区医疗卫生服务中心、农村以乡镇卫生院为重点的基层医疗卫生服务机构。

四是促进基本公共卫生服务均等化。

五是推进公立医院改革试点。这是医疗卫生体制改革的核心问题之一，是焦点，是难点，也是重点。把公立医院改革列入近期工作重点，是党中央、国务院对卫生系统的信任。希望同志们把改革看成是医政工作、医疗工作、整个卫生工作发展的一个强劲动力，积极主动地投入到这场伟大的改革事业中去。大家日常工作都很忙，但如果我们只限于一般事务，不去思考一些深层次的问题，卫生事业公益性的体现和一些困扰我们事业发展的问题就不能得到根本性解决。所以大家一定要提高对这项工作重要性的认识。

改革要依靠党中央、国务院的坚强领导，同时也要充分发挥部门和地方的积极性，创造性地开展工作。回顾改革的过程可以看出，总体思路中央定，但是关于具体的改革路径、突破口的选择等，基层一直在不断地创造各种新经验，所以改革一定是自上而下，自下而上相结合的过程，是人民群众的伟大实践，也是卫生系统的伟大实践。

最近一些地方卫生系统的同志们，包括一些大医院和在基层医疗战线工作的同志们都在思考问题，而且提出了一些很好的想法。我希望在向全社会广泛征求改革意见的过程中，卫生系统的同志们能够积极、主动地参与。对于卫生系统取得的成绩和改革开放30年医疗战线积累的经验必须加以充分肯定。同时，我也希望同志们能更加贴近人民群众的呼声，认真思考我们面临的一些问题，结合医院管理和医政管理实践，积极献言献策。

当前，我们要特别注意坚持基本医疗服务，体现公益性的问题。如果我们这个系统最后只能为社会的少数人服务，而最广大的人民群众不能从不断提高的医疗质量和医学技术进步中获益，就不能说我们的事业是成功的。医疗服务的质量既要从医学本身来评价，也要从社会效益方面评价。而医疗服务的公平性和医疗服务的质量效益紧密相连。控制医疗费用的不合理增长需要规范诊疗秩序，加强行风建设，更需要从根本上解决那些助长医疗机构趋利趋势的深层次问题。医疗资源的合理配置也需要加强政府职能，要加大对公共领域的财政投入，如果都是医院自己筹资，靠市场行为驱动，将很难做到合理配置医疗资源，也必将使城乡差距越来越大。

公立医院，特别是大医院在整个国家的医疗卫生事业发展中起着骨干引领的作用，要充分体现对基层医疗服务系统的支持、辐射作用、一定意义上的公共卫生服务功能和为整个医疗卫生系统培养、教育人才的作用。同时，医疗队伍的思想文化素质和道德建设也至关重要。不解决一些深层次问题，从长远来看这支队伍的优良素质就会出问题。所以我们一定要从坚持基本医疗卫生服务的公益性这样一个宗旨出发，来考虑医疗机构的发展，而不能把创收作为主要任务。希望将来大医院的领导们在一起交谈的时候，更多地谈我们在惠民服务方面做了多少工作，在使用基本药物方面采取了哪些措施，在降低人民群众最关切的重大疾病的死亡率、致残率，提高生存率、康复率方面取得了哪些成就。我是搞血液研究的，对白血病来说我们最关心的是5年无病生存率能达到多少。国际水平一般是30%到35%，我国现在最好的也只能达到20%。大家要比这些。我希望我们的大医院能够成为我国医疗科研的重要基地，我们不比多少张床位和花钱就能买来的仪器设备，而是比为中国的新药创制做了多少工作，我们有没有GCP（Good Clinical Practice药品临床试验管理规范）的能力，我们为我国自主创新的医疗仪器设备业的发展做了哪些贡献。如果一些不好的倾向不改变的话，我们将很难在国家医学科学发展上做出原始创新。在新中国成立以来的医学发展历史上，有许多重大贡献和突破，如 50 年代我们在绒癌、烧伤的治疗上取得重大突破，60、70 年代在断肢再植、小肝癌的治疗方面取得重大突破。当时烧伤的钢铁厂工人来就诊，我们没有计算经济问题，而是考虑能不能突破教科书上的禁区，集中最好的医疗、护理力量进行抢救和治疗。所以我们一定要认真思考这些问题。

从这次抗震救灾的情况看，我们这支队伍的基本素质是很好的。我在接受中央电视台《面对面》栏目采访的时候，发自肺腑地讲了一些话。当时主持人问我：那么多的队伍派出去，全国 20 个省市要接收超过一万的病人，医院院长们有没有压力？我说肯定有压力，但在这个时候大家首先想到的是人民群众的生命安全高于一切，一些在一线抢救的医疗救援人员是冒着余震的危险留下遗书去工作的。所以无论是从体现医疗卫生事业的公益性，提升医疗质量和医疗安全的水平，还是从发展卫生事业的角度看，改革都是非常重要的，我们一定要把这项工作作为下一阶段整个卫生系统工作的核心、重中之重。我在这里拜托大家，对公立医疗机构的改革，要多用一点精力，多深入调查研究，多进行一些思考。在医改方案出台以后，在试点过程中，多解放一点思想，迈出一些实质性步伐。这件事党中央、国务院下了很大决心，全国人民也非常支持，能不能把工作做好，归根结底要看我们卫生系统有没有思路，有没有符合实际的工作方案，有没有举措。

第四，继续做好血液安全管理工作。血液管理是医政管理的特殊领域，血液安全是个高压线，不能碰，不能出问题。这些年，我们通过大力开展无偿献血工作、调整全国采购血机构网络、开展质量体系建设、督导检查和加强临床用血管理等措施，使全国血液管理工作稳步发展，血液安全得到基本保证。但是这并不意味着血液管理就可以高枕无忧，保障血液安全是卫生部门履行政府职责的一项长期、艰巨的任务，对血液安全管理工作时刻不能放松，要从建立、完善长效机制入手，围绕关键环节，明确责任，落实任务。同时我们也要对新出现的一些问题加以思考，改进工作。这里特别提出的就是现在一些血浆制品供应出现了比较严重的短缺局面，我们面临的压力在未来一段时间内会进一步加大。希望同志们在这方面多做一点思考，多想一些办法。

第五，其他医政工作。汶川大地震的紧急医疗救治工作取得重大成绩的同时也带给我们诸多思考。如何在现有的医院院前、院内急救系统基础上提高能力、整合资源、发挥效能，逐步建立和完善国家紧急医疗救援体系。同时，深入研究发展灾难医学，以应对频发的各种自然灾害和安全事故带来的重大人员伤亡，这些都是汶川大地震留给我们的重大课题；地震伤员的康复工作凸显了我国康复医学基础的薄弱，康复医学发展落后于其他临床学科，使之成为医疗服务这个“木桶”中的“短板”。如何以此为契机推动康复医学的学科建设和人才培养，需要我们进一步深入思考。以前我们提卫生工作一般讲防和治，现在看来康复医学越来越成为重大问题。所以有专家提出来应该提防、治、康这样一个更加完整的医学发展理念；此外，在目前中央高度重视农村卫生工作，要求努力缩小城乡卫生服务差别的情况下，如何用好国家政策和财政资金，进一步做好像“万名医师支援农村卫生工程”这样的卫生支农工作和农村县医院的能力建设，也在考验我们的政治智慧和工作能力。希望大家带领医政战线的同志们共同做好医政重点领域和优先领域的工作，不断提高我国医政工作管理水平。

2008 年是非常不平凡的一年，时间已经过半，我们的国家在这一年经历了许多风雨，但是在党中央、国务院的坚强领导下，全国人民众志成城，战胜了各种意想不到的困难，最终收获的是全民族空前的团结和高涨的爱国热情与民族信心，我们的卫生事业在面临难得的发展机遇的同时也将迎接更加严峻的挑战。我相信这些挑战必将转化为卫生系统进一步发展的更大的机遇。让我们以十七大精神为指导，深入贯彻落实科学发展观，紧紧围绕卫生部 2008 年工作部署和医政重点工作，振奋精神，扎实工作，不断加强医疗质量和安全管理，为人民群众提供更加优质、满意的医疗卫生服务，用扎扎实实的工作和成效迎接改革开放 30 年这一值得我们民族引以自豪的盛大节日！

卫生部部长陈竺在 2006—2007 年度全国无偿献血表彰电视电话会议上的讲话

（2008 年 12 月 10 日）

时逢改革开放 30 周年和《献血法》实施 10 周年，伴随着祖国各项事业的蓬勃发展，我国无偿献血事业取得了令人可喜的成绩，千千万万的无偿献血者们用“热血”挽救了无数垂危的生命。今天，卫生部、中国红十字会总会和总后卫生部在这里隆重召开全国无偿献血表彰大会，我谨代表卫生部、中国红十字会总会和总后勤部卫生部向获得 2006—2007 年度“无偿献血奉献奖”的 52821 位同志和全国广大的无偿献血者表示最崇高的敬意，向获得“无偿捐献造血干细胞奉献奖”的476位同志、获得“无偿献血促进奖”的60个单位和9位同志、获得“无偿献血特别促进奖”的1172位同志、获得“无偿献血先进省（市）奖”的6个省、185个市（区）和获得“无偿献血先进部队奖”的18个军队单位表示热烈的祝贺，向各级党委、政府和长期关心、支持无偿献血工作的社会各界、解放军指战员表示衷心的感谢！向长期战斗在无偿献血事业第一线的广大卫生工作者表示亲切的慰问！感谢你们为推动我国的无偿献血事业付出的辛勤工作，感谢你们为发展我国的无偿献血事业做出的突出贡献！

1998年10月1日正式实施的《中华人民共和国献血法》，以法律的形式确立了国家实行无偿献血制度，成为我国无偿献血走上法制化轨道的历史转折点。十年来我国的无偿献血事业取得了长足的进步，自愿无偿献血已能基本满足全国临床用血需求。

在《献血法》实施10周年之际，我们共同回顾我国无偿献血事业走过的历程和取得的成绩，我认为是有着特殊意义的，为此，我谈几点意见：

一、政府分阶段制定无偿献血工作的政策和目标，有力、有序、有效地推动无偿献血事业的平稳、健康发展

1998—2000年是我国无偿献血事业平稳起步阶段。各地政府广泛地开展了多种形式的宣传，并有组织、有计划的推进无偿献血工作，国家工作人员、现役军人、高等学校在校学生成为无偿献血的骨干力量，从而确保了《献血法》实施初期临床用血需求，避免了从有偿转为无偿献血可能出现的血液供应紧张情况。

2001—2004年是我国自愿无偿献血工作快速推进阶段。无偿献血工作要由政府组织下达计划指标的无偿献血向公民自愿无偿献血转变。无偿献血成为社会精神文明建设和公民道德建设的重要组成部分。临床用血基本实现了由计划指标无偿献血向自愿无偿献血的平稳过渡。

2005—2008年是我国无偿献血事业健康发展阶段。在各级政府有力领导，社会各界广泛参与下，我国的无偿献血事业已形成了政府领导，统一部署，卫生牵头、部门协作、社会参与的工作格局，全国自愿无偿献血占临床用血的比例已从1998年的5%左右，上升到2007年的98%以上，有近二分之一城市的临床用血全部来自于自愿无偿献血，自愿无偿献血已能基本满足全国临床用血需求。

2008年是不同寻常的一年，我们经受了百年不遇的雨雪冰冻灾害、“5·12”汶川大地震的严峻考验，医疗救助用血得到了充分保证。成都各界民众累计献血23.2万毫升，仅10天，全国省会城市预约登记的献血者逾60万人，单位达7080个之多。在北京奥运会和残奥会期间，无偿献血志愿者们又成为奥运志愿者队伍中的一员。事实证明，当自然灾害和灾难来临之际，全国上下齐心协力，社会各界万众一心，保证了医疗救治用血的需求，展示了我国无偿献血事业已步入健康发展阶段。

二、领导重视，社会广泛参与，无偿献血成为社会文明的重要组成部分

我认为无偿献血事业取得今天的成绩有以下几个主要原因：

一是政府重视、宣传有力。各级卫生行政部门、红十字会、军队卫生部门为了无偿献血事业的健康发展，密切配合，共同努力。不但政府加大经费投入和设施建设，而且领导同志亲自带头参加无偿献血。新闻媒体对无偿献血工作鼎力支持，多渠道、多层次、全方位开展宣传报道，做到了报纸有字、电视有像、电台有声、网上有点、街头有景的立体化宣传效果，帮助群众了解血液知识，理解献血意义，转变献血观念。很多血站也已成为青少年科普教育基地，引导和帮助青年人树立公民意识和社会责任感，为无偿献血事业的健康持续发展打下了坚实的基础。

二是社会各界广泛参与。红十字会、共青团、工会等社会团体组织开展多种形式的无偿献血公益活动；一大批社会知名人士成为全国和地方的无偿献血形象大使；少数民族宗教人士积极参加无偿献血。不断壮大的无偿献血志愿者队伍，已成为无偿献血宣传工作中不可替代的力量。社会各界的广泛参与保证了无偿献血工作的健康发展，为无偿献血事业营造了良好的社会氛围。

三是采供血机构尽职尽责、勇于奉献。几年来，全国采供血机构分阶段有计划地开展了一系列《安全血液和血液制品》、文明礼仪、招募技巧、社会志工规范化建设与管理等培训，全员普及了无偿献血和血液安全基础知识，强化了服务意识，改善了行业形象，加强了能力建设，提供了人性化贯穿献血全过程的温馨服务，营造了感谢无偿献血者的社会氛围。在做好为献血者服务的同时，各级采供血机构工作人员也成为无偿献血队伍中的一员，近五年的表彰当中，有2299名员工获得无偿献血奉献奖，其中有522名获得无偿献血奉献奖金奖，一些不符合献血条件的员工也都利用节假日、休息日和工余时间到采血车、采血屋为献血者志愿服务。

十年来，无偿献血工作逐步得到了社会的广泛理解和支持，越来越多富有爱心、热心公益的社会民众融入到无偿献血者的队伍，不计回报、甘愿奉献。

三、加强领导，巩固成果，提高水平，进一步推动无偿献血事业可持续发展

一要加强领导，深入宣传，营造更好的社会氛围。血液是珍贵的生命资源，做好无偿献血工作、保证血液安全，是一项长期而艰巨的任务。无偿献血关系到亿万群众的身体健康和生命安全，关系到社会和谐与稳定。借此机会我呼吁各级政府和有关部门要进一步加强对血液工作的领导和支持；社会各界、企业继续对血液事业热心投入，学校、新闻媒体继续配合开展无偿献血宣传活动；希望健康适龄公民继续积极参加无偿献血，使无

偿献血志愿工作者队伍更加壮大，树立一种无私奉献、互帮互助的良好社会风气。

二要完善服务，落实措施，确保血液安全。各级卫生行政部门和采供血机构，要进一步解放思想，以长远的眼光、大局的意识、科学的态度开展无偿献血工作，继续坚持以人为本，研究和制订鼓励群众自愿无偿献血的办法措施，为无偿献血者提供良好的服务，弘扬和褒奖无偿献血者的高尚精神，使献血者感到无偿献血的荣誉和价值，让更多的健康适龄公民参加这项造福社会的公益事业。各级卫生行政部门要不断强化血液安全意识，严格加强采供血机构的管理，不断完善采供血机构的质量体系建设，提高血液质量，确保血液安全。

党中央、国务院对无偿献血事业一直非常重视，李克强副总理于近期对无偿献血工作做出如下重要批示：无偿献血是血液安全的重要保障，关系到人民群众的身体健康和切身利益，这是一项公益事业，体现了我国助人为乐的传统美德。《献血法》实施十年来，在全社会共同努力下，无偿献血工作取得了明显成绩。有关各方面要进一步加强组织领导，广泛宣传，表彰先进，形成尊重和关爱无偿献血者，重视和支持无偿献血工作的良好社会氛围。

同志们，我们要以科学发展观为指导，认真贯彻中央领导同志的有关批示精神，继续推进无偿献血事业和血液管理全面、协调、可持续发展，使之造福于人民群众。让我们携起手来，为不断推动我国血液事业健康发展而共同努力。

全力以赴　做好深化医药卫生体制改革的各项准备工作

——卫生部党组书记高强在2008年全国医政工作会议上的讲话

（2008年8月29日）

这次深化医院管理年活动暨全国医政工作会议很重要，开得很好。陈竺同志和马晓伟同志在会上全面总结了三年来全国开展医院管理年活动取得的成效和宝贵经验，并对今后进一步加强医政工作，推动医院管理做了全面部署，希望各地认真贯彻落实。大家对深化医院改革，改善医疗服务，提高医疗质量，加强人才培养等重要问题，提出了很多很好的意见和建议。会后，卫生部将逐项进行研究，采取有效措施加以推动。

今天我来参加会议，一是代表卫生部对大家在医院管理年活动中做出的努力表示感谢，向广大医务人员表示敬意。医政工作和医院管理直接关系到医疗服务质量和水平，关系到广大人民群众的身体健康，也关系到医院又好又快地发展。这项工作必须加强，不能削弱。二是和大家交流一些思想，就深化医药卫生体制改革问题谈谈我的一些认识和想法。

一、三年的医院管理年活动取得了明显成效

2005年，卫生部决定在全国开展“以病人为中心，以提高医疗服务质量为主题”的医院管理年活动，至今已经连续进行了三年。这项活动伊始，就不是一个单纯的技术和业务问题，而是一项综合性工作，包括建立健全各项医院管理制度，改善服务流程，严格服务监管，提高服务质量，加强医德医风和人才队伍建设等。目标是提高医疗服务质量和效率，让人民群众满意。

三年来，各级卫生行政部门高度重视这项工作，统一部署，大力推动，健全制度，加强督导。各医院把开展这项工作作为提高自身管理水平和服务能力的一项重大举措和重要抓手，针对医疗服务中存在的突出矛盾和问题，认真分析研究，采取有力措施，取得了明显成效。医疗服务质量不断提高，医疗费用有所控制，医疗纠纷有所减少，医患关系趋于和谐，监管能力不断增强。特别是广大医务人员的精神面貌发生了深刻变化，大家坚持以病人为本，发扬救死扶伤和无私奉献的精神，践行社会主义荣辱观，自觉维护人民群众的根本利益，为人民群众健康服务的理念深入人心。

二、长期保持抗震救灾中的良好精神风貌

三年开展医院管理年活动的丰硕成果，不仅表现在改善日常医疗服务上，还表现在各种抢险、救灾和应对突发公共卫生事件的工作中。今年，南方雨雪冰冻灾害、拉萨骚乱、山东胶济铁路火车相撞事件、汶川特大地震、南方部分地区严重水灾等重大突发事件接踵而来，北京奥运会、残奥会的医疗卫生安全保障任务十分繁重，全国医疗卫生机构和广大医疗卫生人员面临着一个又一个严峻考验。在这一系列的重大考验面前，广大白衣战士义无反顾，挺身而出，争先恐后，冲锋在前。大家顾全大局，舍身救人，发扬人道主义精神，解救群众于危难之中，涌现出无数感天动地、令人荡气回肠的英雄模范和先进事迹。尤其在抗震救灾工作中，医疗卫生人员面对巨大的危险和极端艰苦的条件，风餐露宿，废寝忘食，把人民群众的安危放在第一位，和人民群众心连心，展示了白衣战士的高尚品质和道德情操，得到了全国人民的高度赞扬。

党中央、国务院对广大医疗卫生人员的良好表现和突出贡献给予了充分肯定。几天前，李克强副总理来卫生部调研时指出，我国的医疗卫生队伍是一支甘于奉献的队伍，是一支具有较高专业技能的队伍，是一支可尊敬、可信赖的队伍，并向全国医疗卫生工作者表示崇高

敬意和诚挚问候。我几次到四川地震灾区去，亲身感受到医疗卫生人员的优良品德、作风和精神，感慨万千。回京后连夜写下了《白衣战士感动中国》一文，以此向参加抗震救灾工作的广大医疗卫生人员表示敬意和感谢，向全社会展示医疗卫生人员的优秀品质和精神风貌，并希望抗震救灾精神能够长期得到弘扬，体现到日常为人民健康服务的工作中去。

现在，各级卫生行政部门的领导和各医院的领导都在思考一个问题，就是如何把抗震救灾中医务人员表现出来的良好精神风貌长期保持下去，并不断发扬光大。这是抓住了医疗卫生队伍建设的关键。在2003年抗击非典的斗争中，广大医务人员奋不顾身，奋勇向前，牺牲自己，保护群众，赢得了全国人民的尊敬，被社会称之为“白衣天使”。但是非典过后不久，由于各种原因，情况就发生了变化。对此，我们应该深入思考，认真总结，吸取经验教训。应该说，在这次抗震救灾工作中，医疗卫生人员的表现比抗击非典时更突出、更优秀，全国人民更加全面、深刻地看到了这支队伍的真实面貌。但是，我们的良好形象不能昙花一现，不能只会跑百米，还要能跑“马拉松”。在抗震救灾的特殊环境下，医疗卫生人员的优秀品质、优良作风能够充分调动起来，大家的积极性、主动性和爱心能够毫无保留地挖掘出来。而要把这种精神状态长期保持下去，并不是轻而易举就能做到的。毛泽东同志曾经说过，人做一件好事并不难，难的是一辈子做好事。我理解毛主席说的“难”，并不是做不到，而是要付出巨大的努力。

一个人生活在社会中，各种行为举止都要受到客观环境的影响和制约。好的环境可以激发人们去做好事、不做坏事；不好的环境也可能使人们失去做好事的动力，甚至被诱导去做坏事，这是一个辩证的哲学道理。要长期保持良好精神风貌，激励广大医疗卫生人员努力为人民健康服务，不仅要加强思想道德教育，增强服务观念，还需要通过改革体制机制，规范管理监督，创造一个激励人人向上、个个争先的良好工作氛围，创造一个尊重患者、尊重医生、医患和谐、战胜疾病的良好社会风气。即将推行的深化医药卫生体制改革，就是努力创造这种良好社会环境和风气的一项重大举措。通过改革体制机制，加大政府投入，建立健全制度，加强监督管理，形成激励、引导无私奉献的良好环境，形成制约、约束不良行为的社会氛围。

在社会主义市场经济条件下，我们对“无私”的含义应该有新的理解。“无私”并不是没有个人利益，而是要正确对待个人利益，不能刻意追求个人利益，更不能个人利益至上。对通过诚实劳动和良好服务而获得的个人利益必须给予保护；而对通过损害他人利益的方式攫取的个人利益，则必须给予限制和打击。好的制度和政策能够引导人们通过诚实的劳动和工作，在维护人民利益之中获得合理合法的报酬，实现自身价值；而不好的制度和政策，也可能诱导人们通过损害别人的利益来谋求自己的不正当利益。解决这些问题靠什么？要靠法制，靠改革，靠制度，靠管理。

三、正确认识医疗服务中存在的问题

群众反映看病难、看病贵问题，是客观存在的。其产生的原因，并不完全在医疗机构和医务人员，还有客观环境和体制机制等方面的深层次问题。对此，要做全面、客观的分析，不能简单地责怪医疗机构和医务人员。

现在，看病难和看病贵这两个矛盾都比较集中地反映在大医院。到大医院看病，既存在医疗费用高的问题，也存在住院难、手术难和找名医看病难的问题。但这只是表面现象，深层次原因主要有五个方面：

第一，患者不断增加。由于生态环境变化和人们生活方式、工作方式的变化，一些新发的传染病不断出现，一些曾经有效控制的传染病又死灰复燃，心脑血管疾病、恶性肿瘤、糖尿病等严重危害群众健康和生命安全、导致巨额医药费用的重大疾病持续增加。全国医疗机构诊疗人次，由1978年的10.1亿增加到2007年的28.4亿，住院人数由1907万增加到9827万。这些患者相当一部分要到大医院就诊，医院面临巨大的压力。一些大医院，特别是专科医院很难全部及时接纳患者，可能会引发群众的不满。

第二，医疗卫生资源配置不合理。科学的医疗服务体系应该是金字塔型，基层服务体系很雄厚，许多常见病、多发病的初期诊断和治疗可以在基层得到有效解决，大医院的服务主要针对疑难疾病和危重病例。现在的实际情况是，城市社区卫生服务和农村的卫生力量很薄弱，条件差，水平低，缺乏优秀、合格的人才，得不到群众信任，群众患大病小病都愿意去大医院就诊。这种资源配置和服务结构不仅增加了医药费用，浪费了优质资源，也形成了看病“难”。国外的大医院为什么空空荡荡，因为门诊病人都在社区，医院只收治疑难和危重患者。

第三，医院的运行机制难以落实公益性。现在医院实行鼓励创收机制，政府投入很少，医院的人员工资、设备购置、基本建设和运行经费基本上都要靠医疗服务收费解决。这种机制很容易把医务人员和患者推到了利益的对立面。医院要发展，医务人员工资要增加，群众的负担必然会加重；反过来说，要减轻群众就医负担，也会导致医务人员收入减少，医院失去发展的动力。在这种机制引导下，就有可能出现医疗服务不规范、片面追求经济利益、损害群众利益、医患关系紧张等一系列问题。这些问题虽然发生在医疗机构和医务人员身上，但深层次原因是机制问题，是监督管理问题。

第四，医患之间缺乏相互理解。医学是随着疾病的发展而发展的，不可能先有医学而后有疾病，应是先出现疾病，人们才去探索战胜疾病的方法。在探索治疗疾病的过程中有成功，也会有失败。在医生对一些新疾病还没有充分认识、没有研究出有效治疗方法之前，出现一些失误是正常的。这不是为医生开脱，而是说明医学的发展规律。有的同志说，医学是一门探索性的科学，我赞成这种说法。医生的技术和才能是在临床实践的磨练中逐步提高、成熟起来的。在实践过程中，有经验、有教训，有成功，也会有失败。对于探索中的失败，要给予理解和保护。没有保护机制，谁也不会去探索、创新，谁也不会去冒险。如果这样，医学就得不到发展，人类也不可能战胜疾病。另一方面，患者到医院就医都希望得到最好的效果，尽快恢复健康，这也是合理的。医务人员应当给予充分的理解和关怀，为他们提供良好的治疗和服务。对那些不负责任、玩忽职守、草菅人命的行为，不能姑息，要严肃处理。总之，要增强医患双方沟通，相互理解支持。对医生严格遵守医疗规范而进行的探索、创新应该加以保护，对违反医疗服务规范导致的医疗事故要追究责任。

由于我们对医学、人体的复杂性和医学的规律性宣传解释得不够，致使一些群众在医疗效果不满意的情况下迁怒于医生，或要求医院赔偿，还可能出现群体事件。解决这个问题的办法是加强医患沟通，特别是对一些受技术所限难以治愈的危重病例，以及治疗中可能出现的风险，要事先向患者讲清楚，争取理解和支持。事先缺乏沟通，患者和家属不理解，一旦出现问题，就可能引发医患纠纷。

第五，医院自身存在问题。一些医疗机构和医务人员服务方向不端正、服务理念不正确，过分向钱看，导致一些医疗服务行为扭曲。对此，大家都有体会，我就不展开讲了。

四、关于公立医院改革

从以上分析看出，群众反映突出的看病就医难问题，虽然集中反映在医疗机构，特别是大医院，但原因是多方面的。有医院自身的问题，也有社会性的、制度性的、政策性的问题。解决这些问题要采取综合性措施，从改革、发展、监管入手，按照党的十七大精神，按照国务院组织制定的《关于深化医药卫生体制改革的意见》，立足于加强公共卫生服务体系、医疗服务体系和医疗保障体系建设，建立国家基本药物制度，探索公立医院改革的有效途径和方法，努力实现“人人享有基本医疗卫生服务”的目标。改革的核心是正确处理国家、医疗卫生机构和人民群众之间的利益关系，调动各方面的积极性，以改革促进发展，在发展中深化改革，把改革成果落实到维护人民群众利益上。改革的主线是维护公益性、调动积极性，引导医疗卫生机构和医疗卫生人员把主要精力投入到为人民健康服务上来。

医生最大的人生价值是什么？是帮助病人恢复健康，是把危重患者从死亡线上挽救回来，这是其它任何职业都不能比拟的。高超的医术往往与高尚的医德密切联结在一起，凡是技术高超的医生，都是精心治疗疾病、刻苦钻研医术、忠实为人民群众服务的好医生，并不沉湎于追求个人利益。对这些医务人员的合法利益要通过改革予以保障，以调动他们钻研医术、增加和改善服务的积极性。医务人员为群众提供了较多良好的服务，就应该得到较高的报酬。一个优秀医生口碑很好，群众信任，一天能看几十个病人，他的收入就应该比较高。而对于有些医生开大处方或高价药，搞收入分成或收取回扣的，就必须严格禁止并严肃查处。最近广东某市处罚了一批医务人员，其中一个院长年轻有为、善于管理，几年时间就把医院管理得很好，医疗秩序、医疗面貌、医疗环境都有了很大变化，但他没有在医院得到合理报酬，而是采取非法手段谋取不正当利益，结果锒铛入狱。这个事件提示我们，无论是从调动医务人员积极性考虑，还是从保护医务人员的角度考虑，医院都应该建立科学、规范的人员收入分配制度，使他们多劳多得，优劳优得。

从以上分析可以看出，医院服务中存在的问题并非全部源于医院自身。深化公立医院改革，也必须与公共卫生体系、基本医疗服务体系、医疗保障体系和国家基本药物制度建设同步进行。

公共卫生体系的建设重点，是扩大公共卫生服务功能，提高公共卫生服务质量和效率，完善公共卫生的经费保障机制，有效预防、控制和减少疾病的发生，提高人民健康水平。

医疗服务体系的建设重点，是加强基层医疗卫生机构建设，保障城市社区和农村医疗服务所需经费，实行收支两条线管理，维护公益性质。同时，加强人才队伍建设，提高服务质量和效率，降低收费标准，建立分级医疗和双向转诊制度，将大量常见病、多发病患者引导到基层就诊，使大医院把主要精力投入到学科建设上来，投入到攻克疑难病症的研究上来，投入到对危重病人的有效救治上来。

医疗保障体系的建设重点，是帮助困难企业职工、城镇非就业居民和农村居民分别参加城镇职工基本医疗保险、城镇居民基本医疗保险和新型农村合作医疗制度，使不同形式的基本医疗保险制度覆盖全体城乡居民，有效化解群众疾病风险。

国家基本药物制度的建设重点，是按照安全、有效、可及、廉价的原则，对基本药物的生产、采购、配送、使用等各个环节实行科学管理，改变目前流通环节过多、管理混乱和价格虚高的现象。对国家确定的基本药物要实行招标定点生产、规范价格、集中采购、统一配送并严格使用管理，保障基本药物的质量、供应与合理使用。坚持合理用药，是提高医疗服务质量、减轻群众医药负担的一项基础性工作，没有科学、合理的体制机制保障和有效的管理监督，不改革“以药补医”机制，有些技术规范在物质引诱面前就会苍白无力。

以上三大体系和一项基本制度是基本医疗卫生制度建设的重要组成部分，也是当前深化医药卫生体制改革的重点。同时，要选择部分城市进行公立医院改革试点，探索一套比较科学、规范的公立医院改革思路和政策措施。公立医院改革不同于公共卫生体系改革，也不同于基层医疗卫生体系改革，任务更为复杂而艰巨。既要体现其公益性，又要调动其积极性；既要维护公平，又要提高效率，两者必须兼顾和统一。只有公平没有效率，公平将难以实现；只有效率没有公平，就会失去正确的办医方向。

在现阶段，政府保障卫生服务公平的责任，主要是保障基本医疗卫生服务公平，逐步实现基本医疗卫生服务均等化。在这次医药卫生体制改革中，对公共卫生、农村卫生、社区卫生等基本医疗卫生服务体系的改革政策、措施和制度、办法，规定得比较明确。而对于医院的医疗服务不能由政府包下来，还需要通过政府、社会和居民等多个渠道提供保障。在这种情况下，公立医院改革就需要有一个探索、试验、修订、完善的过程，以实现医疗服务公益性与调动积极性的统一，实现公平与效率的统一，在政府、医院和患者之间建立科学合理的利益调节机制。现在群众反映看病难和看病贵，从经济学角度讲，“难”和“贵”既相互制约、又相互矛盾。一般来说，优质医疗资源供不应求，群众就医就会难，也会导致费用高；反过来说，就医费用高，不仅会加剧看病难，也会在一定程度上抑制看病难。如果在解决看病“贵”的同时，不能有效调动医务人员积极性，不能科学分流患者和分级医疗，常见病、多发病患者都要到大医院就医，群众看病就会更“难”。英国实行全民免费医疗，体现了公平性，但效率很低，看病更难，住院手术或做一次大型设备检查需要等几个月。这显然不是我们改革的理想结果。

公立医院改革要试点先行、稳步推进，并不是思路不清，也不是政策模糊，而在于医院改革的复杂性，这不是简单地增加政府投入，保障职工工资就能够解决问题的。现在群众到基本医疗卫生服务机构就医，可以说既不难，也不贵。但由于条件差、水平低、缺少优秀人才，得不到群众的信任。对于这些问题，可以通过推进基层医疗卫生机构改革，保障经费，改善条件，吸引人才，建立绩效考核制度，逐步提高服务水平，降低服务费用，引导越来越多的患者。而医院的问题是“贵”与“难”并存，要两者兼顾，统筹解决，难度就比较大。有的同志主张对医院实行收支两条线管理，以体现公益性，但如果不能调动积极性，把公平与效率结合起来，还是达不到理想效果。因此，公立医院改革是个循序渐进、逐步推进的过程。在改革试点中，有几个重点问题必须解决：

第一，改革“以药补医”机制。“以药补医”由来已久，医院长期靠药品加成收入弥补经费不足。在市场经济条件下，这种机制的弊端越来越明显，必须下决心改革。改革“以药补医”，取消药品收入加成，可以切断销售药品与医疗服务的经济联系，有效减轻群众负担，体现医院公益性质。对医院由此减少的收入，政府要给予补助。同时，要调动医务人员增加服务、改善服务的积极性，对某些不合理的医疗服务收费进行适当调整，以体现多劳多得，优劳优得。多年来，手术费、护理费标准一直很低，一次手术费用还不如一张处方的费用多。在降低药价的同时，对一些不合理医疗收费做适当调整是必要的。对不同类型的医院和不同水平的医务人员也应该实行差别收费制度，适当拉开收费档次，用经济手段合理分流不同患者。

第二，改革医务人员收入分配制度。医务人员分配要实行岗位工资与绩效工资相结合，以绩效工资为主。建立医院绩效考核评价体系和医务人员考核评价体系，按照医务人员的服务数量和服务质量确定绩效工资收入，适当拉开分配档次，但不能实行“科室承包”或“医药收费分成”。国家按照医院的工作绩效核定工资总额指标，医务人员收入要与个人服务绩效挂钩。衡量绩效的标准不是创收，而是服务数量和服务质量。

第三，优化服务质量。在改革中，医院要建立健全各项管理制度和监督措施，切实加强自身管理，改进服务作风，尊重患者权益，落实便民措施；要实行院务公开，保障患者的知情权和选择权，接受患者监督；要增进医患感情交流，相互尊重和理解，构建和谐医患关系。

第四，落实政府投入政策。对医院的基本建设、设备购置、重点学科建设、离退休人员经费和政策性亏损等，政府要纳入财政预算给以相应补贴。对医院承担抢险、救灾、应急救治、疾病控制等公共卫生任务，政府应给予专项经费补助，建立起科学规范的政府经费保障机制。

第五，强化院长责任制。明确医院院长职责目标，将医院管理水平、整体服务绩效以及群众对医院服务的满意度，作为考核院长绩效的主要指标。院长要把主要精力放在医院管理上，在其位就要谋其政。院长的主要职责是健全和落实各项规章制度，为医务人员服务提供规范的制度保障，充分调动大家的积极性，妥善处理各方面的矛盾，创造良好的服务环境，使广大医务人员心无旁骛地投入医疗服务之中。

有的同志担心，强调医院的公益性会不会恢复过去的老体制，会不会把医院搞死了？我可以明确地告诉大家，这种担心是不必要的。改革开放已经进行了三十年，绝不会再走回头路。对一些不健全的体制机制和政策措施进行改革完善，是前进，而不是倒退。改革的目标是两句话：既要坚持公益性，又要调动积极性；既要注意公平，又要注意效率。改革要达到两个目的：第一是要让群众受益；第二是要让医务人员受鼓舞。核心是加大政府责任，正确处理医务人员和群众之间的利益关系。坚持公益性和保护积极性，两者必须兼顾，绝不能偏废，两个目标不能实现，就达不到改革的理想效果。

要实现这两个目标，需要卫生行政部门和医院的领导深入思考、潜心研究，站在医疗服务体系建设全局的高度，多想办法，多出主意，努力把医务人员的积极性引导到拥护改革、支持改革、参与改革上来，引导到增加服务、改善服务、提高服务质量上来，使医务人员的利益与群众的利益融合在一起，通过保障群众的权益来维护自身的权益。如果群众的利益得不到保障，医务人员的利益也难以保障，要在维护群众利益中实现自身的价值。

经过两年多的研究、论证、修订、完善，深化医药卫生体制改革方案已经基本成熟，即将征求社会意见，卫生行政部门和医疗卫生机构将面临更加繁重的任务。一方面，各地要全面结合实际情况研究制订落实医改方案的实施意见和政策措施，加强与有关部门的沟通协调，积极向党委、政府领导提出建议、反映诉求，把本地的医改方案制订好。另一方面，要眼睛向内，做好改革的各项准备工作。统一思想，端正方向，明确目标，坚定信心，切实加强内部管理，建立健全各项制度，改革内部收入分配制度和人事管理制度，把广大医务人员的注意力由创收转移到增加和改善服务上来。应该看到，不改革体制、机制，不改变客观环境，只通过内部管理不能解决根本问题；而在改革体制机制和改善外部环境的条件下，不加强内部科学管理，不改善各项服务，不降低群众负担，改革也达不到最终目的。

关于医院管理体制改革，目标是实现全行业属地化管理。对这个问题有两种意见：一种是将属地所有医院的人、财、物都实现全行业管理，全部移交给地方；另一种是对医疗卫生服务实行属地化全行业管理，包括发展规划、服务准入、服务质量、监督管理等。没有纳入规划的建设不能开展，没有批准的大型设备不得购置，没有准入的新技术不能采用。对辖区的所有医疗机构，不分投资渠道和举办主体，都按属地化原则实行全行业管理。从目前情况看，按第二种意见实施的可能性更大。对辖区内各级各类医疗机构的医疗服务行为，卫生行政部门该说的要说，该管的要管，该支持的也要支持。

五、关于利用社会力量发展医疗卫生事业

在公立医院改革中，要注意发挥社会力量参与发展医疗卫生事业，扩大服务供给。发展医疗服务事业，既要坚持公立为主，又要真正形成多渠道办医的格局。现阶段我国经济社会发展水平决定了医疗服务的供给不能完全靠政府，还要充分发挥社会的力量。这个问题推动了多年，但进展不大。既有工作上的原因，也有政策上的问题。目前政策规定对民营和境外资金举办的医院都要定为营利性医院，有些申请举办非营利性医院也不批，我觉得有些不公平。民营和境外资金要求举办非营利性医疗机构，执行国家规定的收费标准，为群众提供基本医疗服务，对于这个问题，卫生行政部门要解放思想，研究修订不合理的政策措施，为社会力量参与发展医疗卫生事业创造平等、宽松的环境。同时，要按照区域卫生规划，对部分公立医院进行有计划、按步骤地实施改制、改造。我们不能主观地确定目标，几年内将多少公立医院改制，而要根据群众的基本医疗卫生服务需求，按照经济发展水平和财政保障能力，科学制订改制规划，积极稳妥，循序渐进，有步骤、按程序地进行。对保留下来的公立医院，政府应有充足的经费保障。公立医疗机构改制涉及众多职工身份的转变和切实利益的保障，非常复杂。要深入研究，科学测算，制订方案，稳步推进，切不可草率行事。

为了贯彻落实好国务院关于深化医药卫生体制改革的意见，有关部门正在制订相应的配套文件，医改工作即将步入全面实施阶段。在当前改革的几项重点工作中，三大体系建设和一项基本制度建设要全面推进，到2010年见到初步成效；公立医院改革要选择部分城市开展试点，探索经验，认真总结，修订完善，提出一整套可供推广的制度框架和政策体系。这次医药卫生体制改革关系到今后十几年的卫生事业发展，关系到实现党的十七大提出的卫生工作目标、任务，关系到有效解决群众反映强烈的突出问题，也关系到医疗卫生队伍建设，是当前全国卫生系统最重要的全局性工作，我们必须统一思想、精心组织、全力以赴、积极推动。

党中央、国务院对医药卫生体制改革高度重视，全社会高度关心，可以说是群众期盼，世界瞩目。我们一定要集中精力，把改革方案设计好，把改革措施制订好，把准备工作组织好，把改革要求落实好，不辜负党和政府的希望，不辜负人民群众的重托。医院管理与医疗卫生改革关系十分密切，改善医院管理既可以推动医院内部的改革，也可以推动医药卫生其他方面的改革。孤立地进行医院改革，不会取得圆满效果；而医院改革滞后其它方面的改革，也会对改革产生不利影响。各项改革要相辅相成，相互促进。医院既要抓好自身的改革、管理，也要组织高素质的人才队伍支援公共卫生、社区卫生和农村卫生，帮助他们提高服务能力和水平。大医院不要把兴趣放在扩大门诊上，放在创收上，应该放在加强学科建设，攻克疑难病症和救治危重病人上。

各级卫生行政部门的主要领导同志要关心改革、重视改革、组织改革、推动改革。改革的最终目的是加快卫生事业发展，提高人民健康水平。各级卫生行政部门和广大医疗卫生工作者都要把精力集中到深化医药卫生体制改革上来，完善各项管理，有效改善服务，为群众提供安全、有效、方便、价廉的基本医疗卫生服务，让党和政府满意，让人民群众满意，让广大医疗卫生工作者也满意。

卫生部党组书记高强在全国援外医疗队派遣45周年纪念暨表彰大会上的讲话

（2008年12月5日）

今天，我们在人民大会堂隆重集会，纪念我国援外医疗队派出45周年，表彰近5年来援外医疗工作的先进集体和先进个人。刚才，中央政治局常委、国务院副总理李克强同志亲切接见了与会代表并作了重要讲话，

全国人大副委员长韩启德同志出席了今天的会议，充分体现了党和国家领导同志对援外医疗工作的重视、关心和支持。我代表卫生部向受表彰的先进集体和个人表示热烈的祝贺，向在援外医疗战线上做出突出贡献的医疗卫生人员表示崇高的敬意，向长期以来关心和支持援外医疗工作的有关部委、各级党委、政府和同志们表示衷心的感谢。

45年前，应阿尔及利亚政府的请求，毛泽东主席和周恩来总理决定我国向阿尔及利亚派出第一支医疗队，并确定了我国向发展中国家无偿提供医疗援助的长期战略。45年来，我国先后向亚洲、非洲、拉丁美洲、欧洲和大洋洲的69个国家和地区派遣过援外医疗队，累计派出20679人，经中国医生诊治的受援国患者达2.6亿人次。目前，在5大洲的48个国家仍有我国50支援外医疗队，1278名医疗队员在123个医疗机构提供无偿医疗服务，全国有27个省区市承担着派遣援外医疗队的任务。在过去的5年中，我们先后向8个国家新派和复派了援外医疗队。

广大援外医疗队员肩负着祖国和人民的重托，远离祖国、远离亲人，克服难以想象的艰难困苦，冒着疾病威胁、政治动荡甚至生命的危险，以坚定的信念、顽强的意志、精湛的医术、高尚的医德和高度的责任感、使命感，大力弘扬救死扶伤精神，全心全意地为受援国人民服务，促进受援国的卫生事业发展，保护受援国人民健康，出色地完成了任务，赢得了受援国政府和人民的尊重和赞扬，增进了我国人民与受援国人民之间的传统友谊，支持了我国外交工作的开展和国内的经济建设。

45年来，援外医疗工作一直得到了党和政府的高度重视和关怀。2006年4月25日，胡锦涛总书记在摩洛哥接见我援外医疗队员时指出，向非洲国家和地区派遣医疗队是中非合作时间最长、涉及国家和地区最多、成效也最为显著的合作项目。中国援非医疗队40多年的光辉历程，是中非人民伟大友谊的历史见证，是中国同广大发展中国家友好合作的光辉典范，中国援外医疗队员是全国医务工作者学习的榜样，是祖国和人民的骄傲。党和国家领导同志在对非洲的国事访问中多次探望援外医疗队员，指示要提高援外医疗队员的各项待遇，改善援外医疗队的工作和生活条件。各级党委、政府和中央有关部门认真贯彻落实中央领导同志的指示，积极研究了一系列政策措施，使广大援外医疗队员受到极大的鼓舞，更加坚定了为我国外交工作服务的信心和决心。我国援外医疗工作取得的每一个成绩都是党中央、国务院正确决策和领导的结果，是各有关部委和地方党委、政府的大力支持的结果，各级卫生部门、医疗机构、援外医疗队员及其家属共同努力，拼搏奉献的结果。

当前世界政治形势和经济形势正在发生深刻的变化，亚洲、非洲、拉丁美洲成为全球经济新一轮发展的战略重点。广大发展中国家积极寻求与国际社会合作，加快经济和社会的发展，并加强与我国的传统友谊，希望我们给予更多的援助。国际形势的变化对我国援外医疗工作提出了更高要求。

党的17大指出，中国将始终不渝地奉行互利共赢的开放战略，以自己的发展促进地区和世界共同发展，在实现本国发展的同时兼顾发展中国家的正当关切。我们将继续加强同广大发展中国家的团结合作，深化传统友谊，扩大务实合作，提供力所能及的援助，维护发展中国家的正当要求和共同利益。我们支持国际社会帮助发展中国家提高自主发展能力，改善民生。

援外医疗工作是我国对外工作的重要组成部分，是一项具有长期战略意义的政治任务。各级卫生部门都要在党的十七大精神指导下，统一思想，提高认识，加强领导，坚持援外医疗为我国外交工作服务的方向，坚持为受援国人民服务的原则，从维护国家利益和外交全局战略出发，切实加强和改进援外医疗工作。要认真对待援外医疗队工作存在的问题，及时研究制定改进援外医疗工作的政策措施建议，切实解决援外医疗管理中存在困难。各省区市医疗队派出主管部门，要不断完善管理制度，落实工作责任制，规范工作程序，改善工作方法，配备专职人员，保障援外医疗人员选派、语言培训和管理工作的正常进行。要选派政治素质高、业务技术强、外语水平好的医务人员参加援外医疗工作；努力解决他们的后顾之忧，把工作做深、做细、做实，真正做到以人为本，调动广大援外医疗工作人员的积极性。

在过去的45年里，我国援外医疗工作取得了令人瞩目的成绩。这次受到表彰的34个先进集体和100名先进个人是我国援外医疗战线的优秀代表，是卫生系统的骄傲。希望卫生系统的广大医务人员以他们为榜样，努力在各自的工作岗位上做出更加突出的成绩，不辜负党和人民的期望。我们要在以胡锦涛同志为总书记的党中央领导下，全面贯彻落实科学发展观，抓住机遇，奋发进取，同心同德，扎扎实实工作，努力开创援外医疗工作新局面，为我国外交事业发展，为创造和平发展的国际环境，为祖国和平统一大业做出新的更大的贡献。

卫生部副部长、国家中医药管理局局长王国强在 2008 年全国中医药工作会议上的总结讲话

（2008 年 1 月 25 日）

同志们：

2008 年全国中医药工作会议马上就要结束了。这次会议是在中医药系统深入学习党的十七大精神，贯彻落实党中央、国务院关于扶持中医药和民族医药事业发展一系列重要指示的关键时期召开的一次重要会议。在大家的共同努力下，会议完成了全部议程，开得很好、很成功，达到了预期目的。

国务院对这次会议十分重视，吴仪副总理在百忙之中出席会议并发表重要讲话。吴仪副总理的讲话充分肯定了中医药工作取得的成绩，全面总结了五年来中医药工作的经验，深刻阐述了中医药在维护人民健康、促进经济社会发展中的地位和作用，对今后一个时期的中医药工作提出了明确要求。卫生部部长陈竺、党组书记高强、国务院副秘书长项兆伦以及国务院中医药工作部际协调小组 17 个成员单位的领导同志出席了会议。我代表国家中医药管理局向大会作了工作报告。湖南、广东、四川省政府等 9 个单位进行了大会经验交流。会议还表彰了优秀中医临床人才研修项目、第三批全国老中医药专家学术经验继承工作先进集体和优秀个人，发布了 2007 年中医药十大新闻。

这次会议虽然时间较短，但安排紧凑，内容丰富。大家普遍感到深受鼓舞，很有收获。主要体现在以下几个方面：

一是进一步坚定了信心。与会代表紧紧围绕吴仪副总理的重要讲话和会议工作报告，联系实际进行了认真讨论。大家一致认为，吴仪副总理的重要讲话立意高远，情真意切，鼓舞斗志，振奋人心。五年来，在吴仪副总理的亲切关怀和正确指导下，一系列符合中医药发展规律和自身特点、扶持中医药事业发展的政策措施逐步出台并得到落实，一系列事关中医药事业发展全局的重大专项得以顺利实施，为中医药事业在新时期又好又快发展奠定了坚实的基础。在过去的一年里，我们认真贯彻落实党中央、国务院关于中医药工作的一系列指示和吴仪副总理的重要讲话精神，进一步解放思想、开拓创新，进一步遵循规律、科学发展，进一步统筹兼顾、全面推进，各项工作都取得了良好的进展，呈现出可喜的发展势态，更加坚定了我们加快中医药事业发展的信心。

二是进一步统一了思想。大家一致认为，要认真学习这次会议精神，把全体中医药工作者的思想统一到党的十七大对中医药工作的方针和要求上来，统一到吴仪副总理重要讲话精神上来，在党的十七大精神和科学发展观指引下，为探索使现代医药和以中医药为代表的传统医药都得到充分发展、广泛应用、相互学习、优势互补、相互汇聚、共同提高、服务人民、造福人类的中国特色社会主义卫生发展道路作出应有的贡献。大家一致表示，一定要认真贯彻落实吴仪副总理的一系列重要讲话和指示精神，决不辜负吴仪副总理对中医药工作的高度重视和倾注的心血，对中医药行业的亲切关怀和大力的支持，对广大中医药工作者的深厚感情和殷切的期望，统一思想，凝聚共识，团结奋进，开拓创新，努力开创中医药工作新局面。

三是进一步深化了认识。大家一致认为，吴仪副总理的重要讲话使大家进一步深化了对中医药事业发展方向、目标的认识，就是要坚持以人为本，把满足人民群众对中医药服务的需求、不断提高人民群众健康水平作为中医药工作的出发点和落脚点；坚持中西医并重，把中医药与西医药摆在同等重要的位置，为中医药事业发展创造良好的条件；坚持继承与创新的辩证统一，把保持和发扬中医药的特色与优势作为中医药工作的着力点；坚持统筹兼顾，努力促进中医药发展与经济社会发展相适应，与卫生事业发展相协调。大家也一致认为，工作报告使大家进一步深化了对高举中国特色社会主义伟大旗帜、坚定走中国特色社会主义卫生发展道路的认识，深化了对贯彻落实科学发展观、推进中医药事业科学发展的认识，深化了对坚持中西医并重、扶持中医药和民族医药事业发展的方针和要求的认识，增强了解放思想、改革创新、科学发展、促进和谐的责任感和使命感，增强了用党的十七大精神武装头脑、指导实践、改进工作、服务人民的自觉性和坚定性。

四是进一步明确了任务。党的十七大把人人享有基本医疗卫生服务作为全面建设小康社会的重要奋斗目标之一，明确了今后一个时期卫生改革发展的主要任务。吴仪副总理站在国家发展战略高度和新的历史起点上，从五个方面对中医药工作提出了新的要求。大家一致认为，吴仪副总理对全国各级中医药管理部门和广大中医药工作者的殷切希望，为中医药事业的发展指明了方向。我们一定要按照吴仪副总理的要求，结合工作报告中部署的 2008 年工作任务，进一步推进中医药继承与创新，保持和充分发挥中医药特色优势；进一步加强中医药服务体系建设，不断提高服务的可及性；进一步提升中医药人才队伍整体素质，不断提高中医药服务能力和水平；进一步推进中药现代化，着力提高产业水平；进一步加强中医药文化建设，切实巩固和扩大中医药的社会基础。

五是进一步交流了经验。近年来，各地大力推进中

医药改革创新，积累了许多好的做法和新鲜经验。如湖南、广东和四川从省委省政府的高度统筹谋划，切实加大支持力度，努力推进中医药强省建设；北京、内蒙古、吉林、浙江、江西、山东、新疆等地中医药管理部门抓住机遇，加强协调，争取政策，推动本省（区、市）中医药和民族医药事业发展；四川省成都市、绵阳市市委市政府加强对中医药工作的领导，大力扶持中医药事业发展，努力构建城乡中医药服务体系；上海市闸北区、江西省修水县坚持政府主导，因地制宜，大力推进社区中医药服务工作，全面推进中医药参与新型农村合作医疗，充分发挥中医药在基层医疗卫生服务中的特色、优势和作用；山西省永和县中医医院王学诗院长和上海市闸北区彭浦新村街道社区卫生中心薄海艳同志怀着一颗全心全意为人民群众服务的赤诚之心，扎根基层、服务百姓，一个努力创办百姓医院，一个以中医药服务居民，把青春和真情撒在了最基层。这些宝贵的经验对推动全国中医药工作十分重要，值得各地学习借鉴。

总之，这次会议内容丰富，成果丰硕。认真学习领会这次会议精神，对于做好今年的工作，推动今后一个时期中医药事业发展，都具有重要意义。在这里，我对会议精神的贯彻落实提几点要求。

第一，要把吴仪副总理的重要讲话精神学习好、贯彻好。在学习吴仪副总理讲话时，希望大家牢牢记住，吴仪副总理要求我们在总结过去所取得的成绩时，千万不要忘记为中医药事业发展付出心血和艰辛努力的老领导、老同志，我们要在过去几代人、几届领导班子不懈努力奋斗基础上继续把工作推向前进；希望大家牢牢记住，吴仪副总理要求我们中医药系统要紧密团结，相互学习，善于包容，共同努力；希望大家牢牢记住，吴仪副总理要求我们中医药工作者要解放思想、改革创新、团结奋斗；希望大家牢牢记住，吴仪副总理强调要充分发挥中医药工作协调机制的作用，深入研究制定扶持中医药事业发展的政策措施，促进中医药事业的全面协调可持续发展。

吴仪副总理的讲话内容非常丰富，强调要牢牢记住这几点主要是着眼于我们中医药部门自身的建设和努力。希望大家全面、系统、深入地学习吴仪副总理的讲话，并与十七大精神的学习贯彻和科学发展观的落实紧密结合起来，与学习吴仪副总理前几次关于中医药工作重要讲话精神紧密结合起来，深刻领会精神实质，全面贯彻落实。

第二，要把工作报告的主要内容领会好、落实好。我代表国家中医药管理局所作的工作报告，是全系统同志共同实践、共同探索、共同思考的结果，是国家中医药管理局各位局领导、各司办认真调查研究、集思广益、深入思考和总结的成果，是集体智慧的结晶。我们要深刻领会和把握报告的精神内涵。

这个报告虚实结合。所谓"虚"，就是有战略思维、理性思考，把十七大的精神与中医药事业发展紧密结合，用科学发展观来指导中医药事业发展。报告对如何认识和理解中医药在中国特色社会主义发展道路、中国特色社会主义卫生事业发展道路中的定位，如何认识和把握"中西医并重"的科学内涵，如何认识和把握科学发展观对中医药事业发展的指导意义，如何认识和把握中医药在全面建设小康社会中的作用，以及针对中医药系统存在的种种与科学发展观不适应、不利于改革创新、影响事业发展的问题，中医药系统应如何解放思想、改革创新，如何从观念、制度、体制上进行深刻思考、深入研究、提出思路等方面进行了深刻阐述，需要我们深刻领会、准确把握。

所谓"实"就是总结工作要实，部署工作要实。报告从七个方面总结了工作，但没有按照科研、教育、医疗等各个司的工作职能进行总结，而是是从政策与发展战略研究、部门出台政策和指导意见、指导各省加强工作、服务体系建设等工作来总结的。部署工作我们也没有按照以往的惯例来做，而是首先告诉大家国家层面要做哪些工作，然后对省级层面应如何与国家层面进行密切配合提出了要求。

这个报告内容很丰富，形成这个报告不容易，希望大家一定要认真学习，把这个报告领会好、贯彻好，并用以指导做好本省（区、市）的工作，制定符合当地实际的工作方案。

第三，要把今年的重点工作部署好、落实好。关于今年的工作，工作要点已经发给大家了，我在报告中也提出了具体的要求。需要指出的是，各地有各地的实际，面临的任务不一样，需求不一样，条件也不一样，希望大家根据当地实际，充分发挥主观能动性，创造性地开展工作。但我要强调一点，大家在部署工作的时候一定要准确把握国家在想什么，国家要求的是什么，要重点做好哪几项工作？这些大家一定要了解，一定要紧跟，一定要配合。没有国家的支持地方的工作难以做好，没有地方的配合，国家的重点工作难以落实。

这里，我再特别强调切实做好几项重要工作：

一是政策研究。我们在 11 个课题研究的基础上，广泛征求部际协调小组成员单位和专家学者的意见后，已经形成了关于扶持中医药事业发展的若干意见，准备提交国务院中医药工作部际协调小组第一次会议讨论，这个意见已经印发给各省，希望大家回去后认真研究，提出建议和意见，尽快反馈我们。

二是重点建设项目。今年，要开展的重点建设项目很多，希望大家要按照国家的要求抓好落实，不要走样。当然允许创新，但是创新一定要在规范的基础上。现在项目多了、资金多了，我们一定要把资金用好、管好，把项目做好做实，真正达到预期目的，造福人民群众。今年我局将对各地项目、资金使用和落实情况进行督查。

三是"三名三进"工程。这是最能体现中医药事业发展、最能让老百姓感受到中医药发展成果的工作，是一项民心工程，并已纳入卫生部今年的重点工作，我们一定要把这件事做实、做好。今年工作部署中的"农村中医工作先进县"创建活动、"中医药特色社区卫生服务示范区”创建活动等都是“三名三进”工程的重要内容，大家一定要关注，一定要配合。

四是临床研究基地建设。临床研究基地不是由国家来指定，而是需要各地按照国家的要求去努力争取，最后通过公平公正的评估确定。地方怎么样配合好，先做好哪些基本工作，我在去年八月份已经讲过，希望大家不要将眼睛盯着上面，要盯着自己，把事情做实，努力争取，争取到项目之后要把项目做好。

五是“治未病”健康工程。探索构建中医特色明显、技术适宜、形式多样、服务规范的保健服务体系，是今年的一项重点工作，各地要高度重视，搞好调研与试点工作，加强指导，把这项创造性工作做好，做实，多出成果。

六是人才培养机制。我们要积极主动地与教育部门加强协调，合作共赢。去年，我们与教育部签署了共建北京中医药大学的协议，探索如何加强中医药院校的行业指导，如何推动中医药院校的教育教学改革，如何培养合格的中医药人才，取得了积极进展。目前，大多数省（区、市）都有中医药院校，也希望地方加强这方面的探索。

七是“中医中药中国行”活动和中医医院文化建设工作。要认真总结去年的经验，创造性地开展中医药科普知识宣传，使更多的人能了解中医药、享受中医药、宣传中医药。要使中医医院成为弘扬中华民族优秀传统文化的基地、典范、窗口。不仅要使到中医医院的人能够享受到中医药服务，而且也要能够感受到中医药文化，为中医药事业发展奠定坚实的文化根基。另外，我们还要以今年8月在北京举办奥运会为契机，做好中医药的对外宣传工作。

八是世界传统医学大会。今年11月世界卫生组织要在北京召开世界传统医药大会。这个大会特别是会议举办的展览要请各地给予配合、支持，不仅要积极参与，而且还要利用这个机会向国际上充分展示党和国家对中医药工作的重视，充分展示中医药在维护人民群众健康中的作用，这对于保证中医药在世界传统医药中起到引领作用具有十分重要的意义。

第四，要把各地介绍的经验学习好、运用好。这次会议上的经验交流，无论书面交流材料，还是大会发言，都从不同的角度反映了各地在各方面工作中的一些探索和成功经验，对每个省都有借鉴意义，希望大家从中认真汲取。

第五，要把会议的精神传达好、贯彻好。大家回去以后，要认真梳理这次会议提出的工作思路、重点任务和主要措施，真正吃透会议精神，真正把思想统一到会议精神上来。及时把吴仪副总理的重要讲话和这次会议的精神向省（区、市）党委、政府和卫生厅（局）党组做全面汇报，与省级中医药领导协调小组成员单位进行沟通，努力争取领导和相关部门的支持。同时，要结合本地区实际，提出贯彻落实会议精神的具体举措，以及对党委和政府扶持中医药事业发展、相关部门支持中医药工作、卫生厅（局）党组加强中医药工作的建议，以及下一步工作打算，等等。

各地要在近期召开会议，认真传达吴仪副总理重要讲话和这次会议精神。会议除要有市、县卫生、中医药行政管理部门的领导参加外，还要邀请市、县政府的分管领导参加，听取他们的意见，争取他们的支持。会议要根据工作报告的精神和今年的工作要点，制定好工作方案，做好今年的工作部署。要深入基层，加强指导，开展检查监督，加大督导力度，切实抓好各项工作部署的落实。

第六，要把自身的建设谋划好、落实好。所有的工作能否取得成效，这次会议的精神能否贯彻落实，关键在于加强中医药管理部门的自身建设，不断提高领导科学发展的能力和水平。在这方面，国家中医药管理局已经就开展学习型组织、服务型机关、和谐团队建设出台了文件，开展了活动。也希望各地借鉴国家中医药管理局的思路和做法，推动机关三项建设。

同志们，今年是全面贯彻落实党的十七大精神的第一年，也是中医药工作的改革落实年，面对繁重的工作任务，我们必须增强责任感和使命感，以振兴中医药为己任；必须振奋精神、坚定信心，善于抓住机遇，敢于迎接挑战；必须解放思想，改革创新，勇于探索，敢于实践；必须求真务实，真抓实干；必须团结和谐、奋发有为，内增素质、外树形象。

让我们紧密地团结在以胡锦涛同志为总书记的党中央周围，高举中国特色社会主义伟大旗帜，深入贯彻落实党的十七大精神和科学发展观，以这次会议为契机，抓住机遇，乘势而上，扎实工作，奋发有为，努力促进中医药事业又好又快发展，为提高人民群众健康水平、实现人人享有基本医疗卫生服务的宏伟目标，为全面建设小康社会、构建社会主义和谐社会作出新的更大的贡献！

卫生部副部长马晓伟在贯彻实施《护士条例》暨庆祝“5·12”护士节电视电话会议上的讲话

（2008年5月12日）

今天是“5·12”国际护士节，是《护士条例》实施之日。卫生部、国家中医药管理局、总后卫生部和中华护理学会联合在这里召开全国电视电话会议，以贯彻实施《护士条例》为主题，共同庆祝广大护理工作者的节日，这对于全国150多万护士，具有特别重要的意义。在此，我谨代表卫生部向辛勤工作在医疗卫生战线上的护士同志们致以节日的问候和崇高的敬意！

“5·12”国际护士节，是为纪念现代护理学科的创始人——弗劳伦斯·南丁格尔，于1912年设立的。设立国际护士节的基本宗旨是倡导、继承和弘扬南丁格尔不畏艰险、甘于奉献、救死扶伤、勇于献身的人道主义精神。从南丁格尔创立护理专业之日起，护理工作便与人道主义精神和关爱患者、尊重生命的职业道德密切联系在一起。近百年来，每逢这一天，世界各国卫生界都举行纪念活动，重温南丁格尔“忠贞职守，尽力提高护理专业标准，勿为有损之事”的誓言，激励广大护理工作者秉承优良传统，尽心尽力、尽职尽责地为患者减轻痛苦，为人类增进健康。

自从南丁格尔创建现代护理学以来，护理事业成为医疗卫生事业的重要组成部分。护士是医疗卫生战线上的一支重要力量，广大护理工作者，无论是在日常的医疗护理工作中，还是在重大自然灾害、疾病流行和人民健康受到威胁的关键时刻，都能够恪尽职守，履行救死扶伤、服务人民的神圣责任，以忠诚的服务理念、严谨的工作作风和精湛的专业技术，兢兢业业、勤勤恳恳地战斗在护理岗位上，表现出良好的职业道德和高尚的思想品质。这种以人为先，勤勉敬业，吃苦耐劳，无私奉献的精神得到了全社会的尊重和称赞。

卫生部高度重视护理工作。特别是近几年，采取了一系列措施发展护理事业。2005年，卫生部颁布实施《中国护理事业发展规划纲要》，明确了“十一五”时期护理工作的发展目标、工作重点和主要措施。同时，召开全国护理工作会议进行部署，要求各省、自治区、直辖市卫生行政部门研究、制定并落实本省（自治区、直辖市）护理事业发展规划和实施方案。在近三年开展的“以病人为中心，以提高医疗服务质量”为主题的医院管理年活动中，卫生部将临床一线护士配备列入医院管理质量评价的重要内容之一，促使医院愈加重视并着力解决临床一线护士短缺的问题。应当承认，在医疗卫生事业不断发展形势下，护理人员不足是多年积累的老问题，涉及到体制、制度和政策等许多原因，并不是一朝一夕就能解决的，卫生部积极开展工作，特别是各级卫生行政部门和医院领导共同努力，正在逐步扭转护理人才紧缺的状况。同时，在临床护理方面，卫生部要求医院在医院管理年活动中，不断深化“以病人为中心”的服务理念，营造关心病人、爱护病人、尊重病人的氛围，促进护理工作贴近患者、贴近临床、贴近社会。去年，卫生部在全国卫生系统开展护士岗位技能训练和竞赛活动，结合临床实际，广泛开展以“三基三严”为重点的护士技能培训，全面加强护士的临床专业技术能力建设，提高护士的业务技术水平。

这些措施有效地促进了我国护理事业的健康发展。主要表现在：第一，护士队伍数量迅速增长。截至2007年底，全国护士队伍发展到154.3万名，占卫生技术人员的34%。护士总数比2006年增加了12万，是我国护士数量增长最快的一年。自2005年以来，护士总数增加了24万，是历史上增长最快的阶段。第二，护士队伍整体素质逐步提高。根据2007年卫生部对全国696所三级综合医院的调查，护士中具备大专以上学历的护士比例为57.5%。同时，各省、自治区、直辖市卫生厅局按照我部下发的《专科护理领域护士培训大纲》，对重症监护、急诊急救等领域的护士开展专科培训工作，提高护士的专业能力。第三，合同制护士待遇正在逐步改善。安徽、湖南、江西等省在保障合同制护士权益、稳定护士队伍方面提出了明确的管理措施。针对医疗机构在聘用合同制护士工作中的问题，要求医疗机构在依法执业、充分培训、保证质量、保障权益的前提下，规范管理合同制护士队伍，改善合同制护士的待遇。一些医院已经实现了合同制护士与在编护士同工同酬。第四，改进护理服务，提高护理质量。为促进护理工作贴近患者、贴近临床、贴近社会，各地在改善护理服务方面开展了许多工作。如：上海市卫生局提出了“落实四个一点”的措施，即：为病人多做一点、为病人多讲一点、让病人少等一点、让病人满意一点；山东省提出护理工作“四个零”的目标要求，即护患关系零距离、护理质量零差错、护理技术零缺陷、护理服务零投诉；很多医院建立并实施对手术病人的术前访视和术后支持服务制度；一些医院开展病人出院后的电话随访、上门随访，延伸护理服务；一些医院开展“示范病房”创建活动、促进护理质量的提高；一些采取制作“温馨提示卡”、“出院指导册”，增进与病人的沟通；等等。这些做法得到了患者和社会的肯定。近几年，全国各级各类医疗机构在增进医患沟通、和谐医患关系方面都做了很多努力，积累了一些好做法、好经验。根据2007年卫生部在“医院管理年”督导活动中，对全国71所三级综合医院共4248名住院患者关于护理工作的满意度调查，平均满意度为93.7%。第五，护理服务领域不断拓展。随着社区卫生服务的发展，护理服务不断向家庭、社区延伸，以满足人民群众的健康服务需求。

这些成绩的取得是各级卫生行政部门、广大医院管理人员和护理工作者团结一致、共同努力、开拓进取、扎实工作的结果。我代表卫生部向大家表示衷心的感谢！

今年的护士节，对于我国广大护理工作者更具有特殊的重要意义。《护士条例》经国务院第206次常务会议通过，由温家宝总理签署第517号国务院令公布，自今天起施行。《护士条例》的颁布实施，旨在维护护士的合法权益，规范护理行为，促进护理事业发展，保障医疗安全和人民群众健康。该条例的颁布，体现了党和政府高度重视护士队伍的建设和护理事业的发展，高度重视护理工作在维护人民群众健康、全面建设小康社会中发挥的作用。

下面，我就《护士条例》的贯彻实施工作，讲几点意见：

一、进一步提高对护理工作重要性的认识

护理工作是医疗卫生事业的重要组成部分，与人民

群众的健康利益和生命安全密切相关。护士承担着救死扶伤、保护生命、防治疾病、减轻痛苦的专业职责，在医疗卫生事业的发展中发挥着不可替代的作用。护理工作质量和专业技术水平直接关系到医疗安全和医疗服务质量，关系到人民群众的健康和生命安全，关系到人民群众对医疗卫生服务的满意程度。稳定和建设好护士队伍，促进护理工作的健康发展，十分重要。各级卫生行政部门、医疗卫生机构要站在维护广大人民群众的健康权益、全面建设小康社会和社会主义和谐社会的高度，充分认识国务院公布施行《护士条例》的重要意义，大力贯彻落实《护士条例》的各项规定，将护理工作纳入医疗卫生事业发展的整体规划中同步、协调发展，医疗卫生机构要把加强护士队伍建设和提高护理质量摆上重要的议事日程，要有明确的阶段性工作目标和客观、具体的实施措施，做到年年有目标，岁岁有提高，一年一小步，三年一大步，不断推动护理事业健康发展，适应医疗技术的发展和人民群众不断增长的健康需求。

二、准确理解、正确执行《护士条例》的各项规定，履行肩负的责任和义务

《护士条例》旨在从立法层面上明确护士的权利和义务，明确各级政府及有关部门、医疗卫生机构在维护护士合法权益，改善护士工作条件，保障护士必须待遇，保证护士队伍素质，规范护理技术行为等方面的责任。《护士条例》着重规定了四方面内容。一是，保障护士的合法权益。通过明确护士应当享有的权利，规定对优秀护士的表彰、奖励措施，激发广大护士工作的积极性，在全社会形成尊重护士、爱护护士的良好氛围。二是，严格规范护士的执业行为。通过明确护士的法定义务和执业规范，促使广大护士尽职尽责，全心全意为人民群众健康服务。三是，强化医疗卫生机构的职责。通过规定医疗卫生机构有责任保证护士人力配备，保障护士工资待遇、职业安全、在职培训等权利，以及有责任加强本机构护士和护理工作的管理，促使医疗卫生机构不断提高护理工作质量，为人民群众提供安全、有效、优质的护理服务。四是，建立护士执业准入制度。为确保从事护理工作的护士具备保障患者医疗安全的执业水平和能力，保证护士队伍的基本素质，参照国际通行做法，《护士条例》规定只有经过护理专业教育并经执业注册取得护士执业证书的人员才能从事护理专业工作。根据《护士条例》，卫生部颁布《护士执业注册管理办法》，以细化护士执业注册的条件和程序，规范护士执业许可的行政行为。

各级卫生行政部门和医疗卫生机构要切实加强领导，对照《护士条例》的规定，做好贯彻实施工作。医疗卫生机构要落实好在保证护士人力配备、保障护士合法权益和加强本机构护士管理等方面的责任；地方各级卫生行政部门要依据《护士条例》的规定，建立护士执业注册制度，加强对医疗卫生机构的监督管理，促使医疗卫生机构加强护士队伍建设，规范护理执业行为，为人民群众提供优质护理服务。

三、贯彻实施《护士条例》，解决突出问题，推动护理事业健康发展

国务院制定颁布《护士条例》，主要针对护理工作中存在的一些突出问题：

第一，护士的合法权益缺乏法律保护。在《护士条例》研究制定的过程中，合同制护士待遇问题是广大护士和护理界反映最为突出的问题，主要是医院聘用的合同制护士待遇低，与医院的正式编制护士同工不同酬。据调查，在医疗机构人事制度改革新老体制并行的情况下，一些公立医疗机构存在着正式编制人员和编外聘用合同制人员的双轨管理。在聘用合同制护士中，医院给予合同制护士的工资、福利待遇远低于正式编制护士，有的医院聘用的合同制护士不享有参加继续教育、职称晋升的权利，不享有国家规定的节假日待遇，同时，医院与合同制护士的合同周期短，不利于护士的职业生涯发展。这些问题不仅侵犯了护士的劳动权益，而且严重影响了护士队伍的稳定。根据卫生部2007年对全国696所三级综合医院的调查，被调查医院的合同制护士占护士总数的30.2%，合同制护士每年离职率平均为5.7%。其主要原因是较低的待遇、不平等的执业氛围和不稳定、不确定的职业发展前景。合同制护士问题不仅严重影响护士队伍稳定和发展，也影响了护理工作质量和护理专业的健康发展。

第二，部分医院临床一线护士人力配备不足。护士的人力配备直接关系到医疗质量和患者安全，部分医院在发展过程中，重医疗、轻护理，减少护士职数，导致临床一线护士数量少，医护比例倒置。2005年，卫生部调查了全国400多家医院，三级综合医院病房护士与床位比平均为0.33∶1。2007年，卫生部对全国696所三级综合医院进行调查，696所三级综合医院的病房护士与床位比平均为0.38∶1，虽然有了显著提高，仍没有达到卫生部要求的病房护士与床位比为0.4∶1的标准。通过对护士工作量调查，一名病房护士每班最少护理10—14名患者，最多达到30名患者以上，65.2%的临床一线护士每天连续工作时间超过10小时。由于临床护士数量少，不仅导致护士超负荷工作，而且使护士为患者实施的护理服务“缩水”，对患者的医疗安全和康复带来隐患。

第三，一些医院没有全面履行护理服务的职责。一些医院简化护理工作，一些护士没有全面、严格地履行护理职责。护士偏重于执行医嘱，完成打针、发药的工作，忽视了主动观察患者病情变化、巡视病房和基础护理等工作；偏重于治疗性措施的落实，忽视了对患者的照顾、心理护理和康复指导；偏重于技术操作，忽视了与患者的沟通、交流。部分医院“以病人为中心”的整体护理理念尚未完全付诸行动，此外，对疑难、重症患者的护理水平需要进一步提高。

《护士条例》在制定的过程中，针对上述问题，在维护护士权益、规范护理行为、保证护士配置等方面作出了明确的规定。各级卫生行政部门、医疗卫生机构要

将贯彻实施《护士条例》与解决本地区、本机构护理工作中的突出问题相结合，一方面，要稳定和建设好护士队伍，从临床实际出发，提高临床一线护士数量，加强护士人力资源的科学管理，保证护士的基本素质，提高护士的技术能力和专业化水平。另一方面，要规范护士执业行为，改进护理服务，提高护理业务水平，促进护理质量持续改进。

建议这次会议后，结合贯彻实施《护士条例》，医院领导组织召开一次会议，传达这次会议的精神，分析本医院护理工作现状，研究加强和改进护理工作的具体措施，落实《护士条例》中的各项要求。针对临床护理工作，我再强调三点：一是抓制度。医疗卫生机构要对照《护士条例》的规定，建章立制，同时，全面检查和评估既往已经制订的各项规范，并进行修订，使其更具科学性、合法性和可操作性。在完善规章制度的基础上，关键是落实。在护士队伍建设方面，增加临床一线护士数量的同时，要创新机制，探索护士的分级管理制度，增强护士队伍努力进取、力争上游的动力，使护士队伍始终保持朝气蓬勃、积极向上的职业风貌。二是抓干部。护理部和护士长队伍的建设十分重要。护理部是医院护理工作的“司令部”，承担着护理质量管理、护士队伍建设的重要责任，要选拔思想作风好、业务能力强、善于协调、善于创新，在护士队伍中有威信、有号召力的人员担当护理部的管理者；护士长是病房的管理者，负责组织并带领病房护士完成各项临床护理工作，要选拔敢于负责，业务精湛，组织管理能力强的护士担当护士长的工作。医院护理管理人员的管理理念、管理素质、领导艺术、工作能力和水平直接关系到护理工作的整体水平，关系到促进护理工作贴近患者、贴近临床、贴近社会的实际效果。三是抓培训。医学科学不断进步，诊疗技术不断更新，护理业务不断发展，因此，对临床护士的在职培训，要立足于保证护士能够胜任临床护理岗位业务工作的实际需要，适应临床诊疗技术和护理专业的发展。《护士条例》中要求医疗卫生机构应当制定、实施护士在职培训计划，对护士的培训要注重新知识、新技术，并根据临床专科护理岗位的需要，注重对护士的专科化、专业化培养，注重对护士队伍的能力建设，不断提高护士队伍的业务技术水平。

当前，医疗卫生事业不断发展，人民群众健康需求日益增长，护理工作的发展应当与医疗卫生工作整体目标和社会不断发展的步伐相一致。近几年，各地通过贯彻实施护理事业发展规划纲要和开展“医院管理年”活动，使得护理工作的发展呈现良好态势。《护士条例》的颁布实施，是促进我国护理工作持续、健康发展的一件大事。各级卫生行政部门、医疗机构和广大护理工作者要充分认识促进护理工作发展的重要性、紧迫性，认真贯彻落实《护士条例》的各项规定，抓住机遇，再接再厉，使我国护理事业更加健康、快速地发展。希望广大护士进一步树立“以病人为中心”的服务理念，以维护人民群众健康为己任，增强责任感和使命感，不负重托、不辱使命，为全面建设小康社会，构建社会主义和谐社会做出更大的贡献！

巩固成绩强化监督　切实保障人民群众就医和用血安全

——卫生部副部长马晓伟在全国打击非法行医专项行动和非法采供血专项整治工作总结电视电话会议上的讲话

（2008 年 5 月 13 日）

今天我们 8 部门联合召开全国打击非法行医专项行动和非法采供血专项整治工作总结电视电话会议，对 3 年来专项行动进行总结，对今后工作特别是长效机制建设提出要求。专项行动 3 年来，各地各部门的同志们不畏困难，扎实工作，团结奋战。通过大家的辛勤劳动，专项行动取得了有目共睹的显著成效。借此机会，我代表卫生部向各地区、各部门所有参加专项行动的同志们表示崇高的敬意和衷心的感谢！下面，我讲三个方面的问题。

一、专项行动工作回顾

根据《国务院办公厅关于开展打击商业欺诈专项行动的通知》（国办发〔2005〕21 号），以及全国整顿和规范市场经济秩序工作要点，2005—2007 年，卫生部联合科技部、公安部、监察部、人口计生委、食品药品监管局、中医药局、总后卫生部，在全国开展了深入持久地打击非法行医专项行动和非法采供血专项整治。在各级政府和各部门的共同努力下，基本实现了专项行动的预期目标，取得了明显的阶段性成效，主要表现在以下 5 个方面。

（一）非法行医、非法采供血违法行为得到有效遏制，医疗服务市场秩序进一步净化。

3 年来，根据 8 部门制订下发的工作方案，各地、各部门始终坚持以人为本、执政为民的理念，精心组织，周密部署，紧紧围绕打击非法行医的 8 项重点工作和非法采供血整治的 6 项重点任务，有计划、有目标、有步骤地采取了一系列坚决果断的措施，取缔了一批违法机构，抓获了一批违法犯罪分子，处理了一批违法违纪人员，查处曝光了一批典型案件。全国共取缔无证行医 25.1 万户次，查处聘用非卫生技术人员的医疗机构 7.8 万户次，查处出租承包科室的医疗机构 5939 户次，查处非法从事性病诊疗活动的黑诊所和医疗机构 1.2 万户次，查处非法鉴定胎儿性别或开展选择性别终止妊娠手术的黑诊所、医疗机构 5483 户次；没收违法所得 9466.2 万元，罚款 3.5 亿元；吊销医师执业证书 1110 人，吊销医疗机构执业许可证 3201 户，409 名非法行医者被追究了刑事责任。2007 年的非法采供血专项整治共纠正了 4915 户医疗机构及采供血机构采供血违规行为，查处各类违法采供血案件 280 件，罚款 217 万余元，吊销单采血浆站执业许可证 2 户，暂停执业 25 人。可以说，通过专项行动，有力地打击了非法行医和非法采供血活动，解决了一些长期存在的突出问题，净化了医疗市场，人民群众就医安全得到进一步保障。

（二）强化责任，通力合作，综合治理机制初步形成。

按照“全国统一领导，地方政府负责，部门指导协调，各方联合行动”的整规工作原则，各级地方政府切实把专项行动摆在重要位置，一级抓一级，层层抓落实，做到守土有责，守土尽职。初步形成了政府领导，卫生部门牵头，多部门联合行动、齐抓共管、综合治理的良性工作机制。一些地方政府领导亲自担任专项行动领导小组组长，组织召开会议并亲自参加督查。一些地方将打击非法行医纳入政府行政管理考核目标，并分解落实到街道、乡镇基层；有的地方通过加强流动人口和出租房屋管理，加大了对游医、假医的综合整治力度；各级政府还将整治医院及周边地区“医托”、“号贩子”活动列入平安医院建设项目或纳入创建卫生城市考核目标，充分发挥政府综合协调和领导作用。总之，通过专项行动，各地对医疗服务和血液安全监管工作的重视程度空前提高，工作方法进一步改进，并逐步实现三个转变：即从卫生部门一家监管向多部门综合治理转变；从单靠政府监管向政府监管、行业自律、社会监督结合转变；从简单地依靠处罚向服务、引导、处罚并重转变，监管水平不断提高。

（三）医疗机构法治观念普遍增强，执业行为进一步规范。

各地加大医疗法规的宣传教育和贯彻执行力度，医疗卫生机构负责人及从业人员法治观念普遍增强，守法执业逐渐成为医务人员的自觉行为。我们对医务人员抽样调查表明，98％认为自身依法执业意识明显增强，90％掌握了依法执业基本法律知识。各地结合实际，将专项行动与医院管理年、治理医药购销领域商业贿赂、平安医院建设等活动紧密结合，努力树立诚信行医和依法执业良好形象。各地还积极推进政务公开、院务公开，将诊疗科目、收费标准、专家信息等通过各种形式向群众公示，维护了广大群众就医知情权。一些地方积极探索建立医疗机构违法违规警示记分制度，组织签订诚信行医责任书，进一步强化了医疗机构和医务人员依法执业的自觉性和责任意识。

（四）进一步加强了基层服务网络建设，促进了卫生民生工程实施。

为了铲除非法行医的生存空间，针对社区卫生服务薄弱、农村医疗卫生服务网络不健全，无法满足人民群众医疗需求的情况，在积极推进专项行动的同时，中央和各级地方政府加快了基层医疗服务网络建设。近年来，国家投资 217 亿元实施中西部基层医疗卫生机构建设，全国 98％的地级以上城市、93％的市辖区和一半以上的县级市组织开展了社区卫生服务，建立了 2.4 万多个社区卫生服务机构。全国普遍建立了新型农村合作医疗制度，参合农民达 7.26 亿人，进一步方便了群众就医。

（五）加强舆论宣传，充分发挥社会监督作用。

为动员广大群众积极参与，充分发挥社会监督的作用，卫生部联合中央电视台制作播放了 50 多期《飓风行动》节目。各地广泛利用报纸、广播、电视、网络等宣传渠道，发布新闻、报道活动进展，对性质恶劣、影响严重的典型非法行医行为进行公开曝光，产生了良好的社会影响。各地还通过向群众发送手机短信、入户发放宣传资料、举办展览、制作宣传栏等多种途径，全方位、多角度地宣传专项行动及安全就医知识。通过广泛深入的宣传发动，一方面彻底揭露了虚假医疗广告的骗局，警示、震慑了违法分子，另一方面让广大群众真正认识到了非法行医和非法采供血的危害及其表现形式，从而更加理性地选择就医。专项行动期间仅全国打非领导小组办公室就接到人民群众各类投诉举报 1993 件，形成了良好的社会监督氛围。

二、取得成效的主要经验体会

回顾 3 年来专项行动工作取得的成效，可以总结的经验和做法很多，这里我初步概括为以下几点：

（一）加强领导，精心组织是关键。

专项行动伊始，根据国务院提出的总体要求，8 部门通过认真研究、充分讨论，确定了具体的工作目标，并根据工作进展不断调整工作重心，部署工作任务，确保专项行动按预定目标稳步推进，步步深入。各部门领导高度重视打击非法行医工作，卫生部会同有关部门先后 4 次召开全国打击非法行医专项行动工作会议和电视电话会议，召开 30 余次领导小组和办公室会议，下发了 10 余个规范性文件，针对突出问题，提出要求，狠抓薄弱环节。3 年来，8 部门的部级领导亲自带队，先后 5 次对 31 个省（自治区、直辖市）进行了全面督导；组织 37 次对重点案件的专项督查，有力推动了专项行动的开展，确保各项措施落到实处。各级地方政府从落实科学发展观，全面贯彻党中央以人为本、构建社会主义和谐社会的高度出发，将专项行动作为关系人民群众切身利益和影响经济社会发展的重要任务，按照属地化管理的原则，切实加强领导，精心部署，狠抓落实。各部门认真贯彻专项行动的工作要求，做到横向到边，纵向到底，层层落实，责任到人，有力地推动了专项行动各项工作全面深入地开展。

（二）部门联动、密切配合是保障。

卫生部等 8 部门成立了全国专项行动领导小组，制定了专项行动工作方案和有关指导文件，定期召开会议，研究问题，通报情况，把握进展，狠抓各项工作的落实。通过联席会议、联合督查、共同办案等多种形式，各部门密切配合，形成强大的整治合力。各地也建立了相应的组织机构，强化领导，统一组织，整体联动。各级卫生、公安、监察、科技、食药、中医、人口计生部门以及军队卫生部门相互支持，密切配合，充分发挥职能作用。公安部门多次召开会议，下发专项通知部署工作，严厉打击各类非法行医和非法采供血等违法犯罪，多次组织开展对医院及周边治安秩序的整治行动，处理了一大批违法犯罪分子，有效遏制了“医托”、“号贩子”等治安违法现象。科技部重点对医学科研机构开展了清理工作；人口计生委牵头，联合卫生、公安对非法鉴定胎儿性别和选择性别终止妊娠进行了整治；食品药品监管局向血液制品生产企业派驻了监督员，建立了飞行检查制度；中医药局进一步规范了推拿、按摩等中医活动；总后卫生部开展了军队医疗机构专项检查，形成了各部门分兵把口，齐抓共管的监管格局，有力打击了非法行医和非法采供血的违法行为。

（三）严肃查办案件，强化责任追究是手段。

各地认真受理投诉举报，狠抓案件督查督办，做到有案必查，有查必果，件件有回音，办结率达 95%以上。卫生部加强对各地案件查处的督查督办，组织对大要案进行暗访和联合查办工作，先后挂牌督办了湖南长沙爱尔医疗科技开发有限公司违法承包 11 家医疗机构眼科、武警广西边防总队崇左支队卫生队虚假宣传并使用非卫生技术人员等非法行医案件；会同地方联合查办了山西省方山县、湖南省新化县单采血浆站冒名采集血浆、广东省揭阳市“血头”非法组织卖血等涉血大案，对“血头”等犯罪分子追究了刑事责任；全国打非办还对河南省民权县医疗服务市场混乱等 20 余宗典型案件作出了通报。各地在专项行动中狠抓责任落实，将责任具体落实到每一个单位、每一个人员，哪个地方出了问题，就追究哪个地方和人员的责任。3 年来，在监察部门的积极支持下，各地针对监管缺位、失职渎职等问题，依纪依法追究了责任，全国总计对 854 名卫生行政部门、医疗卫生单位的相关人员进行了党纪政纪责任追究。

（四）打建并举，标本兼治是根本。

中央领导同志曾说过：良好的市场经济秩序不仅是靠打击和整顿得来的，更是靠规范和建设得来的。各地各部门在专项行动中坚持一手抓整治，一手抓规范建设，重点在健全监管体系、完善监管机制、强化源头治理等长效监管措施方面进行了积极探索。一是健全法规制度。卫生部颁布了《医疗广告管理办法》、《处方管理办法》、《单采血浆站管理办法》等部门规章，建立了医疗广告监测制度等长效监管机制。二是完善部门衔接和配合机制，形成制度化的多部门联动机制。近日我们又高兴地获悉，经过各方努力，最高人民法院已经出台非法行医罪司法解释，最高人民法院、最高人民检察院和公安部即将出台非法采供血罪司法解释以及非法行医罪和非法采供血罪刑事案件立案追诉标准。这对于今后在打击非法行医和非法采供血工作中做好行政执法与刑事司法的衔接将起到十分重要的作用，也将大大提高对非法行医和非法采供血违法犯罪的打击力度。三是加强调研，积极创新，逐步解决历史遗留问题。国家中医药管理局针对中医、民族医医师资质问题及时出台了《关于妥善解决中医、民族医医师资格认定工作有关问题的通知》。四是控制源头，规范审批。不少地方边打边改，积极开展医疗机构设置审批专项检查，进一步完善了医疗机构审批管理的相关规定，狠抓源头治理，严把医疗机构和医护从业人员的准入关口。

三、存在问题和下一步工作要求

在充分肯定成绩的同时，我们也应清醒地看到，打击非法行医专项行动和非法采供血专项整治取得的成果仅仅是阶段性的，仍存在着一些不容忽视的问题。一是工作发展不平衡，个别地方政府对专项行动重视不够，措施不力，工作不实；二是有关法律法规有待进一步健全和完善，一些违法行为查处仍存在法律依据不足或惩治力度不够等问题；三是医疗保障制度还不完善，农民工等弱势群体就医难的问题尚未得到根本解决，非法行医仍有机可乘；四是一些地方的不法分子假冒军队医疗机构的名义利用网络等媒体进行违法广告宣传的现象屡禁不止；五是有的地方医疗服务、血液供给网络尚不健全，客观上也给非法行医和非法采供血活动提供了生存空间；六是卫生监督力量薄弱，特别是基层卫生监督机构人员编制少，工作经费不足等问题突出，与繁重的医疗服务和血液安全监督任务不相适应等等。

这些问题的原因是多方面的，既有思想认识和工作落实方面的问题，也有体制机制等深层次问题。从思想认识和工作落实方面讲，一是一些地方没有真正认识到非法行医和非法采供血对人民群众生命健康和卫生事业发展的严重危害性，对这项工作重要性认识不足，不愿或不想触及深层次的问题。二是个别地方仍存在地方保护主义，对于违法案件的查处及相关责任人的责任追究落实不到位。此外，有的地方极少数行政部门领导和执法人员法制观念淡薄，监管职责不到位，甚至有法不依，执法不严。从体制机制方面讲，一是卫生资源配置不均衡，发展不平衡。有限的卫生资源集中在大城市、大医院，农村和城乡结合部群众就医仍然不方便，为非法行医提供了市场。二是基本医疗保健制度尚在建立过程中，相当一部分城乡群众还没有完全纳入保障范围。三是公立医疗机构运行机制方面存在一些问题。主要是政府对医疗机构的投入严重不到位，致使一些医疗机构出现趋利行为，违背依法执业的准则。

虽然经过了 3 年打击非法行医专项行动和 2004、2007 年两次非法采供血专项整治，但我们的工作离党中央、国务院的要求和和广大人民群众的期望还有很大差距。今年，卫生部通过群众投诉举报、媒体曝光、组织暗访及督办案件等多种渠道了解到，近一个时期有的地方工作力度有所减弱，个别地方的非法行医和违规采供血液（浆）行为有所抬头。对此我们必须保持高度警惕！客观地讲在一定程度上出现一些反弹也是正常的，我们不怕反弹，但关键是要抓反复、反复抓。要认识到，医疗服务和血液安全监督中的一些问题不可能通过一次集中打击行动而彻底解决。铲除非法行医和非法采供血活动是一项长期、艰巨的任务，没有坚韧不拔的意志，没有持之以恒的耐心，没有锲而不舍的努力，没有果断务实的行动，就不可能从根本上予以解决。因此，虽然今年专项行动已转为日常监管，但是我们要求医疗服务和血液安全监督工作只能加强，不能放松和削弱，不能有丝毫的麻痹和松懈！

前不久卫生部下发了《关于进一步加强医疗服务与血液安全监督工作的通知》，对今后一个时期的医疗服务和血液安全监督工作提出了具体要求。各地要按照卫生部的统一部署，针对医疗服务市场和血液安全监督中存在的薄弱环节，在总结几年工作经验的基础上，采取有力措施，着力解决突出问题，继续深入做好医疗卫生服务和血液安全监督工作。这里，我提几点要求：

（一）进一步提高认识，把医疗卫生监督工作放在更加突出位置上来抓。医疗卫生事业直接关系到广大人民群众的身体健康和生命安全，与广大人民群众切身利益息息相关。党的十七大报告明确提出："健康是人全面发展的基础，关系千家万户幸福"，"人人享有基本医疗卫生服务"是全面建设小康社会的重要内容。保证医疗安全是建立基本医疗服务体系的基础和前提条件。认真做好打击非法行医和非法采供血工作就是具体落实科学发展观，全面贯彻党中央以人为本、构建社会主义和谐社会的实际行动。大家要认真学习、深刻领会党的十七大会议精神和胡锦涛总书记的指示，只有认识提高了，工作力度才能上去。通过这次专项整治我们深深体会到，认识越高、力度就越大，工作的效果就越明显。

（二）巩固部门联动机制，做好大案要案查处工作。各地要继续强化多部门的密切配合的有效做法，综合运用现有法律资源和政府各部门执法手段，做到工作上环环相扣，有效衔接。要在认真总结这次专项行动中各部门协调配合经验和做法的基础上，通过建立和完善部门联席会议、信息沟通与通报等制度，使部门联动长期化、制度化，形成信息共享，协调配合，各司其职，各负其责的工作合力。要继续做好群众举报投诉受理工作，加大对重点案件的督办查处力度，切实做到查处到位、责任追究到位、整改措施到位。要加强联合办案工作力度，认真贯彻两高司法解释，做好行政执法部门之间、行政执法与司法之间的案件移送和督办工作。对于涉及违反党纪政纪的案件要及时移送纪检、监察机关；涉嫌犯罪的案件，要及时移送公安、司法机关，决不能擅自以罚代刑。

（三）进一步加强日常监管工作，保持高压严打态势。各地要继续保持对医疗服务市场非法行医和非法采供血活动的高压严打态势，严防工作出现滑坡，切实做到工作不松、人员不散、力度不减、以更加昂扬的精神状态，更加扎实的工作作风，进一步巩固成效，扩大成果。要围绕社会焦点和群众反映强烈的问题以及当地工作的薄弱环节，结合做好奥运保障工作，采取有效措施，着力解决突出问题。要进一步明确目标、强化责任、落实岗位、加大日常监管工作力度，保证监督的频次和覆盖率。特别要强化源头管理，严格执业许可的审批。各级卫生行政部门对不符合执业基本条件、不按审批程序发放的执业许可证要依法坚决予以纠正。拒不纠正的，要依法依纪追究相关负责人和责任人员的责任。

（四）继续加强宣传教育工作。各地要充分发挥媒体的作用，使打击非法行医和非法采供血工作更加深入人心。不能专项行动结束了群众就听不到我们的声音了。要让群众真正感受到政府为维护他们的健康权益在积极地工作。老百姓一旦了解了我们的工作，提高了认识，就会更加支持我们，全力配合我们，就会形成医疗服务和血液安全良好的社会监督和舆论氛围。要通过典型案例的曝光，发挥警示和震慑作用。同时，对于卫生行业内部从业人员的教育工作更要常抓不懈，要将法制培训纳入医务人员的考核，使医疗机构、采供血机构负责人以及医务人员真正做到知法、懂法，守法，切实提高医疗机构、采供血机构和人员依法执业的自觉性。

（五）着力加强长效机制建设。在这次专项行动中，大家都有一个共识，就是巩固扩大专项行动成果，必须落实在建设长效机制上。今后的医疗服务和血液安全监管工作不能仅仅停留在"打击"的层面，要本着标本兼治、综合治理的原则，坚持整顿与规范并重，打击与建设并举，处罚与教育相结合。只有把实践中探索的成功做法转换成制度、机制，才能真正巩固和扩大专项整治的成果。我们要认真总结各地各部门的经验和好做法，及时将其上升为政策和措施，并进一步转化成制度和机制。关于长效机制建设的具体要求我在这里点一点题，一是要进一步加强法律、法规及制度建设；二是要进一步完善设置规划，把好准入关；三是要加强调研，妥善解决好历史遗留问题和改革发展中遇到的新情况、新问题；四是要加强执法队伍建设，不断提高执法人员的能力和水平，进一步改进工作，提高执法效能，强化责任，严格落实执法责任制。

2008 年是全面贯彻落实党的十七大精神的第一年，是我国实行改革开放 30 周年，是北京奥运会和残奥会举办之年。全世界的目光将聚焦北京，聚焦中国。做好今年的医疗卫生监督工作，对于保障奥运，推动我国卫生事业又好又快发展，构建社会主义和谐社会具有十分重要的意义。让我们在以胡锦涛同志为总书记的党中央的领导下，以党的十七大精神为指导，深入贯彻科学发展观，坚定信心，开拓创新，求真务实，真抓实干，不断开创医疗服务监督工作新局面，为保障人民群众就医安全和用血安全、提高人民群众健康水平做出更大的贡献。

全面贯彻党的十七大精神　开创食品药品监管工作新局面

——国家食品药品监督管理局局长邵明立在2008年全国食品药品监督管理工作会议上的报告

（2008年1月30日）

同志们：

这次全国食品药品监督管理工作会议与廉政会议、表彰会议一起召开。会议的主要任务是：认真学习贯彻党的十七大精神，全面落实中央经济工作会议和十七届中央纪委第二次全会要求，深入贯彻落实科学发展观，总结食品药品监管和廉政建设工作经验，研究今后一个时期改革和发展的总体思路，部署2008年工作。

党中央、国务院高度重视食品药品监管工作。吴仪副总理将在百忙之中出席会议，亲自为人事部、国家食品药品监督管理局联合表彰的食品药品监管系统“先进集体”和“先进工作者”颁奖，并作重要讲话。我们一定要认真学习、深刻领会、深入贯彻吴仪副总理的重要讲话精神，以更加饱满的工作热情、更加昂扬的精神状态，全力做好食品药品监管各项工作。下面，我讲三个问题。

一、食品药品监管工作总结与回顾

党的十六大以来，是我国食品药品监管事业改革与发展的重要时期。在党中央、国务院的高度重视和正确领导下，食品药品监管工作在探索中发展，在发展中创新，在创新中提高，取得了显著成效：建立和完善了食品药品监管体制，积极推进食品安全综合监督；建立了以《药品管理法》、《医疗器械监督管理条例》为基础的监管法律法规体系；形成了以《中国药典》和局颁标准为核心的国家药品标准，加快了技术支撑体系建设；完成了食品药品专项整治各项任务，严厉打击了制售假劣食品药品等违法犯罪行为；深入开展了治理药品医疗器械生产经营领域商业贿赂工作，大力加强党风廉政建设。在此期间，我们经历了一段极不平凡的特殊时期。面对压力与挑战，全国食品药品监管系统广大干部职工，不回避矛盾，不惧怕困难，以顽强的毅力，攻坚克难，使食品药品监管工作取得了重大的进展。

（一）树立和实践科学监管理念。在改革与发展的关键时期，我们以科学发展观为指导，科学分析和判断食品药品安全形势，认真总结食品药品监管工作正反两方面的经验与教训，及时提出了树立和实践科学监管理念的要求，全面回答了食品药品监管的全局性、根本性、方向性问题。我们坚持把人民利益放在至高无上的位置，将保障公众饮食用药安全作为监管工作的出发点和落脚点，正确处理监管与发展、公众利益与商业利益的关系，不断强化监管，促进食品药品产业又好又快发展。在实践科学监管理念的过程中，我们坚持用改革的思路、创新的办法，解决制约食品药品监管工作发展的一些突出问题。科学监管理念的树立和实践，使我们的监管方向更加明确，监管思路更加清晰，监管成效更加显著。

（二）全力推进食品药品专项整治。2006年7月以来，为保障人民群众饮食用药安全，国务院部署开展了整顿和规范药品市场秩序专项行动，开展了产品质量和食品安全专项整治。胡锦涛总书记、温家宝总理做出重要指示，吴仪副总理亲自指挥和部署专项整治工作，倾注了大量心血。地方各级党委政府加强对专项整治工作的领导，各有关部门密切配合，各级食品药品监管部门发挥了重要作用。在此期间，国家和省级食品药品监管部门共派出各类检查组1.2万个，共计4.1万多人次，深入基层和监管一线进行检查、巡查和督查。在注册环节，基本完成现场核查和药品批准文号清查工作，监督企业撤回注册申请7999个，注销、撤销药品批准文号、医疗器械注册证1604个。重新审查药品标签和说明书，集中治理“一药多名”。在生产环节，对药品生产企业执行GMP情况，高风险品种以及所有血液制品、疫苗和血管支架生产企业进行检查、抽查和督查，向高风险品种生产企业派驻监督员1800多人，开展药品生产企业质量受权人试点，建成全国特殊药品监控信息网络。依法收回药品GMP证书157张，责令370多家药品、医疗器械生产企业停产整顿，依法吊销药品、医疗器械生产企业许可证27张。在流通环节，开展人血白蛋白、中药非法添加化学物质、中药材专业市场等专项检查。吊销经营许可证1210张，取缔无证经营5719家，取缔挂靠经营726家。与工商等部门一起整治虚假违法药品广告，撤销药品广告批准文号170多个，责令下架品种359个。查处各类药品、医疗器械违法案件32万多件，捣毁制假窝点1100多个，移交司法机关450多件。建立了覆盖全国90%以上乡村的药品监督网点和供应网点。选择10家企业和18个常用品种，开展城市社区、农村基本用药定点生产。此外，药品检验检测、药品不良反应监测和再评价工作得到进一步加强，为开展专项整治、处置突发事件提供了及时准确的技术支持，药品安全事件预警和应急能力有所提高。

食品安全专项整治继续深化。开展食品安全示范县创建活动，首批60个国家级食品安全示范县的示范效应已经显现。完善食品安全综合评价手段，推进食品安全监管责任落实。继续扩大食品安全信息监测和调查评价范围，评估安全隐患，整治问题产品。开展食品安全危害因素监控操作规范试点工作，积极推动食品安全信用体系建设。编写食品安全状况报告，推进食品安全信息统一发布，初步建成全国地（市）级食品安全分析预警系统。会同有关部门协调解决多宝鱼上市问题，妥善处理美国宠物食品污染、香港鱿鱼丝等突发事件，督查督办“注水牛肉”等重大事件。

这场维护人民群众利益的特殊战役，无论是重视的程度，参与的广度，还是整治的深度，都是历史上从未有过的。药品安全专项整治的八项任务和四项目标顺利完成，药品生产经营秩序明显好转，群众反映强烈的一些突出问题得到有效解决，食品药品安全保障水平全面提升。这次专项整治在我国食品药品监管发展史上留下了浓墨重彩的一笔。

（三）积极开展集中教育活动。中央纪委监察部严肃查处郑筱萸、曹文庄等人严重违法犯罪案件，充分表明了党中央、国务院惩治腐败的鲜明态度和坚强决心。为认真吸取案件教训，有效解决监管工作和队伍建设存在的突出问题，国家局组织开展了为期两个月的“整顿机关作风、整改监管工作、重塑队伍形象”的集中教育活动。这是食品药品监管系统组建以来第一次全面回顾和认真总结过去监管工作的得失成败，深入查找最突出的问题、最明显的漏洞和最薄弱的环节，下大力气进行整改的教育活动。

首先，端正了监管工作的指导思想，进一步解决“为谁监管”和“怎样监管”的根本问题。许多同志联系过去“既当运动员，又当裁判员”以及监管工作缺位、越位、错位的事例，总结教训，厘清思想，转变观念，进一步明确了监管工作的正确方向。这是集中教育活动最主要的收获。第二，解决了廉政工作存在的突出问题。对10个直属单位违规开办的22家企业作脱钩处理，清退部分工作人员持有的医药企业350多万股，部分工作人员上交了以各种名义接受的礼金、有价证券折合人民币260多万元。与此同时，对120多名干部进行轮岗、交流、调配。第三，及时制定廉洁从政制度和规定，出台了《食品药品监管管理工作人员八条禁令》和廉政工作五项制度。深化行政审批制度改革，实行行政受理、技术审评、行政审批相分离，实行药品审评主审集体负责制、审评人员公示制、审评审批责任追究制，加强网上受理、网上审批、网上监督。层层签订党风廉政建设责任书。集中教育和整改期间，共制定各种制度65项、修订59项、废止145项。这次集中教育活动，使广大干部职工受到了极为深刻的教育，对新时期反腐败重要性、艰巨性的认识更加清醒，对慎用手中权力、抵御各种风险考验的自觉性更加增强，对不辜负党和人民的重托、努力做好监管工作的信心更加坚定。

（四）加快监管法规制度建设步伐。认真贯彻落实《国务院关于加强食品等产品安全监督管理的特别规定》，结合监管实际，出台了《特别规定》的实施意见，修订了《药品注册管理办法》、《药品GMP认证检查评定标准》、《药品流通监督管理办法》等规定，制定了《药品召回管理办法》。这些部门规章和规范性文件，细化了监管措施，强化了企业责任，加大了对违法违规行为的惩治力度。与此同时，组织开展规范性文件审核备案和清理工作，落实行政执法责任制，完善行政处罚程序，推进依法行政。

按照《国务院办公厅关于进一步加强药品安全监管工作的通知》精神，积极推动建立“地方政府负总责，监管部门各负其责，企业是第一责任人”的药品安全责任体系，构建药品安全工作新格局。地方各级政府把药品安全纳入重要工作日程，成立组织机构，明确工作任务，落实工作责任，切实对药品安全担负总责。相关部门立足职能，加强协作，密切配合，增强合力，进一步提高了药品安全保障水平。

（五）全面推进监管能力建设。《国家食品药品安全“十一五”规划》经国务院审议通过并正式印发，已进入全面实施阶段。这是食品药品安全领域第一个国家级专项规划。实施《食品药品监督管理系统基础设施建设规划》成效显著，地方项目全面推进，完成中西部地区24个省（区、市）项目实施方案审批工作，累计安排建设资金16亿元，改善了地方食品药品监管机构的办公用房、执法装备条件和药检所仪器设备配备；中央项目可研编制和审批加快，重大项目前期工作取得重要进展。中央财政对食品药品监管系统的投入大幅增加，仅2006、2007两年，中央财政对食品药品监管系统的投入达到37亿多元，为1998年至2005年总和的1.3倍。

此外，我们高度重视新闻宣传工作，推出定时定点新闻发布制度，主动发布信息，强化舆论监督。积极参与医药卫生体制改革方案的制定。加大对外合作力度，在第三次中美战略经济对话框架下，与美国签署了关于药品医疗器械安全的合作协议，共同确定在加强进出口药品监管、打击假冒产品等方面加强合作，为国家间有效解决进出口药品质量安全问题提供了成功范例。与欧盟建立双边磋商与合作机制，与英国签署药品监管合作谅解备忘录，加强与国际组织、非政府组织的沟通和联系。加大干部培训力度，首期西部地区省局20名负责人境外培训圆满结束，全国地（市）局430名局长第一轮全员培训基本完成。

回顾过去，我们经受了各种困难的考验，应对了全方位的挑战。全系统广大干部职工团结一心、埋头苦干、负重前行，端正指导思想，堵塞监管漏洞，完善监管制度，规范市场秩序，严格队伍管理，重塑队伍形象，监管力度前所未有，整治成果前所未有，社会影响前所未有。我们用实际工作成效，扭转了被动局面，在食品药品监管和干部队伍建设两个战场打了翻身仗。实践表明，我们这支队伍是能打硬仗、经得起考验的队伍，是能够履行好党和人民赋予神圣职责的队伍！

我们之所以取得这样的成绩，归结起来最重要的一点就是：坚决贯彻执行党中央、国务院的重大部署，坚持全面贯彻落实科学发展观，牢固树立和实践科学监管理念。我们深刻体会到，做好食品药品监管工作必须把握监管的正确方向，始终坚持以人为本，立党为公，执政为民，依法行政，不断解决人民群众最关心、最直接、最现实的饮食用药安全问题。必须完善监管工作机制，紧紧依靠各级党委政府的领导，主动与有关部门协调配合，调动社会各方面的积极性，实行社会综合治理。必须加强法规制度建设，依法行政，实现科学、权威、高效执法，推动监管工作的长远发展。必须加强技术监督工作，充分应用现代科技，提高检验监测、审评认证、安全评价水平，提高产品标准，为科学监管提供强有力的技术支撑和保障。必须不断推进改革创新，用发展的眼光和改革的思路解决监管工作的问题，创新监管模式，完善监管手段，提升监管水平。必须建设高素质的队伍，提高科学判断形势、妥善处理矛盾、有效解决复杂问题的能力，始终把反腐倡廉建设摆在更加突出的位置，慎用监管权力，正确履行职责。

同志们，食品药品监管工作的每一点成绩，每一项进步，都离不开党中央、国务院的坚强领导和亲切关怀，离不开各级党委政府、各有关部门和社会各界的大力支持，离不开全系统广大干部职工不懈的努力。借此机会，我谨代表国家食品药品监督管理局，向长期以来关心、支持食品药品监管工作的各级党委政府、有关部门、社会各界以及新闻单位的朋友们表示衷心的感谢！向辛勤工作在食品药品监管各条战线的广大干部职工致以亲切的慰问和崇高的敬意！

二、准确把握党的十七大对加强食品药品监管工作的总体要求

党的十七大是在我国改革发展关键阶段召开的一次十分重要的大会。胡锦涛总书记的报告，高举中国特色社会主义伟大旗帜，系统阐述了科学发展观的科学内涵和基本要求，明确提出了实现全面建设小康社会奋斗目标的新要求。报告做出了建设覆盖城乡居民的药品供应保障体系，建立国家基本药物制度，保证群众基本用药，扶持中医药和民族医药事业发展，确保食品药品安全等重大战略部署，这为我们做好今后一个时期的食品药品监管工作指明了前进方向。全系统广大干部职工要把学习贯彻党的十七大精神作为当前的首要政治任务来抓，把思想和行动统一到党的十七大精神上来，把智慧和力量凝聚到落实党的十七大所提出的各项重大战略部署上来，用党的十七大精神武装头脑、指导实践、推动工作，不断加强食品药品监管，确保公众饮食用药安全，促进经济社会又好又快发展。

第一，认真学习贯彻党的十七大精神，科学分析和判断食品药品监管形势，进一步增强做好食品药品监管工作的责任感和紧迫感。改革开放以来，我国的食品药品产业快速发展，食品药品监管得到进一步加强，食品药品安全水平明显提高。但我们必须清醒地认识到，目前食品药品安全仍处于风险高发期和矛盾凸显期，公众对食品药品安全的需求和食品药品产业发展水平之间的矛盾仍然比较突出；食品药品产业结构不合理，发展水平不高，一些企业责任意识和守法经营意识淡薄；监管法规制度不尽完善，基础设施和技术监督条件相对滞后，监管队伍的能力还不能完全适应形势发展的要求。随着经济全球化、贸易自由化的发展，我们必须有充分的思想和工作准备，我国将比发达国家面临更多的困难，承担更重的压力，应对更大的挑战。党的十七大对食品药品监管作出了重大部署，时代要求我们担此重任，人民期盼我们创造更多的工作成绩，我们必须进一步增强做好食品药品监管工作的责任感和紧迫感，全面完成食品药品监管的各项任务。

第二，认真学习贯彻党的十七大精神，深入贯彻落实科学发展观，大力实践科学监管理念。科学发展观是我国经济社会发展的重要指导方针，是发展中国特色社会主义必须坚持和贯彻的重大战略思想。在食品药品监管工作中深入贯彻落实科学发展观：一是要牢牢把握以人为本的核心目标。坚定不移地把保障广大人民群众的饮食用药安全作为食品药品监管工作的出发点和落脚点，不断提高食品药品行政监管和技术监督能力，努力满足广大人民群众日益增长的食品药品安全需求，使监管成果最大限度地惠及广大人民群众。二是要“严”字当头、“好”字优先，坚定不移地走科学发展、和谐发展的道路。“严”字当头，就是要通过严格的市场准入、严格的日常监管、严格的责任追究等，把那些不具备条件的企业坚决清除在食品药品生产经营领域之外，使那些制售假劣食品药品的违法行为受到法律的严惩；“好”字优先，就是要通过监管政策和法律的不断完善，促进产业结构调整，引导企业技术创新，鼓励同行业兼并重组，走又好又快的发展道路。三是要积极推进监管工作的改革创新。我们要充分借鉴国际社会的有益经验，继续加大对外合作的力度，以更大的气魄和更鲜明的态度，创新监管思路、监管制度和监管机制，使食品药品监管工作与时俱进，不断创造出新的业绩。

第三，认真学习贯彻党的十七大精神，着力保障和改善民生，促进和谐社会建设。食品药品是民生之本、安邦之道。我们要立足我国的基本国情，加强政府部门的宏观调控和指导，从预防与控制疾病发生、满足基本医疗用药需求出发，不断提高人民群众的药物可获得性，保证基本药物安全、有效、质量可控与使用合理，减轻人民群众看病就医的经济负担。要大力扶持中医药和民族医药事业发展。鼓励利用现代科技，提高中药、民族药的质量控制水平，加强中药、民族药的安全性和有效性研究，促进中药、民族药的标准化、规范化和现代化。要继续推进和完善农村药品供应网和监督网建设，鼓励具有现代医药物流条件的药品批发企业向农村配送药品，使农民用上安全、方便、价廉的药品。

第四，认真学习贯彻党的十七大精神，加强反腐倡廉建设，进一步增强全系统的战斗力。党的十七大指出，坚决惩治和有效预防腐败，关系人心向背和党的生死存亡，是党必须始终抓好的重大政治任务。食品药品监管系统必须坚定不移地贯彻执行中央关于党风廉政建设的重要部署，必须始终把反腐倡廉建设放在更加突出的位置，坚持标本兼治、综合治理、惩防并举、注重预防的方针，坚持“两手抓，两手硬”，在坚决惩治利用职权收受贿赂，玩忽职守、失职渎职等违法违纪案件的同时，更加注重治本，更加注重预防，更加注重制度建设，不断拓展从源头上防治腐败的途径和方法。要下决

心、花大力气推进食品药品监管系统惩治和预防腐败体系建设，形成拒腐防变教育长效机制、反腐倡廉制度体系、权力运行监控机制。要加强对反腐倡廉建设的领导，全面部署和完成反腐倡廉各项任务。

三、全力做好 2008 年食品药品监管工作

今年是全面贯彻落实党的十七大做出的战略部署的第一年，是实施“十一五”规划承上启下的一年，做好今年的工作，具有十分重要的意义。今年食品药品监管工作的主要任务是：认真学习贯彻党的十七大精神，全面落实中央经济工作会议、十七届中央纪委第二次全会要求，深入贯彻落实科学发展观，大力实践科学监管理念，巩固专项整治成果，着力解决影响和制约食品药品安全的重点难点问题，健全保障食品药品安全的长效机制，建立国家基本药物制度，完善药品供应保障体系，推进“十一五”规划的实施，加强干部队伍和反腐倡廉建设，努力开创食品药品监管工作新局面。

按照上述要求，重点抓好以下几方面工作：

（一）巩固食品药品专项整治成果。在药品方面，研制环节要深入开展药品注册现场核查工作，采取有力措施解决《药品注册管理办法》实施过渡期遗留的品种审批工作；在药品批准文号清查通过后，启动药品再注册工作；要加强医疗器械高风险产品的注册资料核查，改进医疗器械审评审批的操作规范。生产环节要全面完成大容量注射剂和静脉注射剂工艺核查，监督企业严格按照工艺和处方组织生产；推动 GMP 检查从按剂型、类别逐步转变为按品种工艺检查；完善派驻监督员制度，扩大药品生产企业质量受权人制度试点范围；继续强化医疗器械生产企业日常监管，加快医疗器械生产质量管理规范的实施工作。流通环节要改进药品、医疗器械监督抽验工作，完善评价抽验的指标体系；组织对邮售药品、狂犬疫苗等的专项检查；加强药品广告监测的针对性，对有严重违法广告问题的药品，采取暂停销售的行政强制措施；强化互联网药品交易服务监管，会同有关部门建立打击网上销售假药的联动机制；加强对重大案件的督查督办和组织协调，坚决查处各种违法违规行为。使用环节要继续加强药品不良反应监测和特殊药品监控，规范药品不良反应和医疗器械不良事件病例报告、调查、评价工作，提高安全事件预警和应急能力，将特殊药品监控信息网络向使用单位延伸。

在食品方面，要继续扩大国家食品安全示范县创建试点，以食品安全示范县创建工作为平台，充分调动和发挥地方政府的积极性、主动性，扩大农村食品安全示范县的辐射带动效应；开展农村食品安全整治，重点打击农村和城乡结合部制售假冒伪劣食品违法犯罪活动；组织开展水产品、肉及肉制品、蛋及蛋制品等高风险食品专项整治；加强食品安全信息监测和预警，推进食品安全信息统一发布和食品安全信息共享平台建设；加强食品安全调查评价，推进食品安全危害因素监控操作规范试点工作；进一步完善食品安全事故应急报告、应急处置、应急保障等制度；开展重大食品安全事故防范措施和食品安全隐患的监督检查，加强重大食品安全事故查处。

（二）解决食品药品监管热点难点问题。一是加强化学原料药监管。重点治理化工企业生产原料药和药品生产企业使用化工企业生产的原料药直接生产药品的问题。会同发展改革等部门对化工企业生产原料药情况进行全面调查，研究制定相关监管和整治措施。凡属于原料药的，生产企业必须依法获得药品生产许可证、药品生产批准文号和药品 GMP 证书。要加大执法力度，坚决查处化工企业违规生产原料药、药品生产企业违规使用化工企业生产的原料药生产药品的行为。二是加强出口药品监管。积极会同有关部门尽快制定出口药品监管规范性文件。出口药品监管的总体思路是实行目录管理，范围限定在药品制剂、仅用于直接生产制剂的原料药和符合药用要求的药用辅料。生产目录内品种的企业，必须获得药品生产许可证，品种必须经过注册。今年，将首批对 10 个品种实行出口监管，各地要根据国家局的部署，按照属地监管原则，认真把好出口药品资质审查关和委托检验关，维护监管部门的良好形象。三是严格企业和产品准入。配合有关部门，解决产业结构不合理和低水平重复的问题。要严格产品审评审批标准，严格执行药品研究技术指导原则，提高安全性评价、质量控制和生产工艺的审评要求。要严格审批新开办企业，把好生产企业和批发企业准入关。要健全企业的退出机制，药品生产企业必须强调规模，强调高水平的工艺，强调规范的检验检测，强调生产全过程的严格监控。对不能严格执行 GMP 要求，甚至发生重大药品质量安全事故的，必须依法严厉查处，直至吊销药品生产、经营许可证。要会同发展改革部门研究制定政策，鼓励同行业兼并重组，引导医药企业集约化、规模化生产。对开展兼并的企业，要有针对性地强化质量保证体系监管，确保产品质量安全。四是加强奥运食品药品安全保障。实施奥运会食品安全保障工程，加强地区间食品安全工作协作配合，督促建立健全奥运食品安全的科学评估、市场准入、监测与监督抽验、突发事件应急处理、信息收集发布和日常监督协调机制。开展兴奋剂专项整治，在全国范围彻底清查蛋白同化制剂、肽类激素生产经营情况。这里我要特别强调，兴奋剂整治工作，以 6 个奥运赛事举办城市为重点，其他省市统一行动，步调一致，共同把关。对违规生产、销售的企业，采取停产停业，直至吊销许可证。加强对执行《药品说明书和标签管理规定》情况的检查，含有兴奋剂目录中所列禁用物质的，必须在药品包装标识或产品说明书上注明“运动员慎用”字样，达不到要求的，必须依法召回。

（三）建立健全保障食品药品安全长效机制。今年要重点做好四项工作：一是加快法律制度建设。启动《药品管理法》修订工作，完成《医疗器械监督管理条例》、《中药品种保护条例》修订和《处方药和非处方药分类管理条例》制定，并做好法律法规的配套工作。配合“两高”加快修订关于打击制售假劣药品刑事案件的司法解释。积极做好《食品安全法》贯彻实施的准备工

作。二是加快标准体系和技术支撑体系建设。加快实施“国家药品标准提高行动计划”，完成2000个品种的药品质量标准修订工作。组织2010版《中国药典》的编纂工作，拟增新品种1500个。完成2005版《中国药典》增补本的编纂工作，拟增新品种100个。加强中药标准化建设，完善技术标准体系。组建国家医疗器械标准技术委员会，制定发布有关医用电气安全、生物学评价等164项医疗器械标准。强化药品检验检测等技术支撑体系建设。三是进一步推进责任体系建设。深化食品安全综合评价，开展药品安全综合评价，健全食品药品监管绩效考评机制，将食品药品安全纳入政府目标考核体系，落实政府责任。加快食品药品企业信用体系建设。全面实施行政执法责任制，开展重点执法岗位考核，加强执法监督，落实监管责任。四是进一步加强队伍能力建设。启动第一轮全国地（市）药检所所长全员轮训，继续办好境外培训及全国县局局长培训示范班，着力建立高素质的领导班子。

（四）加快推进建立国家基本药物制度。按照国务院医药卫生体制改革的总体部署，会同有关部门，推进国家基本药物制度方案出台，有步骤、分阶段地推进配套措施落实和基本药物生产供应保障体系的不断完善。今年上半年，要会同有关部门，围绕影响人民群众健康的重点疾病、常见病和多发病，遴选国家基本药物品种，优化品种类别和结构比例，完善国家基本药物目录，制定监管配套政策。会同有关部门，做好基本药物的生产供应、流通配送、规范使用以及支付保障、价格控制等相关工作，提高基本药物的可供应性、可获得性和可支付性。发挥执业药师作用，促进合理用药。总结城市社区、农村基本用药定点生产试点工作经验，鼓励企业在保证药品质量的前提下，通过简化包装、统一配送等方式降低成本。继续深化“两网”建设，充分发挥农村“两网”建设在药品供应保障体系中的重要作用，提升“两网”运行效能，坚决防止假劣药品流入农村。

（五）加强基础设施建设。今年基础设施建设的重点是加强基层执法机构基础设施和技术监督能力建设。要加快《食品药品监督管理系统基础设施建设规划》的实施，力争完成中西部地区行政机构办公业务用房建设、行政机构执法装备配备和药检所实验室改造，完成药检所仪器设备的招标采购。大力推进《国家食品药品安全“十一五”规划》的实施，提出规划具体实施项目，争取中央财政和地方财政的更大投入。加快推进监管信息化建设，完成全系统“十一五”信息化建设项目立项，建成行政审批应用系统，对所有上市药品实行药品编码管理。今年完成高风险品种赋码进入中国药品电子监管网工作。

（六）加强反腐倡廉建设。首先，要认真学习贯彻胡锦涛总书记在十七届中央纪委第二次全会上的重要讲话。食品药品监管系统各级党组织要对学习总书记的讲话做出具体部署，引导广大干部职工把思想和行动统一到讲话精神上来，不断增强高举中国特色社会主义伟大旗帜的自觉性和坚定性，不断增强贯彻落实科学发展观的自觉性和坚定性，不断增强反腐倡廉的自觉性和坚定性。第二，要制定惩防体系2008－2012工作规划，推进食品药品监管系统惩防体系建设。这是今年反腐倡廉建设的一项重要任务。工作规划要体现党的十七大对反腐倡廉的总体要求，要紧密结合食品药品监管工作的实际，要与食品药品监管发展的总体布局相适应，与完善监管体制机制相结合，正确处理惩治与预防、当前与长远、改革与发展、继承与创新的关系。第三，要切实加强对行政权力的监督。要严肃查处利用行政审批、技术审评、认证发证、检验检测、稽查处罚等权力以权谋私，以及玩忽职守、失职渎职等损害人民群众利益的行为。继续治理药品医疗器械生产经营领域商业贿赂。要下决心建立健全对权力监督制约的制度和工作机制。各级领导干部要带头执行“八条禁令”，同时对干部和职工严格教育、严格管理、严格要求、严格监督。第四，要切实加强对反腐倡廉建设的组织领导。全系统各级党组织和行政领导班子，要切实担负起全面领导反腐倡廉建设的政治责任，把反腐倡廉建设与监管业务、监管队伍、监管能力等建设紧密结合起来，融入到各项具体业务之中，做到一起部署、一起检查、一起落实。各级领导干部特别是领导班子主要负责人，要认真执行党风廉政建设责任制，对反腐倡廉建设中的重大问题要亲自组织、亲自督查、亲自落实；领导班子其他成员，要按照“谁分管、谁负责”的要求，认真抓好分管部门和单位的反腐倡廉建设，切实担负起分管范围内党风廉政建设的直接领导责任。各省（区、市）食品药品监管局要高度重视纪检监察工作，加强对纪检监察干部的培养、交流、选拔、任用，对成绩突出的优秀纪检干部，要大胆使用。各级纪检监察部门要认真履行职责，积极努力工作，推进食品药品监管系统反腐倡廉建设各项任务落到实处。

食品药品监管事业是保护人民利益的崇高事业。明天，我们将隆重表彰一批先进集体和先进个人，他们是食品药品监管战线广大干部职工的优秀代表，是食品药品监管队伍的骄傲，是我们全系统学习的榜样。他们的事迹感人肺腑，他们的精神催人奋进。他们展现出的艰苦奋斗、锐意进取、甘于奉献、公而忘私的品德和风范，是全系统最为宝贵的精神财富。我们要在全系统掀起学习先进、争创一流的高潮，进一步加强监管队伍建设，树立“监管为民、务实清廉、高效权威、开拓进取”的新形象。

以科学发展观为指导　让全国百姓放心医院永远放心

——中国医院协会会长曹荣桂在“全国百姓放心示范医院 2008 动态管理”暨“创建第三批百姓放心医院启动”工作会议上的讲话

（2008 年 8 月 1 日）

各位领导、各位院长、各位会议代表：

大家上午好！当前，在党中央国务院举全国之力抗震救灾，白衣战士冲锋在前、忘我奉献、感动中国，取得阶段性胜利的关键时期；在全国人民欢欣鼓舞、万众一心、喜迎奥运的吉祥时刻；我们前后两批和正在报名创建的第三批全国百姓放心医院，特别是以卫生部中日友好医院、解放军总医院、武警总医院、第四军医大学西京医院、北京天坛医院、四川大学华西医院、中国医大附一院、盛京医院、中山大学附属第一医院、第二医院（孙逸仙纪念医院）、中南大学湘雅医院、吉林大学第一医院、南方医科大学南方医院等为代表的 600 多所医院、近千名医院管理干部和专家，团聚在祖国改革开放的窗口、美丽富强的现代化城市深圳，召开 2008 年全国百姓放心医院大会，总结中国医院协会通过八年全国百姓放心医院活动，积淀的独具特色的医院管理科学文化。落实中国医院协会患者安全目标，继续深入开展卫生部医院管理年活动，启动第三批全国百姓放心医院创建工作，以科学发展观为指导全面加强医院科学管理，向着党的十七大提出的“为群众提供安全、有效、方便、价廉的医疗卫生服务”宏伟目标而努力奋斗，让全国百姓放心医院特别是示范医院要永远放心！为共建共享社会主义和谐社会贡献力量，今天的会议有着重大的现实意义。

首先，我代表中国医院协会，向参加会议的各位领导、各位代表、各位专家和各位院长表示热烈的欢迎！向与会的新闻媒体朋友表示亲切的问候！向长期以来支持全国百姓放心医院活动的吉林集安益盛药业股份有限公司表示衷心的感谢！另外，深圳深联医院、东莞东华医院积极支持协办本次会议，充分体现了民营医院的公益性质，在此，我代表中国医院协会表示诚挚的谢意！

今天的大会，我主要想和大家回顾和研究总结我们共同建立和创造的、全国百姓放心医院活动管理科学和文化内涵；同时也针对第三批百姓放心医院创建工作，以及加强百姓放心医院动态管理，继续深入开展好卫生部医院管理年活动讲几点工作意见。

一、全国百姓放心医院活动，是中国医院协会在特殊时代背景下做出的重大历史决策，是一项医院管理世纪工程

全国百姓放心医院活动，是中国医院协会在新世纪伟大历史变革中，在党的方针政策指导下，实践出来的医院管理新科学和新文化；是以实际行动构建和谐医患关系，在我国医疗领域共建共享社会主义和谐文化的真实写照；是全面加强我国医院科学管理的有力举措，为卫生部开展医院管理年活动奠定了良好基础；也是中国医院协会推动全国医院努力实现“为群众提供安全、有效、方便、价廉的医疗卫生服务”宏伟目标的前进动力！

总结研究中国医院协会在我国医疗行业创造的全国百姓放心医院活动这一历史课题，首先有必要回顾一下全国百姓放心医院活动的时代背景和决策过程。

2000 年 11 月份，在我国改革开放的重要历史关头和世纪之交的重要历史时期，我离任卫生部工作岗位，当选了中国医院协会前身——中华医院管理学会的会长，面对特殊时代背景下和改革进程中，我国医院复杂的形势，我和协会领导集体有着巨大的压力，面临着严峻的挑战！当时，医药卫生体制改革正在探索，政策法规建设不全，医保等社会保障制度在逐步建立，医疗卫生经费投入严重不足，医院执业环境较为艰难，医改有市场化倾向，老百姓“看病难、看病贵”社会问题比较突出，医院管理较为混乱，质量效益下降，服务水平有待提高，医患矛盾比较尖锐，等等……面对如此复杂的局面，当时的中华医院管理学会，做为全国医院特别是会员医院的“娘家”，如何发挥行业组织的职能，配合卫生部抓好医院管理，率领全国医院突出重围，端正办院方向，明确服务宗旨，加强科学管理，提高服务水平和医疗质量，让老百姓放心看病，为人民群众健康事业多做贡献，这是我当时经常思考的重大问题，也是摆在协会面前的首要任务和重大历史课题。

为此，我组织中华医院管理学会的领导集体，认真学习邓小平理论和《中共中央、国务院关于卫生改革与发展的决定》等党的方针政策，同时也深入研究医院管理科学理论，虚心求教我国医疗行业泰斗、全国人大原副委员长吴阶平院士、我国著名医院管理专家林钧才、董炳琨等诸多前辈，寻求破解中国医院面临难题的最佳良方。当时的中华医院管理学会领导集体，团结一致，共同面对压力和挑战，以严谨求实的科学态度，把党的政治理论和医院管理科学理论结合起来，用辩证唯物主义方法论和现代自然科学方法论武装头脑，坚持为人民服务的根本宗旨，以我党的基本理论马克思主义和毛泽东思想《实践论》“实事求是”为启迪，以邓小平理论为指导，坚持“实践是检验真理的唯一标准”，理论联系实际，重视调查研究。当时中华医院管理学会的潘学田副会长、迟宝兰副会长、于宗河副会长、朱仕俊副会

长、戴建平副会长等多位学会领导，深入基层，在全国范围内调查研究，特别是学会全国医院维权与自律工作委员会、维权部、医院报社等部门，在全国范围内开展了大量的调查研究工作，仅医院报社就调查过全国150多所医院，当时分管医院维权与自律工作的于宗河副会长亲自带队完成了调研任务。经过几个月的理论学习、调查研究、讨论酝酿，中华医院管理学会做出重大决策，决定从2001年1月开始，在全国医院会员单位中，本着自愿报名、自觉参加的原则，发起、组织和开展我国医院管理史上首次把医院交给社会评价、长期的、大规模的全国医院自律实践活动，即推荐全国百姓放心医院活动。

活动起动之初，我们也面对着巨大压力和种种阻力，全国医疗领域意见并不一致，有些人坚持医院走市场化道路，片面追求经济效益，把医院的运营和经济利益放在首位，大讲其医疗市场运作的经营之道，在医患矛盾尖锐和人民群众“看病难、看病贵”问题非常突出的时代背景下，单纯的经济价值观和市场化运营管理，很有可能使医院走进饮鸩止渴的误区；有些人面对医院所处的艰难生存境地，抱残守缺，因循守旧，犹豫徘徊，等待观望，一切都依靠党和政府，抱着等、靠、要的思想，缺乏社会主义主人翁精神和责任心，不做自身努力，得过且过，等待卫生部去解决所有难题，如果任由那样下去，势必导致医院面临生存发展危机！前些年全国好些医院、甚至北京的个别三级甲等医院都拍卖、转让、托管、改制、走向市场化，在我国医疗资源不足的状况下，任其公立医院自生自灭，使其它医院承担更多的“看病难、看病贵”等社会矛盾的压力，放任我国医疗现状面临危局。

面对世纪初社会变革转型时期的各种思潮交错，医疗体制改革在探索、医院管理较为松懈和混乱的复杂局面，我们清醒地认识到，要改变当时那种复杂现象和艰难危局，不是一朝一夕之功，我们必须要把全国百姓放心医院活动，作为全国医疗行业和中华医院管理学会的世纪工程，也作为学会医院管理理论体系基础建设常抓不懈。我们面向世界、面向未来，利用当时中国加入WTO后的新形势，把握机遇，迎接挑战，借鉴国际上医院科学管理的先进经验，以邓小平理论和党的医疗卫生事业方针政策为指导，总结我国医院管理史上具有重大历史意义的“分级管理、医院评审”和“创建全国百佳医院活动”的实践经验，从社会医学和医院管理学的科学角度出发，宏观架构适应形势的、具有中国特色的医院管理新科学体系。我们坚持“以病人为中心”，先从增强社会理解、缓解医患矛盾的难题入手，抓住医院管理的基本要素，提高医疗服务水平，加强医疗质量管理，改造医院环境，优化医疗流程，努力保障医疗安全，全面提高医院科学管理水平。我们并不急功近利、不是面面俱到什么都抓，从活动一开始就是坚持一年一个主题，每年抓一项主要工作任务，解决一个根本问题，利用三到五年时间，奠定医院科学管理基础，计划八到十年时间建立起具有中国特色的全面加强医院管理的科学体系，创造出我国医疗行业独有的管理文化，决心铸就协会的医院管理世纪工程！因此，当时在面对种种压力和阻碍的艰难情况下，面对各种非议和不理解，我们协会在卫生部领导的大力支持下，在全国人大和全国政协的监督指导下，自强自立，团结奋斗，坚决启动了推荐全国百姓放心医院活动，这也是我当选会长后首次做出重大决策、亲抓直管、力行到底的一项医院管理世纪工程！回顾至此，我对大力支持协会工作，率先自律，以解放军总医院、武警总医院、北京天坛医院为代表的、最先报名积极参加全国百姓放心医院活动的、全国各级各类医院所有领导和同志们，再次表示衷心的感谢！

二、全国百姓放心医院活动，忠诚实践了党的思想理论，得到了全国人大和全国政协的监督指导以及卫生部的高度重视和大力支持

中国医院协会开展全国百姓放心医院活动的初衷，是本着“为人民服务”的伟大教导和《实践论》的思想基础，在邓小平理论和《中共中央、国务院关于卫生改革与发展的决定》指导下，通过大量调查研究，根据本世纪初我国医院的管理现状，设计制定的活动主题和基本标准。在三个主题的实践和前四年标准落实推荐过程中，完全赋予了“三个代表”丰富的思想内涵，是在医疗领域“实践党的宗旨，造福人民群众”的具体行动。在最近四年动态管理中，认真贯彻落实了“科学发展观”，有力推动了卫生部医院管理年活动，而且完全实践了胡锦涛总书记的亲民思想，用实际行动在医疗行业践行着构建社会主义和谐社会的伟大构想。

全国百姓放心医院活动开展之初，在我国医疗行业产生了强烈震动，引起了全国人大、全国政协和卫生部领导的高度重视和关注，全国人大和全国政协有关领导给予活动积极的监督指导，卫生部有关领导也给予活动有力的支持。全国人大原副委员长吴阶平2001年对创建活动和创建医院进行了视察指导，并给予了充分肯定；全国政协原副主席赵南起出席了2001年第一主题表彰总结大会；全国政协原副主席张怀西出席了2002年的第二主题现场工作交流会并讲话称赞：“全国百姓放心医院活动是中华医院管理学会在医疗行业贯彻落实三个代表思想的重大举措，建立了一套人民代表、政协委员、新闻媒体、人民群众和医院内部的医疗质量监督机制，全面促进了医院发展，更好的保障人民身体健康”，张怀西副主席在创建活动三四年间，还亲自多次视察了全国各地几十所医院的创建工作；全国人大常委朱相远、全国政协常委吴蔚然、全国政协教科文卫体委员会副主任孙隆椿等等，计有30多位相关领导，多次出席与活动有关的会议并作重要讲话，经常在全国各地创建医院视察指导。活动开展以来，全国各地共有6000余位各级人大代表、政协委员应聘为我们500多所百姓放心医院的社会监督员，对活动的全程开展进行了具体有力地监督指导。

卫生部领导自始至终对全国百姓放心医院活动给予高度重视和大力支持。2001年活动启动时，主管医政的卫生部原副部长朱庆生专门听取工作汇报后，为活动的有力有序开展做出过长达几百字的详细批示；2004年在大连召开的全国百姓放心医院总结表彰会上，卫生部马晓伟副部长发表了书面讲话。特别是卫生部党组高强书记任部长期间，于2004年7月首批百姓放心示范医院产生并表彰后，专门召集卫生部办公厅、医政司、人事司、法监司、纠风办等有关司局领导召开专题会议，听取了协会百姓放心医院活动的工作汇报，高部长充分肯定了百姓放心医院活动。他说："我很看重这个活动，活动很好，很扎实，很详细。这和过去的评比医院不一样，不是比硬件和设备。这个活动主要还是以人为本，保证服务质量，尊重患者知情权，美化医疗环境。通过这样一个活动，对医院是一个约束，促使它提高管理水平和医疗质量，遵守医德医风，为患者更好服务。活动给医院以鞭策和压力，促进医院以加强人文服务为主要内容的管理，可以把最好的医院客观的告诉社会，告诉群众，引导患者到好的医院去就医，真正、准确、安全地引导患者"。2006年4月1日，高强部长在甘肃省天水第二人民医院视察后语重心长地说："我到科室看到这么多病人，而且收费很低廉，感到天水市二院确实是全国百姓放心示范医院，我也放心了。"并欣然题词"愿放心医院让百姓永远放心"。高部长的题词不仅是对天水二院的鼓励，也是对全国百姓放心医院活动的再次肯定和寄予厚望。为此，全国百姓放心医院近两三年的动态管理，始终坚持以科学发展观为指导，以让百姓永远放心为工作目标。

三、全国百姓放心医院活动，践行了医院管理的科学理论

科学的管理必须要有科学的理论体系和管理文化。2000年左右全国医院较为混乱的工作局面，是改革进程中的裂变、社会矛盾的交织、人文思想的碰撞、意识观念的激荡等多种因素造成，但医院管理的缺失和缺位也不能不说是其主要因素之一。所以我们开展全国百姓放心医院活动的根本动因还是为了架构建立适应时代的医院管理科学体系，实践医院管理学，创造出一种适合国情的、具有中国特色的医院管理文化。

医院管理首先要从管理学说起，管理学的基础是管理理论，管理理论是随着大生产而产生的，有近百年的历史，它经历了从经验管理到科学管理、又到管理科学几个阶段，学派繁多。以西蒙为代表的西方学者认为，管理主要不是作业而是决策，决策是管理的关键，决策错了，管理效率越高越不利，所以医院管理最关键的是相关政策的制定和管理科学理论体系的架构和建立。

研究医院管理现象及其规律性的科学就叫医院管理学，是管理学的一个分支。医院管理学是一门应用科学，也是一门边缘性的学科，它是医学科学和社会科学的有机结合体。我们中国医院协会对医院管理学的研究，主要从社会角度来研究医院这个特定系统的一般规律，所以可以称作"医院社会学"。从广义上我们对医院的定义、类型、性质、地位、任务和功能、工作特点、工作方针、医院发展的历史和发展预测等进行探究，重点我们要研究医院体系（医院群）的管理和对医院的评审和社会评价等。全国百姓放心医院活动实质上是对医院体系（医院群）的管理研究和社会评价实践。

全国百姓放心医院活动三个主题创建标准的确定和动态管理两个周期方案的制定，我们都是在深入研究医院管理学的基础上，以党的医疗卫生事业方针政策为指导，坚持以人为本、以病人为中心的基本理念，总结我国医院评审和分级管理以及创建全国百佳医院活动的宝贵经验，在后期又融入了卫生部医院管理年活动方案，结合我国医院发展现状、管理实际和未来变化，与时俱进的分期研究，逐年推出、分期分批实施、实践修正完善。我们并不求全责备，不是什么都想抓、什么都想管、最后是什么也管不好。我们主要定位于协会的行业职能，根据全国医院管理现状和存在的主要问题，牢牢把握医院管理的"服务、质量、安全、费用"四个基本要素。由于我国医院费用问题主要是政府物价、卫生行政部门负责管理监督，作为协会不能监管费用问题，所以我们的工作重点放在了"服务、质量、安全"这三个基本要素上，重点通过加强科学管理，提高质量效益，保障医疗安全，提高服务水平，优化服务流程，保证合理医疗，为人民群众提供有效安全的医疗服务。

根据以上主导思想，八年前启动全国百姓放心医院活动之初，我们就富有远见性地从和谐医患关系、缓解医患矛盾和提高服务水平入手，于2001年推出了"明明白白看病"第一主题活动，制定了"五个明白和五个知道"创建标准，这项标准看似简单，但操作性强，内涵丰富，要持之以恒对医院实属不易，坚持下去，就建立了医患沟通的良好渠道，对构建和谐医患关系有着深远的意义。第一主题标准后来在卫生部医院管理年活动中，被北京市卫生局确定为创建人民满意医院的主要内容之一。

2002年，我们从提高医疗质量，保证医疗安全入手，推出了第二主题"医疗优质高效十条标准"，这十条标准提取了医院评审质量管理方面的精髓，融入了创建全国百佳医院活动二十条标准的要素，是原中华医院管理学会副会长于宗河教授和副秘书长陈春林同志、还有活动办公室、医院报社的同志们在大量调研的基础上，根据当时的医院管理现状制定的，具有简明扼要、可操作性强、质量管理数据指标科学合理的特点，这十条标准现在被全国千余所医院作为抓医疗质量和安全管理的纲要掌握使用。

2003年，我们从改造医疗环境、优化医疗流程入手，推出了第三主题"绿色医疗环境五化标准"，这五化标准从我的主导思想上，是根据我国医院基本建设和医疗环境现状，展望未来现代化医院的发展趋势，根据我当年在卫生部分管规划财务工作多年积累的医院基本建设和建筑与装备管理经验，从医疗环境的洁净、安全、流程合理等因素考虑，前瞻性地提出了现代化医院

建设的基本标准，这五化标准，现在已被全国大多数医院作为改扩建和基础建设的标准要素。全国百姓放心医院在创建活动中，围绕“绿色医疗环境”主题的五化标准，对院内环境绿化、医疗就诊环境，空气质量、洁净手术室、污水污物处理等进行了改建和改造。其中增加了医院绿化面积约100多万平方米；增加现代化导医标识牌几十万块；75%的医院实现了医疗环境背景音乐的播放；根据建设部和卫生部2002年颁发的洁净手术部建设标准，改、扩建洁净手术部（室）、ICU、CCU、中心输液配置室等约500多间（套）；85%医院的门、急诊和病房全部增添、改造了通风换气设备，更新或改造了污物、污水处理系统和设备，并实行了定时监控；各创建医院基本实现了患者饮食绿色化；大型医疗设备均重新进行了安全检测。这些举措夯实了医院现代化建设的基础，受到社会各界特别是患者和百姓的普遍赞扬。

我们的创建活动本着宽进严出、公平、公开、公正的原则，每个主题都要经过问卷调查、社会公示等十项程序，三个主题历经四年多时间创建，分别于2004年7月和2005年11月，先后推荐出了以解放军总医院（301）为代表的520余所全国百姓放心示范医院和百姓放心医院，这520余所医院，是从最初报名参加活动的千余所医院中考核、优胜劣汰、筛选出来的。特别要提出的是，军队医院在创建全国百姓放心医院活动中为全国各地医院发挥了表率作用！以武警总医院最先发起，把百姓放心医院融入到医院全面建设的灵魂中，提出了“官兵满意，百姓放心”的办院目标，解放军总医院、第四军医大学西京医院、第三军医大学西南医院、武警医学院附属医院、解放军第86医院、白求恩国际和平医院等等众多军队医院，在创建百姓放心医院各个主题考核和动态管理考核中，年年成绩优秀，为我们树立了光辉的榜样，在此，我代表中国医院协会向他们致以崇高的敬意！在创建活动中，我们协会企业医院分会和民营医院分会通过大量的工作努力，推荐了我国一批优秀的企业医院和民营医院，如大庆油田总医院集团、鸡西矿业集团总医院、平顶山煤炭集团医院、东莞东华、深圳深联、苏州九龙医院等，充分显示活动的公平、公开、公正和多元性。

四、全国百姓放心医院动态管理，有力的配合卫生部医院管理年活动，构造了独特的医院管理文化

从2005年以来，中国医院协会对全国百姓放心示范医院进行第一周期动态管理，适逢卫生部作出重大决策在全国医疗行业开展医院管理年活动，我国医院继医院评审以后又一次迎来了全面加强科学管理的大好历史时期。中国医院协会立即响应卫生部的号召，把医院管理年活动每个年度的各项工作目标和重点要求，全部融入百姓放心医院动态管理方案中，积极倡导全国百姓放心示范医院在管理年活动中起模范带头作用。全国520余所百姓放心医院特别是示范医院，在开展管理年活动中率先垂范，勇做表率，为深入推动医院管理年活动起到了中流砥柱的重要作用，树立了行业典范。在2007年医院管理年暨全国医政工作会议上，卫生部马晓伟副部长在讲话中表扬：“重庆市三峡中心医院在医院管理年活动中，强化法律意识、执业意识、规范意识、道德意识和荣辱意识，医疗服务质量不断提高”。重庆三峡中心医院在管理年活动中取得的工作成绩，是全国520余所百姓放心医院强化动态管理，带头开展好卫生部医院管理年活动的光辉写照。卫生部医院管理年活动简报第81期，对该院开展管理年活动的全面情况进行了专题报道。目前，卫生部医院管理年活动简报已经印发了144期，除报道政府工作动态的40多期外，近百期报道各级各类医院开展管理年活动的情况，其中80多期都报道涉及的是全国百姓放心示范医院。由此看出，全国百姓放心医院特别是示范医院，始终走在了医院管理年活动的前列，确实起到了模范带头作用，以实际行动实现了政府满意、百姓放心的目标，为中国医院协会赢得了荣誉。在此，我代表中国医院协会，向做出骄人成绩的全国百姓放心医院优秀管理者们表示衷心的感谢！

纵观全国百姓放心医院活动八年历程，不但践行了“为人民服务”的伟大教导，坚持了邓小平理论，体现了“三个代表”重要思想，而且全面贯彻落实了科学发展观，符合构建社会主义和谐社会总体目标要求，处处闪耀着党的思想的光辉！步步实践着党的根本宗旨！点点考虑着以人为本的理念！滴滴浓缩着服务百姓的深情。全国百姓放心医院活动的开展，深入人心！深知民意！为政府分忧！为医院解难！为患者受益！为百姓造福！创造了医患和谐的双盈局面，奠定了医院科学发展的良好基础。另外，从医院管理学的角度来看，创建全国百姓放心医院理论体系的整体架构，闪烁着辩证唯物主义和“实践论”的思想光芒，又一次在我国医疗领域证明“实践是检验真理的唯一标准”。全国百姓放心医院这一医院管理科学和医院文化形态的构成，是中国医院协会坚持“实事求是”八年上下求索结出的硕果。

马克思主义认为：规律是事物、现象或过程之间的必然关系。规律具有本质性的内部联系，也是现象间的必然关系，是现象中的普遍的东西。遵照马克思主义理论，我们在创建百姓放心医院活动中并不探究多么高深的理论，也不营销什么时髦的概念，我们只是在一步一个脚印的从实践中求真知，在八年管理实践中，探求中国医院管理的普遍规律，架构具有中国特色的医院管理科学体系，形成我们中国医院协会独特的医院管理文化。

医院文化是一门古老而年轻的学科。说它古老，在于有人类以来，就有生老病死，就有医疗行为，也就有相应的职业意识、职业道德、职业行为等等，几千年来代代相传，不断继承发扬，扬弃创新，构成于有别于其它职业的价值体系，也就是医院文化。唐代医学家、药王孙思邈著述的《大医精诚》篇，就是典型的我国古代医院文化。同时，医院文化又是一门年轻的学科，说年轻是指20世纪80年代中期以来，继企业文化兴起之

后，我国一批优秀医院管理者积极推动并逐渐为全国医疗行业所接受的新型医院管理理论的结晶和提炼，现在也逐渐成为一门独立的管理学科。应该说医院文化是医院管理的最高境界，因为它要把法律、法规、政策、道德规范、技术标准等等，无形的融入到执业医师、执业护士的职业意识中去，不需要硬性约束，把职业行为变成最良好的自觉行为，所以医院管理一旦上升到医院文化的层次，那就会体现出最高的管理水平。全国百姓放心医院活动，现已形成了中国医院协会独特的医院管理文化基础，相信会在科学发展观指导下的长期实践中，最后会形成我国社会主义医院文化的辉煌篇章！

五、继续深入开展卫生部医院管理年活动，做好第三批“全国百姓放心示范医院”创建工作

根据今年的全国卫生工作会议精神，卫生部还要继续深入开展医院管理年活动。5 月 12 日卫生部印发了《2008 年“以病人为中心，以提高医疗服务质量为主题”的医院管理年活动方案》的通知，同时印发了《医院管理评价指南（2008 版）》的通知。通知表明：2008 年至 2010 年连续两年，医院管理年活动要继续深入开展，这个阶段的指导思想是：贯彻落实党的十七大精神，坚持以科学发展观为指导，以病人为中心，以提高医疗服务质量为主题，按照巩固成果、深化管理、持续改进、不断创新、提高水平的总体原则，坚持公立医院公益性，加强医院管理，落实院长责任，提高医疗质量，保障医疗安全，改进服务作风，降低医药费用，通过深化医院管理年活动，逐步建立我国医院管理评价指标体系、医院管理评价制度以及医院管理长效机制，努力实现为人民群众提供安全、有效、方便、价廉的医疗卫生服务的总体目标，促进社会主义和谐社会建设。作为全国百姓放心医院特别是示范医院，在这一阶段要继续发挥模范带头作用，永做医院管理年活动的排头兵！所有全国百姓放心医院，在卫生部管理年督导检查不达标的，中国医院协会要视其情况在动态管理考核中予以黄牌警告，限期整改，整改不力的取消其全国百姓放心医院荣誉。

今年初，中国医院协会下发了医协会发〔2008〕6 号文件，通知创建第三批“全国百姓放心示范医院”。主要目的是为进一步配合卫生部，继续深入开展医院管理年活动，建立医院管理长效机制，也是为了满足很多想参加这项活动的各级各类医院良好愿望，中国医院协会决定从 2008 年在医院管理年活动中表现优秀的会员医院中，特别是大中型医院，通过推荐，再创建百余所全国百姓放心示范医院（三批）。卫生部医院管理年活动中的先进典型，以及各省、自治区、直辖市医政管理部门或医院协会表彰过的医院，还有曾获全国卫生系统先进集体、全国百佳医院荣誉的医院，将优先推荐并且在考核和推荐过程中简化程序。

今年，我国四川发生了历史上前所未有的汶川大地震，党中央、国务院举全国之力抗震救灾，600 万医疗卫生战线的同志们心系一处，忘我投入，无私奉献，特别是灾区医院和全国各地救灾医疗队，发扬“一不怕苦，二不怕死”的革命传统，冲锋在抗震救灾第一线，产生了许多可歌可泣的感人故事。为此，卫生部党组书记高强不辞辛劳，在抗震救灾百忙中，撰写了《白衣战士，感动中国》一文，《人民日报》、《健康报》、《医院报》公开发表，人人看了都深受教育！对此，我不再赘述，只是想代表中国医院协会表明：凡是在抗震救灾伟大斗争中表现优秀的医院，只要愿意申报参加全国百姓放心医院活动，协会活动办公室的同志一定要简化申报考核程序，在第三批创建活动中酌情优先推荐。

最近，以卫生部中日友好医院、中国医大一附院、盛京医院、四川大学华西医院、中山大学第一附属医院、第二附属医院（孙逸仙纪念医院）、第三附属医院、南方医科大学南方医院为代表的全国百余所大中型医院报名参加了第三批全国百姓放心示范医院活动，而且今天都来参加了会议，在此，我代表中国医院协会对大家表示热烈的欢迎和衷心的感谢！感谢你们对我们工作的支持和积极的参与，希望我们团结一起，报名不分先后，前后无论几批，荣誉同样光荣，大家共建中国医院协会的医院管理科学体系和优秀医院文化，共同出谋献策，不断改进我们的工作，使我们继续取得更大的胜利！

目前，全国已有二十多个省、自治区、直辖市的医院协会和学会以及陕西省、辽宁省、吉林省卫生厅医政处等医政管理部门，还有中山大学医院管理处等大学的医管部门大力支持我们的工作，积极组织当地医院参加全国百姓放心医院活动。这次青海省推荐的创建医院必须经过省卫生厅厅长签字批准才可以向协会活动办公室申报，充分显示了全国各省、自治区、直辖市对我们工作的重视。但目前还有个别省市未见行动，希望这些省市协会能够支持中国医院协会的工作，积极参与到全国百姓放心医院活动中来。

六、认真贯彻患者安全目标，加强全国百姓放心医院动态管理

胡锦涛总书记在党的十七大报告中明确强调：“为群众提供安全、有效、方便、价廉的医疗卫生服务”。由此可见，党中央、国务院对我们医疗卫生工作的首先要求是医疗安全！2007 年 3 月，卫生部党组书记高强任部长时在全国医院管理工作座谈会上，重点强调了医疗卫生服务领域的医疗质量和医疗安全问题。高强部长指出：卫生工作涉及人的生老病死，关系千家万户的幸福安康。卫生工作包括两部分，一个是公共卫生，一个是医疗服务。医疗服务的核心是医政管理，医疗服务的关键是确保医疗安全，提高医疗质量。群体事件的发生往往出现在医疗安全上，说明医疗安全和医疗质量至关重要。大家要特别重视医疗质量，特别注重医疗安全，这是我们不可替代的责任，医疗安全责任重于泰山！

近年来，由于医院管理理念的进步和病人自主意识的增强，患者安全问题已经引起世界卫生组织及众多国

家医务界高度关注。世界卫生组织（WHO）多次呼吁各成员国密切关注患者安全，提出全球共同努力，开展保证患者安全的行动，并通过成立了患者安全国际联盟的决议。2004年9月，世界卫生组织首届患者安全国际联盟大会在我国上海召开。会后世界各国按照WHO的倡议，采取多种有效措施，积极开展保障患者安全活动。2005年以来WHO患者安全国际联盟提出了患者安全未来六大行动计划。据文献报告，发达国家医院的住院患者不安全事件的发生率达3.5%至16.6%，其中70%的不安全事件导致暂时性失能，14%导致死亡。当前我国患者安全工作同样面临诸多的挑战，在医院里各类不安全的事件时有发生，给患者造成新的疾苦，甚至危及生命。我国卫生行政部门高度重视医院的质量管理与病人安全，从2005年卫生部连续三年开展的医院管理年活动中，都始终把提高医疗质量和保证医疗安全作为重中之重，把患者安全放在首位。中国医院协会在卫生部医政司的具体指导下，根据开展医院管理评价与评估工作的实践，参考了JCAHO等文献资料及国际上开展患者安全工作的经验，选择了具有普遍性、可操作性强、重点明确的项目，提出中国医院协会《患者安全目标》，并结合卫生部2007年医院管理年活动工作目标和重点要求，决定全国百姓放心示范医院动态管理第二周期（2007—2008年），以全面贯彻落实患者安全目标为主要工作任务。由活动办公室和协会评价评估部负责，在2007年度分六期，对520所放心医院的院长、医务科（处）、质管科主任进行了培训，受训人数达2500人次，同时建立了患者安全目标监督联络员制度。这项工作也被卫生部陈竺部长在去年患者安全大会上所肯定。今年初，中国医院协会又发布了《2008年患者安全目标》，以后每年度协会都要根据全国医疗安全的管理现状，发布侧重点各有不同的安全目标，协会活动办公室每年度都要进行患者安全目标培训，加强患者安全联络员制度建设。全国百姓放心医院要与时俱进的贯彻落实，结合推进医院管理年活动，加强百姓放心医院动态管理。

全国520余所百姓放心示范医院，在去年开始的第二周期动态管理中，都能认真落实《CHA2007年度患者安全目标》，取得骄人的工作成绩。陕西省人民医院从2007年8月19日百姓放心医院银川会议结束后，刘勤社院长亲自带头，率领全院职工学习领会《CHA2007年度患者安全目标》，制定出了切实的方案，并很快付诸于行动，通过加强从业人员的资质培训和管理、完善安全管理制度、加强科室管理、加强药事和处方管理、提高患者用药安全、加强医疗安全防范和纠纷处置力度、加强患者安全质量控制，建立患者安全目标长效机制等举措，使患者安全目标有效贯彻和实施，取得了突出的成效。医疗重点环节、重要时间、重点部门、重点操作环节安全得到有效监控：处方合格率达100%，患者用药安全得到切实保障。全年无手术部位差错事故发生，无患者跌倒、烫伤、压疮等安全事故发生。医院的两个效益得到稳步提高。出院人次上半年同比增长20.91%；病床周转率增加2.39%；治愈率、好转率均有所增长。不良事件发生率明显降低。据有关部门调查统计，该院去年医疗质量安全检查，各项指标名列全省第一，超过了当地某些部属院校附属医院的质效。全国像这样的优秀典型不胜枚举，我不再一一细述。

根据活动办公室对前两批放心医院参加活动前后质效对比统计：截至2007年，示范医院门诊量平均上升21%；住院病人平均增加20%；平均住院日缩短2.2天；药品费用平均下降21个百分点；投诉率平均下降85%；在人均医疗费用普遍降低的前提下，医院业务收入平均增长18%；参加活动的医院实现了社会效益和经济效益的双增双盈，建立了比较融洽的医患关系，创建了医院较为宽松的发展环境，奠定了现代化医院的坚实基础，促进了医院全面和谐的科学发展。

今年，根据卫生部有关新闻宣传和院务公开等工作要求，我们要在全国百姓放心示范医院中建立新闻发言人制度，创建办公室将邀请卫生部办公厅新闻办分期分批地对新闻发言人进行培训，进一步加强医院和社会的沟通，使医患关系更加和谐。同时，通过严格第二周期动态管理考核，要对全部示范医院换发新的标牌和证书。有关考核事宜及下一步工作，将由协会李月东秘书长、王吉善副秘书长和创建放心医院活动办公室主任赵淳同志做详细的安排，总的原则是以医院自律和社会评价为基础，以保障医疗安全为首要目标，提高医疗服务质量，加强医院内涵建设，深入推进医院管理年活动，保持全国百姓放心示范医院荣誉品牌永不褪色！

同志们！创建全国百姓放心医院活动，是一件利国、利民、利院、利患、政府满意、百姓放心、社会认可、群众拥护的大好事！希望大家团结一致把好事做得更好，做出成绩、做出质效、做出经验，取得硕果！全国百姓放心医院，特别是示范医院，是中国医院协会享有盛誉的金色品牌，她架构了中国医院协会创造的医院管理科学体系，孕育了中国医院协会独有的医院管理文化。医院管理科学体系还需要再加强！医院管理文化还需要再培养！要保持中国医院协会金色品牌更加辉煌！全国百姓放心医院要让百姓永远放心！希望大家团结起来，荣辱与共，同步前进，坚持以科学发展观为指导，沿着党的十七大指引的目标和方向，奋勇前进！

谢谢大家！

自律为民所系　维权为民所用

——中国医院协会会长曹荣桂在全国医院第三次自律与维权工作大会上的讲话

（2008 年 11 月 7 日）

各位领导及专家、各位院长、同志们、朋友们：

大家上午好！

“碧海连天远，琼崖尽是春”！

今天，每四年一次的“全国医院自律与维权工作大会”，在海南省美丽的椰城海口市隆重召开了。首先，我代表中国医院协会向与会的各位代表表示热烈的欢迎！向出席会议的各级领导和各位嘉宾表示崇高的敬意！向长期以来支持和关注医院自律与维权工作的各位司法界的专家学者以及社会各界的朋友们表示衷心的感谢！向医疗行业的全体同仁和新闻媒体的朋友们致以亲切的问候！向支持协办本次会议的海南省卫生厅、海口市人民医院和吉林省集安益盛药业股份有限公司致以诚挚的谢意！

医院自律与维权工作，是中国医院协会的一项重要工作，每四年一次的“全国医院自律与维权大会”，更是中国医院协会的重要会议之一。医院作为社会上的一个独立的事业单位、法人实体，院长作为医院的法人代表，究竟有哪些权利和相关的利益，在国家现行的有关法规上并不十分具体明确，特别是在国家经济体制改革转型以后，社会上各方面经济利益关系都发生了变动，医患双方的正当权益界限更有待于明确界定。因此，从法律上弄清医院和医院工作人员应有的权益和发生医疗差错事故时应负的责任，以及当前医院权益遭受了哪些侵犯、侵犯原因及其危害性，尤其是对随着今后社会经济发展而带来的医患矛盾纠纷预防性的研究等工作，特别是公布的新医改政策征求意见稿中，提出的完成医药卫生四大体系目标，和完善体制机制，保障医药卫生体系有效规范运转，也首次提出建立健全医药卫生法律制度，中国医院协会将围绕新医改方案协助、配合中共中央、国务院、卫生部做好工作，加强医院自律、规范医院管理行为、依法维护医院合法权益是协会最重要的工作内容之一，也是中国医院协会义不容辞的责任和义务。我们今天召开“第三次全国医院自律与维权工作大会”，对于适应新形势下医疗体制改革不断深入发展的大局，配合政府部门职能转变，协助做好医疗行业管理，总结以往工作经验，进一步抓好抓实全国医院自律与维权工作，将有着十分重要的现实和历史意义。

我这次报告的题目是“自律为民所系，维权为民所用”。这也是医院自律与维权工作核心原则。我们倡导自律工作不是说教，维权工作也不是护短。以病人为中心，全心全意为人民服务始终是医院工作的根本宗旨，无论何时何地，任何情况下，都不允许有对病人不负责任的事情发生；一旦发生，一定要认真对待，严肃处理，这是我们一贯的原则立场。我们的自律与维权会议，既要研究自律问题，也要研究维权问题。

下面我准备从三个方面对医院的自律与维权工作做一阐述，供各医院参考。

一、自律与维权主要工作回顾

2000 年 4 月 15 日，中国医院协会的前身中华医院管理学会就在福建省福州市召开“首次全国医院权益维护与自律大会”。会议主题是：维护党的威信和人民的利益，协助卫生行政部门深入进行医疗制度改革，促进医疗服务事业更加健康地向前发展，对医院权益问题进行探讨，提出解决办法，减少医患纠纷的发生，更好地为保护人民健康服务。会上成立了“医院自律与维权工作委员会”，制定通过了《全国医院自律公约》，并与全国消费者协会就患者是否消费者等有争议的问题达成了较一致的意见。会后协会设立了“自律维权部”。

2004 年 10 月 24 日，中国医院协会在湖南省张家界市召开了“以人为本，以民为先，加强自律，依法维权努力保障医疗事业健康有序发展”为主题的“全国医院第二次自律与维权大会”，时任卫生部纪检书记张凤楼同志出席会议并作了重要讲话，会议重新修订了“中华全国医院自律公约”和制订了以自律为主的“全国百姓放心示范医院诚信服务二十条”，并提出了“医院自律与维权应该以自律为先，狠抓服务，自律应以人为本，以民为先，通过依法维权来保障医疗事业健康有序发展“的医院自律与维权原则。

从 2001 年开始，经协会自律维权部提议，协会报请卫生部同意，在全国医院会员单位内开展了以自律为主的“创建全国百姓放心医院活动”，至今已历时七年。活动通过“明明白白看病”、“医疗优质高效”、“绿色医疗环境”三个主题，紧密配合卫生部“医院管理年”活动，贯彻“患者安全目标”等实践，充分证明了所确定的宗旨、指导思想、任务和目标符合党的十六大、十七大精神，是执行“实践党的宗旨，造福人民群众”的具体行动，被广大医院管理者称为“是首次在全国医疗卫生系统开展的一次将医院交给社会评价、由百姓评判的大型自律实践活动。”被全国人大全国政协领导称之为“是医疗行业一次重大举措，率先建立了一套人民代表、政协委员、新闻媒体、人民群众和医院内部的医疗质量监督机制，全面促进了医院发展，更好地保障人民身体健康。”卫生部党组书记高强等领导和有关司局曾多次给予充分肯定，高强书记还题词：愿百姓放心医院让百姓永远放心。活动七年来开展健康有序，有力地促进了医院的现代化建设与发展，在社会上引起较强反响，其程序、标准、步骤的严格、公开、公平、公正，受到了全国人大、全国政协和各级党委、政府、人大、政协和各级各类医疗机构会员单位及医院管理界的广泛好评。今年开始的第三批创建，又有全国28个省、直辖市、自治区，包括部属院校的130余所大型三级甲等医院积极踊跃报名参加创建。

今天我们在这里召开第三次自律与维权大会，此次会议我们将重点推出《医疗纠纷处理程序试行草案》，医疗纠纷的解决一直是困扰医院院长、书记、管理者和医务人员的大事，如果处理得不好影响医院的正常诊疗秩序，医院声誉、医务人员的积极性，也不能维护患者的正当权益。在处理医疗纠纷的工作上，医院各有高招、想尽办法。中国医院协会作为行业协会，经过反复研究、讨论，依据相关法律规定，制定出该试行草案，希望通过这个草案的试行，切实维护医院的合法权益，也保障患者的合法权益，同时，此次会议我们还围绕第三方调解机制问题，以及现在社会出现的一些热点问题进行讨论，还特别邀请卫生部领导为我们做专题报告，帮助和解决医院遇到的难点问题。

值得欣慰的是，八年来，我们倡导医院自律与维权工作从一开始就得到了全国人大法工委、最高人民法院、卫生部、中国消费者协会、全国各级各类大型医院有关领导及主要新闻、网络媒体的高度关注和支持，这些部委、团体多次派员参加会议，尤其在普及宣传法律知识，开展课题研究，促进卫生立法，维护医院权益等方面给予了大力支持，我在此一并表示衷心地感谢。

二、目前自律维权形势及今后任务

根据最高人民法院的统计，法院一年审理的医疗事故案件一万余件，医疗损害赔偿案件4万余件，合计五万余件。北京市一个区级法院从1999年的9件医疗纠纷案件到2008年上升到200件，可以看出医疗纠纷诉讼增加较多，医患关系较为紧张。巨额赔偿案件越来越多，法院最高判例是判决医院承担赔偿700万元，上百万元赔偿案例各省市都有。法律适用的“二元化”，在司法实践中《医疗事故处理条例》和最高人民法院出台的《人身损害赔偿司法解释》适用的冲突，做了医疗事故鉴定不构成医疗事故，还要做法医鉴定，鉴定中的反反复复，等等，使医院、法院都感到为难。“医闹”事件也频频发生，医院的正常诊疗秩序受到了冲击，医生的人身安全缺少了保障。

在云南省和一些地区的调查显示，医院的赔偿中，医疗事故赔偿的比例只占20%左右，而40%－80%都是非医务人员过错，是由于患者体质特殊、医疗技术水平局限、疾病的特殊，医疗意外等等引发的医疗损害。由于目前社会上尚没有完善的因医疗意外、医疗风险出现不良后果的救济途径，当患者发生这些原因引起的医疗损害，仍然会找医院要求赔偿，这也是当前造成医患关系紧张的问题之一。

因此，我们广大医院院长、书记、管理者以及医务人员都迫切希望国家能有统一的法律规范，指导医疗纠纷的赔偿处理，有统一的临床医学资质鉴定机构，作出科学、客观、公正的鉴定结论，建立第三方调解机制，帮助医院解脱医疗纠纷处理，建立医疗事故责任保险和医疗风险意外保险制度，转移和分担医院的风险责任和社会救助职能，使医院、医务人员能够专心研究医学，安心的为患者提供细致周到的医疗服务工作。这些希望也是中国医院协会作为行业协会，今后工作和努力的方向。

我们医院协会主要做了如下维权工作：

1、围绕困扰医院的问题进行全国范围内的调研，如：医疗纠纷发生情况、医疗纠纷赔偿情况、医闹事件、医疗责任保险、医疗欠费情况等。并将调查的情况汇总分析，提出建议上报相关部门。

2、围绕医院出现的热点问题，多次召开包括法院法官、法学专家、鉴定机构专家、人大、政协、卫生行政部门领导、律师、医院管理者以及医学专家、新闻媒体等参加的多方人士座谈会，加强相互之间的沟通和交流。如：家属签字拒绝治疗；医生怎么办？法律应当如何制定？患者不配合鉴定，医鉴办、法院如何处理；非法行医与行政违规如何区分?；侵权责任法中是否应加入医疗侵权的内容等等。并将讨论意见汇总后上报卫生行政部门、最高人民法院、全国人大法工委等相关部门，代表医院反映情况，希望相关部门重视，给予指导，正确立法。

3、参与立法工作。协助卫生行政部门进行相关立法讨论工作并提出意见和建议，特别是参加最高人民法院“2007年重点处理医疗纠纷司法解释调研课题中期检查座谈会”，针对最高法院制定《医疗纠纷处理》司法解释提出的意见。

4、与社会相关部门进行沟通，向人大、政协、法院、行政部门以及新闻媒体等，介绍、反映医院的实际情况，征得理解，对重大问题进行呼吁，发表文章，表明协会的立场和态度。

5、制定医院协会规范，做好自律维权工作。协会推出了《医院管理新编（医院法律篇）》、医院自律规范标准、《医疗纠纷处理程序》试行草案、将推出《医疗告知书》范本。

6、承担卫生行政部门的课题研究工作，协助完成相关政策方面的研究。我们已经开展了《公立医院法人治理结构》、《公立医院改制规范程序》、《医疗事故处理条例在实践中存在的问题》、《政府是否应当强制推行医疗责任保险》以及《临床行为伦理准则》《医疗知情同意权》等课题的研究工作，形成了课题报告提出相关意见，促进卫生立法工作。

7、开展法律培训工作，在全国办班，宣传法律知识，提高医院管理者和医务人员的法律意识，依法行医，依法治院，防范医疗纠纷。

我们今后仍要继续围绕医院面临的困难和问题，进行调查研究，代表医院向相关政府部门、立法部门提出我们的意见，促进正确的立法，维护医院的正当权益。

继续和社会相关部门加强沟通和呼吁，增进对医院的了解和理解。协助卫生行政部门做好医院的管理工作，同时维护医患双方的合法权益。

三、建立并落实“以人为本”的自律维权长效防范机制

近些年，我们发现大部分医疗纠纷的发生，多是由于医护人员的技术、服务不到位引起的。有关统计资料也表明，医疗纠纷的诱因80%以上不是医疗技术、质量方面的问题，而是医疗服务过程中对患者的漠视，即“见病不见人”。过分强调技术服务，不重视患者的心理感受和心理需求，导致了患者及其家属对医疗过程的误解，进而产生对立情绪，没有进行必要的交流，说话态度不好而引起。

“见病不见人”现象为何如此普遍？

第一，我们看到，现有的医学职业教育缺乏伦理和人文陶冶，缺乏服务中的文化含量和情感含量，只重视医疗活动中病情的发生、发展、变化和药物、手术手段，没有把尊重人、关心人、方便人、服务人贯穿于医疗服务的全过程，为患者提供精神、感情和文化的服务。

第二，缺乏性格、个性的职业选择。无论在医学院校还是毕业进入医院，都没有一种方式去评价其是否符合职业特点要求。看病就诊的过程不会很长，不可能对彼此有更深的了解与感悟，这就需要医生对病史有科学的思辨和判断能力，对病人有融洽的沟通和交流能力。性格内向、不善言辞或情绪冲动、暴躁易怒者都有无法与患者及家属进行有效和正向的沟通与交流，恐怕就不适合从事医疗职业，可是哪家医学院校、哪家医院、哪个主管机构认真理性地考虑过这个问题呢。

第三，医学职业理念模糊。长期以来，医生想当然地把自己与患者定位为从属关系，认为医生是主体，每天都忙得不可开交，哪有闲工夫和患者、家属闲聊；有的认为，患者哪懂得那么多，跟他们交谈是白费劲，反正认真治好病就是了；还有的认为，有些病人不讲理，和他们沟通十分困难，还不如只做不说等。我们的医生，在医学课程教育过程中就缺乏伦理和法律的培育，医学伦理和医学法学课程在医生成长过程中介入量过少，医学从业人员的文学素养、心理素质、性格特点甚至相貌特征都会关系到医疗质量，医务工作仅靠一颗朴素的救人之心是远远不够的。

第四，除具备敬业精神外，医护人员还要学会换位思考。由于医患双方在医学知识上的不对称，医护人员眼中的常见病，对患者来说，可能是第一次遇到。处于指导甚至说了算地位的医护人员，如果能从“我是患者、我是家属”的角度换位思考，相关的医患矛盾就不会发生。用能够理解的方式向家属介绍疾病的诊断情况、主要治疗手段、重要检查的目的及结果、病情及预后、某些治疗可能引起的严重后果、药物不良反应、手术方式、手术的并发症及防范措施、医药费用情况，以听取家属的意见和建议，争取他们的支持与配合。现在又有一种怪异现象，有的医护人员干脆把决定是否检查、是否手术、是否吃什么药的权力完全交由患者或家属，这是一种极不负责任的态度。

世界医学教育联合会《福冈宣言》指出：“所有医生必须学会交流和处理人际关系的技能。缺少共鸣（同情）应该看作与技术不济一样，是无能力的表现。”

所以，要做好自律与维权，必须建立“以人为本”的长效防范机制

卫生部党组书记高强在卫生部召开的构建和谐医患关系座谈会上，指出：医患关系紧张的主导原因还是医务人员。他认为，患者有病投医，是充分相信医生，如果医生尽心竭力地为他们服务，减轻他们的痛苦，使他们感受到良好的服务，绝大多数患者是抱有感激之情的。

施爱于人，不只是一种品德，也是一个人在这个世界上安身立命的一种手段。懂得感恩、懂得尊重他人，把善良的愿望准确地向他人传递，提高与人沟通的能力，是目前急需为我们的医护队伍补上的重要一课。

信用是靠细微小事积累而成，医患之间的信任是建立在相互理解的基础之上。作为医务人员必须在“把正确让给患者”的基础上，心平气和地与患者交流，让患者理解目前的医学还是发展中的科学，医生是人而不是神，医生的作为只能遵循科学而不能违反科学，用通俗易懂的语言向患者进行沟通宣传。首先，医院要把医患沟通纳入质量管理体系；同时，医院还要确定医患沟通的主要内容、沟通的方式。使一些问题在沟通中化解。

综上，自律与维权是一个事物的两个方面，自律则是维权的基础，医院要维权必须先自律。没有自律，谈不上维权。医务工作者必须积极、主动的在自身上找原因，来改善医患关系。加强精神文明建设，提升医院的形象，这是一个医院能否生存发展的一个核心问题。一个医院的品牌，一个医院的形象，不外乎一个水平高和服务好，医院今后能否生存，能否发展，竞争重点在医疗服务。你的医务人员的服务素质、理念高，你的医院就能生存，就能发展，否则单纯靠技术就不称其为优势了，医院应当在精神文明方面、以病人为中心方面、人性化方面下工夫。

维权不是护短，任何时候都不允许有对病人不负责的事情发生。为了确保医院合法权益不受侵犯和损失，保障医疗服务工作健康有序地进行，必须把维护医院合法权益纳入法律轨道。在实际工作中应注意：

一是重视运用法律武器来保障医疗行为。法律所赋予的权利必须维护，侵犯损害医院合法权益的事情必须坚决依法拒之。聘请常年法律顾问给予法律咨询，一旦发生医疗纠纷能及时介入，提供法律帮助。

二是克服花钱买平实的思想，坚定用法律武器解决医疗纠纷的决心。医疗纠纷发生后，无论在院内还是在社会上都会产生负面影响，有人认为医院经不起折腾，主张在经济上给对方一定的赔偿，以换取对方的让步。这种花钱买平安的想法是十分有害的。无数事实证明，采取息事宁人、委曲求全的态度不但买不到平安，还会

助长通过无理取闹来索取经济赔偿的错误行为，留下巨大的隐患。

三是应提高广大医务人员学法、用法、遵法、依法的意识和能力。有的医务人员法制观念淡漠，不懂法造成工作漏洞，授人以柄。要多举办法律学习班、专题讲座等，增加法律观念。医院权利受到损害时，要理直气壮敢于诉讼、对簿公堂，不要怕打官司。

四是维护医院权益，适时掌握"法、理、情"原则。法是指任何医疗纠纷，不管发生的原因如何，均依法按处理程度予以办理，原则问题不避让，不妥协；理是指对待患者及家属要以理服人，尊重事实，做细工作，让患方人员了解真相，尽量达成共识；情是指同情患者的实际困难，尽量做到给予适当的精神和物质帮助。如属于医院方面的缺陷与过错，应公正对待，承认错误，合理解决。对于分歧较大。难以协商的纠纷，则通过法律途径解决。对极个别扬言以死相威胁的人应及时报告公安机关。

同志们，医院维权是因医院权益受到侵犯而提出的，它潜在着各种社会因素，包括政府的政策引导、法律法规的完善、各项社会保障体系的建立、人民生活水平的高低、舆论的导向等等。总之，社会格局变了，价值取向变了，医学模式变了，我们医护人员的工作方式和服务理念也必须要变。但医院维权绝对不是消极的、狭义的，而是要以全局观点、群众观点来看待和处理这个问题。构建和谐的医患关系不仅要求医生个人对患者负责，而且要求他们作为集体去为社会的利益而努力，同时更需要靠全社会的共同参与、共同努力。从这个意义上讲，医院维权不只是维护医院和医院工作人员自身的利益，而是有着更积极、更广泛、更深远的意义，质就是促使医院提高服务质量，保证医院的可持续发展，适应和满足人民大众对医疗保健的需求，更好地为人民健康服务，也就是自律为民所系，维权为民所用。

预祝本次大会取得圆满成功

谢谢大家！

坚持科学发展观　在深化医药卫生体制改革进程中再创辉煌

——中国医院协会会长曹荣桂在2008年度突出贡献奖、优秀院长表彰大会上的讲话

（2008年11月14日）

尊敬的各位领导、各位院长、各位嘉宾、同志们：

今天，中国医院协会在这里隆重举行2008年度中国医院"先声杯"突出贡献奖和优秀院长表彰大会。我们十分荣幸地邀请到各位领导在百忙之中出席本次大会，这是对协会工作和与会代表最大的鼓舞和支持。为此，我代表中国医院协会向各位领导致以崇高的敬意！向荣获突出贡献奖和优秀院长光荣称号的同志们表示热烈的祝贺！向关心和支持协会工作的卫生部、国家中医药管理局、总后卫生部、武警卫生部及有关部门的领导、江苏先声药业有限公司、新闻界的朋友们表示衷心的感谢！

2008年是我国发展史上极不平凡的一年，也是我们广大医务工作者牢记使命、履行职责、忠诚党的事业、再显英雄本色的一年。在这一年里，我们不仅保障了北京奥运会和残奥会的成功举行，还承担着深化医药卫生体制改革等繁重任务的重担。在面临着一系列重大突发事件带来的严峻挑战和考验面前，我们广大医务人员，临危不惧，团结奋斗，圆满地完成了党和政府赋予的各项任务，经受住了党和人民的考验，赢得了社会各界的高度赞誉。

本次评选表彰活动就是这样的背景下开展的，得到卫生部、国家中医药管理局、总后卫生部重视和支持，得到各省、自治区、直辖市医院协（学）会、解放军、武警、新疆生产建设兵团等单位的全力配合与大力支持，已成为医院管理行业的知名品牌，在广大医院管理者中有着广泛的影响力和美誉度。协会严格按照评选标准和程序经各省、区、市医院协（学）会推荐，评审委员会投票产生，再由常务理事会审定，自下而上，认真讨论评选出5名突出贡献奖、97名优秀院长，其中有全国五一劳动奖章获得者、全国优秀卫生工作者，有中共十六大、十七大代表，全国优秀思想政治工作者，南京鼓楼医院院长丁义涛同志，有中共中央组织部授予"全国抗击非典优秀共产党员"，首都医科大学宣武医院院长张建同志等在医疗卫生改革和医院管理中做出良好业绩的院长。这些同志是我们医疗行业具有代表性的先进个人，也是医院管理者们的骄傲。他们是深化医药卫生体制改革的领军人物；是无限忠于党、忠于人民、忠于卫生事业的时代楷模，是我们医院管理者学习的榜样。

一、牢记宗旨，不辱使命，医院管理结硕果

近年来，医疗卫生工作有了长足的发展，取得了显著的成绩。虽然有关医改问题各方争论不休，对医疗机构和医疗服务颇有微词，但是我们的医院院长们仍然承受经济社会发展带来的消费指数上涨的巨大压力，克服人力成本上扬，财政补偿不到位，又要满足扩大的服务需求等诸多困难，坚持抓医院管理不松懈，坚持全心全意为人民服务的宗旨，不断提升管理水平。

一是在医院文化上创新。中共十五大、十六大、十七大代表，南京鼓楼医院院长丁义涛同志，在医院文化建设上创新，实施文化立院，加强价值观建设。早在五、六年前，丁义涛同志就前瞻性地意识到：随着医疗

事业飞速发展，靠过去单纯地拼技术、拼设备、拼规模的粗放式管理的年代已经过去了。和国外的一些医院相比，我们的房屋建筑和医疗设备与其相差无几，新技术也容易引进，为何老百姓对医院的服务仍然不满意？关键的差距还是员工的综合素质，是那似乎看不见、摸不着而又无时无刻不体现在员工服务行为中的价值观念。丁义涛同志以加强价值观建设为切入点，采取医院文化年、修建鼓楼医院历史纪念馆、加强督察、反馈、整改，在服务环节上抓落实等一系列行之有效的措施，取得了很好的效果，受到了上级领导和同行们的高度赞扬和肯定。

二是在人力资源管理上勇于探索。人事制度和分配制度改革，一直是公立医院管理体制改革的重要内容。河北省南皮县人民医院院长张秀治同志，大胆引进、吸收和借鉴国外人力资源管理先进理念，结合国内医院实际情况，探索出“品绩管理”的新模式。医院“品绩管理”是依据医院的服务宗旨、经营理念分别对员工的“品行”和“业绩”进行管理，通过记录员工日常表现和定期的考评，对其进行正确引导和有效激励，发挥人力资源最大的使用价值，增强医院的凝聚力。使医院的宗旨、理念成为统率医院发展的灵魂动力。还可以树立相互配合，互相支持的团队精神和整体意识，改善人际关系，形成积极向上的组织氛围。

三是以科技支撑为先导，科学发展解决实际问题。由于医疗保障体系的建立和逐步完善，广大人民群众释放出对医疗服务的迫切需求，同时也给医院带来新的管理问题。北京大学第三医院院长陈仲强同志，面对日均门诊、急诊量8000多人次，每天都有病人等床住院的现状，提出“以学科发展促进医院发展、通过项目建设带动学科和队伍建设”的发展战略，开展缩短平均住院日的课题研究和实践。陈仲强同志提出，平均住院日是集中反映医院内部，医、护、技力量和管理水平的综合性指标。通过采取如流程再造、重点平台建设、技术进步、缩短各种检查等候时间及术前等候时间、加快术后康复、提高诊断与治疗水平等措施，使平均住院日从2002年的13.6天下降到2008年5月的8.9天。使政府有限的医疗资源最大限度地服务于更多的病人，有效地控制了患者的医疗费用的上涨，医院管理效率和效益显著提高。

四是走内涵建设之路，构建医院内外部和谐氛围。山东省滨州医学院附属医院院长吕长俊同志，强化医院学科内涵建设，集中力量，重点扶持，以技术创新带动医疗整体水平的提升，让当地群众不出家门就能享受到好的医疗服务，解决患者的实际问题。把绝大部分患者留在当地，就是医疗资源的正向调整和最大化利用。上海华山医院院长徐建光同志，把患者和职工称为医院的“外部顾客”和“内部顾客”，以病人为中心，也要以医务人员为根本。从细节入手为职工提供服务。如在手术室外专门设置休息室，提供小点心、咖啡等，事情虽小，却体现了构建内部和谐和精品化服务的意识。山东烟台毓璜顶医院院长刘运祥同志，延伸人文关怀，实施规范管理。在全国卫生系统首家推出“社会服务承诺制”和“首接负责制”，率先实施医院文化工程，推行规范化、人性化服务，给病人更多的人文关怀，把人性化服务融于医疗保健服务的全过程。以科学发展观为指导，在医院建筑上注重实用，利用7年的时间，在原址上分三期精心设计改建了12.3万平方米的一体化医疗大楼。该大楼功能完备，布局合理，流程简洁，足不出楼就可完成所有的就医过程。

以上成绩只不过是我们众多医院院长所取得成绩的一个缩影。从中可以看出，我们的医院院长是卫生政策的执行者；是医药卫生体制改革的主力军；是团结广大医务人员履行神圣职责的带头人。在深化医药卫生体制改革的进程中，在人民生命受到危害需要拯救的时候，在多种困难面前依然为人民群众提供医疗服务的今天，我们广大医院管理者所做出的成绩，并表现出许多鲜明的特点。这就是：坚持国家和民族利益至上，牢记使命、救死扶伤、牺牲自我的自尊品格；百折不挠、奋发向上、勇于依靠自己的力量促进医院发展的自强信念；开拓创新、无私奉献，善于在困难中开辟发展新思路的自主精神。这是我们医院管理者的骄傲，是我们坚实的思想基础和强大的精神支柱，一定会在为保障人民身体健康的实践中得到丰富和升华。

二、坚持科学发展观，在深化医药卫生体制改革的进程中再创辉煌

中共中央决定在全党深入开展学习实践科学发展观活动，这是用中国特色社会主义理论体系武装全党的重大举措，是推动经济社会又好又快发展的迫切需要。科学发展观，是对党的三代中央领导集体关于发展的重要思想的继承和发展，是我国经济社会发展的重要指导方针，也是深化医药卫生体制改革必须坚持和贯彻的重大战略思想。我们要认真学习贯彻中共十七大会议精神，进一步解放思想、实事求是、改革创新，增强贯彻落实科学发展观的自觉性和坚定性，为医院又好又快的科学发展做出成效。

一是医院的可持续发展必须坚持科学发展观。把握好医院改革与发展这个理论与实践的重大原则，就必须要把科学发展观落实到我们医院管理的全过程，毫不动摇地坚持和发展中国特色的社会主义。必须解放思想，着眼于新的实践，紧跟时代的步伐，与时俱进，开拓创新。使我们的思想观念更好地适应新形势和新任务的需要，使医院管理工作更好地体现时代性、把握规律性、富于创造性。如医院的发展规模与床位数量、学科建设与人才培养、绩效考评与工资分配、绿色环境与节能减排等都要坚持科学统筹规划，结合当地经济社会发展需要和人民群众对健康服务的不同需求，制定科学的发展战略，构筑科学的发展模式，坚持科学的发展道路。从当前、近期、长远三个方面制定具体措施，以解决突出问题为重点，在重点工作上取得实质性进展。

二是坚定改革的决心和信心，为医改方案建言献策。全国人民共同关注的《关于深化医药卫生体制改革

的意见》再次向社会公开征求意见，作为医院管理者更是有责任、有义务，为医改方案建言献策，提出建议供政府参考。医药卫生体制改革关系到千家万户每个人的利益，也关系到我们医院的相关利益。这就要求我们的院长抓住这个有利时机，站在全局的高度，站在讲政治的高度，破除旧的观念，打破个人利益、团体利益，以实现全面建设小康社会宏伟目标的战略角度，实事求是地提出我们的建议。医药卫生体制改革的有些措施和探索，进行了多年，但效果不理想，群众评价不高，不满意。像这样一类问题，就要考虑原来的思路、制度、机制、政策、办法究竟行不行，就要跳出原来的框框进行思考。有些东西，从领导者看来，好像很有道理，群众就是不欢迎，这是为什么？有些改革的理论观点，似乎很正确，但群众就是不理解、不接受，为什么？有些医改政策和举措，出发点是为了群众，但群众就是不拥护，诸如此类的问题，作为工作在医疗服务一线的院长们，就要在实践中观察、思考这些问题，虚心听取广大医务人员的意见，虚心听取患者的意见，既不能损害群众的利益，也不能牺牲医务人员的利益，为政府提供高水平、有价值的医改参考意见和建议。通过我们扎实、有效的工作，让政府和社会各界看到广大医务人员和医院管理者是医药卫生体制改革的主力军和有生力量。

三是时刻保持清醒头脑，进一步提高医院管理水平。我们的医疗服务工作取得了很大的成绩，党和人民也给予我们充分的肯定。这是对我们广大医务人员和医院管理者的鼓舞和鞭策。我们的工作与党和人民的要求相比还有很大差距，医院发展过程中还有许多深层次矛盾和问题亟待解决。希望我们获得荣誉的院长们，要进一步增强使命感、责任感和紧迫感，居安思危、戒骄戒躁、艰苦奋斗，时刻保持清醒的头脑，绝不能自满、松懈、畏难，以更加奋发有为的精神状态，精心做好医院管理工作。要加强理论学习，善于思考问题，带着深厚的感情关注人民的健康，下大力量改善职工的生活待遇，多为群众办实事办好事，切实解决工作中的急事难事，有效预防和化解各种矛盾，做到思想上始终清醒、政治上始终坚定、作风上始终务实。

四是带领广大医务人员在医改进程中再立新功。能否带领好、团结好广大医务人员全身心地投入到医改当中去，为人民群众提供安全、有效的医疗服务，保障人民群众的身体健康，直接关系到党和政府决策的落实和工作的成效。在利益关系越来越复杂的情况下，管理工作难度也不断加大。这就更加需要领导干部充分发挥先锋模范带头作用，以榜样的力量感召人。领导干部不仅要以身作则，吃苦在前，享受在后，更要以优秀的品德修养、过硬的工作作风，良好的公仆形象影响和带领广大职工投身于为人民健康服务之中。领导干部不仅要关心职工的物质利益，还要关心职工的精神文化需求；不但要关心实际问题的解决，还要关心心理疏导，积极培育健康、向上、平和的社会心态。

同志们，表彰先进、弘扬精神，就是要把医院管理者这种优良品德和精神面貌长期保持下去，成为一种永恒的力量。全体医务人员和医院管理工作者，虚心向医院管理突出贡献奖者和优秀院长学习，并体现到医疗卫生服务工作之中，转化为忠实于党和人民、忠实于卫生事业的实际行动。让我们紧密团结在以胡锦涛为总书记的党中央周围，全面贯彻科学发展观，通过改革和发展建立符合科学规律的医疗卫生体制机制，以正确的政策和措施调动医务人员的积极性，在为人民健康服务，为社会主义建设发展服务的神圣事业中再立新功！

政策法规

中华人民共和国国务院令（第517号）

《护士条例》已经2008年1月23日国务院第206次常务会议通过，现予公布，自2008年5月12日起施行。

总　理　温家宝

二〇〇八年一月三十一日

护士条例

第一章　总　则

第一条　为了维护护士的合法权益，规范护理行为，促进护理事业发展，保障医疗安全和人体健康，制定本条例。

第二条　本条例所称护士，是指经执业注册取得护士执业证书，依照本条例规定从事护理活动，履行保护生命、减轻痛苦、增进健康职责的卫生技术人员。

第三条　护士人格尊严、人身安全不受侵犯。护士依法履行职责，受法律保护。

全社会应当尊重护士。

第四条　国务院有关部门、县级以上地方人民政府及其有关部门以及乡（镇）人民政府应当采取措施，改善护士的工作条件，保障护士待遇，加强护士队伍建设，促进护理事业健康发展。

国务院有关部门和县级以上地方人民政府应当采取措施，鼓励护士到农村、基层医疗卫生机构工作。

第五条　国务院卫生主管部门负责全国的护士监督管理工作。

县级以上地方人民政府卫生主管部门负责本行政区域的护士监督管理工作。

第六条　国务院有关部门对在护理工作中做出杰出贡献的护士，应当授予全国卫生系统先进工作者荣誉称号或者颁发白求恩奖章，受到表彰、奖励的护士享受省部级劳动模范、先进工作者待遇；对长期从事护理工作的护士应当颁发荣誉证书。具体办法由国务院有关部门制定。

县级以上地方人民政府及其有关部门对本行政区域内做出突出贡献的护士，按照省、自治区、直辖市人民政府的有关规定给予表彰、奖励。

第二章　执业注册

第七条　护士执业，应当经执业注册取得护士执业证书。

申请护士执业注册，应当具备下列条件：

（一）具有完全民事行为能力；

（二）在中等职业学校、高等学校完成国务院教育主管部门和国务院卫生主管部门规定的普通全日制3年以上的护理、助产专业课程学习，包括在教学、综合医院完成8个月以上护理临床实习，并取得相应学历证书；

（三）通过国务院卫生主管部门组织的护士执业资格考试；

（四）符合国务院卫生主管部门规定的健康标准。

护士执业注册申请，应当自通过护士执业资格考试之日起3年内提出；逾期提出申请的，除应当具备前款第（一）项、第（二）项和第（四）项规定条件外，还应当在符合国务院卫生主管部门规定条件的医疗卫生机构接受3个月临床护理培训并考核合格。

护士执业资格考试办法由国务院卫生主管部门会同国务院人事部门制定。

第八条　申请护士执业注册的，应当向拟执业地省、自治区、直辖市人民政府卫生主管部门提出申请。收到申请的卫生主管部门应当自收到申请之日起20个工作日内做出决定，对具备本条例规定条件的，准予注册，并发给护士执业证书；对不具备本条例规定条件的，不予注册，并书面说明理由。

护士执业注册有效期为5年。

第九条　护士在其执业注册有效期内变更执业地点的，应当向拟执业地省、自治区、直辖市人民政府卫生主管部门报告。收到报告的卫生主管部门应当自收到报告之日起7个工作日内为其办理变更手续。护士跨省、自治区、直辖市变更执业地点的，收到报告的卫生主管部门还应当向其原执业地省、自治区、直辖市人民政府卫生主管部门通报。

第十条　护士执业注册有效期届满需要继续执业的，应当在护士执业注册有效期届满前30日向执业地省、自治区、直辖市人民政府卫生主管部门申请延续注册。收到申请的卫生主管部门对具备本条例规定条件的，准予延续，延续执业注册有效期为5年；对不具备本条例规定条件的，不予延续，并书面说明理由。

护士有行政许可法规定的应当予以注销执业注册情形的，原注册部门应当依照行政许可法的规定注销其执业注册。

第十一条　县级以上地方人民政府卫生主管部门应当建立本行政区域的护士执业良好记录和不良记录，并将该记录记入护士执业信息系统。

护士执业良好记录包括护士受到的表彰、奖励以及完成政府指令性任务的情况等内容。护士执业不良记录包括护士因违反本条例以及其他卫生管理法律、法规、规章或者诊疗技术规范的规定受到行政处罚、处分的情况等内容。

第三章　权利和义务

第十二条　护士执业，有按照国家有关规定获取工资报酬、享受福利待遇、参加社会保险的权利。任何单位或者个人不得克扣护士工资，降低或者取消护士福利等待遇。

第十三条　护士执业，有获得与其所从事的护理工作相适应的卫生防护、医疗保健服务的权利。从事直接接触有毒有害物质、有感染传染病危险工作的护士，有依照有关法律、行政法规的规定接受职业健康监护的权利；患职业病的，有依照有关法律、行政法规的规定获得赔偿的权利。

第十四条　护士有按照国家有关规定获得与本人业务能力和学术水平相应的专业技术职务、职称的权利；有参加专业培训、从事学术研究和交流、参加行业协会和专业学术团体的权利。

第十五条　护士有获得疾病诊疗、护理相关信息的权利和其他与履行护理职责相关的权利，可以对医疗卫生机构和卫生主管部门的工作提出意见和建议。

第十六条　护士执业，应当遵守法律、法规、规章和诊疗技术规范的规定。

第十七条　护士在执业活动中，发现患者病情危急，应当立即通知医师；在紧急情况下为抢救垂危患者生命，应当先行实施必要的紧急救护。

护士发现医嘱违反法律、法规、规章或者诊疗技术规范规定的，应当及时向开具医嘱的医师提出；必要时，应当向该医师所在科室的负责人或者医疗卫生机构负责医疗服务管理的人员报告。

第十八条　护士应当尊重、关心、爱护患者，保护患者的隐私。

第十九条　护士有义务参与公共卫生和疾病预防控制工作。发生自然灾害、公共卫生事件等严重威胁公众生命健康的突发事件，护士应当服从县级以上人民政府卫生主管部门或者所在医疗卫生机构的安排，参加医疗救护。

第四章　医疗卫生机构的职责

第二十条　医疗卫生机构配备护士的数量不得低于国务院卫生主管部门规定的护士配备标准。

第二十一条　医疗卫生机构不得允许下列人员在本机构从事诊疗技术规范规定的护理活动：

（一）未取得护士执业证书的人员；

（二）未依照本条例第九条的规定办理执业地点变更手续的护士；

（三）护士执业注册有效期届满未延续执业注册的护士。

在教学、综合医院进行护理临床实习的人员应当在护士指导下开展有关工作。

第二十二条　医疗卫生机构应当为护士提供卫生防护用品，并采取有效的卫生防护措施和医疗保健措施。

第二十三条　医疗卫生机构应当执行国家有关工资、福利待遇等规定，按照国家有关规定为在本机构从事护理工作的护士足额缴纳社会保险费用，保障护士的合法权益。

对在艰苦边远地区工作，或者从事直接接触有毒有害物质、有感染传染病危险工作的护士，所在医疗卫生机构应当按照国家有关规定给予津贴。

第二十四条　医疗卫生机构应当制定、实施本机构护士在职培训计划，并保证护士接受培训。

护士培训应当注重新知识、新技术的应用；根据临床专科护理发展和专科护理岗位的需要，开展对护士的专科护理培训。

第二十五条　医疗卫生机构应当按照国务院卫生主管部门的规定，设置专门机构或者配备专（兼）职人员负责护理管理工作。

第二十六条　医疗卫生机构应当建立护士岗位责任制并进行监督检查。

护士因不履行职责或者违反职业道德受到投诉的，其所在医疗卫生机构应当进行调查。经查证属实的，医疗卫生机构应当对护士做出处理，并将调查处理情况告知投诉人。

第五章　法律责任

第二十七条　卫生主管部门的工作人员未依照本条例规定履行职责，在护士监督管理工作中滥用职权、徇私舞弊，或者有其他失职、渎职行为的，依法给予处分；构成犯罪的，依法追究刑事责任。

第二十八条　医疗卫生机构有下列情形之一的，由县级以上地方人民政府卫生主管部门依据职责分工责令限期改正，给予警告；逾期不改正的，根据国务院卫生主管部门规定的护士配备标准和在医疗卫生机构合法执业的护士数量核减其诊疗科目，或者暂停其6个月以上1年以下执业活动；国家举办的医疗卫生机构有下列情形之一、情节严重的，还应当对负有责任的主管人员和其他直接责任人员依法给予处分：

（一）违反本条例规定，护士的配备数量低于国务院卫生主管部门规定的护士配备标准的；

（二）允许未取得护士执业证书的人员或者允许未依照本条例规定办理执业地点变更手续、延续执业注册有效期的护士在本机构从事诊疗技术规范规定的护理活动的。

第二十九条　医疗卫生机构有下列情形之一的，依照有关法律、行政法规的规定给予处罚；国家举办的医疗卫生机构有下列情形之一、情节严重的，还应当对负有责任的主管人员和其他直接责任人员依法给予处分：

（一）未执行国家有关工资、福利待遇等规定的；

（二）对在本机构从事护理工作的护士，未按照国家有关规定足额缴纳社会保险费用的；

（三）未为护士提供卫生防护用品，或者未采取有效的卫生防护措施、医疗保健措施的；

（四）对在艰苦边远地区工作，或者从事直接接触有毒有害物质、有感染传染病危险工作的护士，未按照国家有关规定给予津贴的。

第三十条 医疗卫生机构有下列情形之一的，由县级以上地方人民政府卫生主管部门依据职责分工责令限期改正，给予警告：

（一）未制定、实施本机构护士在职培训计划或者未保证护士接受培训的；

（二）未依照本条例规定履行护士管理职责的。

第三十一条 护士在执业活动中有下列情形之一的，由县级以上地方人民政府卫生主管部门依据职责分工责令改正，给予警告；情节严重的，暂停其6个月以上1年以下执业活动，直至由原发证部门吊销其护士执业证书：

（一）发现患者病情危急未立即通知医师的；

（二）发现医嘱违反法律、法规、规章或者诊疗技术规范的规定，未依照本条例第十七条的规定提出或者报告的；

（三）泄露患者隐私的；

（四）发生自然灾害、公共卫生事件等严重威胁公众生命健康的突发事件，不服从安排参加医疗救护的。

护士在执业活动中造成医疗事故的，依照医疗事故处理的有关规定承担法律责任。

第三十二条 护士被吊销执业证书的，自执业证书被吊销之日起2年内不得申请执业注册。

第三十三条 扰乱医疗秩序，阻碍护士依法开展执业活动，侮辱、威胁、殴打护士，或者有其他侵犯护士合法权益行为的，由公安机关依照治安管理处罚法的规定给予处罚；构成犯罪的，依法追究刑事责任。

第六章 附 则

第三十四条 本条例施行前按照国家有关规定已经取得护士执业证书或者护理专业技术职称、从事护理活动的人员，经执业地省、自治区、直辖市人民政府卫生主管部门审核合格，换领护士执业证书。

本条例施行前，尚未达到护士配备标准的医疗卫生机构，应当按照国务院卫生主管部门规定的实施步骤，自本条例施行之日起3年内达到护士配备标准。

第三十五条 本条例自2008年5月12日起施行。

国务院办公厅关于进一步做好地震灾区医疗卫生防疫工作的意见

国办发〔2008〕54号

各省、自治区、直辖市人民政府，国务院各部委、各直属机构：

汶川地震发生后，在党中央、国务院坚强领导下，各地区、各有关部门和解放军、武警部队紧急行动，数万名医疗卫生防疫人员及时赶赴灾区，全面开展医疗救治和卫生防疫工作。目前，灾区大规模集中应急医疗救治工作基本结束，卫生防疫工作正在有力、有序、有效展开，没有发生聚集性传染病疫情和突发公共卫生事件。但是灾区的医疗卫生防疫形势仍很严峻。一是卫生环境遭受严重破坏，公共卫生设施严重不足，食品和饮用水安全隐患突出，特别是夏季气温升高，容易导致传染病流行；二是一些重症伤员需要较长时间治疗，大批出院人员需要妥善安置，大批伤员需要康复治疗，部分残疾伤员需要装配辅助器具；三是医疗卫生基础设施损坏严重，一些地方卫生人员伤亡较多，医疗卫生服务不能满足群众需要；四是一段时期内群众生产生活困难，医疗支付能力普遍较弱。

各地区、各有关部门要充分认识做好地震灾区医疗卫生防疫工作的紧迫性和艰巨性，认真贯彻落实党中央、国务院的决策部署，进一步采取有效措施，切实做好地震灾区医疗卫生防疫工作，维护人民群众生命安全和身体健康。经国务院同意，现就做好地震灾区下一阶段医疗卫生防疫工作提出以下意见：

一、进一步做好重症伤员的医疗、康复和安置工作

卫生部门要继续发挥军地协同优势，加强对重症伤员医疗救治的组织和指导，最大限度地提高治疗效果，降低死亡率和致残率。

民政部门要做好伤员出院后安置工作。对符合卫生部规定出院标准的伤员，要动员和支持其返乡。对从救治地返乡的伤员和陪护人员，救治地民政部门给予交通等费用补助，原籍地民政部门做好接收和安置工作。所需经费由省级政府从社会捐赠资金中解决。

民政、卫生部门和残联要密切配合，共同做好伤员的康复工作，提高他们的生活质量。对其中符合条件的残疾伤员，及时转移到康复机构安装假肢、矫形器或者配发轮椅等康复辅助器具，并妥善安排康复训练，改善肢体运动功能。卫生、中医药部门要提供必要的技术支持。所需经费由省级政府在社会捐赠的有关资金中安排。

二、落实卫生防疫工作措施，防止传染病流行蔓延

要坚持以灾区政府为主，继续做好灾区环境卫生综合整治工作。对受灾群众安置点的医疗废弃物、生活垃

圾、粪便和动物尸体进行无害化处理，有重点、有针对性地开展科学防疫和消毒、杀菌、灭蚊蝇工作。卫生、环保、建设等部门按照职责分工，做好居民生活区环境卫生管理工作。灾区政府要充分发挥基层组织作用，动员群众积极参与，广泛开展以治理卫生环境为重点的爱国卫生运动。

加强疫情监测工作，保证疫情报告渠道畅通。灾区县、乡要尽快恢复建立传染病疫情和突发公共卫生事件网络直报系统，修复或购置疫情网络直报设备，及时、准确报告疫情。做好传染病疫情的搜索、分析和预测工作，加强聚集性病例的监测、调查与处理，防止疫病扩散。加强传染病病因及食品、饮用水的现场快速检测，及时发现传染病流行苗头。高度重视并切实防控人畜共患疾病的发生和传播。要坚持中西医并重，充分发挥中医药作用，采用方便、快捷的方式，做好常见病、多发病的预防控制工作。

及时开展应急疫苗接种，尽快恢复常规预防接种服务。做好适龄儿童的乙脑、甲肝等疫苗接种，建立有效免疫屏障。发展改革部门要保证疫苗的生产、供应，食品药品监管部门要加强监管，保证疫苗质量。卫生部门要做好疫苗储备、运输和接种工作。教育等部门要协助做好托幼儿童、学生及其他人群的预防接种组织工作。农业部门要做好狂犬病、猪链球菌病等人畜共患病的免疫接种工作。

卫生、农业、商务、工商、质检和食品药品监管等部门要按照职责分工，加强协调配合，切实落实食品安全监管责任，尽快恢复食品安全检验检测能力，全力保障受灾群众安置点、集中生活区及救灾物资集中分发场所的食品安全。加强农产品和捐赠食品质量的监管，开展安全检查，严防假冒伪劣、腐败变质和超过保质期等不合格食品流入灾区。尽快恢复灾区正常的农产品和食品流通秩序，保障市场供应。重点加强集中供餐单位的餐饮原料采购、储存、加工和餐饮器具消毒的卫生监督管理，改善集中供餐场所的食品加工环境和设施。要严防重大食物中毒事件和食源性疾病的发生。

卫生、环保、建设、水利和农业等部门要密切配合，积极采取措施，切实做好灾区饮用水安全保障工作。环保部门要加强污染源排查和整治，加强集中式饮用水源地水质监测，保证饮用水水源安全。水利和建设部门要加快受损供水设施和管网的抢修，尽快恢复正常供水能力。受灾群众安置点要配备必要的饮用水净化处理设施或消毒设施，卫生部门要加强对饮用水的监督检查，保障群众饮水安全。特别要加强学校、医院等公共场所供水设施建设，保障饮用水达到卫生标准。各有关部门要建立协作机制，按照职责分工，做好水源地、公共供水设施、集中供水点和末梢水的水质监测工作，做到信息共享。要尽快恢复灾区饮用水安全检验检测能力。

要加强卫生防病宣传教育，普及卫生防病知识，增强群众卫生防病参与意识和自我保护意识。积极开展心理援助工作，依托现有医疗、心理卫生服务网络，对不同人群特别是高危人员实施分类干预，及时治疗精神疾患。

三、尽快恢复灾区正常医疗卫生服务秩序

要尽快将医疗服务、医疗收费和费用支付纳入正常管理轨道。灾区省级政府要统筹规划并组织好临时医疗卫生基础设施建设，尽快建立临时医疗服务和卫生防疫机构，添置必要设备，开展医疗卫生服务，恢复药品检验检测条件。要编制好灾区卫生系统恢复重建规划，优先恢复基本医疗服务和卫生防疫设施，地震灾后恢复重建基金相应给予支持。灾区省要尽快在省内调配专业人员支持医疗卫生人员伤亡较多的县、乡卫生机构，对口支援省（市）可选派必要的医疗卫生人员，帮助灾区恢复正常医疗卫生工作。对重灾县的县级公共卫生机构、县乡医疗机构的人员经费和公用经费以及乡村医生的工作经费补助等，由灾区省级政府统筹安排，保证正常医疗卫生服务工作的开展。对各地向灾区派出的医疗防疫队所需费用，由各省（区、市）酌情给予补助，有对口支援任务的省（市）从对口支援经费中给予必要补助。

要抓紧恢复灾区各项医疗保障制度的运行，妥善解决受灾群众看病就医问题。伤员应急救治工作完成后，受灾群众的医疗费用原则上通过现行社会保障制度解决。今年内可在重灾县、乡实行过渡性医疗照顾措施，向受灾群众免费提供基本医疗卫生服务，包括一般常见病、传染病和卫生防疫。具体办法和所需经费由灾区省级政府统筹研究确定。要推进灾区城镇居民基本医疗保险试点工作。2009 年、2010 年灾区困难群众参加城镇居民基本医疗保险和新型农村合作医疗所需的个人缴费，由城乡医疗救助资金帮助解决。各级社会保险经办机构和农村合作医疗经办机构要加强管理服务，按规定及时结算并支付医疗费用，切实保障城乡居民的基本医疗保障权益。

四、落实医疗卫生对口支援

按照汶川地震灾后恢复重建对口支援方案，做好对口支援灾区医疗卫生防疫工作，推进灾区县、乡医疗卫生服务体系建设。医疗卫生对口支援工作遵循属地管理、分级负责、省外支援与省内支援相结合的原则。各支援省（市）要与受援地一起，制订医疗卫生对口支援工作方案，明确支援医疗卫生人员的规模、结构和分布，落实好卫生帮扶的各项任务和措施。要制订对口支援工作计划，加强人员培训，购置必要设备，加大智力支持，重点加强县、乡两级医疗卫生服务体系建设，帮助灾区尽快恢复正常医疗卫生服务秩序，提高医疗卫生工作质量和水平。卫生部要继续组织国家专业机构予以指导，并根据实际情况，对各地赴灾区医疗队的规划、管理、轮换通盘考虑，统筹安排。

灾区医疗卫生防疫工作要坚持地方政府为主、对口支援协助、国家有关部门指导监督的原则。灾区各级政府要保障必要的经费，中央财政酌情给予适当支持。各

有关方面要明确责任，加强协调，密切配合，确保今年实现以下目标：7月底前，灾区县、乡和受灾群众安置点普遍恢复建立医疗卫生服务体系，开展基本医疗和卫生防疫及动物疫病防治工作。9月底前，全面完成灾区县、乡临时医疗卫生机构建设，基本恢复正常医疗卫生服务和动物防疫秩序。年底前，全面恢复灾区医疗卫生服务体系和动物防疫体系，配备比较齐全的临时业务用房、基本设备和技术人员，能够全面开展正常医疗服务和卫生防疫工作，确保不发生重大传染病疫情。

国务院办公厅

二〇〇八年六月二十三日

中华人民共和国卫生部令（第58号）

《单采血浆站管理办法》已于2007年10月31日经卫生部部务会议讨论通过，现予发布，自2008年3月1日起施行。

部长　陈竺

二〇〇八年一月四日

单采血浆站管理办法

第一章　总　则

第一条　为加强单采血浆站的监督管理，预防和控制经血液途径传播的疾病，保障供血浆者健康，保证原料血浆质量，根据《血液制品管理条例》，制定本办法。

第二条　本办法所称单采血浆站是指根据地区血源资源，按照有关标准和要求并经严格审批设立，采集供应血液制品生产用原料血浆的单位。

单采血浆站由血液制品生产单位设置，具有独立的法人资格。其他任何单位和个人不得从事单采血浆活动。

第三条　本办法所称供血浆者是指提供血液制品生产用原料血浆的人员。

划定采浆区域内具有当地户籍的18岁到55岁健康公民可以申请登记为供血浆者。

第四条　卫生部根据全国生产用原料血浆的需求、经济发展状况、疾病流行情况等，制定全国采供血机构设置规划指导原则。

省、自治区、直辖市人民政府卫生行政部门根据卫生部《采供血机构设置规划指导原则》，结合本行政区域疾病流行、供血浆能力等实际情况和当地区域卫生发展规划，制定本地区的单采血浆站设置规划，并组织实施。单采血浆站设置规划应当报卫生部备案。

第五条　卫生部负责全国单采血浆站的监督管理工作。

县级以上地方人民政府卫生行政部门负责本行政区域内单采血浆站的监督管理工作。

第二章　设置审批

第六条　血液制品生产单位设置单采血浆站应当符合当地单采血浆站设置规划，并经省、自治区、直辖市人民政府卫生行政部门批准。

第七条　单采血浆站应当设置在县（旗）及县级市，不得与一般血站设置在同一县级行政区域内。

有地方病或者经血传播的传染病流行、高发的地区不得规划设置单采血浆站。

上一年度和本年度自愿无偿献血未能满足临床用血的市级行政区域内不得新建单采血浆站。

第八条　省、自治区、直辖市人民政府卫生行政部门根据实际情况，划定单采血浆站的采浆区域。采浆区域的选择应当保证供血浆者的数量，能满足原料血浆年采集量不少于30吨。新建单采血浆站在3年内达到年采集量不少于30吨。

第九条　设置单采血浆站必须具备下列条件：

（一）符合采供血机构设置规划、单采血浆站设置规划以及《单采血浆站基本标准》要求的条件；

（二）具有与所采集原料血浆相适应的卫生专业技术人员；

（三）具有与所采集原料血浆相适应的场所及卫生环境；

（四）具有识别供血浆者的身份识别系统；

（五）具有与所采集原料血浆相适应的单采血浆机械及其他设施；

（六）具有对所采集原料血浆进行质量检验的技术人员以及必要的仪器设备；

（七）符合国家生物安全管理相关规定。

第十条　申请设置单采血浆站的血液制品生产单位，应当向单采血浆站设置地的县级人民政府卫生行政部门提交《设置单采血浆站申请书》，并提交下列材料：

（一）申请设置单采血浆站的血液制品生产单位的有关情况以及法人登记证书；

（二）拟设单采血浆站的可行性研究报告。内容包括：

1. 拟设单采血浆站基本情况，包括名称、地址、规模、任务、功能、组织结构等；

2. 拟设单采血浆站血浆采集区域及区域内疾病流行状况、适龄健康供血浆人口情况、机构运行及环境保护措施的预测分析；

3. 拟设单采血浆站的选址和建筑设计平面图；

4. 申请开展的业务项目、技术设备条件资料；

5. 污水、污物以及医疗废物处理方案；

（三）总投资额及资金的来源和验资证明；

（四）单采血浆站用房的房屋产权证明或者使用权证明；

（五）拟设单采血浆站的法定代表人及其主要负责人的身份证明文件和专业履历；

（六）单采血浆站从业人员名单及资格证书；

（七）单采血浆站的各项规章制度。

第十一条 有下列情形之一的，不得申请设置新的单采血浆站：

（一）拟设置的单采血浆站不符合采供血机构设置规划或者当地单采血浆站设置规划要求的；

（二）省级卫生行政部门未同意划定采浆区域的；

（三）血液制品生产单位被吊销药品生产质量管理规范（GMP）证书未满 5 年的；

（四）血液制品生产单位发生过非法采集血浆或者擅自调用血浆行为的；

（五）血液制品生产单位注册的血液制品少于 6 个品种的，承担国家计划免疫任务的血液制品生产单位少于 5 个品种的。

第十二条 下列人员不得作为新建单采血浆站的法定代表人或者主要负责人：

（一）正在服刑或者不具有完全民事行为能力的人；

（二）发生血液安全事故未满 5 年的责任人；

（三）被吊销《单采血浆许可证》或者《血站执业许可证》未满 10 年的单采血浆站或者血站的法定代表人、主要负责人及责任人；

（四）被吊销药品生产质量管理规范（GMP）证书未满 5 年的血液制品生产单位法定代表人或者主要负责人；

（五）被卫生行政部门责令限期改正 3 个月以上或者给予罚款 5－10 万元处罚未满 3 年的单采血浆站的法定代表人、主要负责人及责任人。

第十三条 县级人民政府卫生行政部门在收到全部申请材料后进行初审，经设区的市、自治州人民政府卫生行政部门审查同意后，报省级人民政府卫生行政部门审批。

第十四条 省级人民政府卫生行政部门在收到单采血浆站申请材料后，可以组织有关专家或者委托技术机构，根据《单采血浆站质量管理规范》进行技术审查。

经审查符合条件的，由省级人民政府卫生行政部门核发《单采血浆许可证》，并在设置审批后 10 日内报卫生部备案；经审查不符合条件的，应当将不予批准的理由书面通知申请人。

第十五条 申请设置单采血浆站不符合本办法第九条、第十一条、第十二条规定的不予批准。

第十六条 《单采血浆许可证》有效期为 2 年。

《单采血浆许可证》的主要内容为：

（一）设置单采血浆站的血液制品生产单位名称；

（二）单采血浆站的名称、地址、法定代表人或者主要负责人；

（三）业务项目及采浆区域（范围）；

（四）发证机关、发证日期、许可证号和有效期。

第十七条 《单采血浆许可证》有效期满前 3 个月，单采血浆站应当向原发证部门申请延续，并提交下列材料：

（一）《单采血浆许可证》的复印件；

（二）执业期间运行情况的报告，包括原料血浆采集的数量、定期自检报告等；

（三）卫生行政部门监督检查的意见及整改情况等；

（四）技术机构根据《单采血浆站质量管理规范》出具的技术审查报告。

第十八条 省级人民政府卫生行政部门根据单采血浆站上一执业周期业务开展情况、技术审查和监督检查等情况进行审核，审核合格的，予以延续。经审核不合格的，责令其限期整改；经整改仍不合格的，注销其《单采血浆许可证》。

未办理延续申请或者被注销《单采血浆许可证》的单采血浆站，不得继续执业。

第十九条 单采血浆站变更名称、地址、法定代表人、业务项目等内容的，应当向原发证部门办理变更登记手续。

设置单采血浆站的血液制品生产单位发生变更的，该单采血浆站应当重新办理《单采血浆许可证》，原《单采血浆许可证》注销。

第二十条 县级以上地方各级人民政府卫生行政部门审核批准设置单采血浆站的程序和期限，按照《行政许可法》、《卫生行政许可管理办法》等有关规定执行。

第三章 执 业

第二十一条 单采血浆站执业，应当遵守有关法律、法规、规章和技术规范。

单采血浆站的法定代表人或者主要负责人应当对采集的原料血浆质量安全负责。

第二十二条 单采血浆站应当在规定的采浆区域内组织、动员供血浆者，并对供血浆者进行相应的健康教育，为供血浆者提供安全、卫生、便利的条件和良好的服务。

第二十三条 单采血浆站应当按照《中华人民共和国药典》血液制品原料血浆规程对申请供血浆者进行健康状况征询、健康检查和血样化验，并按照卫生部发布的供血浆者须知对供血浆者履行告知义务。

对健康检查合格的申请供血浆者，核对身份证后，填写供血浆者名册，报所在地县级人民政府卫生行政部门。省级人民政府卫生行政部门应当在本省和相邻省内进行供血浆者信息检索，确认未在其他单采血浆站登记，将有关信息进行反馈，由县级人民政府卫生行政部门发给《供血浆证》。

《供血浆证》内容至少应当包括：姓名、性别、血型、民族、身份证号码、2年内免冠证件照、家庭住址、建卡日期和编号。

第二十四条 有下列情况之一的，不予发给《供血浆证》：

（一）健康检查、化验不合格的；

（二）曾伪造身份证明，持有2个以上《供血浆证》的；

（三）已在其他单采血浆站登记为供血浆者的；

（四）当地户籍部门未能核实其身份信息的。

第二十五条 单采血浆站应当建立供血浆者管理档案，记录供血浆者供血浆情况、健康检查情况。建立供血浆者永久淘汰、暂时拒绝及不予发放《供血浆证》者档案名册。同时采用计算机管理档案并建立供血浆者身份识别系统。

第二十六条 单采血浆站在采集血浆中发现《供血浆证》内容变更的，或者供血浆者健康检查不合格的，应当收缴《供血浆证》并及时告知当地县级人民政府卫生行政部门。

第二十七条 单采血浆站应当根据登记的供血浆者供血浆实际情况和血液制品生产单位原料血浆需求情况，制定采浆工作计划，合理安排供血浆者供血浆。

第二十八条 单采血浆站采集原料血浆应当遵循自愿和知情同意的原则。

对需要进行特殊免疫的供血浆者，应当告知特殊免疫的意义、作用、方法、步骤和不良反应，征得供血浆者本人书面同意后，方可按照国家规定的免疫程序进行免疫。免疫情况和不良反应处理应当详细记录。

第二十九条 单采血浆站在每次采集血浆前，必须将供血浆者持有的身份证或者其他有效身份证明、《供血浆证》与计算机档案管理内容进行核实，确认无误的，方可按照规定程序进行健康检查和血样化验；对检查、化验合格的，按照有关技术操作标准和程序采集血浆，并详细记录。

第三十条 单采血浆站必须使用单采血浆机械采集血浆，严禁手工采集血浆。

每次采集供血浆者的血浆量不得超过580毫升（含抗凝剂溶液，以容积比换算质量比不超过600克）。严禁超量采集血浆。

两次供血浆时间间隔不得少于14天。严禁频繁采集血浆。

严禁采集非划定采浆区域内供血浆者的血浆。严禁采集冒名顶替者及无《供血浆证》者的血浆。

严禁采集血液或者将所采集的原料血浆用于临床。

第三十一条 单采血浆站应当建立对有易感染经血液传播疾病危险行为的供血浆者供血浆后的报告工作程序、供血浆者屏蔽和淘汰制度。

第三十二条 单采血浆站应当对血浆采集工作实行全面质量管理，严格遵守《中华人民共和国药典》血液制品原料血浆规程、《单采血浆站质量管理规范》等技术规范和标准。

第三十三条 单采血浆站应当建立人员岗位责任制和采供血浆管理相关工作制度，并定期检查、考核各项规章制度和各级各类人员岗位责任制的执行和落实情况。

第三十四条 单采血浆站关键岗位工作人员应当符合岗位执业要求，并接受血液安全和业务岗位培训与考核，领取岗位培训合格证书后方可上岗。

单采血浆站工作人员每人每年应当接受不少于75学时的岗位继续教育。

岗位培训与考核由省级以上人民政府卫生行政部门负责组织实施。

第三十五条 单采血浆站各业务岗位工作记录应当内容真实、项目完整、格式规范、字迹清楚、记录及时，有操作者和复核者签名。

记录内容需要更改时，应当保持原记录内容清晰可辨，注明更改内容和日期，并在更改处签名。

血浆采集、检测和供浆的原始记录应当至少保存10年，法律、法规和卫生部另有规定的，依照有关规定执行。

第三十六条 单采血浆站应当保证所采集的血浆均进行严格的检测。

第三十七条 血浆采集后必须单人份冰冻保存，严禁混浆。

第三十八条 单采血浆站应当制定实验室室内质控与室间质评制度，并定期参加省级以上室间质量考评，确保试剂、卫生器材、仪器、设备在使用过程中能达到预期效果。

单采血浆站的实验室应当配备必要的生物安全设备和设施，工作人员应当接受生物安全知识培训。

第三十九条 单采血浆站所采集的每袋血浆必须留存血浆标本，保存期应不少于血液制品生产投料后2年。

第四十条 单采血浆站应当加强消毒、隔离工作管理，预防和控制感染性疾病的传播。

单采血浆站产生的医疗废物应当按照《医疗废物管理条例》规定处理，做好记录与签字，避免交叉感染。

第四十一条 单采血浆站及其执行职务的人员发现法定传染病疫情时，应当按照《传染病防治法》和卫生部的规定向有关部门报告。

第四十二条 原料血浆的采集、包装、储存、运输应当符合《单采血浆站质量管理规范》的要求。

原料血浆包装袋标签上必须标明：

（一）单采血浆站的名称；

（二）供血浆者姓名、编号或者条形码；

（三）血浆重量、血浆类型、采集日期、血浆编号、有效期；

（四）储存条件。

原料血浆储存、运输装箱时，每箱内均应有装箱单，并附有化验合格单以及血浆复检标本。

第四十三条 单采血浆站只能向设置其的血液制品

生产单位供应原料血浆。

单采血浆站应当保证发出的原料血浆质量符合国家有关标准，其品种、规格、数量无差错，血浆的生物活性保存完好。

第四十四条 单采血浆站使用的药品、体外诊断试剂、一次性卫生器材应当符合国家有关规定。

第四十五条 单采血浆站必须使用计算机系统管理供血浆者信息、采供血浆和相关工作过程。建立血浆标识的管理程序，确保所有血浆可以追溯到相应的供血浆者和供血浆过程，确保所使用的物料批号以及所有制备、检验、运输记录完整。血浆标识应当采用条形码技术。同一血浆条形码至少50年不重复。

第四十六条 单采血浆站应当每半年向所在地县级人民政府卫生行政部门报告有关原料血浆采集情况。

第四十七条 单采血浆站应当制定紧急灾害应急预案，并从血源、管理制度、技术能力和设备条件等方面保证预案的实施。在紧急灾害发生时服从县级以上人民政府卫生行政部门的调遣。

第四十八条 单采血浆站必须严格执行国家有关报废血处理和有易感染经血液传播疾病危险行为的供血浆者供血浆后保密性弃血处理的规定。

第四十九条 单采血浆站的工作人员必须每年进行一次体格检查，建立职工健康档案。患有传染病、严重皮肤感染和体表伤口未愈者，不得从事采集血浆、检验、消毒、供应等岗位工作。

第五十条 单采血浆站每年应当委托技术机构按照《单采血浆站质量管理规范》要求进行不少于一次的技术审查。

第五十一条 技术机构提供的单采血浆站技术评价、检测结果应当客观、真实。

第四章 监督管理

第五十二条 县级以上地方人民政府卫生行政部门负责本行政区域内单采血浆站监督管理工作，制定年度监督检查计划，检查内容包括：

（一）执行法律、法规、规章、技术标准和规范情况；

（二）单采血浆站各项规章制度和工作人员岗位责任制落实情况；

（三）供血浆者管理，检验，原料血浆的采集、保存、供应等；

（四）单采血浆站定期自检和重大事故报告情况。

县级人民政府卫生行政部门依照本办法的规定负责本行政区域内单采血浆站的日常监督管理工作。

设区的市级人民政府卫生行政部门至少每半年对本行政区域内单采血浆站进行一次检查和不定期抽查。

省级人民政府卫生行政部门至少每年组织一次对本行政区域内单采血浆站的监督检查和不定期抽查。

上级卫生行政部门应当定期或者不定期监督检查辖区内原料血浆管理工作，并及时向下级卫生行政部门通报监督检查情况。

第五十三条 负责单采血浆站审批和监督的卫生行政部门要建立信息沟通制度，将审批、监督检查情况等信息相互通告，保证工作的有效衔接。

省级人民政府卫生行政部门要在单采血浆站建立公示制度，对单采血浆站的基本情况、执业情况、卫生行政部门监督检查情况以及投诉、举报电话进行公示。

第五十四条 省级以上人民政府卫生行政部门应当指定有关血液检定机构，对单采血浆站采集的血浆质量进行监测，监测结果报同级人民政府卫生行政部门。

第五十五条 为单采血浆站出具技术审查报告的技术机构，应当符合条件并由省级以上人民政府卫生行政部门指定。

第五十六条 卫生行政部门在进行监督检查时，有权索取有关资料，单采血浆站不得隐瞒、阻碍或者拒绝。

卫生行政部门对单采血浆站提供的资料负有保密的义务，法律、行政法规或者部门规章另有规定的除外。

第五十七条 各级人民政府卫生行政部门应当建立单采血浆站监督管理的举报、投诉机制。

卫生行政部门对举报人和投诉人负有保密的义务。

第五十八条 县级以上地方人民政府卫生行政部门应当按有关规定定期将原料血浆的采集情况逐级上报。

省、自治区、直辖市人民政府卫生行政部门应当每年向卫生部汇总报告本行政区域内原料血浆的采集情况。

第五十九条 省级人民政府卫生行政部门应当建立供血浆者信息管理系统，并向有关部门提供检索查询信息。

第六十条 上一级人民政府卫生行政部门有权纠正或者撤销下一级人民政府卫生行政部门作出的不符合规定的行政行为。

第五章 罚 则

第六十一条 单采血浆站有下列行为之一的，由县级以上地方人民政府卫生行政部门依据《血液制品管理条例》第三十四条的有关规定予以处罚：

（一）未取得《单采血浆许可证》开展采供血浆活动的；

（二）《单采血浆许可证》已被注销或者吊销仍开展采供血浆活动的；

（三）租用、借用、出租、出借、变造、伪造《单采血浆许可证》开展采供血浆活动的。

第六十二条 单采血浆站违反本办法有关规定，有下列行为之一的，由县级以上地方人民政府卫生行政部门予以警告，并处3万元以下的罚款：

（一）隐瞒、阻碍、拒绝卫生行政部门监督检查或者不如实提供有关资料的；

（二）对供血浆者未履行事先告知义务，未经供血浆者同意开展特殊免疫的；

（三）未按照规定建立供血浆者档案管理及屏蔽、淘汰制度的；

（四）未按照规定制订各项工作制度或者不落实的；

（五）工作人员未取得相关岗位执业资格或者未经执业注册从事采供血浆工作的；

（六）不按照规定记录或者保存工作记录的；

（七）未按照规定保存血浆标本的。

第六十三条 单采血浆站有下列情形之一的，按照《血液制品管理条例》第三十五条规定予以处罚：

（一）采集血浆前，未按照有关健康检查要求对供血浆者进行健康检查、血液化验的；

（二）采集非划定区域内的供血浆者或者其他人员血浆的；或者不对供血浆者进行身份识别，采集冒名顶替者、健康检查不合格者或者无《供血浆证》者的血浆的；

（三）超量、频繁采集血浆的；

（四）向医疗机构直接供应原料血浆或者擅自采集血液的；

（五）未使用单采血浆机械进行血浆采集的；

（六）未使用有产品批准文号并经国家药品生物制品检定机构逐批检定合格的体外诊断试剂以及合格的一次性采血浆器材的；

（七）未按照国家规定的卫生标准和要求包装、储存、运输原料血浆的；

（八）未按照规定对污染的注射器、采血浆器材、不合格或者报废血浆进行处理，擅自倾倒，污染环境，造成社会危害的；

（九）重复使用一次性采血浆器材的；

（十）向设置单采血浆站的血液制品生产单位以外的其他单位供应原料血浆的。

有下列情形之一的，按照情节严重予以处罚，并吊销《单采血浆许可证》：

（一）对国家规定检测项目检测结果呈阳性的血浆不清除并不及时上报的；

（二）12个月内2次发生《血液制品管理条例》第三十五条所列违法行为的；

（三）同时有《血液制品管理条例》第三十五条3项以上违法行为的；

（四）卫生行政部门责令限期改正而拒不改正的；

（五）造成经血液途径传播的疾病传播或者造成其他严重伤害后果的。

第六十四条 单采血浆站已知其采集的血浆检测结果呈阳性，仍向血液制品生产单位供应的，按照《血液制品管理条例》第三十六条规定予以处罚。

第六十五条 涂改、伪造、转让《供血浆证》的，按照《血液制品管理条例》第三十七条规定予以处罚。

第六十六条 违反《血液制品管理条例》和本办法规定，擅自出口原料血浆的，按照《血液制品管理条例》第四十二条规定予以处罚。

第六十七条 承担单采血浆站技术评价、检测的技术机构出具虚假证明文件的，由卫生行政部门责令改正，给予警告，并可处2万元以下的罚款；对直接负责的主管人员和其他直接责任人员，依法给予处分；情节严重，构成犯罪的，依法追究刑事责任。

第六章 附 则

第六十八条 本办法自2008年3月1日起实行。

中华人民共和国卫生部令（第59号）

《护士执业注册管理办法》已于2008年5月4日经卫生部部务会议讨论通过，现予以发布，自2008年5月12日起施行。

部长 陈竺

二〇〇八年五月六日

护士执业注册管理办法

第一条 为了规范护士执业注册管理，根据《护士条例》，制定本办法。

第二条 护士经执业注册取得《护士执业证书》后，方可按照注册的执业地点从事护理工作。

未经执业注册取得《护士执业证书》者，不得从事诊疗技术规范规定的护理活动。

第三条 卫生部负责全国护士执业注册监督管理工作。

省、自治区、直辖市人民政府卫生行政部门是护士执业注册的主管部门，负责本行政区域的护士执业注册管理工作。

第四条 省、自治区、直辖市人民政府卫生行政部门结合本行政区域的实际情况，制定护士执业注册工作的具体办法，并报卫生部备案。

第五条 申请护士执业注册，应当具备下列条件：

（一）具有完全民事行为能力；

（二）在中等职业学校、高等学校完成教育部和卫生部规定的普通全日制3年以上的护理、助产专业课程学习，包括在教学、综合医院完成8个月以上护理临床实习，并取得相应学历证书；

（三）通过卫生部组织的护士执业资格考试；

（四）符合本办法第六条规定的健康标准。

第六条 申请护士执业注册，应当符合下列健康标准：

（一）无精神病史；

（二）无色盲、色弱、双耳听力障碍；

（三）无影响履行护理职责的疾病、残疾或者功能障碍。

第七条 申请护士执业注册，应当提交下列材料：

（一）护士执业注册申请审核表；

（二）申请人身份证明；

（三）申请人学历证书及专业学习中的临床实习证明；

（四）护士执业资格考试成绩合格证明；

（五）省、自治区、直辖市人民政府卫生行政部门指定的医疗机构出具的申请人6个月内健康体检证明；

（六）医疗卫生机构拟聘用的相关材料。

第八条 卫生行政部门应当自受理申请之日起20个工作日内，对申请人提交的材料进行审核。审核合格的，准予注册，发给《护士执业证书》；对不符合规定条件的，不予注册，并书面说明理由。

《护士执业证书》上应当注明护士的姓名、性别、出生日期等个人信息及证书编号、注册日期和执业地点。

《护士执业证书》由卫生部统一印制。

第九条 护士执业注册申请，应当自通过护士执业资格考试之日起3年内提出；逾期提出申请的，除本办法第七条规定的材料外，还应当提交在省、自治区、直辖市人民政府卫生行政部门规定的教学、综合医院接受3个月临床护理培训并考核合格的证明。

第十条 护士执业注册有效期为5年。护士执业注册有效期届满需要继续执业的，应当在有效期届满前30日，向原注册部门申请延续注册。

第十一条 护士申请延续注册，应当提交下列材料：

（一）护士延续注册申请审核表；

（二）申请人的《护士执业证书》；

（三）省、自治区、直辖市人民政府卫生行政部门指定的医疗机构出具的申请人6个月内健康体检证明。

第十二条 注册部门自受理延续注册申请之日起20日内进行审核。审核合格的，予以延续注册。

第十三条 有下列情形之一的，不予延续注册：

（一）不符合本办法第六条规定的健康标准的；

（二）被处暂停执业活动处罚期限未满的。

第十四条 医疗卫生机构可以为本机构聘用的护士集体申请办理护士执业注册和延续注册。

第十五条 有下列情形之一的，拟在医疗卫生机构执业时，应当重新申请注册：

（一）注册有效期届满未延续注册的；

（二）受吊销《护士执业证书》处罚，自吊销之日起满2年的。

重新申请注册的，按照本办法第七条的规定提交材料；中断护理执业活动超过3年的，还应当提交在省、自治区、直辖市人民政府卫生行政部门规定的教学、综合医院接受3个月临床护理培训并考核合格的证明。

第十六条 护士在其执业注册有效期内变更执业地点等注册项目，应当办理变更注册。

但承担卫生行政部门交办或者批准的任务以及履行医疗卫生机构职责的护理活动，包括经医疗卫生机构批准的进修、学术交流等除外。

第十七条 护士在其执业注册有效期内变更执业地点的，应当向拟执业地注册主管部门报告，并提交下列材料：

（一）护士变更注册申请审核表；

（二）申请人的《护士执业证书》。

注册部门应当自受理之日起7个工作日内为其办理变更手续。

护士跨省、自治区、直辖市变更执业地点的，收到报告的注册部门还应当向其原执业地注册部门通报。

省、自治区、直辖市人民政府卫生行政部门应当通过护士执业注册信息系统，为护士变更注册提供便利。

第十八条 护士执业注册后有下列情形之一的，原注册部门办理注销执业注册：

（一）注册有效期届满未延续注册；

（二）受吊销《护士执业证书》处罚；

（三）护士死亡或者丧失民事行为能力。

第十九条 卫生行政部门实施护士执业注册，有下列情形之一的，由其上级卫生行政部门或者监察机关责令改正，对直接负责的主管人员或者其他直接责任人员依法给予行政处分：

（一）对不符合护士执业注册条件者准予护士执业注册的；

（二）对符合护士执业注册条件者不予护士执业注册的。

第二十条 护士执业注册申请人隐瞒有关情况或者提供虚假材料申请护士执业注册的，卫生行政部门不予受理或者不予护士执业注册，并给予警告；已经注册的，应当撤销注册。

第二十一条 在内地完成护理、助产专业学习的香港、澳门特别行政区及台湾地区人员，符合本办法第五条、第六条、第七条规定的，可以申请护士执业注册。

第二十二条 计划生育技术服务机构护士的执业注册管理适用本办法的规定。

第二十三条 本办法下列用语的含义：

教学医院，是指与中等职业学校、高等学校有承担护理临床实习任务的合同关系，并能够按照护理临床实习教学计划完成教学任务的医院。

综合医院，是指依照《医疗机构管理条例》、《医疗机构基本标准》的规定，符合综合医院基本标准的医院。

第二十四条 本办法自2008年5月12日起施行。

中华人民共和国卫生部令（第60号）

《预防接种异常反应鉴定办法》已于2008年7月17日经卫生部部务会讨论通过，现予发布，自2008年12月1日起施行。

部长　陈竺

二〇〇八年九月十一日

预防接种异常反应鉴定办法

第一章　总　则

第一条　为规范预防接种异常反应鉴定工作，根据《疫苗流通和预防接种管理条例》和《医疗事故处理条例》的规定，制定本办法。

第二条　预防接种异常反应，是指合格的疫苗在实施规范接种过程中或者实施规范接种后造成受种者机体组织器官、功能损害，相关各方均无过错的药品不良反应。

第三条　受种者或者监护人（以下简称受种方）、接种单位、疫苗生产企业对预防接种异常反应调查诊断结论有争议申请预防接种异常反应鉴定的，适用本办法。

预防接种异常反应调查诊断按照卫生部的规定及《预防接种工作规范》进行。

因接种单位违反预防接种工作规范、免疫程序、疫苗使用指导原则、接种方案等原因给受种者造成损害，需要进行医疗事故技术鉴定的，按照医疗事故技术鉴定办法办理。

对疫苗质量原因或者疫苗检验结果有争议的，按照《药品管理法》的规定，向药品监督管理部门申请处理。

第四条　预防接种异常反应鉴定工作应当遵循公开、公正的原则，坚持实事求是的科学态度，做到事实清楚、定性准确。

第五条　预防接种异常反应鉴定由设区的市级和省、自治区、直辖市医学会负责。

第二章　鉴定专家库

第六条　省、自治区、直辖市医学会建立预防接种异常反应鉴定专家库，为省级、设区的市级医学会的预防接种异常反应鉴定提供专家。专家库由临床、流行病、医学检验、药学、法医等相关学科的专家组成，并依据相关学科设置专业组。

医学会可以根据预防接种异常反应鉴定的实际情况，对专家库学科专业组予以适当增减，对专家库成员进行调整。

第七条　具备下列条件的医药卫生等专业技术人员可以作为专家库候选人：

（一）有良好的业务素质和执业品德；

（二）受聘于医药卫生机构或者医药卫生教学、科研等机构并担任相应专业高级技术职务3年以上；

（三）流行病学专家应当有3年以上免疫预防相关工作经验；药学专家应当有3年以上疫苗相关工作经验；

（四）健康状况能够胜任预防接种异常反应鉴定工作。

符合前款（一）、（四）项规定条件并具备高级技术职务任职资格的法医可以受聘进入专家库。

省、自治区、直辖市医学会原则上聘请本行政区域内的专家进入专家库；当本行政区域内的专家不能满足建立专家库需要时，可以聘请本行政区域外的专家进入专家库。

第八条　医药卫生机构或者医药卫生教学、科研机构、医药卫生专业学会应当按照医学会要求，推荐专家库候选人；符合条件的个人经所在单位同意后也可以直接向组建专家库的医学会申请进入专家库。

医学会对专家库成员候选人进行审核。审核合格的，予以聘任，并发给中华医学会统一格式的聘书和证件。

第九条　专家库成员聘用期为4年。在聘用期间出现下列情形之一的，医学会根据实际情况及时进行调整：

（一）因健康原因不能胜任预防接种异常反应鉴定的；

（二）变更受聘单位或者被解聘的；

（三）不具备完全民事行为能力的；

（四）受刑事处罚的；

（五）违反鉴定工作纪律，情节严重的；

（六）省级以上卫生行政部门和药品监督管理部门规定的其他情形。

聘用期满需继续聘用的，由原聘医学会重新审核、聘用。

第三章　申请与受理

第十条　各级各类医疗机构、疾病预防控制机构和接种单位及其执行职务的人员发现预防接种异常反应、疑似预防接种异常反应或者接到相关报告，应当及时向所在地的县级卫生行政部门、药品监督管理部门报告。

第十一条 省级、设区的市级和县级疾病预防控制机构应当成立预防接种异常反应调查诊断专家组，负责预防接种异常反应调查诊断。调查诊断专家组由流行病学、临床医学、药学等专家组成。

县级卫生行政部门、药品监督管理部门接到疑似预防接种异常反应的报告后，对需要进行调查诊断的，交由县级疾病预防控制机构组织专家进行调查诊断。

有下列情形之一的，应当由设区的市级或者省级预防接种异常反应调查诊断专家组进行调查诊断：

（一）受种者死亡、严重残疾的；

（二）群体性疑似预防接种异常反应的；

（三）对社会有重大影响的疑似预防接种异常反应。

第十二条 预防接种异常反应调查诊断专家组应当依据法律、行政法规、部门规章和技术规范，结合临床表现、医学检查结果和疫苗质量检验结果等，进行综合分析，作出调查诊断结论。

死亡病例调查诊断需要尸检结果的，受种方拒绝或者不配合尸检，承担无法进行调查诊断的责任。

调查诊断专家组在作出调查诊断后 10 日内，将调查诊断结论报同级卫生行政部门和药品监督管理部门。

第十三条 调查诊断怀疑引起疑似预防接种异常反应的疫苗有质量问题的，药品监督管理部门负责组织对相关疫苗质量进行检验，出具检验结果报告。

第十四条 受种方、接种单位、疫苗生产企业对预防接种异常反应调查诊断结论有争议时，可以在收到预防接种异常反应调查诊断结论之日起 60 日内向接种单位所在地设区的市级医学会申请进行预防接种异常反应鉴定，并提交预防接种异常反应鉴定所需的材料。

第十五条 有关预防接种异常反应鉴定材料应当包括下列内容：

（一）预防接种异常反应调查诊断结论；

（二）受种者健康状况、知情同意告知以及医学建议等预防接种有关记录；

（三）与诊断治疗有关的门诊病历、住院志、体温单、医嘱单、化验单（检验报告）、医学影像检查资料、病理资料、护理记录等病历资料；

（四）疫苗接收、购进记录和储存温度记录等；

（五）相关疫苗该批次检验合格或者抽样检验报告，进口疫苗还应当由批发企业提供进口药品通关文件；

（六）与预防接种异常反应鉴定有关的其他材料。

受种方、接种单位、疫苗生产企业应当根据要求，分别提供由自己保存或者掌握的上述材料。

负责组织鉴定的医学会因鉴定需要可以向医疗机构调取受种者的病程记录、死亡病例讨论记录、会诊意见等病历资料。

第十六条 有下列情形之一的，医学会不予受理预防接种异常反应鉴定：

（一）无预防接种异常反应调查诊断结论的；

（二）已向人民法院提起诉讼的（人民法院、检察院委托的除外），或者已经人民法院调解达成协议或者判决的；

（三）受种方、接种单位、疫苗生产企业未按规定提交有关材料的；

（四）提供的材料不真实的；

（五）不缴纳鉴定费的；

（六）省级卫生行政部门规定的其他情形。

不予受理鉴定的，医学会应当书面说明理由。

第十七条 对设区的市级医学会鉴定结论不服的，可以在收到预防接种异常反应鉴定书之日起 15 日内，向接种单位所在地的省、自治区、直辖市医学会申请再鉴定。

第十八条 申请预防接种异常反应鉴定，由申请鉴定方预缴鉴定费。经鉴定属于一类疫苗引起的预防接种异常反应的，鉴定费用由同级财政部门按照规定统筹安排；由二类疫苗引起的预防接种异常反应的，鉴定费用由相关的疫苗生产企业承担。不属于异常反应的，鉴定费用由提出异常反应鉴定的申请方承担。预防接种异常反应鉴定收费标准按照国家有关规定执行。

第四章　鉴　定

第十九条 负责鉴定的医学会应当根据受理的预防接种异常反应鉴定所涉及的学科专业，确定专家鉴定组的构成和人数。专家鉴定组人数为 5 人以上单数。专家鉴定组的人员由受种方在专家库中随机抽取。受种方人员较多的，可以由受种方推选 1－2 名代表人随机抽取专家鉴定组成员。推选不出的，由医学会负责抽取。

第二十条 鉴定组成员有下列情形之一的，应当回避：

（一）受种者的亲属；

（二）接种单位的工作人员；

（三）与预防接种异常反应鉴定结果有利害关系的人员；

（四）参与预防接种异常反应调查诊断的人员；

（五）其他可能影响公正鉴定的人员。

第二十一条 专家鉴定组应当认真审查材料，必要时可以听取受种方、接种单位、疫苗生产企业的陈述，对受种者进行医学检查。

负责鉴定的医学会可以根据专家鉴定组的要求进行调查取证，进行调查取证时不得少于 2 人。调查取证结束后，调查人员和调查对象应当在有关文书上签字。如调查对象拒绝签字的，应当记录在案。

医学会组织鉴定时可以要求受种方、接种单位、疫苗生产企业必须如实提供相关材料，如不提供则承担相关不利后果。

第二十二条 专家鉴定组应当妥善保管鉴定材料，保护当事人的隐私，保守有关秘密。

第二十三条 专家鉴定组组长由专家鉴定组成员推选产生，也可以由预防接种异常反应争议所涉及的主要学科中资深的专家担任。

第二十四条 专家鉴定组可以根据需要，提请医学会邀请其他专家参加预防接种异常反应鉴定。邀请的专家可以提出技术意见、提供有关资料，但不参加鉴定结论的表决。邀请的专家不得有本办法第二十条规定的情形。

第二十五条 疑难、复杂并在全国有重大影响的预防接种异常反应鉴定，地方医学会可以要求中华医学会给予技术指导和支持。

第二十六条 专家鉴定组应当认真审阅有关资料，依照有关规定和技术标准，运用科学原理和专业知识，独立进行鉴定。在事实清楚的基础上，进行综合分析，作出鉴定结论，并制作鉴定书。鉴定书格式由中华医学会统一制定。

鉴定结论应当按半数以上专家鉴定组成员的一致意见形成。专家鉴定组成员在鉴定结论上签名。专家鉴定组成员对鉴定结论的不同意见，应当予以注明。

第二十七条 预防接种异常反应鉴定书由专家鉴定组组长签发。鉴定书应当加盖预防接种异常反应鉴定专用章。

医学会应当在作出鉴定结论10日内将预防接种异常反应鉴定书送达申请人，并报送所在地同级卫生行政部门和药品监督管理部门。

第二十八条 预防接种异常反应鉴定书应当包括下列内容：

（一）申请人申请鉴定的理由；

（二）有关人员、单位提交的材料和医学会的调查材料；

（三）接种、诊治经过；

（四）对鉴定过程的说明；

（五）预防接种异常反应的判定及依据；

（六）预防接种异常反应损害程度分级。

经鉴定不属于预防接种异常反应的，应当在鉴定书中说明理由。

第二十九条 医学会参加预防接种异常反应鉴定会的工作人员，对鉴定过程应当如实记录。

第三十条 医学会应当自收到有关预防接种异常反应鉴定材料之日起45日内组织鉴定，出具预防接种异常反应鉴定书。情况特殊的可延长至90日。

第三十一条 卫生行政部门、药品监督管理部门等有关部门发现鉴定违反本办法有关规定的，可以要求医学会重新组织鉴定。

第三十二条 医学会应当将鉴定的文书档案和有关资料存档，保存期限不得少于20年。

第三十三条 省、自治区、直辖市医学会应当于每年4月30日前将本行政区域上一年度预防接种异常反应鉴定情况报中华医学会，同时报同级卫生行政部门、药品监督管理部门。

设区的市级医学会应当于每年3月31日前将本行政区域上一年度预防接种异常反应鉴定情况报省、自治区、直辖市医学会，同时报同级卫生行政部门、药品监督管理部门。

第五章 附 则

第三十四条 因预防接种异常反应需要对受种者予以补偿的，按照《疫苗流通和预防接种管理条例》第四十六条的规定执行。

第三十五条 本办法自2008年12月1日起施行。1980年1月22日卫生部发布的《预防接种后异常反应和事故的处理试行办法》同时废止。

中华人民共和国卫生部、中华人民共和国商务部令（第61号）

《〈中外合资、合作医疗机构管理暂行办法〉的补充规定二》经卫生部、商务部审议通过，现予发布，自2009年1月1日起施行。

卫生部部长 陈 竺

商务部部长 陈德铭

二〇〇八年十二月七日

《中外合资、合作医疗机构管理暂行办法》的补充规定二

为促进香港、澳门与内地建立更紧密经贸关系，鼓励香港、澳门服务提供者在内地设立商业企业，根据国务院批准的《〈内地与香港关于建立更紧密经贸关系的安排〉补充协议五》及《〈内地与澳门关于建立更紧密经贸关系的安排〉补充协议五》，现就《中外合资、合作医疗机构管理暂行办法》（卫生部、商务部令11号）中有关香港和澳门服务提供者投资在广东省境内设立门诊部问题做出如下补充规定：

一、香港、澳门服务提供者在广东省可以独资形式设立门诊部，门诊部投资总额不作限制。

二、对香港、澳门服务提供者在广东省与内地合资、合作设立的门诊部投资总额不作限制，双方投资比例不作限制。

三、香港、澳门服务提供者申请在广东省以独资或合资、合作形式设立门诊部的，由广东省卫生行政部门负责设置审批和执业登记。

四、申请人在获得广东省卫生部门设置许可后，向广东省商务主管部门提出申请，由广东省商务主管部门审批。

五、本规定自 2009 年 1 月 1 日起施行。

中华人民共和国卫生部令（第 62 号）

《香港、澳门特别行政区医师在内地短期行医管理规定》已于 2008 年 3 月 12 日经卫生部部务会议讨论通过，现予发布，自 2009 年 3 月 1 日起施行。

部长　陈竺

二〇〇八年十二月二十九日

香港、澳门特别行政区医师在内地短期行医管理规定

第一条　为了加强香港特别行政区、澳门特别行政区医师（以下简称港澳医师）在内地短期行医的管理，根据《中华人民共和国执业医师法》（以下简称《执业医师法》）、《医疗机构管理条例》等法律、法规，制定本规定。

第二条　本规定所称港澳医师是指具有香港特别行政区或者澳门特别行政区合法行医资格的医师。

港澳医师在内地短期行医，是指港澳医师应聘在内地医疗机构从事不超过 3 年的临床诊疗活动。

第三条　港澳医师在内地短期行医应当按照本规定进行执业注册，取得《港澳医师短期行医执业证书》。

《港澳医师短期行医执业证书》由卫生部统一制作。

第四条　港澳医师在内地短期行医，应当符合内地有关港澳人员的就业规定，由内地具有独立法人资格的医疗机构邀请并作为聘用单位。

第五条　港澳医师在内地短期行医的执业注册机关为医疗机构所在地设区的市级以上地方人民政府卫生行政部门和中医药管理部门。

港澳医师申请内地短期行医执业注册的执业类别可以为临床、中医、口腔三个类别之一。执业范围应当符合《执业医师法》和卫生部有关执业范围的规定。

第六条　港澳医师申请在内地短期行医执业注册，应当提交下列材料：

（一）港澳医师在内地短期行医执业注册申请；

（二）港澳永久居民身份证明材料；

（三）近 6 个月内的 2 寸免冠正面半身照片 2 张；

（四）与申请执业范围相适应的医学专业最高学历证明；

（五）港澳医师的行医执照或者行医资格证明；

（六）近 3 个月内的体检健康证明；

（七）无刑事犯罪记录的证明；

（八）内地聘用医疗机构与港澳医师签订的协议书；

（九）内地省级以上人民政府卫生行政部门规定的其他材料。

前款（四）、（五）、（六）、（七）项的内容必须经过港澳地区公证机关的公证。

以上材料应当为中文文本。

第七条　港澳医师可以自行办理或者书面委托内地的聘用医疗机构代其办理短期行医执业注册手续。

第八条　负责受理港澳医师短期行医执业注册申请的执业注册机关应当自受理申请之日起 20 日内进行审核。对审核合格的予以注册，并发给《港澳医师短期行医执业证书》。

第九条　《港澳医师短期行医执业证书》有效期应与港澳医师在内地医疗机构应聘的时间相同，最长为 3 年。有效期满后，如拟继续执业的，应当重新办理短期行医执业注册手续。

第十条　港澳医师在内地短期行医必须遵守医疗卫生管理法律、行政法规、部门规章及诊疗护理规范、常规，尊重当地的风俗习惯。

第十一条　港澳医师在内地短期行医必须在执业有效期内按照注册的执业地点、执业类别、执业范围从事相应的诊疗活动。

第十二条　港澳医师在内地短期行医应当按照《医师定期考核管理办法》和卫生部有关规定接受定期考核。

第十三条　港澳医师短期行医执业注册后有下列情形之一的，聘用的医疗机构应当在 30 日内报告准予其执业注册的卫生行政部门，卫生行政部门应当注销注册，收回《港澳医师短期行医执业证书》：

（一）医疗机构和港澳医师解除聘用关系的；

（二）身体健康状况不适宜继续执业的；

（三）在考核周期内因考核不合格，被责令暂停执业活动，并在暂停执业活动期满经培训后再次考核仍不合格的；

（四）违反《执业医师法》有关规定，被吊销《港

澳医师短期行医执业证书》的；

（五）出借、出租、抵押、转让、涂改《港澳医师短期行医执业证书》的；

（六）死亡或者被宣告失踪的；

（七）受刑事处罚的；

（八）被公安机关取消内地居留资格的；

（九）卫生部规定不宜从事医疗、预防、保健业务的其他情形的。

第十四条 港澳医师因本办法第十三条第（三）项、第（四）项、第（七）项、第（八）项情形而被注销执业注册的，2年内不得再次申请在内地短期行医。

第十五条 卫生部指定的机构设立港澳医师短期行医信息查询系统。

执业注册机关在审核港澳医师短期行医执业注册申请时应当进行有关信息查询。

执业注册机关核发或者注销《港澳医师短期行医执业证书》后10日内将有关信息向卫生部指定的查询机构备案。

聘用港澳医师短期行医的医疗机构应当将港澳医师考核和执业情况向注册机关和卫生部指定的查询机构报告。

第十六条 港澳医师在内地短期行医期间发生医疗事故争议的，按照《医疗事故处理条例》及有关规定处理。

第十七条 医疗机构聘用未经内地短期行医执业注册的港澳医师从事诊疗活动，视为聘用非卫生技术人员，按照《医疗机构管理条例》第四十八条规定处理。

第十八条 港澳医师未取得《港澳医师短期行医执业证书》行医或者未按照注册的有效期从事诊疗活动的，按照《执业医师法》第三十九条规定处理。

第十九条 港澳医师未按照注册的执业地点、执业类别、执业范围从事诊疗活动的，由县级以上人民政府卫生行政部门责令改正，并给予警告；逾期不改的，按照《执业医师法》第三十七条第（一）项规定处理。

第二十条 取得内地《医师资格证书》的香港、澳门居民申请在内地执业注册的，按照《医师执业注册暂行办法》执行。

第二十一条 本规定自2009年3月1日起施行。原有规定与本规定不符的，以本规定为准。

2008年医疗卫生法规及规范性文件目录

名称	文号	发布时间	发布机关
行政法规			
护士条例	国务院令第517号	1月31日	国务院
部门规章			
单采血浆站管理办法	卫生部令第58号	1月4日	卫生部
护士执业注册管理办法	卫生部令第59号	5月6日	卫生部
预防接种异常反应鉴定办法	卫生部令第60号	9月11日	卫生部
中外合资、合作医疗机构管理暂行办法	卫生部令第61号	12月7日	卫生部 商务部
香港、澳门特别行政区医师在内地短期行医管理规定	卫生部令第62号	12月29日	卫生部
规范性文件			
关于印发《接受国（境）外资助的卫生国际合作项目财务管理办法》的通知	卫规财发〔2008〕1号	1月8日	卫生部
关于加强适宜卫生技术推广工作的指导意见	卫科教发〔2008〕2号	1月16日	卫生部
关于加强狂犬病疫苗免疫接种工作的通知	卫疾控发〔2008〕4号	1月16日	卫生部 农业部

名称	文号	发布时间	发布机关
关于加强医疗机构价格管理控制医药费用不合理增长的通知	卫规财发〔2008〕6号	1月24日	卫生部　国家中医药管理局
关于医疗广告审查中有关问题的批复	卫医函〔2008〕25号	1月24日	卫生部
关于实行城乡一体化医疗保障制度有关问题的批复	卫农卫函〔2008〕366号	2月5日	卫生部
关于护理专业专科毕业生注册问题的批复	卫医函〔2008〕46号	2月13日	卫生部
关于台港澳医师获得大陆医师资格有关问题的通知	卫医发〔2008〕14号	3月10日	卫生部　国家中医药管理局
关于印发《无烟医疗卫生机构标准（试行)》的通知	卫妇社发〔2008〕15号	3月12日	卫生部　全国爱国卫生运动委员会办公室
关于刮取口腔粘膜脱落细胞进行疾病易感性基因检测有关问题的批复	卫医函〔2008〕114号	4月8日	卫生部
关于印发《公共卫生项目支出绩效考评暂行办法》的通知	卫规财发〔2008〕22号	4月10日	卫生部
关于口腔粘膜消毒产品监管问题的批复	卫监督函〔2008〕206号	5月22日	卫生部
关于印发《医院管理评价指南（2008版)》的通知	卫医发〔2008〕14号	5月22日	卫生部
关于海南省部分县（市）医疗争议行政处理有关问题的批复	卫医函〔2008〕232号	6月3日	卫生部
关于“男子”等词语不能作为医疗机构识别名称的批复	卫医函〔2008〕231号	6月3日	卫生部
关于海南省部分县（市）首次医疗事故技术鉴定有关问题的批复	卫医函〔2008〕233号	6月4日	卫生部
关于修订《医师资格考试暂行办法》第三十四条的通知	卫医发〔2008〕32号	6月10日	卫生部
关于印发《卫生部关于医疗机构审批管理的若干规定》的通知	卫医发〔2008〕35号	6月30日	卫生部
关于印发《中小学健康体检管理办法》的通知	卫医发〔2008〕37号	7月8日	卫生部　教育部
关于进一步加强医疗广告管理的通知	卫医发〔2008〕38号	7月24日	卫生部
关于实行城乡一体化医疗保障制度有关问题的批复	卫农卫函〔2008〕336号	8月5日	卫生部
关于印发《乡村医生考核办法》的通知	卫农卫发〔2008〕43号	8月14日	卫生部
关于印发《医学教育临床实践管理暂行规定》的通知	卫科教发〔2008〕45号	9月1日	卫生部　教育部

名称	文号	发布时间	发布机关
关于印发《卫生行业科研专项经费管理暂行办法》的通知	卫规财发〔2008〕46 号	9 月 5 日	卫生部
关于加强继续医学教育工作的若干意见	卫科教发〔2008〕49 号	9 月 8 日	卫生部
关于职业病诊断鉴定工作中工龄认证问题的批复	卫政法函〔2008〕46 号	10 月 16 日	卫生部
关于规范医疗机构临床使用便携式血糖检测仪采血笔的通知	卫医发〔2008〕54 号	10 月 17 日	卫生部　国家食品药品监督管理局
关于规范新型农村合作医疗健康体检工作的意见	卫农卫发〔2008〕55 号	10 月 28 日	卫生部
关于静脉采血进行隐性血栓检测属于诊疗活动的批复	卫医政函〔2008〕490 号	12 月 10 日	卫生部
关于规范新型农村合作医疗二次补偿的指导意见	卫农卫发〔2008〕65 号	12 月 11 日	卫生部
关于印发《各级疾病预防控制机构基本职责》和《疾病预防控制工作绩效评估标准》	卫疾控发〔2008〕68 号	12 月 16 日	卫生部
关于次氯酸钠类消毒剂产品有效期等监管问题的批复	卫监督函〔2008〕512 号	12 月 16 日	卫生部
关于进一步加强中药注射剂生产和临床使用管理的通知	卫医政发〔2008〕71 号	12 月 29 日	卫生部　国家食品药品监督管理局　国家中医药管理局
关于内科执业医师出具心电图诊断报告单有关问题的批复	卫医政函〔2008〕557 号	12 月 31 日	卫生部
关于印发《2008 年扩大国家免疫规划项目管理方案》的通知	卫规财发〔2008〕73 号	12 月 31 日	卫生部

（孙学勤）

工作进展

2008年卫生工作

2008年，全国卫生系统包括食品药品监督管理、中医药管理部门，把保障群众生命安全和增进人民健康作为卫生工作的出发点和落脚点，紧密围绕党和国家的中心工作，谋全局、求改革、促发展，为抗击自然灾害、应对突发公共卫生事件、确保奥运会和残奥会成功举办做出了贡献，各项卫生工作取得了新的进展。

一、抗击自然灾害和应对公共卫生事件

“三鹿”奶粉事件发生后，卫生部迅速启动了国家重大食品安全事故Ⅰ级应急响应，全力做好婴幼儿免费筛查诊断和患儿医疗救治工作，全国累计免费筛查2243万人，累计报告患儿近29.6万人，其中接受住院的约5.2万余人。履行食品安全综合协调职能，及时制定了乳与乳制品中三聚氰胺临时管理限量值，保障上市乳制品质量安全。

2008年，卫生部门开展了抗击低温雨雪冰冻灾害医疗卫生工作，确保灾区受灾群众得到及时救治，未发生相关的突发公共卫生事件。及时控制了安徽阜阳等地区手足口病疫情，加强患儿救治工作，有效地降低了病死率。开展了山东胶济线铁路特大交通事故的医疗救援工作，实现住院伤员零死亡，最大程度地减少了伤残。

卫生部门参与了确保“平安奥运”的工作，承担了北京奥运会、残奥会的医疗卫生保障和反兴奋剂任务。在奥运会和残奥会期间，各赛区城市实现了“五个无”的成绩（即无重大传染病疫情、无饮用水污染事件、无重大食物中毒事件、无食源性和药源性兴奋剂事件和无烟奥运），成功抢救了一批国内外伤病员。

二、推进医药卫生体制改革工作

2008年，卫生部会同国家发改委等15个部门，在调查研究的基础上，制定了《关于深化医药卫生体制改革的意见》（以下简称《意见》），并向社会公开征求意见，共收到各方面提出的具体意见建议超过20万条。

卫生行政管理体制改革取得进展。国务院决定，国家食品药品监督管理局改由卫生部管理。卫生部承担食品安全综合协调、组织查处食品安全重大事故的责任，牵头建立食品安全综合协调机制。卫生部增设了医疗服务监管司、药物政策与基本药物制度司，主要目的是加强医疗服务监管和建立基本药物制度。理顺地方食品药品监管体制，将省级以下垂直管理改为由地方政府分级管理，业务接受上级主管部门和同级卫生部门的组织指导和监督。

各项卫生改革取得进展。2008年，参加新型农村合作医疗人口超过8.1亿，参合率达91.5%。全国有3.7亿人次享受到新型农村合作医疗补偿，共补偿资金429亿元。新型农村合作医疗覆盖所有含农业人口的县（市、区），提前两年实现了中央提出的新型农村合作医疗制度要基本覆盖农村居民的目标。乡镇卫生院收支两条线管理试点和农村卫生机构业务合作试点推进，维护了乡镇卫生院公益性质，发挥了农村卫生机构的整体效益。全国所有地级以上城市、98%的市辖区和93%的县级市开展了社区卫生服务，全国共建立社区卫生服务中心7200多个、社区卫生服务站约2.2万个，社区卫生服务双重网底功能不断充实，收支两条线管理、药品集中招标采购、统一配送、零差率销售等体制机制改革不断深化。以政府为主导、以省为单位的药品网上集中采购工作全面推行，医疗器械集中采购稳妥推进。

各地卫生部门结合本地具体情况，开展了多种探索。在公共卫生方面，广东将省疾病预防控制中心实行参照公务员管理；浙江加强城乡基层卫生监督网络建设，形成了“关口前移、重心下移”的城乡一体化卫生监督格局；陕西在全省范围内实施农村孕产妇免费住院分娩补助项目。在社区卫生方面，江苏出台了社区卫生地方法规，推行社区卫生机构运行机制改革，全省有21个区开展收支两条线管理、43个区推行基本药品零差率销售，并在镇江等市试行医保费用预付制和社区首诊制；上海推进社区卫生服务综合改革，全面实施社区卫生服务中心收支两条线、医保总额预付和绩效考核机制；浙江全面推广社区责任医生制度，80%以上的城乡居民拥有自己的责任医生。在农村卫生服务方面，西北五省区全面实现乡镇卫生院全额预算管理；江西推进了乡镇卫生院财务县管体制改革，规范乡镇卫生院财务管理；新疆由自治区财政全额资助，为乡镇卫生院定向培养具有专科医学学历的人才；北京、上海、江苏积极探索解决乡村医生养老问题；青岛推进县、乡、村卫生机构纵向一体化管理综合改革；云南在全省县及县以下医疗机构实行药品统一竞价采购、统一配送，减轻了农民医药费用负担。在新型农村合作医疗方面，吉林、江西在全省范围内广泛推行省、地市级定点医疗机构即时结算报销；安徽取消家庭账户，推广门诊统筹，扩大参合农民受益面，强化对新型农村合作医疗定点医疗机构的监督管理；湖南、山西建立健全新型农村合作医疗省、地市、县管理经办体系，河南加强了乡镇新型农村合作医疗监管和服务力量；湖北、浙江、海南等省大力推进新农合信息化建设，初步实现了县级新型农村合作医疗网上审核报销。在医院改革与管理方面，宁夏将药品“统一招标、统一定价、统一配送”扩展到全区公立医疗机构；宁波建立使用质优价廉药物的经费补助制度，促进公立医疗机构使用这类药物，减轻群众负担；北京以基层为重点，大力推行专科医师培训制度；江西、江苏、天津建立了医患纠纷第三方调解机制，推行了医疗责任保险制度，保护医患双方的合法权益。

三、食品药品监管和中医药工作取得进展

强化食品药品监管工作，基本完成了药品集中审

评、批准文号清查和注册现场核查工作，药品注册申报秩序进一步规范。实施了注射剂等高风险产品生产工艺和处方专项检查，对血液制品、疫苗、中药注射剂和第二类精神药品进行电子监管；完善药品不良反应监测体系，及时发现并妥善处置了静脉注射人免疫球蛋白和刺五加注射液等严重药品不良反应事件；完善派驻监督员、质量受权人、药品安全信用体系和农村药品“两网”建设，药品生产经营监管得到进一步加强。启动了药品和医疗器械质量标准制修订工作，推进了药品标准提高行动计划。国家食品药品安全“十一五”规划实施取得了新进展。

各级卫生行政部门重视和支持中医药工作。推进中医药医疗、保健、科研、教育、产业和文化“六位一体”协调发展。“三名三进”工程不断推进，综合医院中医药工作得到加强。中医“治未病”健康工程进展顺利，中医中药中国行活动深入开展。中医临床研究基地建设和中医重点研究室建设稳步推进。中医药标准化建设取得进展。首届世界卫生组织传统医学大会和中国中医药发展成就展举办。

四、统筹兼顾，全面推进各项卫生工作

公共卫生工作稳步推进。卫生部会同国家发展改革委提出了公共卫生体系建设的三年规划，国家累计投入276亿元，建设了5000多个项目，覆盖全国、功能比较完善的疾病预防控制和应急医疗救治体系基本形成。扩大国家免疫规划工作在全国展开，由原来的7种疾病扩大到15种疾病，全国儿童免疫规划接种率超过98%。艾滋病、结核病、血吸虫病等重大传染病和地方病防治工作取得新的进展。慢性非传染性疾病防治工作得到加强，精神卫生工作得到进一步重视。创建国家卫生城市（区）和国家卫生镇（县城）活动稳步推进，农村改水改厕工作和农村环境卫生综合整治继续推进，城乡环境卫生进一步改善。中国公民健康素养促进行动启动，控烟履约工作扎实推进。继续实施降低孕产妇死亡率和消除新生儿破伤风项目扩展至1200个县。中西部农村孕产妇住院分娩补助政策全面实施。三级预防措施得到进一步落实，婚（孕）前保健、产前诊断、新生儿窒息复苏、新生儿疾病筛查、儿童疾病综合管理工作得到进一步推进。全国孕产妇死亡率从2007年的36.6/10万降低到2008年的34.2/10万，婴儿死亡率从2007年的15.3‰降低到2008年的14.9‰。卫生监督体系向基层延伸，餐饮、饮用水、公共场所、职业、学校、传染病防治、医疗服务与血液安全等卫生监督工作取得了新进展。

农村卫生服务体系继续改善。2008年，中央财政共安排基础设施建设专项投资75亿元，支持2.2万个农村卫生机构基础设施建设项目。乡镇卫生院招聘执业医师试点工作启动，为中西部8个试点省（区、市）贫困地区乡镇卫生院共招聘1000名执业医师，解决乡镇卫生院缺乏执业医师的实际困难。农村卫生人员岗位培训和二级以上医疗机构对口支援乡镇卫生院项目稳步推进。各地实施乡村医生公共卫生服务补助，稳定乡村医生队伍。推动和规范农民健康档案管理，开展农村医疗信息化试点。启动《农村初保发展纲要（2001—2010年）》评估工作。协调相关部门落实2007年四季度中央专项投资58亿元，支持农村卫生服务体系和重点中医院建设。

医疗服务管理工作得到加强。卫生部继续开展“以病人为中心，提高医疗服务质量”为主题的医院管理年活动，修订《医院管理评价指南》，完善《临床技术操作规范》和《临床诊疗指南》，逐步建立和完善医院管理长效机制。进一步加强医疗机构价格管理，控制医药费用不合理增长。严格医疗机构设置审批、执业登记和大型医用设备配置审批，加强对医疗机构执业活动的管理，全面开展医院院务公开工作。贯彻实施《护士条例》，落实《中国护理事业发展规划纲要（2005—2010年）》。继续推动无偿献血，应对血液制品供应紧张状况。加强临床用药管理。严格医疗广告监管。进一步推动防盲治盲工作。落实医德考评制度。推进平安医院创建工作。做好干部保健工作和大型活动医疗保健工作。

卫生人才、法制、科技、教育等基础得到夯实。加强中西部社区和农村卫生人员培训工作，推进和总结专科医师规范化培训试点工作，不断提高基层卫生人员医疗卫生技术水平。配合做好《食品安全法》等法律法规的修订工作，出台了《单采血浆站管理办法》、《护士执业注册管理办法》、《预防接种异常反应鉴定办法》等部门规章。卫生标准管理由以健康相关产品与公共卫生为主扩展至整个医疗卫生领域。艾滋病和病毒性肝炎等重大传染病防治和重大新药创制2个科技专项启动实施。强化实验室生物安全监督管理。加强卫生适宜技术推广工作。建立和完善支持医学科学研究的长效机制。针对当前医学教育和卫生人才培养中存在的培养和使用相脱节等突出问题，与教育部联合召开医学教育会议，建立医学教育部际协调机制，促进医学教育更好满足卫生工作需要。完成了全国第四次卫生服务调查。巩固和扩大治理商业贿赂的成果，进一步健全和完善预防和惩治腐败的工作机制。

卫生对外交流合作全方位开展。开展多边、双边卫生交流合作，新签、续签政府间合作协议39份。加强和改进援外医疗队工作。继续促进与港澳卫生交流与合作，开展应对突发公共卫生事件合作。推动海峡两岸医学交流，适时出台台湾医师申请大陆医师资格政策，建立海峡两岸食品安全沟通机制。

“健康中国2020”战略规划研究进展顺利，提出了制定“健康中国2020”战略规划的构想。这一战略规划是2008—2020年的卫生发展中长期规划，分三步走：第一步到2010年，初步建立覆盖城乡居民的基本医疗卫生制度框架，实现《卫生事业发展“十一五”规划纲要》规定的各项目标，使我国进入实施全民基本卫生保健的国家行列；第二步到2015年，使我国医疗卫生服务和保健水平位于发展中国家前列；第三步到2020年，建立起比较完善、覆盖城乡居民的基本医疗卫生制度，

全民健康水平接近中等发达国家。卫生部成立了由 210 位相关领域专家组成的“健康中国 2020”战略规划研究专家组，分公共政策、药物政策、公共卫生、医学模式转换与医疗体系完善、中医学、科技支撑等 6 个领域有组织、有计划地开展战略规划研究工作。

（许培海　谭相东　武朋娜）

2008 年全国卫生工作会议

2008 年 1 月 7—8 日，全国卫生工作会议在北京召开。中共中央政治局委员、国务院副总理吴仪到会并作了重要讲话。吴仪的讲话回顾了过去 5 年的主要卫生工作，肯定了政府在加强公共卫生服务能力、加快基本医疗保障体系建设、控制医药费用过快增长、发展中医药事业，改善食品和药品安全状况、提高居民健康素质等方面取得的显著成就。总结了 5 年来卫生工作积累的宝贵经验。同时指出，我国卫生事业发展正站在一个新的历史起点上，经济社会发展、人口和疾病模式转变对卫生工作带来了新压力，人民群众日益提高的医疗卫生服务需求和新期待也对卫生工作提出了新要求，医药卫生改革与发展面临着新的机遇与挑战；同时，过去的努力已经奠定了很好的工作基础，积累了成功的经验。在未来的卫生工作中，要始终坚持预防为主的方针，把发展农村卫生和社区卫生作为长期的战略重点，大力扶植中医药和民族医药的发展，坚持政府主导、多部门合作、全社会参与的工作机制，共同维护和促进人民健康。希望全国卫生系统广大干部职工认真学习、全面贯彻落实党的十七大精神，迎接挑战，奋发努力，为实现人人享有基本医疗卫生服务、提高人民群众的健康水平做出新贡献。卫生部部长陈竺作了题为《深入贯彻落实党的十七大精神，努力开创中国特色卫生事业发展的新局面》的工作报告。报告要求全国卫生系统要高举中国特色社会主义伟大旗帜，深入贯彻落实党的十七大精神和中央经济工作会议精神，总结党的十六大以来卫生工作成就和经验，回顾 2007 年全国卫生工作，部署 2008 年卫生工作重点。卫生部党组书记高强作了会议总结讲话。各省、自治区、直辖市、新疆生产建设兵团、副省级城市卫生厅局长及办公室主任，中共中央、全国人大、国务院、全国政协、解放军、武警部队有关部门代表，卫生部领导、部机关司局长和部直属单位主要负责人参加了会议。会议期间，人事部、卫生部和中医药局对 196 个全国卫生系统先进集体、532 名全国卫生系统先进工作者、6 名白求恩奖章获得者和 199 名全国优秀乡村医生进行了表彰。

（许培海　谭相东　武朋娜）

公开征求深化医药卫生体制改革政策意见

2008 年 10 月，国务院深化医药卫生体制改革部际协调工作小组（以下简称工作小组）公布《关于深化医药卫生体制改革的意见（征求意见稿）》，通过多种方式征求社会各界意见。国务院办公厅、工作小组办公室及有关单位先后发函、征求各省（自治区、直辖市）人民政府、全国人大、全国政协、民主党派中央、社会团体及部分全国人大代表、政协委员的意见。工作小组办公室专门开辟征求意见网页，面向社会征求意见。社会各界通过网络等渠道，提出了 3 万余条意见和建议。工作小组办公室对各方面意见进行了分析和采纳。

卫生部结合学习实践科学发展观活动，卫生部党组成员确定了 10 个调研题目，分头带队到 20 余个省（自治区、直辖市）开展调研，听取基层群众和卫生人员意见。卫生部党组书记高强先后到云南、陕西调研，分别召开地方政府、人大、政协及各界群众代表参加的座谈会，听取基层对医改方案的意见。高强还到宁夏对药品招标配送工作进行专题调研。根据工作小组的要求，卫生部还向中华医学会、中华预防医学会、中国医院协会、中国医师协会、中华护理学会等行业组织发函征求意见，组织了基层卫生局长座谈会，听取意见。经认真整理归纳后，形成了书面意见，并提供给国务院办公厅及有关方面。截至 2008 年 11 月中旬，征求意见工作结束。

（雷海潮　石　光）

卫生部抗震救灾医疗卫生应急救援工作

2008 年 5 月 12 日 14 时 28 分，四川省汶川县发生 8.0 级大地震，这是新中国成立以来破坏性最强、波及范围最广、救灾难度最大的一次地震。地震发生后，卫生部立即成立了卫生部抗震救灾领导小组，对全国卫生系统抗震救灾工作做出紧急部署，从全国抽调大批医务人员，携带药械、血液等医疗物资赶赴灾区一线开展医疗救援工作。为加强灾后医疗防疫工作的组织领导，国务院抗震救灾总指挥部紧急成立了由卫生部牵头，国家有关部委、解放军总后勤部卫生部、武警总部后勤部卫生部等 12 个部门组成的卫生防疫组。卫生防疫组通过建立健全灾情疫情会商、上下信息互通、部门措施联动等机制，发挥军地协同作战优势，统筹调配军地卫生人员，强化医药物资保障，制定相关政策支持，有力的保障了灾区特别是重灾区伤员救治和卫生防疫工作的顺利、有效开展。截至 2008 年 6 月下旬，全国在四川省等灾区抗震救灾工作的卫生工作者超过10万人。其中，卫生部从全国30个省（区、市）和新疆生产建设兵团向四川灾区派出医疗、防疫、卫生监督专家和技术骨干11600余人，救护和防疫车辆1000余辆。

尽可能降低伤员死亡率和致残率。在第一时间到达灾区的医疗队伍迅速投入伤员救治工作，采用空降、徒步等方式进入道路中断的乡镇和村寨，为及时救治伤员赢得宝贵时间。军地协同建立了救灾前方医院、野战方舱医院、临时血站、远程医疗系统，派出医疗队进村入户，查找伤员，送医送药，提高医疗救治成功率。为缓解四川省医疗救治工作压力，卫生防疫组协调民航、铁路等有关部门，组织专列、包机分别向20个省（区、市）紧急转送地震伤员10015名，安置陪护家属9000余人，并派出医务人员5000余人沿途护送伤员，使伤员得到及时有效救治。针对灾区危重伤员多、分散抢救难度大的严峻形势，卫生防疫组及时提出“集中伤员、集中专家、集中资源、集中救治”的救治原则，将危重伤员集中收治在四川华西医院等医疗条件较好的综合医院，并从全国调集大批院士和专家赴灾区指导救治工作，整合重症监护、血液透析、防止交叉感染等治疗力量，实现了特大地震伤员人数虽多、但死亡率低的救治目标。

防范重大疫情和突发公共卫生事件。面对灾区严峻的疫情防控形势，卫生防疫组制定并严格执行“省包县”和“责任到村”的分片包干卫生防疫责任制，在较短时间实现了重灾区县、乡、村和群众临时安置点卫生防疫以及食品卫生监督工作的全覆盖。为及时疏通疫情网络直报系统，卫生部在灾区建立了传染病疫情和突发公共卫生事件监测信息的应急手机报告制度，及时发现、报告、核实和处理相关疫情和突发公共卫生事件，对灾区适龄儿童开展了甲肝、乙脑疫苗应急接种工作，全面加强临时安置点的食品和饮用水卫生监督监测，推广卫生厕所和垃圾、粪便无害化处理示范经验，组织专家指导灾区消杀灭工作，组织群众广泛开展爱国卫生运动和环境综合治理，印制了640余万份卫生防病宣传和心理危机干预材料，指导救援人员和灾区群众提高自我防护意识。为妥善处理遇难人员遗体，预防灾后疫情的发生和蔓延，卫生部联合民政、公安等部门组成遗体处理工作组，赴四川灾区指导遗体处理和消毒工作。地震灾害发生以来，灾区未发生与地震相关重大传染病疫情和重大突发公共卫生事件，截至2008年11月12日，与2005—2007年同期相比，四川灾区法定传染病报告总数下降了42%。

（仲崇利）

卫生部抗震救灾新闻宣传工作

“5·12”汶川特大地震发生后，为配合、支持抗震救灾医疗卫生应急救援工作的开展，卫生部大力开展抗震救灾新闻宣传工作。及时发布抗震救灾工作信息，自2008年5月13日起，每天收集汇总发布卫生部抗震救灾卫生应急救援工作的有关信息，并推荐给人民日报、新华社、中央电视台等新闻媒体，平均每天发稿5篇。为方便公众和媒体查阅抗震救灾卫生应急救援工作情况，在卫生部网站开设“抗震救灾”专题栏目，先后召开3次新闻发布会介绍抗震救灾卫生应急救援工作进展。组织新闻媒体赴前线报道，先后安排新华社、中央电视台、健康报记者跟随卫生部第一批抗震救灾医疗救援队赶赴四川灾区，并商请中央电视台10套的《人与社会》栏目组赴四川灾区进行深度采访报道，制作播出反映一线医务人员感人事迹的系列专题片《以生命的名义》。宣传抗震救灾先进典型，在卫生部抗震救灾专题中开设“英雄谱”栏目，刊登先进集体和人物事迹200余条。配合中宣部等部门举办抗震救灾英模事迹全国巡回报告会，联合北京市政府等主办首都卫生系统专场报告会。组织编写《白衣战士　感动中国——卫生系统抗震救灾纪实》。参加中宣部、解放军总政治部等主办的抗震救灾主题展览，征集、组织卫生系统图片、视频、实物等素材，做好卫生相关部分的展览工作。

（邓海华　杨金瑞）

中国卫生政策支持项目（HPSP）启动人人享有基本医疗卫生服务实验研究

2008年，中国卫生政策支持项目分别在东、西部选取了山东省潍坊市和宁夏回族自治区的银川市、固原市为实验研究现场，直接覆盖人口约430万。在专家、相关部门、实验研究管理单位反复研讨论证下，形成了两地实验方案、行动计划和评价指标体系等技术文件。其中，山东省潍坊市提出了“小病社区低收费、大病住院有保险、防保服务政府管”的目标模式；宁夏回族自治区提出了“到2010年实现向实验现场全体居民免费提供83种疾病的诊断和121种药品”的目标。经过筹备和组织，潍坊和宁夏两地实验研究分别于2008年4月和10月正式启动。

为确保两地实验研究质量，成立了由国内公共管理、卫生政策、卫生经济等相关领域的知名专家组成的专家督导组，按照督导评估方案要求，定期赴实验研究现场了解进度、发现问题、提出对策建议并对现场管理人员有针对性地开展培训。

（姜晓朋）

卫生法制建设

2008年1月31日，国务院发布了《护士条例》。2008年，卫生部参与了全国人大常委会关于《食品安全法》的审议工作，协助国务院做好《防震减灾法》、《地震灾后重建条例》、《乳品质量安全监督管理条例》、《放射性物品运输安全监管条例》、《处方药与非处方药分类管理条例》、《医疗器械监督管理条例》等法律、行政法规的起草、审议工作；制定出台了《单采血浆站管理办法》、《护士执业注册管理办法》、《预防接种异常反应鉴定办法》、《中外合资、合作医疗机构管理暂行办法》、《香港、澳门特别行政区医师在内地短期行医管理规定》等5部部门规章。在2008年卫生立法过程中，卫生部听取专家和社会各界意见，基本上做到每件部门规章草案公布前上网征求意见。对涉及国际贸易方面的规范性文件，按规定主动向世界贸易组织通报。同时，注意各方合法利益的平衡，正确处理行业和社会各方面的关系，特别是在制定处理医患关系的法律规范上，从保证医疗质量和医疗安全出发，从保护人民群众身体健康出发，既发挥医务人员的积极性，又维护患者的利益；完成卫生法律、行政法规和部门规章的清理工作，共清理9部法律，37部行政法规，195部部门规章；根据卫生工作重点，卫生部向全国人大常委会法工委提出了五年卫生立法规划，中央批准了《第十一届全国人大常委会立法规划》，将食品安全法、基本医疗卫生保健法、精神卫生法、药品管理法（修订）、中（传统）医药法等直接关系人民群众身体健康和生命安全的5部卫生方面的法律列入规划；针对卫生立法中涉及的理论问题，对立法中的重点问题开展了课题研究，如开展了医疗纠纷案件法律适用研究、医疗纠纷调解法律制度研究、国（境）外医疗纠纷处理相关法律制度研究、精神疾病社区管理法律制度的成本效益分析、医疗侵权责任问题研究、“健康中国2020”战略规划公共政策研究——卫生立法研究等；根据卫生部“五五”普法计划，2008年进一步推动卫生法制宣传教育工作，拟定了《全国卫生系统“五五”普法中期检查工作方案》和《全国卫生系统“五五”普法中期检查评分标准》，开展了“五五”普法中期自查、抽查工作。在中央宣传部、司法部、全国普法办共同开展的全国“五五”普法中期先进集体和先进个人评选表彰工作中，卫生部推荐的广东省东莞市卫生局、首都医科大学附属北京友谊医院被评为先进单位，广西自治区卫生厅政策法规处处长刘莉、辽宁省辽阳市卫生局副局长富敏被评为先进工作者，贵州省第二人民医院副院长罗环跃、北京大学医学院王北京被评为先进个人。编辑了《中华人民共和国法规汇编（2006—2007）》、《卫生行政执法解释手册》等普法材料，加大了卫生法制培训力度，召开了卫生行政复议和行政诉讼案例研讨会、《卫生部行政复议与行政应诉管理办法》修订会、卫生法制培训班，对卫生行政管理人员、卫生行政执法人员进行新的法律、行政法规、部门规章的培训。

（王　玲）

行政复议工作

2008年，卫生部新收行政复议申请100件，受理46件，因不符合行政复议法规定受理条件而不予受理的20件，复议告知22件，其他处理12件。申请复议事项涉及行政许可、医疗纠纷、医疗事故、职业病和疫苗异常反应鉴定、信息公开等。2008年受理的46件行政复议申请和2007年受理并结转的5件行政复议申请中，决定维持的28件，因申请人主动撤回而终止审理的6件，因行政机关改变具体行政行为后终止的14件，驳回行政复议申请1件，结转2009年办理的2件。2008年卫生部无行政应诉案件。2008年7月，卫生部召开了全国卫生行政复议与行政应诉工作会议。

（龚向光　王　琦）

疾病预防控制

2008年全国法定传染病疫情

2008年，全国31个省（自治区、直辖市）通过网络直报传染病疫情，根据全国各省（自治区、直辖市）的疫情数据校正统计，我国甲、乙、丙类传染病发病总数为5262758例，死亡12622人，报告发病率为398.30/10万，报告死亡率为0.96/10万。

甲、乙类传染病除传染性非典型肺炎、脊髓灰质炎和白喉无发病、死亡报告外，其余均有病例报告，共报告发病3541163例，死亡12433人，报告发病率为268.01/10万，报告死亡率为0.94/10万。报告发病数居前五位的病种依次为乙型肝炎、肺结核、痢疾、梅毒和麻疹，占甲乙类传染病报告发病总数的85.86%。报告死亡数居前五位的病种依次为艾滋病、肺结核、狂犬病、乙型肝炎和新生儿破伤风，占甲乙类传染病报告死亡总数的93.19%。

全国报告丙类传染病除丝虫病无发病、死亡报告外，其余均有病例报告，共报告发病1721595例，死亡189人，报告发病率为130.30/10万，死亡率为0.014/

10万。报告发病数居前五位的病种依次为其他感染性腹泻病、手足口病、流行性腮腺炎、风疹和流行性感冒，占丙类传染病报告发病总数的98.31%。报告死亡数居前三位的病种依次为手足口病、其他感染性腹泻病和流行性感冒，占丙类传染病报告死亡总数的97.88%。

与2007年相比，甲、乙类传染病中，血源及性传播传染病和呼吸道传染病报告发病数有所上升，上升幅度分别为2.54%、1.12%。其中血源及性传播传染病中的梅毒和丙肝病例数上升幅度较大，分别为22.69%和16.79%；呼吸道传染病中的麻疹病例数上升幅度较大，为19.94%。自然疫源及虫媒传染病和肠道传染病报告发病数有所下降，分别下降19.09%、17.41%。其中自然疫源及虫媒传染病中的登革热、疟疾和流行性乙型脑炎病例数下降幅度较大，分别为62.68%、43.82%和31.63%；肠道传染病中的甲型肝炎和伤寒及副伤寒病例数下降幅度较大，分别为27.71%和23.83%。丙类传染病中，风疹、黑热病和流行性腮腺炎病例数上升幅度较大，分别为60.19%、44.27%和22.37%。2008年全国甲、乙类传染病发病数和死亡数居前10位的病种见下表：

2008年全国甲、乙类传染病发病数、死亡数居前10位的病种

位	报告病种	报告发病数	报告病种	死亡数
1	乙　肝	1169569	艾滋病	5389
2	肺结核	1169540	肺结核	2802
3	痢　疾	312522	狂犬病	2373
4	梅　毒	257474	乙　肝	831
5	麻　疹	131441	新生儿破伤风	191
6	淋　病	130818	乙　脑	142
7	丙　肝	108446	丙　肝	123
8	甲　肝	56052	流　脑	110
9	未分型肝炎	55072	出血热	103
10	猩红热	27782	麻　疹	102

（郭　青　张春曦）

全国维持无脊髓灰质炎工作

2008年，我国继续保持无脊髓灰质炎状态。监测工作继续保持较高质量，AFP病例报告率、48小时调查率等项指标均达到世界卫生组织的要求。2007年冬季及2008年春季我国重点地区继续开展脊灰疫苗强化免疫活动，两轮分别接种适龄儿童2700万余人。2008年10月，世界卫生组织专家对中国疾病预防控制中心病毒病所国家级脊灰实验室及11个省份疾病预防控制中心脊灰实验室进行了现场评估认证，参评的实验室均通过了现场认证，同时国家级脊灰实验室获得在2009年度继续担任世界卫生组织西太区的国家级脊灰实验室的资格。2008年，全国31个省（直辖市、自治区）均完成了脊灰野病毒及潜在感染性材料封存登记清册工作，本次封存工作涉及所有46个部门，共登记注册55688个相关的生物医学实验室，登记已封存的脊灰野病毒及潜在感染性材料1324份。

（温　宁　梁晓峰）

艾滋病高危人群丙型肝炎病毒感染血清流行病学调查

卫生部委托中国疾病预防控制中心性病艾滋病预防控制中心于2007年9月至2008年2月期间在中国部分地区、部分成年人群中开展HCV血清流行病学调查工作。此次共调查五类人群37187人，其中吸毒者9600人，既往有偿卖血者6645人，性病门诊就诊者7821人，无偿献血人员10051，男男同性性接触者670人，艾滋病病毒感染者1200人。调查的结果为：静脉吸毒人群是我国目前HCV感染的最主要高危人群和传染源；既往有偿卖血人群的HCV感染率处于较高水平，HIV阳性者中合并较高的HCV感染率；性传播疾病高危人群的HCV感染率相对不高，经男男性接触传播HCV的风险尚需深入研究；HIV阳性者中合并HCV感染比例较高，尤其是经静脉吸毒和既往有偿采供血感染HIV者。

（易乐来　王维真）

全国滥用阿片类物质成瘾者社区药物维持治疗工作总结暨现场经验交流会举办

2008年12月18—19日，国务院防治艾滋病工作委员会办公室在陕西西安举办了2008年全国滥用阿片类物质成瘾者社区药物维持治疗工作总结暨现场经验交流会。卫生部、公安部、国家食品药品监督管理局等相关部门领导，国家级工作组专家，全国26个省（区、市）的省级工作组成员和秘书处工作人员，优秀门诊代表和全球基金的代表等共200余人参加了本次会议。会议总结了2008年社区药物维持治疗工作进展并确定了2009年工作计划和重点；对四川省等5个省级工作组和上海市虹口区精神卫生中心等38个社区药物维持治疗门诊分别授予2007—2008年度先进省级工作组和2007—2008年度优秀门诊；交流介绍了部分先进省级工作组和优秀门诊的工作经验。

（刘　清　王维真）

修订《中国结核病防治规划实施工作指南》

为加强我国结核病工作，适应今后中国结核病防治的形势和需求，卫生部组织有关专家广泛征求各级防治机构和有关部门的意见，总结了我国近年来结核病防治技术策略和经验，结合全球遏制结核病策略，历时2年时间，对《中国结核病防治规划实施工作指南》进行了修订，充实和完善了当前结核病防治措施，并指出了今后中国结核病防治工作的重点内容。

（刘海涛）

血防地区有螺地带禁牧情况快速评估

为了解《血吸虫病防治条例》中“禁止在有螺地带放牧”规定的执行情况，促进各地有螺地带禁牧工作的开展，卫生部于2008年7月22—31日在安徽、江西、湖北、湖南4省血吸虫病流行地区组织开展了有螺地带禁牧快速评估工作。

4省抽查的流行区现场共发现有螺地带放牧的牛、羊408头，其中，牛383头。除了安徽望江县，其余3县均发现了现场放牧的家畜。现场均查获了新鲜牛粪，在湖南汉寿、江西余干2县查获了含卵的新鲜牛粪，其中在江西余干县2个村查获的新鲜牛粪的阳性率达6.35%。现场共查获活螺545只，钉螺感染率1.65%，在湖南汉寿、江西余干2县均查获了感染性钉螺，其中湖南汉寿县4个村的钉螺感染率达4.32%。

在评估现场均发现了新鲜牛粪，在3个县的有螺地带发现家畜放养，说明放牧现象仍较普遍，有螺地带禁牧措施执行不力。此外，现场评估中分别查获了感染性钉螺和含卵牛粪，虫卵对洲滩的污染持续存在，并且部分分布于与耕地相邻近的沟、塘、水滩等地带，极易发生急性感染。

（陈　朝）

中国全球基金疟疾项目第一轮结束，第五轮、六轮进展顺利

2008年3月31日，中国全球基金疟疾第一轮项目—中国高传播区疟疾控制项目正式结束。该项目为期5年，自2003年4月1日启动，共获得资助金额6347405.31美元。项目覆盖云南省25个边境县，海南省有恶性疟传播的10个山区县，以及河南、湖北等8省（自治区）12个试点县，直接目标人群930万。项目圆满完成了各项指标，实现了云南省25个项目县疟疾发病率至少下降50%，海南省恶性疟发病率下降到1/万以下的目标。

第五轮项目—在中国中部地区遏制疟疾回升并减轻中部和南部贫困地区疟疾负担项目顺利实现了一期各项目标，于2008年9月30日进入二期阶段。一期自2006年10月1日启动，共获得资助金额191646630美元，一期结束时，云南省报告疟疾发病率较基线下降了29.85%，项目6省原虫率较基线下降了26.32%，海南省各项目县确诊恶性疟发病率维持在1/万以下。二期项目为期三年，至2011年9月30日结束，总预算为19357766美元。

第六轮项目—中缅跨边境疟疾控制项目自2007年7月启动，覆盖云南省5个州（市）的12个县和与此12个县接壤的缅甸4个特区，总预算为16808186美元。2008年项目进展顺利。截至2008年12月底，云南省项目地区健康教育家庭186003户，培训疟防人员60人，设置疟疾咨询服务站48个，发放28232盒疟防药具，镜检出境务工人员62802人，规范治疗7408人。缅甸项目地区设置疟疾诊治站63个，发放长效蚊帐82408顶，建立疟疾检测区42个，镜检发热病人141923人，规范治疗65927人。

（冯　赟）

印发《包虫病外科治疗项目管理办法》（试行）和《包虫病外科治疗项目技术方案》（试行）

2008年3月17日，卫生部印发了《包虫病外科治疗项目管理办法》（试行）（以下简称《管理办法》）和《包虫病外科治疗项目技术方案》（试行）（以下简称《技术方案》）。

《管理办法》由总则、外科治疗定点医院的确定、外科治疗对象的确定和审批、外科治疗住院管理、项目经费的使用及管理、资料管理、组织管理共7章26条组成。《管理办法》要求各地各级卫生行政部门、医疗机构和疾病预防控制机构要认真筛选外科治疗对象，积极进行救治，减轻患者的医疗负担，确保医疗质量和安全。《技术方案》对包虫病的诊断标准和分型，外科治疗原则、治疗对象和手术方式，外科治疗出院标准和随访等4个方面做出了详细说明。

（冯　赟）

卫生部抗震救灾疾病预防控制工作

“5·12”汶川特大地震发生后，卫生部疾病预防控制局组建了队伍调度、疫情监控、物资保障3个工作小组。为切实做好灾区防疫工作，确保“大灾之后无大疫”，在全国范围内组织抗震救灾防疫队，赶赴灾区协助开展卫生防疫工作，确保卫生防疫工作的全覆盖。指定专门人员负责，协调落实防疫物资的采购、调配工作，同时，加强与军队、民航和铁路部门的沟通配合，建立绿色通道，保证防疫物资及时运抵灾区。

地震发生后，先后制订并下发了《抗震救灾卫生防疫工作方案》、《地震灾区预防接种指南》、《灾区病媒生物监测方案》、《地震灾区受灾群众安置点卫生要求及传染病预防指南》等一系列工作方案和规范性文件，用于指导灾区防疫工作开展。先后召开灾后艾滋病、结核病防治工作等交流会，总结、交流灾区工作的经验，共同商讨防治对策。通过中央转移支付项目、国际合作项目，向灾区捐赠了实验室检测仪器，并积极开展培训，以更好地推进灾区防病工作的开展。

灾区网络直报系统受地震影响，基本瘫痪，为及时了解灾区疫情，紧急制订下发了《地震灾区疫情监测信息应急手机报告工作方案》，在加强对重灾县区疫情监测的基础上，重点关注受灾群众安置点的传染病疫情报告情况。要求中国疾病预防控制中心实行地震灾区疫情日报，对重灾县的传染病疫情及突发公共卫生事件进行分析报告。为预防和控制可能出现的甲肝、乙脑、麻疹、腮腺炎传染病的疫情，在受灾地区对儿童实施了甲肝、乙脑等疫苗的群体性预防接种。为四川、陕西、甘肃3省共采购价值4934.929万元的疫苗、注射器等物资。进一步落实艾滋病、结核病免费治疗政策，对灾区血吸虫病、地方病等重点疾病的传播风险进行了快速评估，根据评估结果，及时调整防治策略，降低了灾区传染病的发生，实现了“大灾之后无大疫”的阶段性胜利。

紧急制作了各种宣传资料，通过多种形式，向灾区人民进行健康宣传，并在安置点集中为受灾群众建立健康档案。特别邀请全国结核病防治形象大使彭丽媛同志，赴四川都江堰市参加结核病防治现场宣传活动，并看望灾区结核病人。

组织专家编写了灾后心理自救互救系列宣传手册，设计制作了《成人心理自助》、《中学生心理自助》、《学前儿童小学生心理支持》等宣传画。向四川地震灾区派出220名心理救援人员参加心理救援工作。针对灾区居民安置点卫生环境状况，及时指导灾区开展爱国卫生工作，加强水源管理和环境治理，修建卫生厕所，推广垃圾、粪便无害化处理示范点的经验做法，对环境综合治理工作提出建议。

根据国务院《汶川地震灾后恢复重建对口支援方案》的统一部署，卫生部于2008年8月初印发了《卫生部办公厅关于汶川地震灾区疾病预防控制对口支援工作意见》。组织召开汶川地震灾区疾病预防控制对口支援第一次工作会议。各个承担对口支援工作任务的省（市）准时派出人员，与当地政府和卫生部门紧密合作，开展了在恢复、重建疾病预防控制工作体系和全面提高能力建设各个方面的工作。发挥支援和受援两方面积极性，科学合理地配置技术力量，注重加强当地专业技术人员的培训，在做好职责范围内工作的同时，注重传技术、教方法，加强疾病预防控制专业队伍建设，提高流行病学调查、现场处置和实验室检测检验能力。

（苏海军　梅　扬）

卫生部开展地震重灾区地方病防治工作需求调查

2008年9—10月在四川、甘肃和陕西3个省地震重灾区和极重灾区的27个县（市、区）开展了相关调查评估工作。调查结果如下：一是地震造成灾区2个市级、48个县级、503个乡级地方病防治机构房屋受到不同程度的损坏、部分仪器设备损毁严重；二是在3个省的17个县检测水氟542份，超标44份，占8.1%；检测水砷562份，超标6份；三是3个省12个县（市）的1050处降氟（砷）改水工程，损毁823处，其中可修复使用的532处，需重建291处；四是四川省的3个县（市）燃煤型氟中毒病区已改炉改灶35727户，损毁18605户；五是碘盐零售店虽损坏严重，但碘盐供应充足，灾区居民全部食用碘盐，育龄妇女尿碘中位数均大于100μg/L；六是未发现新发克山病病例，但仍存在新发克山病的危险因素，四川省灾区居民蛋白质、维生素等摄入不足，个别家庭食用霉变粮食，甘肃省灾区硒盐合格率较低；七是在17个地震重灾村，儿童大骨节病病情稳定，未见新发病例，3个省的粮样中未检出T—2毒素，但部分病区县居民发硒水平偏低；八是3个省大骨节病病区已实施退耕还林的62.5万平方公里面积中，有24.3万平方公里遭到破坏；已搬迁的7662户居民中，有5769户房屋受到不同程度的损坏。

（李全乐）

卫生部开展灾后结核病防治工作

“5·12”汶川特大地震发生后，2008年9月，卫生部在四川召开了汶川地震灾区结核病防治工作交流会，安排部署灾区结核病控制方案。同时，为加大对灾区结核病防治工作的支持，卫生部协调全球基金中国结核病防治项目向四川、甘肃、陕西3个受灾省份的基层结核病防治机构捐赠了价值200多万元人民币的设备仪器。

2008年9月12日，灾后结核病防治健康促进活动在四川省都江堰市举办，卫生部、中国疾控中心、四川省相关领导和卫生部结核病防治宣传大使彭丽媛共同参加了活动。慰问了当地疾控人员，了解当地工作情况，看望了结核病患者，彭丽媛向在场群众宣传了结核病预防控制的核心信息。

（王　巍）

全国爱卫会开展灾后爱国卫生运动

“5·12”汶川特大地震发生后，全国爱卫会紧急下发在灾区大力开展爱国卫生运动的通知。针对灾区群众聚居区及周边环境卫生问题突出的情况，灾区各级爱卫办组织各专业部门、发动广大群众，对环境卫生进行了突击整治，及时清除了受灾群众居住地生活垃圾、污水、人畜粪便和卫生死角，建设了一批示范卫生厕所，并对蚊蝇、老鼠易孳生的内外环境实施了药物消杀，开展以灭蚊蝇为重点的除“四害”活动，防止了媒介传播疾病的暴发流行。

另外，按照卫生部抗震救灾领导小组的统一部署，全国爱卫办承担了卫生防疫物资的采购任务，先后为地震重灾区调拨了9批次卫生防疫物资，总价值1亿元左右。

（齐宏亮）

卫生部加强贵州省燃煤污染型氟中毒防治工作

2008年12月7日，卫生部与贵州省人民政府在北京举行共同加强贵州省燃煤污染型氟中毒防治工作合作协议签字仪式。合作协议贯穿了践行科学发展观的指导思想，突显了防治燃煤污染型氟中毒是一项依托政府支持、部门配合和群众参与的社会系统工程，明确了实现《全国重点地方病防治规划（2004—2010年）》目标的工作重点。按照统筹兼顾、因地制宜、互动合作和规范有序的原则，加大中央财政和贵州省政府对改良炉灶补助资金和配套资金的保障力度，在2008年中央补助地方公共卫生事业专项资金中，按每户补助400元的标准，给贵州省安排了50万户的改炉改灶任务。在组织领导、政策支持和技术指导等方面共同推进贵州省地氟病的防治工作进程，确保取得实效。

（李全乐）

《中国结核病防治规划实施工作指南》修订工作

中国疾控中心多次组织有关专家召开《中国结核病防治规划实施工作指南》（以下简称《指南》）专题研讨会，对《指南》作进一步的修订。2008年4月，对北京、山东、江苏、湖北、广东、新疆等省试点单位进行了培训，随后启动了《指南》试点工作。7月初，为加强在全国范围内逐步开展耐多药结核病人和结核菌/艾滋病病毒双重感染病人的发现和治疗工作，组织有关专家召开专项会议，对《指南》作了相关修改，并在新《指南》中增加结核病控制工作中耐多药结核病防治、流动人口结核病防治、结核菌/艾滋病病毒双重感染防治等新挑战方面的有关内容。7月下旬，根据试点后提出的建议，基本完成了对《指南》的修订工作。12月，完成了对省级《指南》（2008年版）的培训工作。

（王黎霞　方　群）

结核病管理信息系统的优化工作

结核病管理信息系统（以下简称“信息系统”）于2005年在全国所有结核病防治专业机构开始运行，在提高医疗机构和结核病防治机构肺结核患者转诊和追踪工作、提高肺结核患者的发现方面发挥了重要的作用，但是随着结核病防治工作的进一步开展，原有信息系统已经不能满足现有结防工作的需求。2007年初，中国疾控中心开始对结核病信息管理系统进行优化，除了保留原有病人报告功能外，新增加的客户端强化了对病人管理功能，重新梳理了录入流程，更加便于各级结核病防治专业机构的使用及对数据的分析。2008 年 4—9 月，在广东、湖北、江苏、山东、北京、新疆和新疆生产建设兵团等地进行试点测试工作，并开发设计客户端软件。2008 年 10 月和 12 月，在北京分 3 批对省级师资进行了新优化专报系统的培训。

（王黎霞　方　群）

艾滋病合并结核病（HIV/TB）防治试点工作

为确保艾滋病合并结核病（HIV/TB）双重感染防治工作科学有效地开展，对艾滋病合并结核病（HIV/TB）双重感染防治工作进行了试点。试点期间，共发现了 318 例艾滋病合并结核病病人。其中在 3879 例艾滋病病毒感染者和病人中诊断结核病人 250 例，结核病检出率为 6.4%（1.6%—22.9%）；在 2135 例结核病人中发现艾滋病病毒感染者 68 例，新检测出的 HIV 阳性率为 3.2%（1.0%—6.3%）。试点的主要结果是在试点地区建立了 HIV/TB 防治工作组织体系与多部门合作机制；试点验证了 TB/HIV 防治工作流程具有可行性。

（王黎霞　方　群）

DNA—复制型痘苗艾滋病疫苗 I 期临床试验进展

DNA—复制型痘苗艾滋病疫苗，由中国疾控中心性艾中心和北京生物制品研究所联合研制。该疫苗获得国家食品药品监督管理局批准进行 I 期临床试验。该试验分为 Ia、Ib 两个阶段在北京协和医院进行。Ia 期临床试验在 12 名受试者中观察单独接种重组痘苗疫苗的安全性和免疫原性，试验于 2008 年中完成。所有受试者在观察期内无与疫苗相关的 3 级及以上不良反应，有 75% 的受试者出现了 HIV 特异性细胞免疫反应。研究结果提示，该疫苗具有良好的安全性和免疫原性。Ib 期临床试验在 36 名受试者中测试 DNA 疫苗与重组痘苗疫苗联合应用的安全性与免疫原性，于 2008 年 9 月启动。

（吴尊友　赵文立）

美沙酮维持治疗工作进展

2008 年度社区药物维持治疗国家级工作组审批确定了 131 个新的维持治疗机构，使全国社区药物维持治疗机构审批总数达到 643 家。截至 2008 年底，全国累计开诊有 600 个门诊。综合防治信息系统数据显示，全国维持治疗门诊平均在治人数从 2008 年 1 月的 122 人上升至 11 月的 162 人。国家级工作组秘书处与国家级美沙酮维持治疗培训中心合作，举办了 6 期社区美沙酮维持治疗门诊专业人员培训。美沙酮维持治疗智能 IC 卡在海南和贵州试点基础上，于 2008 年底已完成智能 IC 卡软硬件在北京预试验工作。

（吴尊友　赵文立）

儿童预防接种信息管理系统国家信息管理平台完成验收

2008 年 12 月 22—26 日，中国疾控中心完成了对儿童预防接种信息管理系统国家信息管理平台的最终验收工作，儿童预防接种信息管理系统经过三年时间的研发、试点和运行，实现了儿童预防接种信息、疑似预防接种异常反应监测信息按个案管理，疫苗与注射器出入库信息按批号管理的功能。

（梁晓峰　郑景山）

卫生部与世界卫生组织流脑和乙脑等疾病监测合作项目

卫生部与世界卫生组织流脑和乙脑等疾病监测合作项目于 2006 年 7 月 19 日在北京正式启动至 2008 年 9 月以来，4 个项目省按项目实施方案的要求，在项目地区共监测病例 4513 例。监测试点医院报告 2815 例，非监测试点医院报告 1698 例。4 省分别对 59.8%至 96.7% 的监测病例，共计 2294 例监测病例血液或脑脊液标本进行了乙脑病毒 IgM 抗体检测，213 例阳性（9.3%）。共对 1830 例监测病例的血液（脑脊液标本）进行培养或脑脊液标本乳胶凝集或 PCR 检测，实验室确诊流脑 9 例，Hib 脑膜炎 4 例，肺炎链球菌脑膜炎 26 例。2008 年 4 月，中国疾控中心在济南举办了 Real—Time PCR 培训班，对 Real—Time PCR 技术的相关理论和操作要点进行了系统介绍，对脑膜炎奈瑟菌、流感嗜血杆菌和肺炎链球菌的基因序列、DNA 提取方法、Real—Time PCR 中的污染问题以及结果判断原则、Real—Time PCR 操作中可能遇到的问题进行了详细讲解。2008 年 5 月，中国疾控中心在北京举办了 Epi Info 软件使用培训班，将 Epi Info 教材《Epi Info 在暴发调查中的应用—资料分析与地图绘制》翻译成中文，并邀请世界卫生组织专家，美国疾病预防控制中心 Epi info 软件开发组的工程师进行课程讲解，对项目地区监测数据管理和分析方法进行了培训。2008 年 9 月，中国疾控中心及世界卫生组织专家分别对山东、湖北、河北和广西 4 个省份项目实施情况进行了年度评估，对项目地区病例监测和报告、实验室检测和资料分析与报告情况进行了考察，并将项目进展情况和项目所取得的成绩向卫生部进行了汇报。2008年12月1—3日，卫生部在河北省石家庄市召开了卫生部与世界卫生组织流脑和乙脑等疾病监测合作项目总结会。

（梁晓峰　郑景山）

中央补助地方慢性非传染性疾病综合干预控制项目暨健康体重和血压管理社区慢病综合防治项目进展

中国疾控中心与卫生部心血管病研究中心共同承担了中央补助地方慢病综合干预控制项目暨健康体重和血压管理社区慢性非传染性疾病综合防治项目。该项目以维持健康体重和血压管理为核心，以管理慢性非传染性疾病主要危险因素为切入点、以信息技术为支持平台的社区慢性非传染性疾病综合防治项目。2008年项目在全国16个省（市）的32个社区开展工作，按照工作计划的设定在全国完成37500位社区居民慢性非传染性疾病档案的建立、人群分类和后期随访管理工作。项目社区卫生服务中心按照工作计划开始为辖区内居民建立慢性非传染性疾病健康档案，开展人群分类、提供个体化慢性非传染性疾病风险评估和评估报告反馈，并针对慢性非传染性疾病高危人群和高血压患者开展了干预和随访。

（赵文华　殷召雪）

全国医院感染监测

2008年，共建立医院消毒与感染控制监测试点省、市8个，分别为黑龙江、吉林、山东、江苏、湖北、广东、浙江和上海。监测内容包括医院基本情况、疾病预防控制中心与感染控制有关的基本情况、医院历年院内感染发病情况、医院布局与设备、医院消毒器械、中心供应室清洗消毒耗材、手术室空气质量、物体表面消毒、手卫生、内镜消毒、口腔器械卫生、感染性废物收集处理、医院废水处理以及传染病隔离和医院防护用品使用情况等。2008年1—9月，共对10家三甲医院、16家二甲医院进行了3次监测，收集监测数据3万多个。

（金银龙　姚孝元）

化妆品不良反应监测

2008年，中国疾控中心组织专家对北京大学第一医院、武汉市第一医院、中南大学湘雅二医院、复旦大学附属华山医院、浙江大学医学院附属第二医院、安徽医科大学第一附属医院、昆明医学院第一附属医院、宁夏医学院附属医院8家新增化妆品不良反应监测点进行了认定。接收解放军空军总医院、上海皮肤性病医院、中山大学附属第三医院等13个化妆品不良反应监测点报告的化妆品不良反应900例，照片1368张，斑贴试验结果1201个。编制提交了《2007年化妆品不良反应监测工作报告》、《2005—2007年化妆品不良反应监测工作总结报告》和《2008年上半年化妆品不良反应监测报告》。

（金银龙　姚孝元）

国家职业病防治规划起草顺利进行

卫生部于2002年启动《国家职业病防治规划（纲要）》（以下简称《规划》）编制工作，中国疾控中心职业卫生所承担具体起草任务。2004—2007年，经过2次征求世界卫生组织、国际劳工组织意见，4次征求全国各省级卫生行政部门及职业病防治机构、各相关部委以及全国范围内相关部门的意见，形成《国家职业病防治规划（2009—2015）》第五稿，上报卫生部。经部长办公会和部务会讨论修改，形成了《国家职业病防治规划（2009—2015）（草案）》。

（李　涛　张　敏）

完成全国核和辐射应急医学资源调查

2008年，中国疾控中心辐射安全所承担并指导全国31个省协作完成了全国核和辐射应急医学资源调查项目。项目的调查内容是核和辐射应急医学资源和救援准备情况。截至2008年底，数据录入、分析整理工作和总结报告完成，通过了卫生部组织的验收。项目建立了全国核和辐射应急医学资源数据库，该数据库中的部分数据已在奥运卫生保障工作和核事故医学应急响应决策支持系统中应用。

（苏　旭　李晓颖）

中国疾病预防控制中心抗震救灾医疗卫生工作

"5·12"汶川特大地震发生后，中国疾控中心快速启动应急工作机制，按照卫生部部署，分期分批派往灾区，中心派往灾区的各类人员 19 批 610 人次。在抗震救灾工作中，中国疾控中心开发了手机应急疫情报告系统；加强对灾区周边的传染病与突发公共卫生事件监测，编写了《地震灾区传染病与突发公共卫生事件监测日报》、《灾区疫情专题报告》等材料，启动了舆情监测；针对灾区实验室破坏严重的情况，抗震救灾防病工作队创造条件在茂县、青川、绵阳、汶川等重灾区建立起多个"帐篷实验室"，开展检测工作，并培训当地技术人员。同时派出 4 辆现场实验检测车作为灾区的流动实验室；实施现场卫生学评价和传染病控制；与相关单位联合编印了宣传单、海报、折页、手册等抗震救灾防病宣传材料共约 670 万份，及时协调、组织运往灾区，发放到队员和灾民手中；指导开展强化免疫和专病防控等技术工作，起草了《地震灾区疫苗可预防传染病流行风险评估和控制方案》，参与卫生部《灾区预防接种指南》论证工作，在重灾区对适龄儿童优先接种甲肝疫苗和乙脑疫苗，并组织专家对现场接种工作进行技术指导。派往一线的抗震救灾防病工作队成立临时党支部 16 个，在抗震救灾防病应急阶段，共有 69 名队员在一线积极要求加入党组织，经中心党委批准发展了 26 名。

（王　林　周　莹）

中国疾病预防控制中心开发地震灾区手机应急疫情报告系统

"5·12"汶川特大地震造成四川灾区互联网连接中断，传染病与突发公共卫生事件网络直报系统中断。中国疾控中心提出了在灾区使用手机应急报告疫情的建议，组织协调内部技术人员和外部社会力量开发手机应急疫情报告系统。在系统开发的同时，中国疾控中心信息中心先期赴四川开展测试、手机配送、培训和部署工作。2008 年 5 月 21 日，手机个案直报与传染病网络直报系统对接成功，从技术上实现了手机应急替代已中断设备的上报功能，《地震灾区疫情监测信息应急报告工作方案》和相关技术文档也同步制定完成。经测试表明该系统网络畅通，功能完整，满足了应急报告的需求。5 月 22 日，手机应急报告系统正式开通并接收到了报告的疫情数据，灾区的疫情监测开始恢复。截至 5 月 31 日 24 时，14 个重灾县区中有通讯信号地区基本实现手机疫情报告全覆盖。截至 6 月 9 日，已全部完成了企业捐赠的 900 部手机的配送与培训工作。

（马家奇　苏雪梅）

中国疾病预防控制中心开展地震灾区居民营养状况评估与干预

为评估灾区居民的营养健康信息，发现灾区特殊人群（婴幼儿、学龄前儿童、小学生、孕妇乳母）现存的主要营养问题，中国疾控中心营养食品所先后开展了 2 次灾区居民营养与健康状况的典型调查，并组织 20 余名国家级营养专家赴灾区实地考察与评估。分别对四川省理县、茂县、绵竹及甘肃省康县、陇南市武都区共 5 个严重灾区的部分乡镇村的居民安置点与小学的 5 个特殊人群（包括 36 个月以下婴幼儿、学龄前儿童、小学生、孕妇、乳母）进行了营养与健康状况的典型调查。

（严卫星　韩宏伟）

中国疾病预防控制中心加强地震灾区结核病防治工作的技术指导

"5·12"汶川特大地震发生后，中国疾控中心收集受灾地区录入的病人个案资料等基本信息资料；加强灾区的结核病疫情监测，开展灾区结核病疫情的周报分析；2008 年 5 月 29 日—6 月 3 日，开展了灾区结核病工作现状和受损情况的现场调研，调查地震灾区的房屋、设备和人员受损情况；制定了《汶川地震灾区结核病控制工作方案》和《地震灾区过渡期结核病防治工作指导性意见》；制作印刷了灾后结核病健康教育的宣传海报；9 月 11 日，在四川省成都市召开了地震灾区结核病防治工作经验交流会暨防治设备捐赠仪式，对灾区的结核病防治工作提出了具体要求。对口支援省和灾区代表介绍了灾后结核病工作开展情况和有关经验。会上，向四川、甘肃和陕西 18 个重灾县（市）捐赠了督导车、X 光机、显微镜、生物安全柜、计算机和打印机等，总计价值约 308 万元的设备。

（王黎霞　方　群）

中国疾病预防控制中心开展地震灾区群体性预防接种工作

"5·12"汶川特大地震发生后，中国疾病预防控制中心免疫规划中心组织专家对汶川地震灾区疫苗可预防疾病的流行危险进行了评估，协助卫生部制定了《地震灾区疫苗接种指南》。决定在四川、甘肃、陕西等省地震灾区实施群体性预防接种工作。

四川省成都、德阳、绵阳、阿坝、雅安、广元市（州）的 21 个受灾县实施了甲肝疫苗的接种，5 个市的县区和阿坝州小金县实施了乙脑疫苗的接种；陕西省汉中市和宝鸡市实施甲肝和乙脑的群体接种；甘肃省陇南市文县、武都区、康县实施乙脑、麻疹、甲肝疫苗群体接种；甘南州舟曲县、迭部县实施麻疹、甲肝疫苗群体接种。

四川省6市（州）共报告接种甲肝疫苗438030人，接种乙脑疫苗137543人。甘肃省受灾5县甲肝疫苗估计应种147179人，实种140298人，接种率95.32%。麻疹疫苗应种188615人，实种181670人，接种率96.32%。乙脑疫苗应种93830人，实种90028人，接种率95.95%。陕西省共接种甲肝疫苗257882人，接种率为97.53%，接种乙脑疫苗30375人，接种率为98.48%。

（梁晓峰　郑景山）

卫生监督执法

开展对食品、化妆品和消毒产品仿冒药品生产经营行为专项整治工作

2008年7月1—20日，卫生部组织地方各级卫生行政部门对辖区内药店、保健用品店和保健食品经营单位进行一次全面检查，对奥运赛区城市和重点旅游区进行一次全覆盖检查。对发现存在问题的产品立即采取行政控制措施，严防有问题产品流入市场，确保奥运会期间不发生由违法经营的食品、化妆品和消毒产品引起的不良事件。各地卫生部门发现并查处了一批违法生产企业，并向社会公示了一批违法产品。为制止冒充药品类违法产品继续生产流通，维护消费者的健康，卫生部专门下发通知对福剂福源春胶囊、龙角塔牌顽癣净等40种冒充药品类违法产品组织全国查处。

（张　凤）

组织查处苗岭洁肤霜、苗岭鼻通生态液违规添加西药等违法行为

根据国家食品药品监管局的通报，反映贵州黔东南州苗岭苗族医药技术有限公司生产的苗岭洁肤霜、苗岭鼻通生态液涉嫌在产品中违规添加西药成分。卫生部组织贵州省卫生厅对该企业开展了监督检查，重点检查产品原料、配方及投料记录。同时抽查了样品送北京疾病预防控制中心进行了检测。通过检测，苗岭洁肤霜被检出酮康唑和地塞米松，苗岭鼻通生态液被检出氧氟沙星、丁苄唑啉和贝他米松。为保护消费者健康，卫生部下发通知要求各地对苗岭洁肤霜、苗岭鼻通生态进行查处。

（张　凤）

开展《职业病防治法》实施6周年系列宣传活动

2008年3月，卫生部会同全国总工会印发了《关于开展2008年〈职业病防治法〉宣传周活动的通知》；以“工作·健康·和谐”为主题统一印制宣传海报、小折页、光盘等宣传材料下发全国；宣传周期间，卫生部召开了职业病防治新闻媒体座谈交流会、职业病防治工作专题新闻发布会，向社会通报职业病防治工作开展情况、职业病报告情况，并组织中央主流媒体的记者对企业进行现场采访。各级卫生行政部门会同总工会等有关部门积极争取政府支持，将职业病防治宣传活动作为维护劳动者健康权益、落实科学发展观、构建和谐社会的大事来抓，精心部署宣传工作。与新闻媒体配合，采用报刊、电视台、电台等媒体报道、召开新闻通报会、播放公益广告等形式，开展了内容丰富、成效显著的宣传活动。举办用人单位负责人和劳动者参加的座谈会、培训班和知识竞赛等，提高用人单位责任意识和劳动者自我保护意识。据不完全统计，媒体报道8053次，发放宣传材料5198086份，深入企业宣传15464次，现场咨询82459次，接受咨询748453次，举办培训班2204次，接受培训351175人次，出动专业人员48511人次，出车11975台次。

（李　晋　房元萍）

推进云南省个旧市锡矿工人肺癌防治工作

2007年11月以来，卫生部组织专家对云南个旧锡矿矿工肺癌患病及防治情况开展调查，两次派出由卫生行政人员和中国疾病预防控制中心有关专家组成的调研

组赴云南省个旧市调研指导，听取云南省、红河州、个旧市人民政府和云南锡业集团（控股）有限责任公司（以下简称云锡公司）的情况介绍，召开有关部门、企业和职工代表的座谈会，实地考察了云锡公司和有关医疗卫生机构。

为加强对云南锡矿工人肺癌防治工作的支持、指导，2008 年 10 月，卫生部、云南省卫生厅在云南省昆明市组织举办了 2 期职业卫生培训班，加强对云南省职业卫生监督和技术服务人员的培训。云南省 16 个地市州的职业卫生相关人员 230 人参加了培训。根据云南省卫生厅要求，卫生部协商安排 2 名个旧市疾病预防控制中心的职业病防治专业技术骨干于 2008 年 10 月开始在中国疾病预防控制中心职业卫生与中毒控制所进修学习。

（康　辉）

卫生部抗震救灾卫生监督工作

“5·12”汶川特大地震发生后，卫生部从全国各级卫生监督机构累计抽调卫生监督人员及专家 1307 名支援灾区，先后派出多批次机关人员参加卫生部抗震救灾前方综合协调组工作；第一时间组织调派各类食品、饮用水快速检测设备和试剂、放射防护快速检测设备以及卫生监督监测车等总价约 4661.2 万元的物资支援灾区；联合有关部委出台《关于切实做好地震灾区饮用水安全工作的紧急通知》和《关于进一步加强地震灾区食品卫生工作的紧急通知》等 9 个政策文件；派遣食品和饮用水专家赶赴灾区，协助四川省卫生厅加强地震灾区食品和饮用水卫生监督工作的技术指导，组织完善了唐家山堰塞湖泄洪疏散群众安置点食品饮用水卫生监督监测预案，协助绵阳市政府做好绵阳唐家山堰塞湖 20 万疏散群众安置点食品和饮用水卫生监督监测工作，加强对灾区医疗卫生机构放射卫生工作的指导；贯彻落实《卫生部、国家中医药管理局关于医疗卫生对口支援地震灾区工作方案》，做好卫生监督对口支援灾区工作的衔接，坚持卫生监督全覆盖。积极配合做好灾后恢复重建规划的编制；加强卫生监督监测，重点做好灾区城镇集中供水以及灾民集中安置点饮用水的监督监测；做好灾民集中安置点的集体供餐和配送单位的监督监测。灾区卫生监督工作实现了“四覆盖”（即卫生监督人员全覆盖、防控措施全覆盖、卫生监督工作全覆盖以及卫生监督宣传全覆盖）。实现了灾区无重大、群体性食源性疾病、食物中毒和介水肠道传染病发生的工作目标。

（赵同刚　何　翔　钟发英）

卫生部抗震救灾食品和饮用水卫生保障工作

“5·12”汶川特大地震发生后，卫生部按照大灾之后无大疫的总体目标，制定下发灾区食品饮用水卫生监督工作方案，派出相关工作人员参加卫生部前方综合协调组，从各省抽调卫生监督员紧急增援四川灾区，协助指导四川省做好灾区卫生监督工作，改善灾区食品饮用水卫生安全状况。截至 2008 年底，灾区未发生重大食品卫生和饮用水卫生事故。

一、工作开展情况

结合灾区实际情况，确定阶段性工作目标为严防食品和饮用水微生物污染，确保不发生介水肠道传染病和食源性传染病流行和传播。

卫生部与四川省卫生厅紧密配合，建立工作协调机制，指导当地和外援卫生监督队伍深入开展食品、饮用水相关卫生监督工作，实行“划片包干、驻点监督”和监督信息每日报告制度。2008 年 5 月 19 日，卫生部调派 20 个省（区、市）1307 余名援川卫生监督人员赶赴四川灾区市县参加食品、饮用水监督监测工作。同时，工作中重视对援川卫生监督队员的安全管理，要求各省监督队指定安全员，每日报告全队安全情况。建议并协助卫生部前方协调组编辑《抗震救灾医疗卫生防病监督安全驾驶手册》1 万册分发各医疗卫生防疫监督队。配合四川省卫生厅发放饮用水与食品检测的设备和试剂，为通讯不畅的地区配发海事卫星电话、手机、对讲机等物资，了解工作中遇到的困难，解决实际问题。

前方协调组深入灾区，实地调查了解和指导灾区食品饮用水卫生监督工作。特别是针对绵阳市堰塞湖泄洪疏散安置点食品饮用水卫生工作，多次带领食品饮用水卫生监督专家到绵阳市仙游区、涪城区调查了解泄洪疏散安置点食品饮用水卫生工作，并向有关部门反馈了调研意见。绵阳市泄洪指挥部根据反馈意见，进一步完善食品饮用水卫生监督工作预案，疏散安置点的有关问题得到了及时解决。协调安排省外救援队 30 名监督员和 6 辆车辆紧急增援绵阳市泄洪疏散安置点卫生监督工作。组织人员先后对什邡、绵竹市、安县、青川县、汶川县、崇州市、彭州市、都江堰市、绵阳市等地实地调研，重点调查当地省内外卫生监督队伍开展卫生监督工作情况，了解卫生监督工作中发现的问题，并与一线监督员座谈，提出下一步工作思路和措施。同时，考查了省内外卫生监督队伍的后勤保障情况，鼓励广大卫生监督员克服困难，努力工作，在当地卫生行政部门统一领导下，完成卫生监督救援任务。实行驻点监督指导制度，组织 11 名卫生监督专家驻扎在 11 个地震极重灾县开展督导工作，协调省内外卫生监督救援队和当地卫生监督队伍工作，掌握第一手现场资料。

2008年5月18日，卫生部下发了《关于做好地震灾区食品和饮用水卫生监督管理工作的紧急通知》；5月24日，卫生部等五部委下发《关于切实做好地震灾区饮用水安全工作的紧急通知》；6月5日卫生部等六部委局下发《关于进一步加强地震灾区食品安全工作的紧急通知》。明确了灾区食品、饮用水卫生监督工作的原则、任务和目标。卫生部前方协调组根据四川省卫生厅的需求，制定了饮用水和食品卫生监督工作方案，编印了《抗震救灾卫生监督指南》（含增刊）和抗震救灾医疗卫生防病监督安全工作手册，起草了《地震灾区饮用水与食品卫生情况调查与建议》，会同四川省卫生厅下发了《关于加强地震灾区应急饮用水卫生监测和供餐卫生的紧急通知》和《卫生部抽调支援四川各地卫生监督队工作要求》等文件，有效地指导了各地卫生监督工作的开展，规范了灾区饮用水和食品卫生监督工作内容和方式。

做好饮用水安全监督工作。以市政集中供水单位和乡镇供水单位为重点，配合四川省卫生厅制定了饮用水卫生监督监测工作方案，要求灾区派驻卫生监督员，每日进行出厂水和末梢水的快速监测和监督抽检。分析总结饮用水卫生监督形势。多次组织召集驻县饮用水卫生安全专家会议，及时了解饮用水卫生监督监测工作开展情况，分析灾区饮用水卫生工作存在的问题，对建立有效饮用水监督监测工作机制提出指导意见。对农村分散式供水采取发放饮水消毒片，指导群众饮水消毒，并在临时安置点和农村大力宣传饮用开水，安置点普遍提供开水供应。经过一个月的连续监测和卫生监督，结果显示，市政集中式供水卫生合格率逐步提高、水质日渐稳定；乡镇供水卫生情况明显提高；农村群众树立饮水卫生意识，能够自觉喝开水。

加强灾民集中安置点食品安全保障措施。要求政府对所有灾民集中安置点实行集体供餐措施。重点加强监督，以灾民安置点和集中供餐单位为重点，制定了食品卫生监督工作方案，向灾民安置点派驻卫生监督员，指导灾民安置点全面推行简易厨房措施，对安置点集中供餐进行卫生监督检查和指导。建立食物中毒防控专家小组，完善食品卫生信息报告网络。及时评估灾区食品安全形势，梳理食品卫生工作存在的突出问题，提出加强食品卫生工作的措施建议。广泛开展食品卫生知识宣传教育，对群众自炊活动进行指导和帮助，防止食物污染；同时严把供货渠道，各灾民安置点食品原料供应必须按照正规进货渠道进行，严格索证制度和进货台帐制度。会同教育、建设等部门重点加强学校、建筑工地等人员密集场所的食品卫生监督管理。未出现重大食物中毒事故。

二、卫生监督工作

整合外省援川卫生监督队伍与当地卫生监督防疫人员，分乡包干落实责任制，将各村食品和饮用水卫生监督责任落实到每个人员，基本达到了全覆盖。将灾区群众集中安置点供餐、集中式供水、农村分散给水饮水卫生监测和落实消毒措施的情况作为工作重点，在灾区群众集中安置点全面推行煮沸消毒、泡腾片消毒、宣传等措施，重点防范介水肠道传染病流行传播，做到防控措施全覆盖。在集中供水单位和受灾群众集中安置点实行驻点监督制度，每个点至少配备1名监督员，做到了工作覆盖。采取标语、宣传口号等不同方式，大力宣传食品、饮用水安全知识，做到宣传教育覆盖，集中安置点供应开水全面落实。

截至2008年6月19日，对6个重灾市（州）开展制水、供水单位（含分散式供水点）卫生监督18.4万户（点）次，累计抽检6068个水样送实验室检测，对2.9万个水样进行了现场快速监测。饮用水消毒检测已覆盖受灾群众集中安置点，11项重点水质指标总体合格率从5月16日的17.2%提高到90%以上；各监督队伍累计监督指导食品生产经营单位30万户次，截至6月19日，共对938个集中安置点的395家集中配送食品单位和1406家周边餐饮单位开展了卫生监督，集中配送食品单位监督覆盖率为99.0%，97.5%的被检查单位符合要求；餐饮单位监督覆盖率为94.8%，76.7%的被检查单位符合要求；对13761家自炊户进行了食品卫生指导。四川地震灾区未发生介水肠道传染病和食源性传染病流行和传播。

三、加强卫生监督对口支援工作

按照卫生部关于医疗卫生对口支援工作方案，各地卫生行政部门将继续加强对灾区卫生监督工作的对口支援和指导，重点做好食品安全和饮用水卫生工作。

在餐饮卫生监督工作方面。进一步落实政府食品安全责任，督促地方政府组织卫生、工商和城管部门共同加强食品卫生监督工作，切实履行属地管理责任。在灾后重建和发展餐饮业过程中，政府应向餐饮单位提供支持、指导和帮助，包括提供保障食品卫生的必要条件。对灾民集中安置点和集体供餐单位加强管理，重点检查集中供餐的基本卫生设施和设备，如冷藏设备、“三防”设施等；对灾区修建活动板房的建筑工地食堂和部分复课的学校食堂、灾民安置点的集体用餐食堂，加强与建设、教育部门协调配合，重点进行检查指导，确保食品安全。对经营性餐饮单位和流动摊贩加强监督检查，规范餐饮加工过程卫生行为，在特殊时期建议严禁使用亚硝酸盐，减少食品安全隐患。对于达不到卫生要求的流动摊贩，要在当地政府组织下，加强与工商、城管等部门配合，加强规范和管理。加强集中供餐和餐饮业从业人员健康管理。在有条件的地方，要求从业人员进行健康体检，取得体检合格证明后方可参加餐饮加工活动。在没有健康体检条件的地方，要求供餐单位和餐饮单位做好从业人员的登记，加强培训，减少从业人员流动，每天由附近医疗救助点的医务人员对从业人员进行晨检，如发现发热、腹泻等症状的要及时处理。大力开展食品卫生知识宣传教育。加强对集中供餐单位人员食品卫生知识培训，有条件的地方组织食品卫生示范点活动，交流好的做法。

在饮用水卫生工作方面。完善饮用水卫生监督监测工作方案，根据前段时间监测情况和实验室检测条件，对不合格供水单位要强化监测，扩大监测范围；对连续监测合格的水厂，将监测频次调整为每三天进行一次全面检测，增加检测项目。进一步做好市政集中式供水单位的监督监测工作，重点加强水处理消毒措施的监督检查，驻厂监督员应跟踪水质不合格的改进措施落实情况。继续大力宣传饮水烧开煮沸措施，向群众大力宣传不喝生水。四是每周组织饮用水专家对灾区饮用水卫生形势和监督监测效果进行评估，提出工作措施。

（张旭东　关姗姗）

卫生部抗震救灾医疗机构放射防护工作

“5·12”汶川特大地震发生后，卫生部组织放射卫生专家，实地了解灾区医疗机构放射诊疗设备和防护设施的受损情况；对都江堰市中德红十字会野战医院X线机的防护性能进行了检测并提出指导意见；下发了《关于做好地震灾区医疗卫生机构放射卫生防护工作的通知》和《地震灾区医疗机构X线诊断放射卫生防护工作指南》，指导灾区震后过渡期医疗机构X线诊断的放射防护工作。

（张伟力）

卫生部抗震救灾卫生监督人员和物资保障工作

“5·12”汶川特大地震发生后，卫生部紧急从江苏、云南等20个省（区、市）卫生监督机构以及中国疾病预防控制中心抽调卫生监督人员及专家累计1307名同志赶赴灾区加强技术指导，及时解决灾区食品和饮用水监督监测中发现的技术问题，重点做好灾区城镇集中供水和灾民集中安置点饮用水及集体供餐、配送单位的监督监测工作。同时，先后派出多批次人员参加卫生部抗震救灾前方协调组工作，组织完善了唐家山堰塞湖泄洪疏散群众安置点食品饮用水卫生监督监测预案，协助绵阳市政府做好绵阳唐家山堰塞湖20万疏散群众安置点食品和饮用水卫生监督监测工作，并深入灾区一线指导和督查灾区卫生监督工作。调派物资支援灾区。灾情发生后，组织调派大量的食品、饮用水快速检测设备、试剂运往灾区，累计援助四川、陕西、甘肃等地震灾区水质快速检测设备21150台（套），食品快速检测设备838台，放射防护快速检测设备99台，水质、食品快速检测试剂47612套（支），卫生监督监测车110辆，总价约4661.2万元。灾区卫生监督工作实现了卫生监督人员、防控措施、卫生监督工作和卫生监督宣传全覆盖。截至目前，灾区无重大、群体性食源性疾病、食物中毒和介水肠道传染病的发生。

（何　翔　妥　佳）

卫生部督办安徽省无为县小煤窑农民工尘肺病高发和广西自治区2起职业性慢性铅中毒事件

2008年初，安徽省疾病预防控制中心职业病网络直报信息显示，安徽省巢湖市无为县昆山乡小煤窑农民工尘肺病发病严重。当地卫生部门对接触粉尘的683名农民工进行健康体检，一次性诊断新发尘肺病人142人，其中近半数是严重的二期、三期患者。安徽省卫生厅会同安徽省劳动和社会保障厅、煤矿安全监察局责成无为县人民政府调查处理。2008年7月30日—8月1日，由卫生部带队，会同全国总工会劳动保护部、中国疾病预防控制中心职业卫生所有关人员赴安徽省无为县进行联合督导调研。对发现的无为县有关部门职业卫生监管职责分工不明确、责任落实不力，无为县职业卫生监督执法和技术服务能力与水平有待提高，小煤窑劳动用工混乱、职业病防治措施不落实等问题，提出了明确、具体的工作要求。针对现有4家煤矿存在的违反《职业病防治法》的行为，无为县卫生局于2008年7月分别给予罚款10万元的行政处罚，同时要求企业依法加强劳动者的职业健康监护工作。

2008年9月，卫生部接到中国疾病预防控制中心报告，反映广西壮族自治区职业病防治研究所于2008年2月诊断河池市南方有色冶炼有限责任公司慢性铅及其化合物中毒86例、3月诊断广西苍梧县有色金属冶炼厂慢性铅及其化合物中毒131例的问题，卫生部发文广西壮族自治区卫生厅进行核查，对两公司存在的严重危害劳动者健康的违法行为进行立案查处，进一步加强监督管理工作；同时对发现的有关问题，要尽快通报有关部门。经广西壮族自治区卫生厅核查，两公司实际发病数与国家职业病直报系统上报的病例数一致，工作场所均存在铅污染没有得到有效控制，防护设施达不到要求，个人防护用品使用不当，工人慢性铅中毒高发等严重职业病危害。2008年11月，卫生部印发《关于责令严肃查处严重危害劳动者健康违法行为的通知》，要求广西壮族自治区卫生厅按照部门职责分工，将两企业存在的严重职业病危害问题通报安全生产监管、劳动保障等有关部门，并认真履行卫生行政部门监管职责，对中毒病人进行及时救治，加强健康监护，依法严肃查处有关企业的违法违规行为；同时，加大广西壮族自治区职业病防治工作力度，严格落实职业病防治工作责任制和责任追究制，并将有关情况通报了国家安全监管总局。2008年12月，广西壮族自治区河池市、梧州市卫生局已对有关企业进行立案查处，要求有关企业限期整改，妥善安排中毒病人的救治，加强企业职业健康监护工作。

（段冬梅　康　辉）

加强职业卫生技术服务机构监督管理工作

2008年，卫生部印发了卫生部第8号公告，明确将原由中国疾病预防控制中心职业卫生与中毒控制所与中国疾病预防控制中心辐射防护与核安全医学所分别负责的化学品毒性鉴定资质、放射防护器材和含放射性产品检测资质申请，统一改由卫生部卫生监督中心受理；印发了《卫生部办公厅关于职业卫生技术服务机构资质续展有关事宜的通知》，对职业卫生技术服务机构资质审定和续展工作做了明确规定。经审核，批准济南市疾病预防控制中心、山东省医学科学院放射医学研究所、淄博市疾病预防控制中心等3家单位获得建设项目职业病危害评价甲级资质，完成中国疾病预防控制中心职业卫生与中毒控制所等17家建设项目职业病危害评价甲级机构资质续展工作。

2008年11月26日—12月12日，卫生部组织开展对12家建设项目职业病危害评价甲级资质机构的监督检查，通报了监督检查结果。2008年12月27日，我部组织召开了建设项目职业病危害评价甲级资质机构工作会议。会议通报了对部分职业卫生技术服务机构监督检查的情况，研究部署规范职业卫生技术服务工作的措施。

（段冬梅　李　晋　房元萍）

加强放射工作人员健康管理工作

2008年，卫生部发布了《放射工作人员个人剂量监测技术服务机构资质审定条件》和《关于规定〈放射工作人员证〉样式的通知》2个文件。《放射工作人员个人剂量监测技术服务机构资质审定条件》明确规定了开展个人剂量监测的机构条件、人员条件和仪器设备条件，为规范化的开展个人剂量监测机构审定工作提供了依据。《关于规定〈放射工作人员证〉样式的通知》进一步明确了放射工作人员证的式样和规格，并明确了放射工作单位在申领放射工作人员证时应提出申请。2008年5月举办了《放射工作人员职业健康管理办法》培训班，培训班上对《放射工作人员职业健康管理办法》、“全国放射卫生防护现状与对策”、“个人剂量监测相关管理法规与标准”、“国家放射工作人员职业健康管理登记报告系统”作了系统讲解和介绍。

（杨　霞）

组织开展全国传染病防治监督重点检查

根据《卫生部办公厅关于印发2008年国家公共卫生重点监督检查工作计划的通知》（卫办监督发〔2008〕45号），卫生部组织开展了全国传染病防治监督重点检查工作。全国29个省、自治区、直辖市（除海南、西藏）及新疆生产建设兵团完成检查工作并上报了检查结果。

全国共检查251819家医疗机构的医疗废物处置情况，其中，医院14539家，妇幼保健院2243家，乡镇卫生院24194家，社区卫生服务中心23466家，其他医疗机构187377家。各级卫生监督机构对存在违法行为的24039家医疗机构给予警告，对9729家医疗机构共罚款1140.99万元。各地还检查了疾病预防控制机构（以下简称疾控机构）和采供血机构的医疗废物处置情况，各级卫生监督机构对存在违法行为的6家市级疾控机构、107家县级疾控机构和18家采供血机构给予警告，对4家疾控机构和4家采供血机构共罚款1.95万元。当前，各地在医疗废物处置方面的问题除管理制度落实不够外，主要问题是相当数量的设区的市和县级市尚未建成医疗废物集中处置设施，导致医疗废物出口不畅，违法违规处置行为时有发生。

据统计，各地开展内镜诊疗的医院共8000余家，此次共检查7204家，有近5000家能够做到清洗与诊疗环境分开，6049家有消毒效果监测记录，5557家的消毒灭菌效果监测周期符合每季度监测一次的要求，6617家使用中消毒剂浓度符合要求，6132家消毒灭菌作用时间符合要求。共抽检内镜4317条，消毒效果合格3791条。各级卫生监督机构对存在违法行为的302家医院给予警告，对80家医院罚款16万余元。各级卫生监督机构还监督检查了地市级和区县级疾控机构对学校、幼儿园的疫情调查处理情况，对未依据职责及时采取措施的2家地市级疾控机构和12家区县级疾控机构给予警告。

（冯　光　宫国强）

编辑出版《卫生监督员手册—医疗卫生机构传染病防治监督》分册

卫生部组织编写了《卫生监督员手册》系列丛书，先后出版了《总论》、《食品卫生监督》、《医疗服务监督》、《化妆品、消毒产品、涉水产品监督》分册，并免费发放到各级卫生监督机构。2008年组织编写了《医疗卫生机构传染病防治监督》分册。

（关姗姗）

全国打击非法行医专项行动和非法采供血专项整治工作总结电视电话会议召开

2008年5月13日，卫生部联合科技部、公安部、监察部、人口计生委、食品药品监管局、中医药局、总后勤部卫生部和武警总部后勤部卫生部召开全国打击非法行医专项行动和非法采供血专项整治工作总结电视电话会议。会议指出，在各级政府和各部门的共同努力下，打击非法行医专项行动和非法采供血专项整治基本实现了专项行动的预期目标，取得了明显的阶段性成效，有力地打击了非法行医和非法采供血活动，解决了一些长期存在的突出问题，净化了医疗市场，人民群众就医安全得到进一步保障。会议回顾了3年专项行动中取得的经验和做法并强调，在充分肯定成绩的同时，也应清醒地看到成果的阶段性，看到仍存在着一些不容忽视的问题。从而按照卫生部的统一部署，针对医疗服务市场和血液安全监督中存在的薄弱环节，继续深入做好医疗卫生服务和血液安全监督工作。

（徐克明　邢路微）

督导调研安徽、山西、黑龙江3省打击非法行医和非法采供血长效机制建设工作

2008年7月下旬—8月初，卫生部分别对安徽、黑龙江和山西3个省的医疗服务和血液安全监督工作进行了调研督导。通过调研发现，各地已普遍转入了医疗服务与血液安全的常态监管，在巩固专项行动成果的基础上，积极探索长效监管机制，取得了新的进展。但同时还存在一些监管方面的问题，如：无证行医屡打不绝，使用非卫生技术人员、超范围行医行为，虚假违法医疗广告有些公立医疗机构趋利行为明显，一些民营医疗机构监管仍存在漏洞，少数地区采供血违法行为仍有发生。

（邢路微　张睿明）

编印《血液监督案例评析汇编》、《中国卫生监督医疗服务和血液安全专刊》

2008年，卫生部向有关省、自治区、直辖市卫生厅局征集了违法违规采供血典型案例，组织有关卫生法学研究、卫生监督一线和血液管理专家共同对案例进行了评析，并编印了《血液监督案例评析汇编》。

卫生部向各地征集有关医疗服务和血液安全监督执法的相关案例和论文共86篇。通过组织有关专家共同对论文进行评审，共评出优秀论文26篇，并将优秀文章汇集成册，出版了《中国卫生监督医疗服务和血液安全专刊》。

（徐克明　邢路微）

全国医疗服务和血液安全监督骨干培训班暨长效机制建设经验交流会举办

2008年11月25—28日，卫生部在江苏省苏州市举办全国医疗服务和血液安全监督骨干培训班暨长效机制建设交流会。来自全国30个省、自治区、直辖市和新疆生产建设兵团卫生监督处、医政处、卫生监督机构的主管领导和一线监督员共214名代表参加了会议。培训班上，最高人民法院、卫生部政策法规司的专家进行了授课，几位卫生监督专家和一线卫生监督员结合案例介绍具体办案技巧、方法以及经验教训，安徽、上海、哈尔滨等3个省市交流了在医疗服务和血液安全监督转入常态后，开展长效机制建设的情况。

（徐克明　邢路微）

通报河南省商水县医疗服务市场混乱查处情况

2008年11月11—13日，卫生部会同河南省卫生厅对商水县医疗服务市场进行了明查暗访。检查发现，监督所部分领导或其亲属未取得《医疗机构执业许可证》开办诊所从事诊疗活动；医疗市场混乱，调查组抽查的32家诊所中，13家没有取得《医疗机构执业许可证》；个别卫生监督人员提前将检查消息通知诊所。

根据检查结果，河南省卫生厅对商水县医疗服务市场混乱情况进行了通报，商水县卫生局对监督所相关人员进行了责任追究。卫生部对相关情况进行了全国通报，并提出具体要求。

（徐克明　张睿明）

通报黑龙江省绥化市、兰西县非法行医诊所查处情况

2008年3月11日，卫生部组织对黑龙江省绥化市城区、兰西县医疗服务市场进行了暗访，发现个别诊所涉嫌非法行医的情况。黑龙江省卫生厅接到卫生部关于暗访情况的反馈后，责成绥化市卫生局对有关诊所进行监督检查。绥化市卫生局会同北林区、兰西县卫生局对暗访中发现的涉嫌非法行医的汪忠鹏诊所、肖文彬牙科、刘小会牙科等机构进行了监督检查，并依法对汪忠

鹏、肖文彬、刘小会3人的违法行为进行了处罚。卫生部对相关情况进行了通报，要求各地进一步加强医疗服务监督工作，防止非法行医问题反弹。

（邢路微　张睿明）

消毒剂、消毒器械行政许可工作

消毒剂、消毒器械受理工作。2008年，共受理消毒产品1204个。其中首次申报197个，变更及延续437个，补充数据延期再审558个，申请复核及其他12个。消毒产品卫生行政许可文书发放1232件。

消毒剂、消毒器械评审工作。2008年，共组织召开评审大会6次，累计评审消毒产品244个，召开评审小会42次，评审消毒产品901个（次），上报卫生部待批准消毒产品502个，制作消毒产品卫生许可批件550个。2008年共上报卫生部不予行政许可消毒产品66个。

（吴咏梅　郭　艳　孟德山　吕荷叶）

建设项目职业卫生审查工作

建设项目职业卫生审查受理工作。2008年，共受理建设项目职业卫生审查申请45个。其中建设项目职业病危害预评价报告35个，建设项目职业病防护设施设计6个，建设项目职业病危害竣工验收报告4个。发放建设项目职业卫生行政许可文书29件。

建设项目职业卫生现场审查工作。2008年，共组织专家对6个建设项目进行了设计审查，对8个建设项目职业病危害控制效果评价报告进行技术审查并竣工验收。

（孙育文　穆源浦　孟德山　吕荷叶）

卫生部卫生监督中心抗震救灾卫生防疫工作

2008年5月，“5·12”四川汶川特大地震发生后，卫生部卫生监督中心召开主任办公会和中层干部例会，紧急动员部署抗震救灾准备工作，成立了抗震救灾领导小组，全面负责卫生监督中心抗震救灾准备工作；组织拟定了支援四川灾区救灾防病工作预案；设立了抗震救灾办公室；组建了2个抗震救灾应急预备队。根据灾区卫生防疫工作的需要，及时在网上公布了消毒产品和涉水产品卫生许可的查询系统，方便灾区开展卫生监督及索证核查工作，启动了消毒涉水产品受理审批绿色通道。卫生监督中心先后派出22人次奔赴四川参加救灾防病工作。针对在救灾防病工作中遇到和发现的问题及时以书面或直接向有关部门汇报的形式提出建议，供卫生部抗震救灾领导小组及有关部门决策参考。在卫生部组织的应对重大灾害卫生监督应急救援组织与管理工作研讨会上，卫生监督中心代表卫生监督系统以《应对重大灾害卫生监督应急救援组织与管理的对策研究》为题做了大会发言交流。

支援抗震救灾和救灾防病工作。卫生监督中心为四川、陕西和甘肃灾区安排70万元卫生监督队伍建设专项经费；组织职工为灾区捐款1万多元；组织37名党员交纳特殊党费8600元。向北京、上海、天津、广东、浙江、江苏、湖北、河北等省市卫生监督机构发出了携手支援四川灾区救灾防病工作的倡议。2008年5月22日，卫生监督中心先后赴四川的都江堰市、什邡市的莹华镇、红白镇、洛水镇及陕西的汉中市、宁强县、宝鸡市、陈仓区，送去价值近4万元的灾区急需的消毒防护用品和余氯检测试剂；实地考察了解灾区卫生监督机构受灾情况、灾区卫生防疫和卫生监督工作开展情况；并深入灾民居住点，检查指导居民饮用水消毒、医疗救治点传染病预防及传染病疫情报告等项工作；看望支援地震灾区的卫生监督工作者近500名。

完成救灾防病工作任务。按照卫生部统一部署和四川省灾区救灾防病工作需要，自2008年5月20日起，卫生监督中心先后抽调12名骨干参加四川灾区救灾防病工作。其中2人参加卫生部前方综合协调组工作，9人深入到重灾区进行卫生防疫监督督导工作，1人协助四川省卫生监督机构在成都汇集信息，联络协调灾区一线和指挥部有关卫生监督支援工作。

及时反映灾区救灾防病工作动态。救灾期间，卫生监督中心通过网站、简报等多种渠道将一线各省卫生监督机构开展救灾防病工作动态和信息向卫生部抗震救灾领导小组报告，反馈指导救灾防病工作。通过卫生监督中心网站发布抗震救灾有关信息521条。编发《卫生部卫生监督中心抗震救灾简报》14期。编发《卫生监督通讯》抗震救灾专刊5期。制作抗震救灾宣传展板4幅，在《中国卫生监督杂志》上刊登抗震救灾图片32张。

（卢　江　管若青）

医学教育

全国医学教育工作会议召开

2008年2月28—29日，教育部和卫生部在北京联合召开全国医学教育工作会议。各省、自治区、直辖市教育厅（教委）、卫生厅（局）、新疆生产建设兵团教育局、卫生局负责人，部分学校校长、部分医院院长和医学界、教育界有关专家共计200余人参加了会议。会议明确提出，要努力办好人民满意的医学教育，推动我国从医学教育大国向医学教育强国迈进。提高医学教育质量是建设医学教育强国的核心，要坚持医学教育为医疗卫生事业服务的宗旨，遵循医学教育和卫生人才成长规律，深化医学教育教学改革，培养高素质卫生人才。会议要求各级教育行政部门和学校加强对医学教育工作的领导，规范管理。切实加大投入，进一步改善医学教育的办学条件，为医学教育发展创造良好政策环境。要建立和完善推进医学教育发展的长效机制，真抓实干，努力开创新时期医学教育工作新局面。会后，卫生部、教育部联合相继颁发了《关于医学教育临床实践暂行规定》、《关于加强继续医学教育工作的若干意见》、《本科医学教育标准（临床医学专业）》。

（解江林）

颁发《医学教育临床实践管理暂行规定》

为规范医学教育临床实践活动的管理，保护患者、教师和学生的合法权益，保证医学教育教学质量，卫生部、教育部联合颁发《医学教育临床实践管理暂行规定》（以下简称《规定》）。

《规定》要求临床教学基地及相关医疗机构应采取有效措施保护医学教育临床教学实践活动中患者的知情同意权、隐私权和其他相关权益。明确了临床教学基地和相关医疗机构有责任保证医学教育临床实践过程中患者的医疗安全及医疗质量，并应通过多种形式告知相关患者以配合临床实践活动。

《规定》要求临床带教教师和指导医师应牢固确立教学意识，增强医患沟通观念，积极说服相关患者配合医学教育临床实践活动；在安排和指导临床实践活动之前，应尽到告知义务并得到相关患者的同意。在教学实践中要保证患者的医疗安全和合法权益。

《规定》明确医学生在临床带教教师的监督、指导下，可以接触观察患者、询问患者病史、检查患者体征、查阅患者有关资料、参与分析讨论患者病情、书写病历及住院患者病程记录、填写各类检查和处置单、医嘱和处方，对患者实施有关诊疗操作、参加有关的手术。试用期医学毕业生在指导医师的监督、指导下，可以为患者提供相应的临床诊疗服务。

《规定》强调医学生和试用期医学毕业生参与医学教育临床诊疗活动必须由临床带教教师或指导医师监督、指导，不得独自为患者提供临床诊疗服务。临床实践过程中产生的有关诊疗的文字材料必须经临床带教教师或指导医师审核签名后才能作为正式医疗文件。医学生和试用期医学毕业生在医学教育临床实践活动中应当尊重患者的知情同意权和隐私权，不得损害患者的合法权益。

《规定》同时明确，在医学教育临床实践过程中发生的医疗事故或医疗纠纷，经鉴定，属于医方原因造成的，由临床教学基地和相关医疗机构承担责任。因临床带教教师和指导医师指导不当而导致的医疗事故或医疗纠纷，临床带教教师或指导医师承担相应责任。医学生和试用期医学毕业生在临床带教教师和指导医师指导下参与医学教育临床实践活动，不承担医疗事故或医疗纠纷责任。但是医学生和试用期医学毕业生未经临床带教教师或指导医师同意，擅自开展临床诊疗活动的，承担相应的责任。

《规定》还明确了护理、药学及其他医学相关类专业的医学教育临床实践活动参照本规定执行。

（解江林）

乡村医生中专学历教育

针对当前卫生技术队伍和医学教育的实际情况，为适应卫生事业发展的需要，优化医生队伍结构，2008年1月，卫生部办公厅致函教育部办公厅，建议对现行中等医学类专业招生有关政策进行调整。

2008年9月，卫生部办公厅针对云南省卫生厅的请示做出批复，同意云南省玉溪市政府提供资助，在2007—2010年期间，由玉溪市卫生学校举办三年制中等医学专业学历教育，培养300名在岗乡村医生。学生毕业后可按照《执业医师法》的规定参加执业助理医师资格考试；成绩合格、取得执业助理医师资格者，执业注册地点限定为原所在村卫生室，专业名称定为农村医学。

（解江林）

乡镇卫生院卫生技术人员培训试点工作评估

为了加强乡镇卫生院卫生技术人员服务能力培训，探索培训模式，卫生部从2005年开始在河北、安徽、福建、四川、宁夏、贵州6个省、区遴选确定了13个乡镇卫生院开展卫生技术人员在职培训试点。2008年，卫生部委托河北省卫生厅科技发展中心对13个试点卫生院逐一进行了全面评估检查，对试点工作做出基本评价。通过评估，提出了培训工作应加强的方面，一是坚持开展乡镇卫生院卫生技术人员在职培训，形成制度，落实政策，实现农村基层卫生工作的可持续发展。二是加强县、市级医疗卫生机构支援基层，重点支持基层卫生人员培训工作。三是加大政府经费的支持力度，经费向培训工作倾斜，提高经费的使用效益。四是继续探索优化培训模式，因地制宜开展培训，推广和改进培训教材，科学评价培训工作，保证培训效果。

（解江林）

《乡镇卫生院卫生技术人员在职培训指导手册》修订再版

为贯彻《卫生部乡镇卫生院卫生技术人员培训暂行规定》，卫生部组织有关专家编写了《乡镇卫生院卫生技术人员在职培训指导手册》。随着卫生院功能不断增强和卫生院所面临任务的增长，各地提出，前期出版的《乡镇卫生院卫生技术人员在职培训指导手册》的内容需要进一步增加和完善。卫生部在组织调查研究、征求试点乡镇卫生院的意见的基础上，多次召开教材修订会，审定培训内容，对培训指导手册组织了修订再版。新版指导手册将基本技能从原来的490项调整为660项。其中淘汰落后技术3项，修改和充实原技术内容235项（占原版48%），新增101项（占新版15%）。新版指导手册作为乡镇卫生院卫生技术人员在职培训系列教材之一，在书名格式、编委会及编写人员排名等格式做了相应的修改。

（解江林）

乡村医生培训工作评估

2008年5—8月，卫生部委托中国乡村医生培训中心按照《卫生部农村卫生人员在职培训工作评估指标体系》的要求，对北京、浙江、河南、河北、云南、宁夏6省（市、区）的乡村医生培训情况进行了现场评估与调研。调查采取随机抽样的方法，对乡村医生接受培训的情况进行了调查研究，并进行了专业知识测试。调查结果表明，各省份管理组织机构健全，有明确专门的管理人员，建立了由卫生厅分管厅长负总责，科教处牵头，相关处室配合的管理体制；各市（州）卫生行政部门有具体管理的组织体系。

各地基本建立了乡村医生在岗培训制度，明确了乡村医生接受培训的义务。部分地区明确将乡村医生培训纳入继续医学教育统一管理，将在岗培训与执业注册挂钩，调动了乡村医生参加培训的积极性。6省市卫生行政部门均制定了本地区乡村医生培训规范、实施办法等指导文件，专门召开了培训工作会议。各地相继成立省级乡村医生培训中心、市县级培训基地等，形成了乡村医生培训网络，保证了乡村医生培训工作的顺利开展。乡村医生培训机构有的挂靠在相关协会，有的设在医学院校，但行使职能和功能相同。6省均采取多方筹资的方法筹集培训经费，各地充分利用中央财政专项补助经费，有力地推动了培训工作的落实。

据各地统计，乡村医生参加培训的比例为72%—100%，培训合格率为85%—100%。乡村医生学历教育层次有所提高，大专及以上学历人数占22.8%；具有中专学历及中专水平的占65.6%；无医学专业学历的占11.6%。乡村医生取得执业（助理）医师资格的比例较低，一般低于15%，但浙江省乡村医生取得执业助理医师的比例较高，达到51%。乡村医生随机抽样闭卷测试结果，及格率为61.8%，其中妇女儿童保健及计划生育指导部分和中医药基础部分得分率较低。

（解江林）

中西部社区卫生人员岗位培训工作

2008年，卫生部组织实施中西部地区社区卫生人员岗位培训项目。在实施过程中注意发挥卫生部全科医学培训中心的作用，加强宏观指导，加强工作交流，加强监督检查。保证了项目计划的实施。

严格中西部地区培训项目的考试考核。一是在2007年工作的基础上，针对各地在考试中反映的情况，委托卫生部国家医学考试中心组织专家对原有考试题目组织审查，做出必要的调整，保证考试题目的可靠性和有效性，保证试题质量。二是统一考试时间，规范考务工作。考试时间统一安排在双月的中旬，并据此倒计时安排考试工作。要求各省市在考试前一个月的月底向卫生部报送考试计划。三是在统一笔试题目的同时，要求各地卫生厅局科教处严格按照卫生部提出的关于社区卫生人员实践技能考核的指导意见，加强实践技能考核，提高社区卫生人员的临床和社区卫生服务能力。

加强适宜培训教材建设。截至2008年4月，社区卫生全科医师和社区护士岗位培训文字教材（共8种）全部出齐。在2007年编辑出版社区医师和护士培训视听教材的基础上，2008年由李兰娟院士牵头制作的临床能力视听教材正式发行。这套视听教材，不仅适用于社区卫生人员岗位培训项目，同时也适用于其他各类基层卫生机构和广大基层卫生技术人员的培训需要。

组织检查评估。在2007年检查5个省市的基础上，2008年又组织专家随机抽取中西部7个省份（安徽、河南、贵州、云南、甘肃、新疆、兵团）进行社区卫生人员岗位培训项目落实情况的监督检查。并针对检查过程中发现的问题，及时进行总结研讨，提出下一步工作改进的建议与措施。

加强交流，委托卫生部全科医学培训中心编写社区卫生人员培训工作简报，每月1期，及时沟通相关信息，掌握培训工作进展。

完善业务指导。根据各地培训工作的实际需要，卫生部参照北京市卫生局的做法和成功经验，组织专家编制除全科医师和社区护士以外的其他专业技术人员的培训大纲，为在社区卫生服务机构的检验、药剂、放射、口腔、心电图、B超等专业人才的培训奠定基础。

推进全科医师规范化培训。在专科医师培训基地评审工作中，将全科医学基地的评审作为重点，开展培训基地的评审工作，推动全科医师规范化培训工作。组织召开了全科医师培训基地主任会议，宣讲全科医师培训标准和培训基地评审建设标准，旨在规范培训过程，保证培训质量。

（解江林）

全科医师规范化培训基地评审

2008年1—6月，卫生部毕业后医学教育委员会办公室组织专家对部分省份医院申报的全科医学科培训基地进行了实地评审。根据专家评审意见，在原有工作的基础上，增加13所医院为全科医学科专科医师培训试点基地，开展全科医师规范化培训试点工作。这13家医院为：吉林大学第一医院、延边大学附属医院、中国医科大学附属第一医院、湖南省人民医院、中南大学湘雅三医院、江西省南昌市第一医院、江西省南昌市第三医院、安徽医科大学第一附属医院、安徽省立新安医院、重庆医科大学附属第一医院、重庆市第二人民医院、四川省人民医院、海南医学院附属医院。

（解江林）

印发《亚专科医师培训登记手册系列》

为加强对专科医师培训试点工作的指导，规范专科医师培训过程，保证培训质量，卫生部毕业后医学教育委员会委托北京医学教育协会组织有关专家分别编制了16个亚专科的《亚专科医师培训登记手册系列》，并于2008年9月向各地卫生厅局及相关培训基地推荐使用。《亚专科医师培训登记手册系列》电子版在卫生部和中国医师协会网站上有公布。同时，由人民卫生出版社印制，供各地、各单位选用。

（解江林）

《临床药师培训指导手册》出版

卫生部从2005年12月开始进行临床药师培训工作试点，在试点的过程中，先后制定了试点工作方案，确定了试点工作的目标，明确临床药师培训的基本要求，遴选确定了50所医院作为临床药师培训试点基地。中国医院协会承担了临床药师培训试点的具体指导和管理工作，成立了临床药师培训指导专家委员会，组织制订了10个专业方向的培训大纲，制订了教学药历的书写要求，明确了临床药师培训考试考核办法等一系列指导性文件和资料。应广大医疗机构和医学院校的要求，卫生部将临床药师培训工作形成的文件资料汇编成册，由人民军医出版社出版，定名《临床药师培训指导手册》，供广大医疗机构在培训临床药师工作中使用。

（解江林）

全国继续医学教育委员会学科组第十四次工作会议召开

2008年11月13—14日，全国继续医学教育委员会学科组第十四次工作会议在北京召开。全国继续医学教育委员会学科组90余位专家参加了会议。

2008年全国继续医学教育委员会围绕卫生改革与发展的中心工作，坚持以人为本，贯彻落实科学发展观，不断完善继续医学教育管理制度；加强对继续教育学分证书和项目的管理；稳步扩大试点远程继续医学教育试点机构的管理；加强继续医学教育管理干部培训，开展课题研究等工作；开展多种形式的继续医学教育活动，2008年全国继续医学教育委员会共批准国家级继续医学教育项目4467项，其中新申报项目2856项，备案项目1611项。这些项目中，传统面授形式的项目3848项，远程形式的项目619项。27项“十年百项”列入到国家级继续医学教育项目。截至2008年10月底，参加国家级项目面授班学习的学员达到近30万人次；参加国家级远程继续医学教育项目学习的学员达77万人次。此外，国家级继续医学教育基地296个项目，参加学习的学员达到2.46万人次。全国继续医学教育委员会办公室向会议提交2009年申报的国家级继续医学教育项目4471项，经学科组专家认真严格、客观、公正的评审，3490项项目获得通过，通过率为78%。本次会议还调整了全国继续医学教育委员会学科组专家，聘任孙保存、吴立玲、王吉耀等25人为全国继续医学教育委员会学科组新成员。

（敬蜀青）

全国继续医学教育委员会人员组成调整

根据全国继续医学教育委员章程和实际工作需要，全国继续医学教育委员会组成人员进行了调整。新一届委员会由卫生部、人事部、解放军总后卫生部、有关卫生厅局，人事厅局，高等医学院校、学术团体和医疗卫生单位的领导及专家39人组成。卫生部部长陈竺任主任委员；卫生部副部长刘谦、总后卫生部副部长陈新年、卫生部科教司副司长何维、北京协和医学院院长刘德培任副主任委员；卫生部科教司副司长孟群任秘书长。

（敬蜀青）

复旦大学中山医院通过远程医学教育机构评审认可

2008年4月14—15日，卫生部组织专家对复旦大学中山医院的远程继续医学教育试点工作进行了评估。专家组对复旦大学中山医院的继续医学教育制度建设、组织管理、项目实施与完成情况等进行认真的检查和评估，并到教学站点及相关单位进行实地考察。专家给予了充分的肯定，一致同意复旦大学中山医院继续作为开展远程继续医学教育工作的试点单位。

（敬蜀青）

认可四川大学华西医院为开展远程医学教育试点单位

2008年27—28日，卫生部组织有关专家，按照《卫生部远程继续医学教育机构认定评审方案》，对四川大学华西医院远程医学中心进行了实地评估。专家组通过听取汇报、审阅课件、核实相关材料、访谈、召开座谈会、考察教学站点等形式对四川大学华西医院远程医学中心开展的工作进行了评审。专家组认为，四川大学华西医院远程医学中心初步建立了远程继续医学教育系统和管理体系；在资源开发、教学实施、学习支持和教学管理等各个环节基本符合要求，制度比较健全，有较为明确的发展规划和工作设想，能较好地保障教学活动的有序开展。同意四川大学华西医院作为开展远程继续医学教育工作的试点单位，试点期限为2年。

（敬蜀青）

医学科学技术

建立国家医学科学研究部际会商机制

卫生部经过近两年与科技部、财政部、国家发展改革委、国家自然科学基金会和中国科学院的沟通和协商，形成了《关于增加医学科学研究投入提高医学创新能力的意见》和《国家医学研究部际会商机制方案》并报国务院。报告中提出了增加医学科学研究投入，提高医学创新能力的具体措施；建立多部门协商机制，促进医学科技整体合力的形成；逐步建立和完善支持医学科学研究的长效机制，促进医学科学研究持续稳定发展。国务院同意按照协商一致的意见组织实施支持医学科学研究的有关工作。为此，国家医学科学研究部际会商机制正式建立。

（陈旭利）

颁发《关于加强适宜卫生技术推广工作的指导意见》

2008年，卫生部制定并颁发了《关于加强适宜卫生技术推广工作的指导意见》。《指导意见》明确提出以邓小平理论和“三个代表”重要思想为指导，深入贯彻落实科学发展观，坚持以基层需求为导向，以技术推广为手段，以提高能力为目的，以强化服务为宗旨，促进安全、有效、方便、价廉的适宜卫生技术在农村和城市社区的推广普及和规范应用，优化基层卫生机构技术环境，提高基层卫生服务能力，为解决群众看病就医问题，建立基本医疗卫生制度技术提供支撑和保障。并提出了今后一个时期的发展目标和近期主要任务及措施要求。

（吴沛新）

卫生部第二轮面向农村和城市社区适宜卫生技术推广十年百项计划第八批项目启动

卫生部组织专家对各省、自治区、直辖市卫生厅局，部直属单位，相关学会、协会推荐的2008年度面向农村和城市社区适宜技术推广项目进行了论证。根据专家论证结果，确定了15项技术作为卫生部第二轮面向农村和城市社区推广适宜技术十年百项计划的第八批项目。项目目录如下：

项目编号	项目名称	推广单位	负责人	推荐部门
2008—01	儿童早期教育，高危儿早期干预实施和测查方法	中国医学科学院北京协和医院	鲍秀兰	中国优生优育协会
2008—02	无创正压机械通气技术	首都医科大学附属北京朝阳医院/北京呼吸疾病研究所	王　辰	北京市卫生局
2008—03	分子微化纳米技术在伤口治疗中的应用推广	首都医科大学附属北京天坛医院	宋茂民	北京市卫生局
2008—04	血脂异常防治技术规范化培训与推广	卫生部心血管病防治研究中心	高润霖	卫生部疾病预防控制局
2008—05	消化道早癌内镜介入（微创）诊断和治疗技术	首都医科大学附属北京友谊医院/中国医师协会消化医师分会	张澍田/刘新光	中国医师协会
2008—06	儿童缺铁性贫血的防治	四川大学华西第二医院	高　举	中华医学会
2008—07	传动直丝弓矫治器及技术	北京大学口腔医院	林久祥	中华口腔医学会
2008—08	急性期脑卒中的规范化治疗技术方案应用与推广	复旦大学附属华山医院	董　强	中华医学会
2008—09	负压封闭引流（VSD）技术在软组织创伤中的应用	华中科技大学同济医学院附属同济医院	白祥军	湖北省卫生厅
2008—10	围术期血液保护技术的推广与应用	新疆医科大学第一附属医院	郑　宏	新疆自治区卫生厅
2008—11	适宜农村癌痛患者三阶梯止痛治疗技术推广	辽宁省肿瘤医院	郑美珍	辽宁省卫生厅
2008—12	细菌药敏试验规范化检测技术及其药敏试验指导软件的应用	安徽省立医院	马筱玲	安徽省卫生厅
2008—13	儿童疾病综合管理（IMCI）	首都儿科研究所	戴耀华	中华预防医学会
2008—14	肺心病急性发作期中西医结合综合治疗方案项目推广	成都中医药大学附属医院	张晓云	四川省卫生厅
2008—15	贺氏针灸三通法治疗中风病的临床应用	首都医科大学附属北京中医医院/北京针灸学会	王麟鹏/程海英	北京市卫生局

（吴沛新）

卫生部第二轮面向农村和城市社区适宜卫生技术推广十年百项计划第五批项目验收

卫生部组织专家对“十年百项”第二轮第五批项目推广情况进行了验收。根据专家验收结果，确定了2项技术继续推广，有效期自2009—2011年；9项技术停止推广，其中中卫国立（北京）糖尿病研究院的中国糖尿病综合防治计划等3项技术未通过验收（名单附后）。

卫生部要求各省区市卫生厅局应根据“十年百项”项目目录，结合本地卫生工作实际，认真组织技术推广工作，切实发挥卫生技术推广的社会效益。要求继续推广单位结合专家验收意见，对项目进行改进，制定切实可行的推广计划并认真执行。

卫生部面向农村和城市社区推广适宜技术十年百项计划第二轮第五批项目验收结果如下：

项目名称	责任单位	验收结论			备注
		通过		不通过	
		继续推广	停止推广		
适时分娩的技术	天津市中心妇产科医院	√			
肱骨外上髁炎的诊治新技术	首都医科大学附属北京朝阳医院	√			
皮下埋植、放置IUD、药物流产术后减少阴道出血的技术	北京协和医院		√		
简易装置浓缩腹水回输治疗顽固性腹水	南昌第九医院		√		
胃肠道癌术后腹腔淋巴化疗联合静脉化疗的临床推广	江西省鹰潭市人民医院		√		
平衡针灸治疗颈肩腰腿痛	中国医师协会事业发展部		√		
缺血性脑卒中的预警因子—溶血磷脂酸的临床应用	内蒙古包头市中心医院		√		
穴位埋线技术的临床应用	中国中医研究院基础理论研究所培训学校		√		
中国糖尿病综合防治计划	中卫国立（北京）糖尿病研究院			√	
早产儿腋静脉留置输注营养液的临床应用研究	江西省赣州市妇女儿童医院			√	未提供验收材料未参加验收答辩
当代口腔正畸直丝弓矫治技术及徐氏滑动直丝弓矫治技术	卫生部中日友好医院			√	未参加验收答辩

（吴沛新）

2008年度国家科技奖励推荐工作

2008年，在中华医学会和中华预防医学会2007年度组织科技奖评奖的基础上，卫生部遴选2008年度国家科技奖推荐项目共16项，其中推荐申报国家科技进步奖的14项，申报国家自然科学奖的2项。

推荐申报国家科技进步奖项目表

	项目名称	曾获奖项	第一完成人	第一完成单位
(1)	基于现代影像技术的鼻咽癌综合治疗研究	2007 年中华医学科技奖一等奖	马　骏	中山大学肿瘤防治中心
(2)	两型包虫病的诊断、治疗新技术研究与临床应用	2007 年中华医学科技奖二等奖	温　浩	新疆医科大学第一附属医院
(3)	中枢神经系统血管母细胞瘤的基础和临床研究	2007 年中华医学科技奖二等奖	周良辅	复旦大学附属华山医院
(4)	嗜人按蚊地区疟疾流行潜势及控制暴发流行的研究	2007 年中华医学科技奖二等奖 2007 年中华预防医学会科技奖二等奖	汤林华	中国疾病预防控制中心寄生虫病预防控制所
(5)	抗病毒人源基因工程抗体的基础和应用研究	2007 年中华预防医学会科技奖一等奖	梁米芳	中国疾病预防控制中心病毒病预防控制所
(6)	中国心血管疾病发展趋势和防治策略研究	2007 年中华预防医学会科技奖一等奖	顾东风	中国医学科学院阜外心血管病医院
(7)	国家传染病与突发公共卫生实践网络直报信息系统建设项目	2007 年中华预防医学会科技奖二等奖	王陇德	中国疾病预防控制中心
(8)	遗传性内分泌代谢性疾病的基因和临床应用	2006 年中华医学科技奖二等奖	宁　光	上海交通大学附属瑞金医院
(9)	中国中药种质资源的调查、收集与保护	1986 年卫生部科技进步二等奖 1987 年获卫生部科技进步一等奖 1998 年获国家中医药局科技进步二等奖	肖培根	中国医学科学院
(10)	女性盆地功能障碍性疾病的基础与临床研究	2004 年中华医学二等奖	郎景和	中国医学科学院
(11)	儿童晕厥临床诊治的综合研究	2007 年获得高等学校科技奖一等奖 2005 年获得教育部高等学校科技奖一等奖 2000 年获得北京市科技进步一等奖	杜军保	北京大学
(12)	干眼病的基础与临床研究	2006 年中华医学科技奖二等奖 曾推荐申报 2007 年国家科技进步奖	刘祖国	厦门大学医学院

	项目名称	曾获奖项	第一完成人	第一完成单位
(13)	复发性流产的免疫发病机制和诊治	2004年中华医学科技奖二等奖 曾推荐申报2006年国家科技进步奖	林其德	上海交通大学仁济医院
(14)	遗传性出血性疾病的分子机理与临床应用研究	2004年中华医学科技奖二等奖 曾推荐申报2005年国家科技进步奖	阮长庚	江苏省苏州大学医学院

推荐申报国家自然科学奖项目表

	项目名称	曾获奖项	第一完成人	第一完成单位
(1)	支气管哮喘发病机制的免疫学研究	2007年中华医学奖一等奖	施焕中	广西医科大学
(2)	细胞骨架蛋白修饰在老年性痴呆症发病中的作用及其临床意义	2004年获得教育部高等学校科技奖一等奖 2002年获得中华医学科技奖一等奖	王建芝	华中科技大学同济医学院

（王锦倩）

参与制订《公共卫生、创新和知识产权全球战略和行动计划》

2007年底至2008年初卫生部先后两次组团赴瑞士日内瓦参加世界卫生组织政府间工作小组会议，讨论制订《公共卫生、创新和知识产权的全球战略和行动计划》。为了能够准确反映我国在医药知识产权方面的原则立场，卫生部组织有关专家开展了中国公共健康、医药创新与知识产权保护政策现况研究，针对我国公共健康、医药创新能力（包括中医药）与知识产权相关政策及法律法规进行分析，对医药知识产权保护现状进行综合评价，对所存在问题进行深入剖析，寻找解决办法；并在此基础上，对《公共卫生、创新和知识产权的全球战略草案和行动计划》的每一条款逐一进行分析，提出基于我国医药事业发展和知识产权战略规划需要的应对意见，供《公共卫生、创新和知识产权的全球战略和行动计划》政府间工作小组会讨论。《公共卫生、创新和知识产权全球战略》在2008年5月召开的第61届世界卫生大会获得通过。各成员国按照全球战略的总体要求，制定具体行动计划，并结合本国实际组织实施。

（王锦倩）

卫生系统颁布《卫生系统认证认可实施指南》

2008年8月，《卫生系统认证认可实施指南》出版发行。《卫生系统认证认可实施指南》依据中华人民共和国的法律、法规，与中华人民共和国的现行标准相结合，指导实验室质量管理人员和专业技术人员以及认证认可评审人员在检测和评价工作中识别质量控制关键环节和要点。《卫生系统认证认可实施指南》中涵盖了质量管理部分、理化部分、微生物部分、毒理部分、现场采样部分等卫生检验检测实验室的主要内容。

（宋广霞）

21个单位、部门通过国家实验室资质认定、国家实验室认可的监督评审和复查评审

依照国家法定程序与规定，国家计量认证卫生评审组组织审核，2008年评定完成了以下21个部门及单位的资质认定、实验室资质认定（计量认证）与实验室认可（称之“二合一”）的监督评审、复评审、人员变更、地址变更、标准转换扩项、实验室分支机构的备案等管理、实施与确认的现场评审工作。

国家计量认证卫生评审组 2008 年实验室资质认定（计量认证）评审情况

一、监督评审与复评审部门与单位：

序号	实验室名称	评审类型
1	中国疾病预防控制中心营养与食品安全所	复查评审
2	中国疾病预防控制中心环境与健康相关产品安全所	复查评审
3	中国疾病预防控制中心职业卫生与中毒控制所	复查评审
4	总后卫生部药品仪器检验所	复查评审
5	军事医学科学院消毒检测中心	复查评审
6	四川省疾病预防控制中心	监督＋扩项评审（二合一）
7	重庆市疾病预防控制中心	首次评审（二合一）
8	安徽省疾病预防控制中心	首次评审（二合一）
9	湖北省疾病预防控制中心	首次评审（二合一）
10	浙江省疾病预防控制中心	复查评审（二合一）
11	山东省疾病预防控制中心	复查评审（二合一）

二、实验室人员变更

1. 中国疾病预防控制中心营养与食品安全所实验室

2. 中国疾病预防控制中心环境与健康相关产品安全所实验室

3. 河南省职业病防治研究所实验室

4. 四川省疾病预防控制中心实验室

5. 山东省疾病预防控制中心实验室

三、实验室地址变更

浙江省疾病预防控制中心

四、标准扩项（奥运会保障工作）

1. 中国疾病预防控制中心环境与健康相关产品安全所生活饮用水

2. 卫生标准紧急扩项（承担奥运期间饮用水与公共场所卫生安全保障任务）

3. 北京市疾病预防控制中心在奥运村设立食品检测实验室的审核与备案工作

五、验室标准变更

1. 中国疾病预防控制中心营养与食品安全所

2. 海南省疾病预防控制中心

（宋广霞）

小檗碱治疗高胆固醇血症的基础、临床研究及类似物或前药的开发研究项目获第七届德彪—CCRF 中国奖一等奖

2007 年 11 月，中国医学科学院医药生物技术研究所的研究项目小檗碱治疗高胆固醇血症的基础、临床研究及类似物或前药的开发研究项目获第七届德彪—CCRF 中国奖一等奖。

德彪—CCRF 中国奖由瑞士德彪药业集团和中国癌症基金会于 1994 年 9 月共同创办，旨在为中国药物科学家和国际制药工业间搭起一座桥梁，促进中国在癌症、心血管、糖尿病等领域中天然药物的研发，并奖励高水平科研成果，评审委员会由欧洲和中国专家组成。初审在中国进行，复审在欧洲进行，根据申报项目的科学价值和新颖性，每两年颁发一届。医科院药生所的获奖项目属于治疗心血管疾病的天然药物研究领域。

（王京燕）

中国医学科学院九项科研成果荣获2007年度中华医学科技奖

2008年2月23日，2007年度中华医学科技奖颁奖仪式在北京人民大会堂举行。全国共有234项科研成果参加了角逐，其中80项研究成果获得一、二、三等奖。中国医学科学院九项科研成果荣获2007年度中华医学科技奖，获得一等奖的是，协和医院赵玉沛教授主持完成的“胰腺癌化疗及其化疗耐药机理的临床和实验研究”；获得二等奖的是，协和医院崔丽英教授主持的“单纤维肌电图技术在运动神经疾病、神经肌肉接头病和肌肉病中的应用和规范化诊断方法的建立”和阜外医院华伟教授主持的“充血性心力衰竭患者心脏收缩非同步性及心脏再同步治疗的临床研究”2项成果；获得三等奖的是，协和医院姜玉新教授主持的“早期乳腺癌超声诊断新技术系列研究及其临床应用”，向阳教授主持的“滋养细胞肿瘤耐药的基础与临床研究”，李太生教授主持的“艾滋病的免疫发病机制、抗病毒治疗及免疫重建研究”和罗爱伦教授主持、联合国内三家医院完成的“病人自控镇痛术（PCA）的临床研究与推广应用”；整形医院赵振民教授主持的“颊肌黏膜瓣修复口腔颌面部黏膜或肌黏膜器官缺损的基础及临床应用研究”；肿瘤医院张彬教授主持的“颈分（择）区性清扫术治疗头颈部鳞癌的前瞻性研究与临床规范化治疗模式的建立”等6项成果。

（王京燕）

2008年中华医学科技奖推荐、评审情况及获奖项目名单

2008年1月9日，中华医学会发出《中华医学会关于推荐2008年中华医学科技奖的通知》，截至2008年4月2日，全国共推荐了251项科研成果。学会依据《中华医学科技奖奖励条例》和《中华医学科技奖奖励条例实施细则》进行了形式审查。在形式审查期间，有3项提出不参加2008年的评审，进入初审的项目共计248项。来自全国的91名评审委员分为7个学组，经过3天评审，评选出进入终审项目101项。学会在《健康报》和中华医学会网站同时向社会公示初审结果，公示期30天。公示期间，未收到对初审通过项目的异议函。公示后，有2个项目的完成人和完成单位书面提出退出评审程序，根据有关规定，同意这两个项目不参加终审的要求。来自全国的60名评审委员对进入终审的99个项目进行了评审。经中华医学会第23届理事会常务理事会第7次会议审议，确认80个项目获得2008年中华医学科技奖，其中一等奖8项，二等奖25项，三等奖47项。

2008年中华医学科技奖获奖项目

一等奖8项

200801044 **中国人群高血压和冠心病遗传资源的收集和利用及易感基因研究** 中国医学科学院阜外心血管病医院、国家人类基因组北方研究中心、中国科学院生物物理研究所、中国医学科学院基础医学研究所、南京医科大学、中国医学科学院北京协和医院、首都医科大学宣武医院、西安交通大学医学院第一附属医院、华中科技大学同济医学院公共卫生学院、北华大学附属医院 顾东风、葛东亮、陈润生、黄建凤、强伯勤、姚才良、范中杰、鲁向锋、王来元、华琦、牟建军、陈恕凤、王礼桂、徐丽华、宿少勇

200801065 **下尿路功能障碍的尿动力学研究** 中国人民解放军总医院第二附属医院、北京博爱医院 石炳毅、廖利民、詹胜利、鞠彦合、蔡明、付光、钱叶勇、吴娟、李州利、李东、梁文立、韩春生、史文博、熊宗胜

200801158 **一类新药重组成纤维细胞生长因子应用基础与工程技术研究** 温州医学院、广州暨南大学医药生物技术研究开发中心、吉林农业大学、上海万兴生物制药有限公司、长春长生基因药业股份有限公司、南海朗肽制药有限公司 李校堃、黄亚东、吴晓萍、肖健、苏志坚、黄志锋、曹之舫、王艳萍、谭毅、初彦辉、肖业臣、张翼、冯成利、金利泰、林绍强

200801052 **我国既往有偿供血人群艾滋病流行病学与控制策略研究** 中国疾病预防控制中心性病艾滋病预防控制中心、中国疾病预防控制中心病毒病预防控制所、安徽省疾病预防控制中心、阜阳市疾病预防控制中心、河南省疾病预防控制中心 吴尊友、曾毅、柔克明、计国平、徐臣、庞琳、徐杰、郑锡文、王哲、汪宁、张福杰、王岚、高玉、吕繁、施小明

200801180 **眩晕疾病的基础与临床研究** 华中科技大学同济医学院附属协和医院、上海交通大学附属第六人民医院、中国人民解放军总医院、卫生部北京医院 孔维佳、殷善开、吴子明、黄魏宁、刘波、郭长凯、程华茂、王彦君、师洪、张素珍、胡钰娟、张甦琳、陈敏、于栋桢、宋海涛

200801021 **细胞因子在造血干细胞移植中诱导免疫耐受的基础和应用研究** 北京大学人民医院 黄晓军、常英军、许兰平、刘开彦、刘代红、赵翔宇、陈欢、陈育红、赵杰

200801223 **颅咽管瘤生物学特性的研究及临床应用** 四川大学华西医院、中国医学科学院北京协和医院

游潮、王任直、徐建国、陈兢、李强、周良学、姜曙、蔡博文

200801043 **主动脉夹层治疗新策略研究** 中国医学科学院阜外心血管病医院 孙立忠、黄连军、常谦、朱俊明、郑军、田良鑫、刘永民、于存涛、张海涛、刘楠、禹纪红、金敬琳、刘文芝

二等奖 25 项

200802023 **药物依赖戒断后心理渴求的神经机制及干预措施** 北京大学中国药物依赖性研究所 陆林、刘志民、时杰、翟海峰、赵成正、邓艳萍、李素霞、赵苳、刘昱、鲍彦平

200802150 **小移植肝损伤机制与保护措施的基础研究** 南京医科大学第一附属医院 王学浩、俞悦、李国强、成峰、姚爱华、李相成、汤黎明、张峰、孙倍成、浦立勇

200802002 **国人肺血栓栓塞症的规范化诊断与治疗研究** 首都医科大学附属北京朝阳医院、中国医学科学院北京协和医院、大连医科大学附属第一医院、西安交通大学医学院第一附属医院 王辰、陆慰萱、张中和、郭佑民、杨媛华、庞宝森、吴雅峰、翟振国、任华、王峰

200802025 **高同型半胱氨酸血症加速动脉粥样硬化发生的免疫机制** 北京大学第三医院、北京大学基础医学院 王宪、张芹、曾晓坤、戴晶、王广、张振民、常丽娜、江河、孙威、曲爱娟

200802035 **胰腺癌流行病学、筛查方案及内镜治疗的基础和临床研究** 中国医学科学院北京协和医院、中国医学科学院肿瘤医院、中国医学科学院基础医学研究所、中国医科大学附属盛京医院、中国人民解放军沈阳军区总医院 陆星华、钱家鸣、孙思予、王丽、赵平、杨爱明、郭晓钟、邓瑞雪、周璐、倪晓光

200802203 **肝癌超声诊断和超声介入治疗** 中山大学附属第一医院 吕明德、谢晓燕、徐辉雄、匡铭、刘广健、殷晓煜、徐作峰、梁力建、彭宝岗、黄洁夫

200802032 **细胞凋亡调控与肿瘤治疗研究** 中国医学科学院基础医学研究所 郑德先、刘彦信、史娟、马宏、刘士廉、孔祥复、许瑞安、郑法雷、郭雅彬、林晨韬

200802100 **颅脑创伤救治技术及机理研究** 上海交通大学医学院附属仁济医院、浙江大学医学院附属第一医院 江基尧、杨小锋、钟春龙、包映晖、高国一、梁玉敏、邱永明、王勇、罗其中

200802233 **髋关节周围带血管蒂骨瓣的应用解剖及临床应用研究** 大连大学附属中山医院 赵德伟、王卫明、王本杰、郭林、田丰德、崔大平、杨磊、王铁男、孙强、芦健民

200802011 **病毒性肝炎规范化诊断及治疗的关键技术研究** 首都医科大学附属北京佑安医院、北京大学医学部、中国人民解放军总医院、中国医学影像技术研究会超声分会、中国医学科学院基础医学研究所、北京大学第一医院、首都医科大学附属北京友谊医院 段钟平、庄辉、王泰龄、丛玉隆、曹海根、李辉、斯崇文、王宝恩、孟庆华、刘民

200802146 **江苏省出生缺陷干预项目综合实施的系列研究** 南京大学医学院附属鼓楼医院、江苏省计划生育科学技术研究所 胡娅莉、张春延、刘启兰、许争峰、茹彤、陈启光、张建伟、华晓梅、许碧云、岳慧

200802001 **中国农村地区癫痫社区控制有效措施研究** 北京市神经外科研究所、宁夏医学院、河南省焦作市人民医院、泽州县人民医院、哈尔滨医科大学附属第一医院、江苏省苏北人民医院、复旦大学附属华山医院 王文志、吴建中、戴秀英、杨彬、王太平、王德生、袁成林、洪震、马广玉、李世绰

200802206 **近视眼发病机理和防治研究** 中山大学中山眼科中心 葛坚、钟兴武、何明光、曾骏文、杨智宽、高前应

200802072 **播散性毛孢子菌病临床和实验研究** 中国人民解放军北京军区总医院、北京大学第一医院 杨蓉娅、王文岭、敖俊红、郝震锋、窦红涛、李若瑜、李厚敏、夏志宽、赵逊、祝贺

200802183 **蛋白激酶在阿尔茨海默病 tau 蛋白过度磷酸化中的作用及应用价值** 华中科技大学同济医学院 王建枝、朱铃强、张家玉、刘恭平、田青、王小川、王群、杨莹、周新文、刘蓉

200802106 **中脑多巴胺系统发育及神经元变性在帕金森病中的基因调控和分子机制** 上海交通大学医学院附属瑞金医院、中国科学院上海生命科学研究院/上海交通大学医学院健康科学研究所 乐卫东、陈晟、杜芸兰、李旭平、李靓、杨德华、张晓洁、罗光睿、彭长庚、衡鑫

200802063 **恶性脑胶质瘤的临床局部治疗新技术与基础研究** 中国人民解放军总医院第一附属医院 李安民、傅相平、易林华、张志文、薛菁晖、刘爱军、查炜光、杜春晖、赵明、郭晓明

200802132 **前臂三种组织瓣的手术设计与临床应用** 吉林大学第一医院 路来金、宫旭、于家傲、刘彬、宣昭鹏、刘志刚、张志新、张晓杰、崔健礼、孙希光

200802069 **乙型肝炎疫苗免疫效果影响因素和加强免疫策略研究** 中国药品生物制品检定所、北京大学医学部、广西壮族自治区疾病预防控制中心、江苏省疾病预防控制中心、开封市疾病预防控制中心 梁争论、庄辉、李杰、胡忠玉、张瑞、廖雪雁、朱凤才、李荣成、荆庆、吴小音

200802170 **多囊卵巢综合征辅助生殖基础与临床系列研究** 山东省立医院 陈子江、李媛、赵跃然、石

玉华、颜军昊、秦莹莹、唐蓉、高选、孙梅、李梅

200802127 **辽宁农村高血压流行趋势及低成本综合干预预防脑卒中研究** 中国医科大学附属盛京医院、同济大学医学院、阜新矿业（集团）有限责任公司总医院、辽宁省疾病预防控制中心、辽宁医学院附属第一医院、辽宁中医药大学附属医院 孙英贤、胡大一、孙兆青、张大义、李觉、郑黎强、潘国伟、张心刚、陶贵周、陈民

200802213 **慢性气道炎症性疾病的发病机制及干预研究** 四川大学 文富强、罗凤鸣、毛辉、冯云、王伯瑶、冯玉麟、姬郁林、程德云、刘春涛、梁宗安

200802098 **原位心脏移植治疗终末期心脏病** 复旦大学附属中山医院 王春生、陈昊、洪涛、杨守国、赖颢、朱仕杰、丁文军、赵强、胡克俭、姜桢

200802232 **高原土著动物低氧适应的生物学机制研究** 青海省心血管病专科医院、青海大学医学院 陈秋红、王晓勤、格日力、阮宗海、杨应忠、王占刚、刘凤云、余满堂、尚鸿、温佳林

200802202 **华支睾吸虫基因的建立及其功能研究** 中山大学中山医学院 余新炳、胡旭初、徐劲、吴忠道、伍忠銮、郑南才、杨光、陈守义、黄艳、吴德

三等奖 47 项

200803110 **糖尿病及糖尿病前期人群中慢性并发症的流行病学研究及其检查方法的筛选和评价** 上海交通大学附属第六人民医院、复旦大学附属中山医院、上海市普陀区曹杨街道社区卫生服务中心、上海市长宁区华阳街道社区卫生服务中心、上海市疾病预防控制中心 贾伟平、高鑫、包玉倩、左玉华、陆俊茜、宗文红、李锐、姜素英

200803066 **旋转（提）手法治疗神经根型颈椎病的有效性及安全性研究** 中国中医科学院望京医院、广东省中医院珠海医院、上海中医药大学附属岳阳中西医结合医院、华北电网有限公司北京电力医院、南方医科大学 朱立国、孙树椿、李金学、张军、高云、李振宇、房敏、于杰

200803008 **涎腺放射损伤功能重建研究** 首都医科大学附属北京口腔医院 王松灵、单兆臣、李钧、颜兴、张春梅、孙涛、海波、夏登胜

200803163 **细菌脂多糖对小鼠成年肝脏、小肠、胎盘和胎肝 CYP3A 的下调作用** 安徽医科大学 徐德祥、魏伟、陈远华、王华、张程、姬艳丽、李祥云、宁萑

200803152 **肾脏纤维化发生机制的研究** 东南大学 刘必成、张晓良、刘乃丰、孙子林、吕林莉、马坤岭、张建东、陈珑

200803007 **结直肠癌综合治疗的临床和基础研究** 北京大学临床肿瘤学院、北京大学 顾晋、李吉友、李明、杨志、李振甫、方竞、姚云峰、廖盛日

200803205 **肝脏移植的应用研究** 中山大学附属第三医院 陈规划、陆敏强、蔡常洁、黑子清、杨扬、许赤、郑荣琴、单鸿

200803068 **阿尔茨海默病级联损伤及其中药防治研究** 北京中医药大学、首都医科大学宣武医院 田金洲、时晶、尹军祥、David Mann、盛树力、徐意、李小黎、程龙

200803031 **中国人 2 型糖尿病易感基因生物学功能及作用机制的研究** 中国医学科学院基础医学研究所 方福德、常永生、左瑾、刘立忠、刘晓军、李云峰、何爱彬、杨畅

200803034 **食管癌变及演进的分子异常及其机理研究** 中国医学科学院肿瘤研究所 王明荣、张钰、徐昕、韩亚玲、蔡岩、罗曼莉、杜小莉、杨壹羚

200803228 **Sm－VLO－PAG 通路参与痛觉调制的神经递质与受体机制** 西安交通大学 唐敬师、袁斌、肖丹秦、谢玉丰、张笄、王军阳、赵媚、杨智杰

200803125 **肺癌发生、侵袭转移分子机制及早诊研究** 中国医科大学基础医学院、中国医科大学附属第一医院 王恩华、邱雪杉、李庆昌、贾心善、徐洪涛、吴广平、方长清、刘树立

200803099 **针对心血管重构创新治疗方法的基础研究** 复旦大学 朱依纯、蔡文杰、姚玲玲、王艳霞、姚泰、王铭洁、吕雷、石英贤

200803057 **乙型、丙型肝炎病毒和人类免疫缺陷病毒Ⅰ型检测标准物质的研制** 卫生部北京医院 李金明、王露楠、申子瑜、陈文祥、张瑞、张括

200803061 **医学实验室全面质量管理体系建立与应用** 中国人民解放军总医院 丛玉隆、邓新立、王成彬、马骏龙、张立文、乐家新、白洁、李健

200803229 **机械信号传递通路在心力衰竭心肌重构和电重构中的作用及机制研究** 西安交通大学 马爱群、席雨涛、白晓君、白玲、吴格茹、黄欣、杜媛、霍建华

200803145 **钛镍记忆合金网状消化道支架的研发与临床应用** 南京医科大学第二附属医院、丹阳市人民医院、常州市中医医院、常州佳森医用支架有限公司 范志宁、季国忠、缪林、鲁翔、张锁林、熊观瀛、王翔、吴萍

200803097 **肝纤维化的细胞分子机制及其干预措施** 复旦大学附属中山医院、复旦大学 王吉耀、郭津生、蒋炜、杜施霖、夏景林、陆伟跃、涂传涛、沈锡中

200803142 **移植物抗宿主病防治的系列研究** 徐州医学院附属医院 徐开林、杜冰、孙海英、鹿群先、李振宇、潘秀英、杨宇娟、张颖

200803140 **连续性血液净化的临床应用及其基础研究** 中国人民解放军南京军区南京总医院 季大玺、刘志红、徐斌、谢红浪、龚德华、陈朝红、孙启全、胡伟新

200803107 **嗜铬细胞瘤的早期诊断与治疗** 上海

交通大学医学院附属瑞金医院　王卫庆、崔斌、宁光、祝宇、苏颋为、孙福康、袁文祺、姜蕾

200803028　**肌萎缩侧索硬化/运动神经元病(ALS/MND)的基础与临床研究**　北京大学第三医院　樊东升、张俊、康德瑄、郑菊阳、邓敏、徐迎胜、鲁明、傅瑜

200803192　**儿童心理测评工具的研究与推广应用**　中南大学湘雅二医院　苏林雁、黄春香、高雪屏、范方、王凯、罗学荣、李雪荣、丁军

200803114　**儿童呼吸道病毒感染发病机制及防治研究**　重庆医科大学　赵晓东、刘恩梅、杨锡强、李秋、蒋利萍、周娟、解元元、王墨

200803095　**乳腺癌转移机制的研究及其临床应用**　复旦大学附属肿瘤医院、复旦大学　邵志敏、周平、欧周罗、沈镇宙、吴炅、陆劲松、狄根红、余科达

200803109　**注重脏器功能保留的进展期胃癌综合治疗**　上海交通大学附属第六人民医院　林超鸿、秦环龙、柴志康、王荣昇、杨建军

200803105　**腹腔镜结直肠癌手术的技术规范与临床应用**　上海交通大学医学院附属瑞金医院　郑民华、陆爱国、冯波、马君俊、宗雅萍、王明亮、李健文、胡伟国

200803071　**肝门部胆管癌的外科治疗与临床基础研究**　中国人民解放军总医院、中国人民解放军第二炮兵总医院　周宁新、黄志强、张文智、黄晓强、王敬、周丁华、张效东、万葆东

200803003　**缺血性脑血管病的综合外科治疗体系的研究**　首都医科大学宣武医院　凌锋、缪中荣、吉训明、华扬、焦力群、李慎茂、李萌、方向华

200803182　**解剖性后腹腔镜肾上腺切除术的技术和临床应用研究**　华中科技大学同济医学院附属同济医院　张旭、欧阳金芝、傅斌、郎斌、马鑫、艾星、王保军、王超

200803118　**关节软骨损伤修复的基础研究**　山西医科大学第二医院　卫小春、向川、段王平、陆向东、黄永波、杨自权、焦强、高刚

200803047　**弧形截骨术矫正下颌角肥大的基础研究与临床应用**　中国医学科学院整形外科医院　归来、张智勇、唐晓军、李慧超、李敏、刘剑锋、金骥、牛峰

200803103　**周围神经损伤生物学修复的基础和临床研究**　上海交通大学医学院附属第九人民医院　李青峰、谢峰、姜浩、顾斌、刘凯、沈国雄、平萍、郑丹宁

200803215　**血管瘤及血管畸形的发病机制、诊断和治疗研究**　四川大学华西医院、复旦大学附属儿科医院　刘文英、肖现民、唐耘熳、俞松、刘江斌、周昉、洪莉、王元祥

200803119　**胃癌的CT诊断和分期及结合相关检查的拓展研究**　山西医科大学第一医院　李健丁、孙华平、郭健、乔英、张跃珍、张瑞平、黄青山、武志峰

200803037　**超声技术在肾动脉狭窄诊断和介入治疗中的应用研究**　中国医学科学院北京协和医院　李建初、姜玉新、金征宇、张抒扬、戴晴、蔡胜、朱庆莉、齐振红

200803042　**硝酸酯介入心肌灌注显像和超声心动图估价心肌活力的系列研究**　中国医学科学院阜外心血管病医院　何作祥、杨跃进、杨敏福、胡奉环、杨伟宪、胡盛寿、李胜亭、刘秀杰

200803020　**人卵巢癌抗独特型抗体6B11及其相关融合蛋白疫苗的制备和应用研究**　北京大学人民医院　崔恒、昌晓红、冯捷、钱和年、魏丽惠、李小平、李艺、祝洪澜

200803173　**卵巢癌基因治疗关键技术研究**　山东大学齐鲁医院　孔北华、宋坤、王文霞、宋悦、金平、张萍、洪淑惠、靳琼

200803026　**耳鸣发病机制—中枢神经系统神经递质及离子通道可塑性研究**　北京大学第三医院　李学佩、刘俊秀、刘砚星、宋为明、马芙蓉

200803053　**中国儿童肥胖研究：流行现状、健康危害、影响因素及其干预**　中国疾病预防控制中心营养与食品安全所、广州市疾病预防控制中心、北京市疾病预防控制中心、北京市东城区中小学卫生保健所、北京市崇文区疾病预防控制中心　马冠生、胡小琪、李艳平、刘爱玲、杜松明、王京钟、张倩、潘慧

200803217　**循证医学的创新研究与应用**　四川大学华西医院　李幼平、李静、吴泰相、张鸣明、刘关键、王莉、陈进、孙鑫

200803092　**1990—2004年全国血吸虫病疫情监测**　复旦大学　赵根明、姜庆五、刘建翔、赵琦、袁鸿昌、何纳、韦建国

200803050　**呼吸道感染相关新病原HBoV的研究**　中国疾病预防控制中心病毒病预防控制所、郴州市第一人民医院　段招军、郑丽舒、瞿小旺、刘劲松、谢志萍、刘巧突、漆正宇、刘文培

200803128　**生产性粉尘所致肺疾病发病机制、规律及其防制研究**　中国医科大学公共卫生学院　陈杰、段志文、何钦成、楼介治、陈莹、张永兴、王述森、董静

200803184　**肿瘤预警生物标志物及其检测技术研究**　华中科技大学同济医学院　徐顺清、李媛媛、余红平、王小利、李晓波、舒柏华、何敏、李芳

200803078　**感染性多脏器功能障碍综合征发病机制及中西医结合防治的基础及临床研究**　天津市第一中心医院　崔乃杰、傅强、崔乃强、崔华雷、刘军生、陶新朝、王家泰、葛素珍

（刘俊立）

规划财务管理

制定印发《接受国（境）外资助的卫生国际合作项目财务管理办法》

为加强医疗机构接受国（境）外资助的卫生国际合作项目财务管理，确保项目资金安全，充分发挥项目资金使用效益，统筹国内和国（境）外资金发展卫生事业，根据《卫生部关于接受国（境）外资助的卫生国际合作项目管理办法（试行）》规定，参照《财政部关于国际金融组织和外国政府贷款赠款管理办法》和《商务部关于外国政府和国际组织对华无偿援助项目管理办法》等财经法律法规，2008年，卫生部制定印发了《接受国（境）外资助的卫生国际合作项目财务管理办法》(以下简称《办法》)。《办法》按照“统筹规划，整合资源；集中管理，单独核算；遵守协议，专款专用；注重效益，加强监督”的原则，要求国际合作项目资金纳入项目单位财务统一核算和管理，在项目单位财务管理职责、资金管理、采购与资产管理、财务报告及绩效考评和监督检查等方面做出具体规定，以指导和规范卫生国际合作项目经济活动，填补了卫生国际合作项目财务管理制度的空白。

（李　鑫）

制定《公共卫生项目支出绩效考评暂行办法》

2008年，为加强公共卫生专项资金管理，提高专项资金使用效益和项目管理水平，指导各级卫生行政部门和项目单位开展绩效评价工作，结合公共卫生项目管理特点，依据相关财经法律法规，研究制定了《公共卫生专项支出绩效考评办法》，明确了项目绩效考核原则、考评内容和方法、考评指标、组织实施和考评结果应用，要求卫生行政部门或受其委托的中介机构在项目单位自评的基础上，遵循“公平性、透明性、效能性、激励性、导向性”原则，对公共卫生项目进行全面考评或重点考评。同时要求各地各有关部门进一步提高认识、加强领导，增强绩效考评管理意识，建立绩效考评工作机制，逐步完善绩效考评办法，认真搞好绩效考评工作。

（李　鑫）

印发《新型农村合作医疗基金财务制度》和《新型农村合作医疗基金会计制度》

随着新型农村合作医疗制度的全面实施，制度模式的逐渐统一，基金规模的扩大，为加强新型农村合作医疗基金财务管理，规范新型农村合作医疗基金会计核算，依据新型农村合作医疗相关政策要求和财经法律法规，卫生部会同财政部制定印发了全国统一的《新型农村合作医疗基金财务制度》和《新型农村合作医疗基金会计制度》，从财务管理角度，明确了基金财务管理任务，对基金预算、筹集、支出、结余、财政专户、资产与负债、决算管理以及监督检查等方面做出了具体规定。从会计核算角度，统一和规范了新农合基金会计核算的原则、会计科目及使用说明、财务报表及编制说明等。

（李　鑫）

制定印发《卫生行业科研专项经费管理暂行办法》

2008年，为加强和规范卫生行业科研专项经费管理，提高科研专项经费管理水平，根据财政部、科技部《公益性行业科研专项经费管理试行办法》，结合卫生行业科研特点，卫生部研究制定印发了《卫生行业科研专项经费管理暂行办法》。在卫生行业科研专项的支持范围、组织管理、立项、申请、评审、审批、概预算编制审批、经费开支范围、预算执行、项目实施、项目验收和监督检查等方面做出了具体规定，对指导各地做好卫生科研专项资金的申请、管理和使用等工作，进一步加强卫生行业科研专项资金管理具有重要意义。

（韩　冰）

卫生部抗震救灾经费保障工作

“5·12”汶川特大地震发生后，按照党中央、国务院的统一部署，卫生部迅速行动，开展医疗救治和卫生防疫工作，同时协调相关部门，争取资金支持，制定相关政策，做好经费物资保障工作。

在申请、落实医疗救治和卫生防疫专项资金方面，中央财政共通过卫生部拨付或联合下达抗震救灾医疗救治和卫生防疫专项资金 10.19 亿元（含部门预算和中央补助地方公共卫生专项资金）。在保障地震灾区医疗防疫物资需求方面，为及时采购并向灾区调拨急需的医疗救治和卫生防疫监督物资，研究制定《卫生部调拨四川汶川“5·12”地震灾区抗震救灾医疗救治和卫生防疫药品、医疗器械及消毒用品中央财政专项资金支付程序》等工作程序，同时根据地震灾区医疗防疫物资需求和党中央、国务院指示精神，对于地震灾区急需的中央医药储备目录以外的医疗救治和卫生防疫监督物资，按照“先记账、后结算”的办法，采取特事特办、急事急办的办法，全力保障地震灾区救灾防疫物资需要。在协调财政部、民政部等相关部门明确医疗救治补助政策方面，与民政部和财政部共同印发《关于妥善解决接收四川地震灾区伤病人员有关问题的通知》，明确各接收地收治四川地震灾区伤病人员及其随同陪护人员的相关经费支持政策；会同财政部、民政部、人保部印发《关于下达医疗卫生补助资金的通知》，明确地震伤员救治费用的基本原则。在加强捐赠资金管理方面，按规定将接受的物资均按捐赠人意向全部发往灾区，捐赠资金全部移交民政部，民政已按捐赠意向和卫生部建议核拨。

（陈小可）

驻卫生部纪检组监察局抗震救灾资金物资监管检查工作

“5·12”汶川特大地震发生后，卫生部成立了抗震救灾资金物资监督检查工作领导小组，由卫生部副部长陈啸宏任组长，驻卫生部纪检组监察局和卫生部相关业务司局负责人为成员，办公室设在驻部组局。领导小组及时向全国医疗卫生系统下发通知，对全系统抗震救灾资金物资监管工作提出要求；邀请了 2 名全国政协委员作为特邀监察员，参加卫生部抗震救灾资金物资监督检查工作；设立了举报电话和信箱，通过卫生部网站和《健康报》向社会公布，接受社会各界监督。

建立健全程序规章，为加强抗震救灾资金物资监管提供制度保障。卫生部先后制定了《抗震救灾接受社会捐赠工作程序》、《卫生部调拨四川汶川 5·12 地震灾区抗震救灾医疗救治和卫生防疫药品、医疗器械和消毒用品中央财政专款资金支付程序》、《抗震救灾紧急采购急需物资工作程序》等规章制度，规范物资采购、接受捐赠、资金支付工作程序。为加强财政专项资金管理和及时拨付，又研究制定了《卫生部中央财政抗震救灾专项资金支付程序操作细则》，明确了支付申请、审核、资金支付、采购结果公示和资金结算等支付程序。

加强对前方灾区资金物资管理使用情况的监督检查。卫生部副部长、部抗震救灾资金物资监督检查领导小组组长陈啸宏多次赴灾区进行检查，驻部组局派出专人到四川灾区对抗震救灾资金物资使用情况进行追踪检查。对卫生部采购、调拨和接收社会捐赠的抗震救灾资金物资进行了梳理，并实行动态管理和监督。卫生部每天与驻四川前指的物资供需保障部门核对账务，全面了解掌握接收捐赠清单、采购物资清单、在途物资清单、送达物资清单及拟采购物资清单情况，发现问题及时处理。

加大对部管各基金会接收社会捐赠的监管力度。卫生部下发通知，要求卫生部业务主管的 14 家基金会对“5·12”汶川特大地震以来接收抗震救灾捐赠款物情况进行梳理，每周定期将最新情况上报。2008 年 6 月 26—27 日，卫生部对接收抗震救灾捐赠的 6 家基金会接收、发送抗震救灾资金物资的情况进行了追踪检查。卫生部业务主管的各基金会累计接收社会捐款 1157.863 万元，社会捐物折合人民币约 1665 万元，并按照民政部要求办理了相关手续。

（驻卫生部纪检监察局二室）

港澳台地区积极参加抗震救灾

“5·12”汶川特大地震发生后，港澳台地区医务界反应迅速，纷纷在第一时间向灾区表示慰问，并表示愿派遣医护人员到灾区开展救援工作。卫生部积极联络协调各相关部门，协助港澳医疗队尽快抵达灾区开展工作。香港方面先后派出了 4 批 47 人在四川大学华西医院工作，组织了防疫队在四川映秀镇开展防疫。香港医疗队非常重视灾后的心理安慰和康复治疗，有关康复专家专程来卫生部，设计方案，提出愿意为灾区中的截肢伤员进行康复治疗。澳门医务界派遣了 2 批医疗队 41 人在四川成都和南充工作，医疗队参与多项复杂手术，还自发组织队员慰问地震伤员。台湾红十字会医疗队 37 人在德阳广汉工作，向灾区捐赠了破伤风抗毒素等物资，并主动进入居民点为老弱灾民巡诊。

（田　甜）

卫生系统抗震救灾灾后恢复重建工作

在党中央、国务院的坚强领导下，按照国务院抗震救灾总指挥部的总体部署，卫生部在做好灾区医疗救治和卫生防疫工作的同时，指导灾区省做好灾后恢复重建工作，总体进展顺利。

按计划完成过渡期医疗卫生机构建设任务。过渡期建设是救灾及灾后恢复重建期间的应急措施，主要目的是确保灾区人民群众全天候、不间断、无缝隙地享有医疗、预防和保健服务。地震发生后，卫生部在开展应急救灾的同时，紧急研究制定了临时医疗卫生机构建设和装备指导意见，并于2008年5月底印发灾区参考，指导灾区做好临时医疗卫生机构建设，尽快恢复灾区医疗卫生服务能力，满足3年左右的重建过渡期灾区居民基本医疗和公共卫生服务需求。在中央有关部门的指导和支持下，对口支援省市和灾区各级政府紧密协作，共同开展临时医疗卫生机构建设。截至2008年7月底，灾区县、乡和受灾群众安置点普遍建立了临时医疗卫生服务机构，提供基本医疗和卫生防疫服务。截至2008年9月底，全面完成了灾区县、乡临时医疗卫生机构建设，基本恢复灾区正常医疗卫生服务秩序。截至2008年12月底，灾区医疗卫生机构都配备了能够满足过渡期需要的临时业务用房、基本设备和技术人员，医疗卫生服务体系全面恢复，基本满足了灾区群众基本医疗和公共卫生服务需求，实现了“大灾之后无大疫”的目标。

灾区卫生系统恢复重建工作进展顺利。地震发生后，卫生部在指导做好过渡期医疗卫生机构建设的同时，按照中央总体部署积极开展永久性重建工作。一是研究制定灾后恢复重建和装备标准。为确保恢复重建工作科学、规范，卫生部组织医疗卫生、建筑、管理等方面专家，对卫生部负责制定的所有医疗卫生机构建设和装备标准进行了认真整理。这些标准包括《综合医院建设标准（修订版）》、《县级综合医院主要医疗设备配置品目》、《乡镇卫生院建设标准》、《乡镇卫生院主要医疗设备配置品目》、《中医医院建设标准》、《传染病医院建设标准》、《疾病预防控制中心建设标准》（含装备标准）、《急救中心建设标准》（含装备标准）、《社区卫生服务机构建设标准》（含装备标准）、《精神卫生防治机构建设标准》（含装备标准）、《妇幼保健院、所建设标准》、《县级妇幼保健院主要医疗设备配置品目》、《卫生监督机构建设指导意见》（含装备标准）以及《中央预算内专项资金（国债）村卫生室建设指导意见》（含装备标准）等14个。2008年6月，14个标准及时印发给灾区3省和19个对口支援省市，用于指导恢复重建规划编制和重建实施工作。二是编制完成《汶川地震卫生系统灾后恢复重建专项规划》。2008年6月，卫生部专门成立了地震灾后卫生系统重建规划编制工作小组，会同四川、甘肃、陕西3省及时启动了地震灾后卫生系统重建规划编制工作。为提高规划质量，卫生部还专门成立了由建筑设计、工程管理等方面专家组成的12人专家组，分赴灾区一线开展调研，掌握一手情况，有的放矢地提供规划编制所需的技术咨询支持。在认真调查统计灾情数据的基础上，卫生部协调四川、甘肃和陕西3省共同编制完成了《汶川地震卫生系统灾后恢复重建专项规划》，纳入国家发展改革委、教育部、卫生部等11个部委共同编制的《公共服务体系灾后恢复重建专项规划》，并于2008年10月15日正式印发。规划明确到2010年底，完成灾区所有受损医疗卫生机构改造建设任务，全面恢复医疗卫生服务功能。51个重灾县恢复重建项目1671个（不含村卫生室），总建筑面积420.57万平方米，规划总投资117.71亿元。其中四川99.51亿元，甘肃12.68亿元，陕西5.52亿元。三是做好技术指导，提高重建规划建设水平，确保工程质量安全。为确保灾后恢复重建质量，卫生部积极协调有关机构提供技术支持，帮助灾区省和对口支援地区提高规划、设计和建设管理水平。世界卫生组织帮助邀请了国外专家，实地了解受灾情况，给灾区介绍了国外有关安全医院建设的理念和技术要点，提出了一些恢复重建建议。卫生部组织国内部分医疗卫生建筑规划、设计和管理专家，到灾区指导恢复重建工作。在世界卫生组织资助下，2008年11月中旬，卫生部联合住房城乡建设部共同在四川成都举办安全医院建设管理培训班，安排灾区的省、地市、县三级卫生行政部门和综合医院的主管领导和负责人员，以及对口支援省市负责卫生援建的同志参加学习，掌握安全医院建设和建设标准有关知识。培训班上，卫生部明确提出医疗卫生机构恢复重建要按照“布局合理、功能完善、流程科学、规模适宜、标准合规、运行经济”的规划建设要求，遵循医学规律，推进标准化建设，将医疗卫生机构建设成为最安全、最牢固、群众最放心的公共服务场所，并使其成为一个方便、科学、人性化，符合环保、节能、运行费用经济要求的公共服务机构。四是加强督导检查，积极推进恢复重建进展。为指导各地加快重建进展，优先保证医疗卫生机构恢复重建，卫生部陈竺、高强等部领导多次带队赴灾区指导协调重建工作。部内有关司局经常深入灾区一线，督查重建进度。2008年11月中旬，卫生部专门在四川组织召开了对口支援省市卫生厅局赴受援省负责人工作座谈会，掌握对口支援进展，了解存在的问题与困难，并积极给予协调帮助。2008年12月，按照中办、国办的要求，卫生部参加了两办组织的灾后重建调研，了解并协调解决重建中存在的问题。

截至2008年12月底，51个重灾县（市、区）在建项目244个，竣工项目83个，完成投资22.8亿元，分别占规划总数的14.6%、5%和19.4%。其中四川省在建项目129个占该省规划项目数的9.6%，竣工74个占5.5%，完成投资21.69亿元占该省规划投资的21.8%；甘肃省在建项目93个占43.3%，竣工2个占0.9%，完成投资0.48亿元占3.8%；陕西省在建项目22个占19.6%，竣工7个占6.25%，完成投资0.63亿元占11.4%。

（刘　魁）

医疗卫生对口支援地震灾区工作

2008年6月下旬以来，按照党中央、国务院关于灾后开展对口支援和恢复重建工作的重大决策，在卫生部的协调、指导和支持下，各对口支援省（市）卫生部门发扬“一方有难、八方支援”的优良传统，从软件、硬件等各个方面全力支援地震重灾区；各受援地卫生部门自强不息、苦干实干，切实履行职责。截至2008年12

月底，通过各方努力，基本实现了2008年底医疗卫生对口支援地震灾区的节点目标，各项工作取得明显成效。

一、灾区医疗卫生服务秩序和服务能力已基本恢复

截至2008年底，灾区规划建设的医疗卫生机构活动板房已全面建成，结合对受损建筑加固维修和临时租用业务用房等方式，灾区县、乡、村各级医疗卫生机构业务用房紧缺的问题得到基本解决。加大医疗卫生机构仪器设备投入，据统计，四川省医疗卫生机构已累计调配各类医疗、防疫、监督用设备、器械、耗材、药品60余万件，仪器设备的配备和使用情况已基本恢复到震前水平，灾区基本医疗、公共卫生服务体系基本恢复。

二、灾区医疗卫生机构恢复重建工作积极推进

一是编制出台了专项规划。在国务院出台《灾后恢复重建总体规划》后，2008年9月中旬，卫生部会同四川省人民政府、甘肃省人民政府、陕西省人民政府编制了《汶川地震卫生系统灾后恢复重建专项规划》，并纳入《公共服务体系灾后恢复重建专项规划》印发实施，该规划明确了国家支持恢复重建的区域（四川省39个县、甘肃省8个县、陕西省4个县）、建设标准、投资总额和主要任务。二是医疗卫生机构恢复重建项目迅速启动。截至2008年12月底，四川省18个对口支援县已确定对口支援建设项目995个，其中468个项目已经开工建设，到位对口支援资金22.5亿元；有些项目已经完成竣工，例如辽宁省支援安县的县人民医院已经建成投入使用。各省（市）根据本省实际和受援地的需求，采用不同的形式开展对口支援工作，如有的采用“交钥匙”的方式，有的采用“交支票”的方式，有的采用二者相结合的方式，山东、广东等省还采用“一市帮一乡镇进行对口支援”的办法。

三、灾区医疗服务和卫生防疫工作有效开展

支援省（市）积极会同或协助灾区当地开展医疗卫生服务工作，培训医疗卫生人员（2008年督导中也发现，根据灾区的需求，个别省只提供硬件建设的支持，未向灾区派出卫生专业人员）。截至2008年12月，各对口支援省（市）已组织医疗卫生专业人员超过3000人（次）到灾区提供医疗卫生服务。据2008年11月20日的统计数据，18个对口支援省市在四川的医疗卫生人员的人数为1383人，其中山东（北川）、广东（汶川）、上海（都江堰）、江苏（绵竹）、浙江（青川）均超过100人。在各支援省（市）的支持和指导下，灾区为群众提供基本医疗服务，做好重伤员的康复治疗工作，落实各项卫生防疫综合措施，确保了灾区无重大传染病疫情流行和重大突发公共卫生事件的发生。

（仲崇利）

医疗机构药品集中采购工作

2008年，卫生部到河南省全面了解以省为单位、“决策、服务、管理、监督”四位一体和“有标底招标”的药品网上集中采购工作，重点考察《河南省医疗机构常用药品分类编码》情况，研究了河南省规范药品集中采购货款结算行为的有效措施，听取了由政府建立全省统一的药品集中采购监管平台和非营利性的采购平台的情况介绍。对总后卫生部2007年军队药品网上集中采购工作进行了专题调研，了解了全军实行网上采购、减少中间环节、实行统一配送、改革结算办法等工作情况。参加在延吉市和宁波市举行的部分省市医疗机构药品招标研讨会，了解各地药品集中采购的最新进展，分析药品集中采购工作出现的新问题和新情况，结合建立基本药物制度，研究如何继续规范药品集中采购工作，进一步落实国务院办公厅转发的纠风工作实施意见。邀请研究制定国家基本药物制度的有关部门召开了基本药物集中采购和统一配送座谈会，就基本药物政策的相关内容和改革思路、基本药物集中采购和统一配送等问题进行了研究。

协调有关部门，研究制定《进一步规范药品集中采购工作的意见》，明确了以下措施：坚持政府主导，推行以省（自治区、直辖市）为单位开展药品集中采购工作；坚持“质量优先、价格合理”的原则，建立科学的评价体系；减少药品流通环节，全面推行网上集中采购；加强对医疗机构药品采购和使用的监督管理，严格执行合同，鼓励使用质优价廉的药品等。

（庄　宁）

高值医用耗材集中采购工作

2008年4月，卫生部委托卫生部国际交流与合作中心开展了全国心脏起搏器、心脏介入类（含外周介入类、神经介入类、电生理类）等高值医用耗材的集中采购工作。集中采购工作于2008年8月结束。这次集中采购共有943个产品进入成交候选品种。9月1日，卫生部公布了《高值医用耗材集中采购成交候选品种目录》，要求各地从2008年10月1日开始执行，采购周期为1年。

这次集中采购进一步降低了部分高值医用耗材的采购价格，减轻了患者负担。与国内平均销售价格相比，此次成交候选产品的降价幅度为10%左右。与部分省市现有采购价格相比，降低了30%—40%。这次集中采购，解决了高值医用耗材在不同地区的价格存在差异的问题。为进一步规范市场秩序、加强价格监管创造了条件，企业每年只需要参加1次集中采购活动，降低了销售成本，减轻了企业的负担。

（庄　宁）

全国医疗服务价格工作会议召开

2008年10月，全国医疗服务价格工作会议在天津召开。各省（区、市）卫生厅局，各计划单列市卫生局具体负责医疗服务价格的同志共60多人参加了会议。各地通报了医疗服务价格调整、《全国医疗服务价格项目规范》新增和修订项目（2007）工作进展，交流了医疗机构价格管理经验；全国医疗服务价格项目规范课题组介绍了项目规范修订工作总体框架和进展情况；卫生经济研究所成本测算中心介绍了医疗服务成本监测方案。会议要求各地继续加强医疗服务价格监管工作，规范医疗机构价格行为，严格收费管理，推进信息化建设，进一步完善医疗机构费用清单制度和费用查询制。

（朱佩慧）

开展射波刀治疗参考成本测算

射波刀是国内近年引进的价格比较昂贵的大型医用设备。为合理配置和使用射波刀，在加强配置管理的基础上，还需规范射波刀的治疗价格。按照《关于制定和调整大型医用设备检查治疗价格指导意见的通知》有关要求，依据医疗机构射波刀采购价格和国际射波刀有关价格信息，我们委托卫生经济研究所成本测算中心对射波刀治疗的社会平均成本进行了测算，初步形成了射波刀治疗参考成本。2008年5月，卫生部召开了由有关专家、地方价格主管部门、卫生行政部门、部分医疗机构、价格协会、卫生经济研究所代表参加的射波刀治疗参考成本测算工作会议，对射波刀治疗参考成本进行了讨论。最后形成了射波刀治疗参考成本方案，委托价格协会和卫生经济研究所联合发布，供各省（区、市）价格主管部门和卫生行政部门在将来制定射波刀治疗价格时参考。

（朱佩慧）

继续完善医疗服务价格项目规范

《全国医疗服务价格项目规范》新增和修订项目（2007年）下发后，各地开展了成本测算工作。为进一步完善医疗服务价格项目，2008年，卫生部委托卫生经济研究所开展了《全国医疗服务价格项目规范》全面修订工作。

2008年初，课题组在对消化、病理、社区、护理4个专业修订的基础上，制定出了修订原则及工作流程。7月，课题组聘请了37个临床专业300多名国内专家组成《项目规范》修订工作组。期间多次召开专家讨论会，并邀请德国、澳大利亚和我国台湾的专家对项目修订给予了技术支持。截至2008年底，37个专业组的项目临床技术部分全部修订完毕，修订后的价格项目规范包括项目编码、项目名称、项目内涵、除外内容、计价单位、基本人力消耗及耗时、低值器材损耗、低值耗材计价说明、风险程度赋值、技术含量赋值等内容。

（朱佩慧）

规范和理顺卫生行政事业性收费

2008年，卫生部对行政事业性收费项目进行了规范。按照财政部和国家发改委的要求，清理和规范了卫生部涉及职业资格的有关收费项目。针对审计署提出的中华医学会违规收取继续医学教育项目评审费和证书工本费等问题，协调国家发展改革委价格监督检查司和财政部综合司，提出整改措施。为配合做好疫苗预防接种异常反应鉴定工作，按照《疫苗流通和预防接种管理条例》，协调财政部和国家发展改革委沟通协调，确定了疫苗预防接种异常反应鉴定收费项目。

（朱佩慧）

2008年中央财政继续加大卫生投入

2008年，中央财政共安排各项卫生事业资金579.3亿元，比2007年的276亿元增加303.3亿元，增长110%。其中安排卫生部部门预算财政拨款65.2亿元，比2007年的48.6亿元增加16.6亿元，增长34%；安排中央补助地方卫生专项资金514.1亿元，比2007年的227.4亿元增加286.7亿元，增长126%，主要包括：公共卫生专项资金106亿元、新型农村合作医疗补助资金247亿元、医改专项资金54.4亿元、汶川地震卫生防疫和医疗救治补助资金8.7亿元、汶川地震灾后恢复重建资金22.4亿元、基本建设专项资金75亿元（包括2008年第四季度安排的扩大内需专项投资48亿元）、应急救灾防疫资金0.6亿元。

（陈小可）

重大公共卫生事件经费保障工作

2008年卫生部应对重大公共事件，全力做好经费保障工作。一是做好低温冰冻雨雪灾害灾后恢复重建工作，会同财政部安排补助资金4亿元，支持受灾省份积极开展救灾防疫和灾后恢复重建工作。受灾较轻的医疗卫生机构的业务用房、辅助用房及配套道路、管网、电力设施及时得到抢修和恢复，受损设备得以更新，恢复了正常工作秩序。受损严重的医疗卫生机构的建设项目已按照批准的建设方案开工建设。二是参加手足口病防治工作，协调国家发改委和安徽省卫生厅落实疫苗调拨工作，落实安徽省疫情防控补助经费 1200 万元，做好防控组专家和工作人员经费保障。三是全力做好奥运保障工作，加大对中国医学科学院北京协和医院、中日友好医院、北京大学第三医院和卫生部北京医院 4 家奥运定点医院的支持力度，要求医院多渠道筹集资金，确保涉奥项目按时完工的同时，协调财政部争取资金支持，共落实奥运医疗保障经费 3000 多万元；做好迎奥运环境整治工作，组织在京有关单位开展迎奥运环境整治工作（建筑物外立面清洗和粉刷），多次召开工作会议，要求各单位认真做好迎奥运环境整治工作，保证工程质量，加快工程进度，确保在规定的时间内圆满完成奥运环境整治任务，共安排资金 2100 多万元，完成在京单位（包括部机关办公大楼）迎奥运建筑物外立面粉刷和清洗工程任务将近 300 项，面积达到 70 多万平方米；落实平安奥运行动，做好在京部属（管）单位地下空间安全管理工作，组织开展在京单位地下空间（包括人防工程和普通地下室）安全检查工作，要求各单位层层落实责任，逐级签订责任书，加强对涉奥场所以及周边环境的管理，确保不留盲点和死角。四是做好婴幼儿奶粉事件免费医疗救治政策制定和经费保障工作，会同财政部印发《关于做好婴幼儿奶粉事件免费医疗救治工作有关问题的紧急通知》，明确免费医疗救治具体政策，要求各级各类医疗机构全力开展医疗救治工作，简化就诊和入院手续，诊治过程中不得收取任何医疗费用，严禁因费用问题延误救治或推诿病人；落实免费医疗救治补助资金 12.7 亿元，支持了各地免费医疗救治工作的开展；督促各地严格落实《国务院办公厅关于进一步做好婴幼儿奶粉事件处置工作的通知》，高度重视婴幼儿奶粉事件处置工作经费保障，全面落实免费救治政策，绝不能因资金问题而使患者得不到及时救治；督促各省加强中央财政补助资金的使用和管理，要求各地实事求是、合理安排、正确使用财政资金，避免浪费，提高效益，确保免费医疗救治工作的顺利进行；加强免费救治费用统计工作，建立医疗机构医疗救治费用定期报告制度，印发了《关于建立婴幼儿奶粉事件免费医疗救治费用定期报告制度的通知》。

（陈小可）

加强新型农村合作医疗基金管理

2008 年，卫生部继续加强新型农村合作医疗基金管理，一是健全基金财务管理制度，会同财政部印发《新型农村合作医疗基金财务制度》、《新型农村合作医疗基金会计制度》和《新型农村合作医疗补助资金国库集中支付管理暂行办法》。二是加强业务培训，分别与财政部和农卫司举办 2 期全国性培训班，讲解制度要求，部署贯彻执行，统一规范新型农村合作医疗基金的核算与管理。三是配合审核下拨新型农村合作医疗中央补助资金。按照“增加补助、全面覆盖、巩固提高”的总体要求，配合财政部下拨中西部 22 省、东部 6 省及 4 个计划单列市 2008 年新型农村合作医疗中央财政补助资金 247 亿元。四是强化督导管理，按照国务院新型农村合作医疗部际联系会议办公室的安排，参与以新型农村合作医疗基金管理为核心的 2008 年新型农村合作医疗专项督导检查工作。重点检查落实新型农村合作医疗基金财会制度、国库集中支付制度的执行情况，总结基金安全、使用监管中经验，发现存在的问题，推动新型农村合作医疗基金的安全运行和合理使用。

（李　鑫）

中央财政加大重大疾病免费救治范围

为进一步落实党中央、国务院提出的加强公共卫生和重大疾病预防控制工作的要求，2008 年中央财政继续增加重大疾病预防控制经费的投入。2008 年中央补助地方公共卫生专项资金重大疾病控制项目共包括艾滋病防治、结核病防治、血吸虫病防治、包虫病防治、疟疾防治、麻风病防治、鼠传疾病防治、地方病防治以及其他重点疾病防治等 9 个项目，资金总额 28 亿元，比 2007 年增加 32%，新增项目资金主要用于扩大重大疾病的免费救治范围。

（冯　旭）

落实中西部地区农村孕产妇住院分娩补助政策

根据 2008 年政府工作报告和国务院工作要点提出的在中西部地区农村实施住院分娩补助政策的要求，将降低孕产妇死亡率和消除新生儿破伤风项目的补助范围由 2007 年中西部 1200 个县扩大到中西部所有农村地区，并将补助标准由 100 元/人（国贫县 150 元/人）提高到西部地区 400 元/人，中部地区 300 元/人。

（冯　旭）

组织实施汶川地震灾区卫生系统灾后恢复重建规划

“5·12”汶川特大地震灾害发生以后，卫生部在做好汶川地震灾区医疗救治和卫生防疫工作的同时，按照国务院统一部署及时成立地震灾后卫生系统重建规划编制工作小组，会同四川、甘肃、陕西3省人民政府组织编制《汶川地震卫生系统灾后恢复重建专项规划》。2008年9月，《汶川地震卫生系统灾后恢复重建专项规划》主要内容纳入国家《汶川地震灾后恢复重建公共服务设施建设专项规划》并印发。卫生系统恢复重建主要思路是：实现一个目标，分两步实施，做到三个统一，实现四个配套。恢复重建专项规划总投资117.71亿元，其中业务用房建设投资94.5亿元（不含村卫生室），设备修复购置投资18.74亿元（含村卫生室），人才队伍建设投资3.19亿元，信息系统恢复等其他投资1.28亿元。按地区分，四川99.5亿元，甘肃12.68亿元，陕西5.52亿元。建设项目1671个，其中医院169个（包括综合医院、中医院、专科医院），乡镇卫生院1263个，妇幼保健院52个，疾控机构63个，卫生监督机构50个，药品检验机构7个，其他医疗卫生机构（包括血站、紧急救援中心、社区服务中心等）67个。村卫生室业务用房建设纳入村级综合公共服务设施统筹安排。

《汶川地震灾后恢复重建公共服务设施建设专项规划》颁布后，卫生部指导灾区省和对口支援省市加强协作，按照总体规划落实投入，抓紧组织具体项目规划设计，全面推进恢复重建进展。截至2008年底，51个重灾县（市、区）共开工建设327个项目，已竣工83个，完成投资22.8亿元。其中四川省开工项目203个，已竣工74个，完成投资21.69亿元；甘肃省开工项目95个，已竣工2个，完成投资0.48亿元；陕西省开工项目29个，已竣工7个，完成投资0.63亿元。

（任西岳）

举办全国安全医院建设管理培训班

2008年11月，在世界卫生组织的资助下，卫生部会同住房城乡建设部在成都举办了全国安全医院建设管理培训班。地震灾区省、地市、县三级卫生行政部门和医院的主管建设领导和负责人员、19个对口支援省市负责医疗卫生机构援建的有关人员、各省区市卫生厅局主管建设的处室负责人以及部属管医院、地方部分大医院主管建设负责人近500人参加培训。培训班通过介绍灾后医院重建经验，讲授安全医院规划设计原则和已颁布的综合医院、乡镇卫生建设标准，加强安全医院建设理念和相关标准宣传，指导灾区提高规划、设计和建设管理水平，做好灾后卫生系统恢复重建工作。同时引导全国卫生系统按照“布局合理、功能完善、流程科学、规模适宜、标准合规、运行经济”的规划建设要求，遵循医学规律，推进医院标准化建设，将医院建设成为最安全、最牢固、群众最放心的公共服务场所，并使其成为一个方便、科学、人性化，符合环保、节能、运行费用经济要求的公共服务机构。

（吴翔天）

综合医院建设标准修订颁布

2008年9月，住房城乡建设部和国家发改委批准发布了新的《综合医院建设标准》。新标准从2008年12月1日起施行，1996年颁布实施的《综合医院建设标准》同时废止。随着医疗卫生事业的发展，1996年颁布的《综合医院建设标准》已难以适应医院建设发展的需求。根据卫生部的申请，2002年12月原建设部批准下达了标准修订计划。2003年初，卫生部组织专家成立编制组开展修订工作，2004年6月征求意见稿向全国征求意见，2005年4月完成送审稿，2006年2月完成报批稿。此次标准修订的主要内容包括床位规模分类、床均建筑面积指标和用地面积指标等。新标准为全国综合医院建设项目可行性研究、规划设计，以及项目审批和项目建设等工作提供更加科学、规范的标准尺度。

（吴翔天）

乡镇卫生院建设标准正式颁布

2008年8月，住房城乡建设部和国家发展改革委批准发布了《乡镇卫生院建设标准》，并于2008年11月1日施行。为适应社会主义市场经济体制改革需要，推进医疗卫生事业的发展，进一步规范全国乡镇卫生院建设，根据卫生部的申请，2004年2月原建设部下达了标准编制计划。随后，卫生部组织专家成立编制组开展标准制定工作。2004年6月征求意见稿向全国征求意见。2006年6月完成送审稿，2008年5月完成报批稿。标准的主要内容包括建设规模、床均建筑面积指标和用地面积指标等。

（吴翔天）

《卫生部甲类大型医用设备配置审批工作制度（暂行）》印发执行

2008年，卫生部印发了《卫生部甲类大型医用设备配置审批工作制度（暂行）》。按照规定，甲类大型医用设备配置审批程序包括申报、受理、论证审批、配置许可证印发4个步骤。医疗机构申请配置甲类大型医用设备，应按属地化管理原则，通过所在地卫生行政部门逐级申报至省级卫生行政部门。省级卫生行政部门初审合格，再上报卫生部。卫生部依据配置规划和专家评审论证结果，确定配置机构，并向社会公布。该制度进一步明确了配置审批各个程序的时限要求，确立了依托专家编制规划、科学核定配置数量和医疗机构配置准入条件，专家论证评审、审批结果公示的工作模式。卫生部要求各地要参照甲类大型医用设备配置审批程序，按照行为规范、公正透明、廉洁高效的原则，结合当地实际，细化和完善乙类大型医用设备配置审批工作制度。

（李　军）

《2008 年—2010 年全国正电子发射型断层扫描仪配置规划》印发执行

2008 年，卫生部和国家发展改革委联合印发了《2008 年—2010 年全国正电子发射型断层扫描仪配置规划》。按照控制总量、合理布局、严格准入、稳步发展的原则，PET—CT 配置规划以省级区域为规划单位，综合考虑人口、患病率、经济社会发展水平、区域功能定位、卫生服务能力以及可及性等因素，科学确定各地配置数量。为保障医疗质量，规划对医疗机构资质、专业人员业务素质、相关科室技术水平、管理制度、筹资方式等方面提出了明确的要求。2008—2010 年全国规划配置 PET—CT38 台，至 2010 年底全国总体控制在 96 台以内。

（李　军）

开展全国大型医用设备装备清理排查工作

针对个别医疗机构擅自采购和装备大型医用设备现象，2008 年 3 月，卫生部部署开展了全国大型医用设备采购和装备清理排查工作，坚决遏止违规采购和装备现象。各地高度重视，迅速采取措施，组织专门力量进行排查，及时处理违规问题。有的地区制定了详细的工作方案，由省监察厅驻卫生厅监察专员牵头，采取医疗机构和卫生行政部门自查整改、地市交叉检查、卫生厅组织抽查和暗访等方式全面清查。有的地区专门召开厅务会专题研究违规装备处理，对违规装备的 88 台乙类大型医用设备分别做出暂停使用、停止使用、封存和报废处理决定。据上报数据统计，各地已封存、停用、强制报废违规设备 560 台，其中甲类设备 26 台，乙类设备 534 台。

（李　军）

2008 年医学装备评估选型工作完成

2008 年，受卫生部委托，中国医学装备协会完成了内窥镜和消毒灭菌设备两类医学装备评估选型工作，并由卫生部向社会公布了推荐品目。截至 2008 年底，中国医学装备协会已累计完成 20 个品目的 353 个规格型号的医学装备评估选型工作，共推荐 321 个规格型号。

（王　斐）

北京大学第一医院内科病房楼竣工交付使用

2008 年 9 月 26 日，北京大学第一医院内科病房楼正式投入使用。北京大学第一医院内科病房楼工程位于北京市西城区大红罗厂街 1 号，占地面积 3677 平方米，总建筑面积 31064 平方米。工程总投资 17509 万元。内科病房楼工程于 2006 年 9 月开工建设。内科病房楼的投入使用，将较大地缓解北京大学第一医院住院用房紧张状况，有效改善患者住院和医护人员工作条件，促进医院医、教、研工作进一步发展。

（吴翔天）

医政管理

2008 年医政工作

2008 年，医政系统学习贯彻科学发展观，做好四川汶川地震、婴幼儿奶粉事件等重大突发事件的医疗救治工作，完成第 29 届北京奥运会和第 13 届北京残奥会的医疗保障任务。同时，围绕全国卫生工作重点，以完善国家医疗质量保证和持续改进体系建设为平台，强化医疗管理，提高医疗质量，推动血液管理和护理工作，各项医政工作取得了新进展。

一、做好突发事件医疗救治工作

做好婴幼儿奶粉事件患儿筛查和救治工作。婴幼儿奶粉事件发生后，组成了医疗救治组，内设综合、治疗、保障3个小组，做好婴幼儿的筛查和患儿医疗救治工作，实现了无一例现症患儿因肾功能衰竭而死亡的目标。2008年9月11日以来，多次召开会议，对筛查和医疗救治工作进行部署，对医务人员进行业务培训，对重要信息进行通报，确保了相关工作的顺利开展。印发了《与食用受污染三鹿牌婴幼儿配方奶粉相关的婴幼儿泌尿系统结石诊疗方案》等文件，提出“关口前移、重心下移”的婴幼儿筛查工作原则，遵循分层、分级、分区域的原则，组织医疗救治工作；做到筛查、诊断、治疗、宣传“四个全覆盖”。组建国家级省级诊疗专家组，指导医疗救治工作，提高医疗救治水平。严格实行免费筛查和免费救治，确保每位患儿都能得到及时、有效、规范的诊疗。专门对重症患儿医疗救治工作进行部署，要求各省级卫生行政部门建立重症患儿个案管理制度，确保无现症患儿因结石致肾功能衰竭而死亡。对接诊和诊断患儿的有关情况实行日报告和零报告制度，安排专人进行汇总、审核和分析，建立了诊断患儿数据库，为随诊及后续工作奠定基础。深入基层和一线，督导各地医疗救治政策措施落实和信息统计上报情况，指导开展工作。针对各定点医疗机构儿科人员密集、医院感染工作压力增大的情况，对秋冬季医院感染管理工作进行了部署。对全国累计报告的11例回顾性死亡病例，经部、省专家组讨论，6例不排除与食用问题奶粉有关，5例与食用问题奶粉无关。根据事件进展和患儿医疗救治情况，指导各地做好工作重点的调整，对患儿的随诊工作进行了部署，对婴幼儿奶粉事件诊断患儿相关信息进行了认真核实，建立了全国婴幼儿奶粉事件诊断患儿信息库。

做好手足口病的医疗救治工作。自安徽阜阳等地相继发生手足口病疫情后，组织做好医疗救治等相关工作。制定相关诊疗指南，指导各级各类医疗机构医务人员开展科学防治工作。派遣医疗专家支援和指导医疗救治工作，实行分层收治、分级管理，提高医疗救治成功率。

完成了“4·28”胶济铁路重特大交通安全事故的应急救援工作。“4·28”事故发生后，迅速选派专家到现场指导救援工作，协调北京、天津等地医疗机构接受重症伤员救治，保证了入院的416名伤员无一人死亡。

应对2008年初南方的雨雪冰冻灾害等突发事件，在组织和协调有关方面，完成了相关医疗救治任务。总结突发事件医疗救治工作的经验，结合岗位练兵和技能比赛，针对我国医疗紧急救援中暴露出的一些问题，以及今后在面对重大自然灾害及突发公共卫生事件时要特别关注的几个方面，研究提出了工作建议。

二、做好奥运会医疗、血液保障工作

派员参加卫生部驻北京、沈阳赛区联络工作组，指导北京市卫生局和奥组委医疗部做好奥委会及残奥委会随队医师注册备案工作。抽调医护人员和营养师支援奥运保障。印发《关于进一步做好传染病防治工作的通知》，指导医疗机构进一步加强传染病的预防、控制和诊疗工作，确保“平安奥运”目标的实现。为妥善应对奥运期间可能发生的各类突发公共卫生事件，制定了奥运主（协）办城市紧急医疗救援演练方案，组织400多家网络医院共同举办了奥运期间紧急医疗救援联盟活动，确保完成奥运观众的医疗保障服务。指导部署奥运期间各赛区城市省际血液保障联动机制。针对奥运定点医院建立了血液供给方案，制定血液应急保障和调剂方案。确保了奥运赛区城市医疗机构用血正常，未发生重大突发事件，未出现大量急救用血的现象，未启动血液应急联动机制。

三、医院管理年活动

继续推动开展医院管理年活动。在总结三年来开展医院管理年活动经验的基础上，印发了《医院管理评价指南（2008年版）》，探索建立我国医院管理评价长效机制。制定印发《2008年—2010年“以病人为中心，以提高医疗服务质量为主题”的医院管理年活动方案》，决定2008—2010年在全国继续深化医院管理年活动，并确定了各年度医院管理年活动重点内容，要求坚持巩固成果、深化管理、持续改进、提高水平、不断创新的总体原则。召开2008年深化医院管理年活动暨2008年全国医政工作会议，会议上对2005—2007年度全国医院管理年活动先进单位进行了表彰。开展2008—2009年“以病人为中心”医疗安全百日专项检查活动，目标是通过医疗机构深入查找医疗安全隐患，提高医疗安全意识，改进医疗安全管理，提高医疗服务质量。

加强医疗机构管理。加强医疗机构设置审批和校验管理，推进医院院务公开。针对医疗机构审批管理，下发了《卫生部关于医疗机构审批管理的若干规定》，并要求各地进一步严格医疗机构设置审批管理和执业登记管理，并于2008年底前对本行政区域内已经批准设置的医疗机构进行清理整顿。修订完善了《医疗机构管理条例实施细则》，明确要求医疗机构的设置批准书、审批报告等应报上级卫生行政部门备案，强化了审批责任。贯彻落实《卫生部关于全面推行医院院务公开的指导意见》，组织制定《院务公开目录（试行）》和《全国医院院务公开示范点考核标准》，推进医院院务公开。印发《卫生部办公厅关于加强中外合资、合作医疗机构审批管理的通知》，对外资机构变更合作事项、股权转让、终止合作（转为内资）等情况做出了进一步规定，要求各地依法加强外资医疗机构监管。起草《＜中外合资、合作医疗机构管理暂行办法＞的补充规定二》。针对近年来日益突出的医疗机构命名不规范问题，印发了《卫生部关于“男子”等词语不能作为医疗机构识别名称的批复》等文件，明确规定了医疗机构识别名称的用词和核准机关的审核权限与程序。拟定《健康体检管理暂行规定》，确定了开展健康体检的准入条件和健康体检基本项目。印发《卫生部关于进一步加强医疗广告管理的通知》，就各地反映集中的医疗广告监管中的问题进行研究，提出政策意见，逐步建立医疗广告管理长效机制。成立室间质量评价专家委员会，加强对室间质量的评价。为贯彻落实《临床检验结果互认》工作，开发室内质控监测软件，并且在北京、福建等地试用。根据医疗卫生工作需要和国际检验医学发展趋势，着手建立重要常规检验项目参考系统。召开了 2008 年室间质量评价总结大会。

制定急救行业标准，加强院前急救演练，不断提高和完善突发公共卫生事件医疗救援体系建设的标准。进一步加强应急车辆标准化、规范化建设，完善院前急救体系，提升应急救治能力。《救护车》行业卫生标准（WS/T—292—2008）于 2008 年 4 月 1 日开始实施。为进一步学习、贯彻落实该标准，提高院前急救水平，2008 年 3 月 28—29 日，在海口市召开《救护车》标准发布研讨会。规范院前急救行为，提高院前急救和应急处置能力，委托中国医院协会急救中心（站）管理分会于 2008 年 7 月 2—6 日，在云南省昆明市举办了第二届“挪度杯”全国急救中心急救技能大赛。

加强对医疗技术临床应用的管理。研究建立医疗技术临床应用准入制度，组织专家对《医疗技术临床应用管理办法》进行讨论，征求意见并进一步完善。加强对人体器官移植技术的管理，成立卫生部人体器官移植项目复核和审查专家组，对取得器官移植资质的医院进行资质复核审查，并在通过审查的医院范围内，确定允许开展活体器官移植医院名单。与最高法等部门沟通，共同研究制定了《关于死刑罪犯尸体或尸体器官捐献利用的管理规定（讨论稿）》。推进脑死亡判定的研究，召开中国脑死亡高层研讨会，讨论《脑死亡判定标准（草案）》和《脑死亡判定程序（草案）》。加强心血管疾病介入诊疗技术管理，对卫生部心血管疾病介入诊疗培训基地进行了技术审核。加强内镜诊疗技术临床应用管理，组建了卫生部内镜专业技术考评委员会，对申报内镜诊疗技术培训基地的医疗机构进行了技术审核。继续完善临床诊疗技术规范体系，继续组织编写《临床技术操作规范》和《临床诊疗指南》，促进临床诊疗工作科学化、规范化、标准化。

继续做好艾滋病和禽流感等重大传染病防控和医疗救治工作。及时收集反馈信息，加强艾滋病救治医务人员和检验人员培训。适时部署医疗机构防控人禽流感等突发急性传染病工作，采取有效措施，提高医疗救治水平和应急处置能力。

四、加强医师管理，提高临床合理用药水平

组织完成 2008 年医师资格考试工作，共计 740859 人参加医师资格考试，查处违规考生 1904 人。印发了《关于修订〈医师资格考试暂行办法〉第三十四条的通知》，进一步界定医师资格考试违规的情形，设定处罚条款，明确处罚的决定部门，特别是对终身不得报名参加医师资格考试的情形作了界定。与国家中医药管理局、公安部、工业与信息化部和国家保密局联合颁布《医师资格考试突发事件应急预案》。2008 年初召开了 2008 年医师资格考试工作会议，总结回顾 2007 年医师资格考试工作，并对 2008 年医师资格考试重点任务进行了部署。2008 年 9 月召开了全国医师资格考试考务工作会议，各考区分管医师资格考试厅局长和各考点主考参会。协助部保密办制定《2008 年医师资格考试保密室督导检查方案》，对部分考点的试卷安全保密等工作进行全程督导检查。

妥善解决基层卫生人员执业问题。印发《卫生部办公厅关于卫生保健专业、初中起点五年制大专临床医学专业毕业生参加执业助理医师资格考试及执业注册问题的通知》，允许取得中等卫生学校卫生保健专业学历和初中起点五年制大专临床医学专业学历的人员，报考执业助理医师资格，并规定了执业地点限定条件。

完善台港澳医师短期行医相关规定。起草了《香港、澳门特别行政区医师在内地短期行医管理规定》和《台湾地区医师在大陆短期行医管理规定》，对台、港、澳医师短期行医的规定进行了完善。与国家中医药管理局联合下发了《关于台港澳医师获得大陆医师资格有关问题的通知》。起草了《台湾地区、香港和澳门特别行政区医师获得大陆医师资格认定办法》。

开展专科医师试点工作。于 2008 年 4 月召开了专科医师试点工作研讨会。决定从 2008 年起开展专科医师准入试点工作。决定由北京大学口腔医院、北京积水潭医院、复旦大学附属儿科医院、中山大学附属眼科医院等 4 家医院承担口腔科、骨科、儿科、眼科 4 个专业专科医师准入试点工作。

开展中医类别中医（朝医）专业和中医类别中医（壮医）专业医师资格考试试点工作。2008 年分别在吉林省、广西壮族自治区开展中医类别中医（朝医）专业和中医类别中医（壮医）专业医师资格考试试点工作。

严格抗菌药物临床应用管理。印发了《卫生部办公厅关于进一步加强抗菌药物临床应用管理的通知》，加强抗菌药物临床应用的干预措施，逐步建立抗菌药物临床应用预警机制。

筹备建立全国合理用药监测网，加强对药物临床合理应用的指导与监督，补充了针对基层医疗卫生机构抗菌药物临床应用的抽样监测机制。

开展临床药师制试点工作。完善临床药师制试点工作方案，研究制订临床药师培训试点工作的相关指导文件。对各试点医院临床药师试点制推行过程中的情况进行调研。

探索开展药品临床合理应用评价工作。指导全国抗菌药物临床应用监测网和细菌耐药监测网加强药物临床应用评估与监测，为临床用药提供指导信息。

处理药品和医疗器械不良事件，探索长效机制，保护群众利益。在“博雅丙种球蛋白”、“刺五加”、“茵栀黄”、“麻醉相关事件”及“美国肝素钠注射剂”等应急处置工作中，协同有关部门，及时做好停药和救治患者等工作，组织专家指导患者临床救治和康复。会同国家食品药品监督管理局研究药品严重不良事件的联合处理机制和办法。

加强对 A 型肉毒毒素和菌毒株管理。由国家食品药

品监督管理局会签我部下发文件，根据《医疗用毒性药品管理办法》将A型肉毒毒素列入毒性药品目录，并对生产、流通、使用等环节加强检查和管理。同时，国家食品药品监督管理局要研究解决好对非法生产、销售、使用A型肉毒毒素的管理监督和案件查处工作。制定下发了《卫生部办公厅关于加强A型肉毒毒素临床使用管理的通知》，要求各级卫生行政部门要严格加强对辖区内医疗美容机构及其他医疗机构A型肉毒毒素的临床使用日常监督管理工作；加强对辖区内各级各类医疗机构A型肉毒毒素和毒株从采购、贮存、处方、调剂、使用等环节全程监管。在组织安排医疗机构自查自纠的基础上，组织力量进行专项检查，特别是要对医疗美容机构进行专项治理整顿，对发现违法违规行为的，要依法严肃处理。

起草《处方集》。为贯彻落实《中华人民共和国药品管理法》和《处方管理办法》，加强临床合理用药的管理，保障患者用药安全，起草了《处方集》。

五、加强血液工作

推动无偿献血工作。2008年12月10日，卫生部、中国红十字会总会和总后勤部卫生部在北京召开2006—2007年度全国无偿献血表彰大会，对获得无偿献血奉献奖的52821名个人；无偿献血促进奖的60个单位和9名个人；无偿献血特别促进奖的1172名个人；无偿献血先进省（市）奖的6个省和185个城市；无偿献血先进部队奖的18个部队单位以及无偿捐献造血干细胞奉献奖的476名个人予以表彰。在四川汶川地震期间，各省会城市献血预约登记60万余人，预约单位7080多个，没有造成血液浪费。2008年6月14日，开展了世界献血者日感谢活动，并继续推动无偿献血志愿服务工作。

落实采供血机构设置规划。各地依据机构规模化、优化资源配置的原则，制定下发了本辖区的设置规划，并对现存的采供血机构进行调整，促使采供血机构向大规模高效率方向发展。

完善血站全面质量管理体系建设。对采供血机构质量体系督导检查进行了规范性培训，开展了采供血机构间质量标准建设的学习和交流，2008年10—11月进行采供血机构质量体系自查，12月开始对全国各省血液中心和部分中心血站进行质量体系督导检查。

加强临床用血管理。继续加强临床用血的管理，同时，对《临床用血管理办法》和《临床用血技术规范》进行修改。委托部分医疗机构修订专科临床用血技术规范。

加强单采血浆站的管理，采取措施应对血液制品供应紧张状况。出台《单采血浆站管理办法》，进一步规范了单采血浆站的建设和全面质量管理。协调重点企业扩大采浆区域，并向国家发展改革委员会提出国家建立血液制品生产基地和原料血浆基地的建议，建立我国血液制品供应的长效机制，满足血液和临床基本需求，保障国家血液制品的必要储备和应急调配。对部分省市的不同层次的医院血浆及血液制品临床试用的情况进行调研，对制品企业和单采血浆站的情况进行调研。

此外，完成2008年全国采供血机构岗位培训计算机化考核工作。继续完善采供血机构信息统计工作。

六、推动护理工作，加强医院感染的预防与控制

贯彻实施《护士条例》。印发《关于认真学习和贯彻实施＜护士条例＞有关工作的通知》，要求各级卫生行政部门和医疗卫生机构准确理解、正确执行《护士条例》的各项规定；与国家中医药局、总后卫生部及中华护理学会于2008年5月12日在北京召开贯彻实施《护士条例》暨庆祝5.12护士节电视电话会议，全国3万名代表参加会议；制定颁布《护士守则》，号召全国护理工作者自觉履行《护士条例》赋予的义务，恪尽职守，诚信服务。颁布实施《护士条例》配套文件。组织制定《护士执业注册管理办法》、《护士执业考试管理办法》及《外籍护士来华执业暂行管理办法》。研制并在全国统一使用《护士执业注册联网管理信息系统》，实现护士执业注册工作的网络化，建立全国护士执业注册信息库以提供有关信息检索查询。

贯彻实施《中国护理事业发展规划纲要（2005—2010年）》。对各省（区、市）的贯彻落实情况进行评估。开展重症监护（ICU）、手术室等护理领域的专业护士骨干的培训工作，逐步提高专科护理领域护士的技能水平，促进我国专科护理工作的发展。

举办全国卫生系统护士岗位技能竞赛复赛活动。来自全国31个省、自治区、直辖市和新疆生产建设兵团共41所医院的护士代表们参加复赛活动，并展示各参赛医院代表队的专业理论水平和专业技术能力。在2008年深化医院管理年暨全国医政工作会议上对获奖单位进行表彰。

开展有关护理工作的调研。组织研究探讨适合我国国情和护理工作需要的临床护士分级管理模式，进一步加强护士人力资源的科学管理。通过调研，形成了《关于护士队伍分级管理的情况报告》报部领导。组织开展无陪护病房试点工作的调研。取消护工、家属陪护，确保患者得到安全、满意的护理服务，提高护理质量，使护士的工作价值得到体现。

加强医院感染预防与控制工作。制定并完善医院感染管理有关技术性标准和规范，开展加强多重耐药菌感染的控制工作，制定颁布了《卫生部办公厅关于加强多重耐药菌医院感染控制工作的通知》，要求医疗机构采取有效措施预防和控制多重耐药菌医院感染管理工作，加强人员培训、监测以及抗菌药物的合理使用。

调查处理严重医院感染事件，2008年9月5—15日，西安交通大学医学院第一附属医院发生9例新生儿因医院感染，其中8名患儿相继死亡事件。派员赴西安参加该事件的调查工作，并根据调查结果下发了《卫生部关于西安交通大学医学院第一附属医院发生严重医院感染事件的通报》，要求各级卫生行政部门及各级各类

医疗机构必须从该起事件中汲取教训，引以为戒，采取有效措施，加强医院感染管理，确保医疗安全和医疗质量。

开展护理及医院感染管理有关项目活动。在世界卫生组织的支持下，在四川成都、北京、山东济南分别举办地震伤员护理技术培训班，提高护士对地震伤员的灾害救援、护理及康复技术水平。为加强医院感染预防与控制工作，通过国际合作项目，开展多重耐药菌感染患者的监测、感染预防与控制干预项目活动，进一步加强医疗机构采取措施，有效预防和控制多重耐药菌的传播。为加强护理管理人员、医院感染管理人员的专业技术水平，对护理管理、医院感染管理领域的骨干人员开展培训工作。

七、开展学习实践活动，参与医药卫生体制改革

2008 年 10 月 9 日召开动员大会，启动学习实践科学发展观活动，完成各阶段的任务及时报送阶段总结合学习体会。10 月，到北京、辽宁、广东、浙江围绕公立医院管理体制和运行机制改革、民营医院发展情况等主题进行调研，完成了调研报告。12 月，组织撰写分析检查报告。

八、继续做好万名医师支援农村卫生工程，加强防盲、戒毒工作

进一步实施万名医师支援农村卫生工程。赴湖北等省份实地调研万名医师支援农村卫生工程实施情况，对项目工作进行指导。召开了江西、湖北等 5 省城乡医院对口支援工作座谈会，交流各省份项目工作的做法和经验，分析了存在的问题，提出了进一步做好工作的意见建议。编辑万名医师支援农村卫生工程简报 5 期，并通过《健康报》“万名医师支农风采”专栏，连续刊登受卫生部表彰的先进集体和个人的事迹。对《城乡医院对口支援管理办法》进行研究修改。

组织开展部属（管）医院支援西部地区农村卫生工程。2008 年，共组织 44 家部属（管）医院举办临床培训班和基层管理干部培训班 8 期，为西部地区培训医务人员 240 人；组派 10 支医疗队赴西部地区农村开展医疗帮扶活动；接受 50 名西部地区基层医务人员到各部属（管）医院进修一年。2008 年 8 月，在吉林省延吉市召开 2008 年部属（管）医院支援西部地区农村卫生工作座谈会，总结 2007 年项目工作，对年度的先进个人予以表扬，交流支援工作经验，研究进一步做好工作的措施，部署 2008 年工作。

开展卫生下乡工作。根据中宣部等部位联合开展的文化科技卫生“三下乡”活动要求，卫生部参加了中宣部主持召开的今冬明春文化科技卫生“三下乡”活动启动仪式筹备会，部署卫生下乡相关工作。深入贫困村入户慰问，组织医务人员在集中活动现场进行义诊咨询，发放健康教育读本，为县医院赠送医疗设备，派医疗队为当地白内障病人开展免费手术。

继续推动防盲治盲工作。为继续做好中西部地区儿童先天性疾病和贫困白内障患者复明救治项目工作，先后印发了《中西部地区儿童先天性疾病和贫困白内障患者复明救治项目管理办法（试行）》、《关于中西部地区儿童先天性疾病和贫困白内障患者复明救治项目有关问题的通知》，并要求各地及时报送项目实施情况。2008 年 9 月对 2008 年 1—6 月中西部地区儿童先天性疾病和贫困白内障患者复明救治项目执行情况进行了阶段总结，对今后三年的项目工作提出工作计划。举办了第十三届全国“爱眼日”活动，举办了 2 期全国防盲治盲管理培训班，起草了《全国防盲治盲示范县（市）工作规范》。

进一步推动戒毒医疗工作。配合《禁毒法》的实施，继续组织制订《戒毒医疗管理办法》等规范性文件，规范自愿戒毒医疗机构管理，促进戒毒医疗工作健康发展。会同有关部门，组织研究制订吸毒成瘾认定办法。参与《禁毒条例》制订工作。2008 年 6 月，印发了《关于贯彻落实禁毒法有关事项的通知》，要求各地深刻认识《禁毒法》的重大意义，履行法定职责，参与禁毒工作，并对卫生系统参与禁毒工作的组织领导和探索建立长效机制，与吸毒有关的艾滋病问题，戒毒治疗的组织实施，特殊药品的使用管理，吸毒人员的康复和回归社会等工作提出了要求。10 月，按照国家禁毒委的统一部署，向各省、自治区、直辖市转发了《〈禁毒法〉集中宣传行动方案》，在全国范围内组织开展《禁毒法》集中宣传行动，并对继续推动《禁毒法》宣传工作进行了具体部署。加强医疗戒毒人员培训，2008 年 9 月，在贵阳市举办了医疗戒毒业务知识培训，全国 31 个省（区、市）和新疆生产建设兵团的从事医疗戒毒业务人员和管理人员共 100 余人参加了培训。继续对云南省医疗戒毒工作进行支持，2008 年 11 月组织有关医疗戒毒专家到云南省指导调研医疗戒毒工作。指导调研组听取了云南省的有关情况介绍，了解云南省戒毒医疗机构和服务的管理现状，以及有关戒毒医疗机构人员资质、培训情况、戒毒业务开展等情况，开展业务交流，指导业务工作。

（王　羽）

组织完成 2008 年医师资格考试工作

2008 年，卫生部组织完成医师资格考试工作。共计 740859 人参加了医师资格实践技能考试，556051 人参加了医学综合笔试，查处违规考生 1904 人，无重大舞弊和泄题事件发生。

（赵明钢　焦雅辉）

开展专科医师准入试点工作

2008年，卫生部与香港医学专科学院合作，启动了专科医师准入试点工作。卫生部拟通过专科医师试点工作，总结工作经验，逐步建立适合我国国情并与国际接轨的专科医师准入及有关管理制度；建立我国专科医师质量考核体系；建立具有良好医德医风和人文素质、熟练掌握临床专业知识和专业技能的高素质的专科医师队伍。

2008年4月，卫生部召开了专科医师试点工作启动会议会，决定从2008年起开展专科医师准入试点工作。决定由北京大学口腔医院、北京积水潭医院、复旦大学附属儿科医院、中山大学附属眼科医院等4家医院承担口腔科、骨科、儿科、眼科4个专业专科医师准入试点工作。启动会上，各试点医院、香港医学专科学院对试点工作方案及不同年资专科医师认定标准进行了讨论。

（张宗久　焦雅辉）

批准首批心血管介入诊疗培训基地

为了加强心血管疾病介入诊疗技术管理，根据《心血管疾病介入诊疗技术管理规范》要求，在各省推荐的基础上，卫生部委托中华医学会对各省级卫生行政部门上报的卫生部心血管疾病介入诊疗培训候选医院进行了技术审核，批准了56家医院作为第一批卫生部冠心病介入诊疗培训基地，25家医院作为第一批卫生部先心病介入诊疗培训基地，54家医院作为第一批卫生部心律失常介入诊疗（导管消融和植入器械）培训基地，开展相应心血管疾病介入诊疗培训工作，有效期为3年。

同时，卫生部组织各省级卫生行政部门和相关医疗机构负责人召开工作会议，要求各医疗机构认真组织开展相关培训工作。制定科学的培训方案，加强对培训医师和受训医师的管理，保证培训质量；对受训医师进行严格考核，保证培训效果。

（焦雅辉　马旭东）

加强合理用药监测工作

2008年，在抗菌药物临床合理应用和细菌耐药监测工作的基础上，卫生部、国家中医药管理局和总后卫生部筹备建立合理用药监测系统，在全国范围内全面启动合理用药监测工作。此项工作拟于2012年底，建立并全面运行覆盖全国二级以上医院的监测系统，完善我国药物合理使用和不良事件监测制度，增强对药物不良事件的敏感性并有效应对，实现安全、有效、经济的临床合理用药目标。

监测系统分为国家级和省级2级监测系统，分别由卫生部和省级卫生行政部门负责组建和管理。国家级监测系统主要覆盖全国三级医院，以三级综合医院、中医医院为主；省级监测系统主要覆盖本辖区内二级医院。国家级和省级两级监测系统之间信息互通、资源共享，在全国范围内建立起较为完善的药物使用管理机制，全面推进临床合理用药，更好地保障医疗质量和医疗安全。

监测系统在收集药物临床应用、用药相关医疗损害事件和重点单病种药物治疗等方面情况的基础上，检索国家食品药品监管部门发布的药物不良反应、国内外有关药物临床使用以及国内外用药相关医疗损害事件等方面的信息，围绕安全、有效、经济的合理用药原则，为政府部门起草重点药物临床合理应用的指导原则或规范、指南提供科学依据，并提出加强合理用药管理的政策建议。同时，监测系统定期向监测点医院发布监测结果，提出改善用药行为、推进合理用药的干预措施，发出用药相关医疗损害事件预警信息及预防建议，并及时向监测点医院通报国家食品药品监管部门发布的药物不良反应信息及国内外用药相关医疗损害事件信息。

为进一步加强我国临床用药的管理，提高临床合理用药的安全性和合理性，确保医疗质量和医疗安全，同时保证合理用药监测工作的开展，根据《中华人民共和国药品管理法》及《处方管理办法》的要求，卫生部成立了合理用药专家委员会，主要负责组织相关专家拟定全国合理用药管理的工作目标和工作方案，对全国合理用药管理工作提出建议，有针对性地对监测数据进行分析和评价，研究拟定我国临床合理用药的相关技术管理措施和技术管理规范，组织教育培训等。

（焦雅辉　马旭东）

卫生部抗震救灾医政管理工作

“5·12”汶川特大地震发生后，卫生部组建抗震救灾工作领导小组医疗救治组，并在医疗救治组内成立了综合协调、医疗救治、血液保障、信息和后勤保障5个小组，负责医疗救治的组织和医疗物资的调配。第一时间从全国抽调了大批医务人员，调集了数百台救护车，携带大量药品、医疗器械、血浆和血液制品赶赴灾区，加强灾区医疗救治力量，紧急开展地震伤员的医疗救治工作。根据灾区现场医疗救治工作需要，紧急制订下发了一系列规范性文件，指导现场医疗救治工作，做到科学救治。同时，从全国选派著名专家，长期或临时在灾区医疗机构指导伤员的救治工作，确保医疗救治效果。协调民航、铁路等有关方面，将10015名伤员转到重庆、北京等20个省（区、市），确保伤员得到及时救治。根据地震伤员救治工作进展，及时采取“集中伤员、集中专家、集中资源、集中救治”的工作方式，整合优势资源，对重症伤员进行集中救治。开展调查研究，协助有关省份做好与四川省重灾县的医疗对口支援工作。

截至 2008 年 10 月 13 日，累计收治住院伤员 91177 人（其中重伤员 16563 人），治愈出院伤员 88368 人，累计抢救复苏危重伤员 10533 人次，开展手术 39689 台次，巡诊服务 73.01 万余人次，开展医学心理治疗 97969 人次，康复治疗伤员近 2 万人次。其中共收治危重伤员 234 名，死亡 34 名。

为了减轻和减少地震伤员残疾、促进伤员回归社会，卫生部协调四川和有关省级卫生行政部门，组织开展地震伤员康复工作。及时研究讨论伤员康复需求，制订工作方案，对医疗康复与救治的配合和衔接进行了部署。组织各有关省级卫生行政部门对伤残人员数量、类型、伤残状况、康复需求等进行调查评估，对全国和四川的康复资源分别进行了调查，为提出伤员康复安置政策意见提供了依据。制定康复方案和技术规范，组织对四川等省份地震伤员康复工作进行调研督导。陆续从江苏、上海等 8 省市选派了 12 批共 171 名康复专业人员赴川支援。与中国残联共同成立了四川汶川地震伤员康复工作专家组，为地震伤员康复工作提供咨询意见，进行技术指导。

（王　羽）

卫生部抗震救灾医疗救治工作

“5·12”汶川特大地震发生后，卫生部即刻启动应急预案，全国卫生系统紧急行动，全力以赴救治伤员，开展医疗救治和卫生防疫工作。

紧急动员，支援灾区医疗救治工作。2008 年 5 月 12 日，卫生部从全国抽调大批医务人员和多学科专家加强灾区医疗救治力量，至地震发生 96 小时内，向灾区派出医疗救援队员 3414 人，救护车 529 辆。5 月 15、16 日两天就抢救伤员 9430 名，其中，危重伤员 479 名，实施较大手术 248 例。之后根据不同时期的特点和需要，卫生部派遣相关专业专家前往灾区指导医疗救治工作。据统计，共向灾区派出来自 29 个省区市的医疗队员 6615 人，其中医生 3228 人，护士 1508 人，行政后勤人员 335 人，救护车司机 1544 人，救护车 744 辆。

规范救治，提高医疗救治工作水平。根据灾区现场医疗救治的需要，紧急组织制订并下发了《汶川地震现场检伤方法和分类标准》、《汶川地震抗震救灾现场医疗点参考配置》、《汶川地震感染预防与控制指南》、《汶川地震抗震救灾野战医院参考配置》、《汶川地震抗震救灾医疗物资参考配置》、《卫生部医疗队救助流程图》、《卫生部医疗救护车队救助流程图》和《医疗队调配工作表》等一系列的规范性文件，指导各地区医疗队、救治医疗点、野战医院的组建和伤员的现场检伤分类工作，使医疗救助队的医疗救治工作得以有效开展，确保科学抗震，据伤送治。

整合资源，组织伤员分流转运。为改善地震伤员的救治条件，降低病死率和致残率，确保所有伤员能够及时得到有效救治，2008 年 5 月 17 日起，卫生部有计划地将生命体征平稳的伤员向北京、天津等 20 个省（自治区、直辖市）转送。截至 5 月 31 日，共协调动用 21 次专列，99 架包机，出动医务人员 5000 余人，向四川省外 20 个省、直辖市、自治区 375 家医疗机构安全转运伤员 10015 人，安置陪护家属 9000 余人，完成了伤员转运任务。

“四个集中”，加强危重伤员救治。针对重症挤压综合征、多脏器功能衰竭、严重混合感染和中枢神经系统严重损伤等危重症严重危胁伤员生命安全的现状，卫生部及时采取了“集中伤员，集中专家，集中资源，集中救治”的“四个集中”的重症伤员救治原则，整合优势资源，尽最大努力挽救伤员生命，最大限度降低伤员死亡率、致残率，提高生存率和治愈率，采取的措施包括：重点加强 ICU、重症监护的力量；加强感染科的救治力量，防治气性坏疽及其他感染，预防和处理多重耐药菌感染；加强血液透析和肾脏支持治疗力量；认真落实执行三级医师查房、疑难病例会诊、死亡病例讨论等核心医疗管理制度，确保医疗救治质量；严格实施对重症伤员的动态评估和管理，加强信息收集和报送工作，确保重症伤员能够得到及时甄别和强化治疗。

（王　羽　张宗久）

卫生部开展抗震救灾血液保障工作

“5·12”汶川特大地震发生后，卫生部立即启动血液保障应急响应机制，先后协调北京、山西、河北、黑龙江、深圳等地血液中心向地震灾区及伤员转运城市累计调运 244.87 万毫升血液。抗震救灾期间，选择 11 个备用血液调剂血站进行库存储备和调控，并要求灾区血站、伤员转运省市血站以及备用血液调剂血站每日报送血液入出库信息。在各地支持下，全国迅速形成了统一的血液保障网络，保证了地震灾区和伤员转运城市的血液供应，未发生一起因血液供应不足而延误治疗或因库存过量而造成血液浪费的情况。

2008 年 5 月 12 晚至 13 日凌晨 5 时，社会各界民众献血热情高涨，仅四川省成都市就有 835 人献血 23.2 万毫升。为避免浪费，有效实施救援，卫生部于 14 日发出温馨提示，号召各界愿意奉献爱心的人士进行预约献血登记。仅地震后 10 日，全国各省会城市预约登记献血个人总数逾 60 万，集体总数达 7080 余个。

（衣　梅）

卫生部开展地震伤员医疗康复工作

"5·12"汶川特大地震发生后，卫生部在紧急救治伤员的同时即着手部署伤员康复工作，做到救治与康复同步进行，紧密配合，力争最大限度减少残疾，保护伤员残留功能。2008年7月4日，卫生部会同中国残联印发了《关于加强汶川地震伤员康复工作有关问题的通知》，要求各地进一步加强组织领导，明确工作流程，落实工作要求，并制定《四川地震伤员康复治疗分流指导原则》，明确了伤员分类标准和分流原则。针对四川短期内伤员康复需求激增，康复资源难以满足需要的实际情况，卫生部从2008年7月中旬开始协调江苏等8省市派出12批共计171名康复专业人员赴川，协助开展地震伤员康复工作。此外，通过举办培训班，邀请国内外医疗康复专家授课等方式，帮助四川提高康复工作水平。据统计，约2万余名地震伤员在接受临床治疗的同时接受康复治疗与训练，已经基本完成医疗并康复出院。

（高学成　付文豪）

卫生部开展地震灾区护理人员培训工作

"5·12"汶川特大地震发生后，造成了严重的人员伤亡和财产损失，来自全国各地的护士参加地震灾区医疗救援工作，并发挥了重要作用。为提高护士在灾害事故紧急医疗救援工作中的应对能力、灾害救援护理及康复专业技术水平，促进伤员的康复，卫生部在四川成都、北京、山东济南分别举办了地震伤员护理技术培训班，邀请国内、外专家讲授灾害事故紧急医疗救援原则和方法；创伤患者的现场急救、护理包括伤员颅脑损伤、脊柱脊髓损伤及骨折的护理及伤口护理；救灾现场的人员、物资管理，临时医疗点的管理；灾害现场医院感染的预防与控制；灾害救援中伤员及家属的心理干预等内容。参加培训的人员主要来自四川、陕西、甘肃省地震灾区以及在基层医疗卫生机构工作的护士。

（郭燕红）

手足口病医疗救治工作

2008年初，安徽阜阳等地相继发生手足口病疫情后，卫生部派遣医疗专家组、医疗队支援和指导安徽阜阳等地手足口病医疗救治工作；明确重点任务，围绕重症和危重病人，严格规范诊断和救治；协调规范诊疗秩序，确保病人安全。加强管理，保证医疗救治科学有效；分层收治，明确各级医院分工；分级管理，确保危重症患者的救治；宣教告知，做好病人的指导工作；加强督查，严格规范留观、住院、出院等标准，切实提高救治水平；重视会诊讨论，加强审核稽查，提高医疗救治成功率和病例报告准确率；及时总结经验，制定相关规范，指导全国开展医疗救治工作。卫生部组织专家研究起草了《手足口病诊疗指南（2008年版）》，指导各级各类医疗机构医务人员在手足口病开展科学防治工作。

（马旭东）

婴幼儿奶粉事件婴幼儿的筛查及医疗救治工作

2008年9月，我国部分地区出现婴幼儿因食用受三聚氰胺污染的婴幼儿配方奶粉而导致泌尿系统结石的重大食品安全事件。事件发生后，启动了国家重大食品安全事故应急预案Ⅰ级响应。9月10日，卫生部召开专题会议，研究部署食用三鹿牌奶粉导致婴幼儿泌尿系统结石医疗救治工作。全国卫生系统按照卫生部"以人为本、仔细筛查、科学救治、关爱病人"的要求和"分层、分级、分区域"的原则，开展婴幼儿筛查和患儿医疗救治工作。

及时召开会议，部署医疗救治工作。9月12日起，卫生部先后9次召开视频会议部署医疗救治工作并对相关医务人员进行业务培训。视频会议的及时召开，对于积极推动医疗救治工作、贯彻落实相关政策措施、提高医疗救治工作水平、确保医疗质量和医疗安全、维护医疗机构正常诊疗秩序和社会稳定起到了重要作用。

制订印发文件，规范诊断治疗。9月11日，会同中华医学会及时组织制订并印发了《与食用受污染三鹿牌婴幼儿配方奶粉相关的婴幼儿泌尿系统结石诊疗方案》，要求各地做好诊疗工作。之后，又先后印发了一系列文件，对落实免费医疗政策、患儿筛查流程、宣传教育要点、技术培训指导、信息统计上报、重症患儿救治等工作都提出了明确的具体要求。甘肃省质监部门在奶粉中检出阪崎肠杆菌后，及时制定下发了《婴幼儿阪崎肠杆菌感染诊疗指南》和《婴幼儿阪崎肠杆菌感染宣教要点》，要求各地做好诊疗、培训、宣教和病例报告工作。

组建诊疗专家组，提高医疗救治水平。为加强对诊疗工作的指导，确保疑难、重症患儿得到及时有效地救治，卫生部于9月13日成立了由儿科、小儿泌尿外科、超声科、放射科等专业国内权威专家组成的诊疗专家组，同时要求各级卫生行政部门及时成立本级诊疗专家组，指导辖区内的医疗救治工作。先后向河北、河南、江苏、新疆等15个省、自治区派出专家50余人次，指导、参与当地患儿的医疗救治工作。

实行免费诊疗，确保先行救治。根据国务院的统一部署，要求各医疗机构从保护人民群众健康、维护社会稳定的大局出发，严格实行免费医疗，对食用含三聚氰胺奶粉的婴幼儿实行免费筛查；对经筛查确诊为泌尿系统结石的患儿实行免费救治，确保每位患儿都能得到及时、有效、规范的诊疗。

采取有效措施，加强重症患儿救治。为确保无一例现症患儿因食用含三聚氰胺奶粉致泌尿系统结石死亡，下发文件对重症患儿医疗救治工作提出了具体要求，要求各省级卫生行政部门建立重症患儿个案管理制度，及时、准确掌握重症患儿病情和医疗救治情况，并将有关情况每日上报；组织省级专家组每日对重症患儿进行会诊；严格落实三级医师查房制度和医院感染控制制度；必要时，按照“集中患儿、集中专家、集中资源、集中救治”的原则，组织开展重症患儿医疗救治工作。指定国家级专家定点联络各省、自治区、直辖市重症患儿医疗救治工作，必要时开展远程会诊。同时，向重症患儿较多的省（区、市）派出国家级专家指导重症患儿医疗救治工作。通过以上措施，努力争取实现无一例现症患儿死亡的目标。

做好信息统计，及时上报信息。9 月 11 日，下发文件，要求各地及时统计上报辖区内接诊和诊断患儿的有关情况，实行日报告和零报告制度；同时，在患儿较为集中的 10 个省市选取了 10 所省级定点医院作为监测点，要求每日上报接诊、确诊和出住院人数等患儿诊疗情况，接诊以及治疗过程中面临的困难和建议等。又安排专门人员，对上报信息进行汇总、审核和分析，供领导决策参考。为了解成人泌尿系统结石诊疗情况，卫生部组织力量对北京、河北、辽宁等 10 省市 10 家三级医院 2007 年 1 月至 2008 年 8 月成人泌尿系统结石诊疗情况进行了统计分析，并对 10 家医院每日上报的成人泌尿系统结石诊疗情况进行了汇总、分析，未发现成人泌尿系统结石患者的明显增加。

派出督导组，指导救治工作。先后向河北、内蒙古、江苏等 10 省、自治区派出督导组，调研和指导各地医疗救治工作。各督导组深入基层和一线，重点了解各项医疗救治政策措施落实情况，信息统计上报情况，筛查诊断流程执行情况，诊断标准、出入院标准、重症标准掌握情况，相关病案资料管理情况等，并对医疗救治工作进行指导。

加强医院感染控制工作。为有效应对各定点医疗机构儿科人员密集、医院感染工作压力增大的情况，减少交叉感染，下发文件对秋冬季医院感染管理工作提出了具体要求。

对回顾性死亡病例进行调查、分析。截至 2008 年 11 月 20 日，全国累计接到报告回顾性死亡病例 11 例。经组织、派遣部、省两级专家组前往认真讨论排查，考虑江西省、浙江省、贵州省、陕西省各 1 例、甘肃省 2 例（共计 6 例）上报的回顾性死亡病例不能排除死因与食用问题奶粉有关；山西省、江苏省、广东省、甘肃省、新疆自治区各有 1 例（共计 5 例）上报的死亡病例已认定死因与食用问题奶粉无关。目前，未接到因食用含三聚氰胺问题奶粉致泌尿系统结石、肾功能衰竭的现症病例死亡报告。

做好患儿随诊工作。为指导各地做好下一阶段患儿医疗救治的调整工作，卫生部起草了《卫生部办公厅关于下一阶段婴幼儿奶粉事件患儿医疗救治有关工作安排的通知》。

（焦雅辉　马旭东）

北京奥运会、残奥会医疗保障工作

2008 年，第 29 届奥运会和第 13 届残奥会在北京召开，为了做好奥运会期间的医疗保障工作，卫生部成立了奥运医疗卫生保障工作领导小组，以做好北京奥运会医疗卫生保障工作，加强对奥运会主办、协办城市及全国卫生系统奥运医疗卫生保障工作的协调、指导和支持。在北京奥组委统一领导下，按照全力支持、主动参与、加强指导、积极建议、整体协调、密切配合的原则，配合北京奥组委，组织、动员全国卫生系统参与，协调、指导和支持奥运举办和协办城市卫生部门做好医疗卫生保障工作。

指导北京市卫生局和奥组委医疗部做好奥委会及残奥委会随队医师注册备案工作；对北京协和医院和中日友好医院的奥运准备情况进行了检查，并督促两医院落实医疗隐患排查工作；为保障达到“三满意，两精彩”的工作要求，根据中日友好医院提出的需求情况，从部属部管医院医护人员和营养师支援中日友好医院的奥运保障工作；协助北京市进行奥运医疗保障演练和奥运医疗物资的最后核查工作；卫生部印发了《卫生部办公厅关于进一步做好传染病防治工作的通知》，以进一步加强传染病的预防、控制和诊疗工作，确保“平安奥运”目标的实现。六是派员组成卫生部驻北京赛区联络工作组。

印发实施《救护车》行业卫生标准

2007 年 12 月 27 日，卫生部开始实施《救护车》行业卫生标准（WS/T—292—2008）。为进一步学习、贯彻落实该标准，提高院前急救水平，2008 年 3 月 28—29 日，卫生部在海口市召开《救护车》标准发布研讨会。2008 年 6 月 28 日，全国各地急救中心专家就颁发的标准举办了《中国救护车论坛》会议，进一步强化了《中华人民共和国卫生行业标准》WS/T—292—2008 救护车标准在急救系统救护车配备过程中的贯彻执行力度。

（付文豪）

第二届“挪度杯”全国急救中心急救技能大赛举办

为做好2008年奥运会医疗急救保障工作，同时进一步深化道路交通安全“五整顿”、“三加强”工作，规范院前急救行为，提高院前急救和应急处置能力，卫生部委托中国医院协会急救中心（站）管理分会于2008年7月2—6日，在云南省昆明市举办了第二届“挪度杯”全国急救中心急救技能大赛。第二届“挪度杯”全国急救中心急救技能大赛的举办，加强了全国院前急救工作的行业管理，激发了院前急救医护人员刻苦钻研业务技术的热情，对提高我国医疗急救整体水平，培养一支医疗技术精湛、提升急救中心应对突发事件的综合反应能力和水平，促进我国医疗急救事业的发展都具有十分重要的意义。

（付文豪）

制定医疗机构审批管理若干规定

为切实规范医疗机构设置审批管理，针对医疗机构准入工作中存在的把关不严、审批不规范等问题，卫生部印发了《卫生部关于医疗机构审批管理的若干规定》，对医疗机构的审批权限、审批程序及设置申请材料等方面做出了明确规定，要求各地进一步严格医疗机构设置审批管理和执业登记管理，准确核定医疗机构类别和诊疗科目，实行医疗机构设置批准公示制，推行医疗机构准入的信息化管理，建立健全医疗机构审批责任制、监督稽查制和责任追究制度。同时明确各地不得核定未经卫生部备案同意的医疗机构类别，不得批准设置卫生部未制定基本标准的医疗机构。卫生部同时修订了《医疗机构管理条例实施细则》有关附表，完善了《设置医疗机构申请书》、《设置医疗机构批准书》、《设置医疗机构备案书》和《设置医疗机构备案回执》，增加了《设置医疗机构审核意见表》和《医疗机构设置备案处理意见书》，明确要求医疗机构的设置批准书、审批报告等应报上级卫生行政部门备案，上级卫生行政部门应依法对下级部门的违规审批行为及时进行纠正，强化了医疗机构审批备案管理。

（李大川）

规范医疗机构命名管理

为加强医疗机构管理，规范医疗机构命名，卫生部印发《卫生部关于“男子”等词语不能作为医疗机构识别名称的批复》等文件规定，明确规定“男子、男性、男科”等词语不能作为医疗机构识别名称；对于医疗机构名称中含有“中心”或“国际”字样的，要求各地严格依法审核，不得越权核准。

（李文婧）

完善中外合资、合作医疗机构审批管理规定

针对地方卫生行政部门在中外合资、合作医疗机构登记、执业等方面不同程度地存在审批把关不严格、执业登记不全面、疏于监管等问题，为进一步加强管理，卫生部印发了《卫生部办公厅关于加强中外合资、合作医疗机构审批管理的通知》，对外资机构变更合作事项、股权转让、终止合作（转为内资）等情况做出了进一步规定，并要求各地依法加强外资医疗机构监管。

（高光明）

制定《〈中外合资、合作医疗机构管理暂行办法〉补充规定二》

根据《内地与香港关于建立更紧密经贸关系的安排（CEPA）补充协议五》中医疗服务承诺事项，卫生部与商务部联合制定《〈中外合资、合作医疗机构管理暂行办法〉补充规定二》，允许香港服务提供者在广东省以独资形式设立门诊部，对香港服务提供者在广东省设立的合资、合作门诊部投资总额不作限制，投资比例不作限制。同时，卫生部授权广东省卫生行政部门负责香港服务提供者在粤设置门诊部的审批工作，由广东省卫生厅制定有关管理规定。

（李文婧）

加强医疗广告管理

为贯彻落实《医疗广告管理办法》，巩固各地整治违法医疗广告取得的成果，防治违法医疗广告出现反弹，卫生部印发了《卫生部关于进一步加强医疗广告管理的通知》，要求各级卫生行政部门再接再厉，继续做好医疗广告审查出证工作；对违法发布医疗广告屡教不改，或给患者造成重大人身财产伤害等违法情节严重的，应从重从严给予处罚。针对医疗广告监管中的新情况、新问题，明确了医疗机构在病历、内部期刊或本机构网站登载的机构简介、疾病防治知识以及专家门诊安排等，不纳入医疗广告审查范围，帮助医疗机构合理合法宣传医学知识，方便群众就医。同时，要求严格审核

只开展单一疾病诊疗的医疗机构发布医疗广告，严禁变相发布违法医疗广告。

（李大川）

无偿献血工作

2008年，全国自愿无偿献血占临床用血的比例从1998年时的不足5%上升到99%以上，有超过1/2的城市临床用血全部来自于自愿无偿献血。2008年4月和10月，卫生部先后在深圳举办了2期全国无偿献血志愿服务组织建设和管理培训班。来自全国20个省、市、自治区及澳门特别行政区的400余人分别参加了培训。6月14日，卫生部、中国红十字会总会、总后勤部卫生部联合主办，上海市卫生局、上海市红十字会和上海文广新闻传媒集团承办的“血脉相连爱满人间——纪念2008年世界献血者日”主题晚会向全国播出。

（周　军　衣　梅）

2006—2007年度全国无偿献血表彰

2008年12月10日，卫生部、中国红十字会总会和总后勤部卫生部联合召开2006—2007年度全国无偿献血表彰电视电话会议，对获得无偿献血奉献奖的52821人（金、银、铜奖分别为14203人、9592人、29026人）；无偿献血促进奖的60个单位和9名个人；无偿献血特别促进奖的1172人；无偿献血先进省（市）奖的6个省和185个城市；无偿献血先进部队奖的18个部队单位以及无偿捐献造血干细胞奉献奖的476人进行表彰。

（王　羽　王　毅）

北京奥运会和残奥会医疗卫生的血液保障工作

为提高2008年北京奥运会和残奥会各赛区城市应对突发公共卫生事件的血液保障能力，保障奥运期间的日常和应急用血需求，卫生部制定印发了《奥运期间各赛区城市省际血液保障联动工作指导意见》，重点安排辽宁、河北、山西、山东和黑龙江等赛区周边省市与各赛区城市建立省际联动保障机制。同时还制定并演练了血液应急调剂运输方案，强化了各地血站间血液转运全流程的质量无缝隙衔接。各赛区城市建立了采供血应急指挥系统，制定了系统的应急血液保障方案，分解落实了血液保障目标，建立了预约献血储备队伍，重点提高了RhD阴性稀有血型血液储备，针对奥运定点医院建立了血液供给方案，共同确保了奥运期间日常和应急用血需求。

（衣　梅）

深化采供血机构岗位培训和在职继续教育

2008年4月20日和10月19日，2008年全国采供血机构岗位培训的2次考核工作同步在全国31个省、区、市进行。全国共有5847人参加，通过人数为4268人，通过率为72.99%。

2008年，卫生部把在职继续教育列为年度督导工作的五个重点之一，血站系统的在职继续教育不断加强，员工业务素质持续提升。2008年4月，全国输血质量管理体系培训班在北京举办，来自30个省市67个单位的170多位代表参加了培训。2008年10—11月，全国血站站长研修班在上海举办，来自14家血液中心和16家中心血站的30位“站长”学员参加了为期近40天的培训。江西、四川等省举办了全省血站系统的质量管理培训，促进了各级血站员工对“一法两规”更深层次的理解。

（衣　梅　于　廉）

《单采血浆站管理办法》发布实施

为加强单采血浆站的监督管理，预防和控制经血液途径传播的疾病，保障供浆者健康，保证原料血浆质量，根据《血液制品管理条例》，卫生部制定下发了《单采血浆站管理办法》（以下简称《办法》）。《办法》共6章68条，自2008年3月1日正式施行。《办法》的颁布实施为规范单采血浆站的管理和原料血浆采集提供了制度保障。

《办法》规定，血液制品生产单位设置单采血浆站应当符合当地单采血浆站设置规划，并经省级卫生行政部门批准。单采血浆站应当设置在县（旗）及县级市，不得与一般血站设置在同一县级行政区域内。上一年度和本年度自愿无偿献血未能满足临床用血的市级行政区域内不得新建单采血浆站。单采血浆站执业，应当遵守有关法律、法规、规章和技术规范；单采血浆站的法定代表人或者主要负责人应当对采集的原料血浆质量安全负责。每次采集供血浆者的血浆量不得超过580毫升（含抗凝剂溶液，以容积比换算质量比不超过600克）；严禁超量采集血浆；严禁频繁采集血浆。

（周　军　衣　梅）

继续开展采供血机构质量管理督导检查活动

为深入贯彻落实《血站管理办法》、《血站质量管理规范》、《血站实验室质量管理规范》、《单采血浆站管理办法》和《单采血浆站质量管理规范》，继续促进和完善全国采供血机构质量管理体系建设，卫生部2008年11月开展了为期3个月的血站质量管理督导检查。先后派出由135名专业人员组成的15个督导组，对除西藏外的全国30个省、区、市的82家血站，主要就内部质量管理评审、差错管理、献血服务、员工培训以及实验室血液检测过程等法律法规所涉及的305项规范内容进行了全面督导。此次督导检查通过重点审核血站质量管理体系的完整性和执行度，促进血站质量管理工作向纵深发展。

（衣　梅　孙明明）

贯彻实施《护士条例》

2008年1月31日，《护士条例》公布，并自2008年5月12日起施行。《护士条例》共有六章三十五条，包括总则、执业注册、权利和义务、医疗卫生机构职责、罚则及附则。条例从立法层面进一步加强护士执业准入管理，规定了护士的权利和义务，明确了政府及有关部门在促进护理事业发展中的责任，明确了医疗卫生机构在配备护士数量、保障护士权益和加强护理管理方面的职责。

为做好《护士条例》的宣传贯彻工作，卫生部印发了《关于认真学习和贯彻实施<护士条例>有关工作的通知》，要求各级卫生行政部门和医疗卫生机构充分认识实施《护士条例》的重要意义，准确理解、正确执行《护士条例》的各项规定，履行肩负的责任和义务；2008年5月12日，卫生部与国家中医药局、总后卫生部及中华护理学会在北京召开贯彻实施《护士条例》暨庆祝“5·12”护士节电视电话会议，全国3万名代表参加会议。其中，主会场参加会议的代表约有300余人，在各省（区、市）以及部分地市、县共设立了199各分会场，在分会场参加会议的代表17241人，同时，总后卫生部在全国军队系统开通200个站点，近1万名军队医疗系统的同志们参加会议。

（周　军　郭燕红）

制定颁布《护士执业注册管理办法》

为加强护士执业注册管理，根据《护士条例》，卫生部组织制定了《护士执业注册管理办法》（以下简称《办法》），于2008年5月4日发布，自2008年5月12日起施行。《办法》共24条，明确和细化了护士执业注册的条件、程序，规范了护士执业许可的行政行为。《办法》规定了申请护士执业注册必备的条件，以及延续注册、重新注册、变更注册和注销注册的具体情形和工作程序；明确了卫生部负责全国护士执业注册监督管理工作，省、自治区、直辖市人民政府卫生主管部门是护士执业注册的主管部门，负责本行政区域的护士执业注册管理工作。

为保证护士执业注册工作的有序、规范、便捷、高效，卫生部在全国统一使用《护士执业注册联网管理信息系统》，以实现护士执业注册工作的网络化，并建立全国护士执业注册信息库以提供有关信息检索查询。

（郭燕红　孟　莉）

对全国卫生系统护士岗位技能竞赛活动获奖单位进行表彰

2008年8月28日，卫生部在2008年深化医院管理年暨全国医政工作会议上对全国卫生系统护士岗位技能竞赛活动获奖单位进行表彰。

全国卫生系统护士岗位技能竞赛获奖单位名单

一、获得“全国卫生系统护士岗位技能竞赛金奖”单位

（一）中国医学科学院北京协和医院

（二）福建省立医院

（三）河北医科大学第二医院

（四）山西省人民医院

（五）中国医科大学附属第一医院

（六）山东大学第二医院

（七）重庆医科大学附属第一医院

（八）新疆石河子大学医学院第一附属医院

（九）华中科技大学同济医学院附属同济医院

（十）上海市第十人民医院

二、获得“全国卫生系统护士岗位技能竞赛银奖”单位

（一）山东省济南市中心医院

（二）中南大学湘雅二医院

（三）四川大学华西医院

（四）吉林大学第二医院

（五）上海中医药大学附属龙华医院

（六）首都医科大学附属北京友谊医院

（七）广东省人民医院

（八）首都医科大学宣武医院

（九）上海交通大学医学院附属瑞金医院

（十）哈尔滨医科大学附属第二医院

（十一）武汉大学中南医院

三、获得“全国卫生系统护士岗位技能竞赛铜奖”单位

（一）安徽省立医院

（二）新疆医科大学第一附属医院

（三）西安交通大学第一附属医院

（四）内蒙古包头钢铁公司职工医院

（五）宁夏回族自治区人民医院

（六）浙江大学医学院附属第二医院

（七）北京大学第一医院

（八）中国医科大学附属盛京医院

（九）贵州省黔南布依族苗族自治州人民医院

（十）天津市第三中心医院

（十一）江苏省无锡市第二人民医院

（十二）广西医科大学第一附属医院

（十三）郑州大学第一附属医院

（十四）青海省人民医院

（十五）昆明医学院第一附属医院

（十六）兰州大学第一医院

（十七）海南医学院附属医院

（十八）复旦大学附属中山医院

（十九）西藏自治区人民医院

（二十）南昌大学第一附属医院

（郭燕红　孟　莉）

开展关于护士队伍分级管理的调研工作

针对医院护士人力资源管理方面，普遍存在的不同能力、资历、学历、职称层次的护士，在临床实际工作中没有明确的职责划分和岗位分工；大多数医院对护理人力资源的使用与管理模式上仍采用简单的“平台式”，即所有护士不论学历、职称、职务承担着同样的责任与义务，薪酬分配未与其职责、技术含量挂钩等问题，卫生部组织有关专家专门研究探讨适合我国国情和护理工作需要的临床护士分级管理模式，进一步加强护士人力资源的科学管理。部分省市如广东省、上海市等已经开展各级各类医院临床护理岗位护士人力配备及建立护士分层分级使用管理制度的课题研究，并探索建立临床护士队伍分级管理模式。卫生部在调研的基础上，与中华护理学会等有关学术团体共同总结经验，根据我国临床工作实际，结合职称制度，逐步探讨建立护士的分级管理，形成护士在临床护理岗位不断晋级的激励机制，促进护士人力资源的科学管理。

（郭燕红）

卫生部通报西安交通大学医学院第一附属医院发生严重医院感染事件

2008年9月5—15日，西安交通大学医学院第一附属医院发生9例新生儿因医院感染，其中8名患儿相继死亡事件。该起事件为一起严重医院感染事件，主要原因是医院管理者和医务人员对医疗安全重视不够，规章制度和工作措施贯彻不力、落实不到位；医疗机构在医院感染预防与控制工作方面存在诸多薄弱环节。卫生部对该事件高度重视，深入调查，严肃处理，于2008年10月下发了《卫生部关于西安交通大学医学院第一附属医院发生严重医院感染事件的通报》；同时，召开“以病人为中心抓好医疗安全工作”电视电话会议，要求各级卫生行政部门及各级各类医疗机构必须从该起事件中汲取教训，引以为戒，强化依法执业意识，确保医疗安全和医疗质量；重视和加强医院感染管理，严格遵守预防和控制医院感染的各项规章制度；加强对医院感染重点部门、重点环节的管理工作；加大对医疗机构的监管力度。各省、自治区、直辖市卫生行政部门要对所辖区域内所有医疗机构进行医院感染管理工作专项检查，查找隐患，堵塞漏洞，采取有效措施，加强医院感染管理，确保医疗安全和医疗质量。

（孟　莉）

开展加强多重耐药菌感染的控制工作

为加强多重耐药菌的医院感染管理，有效预防和控制多重耐药菌在医院内的传播，保障患者安全，卫生部下发了《卫生部办公厅关于加强多重耐药菌医院感染控制工作的通知》，要求医疗机构采取有效措施预防和控制多重耐药菌医院感染管理工作，加强人员培训、感染监测控制以及抗菌药物的合理使用。同时，卫生部与法国生物梅里埃公司共同开展多重耐药菌医院感染控制合作项目，在中国医学科学院北京协和医院等9家项目单位实施多重耐药菌感染患者的监测、感染预防与控制干预项目活动，进一步加强医疗机构对多重耐药菌感染的管理，采取措施有效预防和控制多重耐药菌的传播。

（孟　莉）

进一步规范医疗机构临床使用便携式血糖检测仪采血笔

为规范各级各类医疗机构对便携式血糖检测仪采血笔的临床使用管理，降低经医疗器械导致医源性感染的潜在风险，保障医疗安全，卫生部与国家食品药品监督管理局于2008年10月联合印发了《关于规范医疗机构临床使用便携式血糖检测仪采血笔的通知》，对各级各类医疗机构临床使用便携式血糖检测仪采血笔的管理提出要求：各级各类医疗机构要加强对便携式血糖检测仪采血笔的临床使用管理，可重复使用的采血笔只限于一名患者专人专用，禁止用于多名患者；对不同患者进行监测血糖采血操作时，必须使用一次性采血装置，使用后的一次性采血装置不得重复使用；各级各类医疗机构今后要严格按照新修改的产品说明书实施操作；是各级各类医疗机构要遵循无菌技术原则，完善和落实临床采血操作规程，加强对医务人员的教育，规范医务人员医疗行为，预防和控制采血过程中的医源性感染，保障患者安全；地方各级卫生行政部门要加强对辖区内各级各类医疗机构的监督检查，确保医疗机构对便携式血糖检测仪采血笔的临床使用管理措施落实到位，为患者提供安全的医疗服务。

（孟　莉）

宣传贯彻《禁毒法》

为进一步做好《禁毒法》的学习宣传工作，卫生部起草并下发了《卫生部办公厅关于转发国家禁毒委员会〈禁毒法集中宣传行动方案〉的通知》，要求各地认真贯彻落实行动方案。2008年6月，印发了《关于贯彻落实禁毒法有关事项的通知》，其中对《禁毒法》的宣传贯彻工作进行了部署，将《禁毒法》列入“五五”普法内容。起草并转发《关于〈禁毒法〉宣传培训资料的推荐函》的函，要求各地根据工作需要，自愿征订《禁毒法》宣传培训资料，组织做好《禁毒法》的学习、宣传和贯彻工作。

加强医疗戒毒人员培训，并对云南省医疗戒毒工作进行指导和调研。卫生部会同有关部门，对云南省医疗戒毒工作提供支持和指导。2005—2008年，连续在云南省举办戒毒管理与治疗培训班6期，对云南省各地（州）卫生行政部门医政管理干部、自愿戒毒医疗机构医务人员、滥用阿片类物质成瘾者社区药物维持治疗试点机构医务人员进行管理知识和业务技能的培训。2008年11月22—24日，组织有关医疗戒毒专家到云南省指导、调研医疗戒毒工作。了解云南戒毒医疗机构、戒毒医务人员和戒毒工作开展情况，并指导医务人员工作。

（高学成　付文豪）

全国“爱眼日”宣传活动举行

2008年6月6日，卫生部、教育部、中国残联联合下发了《关于开展2008年全国“爱眼日”活动的通知》，将“爱眼日”活动的主题确定为“明亮眼睛迎奥运”。要求各级卫生、教育行政部门和残疾人联合会要围绕活动主题，结合迎奥运、迎残奥，组织开展宣传活动；通过义诊、咨询、专题讲座等方式为群众提供眼保健服务；利用学校和家庭等场所，帮助青少年掌握科学用眼知识和方法，培养学生良好的用眼习惯，降低青少年近视率；与电视台、广播、电台、报刊、互联网等媒体沟通协调，宣传国家的防盲治盲政策，介绍防盲治盲项目，传播眼保健知识，特别是儿童青少年视力保护知识，提高公众的防盲治盲意识。2008年6月6日，卫生部、北京市卫生局、全国防盲技术指导组在北京同仁医院东区广场，举行了第十三届全国爱眼日眼保健专家义诊及新闻发布会。北京同仁医院、北京协和医院、北京大学人民医院等16家医院的30余名眼科专家在义诊现场为市民提供了眼病咨询、答疑解惑等，并发放眼病知识宣传材料15000余份。

（高学成　贾丹丹）

开展全国“爱耳日”宣传活动

卫生部联合中国残联等相关部门共同下发了《关于开展第九次全国“爱耳日”宣传教育活动的通知》，确定第九次全国“爱耳日”宣传教育活动的主题为“奥运精彩——我听到”。要求各地通过大力开展贫困听力残疾儿童救助，举办体现喜迎奥运、参与奥运精神的相关主题活动，开展听力障碍预防与康复知识宣传以及深入宣传国家听力障碍预防与康复政策等活动方式，进一步加大听力障碍预防与康复知识的普及与宣传力度，让更多群众了解听力健康知识、增强听力保护意识，使更多的听力残疾人及时得到康复服务，有机会参与奥运、聆听奥运、实现“同一个世界，同一个梦想”的奥运目标。

（高学成　樊　静　付文豪）

开展中西部地区儿童先天性疾病和贫困白内障患者复明救治项目

为继续做好中西部地区儿童先天性疾病和贫困白内障患者复明救治项目工作，卫生部印发了《中西部地区儿童先天性疾病和贫困白内障患者复明救治项目管理办法（试行）的通知》，进一步规范了项目的管理和实施工作。根据项目工作实际情况，2008 年 6 月，卫生部下发《关于中西部地区儿童先天性疾病和贫困白内障患者复明救治项目有关问题的通知》，指出项目地区可根据本地实际情况，合理确定儿童先天性疾病和贫困白内障患者复明救治人数，加强对项目资金使用的监督管理；要求各地在保证医疗质量的前提下，采取积极有效措施控制医疗成本，降低医药费用；并要求承担项目任务的医疗机构严格按照当地物价部门核定收费项目和标准收费，严禁多收费、乱收费；并要求各地及时报送项目实施情况。9 月，对 1—6 月中西部地区儿童先天性疾病和贫困白内障患者复明救治项目执行情况进行了中期总结。

（高学成）

推进微笑列车唇腭裂修复慈善项目

2008 年 3 月 3 日，卫生部下发了《关于确定微笑列车唇腭裂修复慈善项目合作医院的通知》，截至 2008 年底，项目共有合作医院 397 家。还下发了《关于开展"微笑列车唇腭裂修复慈善项目"的通知》，就项目实施提出了建立健全项目工作组织机构、做好项目实施统筹协调、加强项目合作医院指导与管理等具体要求。2008 年 3—12 月，共完成手术 31041 例，月均完成 3104 例。美国微笑列车基金会的投入手术款人民币 1.17 亿元，平均每月 1173 万元人民币。

2008 年 10 月 11—13 日，第六届微笑列车国际唇腭裂治疗学术研讨会在天津成功召开，来自全国 397 家项目合作医院的 1000 多名医生和护士参会。2008 年 10 月 2—4 日，2008 长庚论坛在台湾台北市举行，来自全国项目合作医院的 50 名医生获得美国微笑列车基金会资助参会。

（樊　静　付文豪）

启动"畅听未来—中国耳聋防治五年计划"项目

"畅听未来—中国耳聋防治五年计划"由卫生部、中国残疾人联合会、瑞声达听力集团·亚洲三方合作开展，总体目标是协助中国残疾人事业"十一五"发展纲要，贯彻卫生部预防为主开展全民健康教育的方针，通过早预防、早发现、早治疗和早康复来减少听力损伤对个人对社会带来的负担，同时提高残疾人的生活质量。2008 年围绕项目总目标，开展了一系列活动。2008 年 1 月，畅听未来国际听力学及培训中心成立并正式投入使用；3 月，项目组织参加了第九届全国爱耳日宣传活动；4 月，项目组织在济南举办"畅听未来"第十届全国听力筛查诊断培训班暨第四届山东国际听力论坛，100 余名来自全国各地的医务人员参加了此次培训班和论坛活动。

（高学成　樊　静）

卫生部/非政府组织防盲治盲工作协调会召开

2008 年 4 月，卫生部在沈阳市召开 2008 年卫生部非政府组织防盲治盲工作协调会。卫生部、中国残联、全国防盲技术指导组、中国医师协会、中华医学会、国际防盲协会西太平洋地区协调组等非政府组织以及相关省份卫生厅医政处负责人近 40 人参加了会议。会议通报了《全国防盲治盲规划（2006—2010 年）》印发以后全国防盲治盲工作进展情况。建立健全了我国防盲治盲工作体系；大部分省召开了本省的防盲治盲工作会议，制定了适合当地实情的防盲治盲规划或者实施方案；建立健全了防盲治盲人员培训基地，培养了大批的防盲治盲管理和专业人员。采取了一系列防盲治盲政策措施；实施了中西部地区儿童先天性疾病和贫困白内障患者复明救治项目，继续开展了"视觉第一中国行动"项目；有关非政府组织在各地开展了各种防盲治盲项目，使广大的贫困白内障患者受益。组织开展全国眼病流行病学抽样调查、全国眼科机构现状调查等，着力摸清我国残疾人底数及全国眼科机构情况，以国际防盲协会、国际奥比斯、国际克里斯多夫、爱德基金会等为代表的各非政府组织就近年来参与我国防盲治盲工作，开展防盲治盲项目的做法等进行了交流。到会的卫生行政部门对防盲治盲工作过程遇到的问题提出了建议和意见。

（高学成　贾丹丹）

卫生部印发《世界卫生组织人体细胞、组织和器官移植指导原则（草案)》

2008 年 7 月卫生部印发《世界卫生组织人体细胞、组织和器官移植指导原则（草案)》，供取得人体器官移植执业资质的医院在临床实践中参考。

2008 年 5 月，世界卫生组织执委会第 123 届会议上讨论了人体细胞组织和器官移植问题，形成了《世界卫生组织人体细胞、组织和器官移植指导原则（草案)》。《（草案)》共包括 11 项指导原则，旨在为以治疗为目的的人体细胞、组织和器官的获得和移植，提供一个有序、符合伦理标准并且可接受的框架。《（草案)》提出，只有在符合这些指导原则的情况下，才可以以移植为目的，从死者或者活体身上摘取细胞、组织和器官。

指导原则 1：细胞、组织和器官可以从死亡或者活体身上摘取用于移植，如果：(a) 已得到符合法律规定的任何同意意见，以及 (b) 没有理由相信死者生前反对这种摘取。

指导原则 2：确定潜在捐献人死亡的医生，不应直接参与从捐献人身上摘取细胞、组织或器官，或参与随后的移植步骤；这些医生也不应负责照料此捐献人的细胞、组织和器官的任何预期接受人。

指导原则 3：死者的捐献应显现出其最大的治疗潜力，但成年活人可在国内法律允许的范围内捐献器官。活体捐献人一般应与接受人在基因、法律或情感上有关系。活体捐献在以下情况下才可接受：捐献人知情并获得其自愿同意，已保证对捐献人的专业照料和完善组织后续步骤，并已审慎执行和监督捐献人选择标准。应以完整和可理解的方式告知活体捐献人，其捐献可能存在的危险、捐献的益处和后果；捐献人应在法律上有资格和能力权衡这些信息；捐献人应自愿行动，不受任何不正当的影响和强迫。

指导原则 4：除了在国家法律允许范围内的少数例外情况，不可出于移植目的从未成年人身上摘取任何细胞、组织或器官。应当具备保护未成年人的具体措施，在任何可能情况下都应在捐献前获得未成年人的同意。对未成年人适用的内容也同样适用于没有法定能力者。

指导原则 5：细胞、组织和器官应仅可自由捐献，不得伴有任何金钱支付或其它货币价值的报酬。购买或提出购买供移植的细胞、组织或器官，或者由活人或死者近亲出售，都应予以禁止。禁止出售或购买细胞、组织和器官不排除补偿捐献人产生的合理和可证实的费用，包括收入损失，或支付获取、处理、保存和提供用于移植的人体细胞、组织或器官的费用。

指导原则 6：可依据国内法规，通过广告或公开呼吁的方法鼓励人体细胞、组织或器官的无私捐献。应禁止登广告征求细胞、组织或器官并企图为捐献细胞、组织或器官的个人提供或寻求付款，或在个人死亡情况下，为其近亲提供或寻求付款。参与对此类个人或第三方付款的中间行为也应予以禁止。

指导原则 7：如果用于移植的细胞、组织或器官是通过剥削或强迫，或向捐献人或死者近亲付款获得的，医生和其他卫生专业人员应不履行移植程序，健康保险者和其他支付者不应承担这一程序的费用。

指导原则 8：应禁止所有参与细胞、组织或器官获取和移植程序的卫生保健机构和专业人员接受超过所提供服务的正当费用额度的任何额外款项。

指导原则 9：器官、细胞和组织的分配应在临床标准和道德准则的指导下进行，而不是出于钱财或其他考虑。由适当人员组成的委员会规定分配原则，该原则应该公平、对外有正当理由并且透明。

指导原则 10：高质量、安全和功效好的操作程序对捐献人和接受人同样极为重要。对活体捐献人和接受人双方都应进行细胞、组织和器官捐献和移植的长期效果来评估，以记录带来的好处和造成的伤害。移植用人体细胞、组织和器官属于具有特殊性质的卫生产品，其安全、功效和质量水平必须不断加以维护并做到最大化。这需要有高质量的系统加以实施，包括可追踪机制和防范机制，并伴有不良事件和不良反应的情况报告，这对国内和输出的人体产品都应如此。

指导原则 11：组织和实施捐献和移植活动以及捐献和移植的临床后果，必须透明并可随时接受调查，同时保证始终保护个人匿名以及捐献人和接受人的隐私。

（李欣摘）

开展公立医院改革专题调研

2008 年 10 月 22—24 日、10 月 29 日—11 月 2 日，卫生部副部长马晓伟带领卫生部人事司、政法司、规财司、医政司、医管司等相关司局及卫生管理专家等，先后赶赴北京市和辽宁省，就公立医院改革工作进行专题调研。调研期间，调研组征求了两地发改、财政、劳动保障、民政、卫生、药监等政府相关部门负责同志、人大代表、政协委员、专家学者、政府所属医院和企业医院代表的意见，并深入北京大学人民医院、北京积水潭医院、北京天坛医院、中国医科大学附属第一医院、中国医科大学附属盛京医院、辽宁省本溪市中心医院等 6 所医院进行了实地调研。调研组围绕公立医院改革发展、管理体制和运行机制改革等进行了研讨，就公立医院改革发展的总体思路形成了调研报告。

（张宗久　高光明）

卫生部医疗服务监管司成立

2008 年 7 月 10 日，国务院办公厅印发《卫生部主要职责内设机构和人员编制规定》，新增卫生部医疗服务监管司，负责医疗机构医疗服务监管工作。组织制定医疗机构医疗服务监管办法和实施方案并组织实施，建立、完善医疗服务监管体系；建立全国医疗机构医疗质量评价体系，制定医疗质量评价的相关规章制度、综合绩效评价办法和指标体系，并组织实施；负责建立医疗质量安全监管制度，制定医疗技术风险防范的管理规定、办法并组织实施；负责建立监管的长效机制，组织开展医疗质量、安全、服务、财务管理等方面的评价检查和监管工作；拟订城市医疗支援农村医疗工作的政策并组织实施；承办“医疗、科技、卫生”三下乡的协调组织工作；研究建立以病人为中心的公立医院监督制度；参与医药卫生体制改革，推进公立医院管理体制改革工作。

编制及处室设置：行政编制 11 名；设置综合信息处、评价处、医疗质量安全监管处、医院运行监管处。

（张宗久　周　军）

2008 年医师资格考试工作

一、领导重视，部署安排

2008 年，卫生部医师资格考试委员会（以下简称“医考委”）、医师资格考试委员会办公室（以下简称“医考办”）高度重视医师资格考试工作，加强了对医师资格考试工作的领导。2008 年 2 月 22—23 日，卫生部组织召开 2008 年医师资格考试工作会议，总结回顾 2007 年工作，部署 2008 年重点任务，提出做好 2008 年考试管理工作十项举措。2008 年 8 月 19 日，卫生部医考委召开专门会议，听取医考办、医考中心和中医认证中心的工作汇报，对 2008 年全国医师资格考试考务工作作出重要指示，对今后的努力方向提出明确要求。2008 年 9 月 2—4 日，全国医师资格考试考务工作会议在广西召开。会议首次邀请各考区分管医师资格考试厅局长和各考点主考参加会议。卫生部副部长马晓伟、国家中医药管理局副局长吴刚亲临会议并作重要讲话。公安部、国家保密局、卫生部保密办、驻卫生部监察局的有关领导结合全国统一考试尤其是医师资格考试安全保密的有关问题作重要宣讲。2008 年 6 月 6 日，卫生部印发《关于修订〈医师资格考试暂行办法〉第三十四条的通知》，进一步界定了医师资格考试违规的情形，设定了处罚条款，明确了处罚的决定部门，特别是对终身不得报名参加医师资格考试的情形作了界定。2008 年 8 月 29 日，《医师资格考试突发事件应急预案》由卫生部、国家中医药管理局、公安部、工业与信息化部和国家保密局联合颁布。2008 年 9 月 1 日，卫生部办公厅、国家中医药管理局办公室联合印发《关于做好 2008 年医师资格考试医学综合笔试工作的通知》，要求各级卫生行政部门进一步提高对做好医师资格考试工作的认识，建立医师资格考试工作责任追究制，严格按照国家有关规定做好试卷保管和使用工作，做好考试值班、监考、互联网信息监测工作。2008 年 9 月 14—23 日，卫生部保密委和国家中医药管理局保密委联合组织 31 个医学综合笔试督导组，分别对全国 31 个考区部分考点的试卷安全保密等工作进行全程督导检查，促进了各考区考点的安全保密管理工作。2008 年 12 月 31 日，卫生部医考委公布西医临床、口腔、公共卫生类别的《医师资格考试大纲（2009 年版）》。

二、强化保密措施，确保考试安全

各级医师资格考试机构在反思和梳理医师资格考试十年工作的基础上，结合考试工作实际，坚持把安全保密作为工作重点，不断强化安全保密意识，加强安全保密管理。一是加强组织领导。各级医师资格考试机构切实抓好安全保密工作的监督检查和教育培训，协调考试突发事件的应急处置。二是加强宣传教育。各级医师资格考试机构组织相关法律法规学习、开展安全保密专题宣讲和法律知识考试，宣传法律知识，提高法律知识水平，强化履职守法、确保安全的观念，依法保障考试安全。三是加强制度建设。各级医师资格考试机构不断完善安全保密制度。医考中心修订《国家医学考试中心保密规定（暂行）》，制定《2008 年医师资格考试试题开发工作规程》、《2008 年医师资格考试考务管理工作规程》和《2008 年医师资格考试阅卷及合格线推荐工作规程》。四是加大监管力度。卫生部组织 6 个安全保密检查组 28 人分别对 11 个考区 20 个考点试卷保密室进行检查，促进考区考点的安全保密管理工作。

三、加强科学管理，规范运行机制

修订考试大纲。在组织试题开发、医学教育、教育测量学等专家召开 7 次论证和编写会的基础上，进一步修改完善《医师资格考试大纲（两级三类）》，报经卫生部医考委批准印发，2009 年执行。为配合新大纲的颁布实施，组织编撰《医师资格考试系列指导用书》。

试题开发。实践技能考试试题开发突出体现技能考试特点，增加客观操作比重，减少人为主观评分比重，细化评分标准，确保了试题质量；拍摄《2008 年医德医风电视短片》，倡导医学人文理念；扩大计算机模拟病例（CCS）的考试试点工作规模，命制 6 道临床执业医师类别 CCS 试题，在北京等 5 个考区开展试点工作。增加医学综合笔试试题开发数量，新命制（两级三类）实际组卷所需 3 倍量共计 8100 道试题。

考务管理。一是领导重视、强化管理。各考区考点高度重视医师资格考试工作，主要领导对重点环节进行过问、部署。各级考试管理机构和人员各司其职，各负其责，责任到人，对医师资格考试工作周密安排、认真组织。二是加强专业化考试机构建设。全国已有 14 个考区成立医学考试中心，落实了人员、编制、办公等条件。三是加强考风考纪管理。2008 年，全国共查处违规考生 4300 余人。四是加强考官培训。按照临床、口腔、公卫三个类别举办 4 期全国 31 个考区 382 名考官和考务管理人员参加的实践技能考官培训班，所有考官考核合格并获得考官培训合格证书。五是加强备用卷管理。制定并印发《医师资格考试医学综合笔试备用卷管理要求》。2008 年全国除西藏考区 1 个考点误销毁了备用卷，未能回交外，其他所有考区考点按规定如数回交。六是建立突发事件的预防和应急处置机制。卫生部和公安部、工业与信息化部、国家中医药管理局和国家保密局根据联合颁布的《医师资格考试突发事件应急预案》，建立并启动“国家医师资格考试突发事件应急处理绿色通道”。全国已有超过 2/3 的考区根据《医师资格考试突发事件应急预案》制定了本地的应急预案，并建立了相应的工作机制。七是继续开展医师资格考试评估工作。八是完善实践技能考试。医考中心授予天津考区天津医学高等专科学校“国家医学考试中心医师资格考试实践技能考试与考官培训基地”。

信息化建设。医考中心加大信息化建设投入。其中，硬件投入260万元，软件购置9万元，软件开发57万元。开发并全面测试医师资格考试网上报名系统和考务管理信息系统。运用信息技术严格筛查不符合报考条件的考生，实现实践技能考试材料用量自动统计功能，改进多媒体考试成绩的导入功能，加强实践技能考试成绩的管理。全国各考区考点全部实现网上报名。医考中心、中医认证中心、各考区考点等各级考务管理人员在网上对考务工作的全程进行管理，提高考务工作的质量和效率。

科研与评价。医考中心开展医师资格考试设计、等值题库建设、计算机化考试、计算机模拟病例（CCS）和实证效度等研究工作；加大科研管理力度，加强对科研基金研究项目的管理；严格按照《2008年医师资格考试阅卷及合格线推荐工作规程》进行医学综合笔试阅卷及合格线推荐工作；开展面向1463名考生个人的成绩分析服务和面向31所医学院校合计52份报告的考试成绩分析服务。

国际交流。2008年，医考中心邀请美国医师资格考试委员会（NBME）测量学专家来华访问，就考试专题进行研讨并观摩我国医师资格考试实践技能考试实施情况；组织人员赴美国参加国际考试行业协会2008年年会；组织10个考区的15名考务工作者考察澳大利亚、新西兰医学教育和医学考试机构。

灾区延期考试。由于四川汶川特大地震及抗震救灾等原因，卫生部医考委批准2008年四川、甘肃及部分部队考生医师资格考试实践技能考试时间统一推迟一个月。医考中心为延期考试考生新命制与原考试内容和难度大致相当的试卷，并向四川考区捐赠价值五万元的复习资料，帮助重灾区考生更好地准备医师资格考试。医考中心领导分别带队赴灾区对考区和部分考点的保密室建设、基地设置和考官培训等情况进行考察。医考中心与四川、甘肃考区共同协调各方，组织安排，保证了四川、甘肃考区考生和参加抗震救灾的150余名部队考生顺利参加考试。

四、考试总体情况

2008年通过医师资格考试考生报名资格审核的765617人，其中，西医603140人，中医162477人。参加实践技能考试584968人，通过453011人，通过率77.44%。参加医学综合笔试的考生556051人，其中西医448239人、中医107812人。医学综合笔试通过率36.52%。2008年，西医执业医师考生中，本科学历占46.91%，专科学历占30.52%，中专学历占19.88%。西医执业助理医师考生中，专科学历占48.91%，中专学历占50.92%。2008年参加执业医师医学综合笔试的考生27.6万人。其中，乡镇级6.6万人，占23.83%；县级8.6万人，占31.29%；市地级以上10.7万人，占38.64%；其他1.3万人，占4.81%。参加执业助理医师医学综合笔试的考生28万人。其中，乡镇级12.4万人，占44.25%；县级7.9万人，占28.07%；市地级以上5.7万人，占20.54%；其他0.9万人，占3.36%。

（李建国）

2008年卫生部医师资格考试工作会议

2008年2月22—23日，卫生部医师资格考试工作会议在山东济南召开。各省、自治区、直辖市卫生厅局、中医药管理局、医师资格考试领导小组办公室及国家有关部门代表150余人出席了会议。

卫生部医考办主任、医政司司长王羽，卫生部医考办副主任、国家中医药管理局医政司司长许志仁作重要讲话，驻卫生部监察局副局长关跃进作了安全保密教育，国家医学考试中心主任李建国作工作报告。大会安排了工作经验交流，分组对领导讲话进行了讨论，对《医师资格考试违规处理规定（讨论稿）》和《国家医学考试中心分中心评估试行办法（讨论稿）》提出了修改意见。国家中医药管理局医政司司长许志仁作会议总结。医政司司长王羽在回顾2007年处置两类考试试题外流事件工作时特别指出，在部党组的领导下，医考办重新组织专家命题组卷、重新组织开考。经过各级卫生行政部门和考务人员的努力，2007年医师资格考试临床执业医师、口腔执业医师医学综合笔试和其他级别、类别考试顺利结束，考试过程安全、平稳、有序，没有重大事件发生，考生和社会反应总体平稳。

（王江红）

2008年全国医师资格考试考务工作会议

2008年9月2—4日，全国医师资格考试考务工作会议在广西召开。卫生部、国家中医药管理局、公安部、国家保密局、监察部驻卫生部监察局的有关领导以及来自全国各考区、考点医师资格考试考务工作的负责人497人参加了会议。

卫生部副部长马晓伟、国家中医药管理局副局长吴刚亲临会议并作重要讲话。广西壮族自治区副主席李康出席会议并讲话。会议首次邀请各考区分管医师资格考试厅局长和各考点主考参加会议。卫生部医考办主任、医政司司长王羽等负责人也参加了会议。会议期间，公安部、国家保密局、监察部驻卫生部监察局的有关人员结合全国统一考试，尤其是围绕医师资格考试安全保密的有关问题做了重要讲话；卫生部保密办对2008年医师资格考试医学综合笔试考务督查工作做了部署；国家医学考试中心主任李建国对2008年医师资格考试医学综合笔试考务管理工作进行了安排；有关考区考点就医师资格考试安全保密、考风考纪管理工作经验进行了大会交流。

（王江红）

2008年医师资格考试医学综合笔试督导工作

2008年9月14—23日，卫生部保密委和国家中医药管理局保密委联合组织31个医学综合笔试督导组，分别对全国31个考区部分考点的试卷安全保密等工作进行全程督导检查。

督导前，卫生部办公厅先后印发了《关于做好2008年医师资格考试综合笔试工作的通知》、《卫生部办公厅关于抽调保密干部进行医师资格考试督导检查的通知》；制定了详细的督导方案，从29个省、区、市卫生厅局抽调29名保密干部，从部机关、国家中医药管理局机关、部直属单位和国家中医药局认证中心抽调33名保密干部，共计62人组成31个督导组；召开督导培训会，对参加督导组的62名保密干部进行了督导培训，培训结束当日，各督导组人员先后到达指定考区。对考区、考点安全保密制度建设情况，考试保密工作的关键环节和备用试卷和备用答题卡启用情况进行了督导检查。

2008年国家医师资格考试医学综合笔试期间，各考区和被检查的考点考务工作领导重视，责任落实、组织机构健全，规章制度及应急预案完善，考前准备工作比较充分；大部分考区及考点的保密室获得当地保密部门验收发证。试卷运输、考区试卷交接入出库过程严密，流程合理，手续齐备，数量清点核对无误。保密室保存、考区发送、考点接收、押运保管、考点保密室保存、考场领取、试卷回收销毁、答题卡备用卷上交等全过程均能按规定要求进行，考场管理严格，考试秩序良好，监考人员能尽职尽责，及时发现作弊人员，并能按规定程序和要求对违规人员进行了处理。考试期间未发生试题不安全的情况，考试全过程保密工作严谨安全。

（王江红）

医疗保险管理

2008年城镇基本医疗保险工作

截至2008年底，全国城镇基本医疗保险参保人数达31822万人，提前完成“十一五”目标任务，其中城镇职工基本医疗保险参保19996万人，城镇居民基本医疗保险参保11826万人，有4266万农民参加了城镇职工医疗保险。2008年，全国城镇基本医疗保险基金收入3040亿元，支出2084亿元，医疗保险制度运行总体平稳。

一、推进城镇居民基本医疗保险试点

2008年底，全国317个城镇居民基本医疗保险试点城市全部启动实施。一些没有纳入国务院试点范围的城市也开展了城镇居民医疗保险工作，特别是京、津、沪三直辖市进展迅速。城镇居民基本医疗保险政策体系进一步完善，2008年10月，国务院办公厅印发《关于将大学生纳入城镇居民基本医疗保险试点范围的指导意见》，将大学生纳入城镇居民基本医疗保险试点范围。截至2008年底，全国有240万名大学生参加了城镇居民基本医疗保险。2008年，城镇居民医疗保险财政补助由人均不低于40元提高到不低于80元。部分省份省级财政补助资金实行分类补助办法，重点向困难市县倾斜，促进了当地试点工作的推进。

二、解决关闭破产国有企业退休人员医疗保障问题

2008年7月底，财政部、人力资源社会保障部和国资委印发《关于中央财政帮助地方政策性关闭破产国有企业退休人员参加城镇职工基本医疗保险补助资金拨付有关问题的通知》，中央财政共安排98.5亿元，以奖补结合方式，帮助地方政策性关闭破产国有企业退休人员参加城镇职工基本医疗保险。截至2008年底，各地按规定已经将原有139万未参保地方政策性关闭破产国有企业退休人员纳入城镇职工基本医疗保险，并打破了封闭运行，实行统一管理，实现了退休人员医保待遇与原所在单位脱钩。

三、减轻企业负担

2008年下半年，为应对经济形势的变化，人力资源社会保障部会同有关部门下发《关于应对当前经济形势做好人力资源和社会保障有关工作的通知》和《关于采取积极措施减轻企业负担稳定就业局势有关问题的通知》，提出阶段性降低医疗保险费等措施，帮助企业渡过难关。截至2008年底，有19个省拟降低医疗保险费率，16个省拟降低生育保险费率。各地采取了降低费率、调整困难企业缴费基数、集中减收一个月的缴费等不同方式减轻企业负担。

四、探索完善医疗保险制度

2008年，各地重点围绕门诊统筹、地级统筹以及

城乡统筹等方面探索。在门诊统筹方面，坚持低水平起步和基金互助共济，通过利用社区卫生服务机构和按人头付费等结算方式，减轻了群众普通门诊费用负担，扩大了受益面。在地级统筹方面，一些地方采取“统一政策、分级管理、基金调剂、预算考核”的办法，取得一定成效。在城乡统筹方面，部分地方建立了统一的城乡居民基本医疗保险制度，实现了政策、管理、运行一体化；部分地方着眼统筹规划城乡医疗保障制度，制订人员在各项保险制度之间流动时的关系转移和待遇衔接办法；部分地区逐步整合经办资源，实现了城乡基本医疗保险行政管理的统一。

五、切实加强医疗保险管理

加强医疗服务管理，各地继续推行定点医疗机构医疗保险信用等级管理，探索病种付费等多种支付方式，调动医疗机构自我约束和参与控制医疗费用支出的积极性。加强基金管理，开展社会保险基金专项治理工作，把问题解决在内部、解决在萌芽状态，研究规范医疗保险委托管理等工作。医疗保险经办管理向网络化迈进，各地普遍加强了社区劳动保障平台建设，初步形成了“参保在社区，缴费在银行，结算在医院”的格局。

2008年，各级人力资源社会保障（劳动保障）部门采取有效措施，应对四川汶川特大地震灾害、婴幼儿奶粉事件等突发事件，发挥医疗保险的作用，支持救灾工作，维护社会稳定。

（亓　涛）

2008年城镇居民基本医疗保险试点工作

2008年，为做好2008年城镇居民基本医疗保险扩大试点工作，人力资源和社会保障部现对有关问题提出具体要求。

明确目标和任务。各地要高度重视试点工作，切实加大工作力度，为2010年在全国全面推开试点奠定坚实基础。原则上2008年扩大试点城市实施方案由省级人民政府审批后，第二季度启动实施。到2008年底，扩大试点城市的居民参保率力争达到50%左右。2007年已开展试点的城市，要在保持政策连续性的基础上，结合试点工作中反映出来的问题进一步完善政策、加强管理，努力提高居民参保率。

做好试点启动各项工作。扩大试点城市劳动保障、财政等部门要在当地人民政府的领导下，认真进行基线调查，在准确掌握城镇居民人均可支配收入、现有医疗消费水平、居民医疗服务需求，充分考虑当地财力状况的基础上，坚持低水平起步原则，合理确定筹资标准、财政补助标准、待遇支付水平，科学设计费用支出的项目、范围和基金支付比例。在制定实施方案过程中，要广泛征求各方面意见。要积极做好试点前的有关准备工作，确保实施方案出台后城镇居民能够尽快参保缴费，方便就医结算，及时享受待遇。要认真做好宣传动员工作，启动实施初期要着力对试点工作的具体政策进行宣传，努力做到家喻户晓。启动实施后，要加大对试点成效的宣传力度，通过对居民参保受益典型事例的宣传，提高广大居民参保的积极性。各省（区、市）劳动保障、财政等部门要在省级人民政府领导下，切实负起责任，在试点城市实施方案制定和完善、试点工作组织动员等方面加强指导，确保试点工作顺利进行。

完善财政补助政策。在坚持个人（家庭）缴费的基础上，2008年政府对试点城市参保居民的补助标准，由2007年的不低于人均40元提高到不低于80元，其中中央财政对中西部地区按人均40元给予补助，对东部地区参照新型农村合作医疗的补助标准同步提高。对2007年已开始试点的城市，财政负担确有困难的，提高补助标准可以分两年到位。省级财政补助资金要向困难市县倾斜。各地要按照《财政部、劳动保障部关于中央财政对城镇居民基本医疗保险补助资金申请拨付有关问题的通知》要求，及时上报申报材料，确保中央财政补助资金申报审核相关工作顺利进行。地方各级财政也要努力调整财政支出结构，将补助资金列入预算并明确到位时间，确保补助资金及时足额落实到位。地方各级财政要规范和完善财政补助资金拨付办法，简化拨付流程，及时足额拨付上级和本级补助资金，加强对补助资金申报、使用的监督管理，确保专款专用。要进一步加大工作力度，通过城市医疗救助等渠道，切实解决困难居民缴费难的问题。

进一步完善政策。各地应探索实行地级统筹。经济社会发展水平较高的地区，应实行地级统筹，做到统一政策、统一基金管理、统一管理服务体系，增强风险共济能力，同时研究解决好激励区县工作积极性等问题；条件不具备、难以一步到位实行地级统筹的地区，可以在全市范围内统一政策基础上，实行分别管理，分别运作，但也要研究建立基金调剂机制，平衡和分散基金风险。各地要在重点保障住院和门诊大病医疗费用的基础上，抓住财政补助标准提高和大力发展社区卫生服务的有利时机，探索建立普通门诊费用统筹办法，充分利用基层和社区医疗卫生服务，扩大制度受益面，增强政策吸引力。要探索解决城镇居民基本医疗保险和城镇职工基本医疗保险、新型农村合作医疗等医疗保障制度的衔接问题，做好医疗保险制度和医疗救助制度的衔接，研究不同制度转换接续的具体办法，逐步整合管理资源，减少管理成本。要鼓励有条件的地区探索统筹城乡一体化的医疗保障制度和管理模式，全国统筹城乡综合配套改革试验区的重庆市、成都市，以及东南沿海城乡一体化进程较快的地区，可以先行探索城乡医疗保障一体化的政策管理体系。

切实加强基金和医疗费用支出管理。各地要按照有关规定将医疗保险基金纳入财政专户，建立健全基金财务会计制度，规范基金的核算和管理，建立健全基金风险防范机制、基金运行预警机制和内部控制制度，确保基金安全。要积极推进社会保障信息披露制度建设，探索建立保险信息社区公示制度，公开居民参保、缴费、补助及报销信息，畅通投诉、举报渠道，保障群众的参与权、知情权和监督权，加强社会监督。要强化医疗费用支出管理，加强对高价药品、新增诊疗项目、大型医用设备检查和高值医用耗材的准入和使用管理。加强定点医疗服务协议管理，完善定点医药机构进入和退出的动态管理机制。大力发展社区卫生服务，在降低起付线、提高报销比例的基础上，鼓励有条件的地区探索社区首诊和转院审批制度，引导居民到社区就医。积极探索和推广按病种付费、按人头付费及总额预付等结算方式，切实控制医药费用，提高基金使用效率。

切实加强管理和经办机构能力建设。要加强社区服务平台建设，建立健全医疗保险公共服务和管理服务网络。要制定简便易行的经办服务办法，方便居民登记、参保、缴费，努力做到参保居民在医疗机构直接结算。要以现有城镇职工基本医疗保险管理资源为基础，根据医疗保险事业发展的需要和工作量的增加，进一步加强经办机构能力建设。要充分利用现有的计算机和网络资源，完善医疗保险信息管理系统，以信息化促进科学、规范管理。

（朱晔娉摘）

抗震救灾期间基本医疗保险和工伤保险工作

2008 年 5 月 14 日，人力资源和社会保障部发出《关于认真做好地震灾区救灾期间基本医疗保险和工伤保险工作的紧急通知》，对抗震救灾期间医疗保险和工伤保险工作作出紧急部署。要求各受灾地区劳动保障部门和社会保险经办机构按照“特事特办”的原则，采取有力措施，深入医疗救治第一线，全力做好抗震救灾期间的医疗保险和工伤保险管理服务工作。

通知要求，各受灾地区要切实保障因灾受伤参保人员的医疗保障待遇。对急救、抢救必需的药品及诊疗项目，各地可将其纳入医疗保险和工伤保险基金的支付范围。受伤参保人员在非定点（协议）医疗机构救治所发生的医疗费用，应视同定点（协议）医疗机构，并按规定予以支付。

通知强调，要及时做好参加抗震救灾工作人员的工伤认定工作。凡在抗震救灾工作中伤亡的干部职工，要及时认定工伤。要切实简化工作程序，积极主动为工伤人员的工伤认定和待遇支付等提供全面高效的服务。

通知要求，要切实保障参保人员受伤救治医疗费用的支付。对于抢救工伤职工的医疗救治费，要及时优先从工伤保险基金中支付。对于抗震救灾中牺牲的工亡职工，要及时对其遗属支付一次性工亡补助金和其他工亡待遇。对因支付在震灾中因工伤亡职工工伤待遇出现基金不足的地区，当地或上一级劳动保障部门要及时调用工伤保险储备金或调剂金，确保抗震救灾伤亡人员工伤保险待遇的及时和足额支付。

通知明确，外地参保人员在此次地震中受伤的，其医疗待遇的支付参照上述规定执行，参保地医疗保险部门要保证其医疗待遇的落实。对救治需要跨地区就医的受灾地区参保人员，就医地社会保险经办机构要协助做好相关的服务管理工作。

（朱晔娉摘）

国务院加快推进城镇居民基本医疗保险试点工作

2008 年 2 月 26 日，国务院城镇居民基本医疗保险扩大试点工作电视电话会议在北京召开，国务院副总理、国务院城镇居民基本医疗保险部际联席会议组长吴仪出席并讲话。吴仪在会上宣布了 2008 年将扩大城镇居民医疗保险试点的决定，她强调，2008 年是城镇居民基本医疗保险试点工作承上启下的关键一年，国务院决定将试点扩大到全国 50％以上城市，有关地区和部门要巩固成果，落实责任，完善政策，加强管理，加快推进试点工作，为全面建立城镇居民基本医疗保险制度打下良好基础。吴仪指出做好 2008 年试点工作对于实现“2010 年覆盖全体城镇非从业居民的目标”至关重要。目前，229 个扩大试点城市已经确定。各地要按照《国务院关于开展城镇居民基本医疗保险试点的指导意见》要求，进一步加强组织领导，充分宣传政策，因地制宜制订实施方案，确保今年扩大试点的城市在二季度启动实施，到年底居民参保率达到 50％左右。2007 年已经开展试点的 88 个城市居民参保率达到 60％以上。

（李　欣摘）

国务院办公厅印发《关于将大学生纳入城镇居民基本医疗保险试点范围的指导意见》

根据《国务院关于开展城镇居民基本医疗保险试点的指导意见》（国发〔2007〕20 号）有关精神，为进一步做好大学生医疗保障工作，国务院决定将大学生纳入城镇居民基本医疗保险试点范围。2008 年 10 月，国务院办公厅印发《关于将大学生纳入城镇居民基本医疗保险试点范围的指导意见》（国办发〔2008〕119 号）（以下简称《指导意见》）。

《指导意见》确立了将大学生纳入城镇居民基本医疗保险试点范围的基本原则，并在以下三个方面做了具体规定。一是参保范围。各类全日制普通高等学校（包括民办高校）、科研院所（以下统称高校）中接受普通高等学历教育的全日制本专科生、全日制研究生。二是保障方式。大学生住院和门诊大病医疗，按照属地原则通过参加学校所在地城镇居民基本医疗保险解决，大学生按照当地规定缴费并享受相应待遇，待遇水平不低于当地城镇居民。同时按照现有规定继续做好大学生日常医疗工作，方便其及时就医。鼓励大学生在参加基本医疗保险的基础上，按自愿原则，通过参加商业医疗保险等多种途径，提高医疗保障水平。三是资金筹措。大学生参加城镇居民基本医疗保险的个人缴费标准和政府补助标准，按照当地中小学生参加城镇居民基本医疗保险相应标准执行。个人缴费原则上由大学生本人和家庭负担，有条件的高校可对其缴费给予补助。大学生参保所需政府补助资金，按照高校隶属关系，由同级财政负责安排。中央财政对地方所属高校学生按照城镇居民基本医疗保险补助办法给予补助。大学生日常医疗所需资金，继续按照高校隶属关系，由同级财政予以补助。各地要采取措施，对家庭经济困难大学生个人应缴纳的基本医疗保险费及按规定应由其个人承担的医疗费用，通过医疗救助制度、家庭经济困难学生资助体系和社会慈善捐助等多种途径给予资助，切实减轻家庭经济困难学生的医疗费用负担。

《指导意见》要求各省、自治区、直辖市人民政府，国务院各部委、各直属机构精心组织实施这一工作。已开展城镇居民基本医疗保险试点的地区，按本指导意见将大学生纳入城镇居民基本医疗保险体系后，要切实保障参保大学生住院和门诊大病需求，同时继续做好大学生日常医疗工作；未开展试点的地区，要完善现有办法，加强和改进大学生医疗保障工作，随着试点扩大，逐步将大学生纳入城镇居民基本医疗保险范围。各地人力资源社会保障部门要把符合条件的大学医疗机构纳入城镇居民基本医疗保险定点医疗机构范围。

各地区、各有关部门要充分认识做好大学生医疗保障工作对建立健全覆盖城乡居民社会保障体系，保障大学生就医权益、提高大学生健康水平，促进社会和谐稳定的重大意义，切实加强组织领导和宣传解释工作。省级人民政府要根据本指导意见，统筹规划，积极稳妥地推进这项工作。试点城市要因地制宜制订具体实施办法和推进步骤，确定合理的保障水平，精心组织实施，确保新旧制度平稳过渡，维护社会稳定。教育、财政、人力资源社会保障、卫生和民政部门要通力协作，制订周密工作计划，确保缴费和财政资金及时足额到位，不断完善大学生医疗经费和就医管理措施。高校要切实抓好大学生就医工作，深化改革，加强管理，提高工作效率和水平。

（李　欣摘）

中医医政管理

2008年中医药工作

2008年，全国中医药系统贯彻党的十七大精神，学习实践科学发展观，紧紧围绕卫生工作的总体部署，参与和应对抗击自然灾害和突发公共卫生事件、服务奥运会和残奥会，全面落实2008年全国中医药工作会议提出的主要任务，锐意改革，真抓实干，推动中医药医疗、保健、科研、教育、产业和文化全面协调发展，各项工作都取得了积极进展。

一、中医药在重大事件医疗保障中作用不断增强

2008年5月12日，四川汶川特大地震发生后，全国中医药系统反应迅速，开展医疗救援、伤员救治、卫生防疫等工作。四川、甘肃、陕西、重庆等中医药管理部门和中医医疗机构第一时间组织力量救治伤员。国家中医药管理局及北京、河南、广东等16个省（区、市）中医医疗机构先后向灾区派出172支医疗队，采取中医药有效方法进行医疗救治和卫生防疫以及中医心理干预与伤员康复工作。全国中医药系统广大干部职工通过开展中华中医药心连心活动，多形式、多渠道为灾区奉献爱心，提供财力、物力、人力、智力、技术等方面的援助，支援灾区中医药系统恢复重建。

2008年北京奥运会期间，北京市在奥运村医疗中心和35个运动场馆等开展了针灸、推拿等中医药服务项目，260多名中医志愿者为参赛人员提供针灸、推拿、保健和心理治疗等服务。组织了“领略中医文化，体验中医风采”展示活动。

“三鹿”奶粉事件发生后，各地中医药管理部门组织专家制定个性化的中医辨证施治方案，在中医医疗机构开展筛查接诊和医疗救治工作。中医药参与手足口病的防治，发挥了积极的作用。中医药为神舟七号航天员防治空间运动病、增强身体机能提供了保障服务。

二、中医药工作部门协作和支持不断加强

2008年，国家发改委、财政部、科技部等有关部委共安排中医专项资金35亿元，其中安排资金22亿元用于全国159所地市级以上重点中医医院（含中西医结合医院、民族医院）、208所县级中医医院（含民族医院）业务用房建设和276所县级中医医院装备医疗仪器设

备；安排资金 11 亿元用于中医医院中药制剂能力建设、县级中医医院中药房建设、农村医疗机构中医民族医特色专科专病建设、基层常见病多发病中医药适宜技术推广、县级中医医院急诊急救能力建设；科技部支持中医药自主创新，在支撑和“973”等计划中新增研究经费 1.5 亿元。

为加强中医药防治重大疾病研究，推进中医药继承创新，国家中医药管理局与国家发改委联合开展了国家中医临床研究基地建设重大项目，计划总投资 40 亿元，其中中央财政投入 10 多亿元。2008 年完成 16 家建设单位的遴选工作。

各地中医药管理部门主动汇报、当好参谋，中医药工作受到地方党委政府的重视和支持。陕西、安徽、浙江、江苏、北京等省（市）政府召开了发展中医药的大会。湖北、浙江、北京等地出台了扶持和促进中医药事业发展的文件，制定了一系列创新性的政策措施。各地普遍加大对中医药事业的投入，截至 2008 年底除个别省（区、市）外均设立了中医专项资金，数额逐年增加，由 2006 年的 2.8 亿元、2007 年的 4 亿元增加到 2008 年的 5.8 亿元，其中北京、江苏、四川、陕西等省市均超过了 5000 万元。地方中医药管理机构建设得到加强，上海、新疆等地成立了副厅级中医药管理机构，还有一些地区采取不同形式加强了中医药管理机构建设。

三、中医药政策研究和协调不断加强

国家中医药管理局充分发挥国务院中医药工作部际协调机制的作用，协调相关部门共同起草了《关于扶持和促进中医药事业发展的若干意见》，并在国务院中医药工作部际协调小组会议上原则通过。参与卫生部“健康中国 2020”战略规划研究，组织中医学组专家提出了中医药继承发展的战略思路、优先领域、重点任务和政策措施，为制定卫生发展中长期规划的中医药部分提供了科学依据。

中医药立法工作取得重要进展，《中（传统）医药法》列入了新一届全国人大常委会立法规划。地方中医药立法也取得新进展，2008 年，广西颁布了发展中医药壮医药条例；黑龙江修订颁布了发展中医药条例，颁布中医药地方性法规的省份已达 25 个。

通过国务院中医药工作部际协调机制，国家中医药管理局主动沟通、协调相关部门出台政策文件，为中医药发展创造良好的制度环境。与原人事部及国务院学位委员会、教育部等部门联合发布了《全国老中医药专家学术经验继承工作管理规定（试行）》，将老中医药专家学术经验继承工作与学位相衔接，是对师承教育的制度创新。与人力资源与社会保障部等部门启动了首届“国医大师”评选活动，第一次由政府组织高层次的中医药工作者荣誉表彰评选活动。与教育部联合印发了《高等学校本科教育中医学专业设置基本要求》等 6 个管理标准，探索了行业部门与主管部门相互协调、相互配合、共同指导中医药院校教育的新机制。与国家食品药品监管局联合开展医疗机构中药制剂管理问题的调研，修改完善相关政策措施，使医疗机构中药制剂管理更加符合中医药的特点和实际。与国家知识产权局共同研究起草加强中医药知识产权工作的有关文件，探索建立有利于中医药继承创新的知识产权保护机制。进一步深化中医药改革，药品零售企业设置中医坐堂医诊所试点工作在总结经验基础上，试点范围扩大到全国 31 个省（区、市）和新疆生产建设兵团；将农村具有一技之长中医药人员纳入乡村医生管理试点工作进展顺利。

四、中医药重点工作取得新成效

中医药服务“三进”工程建设继续推进。国家中医药管理局召开全国社区中医药服务工作经验交流会，进一步明确社区中医药工作的目标和任务。开展全国中医药特色社区卫生服务示范区创建活动，截至 2008 年底共有 55 个示范区通过评估，覆盖了 27 个省份，起到了示范带动作用。继续加强农村中医药工作，在总结农村中医药工作先进县建设经验的基础上，研究起草农村中医药工作的指导性文件。加强对农村中医药工作相对薄弱省份的督导，推动了乡镇卫生院中医科、中药房建设。继续开展农村医疗机构针灸理疗康复特色专科建设，提高农村医疗机构的中医药服务能力。进一步推广基层常见病多发病中医药适宜技术，在社区、农村开展中医药适宜技术的分类培训。与卫生部、总后卫生部联合发布《关于切实加强综合医院中医药工作的意见》，推动综合医院的中医药工作。举办地市级卫生局局长和中医医院院长培训班，推动中医药政策在基层更好的落实。

中医医院内涵建设得到加强。结合深入开展医院管理年活动，强化对中医医院医疗质量和特色优势发挥情况的评价。针对中医医院及临床科室名称混乱问题，发布《关于规范中医医院医院与临床科室名称的通知》，使其体现中医的特点。加强重点专科（专病）建设，成立 26 个重点专科协作组，确定 147 个主攻病种，开展了中医临床诊疗方案的梳理工作。加强中医医院中医诊疗设备配置的指导和管理，启动了“推广一批、提升一批、改造一批、研发一批”的中医诊疗设备促进工程，举办了首届中医诊疗设备论坛暨展览会。推广使用小包装中药饮片，提高中药饮片的调剂质量。

“治未病”健康工程进展顺利。在总结试点经验的基础上，制定和实施《“治未病”健康工程实施方案（2008—2010 年）》，提出了阶段目标任务，明确了工作重点。2008 年初，国家中医药管理局主办首届“治未病”高峰论坛，正式启动“治未病”健康工程，确定广东、上海作为试点地区。推进“治未病”服务试点工作，先后在 17 个省（区、市）确定了 2 批试点单位共 46 个，涵盖了不同类型、不同级别和不同地区的医疗卫生服务机构。多家试点单位运用融健康文化、健康管理、健康保险为一体的新型健康保障服务模式，组建 KY3H “治未病”中心，开展以中医体质辨识为基础的“治未病”服务，在服务理念、思路、方法、机制以及模式等方面进行探索。加强对“治未病”模式、理念、服务、技术的普及，组织系列专题讲坛，在“治未病”服务的体制机制、政策措施及人员、机构管理和技术规范等方面加强研究。

科技支撑中医药发展作用效果明显。通过实施国家重大新药创制和重大传染病防治专项，以及“十一五”科技支撑计划、“973”计划、行业科研专项，在中医药关键技术和理论研究等方面加强科技攻关。加强科技能力建设，启动中医药重点研究室建设项目，开展实验室规范化建设，实行分级管理。开展重大疾病、常见病诊疗方案优化和疗效评价研究，注重重点专科专病和“治未病”临床科研相结合。发布第三批中医适宜技术公告，以多种方式向基层推广中医药科技成果，开展科技服务“三进”试点，对农村、社区、家庭所需中医药技术和知识的推广模式和机制进行了探索。启动道地药材保护与规范化种植基地建设试点，实施传统名优中药保护与生产示范基地建设项目，加强中医药传统知识保护与利用的特殊政策。

中医药人才培养力度加大。继续实施老中医药专家学术经验继承工作，确定了第四批指导老师530名，学术继承人1052名。北京、天津、云南等11个地区还结合当地实际出台了工作方案。启动第二批全国优秀中医临床人才研修项目，确定了222名研修学员。河北、江西、福建等地相继开展了省级优秀中医临床人才培养工作。对在城市社区从事中医药工作或即将进入城市社区工作的5150名中医执业医师进行了岗位培训。开展城市社区中医类别全科医师师资培训，培养了260多名中医类别全科医师师资，社区中医药人员的素质得到提高。为提高乡村医疗卫生机构运用中医药服务的能力，与卫生部联合对中西部地区3万多个乡镇卫生院的中医药人员和45万个村卫生室的人员进行了中医药知识和技能培训。继续实施乡村医生中医专业学历教育项目，安排了2.5万名乡村医生培训计划。

民族医药和中西医结合工作不断加强。贯彻落实《关于切实加强民族医药事业发展的指导意见》，开展了民族地区落实情况的督导。朝鲜族医师、壮族医师纳入医师资格考试试点。对第一批重点中西医结合医院建设单位进行了验收，组织第二批重点中西医结合医院建设单位的经验交流，研究起草了《中西医结合医院工作指南》。组织举办毛泽东同志关于西医学习中医重要批示发表50周年纪念大会，对50年来的中西医结合工作进行了总结。

中医药标准化建设成果显著。完成中医药标准体系框架研究。发布实施针灸技术操作规范、腧穴定位图等12项国家标准和《中医内科常见病诊疗指南》、《肿瘤中医诊疗指南》等153项行业标准。支持藏、蒙、维、傣、壮、朝等民族医药开展标准研究和编制工作。启动中医药标准化支撑体系建设试点工作。开展中医医院信息化建设和中医医疗服务信息资源共享等工作研究，促进中医药信息规范和标准的制订及应用。参与传统医药国际标准化活动，有效推进了中医药国际标准化进程。

中医药行业监管取得进展。开发并建立全国中医医疗广告出证查询系统，对中医医疗广告进行动态管理，规范了中医医疗广告发布行为。2008年全国共查处虚假违法中医医疗广告2274件，撤销中医医疗机构《医疗广告审查证明》批文42件，吊销61家中医医疗机构涉案诊疗科目，责令83家中医医疗机构停业整顿，协调有关部门关闭了225家发布虚假违法中医医疗广告的网站。开展中医药法制宣传工作，组织开展了中医药系统普法知识竞赛。

五、中医药文化建设内容不断丰富

2008年，“中医中药中国行”大型科普宣传活动的主办单位新增了国家发展改革委、财政部、文化部等5个部门，达到了22个。各地中医药部门精心组织，广泛动员，整合力量，充分调动各方面积极性，创新活动形式、丰富活动内容、完善活动载体，吸引了众多民众的参与，达到了范围更广、规模更大、影响更深的效果，展示了中医药文化的内涵和魅力，增进了广大人民群众对中医药的了解和认同。

中医医院文化建设稳步推进，中医药文化特色更加突出。探索建立面向社会的中医药科普宣传长效机制，确定了一批中医药文化教育基地。围绕中医药中心工作，加强与新闻媒体的沟通协作，加大了重大事件和典型事迹的宣传报道，扩大了中医药的影响，增强了行业的凝聚力。

六、中医药的国际影响不断扩大

2008年11月，世界卫生组织传统医学大会在北京召开，大会发布了《北京宣言》，呼吁各国政府将传统医学纳入国家卫生服务体系，制定国家政策、法规和标准，确保传统医药的安全、有效使用，并提出了新时期发展传统医学的主要目标和内容。

中医药双边合作成绩显著。中美政府间签订了中医药合作备忘录；与驻英国大使馆、查尔斯王子基金会在伦敦共同举办了“中医药周”活动；中法、中俄、中新中医药合作取得了新的进展。与此同时，多边合作稳步推进，与世界卫生组织继续开展密切合作，逐步深化与东盟的合作，与联合国教科文组织以及南部非洲联盟密切了联系。中医药服务贸易政策研究以及中医药参与自贸区谈判工作取得显著进展。中医申报联合国人类非物质文化遗产代表作名录工作进展顺利，申报文本通过专家审查，已报送联合国教科文组织。对香港、澳门特别行政区和台湾地区的中医药交流合作继续得到加强。

七、学习实践科学发展观活动取得成效

2008年10月初，国家中医药管理局全面部署并启动学习实践科学发展观活动。国家中医药管理局把这次学习实践活动作为一项重要的政治任务和推动中医药工作改革发展的重要契机，确立了“解放思想、继承创新，完善政策、健全机制，统筹协调、科学发展”的学习实践活动主题和“六个结合”的实践载体，坚持突出

实践特色，力求达到提高思想认识、解决突出问题、创新体制机制、促进科学发展的目标。通过深入调研，广泛征求意见，改进了工作作风，查找并梳理出了影响和制约中医药发展的体制机制方面的问题。通过分析检查，剖析了问题产生的原因，进一步理清了推进中医药科学发展的目标、任务和工作措施。

（陈　伟）

国务院中医药工作部际协调小组第一次全体会议召开

2008 年 2 月 25 日，国务院中医药工作部际协调小组第一次全体会议召开，研究讨论了《关于扶持和促进中医药事业发展的若干意见（征求意见稿）》。会议认为，坚持中西医并重，发展中医药事业，是党中央、国务院一贯坚持的卫生工作方针。中医药作为我国独具特色的卫生资源，是医药卫生事业的重要组成部分，要解决好十几亿人的医疗卫生保健问题，实现“人人享有基本医疗卫生服务”的目标，必须充分发挥中医药的作用。《关于扶持和促进中医药事业发展的若干意见（征求意见稿）》阐述了扶持和促进中医药事业发展的重要战略意义，明确了目标任务，提出的政策措施符合中医药工作实际，有利于更好地解决中医药事业发展中的重大、关键问题，推动中医药事业全面协调可持续发展。

（李　昱　贾忠武）

2008 年全国中医药工作会议召开

2008 年 1 月 24—25 日，2008 年全国中医药工作会议在北京召开。会议全面总结了 2007 年中医药工作，认真分析了当前中医药工作面临的形势和任务，部署了 2008 年工作任务。国务院副总理吴仪出席会议并作了重要讲话。会议由卫生部部长陈竺主持。卫生部党组书记高强和国务院副秘书长项兆伦以及国务院中医药工作部际协调小组成员单位的领导应邀出席了会议开幕式。卫生部副部长、国家中医药管理局局长王国强作了题为《认真贯彻落实党的十七大精神努力开创中医药事业发展新局面》的工作报告和会议总结讲话。

（李　昱　贾忠武）

全国中医药局长会议召开

2008 年 7 月 4 日，全国中医药局长会议在北京召开。卫生部副部长、国家中医药管理局局长王国强主持会议并讲话，各省、自治区、直辖市卫生厅局分管中医工作及中医药局（处）负责人，国家中医药管理局机关处以上干部和直属单位的负责人共计 130 余人参加此次会议，四川、甘肃、陕西和河南 4 省中医药管理局长分别介绍了前一阶段本省中医药系统抗震救灾工作情况。会议学习贯彻中央和卫生部有关会议精神，总结前一阶段中医药系统抗震救灾工作，分析当前面临的形势，研究部署下一阶段参与抗震救灾医疗卫生防疫和对口支援灾区中医药系统恢复重建任务。

（李　昱　贾忠武）

国家中医药管理局抗震救灾宣传工作

2008 年，为宣传普及“5・12”汶川特大地震灾区中医药防病治病知识，组织专家研究编印 12 万册《震后灾区中医药防病知识》手册和 14 万幅《中医中药关爱健康、抗震救灾众志成城》张贴画，发放到四川、陕西、甘肃、重庆等地震灾区。编发抗震救灾简报 39 期。

（欧阳波）

国家中医药管理局抗震救灾医疗救治工作

“5・12”汶川特大地震发生后，全国中医药系统有力有序有效地开展医疗救援、伤员救治、卫生防疫等工作。国家中医药管理局组织制定了《抗震救灾医疗救治应用中医药技术指导意见》、《地震灾后常见病多发病中医药治疗手册》等文件，指导灾区中医药医疗救治和向群众宣传中医药防病知识。四川、甘肃、陕西、重庆等灾区中医药管理部门和中医医疗机构在抓紧自救的同时，第一时间担负起救死扶伤的神圣职责，组织力量紧急救治伤员。非灾区中医药系统积极支援，国家中医药管理局及北京、河南、广东等 16 个省（区、市）组织中医医疗机构先后向灾区派出 172 支医疗队，共有 2331 人前往灾区参与医疗救治工作。

（刘文武　郦媛媛）

举办“中华中医药心连心”主题活动

2008 年 7 月 5 日，国家中医药管理局在北京举办“中华中医药心连心”主题活动。来自全国各省（区、市）中医药管理部门，国家中医药管理局机关及直属单位，北京中医药大学，北京市中医药系统干部职工，以及四川、陕西、甘肃灾区中医医院的代表，近千人参加专题活动，共筹集到援助款物价值2662万余元，充分体现了“全国中医药是一家”和社会各界对我国中医药事业的极大关心和支持。

（李　昱　贾忠武）

中医药服务北京奥运会

2008北京奥运会期间，北京和其他协办城市大力开展中医药服务和文化传播，带动传统医药第一次走入现代奥运会。所有奥运比赛场馆和奥运村诊所都免费提供了中医针灸、按摩等医疗保健服务，北京的35个运动场馆和奥运村诊所，263名中医服务志愿者提供中医针灸、推拿按摩服务达4409人次，接待参观咨询6377人次，170万奥运志愿者服用中药清暑凉茶，中医心理治疗八段锦、五禽戏等也进入奥运村。国际奥委会医学委员会在奥运村为各参赛队的首席医务官和队医举办中国传统医学在运动医学中的预防性应用研讨会，会上展出的“走近中医药—历史与文化”系列宣传展板被国际奥委会总部永久收藏。北京市中医管理局在北京御生堂中医药博物馆为奥运会中外记者举办“领略中医文化，体验中医风采”中医药文化展示和服务体验活动，展示了博大精深的中医药文化和防病治病的理念，引起外国媒体对中医药的关注和报道。

（欧阳波）

继续开展“中医中药中国行”活动

2008年，“中医中药中国行”大型科普宣传活动继续开展。山东、安徽、甘肃、青海、宁夏、陕西、上海、浙江、湖北、湖南、广西、江苏等12个省（市、区）和澳门特别行政区共举办地市级以上活动133场，直接参加现场活动的群众达70多万人；全国组委会直接组织社区医生培训165场、乡村医生培训62场，培训农村和城市社区中医药人员4万名；组织面向市民的健康讲座132场，现场受益群众达2万人；全国组委会向各地市赠送价值90万元的中医药科普图书和价值1.3亿元的医疗物资。中国中医药报为各地活动出版发行特刊12期，总印数110万份。以送技术、送文化、送健康为主旨的“中医大篷车”驶进社区、乡村和厂矿，先后奔赴50个活动点，总行程3万余公里，随车义诊专家共计1000多人次，接待群众5万人，发放中医药科普资料10万份，访问因病致贫户50个，赠送药品价值100余万元。

（欧阳波）

国家投入中医药行业资金增加

国家发改委、财政部、科技部等有关部委共安排支持中医医疗、教育、科研、文化等领域专项资金逾35亿元。其中，安排资金22亿元，用于全国159所地市级以上重点中医医院（含中西医结合医院、民族医院）、208所县级中医医院（含民族医院）业务用房建设和276所县级中医医院装备医疗仪器设备；安排资金11亿元，用于中医医院中药制剂能力建设、县级中医医院中药房建设、农村医疗机构中医民族医特色专科专病建设、基层常见病多发病中医药适宜技术推广、县级中医医院急诊急救能力建设；科技部大力支持中医药自主创新，在支撑和“973”等计划中新增研究经费1.5亿元。为加强中医药防治重大疾病研究，推进中医药继承创新，国家中医药管理局与国家发改委联合开展了国家中医临床研究基地建设重大项目，计划总投资40亿元，其中中央财政投入10多亿元。

（陈　伟）

城市社区中医药人才培养工作

为加快社区中医药人才队伍建设，提高中医药在社区的服务能力，2008年国家中医药管理局重点开展社区中医药人才培养能力建设和人才培养工作。组织举办了2期中医类别全科医学师资培训高级研修班，对来自全国31个省、自治区、直辖市200余名从事城市社区中医药教育的师资进行岗前培训；在此基础上，全国各省对930余名从事城市社区中医药教育的师资进行培训。印发《中医类别全科医师岗位培训管理方案》及岗位培训证书格式；对在城市社区从事中医药工作或即将进入城市社区工作的5150名中医执业医师进行了岗位培训。组织编写、出版中医类别全科医师岗位培训教材，共计8门。提出城市社区中医药知识与技能培训示范基地实施方案及申报要求。

（周景玉）

启动第四批老中医药专家学术经验继承工作

在第三批老中医药专家学术经验继承工作基础上，国家中医药管理局与人事部、国务院学位委员会、教育部、卫生部联合发布《全国老中医药专家学术经验继承工作管理规定（试行）》，规定中明确了第四批继承工作与学位衔接的相关内容，遴选确定第四批继承工作指导老师530名，继承人1052名，覆盖全国31个省、自治区、直辖市以及卫生部和国家中医药管理局直属医疗机构。为做好学位衔接工作，与国务院学位办共同印发《国家中医药管理局国务院学位委员会办公室关于第四批老中医药专家学术经验继承工作继承人攻读临床医学（中医师承）专业学位相关工作的通知》，全国有832名学术经验继承人参加申请临床医学（中医师承）专业硕士或博士学位的全国统一考试（其中藏蒙医继承人24名）。北京、天津、黑龙江、上海、云南等11省级中医药管理部门下发继承工作管理办法；黑龙江、天津中医药主管部门与省（市）学位办公室共同下发第四批继承工作临床医学（中医师承）专业学位管理办法；上海提出跟师学习与学位获得的具体考核要求。

（周　杰）

中医药标准化工作取得新进展

2008年中医药标准化工作以全面实施《中医药标准化发展规划（2006—2010年）》为重点，有计划、有重点地开展中医药标准体系建设、中医药国际标准化、中医药标准化支撑体系建设3个方面的工作，取得一些新进展。

加强中医药标准体系建设。深入开展中医药标准体系类目表研究。组织湖北中医学院等单位在中医药标准体系框架基础上，编制完成了中医药标准体系类目表；重点推动一批国家标准和行业标准通过审批并发布。中医药国家标准方面，灸法、耳穴名称与定位、腧穴定位图等12项国家标准由国家标准化管理委员会正式批准发布。截至2008年底，中医药国家标准已经达到了18项，另有9项通过专家审查并已上报国标委。行业标准方面，发布《中医内科常见病诊疗指南》共132项标准。协调教育部，共同发布高等学校本专科中医（药）专业设置基本要求、本科教育中医学专业中医药理论知识与技能基本标准等5个行业管理标准，进一步规范高等中医药院校中医类专业设置和教学内容。另外，中医儿科、肿瘤科等20多个行业标准已完成标准审查；积极参与全国服务业标准化2009—2013年发展规划的编制工作。按照国家标准化管理委员会关于服务业标准化发展规划编制工作的要求，结合中医药标准化发展规划实施方案，组织中华中医药学会、中国针灸学会等开展项目申报工作，初步拟定未来五年需要给予重点支持的中医药国家标准制修订项目计划。

积极推进中医药国际标准化工作。组织标准化领域和中医药领域专家，开展中医药国际标准化组织筹建工作，并已通过国家标准化委员会向国际标准化组织提交成立中医学技术委员会的申请；组织专家开展在国际标准化组织健康信息学技术委员会中申请建立中医学工作组的工作，并在健康信息学技术委员会年度分会上提出筹建方案，会上确定由我国牵头制定传统医药领域的行动计划；积极组织中医药国际标准研究，组织有关专家开展中医病证分类代码的国际标准的研究工作；为进一步理清中医药国际标准化工作的思路，进一步明确目标任务，加强中医药国际标准化发展战略的研究。

加快中医药标准化支撑体系的建设。加快推动全国中医标准化技术委员会、全国针灸标准化技术委员会等6个标准化技术委员会的筹建工作，有关文件已正式上报国家标准化管理委员会；积极筹备成立中医药标准化工作办公室；开展中医药标准化研究基地试点工作。根据中医药标准化发展规划对标准化支撑体系建设的总体考虑，选择有一定标准化工作基础的单位组建标准化技术研究中心。

（李钟军）

首届中医诊疗设备论坛暨展览会举办

2008年10月8日，首届中医诊疗设备论坛暨展览会在上海举行。来自全国各地的中医药管理部门、中医医院、中医药院校、中医药科研院所、生产企业的代表及部分专家学者600余人参加论坛暨展览会。来自中医临床、基础、医学工程等相关领域的27位专家学者做了专题发言，就中医诊疗设备的发展现状与趋势、研发思路与方法、临床推广与应用以及中医诊疗设备促进工程实施等方面的问题进行广泛而深入的研讨。59家从事中医诊疗设备生产研发的企业、高等院校、科研机构、中医医院等单位集中展示中医诊疗设备的发展成果。国家中医药管理局加强对中医诊疗设备研究的组织领导，启动“推广一批、提升一批、改造一批、研发一批”的中医诊疗设备促进工程。

（刘文武　郈媛媛）

农村中医药工作

县级中医医院中医特色专科（含针灸理疗康复专科）、急诊科（含感染性疾病科）以及中药房等项目建设继续开展。2004—2008年，已经先后共确定3295家项目单位，共投资10亿多元，中西部地区平均每个县中医医院已安排3个以上项目。在中西部地区1400个县区投入4亿多元开展中医药适宜技术推广。举办两期地级市卫生局局长中医药工作培训班，对24个省（区）近300个地市级卫生局局长或主管中医药工作的局长进行以农村中医药工作为重点的培训。

（吴　凯　严华国）

社区中医药服务工作

已有21个省（区、市）出台专门的加强社区中医药服务工作的实施意见，有24个省加大对社区中医药服务工作的投入，大部分省（区、市）已经对中医药人员比例、中医药设施设备配备等提出明确要求。据统计，截至2008年底设有中医科室的社区卫生服务中心占社区卫生服务中心总数的98%，比2003年底增长6%；能够提供中医药服务的社区卫生服务站占社区卫生服务站总数的65%，比2003年底增长11%。

（吴　凯　严华国）

加强中医医院特色管理

针对中医医院和科室名称不规范、特色不突出的现象，国家中医药管理局印发实施《关于规范中医医院医院与临床科室名称的通知》。实施《关于加强中医医院中医药文化建设的指导意见》，在全国选择30家中医医院进行中医药文化建设试点，在国家中医药管理局网站开设中医医院中医药文化建设交流专栏，通过办班培训、发文指导、网上交流等形式督促全国中医医院特别是正在改扩建的中医医院开展中医药文化建设。举办8期中医医院院长培训班，对1440余家中医医院院长进行培训。

（刘文武　邴媛媛）

民族医药工作

组织对8个民族医药省份贯彻落实11部委局指导意见情况进行督导。组织重点民族医医院建设经验交流，继续抓好民族医重点专科（专病）建设。截至2008年底，已有9个省卫生厅出台贯彻指导意见的实施意见，16个省对本地区发展民族医药提出明确要求。

（吴　凯　严华国）

中医临床适宜技术发布第三批公告

2008年，国家中医药管理局组织专家从中医临床诊疗技术整理与研究专项通过鉴定的诊疗技术和各地推荐的已经在本地区推广使用的农村和社区中医临床适宜技术中，筛选出农村和社区适宜技术25项，作为国家中医药管理局第三批中医临床适宜技术推广项目，正式予以通告并由中国中医药科技开发交流中心和各省局组织开展推广工作。

国家中医药管理局第三批中医临床适宜技术推广项目表

一、需要特定医疗条件的适宜技术			
序号	技术名称	研究单位	推荐单位
1	靳三针治疗儿童自闭症技术	广州中医药大学	广东省中医药局
2	埋线法治疗癫痫技术	广州中医药大学针灸学院	广东省中医药局
3	经皮穿针外支架固定治疗股骨转子间不稳定型骨折技术	河南省洛阳正骨医院	河南省中医管理局
4	冷冻疗法治疗沙眼技术	长春中医药大学附属医院	吉林省中医药管理局
5	过伸复位外固定治疗胸腰椎压缩性骨折技术	山东中医药大学附属医院	山东省中医管理局
6	推拿治疗原发性痛经技术	上海中医药大学附属岳阳中西医结合医院	上海市卫生局中医处
二、农村和社区适宜技术			
序号	技术名称	研究单位	推荐单位
1	推拿治疗婴幼儿便秘技术	广州中医药大学	广东省中医药局
2	病灶头皮反射区围针治疗中风失语症技术	广州中医药大学第一附属医院	广东省中医药局
3	针刺治疗抑郁性神经症技术	广州中医药大学第二附属医院	广东省中医药局
4	隔物灸治疗原发性痛经技术	河北医科大学中医学院	河北省中医药管理局

5	经跟距反弹固定器治疗跟骨关节内骨折技术	河南省洛阳正骨医院	河南省中医管理局
6	益气通督手法治疗小儿脾虚泻技术	河南中医学院第三附属医院	河南省中医管理局
7	自血穴位注射配合放血疗法治疗痤疮技术	湖北中医学院附属医院	湖北省卫生厅中医处
8	电针健脑安神法治疗中风后抑郁技术	长春中医药大学附属医院	吉林省中医药管理局
9	人迎、水突穴推拿及脉冲电刺激治疗慢性喉炎技术	南京中医药大学	江苏省中医药局
10	针刺治疗急性创伤性喉炎技术	江西中医学院附属医院	江西省中医管理局
11	督灸治疗强直性脊柱炎肾阳亏虚证技术	山东中医药大学附属医院	山东省中医管理局
12	推拿按揉法治疗变应性鼻炎技术	山东中医药大学附属医院	山东省中医管理局
13	啄治法治疗慢性扁桃体炎技术	山东中医药大学附属医院	山东省中医管理局
14	董氏指压手法治疗婴儿吐乳症技术	上海市中医医院	上海市卫生局中医处
15	揉散法治疗急性乳腺炎初期技术	上海中医药大学附属岳阳中西医结合医院	上海市卫生局中医处
16	导引手法治疗青少年特发性脊柱侧凸症技术	上海中医药大学附属龙华医院	上海市卫生局中医处
17	“经筋刺法”治疗周围性面神经麻痹技术	天津中医药大学第一附属医院	天津市卫生局中医处
18	“通关利窍”针刺法治疗假性延髓麻痹技术	天津中医药大学第一附属医院	天津市卫生局中医处
19	火针加拔罐法治疗急性带状疱疹技术	中国中医科学院广安门医院	中国中医科学院

（王思成　杨龙会）

《中华本草》编纂工作全部完成

2008年10月7日，《中华本草》在北京通过验收。这项由国家中医药管理局组织，南京中医药大学具体负责，全国60多家医药院校和科研单位500多名专家共同参与研究取得的成果，是我国迄今为止篇幅最大，收载药物品种最多，检索功能最全的药物学巨著，是《本草纲目》以来中医药史上的又一里程碑，也标志着我国社会主义卫生事业带来的繁荣昌盛。该书由上海科学技术出版社出版发行。

（王思成　杨龙会）

“十五”国家科技攻关计划“名老中医学术思想、经验传承研究”完成并通过专家验收

2008年9月8日，“十五”国家科技攻关计划“名老中医学术思想、经验传承研究”课题在北京通过专家验收。该课题选择全国108位名老中医为对象，运用现代信息技术手段，全面采集他们的临床诊疗信息，通过其典型医案研究他们的辨证思维特点，分析挖掘其取得疗效的共性规律，探索研究建立个体化诊疗的疗效评价方法和中医临床经验的传承方法。课题由贺兴东、翁维良、姚乃礼负责，设有总课题组、88个纵向课题组和10个横向课题组，有全国140多个单位的108位名老中医、840多位研究人员共同参与研究。纵向课题、横向课题和总课题组三者相互配合协同攻关，很好地完成了课题目标和任务。

（王思成　杨龙会）

中药标准国际合作研究课题通过验收

2008年7月18日，国家“十五”重大科技专项创新药物和中药现代化第三批课题中的中药标准国际合作研究课题通过验收。该课题研究世界诸多国家中药材的准入标准及我国中药材标准状况，分析中国药典2005版、中国《药用植物及制剂进出口绿色行业标准》、世界主要国家药典及《中药材质量专论》相关标准的异同，并进行世界主要国家中药材重金属和农药残留量限量对比分析，就标准制定中采用的指纹图谱、薄层色谱、高效液相等技术问题及标准制定过程中的项目选择

和形式进行探讨。制订人参、葛根、黄芪三种药材国际标准（草案）；并按此标准草案的形式对白芍、丹参、当归、杭白菊、金银花、三七六味药材进行标准（草案）的扩展研究。研究探讨了中药国际标准与国际标准化组织的接口问题；研究如何制订国际标准的程序与要求。

（孙丽英）

药品监督管理

规范药品零售企业经营行为

为深入贯彻《国务院关于加强食品等产品安全监督管理的特别规定》，进一步规范药品零售企业经营行为，严厉打击非药品冒充药品等违法犯罪活动，国家食品药品监督管理局对进一步规范药品零售价经营行为提出具体要求。一是药品零售企业经营的所有产品（特别是非药品类产品），必须建立并执行进货检查验收制度，审验供货商的经营资格，验明产品合格证明和产品标识，并建立产品进货台账，如实记录产品名称、规格、数量、供货商及其联系方式、进货时间等内容。药品零售企业销售的所有产品，都应当开具标明产品名称、规格、数量、生产厂商、价格等内容的销售凭证，并建立产品销售台账。进货台账和销售台账保存期限不得少于2年。二是药品零售企业不得经营无批准证明文件、无产品质量检验合格证明、产品名称和生产厂名以及厂址无中文标识的产品；不得经营与药品包装相似、与药品同名或者名称相仿、宣传功能主治的非药品类产品。三是各级食品药品监督管理部门要加强对药品零售企业经营行为的监督检查，对不符合《药品管理法》、《国务院关于加强食品等产品安全监督管理的特别规定》、《药品管理法实施条例》、《药品经营质量管理规范》、《药品经营许可证管理办法》等有关规定的，一经查实，必须依法予以严肃处理。情节严重的，要依法吊销其《药品经营许可证》。

（朱晔娉摘）

加强药品零售企业销售凭证管理

为进一步规范药品销售行为，保护消费者和药品经营企业的合法权益，根据《药品管理法》及相关规定，国家食品药品监督管理局对加强药品销售管理的有关问题提出具体要求。一是药品零售企业要切实履行销售药品开具销售凭证的义务，对开具的销售凭证要按照《药品流通监督管理办法》第十一条第二款的要求，载明药品名称、生产厂商、数量、价格等内容。同时，药品零售企业对所销售药品的上述信息也要留存备份。二是药品零售企业要严格按照国家食品药品监督管理局《关于贯彻落实〈反兴奋剂条例〉，进一步加强兴奋剂管理的通知》的要求经营兴奋剂药品，在做好销售记录的同时，还要做好相关药品的药学咨询服务工作。三是各级药品监督管理部门要加强对上述有关要求的宣传，加大监督检查力度，进一步规范药品零售企业销售行为，维护公众健康和用药安全。

（朱晔娉摘）

建立兴奋剂监管长效机制

为确保奥运会和残奥会的药品安全而开展的兴奋剂专项整治工作取得了阶段性成果，贯彻落实《反兴奋剂条例》，巩固兴奋剂生产经营专项治理成果，建立长效机制，进一步加强对兴奋剂的管理，2008年，国家食品药品监督管理局下发通知，要求各地食品药品监管部门认真总结经验，进一步细化工作措施，完善工作机制，落实监管责任，切实强化监管，规范兴奋剂市场秩序，严防违法违规生产经营行为反弹，保障公众用药安全。

切实规范兴奋剂及其复方制剂的生产经营行为。生产企业应当在取得《药品生产许可证》和药品批准文号后方可生产蛋白同化制剂、肽类激素；药品批发企业经省级食品药品监督管理部门批准后，方可从事蛋白同化制剂、肽类激素的批发业务。药品生产企业、药品批发企业在销售蛋白同化制剂、肽类激素时，必须严格按规定渠道销售。要建立客户档案，认真核实购买方资质证明材料、采购人员身份证明等情况，确认无误后方可销售；跟踪核实药品到货情况。销售情况及核实记录保存至药品有效期2年后备查。药品零售企业不得销售除胰岛素以外的蛋白同化制剂、肽类激素；对列入兴奋剂目录管理的药品单方制剂，要严格凭处方销售；对含兴奋剂药品复方制剂，应按照现行药品分类管理规定执行。2007年10月1日后生产出厂的含兴奋剂药品，必须按规定在药品说明书或者标签上标注“运动员慎用”字样。未按规定标注的不得销售。

强化对蛋白同化制剂和肽类激素生产、经营的监管。严把经营蛋白同化制剂、肽类激素药品批发企业资格准入关，在保证辖区内相关药品供应的前提下，严格控制审批数量，相关审批情况及时反馈国家食品药品监督管理局。切实做好蛋白同化制剂、肽类激素出口审批工作，跟踪了解出口情况。完善巡查制度，落实监管责任，通过跟踪检查、飞行检查、明察与暗访相结合等方式，加强对蛋白同化制剂和肽类激素药品生产、经营的日常监管，尤其要强化对药品零售的监督检查。重点检查蛋白同化制剂、肽类激素原料药及其制剂来源、销售流向等情况；对境内企业接受境外企业委托生产蛋白同化制剂、肽类激素的，要对其出口情况进行重点检查。继续执行向蛋白同化制剂、肽类激素药品生产企业派驻监督员制度，发挥派驻监督员的日常监督作用。

加强对互联网兴奋剂信息发布和交易行为的监管。加强对互联网发布兴奋剂信息的监测，禁止未取得《互联网药品信息服务资格证书》的互联网站发布兴奋剂信息，禁止通过互联网违法销售蛋白同化制剂、肽类激素。对违规发布兴奋剂信息或销售蛋白同化制剂、肽类激素的网站，配合有关部门依法严肃处理。

保持和完善联合治理工作机制，依法严肃处理违法违规生产经营行为。继续在地方政府的领导下，保持和完善兴奋剂专项治理期间形成的部门联合治理工作机制，配合有关部门畅通举报渠道，完善信息情报收集。对接报或发现的违法生产经营线索，要及时组织调查，追根溯源，依法查处。对涉及其他部门职责的，要及时移送相关部门处理。对监督检查中发现药品生产、经营企业存在的问题，要及时责令企业整改，消除隐患；对违法违规的企业，要依法严肃处理，直至吊销《药品生产许可证》或《药品经营许可证》。

（朱晔娉摘）

国家食品药品监督管理局抗震救灾医疗卫生工作

“5·12”汶川特大地震发生后，国家食品药品监督管理局启动应急预案，调配灾区急需的药品、医疗器械，严把捐赠产品质量关，开通紧缺药品快速审批通道，派出行政组和专家组奔赴灾区，保证了灾区药品、医疗器械的供应和质量安全。地震重灾区未发生重大药害事件。

（陈宪保）

国家食品药品监督管理局采取监管措施确保救灾药械质量安全

2008年5月23日，国家食品药品监督管理局下发《关于继续做好救灾药品和医疗器械监管工作的通知》，要求各级食品药品监管部门在配合做好抗震救灾药品、医疗器械供应保障工作的同时，进一步加大对药品、医疗器械生产经营企业的监督检查力度和对救灾所需药品、医疗器械的抽验力度，加强对药品有效期的监督和对灾区已营业药品零售企业的监督，杜绝不合格药品、医疗器械流入灾区。

地震灾害发生后，社会各界踊跃向灾区捐赠药品和医疗器械，为救治伤员做出了积极贡献。国家食品药品监督管理局先后紧急下发了《关于加强捐赠救灾药品和医疗器械监管工作的通知》和《关于进一步做好捐赠救灾药品和医疗器械监管工作的通知》。各级食品药品监管部门按照通知要求，切实加强对救灾所需药品、医疗器械的监督管理，对发现的个别捐赠过期或质量不合格的药品、医疗器械及时采取了控制措施，避免了不合格药品、医疗器械流入灾区。

为进一步加强救灾药品、医疗器械监管工作，确保救灾药械质量安全，国家食品药品监管局对捐赠行为进一步做出规范。一是捐赠人应按照灾区急需药品、医疗器械目录，有针对性地进行捐赠，并对捐赠的药品、医疗器械质量安全负责。药品、医疗器械生产、经营企业捐赠的药品、医疗器械必须附出厂检验报告；非药品、医疗器械生产经营企业捐赠的药品、医疗器械必须证明有合法来源，并出具检验报告。二是各省（区、市）食品药品监管部门要主动与捐赠接收机构和组织加强联系，对捐赠的药品、医疗器械统一查验（重点查验来源、品名、批号、数量、流向等重要信息）、留样，必要时进行抽验，严把质量安全关。未经查验的，绝不允许发往灾区。三是境外机构、组织和企业有捐赠意向的，可事先与国家食品药品监督管理局取得联系。捐赠的药品、医疗器械未经我国政府部门批准注册的，应提供产品清单、生产国相关机构批准上市证明文件、质量检验报告及中文说明书，经国家食品药品监督管理局审核后，由指定的省（区、市）食品药品监管部门进行查验，符合规定的方可使用。四是各级食品药品监管部门要依法严惩药品、医疗器械“捐赠”和生产销售及使用过程中的违法违规行为。构成犯罪的，移送有关部门依法追究刑事责任。

（朱晔娉摘）

组织对蛋白同化制剂、肽类激素药品生产企业开展飞行检查

2008年6月18—23日，国家食品药品监督管理局组织3个工作组对部分蛋白同化制剂、肽类激素药品生产企业开展了飞行检查。此次飞行检查对象共有8家蛋白同化制剂、肽类激素类药品生产企业，其中有国家食品药品监督管理局责令相关品种停产整顿的企业，有

2007年9月国外提供线索涉兴奋剂案件名单之列的企业，有群众举报或其他线索提供可能存在违法违规行为的企业。

此次飞行检查事先不告知企业及其所在地食品药品监管部门，采取有针对性的检查：对于责令停产整顿的企业，重点检查相关品种是否已经停产，省级药品监管部门是否对其处罚到位，并对停产前相关品种的生产销售情况进行检查，督促省级药品监管部门严格按照相关法律法规予以查处；对于国外提供线索名单之列的企业及群众举报的企业，重点检查蛋白同化制剂、肽类激素类药品的销售情况，检查相关品种的销售流向和购买方资质，查看是否严格按照规定渠道将相关品种销往具有蛋白同化制剂、肽类激素经营资质的定点批发企业、医疗机构或其他同类生产企业，出口相关品种是否严格按照相关规定取得了出口准许证。如在飞行检查中查实有违法违规生产销售蛋白同化制剂、肽类激素行为的，将严格按照《反兴奋剂条例》和《关于开展药源性兴奋剂生产经营专项治理的通告》，依法予以严肃处理。

（朱晔娉摘）

卫生部药物政策与基本药物制度司成立

按照2008年7月10日国务院办公厅印发《卫生部主要职责内设机构和人员编制规定》，卫生部成立药物政策与基本药物制度司（简称“药政司”）。主要职责包括：承担建立国家基本药物制度并组织实施的工作，组织拟订药品法典和国家基本药物目录；组织拟订国家药物政策；拟订国家基本药物的采购、配送、使用的政策措施，会同有关方面提出国家基本药物目录内药品生产的鼓励扶持政策，提出国家基本药物价格政策的建议。药政司设立药物政策研究处、基本药物制度处、基本药物管理处，编制15人。

（郑　宏　王雪涛）

起草建立国家基本药物制度配套文件

按照《关于深化医药卫生体制改革的意见（征求意见稿）》的要求，起草拟订《关于建立国家基本药物制度的实施意见》和《国家基本药物采购配送工作的若干意见（暂行）》等国家基本药物制度配套文件。这些文件对基本药物和基本药物制度的概念、建立国家基本药物制度的目标、基本药物制度的政策框架以及基本药物的遴选、采购、配送、使用、定价、报销、监测评价等内容做出了规定。

（郑　宏　韩会学）

制订2009年《国家基本药物目录》

2008年12月初，按照国务院医改领导小组会议精神，由卫生部、人力资源社会保障部、国家发展改革委、财政部、工业信息化部、国家食品药品监督管理局、国家中医药管理局相关司局负责人组成了国家基本药物目录工作协调小组，具体负责2009年《国家基本药物目录》的制订工作，办公室设在卫生部药物政策与基本药物制度司。药政司征求有关部委和专家意见，制定了“完善2008年《国家基本药物目录（征求意见稿）》工作方案”，多次主持召开目录工作协调小组会议，组织专家反复遴选论证，初步完成了2009年《国家基本药物目录》初稿。

（郑　宏　王雪涛　韩会学）

建立国家基本药物制度工作座谈会召开

2008年12月23—24日，建立国家基本药物制度工作座谈会在北京召开。邀请天津、河北、江西、山东、河南、重庆、宁夏等7省（区、市）卫生厅、省市县综合医院、社区卫生服务中心、乡镇卫生院负责同志以及有关专家30人参加，围绕基本药物采购、配送、使用等环节进行研讨，为配套文件的制定提出了许多有益的意见和建议。

（王雪涛　韩会学　苏巍巍）

开展国家基本药物使用情况调研

2008年11月，在全国28省68个地市的426家市、县级医院、社区卫生服务中心、乡镇卫生院、村卫生室等医疗卫生机构中，开展常用药物使用情况调查，并重点分析国家基本药物在基层、市、县医疗卫生机构使用情况，为修订完善国家基本药物目录提供参考。

（韩会学　苏巍巍）

妇幼与社区

召开全国产前诊断技术专家研讨会

2008年9月11—12日，全国产前诊断技术专家研讨会在南京举行。来自全国产前诊断技术方面的专家以及部分省市卫生行政部门主管共60余人参加会议。会议介绍了我国出生缺陷监测结果、产前诊断机构现状以及发达国家产前诊断开展情况。北京协和医院等9家开展产前诊断技术培训的机构，分别介绍了产前诊断技术培训工作的进展和体会。与会专家就解决产前诊断工作中存在的机构建设、技术培训、人才培养、质量控制、信息化建设等方面问题及今后工作进行了深入讨论。会议还重点讨论了《国务院关于加强出生缺陷防治工作的指导意见（征求意见稿）》。

（宋　莉　陈　曦）

启动实施中西部6省出生缺陷防治项目

2008年，卫生部在全国神经管缺陷高发的中西部6省（自治区）293个国贫县启动了出生缺陷防治项目，开展增补叶酸和健康教育相结合的出生缺陷干预策略。2008年4月14日，卫生部在北京召开了中西部出生缺陷防治项目启动会暨培训会，国务院妇儿工委办公室、财政部、民政部、中国残联的领导，来自山西、陕西、内蒙、甘肃、青海和新疆等6个项目省（区）的卫生厅、地市卫生局有关人员以及相关专家，共80余名代表出席了会议。2008年6—8月，委托中国出生缺陷监测中心完成了293个项目县的基线调查，切实掌握了各项目省（区）育龄妇女和医务人员目前对小剂量叶酸增补的知、信、行等情况。为配合项目的开展，委托中国出生缺陷监测中心编写了《增补小剂量叶酸预防神经管缺陷》的科普书籍和折页，为项目县免费发放宣传折页。同时还编写出版了《中国出生缺陷图谱》，以提高项目县出生缺陷的诊断水平。

（张伶俐　宋　莉　张　波）

开展生殖道感染防治项目

2008年，生殖道感染防治项目地区已扩大至10个地市。按照项目实施方案举办了2期国家级师资培训班，培训人数295人；项目地区组织横向和逐级专业培训共计2000余人次；49名项目地区地市和县级人员来北京参加了6期国家级宫颈病变诊断治疗临床进修；向项目地区发放《生殖道感染防治技术指南》5620册、《生殖道感染防治手册》1420册和宣传折页40余万张。

截至2008年底，项目地区共计157家地市和县级医疗机构开展产前梅毒筛查，孕期梅毒筛查阳性患者共计4000余例。2008年在医疗机构对50万余人进行了机会性宫颈癌筛查，生殖道感染检出及治疗人数达26万余人。

（张伶俐　赵更力）

卫生部抗震救灾妇幼卫生工作

“5·12”汶川特大地震发生后，卫生部协调有关部委和国际组织开展救灾和捐助活动，与世界卫生组织、联合国儿童基金会等合作，调查了解灾区妇女儿童卫生保健需求，采取有效措施，加强地震灾区妇女儿童健康保护工作。调查灾区妇幼卫生保健需求，提供援助物品清单。参与协调国际组织捐助，为灾区提供孕产妇救护车、流动产房等妇幼保健急救设备，并为灾区群众提供营养素片、生殖健康服务包。通过书面调查、现场调研等多种方式，全面调查妇女儿童卫生保健需求，了解灾区妇幼保健机构房屋损毁、设备损坏、人员伤亡和工作开展情况，为规划重建工作提供依据。制定并下发《灾后妇幼卫生服务实施方案》，指导灾区妇幼卫生服务工作，保障灾区妇女儿童的安全与健康。及时制订方案，恢复灾区孕产妇系统管理网络、灾区妇幼保健机构门诊、建卡建档和资料管理、产科门急诊和住院分娩绿色通道。分析灾区妇幼卫生工作现状、明确灾区妇幼卫生保健需求，研究制订灾后妇幼保健机构的重建计划，包括妇幼保健机构房屋建设、设备配备、物资供应、人员培训、技术指导、信息系统建设等方面。与国际组织合作翻译编写《应急产科保健》等相关技术指南。

（杨　青　张伶俐）

卫生部抗震救灾儿童健康保护工作

"5·12"汶川特大地震发生后，灾区儿童健康状况受到威胁。卫生部及时采取实际行动，与联合国儿童基金会合作，为灾区6个月以上儿童发放营养包和维生素A胶囊，预防营养不良，提高免疫力，减少麻疹、腹泻等疾病的发生；参与抗震救灾宣传活动，参与"六一"抗震救灾专题晚会的筹划、节目审查等工作，并为晚会提供抗震救灾有关资料和最新数据信息；在以抗震救灾为主题的关心下一代健康论坛上，提出关注地震灾后儿童身心健康、保障儿童营养、开展心理救助的倡议；针对灾害紧急救援和灾后重建过程中儿童健康的特殊需求，组织编写《灾害中儿童健康保护指南》，并发放到地震灾区和各省（区、市），供灾区救援机构、医护人员、社会志愿者以及家庭在实际工作和生活中使用。

（许宗余）

推进全国预防艾滋病母婴传播工作

2008年，中央财政补助地方经费支持开展预防艾滋病母婴传播工作的地区由原有的110个地（市、州）271个县（市、区）增加至130个地（市、州）333个县（市、区），覆盖约196万名孕产妇。同时，中央财政重点对艾滋病疫情较为严重的新疆、广西、广东、湖北、四川5省（区）中艾滋病相对高发的地区加大了支持力度。制定并下发了《卫生部办公厅关于进一步做好预防艾滋病母婴传播工作的通知》和《预防艾滋病母婴传播工作实施方案（修订）》，进一步规范全国工作的开展。2008年4月，正式启用了全国范围的预防艾滋病母婴传播管理信息网络直报系统，同时制定了工作规范，编写了操作手册，并分3期开展了国家级信息管理专题培训。2008年7月，对重点地区相关技术人员进行了预防艾滋病母婴传播孕产妇及儿童规范干预、儿童喂养指导、人际交流等专业技术知识的培训。2008年8月，在吉林省长春市召开了全国预防艾滋病母婴传播工作年会。2008年11月，对扩展工作的5省（区）各级相关人员进行了预防艾滋病母婴传播相关技术培训。2008年，组织开发了《关注未来——预防艾滋病母婴传播》大众健康教育光盘，在全国免费发放。继续积极开展国内外相关项目，开展联合国儿童基金会、默沙东、全球基金中国艾滋病项目等多个国际组织支持的相关项目活动，推动及规范项目地区预防艾滋病母婴传播工作的进展；成功申请到国际药品采购便利机制（UNITAID）对我国2009—2010年扩展预防艾滋病母婴传播工作所需部分试剂、药品的捐赠项目和克林顿基金会对我国近一年约6000人份婴儿剂型抗病毒药物的捐赠项目。

（宋　莉　王临虹）

开展高级产科生命支持（ALSO）培训

2008年，高级产科生命支持（ALSO）项目作为卫生部与强生战略伙伴合作项目，在辽宁、浙江、河北、四川、内蒙古5个省（区）开展。项目委托中华预防医学会妇女保健分会具体实施。

2008年度先后组织2次国家级师资培训班，提供教学模具20套，并邀请6名来自美国、加拿大等国的专家来华讲学。各省共组织省级培训8次，由经国家培训考试合格师资者承担师资，与母婴健康、降低孕产妇死亡率和消除新生儿破伤风项目、孕产妇抢救技术培训等方式结合起来开展培训，共计培训253人。地（市）组织培训18次，由卫生局实施，妇幼保健院具体负责，获得师资证书者负责培训，共计培训2542人。各省参加师资培训后的骨干分别回医院组织产科医生及助产士进行岗位培训。

（张伶俐　项小英　裘　洁）

实施卫生部/联合国儿童基金会城市流动人口妇幼保健服务试点项目

卫生部/联合国儿童基金会城市流动人口妇幼保健服务试点项目自2006年启动以来，在北京市朝阳区和大兴区、浙江省杭州市下城区3个试点地区顺利开展。

2008年2月，项目在杭州市召开项目年度工作会议。会议总结了2008年度项目实施情况以及存在的问题，介绍并讨论了流动人口妇幼保健服务模式、交流和总结了开展健康促进活动的经验，并进行现场经验交流。3个项目区分别召开了2008年度工作会议，保证了项目的顺利实施。国家级专家定期对北京和杭州市项目地区进行监督指导。

（宋　莉　杜　清）

继续实施卫生部/联合国人口基金生殖健康/计划生育第六周期项目

2008年是卫生部/联合国人口基金生殖健康/计划

生育第六周期项目实施的第 3 年，年度项目资金为 90 万美元。2008 年重点加强了项目培训、监督指导、青少年生殖健康服务以及信息管理等领域的工作。

为保证培训活动按照项目要求有效开展，组织国家级专家编写了相应的技术资料，并举办了项目管理信息系统、统计方法应用、健康教育与传播技能、反对针对妇女暴力的医疗干预和未婚青少年妊娠预防与保健服务等师资培训班。项目地区按照国家级培训的要求，对县、乡级医疗技术人员进行了逐级培训，并派驻省、县级专家到基层蹲点指导工作，使项目的理念、技术、要求传递到基层。2008 年，联合国人口基金继续为项目地区配备了高压灭菌器、胎心监护仪及麻醉机等基本医疗设备，共 22 个种类，367 台（件），采购金额约合人民币 108 万元。多次组织专家讨论，开发设计了《怀孕和分娩》凹凸塑料挂图、反对针对妇女暴力宣传台历等健康教育材料，与中国性学会合作建设青少年生殖健康网站，并开发相应的纸质宣传材料对网站进行推广。

继续开展了生殖道感染防治研究、反对针对妇女性别暴力的医疗干预以及多部门合作促进青少年生殖健康服务提供及利用的干预性研究等应用性科研和试点工作，在青少年生殖健康及反对针对妇女性别暴力等生殖健康新领域摸索方式和方法，建立相应的工作模式并加以推广。

对第六周期项目管理信息系统进行了升级改版。根据项目实施计划，2008 年度组织 11 位专家分期分批对 7 个项目地区进行了国家级监督指导和中期评估，并撰写完成中期评估报告。项目地区开展了省对县、县对乡的监督指导工作，及时发现工作中存在的问题并加以改进。

（张　波　吴久玲）

降低孕产妇死亡率和消除新生儿破伤风项目进展

2008 年，国务院妇女儿童工作委员会办公室和卫生部加大了降低孕产妇死亡率和消除新生儿破伤风项目（以下简称“降消”项目）实施力度，在原有 1000 个项目县的基础上，增加了 200 个项目县。至此，“降消”项目覆盖了全国 22 个省（区、市）和新疆生产建设兵团的 1200 个县区，共 4.6 亿人口。

项目县基本情况。1200 个项目县中国家级贫困县 593 个，占项目县的 49.4%。农民人均纯收入低于 1000 元的项目县占 0.4%，59.4%的项目县为 2000—4000 元。项目县共有乡镇卫生院 20284 个，中心卫生院 5874 个，其中能接平产的卫生院 13946 个，占 68.8%，较 2007 年降低了 3.1%。项目县乡级和村级助产人员持证上岗率分别为 89.7%和 55.4%。

年度目标工作情况。2008 年项目县孕产妇死亡率为 35.3/10 万，较 2007 年下降 10.4%，较 2001 年下降 53.6%，。2008 年项目县新生儿破伤风发病率为 0.05‰，较 2007 年所有下降。所有“降消”项目省（区、市）的新生儿破伤风发病率均低于 1‰。新生儿、婴儿及 5 岁以下儿童死亡率分别为 7.3‰、10.8‰、13.6‰，新生儿、婴儿死亡率较 2007 年分别下降 13.1%、10.7%，较 2001 年分别下降 52.3%、53.0%，2008 年项目县住院分娩率、高危产妇住院分娩率和新法接生率分别为 90.7%、98.9%、98.3%，较 2007 年分别提高 4.5%、1.5%、0.6%，较 2001 年分别提高 54.3%、9.5%、4.2%。2008 年项目县产前检查覆盖率为 90.3%，分别较 2001 年、2007 年提高 8.9%、1.3%。

贫困孕产妇救助。2008 年项目县受助人数达 187.0082 万人，占项目县孕产妇总数的 35.3%，较 2007 年救助比例降低 3.3%。全国实际使用救助总金额为 3.79 亿元，孕产妇平均受助资金为 202.52 元，较 2007 年的人均 207.80 元有所减少。大多数项目县采用核定人均救助标准的方法，56.8%的项目县平产人均救助标准为 100—200 元；对高危孕产妇的救助，45.9%的项目县人均标准为 300—600 元，另有些项目县采用按住院比例报销，65.7%的报销比例在住院费用的 10%以内。大多数项目县还通过新农合对住院分娩孕产妇进行补贴，有 38 个项目县未对住院平产分娩的贫困孕产妇进行救助；有 110 个项目县未对住院分娩的贫困高危孕产妇进行救助。

县级孕产妇急救。2008 年项目县产科急救中心接受转诊孕产妇 14.9075 万例，其中危重孕产妇 4.2096 万例，占转诊孕产妇的 28.2%；抢救孕产妇 4.5612 万例，抢救成功率为 92.9%。2008 年，在县级急救中心死亡孕产妇 465 例，占全年项目县孕产妇死亡的 27%，较 2007 年降低 2.7%。

临床进修、培训。2008 年，项目县共举办 3963 次培训班，共 25 万人次参加。项目县乡镇卫生院到县级医疗保健机构进修的医疗技术人员 6330 人，平均进修时间 4.4 月；县级到上级医疗保健机构进修 4623 人，平均进修时间为 5.7 月。2008 年有 413 个县无乡级卫生人员进修，202 个县无县级人员进修，39 个县未举办县级培训班。

驻县专家。项目省（区、市）共派驻县专家 1247 人，每县平均 1.5 人。省级专家人均驻县天数为 21 天，地市州级专家人均驻县天数为 23 天。

社会动员。2008 年，新增 200 个项目县积极开展多种形式的社会动员，进行有关妊娠基本常识、孕期保健、妊娠并发症识别等的健康教育，积极宣传“降消”项目，促进住院分娩。1200 个项目县共发放有关宣传材料 7.19 亿份，开展广播电视宣传或健康知识讲座 6.1591 万次，张贴宣传标语 13 万条，书写墙报黑板报 28.5 万期。

项目省监督指导。2008 年项目省（区、市）共对 643 个项目县、2173 个乡镇进行了省级监督指导，占项目县的 53.6%。

孕产妇死亡情况。2008年项目县死亡孕产妇中，60.7%属计划内生育，39.3%属计划外生育，计划外生育死亡的孕产妇与2007年持平，但仍高于2001年。2008年项目县直接产科死亡原因较2007年、2001年有所减少，间接产科原因有所增加。直接产科原因中，仍以产科出血居首位，羊水栓塞、妊娠期高血压次之。产科出血占41.8%，分别较2001年、2007年降低14.4%、2.1%。2008年项目县19.1%的死亡孕产妇死于产前。在分娩后死亡的孕产妇中，在家中及非医疗保健机构中分娩的死亡孕产妇占30.4%；在乡镇卫生院分娩的占19.6%；在县级及以上医疗保健机构分娩的占50.0%。西藏70%死亡孕产妇是在家中分娩，贵州、青海和云南40%以上的死亡孕产妇在家中分娩。2008年项目县19.6%的孕产妇死亡发生在家中，较2007年降低3.4%；65.9%发生在医疗保健机构，较2007年提高7.4%。2008年，除山西、内蒙、西藏和陕西省（区）外，其余省（区、市）完成了年度项目县孕产妇死亡评审工作，共对1568例孕产妇死亡病案进行了省级评审。省级评审结果显示，84.3%的孕产妇死亡为可避免，其中医疗处理延误的占41.2%，就诊延误的占30.3%。在医疗机构处理延误中，37.2%为乡级，31.9%为县级。

项目经费。2008年中央财政转移支付项目经费5.06亿元，项目省共投入9475.68万元，有14个省份安排了省级专项投入5325.04万元；一些项目县安排了县级专项经费，1200个项目县共投入4150.64万元。2008年项目经费拨款包括中央财政转移支付项目经费和省级专项项目投入经费。22个省（区、市）将中央转移支付经费全额下拨，但青海省账面上尚有35万元经费未下拨到项目县。项目县贫困救助经费拨款比例占总经费的85.9%。

（曹　彬）

推进新生儿窒息复苏工作

继续在全国范围内开展新生儿窒息复苏培训。为各项目省发放新生儿窒息复苏培训教材教具，共配发新生儿窒息复苏乡级指南20000本、挂图6000套、教具150套、胎粪吸引管4000支。在各省逐步开展乡级人员培训，提高了产儿科医生、助产士及参与窒息复苏的麻醉科人员的培训覆盖率。开展了省级师资认证工作，认证内容包括知识问卷考核、授课能力考核、操作能力考核三部分。认证采用单项淘汰制，即三项均合格方能通过，2008年共191名省级师资通过了认证。在湖南、山西和新疆3省（区、市）开展了建立以医院为基础的新生儿窒息复苏小组试点工作。召开了全国新生儿窒息复苏项目工作会议，通报项目进展、中期外部评估结果、师资认证和乡级培训方法，就国内外新生儿窒息复苏最新培训设备和技术进行分组讨论和操作培训。开展了项目督导，总结评估项目实施以来的成效，截至2008年底，项目省地（市）级及以上医疗机构培训工作已全部完成，大部分县级医疗机构的培训工作亦已完成，部分省开展了乡级医务人员培训。

（许宗余）

促进母乳喂养工作

卫生部印发《卫生部办公厅关于开展2008年世界母乳喂养周活动的通知》，要求地方各级卫生行政部门开展母乳喂养宣传活动；加强爱婴医院管理，巩固爱婴医院成果；严格执行《母乳代用品销售管理办法》。

2008年母乳喂养周，卫生部与世界卫生组织和联合国儿童基金会联合制作了母乳喂养公益宣传电视广告，并向各省（区、市）分发了母乳喂养宣传海报、横幅、DVD等。同时要求各地在母乳喂养周期间，利用广播、电视、报刊等多种形式开展母乳喂养宣传活动。

2008年，卫生部引入世界卫生组织《爱婴医院自评估工具》，联合举办项目启动会和人员培训班，并选择医院进行试点。

（刘　颖）

开展社区儿童保健规范试点

卫生部组织有关专家研究制订了《社区0—36个月儿童健康管理规范（试用）》，并在综合考虑儿童卫生和社区卫生工作基础、经费投入、区域代表性等因素和地方自愿的基础上，选取天津市塘沽区、山东省济南市市中区、湖北省武汉市青山区、重庆市南岸区、四川省成都市武侯区和青羊区等6个市辖区，开展社区儿童保健规范试点工作。卫生部委托中国社区卫生协会承担试点任务的组织实施工作。

（许宗余）

中国西部四省儿童微量营养素补充项目启动

2008年11月，卫生部和美国亨氏基金会合作开展的中国西部四省儿童微量营养素补充项目启动。项目旨在通过给当地儿童补充微量营养素，改善项目地区6—36个月儿童贫血等营养不良状况。该项目主要有三项内容：一是向53万名6个月至36月的儿童免费提供含有多种维生素和矿物质的营养素补充剂；二是对项目地区基层妇幼卫生工作者进行儿童营养和喂养知识培训；三是向儿童家长宣传科学喂养知识和技能，在保证6个月龄以下儿童纯母乳喂养的同时，强调加强6—24月龄婴幼儿的辅食添加质量，提高2岁以上儿童膳食质量。

（刘　颖）

开展全国新生儿疾病筛查现状调查

2008年7—9月，卫生部开展了新生儿疾病筛查工作的调查研究。调查采取书面问卷方式，对全国30个省、自治区、直辖市（西藏除外）所有开展新生儿疾病筛查工作的机构进行了调查。调查内容包括筛查情况，诊断情况，治疗、干预情况，管理情况，健康教育与培训情况等。调查结果初步显示，东中西部地区新生儿疾病筛查覆盖率存在明显差异，东部地区筛查率明显高于中部和西部，是西部地区的3倍；影响新生儿疾病筛查率的主要原因为家长保健意识淡薄，不愿意接受筛查，其次为经济因素、宣传不到位、交通因素等；省级新筛中心尚未发挥监督与管理职能，全国尚有8个省未指定省级新筛中心或省级新筛中心尚未审批，致使全省新生儿筛查工作网络运作困难，部分已获审批的省级新筛中心存在管理缺位，未发挥对本省其他新筛机构的指导、管理、监督职能；新生儿疾病筛查网络尚未形成，部分省的新筛机构只是对本机构内的新生儿开展筛查工作，没有成为一个筛查网络，既无常规的新生儿筛查数据报告制度，也缺乏系统的管理、监督机制，新生儿筛查的工作质量得不到保证，大部分新筛机构尚未形成成熟的转诊网络，转诊医疗机构不规范，缺乏统一的标准、管理和监督；新筛实验室管理还需进一步规范，各新生儿疾病筛查机构尚未统一标准采血滤纸卡片，使用的采血滤纸卡片规格不一，部分新筛机构未参加卫生部临床检验中心组织的室间质量评价活动，CH和PKU诊断标准不统一等问题。目前，我部正在针对此次调查结果显示的问题和难点，制订科学有效的新生儿疾病筛查工作方案和措施。

2008年12月2—4日，中—芬新生儿疾病筛查合作项目年度总结暨国家级培训班在上海召开。会议总结了2008年中芬新生儿疾病筛查项目的工作进展，国内外专家围绕新生儿疾病筛查工作的研究进展、建设与管理等方面进行了交流。

（刘 颖）

母子系统保健项目工作

2008年，全国50个母子系统保健项目（以下简称“项目”）县平均孕产妇死亡率降至49.7/10万，较2007年下降了21.7%；住院分娩率为87.2%，较2007年提高了7.5%；母子保健手册建册率为84.7%，较往年提高；新生儿死亡率、婴儿死亡率等指标下降，项目地区妇女儿童的保健水平得到提高。

2008年，项目分别组织了2批为提高妇产科专业技术人员产后出血处理能力的产后出血防治适宜技术国家级培训班，以及为提高儿科专业技术人员的新生儿危重症救治培训班。针对西藏自治区地理环境的特殊性，卫生部于2008年7月首次采取带专家进藏的方式，对西藏自治区项目县的妇幼卫生技术人员进行孕产期和儿童保健专项培训。

卫生部组织开展了项目中期评估和监督指导工作，开发、印刷项目相关教材和资料，分发到各项目地区。联合国儿童基金会招标采购2422台婴幼儿体重秤，并下发给各项目县，供乡村医生进行儿童体检和生长发育监测使用。各项目县依据项目方案制定了适合本地区的乡村医生考核标准和办法，并对考核合格者进行了补助。2008年联合国儿童基金会向46个项目县提供乡村医生补助资金431500元。

2008年3月，卫生部与联合国儿童基金会在南宁市召开项目年度工作会议。会议总结了2007年项目实施进展、取得的成绩、存在的问题以及专家建议，并部署了2008年度的项目工作重点。

（刘 颖）

卫生部召开全国社区卫生服务体系建设重点联系城市工作研讨会

2008年4月24—25日，全国社区卫生服务体系建设重点联系城市工作研讨会在江苏南京召开。各省、自治区、直辖市卫生厅（局）分管负责人，重点联系城市人民政府、卫生局分管负责人，社区卫生服务体系建设重点联系城市技术指导组专家，卫生、民政、财政、发展和改革、人力资源和社会保障、中医药管理等部门190余人参加了会议。卫生部党组书记高强、副部长刘谦出席会议并作重要讲话。技术指导组专家作了社区卫生服务体系建设重点联系城市基线调查情况和工作进展情况的报告。南京市、济南市、西安市分管市长作了经验介绍。与会代表进行了分组讨论，交流学习各地的先进经验、探索研究解决问题的思路。会议代表还参观了南京市社区卫生服务机构。会议肯定了社区卫生服务体系建设重点联系城市工作取得的成效，也分析了存在的问题和难题。结合社区卫生服务工作进展情况，会议提出要求，要继续加强社区卫生服务网络体系建设，处理好改建与新建的关系，处理好政府举办与社会力量参与的关系，并加强与公立医院、预防保健机构的分工合作；要明确社区卫生服务的功能定位，转变服务模式，探索建立责任医师制度；要维护社区卫生服务的公益性质，强化政府责任，落实经费保障措施；要建立规范的绩效评价考核制度，完善岗位责任制，改革人事分配政策，努力提高工作效率；要促进社区卫生服务与城镇职工、城镇居民基本医疗保险以及医疗救助等医疗保障制度相衔接的有效模式。

（刘利群　张丽芳）

卫生部新增7个社区卫生服务体系建设重点联系城市

2008年11月24日，卫生部办公厅印发《关于增补吉林省长春市等7个城市为社区卫生服务体系建设重点联系城市的通知》，决定增补吉林省长春市、广西壮族自治区南宁市和柳州市、海南省海口市、贵州省遵义市、西藏自治区拉萨市、新疆生产建设兵团农八师石河子市等7个城市为卫生部社区卫生服务体系建设重点联系城市。2008年12月29—30日，卫生部在南宁召开全国社区卫生服务体系建设新增重点联系城市工作启动会，部署社区卫生服务体系建设新增重点联系城市工作任务，并就新增重点联系城市社区卫生的工作情况进行交流研讨。

（王　斌　周　巍）

卫生部召开社区卫生服务机构收支两条线管理研讨会

2008年9月17—18日，社区卫生服务机构收支两条线管理研讨会在北京召开。卫生部、国家发改委、人力资源社会保障等有关部门，国内有关科研院校专家，以及部分地方卫生行政部门代表60余人参加了会议。卫生部副部长刘谦出席会议并讲话。华中科技大学同济医学院姚岚教授作了《社区卫生服务机构实施收支两条线管理现状评价研究》的报告。北京市、上海市长宁区和松江区、杭州市下城区、天津市塘沽区卫生局作了经验介绍。与会代表对社区卫生服务机构收支两条线管理实施的条件、存在的问题及解决思路等进行了讨论。卫生部副部长刘谦在会议总结时提出要求，要进一步深入研究探索，让老百姓在改革中得到实惠；通过研讨和经验交流，互相启发，将理论应用到实践中去；探索过程中要处理好公平和效率的关系，体现预防为主、防治结合的原则，确保社区卫生服务的公益性质。

（张丽芳）

卫生部组织开展社区卫生行政管理人员培训

2008年6—11月，卫生部委托中国卫生思想政治促进会和中国社区卫生协会联合开展社区卫生服务行政管理人员培训。先后在浙江省宁波市、辽宁省大连市、天津市塘沽区、新疆维吾尔自治区乌鲁木齐市、安徽省合肥市、湖南省岳阳市举办6期培训班，参加培训人员近1000人。培训班以各市（地）及市辖区卫生行政部门社区卫生工作主管领导为主要对象，采取专家授课、经验交流、现场参观等培训形式。培训班的举办，对于基层卫生行政人员正确把握国家关于发展社区卫生服务的政策措施、理论知识以及了解各地社区卫生工作进展和经验，促进地区间交流起到了一定的促进作用。

（刘利群）

研究推广社区卫生服务技术规范

卫生部委托中国社区卫生协会组织北京协和医院曾学军等专家，研究编写了一系列社区卫生服务技术规范。2008年3月，第一批11本技术规范印刷出版，包括《社区卫生诊断技术手册》、《社区居民健康档案管理》、《社区0—36个月儿童健康管理》、《社区孕产妇健康管理》、《社区中老年人健康管理》、《社区高血压病例管理》、《社区2型糖尿病病例管理》、《社区结核病病例管理》、《社区育龄期及更年期妇女健康管理》、《社区精神分裂症病例管理》、《社区慢性阻塞性肺疾病病例管理》。

中国社区卫生协会受卫生部委托，分别于2008年9—12月在济南、重庆、北京、深圳、天津市举办五期社区卫生服务技术规范师资培训班，培训《社区高血压病例管理》等9项适宜技术规范，为全国培训师资400余人。社区卫生服务技术规范在全国东、中、西10个省（自治区、直辖市）10个市的13个区进行试点应用。

（周　巍）

卫生部与拜耳医药保健有限公司合作开展中国社区卫生促进项目

2008年5月30日，卫生部与拜耳医药保健有限公司共同签署中国社区卫生促进合作项目谅解备忘录。项目主要活动包括：开展学术交流和研讨、开展和推广社区卫生服务适宜技术规范，组织社区卫生服务机构管理人员和卫生技术人员培训，开展宣教活动普及健康教育指导等。项目由卫生部国际合作司、妇幼保健与社区卫生司、中国社区卫生协会及拜耳医药保健有限公司联合成立的项目指导委员会负责项目规划、工作计划及预算的审核。项目活动的组织实施主要由中国社区卫生协会承担。项目期限为2008年5月至2011年5月，为期3年，总金额为1000万元人民币。

（朱　岩）

卫生部/联合国儿童基金会灾后妇幼卫生重建支持项目启动

2008 年 11 月 25—26 日，卫生部/联合国儿童基金会灾后妇幼卫生重建支持项目启动会在四川省成都市召开。会议首先回顾了四川“5·12”大地震对四川、甘肃、陕西等省份造成的重大破坏，特别是妇幼卫生机构和体系在地震中遭遇了重大打击，广大妇女儿童的生命健康和安全受到严重威胁，明确支持项目重要意义。随后介绍了项目工作的主要任务，即恢复极重和次重灾区妇幼卫生的基本功能，保证妇幼卫生机构提供基本妇女儿童保健服务，满足灾区妇女儿童的基本妇幼卫生服务需求。与会专家分别围绕“中国妇幼卫生应急项目介绍”、“项目执行文本”、“母子系统保健服务包”、“项目年度工作计划”、“项目管理及儿基会项目管理程序”以及“妇幼卫生信息管理”等主题进行了讲座。与会代表分组就“项目县在妇幼卫生重建工作中急需的支持”、“如何使贫困家庭补助金计划更具有可操作性”、“对项目计划、管理等方面的建议”进行了讨论和反馈。

（张　彤　孙志城）

院务公开

公布首批全国院务公开示范点/推进全国医院院务公开工作

为进一步贯彻落实《卫生部关于全面推行医院院务公开的指导意见》，将医院院务公开工作逐步引向深入，卫生部先后组织制订印发了《医院院务公开目录（试行）》和《全国医院院务公开示范点考核标准》，指导各地规范院务公开形式，拓展院务公开内容。各地以考核标准为依据，向卫生部推荐了“院务公开示范点”，卫生部组织专家开展了对部分院务公开示范点的抽查，根据抽查结果和各地的实际情况，最终确定了首批 59 家全国院务公开示范点并向社会公布；并要求各地认真学习先进经验，查找存在问题，整改落实，继续推进院务公开工作的不断深入，推动医院管理的科学化、民主化进程。

（高光明）

医院管理年

继续深化医院管理年活动，探索建立医院管理长效机制

2008 年，卫生部决定 2008—2010 年在全国继续开展“以病人为中心，以提高医疗服务质量为主题”的医院管理年活动，并确定了各年度医院管理年活动重点内容。本阶段医院管理年活动总体原则是巩固成果、深化管理、持续改进、不断创新、提高水平；活动重点是按照卫生部《医院管理评价指南（2008 年版）》有关要求，开展医院管理评价工作；活动目标是逐步建立和完善我国医院管理评价指标体系，探索建立医院管理评价制度和医院管理长效机制。

卫生部在总结三年医院管理年活动所取得成果的基础上，以科学发展观为指引，制定并印发了《2008 年—2010 年“以病人为中心，以提高医疗服务质量为主题”的医院管理年活动方案》（以下简称《活动方案》）。《活动方案》将建立畅通高效的院前急救——院内急诊“绿色通道”、病人安全目标、全国三级医院急诊科青年医师基本技能岗位训练和竞赛、单病种质量控制和合理使用抗菌药物作为 2008 年医院管理年活动的重点工作。要求各级各类医院对照《医院管理评价指南（2008 年版）》，自主加强医院管理，提高和持续改进医疗质量，保障医疗安全，改善医疗服务，控制医疗费用不合理增长，努力为人民群众提供安全、有效、方便、价廉的医疗服务；各省级卫生行政部门可以将医院管理评价工作同医院评审、医院等次复核等工作有机结合起来，对照《医院管理评价指南（2008 年版）》，结合本辖区实际情

况，制定本辖区医院管理评价办法和适用于不同级别、不同类别的医院管理评价指标体系，并组织实施。卫生部在各省、自治区、直辖市医院管理评价指标体系的基础上，建立我国医院管理评价指标体系。

（王　羽）

2008 年深化医院管理年活动暨全国医政工作会议召开

2008 年 8 月 28 日，2008 年深化医院管理年活动暨 2008 年全国医政工作会议在北京召开，会议深入贯彻落实党的十七大和全国卫生工作会议精神，总结了三年医院管理年活动和 2007 年医政工作，研究部署了 2008 年下半年医政工作。卫生部部长陈竺、党组书记高强、副部长马晓伟出席会议并讲话。

（张宗久　赵明钢）

对 2005－2007 年度全国医院管理年活动先进单位进行表彰

根据卫生部 2007 年医院管理年活动方案，为进一步巩固、深化医院管理年活动，激励持续提升医院管理水平和服务能力，坚持“以病人为中心”的服务理念，更好地维护人民群众的健康权益，卫生部对中国医学科学院北京协和医院等 46 所在 2005—2007 年全国医院管理年活动中的先进单位进行了表彰。

2005－2007 年度全国医院管理年活动先进单位名单

（按行政区划排序）

北京：中国医学科学院北京协和医院
首都医科大学宣武医院
首都医科大学附属北京天坛医院
天津：天津医科大学总医院
天津市第三中心医院
河北：唐山市工人医院
山西：山西医科大学第二医院
内蒙古：内蒙古医学院附属医院
辽宁：中国医科大学附属第一医院
吉林：吉林大学第一医院
黑龙江：大庆油田总医院
上海：上海市第六人民医院
复旦大学附属中山医院
上海交通大学医学院附属瑞金医院
江苏：南京市鼓楼医院
南通大学附属医院
浙江：浙江大学医学院附属第一医院
浙江大学医学院附属第二医院
安徽：安徽省立医院
福建：福建省立医院
福建医科大学附属第一医院
江西：江西省人民医院
山东：山东省立医院
山东大学齐鲁医院
河南：河南省人民医院
郑州大学第一附属医院
湖北：华中科技大学同济医学院附属协和医院
十堰市太和医院
湖南：郴州市第一人民医院
广东：中山大学附属第一医院
广东省人民医院
南方医科大学南方医院
广西：广西医科大学第一附属医院
海南：海南省人民医院
重庆：重庆医科大学附属第一医院
四川：四川大学华西医院
四川省人民医院
贵州：贵州省人民医院
云南：云南省第一人民医院
西藏：西藏自治区人民医院
陕西：西安市第四医院
甘肃：甘肃省人民医院
青海：青海省人民医院
宁夏：宁夏医学院附属医院
新疆：新疆医科大学第一附属医院
新疆生产建设兵团：石河子大学医学院第一附属医院

（赵明钢）

印发《医院管理评价指南（2008 年版）》

2008 年，卫生部在总结 3 年来实施经验的基础上，对《医院管理评价指南（试行）》进行了修订，形成并印发了《医院管理评价指南（2008 年版）》（以下简称《评价指南（2008 年版）》）。

《评价指南（2008 年版）》是建立我国医院管理评价指标体系的重要基础，医院管理评价指标体系是国家医疗质量保障与持续改进体系的重要组成部分。《评价指南（2008 年版）》重点适用于三级综合医院，对医院管理、医疗质量管理与持续改进、医院安全、医院服务、医院绩效 5 方面内容提出具体要求，并列出部分评价指标及三级综合医院参考值。卫生部要求全国各省、自治区、直辖市可以根据本辖区实际情况，在《评价指南（2008年版）》的基础上，建立本辖区不同级别、不同类别医院管理评价指标体系。卫生部在全国各省、自治区、直辖市医院管理评价工作实践的基础上，不断修订《评价指南（2008年版）》，逐步建立和完善我国医院管理评价指标体系，全面提高我国医疗质量和医院管理水平。

（张宗久　赵明钢）

万名医师支援农村卫生工程

万名医师支援农村卫生工程取得成效

2008年，中央财政安排专项资金7315万元，支持中西部地区592个国家扶贫开发工作重点县县医院、47所省（自治区）定扶贫开发工作重点县县医院、西藏自治区13所县医院和新疆生产建设兵团13所团场医院（其中含10%的县中医院）共计665所医院。卫生部研究了项目工作开展情况，分析了面临的形势和任务，确定了工作重点，制订了详细的工作计划。通过实地调研督导、组织召开座谈会、开展专项工作等形式，努力把此项工作做实、做好。

（高学成　樊　静）

组织召开万名医师支援农村卫生工程项目工作座谈会

2008年，卫生部继续分片组织有关省（区、市）和新疆生产建设兵团召开万名医师支援农村卫生工程项目工作座谈会，请各省（区、市）卫生厅（局）医政处负责人，当地工作开展较好的受援县卫生局负责人、对口支援医院院长和受援县医院院长等相关人员参加。2008年4月，在重庆召开了江西、湖北、重庆、陕西、宁夏5省城乡医院对口支援工作座谈会，交流各省份项目工作的做法和经验，讨论城乡医院对口支援管理办法，分析了存在的问题，提出了进一步做好工作的意见和建议。2008年9月项目办公室成员去湖北宜昌实地调研了万名医师支援农村卫生工程实施情况。

（高学成）

万名医师支援农村卫生工程信息沟通工作

为及时了解各地项目工作开展情况及遇到的困难和问题，万名医师支援农村卫生工程项目办公室通过电话、函件、调研等方式加强与各地的联系，指导开展工作。主动收集有关信息，编辑万名医师支援农村卫生工程简报，2008年共编印6期。发挥卫生部网站万名医师支援农村卫生工程专栏的作用，将有关信息和资料及时发布在卫生部网站上，方便群众查阅。

与《健康报》社联系，通过健康报万名医师支农风采专栏，连续刊登受卫生部表彰的先进个人的事迹。将各地2007年度有关万名医师支援农村卫生工程的文件汇编成册印发各地，供读者交流借鉴。会同中国医师协会筹办了城乡卫生对口支援工作征文活动，收到全国各地应征稿件123篇，组织专家评选出优秀论文53篇，拟近期完成优秀论文集。

（高学成　樊　静）

部属（管）医院支援西部地区农村卫生工作项目

2008年，部属（管）医院支援西部地区农村卫生工程项目共组织44家部属（管）医院举办临床培训班和基层管理干部培训班8期，为西部地区培训医务人员240人；组派10支医疗队赴西部地区农村开展医疗帮扶活动，同时接受50名西部地区基层医务人员到各部属（管）医院进修1年。

（贾丹丹）

“走进西部”万名县级医院医师培训项目取得进展

为加强基层卫生人才队伍建设，以卫生部、财政部和中医药管理局联合组织的万名医师支援农村卫生工程为平台，卫生部与拜耳医药保健有限公司合作开展“走进西部”万名县级医院医师培训战略伙伴协议，计划5年内在四川、贵州、云南、西藏、陕西等中西部地区12个省份，对332个国家级贫困县的一万名县级医院医师进行规范化、专业化培训，提高县级医院医师对农村常见病、多发病和疑难病症的诊断治疗能力，促进并提高中西部地区县级医院的整体医疗服务技术水平，减少农民因异地就医带来的经济负担，缓解农民“看病难”问题。2008年，在卫生部、各省卫生厅及医政处领导的大力支持下，项目完成了甘肃、青海、宁夏、云南四省的6期培训工作，合计培训363名医师。每期培训班后进行项目培训反馈问卷调查，及时根据学员反馈情况及问题不断更新和改进教学质量。

（高学成　贾丹丹）

开展温暖工程李兆基基金万名乡村医生培训项目

中央统战部、卫生部温暖工程李兆基基金万名乡村医生培训项目开展以来，内蒙古、江西、河南、湖北、湖南、四川、云南、甘肃、青海、宁夏等10个项目省（区）按照要求，精心组织，加强管理，项目进展顺利。截至2008年底，各项目地区已按计划完成了乡村医生培训工作，共培训乡村医生1.1万名。在10个项目省（区）自查的基础上，项目专家技术指导组分别赴10省（区）的部分项目县开展了终末检查评估工作，完成了检查评估报告。

（周小园）

军队医政管理工作

2008 年度军队医疗管理工作

一、医疗机构建设

组织开展了全军医学专科中心“十一五”中期评估和新申报中心评审工作。对全军 87 个新申报中心进行初筛和专家评审，30 个达到全军医学专科中心建设基本标准，纳入专科中心范畴。对 204 个全军医学专科中心进行了“十一五”中期评估，对其中 24 个建设情况好的给予通报表扬，同时遴选了 40 个全面建设较好、发展前景好的专科中心作为重中之重建设学科。在新华网建立了军队医院和全军医学专科中心动态信息平台，加强宣传和动态管理。

举办了全军边远艰苦地区医院院长研修班、全军护理部主任培训班、全军门诊部口腔实用新技术学习班。协调将部分门诊部纳入地方医保和社保定点机构范围。开展采供血质量评价，推广了病毒灭活、去白细胞等新技术新业务。协调为新建血站生产、配发了采血车。组织对 20 所医院申报的 27 个护理示范基地进行评审。

二、医疗服务保障

组织推广了医院为部队服务保障的新模式。举办两期全军医院全程全方位为部队医疗服务保障模式学习班，全军各大单位卫生部门、各军医大学有关部门领导和医院院长参加学习班。开展了“军队医疗机构健康军营行”活动。总后卫生部下发通知并召开动员大会，组织全军百支医疗服务队深入部队基层，开展为期一个月的医疗卫生服务和支援帮带工作。万余名医务人员深入基层为官兵送医送药送健康，开展了医疗服务、健康宣教、卫生防疫、设备维修等服务保障活动。

推进军队百所医院支援西部贫困县医院工作。全军百所医院认真落实对西部 105 所贫困县医院对口支援任务，开展医疗支援、技术支援、人才支援和智力支援、装备支援等各项工作。共派出医疗队 96 批，573 人次。诊治患者 47326 人次，抢救急危重症病人 363 人次，带教手术 2166 人次，组织教学查房 1083 次、病历讨论 473 次、专题讲座 874 次、技术示范 72 次，各军队医院免费接收进修人员 446 名，帮助维修医疗设备 231 台件。

三、医疗卫生管理

加强医疗法规建设。针对为部队服务工作的实际情况，出台了《军队医院为部队服务工作规定》、《军队护士执业管理规定》、《军队卫生信访工作规定》、《军人因病基本丧失工作能力医学鉴定办法》。组织修订了《军队医院医疗工作暂行规则》，研究拟制了《军队医疗机构电子病历管理办法》等医疗法规。

加强献血管理。组织召开全军献血领导小组第五次会议，研究部署 2008 年全军献血工作要点。进一步落实了献血管理编制。组织了《献血法》实施 10 周年知识竞赛活动。与国家卫生部、中国红十字会总会联合举办纪念“6・14”世界献血者日主题晚会，联合表彰了全国无偿献血先进单位和个人，18 个先进部队、4 个促进奖部队和 119 名先进个人受到表彰。组织开展《军队采供血许可证》换证验收检查工作。

加强技术准入管理。在指定各单位进行自查的基础上，对全军医院开展器官移植工作情况进行了梳理，组织对第一轮批准和指定开展器官移植医院资格进行了复审。组织专家对医院申请临床应用或研究的 10 余项医疗技术项目进行了考核论证并根据情况给予了批复。对 30 余项新业务新技术进行了临床准入把关。

加强中医药管理。扎实推进军队中医药“十百千万”人才战略工程建设，组织开展军队系统第四批全国老中医药专家师承和第二批全国中医药优秀临床人才培养遴选推荐工作。首批中医师承研究生毕业。完善军地结合的中医药学科建设机制，会同国家中医药管理局组织召开了军队系统国家中医、中西医结合重点专科（专病）建设研讨会，下发《关于切实加强综合医院中医药工作的意见》。建立起军队中医药项目申报主渠道制度，组织开展国家中医药重点研究室申报，国家科技部中医药科技支撑专项遴选推荐，中华中医药学会和中国中西医结合学会科技奖推荐等工作。

加强护理管理。组织开展全军专科护士培训工作，下发《关于组织 2008 年专科护士培训的通知》，培训专科护士 160 名。组织全军护士进行执业注册。与国家卫生部等联合召开“贯彻实施《护士条例》暨庆祝“5・12”护士节电视电话会”，万名军队护理人员在 200 个分会场参加了纪念活动。组织开展全军远程护理新业务新技术讲座和医院感染管理知识讲座 20 次。组织为 520 名从事护理工作满 30 年的护士发放了荣誉证书和证章。

加强医疗行政管理。做好卫生信访工作，办理群众来信 301 封。完成了军队医疗事故技术鉴定专家库换届选取、聘任工作。对 2007 年度全军医疗特殊项目进行了全面审核。组织全军 6844 名医务人员参加了执业医师资格考试。

四、医疗应急保障

完成了抗震救灾医疗保障任务。向四川地震灾区抽组派出方舱医院 2 所、医疗队 106 支，组织 39 所军队医院收治灾区伤病员，累计救治灾区伤病员 80 余万人次，其中，收治 6.86 万人次、手术 2.21 万例。协调在德阳、绵阳开设 2 个血站，调拨血液 40 余万毫升，预储血液 100 余万毫升。组织“军队抗震救灾医学专家指导团”，分赴 28 所收治灾区伤员的军队后方医院进行救治技术指导。利用全军远程医学信息网，组织全军知名医学专家为地震伤员进行远程医学会诊。参与了军队援建四川省八一康复中心有关工作。

组织了奥运会医疗保障任务。协助做好奥运会、残奥会医疗服务保障、医疗卫生救援和血液保障工作。总后卫生部下发了《关于加强奥运期间医疗安全工作的通知》，组织对驻京医院进行了医疗安全工作专项检查，抽组建立了两支国家卫生应急队伍，储备奥运保障用血液 20 万毫升，超额完成国家稀有血型储备任务。

组织重大应急医疗救治工作。协调指导做好抗击雨雪冰冻灾害，所有伤病员均得到了及时妥善的救治。组织军队医院救治“问题奶粉”患儿工作，累计免费门诊筛查患儿 114316 例，检出阳性 3382 例；收住 553 例，治愈 435 例，无死亡病例。

五、军队医改深化工作

研究上报了《深化军队医疗保障制度改革研究论证报告》。根据军队后勤中长期改革论证的任务部署，围绕以改革创新的精神解决好深层次矛盾问题为重点，经过深入研究、反复论证并征求各方面意见，提出了《深化军队医疗保障制度改革研究论证报告》。

论证提出了《国家医药卫生体制改革对军队卫生改革的初步分析和对策建议》。以科学发展观为指导，认真解析国家医改的精神内涵，对应分析国家医药卫生体制改革对军队卫生改革的影响，剖析军队卫生改革的实际需求，按照联动跟进、主动适应、深入探索和坚持特色四个层面向部首长提出对策建议。

推进医疗保障社会化。按照国务院、中央军委军队后勤保障社会化工作领导小组部署，起草了《三省军队小散远单位医疗保障社会化试点工作的实施意见》，协调国家卫生部、人力资源和社会保障部有关部门，深入沟通，争取一致。参加部队小散远单位调研，加大了对小散远单位医疗保障社会化工作的指导力度。

（郭　进）

军队中医药工作

一、军队中医药学科体系建设

会同国家中医药管理局组织了军队系统重点学科建设单位评审验收，组织召开了军队系统重点专科（专病）协作组会议，进一步推动了中医药学科建设。截至 2008 年，军队中医药专业已有国家教育部和国家中医药管理局重点学科 16 个，率先组织开展了中西医结合重点学科试点建设工作；国家中医药管理局重点专科（专病）项目 35 个；全军医学专科中心（研究所）9 个，以重点学科为龙头，重点专科（专病）为骨干，普通中医药科室为支撑的军队中医药学科建设体系基本形成。

二、军队中医药“十百千万”人才战略工程

中医师承研究生培养工作进一步深化，首批中医师承研究生顺利毕业。召开了中医师承培养研讨会，专题研究中医师承研究生培养的特点和规律，为具有军队特点的中医师承培养体系的建立和完善奠定了基础。建立军队中医药学科骨干研训机制，举办了军队中医药学科带头人培训班，开展军内外学术交流活动，军队中医药高层次人才队伍能力素质进一步提升。

三、军队中医药科技创新

协调国家有关部门和学术组织，构建并逐步拓宽军队中医药科研工作主流渠道。2008 年，中医药科技成果获中华中医药学会一等奖 2 项，军队医疗成果二等奖 3 项，省部级科技进步二等奖 11 项。军队中医药专家在承担国家科技重大专项、国家自然基金重点项目等大项科研项目方面也取得突出成绩。

四、军队中医药服务保障

军队中医药医疗服务保障体系逐步建立，广大官兵和老干部主动接受中医药医疗保健服务的意识进一步增强。以总后勤部名义颁发了《军队医院中医临床科室建设标准》，促进了中医临床科室的规范化建设。目前，全军多数医疗机构开展了中医、针灸、推拿等中医药诊疗服务，新增或扩建了中药房、中药制剂室等配套设施条件。基层官兵中医药预防医疗保健知识的普及率不断提高。中医药在维护和保障“神七”飞船航天员健康中也起到了较好作用，有的单位组织开展了“中医中药军营行”活动。

五、军队中医药改革发展

推进中草药种植工作。组织了中草药种植试点论证，继续开展中草药种植试点工作并取得了初步成效。组织基层部队中医药卫生士官（卫生员）培训工作研讨，协调建立基层中医药人员培训考核认证机制。加强军队中医药学术组织建设，全军中医药学会已逐步建立起中医内科、中药、骨伤、肛肠、针灸、针刀、中医护理、疗养康复、管理等 9 个专业委员会。巩固和发展军地一体的中医药学科技术人才管理建设机制，解放军总医院与北京中医药大学签署合作协议，建立起导师互认等一系列新型合作关系。

（周登峰）

2008 年度“中国医师协会中国医师奖”军队获奖者

2008 年度“中国医师协会中国医师奖”军队获奖名单：

沈阳军区总医院副院长兼全军心血管病研究所所长、主任医师韩雅玲；

北京军区总医院骨科副主任医师姚建华；

兰州军区兰州总医院神经内科主任、主任医师杨金升；

济南军区第 150 医院院长、主任医师高春芳；

西藏军区副司令员兼西藏军区总医院院长、主任医师李素芝；

二炮总医院呼吸内科主任、主任医师张睢扬；

解放军总医院骨科研究所主任医师卢世璧院士；

解放军总医院神经外科副主任、主任医师、教授余新光；

第三军医大学第一附属医院烧伤研究所所长、教授、主任医师黄跃生。

（郭　进）

2008年度“全国医院管理突出贡献奖”军队获奖者

广州军区第181医院院长　向月应

（郭　进）

2008年度“全国优秀院长”军队获奖者

北京军区总医院院长　程齐波

第二炮兵总医院院长　姜合作

第三军医大学第三附属医院院长　黄旭东

第四军医大学第三附属医院院长　赵铱民

（郭　进）

全军建成11个护理示范基地

为加强军队护理技术建设，根据《军队临床护理示范基地管理办法》，按照总体规划、严格标准的原则，经过三年努力，目前已建成11个全军护理示范基地，分别是：

沈阳军区总医院心血管病护理示范基地

北京军区总医院骨科护理示范基地

南京军区南京总医院普通外科护理示范基地

南京军区福州总医院器官移植护理示范基地

广州军区广州总医院骨科护理示范基地

海军总医院神经疾病护理示范基地

解放军总医院临床护理示范基础

解放军总医院重症监护示范基地

第二军医大学长征医院重症急救护理示范基地

第三军医大学西南医院创伤护理示范基地

第四军医大学西京医院重症监护示范基础

（郭　进）

军队卫生系统抗震救灾医疗卫生工作

“5·12”汶川特大地震发生后，全军共派出397支卫生分队、7061名卫生人员参加一线医疗救治、卫生防疫和心理救援，39所军队医院参加后送伤员救治工作。推荐8名军队医学科技专家参加科技部地震科技减灾专家组，赴四川都江堰、绵竹等重灾区进行实地考察和灾害评估，在伤员救治、疫情防控和灾民安置等方面向国家提出了许多意见；在军队医学科研计划在研项目和获奖成果中遴选并向国家推荐了速效止血、饮水消毒等领域的13种、价值约180万元的新产品送往灾区；组织军队临床医学、预防医学和心理学等专业近百名专家编制了20余万字的《地震伤急救手册》、《地震灾后卫生防疫技术指导手册》。

从各大单位疾病预防控制中心、军医大学和军事医学科学院、302医院等单位派遣防疫队97支564人、心理救援队8支24人，赶赴灾区开展救援。先后深入汶川、理县、茂县、青州、彭州等27个县（市）、174个乡（镇）、1480个村庄，累计消毒环境11.14亿平方米、房舍帐篷97.43万间（顶）、厨房伙房13.91万个，检测食品水样4.1万余份，洁治水源2.71万余处，处理遇难者遗体4413具，发放防病宣传材料59.32万册，巡诊及流行病学调查2万余人次，为部队提供了38.3万桶（瓶）消毒杀虫药品、10万个单兵皮肤清洁包、2万盒酒精消毒湿巾、10万支长效驱蚊霜、21台防疫车和15.88万台（套）防疫器材，以及36000人份的相关疫苗部署前方。下发了《抗震救灾部队叮咬性皮肤病防治技术指导方案》等指导性文件，对做好抗震救灾卫生防疫工作提出了统一要求。组织专家深入一线加强技术指导，保障了广大灾区群众和救灾官兵身心健康，确保了军队全面负责的汶川、理县、茂县责任区防疫任务完成，实现了大灾之后无大疫的目标。

向四川地震灾区抽组派出方舱医院2所、医疗队106支，组织39所军队医院收治灾区伤病员。协调在德阳、绵阳开设2个血站，调拨血液40余万毫升，预储血液100余万毫升。组织“军队抗震救灾医学专家指导团”，分赴28所收治灾区伤员的军队后方医院进行救治技术指导。充分利用全军远程医学信息网，组织全军知名医学专家为地震伤员进行远程医学会诊。参与了军队援建四川省八一康复中心有关工作。

按照“整体筹划、超常组织、合理预置、靠前供应、全面保障”的原则，紧急启动应急药材保障预案和军地药材代储工作机制，从军队后方仓库和地方代储企业紧急调用320多种、48万台（套）、价值1.23亿元的储备药材，应急采购107种、3209万元药材，分3批预置前方，保障了救灾急需。指导有关卫生部门紧急建立药材联勤保障体系，建立药材供应接口185个，开设药材保障点 6 个，设立基数药材组配点 1 个。组派 2 支卫生装备检修队，为 50 多个医疗、防疫机构修复卫生装备 250 台（套），检修、调试卫生装备 820 台套。开通 24 小时维修热线电话服务，协调零配件、试剂和耗材 47 批、283 种、4452 件，协调地方厂商和部队维修机构修复卫生装备 80 台。

医疗队和军队医院累计救治灾区伤病员 80 余万人次。其中，收治 6.86 万人次、手术 2.21 万例。部队官兵健康状况总体良好，无传染病发生，无集体食物中毒，无群体性不明原因发病。累计消毒环境 11.14 亿平方米、房舍帐篷 97.43 万间（顶），发放防病宣传材料 59.32 万册，健康宣传教育 135.36 万人次，心理疏导 14.91 万人次，确保了军队牵头负责的汶川、理县、茂县和其他灾区大灾之后无大疫。参加救灾部队建制卫生分队携行 1.5 亿元药品和卫生装备，保障了紧急救治需要。同时，总部为救灾一线紧急调拨 1.45 亿元卫生物资，为灾区医疗救治和卫生防疫提供了物资保障。

（卢　健）

省、自治区、直辖市医政管理工作

北京市医政工作

一、奥运医疗服务保障工作

强化奥运场馆队伍组建和演练。挑选精锐人员，组建场馆医疗团队。以定点医院为骨干，在全市范围内选拔了3223名优秀医护人员，设置了156个医疗站，先后组建了场馆医疗经理团队、奥运村综合诊所医疗团队、奥运急救团队和兴奋剂检查官团队，承担奥运场馆和涉奥服务场所一线的医疗保障任务，并按照国际标准完成了相关培训和应急演练。同时，配备了191辆救护车，700余名院前急救人员在奥运场馆内开展院前急救服务。奥运期间，各场馆医疗站（含奥运村综合诊所）共接诊患者21337人次。其中，运动员3245人次(15.21%)；工作人员（含志愿者）9518人次(44.61%)；贵宾1036人次(4.86%)；媒体550人次(2.58%)；其他身份人员4106人次(19.24%)；非注册人员（含观众）2882人次(13.51%)。

全力做好城市运行医疗保障工作。一是完善院前急救网络建设。奥运会期间，新运转了65个120网络急救站。使城市运行层面形成了232个急救站、442辆急救车，2105名院前急救人员组成的院前急救服务网络。优化了指挥调度系统。实现了“每个呼救电话10秒钟内接起”的目标。同时，设立了外语调度台，建立外语电话三方接警机制，满足了奥运期间在京旅游、观赛的外国人士急救呼叫服务。完善了应急工作机制。建立了5个应急救治基地；二级以上医院组建了115支共976人的紧急医疗救援队伍。

二是提升了定点医院的医疗服务保障能力。组织开展了三次奥运定点医院评估工作。提升了定点医院组织机构、制度、流程、双语标识、绿色通道、无障碍设施、医疗环境、语言服务能力以及兴奋剂和违禁药物规范化管理水平。定点医院共接诊涉奥人员3567人，住院128人，包括注册人员96人，非注册外籍人士32人。接诊人员中：运动员110人(3.08%)，媒体178人(4.99%)，贵宾111人(3.11%)，工作人员1579人(44.27%)，其他注册人员640人(17.94%)，非注册外籍人士949人(26.61%)。

全市非奥运定点医院接诊奥运注册人员及外籍访客共计383人，其中奥运注册人员237人，非注册外籍人员146人；住院49人，其中注册人员26人，非注册外籍人士23人。

三是加强应急网络建设，确保响应及时。完善预案及工作方案。针对多种突发事件制定了4项部门预案及13项工作方案。组建三级院内救治网络。完成收治床位和物资的应急储备。北京市5个类别基地床位储备为2950张；37家三级综合医院床位储备1850张；54家二级综合医院的床位储备1080张。全市共有应急床位储备5880张。

四是确保血液保障安全足量。保持基础库存。奥运期间，全市RhD阳性红细胞类制品（全血和红细胞成分）库存为16000单位，RhD阴性血液库存800单位。奥运会运动员、教练员、媒体官员定点医院储存5日用血量，其他奥运定点医院储存3日用血量。建立储备队伍。在全市范围内建立1000人的稀有血型储备队伍和10万人应急献血队伍。建立全市采供血机构联动机制，在发生大型应急事件时达到日采供血量最大为4000单位/天。建立省际联动机制。提升血液保障水平。奥运期间，临时增加了血液检测和制备项目，对各奥运举办城市的库存血液进行NAT检测，明确对供应奥运的血液必须进行去白细胞和病毒灭活处理，确保了血液质量。

五是实现城市医疗保障运行平稳。奥运期间，全市二级及以上医疗机构全部坚持实行周六、日全天门诊。共接诊263.5万人次，急诊接诊27.1万人次，急诊抢救9239人次，急诊手术7736台次，常规手术2.3万台次，累计入院6万人次。全市232个急救站实行24小时应急值守，保证突发事件时在2分钟内派出救护车。

二、努力营造良好局面

完善医疗机构设置规划，合理调整医疗资源结构。制定了《北京市区域医疗机构设置规划》、部分专科医疗机构设置规划和康复医院与护理院设置规划，目前仍在广泛征求各区县卫生行政部门和医疗机构的意见。

健全科学规范的医院管理制度，促进医疗服务质量和水平的不断提高。一是继续深入开展了医院管理年和创建人民满意医院活动，巩固医院管理评价与巡查工作的常态化机制。召开了医院管理评价工作会议，对卫生部下发的《医院管理评价指南（2008版）》的管理项目任务进行了细化和分解，制定了工作计划。通过持续深入开展“医院管理年”和“创建人民满意医院”活动，全市各级各类医院在服务质量和服务效率方面进一步取得成效。据统计，2008年前三季度与2007年相比，全市二、三级医院出院患者平均住院日从14.58天下降到13.95天，下降0.63天；编制病床使用率从79.09%提高到83.90%，提高了4.81%；编制病床周转次数从14.06提高到15.59，提高1.53次。二是持续推动“三基三严”岗位练兵活动。结合奥运医疗服务，在全市各级医疗机构中进一步深入推动多种形式的岗位大练兵活动，重点开展依法执业、规范服务、熟练技能、注重礼仪等方面的岗位练兵活动。三是严格医疗技术准入管理。着手制定《北京地区医院及医师分级手术管理暂行规定》，制定了《北京市医疗技术临床应用管理暂行办法》。完成了全市医疗机构心血管介入诊疗技术的准入评价工作，制定发布了《北京市心血管疾病介入诊疗技术医疗机构设置规划》，公布了准许开展心血管介入诊疗技术的医院名单，制定了人员培训和技术帮扶的工作计划。四是健全医疗机构和医务人员执业行为监管的长效机制。依据《医疗机构不良执业行为积分管理暂行办法》，对医疗机构不良执业行为实行量化积分管理，对一定周期内积分达到规定分值的医疗机构进行相应处理。五是进一步严格医疗机构准入管理，依据《卫生部关于印发＜卫生部关于医疗机构审批管理的若干规定＞的通知》的要求，结合北京市实际情况，初步拟定了《北京市医疗机构审批管理暂行办法》和《北京市医疗机构清理整顿专项工作方案》，明确和完善了涉及医疗机构审批的有关管理程序、权限划分、审批原则、文书规范、文本填写等内容。

加强医疗质量管理，不断改进医疗服务，切实方便群众就医。一是继续推动缓解看病难的便民措施落在实处。扩大门诊候诊、取药电子叫号服务、挂号收费通柜服务、错峰出诊制度、周末门诊、简易门诊、延长抽血时间等措施的医院实施覆盖面，制定了包括规范门急诊管理、提高医院运行效率，控制医疗费用等核心内容在内的加强医院管理十项措施。二是加强医疗质量管理，规范诊疗行为。完善了由卫生行政部门、专业质控中心和医疗机构共同参与的医疗质量管理体系。成立了医学影像质量控制和改进中心和心血管诊疗技术质量控制和改进中心，使北京市医疗质控中心数量达到了 16 个，完善专项质控体系。三是继续推进卫生支农和对口支援社区卫生工作。在原有卫生支农工作的基础上，结合区域卫生规划、农民健康需求，组织 11 家大型三级甲等医院对口支援 10 个郊区县 11 个区域医疗中心的重点学科建设。同时，进一步推动对口支援社区卫生服务工作，达到全市社区卫生服务中心享受城市二、三级医院对口支援的全覆盖（数据详见妇社处总结）。

依法进行医疗事故鉴定。2008 年，北京市医疗事故技术鉴定委员会完成医疗事故技术鉴定 113 例。有 30 例定为医疗事故，较 2007 年减少 7 例。按医院级别分：三级医院 16 例，同比减少 3 例；二级医院 10 例，同比减少 3 例；一级及以下医疗机构 4 例，同比减少 1 例。按隶属关系分：卫生部属、部管医院 7 例，同比增加 1 例；市属医院 4 例，同比减少 5 例；区县属医疗机构 12 例，同比减少 1 例；发生在其他医疗机构（厂矿属等）的医疗事故 1 例，同比减少 5 例；发生在军队医院的医疗事故 6 例；同比增加 3 例。30 例医疗事故中，一级医疗事故 9 例，同比减少 10 例。其中卫生部属、部管医院 3 例（医科院阜外医院、协和医院、北京大学第一医院各 1 例），同比减少 1 例；市属医院 2 例（北京肿瘤医院、北京朝阳医院各 1 例），同比减少 3 例；区县属医疗机构 2 例（北京市平谷区医院、北京市大兴区亦庄医院各 1 例），同比减少 5 例；企业医院 0 例，同比减少 2 例；军队医院 2 例（解放军总医院第二附属医院、海军总医院各 1 例），同比增加 1 例。

三、做好突发事件的应急保障和救治工作

完成 4.28 胶济铁路事故受伤人员的救治工作。接收回京治疗伤员 46 人，并积极采取救治措施，使伤员得到了有效治疗和康复。

做好手足口病防控工作。一是制定下发了《北京市卫生局关于做好手足口病医疗救治工作通知》和《手足口病诊疗方案》等文件，并从 5 月 7 日起实行手足口病例“零报告”制度和 24 小时网络直报。二是分别组建了市级和区级手足口病医疗救治专家组共 227 名专家，实行 24 小时听班制度，并确定北京地坛医院为收治手足口病重症患儿的指定医院。三是举办了 3 期共有 366 名医务人员参加的二、三级医院儿科医师和医院感染、传染病等专业手足口病防控、诊断和治疗培训班，保证了手足口病的防控效果。

开展四川地震灾区的医疗救援及伤员收治任务。派出 11 批医疗救援队、73 辆救护车，队员来自 67 家医疗机构共 617 人。医疗队共为灾区带去价值 1355 万元的救援物资，其中医疗器械 920 万元、药品 149 万元，生活用品 286 万元，向四川地震灾区支援血液 6000 单位。医疗救援队共诊治病人 24178 人，开展各类手术 629 台，抢救、护理危重症患者 2973 人，专家会诊 256 人，巡诊病人 18436 人，体检 2177 人，开展各类培训、讲座百余次，预防性排查住院病人挤压伤造成肾功能损伤 2650 例，完成血液透析 1115 人次，并开展了大量的心理干预和卫生防疫工作。北京市急救车队伍在四川期间日夜兼程，转战成都、绵阳、重庆、德阳、广元、乐山等县市的 27 家医院，行程 23 万公里，完成了 2836 名伤员的转运任务，占灾区全部伤员转运量的 30%。精心组织地震灾区伤员收治工作，制定了《北京市收治四川地震伤员工作方案》、《地震伤员功能康复工作实施方案》和《地震伤员心理康复治疗实施方案》。确定北京老年医院作为四川地震灾区伤员的定点医院，共接收了 91 名伤员和 87 名家属。组织成立了涉及全市 25 家三级甲等医院、包括 ICU、外科、心理、康复等 24 个学科的 94 名相关专家组成的市级医疗救治专家组。伤员住院期间，市卫生局共为伤员安排了 206 人次涉及 20 家三级医院 26 个学科的市级专家到北京老年医院会诊，共会诊伤员 481 人次；外院支援北京老年医院救治工作的医师 87 人次，护士 45 人次；共完成手术 52 台次。历时 5 个月整，91 名四川地震伤员共分 9 批全部康复出院。积极开展对口支援什邡市医疗卫生和灾后重建工作。制定《北京市医疗卫生对口支援四川省什邡市工作方案》，提出“输血”与“造血”相结合、当前和长远相结合的基本原则，切实支援什邡市医疗救治、疾病预防控制与卫生监督体系建设。首批对口支援什邡市医疗卫生队共 139 人，于 6 月 29 日晚到达什邡市。医疗分队在灾区共接诊患者 6 万多人次，开展手术 300 多台，下乡巡诊 3000 多人次，进行继续教育讲课 30 多次，其出色的工作得到当地政府与人民的高度评价。第二批医

疗卫生队已于10月6日抵达什邡市，并按照计划开展工作。

迅速部署、周密组织，有效开展问题奶粉致病患儿的医疗救治工作。一是强化首诊负责，确保医疗质量。严格执行首诊负责制，做到认真筛查，准确诊断，严格掌握适应证，采用安全适宜的治疗技术，为患儿提供规范、科学的救治。二是在全市设有儿科的二级以上医疗机构全面开展筛查工作，并建立了患儿就诊相关信息实时上报系统和医务人员值守信息上报系统，实时、准确采集诊疗数据。三是组建诊疗专家组，强化技术培训和指导，通过培训规范筛查程序，严格诊断标准，确保就诊婴幼儿不漏诊、不误诊。四是确立重症收治医院，指定北京儿童医院、首都儿科研究所附属儿童医院、北京大学第一医院、北京大学第三医院和中日友好医院等5家医院为集中收治重症患儿的定点医院，确保医疗质量和医疗安全，提高救治率。五是紧急调集人员、设备支援儿童专科医院，及时缓解患儿集中就诊压力。2008年9月17—8日，从36家医院中抽调了32台B超设备、85名医务人员，紧急支援2家儿童医院，缓解了婴幼儿集中就诊的压力。六是强化救治力量，各医院周末、节假日不停诊，保证患儿及时就诊。各相关医疗机构预留足够床位，并安排专门区域接诊患儿，集中使用临床检验、B超检查等设备，确保当日就诊的婴幼儿能够在当日检查完毕。9月11—12月2日，全市二、三级医疗机构共接诊和筛查婴幼儿218379人次，确诊泌尿系统结石患儿共2892人（其中本市户籍1348人，常住1226人，外地318人）。患儿累计住院143人，仍在院治疗4人，无死亡病例。

四、抗震救灾医疗卫生工作

“5·12”汶川特大地震发生后，北京市卫生系统成立了抗震救灾领导工作小组和赴四川抗震救灾前线指挥部。从5月12日地震当天组建并于5月13日派出第一批医疗救援队开始，先后向四川省地震灾区派出了11批、涉及全市三级甲等医院和部分二级医院等共67家医疗卫生单位的617名医疗卫生救援人员，以及70辆救护车、3辆保障车和价值1350多万元的救援物资。按照国家中医药管理局安排，派出了3批共33名队员的医疗救援队。按照团中央安排，派出了由26名队员组成的北京青年医疗卫生志愿者抗震救灾服务队。驻京解放军、武警部队派出医疗救援队员1500多名。累计诊治病人2.4万人。还开展了大量的心理卫生危机干预、公共场所卫生防疫等工作。

接收了四川地震灾区伤员来北京治疗。伤员住院期间，安排了涉及20家三级医院26个学科共206人次的专家会诊，会诊伤员481人次，完成手术52台次，对139名伤员及家属进行了心理干预筛查和创伤后心理状况评估，最后一批伤员于2008年10月28日康复返乡。

开展灾后恢复重建卫生对口支援工作。首批对口支援什邡市医疗卫生队共135人于2008年6月29日到达什邡市，第二批医疗卫生队76人于10月6日到达什邡市，帮助灾区开展卫生系统恢复重建及基本医疗服务和卫生防疫工作。

五、加强护理管理，全面贯彻落实《护士条例》

一是开展《护士条例》宣贯工作，强化了政策培训。二是规范护士注册管理。制定了《北京市卫生局关于印发＜护士执业证书换发工作方案＞的通知》和《北京市卫生局关于北京市办理护士执业注册有关事宜的通知》，明确了护士注册的工作流程与方法。三是加强护理培训，规范护士执业行为，强化依法执业意识，并开展了护士专业化培训工作。四是完善护理质量标准，加强护理质量管理，对全市三级医疗机构护理质量管理工作开展了专项检查。五是开展“双千日”专项活动，弘扬先进思想、提高护理服务质量和水平。通过5年来连续开展学习推广年、科技论坛年、双语服务年、服务质量年及优质服务年的“首都护士‘发扬成绩、奥运建功，新北京、新奥运’‘双千日’文明优质服务系列活动”，全方位提升了全市护理队伍的整体水平，为万无一失做好奥运医疗服务保障打下了坚实的基础。

六、规范血液管理，确保血液安全

截至2008年11月底，全市共采集全血500039单位（每单位200ml）、血小板54410单位。一是加强血液规范化管理。先后制定印发了《脐带血采集管理标准》、《供血协议》、《北京市储血点设置与管理办法》和《无偿献血登记表》中“献血者信息”规范内容，初步拟定《献血者健康体检标准》，并在北京市各采供血机构中推广使用《无偿献血登记表》。二是强化血液质量评估。组织开展了《血站质量管理规范》和《血站实验室质量管理规范》落实情况现场质量督导检查。同时，成立了输血质控中心室间质评实验室，开展了北京市输血科（血库）输血前相容性室间质评工作。三是大力开展质量培训。组织对5家采供血机构进行了从业人员培训和实验室内质控培训。举办了北京市临床输血从业人员培训暨观摩班和北京市输血科主任论坛。四是开展专项检查。依托质控中心，对医疗机构临床用血情况进行了检查，确保了临床用血的安全。

（邓小虹　邱大龙）

天津市医政工作

一、完成奥运会、达沃斯论坛医疗保障及支援四川抗震救灾等重大突发公共卫生事件应急工作

奥运会前，天津市卫生局成立了奥运医疗卫生保障工作领导小组，下设医疗保障、卫生监督、传染病防控和应急指挥4个工作组，并制定了5个工作方案和1个工作预案。奥运会期间，共派出直接参与奥运服务的医务人员1094人，间接服务奥运医务人员5000余人，出动急救车辆141台次，出动其他车辆50余台次，设置奥运备用床位970张，共接诊患者507人次。夏季达沃斯论坛期间，共派出直接参与会议服务的医务人员76人；间接服务医务人员300余人，急救车辆18台次，其他车辆50余台次，设置会议备用床位30张。共接诊患者754人次。

汶川特大地震发生后，天津市卫生战线在市委、市政府和卫生部部署下，各医疗卫生机构的领导积极发动，组织广大医务工作者奔赴灾区执行抗震救灾工作，先后派出了国家医疗救治、卫生防疫和医院感染控制队伍共17批436人、救护车21辆，来自全市50家医疗卫生单位。天津医务工作者的足迹遍布四川7个市县，救治伤员16700多人次，手术189例，心理干预5000多人次，宣教3.5万人次。天津市17家医院接收83名地震伤员来津治疗。在各医院的精心治疗下，地震伤员全部治愈返川。

针对2008年由肠道病毒EV71引起的危重致死手足口病患儿增多的新趋势，市卫生局派专家组前往安徽省阜阳市，对儿童手足口病新特点和救治要点实地学习考察，及时掌握了第一手实践经验，并结合天津市的实际情况，制定下发了医疗救治工作预案和《致居家康复患者家属的告知书》，成立了市手足口病（肠道病毒EV71感染）医疗救治专家组。在救治过程中，市儿童医院先后派出近20名医护人员进驻市传染病院的重症监护病房，在市儿童医院和市传染病医院通力合作下，成功救治了多名危重症患儿，及时消除了在患儿家长中的恐慌情绪，使天津市手足口病的诊疗工作逐步进入常态。同时主动参与卫生部对安徽阜阳的医疗救援工作，组建了医疗队抵达阜阳市，开展为期11天的支援工作，医疗队共接诊患者400余例，其中抢救成功危重患者3例，使22位重症患者转危为安，参与765名留院观察和住院患者的医疗护理工作。支援工作中，对当地的400余名医护人员进行了专业知识培训，累计讲课80课时。

在问题奶粉事件中，积极、科学做好婴幼儿免费筛查和患儿医疗救治工作，市卫生局成立了诊疗工作领导小组，并成立了由儿科、超声、放射等方面专家组成的市婴幼儿泌尿系统结石诊疗专家组，负责指导全市相关患儿诊疗工作。制定下发了天津市含三聚氰胺奶粉婴幼儿泌尿系统结石患儿的诊疗流程、重症标准及转诊流程，并明确了突出重症患儿救治，兼顾普通患儿治疗的原则，对重症患儿实行集中收治，确定市儿童医院为收治疑难、重症患儿的定点医院。市卫生局还确定有儿科的二级医院和妇幼保健院作为接诊和收治含三聚氰胺奶粉婴幼儿泌尿系统结石患儿的定点医院。并就诊断标准、治疗方案、转诊流程等内容，对接诊治疗定点医院进行集中培训，使天津市的病例确诊率在合理的范围内，做到正确诊断、规范治疗。卫生部提出对确诊患儿进行免费治疗和加大宣传力度的要求后，市卫生局立即与市财政局协商，要求全市各接诊医院对确诊患儿实行免费治疗，诊疗费用由医院先行垫付，并要求各医院要按照《宣教要点》的要求做好宣传普及工作，消除家长不必要的疑虑，稳定思想情绪，争取他们对诊疗工作的理解、支持和配合。在市卫生局和各区县卫生局的组织下，未盲目扩大救治范围，共接诊患儿69593人，确诊199人，住院治疗28人，全部治愈出院，并圆满完成天津市确诊患儿的赔偿工作。

“4·28”胶东铁路事故发生后，应济南铁路局的请求，市卫生局派出2名骨科医务人员到山东淄博的4个收治事故伤员的医院，检查伤员病情，根据病情需要，护送13名天津籍伤员回津治疗，截至2008年底，伤员已全部治愈出院。

二、深入推进医院管理年活动，强化医疗质量管理工作

认真总结3年来医院管理年工作的成功经验，继续深化医院管理工作，在管理形式上突出区、县属地化管理职责和院长管理职责，在管理内容上强调核心制度的落实、整改措施的落实和常态长效制度的建立。

为完善医疗机构监管的长效机制，组建了市医院管理质量控制中心，负责全市医院管理的日常监管和业务指导。中心按照卫生部医院管理年工作方案的要求，制定并下发了我市《2008年度三级医院医院管理质量平时测评暨医院管理年检查考核要求》，对全市31所三级医院进行了集中检查，检查内容涉及医院行政管理、科室质量管理、手卫生等10个方面。检查中发现，各医院认真落实医疗质量和医疗安全管理核心制度，有的医院将核心制度编成顺口溜，便于记忆；实施了手术叫停制度，规范手术部位标示，确保手术安全；建立了临床实验室危急值的报告制度，完善检验危急值管理；同时还积极强化医务人员的手卫生。

强化医务人员的三基三严训练。按照市卫生局《关于在天津市医务人员中广泛开展三基三严训练活动的通

知》精神，2008年2月进行了医师、医技人员的整体考核。邀请有关专业的专家统一命题，试卷分为临床、口腔、公共卫生、护理、医技等专业，以及部分专业的技能试题，共有34000多人参加了考核，并对5312名副高以上医师和技师进行了专业整体水平的评价。4月，市卫生局还抽调了部分医务人员进行了集中考试，以检验各单位三基训练的效果。同时按照卫生部的要求，在全市卫生系统开展护士岗位技能和竞赛活动，共有24000多名注册护士参加了护士岗位技能训练，三级医院的9700多名注册护士参加了岗位技能竞赛，有6名护士推荐到卫生部参加全国竞赛。通过开展三基训练和护士岗位技能训练竞赛活动，促进了医务人员服务水平的提升。

强化病历内涵质量管理。病案质控中心对全市31所三级医院进行了现岗病历质量检查。每所医院抽取现岗病历20份，总计620份。31所医院的病历甲级率达到了98.2%，无丙级病历，无不合格病历。在病历中体现了核心制度的落实、病历内涵质量的提高及医务人员重视了维权意识，尤其以往一些医院忽略的有创操作告知与签字问题，此次检查没有发现。市卫生局将检查结果按分数排名公示，同时将检查中存在的问题以文字形式反馈到各医院。

强化医院感染管理工作。针对2008年西安交大一附院新生儿医院感染事件，市卫生局委托医院感染质控中心对65所医院的产科、新生儿科、ICU等重点科室进行了医院感染质量控制工作专项检查。检查中发现有的医院婴儿用品未做到一婴一用一消毒、婴儿与新生儿监护室共用同一沐浴台、洗浴用小毛巾陈旧、使用后浴巾或小毛巾清洗不彻底或未能干燥保存，待用婴儿奶粉未封口保存、奶粉中发现配奶用勺、缺少奶具的消毒管理措施等问题，医院感染管理存在重大隐患。检查出的问题引起了市卫生局和各医院领导的高度重视，并积极督促立即进行整改。截至2008年底，在天津市已连续开展医院感染病例监测13年，共有140余家医院参加医院感染病例监测工作，并上报监测数据。2008年三级医院医院感染发病率为3.08%；医院感染漏报率为5.79%，医院感染病例送检率为55.00%；二级医院医院感染发病率为1.72%；医院感染漏报率为7.16%，医院感染病例送检率为37.34%。2008年还对医院感染和抗菌药物横断面（一日）进行调查，结果表明医院感染现患率三级医院为4.50%，二级医院为2.25%。抗菌药物使用率三级医院为31.31%，二级医院为43.95%。

强化抗菌药物的合理应用，对32所三级医院进行抗菌药物合理使用情况检查，共抽调病历763份，合格率为62.8%，检查结果表明抗菌药物不合理使用现象仍存在。因此，有待进一步加强抗菌药物合理使用的管理与监督，完善管理制度，加大对临床医师抗菌药物合理使用的临床指导与沟通，使管理工作落到实处。

强化惠民便民措施的落实，继续深化了“五要五不得”、“一单通”等管理制度，同时展开了积极的工作调研，即将出台大医院高级医师支援社区卫生服务工作的指导意见，建立大型医院与社区互动机制，启动高级医师百人团进社区工程，以促进天津市社区卫生服务工作健康而快速的发展。

三、加强准入管理，完善医政制度建设

认真按照《医疗机构管理条例》的有关规定，对医疗机构实施监督管理，2008年完成医疗技术准入12项，医疗机构准入5项。完成28所心血管介入医疗机构的准入和执业登记工作和4所器官移植医疗机构的初审工作。严格按照《执业医师法》执行人员准入管理制度，顺利完成了医师资格考试工作，有5000多人报名参加了医师资格考试。完成了医师注册1769人，护士注册的换证工作积极进行。

认真落实《医疗事故处理条例》和《信访条例》，积极探索医疗纠纷处理的新途径，通过调研，借鉴兄弟省市的成功经验，结合天津市的实际情况，出台了《天津市医疗纠纷处置办法》，并将于2009年2月1日开始实施。

四、认真贯彻落实《护士条例》，推进护理管理工作

认真学习贯彻国务院颁布的《护士条例》精神，邀请国务院、卫生部法律相关起草人对全市医疗机构的院长和护理管理者进行了《护士条例》的讲解和培训，共400余人参加。

建立健全了护理管理体系，形成了主管院长负责下的三级护理管理体制，使护理工作职责明确、权利统一、监管有力，保证层级合理，管理到位。完善相关管理制度，加大监管力度，保证护理编制的落实。将医院评审、医院管理年活动考核，以及医疗机构的校验、科室的设置以及增加床位编制均与护理人员的编制设定紧密地结合起来，医院要增床位，必须保证护士编制，如护士编制不足，不予以审批。天津市护理质控中心每年在检查医院护理质量的同时将护士的床护比作为重点检查内容之一，并将检查的结果进行公示。经过努力，护理人力资源配置逐渐改善。护理人员数量也有了一定数量的增长。目前，天津市二、三级医院床位总数达到33791张，护士总数达19886人，其中三级医院的床护比达到1∶0.63，病房床护比达到0.44∶1。天津市具有大专及以上学历者占61%，三级医院中具有大专及以上学历者占66%，二级医院中具有大专及以上学历者占52.8%，这些指标较2006年都有明显提高。

加强专科护士培训工作，加大资格认证力度。根据卫生部专科护士培训要求，天津市开展了多项专科护士培训。自2007年起，开展了ICU专科护士骨干培训班，采取理论与实践相结合的方式培训三个月，目前已有218名护士骨干参加培训并通过双考，取得了相应的资格证书。培训工作得到了医院和护士的好评，有的护士主动放弃休息时间，自费参加培训，通过培训在业务水平上有很大提高。

落实护理工作三贴近原则，把护士真正还给病人。当前，在关注护士编制问题的同时，也特别注重护理工作内涵建设，认真落实护理工作三贴近原则，将“以病人为中心”的服务理念切实落实到服务于病人的各项工作中。把护士从纷繁的事务性工作中解脱出来，真正回到病人身边。在这方面，天津市第三中心医院坚持以人为本，在深入调研的基础上，从患者和家属的需要出发，在全市率先推行取消陪伴制度。受到了全社会和同行特别是患者家属的高度赞扬。取消陪伴制度不仅解除了家属的后顾之忧，更为患者营造了一个舒适、温馨、安全的治疗和休养环境，减少了交叉感染，保证患者安全。同时解决患者家属在人力、物力、才力的负担，实现病区静、敬、净的目标。医院为顺利实施取消陪伴制度，采取一系列措施，如建立了意外危险因素评估系统，筛查高危人群，建立了护理记录单、护患沟通卡、明显警示标识和温馨提示，护士随巡视、随观察、随记录，班班交接。实施皮肤压疮、导管滑脱登记报告制度，建立管路、压疮连续评估表，对危重病人的管路及压疮实施连续评估，班班评估交接，确保病人安全等等。成功实现无陪伴医院的目标，医护人员的辛勤付出感动了患者和家属，医患关系更加融洽和谐。医院患者问卷调查显示，住院病人对无陪伴病区的满意度始终高居100%。为全面提升天津市的医院护理质量管理水平，更好地为患者服务，市卫生局在第三中心医院召开了现场会，决定深化以患者为中心的服务理念，在全市卫生行业推行取消陪伴制度。目前各医院正在认真执行卫生局的决定，积极开展营养膳食配餐和取消陪伴制度。ICU、CCU、新生儿室等重点科室均实施无陪伴制度并加强病人的基础护理，将人文关怀融入对病人的护理工作之中，服务于细微之处，在取得较高满意度的同时有效控制了医院交叉感染。据统计，除第三中心医院外，取消陪伴占床位总数达100%的医院2所，取消陪伴占床位总数达30%以上的医院有9所。

五、加强血液管理，确保安全科学用血

2008年初，采血淡季天津市出现血液供应紧张，为缓解供血紧张状况，确保冬季临床用血，市献血办公室、市卫生局紧急动员市三级医院和各区县政府组织广大医务人员、干部职工参加无偿献血，短时间内各区县献血3360单位，三级医院献血870单位，渡过了血液紧张时期，维护了临床医疗工作的安定局面。在总结经验的基础上，事先作好了充分准备，加大夏、冬季采血淡季工作力度。2008年累计采全血182174.8单位，血小板22202个治疗量，圆满完成全年采血计划，保证了全年的临床用血。建立无偿献血志愿者队伍开展固定献血者活动，塘沽区中心血站初步尝试建立了无偿献血志愿者队伍；市血液中心组织开展了固定献血者队伍活动，为建立有效无偿献血长效机制进行了积极探索和努力。

加强采血点的建设，鉴于临床用血全部来源于街头，把加强街头采血点的开发、建设、更新采血车将作为一个主要工作，新开辟了天津站采血点，恢复津南区采血点，更新4部大型采血车，为完成全年采血任务创造了有利的条件。

启动血液管理网络建设，整个建设工程已经接近尾声，血液管理网络建设必将大大提高天津市血液信息化管理水平。进一步加强临床输血管理，严格掌握临床用血的适应证，要做到安全用血、科学用血。对40余所应急用血机构进行了现场审核，并根据存在的问题组织专题质量管理学习班，以保证用血的安全，完成了卫生部的血液应用情况的调研，对全市50余所用血量较大的二、三级医院进行了合理用血的专题培训。

六、抗震救灾医疗卫生工作

“5·12”汶川特大地震发生后，天津市组织各医疗卫生机构广大医务人员赴灾区，开展抗震救灾医疗防病工作，先后派出了国家医疗救治、卫生防疫和医院感染控制队伍共17批436人、救护车21辆，医务人员来自全市50家医疗卫生单位。天津医务工作者分布四川7个市县，救治伤员16700多人次，手术189例，心理干预5000多人次，宣教3.5万人次、流调1.3万多人次，消毒70万多平方米。同时，全市17家医院接收83名地震伤员来津治疗，并全部治愈返川。

七、其他医政工作

继续认真落实万名医师支援农村卫生工程，根据天津市各县医院需要，将支援医院派医师到受援医院，改为受援医院派员到支援医院进修的方式，截至2008年底，天津市已有12各区县的20名医务人员到市内三级医疗机构进修。

完成2008第二届世界大学生滑水锦标赛、亚洲协会第十八届年会、海峡两岸企业发展与合作论坛、全国高等职业技术院校职业技能大赛、2008年津洽会、第十五届北京图书博览会、东方马拉松越野赛等大型活动的医疗保障工作。

（申长虹　华　勇）

河北省医政工作

一、完善评价标准，深化内涵建设，医院管理工作迈上新台阶

一是制定了2008年医院管理年活动实施方案、考评标准和医院评审管理办法，起草了三级综合医院、传染病医院和精神病医院的评审标准，组建了医疗机构管理专家库，进一步推进了医院管理年活动的深入开展，探索建立医院管理评价长效机制。二是在全省医疗卫生系统开展了医务人员基本技能岗位训练和竞赛活动，有效提高了医务人员基本素质。三是进一步加强了合理用药评价、医院感染控制和临床检验、护理质量管理，组织开展了药学、检验、护理、急救、病案、院感等专业管理人员的培训，对合理用药、医院感染管理、护理管理、急诊急救等专项工作进行了督导检查，进一步规范了执业行为，提高了医疗服务质量和水平，保障了医疗安全。四是进一步推行了单病种质量费用综合管理和临床检查检验结果互认工作，扩大了互认的项目和范围，促进了合理检查、合理用药、合理治疗，减轻了群众就医负担。截至2008年底，全省实行单病种质量费用综合管理的机构由2007年的339所增加到现在的346所；实行临床检查结果互认制度的医疗机构由2007年的283所增加到现在的304所。五是在全省范围内开展为期1个月的医疗质量安全集中行动，进一步加强医疗质量管理，消除了安全隐患，保障了患者就医安全。组织有关专家，按照“查实、查严、查细”的原则，对54所医院的医院管理年暨创建“诚信医院”活动进行了督导考评，有效推动了医院管理年活动的深入开展。

二、加强监管，规范审批，医疗市场得到进一步净化

一是加强日常监管，从源头上治理。进一步完善了医疗机构设置审批管理制度，严格了设置审批、执业登记、校验程序和医疗机构档案管理，规范了行政审批行为。对不符合《医疗机构设置规划》、《医疗机构基本标准》以及类别、名称和诊疗科目等不符合有关规定的医疗机构以及其他违规审批的医疗机构进行了集中清理整顿。二是突出重点，高压严打。总结、推广了前三年打击非法行医专项活动的工作经验，特别是针对去年工作中存在的问题，进一步明确了工作目标、重点内容和工作要求，深入开展了本年度医疗市场监管工作。在工作中，高度重视群众举报，并以群众举报为线索，对非法行医和非法医疗广告进行了及时、严厉的查处，该立案的立案，该罚没的罚没，该停业的停业，该吊销的吊销，有效净化了医疗市场。组派调查组，对霸州市存在违法违规行为的医疗机构依法进行了查处，并责成当地按照卫生部《关于打击非法行医专项行动责任追究的意见》，对相关责任人实施了责任追究。据不完全统计，2008年，全省出动执法人员72312人次，出动车辆12566次，检查医疗机构和计划生育技术服务机构59720家，取缔无证行医4689家，查处聘用非卫生技术人员行医1117家，罚款165万元。监测违规医疗广告382余次，其中警告、立案查处142家，罚款23.32万元。

三、严格管理，注重实效，卫生支农工作取得新进展

一是制定下发了年度项目实施方案，对2008年的卫生支农工作进行了安排部署；针对工作中存在的问题，进一步明确了工作要求。组织制定了卫生支农工程绩效考核方法、标准进行了讨论、修订，进一步完善了卫生支农工作绩效评价的工作机制。二是根据受援单位的实际情况和工作需求，科学调整了对口支援单位，结成最合理的援受组合，使对口支援工作更加贴近实际、贴近需要。三是针对各地不同情况，因地制宜创新了卫生支农模式，拓宽了卫生支农渠道，进一步丰富了卫生支农的形式和内涵，提高了卫生支农工作的针对性和实效性。四是根据省委宣传部的统一安排部署，对“专业技术人员进万村兴百业”活动进行了严格的督导检查，进一步促进了全省卫生支农工作深入开展。五是进一步完善了监管制度，加强暗访检查，加大跟踪监管力度，确保了卫生支农工作各项要求落到实处。

截至2008年底，全省共派出下乡医务人员5485人，诊治病人58.8万人次，抢救危重病人4639人次，开展手术4482例，培训基层卫生技术人员31923人次，免费接收进修人员2176人次，开展新技术539项，赠送药品器械价值597.83万元。有效提高了农村医疗机构的服务能力和水平，改善了农村就医条件，减轻了农民群众就医负担，受到了农民群众的普遍欢迎。

四、推动无偿献血，加强规范管理，血液安全管理工作得到进一步加强

一是组织开展了大型无偿献血宣传活动，推进了自愿无偿献血工作开展。全省临床用血140余吨，全部来自自愿无偿献血，保证了临床用血的需要和安全。二是制定了《河北省采供血机构考核评价标准》，组织专家对全省11所血站、3所单采血浆站进行了监督检查和技术指导，开展了有针对性的培训和整改，进一步加强了质控体系建设，规范了采供血机构的执业行为。三是加强了实验室室间质评工作，开展了现场样品测评和技术指导，提高了实验室检测水平，保证了检测质量。四是制定了《河北省奥运期间赛区城市血液应急保障联动工

作方案》，对联动关系、组织机构、工作职责及工作程序做出了明确规定，为保障奥运期间快捷、有序地组织省内及省际紧急调血提供了强有力的保障。

五、快速反应，积极应对，完成了各项医疗救治任务

一是通过加强奥运定点医院建设、组建省级医疗队、调度人员、车辆及药品充实秦皇岛保障力量、开展以整治兴奋剂及含兴奋剂药品为主要内容的专项督导检查等措施，圆满完成了奥运医疗保障任务，确保了赛事城市秦皇岛的医疗保障工作万无一失。二是通过建立完善重症病例日报和会诊制度和省级专家组坐班制度、强化人员培训、开展督导检查等措施，确保了手足口病医疗救治工作顺利开展。三是四川汶川强烈地震发生后，当夜完成了赴川医疗队的组建任务，于5月14日、29日先后派出两批共180人赴地震灾区开展医疗救援工作。医疗队共诊治伤员3256人，抢救危重伤员945人，实施手术380例，无1例死亡；巡查诊治病人2378人次，开展专家义诊1555人次。积极组织开展了收治四川地震灾区伤员工作，以一流的技术、一流的条件、一流的服务对伤员实施全面救治，收治到河北省的172名灾区伤员全部康复出院，无1例死亡。四是三鹿牌婴幼儿配方奶粉重大食品安全事故发生后，通过推行“村摸排、乡初查、县接诊”的工作模式、组建145个结石诊疗专家组、196支巡回医疗队及136个省市技术专家组、抽选资深专家成立救治专家组、建立病情较重和重症患儿省级专家组每日会诊制度、明确并严格执行转诊标准和程序、对重症病例进行集中收治、组织专家每日会诊、全面贯彻落实“三保保一保”的救治原则、制定个体化治疗方案等措施，圆满完成了食用问题奶粉婴幼儿的筛查和救治任务。全力组织开展了结石患儿信息核实汇总上报工作，按照卫生部的要求，圆满完成了建立结石患儿信息库任务，为问题奶粉事件善后工作奠定了基础。截至2008年底，全省累计接诊、筛查食用三鹿牌婴幼儿配方奶粉婴幼儿1868548名，诊断为泌尿系统结石患儿16099人，筛检阳性率0.86%；其中，门诊治疗累计13972人，住院治疗累计2127人；已累计出院2093人，现住院治疗34人，无1例结石患儿死亡。初步实现了“不漏诊一例、不延误一例、不死亡一例”的工作目标。

六、抗震救灾医疗卫生工作

“5·12”汶川特大地震发生后，河北省卫生厅党组召开紧急会议，研究和部署医疗卫生救援工作，并成立了工作领导小组，组织抽调32万毫升血液运往灾区，安排组建了由247名医护人员组成的13支医疗队，主动向卫生部提出参战请求。2008年5月13日，在全省组建了由144名专业技术人员组成的12支卫生防疫队。随着抗震救灾工作的不断深入，陆续调整组建了10支医疗队、12支卫生监督队和3支心理干预队，共装备了价值2600万元的药品、器械以及生活用品等物资，组织进行了培训和演练，做好了随时奔赴灾区的各项准备工作。5月14日起，先后向灾区派出由343人组成的10支医疗队、8支防疫队和2支卫生监督队，各种车辆33部，配备各种医疗和防疫药品、器械等物资价值800余万元，共诊治病人9419人，实施手术436例，无一例死亡，完成环境消杀1900多万平方米，实施心理干预1.1万多人，健康教育12万多人，创造了卫生防疫工作“安县模式”。卫生部决定向河北省转运伤员后，省卫生厅迅速成立了收治伤员工作领导小组和省医疗专家组，制定了工作方案，指定了省人民医院、河北医科大学第一、第二、第三、第四医院、省胸科医院、石家庄市第一医院和白求恩和平医院8所收治医院，提出了救治伤员“三讲、三不讲”的总体要求和“八个一”服务保障要求。伤员到达后，救治专家组为每名伤员制定了最佳治疗方案，对伤员实行“一对一”护理，172名灾区伤员全部康复出院。按照国家和省对口支援工作部署和要求，及时建立了医疗卫生对口支援平武领导体制和工作机制，组织考察了平武县卫生系统受灾情况和受援需求，研究制定了对口支援工作方案，协助平武县编制了医疗卫生机构恢复重建规划，配置了总价值近900万元的医疗卫生设备，捐赠卫生防疫车辆22部，先后派出4批共计517人组成的医疗卫生队，有效缓解了灾区群众的医疗卫生问题。

七、其他医政工作

一是制定出台了《河北省医师定期考核实施细则（试行）》、《河北省医务人员医德考评实施细则（试行）》和《河北省护士执业注册管理规定（试行）》，加强了医护准入和考核管理，进一步规范了其执业行为。二是对申请开展心血管介入诊疗技术的38所医院进行了临床应用能力评价，根据评价结果，批准确认了河北省人民医院等26所医院为全省第一批开展心血管介入诊疗技术的医院。三是配合公安部门开展了禁毒工作，进一步加强了自愿戒毒医疗机构和毒麻、精神药品的监管，防止了毒麻、精神药品流入非法渠道。四是积极协调有关部门，组织开展了残疾人康复、防盲和医疗救助、征兵体检、老龄卫生、优抚政策落实等工作。其中为2996名贫困白内障患者实施了免费复明手术，为434名先天性疾病儿童进行了免费救治。五是认真做好群众来信来访和有关法律法规的咨询解释工作，共接待群众医疗纠纷投诉及有关法律法规咨询587人次，有效维护了医患双方的合法权益，维护了社会稳定。

（李建国　江建明）

山西省医政工作

一、医疗质量安全监管

对全省医疗机构设置规划修订，积极开展医疗机构审批清理整顿活动。对100余所不合格医疗机构进行了清理整顿。进一步规范医疗机构审批工作；评审医院38所，通过15所。对32所省、市三级医院进行了医院管理年活动专项督导。对全省83所医疗机构进行了医院感染控制专项检查，开展了厅直厅管医院毒麻药品专项检查；进一步加强人体器官移植管理工作，组织专家对山西省开展器官移植项目的医院进行了年度审核。5所医院现均能依法执业，器官移植技术总体情况良好；严格心血管疾病介入诊疗技术准入，对部分三级医院进行了评价，有7所医院准予相关科目登记；严格机构、人员准入管理。进一步推进性病诊疗机构规范化进程，继续保持在全国领先势头。办理医疗机构变更事宜60余项，开展全省执业医师网上报名28125人，审核合格25612人。组织实践技能考试23418人，医学综合笔试17889人。核查考生可疑毕业证600余名，对2007年度执业医师考试合格人员6404人进行审核、发证。今年执业医师进行执业注册736名，变更注册107人，医师信息核查300余名。10月份全国医师联网注册及考核管理系统在山西省顺利开通。办理护士首次注册6580人次，变更注册1120人次，审核护士换证资料6万余份。

二、抗震救灾

“5·12”汶川特大地震发生后，山西省卫生厅立即反应，做出抗震救灾医疗救援安排。5月12日晚连夜调拨2000单位红细胞血液和650袋血浆紧急送往北京机场驰援灾区。

按照卫生部指令和省委省政府的安排，山西省派出两批抗震救灾医疗救治队员296名。第一批10支抗震救灾医疗队5月17日奔赴四川省平武县响岩镇开展医疗救援工作，6月2日圆满完成医疗救治任务后安全返回太原；6月1日派出了第二批抗震救灾医疗队继续在响岩镇开展医疗救治工作，完成任务后6月22日返回太原。卫生部、国家食品药品监督管理、国家中医药管理局授予山西省抗震救灾医疗卫生总队和山西省抗震救灾医疗队太原市中心医院分队全国抗震救灾医药卫生先进集体，王峻、刘强、张武山、王振林、阴康生、王俊田等15人被授予全国抗震救灾医药卫生先进个人，70名医疗队员火线入党。两批医疗队累计救治伤病员7539人次，其中伤员1205人次，病人6334人次。救治重伤员80人次，开展手术15例，转运伤员55批161人次。为开展群众健康检查累计为23403人次，与此同时与驻地救援部队协作派出小分队25批次，深入灾区乡村为群众送医送药。

与此同时，按照卫生部指令和省委、省政府的部署，省卫生厅选择了全省最好的7所三级综合医院作为定点医院，腾出了最好的病房设置专用病区，组建了最好的医护人员作为医疗救治队伍，全力提供最好的医疗服务。山西省2批收治四川地震伤员198名。做到了救治伤员工作零感染、零意外、零差错、零死亡。

三、医疗救治和医疗保障

指定了122所医疗机构作为收治手足口病患者定点医院。截至2008年底，全省医疗机构治愈手足口病患者约4300人；积极开展食用含三聚氰胺奶粉婴幼儿救治，稳定了广大婴幼儿家长情绪，促进了全省和谐安定。积极开展了襄汾溃坝事件、孝义特大交通事故、吕梁交通和煤矿安全事故等突发事件的医疗救援工作。在奥运火炬传递活动和第二届煤博会期间，抽调医务人员和急救车辆，提供医疗保障。与此同时，山西省为奥运会、残奥会提供了500张备用床位和备降机场的相应医疗保障。

四、公立医院改革试点工作

在广泛调研基础上，经厅党组会议研究同意，将晋城市、高平市作为山西省医药卫生体制改革试点。晋城市委、市政府、高平市委、市政府高度重视，以加大政府投入为先导，以公立医院改革为突破口，强化公立医疗机构公益性质，有效解决群众看病就医问题。

五、医院管理年活动

督促医院落实医疗质量安全核心制度和医疗护理常规，继续落实缓解群众看病难、看病贵问题的有效措施。在全省三级医院实行临床检验报告“一单通”，暂定26项稳定性较好的部分临床常规检验项目列入“一单通”范围。据统计，全省接诊持“一单通”患者476977人次，为患者节省费用1140.5万余元；314所医院开展了单病种费用控制，诊治患者82968例，减少费用1674.68万余元；县级以上公立医院共设置济困病床3511张，接诊病人29018例，减免费用1118.59万余元；县级以上公立医院提供济困门诊号721512个，减免费用840.5万余元。

认真开展平安医院建设活动，在全国率先建立医疗纠纷第三方调解机制，推行医疗责任险，努力减少医患纠纷。共接待纠纷来电2750次，来访2008人次，调解处理纠纷案件160起，调解结案的148起，结案率92.5%，累计赔偿金额1740632.4元，纠纷案件中执行率达100%，化解民转刑案件26例，无一上访、重访；经过积极筹备，医疗责任险年底前在三级医院推行。

继续开展院务公开活动，二级以上公立医院向社会、患者和内部职工公开医疗服务、医院管理信息，促进了医患关系的和谐。

六、护理工作

积极开展护士岗位技能训练和竞赛活动。2008年5月9日，召开了山西省国际护士节暨《护士条例》颁布施行庆祝表彰大会。省劳动竞赛委员会授予省人民医院护理部山西省五一劳动奖状，授予30名优质服务护士标兵和省人民医院全国护士技能竞赛5名获奖选手山西省五一劳动奖章；省妇联分别授予20名优质服务先进个人和省人民医院全国护士技能竞赛5名获奖选手山西省三八红旗手称号，授予20名优质服务先进护理站三八红旗集体称号；省卫生厅授予100名优秀护士山西省百佳护士称号。

七、血液安全工作

2008年12月10日，在卫生部、中国红十字总会、中国人民解放军总后勤部召开2006—2007年无偿献血表彰电视电话会议，山西省荣获全国无偿献血先进省称号。11个市全部荣获全国无偿献血先进城市荣誉称号，太原市是第5次获得这一荣誉。1998年10月1日《中华人民共和国献血法》正式实施后，山西省无偿献血工作实现“四个转变，一个延伸”。一是实现从政府下达指令性计划向群众自愿无偿的转变。1999年80%靠政府下达计划来保证临床用，到2008年100%实现自愿无偿献血。二是一次献血200毫升，逐渐向400毫升转变，1999年献血400毫升不足10%，到2008年上升为91.1%。三是成分输血比例由1999年的15%提高到2008年的95.8%。四是机采小板由有偿向无偿转变。全省全部实现无偿机采成分血小板。“一个延伸”是由城市献血延伸到农村献血。

八、项目及其他工作

继续实施万名医师支援农村卫生工程项目，185名省市三级医院骨干派驻37个贫困县医院；中西部地区儿童先天性疾病和贫困白内障患者复明救治项目（二八工程）全面开展，确定项目实施医院27所；微笑列车唇腭裂修复慈善项目确定13所项目医院，完成修复手术743例；微笑工程唇腭裂修复项目确定10所项目医院，已完成73例唇腭裂修复手术。与此同时，妥善处理了阿糖胞苷和刺五加药害事件以及便携式血糖仪采血笔和上海达美一次性静脉输液针不良反应事件。

（王　峻　李和平）

内蒙古自治区医政工作

一、医疗法制建设工作

为进一步加强医疗机构植入性医疗器械的管理，促进医疗机构合理使用植入性医疗器械，保障医疗安全，提高医疗质量，在认真研究，广泛征求意见的基础上，制定下发了《内蒙古自治区医疗机构植入性医疗器械合理使用管理暂行规定》，对全区医疗机构医疗器械的采购、管理和使用提出了规范要求。

为加强医疗机构设置、执行登记和校验的管理，规范卫生行政部门医疗机构设置和许可行为，依据《医疗机构管理条例》和《医疗机构管理条例实施细则》等法律法规，起草了《内蒙古自治区医疗机构设置执业登记和校验办法（试行）》及四个配套文件，现正在讨论修订过程中，拟报自治区政府批转后下发全区执行。

为加强内蒙古自治区医师执业管理，提高医师素质，依据《医师定期考核管理办法》，组织起草了《内蒙古自治区医师定期考核管理办法实施细则》，对全区医师定期考核工作进行了全面部署和安排，并据此开展全区医师定期考核工作。

二、医疗质量和医疗安全管理工作

医疗质量管理。一是积极探索建立全区医院长效评价管理机制，依据卫生部《医院管理评价指南（2008版）》，组织专家历时半年时间制定了《内蒙古自治区医院管理评价标准》和《实施细则》。二是制定了《内蒙古自治区三级传染病专科医院评审标准实施细则》，编印了《内蒙古自治区三级传染病专科医院评审手册》，已下发全区执行。三是开始研究起草《内蒙古自治区医疗质量控制标准》各分类标准，拟于12月底修订后下发全区执行，并同步开展全区医疗质量单项质控工作。四是依据卫生部和国家中医药管理局《社区卫生服务机构用药参考目录》，组织有关专家结合自治区常见病、多发病和慢性病的发病特点及用药习惯和民族医药特点，在征求各盟市卫生局意见的基础上，制定了《内蒙古自治区社区卫生服务机构用药参考目录》，已下发全区执行。

护理管理工作。一是按照《卫生部办公厅＜关于印发专科护理领域护士培训大纲＞的通知》要求，制定了《内蒙古自治区临床专科护士培训基地管理办法》，并依托8所三级综合医院积极组织开展专科护士培训工作，目前，8个培训基地的第二期培训工作已结束，共培训专科护士476人。二是为贯彻落实《护士条例》和《护士注册管理办法》，规范内蒙古自治区护士执业注册管理工作，制定印发了《内蒙古自治区护士执业注册工作方案》和《内蒙古自治区换发护士执业证书工作方案》等配套文件，举办了全区护士执业注册联网信息管理系统软件应用培训班，对全区各级卫生行政部门和医疗机构分管护士执业注册管理工作的80余名相关人员进行了培训，对内蒙古自治区护士执业注册方式进行了统一和完善。三是组织举办了纪念“5·12”国际护士节暨《护士条例》宣传贯彻大会。四是组织制订了《内蒙古自治区医院护理工作规范》，对护理人员的执业行为、强化护理管理、提高护理质量等提出了规范要求。五是通过全区竞赛和考核，选拔包钢医院代表自治区参加了全国护士岗位技术能竞赛，取得了铜奖的成绩。六是举办了中蒙俄护理学术研讨会，来自俄罗斯、蒙古国和内蒙古自治区各盟市医疗机构的90余名护理人员参加了研讨会。

血液安全管理。一是对《自治区采供血机构设置规划》进行了重新修订。二是依据血液管理一法两规，对照采供血质量管理体系文件和2007年的专项检查结果，组织全区采供血机构进行全面整改。三是针对春节期间血液供应紧张的形势及汶川地震的实际需要和奥运医疗保障的需要，分别制定了相应的血液采集和供应保障预案，组织开展了血液应急招募、采集工作。四是通过“6·14”世界无偿献血日的宣传活动，建立了无偿献血招募组织，招募无偿献血志愿者60余名。五是组织开展了“全区临床用血及输血管理”、“全区无偿献血招募”、“呼市地区病毒灭活血浆新技术推广”及“全区采供血机构考前辅导培训”等工作。六是组织开展了全区血液质量与临床用血安全管理督导检查工作，形成详尽的督查报告。

医院感染管理。一是组织自治区督查组对全区三级综合医院院感管理工作进行了现场督导检查，同时组织各盟市卫生局对辖区内医疗机构医院感染管理工作进行全方位的督导检查。二是转发了卫生部、国家食品药品监督管理局关于西安交通大学第一附属医院严重医院感染事件和便携式血糖仪采血笔临床使用管理工作的一系列文件，对全区医院感染管理工作提出了具体要求。三是为有效防止医源性感染的发生，制定印发了《内蒙古自治区医疗机构便携式血糖仪采血笔临床使用管理规范》，对全区医疗机构采血笔的临床使用管理工作进行明确规范。

三、医疗准入管理工作

人员准入管理。一是强化培训。在参加全国医师资格考试工作会议和考务管理工作会议后，相继召开全区医师资格考试工作会议及东部和西部两次实践技能考试考务工作暨考官培训会议、考区实践技能巡考员培训班和考区综合笔试巡考员培训班。二是强化责任。建立责任制和责任追究制度，明确各地卫生局一把手为医师资格考试工作第一责任人，分管局长任保密室工作负责人。与各考点签订了《医师资格考试考务管理责任承诺书》。三是强化保密。2008 年对考点保密室的建设和试卷的管理提出具体要求。根据《国家医学统一考试安全保密工作管理办法》内容，设计了《医师资格考试试卷保密管理现场检查表》。卫生厅改建了符合标准要求的考区保密室。四是强化监督。2008 年 5 月初，抽调自治区卫生监督所的监督员，分赴全区 12 个考点进行实地检查，对保密室建设不符合标准的 3 个考点下达了《卫生监督意见书》，提出限期整改意见。五是严肃考纪。为保证考试公平公正，考区逐年增加投入为考点配备防范设备，考试期间抽调人员到考区进行巡考，采取切实可行的措施，严格考风考纪。今年，全区共查处 143 名违纪考生，取消单元成绩 74 人，取消当年成绩 34 人，取消当年考试资格 2 年内不得报考 35 人。六是组织完成了对全区 18380 名医师资格考试报名人员资格审查和考试工作。2008 年资格审核通过 15583 人，未通过 2797 人。参加实践技能考试 15213 人，实践技能考试合格 11539 人。参加综合笔试考生 11539 人。全区共设考场 396 个，聘用监考员 800 人，考区派巡考组 12 个，共 47 人。七是完成了 2007 年度医师资格考试合格人员的制证和下发和护士资格注册工作。2008 年完成医师资格制证 4144 个，完成护士执业注册 3400 余人，完成护士变更注册 312 人。

机构准入管理。2008 年，按照《医疗机构管理条例》的规定，组织完成了对 5 家民营医疗机构的专家评审和验收，组织专家对 7 家新设置的民营医疗机构进行了审查，完成了 17 家医疗机构执业变更登记，在认真审查的基础上完成 10 家执业许可证到期的医疗机构许可证换发工作。

技术准入管理。组织专家历时 1 个月对全区 24 所申请开展心血管介入诊疗技术的医疗机构进行了现场审核，并向厅党组做了专题汇报。向卫生部推荐内蒙古自治区赤峰市医院、内蒙古自治区医院、内蒙古医学院附属医院为冠心病和先天性心脏病介入诊疗培训基地，包头市中心医院为冠心病介入诊疗培训基地，包钢集团职工医院为先天性心脏病介入诊疗培训基地，卫生部审核同意内蒙古自治区医院为第一批卫生部心律失常介入诊疗（导管消融和植入器械）培训基地。

广告资格审查管理。按照《医疗广告管理办法》的规定，切实加强了医疗广告管理，对 55 家医疗机构申请发布的医疗广告进行了严格审查和审批。撤销了 2007 年度篡改《医疗广告审查证明》内容发布医疗广告的 1 家医疗机构的《医疗广告审查证明》，并在一年内不受理该医疗机构的广告审查申请。将违反《医疗广告管理办法》发布医疗广告的 4 家医疗机构移交盟市卫生行政部门进行依法处理。

四、专项工作

继续深入推进医院管理年活动。一是按照卫生部的统一要求，对 2005—2007 年度全区开展医院管理年活动情况进行了全面总结。二是依据《卫生部 2008 年医院管理年活动方案》和《医院管理评价指南（2008 版）》，围绕 2008 年医院管理年活动的 5 项重点要求，制定了《内蒙古自治区 2008 年医院管理年活动考核细则》，已下发全区执行。三是在卫生部 2008 年深化医院管理年活动暨 2008 年全国医政工作会议上，内蒙古医学院附属医院作为全国医院管理年活动先进单位。四是举办了全区三级医院临床药事管理培训班。五是组织专家对提出申请的 2007 年医院评审和医院管理年活动中被卫生厅黄牌警告的包头市中心医院、乌兰浩特市医院、准格尔旗医院进行了整改后复核。六是按照卫生部的要求，组织专家对所推荐的全国院务公开示范点单位进行了认真复核，并将复核结果报送卫生部。七是继续强化惠民医疗服务措施，引导公立医院和其他非营利性医疗机构提供基本医疗卫生服务、设立济困门诊和病床，并将承担惠民服务的情况列为医院考评的主要指标之一。八是举办了全区急诊急救培训班，邀请国内知名学者进行院前急救和院内急诊知识讲座，重点对全区三级综合医院急诊科、ICU 负责人和急诊科青年医师以及盟市“120”急救指挥中心负责人进行培训。

城市支援农村医疗工作。一是继续组织开展万名医师支援农村卫生工程工作。按照卫生部的统一部署，制定下发了《2008 年内蒙古自治区万名医师支援农村卫生工程工作方案》，对内蒙古自治区 2008 年万名医师支援农村卫生工程工作进行了安排部署，明确了 2008 年自治区 35 所城市大中型医疗机构支援 36 所国贫、区贫和边境旗县医院的对口支援关系。通过电话的方式对项目执行情况进行了抽查。为深入了解和掌握全区万名医师支援农村卫生工程工作进展情况，11 月，抽调人员分 12 个组到 36 个受援医院实地检查、掌握 2008 年全区万名医师支援农村卫生工程执行情况。二是组织完成卫生部部属部管医院支援内蒙古自治区贫困旗县医院医疗技术支持、管理和技术人员培训工作。三是根据自治区党委宣传部的工作部署，组织内蒙古自治区医院、内蒙古医学院附属医院、内蒙古妇幼保健院开展了卫生下乡义诊活动。四是组织安排内蒙古自治区基层医疗机构接受 10 所军队医疗机构对口帮扶工作。

防盲工作。一是制定了《内蒙古自治区 2007 年—2010 年防盲工作规划》，已下发全区执行。二是全区确定 7 家符合条件的医疗机构作为内蒙古自治区开展“微笑列车”项目的定点医疗机构，年内共完成 750 例手术。三是组织完成了中西部地区儿童先天性疾病和贫困白内障患者复明项目，截至 2008 年 10 月 31 日共完成 2017 例相关手术。

五、医疗保障和应急医疗工作

奥运会火炬接力传递医疗保障工作。为切实做好奥运火炬在内蒙古自治区接力传递期间的医疗保障工作，研究制定了《奥运火炬接力传递医疗卫生保障工作方案》，对具体工作进行了安排，组织 4 个传递城市制定了相应的医疗保障工作方案，并根据方案提前进行了预演，指定了定点医疗救治机构。2008 年 8 月，奥运火炬相继在内蒙古自治区呼和浩特市、包头市、鄂尔多斯市、赤峰市接力传递，按照组委会的统一要求，抽调精干力量组成医疗保障组派驻火炬接力团队住地，并全程陪伴火炬接力团队赴四个传递城市提供医疗保障。完成了奥运会火炬在内蒙古自治区接力传递活动的医疗保障任务。

抗震救灾工作。“5·12”汶川特大地震发生后，按照厅党组的统一安排，主动率先向卫生部医政司请战，并组织呼包二市三级医疗机构进行抗震救灾人员、物资、车辆的紧急调集和各项准备工作。2008 年 5 月 13 日，在接到自治区抗震救灾指挥部的命令后，连夜抽调医疗人员、筹备物资，在规定时间、指定地点完成集结，随呼和浩特特警支队赴四川汶川地震灾区执行抗震救灾医疗保障任务。5 月 14 日，协助厅党组迅速组建自治区首批医疗卫生救援工作队，全方位进行工作准备，在规定时间起程赴四川地震灾区执行抗震救灾医疗救援任务。接着组织 5 名心理咨询人员随自治区赴川疾病预防控制工作队赴四川地震灾区开展抗震救灾心理咨询工作。协调组建自治区第 4 批医疗卫生救援工作队，按时赴四川地震灾区开展救援工作。在抗震救灾期间，通过医政处前方联络员连续向卫生部和厅应急办公室提供医疗队和医疗救治工作信息。同时，始终保持与前方医疗救援队的联系。

婴幼儿奶粉事件医疗救治工作。我国部分省区发生婴幼儿食用三鹿牌配方奶粉重大食品安全事件以后，在厅党组的坚强领导下，及时采取有效措施，积极组织指导全区卫生系统开展医疗救治工作。一是组建了由全区各三甲级医院儿科、超声影像科、肾内科和泌尿外科等相关专业的 41 名人员组成的自治区医疗救治专家组。制定了工作方案，确定 60 家医疗机构为定点收治医院承担医疗救治任务。组建了 85 支医疗队、513 支医疗筛查工作队开展医疗救治工作。二是多次召开全区食用含三聚氰胺奶粉患儿医疗救治工作视频会议，对全区各级卫生行政部门和医疗机构提出重心下沉、关口前移、免费筛查、实行信息统计报告日报告、零报告制度等要求。三是先后两次通过视频会议开展了针对各盟市相关专业技术人员的诊疗技术专题培训。四是针对老百姓关心的问题，主动与新闻媒体联系，共同策划电视宣传节目，邀请相关专家通过内蒙古电视台《健康热线》节目，回答和介绍群众所关心的问题，群众普遍反应良好。五是积极协调通信等有关部门在自治区疾控中心开通了“12320”公共卫生服务咨询热线，安排专家提供咨询，介绍全区医疗救治情况和疾病相关知识，回答和解释群众提出的问题，消除群众不必要的恐慌心理。六是安排专人负责奶粉事件医疗救治工作数据信息的统计报告工作，每日及时收集、整理、汇总、分析全区各地医疗救治信息和数据，全面掌握全区工作进度，为适时提出干预措施提供依据。并于每天下午 3 点前向卫生部、4 点前向自治区指挥部分别报告相关信息和统计资料，同时，向自治区党委、政府领导签报。七是会同财政厅及时向财政部申请内蒙古自治区医疗救治专项补助经费，对中央财政先后补助内蒙古自治区救治资金及时拨付各盟市，对中央财政安排内蒙古自治区的 960 万元装备资金按照国家招标采购的相关规定，迅速组织安排设备招标采购，并在第一时间将设备配发到医疗机构。八是适时进行督导工作。卫生厅组织专门的督导工作组，由三位厅领导和厅机关相关处室负责人带队分赴几个重点盟市进行专项工作督导，有效保证了医疗救治工作措施的落实效果。九是根据盟市卫生局的要求，及时派出自治区专家组赴盟市对疑难病例进行会诊、指导治疗，并适时统筹医疗资源，及时调集超声专业人员派往病例相对集中的地区，提供技术援助和支持。十是按照卫生部的统一要求，组织对全区报告的 782 例患儿信息进行了逐一核对，建立了内蒙古自治区婴幼儿奶粉事件患儿数据库，并派专人报送卫生部。截至 2008 年底，全区共排查乡镇苏木 3871 个、村嘎查 23125 个、城市街道 3220 个，排查婴幼儿 395899 人、筛查婴幼儿数 139535 人。

其他医疗应急和保障工作。一是 2008 年，东方马拉松越野赛、世界草地与草原大会等多项赛事和会议在内蒙古自治区举行，举世瞩目的神舟七号飞船发射和回收工作在内蒙古自治区境内进行，为做好相关医疗保障和医疗应急工作，相继组织制定了《内蒙古自治区卫生厅处置爆炸和劫持人质恐怖袭击事件医疗卫生救援工作预案》、《2008 年东方马拉松越野赛内蒙古段医疗保障工作方案》、《内蒙古自治区 2008 年世界草地与草原大会医疗服务和医疗救治工作方案》、《内蒙古自治区“神舟”七号主着陆场区应急医疗保障方案》等预案和工作方案，并指导内蒙古自治区定点医院内蒙古医学院附属医院和 4 个相关盟市卫生行政部门进行前期准备工作。按照神舟七号主着陆场区指挥部的统一要求，从内蒙古自治区医院、内蒙古医学院附属医院、内蒙古第四医院、内蒙古医学院二附院选拔 8 名专家组成神舟七号主着陆场医疗保障后备专家组，在“神七”发射和回收期间实行 24 小时待命。二是组建了自治区手足口病防治临床专家工作组，举办了全区儿科专业人员培训班，指导全区开展手足口病的医疗救治。派专家实地指导兴安盟、巴彦淖尔市、鄂尔多斯市手足口病的医疗救治工作。三是组织完成对香港赴内蒙古自治区进行教育扶贫一行 15 人在四子王旗境内发生重大交通事故的人员救治。四是为做好奥运期间的传染病防治工作，与疾控处配合举办了全区三级医疗机构鼠疫和禽流感防治专题培训班，培训各级各类人员 120 多名。

六、其他工作

与相关部门配合，组织全区卫生系统开展《禁毒法》的宣传贯彻工作。组织全区医疗机构开展了兴奋剂管理和使用的检查，进一步加强了医疗机构兴奋剂管理。组织开展全区爱眼日和爱耳日的宣传活动。组织完成了一年一度的征兵体检工作。组织完成了 2007 年度全区旗县医院能力建设项目的设备招标采购工作。组织完成了全区医政管理信息软件的先期研发工作。

（白宝玉　任　钢）

辽宁省医政工作

一、抗震救灾工作

四川汶川地震发生后，在厅党组的统一领导下，医政处全员投入抗震救灾医疗救治工作中。一是反应迅速，在未得到任何上级级部门命令的情况下，正确进行情况预判，5月12日晚，以中国医大一院、省人民医院等省直三甲医院为基础，成立了抗震救灾医疗队，并主动与上级联系，主动请战。二是科学组队。在多次与四川省卫生厅沟通未果、前方需求不明的情况下，根据唐山和海城地震医疗救援工作的经验，选派省内实力最强的医院和各专业的技术骨干，组成了以外科为主，配备麻醉师和手术护士，同时兼顾内科、妇产科、皮肤科的小型医院模式医疗队，同时短期内筹措了足量的自我保障物资和医疗药品。三是创造性开展工作。按卫生部的要求，第一批118人的医疗队于5月14日下午开赴四川，携带药品、器械和各类生活物资12.7吨。为了尽快扭转当时大量伤员无序运转的局面，辽宁医疗队根据救治工作的需要，主动创建新的工作机制，以全面接收急诊科或一个病区为模式，独立开展救治工作，提高了工作效率和救治成功率。四是全力支援。辽宁派出的医疗队全部是高等医学院校附属医院和省直医院组成的专家型医疗队，根据灾区救治工作形势的发展和救治的需求，主动、及时进行医疗队员的专业调整。先后派出综合救援队3支、心理干预医疗队1支、院内感染控制医疗队1支、肾内透析和ICU救治队1支，共计297人，此后又陆续派出2支医疗队驻绵阳开展工作，直至对口支援开始。据统计，救灾第一阶段，辽宁省医疗救援队累计接诊伤员5800人，完成会诊查房6400余人次，各类手术107例，清创等各类处置620例，成功抢救了10名北川废墟中被掩埋超过72小时的危重患者，经治伤员无一死亡，受到当地同行的高度评价，也得到了当地百姓的信任，东北口音的医生成为灾民们看病时的首选医生。医疗队还出色完成了北川紧急搜救、千里转送伤员等任务，赠送给当地医疗设备、药品等物资折合人民币220余万元。五是积极做好接收灾区伤病员医疗救治工作。2008年5月24日、27日，辽宁省沈阳、大连两市的18家三级医院分2批，共接收四川灾区外转伤员244名（卫生部的任务数为243名，其中1名家属到达后被诊断为锁骨骨折，也被接收入院），陪护家属199名。其中沈阳的10家医院接收140人，大连的8家医院接收104人。

2批伤员中，男患126人，女患118人，最大年龄93岁，最小年龄1岁，其中80岁以上21人，10岁以下4人。脊柱骨折、颅内出血、重度挤压伤、冠心病、晚期肺癌等重患70人。

接受任务后，全省医疗机构组织足量的救护车队和医务人员，并协调交警等相关部门，及时、安全地转运伤员。各医院接受任务后，进行了精心准备，设立了独立的病区，配备了最优秀的医务人员，安排了志愿服务人员，并为患者和家属准备了必备的生活用品。在将近5个月的救治工作中，组织省级专家对244名伤员逐一进行会诊，制定周密的治疗方案，同时对重症伤员及疑难病例反复会诊，专家会诊已累计2000余人次，共进行手术76人次97例次，除1人因肺癌死亡外，全部康复出院。

二、奥运会医疗保障工作

建立完善的医疗救治和临床用血应急预案体系。制定了《辽宁省奥运期间突发公共事件医疗卫生救治应急预案》、《辽宁省奥运期间突发公共事件临床用血应急保障预案》，并根据预案的要求，落实相关内容。成立了奥运期间医疗卫生救援领导小组、省级救援专家组，指定定点医院，按要求预留床位。组建了医疗卫生救援机构（包括各市指定一所化学中毒和核辐射事故应急医疗救治专业机构）。明确了奥运期间应急供血包括Rh阴姓血液的重点单位以及顺序后备城市，并对相应的工作进行了检查指导。

组建各类专家和应急机动队。各地按照要求建立了医疗救治专家队伍、急救机动队伍，应急机动队伍实行24小时值班待命，随时增援沈阳市医疗救治与医疗保障，基本做到了车辆、人员、物资、通讯、培训、责任到位。14个市血站建立了38515人的应急献血预备队伍。省直医疗机构组成由内科、外科、感染、中毒、ICU等专业的专家组成省级增援专家组，每个专业10—12人，共78人。分片成立（中、南、西部）三支医疗救援专家组。根据地理位置，将13个市（沈阳除外）划为三片。建立全省医疗救援联系人队伍。各市卫生局主管局长和医政处（科）长为各市专家组的联系人，省直各医疗机构的主管院长和医务部长为联系人，形成辽宁省奥运保障医疗增援工作沟通协调体系。

组织竞赛、培训、演练，全面提高卫生系统应急救治实战能力。先后组织举办了"辽宁省首届急救中心暨紧急医疗救援中心急救技能大赛"和辽宁省医疗机构临床输血安全与成分输血进展培训班、组织沈阳周边城市开展了奥运血液保障应急支援演练。

赛事期间组织有序，圆满完成救治任务。奥运沈阳赛事期间，在主管厅长的率领下，医政处派一名主管副处长进驻赛事场馆，盯住赛前赛后场馆内的情况，确保在发生突发事件的情况下，第一时间报告，第一时间协调指挥，第一时间保障有效救治措施到位。8月6—16日，共出动医护人员5362人次、车辆578台次，圆满完成了12场比赛、262场次训练赛及涉奥场馆的医疗服务安全保障任务。场馆医疗站、定点医院接待宾馆医疗室共接诊689人次，其中运动员24人次、观众526人次、工作人员139人次，转送至定点医院37人次，住院3人；完成54名运动员的兴奋剂检查尿样采集工作并及时送京检测。急救中心每天派出25组、84人分别在奥运场馆和中心内值守待命，沈阳中心血站累计储备血液91万毫升，确保了赛时紧急医疗保障需要。

三、手足口病防治工作

手足口病疫情发生后，按照厅党组的指示，组织全省医疗机构全力开展防治工作。根据卫生部的文件精神结合辽宁省的实际情况，对诊断、治疗的流程、标准、方案等进行了明确，对相关救治工作进行了部署，全省共设置收治定点医院94所，省、市、县（区）、医院均成立了诊治专家组。多次召开电视电话会议或利用“双卫网”，对全省各级专家组成员和（或）各级医疗机构的儿科、呼吸等临床医师进行了全面培训。下派专家重点指导，指派省级专家组人员对重症患儿的救治工作进行现场指导，对特殊病例还由省级大医院支援急救设备，确保救治成功率。共确诊患儿2356例，未发生死亡病例。

在做好辽宁省防治工作的同时，积极支援全国重点地区，先后派出16名专家前往阜阳地区支援，创造了经辽宁省专家救治无1例死亡的成绩，受到卫生部和受援方的高度评价。

四、婴幼儿奶粉事件医疗救治工作

2008年9月，婴幼儿奶粉事件发生后，在厅党组的指挥下，全省医疗机构和医务人员紧急动员和部署，全力开展筛查和救治，截止2008年底，全省累计接诊300291人次、累计确诊4584人、累计住院495人。其中成功救治重症病例1人，已解除重症。全省无死亡病例报告。

加强领导。事件发生后，省卫生厅成立了食用含三聚氰胺奶粉婴幼儿患泌尿系统结石医疗救治领导小组和办公室，厅长担任领导小组组长，各市、县（区）及医疗机构也成立了相应组织。部署细致及时。9月12日起，陆续转发了卫生部等国家部委的一系列文件，并结合辽宁省实际提出相关要求。先后召开6次电视电话会议，为及时贯彻免查政策和组织整合资源，提高工作效率和效果起到了积极作用。工作落实到位。成立了省、市、县（区）、医院各级婴幼儿泌尿系统结石诊疗专家组。对转诊和重症的判定问题进行了明确规定。确定了包括省直8家大型综合性医院在内的203家医疗机构作为全省收治定点医院。定点医院名单及各医院咨询电话向社会公布，各医疗机构延长开诊时间，确保患儿得到及时有效的救治。人员培训全覆盖。除组织专家参加卫生部组织的远程可视培训外，组织专家制定并下发了《辽宁省食用含三聚氰胺奶粉婴幼儿患泌尿系统结石的诊疗方案》，利用“双卫网”，连续3次对全省卫生行政部门的管理干部、各级各类医疗机构特别是县、乡医疗机构领导和医务人员进行了技术培训，使技术培训做到了横向到边、纵向到底。同时组织省级专家进行专题病例讨论会，对各市专家组长进行集中培训。有效应对就诊高峰。各地积极采取措施分流患者，减轻重点医疗机构的压力。一是积极贯彻卫生部“重心下移、关口前移”的原则，下派专家到基层，努力把病人留在当地，就地筛查；发动社区和乡村医生的力量，提前做好奶粉喂养婴幼儿的登记和宣传解释工作，平缓就诊高峰。二是统筹调配医疗资源，加大对重点医院的支持。三是与媒体配合，加强属地、分层、分级救治原则的宣传，引导家长主动避开高峰医院，把就诊高峰扁平化，保证及时得到筛查和诊治。信息工作及时准确。从9月11日起，辽宁省启动医疗机构接诊、筛查患儿情况日报告和零报告制度，卫生厅组织专门人员对各单位上报的数据和情况进行审核，严格把关。工作指导和督导到位。按照省卫生厅的要求，每市对每县（区）派出1支医疗队指导基层的筛查、诊疗工作。9月18日省卫生厅向14个市派出14个督导组对各市的工作进行实地调研督导和政策宣传。

五、卫生信访工作

召开了全省卫生信访工作会议、三次医疗信访、医疗安全工作会议，对相关工作进行部署。建立了处理卫生信访突出问题及群体性事件联席会议制度。由主管厅长任总召集人，成立了6个专项工作小组，针对具体问题进行专项处理，联席会议不定期召开例会，研究部署工作。

在县（区）委书记大接访活动中，紧密配合中央、全省的大接访活动，专门下发文件，要求各地卫生部门投入到该项活动中，积极参与当地的接访，派出专人参加省委组织的大接访督导组，解决卫生信访案件。在大接访活动中，3个上访老户信访问题得到解决，抚顺3起老案取得大幅进展。

国家“两会”期间、奥运会期间，专门制定了《辽宁省卫生厅奥运期间卫生信访稳控及应急处置工作预案》，成立了驻京信访稳控领导小组，董德刚副厅长亲自带队开展驻京稳控工作，建立了与卫生部、省信访局、各市政府驻京工作组之间的工作联系机制，全省卫生系统共派出36人次到京，卫生厅医政处派出王大庆副处长等3人6次50天在京开展劝返和稳控工作。两会和奥运期间，全省卫生系统控访工作取得一定成效，省政府给予了高度评价，我厅的卫生信访工作经验在全国卫生信访工作会议上进行交流。在各级卫生行政部门的共同努力下，辽宁省2例脊灰疫苗接种异常反应患儿家长就补偿问题达成协议。辽宁省血友病感染艾滋病患者继解决医疗问题后，我们又多次向省委省政府争取，协调解决了生活补助、补偿等问题，这两个集体访案件得到圆满解决。

按照《信访条例》、《辽宁省卫生信访事项办理程序》等规定的要求，认真做好日常信访接待处理工作，及时处理信访事项。2008年1－12月，共接待上访

1177案次，其中来信432案次，来访745批1226人次。完成上级转办案件222例，转办下级案件248例。办理复查2例、复核5例。交办各市案件18例。根据《医疗事故处理条例》的有关规定，对9起医疗纠纷案商请了中华医学会鉴定。

编印《辽宁卫生信访信息》，总结交流经验，开展全省医疗机构医疗信访问题及隐患大排查，加强源头治理，并将矛盾化解在基层。扎实工作取得显著效果。

六、医疗机构管理

制定了《辽宁省医疗美容主诊医师资格认定管理办法》开展年度美容主诊医师认定工作。共133人参加考核，经理论、答辩两次考评，76人取得美容主诊医师资格。对全省取得人体器官移植技术准入资格的7家医疗机构（包括军队2家）进行复核。按卫生部要求，从2007年年底开始，对全省心脏介入诊疗科目进行技术准入，目前已完成准入考核。共办理医疗机构变更手续11件次。继续开展"以病人为中心，以提高医疗服务质量为主题"的医院管理年活动，结合辽宁省实际提出了具体要求，各医疗机构结合过去几年卫生行政部门检查时指出的问题进行进一步整改，部分地区进行了抽查。开展医疗体制改革前期调研工作，先后召开省直、医学院校、企业医院院长座谈会，对国内医改先行地区进行考察。

七、血液管理工作

组织临床输血安全与成分输血进展培训班，118家临床用血医疗单位主管院长、输血科及相关科室主任等162名学员参加培训。为进一步加强对采供血机构的规范化管理，提高全省采供血机构综合水平，保障受血者和献血者身体健康，保证血液质量和临床用血安全，组织修订并印发了《辽宁省先进采供血机构评定标准及办法》。印发了《关于加强血站区域性中心储血室和固定采血点管理工作的通知》，进一步明确了血站区域性中心储血室和固定采血点的职能，并对各市设立的中心储血室和固定采血点进行抽查，对挂中心血站固定采血点名称，但仍具备基层县级血站职能的，要求其立即停止血液采集和制备。组织对全省采供血机构落实"一个办法两个规范"情况进行检查。按照卫生部的部署，组织落实辽宁省血液集中化检测试点工作，组织沈阳和本溪、大连和营口市签定了血液集中检测合同，开展了对试点单位的调研和督促检查。结合无偿献血宣传日，大力开展无偿献血宣传工作，扩大自愿无偿献血队伍，鼓励扩大定期献血者的队伍，将无偿献血工作向农村延伸。组织对全省采供血机构核发执业许可证和对采供血机构岗位考核合格的从业人员发放岗位培训合格证书工作。

八、考试工作

2008年辽宁省有23358名医师报名参加执业医师考试，通过考点、考区资格审查，487名审核不合格，未通过审核人数占报名人数的2.08%，其中伪造虚假学历104名，占未通过审核人数的21.35%。22871名医师取得医师资格考试资格。

实践技能考试。2008年辽宁省有22446名医师参加了实践技能考试。公共卫生类别的考生全省设沈阳一个实践技能考试基地，口腔类别设沈阳、大连、锦州三个实践技能考试基地。其他类别在14个考点进行技能考试。为了统一实践技能考试考官评分标准，2008年各考点实践技能考试的首席考官直接参加了全国实践技能考官培训。2008年省医师资格考试领导小组首次向各考点派遣了考区巡考员，指导、监督考点考试工作，并对技能考试的每一个细节进行了周密部署。

综合医学笔试。2008年辽宁省共有17211名考生参加辽宁省医师资格综合医学笔试，其中临床执业医师7980名，口腔执业医师887名，公共卫生执业医师197名，中医执业医师1249名，中西医结合执业医师146名，蒙医执业医师18名。全省14个考点考试安全、平稳、顺利，公共卫生类别的考生按地域分别集中于沈阳、大连、锦州3个考点进行综合笔试，控制了各考点考生少出现雷同率的机会。

严格考务管理，严肃考风考纪。辽宁省医师资格考试领导小组非常重视医师资格工作，于9月7日召开了由各市主管医师资格考试的副局长、医政处（科）长和考试负责人参加的省医师资格综合医学笔试工作会议，董德刚副厅长作了重要讲话，宋文舸处长对辽宁省笔试工作作了具体按排，重点强调了安全保密工作。对2007年笔试雷同率偏高的考点，提出了整改要求，并形成文字材料报考区审核。14个考点均在相对封闭考试场所进行考试。考区全部考场进行了通讯信号屏蔽，均使用了金属探测仪。14个考点均在当地纪检部门监督下进行考试。监考员全部实行每单元随即抽取监考考场。部分考点还取得了公安部门、无线电管理委员会等相关部门配合，加大了对考试违纪的查处力度，确保了考试安全、公平进行。

2008年执业医师考试全省实行了网上报名，网上报名工作顺利。

九、急救、支援农村卫生工作

举办"辽宁省首届急救中心暨紧急医疗救援中心急救技能大赛"，全省14个市的急救中心、42名个人参赛。包括成人基础生命支持术、创伤止血包扎术、气管插管术和颈椎损伤固定与搬运术。此次比赛达到了推动训练、培训骨干和检验成果的多重目标。开展对全省急救中心（站）暨紧急医疗久远中心基本情况的调查。对全省40个县医院基本情况开展调研并形成调研报告，分析辽宁省县医院的运行情况、存在问题及对策措施。制定2008年辽宁省"城市医师支援农村卫生工程"实施方案，支援全省（除大连市外）全部县医院（40个）和3个中医院，支援309个乡镇卫生院。进一步加强对县医院医疗骨干的培训力度，在中国医大一院设立的辽宁省县（市、区）级医院临床骨干医师培训中心，对全省县医院的内、外、妇、儿、传染、检验、急诊等主要科室的科主任全部培训一次。组织开展全省医疗扶贫和卫生下乡行动。

十、护理、院感、药事工作

认真贯彻落实《护士条例》的各项要求；5月12日召开辽宁省贯彻实施《护士条例》暨庆祝“5·12”护士节电视电话会议。建立严格的护士执业准入制定，细化护士执业注册的条件和程序，保证护士队伍的基本素质。贯彻落实《辽宁省贯彻落实卫生部<中国护理事业发展规划纲要（2005—2010年）>实施方案》，完成全省二级以上医院护士基本情况调查。组织研究并修改辽宁省护理病历书写规范，修订省护理工作质量管理标准及规范。成立辽宁省护理人员培训中心，中心设在中国医科大学附属盛京医院。3月26—27日参加全国卫生系统护士岗位技能竞赛复赛。全国参加复赛的共有41家医院，中国医科大学附属第一医院和中国医科大学附属盛京医院分别取得了一等奖和优秀奖的好成绩。10月组织召开两次医院感染工作会议，传达卫生部紧急电视电话会议精神，通报西安交大第一附属医院严重医院感染事件和云南红河州刺五加事件，并对相关工作进行部署。组织召开护理与医院感染工作研讨会，全省二级以上医院护理部主任均参加。认真贯彻执行《处方管理办法》，对各医疗机构开具处方情况、购进药品“一品两规”等执行情况进行阶段性总结。加强医疗机构内部麻醉药品、精神药品的安全管理工作。为深入贯彻《禁毒法》、《麻醉药品和精神药品管理条例》，举办麻醉药品和精神药品使用管理师资培训班。严格管理毒麻药品印鉴卡的发放和备案工作。制定《辽宁省三级甲等医院三种清洁手术预防用抗菌药物干预研究》。同时举办药物和治疗学委员会（DTC）辽宁地区培训班，邀请中国医院协会药事管理专业委员会10名专家进行专题讲座，全省70余家医疗机构的院长和药剂科主任共100余人参加。

十一、其他工作

组织做好中央财政补助在辽宁省实施的健康快车项目。完成全省医疗广告审批285个。组织开展中央财政补助唇腭裂救治项目，与12个项目医院签定了协议。为进一步加强艾滋病临床诊治工作，加大对各地的工作指导，组建了省级艾滋病临床救治专家工作组。组织、指导开展全省高考体检、征兵体检及残情评定的有关工作。

（董德刚　宋文舸）

吉林省医政工作

一、医院管理年活动得到加强

2008年，吉林省继续开展“以病人为中心，以提高医疗服务质量为主题”的医院管理年活动。此项活动开展3年来，吉林省各级各类医疗机构的领导者管理意识明显增强，医疗质量明显提高，服务态度明显改善，医疗安全得到保障，基本实现了为广大群众提供便捷、可及、安全、合理、有效的医疗服务。同时，院务公开、适度医疗、检验结果相互确认、单病种医疗费用统计、规范医疗收费等以病人为中心的便民服务措施，使吉林省门诊病人人均医疗费用为96元，比全国同期平均费用158元少39%，住院患者平均医疗费用为3312元，比全国同期平均费用5668元少42%。

二、医院等级复核评价工作

2008年，吉林省本级和市州两级卫生行政部门，先后对全省所有二级以上医疗机构进行了等级复核评价，仅吉林省卫生厅就组织了36名专家，利用40余天时间，对35家二级甲等以上医疗机构进行复核评价，结果有29家医疗机构顺利通过了等级评价，有6家医院没有达标，要求限期整改。组织百余位专家，起草了包括二、三级综合医院和12家专科医院在内的13类、26套《吉林省医院等级评价标准》，为2009年全面启动新一轮医院等级评价奠定了基础，并已下发医院等级评价方案、标准、申请书和推荐专家库等4个配套文件。

三、完成重大突发公共卫生事件的医疗救治

抗震救灾工作有条不紊。2008年5月13日，吉林省连夜组建由116名医疗队员组成的第一批赴川救灾医疗队，筹备价值600多万元救援物资和药品；5月28日，组建21名ICU护士派赴成都华西医大；5月30日，再次组织26人的第二批医疗队进驻汶川，各医疗队先后诊治患者9757例，巡诊11706人次；问题奶粉事件取得阶段性成果。吉林省在第一时间制定了工作预案，明确了相关责任，先后下发指导性文件、转发明传电报及密码打电报15个，召开电视电话会议12次，专题会议5次，向省政府专题汇报7次，确定省级定点医院13家，市级、县（市、区）定点医院62家，动员全省一切可用医疗资源，放弃节假日休息，全力以赴开展筛查和医疗救治工作，还组织省级专家到全省37家定点医院现场督导，并设专人负责信息的统计、分析、上报和归类。截至2008年底，全省共筛查145659人，确诊1456人，患儿赔偿金发放工作也已顺利结束。

手足口病基本得到控制。吉林省在第一时间成立了省级救治手足口病领导小组和省、市两级专家组，先后举办多次全省手足口病诊治培训班，培训人员千余人，下发指导性和规范性文件10个，组织20余人次的专家到吉林市、四平市开展现场指导。

其他应急医疗救治工作。妥善处置“9·25”涉外交通事故和发生在吉大一院ICU病房21人感染鲍曼不动杆菌和吉大二院22人发生使用“粘贴宁”导致手术患者不良反应事件。

组织奥运火炬传递紧急医疗救治工作。在松原、长春、延边等地严密组织火炬传递工作，派医务人员及120急救车，跟随传递队伍，投放大量人力、物力做好突发事件预防和医疗紧急救治工作。

四、临床用血与供血管理得到规范

编写了《吉林省临床用血实用指南》，规范了医疗机构临床用血制度。以确保输血安全为中心的采供血服务体系和监督管理体系建设逐步得到完善，吉林省临床用无偿献血率已达98%以上，成分用血达到85%以上，长春市、吉林市被评为全国无偿献血先进城市。

五、院前及院内急诊急救得到加强

全省120急救中心（站）运行良好，出诊时间（长春市5分钟到达现场）、抢救成功率、规范化、程序化服务等都较过去有明显改善。院内急救工作得到加强，还举办了300多人参加的全省应急医疗救治培训班，规范了院内急救的相关程序。

六、民营医疗机构整顿

各市、州按照省卫生厅的统一部署，对辖区内的医疗广告和民营医疗机构不良执业行为进行清理整顿，吉林省共取缔违规医疗广告220起，取缔违规民营医疗机构280家，限期整改的民营医疗机构795家，进一步规范民营医疗机构的执业行为。

七、医疗广告监管得到有效监控

吉林省卫生厅会同省工商局，对省及长春新闻媒体发布的医疗广告进行了专项监测，共监测医疗广告1654条（次）。涉嫌违法广告1427条次。2008年12月，又对部分违规医疗广告进行清理，进一步净化了医疗市场，确保了患者利益。

八、完成执业医师考试考务工作

2008年，吉林省共有21123名考生参加了执业医师笔试，为了降低雷同率，规范了考务流程、加大了巡考力度、明确了相关责任，吉林省考区办分别与各考点和考区的巡考人员签定了目标责任书，而且巡考人员由过去每个市州2人，增加到4人，新增的2名巡考从纪检

监察和各市州卫生局从事保密工作的人员中抽调，并要求考区巡考人员要将各考点的所有考场划成4个区域（如1—10考场为一个域，以此类推），由4名巡考人员分别负责一个区域，并将所承担区域的相关信息填入《吉林省2008年医师资格考试巡考责任栏》中，以便事后问责。同时要求巡考人员在每单元考试尚未结束前，不得离开考场，在所有单元考试全部结束之前，不得离开考点。从国家考试中心反馈的情况看，吉林省2008年的雷同率较过去明显下降。

九、院内感染得到有效控制

2008年10月，吉林省汲取西安交大重大院内感染事件的教训，组织17名专家分成5个检查组，对全省9个市州68家医疗机构的医院感染管理预防和控制工作进行专项督导检查，共查出存在问题340条，在如实下发通报的同时，召开400人大会，通报检查结果，提出整改要求，并在12月，组织人员对各地的整改情况进行了督导。

十、事务性工作

2008年吉林省卫生厅医政处共召开了38个全省会议（电视电话会议、工作会议、动员大会、通报会、座谈会等）；到各市州进行调研18次；下发政策性文件116个；出版发行《吉林医苑》报12期；编辑《吉林医政工作》信息20期；开展专项检查10次；组织了近126名专家进行实地督导；有15项医政工作取得了突破性进展；举办了12个专题讲座及培训班；组织医务人员支援农村卫生及社区卫生工作、医务人员“三下乡”达752人；完成10余次重大事件医疗救治工作。

（侯明山　郭齐祥）

黑龙江省医政工作

一、抗震救灾医疗救治工作

“5·12”汶川特大地震发生后，厅党组立即成立了支援四川抗震救灾工作领导小组。在对四川灾区实施医疗救援的工作中，医政处承担了承上启下，指挥协调的任务。全处同志饱含着对灾区人民的关心和爱心，把全副精力投入到抗震救灾医疗救援工作中去。黑龙江省医政处处长张晓炬和王兆宏都亲自带领医疗队奔赴灾区。医政处其他同志坚守岗位，从地震当天开始连续20余日放弃了周末休息，做好与卫生部和前方灾区的协调工作，妥善安排各支医疗队的人员、出发时间、后勤保障。及时制定印发了《黑龙江省赴四川抗震救灾医疗防疫队岗位轮换制度》，为抗震救灾工作顺利开展奠定基础。

截至2008年6月27日，共向地震灾区组织派出医疗队员282人次，服务在17个灾民安置点和指定救灾医院，医疗救援队累计救治伤病员5488名，实施手术147例，抢救急重症患者452例，诊疗当地群众19492人次，并参与震区防疫工作，完成消杀面积54.6万平方米，黑龙江省驻什邡医疗队于5月29日护送350名伤员乘专列转运至杭州进行治疗。医疗队在灾区不畏艰险，克服困难，涌现出大批先进典型和可歌可泣的事迹。同时于5月22日调集20万毫升血浆紧急支援昆明。医疗队的工作得到各界好评，四川省卫生厅专程发来感谢电，省委、省政府也给医疗队发了慰问电，省委书记吉炳轩同志亲自批示“黑龙江省卫生战线在支援四川抗震救灾工作中，行动迅速，组织有力，赴川医务人员克服困难，无私奉献，做到了尽职尽责，全心全力。”对卫生厅和黑龙江省医疗队的工作给予高度赞扬，并代表省委、省政府向赴灾区医务人员表示慰问和感谢。医政处获得抗震救灾先进集体称号，张晓炬处长获得全国抗震救灾先进个人称号，王兆宏被评为黑龙江省卫生系统抗震救灾先进标兵，其余同志也被评为抗震救灾先进个人。

二、安排2009年大冬会医疗保障工作

哈尔滨第24届世界大学生冬季运动会，将于2009年2月18—28日在哈尔滨举行。为做好比赛期间的医疗保障工作，2月13日，卫生厅成立了大冬会卫生医疗部，李斌厅长亲自担任部长，副厅长赵忠厚担任副部长，成员包括卫生厅医政处处长张晓炬、医政处曹俊环、哈市卫生局副局长李若奇、市卫生局医政处处长柯云楠等。卫生医疗部制定完成了详细的大冬会医疗救治工作方案并多次赴亚布力及市内各比赛场所调研。10月21—22日，2009年第24届世界大学生冬季运动会组委会相关部门一行41人在程幼东副省长和大冬会组委会副秘书长钱茂忠同志带领下赴北京考察了北京奥委会对2008年北京奥运会筹备组织情况，黑龙江省卫生厅李斌厅长和医政处邢济春处长参加了考察。先后制定了总体工作方案和医疗救治组工作方案，《大冬会赛场医疗救治预案》、《大冬会后备医院医疗服务预案》、《大冬会外国运动员、外宾医疗、会诊、转诊、手术审批与医疗事故处理制度》等。完成了大冬会《团长手册》及《综合指南》卫生医疗救治部分的编写工作。在赛会期间，将设立卫生医疗保障现场总指挥组和3个分指挥组，另外，设立一个巡回督导组。目前大冬会筹备工作已进入关键阶段，卫生厅对医疗站点设置、救护车辆配备，医护人员安排，应急处理流程及血液储备保障等工作都进行了进一步的论证，务求做到万无一失，保证大冬会顺利进行。

三、加强医疗服务管理，规范医疗服务行为，促进医疗质量不断提高

2008年6月5日，组织召开了2008年全省医院工作会议。全省各地、市、县卫生局主管局长和医政科长，全省二级以上医院院长和医务科长等共近400人参加会议。会上李斌厅长做了题为“站在新的历史起点上，全力推进黑龙江省医院工作更好更快发展”的重要讲话，确立了医政工作的指导思想，指出了医政工作任务，明确了医政工作要求，指导医政工作健康发展。

继续深入开展“以病人为中心，以提高医疗服务质量为主题”的医院管理年活动，采取多种形式将“医院管理年”活动落实为长效机制，常抓不懈。3月，组织专家分别对11所三级和6所二级综合医院通过数据统计和实地调研相结合的形式对医疗质量、安全、服务、费用运行情况进行综合评价，通过调研发现医院工作中存在的问题并提出了解决方案，有效改进医院工作。

成立管理机构，加强管理力量。2008年，按照厅党组的部署，黑龙江省卫生厅组织成立了黑龙江省医学考试中心、省医院管理中心、省急救中心，省医学考试中心设立在省卫生学校，省医院管理中心设立在省临床检验中心，省急救中心在原哈尔滨急救中心的基础上成立，目前，3个中心的成立已经通过专家论证和厅党组会讨论通过并挂牌。省医疗机构管理中心成立后，组织专家制定完成黑龙江省医疗机构实施方案和评审基本标准，并组建了组建医院评审专家库，将在医院等级评审中负责组织实施评审的受理、初审、第三方评审的委托事宜。同时还将组织制定黑龙江省医疗机构的发展规划、管理办法、服务标准技术规范和医务人员职业标准，并对医疗机构的医疗质量和服务质量进行评价。省急救中心成立后，承担了检查、指导、协调全省医疗急救机构和医疗机构急救资源职能，配合政府有关部门承

担院前急救市场的监督管理工作的任务。同时承担了全省医疗急救机构的质量控制与评价，开展院前急救相关的科研工作任务，负责对全省医疗急救机构和医疗机构进行相关业务培训与技术指导，开展公众急救知识的宣传普及教育工作。在全省大型突发公共卫生事件和灾害事故中，承担院前急救工作，受省卫生厅委托行使指挥、调动全省医疗急救资源职能，承担紧急医疗救援任务和全省大型活动的医疗保健任务。省医学考试中心成立后，在卫生厅党组领导下参与了2008年度执业医师考试的考务工作。这3个中心的成立将促使黑龙江省医政工作上一个新台阶，将更有利于对全省的医疗工作统筹管理，更好的适应医疗体制改革的要求。

强化医疗机构管理，促进医疗服务质量提高。制订完成了黑龙江省《病例书写规范》。结合黑龙江省实际制定了《黑龙江省医疗机构不良执业行为积分管理暂行办法》。通过不良记分管理办法的切实执行，强化医疗机构管理。目前全省各级医疗机构已建立了记分档案，并对医疗机构不良执业行为中的违法行为在实行积分管理的同时依法予以行政处罚，实施以来已对12家达到处罚积分的医院进行了暂缓校验及其他相应处罚。

规范医疗机构执业行为，净化就医环境。深入贯彻落实《医疗广告管理办法》，对1月份以来医疗机构违法发布医疗广告情况进行梳理，并通过多种形式组织医疗机构开展《医疗广告管理办法》学习宣传教育活动，同时通过严格审批，全面监测，深入开展打击违法虚假医疗广告的清理整顿工作。对黑龙江省医疗广告审批程序进行修订，并经厅党组会讨论通过已正式实施。依据《医疗广告管理办法》和《黑龙江省医疗广告审批程序》严格医疗广告成品审查出证工作，及时在黑龙江省卫生信息网和黑龙江卫生监督网公示审批出证的30家《医疗广告审查证明》。同时全面落实打击违法医疗广告相关工作制度，对监测到的违法发布医疗广告的67家医疗机构进行监督检查，对医疗机构法人进行了告诫谈话，向医疗单位下达了警告和限期整改意见。对省公安消防医院等7家部队医院移送其主管单位，并同时移送工商部门查处，净化就医环境。

做好院务公开工作，保障群众的就医知情权。2008年黑龙江省医政处着力推动院务公开和政务公开工作，要求到2008年底前，全省二级以上医院应普遍实施医院院务公开，同时，5月1日国务院《政务公开条例》正式实施，黑龙江省医政处完成了黑龙江省二级以上医疗机构简介、医院指南、医疗服务和二级以上医疗机构名单公示工作。

四、严格准入管理，保障医疗服务安全

完成了2008年度医师执业考试报名和考务工作。2008年医师资格考试网报人数：34910人；参加实践技能考试人数：24129人；实践技能考试通过率：73.83%。参加医学综合笔试人数为：17446人；全省设置考场642个（其中标准考场：575个，非标准考场67个）；考试工作人员2148名。厅党组高度重视2008年度医师资格考试工作，李斌厅长为全省医师资格考试第一责任人。各地卫生行政部门主要领导为医师资格考试工作第一责任人，分管领导为直接责任人，实行“一把手工程”。9月12日召开了全省2008年度医师资格考试医学综合笔试工作会议，李斌厅长亲自参加并与各考点主考（卫生局一把手）签订了《黑龙江省医师资格考试医学综合笔试责任承诺书》，明确考试工作任务，落实工作责任。先后制订下发了《黑龙江省卫生厅关于做好2008年度医师资格医学综合笔试考务工作的通知》和《黑龙江省卫生厅2008年度医师资格医学综合笔试考务工作督导巡视方案》，全面安排部署考试考务工作，笔试期间所有考点都使用了手机信号屏蔽设备（689台）；所有的考点都使用了金属探测设备（174台）和无线耳机监测设备（103台）；13个考点使用了电子监测、追踪和干扰车（15台），有的考点还配备了对讲机、身份证识别仪和耳镜等仪器设备。查处违纪考生459人。其中给313名考生被取消当年考试成绩和2年内不得报考的处罚。

在厅党组的领导下，2008年医师资格考试工作做到了精心组织，周密安排，落实责任，重心下移，把工作、责任落实到每一个考场，每一名考试工作人员，实现了厅党组要求的医师资格考试医学综合笔试安全、顺利、平稳、有序进行的目标。同时，受到了卫生部安全保密检查组和医学综合笔试督导检查组的充分肯定和高度评价。

有效实施了医师定期考核和医德考评工作。制定了《黑龙江省医师定期考核管理办法实施细则》，为黑龙江省建立医师定期考核的长效机制打下良好的基础。制定了《黑龙江省医务人员医德考评实施办法（试行）》，将医务人员的医德状况纳入考评范围，对医务人员进行科学有效的评价和监督。

认真筹划医院等级评审的前期准备工作。制定完成实施方案和评审基本标准。成立医院评审委员会，负责领导、监督医院评审工作，组织实施医疗机构评审。组建医院评审专家库。2008年准备选择2到3所医院为试点单位，开展试评审工作，总结经验、持续改进，为黑龙江省全面开展评审工作奠定基础。

稳步启动院长职业化培训工作。制定下发了《黑龙江省二级以上医院院长职业化培训方案》，并于10月17—20日举办了第一期培训。全省近200家二级以上医院的224名院长、副院长参加了培训。12月10—13日举办了第二期培训。全省300余家二级以上医院共400余名院长、副院长参加了培训。通过职业化培训全面提高黑龙江省医院管理者的管理技能和水平，加快黑龙江省医院院长职业化进程。今后卫生厅将滚动组织培训，计划在三年内将全省医院院长培训完毕，以提高黑龙江省医院管理水平，适应医改新形势的需要。

规范民营医院设置审批程序。为了进一步鼓励、支持全省县域民营医疗机构发展，加强民营医院的准入管理，规范民营医院的审批程序，使医疗机构准入程序更加科学、规范，同时达到医疗资源优化配置，全面规划

黑龙江省医疗卫生资源目的，根据《医疗机构管理条例》等有关法律法规规定，结合黑龙江省实际遵循公开公平公正高效便民的原则，2008年初黑龙江省卫生厅医政处制定了100张床位以上民营医疗机构审批工作程序。审批程序明确了各级卫生行政部门职责，经厅党组会讨论通过已正式实施。

严肃查处违规审批医疗机构行为。一是充分利用所有医疗卫生资源，科学设置，合理规划全省各级各类医疗机构。按照效益、公平和内涵发展的原则，加强市郊、新区、农村基层医疗机构的建设，实现医疗机构由数量规模型发展向质量效益型转变，重点发展社区医疗、急救医疗、康复医疗、医学重点学科和医疗特色专科。二是严格医疗机构登记管理。依据《医疗机构管理条例》、《医疗机构基本标准》、《医疗机构设置规划》，对拟成立的医疗机构严格审核，建立专家现场审查评议制度，从机构依法执业、人员资质、设备设施等方面进行全面审查，准确核定医疗机构的诊疗科目，强化了医疗机构设置审批备案管理。三是加强医疗机构档案管理，逐步完善了机构的执业登记、变更、校验等内容，建立了完整的医疗机构档案管理制度，进一步健全医疗机构信息数据库，实现医疗机构信息的动态管理。档案由专人负责归档和管理，做到一机构一档案，确保了医疗机构管理的规范化。

严格医疗技术准入管理，确保医疗安全。继续按照黑龙江省区域卫生规划，做好医疗机构技术准入管理，确保实施新技术的医疗机构各项条件完备、成熟。在完成器官移植和非血源性造血干细胞移植准入的基础上，抓好心脏介入治疗、人工大关节置换等单项技术准入工作。做好医疗新技术评审，促进新技术的临床应用，造福群众。

化解医患矛盾，做好医疗纠纷处理工作。2008年医政处共接待医疗纠纷上访67人次，投诉信件27封，还有多次电话投诉。医政处将医疗事故技术鉴定作为医疗纠纷处理的重要一环，使之走向健康、规范、有序的良性发展道路，目前医疗事故主要包括申请鉴定和善后处理，缺乏行政处理环节。在大医政思想指导下解决医技鉴定和行政处理脱节的现状，由省医学会每月通报医疗事故鉴定情况，对事实清楚、情节严重的事故对有关医院和人员提出通报和处理意见。

为了贯彻落实卫生部、国家中医药管理局、中国保监会《关于推动医疗责任保险有关问题的通知》文件精神，建立和完善全省医疗执业风险的社会承担机制，提高患者、医疗机构和医务人员防御医疗风险的能力，保障医患双方的合法权益，有效地化解医疗风险，营造和谐社会。卫生厅拟在全省医疗机构实施医疗责任保险，它是医疗机构在执业过程中，处理医疗纠纷与经济赔偿的一种社会分担机制。真正形成发生医疗纠纷由第三方调解处理，保险公司赔偿，而不是在医院纠缠的局面。医院从繁杂的医疗纠纷中解脱出来，把有限的精力用在医疗管理上。拟先行在哈尔滨试点。医政处已对此项工作进行了积极论证，已形成初步方案。

五、做好护理工作，加强护理队伍建设

2008年5月12日，《护士条例》正式开始实施，5月9—11日，黑龙江省卫生厅医政处举办了全省《护士条例》培训班暨护理工作表彰总结大会，在全省评选了25个优秀护理集体和100名护理工作先进个人，全省二级以上医院护理部主任及相关人员共300于人参加了会议。5月11日，在北方剧场组织了全省护理工作者文艺汇演，省委常委，省委宣传部长衣俊卿同志、省卫生厅李斌厅长及厅党组成员观看了演出并发表了重要讲话。省委领导对黑龙江省卫生厅医政处组织的培训及文艺汇演给予了高度评价。为贯彻落实《中国护理事业发展规划纲要（2005—2010）》，加强医院临床专业化护理骨干的培养，提高黑龙江省临床护士的专科护理水平，按2008年工作计划，以卫生部《专科护理领域护士培训大纲》为指南，根据黑龙江省护理队伍现状，制订了《黑龙江省专科护士培训方案》。考察并设立了5个专科护士培训基地（省医院、哈医大一院、哈医大二院、哈医大三院、哈医大四院），现已完成手术室、肿瘤、ICU专科护士培训教材的撰写，同时为加强对全省护理队伍三基三严的培训，根据卫生部对50项护理技能操作的要求，2008年6月完成了《黑龙江省护理技能操作手册》的编写与印刷，并完成了《黑龙江省护理技能操作》光盘的录制工作。按照国家《护士条例》和《护士执业注册管理办法》的要求，全国要统一换发护士执业证书。为保证黑龙江省护士执业证书换发工作有序进行，制定下发了《护士执业证书换发工作方案》。按照已经取得护士执业证书或者护理专业技术职称、从事护理活动的人员的条件，黑龙江省有近7万名护士需要换证，现各地已按方案的要求，开始了换证前的登记工作，12月10日，明科公司将来黑龙江省对《护士执业注册联网管理信息系统》软件进行系统培训。届时将组织各地有序的开展换证工作。

六、做好血液管理工作，保证临床用血安全

2008年是《献血法》实施的第10年，也是全省采供血工作收获的一年。黑龙江省自愿无偿献血工作保持着蓬勃发展的良好局面，完成了自愿无偿献血100%的目标，首次荣获全国无偿献血先进省称号，哈尔滨市等十三所市（行署）荣获无偿献血先进城市奖；全省有591人荣获无偿献血奉献奖金奖、399人荣获无偿献血奉献奖银奖、1215人荣获无偿献血奉献奖铜奖、另有45人和单位荣获无偿献血促进奖。全省已步入到自愿无偿献血时期；重点强化采供血机构质量管理体系建设；推进了血液管理安全工作责任目标制；全省血液管理信息系统建设进展顺利，整体推进了血液管理工作。2008年，前三个季度全省采集全血65.5吨；机采血小板12441人次；支援地震灾区新鲜冰冻血浆20万毫升，血液供应充足，安全有效。

全省血液管理信息系统建设初具规模。13个市

（地）中心血站与省血液中心数据网络中心已完成联接，79家医院已经安装软件并能实现日常业务处理。在国内第一家实现全省一个平台，一个标准，实现各级卫生主管部门、医院和血站在原有软件基础上的全省实时联网管理。对每袋血液从采集到临床使用进行全程实时监控和追踪，确保了采供血服务质量和血液安全，提高血液管理和监督效率，进一步保证了黑龙江省广大献血者和用血者的安全。

采供血机构质量管理体系建设在全省已全面铺开。各地卫生行政部门和采供血机构都充分认识了质量体系建设工作的重要性，在省卫生厅统一培训和省血液中心指导下，中心血站层面质量体系建设基本覆盖了血站采供血全过程，质量体系充分、适宜。省血液中心、中心血站在重点组织全员宣贯《血站管理办法》、《血站质量管理规范》和《血站实验室质量管理规范》基础上，分析差距，严密监控采供血过程、设备、软件和产品的质量状况，对日常使用的原辅材料和试剂进行质量抽检，对全血、成分血执行监测，质量管理体系的执行力明显提高，确保了血液安全，保证了采供血业务的有效运行。同时，单采血浆站质量管理体系建设工作也在有序进行中，继续健全了各项管理制度和标准操作程序；加强了员工的站内外培训，建立了涵盖采供原料血浆全过程的质量管理体系基本框架，规范了单采血浆站执业行为。2008年黑龙江省对中心血站区域集中检测实验室、具有独立检验功能的中心血库实验室血样进行了抽检，362份血样100%符合国家标准。

七、继续实施“万名医师支援农村卫生工程”，做好卫生支农工作

提高认识，高度重视。把《卫生部关于实施“万名医师支援农村卫生工程”的通知》的要求列为省委、省政府2008年任务目标，作为全省卫生工作的重点，摆上全省卫生工作重要的议事日程。统筹协调，周密安排。制订下发了《黑龙江省“万名医师支援农村卫生工程”项目执行方案》，进一步明确了工作目标、支援对象、责任分工、经费安排和工作要求，做到统一思想，统一程序，统一目标，统一时间，统一要求。本着互相协商，保证需要，满足数量，确保质量的原则，在全省组织了7个地市的27家城市三级医院的内科、外科、妇科、儿科、放射线科、护理以及医院管理等科室思想素质好、业务能力强、具有指导临床实际工作和解决疑难、危重病人的能力，又能胜任教学、培训工作任务的75名具有副高职以上或高年资主治医师资格的技术骨干，按规定时间，按时分赴各对口支援的14个国家级贫困县医院（其中2家为中医院）和1个重点扶持县实施支援。健全制度，完善机制。先后制定下发的《黑龙江省“万名医师支援农村卫生工程”项目工作制度》等有关管理规定和制度，并逐步建立健全激励机制和责任追究制度。对卫生行政部门、支援单位、受援单位和派驻医师进行实行项目评估和考核，把落实援助任务列入年度重点工作目标进行考核，把“万名医师支援农村卫生工程”作为全省医政工作单项奖励项目之一，建立工作制度，完善管理机制，有效保障“万名医师支援农村卫生工程”的顺利实施。部门协调，分工合作。黑龙江省卫生厅和财政厅，厅里和省中医管理局以及厅机关、省中医管理局机关相关处室共同协商，相互沟通，分工协作，联合指导，全力做好“万名医师支援农村卫生工程”工作。落实资金，保障待遇，有力支撑“万名医师支援农村卫生工程”工作。省财政厅大力支持，积极安排配套资金，做到及时到位。积极行动，规范实施，有效开展“万名医师支援农村卫生工程”工作。各地严格执行《方案》要求，因地制宜地开展多种形式地支援工作。通过组织查房、手术示教、疑难病例和死亡病例讨论等各种临床带教形式培训受援医院医务人员，提高其业务素质；结合受援医院的实际，帮助开展新技术、新业务、新项目，切实保障农民身体健康；承担农村常见病、多发病、疑难病症的诊疗服务，提高受援县医院的技术水平，使农民就近得到较高水平的基本医疗服务，缓解看病难问题；加强农村卫生人才培训，提高受援医院管理水平。通过帮技术、帮建设、帮培训、帮管理，求真务实，真帮实干，加强建设，促进受援医院持续、稳定、健康的发展。

据不完全统计，支援医院派驻人员在受援医院指导和参与诊疗患者近40万人次；手术示教1767例；参与手术5371次；组织参与疑难病人会诊3581人次；术前讨论和疑难病例和死亡病例讨论600余次；帮助开展新技术、新项目541项；开展业务学习讲座3241次，近30000余人次；帮助建立和完善有关管理制度和提出管理意见300余项；支援医院还免费接收受援医院人员来院进修学习近700人次。

开展“万名医师支援农村卫生工程”工作，大幅度地提高了项目县医院（中医院）的管理和医疗质量水平，使农村患者在家门口就能够享受到省级医院的医疗服务，产生了良好的社会效益和经济效益。受援单位的人才强院意识得到增强。受援单位的医院管理更加科学化与规范化。受援单位的业务工作量有了明显增长。门诊量、住院量、产妇分娩率、业务收入等较上一年度有了明显提高。深受当地领导、受援医院和群众的一致好评。马晓伟副部长在全国医政工作会议讲话中对黑龙江省的“万名医师支援农村卫生工程”工作给予肯定和表扬。

八、抓好临床用药管理工作，杜绝药害事件

落实《处方管理办法》，对哈尔滨市三级医院组织了两次临床用药检查。编写了《黑龙江省医疗机构药品处方集（西药部分）》，促进合理用药、规范用药，有效地降低药品费用，节约医药资源，提高处方质量。

在全省三级医院开始实施临床药师制试点工作并将该项工作与医院等级评审相结合。部分三级综合医院已配备专职临床药师，或是派药师到临床药师培训基地参加培训学习，其他医院也根据药学部（药剂科）的具体

情况配备了药师开展临床药学工作，内容主要包括处方点评、临床用药合理性分析评价，尤其重点关注抗菌药物临床应用的合理性、ADR上报、药学信息服务、药讯出版等。依托哈尔滨医科大学附属四院成立了临床药学质量控制中心，负责承担全省医疗机构临床药学工作的质量控制与评价，开展临床药学相关的科研工作，组织相关业务培训与技术指导，开展公众临床用药知识的宣传普及教育工作。

九、快速反应，积极应对和处理突发事件

2008年9月12日，三鹿牌婴幼儿奶粉事件发生后，黑龙江省立即贯彻落实，指定了定点医院，成立了事件处理领导小组和医疗救治专家组，各大医院均开放专用通道用于婴幼儿的免费筛查和救治，截至2008年11月26日，黑龙江省共筛查婴幼儿144441人，发现泌尿系统结石患儿2882人，收治入院247人，已治愈出院245人。卫生部门及时行动救治了大批患儿，保障了患儿的生命健康，同时安抚患儿家属情绪，维护社会稳定，为妥善解决问题奶粉事件奠定了良好的基础。

同时在各医疗机构加强药品的临床监控。实施临床用药监控，加强药品不良反应与药害事故的监测与报告，及时发现和处理药害事故。2008年黑龙江省卫生厅医政处按照卫生部和国家食品药品监督管理局的要求，及时做好停止使用江西博雅生物制药有限公司生产的静脉注射人免疫球蛋白的有关工作，停用黑龙江省完达山制药厂生产的刺五加注射液的工作，停用山西太行制药厂生产的茵栀黄注射液的工作和停用上海达美医用塑料厂生产的一次性使用静脉输液针的工作，工作反应迅速，行动及时，未在黑龙江省造成药害事件。

2008年春季以来，我国部分地区发生了EV71病毒感染的手足口病传染，卫生厅对此高度重视，成立了疾病控制和临床治疗专家组。对可疑病情认真监测，及时上报。5月31日，按照卫生部要求，卫生厅调派哈尔滨市儿童医院医务人员，组建了一支包括4名儿科医生和4名护士的医疗队，赴安徽阜阳支援当地手足口病患儿的救治工作。

6月16日上午8：30，由哈尔滨市观光国际旅行社一台大客，乘载来自台湾（台北、台中等城市）旅游团一行31人（台湾游客29人，大陆导游1人，司机1人），客车行驶到同街公路40公里处，客车翻到路边4米渠沟，造成1死12伤重大交通事故。事故发生后，省委、省政府非常重视，迅速成立了事故处理领导小组，卫生厅医政处派人参加了事故处理领导小组赴佳木斯工作。经积极救治，所有伤员情况稳定，并于6月20日12：30由包机接回台湾继续治疗。在“6·16”事故处理中，医疗救治工作得到了国台办、省委省政府和台湾同胞的高度评价。

十、其他工作

县医院设备装备项目工作。2008年，省财政投入6000万元，加上市县配套资金及项目单位自筹资金，合计17977.6万元，用于全省66个县级（县级市）医院和6个财政困难市（地）医院购置设备，改善医疗条件。医政处与计财处共同制定了项目管理方案，并与各项目单位反复协商，根据医院需要确定采购品目，目前已进入招标采购阶段。

贫困人员的医疗救助工作。2008年计划利用中央专项资金261万元，为255名患有视力残疾、唇腭裂、小儿疝、睾丸鞘膜积液和尿道下裂等外科系统先天性疾病的儿童以及3010名贫困白内障患者开展专项救治，每位患者补助800元。为此，黑龙江省卫生厅医政处及时制定了2007年黑龙江省儿童先天性疾病和贫困白内障患者复明救治项目管理方案，确定省森工总医院为儿童先天性疾病救治的定点救治医院，哈尔滨医科大学附属一院、省眼科医院、哈尔滨市眼科医院、牡丹江市第一医院、双鸭山市人民医院、大庆市眼科医院、佳木斯市中心医院、鸡西市人民医院、黑河市北安五官医院和齐齐哈尔市依安县医院共10家医院为贫困白内障患者复明工程定点医院，分别承担100—910例不等的救治工作。截至2008年11月底，共完成儿童先天性疾病患者救治74例，白内障复明患者3041例。

2007年底，美国微笑列车基金会与卫生部建立合作关系，为全国贫困唇腭裂患者提供免费治疗。在黑龙江省，经过医院申请和卫生厅审核并报卫生部批准，最终确定了哈医大一院、哈医大二院、省医院、哈尔滨儿童医院、省民政慈善医院、齐齐哈尔医学院附属第三医院、齐齐哈尔五官医院、佳木斯大学附属第二医院、牡丹江医学院附属第二医院共九所医院为微笑列车唇腭裂修复慈善项目合作医院。项目自2008年1月启动，截至11月底，黑龙江省共为贫困唇腭裂患者免费实施手术872例。

惠民医疗服务工作。卫生厅党组高度重视城乡贫困群体的看病就医问题，把对低保人群的社会医疗救助，作为解决群众看病难、看病贵问题的重要内容，并将惠民医疗服务情况纳入医院主要考评指标。各地市也高度重视此项工作，纷纷采取相关措施为贫困人群提供医疗救助。目前，黑龙江省各地市二级以上医院均建立了扶贫门诊和扶贫病房，制定了相关的医疗优惠政策。同时，黑龙江省还采用多种措施降低医疗费用，减轻患者负担，在各医院均设置绿色通道，对危重患者实施先救治，再收费。同时加强医疗机构监管，为患者提供优惠医疗服务。近年来，全省医疗机构开展了了创建“诚信医院”活动，大力倡导“诚信诊疗、诚信用药、诚信收费、廉洁行医”。实施药品公开招标、集中采购，让利患者。采取了政府领导，部门牵头，医疗机构为招标主体，社会各界监督的管理和运行机制，遏制医药采购的暗箱操作，挤出药价虚高水分。严格控制药品收入比例，减轻患者医药费用。在各家医院实施了患者选药制、使用药品告知制和处方点评制度，达到缩短疗程，降低医疗费用，规范诊疗行为的目的。目前黑龙江省三级医院药品收入占医疗收入比例均控制在国家规定的

50%以下。对医疗服务实行阳光收费。加大医疗服务和药品收费的公示力度，各医院还实行了处方菜单制、一日清单制等，确保患者清清楚楚看病，明明白白消费。在省内推行了三级医疗机构之间辅助检查相互认可制度、减轻了患者负担。积极推行高档药品、高价医用耗材使用告知制度，由患者根据经济能力自主选择药品和材料，有效地降低了患者费用。

防盲工作。医政处组织召开了全省防盲治盲工作会议，回顾了全省防盲治盲工作情况，对黑龙江省2007—2010防盲治盲规划进行了认真讨论，对防盲规划提出合理化建议。并重新调整了黑龙江省防盲治盲技术指导小组。

参与修订《医改方案》。10月14日，国家发改委发布《关于深化医药卫生体制改革的意见（征求意见稿）》向全社会征求意见，各级卫生行政部门和医疗机构对这一关系到今后相当一段时期卫生工作总体方向的医改方案都非常重视，积极踊跃的发表意见，黑龙江省卫生厅医政处征集了汇总了全省13个地市卫生局和40余家二级以上医院的意见，以卫生厅的名义报至发改委。

进行医院感染工作检查。2008年11月9—27日，医政处组织省内感控管理专家17人，对在哈三级医院、厅直、民营医疗机构共43家医院感染组织的管理及制度落实、医院感染重点部门（医院感染管理科、新生儿科（室）、分娩室、产科、ICU、血液透析室（中心）、内镜室（中心）、口腔科、供应室、手术室、感染性疾病科）的管理、医院对抗生素使用及耐药菌株监测、医疗废物管理等医院感染管理工作进行了检查。对发现的问题立即指出，限期整改。

（赵忠厚　刑济春）

上海市医政工作

一、重大突发事件的医疗救治工作

"5·12"汶川特大地震后的抗震救灾医疗救治工作。"5·12"汶川特大地震发生后，上海市卫生局连夜组建6支抗震救灾医疗队于5月14日急赴灾区开展医疗救援。其后，上海市卫生局及时了解灾区对医疗救援队伍的专业要求和急需药品，调整医护救援人员和专业比例，累计派出558名医护人员和救护车队在成都、广元、绵阳、德阳、汶川等重灾区开展医疗救。在转运收治地震伤员期间，为确保伤病员转运途中的安全有序，上海市卫生局朱制定了《上海市收治汶川地震伤员总体工作方案》及医院收治伤员分配和机场转运病人工作2个细化方案，组织调派全市80余辆救护车、200余名医务人员参加病人地震伤员转运，安全、迅速将来沪伤员送至本市19家三级综合医院。为确保地震伤员在沪期间的诊疗、食宿安排有序，相继下发了《关于进一步做好汶川地震伤员诊疗工作的通知》、《关于进一步做好来沪四川地震伤员后续康复工作的通知》等，组建本市地震伤员医疗救治专家组、康复专家组，对本市伤员收治医院的康复情况进行现场调研、指导、在确保本市收治伤员的康复质量的基础上，组织二批共19名康复医务人员赴四川开展伤员康复治疗和指导工作。

手足口病防病工作。2008年1—6月，安徽阜阳暴发了严重的手足口病疫情，全国各地手足口病疫情也一度呈扩散态势。为响应卫生部支援安徽阜阳及海南海口小儿手足口病救治工作的号召，上海市卫生局先后7次组织24名专家赴两地开展医疗救治、技术指导及培训工作。为遏止全市疫情扩散，防止引起公众恐慌，加强本市手足口病等肠道病毒感染性疾病的临床救治、传染病信息传报等工作，上海市卫生局组织专家对本市部分二级综合以上医疗机构开展手足口病防治工作现场指导，并举办上海市《手足口病诊疗及防控知识》培训讲座，各区县卫生局、上海申康医院发展中心、有关大学医管处负责人、二级综合以上医疗机构的儿科、皮肤科、口腔科等医护人员近200人参加此次培训，完成了全市1586名手足口病患者的医疗救治及每日入、出、住院病人的信息报病工作。

"三聚氢胺"婴幼儿奶粉事件。"三鹿"奶粉事件发生后，根据卫生部紧急部署，上海市卫生局制定了《上海市处理婴幼儿奶粉事件医疗救治工作方案》和《食用含三聚氰胺奶粉婴幼儿泌尿系统结石诊疗及处置流程》，成立市、区两级婴幼儿泌尿系统结石医疗专家会诊组。指定市、区二级共31家定点医院（市级定点医院4家，市级后备梯队医院6家，区县级定点医院21家），要求各定点医院指定专用就诊区域，简化诊疗流程，预留应急床位580张，4小时开诊，科学、有序地开展医疗救治。在奶粉事件初期，上海市日最高接诊患儿达10448人次，为确保完成卫生部"三个当天"的任务要求（当天筛查，当天诊疗、当天收治入院），上海市卫生局紧急调配市级医疗资源支援有关定点医院，并组织各区县在各自辖区内进行医疗资源的调整，9月26日再次调配第二批20名B超医生到4家市级定点医院进行支援。认真做好信息统计报送工作和患儿信息核实工作。根据卫生部要求，多次通宵加班和节假日加班加点，及时高效完成就诊患儿统计和报送工作。不良药物反应应急响应。根据卫生部指示及时做好停用江西博雅生物制药有限公司生产的静脉注射人免疫球蛋白、完达山制药厂生产的刺五加注射液等安全应急工作。落实卫生部办公厅《关于暂停使用上海达美医用塑料厂生产的一次性使用静脉输液针的紧急通知》和《关于停止使用法国美德医用导管研制集团生产的一次性使用中心静脉导管的紧急通知》相关信息统计、报送和产品登记，并配合做好产品召回等工作。

奥运期间的医疗安全保障工作。为确保奥运期间上海市应急医疗保障安全，上海市卫生局开展了针对奥运期间药品和血液的安全保障专项工作。举办加强医疗机构含兴奋剂药品使用管理培训会议，对本市各级各类医疗机构含兴奋剂药品的使用管理展开全面督查；要求医疗机构做好危险药品的管理，制定危险药品排查目录，严格落实管理措施和管理责任，确保奥运期间危险药品的安全。确保本市奥运期间血液招募平稳、有序，完成奥运期间上海赛区的血液保障工作。

突发事件的医疗救治组织工作。组织协调"5·5"黄兴路842公交车爆燃、"5·6"逸仙路高架集装箱卡车集装箱翻落、"5·9"军工路车祸、"杨佳袭警案"等重大突发事件的医疗救治工作。

二、上海市卫生局重点工作和中心工作

组织完成市政府实事项目，加强医疗急救服务体系建设。完成2008年市政府"加强院前急救网络建设，新增120辆救护车"实事项目工作，即新建医疗急救分站15个（中心城区3个，郊区县12个）；新增救护车120辆（中心城区30辆，郊区县90辆），按《标准》中"抢救型救护车"要求，统一配置新增救护车随车医疗和通讯设备；配置相应工作人员。3月底前基本完成全市15个新建分站的选址工作；4月21日，经多次反复协调、沟通后，由市重大办、市卫生局、市财政、市编办和市规划局五部门联合制发《关于实施2008年市政府"加强院前急救网络建设"实事项目工作的通知》。4月23日，组织召开2008年度市政府"加强院前急救网络建设、新增120辆救护车"实事专题工作会议，进一步明确项目建设中各单位的工作职责、进度安排和考核

目标。年中实行“问题项目重点督导”工作，切实推进项目按期保质完成。12月中下旬，会同市重大办等相关部门对项目进行全面验收工作，完成了实事项目的各项任务。

继续深入开展医院管理年活动，改进督查方式，提高督导质量。卫生部2008年全国医院管理年活动文件下发后，上海市卫生局根据文件精神，结合本市实际，制定下发了《2008年上海市医院管理年活动实施方案和督查标准》，并组织上海市各相关单位在上海分会场参加2008年卫生部医院管理年电视电话会议。10月下旬到11月上旬，在各医院自查和办医主体系统内督查的基础上，上海市卫生局组织了全市性的医院管理年督查，内容包括急诊和ICU（含夜查）、病人安全、医院感染、用药安全和抗菌药物管理、单病种质量、病历内涵质量等。

推进区域卫生规划，完善公立医疗机构布局，统筹全市医疗资源纵向整合，推进高端医疗发展。在现有区域卫生规划的基础上，对本市各级各类医疗机构细化完善设置原则，拟定《上海市医疗机构设置规划》（2008—2012）；为实现城乡卫生事业的统筹发展，向郊区引入三级医院优质医疗资源，上海市卫生局会同相关处室绘制完成上海市郊区县医疗机构布局电子地图，完成《上海市郊区三级医院设置规划（2008—2012）》和《郊区三级医院管理和运行模式方案》；探索长效机制，拟定三级综合性医疗机构的评审标准，形成《上海市三级综合医院评审标准（2008版）》，经汇总上海市及全国各层面意见后形成正式版本。做实区域卫生规划，推动公立医疗机构布局调整。完成复旦大学附属儿科医院搬迁后以闵行新院为主体开展医疗执业活动的有关许可手续。完成上海市第六人民医院临港新城医院、上海交通大学医学院附属仁济医院（南院）设置审批程序，下发医疗机构设置批准书。对各区县公立医院支援社区卫生服务工作的开展情况进行调查和督查，了解对口支援的进展、成效以及存在问题。开展全市医疗资源纵向整合规划的调研工作，经过数次专题会议讨论后，初步形成了《关于推进上海公立医疗资源纵向整合的调研报告》，提出了上海推进公立医疗资源纵向整合的方案设想和试点考虑方案。推进上海市高端医疗的发展。完成上海市质子重离子医院审批事宜并积极推进引进质子重离子放疗技术，提升恶性肿瘤治疗水平。引进国际知名品牌，如青浦区中外合资合作德达医院，引进国际知名的美国克里夫兰医疗中心的心脏专科优势（此项目已获得卫生部批准设置目前正在筹建中）、完成国际医学园区中上海中德友好医院项目的初审工作并上报卫生部，完成《上海市社会办医相关政策研究》课题。

推进上海市公共卫生体系建设。根据《上海市加强公共卫生体系建设三年行动计划（2007—2009年）》精神要求，会同市财政局对院前医疗急救项目、传染病医疗救治网络、9家专科急救中心和采供血服务网络等18个项目实施单位的项目经费进行逐一审核。10月份完成了对16个项目的中期评估，确保各医疗救治项目稳步、有序推进；针对上海市公共卫生临床中心（水电路门诊部）和复旦大学附属金山医院核化救治中心待定项目，多次组织相关部门召开现场协调会和论证会，努力确保各项目于2009年底全面落实。

做好离退休老干部就医优先照顾工作。为解决建国前参加革命工作的离休干部就医问题，上海市卫生局3月组织对14家三级医院开展专项工作调研，并制定下发了《关于开展对本市非局级离退休老干部就医优先照顾的通知》。7月又根据市委组织部要求，组织对本市30家区县中心医院离休干部就医情况现场调研，并制定了《上海市离休干部就医便利优化方案》。目前进一步与市委组织部、市委老干部局、市医保办、市财政局协调，12月底前联合行文《关于进一步加强为本市离休干部提供就医便利工作的通知》。

三、处室重点工作及日常工作

医疗服务要素准入。一是认真做好机构准入许可工作。2008年共设置医疗机构19家，执业9家、校验276家、冠名275家、注销7家、变更145项次、其他审核10项；上报卫生部申请中外合资合作医疗机构设置2家、注销1家、变更4项次。指导市卫生监督所加强医疗机构执业许可的规范化操作，进一步做好许可的公示及现场审核中涉及审批结果的要素的规范化记录；根据《卫生部关于医疗机构审批管理的若干规定的通知》，要求区县卫生局对照有关要求自查，并对上海市卫生局核发医疗机构执业许可证的机构进行自查；根据“卫生部办公厅关于修订《医疗机构管理条例实施细则》部分附表的通知”制订区县规划审批、备案方法等；做好医疗机构校验管理工作，并结合校验情况加强对医疗机构的事后监督检查；做好卫生部医疗机构管理软件要求的本市医疗机构信息搜集及季度上报工作；针对个别医疗机构冠名的不规范现象，采取一系列措施予以整改。二是加强大型医用设备的管理。2008年共审核审批新配置设备41台次，更新11台次，临时证1台。完成全年21家医疗机构提出的5个乙类品种共31台新配置或增加的大型医用设备进行专家论证和行政审批工作；配合市干保局完成2008年上海市高端医疗设备购置工作，共涉及8家医疗机构申报的128套高端医疗设备，其中包括3个甲类品种3台大型医用设备和4个乙类品种14台增加的大型医用设备；完成卫生部规财司关于2008－2010年PET－CT配置规划编制工作调查和国家发改委伽玛刀研究课题组的接待工作。三是认真做好医护人员准入工作。完成2008年医师资格考试工作；完成2589名医师的执业注册审核工作；截至2008年11月底完成723名护士的首次注册工作，74名护士的连续注册工作，1718名护士执业地点变更注册工作（外省市变更至本市890名，本市变更至外省市828名）；完成469人次外籍医师来沪短期行医的审核发证工作。四是继续开展对专项技术（血液透析技术、医用高压氧治疗技术、面部轮廓整形技术、白内障超声乳化技术、高强度聚焦超声技术、临床基因扩增检验技术）的准入审批工作，共接受 21 批次的申请，共审批通过 55 批次，其中 37 批次为 2007 年受理，18 批次为 2008 年受理，不予准入 3 批次。新技术方面，2008 年共接受 237 批次的申请，委托医学会组织专家进行论证、审查，审批通过 142 批次，不予准入 2 批次。会同医学会启动了对第一批应用时间较长（超过 3 年）、应用范围较广（超过 10 家）的新技术的临床应用评估工作。五是完成药物临床试验机构资格认定的审核工作、共涉及本市 6 家医疗机构共 32 个专业，同期完成 11 家医院 100 个专业的复检和初审工作。

医疗质量管理。组建成立 5 个质控中心（消化内科、心血管内科、内分泌、泌尿外科、妇科）专家委员会并正式启动相关质控工作，通过公开招标和擂台评审，新建神经内科、肾内科、胸心外科、儿科、病历质量管理等 5 个质控中心；分不同层面组织召开座谈会，不断完善质控管理工作；组织制定下发血液内科、骨科、激光治疗 3 个专业的质控手册，另有放射治疗、传染科、性病治疗等专业的质控手册已基本定稿；组织对临床检验等 34 个质控中心进行 2007 年度工作评估考核；指导临床检验等 39 个质控中心确定年度工作计划并督促落实；组织各质控中心完成一年两次的质控督查，共编发 7 期质控简讯反馈督查结果；召开“推进上海市医院管理评估工作专题会议”，正式下发《上海市综合医院管理评估标准（2007 版）》。

护理管理。为认真学习和贯彻实施《护士条例》，上海市卫生局组织召开上海市《护士条例》宣传贯彻大会。为庆祝“5·12”护士节，举办了主题为“携手建设创新型城市，共同营造健康快乐人生”的大型健康护理咨询活动，设立 19 个护理健康咨询活动点，共为 6828 名市民提供了健康咨询，发放健康宣传资料共 13656 份。另外在全国卫生系统护士岗位技能训练和竞赛活动中，组织本市 4 家入选全国 40 强单位参加全国总决赛，并获得 1 项金奖、2 项银奖、1 项铜奖。上海市卫生局组织开展了重症监护、急诊急救、手术室护理专业培训工作，组织专家完成制定医院护理管理督查评估标准，开展全市护理质量专项督查，并启动肿瘤护理专业实训基地申报工作。

医疗安全管理。一是推进医疗安全监控系统项目建设工作。完成监控系统在 71 所医疗机构的推行布网；完善信息收集系统，积极开展培训工作；完成试点成效评估，召开专题工作例会，论证相关监测指标。二是开展与医疗事故行政处罚相结合的医疗安全督查。从 2008 年 2 月起开展市区联动的“与医疗事故行政处罚相结合的医疗安全督查模式”，针对督查中发现的问题向被督查医疗机构现场反馈，同时积极探索督查内容，论证督查指标，引入质控检查指标，邀请质控专家参与，对发生医疗事故的 1 家医院放射科和 1 家医院急诊护理部实施了针对性医疗质量安全督查。三是坚持信息分析制度，搭建沟通交流平台。坚持和深化医患纠纷和医疗事故的分析制度，完成《2007 年度上海市医疗事故和医患纠纷分析报告》并印制成册发送至各级卫生行政部门、区县处理办和医疗机构；编发《工作简报》12 期，为全市医疗事故行政处理工作交流搭建了信息沟通平台。四是制定应急预案，加强重要时间节点医患纠纷稳控工作。制定奥运期间《信访突发事件应急处置预案》，积极配合信访办做好奥运期间信访稳控工作，分批陪同局领导接待医患纠纷重信重访人员 20 余批。五是继续做好对投保医疗机构的医疗纠纷风险防范工作。组织全市部分二、三级医院分管院长（医务处/科长）召开了医责险处理中心联络工作会议；及时将医责险处理中心的信息与防范向各医疗机构反馈，坚持每月一次的《简讯》发行，至今已发行第 48 期。

临床药事管理。一是加强麻醉精神药品管理。开展医疗机构麻精药品使用管理检查；组织对外籍医师麻精药品使用培训考核工作；开展具有麻精药品处方权（调剂资格）医师（药师）审核备案工作，实现了上海市所有具有麻醉药品、第一类精神药品处方权医师和调剂资格药师名单网上查询，便于医疗机构、卫生监督机构和患者对医师和药师出具麻精药品处方和调剂行为的监管。二是建立和完善本市抗菌药物临床应用监测和细菌耐药监测网络建设，正式建立了上海市抗菌药物临床应用监测网和上海市细菌耐药监测网，分别由临床药事管理质控中心和院内感染质控中心负责监测网络的总体规划设计和运行。监测网定期向上海市卫生局报告本市抗菌药物临床应用和细菌耐药信息，为临床药事管理工作提供决策信息和依据。

血液管理。一是积极开拓血源，保证上海市医疗临床用血的供需平衡，认真落实市政府下发的《关于 2008 年本市献血工作的实施意见》，制定下发《关于下达本市 2008 年无偿献血募集渠道和月份分解目标的通知》和《关于加强 2008 年医疗机构临床计划用血工作的通知》。积极开拓血源，确保在冰冻雨雪灾害、抗震救灾期间本市临床用血的供需平衡。2008 年全市血液募集目标数为 400000 人份，全市实际募集血液量为 445167 人份，其中社区企事业单位募集 176272 人份，无偿献血屋、流动献血车募集 204356 人份，高校募集 63842 人份，驻沪部队在地方献血 697 人份，自愿无偿献血比例达 90.7%。二是加强无偿献血宣传，进一步营造良好的献血氛围。加强对自愿无偿献血和成分献血的宣传，加大宣传的针对性和有效性。成功举办“血脉相连爱满人间——纪念“6·14”世界献血者日主题晚会”、“迎奥运，展风采——2008 上海市首届无偿献血志愿者趣味运动会”、“爱心飞扬——鲁迅公园彩虹献血屋单采血小板捐献点启用仪式”等系列活动。围绕纪念《献血法》、《上海市献血条例》颁布 10 周年，组织一系列的主题策划活动，如“十大评选，由您做主”——无偿献血系列评选活动、“爱我中华，献我热血”——纪念《中华人民共和国献血法》、《上海市献血条例》实施十周年暨无偿献血系列评选活动等。构建新型无偿献血宣传招募工作平台，积极与本市各大传媒合作，普及献血知识与法律法规，介绍无偿献血典型事例，完成本市无偿献血表彰的申报工作。三是严格质量管理，保证血液安全有效。积极探索将检查和指导相结合的模式，推进血站质量体系建设；针对基层献血体检医生流动性大的特点，实现分散培训，集中考试，统一发证的模式，提高了体检医生、健康征询人员的整体业务素质。加强输血科（血库）建设，重视对新增医疗机构及新设置血库的基础建设和人员培训；注重临床用血研究与监管，先后开展用血量较大医院的输血病人结构的调研与血液及血液制品临床使用情况调研，组织各区县建立辖区医院输血科（血库）基本情况卡片，2008 年底开展年度医疗机构临床用血工作考核；完成两次全国采供血机构从业人员岗位培训考核工作。四是加强脐血库专项整改督导，脐血库的专项整改工作取得阶段性成绩。成立脐血库专项整改工作组，共向脐血库发出督导通知 22 份，递交工作专报 14 份，专题小结 1 份，建立对脐血库细菌检测项目的第三方检测制度，协调启动了脐血库相关标准的制定工作。院前急救。根据院前医疗急救地方立法纳入公共卫生体系建设三年行动计划项目的要求，加快落实立法调研与框架制定工作，年内完成调研报告与《急救条例》的初稿编写工作；加强急救服务能力建设，提高综合保障能力，通过加强急救车辆和装备建设、通信系统建设、急救网络建设、急救队伍建设等多种方式和途径，医疗急救服务水平与应急救援保障能力建设得进一步改善与提升，急救服务半径进一步缩短，急救反应时间进一步加快，急救网络建设日趋完善，有效地缓解了市民“叫车难”的突出矛盾。其他综合性工作。2008 年 1 月，组织组织全市 10 大医院的医疗专家到 10 个郊区县开展大型的“送医下乡”活动。完成 227330 名初高中毕业生的招生体检工作；完成 11894 人的冬季征兵体检任务；完成 209 名士官候选对象的体检复查工作。开展打击“黄牛”倒卖专家门诊号的专项整治行动。2008 年 9 月，根据市领导批示，上海市卫生局会同市公安局治安总队，组织对本市 15 所市级医院门诊区域开展打击“黄牛”倒卖专家门诊号的专项整治行动，共出动警力 856 人次，辅警力量 1242 人次，抓获倒号“黄牛”64 名，其中行政处罚 21 名，教育放行 43 人。为贯彻实施民政部、财政部、劳动保障部、卫生部制定的《优抚对象医疗保障办法》，配合市民政局制定《上海市优抚对象医疗保障实施办法》，并对此项工作的落实情况进行了专项督查。参与《中华人民共和国禁毒法》的贯彻实施工作，协调各定点医疗机构配合公安机关和司法部门进行尿样检测，协助局疾控处在浦东、南汇、闵行和徐汇等 4 个区设点，开展“美沙酮”药物维持治疗工作等。配合医保局开展本市第十批医保定点零售药店扩展工作完成人大、政协书面意见（提案）49 件，其中主办 32 件，会办 7 件、配合其他处室办理 10 件。做好日常来信来访的处理工作，共处理医政类督办件 96 件、重要来信 62 件、普通来信 34 件。完成科教党委改革开放三十周年系列丛书卫生分卷中医政内容的撰写工作；协助新闻宣传处开展“上海卫生事业三十年发展成果图片巡展”，提供巡展所需有关“医疗服务体系”的相关文字材料和图片。

（李卫平　张　炜）

江苏省医政工作

一、以深入调查研究为抓手，掌握医院运行现状，为医疗体制改革打基础

一是深入开展调查研究。联合相关部门先后召开多层次多形式公立医院管理体制改革座谈会，听取对公立医院改革的意见建议。组织到省内外相关地区的考察学习活动。设计发放调查表，了解改革开放三十年来江苏省二、三级医院运行发展情况。通过调查研究，掌握了公立医院改革发展管理现状。收集整理华东地区等省市医疗服务相关指标，并进行比较研究。二是初步起草相关改革文件。参与研究制定《江苏省卫生资源配置标准(2008—2015)》。研究制定《江苏省医疗机构设置规划指导意见（征求意见稿）》，并广泛征求意见。初步研究制定了《关于实施管办分开、推进公立医院管理体制改革的指导意见》。三是推进南京医疗资源整合。对省人民医院与省级机关医院合作关系等问题进行深入研究，完就各市医疗资源调整工作进行调查研究，指导相关市做好资源调整工作。重点对南京地区医疗资源调整进行调研，并提出指导性意见。四是促进民办医疗机构发展。会同相关部门考察部分民营医院，了解民营医院运营情况。在相关政策上，对民营医院做到一视同仁，促进了民营医院的发展。五是参与农村基本药物制度研究。在农村乡村两级医疗卫生机构基本药物制度和运行机制改革进行深入调查研究，精心测算农村两级卫生机构实施基本药物制度后财政补偿标准，参与起草乡村两级卫生机构财政补偿和运行机制改革方案。

二、以人道主义精神为指引，科学组织有序调度，做好突发事件医疗救治工作

抗震救灾医疗救治和康复工作。前方应急医疗救援工作，一是快速反应，迅速奔赴灾区一线。5 月 13 日江苏省 105 人组成的医疗队带了近 7 吨的救援医药物资，于下午抵达四川灾区，成为第一支奔赴灾区的外省医疗救援队。到 6 月 21 日江苏省向绵竹市派出对口支援队伍为止，江苏省根据灾区需要和卫生部统一安排，共先后向灾区派出医疗队 6 支，使江苏省到达灾区的医疗救援队员达 251 名（医疗 149 名、救护车队员 102 名)、救护车达 75 辆（防疫 199 名、监督 101 名）。二是江苏省的医疗卫生救援队伍进入灾区后，采取的医疗卫生救援措施科学、果断、得当。三是医疗队的足迹前后涉及到北川、江油、平武 3 个县（市）的 20 多个乡镇。让帐篷、食品给伤员、为伤员买生活日用品、帮助伤员理发、洗头和进行心理疏导等。四是到达灾区以后，江苏省医疗卫生救援队伍真诚帮助当地指挥部开展有序的组织指挥工作。及时向绵阳抗震救灾指挥部提出统筹资源、变三点式救护模式为两点式等五点建议。五是江苏医疗队在平武县平通镇医疗点创造的“平通经验”，在救灾医疗中发挥了较强的示范作用。此外，创建了灾区第一所流动医院，与灾区相关医院建立了定点指导关系。

由于领导得力，指挥有方，救援有效，保障有力，江苏省医疗卫生救援队伍取得了显著成绩。截止 5 月底，江苏省赴灾区医疗队在绵阳市累计独立救治灾区伤员 1004 名，开展重大手术 177 台，开展清创缝合手术 748 台，抢救各类危重伤员 373 人次，诊治内科疾病近 6000 人次，提供查房护理服务近 9000 人次，对乡村居民开展健康宣教 30000 多人次，培训当地医务人员 486 名，开展义诊 590 人次。从 6 月初至 6 月 21 日江苏省正式转入对口支援止，江苏省前线医疗救援队伍共为当地灾民诊治疾病、开展健康教育、心理疏导等达到了数万人次。

后方在江苏省灾区伤员救治康复工作。四川汶川特大地震发生后，全省共接收伤员 1299 名，家属及陪护 1079 人，其中年龄最大的 100 岁，年龄最小的只有 7 个月；伤员中有危重伤员 101 名、重症伤员 370 名，危、重伤员比例达 36%。8 月 31 日，最后 1 名地震伤员顺利出院。

奶粉事件患儿医疗救治工作。鹿牌婴幼儿配方奶粉重大安全事故发生后，截至 2008 年 12 月 31 日，江苏省共筛查食用问题奶粉的儿童达到 1173337 人，发现与食用含三聚氰胺婴幼儿配方奶粉相关的泌尿系统结石患儿 26957 名，其中，累计住院治疗患儿总数 3160 名，累计出院患儿 3143 名，无死亡和危重患儿。

其他突发事件的医疗救治工作。在冰雪灾害期间，根据厅领导指示，组派南京地区省、市级医院医疗救护小组赴南京火车站、汽车站设置医疗救护站，为滞留旅客提供保障。参与江苏省不明原因肺炎防控工作。参加专题会议，对江苏省不明原因肺炎医疗救治工作提出明确要求。多次参加北京奥运会医疗救护、血液提供保障工作会议，参与研究制定相关方案。与上海赛区建立血液定点供应保障机制。多次组织各类传染病疫情、中毒事件、重大车祸事件医疗救治工作。先后组派专家队伍参与会诊、救治达 69 人次。

三、以人民群众满意为目标，加强医院管理，改善医疗服务

全面部署，继续开展医院管理年活动。2008 年 6 月，江苏省卫生厅下发《省卫生厅关于转发卫生部关于印发〈2008 年“以病人为中心，以提高医疗服务质量为主题”的医院管理年活动方案〉通知的通知》，并结合江苏省实际制定了贯彻意见，在全省医院进行了部署。一是提高思想认识，提升管理水平。二是制定实施方

案，明确活动步骤。三是围绕《通知》要求，突出工作重点。四是加强统筹协调，推进各项工作。五是及时上报信息，注重通报宣传。

开展病历处方质量等专项检查。2008 年 4 月 21—26 日，江苏省卫生厅继续组织对全省 43 所医院（42 所三级医院和江苏省省级机关医院）的病历、处方质量及“三合理规范”执行情况进行了专项检查。这次专项检查共组织了 73 名医疗质量管理和相关专业的专家，分成 10 个小组，组长以高等医学院校附属医院的业务副院长或医务处主任担任。共抽查 2007 年 6 月 1 日—2008 年 3 月 31 日期间的出院和死亡病历 4350 份、在院住院病员和死亡病历中的门诊病历 2175 份、2007 年 6—12 月及 2008 年 1—3 月期间任意 2 个月的处方 8700 张。

继续开展“三基”抽考活动。2008 年 7 月 19 日江苏省卫生厅第三次组织对全省 43 所医院（其中三级医院 42 所，二级医院一所）的医护人员的“三基”抽考活动。这次共设了 14 个考点，省属医院 1 个，13 个省辖市各设 1 个。每所医院随机抽取 24 名执业医师和 6 名执业护士，共抽考 1290 人，抽考专业涉及内、外、妇、儿等 20 个。按等级医院评审对“三基”训练的要求，80 分为合格线。从抽考情况看，“三基”培训工作取得了比较好的成效。42 所三级医院“三基”平均成绩为 83.99 分，总合格率为 82.94%，比 2007 年增加 20.59%。

开展全面改善医疗服务专项行动。一是进一步明确节假日期间医疗服务安排，妥善缓解人民群众节假日期间的看病就医问题。二是开展全面改善医疗服务专项行动。三是在南京地区积极开展创建人民满意窗口活动。

科学规范开展医院复核评价和评审，医院综合水平进一步提高。2008 年 8 月底开始至 11 初，江苏省卫生厅医政处组织对 8 所三级医院进行了复核评价，对 15 所三级综合医院进行重新评审。

加强护理业务管理，努力改善护理服务。贯彻《护士条例》，举办“5·12”国际护士节技术练兵和系列庆祝活动。5 月 11 日，举办了全省贯彻落实《护士条例》知识竞赛。5 月 12 日，在南京市召开全省纪念“5·12”国际护士节大会。推行表格式护理文件，把护士“还”给病人。制订完善护理工作标准规范，组织专家完成医院评价标准护理部分的制定，并委托省护理质控中心调研临床护理质量持续改进，制定《江苏省医院护理工作评价标准》。

四、以和谐医患关系为主题，突出两大工作重点，创建平安医院

一是认真制定工作计划、实施方案。江苏省卫生厅高度重视平安医院创建活动的组织领导工作，2008 年初，将其作列入年度重点工作项目，在广泛征求意见的基础上，认真制定并以省平安医院创建活动协调小组的名誉印发《2008 年江苏省平安医院创建工作计划》；各市和医疗机构都召开了相应会议认真贯彻落实，并制定了本地区、本部门的创建计划。

二是调整省平安医院创建活动领导小组及其办公室成员。由于相关部门领导的工作变动，及时调整省平安医院创建活动领导小组及其办公室成员；补充了省建设厅作为成员单位，填补了协调小组的职能需要，充实了协调小组的力量。

三是充分发挥多部门的协调机制。年初，召开了省平安医院创建活动协调小组办公室成员会议，总结 2007 年工作，研究分析问题，部署 2008 年任务。卫生、综治、公安、司法、质监、保监局等多部门密切配、形成合力，经常性联合开展创建工作，形成了有效的协调机制。

五、以法律法规规章为准绳，强化要素准入管理，推进依法行政

一是做好资格考试组织工作。2008 年 7 月 5—6 日，全省共有 21956 人参加考试，其中，执业医师 14836 人，执业助理医师 7120 人。共有 18336 人通过了考试，通过率为 81.22%。江苏省卫生厅组织 13 个巡查组对 13 个市的考试组织工作和考务管理工作进行了全程督查，保证了考试的公平、公正，维护了考试正常秩序。

二是做好《医师资格证书》审核发放和注册工作。对 2007 年考试合格申请颁发医师资格证书的人员进行了认真审核，共计发放医师资格证书 8900 多本。江苏省卫生厅完成省管医疗机构新注册医师 1682 人，其中执业医师 1654 人、执业助理医师 28 人，2008 年全省新增注册医师（助理医师）共 11126 人（含外省变更入省人员）。

三是做好医师定期考核工作。贯彻落实卫生部制定下发的《医师定期考核管理办法》和省卫生厅《关于转发〈医师定期考核管理办法〉的通知》精神，做好考核机构的申报、审核和认定工作。江苏省卫生厅在各单位申报的基础上，经研究，确认江苏省人民医院等 47 所单位为江苏省卫生厅委托的医师定期考核机构（名单见附件），承担本机构医师定期考核工作，并受省、市卫生行政部门委托，承担其他医疗、预防、保健机构医师的定期考核工作。各市对其管理的医疗机构也进行了认定工作，全省共确认医师定期考核机构 471 个。全省首次医师定期考核已全面展开。

四是做好医疗美容主诊医师资格考核工作。2008 年，全省共有 185 人申报美容主诊医师资格，江苏省卫生厅组织专家对申报医疗美容主诊医师的人员进行了审核，并对审核合格人员进行了专业考试。经审核、考试，共有 106 人取得医疗美容主诊医师资格，其中美容外科 35 人，美容牙科 31 人，美容眼科 11 人，美容皮肤科 23 人，美容中医科 6 人。

五是做好医师资格考试组织机构建设工作。根据国家医学考试中心制定的《国家医学考试中心分中心的建设标准（讨论稿）》要求，江苏省卫生厅在省职工医科大设置了江苏省医师资格考试分中心，并按照标准要求加强建设，配备了必要的硬件设施和办公条件，完善了

管理制度，按照保密室设置基本要求改建、设置了试卷保密室，保密室已经省保密局验收合格。分中心的建设工作已基本完成，并做好了迎接国家的验收准备工作。

六、以保供给保安全为基石，推进无偿献血，确保血液安全

推进无偿献血工作。江苏省无偿献血实现了三个100％，即无偿献血占临床用血比例达100％，自愿无偿献血比例达到了100％，无偿机采血小板100％。虽然江苏省的临床用血逐年增长，但在各地卫生行政部门及采供血机构的努力下，无偿献血满足了临床用血需要，保证临床用血安全奠定了坚实的基础。2008年临床用血超过220吨，比2007年度增加了11％；无偿捐献机采血小板达54542人次，比2007年增加4.4％。

七、以全面整体推进为原则，完成其他各项医政工作

继续开展城市卫生对口支援城乡基层卫生工作。全省13个市和省属医疗机构结合自身实际，开展形式多样的对口支援工作2008年以来，对口支援工作覆盖全省1204个乡镇卫生院和658个城市社区卫生服务中心；全省二级以上医疗机构向县及县以下医疗机构派出医务人员总计8192人，涉及内、外、妇、儿、眼科、耳鼻喉、口腔、预防医学、中医等9个学科24个专业。除派医疗队外，有的地区还采取义诊、免费接受进修生、赠送设备等多种形式对口支援基层卫生工作。全省三级医院免费接受城乡基层医疗机构进修生332人、赠送设备价值879万元、援助药品总价值660万元、为农村基层开展义诊1060次，参加义诊专家数4261人次。为农村基层医疗机构举办医学技术讲座、培训班920次，培训医务人员9560人次。

组织“三下乡”活动。组织省级医疗队开展卫生扶贫工作，先后组织在宁省直医疗机构高年资医师组成医疗队，下到泰州地区的边远农村，为那里的农民看病义诊，义诊共诊治近2000人次，发放健康教育宣传资料1000余份，捐赠数十种药品器械。

（黄祖瑚　李少冬）

浙江省医政工作

一、妥善应对突发事件，履行卫生保驾护航职能

全力防治传染病暴发流行工作。2008年，浙江省的人禽流感、麻疹疫情相对往年要严重，浙江省卫生厅积极应对，调动全省医疗资源，选派专家到各地医疗机构指导防治院内感染、患者诊治等各项工作，有效控制了疾病的传染。4月以来，浙江省手足口病疫情较为严重，为有效控制手足口病的进一步蔓延，降低患儿死亡率，先后出台了《关于进一步加强手足口病临床治疗工作的通知》、《危重手足口病患儿早期发现早期治疗和出院规范》、《手足口病就诊流程和临床治疗病人处置要求》等一系列文件，并成立了以临床治疗为主的省手足口病防控专家组，积极开展对全省手足口病重症患儿的医疗救治，共派出省级专家60人次分赴各地会诊，有效降低了患儿院内死亡率。同时，根据卫生部的统一安排，派遣8名医疗队员前往安徽阜阳开展当地患儿手足口病的治疗。

开展汶川地震医疗救治工作。四川汶川特大地震发生后，浙江省卫生厅立即启动应急预案，一是及时组织医疗队在最短的时间内奔赴四川灾区，以最快的速度全力救治伤员。前期全省共派出18支医疗队，同时集合全省医疗资源，派出了50辆救护车前往一线开展医疗救治工作。5月14日—7月4日（紧急救援时期），浙江省医疗队共救治伤员1869例、救治病人15882例、重症病人308例、开展手术199例、派出救护车出诊249次、对群众进行卫生知识宣教1万余人次、向群众解答咨询医疗问题1000多人次。迅速派遣救援队。二是浙江省卫生医疗机构接收了大批来自四川青川的地震伤病员，“白衣战士们”用爱心、耐心、细心投入伤病员的医护工作，使伤病员们得到了有效的救治和精心的照顾。全省43家三级医院积极行动，纷纷腾出本已紧张的床位，共接收了1020名伤病员，其中省级医院（含温医附属医院）383人，杭州市155人，宁波市104人，温州市72人，绍兴市72人，嘉兴市60人，湖州市60人，丽水市40人，金华市37人，台州市37人。伤员中642人为四肢及手外伤，脊柱外伤128人（截瘫18人），颅脑外伤57人，胸腹部脏器伤56人，危重伤员达224人，手术伤员达546人，除三名伤员因肿瘤晚期医治无效死亡外，全部伤员治愈或好转，最后一名伤员于11月21日安全返回四川。

妥善处置奶粉结石患儿诊治工作。“三鹿”奶粉事件发生后，浙江省卫生厅立即采取行动，严格按照卫生部部署，组织全省卫生行政部门和各级医疗机构，在全省范围内进行积极开展相关调查和患儿检查及诊治工作。成立由14位专家组成的省级专家组，指导各级医疗机构根据卫生部诊疗方案，切实做好临床诊断和救治工作。专家组根据浙江省实际情况及筛查进展，及时出台了收住入院标准、重危患儿诊断标准、出院标准，供各级医疗机构参照执行。同时，要求各市和设有儿科的二级以上综合医院、儿童医院和设区的市级以上的妇幼保健院成立以小儿泌尿科、肾内科、B超科（室）和放射科专家为主的专家组，按卫生部要求做好患儿的诊断筛查工作，确保患儿得到及时诊疗。患儿按照就地原则进行诊治，各级医疗机构不得无故推诿病人。重危患儿，要求及时通过卫生行政部门请上级专家会诊。较重患儿由市级专家组会诊后上报；危重患儿，由省级专家组会诊后上报。确定省儿童医院作为急、危、重患儿收治定点医院。11个市均成立了市级级专家组，共有专家142名。各二级以上设有儿科的医疗机构均设有院内专家组，共有专家1589名。全省累计派出医疗队205队，计2849人次。同时，针对省儿童医院患儿多的情况，浙江省卫生厅从多家省、市级医院紧急调配5台B超设备及医务人员支援省儿童医院的患儿筛查工作，并要求省护理学会组织护士志愿者前往重点医院开展宣教、引导工作。省儿童医院还在院内空地搭建起了遮阳棚，并放置了400张塑料椅，持续供应开水，最大限度地提供便民服务。从9月11日至12月2日24时止，全省筛查食用含三聚氰胺奶粉婴幼儿1079859人次。12月3日至8日，在各有关部门配合下，浙江省卫生厅对确诊患儿信息进行核实、排重，最后确认，确诊奶粉结石患儿总数14927人，其中非住院治疗13705人，住院治疗1222人（19例为重危或接受创伤性治疗患儿）。目前所有患儿均已好转出院。此外，全省有回顾性死亡病人1例，为江山市新塘边镇永丰村人，死亡时间为2008年8月4日。

做好奥运安保工作。2008年是奥运年，为作好奥运方面的医疗救治保障工作，浙江省卫生厅一是制定了《奥运火炬传递医疗保障实施方案》，派出一辆救护车并配备4名医护人员全程跟随，做好救护保障工作，并要求火炬经过传递的6个城市也相应作好医疗保障工作，省卫生厅被省政府评为先进单位。二是在全省范围内开展奥运期间医疗卫生保障工作的自查和督查工作，特别是针对实验室生物安全管理、传染病病原体管理、医疗用毒品、精神药品、麻醉药品以及放射源和兴奋剂药品方面的管理进行一次全面自查和督查，对检查中发现的问题提出限期整改的通知，确保奥运的顺利举行。三是制定《奥运期间萧山国际机场的医疗保障预案》，成立4支医疗救援队共40名医护人员，成立3支医疗技术指导组共15名医疗专家，指定三辆救护车24小时待命并确定四家医疗机构为指定救治医院，同时，做好500张床位腾空待用的准备工作和血液储备工作，从后方确保

了奥运会的顺利召开。

二、改善医疗服务质量，提高人民群众满意度

继续深入开展“医院管理年”、“惠民医疗服务”、“绿色医院”和“平安医院”等创建活动。总结2005—2007年的医院管理年活动，通过活动的开展，使浙江省医院进一步端正了办院宗旨，明确了办院方向；医院内涵建设得到提升，医院管理制度进一步健全，三基三严得到了巩固，医务人员素质有了很大的提高；医疗安全意识得到强化，基础质量进一步提高；诊疗工作进一步规范，医疗费用控制初显成效；医德医风有了改善，社会满意度持续提高。为巩固“以病人为中心，以提高医疗服务质量为主题”的医院管理年活动成果，树立典型，表彰先进，浙江大学医学院附属第一医院等42家医院被评为优秀单位，19家医院被评为表扬单位。在9月召开的全国医政工作会议上，浙江大学医学院附属第一医院、浙江大学医学院附属第二医院被评为医院管理年活动先进单位，充分肯定了浙江省医院管理年活动的成效。二是开展以构建和谐医患关系为目标的平安医院创建活动，积极征求各部门、医院的意见，加强沟通与合作，督促医院机构贯彻实施《浙江省关于开展平安医院创建活动实施意见》。截至2008年底，各地陆续上报了申报主要医院，卫生厅联合公安、民政等部门，共同组织人员对申报医院进行验收考核。2008年是浙江省卫生系统对已评上绿色医院的医疗机构开展回头看检查的一年，组织专家抽查了部分绿色医院，并对已有的评审标准进行了修改，为2009年绿色医院的评审工作做好准备。全省各市、县46家惠民医院，绝大多数公立医院均都积极开展惠民医疗服务，共同承担困难群众的医疗帮扶任务，杭州、湖州等地的医疗机构采取设立爱心门诊、爱心病房、惠民病床等多种形式开展惠民服务；宁波、舟山等地将提供惠民服务的医疗机构延伸到社区卫生服务站、乡镇卫生院；丽水市在分析前阶段惠民病人少的基础上，加大宣传，调整惠民对象的入围条件，使更多的人受惠。

认真执行医疗服务管理法律法规和诊疗技术规范。浙江省质量控制体系不断完善，2008年新成立了ICU质控中心，挂靠浙江医院。截至2008年底，全省共有16个质控中心、19个技术指导中心，在各专业领域开展质量控制和技术指导工作。

一是举办各类培训。临检、麻醉、护理、院感、病理、肿瘤诊治中心、医疗设备管理等质控中心分期分批举行了针对各领域专业人员的培训班，全省二级以上医疗机构的相应人员基本上都得到了培训，大大提高了业务素质。省护理质控中心对200多名急诊、ICU护士进行了培训，强化急诊护理规范程序，提高护理人员急诊应对能力；省病理质控中心邀请了国内病理学界著名专家10余人，对284人进行了肿瘤学诊断新进展专题培训，大大拓宽了医务人员的眼界；省院感质控中心及时召集专家制定了《全省医院感染管理质控检查标准》，针对手足口病疫情，对170多名基层医院感染人员进行了培训。二是全面开展质控检查。对全省医疗机构开展检查是各个质控中心的常规任务，也是规范医疗机构质控工作的重要手段。2008年，省临检中心组织专家对35家医疗机构的PCR实验室进行了复审，并组织专家对三级医院的临床实验室进行考核，确保医疗机构实验室安全；省高压氧舱质控中心对除杭州市以外10个地区53家医院70台医用高压氧舱的医疗安全和医务人员的操作规范进行了一次全面检查，并针对检查中发现的问题，及时进行了反馈。三是继续出台专业领域的诊疗技术规范。经过质控中心和专家的努力，浙江省诊疗技术规范丛书《医院感染管理与技术规范》和《急诊管理制度与诊疗常规》正式出版，为此，浙江省医疗机构管理与诊疗技术规范丛书已达11本，从而更好地指导浙江省医疗机构如何规范操作，提高医疗服务质量。同时，省高压氧舱质控中心已着手起草《临床医用氧舱管理与技术规范》。四是举办全省护理岗位技能竞赛。为全面推动护理工作，提高护理服务水平，提升护士综合素质和专业技术水平，全省各级各类医疗机构结合医院管理年活动，以地市为单位开展护理岗位练兵竞赛活动，强化护理基础理论、基本知识、基本技能的训练，努力营造和谐融洽的护患关系，为病人提供更多更好的护理服务。各地和省级医疗单位积极响应、认真备战，经层层选拔，最后有32个代表队参加省级决赛。决赛内容涵盖护理理论知识、专业能力、人文素养、沟通能力和护理操作技能等。

不断完善医院管理评价指标体系。截至2007年底浙江省第二轮等级医院评审已全部完成，浙江省医院管理评价体系已初步建立，2008年主要对第二轮等级医院评审过程中存在的问题进行了梳理。在认真总结综合性医院和专科医院评审工作经验的基础上，提出第三周期医院评审的原则、目标和评审指标框架，组建医院评审委员会成员和专家组成员，为2009年启动第三周期医院评审工作做好准备。

严格医疗机构、医疗技术人员和医疗技术准入管理。一是根据《医疗机构管理条例》，严格医疗机构准入管理。根据卫生部《关于医疗机构审批管理的若干规定》，结合浙江省工作实际，发文明确了医疗机构设置审批具体程序、审批权限、公示制度、备案制度、命名规则、执业登记、诊疗科目核定、档案管理和信息化管理等工作，对没有医疗机构设置规划及卫生部未明确基本标准的专科医院或其它医疗机构，卫生行政部门不得批准其设置，并要求各级卫生行政部门对已批准设置的医疗机构按规定进行清理整顿。通过上述措施，使浙江省医疗机构设置审批管理工作更加规范。二是加强医疗技术临床应用管理，严格医疗技术准入管理。根据卫生部的要求，医疗机构开展心血管介入诊疗技术须达到标准，完成了50家申报心血管介入诊疗技术的医院验收工作。三是对2007年通过全国医师资格考试的9915名医师核发了《医师资格证书》，并对342名申请注册的省级医院医师核发了《医师执业证书》，确保其合法行

医。同时，对31449名报名参加2008年医师资格考试的考生资质进行了审核，考区共审核通过人数为28593人。共有27303名考生参加了7月份的实践技能考试，通过21585人，通过率为79%。为确保9月医学综合笔试的顺利进行，考区和12个考点全力以赴，加强领导，重视细节管理，同时，考区选派了30名巡考人员随同考卷一起前往考点，全程参与考试全过程。共有47名考生在考试过程中有作弊行为，考区和考点严格按照《医师资格考试暂行办法》第三十四条的要求进行了处理。四是对全省294名申请美容主诊医师人员进行了理论及专业知识的培训，采取了“考教分离”的方法进行理论考试，考试合格率为71.43%。通过培训和理论考试，加强了医疗美容医师的准入管理，提高了美容医师依法行医的自觉性，促进了浙江省医疗美容事业的健康发展。2008年底前，将对通过理论考试、符合免试及换证条件的人员核发美容主诊医师资格证书。

三、全面开展卫生服务，构建社会主义和谐社会

开展医疗扶贫。认真做好城市医院支援农村卫生的工作和卫生扶贫工作，长期建立城市医师为农村居民提高医疗服务的救助制度。一是全省各级医院继续按照《“万名医师支援农村卫生工程”浙江省实施方案》，根据基层医院的实际需求，选派高级职称医师或高年资中级职称医师到欠发达县级医院工作，完成了315名城市医生到基层医疗机构工作的派遣任务，打造了一支长期在基层工作的医疗队，受到当地人民群众的普遍欢迎。二是积极响应中宣部等十四部委号召的三下乡活动，深入贯彻全国文化科技卫生“三下乡”电视电话会议精神，全省各地结合本地实际情况，在相应时间内组织医疗机构安排医疗队下乡，掀起了“卫生下乡”的新高潮。17家省级医院组织了50余名专家赴各地开展医疗服务，并携带1万元左右的药品赠送给当地贫困农民。

加强无偿献血和血液管理工作。浙江省临床用血量100%来自自愿无偿献血，满足了临床用血的需要。自愿者队伍不断扩大，广大群众无偿献血意识不断增强，尤其是“5·12”汶川地震发生后，献血热情高涨，全省采供血机构及时推出预约献血制度，避免血液浪费。同时，以此为契机，通过“6·14”献血者日等活动，发动自愿者定期无偿献血。组织专家对舟山、绍兴、金华、义乌四个中心血站和磐安单采血浆站的血液管理工作进行了抽查，并及时指出了检查中发现的问题，进一步促进了采供血机构的规范化管理。同时，接受了卫生部采供血机构的专项检查，确保临床用血安全。

探索医疗纠纷处置新模式。医疗纠纷处置是社会关注的热点问题，也是医政工作的难点。2007年宁波市政府针对医疗纠纷出台了《宁波市医疗纠纷预防与处置暂行办法》，并于2008年3月1日正式施行，迈开了浙江省探索建立医疗纠纷预防与处置新模式的道路，形成了具有特殊的宁波模式，即医疗纠纷的宁波解法。他们主要特点及做法：一是坚持一条原则，即在处理医疗纠纷中遵循“预防为主、依法处置、公平公正、及时便民的原则”。二是建立2个核心机制，即建立保险理赔机制和人民调解机制，通过第三方介入的形式，增加医疗纠纷处置的公平性、专业性和规范性，赢得医患双方对处理结果的认可。三是明确了各政府相关职能部门在加强医疗机构治安管理、保障医患双方合法权益、加强医院质量管理、正确发挥人民调解作用和合理规范统一理赔标准等方面的职责义务，规定了相应的处理程序，建立了具体的工作制度和操作规范。经过近1年的时间，宁波市在正确处理医疗纠纷，化解医患矛盾，改善医患关系取得了明显成效，其经验和做法值得全省学习和借鉴。据统计，截至200811月底，省医学会共收到163起医疗事故鉴定委托，已经鉴定了138起70起鉴定为事故，事故率50.7%，事故率比2007年同期上升了3.1%；处理医疗纠纷来信来访525件，接待来访257批次，计520余人次，与2007年同期相比均有较大幅度的下降；回复“省长信箱”和厅领导督办的共44件，与2007年同比增长了51.7%。

做好征兵招生体检等各类指令性任务。全省共抽调2332名医务人员，组成91个体检组，分设86个体检站，完成了全省约35.5万名高考学生的体检任务。2008年征兵体检新增了艾滋病、梅毒、吸食毒品检测、心理检测、腹部B超、心电图等项目作为常规体检项目，同时调整了部分体检标准。为严格贯彻执行国防部体检标准，组织专家修订了《浙江省征兵体检实施细则》，加强对参加体检医务人员的业务培训，在确保征兵体检质量的同时，完成了7.6万人员的体检工作。

（马伟杭　徐伟伟）

安徽省医政工作

一、医疗应急救援工作

抗雪防冻救灾提供医疗卫生保障。2008 年 1 月中旬，冰冻雨雪灾害发生后，立即组织抗雪防冻医疗卫生工作，共设置医疗救治点 678 个，派出医疗小分队 229 个，救治被困群众 15032 人次。

手足口病医疗救治工作。4 月安徽省手足口病疫情发生后，安徽省卫生厅集中优势力量支援疫情较重的阜阳、亳州市，从 6 家省直医疗机构、11 个市抽调临床专家 106 人次，驻点阜阳、亳州参加及指导救治工作。

“5·12”地震灾害医疗救援工作。“5·12”地震灾害发生后，从全省 54 家医院抽调 231 名医疗专业技术骨干，先后组建三批省级支援四川抗震救灾医疗队赶赴四川；按照卫生部统一安排，接收四川地震灾区的伤员 103 名，成功抢救 60 名危重伤员，无一例伤员死亡；从 7 家医院抽调 40 名专家分两批驻点安徽省对口支援的松潘县进行对口支援。

抗洪救灾防病工作。入汛以来，安徽省滁河流域发生严重洪涝灾害，安徽省卫生厅共派出 830 支医疗、防疫小分队共 3128 人次，为 34081 名灾民提供了医疗救治服务。

处置三鹿奶粉事件。2008 年 9 月，三鹿奶粉事件发生后，在全省确定了 148 所收治三聚氰胺致泌尿系结石患儿定点医疗机构，1245 所承担诊断筛查和门诊收治的医疗机构；申请 2700 万元为省市定点医院和每个县市区定点医院购置了 B 超；申请省财政经费 310 万元为 5 所省直医疗机构、17 所市级综合性医疗机构购置了外科手术治疗患儿紧缺的小儿膀胱镜、输尿管镜，财政部门帮助解决了 3523 万元垫支经费；做好数据统计和整理工作，建立了确诊患儿医疗信息数据库。

二、医院管理年

继续开展医院管理年活动。安徽省卫生厅按照卫生部要求，连续 4 年开展医院管理年活动，取得很大成效，初步出现了“三升三降”，即门诊人次、住院人次、手术台次上升，人均门诊费用、人均住院费用、平均住院日下降的良好势头，同时医疗服务量持续上升，08 年前三季度全省三级医疗机构日平均门急诊诊疗人次比 2007 年同期增长 8.9%，出院人次增长 16%，手术台次增长 11.9%；省直医疗机构率先向全社会做出“维护患者权益十项承诺”，主动接受社会的监督。

制定《安徽省医师、护士定期考核管理办法》。根据卫生部下发的《医师定期考核管理办法》的要求，结合安徽省实际，制定下发了《安徽省医师定期考核管理办法实施细则》，确定了全省 339 个医疗卫生保健机构和医疗卫生行业学术组织为医师定期考核机构，目前已完成了全省首次医师定期考核工作；制定了《安徽省护士定期考核管理办法》以及相配套的护士定期考核实施细则。明确规定所有在岗护士，根据护士岗位职责和分层次管理的原则，从职业道德、工作成绩和业务水平三方面对护士进行定期考评，建立护士执业良好记录和不良记录制度，以此作为护士执业、技术职称晋升、评优评先的客观依据。

制定《安徽省医疗机构校验管理暂行办法》。安徽省卫生厅制定了《安徽省医疗机构校验管理暂行办法》，进一步加强医疗机构执业校验管理工作，实行医疗机构动态评审，评审结果与医疗机构等级，与医疗机构日常监管、诊疗科目复审、医德考评、各类人员定期考核、医疗机构目标管理责任制等项工作有机结合，全面提高整体医疗服务质量和管理水平。

依法审批医疗广告。2008 年共受理、审批 143 件医疗广告审查证明，均按照卫生部要求，在卫生厅网站上开辟专栏予以公示。

开展政务公开、院务公开工作。自 2005 年至今，安徽省卫生厅坚持每季度通过卫生厅网站发布三级医院和省直医疗服务机构的医疗服务信息，内容包括医院“质量”、“费用”、“效率”、“服务”和“单病种质量控制”、“医保类病人自费比例”等医疗服务信息；按照《关于全面实行医院院务公开工作的通知》要求，医院向社会公开医院资质信息、医疗服务价格和收费信息、便民服务措施、行业作风建设情况等十项内容，并在医院内部向职工公开医院重大决策事项、医院运营管理情况、人事管理情况等信息。

三、医药卫生体制改革取得进展

安徽省积极推行医疗改革试点，芜湖市实行医药分开改革，成立了“医疗机构药品管理中心”，整合医疗资源，组建 3 个医疗集团；马鞍山市实行管办分离医疗体制改革，市内 5 家医院从卫生局划出，成立隶属市政府的市立医疗集团，取消医院级别，由医疗集团聘任；铜陵市积极推行进行政事分开改革和第三方化解医疗风险机制。

四、实施“万名医师支援农村卫生工程”项目

继续实施“万名医师支援农村卫生工程”项目工作，派出 20 所省、市和部队三级医院对安徽省 20 个国家扶贫开发重点县医院（中医院）进行对口支援，不断提高受援医疗机构医疗救治能力、管理水平和影响力。根据 20 所支援医院的不完全统计，共有 185 位副主任以上医师及高年资主治医师进驻受援医院，共接诊患者 50000 余人次，开展新技术新项目 60 个，开展手术

2670例，疑难病案讨论2000余例，举办学术讲座360次，受教人员16000余人次。

五、护理管理工作

贯彻落实《护士条例》。安徽省卫生厅印发了《关于学习贯彻护士条例加强护理工作的通知》，举办了全省《护士条例》培训班，组织开展以“营造优良执业环境，提供优质护理服务”为活动主题的全省护理大会。

组织调研全省《护士条例》落实情况。为了解安徽省各地贯彻落实《护士条例》和《安徽省护理发展五年规划》的具体进度，安徽省卫生厅于2008年9月组织了5个专家组现场检查26所省、市级医院，同时，书面函调了19所三级医院、87所二级医院和86所一级医院护理工作情况。主要调研内容有学习宣传、贯彻落实《条例》的举措；护理队伍总体变化情况；护理管理动态变化；临床一线护士配置情况；医院护理质量评价。

培养专科护士。安徽省卫生厅在急诊急救、重症监护、儿科重症监护专科的基础上，又增设了糖尿病专科护士的培养，现有154名学员正在学习中；同时组织了对26所医院临床重点专科的现场评审，重新认证了38个专科护士临床实践基地。

六、医疗机构及人员准入工作

加强医疗机构管理。为规范卫生行政部门对医疗机构的管理，举办二期全省医疗机构（人员）准入管理培训班，培训内容包括医疗机构准入、变更名称、增设科室、变更法人和医疗机构校验等方面。安徽省2008年成立了安徽省医院管理协会民营医院管理分会，为民营医疗机构沟通交流开辟了渠道，安徽省卫生厅还多次下发关于支持民营医疗机构的相关文件，并将制定一系列执业和服务标准，开展对民营医疗机构的诚信度评价，督促民营医疗机构的服务行为按照科学、规范、自律的方向发展。

执业医师注册工作。为加强医师队伍管理，向社会公示医师执业注册信息，安徽省在年底前全面启用医师联网注册系统。7月举办了《医师联网注册及考核管理系统》培训班，11月中旬，进行了单机版医师注册数据转换为联网医师注册数据。对厅直单位389名取得执业医师人员完成了首次注册，变更注册354人；完成了全省33名军队回地方的医师资格换证工作；完成了对全国各地128份来函要求医师资格查询，确认医师证书真伪、证书修改等经常性服务工作。

开展2008年全省护士执业注册工作。11月上旬安徽省卫生厅组织全省护士注册软件培训班；12月初组织专家组到省行政服务中心卫生厅窗口集中审核办理全省护士执业注册，目前已完成4000余人的首注和换证工作。

七、血液管理工作

进一步加强血液安全监管长效机制建设。制定印发了《安徽省血站许可工作规范》和《安徽省单采血浆许可工作规范》。《两个工作规范》对采供血机构设置、执业登记、变更和再次执业登记的申请、受理、审查和批准等事项均作出了明确规定。成立安徽省血液质量监测实验室和血液检测检定实验室，分别承担血液安全监督、监测抽样样本的检测任务；承担全省采供血机构血液检测争议标本的检定、抗HIV和其他检测项目的确证工作。启动单采血浆站视频监控系统建设。宿松、毛集、庐江、舒城、南陵、旌德、五河等7所单采血浆站视频监控系统的安装工作已经完成并投入使用，其余6所单采血浆站安装工作正在进行中。组织对单采血浆站进行暗访、突击检查。2008年上半年和下半年，各开展了一轮次的单采血浆站暗访检查，覆盖了全省所有单采血浆站。针对暗访检查中发现的问题，专家组共提出了60条整改意见和建议并要求及时整改到位；对部分市中心血站的无偿献血招募、血液采集、供应等环节进行了暗访检查，对发现的问题及时予以纠正。上半年，对六安、宿州、宣城、马鞍山、蚌埠、亳州6个市中心血站及10个单采血浆站进行了飞行检验，抽检库存血液标本800份，结果均合格。下半年结合血液安全评估和血液质量安全年检查工作，再次对17个市中心血站和11所单采血浆站进行了HIV筛查和血液检测实验室现场考核（飞行检验），同时还抽检了库存血液标本1400份。对检查发现、群众举报的血液违法案件，发现一起，查实一起，严处一起。全年共发现2起非法采集原料血浆的案件，其中1起已经依法给予处理，另外1起正在查处之中。建立采供血机构站长例会制度。2008年2月，组织召开了第五次站长例会暨质量管理规范技术审查总结研讨会议。会上部署了全省血液安全工作任务，通报了2007年全省采供血机构质量管理规范技术审查相关工作情况，系统地总结并讨论了安徽省贯彻“一个办法、三个规范”的经验和存在的共性问题。

规范采供血机构执业行为。推进采供血机构贯彻“两个办法三个规范”进度，实施督导和技术审查。一是于3月完成对亳州市中心血站的技术审查工作。二是完成了对合肥市、蚌埠市、宣城市和池州市4所中心血站的技术审查复审。对其中存在严重质量问题的1所血站，当场停止其血液检测工作。三是完成对新建庐江县、五河县2所单采血浆站执业前技术审查。依法开展采供血机构设置审批和执业注册登记工作。2008年共完成了2所中心血站、1所中心血库和5所单采血浆站的执业注册登记工作，批准同意在砀山县、怀远县新设置2单采血浆站。组织开展血液质量安全年活动。2008年继续在全省各级各类采供血机构和二级以上综合性医院开展以“依法执业、规范执业”为主题的“血液质量安全年”活动，并于10—11月分四组对全省开展“血液质量安全年”情况进行了检查，对活动开展的成效进行了全面评估。组织开展血液安全评估检查。2008年10—11月，组织在全省范围内开展了血液安全评估检查。全省17个市卫生局、17所中心血站及其6个采血点和1所中心血库、11所单采血浆站以及4所省级医院、34所二级以上综合性医院接受了检查。接受上级部门督导调研检查。7月下旬，卫生部对安徽省的医疗服务和血液安全监督工作进行了全面调研和督导检查。调研组对安徽省近些年来的血液安全监管工作的做法和成效给予了充分肯定，并对下一步工作提出了具体要求。11月初，受卫生部委托，中国输血协会调研组一行4人来皖对安徽省同路生物制药有限公司和绿十字（中国）生物制品有限公司2所血液制品生产厂家以及庐江、毛集2所单采血浆站进行实地调研。按照卫生部要求，10月中下旬，我中心组织有关专家对全省17所医疗机构血液及血液制品临床使用情况进行了现场和书面调研，并形成书面调研报告，上报卫生部医政司。认真做好血液调剂工作。根据《安徽省临床用血和原料血浆调配管理若干规定》，2008年制定了临床用血和原料血浆调配工作程序，规范了调配程序。截止11月底，共核准调剂临床用血185批次，达9000余单位，有效地解决了血液偏型、无偿献血不平衡等问题，实现了全省临床用血资源共享。核准原料血浆出库122批次约90吨。组织完成全省采供血机构从业人员岗位考核任务和发证工作。2008年于4月20日、和10月19日举行了全国采供血机构岗位培训考核，全省近400名考生参加了考试。完成了自2006以来，共657名考试合格人员的证书印制工作任务。

加大宣传力度，全省无偿献血工作再上新台阶。无偿献血工作取得再上新台阶。全省08年血液采集总量达526075个单位，约105吨，比2007年同期增加了15吨。无偿献血比例100%，其中自愿无偿献血占血液采集量的比例达99%以上，2次以上无偿献血比例为38.25%，400ml献血率为47%。开展世界献血者日庆祝活动和《献血法》颁布十周年纪念活动。6月14日，安徽省卫生厅联合相关部门在合肥隆重举行了省暨合肥市第五个“世界献血者日”庆祝活动。献血者日和《献血法》颁布实施十周年（10月1日）前后，全省各地以宣传定期献血为重点，扎实开展了形式多样的“世界献血者日”主题宣传和《献血法》颁布十周年纪念活动，收到了很好的社会效果。制作了安徽省首部无偿献血公益视频广告和安徽省血液安全画册、全省血液安全工作短片；顺利完成“无偿献血、无尚光荣”宣传活动。大力推进无偿献血志愿者工作。一是积极鼓励、指导有条件的市成立无偿献血志愿者协会。目前合肥、淮南、蚌埠、安庆、马鞍山等市均成立了无偿献血志愿者组织；二是召开首次全省无偿献血志愿服务工作经验交流会。会议传达介绍了全国无偿献血志愿服务工作会议精神及其他省份工作经验，交流了无偿献血志愿者组织的筹备、建设、招募及培训管理方面的做法及经验，展望了无偿献血志愿服务工作前景并探讨了今后的工作方向。三是着手筹建全省无偿献血宣讲团。目前已经完成了无偿献血宣讲团成员推荐材料和宣讲稿等资料的收集、汇总等工作。积极组织应对突发事件，增强无偿献血应急能力。2008年初全省遭暴风雪袭击，安徽省卫生厅及时下发《关于切实做好当前临床用血供应和安全工作的紧急通知》，要求全省各中心血站积极采取各种措施，保障强降温降雪和春节期间临床用血供应。5月12日四川汶川大地震发生后，及时指导各地开展献血救灾，仅两天时间全省各中心血站（库）库存全部告满，91460人登记预约献血。安徽省卫生厅无偿献血各项工作在全国2006—2007年度无偿献血表彰电视电话会议受到表彰。安徽省淮南、淮北、阜阳、亳州和宿州等5个城市获得了无偿献血先进城市，954人获得了无偿献血奉献奖，2人获得无偿捐献造血干细胞奉献奖，安徽电视台和1名个人获得无偿献血促进奖，另有8人获得无偿献血特别促进奖。建立无偿献血公示制度。坚持无偿献血公示制度，每月将全省各市无偿献血情况在卫生厅网站和我中心血液安全信息网上进行公示。公示内容增加了首次献血比例、400ml献血率等指标，客观反映各地无偿献血质量和水平，有力地促进了各地无偿献血工作水平。

持续推进全省血液管理信息系统建设。启动全省血液管理信息系统二期项目。2008年初，全面启动了血液管理信息系统二期项目工作，目前医院输血科管理系统已在安医附院、省立医院、合肥市第一人民医院和合肥市第二人民医院4家医院的输血科安装试运行，为血液管理信息系统向全省二级及以上综合性医院输血科扩展打下了良好基础。完成安徽血液安全信息网的改版工作；建立了血液库存预警系统，通过血液安全信息网实时将全省各中心血站（库）血液库存状态向社会公布，发布预警信息；实施采供血机构冷链设备温控监测系统建设，合肥市中心血站等28所采供血机构已完成339个温控监测点的安装工作，并投入使用；启动安徽省血液管理信息系统短信平台建设工作。

顺利完成各项培训工作任务。举办采供血机构第四期质量管理培训班；举办《单采血浆站管理办法》培训班；举办采供血机构内审员培训班；举办血液成分临床应用与进展培训班；召开采供血机构质量督查准备会。

加强内部制度建设，开展对外交流。完善中心内部规章制度建设。2008年初，制定了“安徽省血液管理中心临床用血和原料血浆调配工作程序”、“安徽省血液管理中心网络信息稿件发布程序”和中心学习制度等内部规章管理制度；安徽省采供血机构许可工作程序和采供血机构技术审查工作程序等程序文件正在拟定中。

积极参加国际学术交流。在厅领导和有关处室的大力支持下，2008年上半年我中心派员并组织了全省采供血机构16人，参加了在澳门召开的第30届国际输血大会。会间和会后还组织赴澳门血液中心、香港血液中心和深圳市血液中心开展了交流活动。

八、专项工作

全省医师资格考试考务管理工作。完成了2007年安徽省医师资格考试10157名合格人员医师资格证书制证、发放工作；组织了2008年度全省34379余名医师资格考试报名资格审核和复审工作，审核中确认112份毕业证书为假证，共有1300余名考生未能通过审核；组织召开实践技能考试安徽考区首席主考官座谈会；召开2008年全省医师资格实践技能考试考官培训会，扩大了考官培训范围；全省18各考点41个考试基地分别组织了临床、口腔、公共卫生和中医等六个类别的实践技能考试，24075名考生通过实践技能考试，取得综合笔试资格；派出19支巡考组对41个实践技能考试基地进行巡考督查，组织了19支巡考组对执业医师考试进行全程巡考督导；重视群众举报，加大违纪处罚执法力度，在2008年的医学综合笔试考试期间，据初步统计，全省共查获6个电子作弊犯罪团伙，查处违规违纪考生193人，对524名在2007年医师资格考试中持假毕业证报考及在考试中有违规行为的考生进行了全省通报，并作出了取消当年考试成绩或取消三年考试资格的处罚；安徽考区淮北考点公卫类别执业医师考试连续两年雷同率偏高，为严肃考风考纪，取消了淮北考点2008年公卫类别医师资格考试承办资格。

加强全省医疗机构管理指导，并完成了安徽省卫生厅审批（不含中医、妇幼保健机构）医疗机构的行政许可工作。完成了安徽医科大学第二附属医院、合肥凤凰肿瘤医院、合肥急救中心登记注册发证工作，完成合肥心血管病医院设置审批工作；完成了对22家医疗机构名称、诊疗科目、法人、地点等变更工作，29家医疗机构校验工作。

完成2008年全省征兵工作。组织对全省17个市卫生局医政科长，进行征兵体检工作业务培训；全省共成立了由各级医疗机构组成的80个体检站；完成了全省73629名应征青年征兵体检工作任务，向部队输送了29500名合格兵员。

配合做好残疾人康复和防盲工作。协助省残联组织开展民生工程—贫困白内障复明工程，省卫生厅、省残联和省财政厅联合下发《贫困白内障患者复明工程实施意见》、《贫困白内障患者复明工程资金管理暂行管理办法》和《关于实施2008年贫困白内障患者复明工程有关事项的通知》，确定29家白内障复明工程定点医院，培训了手术医生50名。组派了4支省级专家医疗队支持技术力量薄弱的市县。自2008年1月15日至11月15日全面完成贫困白内障患者复明工程免费手术10035例，人工晶体植入率达到96.62%，患者手术效果满意度达到95.64%，无一例医疗事故，无一例上访投诉。省残联、省卫生厅和省防盲指导组组成考核小组，对全省贫困白内障患者复明工程实施情况进行专项考核。配合省残联开展全国第九次爱耳日宣传教育活动。在爱耳日宣传教育活动期间，省直各医疗机构派出专家，走上街头为群众进行咨询服务，解答群众关心的问题。做好全国第二次残疾人抽样调查收尾工作。安徽省卫生厅在抽样调查全省31个抽中县，进行抽样调查工作的基础上；做好二抽的各项总结收尾工作，重点进行数据分析，撰写学术文章，对二抽成果进行了总结。

组织完成卫生部项目和任务。根据卫生部、财政部“关于印发2006年中央补助安徽省公公卫生专项资金儿童先天性残疾和白内障患者复明救治项目实施方案的通知”的要求，省卫生厅联合省财政厅下发了《关于下达2007年中央补助安徽省儿童先天性残疾和贫困白内障患者复明救治专项经费的通知》并配套制定下发了《2007年中央补助安徽省儿童先天性疾病和贫困白内障患者复明救治项目实施方案》，确定全省44家医院为项目定点医院。安徽省19个国家级贫困县（区），共对5570例贫困患者开展了救治手术。

完成了“视觉第一中国行动”项目。按照卫生部“视中”项目内容，全省对农村贫困群众开展了33107例白内障复明手术，并做好防盲知识宣传；完成了全省二级综合医院164名眼科技术骨干举行的小切口白内障手术继续教育培训班。对17个市卫生局医政科长、“视中”项目管理人员和财务管理人员120人进行了专业项目培训；9月上旬各市卫生局组织对全省1379个建制乡镇卫生技术人员进行了眼科专业技术培训，为完成“视觉第一中国行动”项目打下良好基础。

完成了安徽省第2—3期“彭年光明行动”的复明手术工作。安徽省卫生厅与省残联配合，抽调省立医院、安医附院和蚌医附院眼科专家成立了3个专家手术组，第2期于4月中旬在阜阳、亳州等5县（区），第3期于11月12日开始，在蚌埠怀远、五河、固镇县，六安舒城、霍邱等5县医院，为5660名贫困白内障患者免费实施了复明手术。

完成了年度“三下乡”和卫生扶贫工作。认真组织省委宣传部组织的2008年全省“三下乡”活动。一是在省委宣传部的牵头下，开展了大规模的元旦、春节期间卫生下乡活动，组织省直10多所大医院的专家到农村义诊，为农民送医送药上门服务；二是组织常年下乡活动，全省各级各类医疗机构在巩固卫生扶贫的基础上继续抓好辐射延伸，每个县及县以上城市医疗卫生单位对口援助1—2个基层卫生单位，每个农村乡镇卫生院都定点负责一定区划范围的卫生支农，使卫生下乡工作在安徽省广大农村全面铺开。完成了省级16所较大城市医院对口援助16个贫困县医院的卫生扶贫任务。把革命老区、贫困地区作为卫生下乡工作的重点，省级16所较大城市医院对口援助16个贫困县，每院帮扶1所县医院和2所乡镇卫生院，并使其达到相应级别医疗机构功能标准。有重点地帮助贫困乡镇卫生院医疗设施建设。2008年安徽省卫生厅共投入50万元资金，有重点扶持六安、宿州、舒城和休宁等贫困乡镇卫生院的建设。安徽省卫生厅与省扶贫办组织安徽34家医院参与中国扶贫基金会开展的“天使工程”，加强医院的信息管理系统建设和远程会诊系统建设；2008年组织了10名贫困县医院的卫生技术骨干到解放军301医院进行进修学习，提高贫困县医院的救治水平。

完成了国家和省下达的项目工作。完成了省委省政府民生工程白内障复明手术1万例，为安徽省国家级和省级贫困县广大贫困白内障患者带来了光明，为贫困白内障患者提高了生活质量。组织实施中央财政项目，为安徽省19个国家级贫困县（区），共对5331例农村贫困患儿，开展了先天性儿童残疾和白内障复明救治手术。组织了“青年卫生志愿者扶贫接力活动”。2008年扶贫接力乡镇卫生院由目前的24个发展到50个，青年卫生志愿者人数由2007年120名扩大到2008年240名。

（李劲风　费勤福）

福建省医政工作

一、全力以赴，做好抗震救灾和突发公共卫生事件应急处理工作

抗震救灾医疗救援工作。“5·12”四川汶川特大地震发生后，按照卫生部的统一部署和厅党组的领导下，在较短的时间内筹组福建省首批以骨科、胸外科等外科医生为主的医疗卫生救援队160人并携带100多吨药品和器械，于5月16日乘机抵达四川成都，在成都市的13家医院，立即参与医疗救治等工作。此后，福建省卫生厅又陆续派出50名医疗队员奔赴四川灾区开展医疗救治工作。据统计，福建省援川医疗队员累计救治伤病员24541人次，其中重伤员829人次；开展手术554台次；转运伤病员1355人次。

福建省先后接收3批共455名从四川灾区转送来的伤员。福建省卫生厅医政处共调度了180多辆救护车，1000多名医护人员和志愿者参与伤员的转运，并确保伤员在转运途中的安全。伤员被分别安排在省级和福州等4个设区市等的21家三级医院救治。这些伤员中，年龄最大的90岁，最小的1岁2个月，以骨伤居多(占85%)，且多数为复合伤。其中重症66名，危重伤员6名。为切实做好灾区伤员救治工作，省卫生厅成立了灾区伤病员医疗救治专家组，组织专家对疑难重症伤员的会诊。各接收医院相应成立医疗救治工作组，及时腾出病房，设立爱心病区，选派责任心强、业务水平高的技术骨干负责医疗救治工作，安排护工照顾无家属陪护的伤员，实行伤员治疗情况日报告、周报告制度。经过医护人员的精心救治和体贴入微的照顾，8月29日福建省接收的455患者均符合卫生部规定的出院标准，办理出院手续，并安全返川。2008年7月附一医院爱心病房全体伤病员向福建省卫生厅医政处送来一面锦旗，表示他们对医务人员的感激之情。

从7月2日起，福建省卫生厅启动了对口支援四川彭州医疗工作，先后派出3批80名医护人员开展了对彭州市人民医院、中医院等5所医疗机医疗对口支援工作。受援的医疗机构对福建省的无私援助和精湛技术非常满意。

手足口病医疗救治工作。2008年5月以来，为做好手足口病防治工作，福建省卫生厅转发了“卫生部《肠道病毒(EV71)感染诊疗指南(2008年版)》的通知”，制定并下发《关于收治手足口病重症病人定点医院有关事项的通知》,《关于实行手足口病住院及重症患者情况日报告制度的通知》，确定福建省20所医院为首批收治手足口病重症病人的定点医院，并要求各设区市卫生局和省属医疗单位实行日报告制度。2008年5—7月，福建省卫生厅医政处先后组织召开了4次全省手足口病医疗救治工作视频会议，部署福建省手足口病的医疗救治工作。

为加强福建省手足口病防治工作，提高福建省医疗手足口病医疗救治水平和治愈率，福建省卫生厅成立由儿科、呼吸科、心内科、ICU和院感科等专科的专家组成省级手足口病医疗救治专家组。组织专家开展对全省二级上医疗机构儿科主任或高年资儿科医师约120人参加的有关诊断治疗技术的培训；组织专家前往部分设区市，了解手足口病救治情况；多次协调省级医疗专家对省妇幼保健院1例极危重手足口病患者进行会诊，同时多次抽调省级专家组成员赴漳州市医院、泉州市儿童医院、福鼎市医院等指导重症手足口病患者抢救，抢救成功多名极危重患儿。9月下旬至11月，福建省龙岩、南平和建瓯等地市又发生多起手足口病重症患儿，福建省卫生厅医政处接到报告后先后派出10多批省级专家到当地医院指导患儿的救治工作，对控制疫情，稳定民心，发挥极为重要作用。

婴幼儿奶粉事件患儿医疗救治工作。2008年9月初，三鹿奶粉致婴幼儿患泌尿系结石事件发生后，福建省卫生厅按照卫生部和省委、省政府的部署，积极落实国家关于对婴幼儿实行免费诊疗，医疗机构先行垫付的要求，以对人民高度负责的态度，采取一系列有效措施，积极调动医疗资源，确保福建省每一位到医院就诊的婴幼儿得到及时、有效的诊治。为加强诊疗工作，省、市、县均成立专家组，全省共成立专家组142个，专家人数1494人，共派出专家指导组128支505人，深入基层医疗机构指导基层开展诊疗工作。要求全省各级卫生行政部门和医疗机构的有关科室节假日正常上班，全力以赴做好婴幼儿诊疗工作。各级卫生行政部门统筹安排，紧急调集或购买B超诊断设备，抽调辖区内相关医院的超声诊断人员充实定点医院的力量；尽量做到按县(市、区)划片分区筛查，合理分流筛查对象；各级医疗机构，特别是定点医疗机构制定便民措施和应急预案，开辟专门区域或建立绿色通道，优化工作流程，简化环节，设立筛查就诊流程图、指示牌和咨询台；增加导诊人员，指派专人负责做好引导、登记、分流、预约工作。增派儿科、肾内科、泌尿外科、超声科医师到门诊，延长工作时间，力争做到当天就诊、当天检查、当天出报告，需要住院的应当天住院。截至2008年12月3日，全省累计筛查婴幼儿414707人次，日最高筛查量达26000余人次，确诊患儿6716例，收住院患儿520例。12月初，根据卫生部和省委、省政府的要求，福建省卫生厅医政处抽调人力、物力，加班加点尽全力做好患儿的信息核实工作，通过各种渠道，并经剔重补缺，使6085名患儿的各种信息资料及时补充，从而建立了一个比较完整的信息资料库，福建省的患儿信息资料得到卫生部和国家工信部的认可。

福安民工猝死事件调查。北京奥运会前夕，温福铁

路福安工程段2名民工发生猝死，还有数十名员工发病入院，引起当地百姓的恐慌。省委、省政府、卫生部和铁道部领导高度重视，接到报告后在厅领导的带领下，福建省卫生厅医政处主要领导在奥运会开幕当天与流行病学和临床多学科专家一起迅速赶赴宁德，开展死亡原因调查，并全力救治住院病人。经过临床专家反复探讨，病理专家对尸体进行解剖和病理分析，最终查明2名民工的猝死原因，迅速平息事态的发展，稳定了民心。

二、继续深入开展医院管理年活动，扎实开展医院评审和评价工作

根据“卫生部关于印发《2008年“以病人为中心，以提高医疗服务质量为主题”的医院管理年活动方案》的通知”要求，结合福建省开展控制医药费用增长工作、平安医院建设、突发公共卫生事件应急处置以及医疗安全等具体要求，2008年6月，福建省卫生厅制定并下发了《2008年福建省医院评价要点》，要求各级卫生行政部门和医院将医院评价与医院管理年活动相结合，逐步建立和完善医院管理评价指标体系，探索建立医院管理评价制度和医院管理长效机制。

2008年6月11—14日，为了解省属12家医院合理用药、合理检查情况，福建省卫生厅医政处抽调临床和药学人员等27人，分四组对省属12家医院开展了合理使用抗生素和大型仪器检查阳性率情况的检查。

三明二院麻醉事件引起全国医务界广泛关注，福建省卫生厅医政处接到三明卫生局的报告后迅速派出省麻醉专家前往三明开展死因调查，同时在陈秋立副厅长的带领下，福建省卫生厅医政处领导连夜赶赴三明做好疏导工作，而后福建省卫生厅果断地对有关责任人做出处理决定，并报省委、省政府和卫生部。为汲取三明二院麻醉事件的教训，加强医院管理，确保医疗安全，福建省卫生厅于10月17日下午召开由全省各级卫生行政部门领导和县及县以上医疗机构负责人参加的电视电话会议，杨平厅长在会上做了重要讲话，部署在全省各级各类医院开展医疗质量和医疗安全大检查活动，下发了《福建省卫生厅关于进一步加强医院管理，提高医疗质量，确保医疗安全的通知》，要求各级医疗机构在认真全面自查的基础上，对重点科室（如急诊科、麻醉科、手术室、ICU、儿科、新生儿科等）、重点环节的医疗质量和医疗安全进行深入的检查；要求各级卫生行政部门组织力量对本辖区医疗机构进行抽查，督促各级医院加强对医务人员医疗质量和医疗安全教育，提高全员医疗安全意识，建立医疗纠纷防范和处置机制，及时妥善处理医疗纠纷，杜绝隐患，减少差错，确保医疗安全。2008年11月10—28日，福建省卫生厅先后组织两批8个督导小组，132人次，对全省31家医院（29家三级医院和2家二级医院）进行检查。督导工作开始前，福建省卫生厅医政处组织专家制定督查方案，包括评价的千分制标准和评价的临床路径，并召开督导工作方案培训会，使参加督导的专家掌握评价的办法和评分标准。每家医院督查一天，督查结束的当天，召开反馈会，由督导专家将督查中发现的问题一一反馈给医院。此外，福建省卫生厅医政处还将检查中发现的问题，书面逐一反馈至各医院，要求医院限期进行整改，并形成通报下发至全省各级医疗机构。

为夯实医疗质量基础，推动医疗机构开展临床医师“三基三严”培训，2008年9月，结合医院管理年活动，福建省卫生厅先后组织了全省三级医院临床医师、护士技能竞赛和全省急救技能竞赛，全省24家医院190名医护人员和27家医院135名医护人员分别参加了这两项比赛。通过比赛以点带面，有力促使福建省各级医院进一步强化临床青年医师护士的“三基三严”训练，有效提高临床医师的基础理论、基本知识、基本技能，夯实了医疗质量基础，保障了医疗安全。

2007年底，福建省卫生厅医政处制定并下发了《福建省二级综合医院评审实施方案》。为做好二级医院评审工作，2008年2月27日，福建省卫生厅举办了为期2天的二级综合医院评审专家骨干培训班，各设区市卫生局分管领导、医政科科长和二级综合医院评审专家库部分专家共130人参加培训。另外，福建省卫生厅还先后组织50多名专家，对长乐、清流、邵武市等三所医院进行二级综合医院评审工作调研。此外，还要求每个设区市再选择1家二级医院进行评审前的试点工作。在此基础上经过反复讨论提出全省二级综合医院评审工作具体实施办法。目前福建省大多数设区市已经启动二级甲等综合医院评审工作。福建省卫生厅及时派出省级评审专家库成员现场指导，督促当地开展评审工作，及时纠正不规范做法，使评审工作做到公平、公正。

2008年上半年福建省卫生厅医政处还组织完成了对福州市第一医院，莆田学院附属医院，莆田市第一医院、宁德市医院、宁德市闽东医院等5所医院的三级综合医院复评工作。

三、开展医疗机构设置审批专项治理工作

为进一步规范福建省医疗机构设置审批、提高医疗机构设置审批质量和办事效率，严格把好医疗机构“准入”关，建立规范有序的医疗服务市场秩序。2008年上半年福建省卫生厅制定下发了《福建省卫生厅关于开展医疗机构设置审批专项整治工作的通知》和《福建省卫生厅关于进一步规范医疗机构行政许可工作的通知》，明确了医疗机构设置审批、执业登记、变更登记、校验等工作的审批程序。

2008年4月20日福建省卫生厅召开了全省医疗机构设置审批专项整治工作动员部署会议，各设区市卫生局分管领导、医政、纠风、卫生监督及卫生厅有关处室人员出席会议，卫生厅副厅长、纪检组长张守臣做了动员部署。同时，为提高医疗机构行政许可工作人员的业务素质和依法行政能力，4月22日福建省卫生厅举办了为期2天的全省医疗机构行政许可业务培训班，邀请卫生部医政司、省政府法制办等领导到会授课，培训对象

为全省各市、县（区）卫生局从事医疗机构设置审批工作人员共120人。此后，全省各级卫生行政部门按照工作部署和要求，对辖区内该项工作开展自查自纠工作。

为了解各设区市和县（市、区）卫生行政部门自查自纠工作情况，2008年11月，福建省卫生厅医政、法监、监察等处室联合开展对全省9个设区市专项治理情况进行检查。抽调有关医政管理人员组成检查组，抽查了每个设区市本级及其一个县和一个区的卫生行政部门，重点抽查近3年来设区市和县（市、区）卫生行政部门在审批医疗机构以及执业登记校验等工作中是否符合要求，包括受理、审核、审定、核发等程序是否规范，标准掌握是否适当等。抽查的情况将做出书面通报。

四、加强医疗质量监管，推进医政工作规范化、法制化进程

继续强化省级医疗质量控制中心在医疗质量监管方面的作用。2008年初，召开全省医疗质量控制工作会议，由省级各质控中心通报2007年二级以上医疗机构医疗质量状况，提出2008年工作思路和要求。省病理、院感、麻醉、超声、病案、急诊等质控中心都根据各自的职责开展专业培训和工作督导。

在省立医院、协和医院和附一医院等省级三所医院开展急诊科内设立中毒救治专业组试点工作。三所医院均从医院内科中抽调呼吸、消化等专业人员组成专业组，并从2008年12月正式开始运作。

为规范超声执业人员医疗行为，经过反复调研论证，印发了《福建省超声执业人员专业水平证书管理办法》，经过培训和考核对全省两批266名超声执业人员发放了水平证书。

根据卫生部《关于加强含兴奋剂药品临床使用管理的通知》的要求，福建省卫生厅会同省药监局、省体育局等8个厅局制定了《福建省兴奋剂专项经营治理工作方案》。组织有关部门对部分医疗机构开展使用含兴奋剂药品的专项督导。

五、血液管理

为了解福建省临床合理用血的现状，提高临床合理用血水平，2008年1月，福建省卫生厅委托省血液中心对福州地区10所主要用血医院开展合理用血情况调研。调研结束后，写出调研报告并在2008年全省质控会上进行通报。针对临床用血调研中发现的问题，2008年3月和7月福建省卫生厅医政处分别举办2期临床合理用血培训班，邀请全国输血医学专家田兆嵩教授授课。各设区市卫生局医政科（处）负责人、市中心血站分管领导、血库负责人，全省三级综合医院、福州市辖区二级以上综合医院分管领导、临床输血委员会主任等近1000人分期、分批参加临床合理用血的培训。为了解临床合理用血培训后各医院的整改情况，2008年10月，织12名临床专家对全省25家三级医院进行临床合理用血评价，共抽查病历865份。

根据卫生部《血站管理办法》、《血站质量管理规范》和《血站实验室质量管理规范》，以及各血站提交的再次执业登记申请。2008年2月15—23日，福建省卫生厅医政处邀请广州血液中心田兆嵩教授和湖北省输血协会孙连明理事长参与福建省血站执业校验检查，并从省血液中心和8个中心血站抽调的血液管理专家，对省血液中心和8个中心血站进行再次执业技术审查，并完成了福建省血站的再次执业登记。

2008年上半年，福建省卫生厅医政处根据《中华人民共和国献血法》、《血站管理办法》、《采供血机构设置规划指导原则》，拟定了《福建省采供血机构设置规划（2008—2010）》，经多方征求意见论证，于12月报送省政府办公厅审批后下发。同时，为规范临床用血的储存与配送活动，保证临床用血需要，防止血液浪费，制定并下发了《福建省临床用血储存、配送管理办法（试行）》。

逐步推进福建省血液集中化检测的试点工作。组织有关专家研究论证全省血站管理软件的联网工作，为开展集中化检测做好前期准备工作。

六、护理工作

2008年3月，全国卫生系统护士岗位技能竞赛在北京举行。福建省立医院通过精心备战，艰苦练兵，作为福建省唯一一所进入竞赛复赛单位，参加了比赛，并获得全国第二名的好成绩，展现了福建省护理队伍良好风貌和优良素质。

2008年5月21日，《护士条例》正式实施。为做好《护士条例》的宣贯工作，3月，由卫生部医政司护士管理中心主办的，福建省卫生厅协办《护士条例》培训班在福州举办，全省二级以上医院近400名护理管理人员参加了培训。并于8月，先后对厅机关干部和全省护理部主任做了《护士条例》的专题讲座。按照卫生部的部署，启动《护士执业证书》换发工作，为做好福建省9万多名护理人员执业证书的换证工作，11月福建省卫生厅医政处举办了护士注册信息系统使用培训班，开始护士注册信息的录入与制证工作。

为庆祝“5·12”国际护士节和《护士条例》的贯彻实施，福建省卫生厅举办了“5·12国际护士节”活动，省属11家医院护理代表队参加《护士条例》知识竞赛活动。

七、其他工作

做好奥运火炬在福建省传递的医疗保障工作。为确保奥运火炬在福建省顺利传递，福建省卫生厅制订了《北京2008年奥运会火炬接力境内传递（福建站）应急医疗救治工作保障方案》和《食品与饮用水卫生保障工作方案》并组织实施，并多次召开各传递城市卫生局分管局长和相关科室人员，省属5家医院院长、医务科长，省急救中心、血液中心，厅机关各有关处室领导参加的工作协调会，保障了奥运圣火在福建省境内传递取得了圆满成功。

组织完成2008年执业医师资格考试工作。2008年全省通过网络报名考生14392人，考点复核人员12571人。为把好考试资格关，福建省卫生厅医政处组织20余名有经验人员对所有报考人员的资料逐一审核，查出假学历报名的32人，计划外招生37人，其他39人，审核合格符合报考条件的12463人，并将考生信息在福建卫生报和福建省医院管理协会网站上公示，接受社会和群众的监督，对公示后收到的举报信件及来电反映的14人逐一进行认真核实。为保证报考时公平、公正，福建省卫生厅医政处一是加大对考官的培训工作，省卫生厅负责首席考官的培训，考点对考官进行培训，全省共培训和聘用考官780人；二是加强巡考工作，加大监考力度。福建省卫生厅医政处抽调厅机关和医院干部20余人，对全省9个考点开展巡考，进行全程跟踪，防止考题泄露。2008年共查处3人使用通信工具，1人由他人替考，3人夹带，1人旁窥作弊，并按有关规定对作弊者作出相应处理。

根据省人民政府办公厅《关于组织海上卫生动员拉动演练实施方案的请示》的批复意见，福建省卫生厅医政处会同省经济动员办公室共同组织50余名医务人员于2008年10月14—17日登上大连海军舰艇学院的“世昌舰”进行海上卫生动员拉动演练。

根据《福建省遗体和器官捐献条例》和《福建省红十字福建省卫生厅关于规范遗体捐献服务工作的通知》要求，省卫生厅和省红十字会于2月28日至4月8日共同组织对厦大医学院、泉州医学高等专科学校、莆田学院医学院、漳州职业卫生学校和福建医科大学等五所高校申报遗体接受单位的资质进行考核验收，确定为首批福建省遗体捐献接受单位。

2008年，福建省卫生厅医政处依据《医疗广告管理办法》，进一步严格医疗广告审核出证工作，按照受理、初审、复审、审定、制证、公示等程序进一步严格医疗广告审核出证工作，福建省卫生厅医政处受理医疗广告219件，经审查合格予以出证216件，并全部上网公示。查处并撤销1件未按规定发布的医疗广告。

与福建省残联做好省委省政府2008年为民办实事“光明行动项目”。8月21日，“中国流动眼科手术车—复明十五号车”通过验收，举行出征仪式。福建省卫生厅医政处先后从全省医疗机构抽调眼科医生近35人次，到全省8个地市（除厦门市）开展工作，至今已经为全省470名贫困白内障患者实行复明手术。

继续做好征兵体检工作。全省抽调和培训体检医师136人，完成征兵体检49974人次。

2008年年共收到信访件268件次，接待来访168人次。协助劳动保障厅完成工伤鉴定15人次，并做好健康跑医疗保障工作。

（陈秋立　朱发进）

江西省医政工作

一、开展医院评审工作，进一步提高医疗服务质量

一是全面开展医院评审工作。江西省卫生厅继连续四年开展“以病人为中心，以提高医疗服务质量”为主题、以“群众满意医院”创建活动为载体的医院管理年活动之后，2008 年，在全省全面启动第二周期医院评审工作，把开展医院评审作为深化医院管理年活动的载体，巩固管理年成果，强化医院管理，持续改进医疗质量，逐步建立符合江西省实际的医院管理评价指标体系、医院管理评价制度以及医院管理长效机制。全省 23 家医院申报了三级综合医院的评审，已基本完成评审。二是强化“三基三严”训练。在全省范围内深入开展急诊、麻醉及 ICU 医护人员“临床技能培训与大比武”活动，提高相关科室医务人员业务素质及基本技能。来自省、市 26 家医院的急诊、ICU、麻醉科医生、护士各 147 位参加了临床技能大比武竞赛。三是加强对医疗技术临床应用的管理。重点加强对心血管疾病介入治疗、人体器官移植技术、人工关节等临床应用的管理，认真落实《江西省人体器官移植技术临床应用规划（2006—2010 年）》，对 2 家省直医院的人体器官移植技术执业资格进行了复审；组织对全省已经开展和准备开展心血管疾病介入诊疗技术的医疗机构进行临床应用评价工作，核准省内 5 家医院开展心血管疾病介入诊疗技术，12 家医院为一年的建设期。

二、实施网上药品集中招标采购，切实缓解群众看病就医问题

一是开展以政府为主导、以省为单位的网上药品集中招标采购工作。江西省开展的网上药品集中招标采购工作由政府主导，取消中介机构；以省为单位，取消设区市为单位的招标；实行全品种招标采购，所有药品均通过网上进行招标和采购；全省政府举办的县及县以上非营利性医疗机构参加本次招标采购工作。目前，江西省网上药品集中招标阶段工作已告一段落，基本达到了保证药品质量，降低药品虚高价格和招投标成本，规范药品流通秩序，降低群众用药费用，纠正医药购销领域不正之风的目的，取得了积极成效。据统计，本次招标共有 12009 个药品品规中标，中标药品价格降幅达 36.16%，年让利群众 14.7 亿多元。二是规范大型医用设备检查。继续实施《江西省医疗机构检查结果互认实施意见》等措施，坚持合理检查、合理用药、合理治疗、合理收费的原则，制定实施《关于规范大型医用设备检查的若干措施》，建立医疗检查档案和考核督察机制。三是加强临床药事管理。组织开展了《处方管理办法》、《处方常用药品通用名目录》等长效机制，建立对治理医药购销领域专项工作成效调研工作，制定实施《关于进一步加强医疗机构临床药事管理工作的意见》，进一步规范临床用药行为，提高合理用药水平；实行医院门诊处方面向社会零售药店；逐步推行临床药师制度。四是推行便民服务措施。制定并实施《关于推行医院网上、电话预约挂号的指导意见》，推行实名制电子预约就医系统；推行门诊病历“一本通”；设立“统一标识、统一规范”的便民医疗服务中心。

三、加大监督管理力度，进一步规范医疗服务行为

一是严格医疗机构监管。制定《江西省医疗机构校验管理办法》，全面启动江西省医疗机构校验工作，与实施《江西省医疗机构违法违规执业警示记分管理办法（暂行）》结合起来，强化对医疗机构的日常监管。二是加强医师执业管理。制定《江西省医师定期考核管理办法实施细则》和《江西省医务人员医德考评工作方案》，建立医师行为记录制度，每两年组织一次，从工作成绩、业务水平、医德医风 3 方面对医师定期考核，加强对医务人员的执业管理。三是严格医疗广告监管。认真贯彻落实新修订的《医疗广告管理办法》，全面开展医疗广告清理整顿工作，2008 年共受理医疗广告申请 54 个。经严格审查，核发出证的有 42 个（含中医类别的 7 个）。坚持定期巡查与突击检查相结合，自查与交叉检查相结合的原则，开展巡查工作 4 次，共监测到 148 条违法医疗广告，并分别作出处理。

四、认真做好应急救治工作，不断提升应急处置能力

一是组织四川汶川地震灾区医疗救援。全省共派出 7 批医疗队共 305 人，医疗队在灾区救治伤病员 24880 人次，其中成功抢救危重病人 460 人，手术 468 人，转运伤员 633 人，巡诊灾民 26043 人次。二是做好婴幼儿奶粉事件患儿的免费筛查、诊断和救治工作。全省共累计筛查患儿 1440179 人次，累计确诊 11671 人次，累计住院 2493 人次，成功抢救 2 名重症患儿。三是做好抗冰救灾医疗救治工作。加强了受灾人员的医疗服务，做好入赣支援电力设施抢修部队的医疗保障工作。四是完成 2008 年北京奥运火炬接力江西境内传递活动的医疗卫生保障工作。

五、抗震救灾医疗卫生工作

“5·12”汶川特大地震发生后，江西省卫生系统派出 12 批 658 名卫生应急队员前往灾区开展医疗救援和卫生防疫工作，共救治伤病员 2.48 万人次，消杀灭环境面积 962.68 万平方米，由江西省负责的青川县 14 个

乡镇均未发生传染病疫情和食物中毒事件，对口支援阿坝州小金县医疗卫生重建工作稳步推进。

六、建立第三方调处机制，构建和谐健康的医患关系

江西省卫生厅会同省综治办、司法厅、公安厅共同制定了《江西省预防和处置医患纠纷实施意见》，决定在全省建立医患纠纷第三方调处机制，全省组建省、市、县三级医患纠纷专业调解委员会 80 个，设立近千余人的医学专家库、法学专家库，其中省级医学专家库 105 名和法学专家库 10 名；全省专业调解委员会受理医患纠纷 182 起，成功调处 132 起，正在调处 43 起。

七、强化血液监管工作，确保血液质量与安全

切实加强无偿献血工作，基本实现临床用血来自无偿献血；加强对采供血机构的监管，组织二次全省采供血机构的督导检查，对检查存在的问题及时通报，进一步规范了采供血机构的执业行为；积极开展培训，举办全省无偿献血招募及志愿者管理培训班等各类培训班 7 个，计 450 余人次，进一步提高采供血机构的技术水平；完成全省 10 个单采血浆站转制后的执业验收。

八、深入开展对口支援，促进城乡医疗卫生协调发展

深入推进“万名医师支援农村卫生工程”。从 29 所二级以上医院抽调 150 名医师支援江西省 37 所县医院及中医院，共制定完善规章制度 167 项，援建重点科室 69 个，推广适宜技术 263 项，接受进修人员 173 名，举办培训班 875 次，参训人员 9634 人次，专家教学查房 5863 次，示范手术 3214 次，诊治患者 20376 人次，巡诊、义诊 192863 人次。

九、健全护理管理制度，进一步提升护理工作水平

一是组织实施《护士条例》。开展护理人力资源和护理岗位能级配置调研，将护理岗位工作职责、技术要求与护士的分层级使用有机结合。二是不断提高护理队伍素质。江西省注册护士数量达 4 万多人，全省三级医院病房床位与病房护士配备比例 1：0.4，护士队伍大专学历占 47.4%本科学历占 15.3%，大专以上学历人员占护士队伍总数比例提前 2 年达到《纲要》要求；全省二级以上医院护理部主任及护士长共计 800 余人参加了全省管理培训班学习。三是开展医院护理质量评价工作。建立医院内部护理质量管理与外部护理质量评价相结合的机制，广泛开展以“三基三严”为重点的护士技能培训，改进护理服务，提高护理质量。四是加强护士执业注册管理。印发《江西省护士执业注册实施办法》，目前已经全面启动全省注册护士的换证，首次护士注册及建立护士执业注册信息录入工作，已有 21000 多护士执业注册信息能够通过网上查询。

十、注重科学统筹安排，全面完成各项医政工作任务

一是做好医师资格考试和注册工作。全省参加考试网报 20333 人，现场审核 18632 人，经考区复审 17957 人符合参考条件，查处违规违纪考生 76 人。全省共发医师资格证 5520 人，年护士注册 6810 人。卫生部巡考组对江西省医师资格考试的考生资格审核、考务管理、考试组织、保密室建设、试卷的交接保管运送进行了督查，对江西省的医学考试工作给予了充分肯定。二是做好艾滋病、人禽流感等重大传染病和突发公共卫生事件的医疗救治工作。制定了《江西省艾滋病抗病毒治疗管理办法》，全省累计接受抗病毒治疗的艾滋病病毒感染者/病人 381 人，依然存活并坚持治疗比例达 83.67%；举办“全省《国家免费艾滋病抗病毒治疗药物手册（第 2 版）培训班”，117 人参加培训。三是加强医院感染管理。制定全省医院感染目标性监测方案，在二级以上医院针对性地开展目标性监测，降低手术部位切口感染，总感染率为 0.81%；举办 2 期医院感染人员培训班，共计 700 余人参加学习；加强围手术期用药管理，术前未用药人数占 32.99%，术前 30 分钟－2 小时用药人数占 21.97%，术后用药超过 72 小时人数占 43.78%。四是做好项目实施。认真组织实施县级综合医院服务能力建设项目，2008 年省财政安排了 45 所县级综合医院进行建设，每所项目医院补助 100 万元，合计 4500 万元，并对其中 22 所医院进行考核验收，确保了 2008 年全省有 75%的县级综合医院达到建设标准。组织实施重性精神疾病管理治疗项目，在中央财政追加投入了 99 万元的基础上，省级财政投入了精神疾病防治专项经费 80 万元，加强重性精神疾病监管治疗项目的两个示范区建设及江西省精神病院基本建设。五是加强康复工作。全面实施《江西省防盲治盲规划（2006—2010 年）》，加强与国际组织和其他部门合作，做好防盲治盲、唇腭裂、先天性心脏病等医疗救治项目及肇事肇祸及重性精神病人的医疗救助工作，全年实施白内障手术 3.7 万例，免除患者医疗费用 560 万元，部分城市医院免费为特困病人实施心脏手术 40 例，先天性兔唇手术 1478 多例，减免费用 478 余万元。六是加强培训工作。建立学习培训制度，组织全省医政干部学习医疗卫生管理业务、有关法律法规等相关知识，不断提高医政管理干部综合素质和业务水平。

（刘富林　曾传美）

山东省医政工作

一、全力应对突发公共卫生事件，医疗救治工作优质高效

“4·28”胶济铁路特重大交通安全事故医疗救援及时高效。事故发生后，全省卫生系统迅速反应，淄博市卫生部门的120急救中心救护车1分18秒即赶赴现场，2小时之内将全部伤员运送至各救治医院。紧急调派40名有关省（部）属医疗卫生单位相关专业的资深专家加强巡诊会诊，参与抢救治疗伤员的各级卫生行政部门和医务人员夜以继日，全力抢救，地方卫生部门收治的近400名伤员全部得到有效救治，无一人死亡，得到了国务院副总理张德江的高度评价。卫生部对山东省进行了通报表彰，陈竺部长亲自致信淄博市卫生局给予高度赞扬。姜异康书记、姜大明省长和王军民、王随莲副省长也分别作出重要批示，给予了充分肯定。

抗震救灾医疗卫生救援和来鲁伤员救治工作有力、有序、有效。四川汶川“5·12”特大地震发生后，积极响应，迅速行动，第一时间派出卫生应急救援队奔赴灾区，直接参与组织142名医务人员、49辆救护者的6支医疗和康复队伍赶赴四川灾区参加抗震救灾工作。紧急组织床位、人力、物力，拿出全省最好的设施、最好的专家、最好的病房，举全省之力为来自四川的397名地震伤员及其家属提供了最优质的服务，伤员全部伤愈出院，无一例死亡，伤员家属在院期间全部得到妥善安置和细致周到的照顾，纷纷表示感谢。全省共收到来自四川省卫生厅、伤员及家属赠送的锦旗54面、感谢信36封，山东省医疗救治和康复工作得到卫生部的充分肯定并在全国电视会议上进行了典型发言。

奥运医疗保障目标全面实现。参与制定了奥运医疗保障突发事件医疗救治和血液保障预案，多次组织应急演练，提高应对突发事件的能力。在全省范围内指定了31所奥运医疗保障定点医院，开启绿色通道，改善服务设施，简化诊疗流程，加强急救人员的业务培训和数量配备，妥善安排急诊、门诊、手术室、影像、检验等重点科室的日常及夜间值班。同时，建立了青岛血液保障的一二三线联动城市并实行三级预警，建立了3000余人的稀有血型队伍和10770人的自愿无偿献血队伍，确保血液保障各个环节万无一失。奥运期间，全省卫生系统共有1500余名医护人员提供一线服务，接诊296人次，定点医院收治18人，接诊救治及时有效；有6486名献血者捐献全血、66名Rh阴型献血者捐献全血、466名献血者捐献单采血小板。

开展手足口病医疗救治工作。印发《关于进一步做好手足口病诊疗工作的紧急通知》，成立省级手足口病诊疗专家组，向全省公示了40所市级定点收治和抢救医院，确立了省、市医院对口支援协作关系，实施危重患儿日报和省级专家巡诊制度。组织专家继续完善了《手足口病临床诊断依据及处理流程》、《手足口病及其并发症临床治疗指导原则（试行）》。督导各定点医院严格按照属地化诊疗的原则，落实预检分诊、病例筛查、病人隔离、危重病人会诊和转诊制度。组织省级赴各市巡诊和会诊44人次，专业咨询150人次，专家组参与抢救治疗的38例患儿全部转危为安，全省无一例死亡病例，为全省手足口病防治和社会稳定工作做出了积极贡献。

积极稳妥开展婴幼儿问题奶粉事件患儿筛查、救治工作。制定下发一系列患儿筛查和医疗救治工作文件，完善工作预案，健全工作机制，统筹调度并合理安排医疗资源，成立并充分发挥专家组作用，公示各级定点筛查和救治医院，开展患儿筛查和医疗救治工作。制定宣传手册，统一宣传口径，做好对婴幼儿家长的解释安抚工作，维护正常的诊疗秩序和社会稳定。做好患儿信息的汇总、核实和报送，为做好后续赔付和救治工作，保障患儿利益提供依据。

二、将医院管理年与“两好一满意”活动密切结合，不断提高医疗服务质量

将医院管理年与“两好一满意”活动、医院评价工作紧密结合，以加强医院内涵建设、提高人性化服务水平、增强岗位技能、加强药事管理、构建和谐医患关系作为活动重点，着力梳理薄弱环节，坚持边整边改，不断推出提高服务质量的新举措，营造了浓厚氛围，取得了良好成效，省部属医疗机构医疗纠纷和事故比2007年同期下降了20%。以提供优质服务、创建“两好一满意”护理团队为目标，全省首批42个护理服务示范病房从改善服务态度、优化工作流程、提供温馨环境、保证患者安全、促进患者康复等方面入手，不断推出便民服务措施，为患者提供优质护理服务。山东省提出的护理工作“四个零”的目标要求，即护患关系零距离、护理质量零差错、护理技术零缺陷、护理服务零投诉，得到卫生部领导的高度评价。认真抓好进一步改进医疗服务的八项措施和十条意见的贯彻落实，不断促进各级各类医疗机构和广大医务人员强化以人为本的服务理念，改善服务态度，简化服务流程，优化就医环境，提高工作效率，方便患者就医，维护患者利益。推出省立医院、山大齐鲁医院、青医附院等先进典型，其中省立医院和山大齐鲁医院被卫生部授予“2005—2007年度全国医院管理年活动先进单位”荣誉称号。

重视基础医疗质量和关键环节管理，提高医疗服务安全性和有效性。贯彻落实《山东省医院急诊科、ICU、血液透析室、麻醉科、营养科、药事管理基本标准（规范）（试行）》、《山东省医院护理质量控制评价标

准》等系列专业标准，采取专项检查、现场评价等方式，督导医院加强医疗卫生管理法律法规、部门规章和诊疗护理规范、常规培训，修订完善医院规章制度、技术操作规程和各级各类人员岗位职责，严格医师、护士年度考核，医务人员职业素养不断增强，医疗机构和广大医务人员依法执业状况明显改善。在全省范围内推动开展各级各类岗位人员岗位大练兵活动，组织了全省护理、康复等专业岗位人员培训和技能比赛，组织了第二批ICU专科护士培训共240人持证上岗。新审批成立了眼科、职业病两个专业质控中心，使全省临床专业质控中心数量增加到20个，基本建立起覆盖全省重点临床学科的质控网络。充分发挥临床专业质量控制中心的作用，积极开展医院感染、药事等临床专业人员岗位培训和专业质控。在全省范围内开展手术切口和ICU目标性监测，掌握了ICU住院病人呼吸机相关性肺炎、泌尿道插管相关的泌尿道感染和动静脉插管相关的血流感染，神经外科住院病人手术切口和神经系统感染的现状，为针对性地开展预防控制工作提供了科学依据，得到卫生部充分肯定并在全国有关专业会议上进行交流。印发《关于进一步加强全省抗菌药物临床应用管理的通知》，加强围手术期抗菌药物预防应用、抗菌药物分级、耐药性监测管理和氟喹诺酮类药物使用管理；将开展抗菌药物应用监测的网络医院由最初的34家扩大到53家，及时干预抗菌药物不合理使用，不断加强对抗菌药物使用管理力度。

三、坚持社会公益性质，继续推进惠民系列行动

全省惠民医疗服务继续深入推进，在原设立惠民病房和门诊的基础上，对低保人群、残疾人等实行优惠减免。各市各单位也纷纷以“两好一满意”活动为契机，扩大惠民范围，提高惠民标准，推出各具特色的惠民、便民、利民新措施。一年来，全省各级各类医疗机构惠民医疗服务共惠及群众293万人次，优惠金额达到1.24亿元。继续推行医学检验、影像检查结果互认，制定印发《山东省医疗机构临床实验室质量控制网络建设实施方案》，积极推动临床实验室室内和室间质量控制，质控合格的临床检验结果“一单通”医疗机构由364家扩大到439家。各地开展了多种形式的复明扶贫活动，“彭年光明行”在鱼台、邹城等地为1000名白内障患者实施了复明手术，复明手术车完成1958例手术，其中601例特困病人得到了免费治疗，全年共完成白内障复明手术65120人，使山东省的CSR达到700人/百万人口，其中对20000多名贫困白内障患者免费实施了复明手术，共为贫困患者节省费用3000多万元。通过山东省防盲网、利用“爱眼日”活动，紧紧围绕“明亮眼睛迎奥运”这一主题，组织开展了形式多样、丰富多彩的活动，向群众宣传了用眼卫生和眼病防治知识，进一步提高了广大群众防盲治盲意识。开展微笑列车唇腭裂修复等慈善项目，全省24家定点医疗机构为1393例唇腭裂儿童开展免费手术，共为群众优惠540万元。实施城市医院支援农村卫生工程，充分发挥城市卫生资源优势，努力为农民提供质优、方便、可及的医疗卫生服务。2008年，全省共派出296家医院的5502名医师支援782个基层卫生单位。同时，各大中城市医院采取巡回医疗、义诊等多种形式到农村为群众诊病。共组派5421支卫生工作队、卫生技术人员69403人次下乡服务，约为113.7万余名农村患者解除了病痛，树立了公立医院良好社会形象，建立了城乡医疗机构的协作关系，切实提高了基层医疗机构的服务水平，方便了受援地区农民群众就医，缓解了农民群众的看病贵、看病难问题。

四、无偿献血可持续发展机制初步建立，山东省荣获全国无偿献血先进省

召开全省血液管理工作会议，提出了今后一段时间全省血液管理的目标要求和工作重点。以贯彻“一个办法三个规范”为重点，出台了《山东省血站固定采血点、采血室、流动采血车的基本标准》、《全省血站质量评价细则》、《全省单采血浆站质量评价细则》等一系列管理文件，将质量控制指标是否符合要求，作为采供血机构执业验收和综合目标质量考核的重要内容，狠抓采供血机构内涵建设，提高科学管理水平。组织制定了《关于进一步加强临床供血和用血工作的通知》，要求血站保持一定比例的全血保证急救用血和适应证病人需求，禁止医疗机构自行开展白细胞过滤工作，规范了采供血行为，提高了临床用血安全水平。制定出台《山东省无偿献血文明服务规范》，要求全省各级采供血机构从环境、仪表、语言、行为四个方面改进服务理念，强化服务意识，关爱献血人群，从改变细节入手，内练素质，外塑形象，努力提高优质、高效、便捷的综合服务。规范出台半年来，采供血机构人员的服务质量明显提高。2008年底卫生部督查组来山东督察，以电话和面谈的方式抽查献血者，对血站服务满意率达到100%。全省继续将无偿献血工作落实率纳入各市重点卫生工作考核指标体系，不断完善无偿献血公示制度，不断提高无偿献血的社会影响力。全省无偿献血工作继续走在全国前列，2006－2007年全国无偿献血表彰会上山东省3593人获得金奖、657人获银奖、2124人获铜奖，2008年荣获了“全国无偿献血先进省”荣誉称号，17个市荣获“全国无偿献血先进市”。2008年全省采集血液总人次达705366人次，比2007年同期增长7.18%；采集全血总量达270吨，比2007年同期增长8.2%，自愿无偿献血率100%；临床成分用血率99.06%；机采成分血45295U，均为无偿捐献。全省血站固定采血点（屋）39个，流动采血车69辆。全省采集原料血浆量达245吨，全省在册供血浆者人数41851人，新增供血浆者25077人。

五、坚持依法行政，严格服务要素准入和监管

一是狠抓医师和护士准入和日常监管。全年顺利完

成全省4.95万名医师和4.5万名护士资格考试的报名和考试工作，对1.65万名医师进行了首次注册。在2008年的医护考试和注册工作中，采取了一系列新措施。一是重新调整医师资格考试领导小组，将具体考务组织工作放在省卫生教育培训中心，处室的职能由具体考务管理变为宏观管理，减轻了具体事务负担，加强了组织领导和人员配备，取得了良好效果。二是根据卫生部《国家医学统一考试保密工作管理办法》的要求，加强医护考试保密室建设，完善保密工作制度，顺利通过了省保密局和卫生部的检查验收。三是配备使用预防无线电作弊的“监考大师”等高科技手段加强考纪管理，取得了明显的效果，共查处364名医师考试和56名护考作弊考生，维护了考试的严肃性和公平性。四是加强医师的日常监管。印发《山东省医务人员医德考评实施办法（试行）和山东省医务人员医德考评方案（试行）》，将医师定期考核和医务人员的医德考评工作作为开展“两好一满意”活动的重要内容，密切结合，同步推进，切实加强了对医务人员日常监管。五是全力做好护士执业注册换证工作。制定了《山东省护士执业注册管理程序》《山东省护士执业证书换发工作方案》，组织了800余名工作人员培训，启用了护士注册信息系统，严格资格认可条件，保证了全省护士注册换证工作的顺利进行。认真贯彻《护士条例》，组织召开电视电话会议对各市各单位维护护士合法权益，保证护士队伍素质，规范护理技术行为提出明确要求，继续将护士数量配置纳入卫生综合目标考核的重点加大考核力度。

严格医疗机构准入和监管。召开全省医疗机构审批管理工作培训会暨医疗机构登记注册信息汇商会，总结分析全省医疗机构审批管理现状，部署下一阶段医疗机构审批管理重点工作任务，对各地医疗机构登记注册信息数据库逐县进行了现场审核验收。制定《山东省医疗机构行政许可管理规程（试行）》和《山东省卫生厅医疗机构行政许可办理程序》，从设置、登记注册、校验等方面对申请、审核程序、提交资料、审批范围、审批时限、工作要求等方面予以明确规定，增强了全省医疗机构许可准入的程序性、规范性和指导性，规范了审批行为。转发《卫生部关于医疗机构审批管理的若干规定》的通知，对山东省已批准设置的医疗机构进行清理整顿提出工作要求和时限，目前清理工作尚未结束。全年共完成88家医疗机构的变更登记工作、现场考核及年度校验等工作。

做好技术准入管理。根据《人体器官移植条例》和《人体器官移植技术临床应用管理暂行规定》有关要求，对全省17家人体器官移植评审通过医院和人体器官移植指定单位进行了复审和推荐上报；现场验收审批了2家组织库，保障器官和组织来源合法、分配科学，全省的器官移植管理日趋合法、有序。认真贯彻落实卫生部《心血管疾病介入诊疗管理办法》，组织对山东省开展心血管介入诊疗的112家医疗机构和663名医师的业务开展情况进行了摸底调查，并根据山东省实际提出了评价和准入办法。目前，已受理40余家三级综合医院的开展申请，将适时组织专家开展现场评价。

严格医疗广告技术出证。认真贯彻落实《医疗广告管理办法》，制定了《山东省医疗广告管理工作规程（试行）》，规范医疗机构申请医疗广告审查的条件和程序。全年共受理医疗广告313件，审查出证208件，审查合格率为66.5%。撤销《医疗广告审查证明》79家，全省医疗广告市场得到了有效规范。

六、改进医患关系，创建平安医院

制定出台《关于进一步完善医患沟通制度的意见》，将医患沟通纳入制度化管理。各级各类医疗机构进一步完善医患沟通制度、患方教育制度、分级预警和投诉处理制度、医疗服务信息公开制度、医患沟通评价制度，努力增进患方对医院的信任和对医务人员的理解，引导他们正确对待疾病，正确理解健康，主动配合治疗、护理，有效防范和及时化解医患矛盾纠纷。不断完善信息公示制度，3月份和8月份分别组织对2007年和2008年上半年全省三级综合医院的依法执业、门诊、病房管理、医务人员服务行为等进行了社会公示，增加了医疗服务的社会透明度，对端正舆论导向、增进医患沟通产生了积极影响。

继续深入开展创建“平安医院”活动，探索新形势下医疗机构治安综合治理工作的新途径和新方法，建立安全防范体系和治安保卫工作长效机制，健全医疗事故和医疗纠纷应急处理机制以及医患矛盾排查调解机制，初步建立了平安医院建设长效机制。会同省综治办、省委宣传部、省公安厅、省民政厅、省工商局制定了《山东省“平安医院”创建工作考核方案及考核细则（试行）》，建立起多部门密切配合、分工协作、形式多样、内容详细的考核机制。研究探讨济宁、临沂市和省立医院推广医疗责任保险试点的相应政策、重点和难点，积极推行医疗责任保险。在济宁市召开了省创建“平安医院”活动协调小组成员单位参加的座谈会，对医患纠纷第三方援助机制运行的可行性进行座谈。举办2008年医疗事故技术鉴定工作会议和全省妇产科医患纠纷防范与处理暨医疗质量控制培训班。全年共处理人民来信261封，接待群众来访226批次，督办285件，其中274件有反馈意见，占督办件的96%，结案103件，其中协调有关部门处理并较圆满解决了疑难信访案例20件，一年内未形成新的重点上访老户。

七、其他医政工作

急救网络运行高效、反应迅捷。认真贯彻落实《关于进一步加强全省急救医疗工作的通知》要求，对当前和今后一个时期的医疗急救工作进行部署。全省“120”急救网络基本实现了全覆盖，可调度车辆1200余辆，拥有了一支高素质的医疗急救队伍，基本建立起运行高效、反应迅捷的急救网络。加强药品使用管理，及时处理药害事件。与药监、公安等多部门配合，积极开展药品市场秩序专项整治行动，不断强化药品使用监管力度，创新管理手段，通过核查、换发《麻精药品购用印鉴卡》等方式，重点加强麻、精药品的临床使用管理。及时处理了茵栀黄注射液江西博雅生物制药有限公司生产的静脉注射人免疫球蛋白和肝素钠注射剂、上海达美医用塑料厂生产的一次性使用静脉输液针、法国美德医用导管研制集团生产的一次性使用中心静脉导管等一系列损害事件，保障了人民群众身体健康和生命安全。

防盲治盲和康复工作取得新进展。认真贯彻落实《2006—2010年山东省防盲治盲规划》，正式开通山东省防盲网。完成17816样本量的全省50岁及以上人群盲与低视力流行病学调查，为山东省的防盲治盲工作提供有力的科学依据。完成了卫生部委托山东省对《全国防盲治盲示范县（区）/地区（市）评估指标体系及实测表》进行评估试点研究的课题，为下一步在全国范围内进行防盲治盲示范县（区）/地区（市）验收制定了规范和标准。成立了山东省“微笑列车唇腭裂修复慈善项目”指导组，指导24家医院分别与省慈善总会和美国微笑列车唇腭裂修复慈善项目基金会签订了合作协议，对24家项目合作医院项目负责人和微机操作人员进行了培训。康复工作得到卫生部医政司、中国康复医学会以及省残联、省劳动和社会保障厅等有关领导的高度评价。山东省卫生厅被推荐为省政府和省人事厅表彰的扶贫助残先进集体。

（刘玉芹　万书臻）

河南省医政工作

一、完成各类突发事件医疗保障工作

手足口病救治工作成效显著。健全救治网络，落实救治措施，加强巡诊督导，全省救治手足口病患者 9456 人，其中重症病例 6 例，全部康复出院，为实现省政府提出的“不死人、不蔓延、不恐慌”目标做出突出贡献。按照卫生部部署，派出 9 名专家赴安徽阜阳帮助工作，完成任务。

抗震救灾医疗救援和伤员救治成绩突出。汶川地震发生后，迅速启动应急 1 级响应，立即派出由 372 名医务人员、91 辆救护车组成的医疗救援队在第一时间赶赴四川灾区，先后在汶川、理县、成都、绵阳、资阳、江油开展医疗救援工作，累计救治伤病员 10270 人次，转运伤员 497 人。同时，全力以赴组织救治从四川地震灾区转运我省的 369 名伤员，所有伤员全部康复出院。

食用问题奶粉婴幼儿筛查救治工作成效显著。奶粉事件发生后，河南省卫生厅第一时间启动应急机制。建立了由 2157 个筛查门诊、317 所筛查救治定点医院组成的救治网络，组建了省、市、县三级 139 个专家组和 220 支县级巡回医疗队，实施分层、分级、分区域的患儿筛查救治工作机制。截至 2008 年 12 月 4 日 9 时，全省累计筛查患病婴幼儿 3083734 人，救治患病婴幼儿 35752 人。所有食用问题奶粉的婴幼儿及时得到检查，所有患儿都及时得到有效治疗，实现了无死亡病例的好成绩。

完成奥运火炬传递反恐医疗保障和登封市“9·21”瓦斯突出事故伤病员救治、刺五加注射液、茵栀黄注射液不良反应等突发事件处置工作。

二、以深入开展“三优一满意”活动为载体，推动医院管理年活动创新发展

按照“巩固成果、深化管理、持续改进、提高水平”的要求，以“三优一满意”活动为载体，以规范医院管理、提升服务水平为重点，在完善河南省医院管理“三个机制、两个模式”的基础上，强化“九个坚持”，即坚持强化院长法人意识，落实院长第一责任；坚持依法办院思想，狠抓医院法制建设；坚持狠抓医院内涵质量建设，保障医院安全；坚持狠抓医院缺陷管理，促进医疗服务质量持续改进；坚持“以病人为中心”的服务理念，完善便民惠民措施；坚持开门办院思想，广泛接受社会监督；坚持把控制医疗费用作为管理重点，努力减轻患者负担；坚持实施属地化全行业管理，完善监督管理评价体系；坚持把人民群众满意作为医疗服务工作的出发点和目标，引导医院突出公益性，推动医院管理年活动创新发展，促进全省医院管理和医疗服务水平持续改进和提升。

综合考核表明，河南省各级医院管理水平、服务质量、服务效率明显提高，医疗纠纷逐年下降，全省门诊人均费用、出院者人均费用明显下降。调查显示，三年来，河南省门诊人均费用、出院者人均费用始终低于全国同期平均水平，并保持在较低水平。全省县级以上城市医院门诊人均费用保持在 100 元左右，出院人均费用保持在 3000 元左右。

三、完善和加强城乡医疗急救体系建设

按照“政事分开、属地管理、科学规划、覆盖城乡”的原则，强力推进覆盖城乡的院前急救服务体系建设。一是着力加强急救服务网络建设。全省已完成 18 个市级和 90 个县级“120”急救指挥中心建设。设置城乡院前急救站 747 个，救护车辆 1464 台。拥有指挥调度人员 1247 人，网络管理员 245 人，院前急救医务人员 10384 人。全省组建突发事件应急医疗救援队 83 支 1088 人，院前急救网络逐步由城市向农村延伸。二是着力加强急救服务能力建设。制定《河南省市、县级 120 急救指挥中心建设标准（试行）》，对全省 420 名专业医护人员和 310 名急救指挥调度人员进行集中强化培训，组织开展急救技能比武和应急救援演练活动，急救服务能力显著提高。三是着力规范急救服务管理。制定《河南省急诊急救管理规范》，完善服务管理。组织研发《河南省 120 急救信息管理系统》，全省 18 个省辖市和 108 个县（市）120 急救指挥中心实现网上信息共享。投入 1030 万元启动《河南省突发公共卫生事件医疗救治信息系统》建设，全面提高急救信息管理水平。

四、促进无偿献血和血液管理持续健康发展

以确保输血安全为中心，完善采供血服务体系和监督管理体系建设。一是采供血管理进一步加强。坚持采供血一体化管理，建立血站互查制度，全面落实血液管理规定，保障临床输血安全。完成血站、血库计算机联网和全省血站远程管理系统升级改造，加强采供血信息化建设。坚持科学用血，成分输血比例保持在 98%以上，临床输血安全无事故。二是采供血服务能力进一步提高。坚持“四化”建设，积极发展新的无偿献血队伍，扩大稳定献血队伍，完善应急献血队伍，巩固稀有血型献血队伍。全省无偿献血者达 38 万人，其中 3 次以上稳定献血人员的比例已达 43%，稀有血型队伍 18 支 3 千人，应急献血队伍 76 支 2.3 万人。400ml 献血比例达 88%，农村献血比例达 68%，年供血量 150 吨，同比增加 12%，完全满足临床供血需求。三是无偿献血成效进一步巩固。全省临床用血已连续 11 年 100%来源于无偿献血，连续 8 年保持自愿无偿献血。2008 年第三

次荣获全国无偿献血先进省。

五、艾滋病医疗救治工作持续加强

以“规范管理，提高能力”为重点，加强全省艾滋病医疗救治工作，逐步扩大成人和儿童二线药物抗病毒治疗试点，积极开展临床科学研究，提高艾滋病医疗救治水平。一是实施“五项制度”。即艾滋病患者分类治疗管理制度、城市传染病医师对口支援制度、依从性教育制度、药物保障供应制度、巡诊督导考评制度，积极开展对外交流协作，推动艾滋病诊疗质量持续改进。二是强化医务人员培训。印发 8000 册《国家艾滋病免费抗病毒治疗手册（2007 版）》，医务人员人手一册。对 2000 余名基层医务人员进行强化培训。委派 20 余名专家参加国内外技术培训和学术交流，着力提高医务人员诊疗技术水平。三是二线药物治疗工作全面展开。二线抗病毒治疗试点工作取得显著成效，172 名患者病情明显好转。组织召开全省抗病毒治疗暨二线药物治疗试点扩大工作会议，全面推进二线药物抗病毒治疗工作。调查显示，全省艾滋病抗病毒治疗患者死亡率由 2004 年 6.34%降至 2008 年 3.32%，抽查 CD4 分析显示治疗一年以上患者中 80%疗效明显。

六、严格医疗服务要素准入管理

一是严格医疗机构准入管理。结合河南省实际，重新调整了全省三级医院设置规划，指导各地完成了一、二级医疗机构设置规划。对医疗机构设置行政许可和医疗机构执业活动进行了清理整顿。二是严格从业人员准入管理。精心组织，依法治考，圆满完成 47476 名考生的报名、资格审查、实践技能考试、综合笔试等工作。协调完成驻豫部队赴川抗震救灾官兵在四川、河南参加医师资格考试工作。制作发放 2007 年考试合格人员证书 12902 份。明确 326 家医师定期考核机构，组织开展了 2008 年医师定期考核工作。三是严格医疗技术临床应用管理。加强医疗美容、血液净化、器官移植、非血缘性造血干细胞采集和临床应用技术、心血管介入诊疗技术准入管理。批准 6 所医院开展器官移植技术，31 所医院开展医疗美容业务，43 所医疗机构开展心血管疾病介入诊疗技术，118 名医师免予心血管疾病介入诊疗技术培训工作。省人民医院、郑大一附院通过验收，成为卫生部心血管疾病介入诊疗技术培训基地。

七、深入开展济困医疗服务

一是深入开展卫生下乡和万名医师支援农村卫生工程。举办医务人员培训班 1236 次，培训医务人员 10087 人次，诊治患者 832678 人次，受援医院的门诊量增加 14%以上。二是深入开展济困医疗服务。全省 68 家医疗机构设立济困病床 4475 张，收治济困对象患者 939652 人次，减免医疗费用 3946.54 万元。三是“白内障无障碍省”创建和儿童先天性疾病和贫困白内障患者复明救治项目有序实施。其中，儿童复明项目救治患有视力残疾、唇腭裂、小儿疝、睾丸鞘膜积液和尿道下裂等外科系统疾病的先天性疾病儿童 650 人，救治贫困白内障患者 7810 人。四是继续推行单病种限价管理。2008 年，全省 305 所医疗机构共收治单病种限价病人 247065 例，为患者减少费用 7851.35 万元，全省自 2006 年 4 月以来，累计收治单病种限价病人 479893 例，与限价前相比为患者累计减少费用 16460.98 万元。同时，积极开展按病种付费改革试点工作，已在 100 所医院试行 100 个病种的按病种付费工作，截至 2008 年 12 月底，已收治病人 8000 余例。

与此同时，积极开展公立医院改制情况调研，认真做好禁毒、双拥、“视中”行动、征兵体检、残疾人康复、反恐、森林防火、防汛救灾等工作。

（夏祖昌　田常俊）

湖北省医政工作

一、医院管理工作

继续深入开展医院管理年活动。2008 年初，召开了 2008 年湖北省医政工作暨医院工作会议，对连续三年开展的“以病人为中心，以提高医疗服务质量为主题的医院管理年活动”进行了总结。根据各地各单位的工作情况，全省表彰了 43 家医院管理年先进单位和 10 家医院管理年成绩突出单位等一批先进典型。

根据卫生部 2008 年医院管理年活动部署，制定全省 2008 年医院管理年活动方案、实施方案及督查工作方案。2008 年 10 月 13—20 日，省卫生厅组织专家对全省三级医院、直管市医院及参照三级医院管理的二级医院进行了医院管理年活动中期督导检查，并对全省 47 所医院的医院管理年 2005－2008 年医院管理年的统计指标进行了分析。四年的医院管理年活动，使全省医院在管理、质量、安全、绩效、服务等方面均取得了明显的成效。分析数据显示，在医疗质量方面，2008 年 47 家医院的急重症病人护理合格率均达到 90%以上，且大多呈逐年上升趋势；所有医院的医疗器械消毒灭菌合格率均已达到 100%。2004—2008 四年中，每 100 张处方中使用抗菌药物的处方比例总体呈下降趋势；在医疗服务方面，大部分医院的挂号、划价、收费、取药、采血等服务窗口等候时间均在 10 分钟以内，部分医院控制在 5 分钟以内，且等候时间呈不断缩短趋势。2008 年，47 家医院的成分输血率达到 85%以上，全血和成分输血适应证合格率在 90%以上，均达到质控水平。大多数医院患者和社会对医疗服务的满意度均达到 90%以上，医患关系得到进一步改善；在医疗费用方面，自 2005 年开展管理年活动以来，人均费用略有下降，而后三年增涨，人均门诊费用年增长 4.0%，人均住院费用年增涨 2.6%，和每年的 CPI 指数相比，医疗费用的增涨在正常范围内；在医疗安全方面，2004—2008 年 9 月全省 46 家三级医院共发生医疗事故 78 例，自 2004 年以来，医疗事故数仅 2006 年增加较大，2007 年较 2006 年减少 4 例，2008 年进一步减少，医疗事故发生情况趋于好转。

2008 年 12 月，召开了全省医院管理年现场工作会议。会议认真总结了近几年来全省医院管理年活动及医院改革与发展的经验，深入研究了当前医院管理和公立医院改革面临的矛盾和机遇，对进一步深化医院管理年活动进行了广泛深入地再动员、再部署，对 2009 年的医政工作做了全面部署。

推进“三项制度”的实施。实施医疗服务信息公示制度，组织专家对 2007 年部省属医院医疗服务信息进行了核查分析，对 255 家医院的综合信息和 240 家医院的单病种信息进行了公示，2007 年全年全省门诊患者人均医疗费用 125 元，同比上涨 10.5%，其中三级医院的门诊患者人均医疗费用 158 元，同期增长 12.1%；二级医院的门诊患者人均医疗费用 92 元，同比上涨 9.5%。全年全省出院患者人均医疗费用 4609 元，同比上涨 14.8%，其中三级医院出院患者人均医疗费用 6530 元，较同期增长 11.1%；二级医院出院患者人均医疗费用 2757 元，较同期增长 8.1%。以上相关指标，扣除物价增长指数，总体有所下降。全年药品收入占医疗业务收入的比例全省为 42.4%，同比下降 0.5%，其中三级医院为 43.9%，二级医院为 38.9%。药占比在 30%以下的有 25 所医院，占 13%（药占比在 40%以下的有 93 所医院，占 48%）。根据卫生部院务公开的指导意见，在医疗服务信息公示制度的基础上，建立健全了全省院务公开制度，包括：向社会公开的医院院务信息、向患者公开的医院院务信息、向内部职工公开的院务信息三个方面的内容，通过医院推进院务公开工作加强社会公众监督和医院职工民主监督，促进医院牢固树立“以病人为中心”的理念，提高医疗服务质量和服务水平，推动医院持续健康发展，为人民群众提供更好的医疗服务。

继续开展临床重点专科评审工作。根据《湖北省临床重点专科建设管理办法》，下发了 2008 年临床重点专科科目评审通知，于 2008 年 7—8 月组织专家经过集中答辩和现场评审两个阶段，完成了对全省 29 家医院的 60 个专业科室的评审工作，最终评出了 12 个专业的 18 个省级临床重点专科和 11 个临床重点建设专科。2008 年 8 月召开了临床重点专科评审委员会会议，对第一周期的工作进行了总结，对下一周期的工作进行部署。全省临床重点专科实行省、市、院三个层次建设，以临床重点专科为龙头，增强医院品牌意识，带动了医院的内涵建设与发展，近三年已评审 61 个省级临床重点专科和 24 个临床重点建设专科，极大的推动了医院临床专科的发展。全省临床重点专科建设增强了医院核心竞争力，推动了全省医院的可持续发展。

不断完善医院管理评审制度。根据卫生部《医院管理评价指南》，省卫生厅制定了《湖北省医院管理评审办法》及标准等一系列配套文件，促进二级以上医院通过加强内涵建设，完善自我约束机制，构建质量效益型发展模式，积极创建优秀医院。2008 年，全省各级卫生行政部门积极开展医院管理评审，一是 2008 年 3 月召开了医院管理评审委员会会议，总结和分析了前两年医院管理评审工作的成绩和存在的问题，对下阶段评审工作提出了建设性意见。二是对通过 2006—2007 年医院管理评审的 13 家医院进行了授牌。三是 2008 年 12 月完成了对武汉市中心医院等 3 家医院的评审工作。通过医院管理评审，促进了医院内涵建设，提高了医院管理水平，真正起到了“以评促建”的作用。

做好药事管理工作。一是组织全省各级各类医疗机构实施《湖北省加强医疗机构药品使用管理专项工作方案》，认真贯彻执行《处方管理办法》，建立健全医疗机构药事管理专业组织，加强临床合理用药管理制度建设。二是按照卫生部《关于进一步做好抗菌药物管理工作的通知》，加强对湖北省抗菌药物的临床应用工作检查指导，规范抗菌药物分级使用，动态监测抗菌素的用量，加强了抗菌药物临床应用监测网络建设，努力做到预防应用抗菌素合理，联合应用抗菌素正确。规范处方书写，坚持处方点评制度，加大了对不合理处方、“大处方”和不按规程调剂处方的通报和处罚力度。三是在全省范围内进行医疗机构兴奋剂及肉毒毒素的专项督查，保障奥运期间的药品安全。四是针对2008年多起药害事件，多次紧急部署、召开会议、下发文件，落实卫生部及国家食品药品监管管理局的相关要求。五是根据《禁毒法》的要求，下发了《省卫生厅关于做好戒毒医疗机构使用戒毒药品管理工作的通知》，明确了市级卫生行政部门按属地管理的原则承担各级各类戒毒医疗机构使用戒毒药品的监督管理职能，对戒毒医疗机构使用戒毒药品的购买、运输、保管、发放、储存等提出了要求。六是选派省级师资参加全国基层医疗机构抗菌药物临床合理应用培训，下发了全省基层医疗机构抗菌药物临床合理应用培训的通知。七是参加了卫生部合理用药监测工作会议。

加强医疗机构准入管理。一是根据卫生部《关于医疗机构审批管理的若干规定》要求，制定并下发了《湖北省医疗机构审批管理实施办法》、《省卫生厅关于加强医疗机构设置审批备案管理的通知》。据初步统计，2008年省卫生厅已完成了24家民营医疗机构的设置审批，30家医疗机构的执业校验、变更登记，1家医疗机构的执业登记注册，1家医疗机构的注销登记。二是召开了全省民营医疗机构工作座谈会，交流了民营医疗机构建设与发展经验和做法，初步理清了发展民营医疗机构的工作思路，认真研究了民营医疗机构内部运行机制和管理模式，加强民营医疗机构监管措施和规范民营医疗机构审批程序，如何强化民营医疗机构自律，规范民营医疗机构执业行为的意识，讨论了推进民营医疗机构发展的政策措施和建议意见。《省卫生厅关于推进民营医疗机构发展的意见（试行）》已经厅长办公会原则通过，拟下发实施。三是加强戒毒医疗机构管理。开展对戒毒医疗机构的现状调查和督导检查，促进戒毒医疗机构健全管理制度，已完成省禁毒医疗机构2007年度检查审验及等级评定工作，总结和分析了禁毒工作的成绩和存在问题。四是做好医疗广告审查出证和公示工作。目前已出具湖北省医疗广告审查证明148份，并向社会公示。

实施医疗技术临床准入管理和质量控制。一是根据卫生部《人体器官移植工作规范》组织专家对全省6家开展器官移植的医院进行了复核。组织召开器官移植研讨会，制定全省统一的器官移植制度，进一步规范湖北省器官移植工作。二是协助卫生部完成对协和医院和省人民医院的心血管培训基地的验收工作。三是对全省心血管疾病介入诊疗技术现况进行全面调查，为心血管介入技术准入工作做好准备。四是规范全省心血管及核医学诊疗工作，建立质量控制体系，保证医疗质量和医疗安全，成立了湖北省心血管介入质量控制中心和湖北省核医学介入质量控制中心，对全省的心血管介入及核医学进行业务指导、质量控制和技术监督工作。

做好卫生技术人员准入工作。完成2008年度医师资格考试工作。2008年湖北省医师资格考试网上报名人数为39430人，资格审核通过的32116人。参加实践技能考试31214人，通过25625人，通过率82%。参加医学综合笔试25615人。认真做好执业护士注册工作，护士首次注册9450人，办理护士执业出入省变更1223人次。

加强病历管理工作。严格执行卫生部《医疗机构病历管理规定》，召开了《湖北省病历书写规范（2008年版）》讨论会和统稿会，制定了相关专科病历书写规范和知情同意告知书，制定了《湖北省医疗机构病历复印或者复制工作规定》，完成了《湖北省医疗机构病历书写规范（2008年版）》修订工作，于2008年6月1日起在全省各级各类医疗机构执行2008年版病例书写规范，完成四个分片省级师资培训任务。全省，各个市、州卫生局和大部分医疗机构均组织多种形式的培训工作。

加强医疗安全。一是省卫生厅、省社会治安综合治理委员会办公室、省公安厅等7部门联合下发了《关于开展平安医院创建活动的实施方案》文件，推动全省平安医院创建活动深入开展。二是省卫生厅承担卫生部和最高人民法院合作进行的“医疗纠纷法律适用”课题研究，结合临床医学、社会学、经济学、卫生管理学和法学等多学科进行系统研究医疗纠纷的法律适用问题，探讨医疗纠纷的防范处理及解决途径，目前已经结题。省卫生厅和省高级人民法院共同研究的医疗事故技术鉴定证据适用问题，也正在积极推进中。三是会同省保监会联合制定的《湖北省医疗责任保险工作实施方案》，近期即将下发。四是加大了省卫生厅医疗信访工作力度。据统计，2008年1—9月，全省未发生重大医疗安全及用药安全事件；省卫生厅医疗信访接待室共收到人民群众来信246件，其中医疗纠纷有221件，占89%；共接待来访群众591批次，其中医疗纠纷565批次，占总上访量95%；网上医疗纠纷投诉213件；全省各级各类医疗机构累计发生医疗纠纷1483起，重大医疗纠纷事件100次，组织医疗事故鉴定254次，鉴定为医疗事故的74起。各级卫生行政部门、医疗机构接待医疗上访1538人次，其中典型医闹事件25起，均得到有效处理。2008年除了历史上访户外，没有新发生的上访事件。

护理和院感管理工作有了新进展。一是开展了全省医院护理质量专项检查。为了贯彻落实《护士条例》，切实提高湖北省的护理质量和护理管理水平，根据卫生部《2008年“以病人为中心，以提高医疗服务质量为主题“的医院管理年活动方案》的有关精神，制定了《湖北省医院护理质量检查标准》，并于12月初开展医院护理质量专项检查。二是启动了专科护士培训工作。为了贯彻落实《护士条例》和《湖北省护理工作发展规划纲要（2006—2010年）》的有关精神，切实提高湖北省临床专科护理领域护士的专业技术水平，从2008年起，分步骤在重点临床专科领域，包括：ICU、手术室护理、急诊急救、器官移植、肿瘤病人护理等专科护理领域开展专科护士培训，培养一批临床专业化护理骨干。2008年首先启动ICU临床专科护士培训。按照卫生部《专科护理领域护士培训大纲》的要求，省卫生厅成立了湖北省专科护士资格认证委员会，并组织专家编写了《湖北省临床专科护士培训方案（试行）》。全省有18家三级医院申报了全省ICU护士培训基地。三是修改完善了全省护理病历书写格式。为规范和统一全省护理病历书写格式，切实提高湖北省护理文件书写质量，组织专家对现行使用的护理病历进行了修改完善，并与6月底正式定稿印发。从2009年开始，全省将统一使用新版护理病历。为使广大护理人员能够尽快、全面、准确地掌握新版护理病历的书写，8—11月分片举办了4期护理病历书写培训班。来自全省二级以上医疗机构的护理部主任等1200余人参加了培训。四是认真贯彻实施《护士条例》。4月，省卫生厅举办了《护士条例》培训班，并根据卫生部《护士执业注册管理办法》结合湖北省实际，我们制定了《湖北省护士执业注册管理办法》和制定了湖北省护理工作岗位设置名录。五是参加全国护理岗位技能竞赛并获奖。全国卫生系统护士岗位技能竞赛是卫生部首次在全国范围内组织开展卫生系统护士岗位技能竞赛考核活动。2008年4月，湖北省卫生厅组队参加了全国卫生系统护士岗位技能竞赛，同济医院、中南医院进入了复赛。全国共有40家医院进入了在北京举行的复赛。经过紧张激烈的角逐，同济医院代表队获得金奖，中南医院代表队获得银奖。六是完善了全省医院感染目标性监测工作，进一步提高全省医院感染专项监测工作质量。湖北省医院感染监控中心于2008年7月24—25日在武汉举办了湖北省医院感染专项监测培训班。共有来自20所监测网络医院的医院感染专职人员、ICU医生、护士及微生物实验室人员的近90人参加了培训。七是开展了全省口腔专业院感培训，共100多人参加了培训。

二、突发公共卫生事件医疗救治工作

抗震救灾工作。在这次抗震救灾中，湖北省按照卫生部的统一部署和要求，在第一时间组成了医疗卫生应急队赶赴灾区，开展医疗救治工作，并全力做好四川地震灾区转送伤员来湖北省治疗和对口支援工作。5月14日，湖北省组织的第一批医疗救援队92人奔赴四川什邡市灾区开展医疗救护工作，帮助灾区医院恢复了正常的诊疗秩序，在帐篷中迅速展开手术治疗，抢救了一批危重伤员。据统计，医疗队开展清创缝合等急诊手术80余人次，开展大型手术86台次，共出动救护车下乡巡诊35台次，巡诊病人近3000人次，协助转送灾区伤员到贵阳、重庆、长沙、武汉、遵义1500人次。5月14日，湖北省组织了一支由51辆救护车（含1辆指挥车）、109名司机和医务人员组成的救护车队到四川绵竹参加医疗救护工作。救护车队开展紧急医疗救援共500小时，共出车1000多台次，共转送伤患者1500人，其中危重伤患者331人，完成转送军队官兵、医务人员进山进村2000多人。5月23—24日湖北省分两批派遣120余名医务人员赴四川共接收绵阳市地震灾区转送伤员549名，经过湖北省医疗机构和广大医护人员的精心救治和护理，伤员得到了较好的康复，所有的伤员全部出院，达到了卫生部制定的四川地震伤员出院标准。从7月6日开始，湖北省对口支援汉源县，1年来，共派出四批对口支援医疗队计82人。同时，根据卫生部的安排，湖北省还向四川省派遣两批康复医疗队，计23人。截止目前全省累计派出535名医务人员奔赴四川参加抗震救灾工作。卫生部对湖北省的工作给予表扬。

完成手足口病医疗救治任务。安徽手足口病暴发流行后，湖北省卫生厅高度重视，先后派遣2批24名医疗队员支援安徽阜阳手足口病医疗救治工作，湖北省医疗队员的突出表现受到了安徽阜阳各界的强烈好评，受到了卫生部的表扬。针对湖北省的手足口病防治工作，组织专家制定了《湖北省手足口病医疗救治方案》等一系列规范性文件，指导全省各级各类医疗机构科学有效地做好手足口病的医疗防治工作。广泛开展手足口病的培训工作。成立湖北省手足口病医疗救治专家组和医疗救治小分队，承担手足口病重症患者医疗救治工作。组织专家深入基层，依靠科学，沉着应对，快速反应，有效防治，切实履行职责，采取“早发现、早报告、早隔离、早治疗”的防治措施，及时控制了手足口病疫情在湖北省的扩散和蔓延，保护了广大人民群众身体健康和生命安全，维护了社会稳定，防治工作取得了阶段性成果。

完成奶粉事件婴幼儿救治任务。湖北省各级卫生行政部门和医疗机构在省委、省政府的正确领导下，根据国家重大食品安全事故一级响应的要求和卫生部医疗救治工作部署，展开了科学有序有效的医疗救治工作，一是建立严密的筛查制度，严格按照划片分区、定点搜查的原则做好搜索、排查、筛查工作；二是建立科学的分级管理制度，设置省、市、县三级定点救治医院和专家组实行分级分层分区域救治，实施重症病例分片管理，开展积极有序的医疗救治工作；三是加强定点医院管理，充实完善定点医院的人员、设备，提高诊疗水平；四是建立严格的信息统计上报制度；五是实施免费筛查和诊疗制度，保证患儿得到及时、有效的救治。六是充分利用12320健康咨询热线，开展危机化解工作。目前，全省筛查工作已经结束，医疗救治工作取得了阶段性成果。截至2008年12月2日24时，全省累计排查约120万人次，筛查79.89万人次，累计报告病例数16079例，全省未发生重症病例或死亡病例，医疗救治工作整体效果良好。配合有关部门做好患儿赔偿的基础工作。为做好患儿后续医疗保障和流行病学调查研究工作提供依据，全省各级卫生行政部门迅速行动、科学部署，从12月2日24时启动统计工作，完成了对全省患儿数据的追查、整理和录入工作，为有关部门做好患儿赔偿工作提供了直接依据。此次数据整理完成后，湖北省数据质量在全国各省中处于较好水平。

三、血液管理工作

加大无偿献血工作力度。在《献血法》颁布实施十周年之际，厅党组书记、厅长在《湖北日报》发表血液工作署名文章，在社会上产生积极反响。编印《湖北无偿献血十年》大型画册。与湖北卫视联合制作无偿献血电视广告片，2009年在湖北卫视每天播出。召开全省无偿献血表彰大会，3724名同志获“湖北省无偿献血奉献奖”，华中农业大学等40个单位、李春梅等58名同志获“湖北省无偿献血促进奖”，宜昌市等7个地区获“湖北省无偿献血先进市（州）奖”。

保障临床用血安全。2008年全省采集血液总量138.9吨，无偿献血率达到99.8%，自愿无偿献血率达到98.7%，全省有11个市州已实现临床用血100%来自自愿无偿献血，创造了历史最好水平。特别是在2008年年初的冰冻灾害和“5·12”四川汶川地震发生后，精心组织全省采供血机构开展特殊情况下的血液保障工作，在广大人民群众的积极支持、参与下，有效地保证了冰冻灾害天气下的医疗用血和灾区伤病员的急救用血。

贯彻落实省政府101号会议纪要。落实了2008年全省血站专项经费1800万。明确了全省血站人员编制885人，并每3年重新核编一次。采血车、送血车免征道路通行费政策得到落实。出台《湖北省血液调配管理暂行办法》，对血液调配的范围、程序、价格、要求及管理机构等作出明确规定，使血液的调配工作更加有序，切实维护了采供血秩序和血液安全。

调整采供血机构。根据《湖北省采供血机构设置规划（2006—2010年）》，2008年先后关闭了鹤峰县中心血库、来凤县中心血库、神农架中心血库、兴山县中心血库，批准武汉生物制品研究所新建云梦单采血浆站、松滋单采血浆站。截止2008底，湖北省采供血机构调整为26个，其中，市州血站16个，中心血库3个，单采血浆站7个。逐步建立起符合省情、布局合理、相对集中、规模适宜、资源优化和服务良好的采供血网络，保证了血液供应横向到边，纵向到底，有效地保障了全省临床用血需要。

强化血液质量管理。2008年，按照《血站管理办法》、《单采血浆站管理办法》的要求，组织5个督导组对全省26个采供血机构无偿献血、血站（浆站）质量管理规范、血站（浆站）实验室质量管理规范等落实情况进行督导检查，形成了督查情况通报，促进了血液质量和血液管理水平的提高。强化依法行政，依法监管，对采供血机构实行许可准入，对采供血机构全体工作人员实行持证上岗。加强对采供血行为的约束和监督，杜绝非法采供血行为。2008年度，省卫生厅直接培训血液工作人员800余人次。通过各种形式的人才教育和培训，提高了采供血机构和临床输血专业人员的综合素质，提高了血液安全的保障能力。

推进血液集中化检测。为了进一步提高血液检测质量，根据卫生部开展采供血机构集中化检测工作的指导思想，2008年湖北省初步形成了“鄂州、仙桃、天门——武汉”、“潜江——荆州”的集中化检测模式。湖北省血液集中化检测试点和稳步推进工作得到了卫生部的充分认可，同时也得到了其它试点省市的一致好评。在卫生部召开的全国会议上，湖北省在大会交流血液工作经验，受到好评。

四、对口支援与国防动员工作

“万名医师支援农村卫生工程”工作。根据卫生部七部委办《关于城市卫生支援农村卫生工作的意见》及《湖北省城市卫生支援农村卫生工作的实施意见》精神，湖北省以贫困县为重点，建立对口支援和巡回医疗制度，使卫生下乡工作经常化、制度化。7月初，湖北省第三年度万名医师支援农村卫生工程启动，从30家支援医院中选派的130名医师全部到达支援医院并开始工作。

对口支援及援疆援藏工作。2008年4月，派出了8名医师支援西藏山南地区，7月，又派出6名对口支援新疆博州。10月，8名支援西藏山南地区的医师出色地完成了各项援藏任务，返回湖北。

国防动员工作。一是进一步做好医疗卫生动员工作。根据省国防动员委员会的总体安排和部署，医疗卫生动员办认真开展了全省医疗国防动员潜力调查。二是继续开展征兵和招生体检工作。配合省教育厅做好高校的招生体检工作。共组织全省2000多名医务人员参加了征兵体检工作，完成了征兵体检任务。

（张俊超　阮小明）

湖南省医政工作

一、全力处置各类突发公共卫生事件医疗应急救治

应对冰冻雨雪灾害。面对 2008 年初湖南省出现的 1954 年以来持续时间最长、影响程度最严重的的雨雪冰冻天气，湖南省卫生厅及时下发《关于切实做好冰雪灾害应急医疗救治工作的紧急通知》，要求全省各级卫生行政部门和医疗机构提高认识，明确职责，完善预案，统筹协调，全力做好冰雪灾害应急医疗救治工作。冰冻初期，湖南省卫生厅从省部属医院组建 5 支医疗队，在京珠高速沿线、汽车站、火车站等人群密集地巡诊。在冰雪最严重的 10 余天时间里，全省各级各类医疗机构共出动救护车 20407 趟次，医护人员出诊巡诊 48694 人次，救治因冰冻伤或外伤患者 174489 人次，抢救危重患者 5654 人，发放价值 2757.75 万元的药品。同时，下发《关于切实做好春节期间医疗工作的紧急通知》，就春节期间医疗机构的门急诊、医疗安全管理等工作对各级卫生行政部门和医疗机构提出具体要求，并对省直单位进行督查。

防治手足口病。自湖南省 2008 年 5 月初发生手足口病疫情以来，湖南省卫生厅高度重视，周密部署，及时制定《湖南省肠道病毒（EV71）感染病例医疗救治应急预案》和《关于切实做好手足口病（EV71 感染）防控工作的紧急通知》等 11 个专题文件，成立防治手足口病领导小组，组建医疗救治专家组，确定定点救治医院，加强人员培训，组织指导全省有效开展手足口病临床救治工作。疫情期间，组织举办省级培训班 2 次培训 274 人次，组织专家深入岳阳、常德、娄底、怀化等 9 个市州会诊抢救危重病例 54 人次、筛查病人 500 余人次。全省共举办培训班 121 场次培训 35389 人次，接诊 22803 人次，住院治疗 8049 人次，成功抢救危重病例 223 人次。同时，按照卫生部要求组织一支 8 人专家医疗队支援安徽阜阳的医疗救治工作。

开展抗震救灾医疗救援。“5·12”日四川汶川特大地震发生后，湖南省卫生厅极其重视，快速反应，迅速行动，沉着应对，当晚即召开紧急处务会，迅速制定抗震救灾医疗救护预案和组建医疗队，并向卫生部主动请缨。先后向四川灾区派出医疗救护队 8 支 429 人，派出医疗救护车 52 台、司机 168 人，全力开展现场医疗救援。赴四川灾区医疗队共巡诊、接诊受灾群众 16399 人次，救治 9648 人次，开展手术 384 台次，抢救危重伤员 55 人次，无一例死亡。救护车队出动车辆 13831 台次，转运伤员 2345 人次，运送防疫及医护人员 21399 人次，运送药品、生活物资 320 吨，协助配合防疫人员对都江堰、彭州等地的城区、乡镇 27151 个点开展消杀灭工作，行程 20 多万公里。为做好灾区来湘伤病员的接收和救治工作，湖南省卫生厅及时制定《接收四川灾区伤员救治工作方案》，确定接收医院和收治任务，组派 52 名医护人员赶赴四川德阳迎接伤员，及时组织省级医疗救治专家组对 11 所医院收治的所有伤员进行全面检查、会诊与指导诊疗工作，及时出台《四川地震伤员医院感染控制办法》和《四川地震伤员气性坏疽预防与控制制度》并严加落实，确保 67 例带入褥疮伤病员的全部治愈和来湘全部 512 名伤病员的早日康复，没有死亡一例。同时，按时统计上报前方现场医疗救援工作数据信息，随时了解掌握入湘伤病员、陪护人员的诊疗救治、康复及生活情况，及时帮助接收医院救治解决工作中的困难与问题，积极主动与卫生部驻前方协调小组、川湘两省民政厅、广铁长沙火车站、湖南省残联等部门沟通协调，开通来湘四川伤员出院返川火车票购买、进入站台的绿色通道，妥善解决伤员及其陪护人员抵蓉后的接应和残疾伤员假肢安装、辅助器具配备等事宜。

婴幼儿奶粉事件医疗救治工作。婴幼儿奶粉事件发生后，为指导全省的医疗救治工作，迅速制定了《关于做好食用含三聚氰胺奶粉的婴幼儿医疗救治应急预案》，对相关患儿医疗救治体系建设，医疗救治诊疗标准、处理流程及工作原则，医疗救治应急工作保障措施等提出了明确要求，多次召开紧急会议专题部署，确保医疗救治工作的有力、有序、有效开展。婴幼儿奶粉事件正值中秋和国庆假日期间，湖南省卫生厅实行双线值班，每天与省部直各医院分管院长、各市州卫生局分管局长电话沟通，及时传达有关精神，抓好工作落实。切实贯彻落实“四个全覆盖”，将 400 多所县、乡（社区）、村三级基层医疗卫生服务机构纳入救治体系，明确各级医疗机构职责，落实属地管理、分级负责原则。强化人员培训，全省共举办各类培训班 216 次培训 5000 余人次，加强专家指导，全面提高基层筛查诊断能力。采取面上督查与重点督查相结合的方式，定期或不定期派出省级专家 20 余批次到各地督查与指导。及时转诊患儿和整合医疗资源，直接调度 B 超等设备 10 余台次，调剂相关专业技术人员 20 余人次，安排有关患儿转诊 50 余人次，确保做到“早发现，早筛查，早诊断，早救治”。指派责任心强、工作熟练的同志专门负责数据统计上报工作，每天与各市州卫生局和省部直医疗机构沟通，仔细核实，认真汇总，保证上报数据的准确性、一致性和连贯性。截至 2008 年 12 月 31 日，全省累计接诊患儿 1565119 人次，累计确诊患儿 23020 人次，累计住院患儿 4511 人次，累计出院患儿 4505 人次，无死亡病例。

二、巩固深化医院管理年活动

动员鼓劲。认真贯彻落实卫生部《2008 年“以病人

为中心，以提高医疗服务质量为主题”的医院管理年活动方案》精神，制定实施《2008年湖南省医院管理年活动方案》，继续将缓解群众看病难看病贵作为活动重点，统一思想、明确任务，再动员、再部署，消除个别单位的厌倦思想和松劲情绪。

加强督导检查与讲评。以加强督查、强化评价为手段，巩固活动成效，深化活动内涵。2008年3月19日—4月5日，从省部属医院抽调70余名专家分组对全省29家三级医院活动实施情况进行了周期检查评价。9月10日，召开全省深化医院管理年活动暨2008年医政工作会议，对三年来全省医院管理年活动取得的成效、存在的问题作了分析讲评，对17个全省医院管理年活动先进单位予以表彰。

着力缓解群众看病贵。为控制医疗费用，减轻患者负担，在狠抓《湖南省医疗机构十项规定》落实的基础上，结合实际，重新修订十项规定形成《湖南省医疗机构新十项规定》，进一步规范临床用药、临床检查和收费行为，努力遏制医疗机构重复检查、滥用药品、不合理收费以及医务人员的趋利行为。着力加强单病种费用控制，将单病种管理范围由省会16家三级医院8个病种扩展到全省32家三级医院的14个病种，重点加强对病种住院诊断、治疗、用药及流程和时限的质量控制，有效控制门诊人次费用、住院床日费用和平均医疗总费用。进一步完善医疗服务价格公示制、查询制、清单制，对农村参合农民和城镇低保居民实行挂号、诊疗检查和住院床位价格优惠政策。

切实加强“三基三严”培训。将“三基”培训考试考核作为医院管理年活动周期检查评价的重要内容，督促全省各级医院以《湖南省医务人员“三基”培训必读》为蓝本，对临床、医技、护理三类卫生技术人员全面开展“三基”培训工作，并强化“三基”培训考试考核制度和奖惩措施。

三、切实加大医疗质量与医疗安全监管力度

完善医疗质量监控体系与评价标准。抓好三批17个相关学科临床医疗质量控制与评价标准的贯彻落实，组织制定第四批8个相关学科的临床医疗质量控制与评价标准。对第一批5个临床专业质量控制中心进行周期考核验收，予以再次挂靠确认。召开省临床专业质量控制中心总结评比暨表彰会及质控中心工作会议，加大质控中心工作力度，对部分工作迟缓的质控中心进行人员调整。指导部分市州成立相应临床医疗质量控制中心，逐步完善全省临床医疗质量监控体系与网络。实施临床专业质量控制中心目标考核，制定《湖南省临床专业质量控制中心目标考核评分细则》，量化质控中心工作管理。进一步扩大“一单通”范围，经放射诊断质控中心评审，将“一单通”范围由6家扩大到22家。

加大医疗质量监管力度。为确保医疗质量与医疗安全，湖南省卫生厅采取适时督导检查和日常监管相结合的方式，切实加强医疗质量监管。结合年初的医院管理年活动督导检查，将医疗质量与医疗安全作为最主要的内容，对全省各级各类医疗机构进行全面督导检查。充分发挥省临床专业质量控制中心在提高医疗质量与保证医疗安全中的作用，组织指导25个省临床质控中心开展多种形式的医疗质量检查评估和必要的业务培训。

切实加强临床重点专科建设。2008年，湖南省卫生厅坚持以发展特色专科为突破口，以为人民群众提供更加完善的医疗保健服务为根本，着力加强临床重点专科建设，基本形成“院有专科、科有特色、人有专长”的格局。认真贯彻落实《湖南省卫生厅关于加强临床重点专科建设的通知》精神，将临床重点专科建设情况作为医院管理年活动周期检查评价的一项重要内容予以督促指导。对厅直医疗机构第三批临床重点专科建设项目进行年度考核与评价，就这些专科今后的建设与发展提出指导性意见。确认公布首批17个市级医院临床重点专科建设项目，并委托相关市卫生局进行了年度考核与指导。

切实加强医疗救治体系建设。进一步规范院前急救服务行为，提高院内急诊水平，确保院前急救—院内急诊“绿色通道”畅通、高效。加强体系建设，以市州为单位成立市州级紧急救援（指挥）中心，制定《湖南省紧急救援中心登记注册书》，抓好机构、人员准入。统一市、县两级院前急救电话呼叫号码，基本理顺院前急救—院内急诊有效、快速衔接的工作机制和工作流程，保证急危重症患者现场急救和途中监护及时、规范。按照卫生部《医院管理评价指南（2008年版）》有关要求，加强二级以上综合医院急诊科基础设施建设和能力建设，科学设置专业，合理配备人员、设备、药品。

开展医疗纠纷现状调研。采取发放调查表、召开座谈会、查阅有关资料与现场调查相结合的方式，对长沙城区12家省直医院2007年医疗纠纷现状进行了调查，并与2006年同期比较，就纠纷类别、成因等作了详尽分析，对如何化解医患纠纷提出建设性意见。

积极推进“平安医院”创建工作。积极与省公安厅等部门沟通协调，联合下发《关于在全省二级以上医院设立警务室的通知》，配合省综治委出台《关于全省开展集中治理医患纠纷专项行动的工作方案》。制定了《湖南省医患纠纷处置暂行规定》，目前正积极与省公安厅协调会签下发。充分发挥医疗责任保险的风险分担和社会管理职能，认真总结长沙医疗责任保险试点工作经验，就推行医疗责任保险召开现场调研会和省直医院业务院长专题会议。

四、贯彻实施《护士条例》，进一步加强护理工作

抓好《护士条例》的学习宣传。组织开展学习宣传《护士条例》暨庆祝“5·12”国际护士节系列活动，着力营造有利于湖南省护理事业发展的舆论氛围和尊重护士、关爱护士的社会环境。4月20—23日，聘请国务院法制办、卫生部政策法规司、医政司负责和参与《条例》起草工作的有关领导和专家对各市州卫生局及其组

建的《护士条例》培训师资队伍和省部直医疗卫生单位负责人、护理部主任进行集中培训。各市州、县（市、区）卫生行政部门和医疗卫生单位也组织了相应的培训班 600 余场次培训 5 万余人次。5 月 8—9 日，组织患者及家属、临床护士及科主任、护理部主任、医院院长、护理学会等从不同的侧面撰稿，在《湖南日报》开辟专版专题报道。5 月 10 日，组织召开 500 余人参加的全省贯彻实施《护士条例》暨庆祝“5·12”国际护士节大会，张健厅长出席会议并作重要讲话。

切实加强护理队伍建设。将保证护士人力配备、实行合同制护士同工同酬作为 2008 年医院管理年活动的重点，纳入《医疗机构新十项规定》，并狠抓落实。制定下发《湖南省专科护理领域护士培训实施方案》，将发展专科护理、提高专科护理质量与水平、促进护理专业与医学科学同步协调发展，作为护理工作的中心任务，启动省级专科护士培训和资质认证工作，在专科特色明显、专业技术性很强的重症监护、急诊急救、手术室、器官移植、肿瘤、介入、血液透析 7 个专科启动开展专科护士培训。积极探索护士分层使用机制，为充分发挥高学历、高职称护士在临床护理工作中的作用，在省肿瘤医院等医疗机构开展护士分层使用试点。

着力加强基础护理工作。针对当前护理工作的薄弱环节，将提高护理基础质量列入医院护理质量管理工作的重点，狠抓落实。增大护理基础质量指标在医院管理年活动周期检查评价中的权重，从政策层面予以导向和保障。增强护理人员服务意识、责任意识，加强基础护理工作的督导检查，强化护理质量讲评，从执行层面予以鼓励和督促。4 月 20—23 日，在全省《护士条例》培训班上，对目前基础护理工作中存在的突出问题作了重点分析与讲评。

规范基层护理服务行为。协调厅农卫处，通过深入基层调查研究，制定《湖南省乡镇卫生院医疗管理基本规范》护理管理部分。

五、严格医疗服务要素准入

规范医疗机构执业行为。结合《湖南省卫生厅关于进一步规范和加强医疗机构审批和监管工作的通知》文件的落实，认真贯彻卫生部《关于医疗机构审批管理的若干规定》和《关于“男子”等词语不能作为医疗机构识别名称的批复》、《卫生部办公厅关于修订＜医疗机构管理条例实施细则＞部分附表的通知》等文件精神，进一步规范医疗机构设置审批和清理整顿已批设的医疗机构。加强对医院规模建设的宏观调控和正确导向，认真调查研究，起草《关于加强医疗机构编制床位管理办法》。配合卫生部医院研究所完成对 122 所县医院基本情况的调查，为加强县医院建设提供了客观依据。根据卫生部有关要求，完成对全省三级医院心血管疾病介入技术项目的专家评审、准入与公示以及开展人体器官移植技术医疗机构的复核检查。严格专家评审制，对全省 50 家医疗机构的介入、放疗、人工关节置换、肿瘤科等特殊诊疗技术和科目准入进行了审核。

把好执业医师和执业护士注册发证关。为确保注册工作的质量，在进行执业医师和执业护士注册时，坚决做到“五禁”、“四不注册”。同时，给办证人员提供优质服务，在法律规定的时间内，尽量缩短办理时间；对不符合国家有关规定、不能办证人员，给予耐心说服。全年共完成护士执业证书颁发 7390 人，护士换证及执业注册 50125 人，首次注册 4299 人，变更注册 1077 人；颁发医师资格证书 10351 本，医师执业注册 2241 人。

严格规范医师资格考试。为确保湖南省医师资格考试工作的顺利进行和公正权威，先后制定下发了《关于认真做好全省 2008 年医师资格考试工作的通知》、《关于认真做好湖南考区 2008 年医师资格实践技能考试工作和医学综合笔试工作的通知》、《2008 年湖南考区医师资格考试工作计划》等规范性文件及《2008 年湖南考区医师资格考试报名资格复核结果书》，认真复核考点考生的报名资格，精心安排和全面部署全省的考务工作。全年医师资格考试报名 44628 人，经审核，不符合报名条件的 423 人，参加实践技能考试 35628 人，缺考 1683 人，考试合格 24446 人，合格率 68.61%；实际参加医学综合笔试 24137 人。查处违纪、作弊考生 241 人。

组织医疗美容主诊医师考试。2008 年共有 300 多人报名参加美容主诊医师考试，经严格资料审核，105 人符合考试资格，92 人参加理论考试，68 人通过理论考试和面试。该项工作联合省中医药管理局、省考试中心共同实施，厅纪检监察室派员全程参与试卷的封存、开封、阅卷、面试，确保考试的公平、公正、公开。

六、继续做好卫生支农与康复医疗工作

继续做好对口湘西卫生扶贫工作。为保证对口扶贫工作任务的落实，使各单位的扶贫措施更加切合受援单位实际，3 月 12 日，在凤凰召开了全省卫生系统 2008 年对口湘西卫生扶贫工作联席会议，总结回顾了转点凤凰以来全省对口湘西卫生扶贫工作的主要成绩和经验，明确了 2008 年全省对口卫生扶贫工作的基本思路、主要目标和重点任务，时任省卫生厅党组书记、厅长刘家望出席会议并作了重要讲话。会后，对口支援凤凰县的 10 家厅直医疗卫生单位有关领导及相关职能部门、临床科室负责人与各自受援单位就如何做好 2008 年的对口扶贫工作进行了衔接、考察和交流。12 月 22 日，召开了对口湘西扶贫工作年度总结会，听取了长沙等市卫生局、省部直医疗卫生单位 2008 年对口湘西卫生扶贫工作情况汇报。一年来，所有支援单位领导带队去受援单位进行了实地考察与专门指导，亲自参与制定和落实扶助计划，长沙等 6 市卫生部门及厅直 11 家医疗卫生单位共派出医务人员 201 人次到受援单位开展、帮助、指导医疗卫生工作，举办培训班及学术讲座 624 场次培训 12596 人次，免费接收受援单位进修人员 148 人次，援助设备 56 台（件）价值 66.6 万元，援助现金 39 万元，帮助整章建制 304 条。

着力抓好“万名医师支援农村卫生工程”项目工作。中央财政2007年又将怀化市新晃、麻阳、芷江3个民族自治的省定扶贫开发工作重点县纳入项目范围，湖南省2008—2009年度项目工作受援单位增加到26家，承担项目任务的三级医院也相应增加到27家。全年共从27家三级医院选派129名中级职称以上的临床、医技、护理骨干奔赴全省26个国家扶贫开发重点县及少数民族省扶贫开发重点县的县级医院支援农村卫生工作，其中副高以上职称占35%。各支援单位选派的内科、外科、妇产科、影像、检验等专业的业务骨干到受援医院后，除直接为当地农民群众提供医疗技术服务外，还充分发挥自身专业特长，对受援医院的医疗、教学、科研、管理等各方面工作认真给予指导、帮助和带教，有效促进受援县医院病历书写合格率、处方合格率、诊疗技术水平、抢救成功率等的提高，也促进了门诊量、住院量、手术量等的增加。一年来，派驻人员直接接诊病人20余万人次，开展手术2.1万台次，举办培训班、学术讲座470场次，系统查房3100余次，参与全院性的大会诊1200余次，现场示范带教难度较大的手术550余台次，帮助开展新技术项目490项，整章建制730余条。除帮助对口支援的县医院开展工作外，派驻专家还主动深入所到的贫困县、乡、村为当地群众义诊和提供咨询服务达近4万人次。

做好残疾人康复工作。为更好地落实微笑列车唇腭裂修复慈善项目工作及卫生部财政拨款的中西部地区儿童先天性疾病和贫困白内障患者救治项目，4月29日召开了项目医院业务院长专题会议进行专门部署。12月2日，召开“中西部地区儿童先天性疾病和贫困白内障患者复明救治项目”实施情况总结评估会议，及时总结经验，弥补不足。11月3—4日，举办微笑列车基金会手术电子病历上传软件培训班，保证唇腭裂康复手术项目的顺利开展。全年完成中西部地区贫困白内障患者和儿童先天性疾病病人6040例，超额完成355例；完成微笑列车成唇腭裂修复手术1901例。与爱德基金会艾滋病救治项目合作举办三期艾滋病临床知识培训班培训555名医务人员，资助45万元帮助怀化市第一人民医院及3个县级医院、祁阳县人民医院建立了艾滋病初筛实验室。协同卫生部医政司举办了全国防盲治盲培业务训班。

组织“卫生下乡”元旦春节慰问活动。按照省委、省政府、省委宣传部的要求，组织市州卫生局、省部直医院、市州级医院选派160余位医疗专家教授参加省委、省政府“五下乡”元旦春节慰问活动，到全省14个市州的15个乡镇开展免费义诊咨询和送医送药活动，免费开出和发放药品价值252000余元，捐助帮困经费62000元。

开展健康宣教活动。在全国助残日、“6·6”全国爱眼日、“6·14”世界献血日、“6·26”国际禁毒日等卫生宣传日，认真组织全省各级医疗机构开展卫生科普知识的宣传和相关疾病的义诊、咨询。

七、其他工作

全面参与禁毒戒毒工作。为确保卫生系统有关禁毒工作落到实处、取得实效，与省禁毒委员会签订了2008年禁毒工作目标管理责任书，并认真履行部门职责和任务。一是加强对全省自愿戒毒机构的管理，确保16个自愿戒毒医疗机构依法、规范开展自愿戒毒业务；二是积极配合疾控处认真做好美沙酮社会维持治疗工作；三是结合自身业务，依法协助、指导、配合公安、司法部门和社区做好强制隔离戒毒和社区戒毒的医疗工作；四是严格医疗机构毒麻药品管理，在2008年的医院管理年活动周期检查评价中，将毒麻药品管理作为一项重要内容纳入检查范围。五是认真贯彻落实省禁毒委《关于确定部分县区为省禁毒委工作指导联系点的通知》精神，切实加强与湖南省卫生厅禁毒工作对口联系点－祁阳县的联系，11月4日，厅党组副书记、副厅长陈小春同志带领医政处等相关处室负责同志赴祁阳就禁毒工作进行专题考察，听取了祁阳县禁毒大队、县公安局、县政府和县委的汇报，就下阶段禁毒工作进行了指导，并形成书面汇报材料报省禁毒委。六是积极参与和开展《禁毒法》集中宣传行动，制定下发了《全省卫生系统〈禁毒法〉集中宣传行动方案》，在全省卫生系统及厅机关启动了《禁毒法》集中宣传行动，厅办公楼电子显示屏连续播放禁毒宣传标语。

进行医疗广告整治工作。4月10日，刘立伟副省长主持召开全省深入开展广告专项整治行动动员大会，湖南省卫生厅医政处组织省直及民营医疗机构参加会议，会后与省工商局、宣传部、省纠风办、监察厅、广电局等11个部门召开联席会，积极参与广告专项整治行动。12月4—8日，按照省广告专项整治联席会议办公室的部署和要求，组织对湘潭市、株洲市以及《潇湘晨报》的广告发布情况进行了督查并将督查情况。截至2008年12月31日，共受理医疗广告审查申请144起，出证143个。

及时调处医患纠纷，热情接待和妥善处理群众来信来访。在强化医疗机构重大医疗过失、医疗事故报告制度、医疗安全责任制和责任追究制的同时，及时、积极调处医疗纠纷和矛盾。2008年，湖南省卫生厅先后直接参与协助处理了10余起省直医院发生的大型医疗纠纷，深入市州协调处理医疗纠纷2次。一年来，共接待因医疗纠纷上访100余起，群众来信300余封，电话咨询500余人次。

做好行政应诉工作。2008年，湖南省卫生厅共收到因对医疗纠纷处理结果或相关行政行为不满而将湖南省卫生厅诉讼至法院的行政诉讼案件2起。对于每一起诉讼案件，湖南省卫生厅医政处都认真做好答辩状、有关证据材料等的准备工作，及时提交应诉答辩状，按时出庭应诉，圆满完成全部应诉任务。

及时进行第4件实事的督查。为落实省政府交办的“第四件实事”，按照厅里的统一部署，4月及8月对湖南省卫生厅医政处对口负责的邵阳市32家乡镇卫生院建设项目实施情况两次进行全面督查和现场指导。10月对项目建设进度缓慢的1个项目予以重点督导，召集相关负责同志进行现场办公，提出明确要求，积极有效协调。11月底，参加全省乡镇卫生院建设项目的考核评估工作。

办理人大代表建议和政协委员提案。2008年，湖南省卫生厅医政处共承办人大代表建议和政协委员提案11件，其中省人大代表建议1件，省政协委员提案10件。按照厅里的总体要求，召开专题处务会，做出具体安排和分工，并明确要求。在承办过程中，克服医政工作繁忙、提案数量多的困难，通过电话、信件及见面等方式与代表、委员们及时沟通交流，按时完成书面答复，见面率100%。

参与各种大型活动的医疗保障工作。认真制定《第七届“汉语桥”世界大学生中文竞赛活动医疗卫生保障工作预案》和《第八届中国青少年机器人竞赛活动医疗卫生保障工作预案》，切实加强医疗救治与保健工作，确保两次竞赛活动的顺利进行。

加强医政工作信息管理。为提高办事效率，加强信息化建设，实行政务公开，对湖南卫生信息网上的医政管理栏目进行全面改版，实行处室工作全面上网，方便信息沟通及查询。同时，利用省政府通信平台多次召开电视电话会议和工作交流，取得良好效果。

完成征兵体检任务。自10月初至12月底，全省共抽调3768名中级以上技术职称医务人员参与征兵体检工作，其中高级职称716人，占19%，“老手”3088人，占82%，设立体检队137个，体检应征青年79387人，合格38526人，合格率48.5%。

（陈小春　陈卫红）

广东省医政工作

一、继续深入开展医院管理年活动，扎实推进平安医院工作

继续开展医院管理年活动。2008年8月28日，卫生部在北京召开2008年深化医院管理年活动暨2008年全国医政工作会议，总结了过去三年医院管理活动和2007年医政工作，研究部署2008年下半年工作。为巩固成果、深化管理、持续改进，广东省卫生厅在卫生部《医院管理评价指南（2008版）》的基础上，委托省医院管理学会在广东省医院管理评价细则（三级医院）的基础上修订了《广东省医院管理评价细则》（二、三级医院），增加了二级医院的评价细则。完成了2007年从42家三级医院督查工作中抽调的所有死亡病例的评价。

扎实推进平安医院工作。成立了广东省创建"平安医院"领导小组办公室，同时向省府提请雷于蓝副省长作为工作领导小组组长，负责创建"平安医院"活动的开展。制定和完善广东省平安医院创建工作考核细则及工作方案（初稿）》，并下发各地执行，开展自查工作。编写多期"广东省创建平安医院活动简报"，报省府有关领导，卫生部，发送各地市卫生局、各大医院。

二、加强医疗机构管理，提高医疗服务质量

一是进一步清理医疗机构。根据《广东省卫生厅关于进一步规范医疗机构设置审批管理的通知》，进一步清理医疗机构，将医疗机构设置审批管理下放至各级卫生行政部门。二是规范医疗服务行为，提高医疗服务质量。以提高医疗服务质量为主题，以医疗安全质量为核心，建立医院综合评价与专项质控中心建设相结合的长效机制。加大对临床技术准入特别是器官移植、心血管疾病介入诊疗技术的监管力度。加强质控中心的建设，提高全省医疗质量的规范化和标准化建设。加强医疗机构药事管理，开展专项督查活动，加大监测网络建设，保障用药安全。贯彻落实《护士条例》，加强护士注册、护理管理工作。进一步规范无偿献血工作，组织6个督导组对全省血站进行检查，2008年全省临床用血实现100%来自无偿献血。制定下发了《广东省采供血机构设置规划》，进一步保障血液安全。三是促进民营医院发展，积极落实《关于建立更紧密经贸关系的安排》补充协议。开展了民营医疗机构发展情况的调研，研究出台了加快民营医疗机构发展的意见。积极落实CEPA补充协议五在广东先行先试（医疗服务部分）有关工作，草拟了《关于落实内地与香港、澳门〈《关于建立更紧密经贸关系的安排》补充协议五〉中有关医疗服务事项的通知》，对港澳医疗服务提供者在粤开办门诊部要求具备的条件、门诊部命名原则及服务项目、审批程序等作了具体规定，开始接受港澳人士投资的门诊部申请，在珠三角多个城市开展试点。四是落实政务公开，进一步完善医疗服务信息公示制度。

三、积极统筹部署公共突发事件，完成医疗救治任务

2008年，我国自然灾害、公共突发事件频繁，手足口病、抗震救灾、三鹿奶粉事件相继发生，造成人民生命财产受到极大损害。广东省卫生厅根据省委、省政府、厅领导的指示与精神，积极统筹部署各项工作，切实做好各项医疗救治工作。反应迅速，成立省工作领导小组和专家组，加强医疗救治工作的组织、协调；制定收治、诊疗方案，满足医疗需求；上下联动，贯彻落实诊疗方案，确保各项医疗救治工作落到实处；组织培训，组派专家会诊指导医疗技术；加强信息报告，指导全省医疗救治工作；加强重症病例管理，提高救治率。

据统计，截至2008年7月8日，全省累计收治EV71手足口病重症病例123人次。汶川大地震，先后组派8批抗震救灾医疗队共364人、救护车63辆支援灾区，争分夺秒抢救生命。通过专机接收了950人地震灾区伤病员来粤救治，无一死亡。奶粉事件，自2008年9月12日—12月2日，全省累计接诊筛查1446339人次，确诊患儿6674人。截至2009年2月1日，累计住院1434人，出院1432人，现住院2人，无重症患儿。未出现死亡病例。

四、抗震救灾医疗卫生工作

"5·12"汶川特大地震发生后，广东省卫生厅立即召开抗震救灾专题会议，成立了抗震救灾医疗卫生应急救援领导小组，启动应急救援机制，广东省卫生厅建立24小时值班制度，组织队员参加省医疗防疫救援队伍。救灾期间，广东省先后向灾区派遣医疗救援人员1500余人次，在短时间内援建映秀简易医院开业，先后调运价值2025余万元的医疗器械、药品等抗震救灾物资支援灾区，接收来粤治病伤病员950人。

五、加强护理学科建设，促进学科发展

第二批赴港护士进修选派组织工作圆满完成，密切了粤港联系与交流。广东省各医院高度重视专科人才的培养和使用，充分发挥专科护士在专科护理工作中的优

势地位和带头作用，专科护理工作取得可喜成绩。

以抗震救灾为契机，促进广东省康复学科的发展。特别是骨科专科护士对 167 例截瘫病人开展的肠道定时排便训练和膀胱功能训练，不但从医学上突破了技术难题，也为四川伤员解决了生理困难。广东省援川康复医疗队应四川省人民医院等的邀请专门派出相关骨干，把这项技术带给了四川康复病人。

六、加大对口帮扶和“五下乡”活动的力度

为贯彻落实党的十七届三中全会精神，推动省直单位在深入学习实践科学发展观活动中深入基层，帮助农村，促进城市优质资源向农村基层流动，由广东省委组织部主办，省科技厅、省文化厅、省卫生厅、省体育局、省出版集团联合开展了以“机关深入基层，城市支持农村”为主题的“科技、医疗、体育、文艺、图书五下乡活动”。继 2008 年 11 月 7 日“五下乡活动”启动仪式后，于 2008 年 12 月 12 日，在省委组织部的统一部署下，科技、医疗、体育、文艺、图书五支省直单位派出的服务队齐聚湛江特呈岛，开展为民服务活动。

（廖新波　温伟群）

广西壮族自治区医政工作

一、应对各种突发公共事件的医疗救援准备，组织实施快速有效的应急医疗救治

从抓医疗机构医护人员急救技能入手，大力开展医师急救技能训练和竞赛活动，提高急救能力和水平。3月委托南宁急救医疗中心举办了一期全区地级市急救中心院前急救技能培训班，并开展选拔竞赛活动，选拔出2支优秀的急救队伍代表广西壮族自治区参加2008年将在云南举行的第二届“挪度杯”全国急救中心急救技能大赛，获得优秀奖。5月委托柳州急救指挥中心举办了一期院前急救指挥培训班，提高了各级急救中心（站）的应急医疗救治的组织指挥能力。在此基础上，2007年下半年在全区范围内所有二级以上医疗机构和部分一级医疗机构中，开展了医师急救技能岗位训练和竞赛活动，收到了良好的效果，为遂行突发公共事件应急医疗救治任务打下了坚实的基础。

制定完善应急医疗救治预案，确保一旦发生群死群伤的特大意外灾害事故能随时派出应急医疗队实施紧急抢救。三级以上医院成立了1—2支应急医疗队，各市、县也组建了1—2支应急医疗队，配备车辆和必要的药品器材，保证一旦发生突发事件，医疗队能在规定的时间内到达指定的地点展开救治工作。制定了《北京2008年奥运会火炬接力广西传递活动医疗卫生保障总体工作方案》，并指导桂林、南宁、百色3个传递城市制定了本地相应的医疗卫生保障工作方案。火炬传递前，为确保火炬在广西壮族自治区传递期间的医疗卫生保障工作落到实处，广西壮族自治区卫生厅派出专家组到传递的3个城市，按预定的路线对各项落实情况进行了检查指导。各传递城市共派出医务人员200多人，圆满完成了火炬传递医疗卫生保障任务。为做好第五届中国—东盟博览会、中国—东盟商务与投资峰会（简称“两会”）及自治区成立50周年庆祝活动应急医疗救治准备工作，制定了相关应急医疗保障方案，举办了一期化学中毒事件应急医疗救治培训班，使各项重大活动医疗保障任务圆满完成。圆满完成了冰冻灾害、百色那读煤矿“7·21”透水事件、“8·26”广维集团爆炸事故和“10·3”河池市东江镇砷中毒事件等突发事件及多起特大道路交通事故医疗救援，多次得到了自治区和当地党委、政府的表扬。四川汶川特大地震发生后，广西壮族自治区派出了一支11人的医院感染控制医疗工作队到四川灾区医院开展院感控制工作，经过15天的奋战，圆满完成任务，受到当地卫生行政部门、医院及人民群众的高度赞扬。为减轻四川灾区医疗救治工作压力，为灾区人民分忧，5月下旬广西壮族自治区主动接收了238名伤病员，除2名因伤势过重经全力抢救无效死亡外，其余236名伤员全部康复出院平安返川。

做好婴幼儿奶粉事件医疗救治工作，为保障广大患儿生命安全和身体健康做出了积极的贡献。从9月12日开始，根据卫生部的统一部署，成立了婴幼儿泌尿系统结石医疗救治工作领导小组和医疗救治专家组，全区共成立医疗救治专家组151个、专家3171人；先后组织3批10个督查组共40多人次到各市、县定点医疗机构督导检查患儿筛查、诊治、宣传教育、骨干培训等方面的工作；全区共确定并向社会公布了196家医疗机构作为定点医院，为食用含三聚氰胺婴幼儿提供免费医疗服务；累计派出医疗队228支（次）、915人（次）深入到基层开展医疗救治工作；培训婴幼儿泌尿系统结石临床诊疗师资275名；开通了奶粉事件健康咨询热线，从有关单位抽调了20多名临床和公共卫生专家，轮流值班，24小时接受群众咨询，共接受群众咨询2000余人次，受到群众的好评。各级卫生行政部门和医疗机构高度重视，加强了组织领导，落实了专门机构、场所、仪器和人员，增设了“绿色通道”，确保了患儿的筛查、诊疗工作有序进行，做到筛查、诊断、治疗、宣传“四个全面覆盖”。加强诊疗信息收集、整理、分析和上报工作，截至2008年12月2日24时，全区报告累计筛查（接诊）人数870995人次，累计确诊病例15134例，累计住院患儿2419人，无死亡病例报告。

二、开展“医院管理年”活动，狠抓医疗质量和医疗安全管理

开展第三周期“医院管理年”督查验收并启动2008年“医院管理年”活动。根据卫生部印发的《2008年“以病人为中心，以提高医疗服务质量为主题”的医院管理年活动方案》，制定下发了广西壮族自治区2008年“医院管理年”活动实施方案及评价标准。3月，组织各专业质量管理专家114人，分成8个督导小组，分别对全区14个市的三级及部分二级共54家医院开展“医院管理年”活动三年来的工作进行了全面督查验收。从督查验收的情况来看，各级医院坚持“以病人为中心”，医院建设和管理水平、医疗救治能力、医疗质量、行风建设等得到了明显加强。三年来出入院诊断符合率达到97%—98.4%。脑出血、阑尾炎、剖宫产、小儿支气管肺炎等十一个单病种的医疗质量得到稳步的提高，各项质量指标基本达到卫生部颁布的等级医院标准。各级医院进一步加强了“三基三严”的培训和考核，并做到有制度，有计划，有考核，有总结。对抽查的54家二级以上医院医务人员进行基本理论考试，总体合格率为87%，较2007年提高了4.7%；护理人员总体合格率为91.9%，较2007年提高了4.6%。各医院较第一、第二周期更注重了病例质量的检查和考核，细化检查标准，提高检查效率，强化医疗核心制度的落实，如疑难、死

亡病例讨论制度、组织抢救、交接班制度等都得到较好的贯彻执行。大部分医院均能按《处方管理办法》要求建立和完善相关规章制度并贯彻执行；制订医院年度药品用量控制总目标，制订各科室用药控制比例，把药品用量指标纳入科室目标管理；医疗机构建立医嘱、处方用药量的监控管理、处方点评、大额处方公示、警示制度，定期组织抽查，对促进合理用药起到积极的作用。2008 年全区三级医院药品比例总体达到卫生厅规定（<42%）的要求，对减轻群众就医负担起到了重要作用。各级各类医院在控制医疗费用方面，出台了许多有效的措施，如收费项目的调整；开设“惠民”病房、“惠民”门诊；开设绿色通道、执行急救“先抢救、后缴费”规定；减免下岗、低保、残疾等贫困人群挂号费、床位费、检查费；狠抓合理检查、合理用药等，努力减轻群众负担。

结合开展“医院管理年”活动，加大了对民营医院的监管力度。为促进民营医院的健康发展，规范执业行为，保障医疗质量和医疗安全，把“医院管理年”活动延伸到民营医院，收到了较好的效果。广西壮族自治区卫生厅于 2008 年 8 月 18—28 日组织了医院管理、医疗、护理、院感、检验、行风等专业质量管理专家共 42 人，分成 6 个督查组，分别对全区 14 个市的 23 家民营医院进行了督导检查。各督查组针对检查中发现的问题，现场向当地卫生局和被检医院进行了反馈，并提出整改意见。这次督导检查，使卫生行政部门进一步掌握了目前全区民营医院在医院管理、医疗、护理、院感、检验、行风等质量管理方面的基本情况，为今后制定民营医院发展规划和完善监督管理工作提供了的决策依据。通过督查我们发现民营医院与公立医院相比有较大差距，特别是在医院管理、依法执业及执业行为上存在较严重问题。我们针对存在的问题责令当地卫生局督促相关医院进行整改，对 5 家检验科存在明显缺陷的民营医院责令暂停部分检验项目。这样，不仅增强了民营医院依法执业、加强医院管理工作的意识，还有力地促进了民营医院的健康发展，对维护人民群众生命健康权益、构建和谐社会具有重要意义。

把“平安医院”创建活动与“医院管理年”活动有机结合起来，并有侧重地开展了专项检查。根据卫生部、中央综治办、中宣部、公安部、民政部、国家工商总局、国家中医药管理局《关于开展创建“平安医院”活动的意见》和《关于印发全国平安医院创建工作考核办法及考核标准（试行）的通知》精神，将全区创建“平安医院”工作纳入了自治区社会治安综合治理统一整治、统一检查。结合广西壮族自治区实际，会同自治区综治办、公安厅、宣传部、民政厅、工商局、药监局、保监局等部门制定下发了《广西壮族自治区创建“平安医院”活动实施方案》、《广西壮族自治区“平安医院”创建工作考评细则（试行）》，在各市自查的基础上，组织 3 个检查组对各市创建工作进行了督导检查。

三、严格医政审批管理，规范医疗服务要素准入管理工作

加强了医师、护士准入和执业管理。一是扎实做好医师资格考试考务管理工作。3 月 13 日在南宁召开了考区 2008 年医师资格考试工作会议，总结了 2007 年全区医师资格考试工作，研究部署了 2008 年医师资格考试工作。根据人员变动情况及时调整了广西考区医师资格领导小组成员。为做好考试的安全保密工作，组织 3 个检查组对各考点考前安全保密工作进行了全面检查，对不符合要求的保密室限期整改。考试期间，组织了 4 个巡考组对全区 22 个考试基地进行了巡视检查，确保考试万无一失。在 2007 年试点的基础上全面启动医师资格考试网上报名工作，全区共有 29717 人报名，经各考点现场审查和最后考区审核确定的考生为 29452 人，其中参加医学实践技能考试 28459 人，参加医学综合笔试 20617 人。在医师资格考试考务管理工作中，我们做到严密组织，严格管理，纪律严明，对发现的 46 名作弊考生进行了严肃处理。二是规范医师、护士执业注册和医师定期考核管理。认真贯彻落实卫生部《医师执业注册管理暂行办法》、《医师定期考核管理办法》及广西壮族自治区卫生厅《关于印发广西壮族自治区贯彻〈医师定期考核管理办法〉实施方案的通知》要求，组织有关人员深入到各注册机关及医师考核机构调研、指导，及时发现和解决医师定期考核中存在的问题。自从 2007 年 12 月启动医师定期考核工作以来，在各级卫生行政部门的组织下，绝大部分单位已按期完成了考核任务，据不完全统计，共考核医师 43500，对其中 24 名不合格医师暂停 3 个月执业活动。为贯彻落实《护士条例》，保证广西壮族自治区护士执业证书换发工作有序进行，广西壮族自治区卫生厅制定下发了《护士执业证书换发工作方案》，并召开全区护理专干工作会议，研究部署广西壮族自治区护士换证工作，同时组织对新的《护士执业注册管理信息系统软件》进行培训，确保护士换证工作按卫生部要求规范、顺利开展。三是规范医疗美容服务管理。指导各市认真落实广西壮族自治区卫生厅下发的《关于加强医疗美容主诊医师资格认定及其执业注册工作的通知》，委托广西医学会开展了一次医疗美容主诊医师考试考核认定工作。对 57 名申请医疗美容主诊医师资格的执业医师进行了考试考核，经卫生厅复核获批准 50 名，其中新取得美容主诊医师资格证书人员 42 名，换发新医疗美容主诊医师资格证书人员 5 名，扩增医疗美容项目人员 3 名。

严把医疗机构准入关。2008 年 1—10 月审批办共受理 100 张床位以上医疗机构执业校验、变更申请 87 件，批准 84 件。组织开展对受理项目中三级医疗机构的执业校验、床位和诊疗科目变更的现场审查工作，共组织现场审查 74 次。根据广西壮族自治区医疗机构执业许可审批存在的一些问题，制定印发了《关于进一步规范医疗机构执业校验管理的通知》，就校验期限、校验机构、校验方式等提出要求，并统一了校验现场评审要求

及校验报告的书写格式，有力指导全区各级卫生行政部门规范开展医疗机构执业校验工作。

加强对专科技术准入的管理。制定下发了《广西壮族自治区医疗机构床边检验（POCT）质量管理规范》、《广西壮族自治区医疗机构便携式血糖检测仪临床使用管理规范》；组织并指导广西肿瘤化疗质量控制中心完成了对全区肿瘤化疗现状的调研工作，对全区 62 家各级各类医疗机构进行了实地调研，形成了《广西肿瘤化疗现状调研报告》，为下一步研究制定广西壮族自治区肿瘤化疗学科管理规范、建立准入和质量评价体系提供了可靠依据。目前，广西壮族自治区 17 个临床医疗质量控制中心工作开展顺利，为加强行业管理，提高广西壮族自治区医疗质量和水平发挥了积极作用。

四、护理管理及医院院感控制工作

宣传贯彻《护士条例》。为做好 2008 年 5 月 12 日正式实施的《护士条例》的宣传贯彻工作，广西壮族自治区卫生厅医政处与卫生部护理中心联合举办了《护士条例》宣传贯彻培训班，全区 400 多名分管院长、护理部主任参加了培训。同时，组织召开了“5·12”护士节《护士条例》大型宣传活动，为《护士条例》的贯彻实施营造了很好的氛围。

组织专家制定下发了《护士岗位制度与职责》、《临床护理技术操作标准（55 项）》、《护理台帐》、《广西临床护理质量评价及检查标准》，并印制成册下发各级医院贯彻执行，同时对相关护理人员进行培训，进一步规范了全区护理技术操作，提高护理水平。

开展艾滋病护理人员职业防护培训班。2008 年广西壮族自治区分别对南宁、崇左、玉林、贵港、梧州、贺州、百色辖区内各级各类医疗机构的医院感染科、传染病房、急诊科等相关科室的护理人员共 800 多人进行艾滋病职业防护知识培训。进一步提高了广西壮族自治区护理人员的艾滋病防治水平。

及时转发了卫生部《关于做好秋冬季医院感染管理工作的通知》，并针对西安交通大学医学院第一附属医院发生严重医院感染事件，对广西壮族自治区医疗机构提出了具体要求。目前，全区医疗机构正开展院感自查工作，防止院内感染事件的发生。

五、血液工作

推进无偿献血工作。各地卫生行政部门加大贯彻实施《中华人民共和国献血法》的宣传力度，积极争取各级政府切实加强对无偿献血工作的领导，由政府统一规划、组织协调有关部门共同做好无偿献血宣传发动工作。截至 2008 年第三季度，全区无偿献血人数达到 317238 人次，比 2007 年同期增加了 40959 人次；全区实现了“临床用血 100%来自无偿献血”的工作目标，并且全区志愿无偿献血人数占无偿献血总人数比例也达到了 98.04%，晋升全国先进水平。

开展无偿献血工作调研。下发《关于开展无偿献血调研工作的通知》，并印发了全区无偿献血工作的调查表和调查问卷，对全区无偿献血工作情况进行了摸底调查，并组织全区血站站长到大连、武汉等七省市进行考察学习，拟写了《广西无偿献血工作现状及政策建议》，以及《广西壮族自治区献血条例》修改草案，提交自治区法制局和自治区人大常委会，为《广西壮族自治区献血条例》的修改提供依据。

继续贯彻落实《血站质量管理规范》和《单采血浆站质量管理规范》，不断完善采供血机构质量管理体系。针对广西壮族自治区各采供血机构在质量管理体系建设中存在的不足和问题，5 月 11—15 日在百色市举办了“全区血站质量管理体系建设暨内审员培训班”，并以百色市中心血站为现场实习内审活动，使全区血站的质量管理人员的业务水平得到了明显的提高，进一步推动了各血站的质量体系建设。目前，全区有 14 个血站和 23 个单采血浆站，已经按照《血站质量管理规范》和《单采血浆站质量管理规范》的要求，建立健全了质量管理体系，明确质量管理目标，规范各项工作程序，并不断地加强持续改正，为全区血液工作打下了坚实的基础和安全的壁垒。

建立和完善血液管理的长效机制，进一步加强采供血机构管理和血液质量监测工作。制定下发了《广西采供血机构血液质量监测方案》、《全区采供血机构血液质量监测不良记录管理制度》、《广西单采血浆站技术评审标准》、《广西血站质量管理规范技术审查细则》和《广西血站实验室质量管理规范技术审查细则》等规范性文件，加大血液质量监测管理的力度，预防和控制有害于血液质量的不良行为或因素，并在全区采供血机构推行艾滋病检测筛查实验室评审验收工作，确保血液（浆）的卫生安全。

六、医疗机构对重点传染病防控和医疗救治工作

加强了对呼吸道发热病人的诊疗管理。为做好冬春季节呼吸道传染病防治工作，有效预防和控制人禽流感、传染性非典型肺炎等呼吸道传染病的发生及流行，下发了《关于进一步加强呼吸道发热病人诊疗工作的紧急通知》，要求各级卫生行政部门、各级各类医疗机构要高度重视呼吸道发热病人的诊疗工作，加强对呼吸道传染病防治工作的组织领导，严格落实责任制，强化感染性疾病科的管理，认真做好呼吸道疾病的预检分诊工作，严格落实疫情报告制度，确保对呼吸道传染病人做到早发现、早诊断、早隔离、早治疗。

做好艾滋病人的免费抗病毒治疗工作。全区目前开展艾滋病免费抗病毒治疗的医疗机构由 30 家增加到 35 家，累计治疗病人 8000 多人。为提高定点医疗机构艾滋病临床医务人员的业务水平和艾滋病救治质量，2008 年共选送 3 批 38 人到区内外国家指定的艾滋病临床培训基地进修培训，收到了良好的效果。

手足口病的临床救治工作。针对手足口病新纳入国家法定传染病管理和安徽等省出现的重大疫情，结合本区的疫情特点，5、6 月重点加强了手足口病的防控和

医疗救治工作。下发了《关于加强手足口病临床救治工作的紧急通知》，卫生厅及各市、县卫生局成立了手足口病临床救治专家指导组，全区指定并公布了127家收治手足口病患者定点医院；广西壮族自治区卫生厅在南宁举办了两期全区手足口病临床诊疗培训班，培训技术骨干170多人；共派出手足口病专家8批次13人次到各市收治重症病例的医院会诊指导，诊治疑难和重症病人20余例，并组织专家对死亡的5例进行了专门集中病例讨论。

推进规范化性病门诊创建工作。在2007年成功创建国家级和自治区级规范化性病门诊的基础上，2008年我们将范化性病门诊的创建活动延伸到县一级。广西壮族自治区卫生厅委托自治区皮肤病医院，于2008年6月，面向开展创建活动的各医疗卫生单位成功举办了“性病规范化临床培训班”、“性病规范化实验技术培训班”以及“性病规范化护理技术培训班”等培训活动，共培训医护技人员207人（临床班116人、检验班人47、护理班44人）。在此基础上，全区各地深入开展规范化性病门诊的创建活动，2008年全区又有32家医疗机构申报自治区级规范化性病门诊评审验收。规范化性病门诊创建活动的深入开展，对推动和规范市、县级，尤其是县级医疗机构的性病诊疗规范化服务起到了较好的促进作用。

七、药事管理

举办全区临床药师培训班。根据卫生部开展临床药师制试点工作的要求，为加快广西壮族自治区临床药师的培养，委托广西临床药学质量控制中心举办了一期全区临床药师培训班，全区各级各类医疗机构共300余名药师参加了培训。

药害事件处理工作。在黑龙江省完达山药业刺五加注射液和山西太行药业茵栀黄注射液药品不良反应事件发生后，迅速将卫生部和国家食品药品监督管理局有关文件要求传达至全区各级各类医疗机构，及时停用相关药品，确保患者临床用药安全。

开展含兴奋剂药品专项检查。为进一步贯彻落实《反兴奋剂条例》，加大对医疗机构含兴奋剂药品的管理力度，为2008年奥运会的顺利举办创造良好环境，根据卫生部有关文件要求开展了全区含兴奋剂药品专项检查，共检查各级各类医疗机构和门诊部、诊所总计150家，以查促改，促使医疗机构对含兴奋剂药品的管理和使用更趋规范，确保奥运期间用药安全，为奥运会的顺利举办创造良好环境。

开展麻醉药品和精神药品专项检查。根据《卫生部关于进一步加强医疗机构麻醉药品和精神药品管理的通知》要求，组织各市卫生局开展麻醉药品和精神药品管理及使用情况专项检查工作，共抽查全区各级各类医疗机构104家，以查促改，进一步规范医疗机构麻醉药品和精神药品的使用和管理工作，杜绝麻醉药品和精神药品从医疗机构流入非法渠道。

开展《处方管理办法》执行情况专项调研。2008年1月中旬，组织有关药学专家组成调研组，对南宁、柳州、钦州、北海市10家医疗机构（其中三级医院6家，二级医院4家），使用通用名开具处方情况、药品购进“一品两规”执行情况、处方点评制度落实情况和各级卫生行政部门对医疗机构执行《处方管理办法》的监督检查情况等，进行了专题调研，摸清了处方管理的现状，并及时指导和纠正了存在的问题，为进一步制定和完善处方管理措施提供了决策依据。

做好药品使用动态监控工作。继续开展临床药品使用动态监控及预警工作。对全区二级以上医疗机构2008年上半年药品使用动态监控情况进行了通报，对使用量波动幅度前50位药品涉及的90个品种、90家生产厂家和55家经营企业，使用金额前50位药品涉及的80个品种、85家生产厂家和56家经营企业进行全区通报，并要求各市卫生局和相关医疗机构核查被通报药品使用量或使用金额增长过快的原因，及时干预处理。

八、卫生支农工作

根据卫生部、财政部、国家中医药管理局的要求和部署，在前3年项目工作的基础上，2008年将继续深入开展万名医师支援农村卫生工程。制定了《2007年中央补助广西公共卫生专项资金万名医师支援农村卫生工程项目实施方案》（2008—2009年实施），将项目扩大到全区33个县（含28个国家级贫困县和5个自治区级贫困县）医院或中医院，由34家三级以上医疗机构开展对口支援工作。制定印发了《关于做好2008—2009年度万名医师支援农村卫生工程项目工作的通知》，对本年度项目工作提出具体要求，指导各支援医院、受援医院扎实有效开展支援工作。

2007—2008年度万名医师支援农村卫生工程项目中，32家支援医院共向31家受援医院选派支援医师276人，派驻医师共诊疗患者60610人次，组织查房4093次，组织病历讨论1842次，手术示教1314例，业务技术指导2164次，进行科内小讲座、全院性讲座共计1314次，支援医院接收受援医院进修人员107人次。支援医院帮助受援医院开展适宜新技术141项，赠送物质折合人民币共计224.66余万元。31家受援医院2007—2008年度项目各项统计指标与2006—2007年度项目对比：17家治愈率提高，19家好转率提高，22家出入院诊断符合率提高，21家危重症抢救成功率提高。

（尤剑鹏　梁　远）

海南省医政工作

一、医疗扶贫工作

推动防盲治盲工作，开展健康快车项目，为贫困白内障患者带来光明。2008 年 1 月 15 日，中共海南省委办公厅、海南省人民政府办公厅联合下发《海南省健康快车卫生扶贫项目实施方案》，将健康快车项目列为 2008 年第一件民生健康工程。省委、省政府一直高度重视，省委书记卫留成、省长罗保铭多次过问，将其作为一项重要的“爱心工程”、“德政工程”、“光明工程”来抓好。成立了以省委常委、省委秘书长许俊任组长，省政府副省长林方略任副组长，包括省委宣传部、省卫生厅、省财政厅、省公安厅、省民政厅、省残联、武警海南省总队、省人民医院、粤海铁路有限责任公司等有关单位负责人为成员的健康快车项目领导小组。许俊常委、林方略副省长、省卫生厅厅长白志勤等领导多次到快车现场办公，解决实际问题。同时，全省也建立了省、市（县）、乡、村四级“健康快车”行动工作网络，深入到每个村落、每个社区、每户群众家中将患者筛查出来，为“健康快车”顺利开展工作提供了有力的组织保障。健康快车于 2 月 28 日驶入海南，3 月 11 日开始手术。3 月 23 日“2008 健康快车－中海油－海南光明行探访仪式”在健康快车停靠点举行。健康快车在琼期间，全省 18 个市县和省农垦总局登记造册白内障患者 9186 人，完成初步筛查 6127 人，复筛 2825 人，入住基地医院 1883 人，完成手术 1632 人、1636 只眼睛，超额完成了预定的手术任务。利用中央财政安排专项资金，对全省各市县特别是中西部贫困市县进行巡诊，对患有视力残疾、唇腭裂、小儿疝、睾丸鞘膜积液和尿道下裂等外科系统的先天性疾病儿童以及贫困白内障患者共 474 人进行救治。为继续推动防盲治盲工作，为白内障患者带来光明，省卫生厅积极联络社会慈善资金开展白内障复明项目，目前已有海南航空公司、香港言爱基金会、海南烟草公司捐助资金开展复明手术。海航光明行活动完成白内障复明手术 270 例。2008 年 12 月 1 日，香港言爱基金会捐助开展的白内障复明手术项目在文昌开始试点，计划在 2 年内完成 3 万例白内障复明手术。

开展多层次对口帮扶活动，提升医疗服务质量。为提升海南省各级医院医疗服务质量，省卫生厅组织开展多层次的对口帮扶活动，引进省外高水平医院对我海南省大中型医院进行帮扶，组织省内三级医院对市县人民医院进行帮扶，组织市县人民医院对乡镇卫生院进行帮扶。

2008 年 7 月 22 日，解放军总医院和省人民医院、省第三人民医院签订帮扶协议，并于 2008 年 8 月 1 日启动，帮扶时间暂定 3 年，解放军总医院将成为海南省上述两家医院的指导医院。帮扶期间，省人民医院和三亚农垦医院将接受解放军总医院在医疗、保健、教学、科研、护理、医院管理、信息化建设等方面的指导。2008 年 11 月 22 日，第四军医大学西京医院和琼海市人民医院的技术协作正式启动。12 月 5 日南方医科大学南方医院和省农垦那大医院的技术协作正式启动。省卫生厅下发了《海南省万名医师支援农村卫生工程项目实施方案》，安排省人民医院等六家三级医院分别对白沙、陵水、琼中、保亭、乐东县人民医院和琼中县中医院实施对口支援，安排各市县人民医院对口支援 1—2 家乡镇卫生院，共派驻 38 只支援队伍、130 名医师。

汽车流动扶贫医院。4 月 18 日，2008 年海南汽车流动扶贫医院出发，由省人民医院、省中医院、海医附院、省农垦总局医院、海口市人民医院等组成的医疗队将奔赴白沙、保亭、陵水、琼中、乐东、五指山等市县，开展送医、送药、送卫生科普知识下乡的医疗扶贫活动，免费为群众诊疗 25842 人次。

二、加强医疗质量管理

继续深入开展医院管理年活动。制定了《2008 年海南省“以质量加微笑，创建平安医院为主题”的医院管理年活动方案》、《海南省二、三级综合医院全面质量管理与人性化服务流程评价标准与细则（试行）》、《海南省二、三级综合医院全面质量管理与人性化服务流程公示标准》。4 月 29 日在海口召开 2008 年医政工作会议暨医院管理年督导反馈会议进行动员部署。2008 年医院管理年以贯彻落实党的十七大精神，坚持以科学发展观为指导，以质量加微笑、创建平安医院为主题，按照巩固成果、深化管理、持续改进、不断创新、提高水平的总体原则，坚持公立医院公益性，加强医院管理，落实院长责任，提高医疗质量，保障医疗安全，改进服务作风，提供微笑服务，降低医药费用，通过深化医院管理年活动，建立适合海南省的医院管理评价指标体系、医院管理评价制度以及医院管理长效机制，努力实现为人民群众提供安全、有效、方便、价廉的医疗卫生服务的总体目标，促进社会主义和谐社会建设。5 月在海口举行 2008 年“质量加微笑”活动暨医疗安全与质量持续改进专题培训会议，对全省二级以上医院 600 名医务人员进行培训。12 月在全省开展医院管理年活动督导，组织二级以上综合医院开展交叉督导，既检查了各医院开展医院管理年活动的情况，也给了各医院互相交流学习的机会，取得良好效果。

积极探索医疗质量评价新模式。为开创海南省医疗质量评价新局面，省卫生厅委托省医院协会成立医院评鉴暨医疗质量监管中心，对全省各级各类医院管理和医疗质量进行评价督查，并负责编制、修订全省医院评鉴、医疗质量评价标准与细则等职能与任务。从 2008

年6月以来，中心已建立并完善了内部的规章制度和各项内外运作流程，与各级各类医疗机构进行了对接，全面启动了中心的运作。中心以提升全省医院管理干部和医务人员能力型建设为根本，在省内一些医院开展了RCA（病人安全不良事件根本原因分析与改善）工具解读等十多场公益性演讲。2008年，全省参加由中心或医院组织的医院管理培训的总人数比以往增加了数倍，人们的学习热情空前高涨，效果较明显，综合素质正在提高。同时，中心深入到有关医院进行专业指导，帮助发现和解决管理和服务中的重点问题。中心下一阶段将攻克并落实“医院管理年创建平安医院的质量加微笑活动300分标准”中提出的各项核心工程，如落实贯彻省卫生厅提出的医疗服务的阳光工程，其中包括20项单病种质量控制的社会公示，接受社会的监督以及收费方面的监督，开展日间手术，引进现代化的管理工具，医院发展战略的规划，监管的范围要从公立医院扩展到民营医院。

三、医疗救治工作情况

在抗震救灾、手足口病、婴幼儿奶粉事件、霍乱等医疗救治工作中，周密部署、严格细致，较好地完成任务。

四川汶川地区发生强烈地震后，海南省卫生厅立即通知各三级医院做好医疗救援队伍应急准备工作。5月13日，组织3名医生随省政府救援队奔赴四川。5月14日下午，组织海口地区各医院召开医疗救援准备动员会。其后，共组织3批医疗队共20名医护人员赶赴四川参与抗震救灾。

在手足口病、婴幼儿奶粉事件、霍乱医疗救治工作中，制定相应工作方案、确定定点收治筛查医院、组织医疗专家组、指定诊断治疗方案、加强培训指导、开展医疗资源调查、进行督查指导等，并配合卫生部专家组开展医疗救治工作。

四、医疗服务市场

根据《卫生部关于进一步加强医疗服务与血液安全监督工作的通知》精神，并结合海南省的实际，及时提出了将专项整治工作转向常态管理，加强日常监管，抓住重点问题开展专项整治力求突破，加强卫生监督队伍建设，逐步完善长效监管机制的工作目标，制定印发了《海南省2008年医疗服务监督工作方案》，要求各地要重点抓好日常监督工作，并开展口腔诊所专项整治和清理各类“医疗中心”专项整治工作。

2008年监督覆盖医疗机构3954户，监督医疗机构5577户次，监督覆盖率95%。对医疗机构发出卫生监督意见书3391份，责令改正240户，暂停执业180户，暂停执业67人，查处案件168宗，对医疗机构违法违规行为罚款19.88万元，没收违法所得7.9万元，没收药品器械991件，吊销诊疗科目10户，取缔非医疗机构（黑诊所）282户，吊销《医疗机构执业许可证》7户。全年共接到群众投诉举报并落实查处58件。全年监测并移送工商行政管理局违法医疗广告201件。

五、无偿献血工作

全省2008年度供血总量为205507单位，同比增长13.6%。其中供全血量为1009单位，同比下降42.5%，供成分血量为204497单位，同比增长14.2%。加强献血流程管理和人性化服务，确保从低危献血者中采集血液，把好血液安全的源头关口。如引入指纹录入系统，防止冒名顶替献血、防止不合格献血者再次献血等；对献血征询表进行人性化设计，突出献血者的知情权，献血量由自己确认，献血车上张贴“温馨提示”，告知献血量、献血间隔期和保密性弃血的规定；对原有的献血者信息录入系统进行升级，在电脑软件中设置符合规定的献血间隔时间，即每次献血时间必须间隔6个月以上，机采成份血时间间隔1个月以上，坚决做到依法采血，不频采，不滥采；坚持采血前身份确认制度，对献血者献血前要进行查看身份证、电脑查寻献血档案、指纹录入区别和查看献血证（重复献血者）等，坚持献血者要携带身份证或有效证件方可献血；开通“电话语音查询系统”，无偿献血者可通过电话从省血液中心电脑数据库中查询个人献血检验信息；创建“海南省血液中心网站”，开设“网上血液信息查询系统”，献血者登录中心网站查询个人血液信息。定期召开年度临床用血医疗机构座谈会，2008年度临床用血座谈会上，有30多家医院二级以上医院输血科或血库管理人员共48人参加，进行了有效沟通，通过座谈会形式，达到了不断改进管理工作，各尽血液安全管理之责的目的。针对临床输血科或血库管理人员、医生、护士等为培训对象，举办临床安全输血知识培训班，参加人员共206人。

6月3日下午，组织召开2006－2007年度全省无偿献血总结表彰大会。副省长林方略、省卫生厅、省红十字会、省广播电视台有关领导出席表彰大会。为庆祝6月14日世界献血者日，组织了第二届“献血杯”无偿献血知识竞赛。

2008年12月10日，卫生部、中国红十字会总会、总后勤部卫生部在北京京联合召开2006—2007年度全国无偿献血电视电话表彰大会。海南省荣获“全国无偿献血先进省”。

六、护理工作

组织全省学习贯彻《护士条例》，组织制定《海南省医院护理管理规范》。

七、医师资格考试

完成2008年医师资格考试工作，有4783名考生参加考试。为参加2007年全国医师资格考试合格的医师发放资格证书。

（韩英伟　陈　纭）

重庆市医政工作

一、医院管理年活动

2008年，重庆市医院管理年的主题是开展“质量是生命，满意在医院”优质医疗服务活动。重点是落实医疗服务的安全、责任、及时、优质、合理、价廉、科学、有效。活动目标是通过深化医院管理年活动，逐步建立医院管理评价指标体系、医院管理评价制度以及医院管理长效机制，促进社会主义和谐社会建设，早日实现“健康重庆”目标。

围绕医院管理年活动主题和活动目标，开展了一系列扎实有效的工作。组织制定新一评价周期的医院分级管理评价标准实施细则并开展评审工作，组织开展全市二级以上医院的急诊科青年医师基本技能岗位训练和竞赛活动，启动了“百日医疗机构专项整顿”活动，完成了对4家医院开展器官移植项目复核初审工作。

二、血液管理工作

为认真贯彻落实卫生部《血站管理办法》、《血站质量管理规范》和《血站实验室质量管理规范》，组织血液管理专家，制定了重庆市采供血机构“两个规范”督导检查细则和血站质量管理体系框架文件，对全市17个采供血机构质量体系建设情况进行了全面细致的督导检查和业务指导，促进了采供血机构质量体系的完善。

加大采供血从业人员培训工作力度，2008年4月和10月开展了2轮采供血机构从业人员上岗培训考核，共培训考核137人。5月7—9日，对全市各采供血机构质量管理负责人和质量内审人员100人进行了血站质量内审培训和考核，提高了相关管理人员和业务人员的内部质量审核水平。

根据国家有关法律、法规和规范，在征求相关专家意见的基础上，制定印发了《重庆市血液制备新业务新技术管理办法（试行）》，规范和加强了血液制备新业务新技术的管理。

结合目前重庆市临床输血管理工作的实际情况，制定印发了《关于进一步规范临床输血管理的通知》，从合理用血、知情同意、输血前检查等方面提出了具体的要求，督促各医疗机构严格执行《医疗机构临床用血管理办法》和《临床输血技术规范》，确保临床输血安全。

加强了无偿献血宣传工作。与专业广告公司合作，制作了无偿献血公益广告宣传电视片，从2008年3月开始在重庆市级电视台黄金时段滚动播放。结合抗震救灾工作和“6·14”世界献血日活动，全市开展了方式多样，深入人心的无偿献血宣传活动，参与无偿献血的人次明显上升，固定自愿无偿献血者队伍继续壮大，各采供血机构接受无偿献血的人次都比去年同期增长了30%—80%。

三、突发事件医疗救治工作

2008年5月12日14时28分，四川汶川发生8.0级特大地震，造成重大人员伤亡。地震发生后，重庆市卫生系统紧急行动，在派出多批医疗救援队援助四川的同时，把收治灾区来渝治疗的伤员作为支援抗震救灾的一项重要工作，使灾区来渝的2299名（不含待确定身份10名）伤员在重庆市得到了及时、有效的治疗，尽最大努力减少了死亡率，降低了伤残率。

为使地震灾区伤员能得到及时、有效、安全的救治，市卫生局医政处科学合理制定方案计划，精心细致组织每一项具体工作，把握每一个工作细节，先后下发了5个加强四川地震灾区伤员医疗救治工作方面的通知；制定了接收5000名地震伤员的工作方案；建立了58名全市区县卫生局和相关医疗机构收治地震伤员联络员通讯录；有序、安全、高效组织了820名集中转运伤员和5批1100多名临时转来的伤员收治工作；成立了由45名市级专家组成的重庆市救治四川地震伤员医疗救治指导专家组，负责急危重症伤员的救治技术指导；建立了重症伤员会诊、转院申报制度；对伤员救治过程中可能出现的截肢后继发性出血、急性呼吸窘迫综合征、肺栓塞等提出了具体防范、处理意见。为了尽力提高伤员的治愈率，降低死亡率和伤残率，组织22名医疗专家和心理干预专家，组成3个专家巡诊指导组，到收治灾区伤员的区县医院，对1185名伤员进行救治指导，对140多名存在急性应急心理反应的伤员进行了心理干预；组织安排市级专家对91名疑难重症病人进行了会诊，对160名伤员实施了转院治疗。

按照卫生部和市委市政府的要求，市卫生局积极行动，精心组织全市各级卫生行政部门和医疗卫生机构，全力开展三聚氰胺奶粉致泌尿系结石婴幼儿的筛查和诊疗工作。成立了重庆市卫生局食用含三聚氰胺奶粉婴幼儿医疗救治工作领导小组，加强对筛查和诊疗工作的组织领导；转发和印发了卫生部《与食用受污染三鹿牌婴幼儿配方奶粉相关的婴幼儿泌尿系统结石诊疗方案》、《重庆市卫生局关于印发重庆市与食用含三聚氰胺奶粉相关的婴幼儿泌尿系统结石重症病例诊疗标准和出院指导原则（试行）的通知》等9个相关文件，要求各区县卫生局和相关医疗机构认真落实免费政策，做到“四个落实”和“四个全覆盖”、实现“三个确保”，即落实专家门诊、落实相关设备、落实相关人员、落实预留床位，筛查、诊断、治疗、宣传全覆盖，确保诊疗工作规范、有序，确保无漏诊、误诊，确保患儿能够得到方便、及时、有效的诊疗；组建了市级专家组，指导各区县和医疗机构的筛查工作和重症患儿的诊治工作；确定了重庆儿童医院等三家重症患儿定点收治医院，确保重症患儿能得到有效的救治。

截至2008年12月2日，全市共筛查741748人，诊断患儿8410人，累计住院患儿1815人次，出院1810人，筛查和治疗工作取得了阶段性成果。

四、戒毒机构医疗行为和毒麻药品管理专项检查

开展了自愿戒毒医疗机构专项检查，对3家机构发出了《重庆市卫生局医疗机构执业检查整改通知书》，并于4月进行了检查验收，提出了处理意见。制定印发了《关于规范盐酸丁丙诺啡舌下片使用与管理的通知》，明确规定丁丙含片只能在正规的戒毒机构、用于住院患者的戒毒治疗，规范了使用。

加强了药事管理。一是开展了麻醉药品精神药品使用管理专项检查。出动检查人员1491人次；检查医疗机构899个，其中有购用印鉴卡的机构823个，检查率100%；对123个机构提出整改意见机构。二是开展含兴奋剂药品专项检查。在各区县开展工作的基础上，组织药事、临床专业技术人员对部分市级医院和区县进行了抽查，共检查9家医院，促进了相关药品的规范使用管理。

五、学习贯彻《护理条例》，护理工作水平得到提高

举办贯彻执行《护士条例》培训班，邀请卫生部、国务院法制办参加《护士条例》起草工作的领导和专家，对140多名区县卫生局分管领导、医政科长及分管干部，医院分管院长和护理部主任等进行了《护士条例》相关知识培训。召开了贯彻《护士条例》座谈会，讨论实施的重点和难点，研究解决的办法和措施。根据卫生部《护士注册管理办法》，结合重庆市实际，制定了具体实施意见。

组织护理专家编写了《重庆市常用护理技术操作规范及评分标准》、《重庆市护理文书书写规范》，对推进护理工作的科学化、规范化将起到积极的促进作用。

稳步推进重庆市专科护士培训工作。委托重庆医科大学儿童医院、第三军医大学护理系分别举办了第二期儿童ICU和第四期ICU专科护士培训班，共90余人参加培训并结业。

精心组织“5·12”护士节活动。一是组织区县卫生局、有关医院护理管理人员120多人集中收视了卫生部贯彻实施《护士条例》暨庆祝“5·12”护士节电视电话会；二是在全市开展了评选优秀护士活动，通过单位推荐、区县卫生局初审、市卫生局复审，共评出优秀护士304名；三是召开了庆祝“5·12”护士节暨优秀护士表彰大会”，并对《护士条例》知识进行了宣传学习。

六、医政管理其他工作

强化医疗废物管理。在全市开展了“医疗废物规范管理月”活动，召开了动员大会，制定了检查验收标准。组织有关人员对市级医疗卫生单位、部队医院和部分区县、厂矿、民营医院等28所医疗机构进行了专项检查，并将检查结果在全市进行了通报，对存在问题较多的高新区人民医院、协和医院、都市俪人医院下发了《医疗废物管理检查整改通知书》，责成其限期整改，促进了医疗废物的规范管理。

完成2008年奥运火炬接力重庆传递活动的医疗保障工作。制定了《2008年北京奥运会重庆境内火炬接力传递活动医疗卫生保障方案》，主城区和万州区共出动救护车34辆，医务人员216人参与医疗保障工作。

完成了2008年医师资格考试工作。加强领导，严密组织，严格管理，共受理19480人网上报名，组织16015人参加实践技能考试、12391人参加医学综合笔试，保证了试卷安全保密，考试顺利实施。

开展医疗救助工作。协调卫生部“健康快车”再次停靠永川，为1000多名贫困白内障患者免费手术。抽调市级医院30名眼科医生，组成3个医疗分队到奉节县、武隆县、石柱县、酉阳县，免费为1350名贫困白内障患者实施复明手术。

扶持区县医院发展。完成了2007年中西部地区县医院医疗救治能力建设项目设备床边监护仪、万能手术床和多功能麻醉机的招标和合同签订工作。继续开展了2008年度万名支援农村卫生工程，安排以市级医院和三级甲等区域中心医院卫生技术人员组成的14支医疗队对口支援14个区县医院。

完成全市普通高校招生体检工作的组织和协调。抽调医务人员1235名，组成体检组46个，设体检站85个，完成1891673名考生的体检任务。

（周英杰　许　平）

四川省医政工作

一、突发事件处置

开展地震伤员救治工作。开展现场紧急医疗救治。地震发生后，所有通讯中断，在无法判定受灾地区的时候，卫生厅首先想到的就是医院患者的安全，在火速组织人员分别到各大型医疗机构疏散病人的同时，立即组建应急医疗队。当通过车上电台了解到震中和受灾区域后，立即派出10支医疗队奔赴灾区，赵万华副厅长等厅领导于16时左右火速赶赴重灾区现场指挥。其次是立即调动非重灾区医务人员援助。当天下午和晚上迅速调动省内非重灾区的医疗抢救队500多名医护人员，在“黄金72小时”内调动省内（含灾区）35800余名医务人员参加医疗救治，收治地震伤员68700多人，重伤员14400多人，收治重伤员人数达一周重伤员总数的96%以上。三是快速构建现场急救与县、市、省三级医疗机构转运救治体系。5月13日凌晨，根据伤情状况，立即要求所有的医疗机构全力接收伤员，并建立现场转运至就近医疗机构，基层医院转运至市级医院，市级医院转运至省级医院的三级体系。同时将重灾区伤员划片转运到11个非重灾地区，确保重灾区的伤员能得到有序和妥善的医疗救治。四是协助卫生部迅速派遣医疗队援助。通过卫生部的有力调遣，地震发生后的一个月内，先后接受了来自全国各地（包括武警和解放军）120余支医疗队、9100余人的医疗支援。五是先后接受9个国家以及港澳台近300多名医务人员的援助，投入到抗震救灾医疗救治工作中。

构建“见伤就救、见病就治、见疫就防”的灾后伤病救治三位一体防控新格局。交通通达的现场应急救治高峰期后，交通未通达地区的医疗救治工作一直是关注的重点。卫生厅及时调整工作，从点扩面，向下延伸，全力推进医疗救治全覆盖。一是科学调度，全面穿插，边抢救边推进，力求不留死角。通过合理的调度，使一万多名医疗队员以最快的速度穿插奔赴各个灾区积极抢救伤病员，做到了搜救工作到哪里，医疗救治工作就跟进到哪里。二是利用公路、水路、空中运输等多种方式，将救治人员及时输送至地震灾区各乡（镇）。5月15日实现了省外医疗救援对重灾区21个县的全覆盖，当5月22日上海、广东等兄弟省市医疗队员空降到汶川县耿达、草坪、三江、银杏四个乡（镇）时，医疗救治工作也实现了省外医疗队支援省内受灾地区的乡镇全覆盖。卫生部王国强副部长5月23日专门就此批示：“这是一个令人振奋人心的消息！”三是快速构建医疗救治网络。加快构建定点医疗机构、野战医院、医疗点、巡回医疗队有机结合的医疗救治体系建设，为灾区居民提供基本医疗服务。四是及时部署和组织灾区内的省、市、县各类医疗队广泛开展巡诊医疗活动，将巡回医疗延伸到村和户，形成了“见伤就救、见病就治、见疫就防”，三位一体的灾后伤病救治防控新格局。

实施危重伤员“四集中”救治，降低地震伤员的死亡率，重症伤员的救治就显得尤为重要。为此，采取了三大措施。一是筛查并集中收治危重伤员。按照集中患者、集中专家、集中资源、集中救治的原则，及时指定四川省人民医院、四川大学华西医院和成都军区总医院三所大型综合医院作为地震重症伤员的集中收治机构，组织包括戴尅戎、陈香美等院士在内的一大批省内外专家对各灾区医疗机构的伤员逐一筛查，将229名特危重伤员集中于三所医院进行系统治疗。二是组建重症救治专家组。及时向卫生部请求支援了158名全国各地的重症医学专家，同四川专家一起组建重症救治专家组，并派往各重症伤员收治机构，指导和开展地震危重伤员治疗工作。三是全力救治。对每一名重症伤员均制定了个性化的治疗及器官支持方案，保证治疗的正确性、有效性与安全性。通过认真落实“四集中”原则，四川大学华西医院、省人民医院住院危重伤员极低的死亡率受到世界卫生组织的高度评价。

加强医疗质量控制，科学实施医疗救治。由于灾情发生突然，短期内出现大量的外伤危重病人，各医疗机构及医务人员所承担的工作量成倍增加，为提高救治质量，努力降低伤员的死亡率和致残率，防范安全隐患，先后发出了25个规范性文件，要求各地医疗机构一是规范应急状态下的医疗救治工作；二是及早预防和控制院内感染，防止疫病发生；三是提高救治能力；四是恢复常态医疗秩序。由于较早地重视了灾后医疗质量、医疗行为规范，灾后的医疗质量、医疗安全得到了有效保障，所有灾区无一例院感发生，无一例医疗纠纷发生，无一例医疗事故发生。

从2008年5月16日起，开始了万名伤员省外大转运。在短短的两周时间内，将10015名伤员、9000多名陪护顺利转运到20个省市继续接受治疗；从5月27日起，省外伤员开始陆续返川，截止目前，在省外接收救治的伤员仅剩4人。整个转出和返回无一名伤员在转运途中死亡，开创了人类非战争状态下成功长途转运万名伤员的先河。

开展震后伤员医疗康复工作。在震后一周，就特别注重地震伤员康复工作的重要性。为此，重点抓了以下几项工作。一是在临床治疗早期介入康复。从5月19日起，先后组织大量的心理干预和康复专家奔赴抗震救灾一线实施康复治疗和心理干预。二是开展康复需求评估，摸清医疗康复资源和残疾伤员的底数。三是制定康复方案和技术规范，指导地震伤员医疗康复工作。四是组织技术力量，先后对600余名康复从业人员进行指导和培训，提高了基层康复机构的技术水平。五是明确各部门职责，和残联、民政等部门密切联系，切实做好地震伤残人员康复的相关工作。六是建立省、市、县、乡镇四级医疗康复治疗网络体系。七是明确提出了医疗康复全覆盖和医疗康复技术全覆盖的工作目标。八是对需要医疗康复的伤员建立档案，并以集中为主的原则实施医疗康复。截止 2009 年 1 月 15 日，全省累计在各级医疗机构和家庭完成医疗康复人员 6207 人。

多种形式逐步恢复县、乡（镇）医疗网络体系。汶川地震对四川部分地区医疗体系造成了巨大的毁损。为此，卫生厅积极开展了灾后医疗服务体系重建和管理规范工作。一是建立 22 个野战医院替代应急时设立的"帐篷医院"和"帐篷救治点"。二是建立过渡性县医院和乡镇卫生院，解决灾区群众的基本医疗服务需求。三是加强过渡期临时医疗机构的管理。先后发文规范过渡期临时医疗机构的设置、布局以及医疗服务行为，确保医疗安全。

发挥中医药技术在震后医疗救治中的作用。一是针对灾区的实际情况，组织专家紧急研制出"都江堰 1 号"、"都江堰 2 号"等中成药，解决了烂裆这一世界级难题的疾病医治。并在灾民安置点熬制大锅汤、发放防暑降温药剂，发挥中医药在抗震救灾防病治病中的重要作用。二是利用现有中医药康复资源，建立中医康复网络，综合运用中医技术，开展医疗康复服务，走出一条中西并重的康复新路。截至目前，全省各级各类医院共收治灾区伤病员 367.9 万人次，其中伤员 37 万多人次（含军队、武警等 4 万多人），累计住院伤病员 136732 人，其中重伤员 16590 人；已治疗出院 116198 人次，入院死亡伤员共计 2578 人；现地方住院伤员 1032 人，其中转省外现住院伤员 4 人。

保障食用含三聚氰胺患儿身体健康。2008 年 9 月 12 日收到卫生部办公厅关于三鹿牌婴幼儿配方奶粉致泌尿系统结石问题紧急通知后，卫生厅立即成立以赵万华副厅长为组长的三鹿牌婴幼儿配方奶粉重大安全事故医疗救治工作小组，全面按照突发公共卫生事件处置原则展开相关工作。截至 11 月 11 日，累计筛查食用含三聚氰胺奶粉婴幼儿 1380711 人次，确诊患儿 14171 名，住院 2498 名。门诊治愈 11663 例，出院 2456 例，现门诊治疗 10 例，现住院 42 例，累计收治症状较重患儿 1 例，未出现死亡病例。

紧急部署医疗救治工作。卫生部召开食用三鹿牌奶粉导致婴幼儿泌尿系统结石医疗救治工作紧急视频会议后，卫生厅立即发文，要求全省各地要高度重视食用含三聚氰胺奶粉致婴幼儿泌尿系统结石患儿的医疗救治工作，按照卫生部的要求，对所有食用含三聚氰胺奶粉致婴幼儿泌尿系统结石的患儿实施免费医疗救治，并切实做到"四个全覆盖"（即筛查、诊断、治疗、宣传全覆盖）、"四早"（即早发现、早筛查、早诊断、早救治），同时要求各市州指定定点医疗机构集中收治患儿。另外，组织各地儿童医院、综合医院以及妇幼保健院的儿科、影像科（B超）医生进行相关诊疗业务快速培训。

科学规范患儿诊断治疗。转发卫生部编制的《与食用受污染三鹿牌婴幼儿配方奶粉相关的婴幼儿泌尿系统结石诊疗方案》、《食用含三聚氰胺奶粉婴幼儿泌尿系统结石超声检查流程》等文件至全省各级各类医疗机构，要求各医疗机构认真做好患儿的筛查、确诊和救治工作，确保诊疗工作规范有序，确保患儿得到及时、有效的诊治。同时指定四川大学华西二院、四川省人民医院、四川大学华西医院等 7 所部省级医院作为省级危重患儿的定点收治医院。

组建诊疗专家组，提高医疗救治水平。加强对各级医疗机构相关患儿诊疗工作的指导，确保疑难、重症患儿得到及时有效地救治，按照卫生部要求，立即成立由四川大学华西二院毛萌院长为组长的，以儿科、小儿肾内科、超声科、放射科等专业省内权威专家为成员的 18 人省级专家组，负责指导省内各医疗机构的医疗救治工作。另外，召集省属部分医疗机构和成都市部分医疗机构的儿科专家、B 超、放射科专家 20 余名，集中进行培训，提高了他们救治危重患儿的能力。

关口前移，做好筛查工作。要求各级卫生行政部门积极与教育、计生等部门协调，整合资源，有计划有重点地开展筛查工作。充分发挥村卫生室及一级（乡、镇）医疗机构、社区卫生服务机构的作用，并组织医疗队深入基层，通过宣传、入户、巡诊等方式搜索病人，尽最大限度地找到病人，做到早发现、早筛查、早诊断、早救治，避免漏诊、误诊。

对重症患儿实行集中收治。按照卫生部要求，组织各级卫生行政部门，迅速集中专家力量和医疗资源，指定设有儿科、综合实力强的四川大学华西二院、四川省人民医院、四川大学华西医院等 7 所部省级医院作为省级危重患儿的定点收治医院，主要负责集中收治由市州集中收治医院转诊的危重患儿，并需经省专家组会诊。对重大诊疗问题各地及时上报后，根据情况派出诊疗专家提供指导。通过科学、及时、有效地治疗，尽可能降低严重并发症和后遗症的发生率，力争不出现新发死亡病例。

落实分层、分级、分区域原则，保障正常的医疗秩序。针对食用含三聚氰胺奶粉的婴幼儿大量拥入医疗机构就诊的紧急情况，9 月 18 日发文，要求各级卫生行政部门务必要按照卫生部、省卫生厅通知精神，继续发扬救死扶伤、甘于奉献的优良作风，进一步强化服务意识，做好辖区内排查、筛查、诊疗工作的统一安排，并做好会诊和逐级转院工作，加大宣传力度，引导合理就医，合理分流患儿，缓解患儿集中就诊问题，热情、周到地为患儿做好医疗服务，确保救治工作有序进行。

实行免费诊疗，确保先行救治。紧急转发卫生部《关于进一步做好食用含三聚氰胺奶粉婴幼儿医疗救治工作的通知》，要求各地医疗机构本着对患儿高度负责的态度，积极对患儿进行诊治。对因服用奶粉而患结石病的患儿实行免费治疗，将抢救患儿生命、维护患儿身体健康永远放在第一位。

信息公开，向社会通报情况。及时向新闻媒体通报有关食用含三聚氰胺奶粉致婴幼儿泌尿系统结石事件的处理进展情况，消除患儿家长不必要的疑虑，稳定思想情绪，争取他们对诊疗工作的理解、支持和配合。另一方面积极向医务工作者宣传排查食用含三聚氰胺奶粉致婴幼儿泌尿系统结石病例的程序以及处置方法，努力做到不漏诊不误治。

做好统计汇总，及时跟踪信息。坚持病例零报告和日报告制度，动态掌握当地的发病和治疗情况，及时组织专家会诊和协调转诊转院工作，确保救治工作顺利进行，并将汇总情况及时上报卫生部，为领导机关的决策提供依据。

药品不良反应事件。2008年9月，全国陆续发生刺五加注射液、茵栀黄注射液等药物不良反应事件。按照卫生部的统一部署，分别从四个层面重点抓落实。一是采取果断措施，坚决停用问题药品。内部明电转发卫生部、国家食药局关于停用问题注射液的紧急文件。要求各级卫生行政部门切实履行职责，增强责任心，做到令行禁止，确保将停用、封存药品的有关要求及时传达到辖区内每一所医疗机构，特别是基层医疗机构，确保临床上完全停用问题药品，使问题药品的损害减少到最低限度。二是提高认识，增强敏感性。药品安全关系到广大人民群众身体健康和生命安全，关系到社会稳定。制定下发《关于强化医疗质量确保临床用药安全的紧急通知》，各级卫生行政部门和各级各类医疗机构要切实提高对药品安全形势的认识，对药品不良事件必须时刻保持警惕性、增强敏感性，强化药品不良反应报告和监测工作，加强与食品药品监督管理部门协调与信息沟通，及时掌握不良反应信息，绝不放过一个可疑信息，在事件初期便予以高度重视、密切关注、及时、快速、准确地作出反应。同时，要通过培训提高医务人员药品不良反应意识，提高报告的积极性。必须认识到早一分钟发现，患者就多一分安全，早一分钟采取控制措施，就少一个受害患者。三是依法采取封存措施，做好药品信息记录。药品不良事件发生后，卫生行政部门监督指导医疗机构依法封存问题药品，同时，做好药品的相关记录，妥善保存已使用药品的记录，保证相关药品信息可追溯。四是全力救治患者，减少对患者的损害。医疗机构发现患者发生药物不良反应，积极救治患者，对重症患者，要调集省内专家力量，全力做好医疗救治工作，力争将药品不良事件对患者的损害降到最低限度。

二、开展医疗安全百日行动

2008年9月全国一些地方连续发生几起严重的医疗安全事故，西安交通大学附属第一医院的医院感染事件、福建三明市第二医院麻醉死亡事件、山东省孕产妇临床输血事件等。医政处立即意识到进一步加强医疗安全工作所面临的巨大考验，为有效提高医疗质量，保障医疗安全，防范医疗风险，在全国率先开展医疗安全百日行动。

从10月24日起，在全省医疗机构开展为期100天的“医疗安全百日行动”，全面提高医疗机构的安全意识，风险防范意识。一是印发了《四川省卫生厅关于进一步加强医疗安全工作防范医疗风险的通知》，要求各级各类医疗机构高度重视、加强领导、责任落实，完善管理制度，加强人员培训，同时还要求医疗机构建立医疗安全风险预警机制，完善应急预案，畅通上传下达的渠道，一旦发生严重院感事件、可疑重大医疗过失行为、突发公共卫生事件以及其他重大医疗安全事故，必须按照有关规定及时上报，不得谎报、瞒报、漏报。二是10月24日召开了全省二级以上医疗机构和卫生局长会议，部署“医疗安全百日行动”启动工作，强化医院院长安全意识，增强责任意识，加大监督检查力度，提高医疗质量，确保医疗安全。

三、开展医院管理年活动，提高医疗质量

按照四川省医院管理年活动的总体部署，2008年为医院管理年活动巩固年。根据前三年工作的开展情况，在坚持“以病人为中心，以提高医疗质量为主题”的医院管理年活动中回顾总结与调整、规范相关制度和措施，查漏补缺，进一步完善和丰富医院管理年活动的内容。

一是制定医院评审新标准，启动医院评审。在全面总结近三年医院管理年活动的基础上，结合促发展的新形势需要，印发了《四川省综合医院评审新标准（试行）纲要》，编制和下发了新的《四川省综合医院评审标准（试行）》和《四川省医院评审办法（试行）》，集中培训了全省21个市州近2000余名医疗机构领导、中层干部和职能科室负责人，收到了良好的效果。新的医院评审标准，突出几个“注重”，即注重软件建设、注重诊疗效果、注重社会公益性、注重技术水平、注重持续改进、注重评审真实性，将诊疗效果、技术水平以及持续改进纳入了考评体系，变以往的“一评定终身”为动态监督管理，确保评审质量，达到实实在在推进医院发展的目的。

二是加强临床技术准入管理。出台了心血管介入诊疗技术，完成了四川省第一批共33家医疗机构开展或获准开展心血管介入技术医院的评价工作；完成了四川省华西医院和省人民医院器官移植工作的初审，并推荐上报卫生部；制定了《四川省血液透析质量控制标准》，开展了医用高压氧舱技术培训工作，草拟了医用高压氧舱质量管理规范。

三是强化临床技术质量控制。完成全省急救工作专项检查、医院感染控制工作检查；建立了四川省血液透析质量控制中心、病理质量控制中心和临床麻醉质量控制中心，并拟组建四川省医用高压氧舱质量控制中心；在华西医院、省人民医院、绵阳市中心医院等医院开展临床药师的试点工作，促进合理用药。

四是构建医疗机构评价体系。建立医院等级综合评审、医院诚信服务评价、医院院务公开、公立医院目标考核等相结合的医院评价体系，并制定相应的评价标准的工作指导意见，减轻医疗机构压力，进一步促进医疗机构规范执业行为、提高综合能力、增进医患沟通、促

进社会和谐。

四、改善就医环境，防范医疗纠纷，促进医患和谐

一是积极与有关部门沟通协商，规范医疗纠纷处置程序，保护医患双方合法权益，积极维护社会稳定。印发了《四川省卫生厅关于引导患者就医工作的指导意见》，要求医疗机构要为患者提供人性化服务，加强宣传，帮助患者树立科学的就医观，通过制定文明就医公约，明确医患双方的权利和义务，创造方便患者就医的条件，积极推行双向转诊等方式，改善就医环境，促进医患和谐。

二是会同省公安厅下发了《关于印发维护医疗机构正常治安秩序工作规定（试行）的通知》。

三是进一步规范医疗事故鉴定工作。制定了《四川省卫生厅关于进一步规范医疗事故技术鉴定工作的意见》，要求各级卫生行政部门和各级医学鉴定机构要高度重视医疗事故技术鉴定工作、健全相关工作制度、完善鉴定专家库组织及管理、规范医疗事故技术鉴定程序、提高鉴定工作的透明度和公正性、拓宽鉴定渠道，维护医患双方的正常权益。

四是完成好信访、来访的接待工作，妥善处理各类信访和领导交办的任务，切实履行工作职责。

五、规范医疗机构准入管理

审定辖区内医疗机构设置规划。依据《医疗机构管理条例》和《四川省医疗机构设置规划（2006－2010年）》，以提供安全、有效、方便、价廉的医疗服务为手段，建立与四川社会经济相适应、功能和结构更趋合理的医疗服务体系，对医疗机构布局、等级、质量、效率等进行了整体规划，丰富了医疗机构设置的内容，增强了规划的可操作性，提高了规划的约束性，卫生厅对辖区内德阳、巴中、资阳等6个市州上报医疗机构设置规划进行了仔细的审定。

严格医疗机构准入和校验管理。加强行政审批事项的规范管理，向全省下发了《四川省卫生厅关于贯彻落实〈卫生部关于医疗机构审批管理的若干规定〉等规定进一步做好医疗机构设置审批工作的通知》，撤销一批违规批准设置的医疗机构，纠正一批审批不规范的行为，建立完整的医疗机构审批档案，进一步加强医疗机构设置审批、执业登记和校验等工作，严把医疗机构准入关。

完成了医疗机构的日常许可，近60个行政许可事项均能按规定期限完成，无错漏事件发生。规范了行政审批行为，增强了医疗机构依法执业意识。加强医疗广告监管，严肃处理违规发布医疗广告的医疗机构。印发了《关于加强对医疗机构利用网络发布违法违规医疗广告监督管理的通知》，着重对以往关注程度较低的网络发布违法医疗广告进行了专项清理，取得良好的效果。近期结合卫生部有关文件，再次对医疗机构发布医疗广告的问题进行了强调，并通过召开相关医院座谈会的形式，强化医疗机构依法发布医疗广告的意识，努力纠正医疗机构违规发布医疗广告的问题。

六、加强城市支援基层，提高基层医疗服务整体水平

组建流动医院，为少数民族送医上门。制定了流动医院开展巡回医疗活动实施方案，将流动医院工作与“万名医师支援农村卫生工程”有机结合，把组织开展好流动医院工作作为保护群众生命安全和身体健康、构建和谐社会的基础性工作，整合并充分利用现有的医疗卫生资源。为了更好的完成巡回医疗任务，流动医院的专家们发扬吃苦耐劳和全心全意为人民服务的精神，克服缺氧、缺水、缺电、交通不便、语言不通、通讯障碍等多种困难，热情为群众提供服务。在巡回医疗中，医务人员不仅向当地群众提供医疗服务，还为所到之处医院的医生、护士讲解、现场演示常见病、多发病、急危病的诊断治疗方法。通过传、帮、带，大大地促进了当地卫生技术水平的提高和卫生事业的整体发展。2008年三州流动医院共派出医务人员3854人次，车辆723台次，免费诊治患者61540人次，免费开展白内障手术722人次，健康咨询70324人次，培训当地医务人员7532人次，发放各类宣传资料170020份，免费发放药品价值近60万元。

实施“富民安康工程”，大力支援甘孜州医疗卫生事业发展。按照省委、省政府关于实施“富民安康工程”工作精神和“四川省富民安康工程”工作会议要求，高度重视对甘孜州的卫生帮扶工作。一是在四川省2007年中央补助县医院及少数民族自治州医院医疗救治能力建设项目中继续支持甘孜州。二是继续组织13个内地二级甲等综合医院的39名中高级医务人员，对该州“万名医师支援农村卫生工程”覆盖之外的13个县人民医院进行两年一周期的对口支援。

实施“万名医师支援农村卫生工程”。根据国家三部局《关于实施“万名医师支援农村卫生工程”的通知》精神，制定了2008年《四川省“万名医师支援农村卫生工程”执行方案》，进一步细化了派驻医师条件、帮扶项目内容、绩效考核评估、经费使用管理等措施。全省42所三级医院向36个国家扶贫开发工作重点县的36所县医院、4所中医院和1所藏医院派出181名医务人员。全年，“万名医师工程”派驻的医务人员累计查房12000多次，救治病人6000多人次，开展示范手术1800余台次，抢救危重病人近500人次，开展专业讲座300多次，听课人数达到9600多人次。

七、加强血液管理和无偿献血工作

2008年，全省血液工作坚持以深入贯彻落实《献血法》、《血站管理办法》、《单采血浆站管理办法》等法律法规为出发点和落脚点，紧紧围绕强规范、抓监管、重质量、保安全的工作主线，狠抓无偿献血组织建设、血站（单采血浆站）规范化建设和采供用血队伍素质建设，无偿献血工作持续健康发展，全年未出现经采供血

途径传播疾病事件，无偿献血和自愿无偿献血占临床用血量比例继续保持100%。

一是进一步完善血站质量管理体系。针对2007年卫生部血液工作督导组在对四川省部分血站检查中指出的缺点和不足，2008年全省血站加大贯彻落实《血站质量管理规范》的工作力度，加快开展以健全和完善血站质量管理体系为重点的血站正规化、规范化等工作，促进了全省血液监管和无偿献血工作的深入发展，确保了临床用血需要和血液质量、安全。

二是加强无偿献血工作，确保临床用血需要。2008年的6月4日是第五个“世界献血者日”，同时也是《献血法》实施10周年，全省采供血机构以此为契机，采取活动宣传、电视频道、报刊报道等各种形式，积极开展无偿献血宣传活动。特别是“5·12”特大地震发生后，大量的地震伤员需要手术治疗，导致临床用血量急剧上升，在此情况下，全省血站积极行动，引导广大群众自愿踊跃无偿献血，群众献血热情不断高涨，保障了抗震救灾临床紧急用血的需要。

三是认真贯彻落实《单采血浆站管理办法》。2008年3月，《单采血浆站管理办法》正式颁布实施，各单采血浆站以此为楔机，掀起了深入贯彻落实法律法规的学习热潮。为此，四川省卫生厅专门组织举办了针对单采血浆站负责人的单采血浆站法律法规培训班，各单采血浆站的依法执业意识进一步提高，有效促进了浆站管理规范化，确保了原料血浆质量安全。

四是完成《单采血浆许可证》延续申请的现场检查。2008年3—10月，全省18个单采血浆站均向省政府政务中心卫生窗口递交了《单采血浆许可证》的延续申请，四川省卫生厅组织血液专家和执法人员逐一进行现场验收和监督检查，为各单采血浆站延续了《单采血浆许可证》。

五是强化培训，提高人员素质。为进一步提高全省采供用血机构人员的业务水平和工作能力，我们积极利用中央和省财政补助四川省的血液监管专项经费，举办了非传染性输血安全、血液采集和制备问题与对策、采供血机构检验、临床输血管理与输血技术等12期采供用血机构人员培训班，共培训业务骨干2000余人。2008年4月、10月，举行了全国采供血机构上岗证考试四川考区的两次采供血人员上岗证考试，共计335人参加了考试。

八、防盲及其他工作

下拨590万元用于各地为贫困地区开展白内障手术；积极与美国微笑列车基金会开展合作，在全省确定了26家医疗机构作为与美国微笑列车基金会开展儿童唇腭裂修复项目的定点医院，全年共开展唇腭裂修复手术800例；与省残联合作在全省积极开展白内障无障碍县创建活动并对四川省首批白内障无障碍县成都市5区1县白内障无障碍县进行了检查验收；建立了四川省医师资格考试考区办网站，组织完成全省48619名执业医师及助理执业医师的报名、资格审核、技能考试、综合笔试（包括第二次医师、口腔医师的综合笔试）。

2007年冬季征兵因身体原因退兵28人，卫生厅对各地2007年征兵工作中因身体原因导致退兵的情况进行逐一调查核实，确保征兵体检工作保质保量完成；出色完成了各种大型活动的医疗保障任务。

（赵万年　梁　志）

贵州省医政工作

一、应急性工作

积极参与凝冻期间的医疗救治工作。一是全力抢险救灾。在全省各级各类医疗机构，包括乡镇卫生院和村卫生室，派出医疗队，设置救助站、医疗服务中心，保证抢险一线的电力、交通、交警部门干部职工、解放军和武警官兵及其他单位抢险救灾人员的身体健康和生命安全。对因雪凝天气受困的旅客、司乘人员实施主动医疗服务。二是尽力方便一线抢险人员和群众就诊看病。各市（州、地）的三级医院一面积极为一线抢险工人以及滞留旅客和遇险受困伤病员开展医疗服务，一面组建巡回医疗队与乡镇卫生院和村卫生室医疗卫生人员到灾区进村入户，开展医疗救治、健康宣传教育等一系列抗病救灾医疗保健工作，确保每个村至少巡回医疗一遍以上，做到“不漏村、不漏户”，对五保户等特殊困难群众做到不漏诊、不缺诊。截至 2 月中旬，各级医疗卫生机构累计派出 8000 余支（次）巡回医疗队，派出医务人员 4 万余人次，减免医疗费用和免费发放药品价值 1000 余万元，巡诊约 800 万人次，救助救治一线抢险人员、灾区伤病群众和受困伤病患者 10 万余人次，编印简报 24 期。三是及时组织省级专家对受伤解放军官兵及因抗灾负伤的伤员进行会诊，最大限度地减少死亡率。四是及时编发了简报 24 期。

抗凝冻灾害期间加强血液管理，确保全省抗凝冻灾害和春节临床用血。由于出现 50 年未遇的持续雨雪凝冻恶劣天气，贵州省大部分地区气温持续下降，全省人民群众的生产生活受极大影响，疾病发病率明显增加，因灾受伤情况高发，造成医疗用血量不断攀升，采供血机构面临路断、水断、电断的严峻情形，采血车无法正常运行，献血员急剧减少，一度造成血液库存量锐减，医疗机构临床用血频频告急，灾害已经直接危及病人的生命安全。为了人民群众的生命健康。贵州省卫生厅开展了以下工作，采取了一系列紧急措施：一是加强领导，协调各地采供血，保障临床急救用血需要。二是在各级政府统一领导下，积极发动适龄公民无偿献血，号召广大卫生战线的工作人员带头献血。三是强调各医疗机构在紧急情况下，要不折不扣地执行《临床用血管理办法》，保证抢救急需。四是组织好运血车辆，想尽千方百计把血送到目的地。通过抗凝冻全省进一步建立和完善了临床用血的应急机制，确保全省抗凝冻灾害和春节临床用血，全省无一例病人因血液延误抢救。

做好四川汶川地震伤员的医疗救治工作。四川汶川发生地震后，贵州省立即组建 28 支战地医疗队，为开展四川汶川地震伤员的医疗救治工作做好准备。第一时间（5 月 13 日）派出省人民医院、贵医附院、遵医附院三支医疗队赴四川地震灾区开展地震伤员的医疗救治。先后有遵义医院、安顺市人民医院、黔东南州人民医院、铜仁地区人民医院等 7 支共计 167 人在四川参加医疗救治工作，目前尚有 29 人的 3 支医疗队在四川眉山、彭山、仁寿参加医疗救治工作。

按卫生部要求，做好了预留 1000 张床位，做好收治四川伤员的工作，同时就做好收治四川伤员给预留床位医院提出了工作要求。完成了四川转入贵州省 288 名伤员的接收与医疗救治任务，妥善安置了伤员，全部伤员都安全返川。做好贵州省四川地震灾区伤员的信息统计和报送工作，每日向卫生部和省政府报送伤员救治信息。为四川地震灾区伤员及时无偿提供血液，省血液中心提供：红细胞悬液 143 个单位，血浆 17100 毫升；遵义中心血站提供：全血 2 个单位，红细胞悬液 58 个单位，血浆 2150 毫升；全省共计提供全血 2 个单位，红细胞悬液 201 个单位，血浆 19250 毫升；送往四川灾区血浆 10000ml。做好含三聚氰胺问题奶粉致使婴幼儿泌尿系结石的医疗救治工作。按卫生部和省委省政府的要求，贵州省卫生厅转发了卫生部办公厅关于食用含三聚氰胺问题奶粉致使婴幼儿泌尿系结石的相关文件，成立医疗救治工作领导小组负责组织、指挥、协调全省医疗救治工作。制定了贵州省医疗救治工作方案，要求各级卫生行政部门和医疗机构要在省卫生厅的统一领导下，坚持以人为本，保护人民群众健康、维护社会稳定的大局出发，积极开展医疗救治工作，保障婴幼儿健康和生命安全。要求各市（州、地）县（区、市）卫生行政部门要建立组织领导机构，成立以局长为组长，分管局长为副组长，各有关职能部门负责人为成员的医疗救治工作领导小组，负责组织、指挥协调各市（州、地）县（区）的医疗救治工作。指定了各级定点医院，明确了各级定点医院的职责，要求各级医院预留足够数量的床位、配备必要的设备、增加医务人员力量，优化流程、简化环节，确保患儿及时、有效救治。三级医院要留 50—80 张床、二级医院要留 20—50 张床，并根据收治病人数量调整备用床位数量，以保证婴儿救治工作需要。要求各级卫生行政部门要整合资源，分级医疗，实现舆论宣传，预防控制，社会稳定、病人排查，“四个全覆盖”。要求各级卫生行政部门要组建专家组，指导基层医疗救治工作，培训基层医务人员。明确规定了省、地、县三级定点医院都要组建医疗队。三级（含专科医院）定点医院组建医疗队 2—3 支。各市（州、地）级定点医院组建 2 支医疗队。二级综合医院（含妇幼保健院）组建 1 支医疗队。并要求各医疗队要随时处于待命状态，保证通信畅通，确保医疗工作万无一失。要做到“早发现、早筛查、早诊断、早救治”，确保没有漏诊、误诊，确保为基层相关患儿能够得到方便、及时、有效的诊疗。要坚持以人为本，免费诊疗，先行救治。

要严格执行统计病例日报、零报制度，实行24小值班，并科学、准确地统计报告相关病例，为领导决策提供依据。组织相关检查督导36次，接待部派专家督导了黔南州人民医院，并对妇幼保健院报告的重病人进行了会诊，组织省级专家到医院会诊多次，下发相关指导性文件23份。截至2008年10月23日，供累计接诊423740例，累计确诊患儿12298例，累计住院2403例，累计重症患儿3例（现已出院），累计出院2287，现住院116例。针对定点医疗机构现有诊疗设备不足的问题，利用中央财政补助的1210万元和省安排的500万元，对医疗机构予以设备补助。并要求各级也要解决部分设备配置经费。

二、常规性工作

加强医疗机构准入和校验管理，严把准入关。为要求各级卫生行政部门在进行《医疗机构执业许可证》校验时，必须对医疗机构的法定许可事项进行全面审查，对注册医疗机构执业情况进行评价。并统一使用卫生部印制的《医疗机构执业许可证》。要求各级卫生行政部门必须严格医疗机构诊疗科目的核定。医疗机构凡在一级科目下设二级学科的，其诊疗科目要核定到二级科目，在一级科目下只开展个别二级诊疗活动的，应直接核定二级科目。要求各级卫生行政部门在医疗机构登记注册、校验换证时，《医疗机构执业许可证》的编码必须启用《卫生机构（组织）分类与代码》（WS218—2002）。要求各级卫生行政部门使用全国统一的《医疗机构管理信息系统》软件，所有医疗机构的登记注册、校验、变更、注销等必须使用《医疗机构管理信息系统》软件进行，遵照谁注册谁审核的原则，要求各级卫生行政部门必须加强对注册医院的信息审核工作。全省各级卫生行政部门对医疗机构准入和校验工作逐步规范。

做好厅注册医疗机构的变更及其换证工作。做好医疗机构医用高压氧和心血管介入诊疗技术的准入工作。对申请开展医用高压氧和心血管介入诊疗技术的医疗机构申报材料进行审查后，组织相关专家进行现场实地考察、核实。达到要求的在医疗机构执业许可证上进行科目登记。做好厅注册医疗机构的变更工作。对申请开展新诊疗科目的医疗机构申报材料进行审查后，组织相关专家进行现场实地考察、核实。达到要求的在医疗机构执业许可证上进行科目登记。

做好医疗广告的管理工作。指导各级卫生行政部门做好医疗广告的初审工作。严格医疗广告成品审查出证工作严格依据《医疗广告管理办法》规定的八项内容审查医疗广告。审查合格的出具《医疗广告审查证明》，审查不合格的医疗广告发给《医疗广告审查不合格通知书》并说明理由。截至2008年10月18日止，审查合格的医疗广告共69份。将审查合格的广告成品样件和《医疗广告审查证明》公示提供厅信息中心，在贵州卫生信息网进行公示，接受社会的监督。

加强医院评审工作。为加强对医疗机构的监督管理，有利于在区域卫生规划调控下，加强贵州省医疗服务体系建设，充分发挥体系的整体功能，合理配置和有效利用医疗资源，今年启动了新一轮医院评审工作。目前已草拟了贵州省一、二、三级医院评审标准（讨论稿），并下发到各市（州、地）卫生行政部门和各医疗机构，广泛征求意见。

加强医师考核工作。贵州省根据卫生部制定的《医师定期考核管理办法》，制定了《贵州省〈医师定期考核管理办法〉实施方案》，《实施方案》明确了全省医师定期考核的组织领导、考核机构、考核对象、考核内容和标准以及考核程序和方式，要求各级卫生行政部门和医疗机构要按照《实施方案》要求，加强对所属医师定期考核工作的管理，规范医师的管理工作。

加强了医疗技术临床应用的管理。继续完善贵州省医疗技术准入及其适宜性、安全性、有效性评价的管理工作，重点加强器官移植技术、介入技术、人工关节等临床应用的管理。

采供血机构管理。为了贯彻落实卫生部《血站管理办法》、《血站实验室质量管理规范》、《单采血浆站质量管理规范》和卫生部2008年下发《单采血浆站管理办法》，下发了《贵州省卫生厅关于加强单采血浆站管理的通知》和《贵州省卫生厅关于切实做好2008年血液管理工作的通知》，对采供血机构的管理提出要求等，并按要求加强对采供血机构的管理。根据《献血法》、《贵州省献血条例》为表彰在无偿献血事业中做出的突出成绩和贡献的先进单位和个人，表彰2004—2006年度全省无偿献血先进单位152个，先进家庭156个，先进个人4688人，制定了贵州省艾滋病防治项目血液质量安全实施方案。制定了2008年培训医务人员的计划，并按计划培训采供血机构和临床医务人员。2008年上半年举办了全省采供血机构从业人员岗位培训班二期，对全省参加卫生部采供血机构从业人员岗位考核的人员进行了培训，为确保培训质量，课后对所有学员进行了考核评估。组织全省采供血机构从业人员参加卫生部全国网络考试。2008年报考人数共有424人报考，43人缺考。在考试过程中做到了思想重视，组织保障，制度保证，责任落实，注重细节、确保考试有序进行。完成全省4个中心血站、18个单采血浆站、5个中心血库和6个医院输血科的执业许可证的换证验收工作。参与法规处《贵州省献血条例》的修改工作，草拟《贵州省卫生厅关于修改〈贵州省献血条例〉有关情况汇报》。临床用血调查10个县医院。

护理管理工作。配合抗凝冻医疗救治工作加强护理管理，护理队伍在抗凝冻灾害中克服困难，发挥了积极作用。制定全省学习、宣传、培训、贯彻执行《护士条例》的工作方案，并组织实施。达到宣传群众、动员社会参与、全社会关心和尊重护士的目的，为《条例》的贯彻实施打下基础。举办全省学习、宣传、贯彻执行《条例》的培训班，邀请国务院法制办、卫生部法监司、卫生部医政司和全国医学法律到贵州省授课。根据卫生部《护士注册管理办法》，遵循便于护士执业注册、优化注册程序、提高行政效率和属地管理的原则，结合贵州省实际，拟定了《贵州省贯彻〈护士执业注册管理办法〉实施意见》，规范全省护士执业注册工作。为鼓励和褒奖爱岗敬业、任劳任怨、救死扶伤、甘于奉献、兢兢业业在护理岗位上辛勤工作 30 年的护士，“5·12”护士节对全省从事护理工作 30 年的 439 名护士进行了表彰，并颁发荣誉证书和证章。为加强护士的专业技能训练，强化基础、提高技术、改服务，全面提高护士的技术操作能力和服务水平，根据《卫生部办公厅关于印发〈全国卫生系统护士岗位技能训练和竞赛活动护理技术项目考核要点〉的通知》，贵州省卫生厅组织省级护士技能训练有关专家拟订了《贵州省护理技术操作考核评分标准》，以促进全省“三基三严”训练工作。

医院感染管理和康复管理。为加强医院感染管理，有效预防控制医院内感染，组织有关医院管理、医院感染管理、医院临床药学专家拟订《贵州省抗菌药物临床应用管理规范（试行）》。配合抗震救灾，加强医院感染管理，确保四川地震伤员在我贵州省医疗救治中的安全。

防盲工作。为了全面贯彻落实卫生部、中国残疾人联合会《全国防盲治盲规划》，为了加强我贵州省防盲治盲工作，经组织有关专家研究讨论后，制定并下发了《贵州省〈全国防盲治盲规划〉实施方案》。

万名医师支援农村工程。2008 年 3 月，在全省公共卫生工作会议上，贵州省卫生厅对继续实施“万名医师支援农村卫生工程”项目进行了安排部署，制定并下发了《2008 年“万名医师支援农村卫生工程”项目实施方案》，要求各地各支、受援医院在总结 3 年来开展“万名医师支援农村卫生工程”项目的基础上，健全和完善本地区本单位的项目管理机制。提出了经费管理要求，强调了帮扶重点要以受援医院需要什么就帮扶什么，进一步明确了各级卫生行政部门和项目工作人员的工作职责、责任和义务。编发简报 3 期，其中 2 期内容分别被卫生部项目办公室采用。

微笑列车唇腭裂修复慈善项目。完成了微笑列车唇腭裂修复慈善项目相关工作的安排和部署，并组织各项目医院与当地卫生行政部门签订了项目协议书。全省从 2—8 月共免费做唇腭裂修复手术 476 例。

保障医疗安全。根据《省人民政府办公厅关于开展安全生产百日督查专项行动的通知》，认真组织开展了全省医疗卫生系统安全生产百日督查专项行动，制定了《全省卫生系统关于开展安全生产百日督查专项行动方案》。各地各单位按照贵州省卫生厅要求和排查排除治理的重点内容，对卫生行业安全生产工作问题进行了认真自查，截至 2008 年底为止贵州省卫生厅还未收到发生安全事故报告，下一步省卫生厅将在全面排查、治理工作的基础上，进一步加强督促检查，巩固已取得的成果。加大打击各种违法违规行为的力度，切实做好防范因自然灾害引发的事故灾难，进一步加大工作力度，认真总结隐患排查排除治理成果和经验，力争全年无安全生产事故发生。

开展创建“平安医院”活动。贵州省卫生厅联合省综治办、省公安厅等 7 厅局下发了《关于报送开展创建“平安医院”活动阶段总结的通知》精神，制定了《贵州省创建“平安医院”考核评价标准（试行）》。开展创建“平安医院”活动是落实党的十七大精神、全面贯彻党和国家的卫生工作方针政策和实践“三个代表”重要思想的重要举措，是创建“社会主义和谐社会”的重要组成部分，也是增强广大医疗卫生人员安全意识和素养，加强内外平安和谐，不断提高医疗服务水平和提升窗口行业形象的重要举措。要求将创建“平安医院”活动作为卫生主管部门、医院工作的一件大事纳入年度计划和考核机制，坚持标本兼治、纠建并举的原则，针对热点、难点问题，突出重点扎实开展“平安医院”活动。

加强医师医德考核。为贯彻落实卫生部、国家中医药管理局《关于印发〈关于实行医务人员医德考评制度指导意见（试行）〉的通知》，为了切实加强医德医风建设，提高医务人员职业道德素质和医疗服务水平，建立了对医务人员规范有效的激励和约束机制。结合《贵州省〈医师定期考核管理办法〉实施方案》和《护士条例》的贯彻落实，把医德医风建设作为考核的主要内容，认真做好医务人员的定期考核管理工作。

做好医疗纠纷处理工作。做好医疗纠纷上访人员的接待工作，指导医疗机构妥善处理医疗纠纷，强化医疗安全的意识，尽量减少医患矛盾。接待医疗纠纷上访人次 50 余次，其中，申请中华医学会作医疗事故鉴定 3 例，中华医学会受理 1 例。行政调解成功 1 例上访多年的纠纷事件，参与厅信访办行政调解成功 1 例。

（周惠明　阮中健）

云南省医政工作

一、支援四川抗震救灾

四川汶川发生大地震后，云南省卫生厅立即成立了以陈觉民厅长为组长的抗震救灾领导小组，组织开展支援工作。一是紧急调集救护车 20 辆，组织 1 名领队、31 名驾驶员，于 5 月 14 日 9：00 时启程赶赴四川灾区；二是迅速组建了省一院、省二院、省三院、附一院、附二院及昆明市级医院 6 支医疗队，共 115 人（108 名医务人员、7 名行政人员）于 2008 年 5 月 14 日 15 时 21 分乘飞机前往成都。16 时，9 辆生活车（车上载有医疗器械、药品、帐篷及生活物资）、17 名人员（6 名行政后勤人员、11 名驾驶员）赶赴灾区；三是于 5 月 15 日迅速组建了 23 支后备医疗队，随时待命赴灾区参加抗震救灾工作。在医疗救援中，根据灾区不同时期的特点，及时调整医疗队的结构比例，适应灾区医疗救治工作，先后组织 15 所医疗机构三批医疗队 356 名医务人员赴四川成都、安县、理县参加抗震救灾工作。

云南省医疗队紧紧围绕陈觉民厅长提出的“听从指挥、遵守纪律、加强团结、沟通信息、注意安全”二十字工作要求，在灾区医疗实践中独具一格地形成了“以医疗工作为基础，以急救转运为平台，以后勤物资为保障”的“三位一体”医疗救灾工作“模式”。按照卫生部提出的“降低死亡率、降低致残率、提高覆盖面”的医疗救灾工作要求，深入田间、地头、场坝，救治、转运伤员、开展防疫宣传，深受当地村民的好评。356 名医疗队员在灾区共接诊（含巡诊）患者 37590 人次，会诊 1791 人次，手术 213 台次，治疗（含外科换药、清创缝合）、护理（含特殊护理、专科护理）8811 人次，转诊伤员 819 人，健康教育 21697 人次，慰问中国人民解放军 26534 人次，出车救护车 1025 次，行程 74741 公里。帮助 11 个村卫生室建立正常医疗秩序及重建工作。在此次抗震救灾工作中，全省卫生系统受到抗震救灾先进集体表彰 30 个、抗震救灾先进个人表彰 157 人。

云南省卫生厅抗震救灾领导小组按照省委、省政府及卫生部的统一部署，为认真做好四川灾区伤员接收救治工作，制定了《云南省卫生厅爱心医疗救助大行动伤员接收方案》。2008 年 5 月 18 日，云南省卫生厅徐和平副厅长率省、市卫生行政部门、医疗机构及解放军、武警医疗机构及云南民营医院等单位 132 名行政及医务人员组成的云南省医疗队赴四川转运伤员。2008 年 5 月 22 日，共接收伤员 244 名，家属 218 名，安排在 7 所定点医院治疗。244 名伤员中危重病人 115 人、占 47%，骨折病人 166 人、占 68%；男性伤员 108 人，女性伤员 136 人。按照厅党组提出的“提高伤员治愈率、康复率，降低感染率、致残率及死亡率”的救治要求，我们组织成立了 96 名各专业学科专家组成的伤员救治专家组，各定点医院成立收治伤员领导小组，配备了最强的救治专家组，设立了最好的救治病区，积极开展救治、康复工作。截至 2008 年 7 月 11 日，云南省累计收治的伤病员 252 人（其中 8 人为家属到昆后生病或原发病复发），亲属及陪同人员增加到 230 人（其中 12 人为 5 月 22 日后陆续到昆）。

自 5 月 22 日收治伤员以来，共派出 93 人次救治专家组，对全部伤员进行了巡诊、会诊，并指导各医院开展医疗救治及康复工作。经全体医务人员共同努力，截至 2008 年 8 月 13 日，抢救危重伤员 4 例，施行各类手术 97 台次，无死亡病例。云南省收治的 252 名伤病员中，累计康复 213 人，安装假肢 1 人，装配矫形器 67 人，配发辅助器具 121 人 182 件，其中轮椅 23 件、拐杖 43 件、其他 116 件。

按照《卫生部四川汶川地震伤员出院指导原则》，至 8 月 26 日，云南省卫生、民政部门分 6 批次将 251 名治愈伤病员送至四川成都，交四川民政部门，另有 1 人于 7 月 22 日到北京安装假肢。另外，为支援灾区用血，全省各级血站为支援灾区储血总量达 100 万毫升，参加“抗震救灾应急储备队”的预备献血人员达 15000 人。

二、深化医疗机构改革加快医疗事业发展

推进药房托管试点工作。一是健全组织和领导机构。联合十部门成立云南省药房托管工作协调小组，制定并印发的《关于印发<云南省省、州、市级医疗机构药房托管试点工作指导意见>、<云南省省、州、市级医疗机构药房托管试点工作方案>的通知》。二是对省二院、昆明市二院、曲靖市二院、普洱市中医医院、省老年病院、大理学院附属医院等试点单位的《试点工作方案》进行了审定和批复，正式启动了试点工作。三是加强对试点医院工作指导。先后对省二院、曲靖市二院、普洱市中医医院的试点情况进行调查和指导。

开展医师多点执业试点。在昆明市辖区范围内，符合多点执业资格要求的医师，在卫生行政部门核准的执业范围内，完善相关手续后，可多点执业。具有副主任医师以上职称的医师可在全市范围内、主治医师可在本县（区）范围内的 3 个医疗机构执业。

加快民营医疗机构发展。一是加强正面宣传，营造有利于民营医疗机构发展的社会环境。树立一批依法执业、医疗服务质量持续改进、管理规范、收费合理、医德医风高尚的正面典型。二是加强业务指导，推进民营医疗机构健康发展。三是认真落实政策，加快民营医疗机构发展步伐。四是加强部门协调，积极帮助民营医疗机构解决有关问题。五是提供智力支撑，积极引导民营

医疗机构加强卫生技术人才队伍建设。六是认真履行职责，加大医疗服务市场监管力度。七是补充、修改、完善云南省卫生厅代省人民政府起草的《关于加快发展民营医疗机构的意见（送审稿）》，上报省政府审定。

探索公立医院管理体制和运行机制改革。一是结合云南实际，起草了《关于深化公立医院管理体制和运行机制改革的意见（征求意见稿）》，进一步明确公立医院的性质、职能和目标任务，积极探索公立医院管理体制和运行机制改革的有效途径。待征求有关方面意见后报审。二是厅党组确定省第三人民医院作为试点单位，通过建立法人治理结构探索公立医院管理体制改革和运行机制改革。在对其综合改革总体方案提出具体意见和建议的同时，征求了省发改委、财政厅、人事厅、教育厅、劳保厅、国资委、大理学院意见，并反馈了省第三人民医院，待医院修改后，云南省卫生厅将组织召开专题论证会后上报省政府审批。

做好农垦系统医疗机构移交地方工作。一是起草了《关于云南省农垦系统医疗机构移交地方工作的实施方案（征求意见稿）》，建议重新对有关州市进行专题调研，科学制定补助标准。二是认真落实省委、省政府领导批示，专题听取西双版纳州的情况汇报，针对有关问题研究具体的工作意见和建议。三是参加专题调研，根据调研情况，对《云南省农垦系统医疗机构移交地方工作实施方案》进行修改，上报省深化改革加快农垦发展领导小组审定。

三、加强医疗机构监管

一是规范医疗机构法定许可事项文书、医疗机构档案管理工作。二是规范医疗机构命名管理工作。三是加强医疗机构异地设置分支机构、卫生单位设置医疗机构监督管理工作。四是制定《云南省医疗机构审批管理专项清理整顿工作方案》，启动云南省专项清理整顿工作。五是加强医疗体检服务机构管理，起草了《云南省医疗体检服务管理办法（征求意见稿）》。六是加强医疗广告监管，通过加强培训、加强监测、加大处罚力度等措施，有效地遏制了虚假违法医疗广告抬头趋势。全年共撤销八所医疗机构的《医疗广告审查证明》，对 23 所医疗机构给予了警告处罚。

四、规范医疗管理工作

依法执业，规范管理。全省 2008 年共 35881 人报名参加执业医师资格考试，实际参加执业医师实践技能考试 32011 人，共 20694 人通过，占 68.11%。9 月，组织全省通过实践技能考试者参加全国医师资格考试医学综合笔试，并派出 14 个督导组与卫生部督导组一起对全省 16 个州、市进行了巡考。

截至 2008 年 11 月 18 日，全省共核发执业医师资格证书 104960 本，其中：老人老办法资格认定 65683 人，全国统考通过 38800 人，换发军转医师资格证 477 人；执业医师资格证 75697 人，助理执业医师资格证 29263 人。执业注册 76272 人，注册率 72.67%。组织开展 2008 年全省美容主诊医师校验及考核工作，全省 360 余人参加培训及考核，298 人合格并核发了资格证。

组织《护士条例》学习、宣传、实施。组织全省护士注册软件使用培训，共培训各级卫生行政部门、卫生监督、医疗机构 300 余人。截止 2008 年 11 月 18 日，全省注册护士共 41094 人。

严格医疗技术准入。一是严格人体器官移植临床应用技术准入。根据《卫生部办公厅关于开展人体器官移植项目复核有关工作的通知》要求，于 2008 年 10 月组织专家对云南省指定开展人体器官移植项目的 6 所医院开展的器官移植工作进行了初审。2007 年以来，全省开展肝脏移植 86 例，肾脏移植 111 例，心脏移植 2 例，肺脏移植未开展。二是规范心血管疾病介入诊疗技术管理。按照卫生部《心血管疾病介入诊疗技术管理规范》要求，组织专家制定了云南省的“心血管疾病介入诊疗技术评估方案及起搏器植入、心律失常导管消融术、冠状动脉介入技术、先天性心脏介入技术临床应用、医师认定等 9 个评分标准”。全省共收到 38 所医院 115 人的评估申报材料，已评估 19 所医院。三是组织专家制定并下发了《血液透析质量控制管理规范（试行）》、《云南省白内障超声乳化技术管理规范（试行）》、《云南省便携式血糖检测仪采血笔临床使用管理规范和操作常规》。

医疗信息公开和医疗质量管理进一步加强。坚持信息公示制，拓宽社会监督渠道。坚持每季度在春城晚报、卫生厅网站向社会公示省级 9 家医疗机构的医疗服务、效率、费用信息。继续对省级医院的医疗质量、安全、服务信息进行季度分析，并在卫生厅党组中心组学习会及昆明地区省、市级医院季度医政联席会上进行通报。依法加强监管，规范医疗行为，提高医疗质量，加强医用高压氧舱的使用监管，下发了《云南省卫生厅关于加强医用高压氧舱管理工作的通知》，成立了云南省医用高压氧临床质量控制中心，制定了医用高压氧舱质量控制标准，举办了操作培训班，组织专家于 2008 年 7 月 10—20 日分三组，对全省各州市、县计 45 家医院拥有的共 108 台在用高压氧舱进行了一次全面安全检查。给予其中 6 家医院的 17 台停舱整顿的处理，杜绝了安全隐患。经单位认真整改、提出申请，专家于 10 月份进行了 4 所医院的 8 台医用高压氧舱的检查验收，恢复使用。

实行病历一本通。为方便群众看病，减轻患者经济负担，促进医疗机构之间就医者医疗信息共享，于 2008 年 2 月 22 日下发通知，在全省县以上医疗机构统一使用通用门诊病历。同时为探索在全省所有医疗机构间使用通用门诊病历的经验，昆明市在全市市、县、乡、村医疗机构试行“昆明市医疗机构门诊通用病历”，并纳入“云南省通用门诊病历”进行管理。组织了全国急救中心急救技能大赛、全省急救中心急救技能大赛，参与大赛的命题，试卷的制作，全程指导、监控比赛，使大赛顺利进行。在全省范围内进行国民经济动员任务野战医院的组建。

医院管理年活动进一步深化，医院管理水平不断提高。2008年5月11—12日，组织召开了全省医政工作会议，总结、交流了全省医政工作；安排部署2008年全省医政工作；表彰了29个“医院管理年”活动先进单位。8月28日，组织昆明市卫生局领导，省市级各医院院长等80余人参加了“卫生部2008年深化医院管理年活动暨全国医政工作会议”电视电话会议，并要求各单位按卫生部会议精神和要求抓好医院管理年活动工作。下发了2008年云南省医院管理年活动实施方案，转发了《医院管理评价指南（2008年版）》，并根据卫生部医院管理年活动要求，提出了2008年进一步深化“医院管理年”活动的重点要求。根据卫生部《医院管理评价指南（2008年版）》内容，拟定了《云南省医院管理评价与等级评审办法（讨论稿）》、《云南省临床重点专科、临床诊疗中心建设管理暂行规定（讨论稿）》、《云南省临床重点专科、临床诊疗中心设置规划（讨论稿）》、《云南省临床重点专科、临床诊疗中心评分标准（讨论稿）》等并下发各州、市卫生局及医疗机构征求意见。同时，组织制定《云南省医院管理评价与等级评审标准》、《云南省病历书写规范》等，进一步规范云南省医疗执业活动。2008年2月，下发了《云南省卫生厅关于全省县级以上医院开展“三基三严”岗位技能训练和竞赛活动的通知》，组织编写了《云南省医师“三基”训练操作手册》及习题集，并于5月下旬及6月上旬举办了3期“三基”训练师资培训班，培训近1000名师资。根据2008年医院管理年活动要求，结合《医院管理评价指南（2008年版）》，修订形成了《云南省医院管理年活动考评标准（2008）》。于11月下旬，组织100余名专家，分为12个督导组，对全省25所三级医院、4所专科医院、厅审批的33所民营和企事业医院进行了督导检查。为维护医疗机构正常诊疗秩序，规范处理“医闹”事件，云南省卫生厅与云南省公安厅联合下发了《处置扰乱医疗机构医疗秩序的群体性治安事件工作方案》。10月29日—11月5日，省公安厅和云南省卫生厅组织专人对6个州市的医院、卫生局、公安局维护医疗秩序及处置扰乱医疗机构医疗秩序的群体性治安事件工作进行了督查。昆明市委、市政府下发了《关于解决医患纠纷的实施意见》，将解决医疗纠纷纳入了政府维稳工作体系。

五、成功应对多起重大突发事件的医疗救援

三聚氰胺婴幼儿奶粉事件医疗救治。三鹿牌婴幼儿奶粉事件发生后，云南省迅速组建医疗救治专家组，制定了《云南省食用含三聚氰胺奶粉婴幼儿医疗救治工作方案》，确定定点医院，集中收治本辖区急、危、重症患儿；实行免费诊疗、确保先行救治；做好统计汇总，及时跟踪信息，实行日报告和零报告制度。截止2008年12月2日，累计派出省级专家60人次，全省筛查婴幼儿516101人，临床诊断食用含三聚氰胺奶粉患泌尿系结石症婴幼儿共5622例，累计住院治疗1282例，重症及手术患儿90例，无临床死亡病例。

“刺五加”事件医疗救治。2008年10月5日上午，红河州第四人民医院6名患者在输注黑龙江省完达山制药厂生产的刺五加注射液80～100ml后，先后不同程度出现不良反应，医院立即停止使用注射液，积极抢救。10月7日，抢救无效死亡3人，另外3位患者，经卫生部、省、州、市级专家，医院医务人员共同努力、积极救治，已治愈出院。

盈江、楚雄地震医疗救治，公交车爆炸事件医疗救治，云南磷肥厂硫磺爆炸事故医疗救治。云南省盈江县8月20日、21日分别发生5.0级、5.9级地震；8月30日，四川省攀枝花市仁和区与凉山州会理县交界处发生6.1级地震，云南省楚雄州震感强烈。我们及时派出医疗队及专家参与灾区医疗救治。7月21日上午7时6分、8时05分左右，在昆明市分别发生2起公共车爆炸事件，造成2人死亡14人受伤。省急救中心接到公交车爆炸的电话后，共派出救护车6车次，急救人员18人次参与现场抢救工作，并及时转至附一院和省一院进行治疗。2008年1月13日凌晨3：40时左右，云南磷肥厂发生硫磺爆炸事故，共造成5人死亡，2人失踪，33人轻、重伤。其中7人伤情危重，转送到昆医附二院；1人转送到省二院，17人转送到省三院，8人转送到当地云岭职工医院进一步救治。

跨境医疗救治。由云南省建工集团承建的中国政府援助柬埔寨首相官邸项目，共有600多名管理干部及工人，来自福建、浙江、四川、广西、辽宁、云南等地。2008年6—7月，建筑工地登革热暴发流行，最多一天就诊人数达120人，严重影响了项目工程进度，建工集团紧急向省政府请求派出医疗队救援。接到省政府的救援通知后，我们立即组建了医疗防疫队。在省外办的协助下，先后派出三批医疗防疫队赴柬。通过对现场216名施工人员进行问卷调查及登革热抗体检测，登革热、伤寒知识的健康教育，预防服药，防蚊杀虫，食堂碗筷消毒，病人治疗，及时控制了疫情，较好地完成了跨境医疗救援任务，有力保障了援柬项目的工程进度。

楚雄“11·2”泥石流、昆明“11·29”家乐福劫持人质事件等伤员的医疗救治。

建立公安民警就医绿色通道。为加强对因公致伤、因病就诊公安民警的抢救、治疗工作，卫生厅与公安厅下发了《关于建立救治因公致伤和因病就诊公安民警“绿色通道”的通知》。2008年10月29日—11月5日，省公安厅和云南省卫生厅组织专人对6个州市的医院、卫生局、公安局警察绿色通道建设工作进行了督查。

六、加强医院传染病等公共卫生事件管理

为做好云南省人高致病性禽流感、“非典”、不明原因肺炎等传染病防治工作，云南省卫生厅及时下发了《关于进一步加强发热门诊预检分诊工作的通知》。对省一院、省二院、昆医附二院因基础建设需要拟取消发热门诊的请示进行批复，要求按卫生部规定重新选址设

置。派出省级专家组与昆明市级专家组，对 43 医院疑似重症手足口病进行专家会诊，派出省级专家组对昆明市儿童医院重症手足口病进行专家会诊。

七、加强护理管理工作

一是加强护理管理质量监管。在云南省 3 年医院管理年活动检查标准的基础上，制订了云南省三级医院及民营医院“2008 年医院护理管理质量考评标准”和“云南省医院感染管理质量控制考评标准”，开展医院评价工作。二是积极组织《护士条例》学习、宣传、实施，组织全省 1348 名护理管理人员学习了《条例》。三是起草了《云南省护士条例实施细则》（征求意见稿）。四是筹备、协助召开了 2008 年全省医政暨护理工作会，表彰全省 99 名优秀护理管理者、200 名优秀护士和 190 名从事护理工作 30 年护士。五是配合党办举办了“5·12”国际护士节全省卫生系统文艺汇演。六是举办了云南·日本东邦大学护理学术研讨会。七是组织了护理垂直管理典型单位的参观学习，建立了玉溪市人民医院、永平县人民医院 2 个护理垂直管理试点单位。八是继续举办了危重症专科护士规范化培训班。

八、保证血液管理继续加强用血安全

从 2008 年 1 月 1 日开始，在全省范围内建立了一个有效的血液筛查实验室评价和监测系统。成立了云南省血站系统室间质量评价领导小组，负责云南省血站系统室间质量评价的组织领导工作，领导小组下设办公室于云南昆明血液中心，负责云南省血站系统室间质量评价的具体实施及日常管理工作。全省 15 个州、市中心血站均参加了室间质评。

为认真落实卫生部“一办法两规范”（《血站管理办法》、《血站质量管理规范》、《血站实验室质量管理规范》），做好云南省的血液管理工作，促进血站自身建设，保证血液质量，2008 年 3 月 26 日，云南省卫生厅在省卫生厅医药卫生国际交流中心召开全省落实卫生部“一办法两规范”血站工作研讨会。

探索实施无偿献血志愿服务工作。2008 年云南省派出 7 名人员参加了卫生部举办的“无偿献血志愿服务组织建设和管理研讨班”。与省红十字会、驻滇部队献血管理委员会联合转发《卫生部办公厅等三部门关于开展 2008 年世界献血者日宣传活动的通知》，要求各地要以奥运为契机，以定期献血者队伍建设为重点，促进无偿献血工作的深入发展。

抓好血站的“三基培训”。2008 年为提高全省血站系统医护人员在无偿献血服务过程中的医疗急救理论和技能，委托云南昆明血液中心在省急救中心举办了 2 期“体检医师急救技能培训班”，对全省各级血站在职医师、护士及管理人员进行培训，考核合格者获得了《医疗急救培训合格证书》。

加强输血科（血库）建设。下发了《云南省卫生厅关于加强医疗机构输血科（血库）建设和管理的通知》，对医疗机构输血科（血库）的建设和管理进一步提出要求，明确各部门职责，加强科学合理用血，规范临床输血行为，保证临床输血质量及安全。

通过以上努力，2008 年全省无偿献血率达到 100%，其中：自愿无偿献血比例达 99.94%。

九、加强艾滋病抗病毒治疗工作

加强艾滋病抗病毒治疗工作的领导，建立组织管理体系；出台一系列管理措施，规范管理。初步建立抗病毒治疗政策支持体系。培养治疗人才，建立抗病毒治疗的人才队伍体系。确定定点治疗医院，建立治疗网络体系。每年均超额完成治疗任务。截至 2008 年 12 月，全省 16 各州市 98 个县 133 家医疗机构开展抗病毒治疗，累计治疗 10033 人（卫生部安排任务 6500 人），死亡 667 人，退出 784 人，现在治 8582 人。24 家医院开展儿童抗病毒治疗，累计治疗 173 人，现在治 162 人。

十、项目工作进展

“万名医师支援农村卫生”项目工作有新举措。完成 2008 年“万名医师支援农村卫生”项目工作。根据卫生部、财政部《关于实施“万名医师支援农村卫生工程”的通知》要求，及时制定下发《2008 年云南省“万名医师支援农村卫生工程”项目执行方案》，完成“万名医师支援农村卫生工程”项目工作。受援医院所在地卫生行政部门和受援医院联合组成考核小组，于 2008 年 5 月 23—30 日对 2006—2007 年度“万名医师支援农村卫生工程”项目派驻医师按《考核指标和评分标准》进行了考核评估。省项目办公室组织人员对省属支援医院进行检查，对部分州、市进行抽查。完成了“万名医师支援农村卫生工程”项目 1039 名派驻医师、196 所支援医院和 304 所受援医院的考核、评估工作。利用省级财政对“万名医师支援农村卫生工程”配套经费 150 万元，组织省第一、二人民医院、昆医附一、二院等 4 家单位对云南省 73 个国家级重点扶贫县医院和 7 个省级重点扶贫重点县医院选派的临床医师骨干进行为期三个月的业务培训，完成了《2007 年云南省国家和省重点扶贫县医院医疗救治能力培训项目实施方案》任务。利用省级配套资金 150 万元，启动云南省“万名医师走进西部贫困县医院医师培训班”。为提高县级医院医师的医疗技术水平，卫生部与拜耳医药保健有限公司联合开展“走进西部—卫生部与拜耳医药战略合作伙伴计划项目”，计划在五年内为中西部地区 11 个省份培养万名县级医院骨干医师，云南省为该项目的实施省份。为有效与云南省“万名医师支援农村卫生工程”平台对接，云南省利用省级财政配套资金 150 万元和拜耳公司共同合作举办三期为期半年的培训班，为云南省国家级、省级贫困县及民族自治县医院培养骨干医师 222 名。委托昆明医学院负责该项目的组织实施，其中学院进行基础理论课培训；省一院、省二院、昆医附一、二院进行临床实践培训。2008 年 10 月 31 日首批培训班正式开班。完成 2009 年万名医师支援农村卫生实施方案制定工作。

微笑列车唇腭裂修复慈善项目成效显著。经卫生部批准，微笑列车唇腭裂修复慈善项目是针对贫困人群的减免费唇腭裂修复项目，经费由微笑列车基金会提供。2008年2月在云南省启动，云南省共25家医院被确定为“微笑列车唇腭裂修复慈善项目”合作医院，其中A级医院2家，B级医院7家，C级医院16家。微笑列车基金会、省卫生厅和项目医院三方签定了合同，明确了各方责权和相应的奖惩制度。云南省微笑列车唇腭裂修复慈善项目全年共完成895例。完成工作较好的项目医院为：云南省第二人民医院完成499例，昭通市人民医院完成69例，保山市人民医院完成53例，昆明市儿童医院和昆明市口腔医院完成52例。

“二·八”项目顺利开展。为充分发挥云南省县级医院在农村儿童先天性疾病和贫困白内障患者复明救治工作中的作用，根据《财政部卫生部关于下达2007年中央补助地方公共卫生专项资金的通知》，云南省卫生厅与省财政厅共同下达了云南省儿童先天性疾病和贫困白内障碍患者复明救治项目补助资金295万元，用于对3690例患有视力残疾、唇腭裂、小儿疝气、睾丸鞘膜积液和尿道下裂等外科系统先天性疾病的儿童及贫困白内障患者开展专项救治。

卫生部西部支援项目工作顺利开展。按照《卫生部关于开展2008年度部属（管）医院支援西部地区农村卫生工作项目的通知》，结合云南省实际，制定下发了云南省的实施方案，确定了各州（市）卫生培训计划。确定部属部管医院中山大学对口支援助临沧市人民医院。2008年9月5日，在临沧市人民医院举行了“中山大学对口支援临沧市人民医院项目启动仪式”，中山大学的医学专家当天在医院开展了义诊活动。目前，已连续派出三批医疗队共7人到医院开展工作。通过对口支援，加强了医院医生的带教意识；规范了科室常见疾病的治疗及抗生素的合理使用，提高了医院医务人员的医疗水平；学到了发达地区医疗专家的严谨工作作风。同时，云南省已选派各州市17名卫生行政干部和医疗专业、医院管理人员到北京大学等高等学府进修、培训。

军队医院对口支援云南省县医院工作继续进行。为认真贯彻落实党中央、国务院关于新形势下进一步推进西部大开发战略的总体部署，总后卫生部决定对全国贫困县继续开展军队医院对口支援西部县医院工作。根据国家卫生部和解放军总后勤部卫生部联合下发的《关于军队医院对口支援西部省（市、区）县医院的通知》，云南省继续开展海军对口支援会泽县人民医院的工作。

完成“健康快车”楚雄项目工作。2008年，卫生部“健康快车”第二次驶抵云南省楚雄州开展白内障复明手术，共完成白内障复明手术1234例。

完成“重生行动计划”。“重生行动—全国贫困家庭唇腭裂儿童手术康复计划”是由国家民政部和李嘉诚基金会在全国范围内合作实施的大型公益项目。民政厅确定云南省第二人民医院为该项目的实施医院。该项目于2008年4月启动，截止10月31日，成功为410例患者完成唇腭裂手术康复治疗。

（徐和平　杨万泽）

西藏自治区医政工作

一、拉萨"3·14"事件医疗救治工作

2008年3月14日，拉萨发生了由达赖集团组织煽动，少数人参与的严重打、砸、抢、烧暴力犯罪事件。事件发生后，西藏自治区卫生厅医政处立即着手组建成立了自治区"3·14"事件医疗救治领导小组，三位领导也以最快的速度分别赶往处于医疗救治前沿阵地的自治区第一人民医院和拉萨市人民医院，协助厅领导坐镇指挥各相关医院的医疗救治工作，并承担了应急医疗救治领导小组办公室的公文起草和报送等任务。

3月14日—3月18日，自治区医政处领导在厅领导的带领小，连续在各对口协调医院工作五天，向区党委应急指挥中心和政府应急办报送情况报告19期，协调急需解决的问题请示5份，下发通知5份，为区党委应急指挥中心和区政府应急办指挥决策积极谏言献策。共为"3·14"事件伤员审核出具医疗费用证明47份，为承担免费救治任务的五家医院300余名伤员审核出具了垫付医疗费用证明。协调安排了多例转院、出院、住院的伤员。

二、北京奥运火炬西藏传递卫生保障工作

2008年，西藏自治区卫生厅医政处承担了北京奥运火炬西藏传递珠峰登顶和拉萨火炬接力期间的医疗救治保障工作。先后起草制定了珠峰登顶和拉萨火炬接力期间医疗救治工作方案，提出了承担医疗救治工作的医疗机构布点设想，确定了医疗救治工作的定点医院、医疗救治点，安排了人员培训、演练等工作，配备了部分急救设备，提出救护车车载急救设备、药品、人员配备要求，制定并下发了应急医疗救治工作程序，设计制作了医疗救治定点医疗和医疗救治点标识，承担起草了4月18日西藏自治区卫生厅在拉萨举行的"北京奥运火炬西藏传递卫生保障工作会议"的领导讲话稿。参加了奥运火炬登顶珠峰各定点医院、医疗救治点的检查督导，2名自治区医政处领导进驻珠峰大本营协调指挥火炬登顶珠峰期间的卫生保障工作。火炬登顶珠峰期间，经西藏自治区卫生厅医政处协调，共派出直接参与医疗救治任务的卫生技术人员7人。

从6月初开始，根据厅主要领导的安排，2名自治区医政处领导直接参加了奥运火炬拉萨接力医疗保障工作，多次组织召开拉萨市区各医疗单位的工作会议，对奥运火炬传递期间医疗保障工作进行安排部署，对定点医院、后备医院的工作进行了分工，明确了职责，确定了火炬接力当天承担院前救治任务的单位和救护车辆安排，先后两次对各相关医院医疗救治工作的准备情况进行了督导检查，对存在的不足，提出了在规定时限内进行整改的工作要求。为做好应对可能发生的突发事件的医疗救治工作，制定并印发了《突发公共事件医疗救治工作程序》，明确了医疗救治点、定点医院、后备医院的工作职责，突发公共事件医疗救治常规处置程序，包括一般群体性暴力事件、爆炸事件、中毒事件、生化袭击事件等四种突发事件的医疗救治工作程序。为在交通管制期间做好日常院前急救工作，授权自治区人民医院"120"急救中心在接到求助电话后，可根据患者所在位置调度市内其他相关医院承担院前急救任务。

火炬传递当天，承担熔火仪式现场、随火炬手运行和负责欢迎群众队伍的四辆救护车辆和卫生技术人员按时到达了指定地点待命，在熔火仪式现场待命的救护车接诊了一名高血压患者，由于患者病情较重，及时将其转送到"120"急救中心继续救治。使自治区党委、政府及有关部门进一步提高了卫生保障工作参与重大活动的重要性和必要性的认识。

三、医院管理年活动

根据国家卫生部的统一部署和安排，西藏自治区县及县以上医院于2005年开展"以病人为中心，以提高医疗服务质量为主题"的医院管理年活动以来，各医院以开展医院管理年活动为契机，进一步加强医院科学管理，疗服务质量和卫生技术人员服务意识得到了提高和强化，医院管理年活动取得了良好成效。为总结3年来医院管理年活动成效，迎接2008年全国医政工作会议，在分管领导的安排和指导下，西藏自治区卫生厅医政处组织专门力量收集了各地市卫生局和有关医院组织开展参与医院管理年活动情况，整理、汇编了约34万字的《医院管理年在西藏》一书。

为进一步贯彻落实《处方管理办法》，加强医院门诊处方管理，提高合理用药水平，2008年4月，西藏自治区卫生厅医政处对2007年对地（市）及以上医院抽取门诊处方，邀请专家开展了处方评价的相关数据进行了分析，撰写了《西藏自治区地、市以上医院门诊处方评价报告》，并收录入《医院管理年在西藏》汇编中，拟在全区医政工作会议上公布并下发。

四、组织全国护士岗位技能竞赛

根据卫生部医政司2008年工作安排，自治区人民医院于2007年认真开展了全国护士岗位训练活动，在接受卫生部督导后顺利进入全国复赛阶段。2008年3月，经医院层层选拔，脱颖而出的6名选手代表西藏护理界参加了卫生部在北京举办的全国护士岗位训练竞赛活动的复赛，得到了卫生部和兄弟单位的广泛好评，被卫生部授予护士岗位技能训练与竞赛铜奖单位受到表彰。

由于经历了拉萨“3·14”事件和奥运火炬登顶珠峰成功等重大事件，区内敏感日较多，维护社会稳定形势严峻，医疗救治任务繁重，原定组织召开全区护理工作会议，表彰优秀护理工作者的计划进行了调整，2008年国际纪念护士节以各地市卫生局和医院自行组织活动为主，普布卓玛厅长邀请了自治区德吉副主席参加了对厅直各医院临床一线护士的慰问活动，厅直医院和拉萨市卫生局等单位自行组织了形式多样，内容丰富的护士节纪念活动。

五、抗震救灾工作

2008年5月12日四川汶川发生了里氏8.0级特大地震，给人民生命财产造成了极大损失，严重的灾情牵动着党中央、国务院和全国人民的心，纷纷向灾区伸出了援助之手。在得知灾区急需口罩、手套等物质后立即向厅领导提出将自治区财政为西藏自治区“非典”时期采购配发的部分储备物质捐赠灾区支援抗震救灾的建议，经厅领导批准后，主动与四川省卫生厅联系，组织对捐赠救灾物品进行清点、打包，联系运送等事宜，并根据厅领导的指示，紧急采购了8万双线手套，对自治区藏药厂捐赠的仁青常觉、七十味珍珠丸等藏药分发寄送到四川、重庆、甘肃、陕西、云南等5个省、市卫生厅（局）。据统计，西藏自治区卫生厅捐赠的物品价值约78.72万元，藏药厂捐赠的药品（含药香）价值为34.53万元。

西藏自治区卫生厅医政处负责组织了赴四川地震灾区参加医疗救治工作的预备医疗队，协调自治区血液中心紧急调入了一批血浆袋，做好了自愿无偿献血人员的登记工作，做好了随时赴灾区参加医疗救治工作和支援血浆的准备工作。

10月6日，当雄县发生了6.6级地震，根据厅领导的指示，医政处参加了由厅领导带队并组织了由厅直医院15人组成的医疗队赴灾区开展医疗救援的工作，协调整合军、地卫生人员在灾区开展了医疗、疾病预防控制、环境卫生等工作，卫生抗震救灾工作受到了自治区党委、政府的好评。各有关医疗机构积极收治伤员，为伤员开辟了免费救治的绿色通道并安排了伤员家属的生活，据统计，各医疗机构收治的伤员总数为54人，垫付医药费20余万元。

六、医师资格考试考务工作

根据卫生部医师资格考试委员会的安排部署，先后参加了2008年全国医师资格考试工作会议、2008年医师资格考试报名信息系统操作使用培训会议和2008年医师资格实践技能考官培训会议。西藏自治区卫生厅医政处及时印发了《自治区卫生厅关于2008年医师资格考试考务工作的紧急通知》，并分别在西藏日报、西藏商报刊登了面对考生的《西藏考区2008年医师资格考试报名通知》，制定了考务工作时间表。

西藏自治区2008年报考医师资格的考生共有1741人，其中经考点审核不合格的32人，考区审核不合格125人，审核通过的共1407人。为加强考试保密管理，不具备试卷保管条件的考区和考点，均联系了经保密专业部门验收合格的保密室存放试卷，达到了安全保密要求。

加强了巡考工作，2008年医师资格医学综合笔试考试期间，西藏自治区卫生厅组建了7个巡考组，首次将巡考工作覆盖到全区所有考点。根据群众举报，西藏自治区卫生厅医政处对6名被举报人报考医师资格学历的真伪进行了核查，对其中4名经查实系伪造学历证书报考医师资格的考生，依法对当事人下达了取消当年及今后二年考试资格的处罚意见，如考生在法定时限内对处罚意见无异议后再下达处罚决定书予以处罚，还有2人的学历证书正在核查中。

2008年是医师资格实践技能考试藏医专业首次全国统一命题，西藏自治区是藏医实践技能考试命题组长单位，根据医师资格考试要求，西藏自治区卫生厅医政处协助藏医药管理局完成了命题、组卷、印刷、分发、寄送、保管等工作。

七、血液管理工作

2008年由于突发事件多，重大活动多，增加了临床用血和采供血工作的难度。3月14日，拉萨发生了严重的打砸抢烧暴力犯罪事件，由于拉萨各医院接诊的伤员数量明显增多，紧急临床用血量也将加大，西藏自治区卫生厅医政处立即通知血液中心做好紧急采供血的准备。在这样的非常时期，自治区血液中心积极与有关部门协调，经批准后先后两次前往西藏大学，动员在校大学生参加无偿献血，得到了大学生的积极支持与响应，保证了非常时期临床用血需要。

在奥运火炬登顶珠峰和拉萨火炬传递期间，为做好重大突发事件应急准备工作，西藏自治区卫生厅医政处对紧急医疗救治期间采供血工作提出了要求。由于日喀则地区中心血站未取得采供血机构执业许可，为保证利用血用的合法性和安全性，要求自治区血液中心派出卫生技术人员，以自治区血液中心委派的形式在日喀则地区开展采供血工作，在日喀则市组织了较大型的宣传采血活动。考虑到定日县无储血条件，为保证临床紧急用血需要，采取了在定日县成立无偿献血队伍，建立无偿献血者健康档案的措施，以备紧急情况下临床用血的采血需要。为做好奥运火炬拉萨传递期间突发事件医疗救治的准备，西藏自治区卫生厅医政处要求自治区血液中心和各医院血库加大储血量，自治区血液中心启动采血、供血、储血量的日报告制度，并做好紧急采供血预案。最大限度地保证紧急突发事件发生后临床用血供应工作。

为配合做好自治区人大常委会组织开展的《献血法》执法检查，西藏自治区卫生厅医政处起草报送了《西藏自治区无偿献血情况汇报》，参与了自治区人大组织赴昌都、那曲地区《献血法》执法检查活动。根据执法检查组的意见，起草制定了整改方案报政府。

八、问题奶粉事件和手足口病等重点疾病的防治

2008年，我国分别发生了手足口病疫情和含三聚氰胺婴幼儿配方奶粉导致婴幼儿泌尿系统结石事件。为做好西藏自治区手足口病防治工作，西藏自治区卫生厅及时成立了手足口病医疗救治专家组，及时转发了《肠道病毒（EV71）感染诊疗指南（2008年版）》，制定印发了《西藏自治区手足口病医疗救治工作方案》，组织举办了自治区手足口病医疗救治培训班，医疗救治专家组分别赴拉萨、林芝、那曲等地市会诊、指导医疗救治工作，较好发挥了医疗救治专家组在手足口病防治工作中的的积极作用。

问题奶粉事件发生后，根据卫生部和自治区党委、政府的有关指示，西藏自治区卫生厅成立了问题奶粉事件卫生处置工作领导小组，建立了自治区级医疗救治专家组，印发了国家和自治区的诊疗方案、B超诊断要点等技术文件，建立并严格落实了问题奶粉事件婴幼儿泌尿系统结石医疗救治工作信息的日报告、零报告制度，紧急调配医疗资源开展了大规模的患儿筛查，预留了病床，及时有效开展医疗救治工作。开通了“12320”问题奶粉事件健康咨询热线电话，在拉萨主流新闻媒体开展了有关问题奶粉事件医疗救治工作的新闻宣传报道和基本知识宣传，医疗救治专家组组织开展疑难病例会诊、讨论会议和技术培训工作，先后赴山南、日喀则、昌都、林芝等地区指导医疗救治工作受到了有关部门的欢迎与好评。截至2008年10月19日，全区接诊问题奶粉事件患儿总数57009人次，确诊患儿435例，住院治疗195例，已治愈152例，仍在住院的41例，各医疗机构累计垫付医药费492.6万元。

九、继续医学教育工作启动

在前几年准备的基础上，根据《西藏自治区卫生技术人员继续医学教育实施细则》，西藏自治区2008年在全区地市以上医疗预防保健机构正式启动了以学分管理为主的继续医学教育工作。制定下发了《西藏自治区继续医学教育项目申报、认可办法》、《西藏自治区继续医学教育学分管理办法和授予标准》、《西藏自治区远程继续医学教育实施细则》、《西藏自治区卫生厅关于开展继续医学教育的通知》和《西藏自治区卫生厅关于申报2008年自治区级继续医学教育项目的通知》等文件。已组织专家对自治区人民医院、山南地区医院、西藏藏医学院等单位报送的自治区继续医学教育项目申请13项进行了评审，公布了批准的自治区继续医学教育项目。

十、其他工作

根据医疗机构属地管理原则，协调拉萨市和山南地区卫生局对厅直医院登记注册、校验和机场医疗机构变更等事宜，明确了职能和管理权限。根据《西藏自治区人民政府办公厅关于印发在全区重点行业和领域开展安全生产百日督查专项行动方案的通知》，制定印发了《自治区卫生厅关于印发医疗机构安全生产百日督查工作方案》，并按照自治区安委会的要求，将组派人员参加督查活动。从2008年5月开始，由处长带队赴西藏自治区卫生厅扶贫联系点的昌都地区边坝县开展为期一年的扶贫工作。经分管厅领导和政工人事处多次研究讨论，制定了关于加强西藏医学会工作的建议交主要厅领导审核。根据厅机关工作职能调整，将城市社区卫生服务工作转交给基层与妇幼卫生处。为配合自治区疾控中心鼠疫菌株的安全移送，制定了对菌株移送中可能发生的意外事故的应急医疗救治工作预案，协调沿线各医疗机构，做好了医疗救治工作的准备。成功协调解决了一起长达近两年的医疗纠纷。由于西藏自治区卫生厅医政处对患者热情接待，做了大量耐心细致的思想工作，得到了患者的理解，最终医患双方协调解决了该起医疗纠纷，患者为医政处送来了写着“正义为千万家庭幸福，执政为生命健康护航”的锦旗以表感激之情。根据卫生部和国家食品药品监督管理局的安排，及时开展了对黑龙江完达山制药厂生产的“刺五加”等注射液的停用和清查等工作。组织开展了对《关于深化医药卫生体制改革的意见（征求意见稿）》的征求意见等工作。

（李路平　何　晓）

陕西省医政工作

一、突发事件医疗救治工作

全力做好抗震救灾工作。2008年5月12日，四川省汶川和陕西省部分地区发生了强烈地震灾害，给人民群众的生命财产造成了巨大的损失。灾情发生后，医政处按照厅领导指示迅速行动起来，立即号召各医疗机构抽调精兵强将组建了抗震救灾医疗队。当晚，在黄立勋副厅长带领医政处和3支医疗队立即前往陕西重灾地区汉中市及宁强、略阳县，并先后深入到汉中市中心医院、3201医院、汉中市人民医院，略阳县医院、铁路医院、中医院等医疗机构了解灾情，指挥病人转移，看望医务人员。随后，陕西省卫生厅按照国家卫生部和省委、省政府的指令，抽调12所医院的400余名专家组成陕西省抗震救灾医疗队，先后奔赴四川灾区执行医疗救治任务。从5月15日到6月24日40天时间里，赴川的11支医疗救治分队不畏艰险，不计得失、不辞劳苦、不辱使命，冒着频繁的余震危险和高温酷暑，日夜奋战在广元、绵阳、德阳等地市的青川、汶川、北川、平武等重灾区的救死扶伤第一线，圆满完成了抗震救灾医疗救治任务。得到国家卫生部前线指挥部、四川省卫生厅和当地政府以及各省市同行的普遍赞誉和好评。据统计，赴川医疗救治队累计接诊救治伤病员10963人次，抢救处理危重伤员1768人次，实施手术760例，参与各种治疗2174人次，转运病人2025人次，救护车出动677次，会诊965人次，巡诊311次，参与各种护理操作治疗21916人次。紧张的救治工作之余，为表达对灾区人民的情谊，陕西省卫生厅的各个医疗救治队慷慨解囊，伸出救援之手，积极开展向灾区人民捐献活动，据不完全统计，赴川医疗救治队已累计向广元、绵阳、德阳等地市医疗机构捐献价值155万余元人民币的药品、器械和生活用品。

在省内灾情较重的汉中、宝鸡、西安等地，各级医院医护人员昼夜值守在工作一线，及时有序地将病人转运到广场院落等安全地带，地震发生时，所有医疗机构没有一个人放弃病人逃离岗位，许多医院手术室、重症监护室的医务人员沉着冷静，置个人安危于不顾，依然进行着手术、治疗、处置，没有因地震造成医疗事故或医疗纠纷。据统计，全省各级医疗机构共接诊省内地震伤员32746人次，累计处置伤员8736人，住院治疗伤员1309人。同时，陕西省卫生厅按照卫生部的指令，积极组织做好四川转运伤员的医疗救治工作。5月21日凌晨，共调动救护车220辆，出动救护人员800多名，成功组织转送了来自绵阳和广元的248名伤员到第四军医大学西京医院和唐都医院进行救治。加上后期转来的伤员及家属，陕西省共收治四川灾区转往陕西进一步治疗伤员268人，截至2008年9月底，所有伤员已全部出院，实现了零截肢、零感染、零死亡的救治目标。

抗震救灾应急医疗救治任务取得阶段性成果后，陕西省卫生厅医政处又按照省政府《关于成立陕西省津陕对口支援工作领导小组的通知》的统一安排，抽调专人，同省发改委、省教育厅、省农业厅有关同志共同组成陕西省宁强县灾后重建工作组，于6月24日进驻宁强县开展灾后恢复重建工作，工作期间，陕西省卫生厅严格按照省政府确定的工作职责，充分发挥当地政府和相关主管部门的主体作用，细致调研、科学规划、稳妥启动援建卫生项目。一是积极当好参谋，调整项目规划，确定重建重点，把医疗卫生单位恢复重建工作列入重点建设项目之中，恢复重建资金投入由原先计划的2300万元增加为12381万元（其中天津援建资金11371万元、国债资金320万元、地方配套及群众自筹690万元），使重建卫生项目投入达到天津援建资金总额的13.6%。二是深入了解地震灾情，合理确定重建项目。进驻宁强之后，陕西省卫生厅同当地政府及卫生部门工作人员一道先后深入到20多个受灾医疗卫生单位，现场察看灾情，座谈听取当地政府及医疗卫生机构的灾后重建计划及意见建议，并结合当地的服务人口、医疗保健需求、医疗卫生资源配置情况，确定宁强县灾后重建项目11项，建设医疗卫生单位21个。包括征地105亩、投资9850万元新建设置床位400张、建筑面积3.2万平方米的宁强县天津医院1所；投资268万元，维修加固宁强县医院住院楼，广坪镇、代家坝镇中心卫生院门诊、住院楼9460平方米；投资2263万元新建、扩建代家坝、燕子砭、广坪镇、胡家坝、巴山镇等5个中心卫生院，高寨子、青木川、安乐河等3个乡镇卫生院及玉泉坝、水观音、罗家坝、老燕子砭、中坝、烈金坝、白杨林、老代坝、平溪河、关口坝、大竹坝等11个卫生所。上述重建项目，经过工作组与当地政府、天津规划设计部门共同调研论证，项目建筑设计前期准备工作已基本完成，许多项目已开工建设。

切实做好手足口病疫情防控和医疗救治工作。2008年4月，手足口病疫情在安徽阜阳地区爆发流行，很快波及全国。这次疫情发生范围广，感染患儿多，病死率高，严重威胁陕西省儿童健康。疫情发生后，陕西省卫生厅高度重视，迅速行动。立即召开了专题会议，成立了领导机构和救治专家组，制定下发了“关于加强手足口病医疗救治工作的通知”，举办了手足口病救治师资培训班，为各市培训师资100余人，印发培训资料2000余份。截至6月，陕西省共发现病例4156人，住院治疗1829人次，无死亡病例报告。

做好婴幼儿奶粉事件医疗救治工作。9月11日“三鹿婴幼儿配方奶粉”重大安全事件发生后，陕西省卫生厅医政处积极指导各地、各单位迅速有效的开展医疗救治工作。一是落实卫生部“重心下移，关口前移”的要求，分级、分层、分区域开展筛查。要求以县为单位，确定有技术能力的医院负责本辖区婴幼儿筛查工作，积极引导广大家长在婴幼儿户口所在地筛查。二是紧急调配了大量设备，人员充实到救治一线，在各医院划定专门区域，设置指示标志，开辟绿色通道，优化就诊流程，使筛查更为方便快捷。三是紧急调派了省直各大医院10支医疗队，配备10台B超支援儿童医院，有效缓解了就诊压力。四是以患儿筛查救治为中心，并积极协调相关单位争取政府救治补助资金，落实免费医疗政策，问题奶粉筛查救治期间，仅省本级财政就下拨资金1亿多元。五是配合有关部门积极做好宣传解释工作，保证正常的医疗秩序和社会稳定。六是及时组织4个督查组赴各地市现场指导医疗救治工作。截至12月22日，全省共筛查儿童524647人，确诊4750人（其中：9月11日前的回顾性病例17例，9月11日—12月2日病例4733例），重症患儿6例（其中9月11日前的回顾性重症病例3例，9月11日至12月2日确诊重症病例3例），回顾性死亡病例1例。

及时有效处置多起医院内感染事件。2008年9月23日陕西省卫生厅得知西安交通大学医学院第一附属医院发生医院感染事件并导致多名儿童不明原因死亡。陕西省卫生厅医政处立即按照厅领导的指示，组织成立了由新生儿、院内感染控制、产科、流行病、病理、传染病和CDC等相关专业17名专家组成的调查组于当晚8时30分赶赴西安交通大学医学院第一附属医院开展现场调查并指导患儿医疗救治工作。陕西省卫生厅医政处一方面暂时封闭新生儿科，迅速切断可能的传播途径，同时组织相关专家采取有效措施全力救治仍在院的新生儿患者；一方面组织召开了全省各级各类医院共7000余人的医疗安全管理专题电视电话会议，通报交大一附院这起事件，要求各医疗机构切实加强医疗安全管理，堵塞管理漏洞。同时陕西省卫生厅医政处连续发文要求各级卫生行政部门立即开展医疗安全管理专项检查，查找漏洞，排除隐患，确保广大患者的医疗安全。

2008年11、12月，在省妇幼保健院、西安医学院附属医院、省医院发生的3起疑似院内感染事件中，陕西省卫生厅医政处按照厅领导的指示，周密组织、积极行动，在第一时间抽调相关专家共10余人深入救治一线指导院感防控和医疗救治工作，取得了很好的效果，有力的保障了广大患者，特别是重症新生儿的健康和安全。据统计，三起事件中共救治患儿17人，（包括危重6人），无死亡病例。

其他公共卫生事件应急救治。2008年陕西省卫生厅医政处先后组织了西潼高速公路重大交通事故，扶风土崖崩塌压垮校舍，岚皋特大交通事故、杨凌学校食物中毒事件等多起公共卫生事件的应急医疗救治工作，仅省级医疗机构派出应急救治专家40余人次，参与救治伤病员200多人。将受伤群众的生命健康损失降到最小程度。

二、年度目标任务完成情况

安排部署全省重点医政工作。针对2008年医政工作头绪多、任务重的特点，陕西省卫生厅及时召开了全省医政重点工作部署会议。紧紧围绕全国、全省卫生工作会议精神，制定下发了医政工作要点。确定医院管理年活动、医疗机构管理工作、医疗急救体系建设、血液管理、医院管理干部培训、护理管理等工作为年度医政工作的重点，为各地市、各单位理清了工作思路，提出了明确要求，为全面做好医政管理工作打下了良好的基础。同时，陕西省卫生厅医政处还组织各市卫生局、厅直各医疗单位在延安市急救中心召开急救现场会，参观延安市急救网络，指导各地完善急救三级网建设，大力提升陕西省整体应急急救能力。

医疗服务管理工作。继续深入开展医院管理年活动，医院管理年活动是强化全行业管理，确保医疗质量和医疗安全的重要举措。在以往工作的基础上，2008年管理年紧紧围绕抓质量、抓服务、上水平的重点，着力加强组织领导和监督检查，认真做好各级医院的评价和监管。为使活动取得实效，陕西省卫生厅医政处制定下发了“关于继续深入开展医院管理年活动的通知”，紧紧围绕“十项基础质量达标”活动（即医疗规范执业达标、临床合理用药达标，全员基础技能培训达标，病历书写质量达标、临床检验质量达标、临床输血质量达标、手术室质量达标、供应室质量达标、内镜消毒质量达标、口腔器械消毒达标），促进医疗服务整体水平全面提升。以推进医院规范化管理为抓手，全面落实医院管理年活动各项工作任务。一是继续以七项规范管理为基础（疾病诊疗过程规范、医疗文书书写规范、临床用药规范、临床技术操作规范、服务流程规范、三级质量管理规范、医疗收费规范），以强化核心制度建设为重点，不断强化医务人员的法律意识、质量意识、安全意识、道德意识和荣辱意识，确保医疗服务质量持续改进和不断提高。二是加强院内执业环境综合治理，认真做好人员资格准入管理、规章制度建设和职能科室建设，确保诊疗行为规范。三是以实施十项达标为突破口，促进医疗基础质量持续改进。四是严格执行《抗菌药物临床应用指导原则》，进一步加强医院药事管理，提高全省医院药事管理和临床合理用药水平。要求二级以上医疗机构建立健全监测网络，重点开展院内监测，指导抗菌药物临床应用，促进抗菌药物的合理应用。五是严格执行首诊负责制度、三级医师查房制度、查对制度等，依法保障患者医疗安全。进一步强化医疗安全管理，努力构建和谐医患关系。六是以坚持合理检查、合理用药为基础，坚持规范诊疗行为，提高医疗质量和工作效率，严格控制、规范使用高值耗材和贵重药品，认真落实各项措施，努力降低医疗费用。七是注重医院文化、精神和传统的积淀，下大力气整治人民群众就医环境，坚持以人为本，以做好善待病人、善待员工、培养团队精神，树立品牌意识等工作为重点，不断加强医院文化和环境建设，树立良好的社会形象。

加强医疗安全管理。医疗安全直接关系到广大患者的健康利益，关系到医疗卫生系统的社会形象。近年来，医院发展的外环境复杂、医患关系不够正常，各种涉及医疗安全事件和突发公共卫生事件时有发生。在这种形势下，2008年陕西省卫生厅医政处从维护患者权益，保持社会稳定，构建和谐社会的高度出发，将医疗安全管理工作放在特殊重要的位置，及时转发了《全国"平安医院"创建工作考核办法及考核标准（试行）》，制定下发了《关于切实做好2008年春节和"两会"期间医疗安全与应急救治工作的通知》、《关于开展安全生产大检查的紧急通知》，组织各市卫生局对辖区内医疗机构安全生产情况进行了以消防、压力容器、大型医疗设备和医院重点部门、重点部位为重点的全面安全检查。要求各医疗机构建立健全防范事故的规章制度和应急预案。严格安全生产责任制和责任追究制度，杜绝工作疏漏，为广大患者提供安全放心的医疗环境。

医院等级评审工作。2008年以来，陕西省卫生厅把认真做好医院等级评审工作作为医政管理的头等大事来抓，力争通过扎实认真的开展医院等级评审，加强医院内部管理，转变服务理念，规范医疗行为，提高医疗质量，保障医疗安全，降低医疗费用，为广大人民群众提供优质高效、安全快捷、温馨舒适、费用低廉的医疗保健服务。在以往工作的基础上，陕西省卫生厅进一步完善了医院等级评审的标准和程序，召开了等级评审工作专题会议，制定了全省三级医院评审计划，指导各地制定完成了本辖区二级医院评审计划。在宝鸡市举办了三期医院等级评审培训班，共1100余名医院管理人员参加了培训。目前，陕西省卫生厅已按照工作计划全面完成了宝鸡市中心医院等4所三级医院、凤翔县医院、岐山县医院、扶风县医院、志丹县医院等16所二级医院一、二类指标的评审工作。

技术准入管理工作。高新医疗技术的研究和应用是医学科学发展的最终目标，是衡量一所医院、一个地区医疗水平的重要指标，也是医疗卫生工作造福广大患者的具体体现。然而，高新医疗技术的临床应用也存在较大的风险性和不确定性。充分利用高新技术解除患者病痛，同时尽可能降低风险已经成为医政工作进一步深化、细化的重要方面。2008年以来，按照卫生部的统一安排和陕西省医政工作计划，陕西省卫生厅以作好心血管介入治疗技术的临床评价、技术准入和规范管理工作为重点，进一步强化临床技术准入的规范化管理。4月，对全省开展心血管疾病介入治疗技术的医疗机构进行了摸底调查，对申请开展心血管疾病介入治疗技术的医疗机构和人员进行了资质审查。并组织专家对符合条件的医疗机构进行了现场评估。现已按计划完成了对57所开展心血管介入诊疗医疗机构的摸底调查，完成了31所符合开展心血管介入诊疗医疗机构的现场评估和资质审查。对符合标准的医疗机构重新核定了诊疗科目并向社会进行了公示。对不符合标准的停止了该诊疗项目。

技术人员的准入管理工作。技术人员的准入管理直接关系到医疗技术水平，关系到患者的健康权益。2008年陕西省卫生厅加强了人员准入管理。完成了2007年医师资格考试通过人员的资质审查，发放执业医师证书5210份（其中执业医师3037名，执业助理医师2173名）。完成省直、省管医疗机构医师注册936人，军队转地方换证47人；共受理医师资格考试报名25688人，参加医师资格实践技能考试25300人，接待群众电话政策，法规，业务咨询等400余人次。做好护士注册和审核发证工作。08年共办理护士执业证书6192个，办理变更注册139人次。同时，陕西省卫生厅按照卫生部的统一安排，认真组织开展了执业医师定期考核工作，对省直属直管的15个考核机构和考核组织进行了认定复核。

血液管理工作。血液管理工作是确保医疗安全的基础，是医政工作的重要内容。2008年陕西省卫生厅紧紧抓住血液质量、临床用血安全和单采血浆站监管等重点，一是以全国献血者日为契机，组织全省各地举办了形式多样的系列宣传活动，持续开展无偿献血的宣传招募，大力推行成分输血，做到科学用血、合理用血，无偿献血率首次实现100%，医疗机构成份血使用率达到95%以上，全年无输血引发疾病报告，切实保证了临床用血需求和群众用血安全。二是进一步加强采供血机构建设，重点加强质控中心和全省采供血机构计算机联网建设，开展血站的室间监控业务。全面落实血液的采集、检测、储存、运送整个流程的质量控制管理。三是全面完成了全省单采血浆站的转制和善后工作，严格按照单采血浆站质量管理办法，组织验收了全省4个单采血浆站。同时，进一步加强了对单采血浆站的质量监督和管理，确保血液制品原料血浆质量。四是强化采供血人员和临床医师专业知识培训，重点抓好各级医院检验人员业务知识的培训。制定了年度培训计划，组织各地市分别举办输血培训班12期，培训技术人员4000余名。

卫生支农工作。万名医师支援农村卫生工程是中央财政支持的一项缩小城乡医疗技术差距，方便广大人民群众就医的惠民工程。几年来陕西省卫生厅认真按照卫生部的要求，组织城市医院的中高级医务人员深入全省54个国贫、省贫县开展卫生支农工作。2008年，陕西省卫生厅在全面总结了"万名医师支援农村卫生工程"实施三年来的工作情况的基础上，制定下发了"2008年万名医师支援农村卫生工程实施方案"。在实施过程中，一是继续不断强化责任落实，建立长效机制。明确各市卫生局对卫生支农工作的管理、督导、检查和日常管理职责，将城市支援农村卫生工作列入议事议程、纳入工作规划，使之经常化、制度化；二是2008年卫生支农工作继续保持对口单位不变、下派人员数量、标准不变、实施时限不变，进一步完善管理办法、实施措施，保证人员、内容、时间、效果四落实。三是将工作重点放在提高医院管理水平和人才培养、技术指导、学科建设等方面，把卫生支农和开展医院管理年活动结合起来，加强医院规范化管理，提高综合救治能力；四是注重对基层业务骨干、学科带头人的培养和新业务开展、新技术推广，以及优势或特色科室建设，不断拓宽受援医院的服务范围，提高受援医院的诊疗水平，提升受援医院的管理水准，从根本上促进受援医院的整体发展。8月底，陕西省卫生厅医政处组织5个督导组赴全省54个受援医院现场督查了“卫生支农”各项工作进展情况，确保党和国家的惠民政策能落到实处。

护理管理工作。护理工作是医政管理的重要内容。2008年，陕西省卫生厅紧紧围绕《护士条例》精神，以“强化护士素质、稳定护理队伍、提高护理水平、提升行业形象”为重点，继续加强护理管理工作。一是进一步贯彻落实《护士条例》、全国、全省护理工作会议精神和《陕西省护理事业发展规划纲要》的要求，对省直省管医院护理管理、培训及护理服务质量进行了调研；二是组织召开了全省护理工作座谈会，交流护理管理经验，提高全省护理管理水平；三是表彰了全省护理技能竞赛获得优胜的8个医疗机构和24名护理工作者，并选送西安交通大学第一附属医院代表陕西省参加全国护理技能竞赛；四是和省护理学会联合举办了百篇优秀护理论文评选活动，并编印了优秀护理论文集。

人员培训工作。2008年陕西省卫生厅继续加强卫生管理人才和技术人才的培训工作。一是按照卫生部的安排选送各专业技术人员23名参加国家培训；二是举办二级以上医院院长培训班一期，医务科长、药剂科长培训班一期，共计近1000人参加；三是指导各专业质控中心分别举办重点专业技术培训班；四是结合突发公共卫生事件，分别组织了手足口病、地震伤员诊疗、问题奶粉婴幼儿筛查诊疗师资培训班。

其他医政工作。继续在全省范围内推行医疗服务信息公示制度，扩大信息公示的范围和内容。2008年上半年，对38个三级公立医院6种重要疾病的医疗服务信息进行了网上发布，各设区市卫生局也按照属地管理原则对辖区医院的医疗服务信息进行了各种形式的公示。贯彻新《医疗广告管理办法》，进一步完善了医疗广告的申办程序、审查内容、出证范围、监测措施、查处原则、处罚规定等方面的规定。规范医疗广告审查出证程序，坚决杜绝非法医疗广告，共受理、出具《医疗广告审查证明》35份。完成了《陕西省实施医疗机构管理条例实施办法》修订稿；回复人大代表、政协委员议案、提案17份；接待来访群众200余人次，处理群众来信100余件。

（黄立勋　陈学文）

甘肃省医政工作

一、医疗服务质量管理

继续深入开展“以病人为中心，以提高医疗服务质量为主题”的医院管理年活动。2008 年，卫生部提出第二阶段深入开展“以病人为中心，以提高医疗服务质量为主题”的医院管理年活动。根据卫生部和国家中医药管理局的安排，在卫生厅党组的领导下，结合甘肃省医政工作的特点，按“1234”的工作思路，即“一条主线（以病人为中心的主线）、两项重点（医疗质量、医疗安全）、三个中心（急救、血液、临检）、四大准入（机构、人员、技术和设备运行）”，全面开展医院管理年各项活动，有力的保障了医院管理年活动的深入开展，对推进医院管理的科学化、规范化和标准化建设，全面提升医院管理水平，改善医疗服务态度，规范医疗行为，提高医疗质量，保障医疗安全，控制医疗费用等起到了重要的作用。

全面开展等级医院评审工作。为了使“医院管理年”活动不断深入，2008 年，甘肃省总结了总结 2006、2007 年等级医院评审的成功经验，在全省各级各类医院中展开全方位、多层次、多角度的向管理要质量、向管理要效益、向管理要满意的活动，紧紧围绕“质量、安全，持续、改进”的主线，坚持实事求是、公开透明的原则，实行政府牵头、学会参与、公开透明、动态管理的模式，圆满完成了我省第二轮的等级医院评审工作，取得了明显的成效。目前共完成 26 家三级医院评审，市州卫生局上报二级医院 69 家，专科医院评审全面展开。

二、采供血液管理工作

甘肃省无偿献血工作覆盖全省各市州，基本能够满足临床需求，2008 年没有采购血液不良事件的发生。为进一步加强血液管理，确保血液质量和安全。在“6·14”世界献血者日，甘肃省组织各采供血机构在各市、州同时开展了形式多样的大型无偿献血宣传活动，收到了较好的效果。2008 年举办了无偿献血招募培训班及血站质量管理规范培训班，有力的推动了无偿献血工作，保证了血液安全。截至 2008 年 9 月，全省无偿献血比例达到 99%，其中自愿无偿献血比例为 96%。全省 2008 年共有 50 人荣获卫生部、中国红十字总会的无偿献血奉献金奖，兰州市、嘉峪关市、酒泉市荣获全国无偿献血先进城市奖，其中兰州市、嘉峪关市是第三次获得此殊荣。

在 2008 年初的“冰雪灾害”和“抗震救灾”期间，积极采取措施，进一步加强宣传动员，采取延长采血时间，集中预约等方式保证了特殊时期的临床血液供应。2008 年 10—12 月，组织了全省血液质量管理督查工作。

三、医院感染管理

2008 年没有发生医院内感染的恶性事件，有力的保障了医疗安全。10 月，针对西交大严重医院感染事件，组织对省内三级医院的医院感染管理进行了专项督查。同时召开全省医院感染管理交流及知识竞赛大会，活跃了学术气氛，强化了全省医护人员医院感染防控意识。12 月配合劳动厅组织了压力容器上岗培训。

四、紧急救援体系

急诊急救能力进一步提高，应急反应灵敏，成功完成了各项紧急救援任务，受到社会一致好评。“5·12”汶川特大地震后，紧急组建 20 支医疗救援队伍及救援车队分批赶赴灾区一线，开展各项医疗救援工作，圆满完成了现场救治、伤员护送转运等各项救援任务。同时，胜利完成多次特大车祸事故、厂矿安全生产事故的医疗救援工作。奥运期间，应卫生部和北京奥组委的安排，选派紧急医疗救援队伍赴京，胜利完成了 2008 北京奥运火炬传递及赛事期间医疗保障等多项政府下达的医疗保障任务。

五、严把准入关

严格按照《条例》及其实施细则等规定审批医疗机构进行设置，2008 年受理医疗机构设置申请 3 件及变更机构类别申请 2 件，经组织专家组现场评估，厅务会议审议，完成设置审批 3 件。按照相关规定受理审核医疗机构校验、执业登记注册申请 60 起，登记注册 52 家，受理审核变更登记注册申请 76 起，变更登记 62 家。

2008 年全省共有 19869 名考生参加全国执业医师资格统一考试，各级卫生行政部门在考试组织工作中严肃认真，严把考生报名资格审查关，考试过程中认真履行各项职责，依法执考，从严治考，圆满完成了全年全国医师资格考试甘肃考区各项任务。

按照《医疗广告管理办法》，规范医疗广告审查，2008 年共接待医疗广告申请 127 件次，受理医疗广告申请 80 件，审查通过，出具审查证明 45 份，并将出具的《医疗广告审查证明》在甘肃省卫生厅网站公示。

六、临床诊疗工作

根据卫生部有关要求，进一步组织实施了《放射诊疗管理办法》、《医院感染管理办法》、《医师外出会诊管理办法》、《麻醉精神药品管理条例》、《处方管理办法》等，促进了全省各级医务人员规范行医。进一步加强了临床药事管理。重点加大对医疗机构毒麻药品的管理，年初根据卫生部安排，组织对全省各医疗机构的毒麻药品管理进行了专项检查，2008 年未发生一起因毒麻药品造成的事故。根据“平安奥运”要求，重点加强了医疗机构含兴奋剂药品的管理及肉毒素管理。根据卫生部通报精神，年内叫停和召回了“刺五加”、“茵栀黄”注射液及“上海达美小儿输液针”、“法国美的医用导管”等问题药品和医疗器械。

召开了全省临床检验质控工作会议，对全省临床检验工作进行了安排部署。举办了 PCR 技术培训班，进一步规范 PCR 实验室的检查验收，于 11 月组织对全省临床实验室进行了分片督查，重点检查了定西、天水市二级以上医院的临床实验室。

七、护士管理工作

《甘肃省护理事业发展“十一五”规划》实施进展顺利。举办西北五省贯彻落实《护士条例》培训班。开展纪念“5·12”国际护士节系列活动，隆重的纪念“5·12”国际护士节暨表彰大会，组织全省优秀护理服务集体、优秀护士、优秀护理管理者评选和表彰活动，全省优秀护理论文评选和表彰活动活动及全省护士岗位训练技能竞赛活动等。

加强护理队伍建设，提高护理人员业务素质。积极开展护理学术交流活动，与《兰州大学学报》编辑部联系出版护理专刊，刊登护理论文 60 余篇。加大护理人员业务培训，举办了全省护士长管理培训班、口腔护理暨艾滋病防护培训班、手术室护理培训班。经省卫生厅研究决定，拟创办《甘肃护理》杂志，设立甘肃省黎秀芳科技进步奖。

八、防盲治盲工作

组织实施了《2007 年中央公共卫生专项资金中西部地区儿童先天性残疾和白内障复明救治》项目项目，利用中央财政安排的专项资金，完成了全省 180 人患有视力残疾、唇腭裂、小儿疝、睾丸鞘膜积液和尿道下裂等外科系统疾病的先天性疾病儿童的救治和 2075 名贫困白内障患者的复明救治。组织实施了由海航集团赞助，旨在对甘肃省广大农村视力残疾患者进行救治的“海航—甘肃光明行”爱心活动，为 500 名贫困白内障患者进行复明救治。完成了爱德/CBM 防盲项目的交接工作，选定项目医院 2 所。

九、微笑列车无唇腭裂示范省项目

甘肃省微笑列车无唇腭裂修复示范省慈善项目自 2008 年 4 月 1 日启动以来，在卫生部门和人口部门的通力合作下，在项目医院的大力配合下，甘肃省微笑列车项目工作取得了一定成绩，截至 2008 年 11 月 30 日，卫生和人口部门共筛查出患者 14083 人，其中未修复的患者 4147 人；全省各项目合作医院完成手术修复 2648 例，其中一期手术 2081 例，二期手术 567 例。

十、三聚氰胺致婴幼儿泌尿系结石医疗救治工作

在卫生部、省委省政府的领导下，甘肃省婴幼儿奶粉事件医疗救治工作进展顺利，取得了阶段性胜利。自 2008 年 9 月 11 日以来，甘肃省各级卫生行政部门和医疗机构高度重视患儿的诊疗工作，以对患儿生命健康高度负责的态度，维护社会和谐与稳定的高度，识大体、顾大局，本着为政府分忧、为社会承担责任的思想，全心全意广大患儿及其家庭服务，规范诊疗，保证了患儿早发现、早诊断、早治疗、早康复。

（常继乐　腾贵明）

十一、抗震救灾医疗卫生工作

“5·12”汶川特大地震发生后，甘肃省省级卫生单位共派出 18 支医疗队赴灾区开展医疗救治工作，累计救治伤员 9940 人，其中门诊救治 8208 人，住院 1732 人，转诊灾区伤员 101 人。组织 11 批 238 名专业技术人员、95 台车辆组成卫生防疫队伍，采样检测食品和饮用水 1.32 万份，发放宣传材料 158.3 万份，对 40 万名群众进行了防病知识宣传，培训卫生人员 8700 人次。接种乙脑疫苗 9 万人，麻疹疫苗 18 万人，甲肝疫苗 14 万人，接种率均在 95%以上。开展环境消毒、杀虫、灭鼠面积 5428 万平方米，使用消毒药品 9.6 万公斤，确保了地震灾区无饮用水源污染、无重大食品中毒事件发生、无传染病疫情发生。甘肃省卫生厅累计筹集抗震救灾资金和物资近 1.4 亿元，购置设备和药品 762.55 万元。

（常继乐　腾贵明）

青海省医政工作

一、医院管理年活动

继续在全省县以上医疗机构深入开展“医院管理年”活动，并针对以往“医院管理年”活动中存在的问题，对活动内容进行了拓展。一是在全省县以上医院开展10项基础医疗质量管理评价活动。二是在全省省州两级医院试行单病种质量和费用控制管理工作。三是在省州两级医院实行病例分型质量管理。四是开展临床药师试点工作。五是在全省县级以上医院开展创建人民满意医院活动。

为推进医院管理年活动的深入开展，2008年3月9—11日在西宁举办了全省医院工作暨全省卫生支农、卫生扶贫会议。全省各州（地、市）卫生局局长、县及县以上医院的院长、医务科主任等240余人参加了会议。根据青海省卫生厅《关于开展医院管理年活动督导工作的通知》安排，在全省范围内组织了多种形式的督导检查。并督促省医疗质量控制中心对西宁地区二级以上医院和各州（地、市）及部分县医院医疗质量的定期检查，并及时进行信息通报。安排省临床检验中心开展全省临床化学室间质评，并对质评情况定期进行通报。通过开展医院管理年活动，医院各项工作得到加强，取得了一定效果，具体表现在：

一是医疗服务流程更加合理，就医环境得到改善。各级医疗机构围绕简化医疗服务流程这一重点，积极创造条件，加大投入，优化流程，简化环节，提供便民服务，实行了在一个窗口完成挂号、划价、收费等“一站式”服务和“三三制”等措施，普遍设立了方便简易门诊、药师咨询台，患者就医等待时间明显缩短，就医更加方便。同时加大医院外环境的美化和门诊、住院病房的装饰，为患者提供了整洁、优雅、温馨的就医环境。

二是医疗质量和医疗安全核心制度得到进一步落实，医疗服务质量有所提高，医疗安全得到加强，“三基”、“三严”训练得到强化。各级医疗机构严格执行医疗卫生管理法律、法规、规章及诊疗护理规范，依法执业，建立健全并落实医院规章制度和人员岗位责任制度，严格基础医疗和护理质量管理，加大对盲点时间、重点部位、临床科室及危重、重大手术病人救治的监督和检查力度。并以开展“医院管理年”活动为契机，大力开展医院十项基础医疗质量管理评价活动，以医疗基础质量管理为重点，通过评价考核，夯实了基础，进一步提高了医疗服务质量，保障了患者医疗安全。

三是“以病人为中心”的服务理念进一步牢固，服务态度、服务作风明显改善，医患关系进一步和谐。各级医疗机构从维护病人权利，充分尊重病人的知情权和选择权出发，大力改变服务态度，建立和完善医患沟通制度、病人投诉处理制度，公布投诉电话，及时受理和处置病人投诉，医疗纠纷信访案件明显减少。

四是医药收费行为得到规范，价格管理得到加强。各级医疗机构严格执行国家药品价格政策和医疗服务收费标准，公开收费项目和标准，完善价格公示制、查询制、费用清单制，提高收费透明度，做到让患者明明白白看病。同时加强药事管理工作，特别是在临床药学制度建设、临床药师配备、合理用药、药品动态监测等方面有了明显改善。乱收费、乱检查、大处方等不良执业行为明显减少，后期服务质量有所改善。

五是解决“看病贵”的措施得到较好落实，患者就医经济负担有所减轻。各级医疗机构认真执行单病种费用限价制、临床用药限额制、辅助诊断检查结果互认制等减轻患者就医经济负担的若干措施，进一步规范临床用药行为，减轻病人负担。同时，各级医疗机构切实担负起医疗服务的社会责任，发挥济困病床作用，为城市（镇）低保人群提供了“一免七减”的优惠医疗服务，2008年共为166.9万人次贫困人口减免医疗费用973万余元。

六是卫生行政部门对医疗机构的监管力度进一步加大。各级卫生行政部门切实担负起活动组织者和领导者的职责，加大对活动的检查和指导力度，保证了活动按计划、有步骤、扎实有效的开展。同时以“医院管理年”活动为契机，全面组织开展了打击“三非”活动，加大对医疗机构的监管力度，重点查处了无证行医、医院对外承包、租赁科室、聘用无资质人员从事医疗护理工作、非法采供血等违法违规行为，医疗市场和医院执业行为进一步得到规范。

二、“万名医师支援农村卫生工程”项目

制定了《青海省2008年“万名医师支援农村卫生工程”执行方案》。组织16家省市医院和2家州（地、市）级医院组成17支医疗队，到15个国家扶贫开发工作重点县县医院和青南地区2家州医院帮扶1年。

抽调11所省级医院18名医学专家组成“城带乡”卫生支农省级医学专家服务团，深入青南地区14个县，开展巡回医疗服务，并到各地驻地部队巡诊。据统计，共义诊3981人次，抢救危重病人14人，带教手术34人次，教学查房247次，病历讨论125次，讲课和专题讲座161次，参加听课和讲座1104人次，帮助开展新业务27项，发放药品折价3.7万元，发放健康知识宣传资料8.6万份，为4000余名驻地部队官兵进行了健康体检、义诊咨询、健康教育和疾病诊治。

卫生三下乡工作按计划进行。在认真组织好城市卫生支援农村卫生工作对口帮扶工作的同时，根据省委、省政府要求，在元旦、春节期间与省文化厅、省科技厅联合组成专项服务组赴农牧区开展卫生、科技、文化

“三下乡”活动，并结合世界献血日、爱眼日、助残日等组织开展较大规模的无偿献血宣传、眼保健知识宣传活动和义诊、咨询。

三、重大自然灾害和公共卫生事件医疗救援救治任务

青海省青南地区特大雪灾发生后，青海省卫生厅立即启动应急预案，制订应对措施，组派救灾医疗队，免费配送急救药品，迅速展开医疗救治和卫生防疫工作，取得了5.4万名伤病群众及时救治、大灾无大疫、医疗卫生秩序迅速恢复的优异成绩。

“5·12”汶川特大地震发生后，青海省卫生厅迅速行动，根据四川灾区灾情需要和省委、省政府、卫生部的统一部署，组织医疗队、急救车队和卫生防疫队，奔赴灾区参加抗震救灾。5月15日青海省首批75名医疗救援队员飞抵灾区，投入医疗救援。到21日，青海省陆续组派医疗救援和卫生防疫队各5支、队员228名，派出医疗急救和卫生防疫车29辆。按照卫生部前线协调组的统一指挥，青海省医疗救援队率先进入雅安市和青川县，组成医疗救援小分队深入汉源、名山、芦山、荥经、天全、崇州、关庄等重灾区全面开展医疗救治工作。累计救治伤病员6822人次，其中抢救重伤员17人、开展各类手术88例，消杀灭面积达172万平方米，健康教育受众6.3万人次，发放宣传材料3.7万份，培训村医和卫生防疫人员749名，接种疫苗703人次。

四、手足口病诊治工作

按照卫生部有关要求，对全省手足口病防治工作进行安排部署，确定了定点收治医院，免费诊治手足口病患儿500余例。

五、各项大型活动医疗保障工作

在省驻训维稳后勤保障组的安排下，向武警青海总队后勤部调拨医疗物资100.22万元，向省军区后勤部调拨医疗物资14.88万元，调拨医疗物资总费用达115.098万元。其中救护车4辆，40升氧气钢瓶200个，4升便携式氧气钢瓶134个，预防高原疾病的应急药品红景天胶囊75箱9000瓶，制氧机10台，单兵急救背囊34套。另外，青海省卫生厅厅还无偿向省军区后勤部、武警青海总队后勤部捐赠总价值为7.3万元的医疗物资。组织省人民医院、青大附院和青海红十字医院组成3支医疗队，赴玉树、果洛、黄南3州，为驻训部队提供医疗保障，开展巡回医疗。据统计，医疗队到驻地部队开展巡回医疗30余次，为4000人（次）官兵进行了健康体检、义诊咨询、健康教育和疾病诊治。

“青洽会”、“郁金香节”期间，完成了广州市曹鉴燎副市长为团长的党政代表团一行31人，出席2008年中国青海结构调整暨投资贸易洽谈会的接待任务。

完成了清真食品节、国际藏毯节等医疗保障任务。

六、全力开展婴幼儿奶粉事件医疗救治工作

按照卫生部有关要求，在全省县以上医院全力开展了婴幼儿奶粉事件泌尿系结石患儿免费筛查工作，免费收治泌尿系结石患儿。

一是紧急部署医疗救治工作。青海省卫生厅紧急启动医疗救援应急预案，县级以上医疗机构对患儿诊疗情况实行日报，并及时转发了卫生部《关于食用含三聚氰胺奶粉婴幼儿泌尿系统结石诊疗有关问题的通知》、《与食用受污染三鹿牌婴幼儿配方奶粉相关的婴幼儿泌尿系统结石诊疗方案》和《食用含三聚氰胺奶粉婴幼儿泌尿系统结石超声检查流程》，要求各级医疗机构严格按要求做好诊断、治疗工作，确保患儿健康。

二是组建诊疗专家组，提高医疗救治水平。为加强与食用三鹿牌婴幼儿配方奶粉相关泌尿系统结石患儿诊疗工作的指导和治疗，青海省卫生厅成立了省级诊疗专家组，负责对医疗机构相关患儿诊疗工作的指导、会诊、抢救、转诊等工作。

三是确定定点医院，确保及时救治。指定青海省妇女儿童医院、青海大学附属医院、青海省妇幼保健院、西宁市第一人民医院、西宁市第二人民医院、青海红十字医院、青海省康乐医院、青海仁济医院以及各州（地）级人民医院为定点诊治医疗机构，承担接诊和咨询任务，成立院内专家组，设专科门诊，开展诊疗工作。

四是组派省级和各州（地、市）级医疗队13支、健康教育宣传队9支，将于19日分赴西宁地区所属三县和海东地区所属各县开展病人筛查、指导救治、咨询义诊、宣传教育活动。

五是召开青海省电视电话会议，专题安排部署三鹿牌婴幼儿配方奶粉重大安全事故医疗救治工作，要求全省卫生行政部门和医疗机构要本着对患儿高度负责的态度，将及时抢救患儿生命、维护患儿身体健康放在第一位，积极对患儿进行筛查、诊治，对食用含三聚氰胺奶粉的婴幼儿实行免费筛查，对经筛查确诊为泌尿系统结石的患儿实行免费救治。

六是认真做好信息统计上报和宣传工作。全省各级卫生行政部门和各级医疗机构要安排专人负责此项工作，认真做好患儿诊疗情况报告制度。

截至2008年12月2日，全省累计接诊筛查婴幼儿54025人次，确诊患儿2564人次，住院治疗408人次，确保了无一例患儿死亡。

七、血液管理工作

按照《青海省血站等级评审办法及评审标准》和《青海省医疗机构输血科（血库）标准化建设验收评审办法及细则》，完成了全省8所中心血站等级评审和28家医疗机构输血科标准化建设验收工作。

组织实施了卫生部对采供血人员的岗位培训考核，2008年度共有25人参加了考核。2008年内还举办相关

培训班5期，共培训医务人员和采供血技术人员400余人。

八、护理管理工作

学习贯彻“护士管理条例”，组织“5·12”国际护士节纪念活动，省属各医院深入社区开展义诊、健康宣教、业务查房等活动，取得较好效果。

九、三基三严训练

制定下发了《关于在省级医院开展“三基”、“三严”训练考核活动的通知》和《关于在西宁地区二级以上医院开展年青医师基本物理诊断技能竞赛活动的通知》，在全省掀起了又一个“三基”、“三严”训练高潮。2008年，组织开展了全省青年护士岗位竞赛活动和西宁地区二级以上医院年青医师基本物理诊断技能竞赛活动。

十、各类惠民、利民项目

积极开展美国“微笑列车”唇腭裂修复项目，为87例唇腭裂患者进行了修复手术；按期完成了儿童先天性残疾救治和白内障复明任务，共诊治患者425例。年内为2000余例“白内障”患者实施了复明手术。

十一、其他医政工作

完成了年度执业医师考试和执业医师、护士执业注册工作。并完成了2007—2008年度执业医师定期考核工作。

（张海明　毕玉华）

宁夏回族自治区医政工作

一、进一步深入开展“医院管理年”活动，医疗机构各项管理工作取得新成效

2008年结合卫生部《医院管理评价指南（2008年版）》、卫生厅《关于进一步加强医院管理和行业作风建设的通知》和《2008年“以病人为中心，以提高医疗服务质量为主题”的医院管理年活动方案》，以“质量、安全、管理、服务、费用”为重点，采取各种有效措施，进一步端正医院办院方向，牢记服务人民的宗旨，坚持公立医院公益性，严格依法行政、依法行医、以法治院、以德治院；进一步加强医院管理，推行规范化服务，严格执行医疗服务收费标准，推行药品价格和医疗费用清单制，持续改进医疗质量，确保医疗安全；进一步落实了三项主题教育活动和四项管理措施，推行行业作风目标责任制，健全制度，落实责任，突出重点，加强专项治理，二级以上医疗机构患者满意率达到90%以上。通过对医院加强管理从而使医疗机构服务态度明显好转，服务流程更趋合理，核心制度得到落实，医疗行为逐步规范，医疗纠纷和医疗事故明显减少，医院科学管理水平和医疗服务质量不断提高，医疗机构各项工作都取得了一定的成绩。

二、进一步加强医政管理工作，医院医政管理水平得到新提高

依法严格准入管理。加强医疗机构、医务人员、医疗技术等要素的准入管理，严格医疗机构审批和校验管理制度。按照规定吊销了宁夏康源医院的相关诊疗科目；组织有关专家对宁夏医科大附属医院、银川市第一医院的心血管疾病介入诊疗技术临床应用能力进行了评价，并依法准予心血管疾病介入诊疗科目的登记；全年共完成1810名医师、780名护士执业注册工作。

加强护理队伍建设。以颁布《护士条例》为契机，组织了贯彻落实《护士条例》暨“5·12”国际护士节庆祝表彰活动，表彰了百名优秀护士，树立了白衣天使的良好形象。加强了护士注册信息建设，完善护士执业注册联网管理信息系统，实现护士注册信息的网络化。2008年组织护理管理人员培训班11期，培训骨干4100多人次，护理业务水平有了新提高。

加强临床合理用药管理。根据《处方管理办法》、《抗菌药物临床应用指导原则》，建立处方评估制度，进一步加强对抗菌药物临床应用的指导与管理，提高用药安全，建立抗菌药物临床应用及细菌耐药监测网。根据卫生部通知精神，及时对黑龙江完达山制药有限公司生产的“刺五加”注射液进行了暂停使用，并对区内使用该药物的医疗机构的不良反应进行监测报告。落实了卫生部关于山西太行山制药有限公司生产的“茵栀黄注射液”引起不良反应事件的会议精神，立即暂停应用儿童患者。加强临床用药安全和毒、麻、放射药品的督导检查和管理。根据全区药品“三统一”政策建立了基本用药目录制度，定期对医疗机构的药品使用情况进行监督检查。石嘴山市卫生局在各级医疗机构中组织开展了处方点评活动，对合格处方和不合格处方通过展板的形式，在医疗机构中进行巡回展评、讲解、培训，从而强化了医务人员对处方书写规范的认识，提高了处方书写水平。

严格审查医疗广告。严格执行《医疗广告管理办法》和《宁夏回族自治区医疗广告审查与管理暂行办法》，并根据广告市场混乱的实际，专门召开了2次部分医疗机构广告管理工作座谈会，下发了《自治区卫生厅关于进一步严格医疗广告管理的通知》，进一步落实了医疗广告的审批程序，2008年共审核医疗广告116件次。

转变行政职能。2008年5月份将自治区级医政审批项目纳入到自治区政务服务中心设置的卫生厅服务窗口办理，这一职能转变既简化了审批事项，优化了审批程序，缩短了审批时间和办结时限，又提高了办事效率，截至2008年底共办结医疗机构校验31件、医疗广告96件、执业医师注册变更1520件、执业护士注册变更484件。同时，加强了卫生行政部门在规划、调控、准入、监管、筹资、服务等方面的监管，行政办事效率有所提高。

认真接待患者投诉和处置医患纠纷。2008年共受理患者电话、书面等投诉100多起，其中书面投诉80多件，经调查并与相关医疗机构联系后均给予及时处理和答复，满意率达到90%以上，其中4起纠纷上访到自治区信访办，一起纠纷患者家属在自治区政府门口围堵，影响了政府的正常工作，经与有关部门协商后得到及时妥善解决，没有造成恶劣的影响和损失。

加强医疗服务信息化建设。完善了医疗机构管理信息系统、应急救治队伍管理信息系统、医师资格和注册信息网上验证系统。落实重大医疗救治紧急报告、医疗事故报告、药品不良反应报告、传染病网上直报、采供血统计和护士注册上报制度。加强了5市医疗救治信息网络建设，实现了医疗卫生机构与疾病预防机构和卫生救援队伍之间的信息连接，进一步加快了医疗信息化建设的步伐。

全面启动医院分级管理评价制度。制定了《二、三级综合医院评审标准实施细则》和《医院分级管理评审办法》，为2009年开始的全区县级以上综合医院等级评审工作奠定了基础。

宁煤集团公司医疗机构顺利移交。按照自治区政府的有关要求，宁煤集团公司总医院整体移交卫生厅管

理，先后制定了移交方案、管理方案，与相关厅局及厅各处室对宁煤医院进行了详细的机构资产、设备、人员核实登记，2008年9月，宁煤集团公司下设的宁煤总医院、石炭井中心医院、灵武新矿中心医院等47所医疗机构、卫生所、防疫站顺利移交自治区卫生厅管理，完成了宁煤集团公司总医院的整体移交工作。

三、进一步加强监督管理，医疗救治工作取得新成绩

加大监督检查力度。依据卫生部《医院管理评价指南（2008年版）》、《处方管理办法》、《病历书写基本规范》等有关文件规定，以管理、质量、服务、安全、绩效为主要内容，采取有效措施，不断加强质量控制体系建设。组织开展了多种形式的医疗质量和院内感染检查活动，重点对医院的重症监护室、急诊室、手术室、供应室、高压氧舱、手卫生等重点部位和重要环节的医疗安全进行检查，并对存在问题的医疗机构进行了通报批评，针对督导发现的问题各级医疗机构制定100多条整改措施，加以落实改进，收到了明显的督导效果，为进一步提高医疗质量、加强医疗安全发挥了职能监督作用。

集中清理整顿医疗机构工作。按照卫生部《关于医疗机构审批管理的若干规定的通知》和卫生厅《关于开展集中清理整顿医疗机构活动实施方案》的有关规定，组织各级卫生行政部门对现有各级各类医疗机构进行清理整顿，规范了医疗机构设置审批、执业登记和校验行为，建立了医疗机构档案，使医疗机构管理逐步规范化、制度化。

组建医疗队伍抗震救灾。针对四川汶川抗震救灾工作，迅速组建3批8支医疗救援卫生防疫队96人，在自治区卫生厅领导亲自带领下，深入青山县等地震灾区实施有效的医疗救援和卫生防疫工作，较好地完成了医疗救治任务。

深入开展重大食品安全事故医疗救治工作。自婴幼儿食用含三聚氰胺配方奶粉导致泌尿系统结石的重大安全事故发生以来，按照卫生部的总体部署，在厅党组的正确领导下，加强组织协调，周密安排部署，制定各项筛查救治方案，落实医疗救治措施。全区先后成立了6个领导小组，12支专家医疗组共86人，临时调动专业人员100多人次，培训医务人员520余人，全区各级部门和医疗机构共投入资金2660万元。截至2008年底，全区累计接诊婴幼儿13.4万人次，确诊患儿3936例，住院治疗患儿669例，实现了“不漏诊一例，不延误一例，不死亡一例”的目标。

及时处置手足口病的传播。针对宁夏回族自治区个别地区发生的手足口病疫情，结合卫生部《关于将手足口病纳入法定传染病管理的通知》及《医疗机构手足口病诊疗技术指南（试行）》的精神，各级医疗机构及时诊断、隔离、治疗手足口病患者，共有509例患者得到了及时的救治，有效控制了疾病的传播，顺利完成了全区手足口病的防治和诊疗工作。

强化医疗急救工作。进一步完善了紧急医疗救援网络服务体系和启动区内突发公共卫生事件的医疗救治预案。2008年吴忠市采取强有力措施统一规范了“120”急救电话，取缔了“120—1”、“120—2”。先后对“2·2”盐池县、“4·15”灵武市、“4·22”中宁县交通事故、“10·16”大峰矿技改工程爆破等事故造成的人员伤害进行了及时的医疗救治，较好地完成了突发事件中受伤人员的救治任务。

四、进一步强化院务公开、平安医院工作，医患纠纷得到明显好转

推行院务公开制度。各级医疗机构实行了对社会、患者和职工有关医疗服务信息、医疗服务价格、收费项目、收费标准以及医院重大事项、人事变动、物资采购等方面的公开。转发了卫生部有关院务公开的相关文件，组织专家对自治区人民医院、自治区第三人民医院、石嘴山市第一人民医院等三家“全国院务公开示范点单位”进行了考核验收。

开展创建“平安医院”活动。制定了卫生厅、综治办、宣传部、公安厅、民政厅、工商局、药监局等7厅局《开展创建“平安医院”活动实施方案》，印发了《“平安医院”的考核方案和考核细则》。组织7厅局人员分2组对5市医疗机构“平安医院”创建工作进行了考核检查，对考核结果和存在的问题在全区进行了通报批评，引起了各级领导的高度重视，目前，各级医疗机构完善了患者沟通渠道，建立了患者投诉机构、医患沟通制度、医德考评制度、医德档案制度、医疗事故报告制度、医疗事故责任追究制等，设置了患者投诉电话、监督电话。全区二级以上医疗机构90%都建立了警务点或警务室，从而使医患关系得到改善，优化了医务人员执业环境，为构建和谐医患关系、和谐医院发挥了应有的作用。

五、进一步落实城乡对口支援工作，医疗机构专业技术水平有了明显的提高

城乡医院对口支援农村工作。按照“万名医师支援农村卫生工程”的具体要求，继续安排资金88万元，组织7所城市医院派出40名医务人员支援10所县、区医院；安排11名行政和专业技术人员参加了中南大学、四川大学组织的院长、卫生局局长、外科、急救培训班；中国医科大学第一附属医院选派8人医疗队对同心县人民医院进行技术支援，并接受3名为期3个月学习的进修生，县级医疗机构专业人员技术水平明显提高。组织开展了“送医送药送健康”等医疗扶贫活动。

完成项目工作任务。为了落实“十一·五”防盲治盲工作规划，加强“视觉第一，中国行动”防盲培训基地建设，全面落实基层眼科医生和相关人员的培训任务；顺利完成爱德基金会防盲项目1500例白内障复明手术；儿童先天性疾病和白内障复明手术525例；中国母亲援助行动项目顺利启动，制定了援助方案、计划，与合作单位签订协议，举行了启动仪式；与自治区慈善

总会联合实施“微笑列车”项目，与五家医院签订了项目合同，并对各项目执行情况进行了年度考核评估。

根据自治区政府领导指示精神，由神华宁煤集团公司资助，北京同仁医院实施的宁夏回族自治区 786 例贫困白内障患者成功实施的复明手术——“光明行动”项目圆满成功，解决了部分贫困群众的后顾之忧，深受贫困白内障患者的欢迎。

六、进一步加强血液管理，采供血工作取得新进展

2008 年先后举办了 2 期全区血液管理与用血安全培训班，培训 480 人次，严格落实了“一个办法，两个规范”和《单采血浆站质量管理规范》、《临床输血技术规范》等，提高了血站工作人员的技术能力和管理能力。同时，举办了全区《血液安全新战略及临床用血研讨会》，邀请到新西兰国家血液中心黄元庆教授及国内知名教授进行了专题讲座，提高了临床医务人员用血的科学性，从而推动了临床科学用血、合理用血，减少不必要输血，进一步提高成份输血比例。

2008 年共招募献血者 4.44 万人次。全区献血者荣获 2006—2007 年无偿献血奉献奖金牌 41 人、银牌 44 人、铜牌 204 人（其中部队 1 人）；中国平安人寿宁夏分公司、宁夏大学荣获无偿献血“促进奖”荣誉称号；银川市、石嘴山市、吴忠市荣获无偿献血“先进城市”荣誉称号。5 个血站共采集血液 17 吨，2 个单采血浆站共采集血浆 40.4 吨，无用血不良反应事件。

七、其他工作

完成奥运火炬宁夏境内传递和宁夏成立五十周年大庆的医疗卫生保障工作。配合宁夏军区完成了 2008 年度征兵督导和征兵体检任务。

（崔学光　赵正生）

新疆维吾尔自治区医政工作

一、医政监督管理工作

突出监管重点，全面部署各项工作。2008年第一季度医政处在认真总结上年度医院管理年活动和其它医政工作的基础上，根据2008年卫生部医政工作要点和全区卫生工作会议精神，制订了新疆维吾尔自治区2008年医政工作重点。一是继续深入开展医院管理年活动，坚持以病人为中心的服务理念，持续改进医疗服务质量，保障医疗安全。二是贯彻落实《护士条例》《新疆维吾尔自治区实施＜中国护理事业发展规划纲要(2005—2010)＞方案》，加强护理管理，加强护士队伍建设，维护护士的合法权益，推进护理事业健康发展。三是积极推进平安医院建设，加强与平安医院建设领导小组及综治办各有关部门的协调，积极探索建立有效工作机制，坚决打击"医闹"，维护医院和谐平安的就医环境。四是做好重大传染病的医疗救治工作，重点做好麻疹病人医疗救治工作和加强艾滋病抗病毒治疗的管理工作。五是全面推动院务公开工作，为群众提供更多的就医信息，加强社会监督。六是坚持开展城市医院对口支援农村卫生的工作，认真组织实施万名医师下乡工程。七是加强血液管理工作。八是加强对中央转移支付县医院医疗救治能力建设、中西部儿童先天性及白内障残疾救治等项目的管理，确保项目效果。

继续加强医院院务公开工作，推动医院管理民主化进程。为进一步加强医院管理者的质量意识，提高管理水平，2008年5月，依托新疆医科大学第一附属医院举办了一期医院院长管理培训班。认真贯彻落实《卫生部关于全面推行医院院务公开的指导意见》，并根据卫生部的要求，组织了对自治区院务公开示范医院的检查评估，自治区人民医院和新医大第一附属医院被卫生部评为首批全国院务公开示范点单位。

积极强化医疗安全管理。召开了全区医疗安全电视电话会议，并对数起重大医疗纠纷进行了调查处理。按照卫生部的紧急部署，在全区医疗机构中全面停止使用完达山制药厂生产的刺五加、茵梔黄注射液、法国美德医疗导管研制集团生产的中心静脉导管等药品和医疗设备，并做好患者不良反应收集汇总上报工作。

加强了对各临床专业的质量控制中心的管理工作。2008年组织召开自治区临床各专业质控中心工作座谈会，听取了全区15个临床专业质控中心的工作汇报，交流了质控中心工作经验，安排部署了各质控中心2008年工作重点及工作要求。根据卫生厅要求，各质控中心还依据《医院管理评价指南（2008版）》，研究拟订了本专业质量控制指标细则，并陆续编写出版了《医院专业工作制度内容要点指导》系列丛书，目前已出版了药事、院感等4个分册，对加强相关专业的质量管理工作发挥了积极作用。

积极稳妥地推进医师定期考核工作。根据卫生部《医师定期考核管理办法》，制定印发了《新疆维吾尔自治区医师定期考核管理办法实施细则（试行）》，对全区医师的定期考核做出了具体的要求。

加强药事管理工作。一是加强医疗机构麻醉药品和精神药品管理，举办了2期麻醉药品、精神药品规范化管理培训班，并于2008年1月底对乌鲁木齐、昌吉地区医疗机构麻醉药品、精神药品管理情况进行专项检查，进一步增强了全区医疗机构麻醉药品和精神药品管理意识，防止麻醉药品、精神药品从医疗机构流失。二是根据卫生部的统一要求，成立了自治区抗菌药物监测网，同时组建了自治区抗菌药物监测网专家委员会，确定了首批入网医疗机构名单，2008年5月，邀请全国抗菌药物监测网专家来疆对部分医疗机构进行监测工作专项培训，积极推进自治区医疗机构抗菌药物监测工作的顺利实施。三是积极贯彻实施《反兴奋剂条例》，联合自治区药监局、体育局等部门多次行文加强医疗机构反兴奋剂工作，5月初，成立了卫生厅反兴奋剂领导小组，7月份开展了全区医疗机构含兴奋剂药品使用情况专项检查工作，卫生厅对乌鲁木齐、昌吉地区的专项检查情况进行了抽查，规范了全区医疗机构对含兴奋剂药品使用管理行为。四是为加强医疗机构麻醉药品和精神药品的管理，于2008年1月初、3月初分别委托自治区临床药学服务质量控制中心、自治区麻醉质量控制中心举办了2期麻醉药品、精神药品规范化管理培训班，对部分地区医疗机构麻醉药品、精神药品管理情况进行专项检查，进一步规范了全区医疗机构麻醉药品和精神药品管理工作。

做好人体器官移植准入医院的复核工作。根据卫生部的要求，组织相关专家对新疆维吾尔自治区批准开展器官移植工作的医疗机构进行了现场复核，并形成复核报告上报卫生部。

继续做好《护士条例》的宣传培训工作。按照卫生部的统一部署，开展贯彻落实《护士条例》的各项工作。根据卫生部办公厅《关于认真学习和贯彻实施＜护士条例＞有关工作的通知》的要求，卫生厅组织辖区内的有关人员参加了卫生部召开的"贯彻实施《护士条例》暨庆祝"5·12"护士节电视电话会议"。举办以宣传《护士条例》为主题的义诊及文艺汇演、技能竞赛等各种形式的活动。下发了《卫生厅关于做好宣传贯彻落实＜护士条例＞工作的通知》要求各地积极开展条例的宣传贯彻落实工作。组织骨干参加了卫生部的条例培训班并委托护理学会在全区范围内举办宣传贯彻《护士条例》培训班，分别在乌鲁木齐、阿勒泰的布尔津以及阿克苏地区共举办3期培训班，近900名护士参加了培训。

二、麻疹疫情和奶粉事件的医疗救治工作

关于2008年麻疹疫情的医疗救治工作。自2007年11月开始，全区麻疹疫情呈明显上升趋势，2008年1月疫情迅速蔓延。为做好麻疹病人的救治工作，及时制订下发了《关于加强麻疹病人医疗救治工作的紧急通知》、《麻疹病人诊疗方案》、《医疗机构收治麻疹病人方案》，印发了《新疆维吾尔自治区医疗机构麻疹预检分诊规范管理要点》、《2008年自治区麻疹诊疗要点》等一系列文件，并多次举办麻疹医疗救治专业人员培训班及发热门诊管理现场会，对重点地区数百名医疗救治专业人员进行了强化培训，此外还派出近十批次由临床儿科专家组成的技术督导组赴全区各地开展技术指导和督导工作，这些工作为全区医疗机构有序而规范的开展麻疹医疗救治工作提供了有力的指导和技术支持，确保了患儿得到及时有效的医疗救治，医疗救治工作受到了卫生部专家组的肯定。

关于“奶粉事件”的医疗救治工作。一是确定制定了自治区、地、县三级定点筛查及诊治医院，成立了自治区、地、县医疗救治专家组，建立了“奶粉事件”医疗救治信息专报（日报告）制度，并开通了医疗救治咨询热线电话，接听咨询电话近1500人次，接待群众来信来访近百人次，对群众投诉的事件均逐一进行了调查和答复。为及时有序地做好该该事件的应对工作，卫生厅多次召开了全区电视电话会议，安排部署医疗救治工作，利用电视、广播等媒体开展大量的宣传工作，公布开展筛查的医疗机构名称；并以专家讲座、信息发布、专题报道等多种形式宣传向广大患儿家长宣传政府的免费救治政策和基本防病知识，使得这一起突发的、人数骤增的医疗救治事件在第一时间就得到了及时有序的应对。据统计，全区累计筛查儿童98849例，累计报告病例数4045例，累计住院1406例。二是加强对医疗救治工作的组织领导和技术指导，医政处作为卫生厅领导小组下设的医疗救治组责任处室，及时转发了卫生部《关于加强婴幼儿奶粉安全监督管理的紧急通知》《与食用受污染三鹿牌婴幼儿配方奶粉相关的婴幼儿泌尿系统结石诊疗方案》等二十多份内部明电，制定下发了《卫生厅关于进一步做好食用含三聚氰胺奶粉婴幼儿医疗救治工作的紧急通知》《卫生厅关于印发＜食用含三聚氰胺奶粉婴幼儿泌尿系统结石筛查及诊疗工作指导意见＞的通知》等16份文件。为做好对患儿的筛查和医疗救治工作，医政处采用多种形式，加大了对卫生技术人员的技术培训工作，培训采取逐级培训的方式外，还通过“双卫网”直接培训到县一级医疗机构，组织专家到各地培训、查房、进行培训。通过培训，统一诊断标准，规范治疗程序，帮助广大卫生技术人员熟练筛查标准和规范化的治疗方案，为医疗救治工作提供了技术保障。据统计，全区统一组织参加卫生部和卫生厅培训8次，卫生厅派出的5个督导组到各地州开展培训7次，参加培训的人数共计2400多人次。有效的保证了医疗救治工作科学、有效和规范。三是克服困难，严格按照卫生部的要求，完成医疗救治信息统计上报工作，为后续工作奠定了基础。四是及时发现问题，及时采取措施，确保救治效果。随着救治工作的深入，救治工作的主要矛盾从高强度的筛查工作转为对确诊患儿、尤其是复杂疑难病例的救治和患儿信息和核准上报工作，卫生厅组织十余批次自治区专家组成员到各地、州、市医院会诊病例，在保证“问题奶粉”泌尿系结石患儿得到科学有效、规范化治疗方面发挥了重要的基础性作用，特别是对各地州病情较重患儿及时派出自治区专家赴当地会诊，或安排转院，有效地化解了救治风险。对病情危重的患儿及时上报卫生部，请求卫生部专家给予支持。五是在新疆医科大学第一附属医院远程医学中心建立了“婴幼儿奶粉事件医疗救助平台”，免费为各地提供远程医疗技术咨询服务。六是针对自治区重症、特别复杂病例相对集中在南疆和田、喀什的现状，医疗救治工作的重点及时调整到集中优势医疗力量对这些地区的患儿实施救治，对重症和病情复杂的患儿集中到两地条件较好的地区医院，对符合转院条件的均安排到自治区人民医院和新疆医科大学第一附属医院集中救治，并逐一排查、会诊，实施救治和个案管理。还指定自治区两家定点收治医院开展对南疆各地州医院进行对口支援工作，并为基层医院指定了对口援助的自治区级医院和联系专家，开展技术支持。并委托自治区人民医院开展流行病学调查和临床研究，研究我区、特别是南疆三地区患儿的结石特点、成因，为新疆维吾尔自治区下一步结石患儿的医疗救治工作提供依据。

三、突发群体伤害事件的成功救治

2008年发生了一系列重大群体伤害事件，医政处坚决按照卫生厅党组“靠前指挥、有力保障”的工作要求，一方面迅速反应、及时高效组织协调医疗救治资源，另一方面坚持深入救治工作的临床一线，准确掌握各种信息，注意发挥专家和医疗技术优势，先后组派了近十批医疗队、数十名专家到基层医疗机构，支持医疗救治工作，始终把握救治组织工作的主动，确保了住院伤员无一例死亡的目标要求。

四、坚持依法行政，加强准入管理

严格医疗机构的准入管理。根据《卫生部关于医疗机构审批管理的若干规定》的通知，卫生厅制订下发了《卫生厅关于开展医疗机构清理整顿工作的通知》，对全区的医疗机构审批专项清理整顿工作进行了及时的安排部署，重点清理不符合《医疗机构基本标准、类别、名称和诊疗科目等不符合规定的、设置和名称未经审批的和其它违规审批的医疗机构，在此基础上于2008年7月开始暂停全区医疗机构设置申请受理和审批。

规范了专业人员的准入管理。完成了美容主诊医师的认定工作，下发了《卫生厅关于获得自治区医疗美容主诊医师资格人员名单的通知》，为医疗美容机构的清理整顿工作创造了条件。为进一步规范医师和护士的注

册管理工作，启动了医师、护士的计算机联网注册工作，制定下发了《卫生厅关于做好换发＜护士执业证书＞工作的通知》和《卫生厅关于办理护士执业注册有关事宜的通知》，委托自治区监督所举办护士注册管理培训班及软件操作培训班，来自全区卫生行政部门和医疗机构的近200名注册管理工作人员接受了培训。

加强医疗技术准入工作。为加强对医疗机构器官移植技术的管理，成立了自治区专家委员会和伦理论证委员会，同时与高级人民法院协调下发了《关于加强人体器官移植技术临床应用中器官供体管理有关规定的通知》，规范了器官摘取工作原则、流程。对自治区人民医院违规开展肝移植工作进行了认真的查处。根据卫生部《心血管疾病介入诊疗技术管理规范》的要求，依托自治区心血管介入质控中心，完成了对全区心血管介入诊疗技术临床应用现状的基础性调查，在此基础上拟定了新疆维吾尔自治区《心血管病介入诊疗技术管理工作方案》（待审核批准）。

五、加强血液安全管理

进一步贯彻落实血液管理“一法两规”，加强采供血机构规范化培训工作，督导落实血站质量体系建设工作。一是利用项目资金，分别委托自治区临床检验中心、自治区血液中心举办了全区采供血机构实验室室内质控培训班和全区采供血机构实验室质量管理规范培训班，全区血站共有100余人次参加培训。二是组织了对乌鲁木齐市、克拉玛依市、博州三地区的血站的实验室质量控制专项检查，进一步规范了全区采供血机构血液安全检测质量控制行为。三是研究拟定了《新疆维吾尔自治区医疗机构合格输血科建设基本要求》、《新疆维吾尔自治区医疗机构合格输血科建设基本要求验收评价细则》和《2009—2012年新疆维吾尔自治区采供血机构设置规划》，提交办公会待讨论审定。举办了“全区采供血机构实验室室内质控培训班”和“全区采供血机构实验室质量管理规范”培训班，全区血站共有100余人次参加培训。并组织临检中心、输血质量控制中心专家对乌鲁木齐市、克拉玛依市、博州等地区的血站的实验室质量控制专项检查和医疗机构血液及血液制品临床使用情况专项检查和调研，形成书面材料上报卫生厅医政司，进一步促进了全区采供血机构血液安全检测质量控制工作。按照《血站管理办法》的要求，完成了对全区25家采供血机构执业许可证进行换发工作。

认真落实《卫生厅关于塔城地区中心血站暂停执业活动的决定》要求，对塔城地区中心血站的半年停业整改工作予以了积极督促指导。一方面与塔城地区行署、卫生局多次进行沟通，及时帮助塔城地区中心血站解决人员编制、工作经费、仪器设备等相关问题；另一方面专家对塔城地区中心血站进行全员培训和技术指导，促进了该站整改目标的实现，经专家验收、并请示厅党组批准，该血站已于7月1日恢复执业。

加强单采血浆站的准入管理。对喀什疏勒县单采血浆站进行验收评审，经专家评审验收合格，批准该浆站自6月1日起试运行3个月后，现正式开展采浆业务。

推动无偿献血工作。开展2006－2007年全国无偿献血先进申报工作，新疆维吾尔自治区43人获得无偿献血奉献奖金奖，43人获得无偿献血奉献奖银奖，185人获得无偿献血奉献奖铜奖，4人获得无偿献血特别促进奖，1人获得无偿献血促进奖个人奖，八钢集团获得无偿献血促进奖单位奖，8地州获得无偿献血先进城市奖。组织全区采供血机构紧密围绕卫生部关于2008年世界献血者日宣传活动的要求，并结合奥运会血液保障工作，于6月和12月在全区各地开展了形式多样的世界献血者日宣传活动，进一步推动了全区无偿献血工作。

六、“万名医师支援农村卫生工程”项目工作

为进一步加强对“万名医师支援农村卫生工程”项目的组织管理工作，有效发挥项目作用，提高项目工作实效。卫生厅于2008年4月23日在乌鲁木齐昆仑宾馆分别召开了“万名医师支援农村卫生工程”项目工作支援方和受援方座谈会，听取了各方面的意见和建议，并根据各方意见对下一阶段项目工作做了适当调整。卫生厅专门成立万名医师支援农村卫生工程项目办公室负责推动项目工作。

根据自治区政府科技文化三下乡工作的安排，卫生厅组织自治区人民医院和伊犁州友谊医院选派的4名经验丰富的专家组成医疗队，赴伊犁州伊宁市、尼勒克县和察布查尔县开展医疗服务活动，在当地开展义诊共诊疗病人4千余人，为近万人提供医疗咨询，并为当地群众送去价值4万多元的药物，共开展专业讲座8次，培训基层医务人员500余人，组织业务查房200余次，组织疑难病例讨论20余次，高质量地完成了工作任务，取得了一定成效，受到了当地政府和群众的一致好评。

七、推进各类扶贫助残项目

继续组织实施健康快车项目工作，2008年健康快车在喀什共免费为1104名贫困白内障患者实施复明手术。此外，根据《卫生部医政司关于确定微笑列车唇腭裂修复慈善项目合作医院的通知》精神，卫生厅与新疆慈善总会共同推进微笑列车唇腭裂修复慈善项目，组织新疆维吾尔自治区7家项目合作医院共同签署了《项目合作协议》，2008年10月20日，美国微笑列车基金会来新疆维吾尔自治区举办为期2天的手术电子病历软件上报培训，来自新疆维吾尔自治区7家项目合作医院的约30名项目工作人员参加了培训，确保项目的顺利实施。

为规范新疆维吾尔自治区儿童先天性疾病和贫困白内障患者复明救治项目工作，根据卫生部《中西部地区儿童先天性疾病和贫困白内障患者复明救治项目管理办法（试行）》及自治区卫生厅《2007年中西部地区儿童先天性疾病和贫困白内障患者复明救治项目执行方案》，结合新疆维吾尔自治区实际，新疆维吾尔自治卫生厅制

定了《中西部地区儿童先天性疾病和贫困白内障患者复明救治项目管理办法实施细则（试行）》，保障项目工作有序开展。

八、其他工作

认真组织实施各项重大医疗保障工作任务。2008年国际艺术节和奥运火炬传递活动的医疗保障工作，保障时间长、点多面广、任务要求高。认真科学的制定并实施了医疗保障方案，为两项活动提供了强有力的医疗保障。

积极做好地震灾区的医疗援助工作。“5·12”汶川地震灾害发生后，医政处在厅党组的统一安排下，快速响应，根据卫生部紧急通知和四川汶川县地震灾区伤员救治工作的需要，召集乌鲁木齐地区相关医疗机构组建医疗队，分别于5月18、24日派出2支共计97人的救援医疗队。同时下发了《卫生厅关于组派医疗救援后备队的紧急通知》，要求各地州同时组建医疗救援后备队，以做好随时参加灾区医疗援助的准备。

（王小燕　姜　波）

新疆生产建设兵团医政工作

一、医疗机构的监督管理及医疗服务管理

对兵直37家医疗机构依法进行了年度校验，对依法执业、规范医疗行为的医疗机构进行了通报表彰，对不符合条件的1家医疗机构不予校验，对存在问题较多的1家医疗机构给予限期整改。校验工作结束后举办了兵直医疗机构社区医疗管理培训班，针对兵直医疗机构存在的问题，有针对性地对全体医护人员进行为期1天的培训，主要从依法执业、规范服务、加强社区卫生体系建设、发展社区服务，为居民健康提供质优、便捷、低廉的服务。为贯彻《护士条例》的实施，专门对护士执业注册与医疗机构的职责、确保医疗服务的质量与安全进行授课，为控制传染性疾病的流行，对麻疹的诊断及防治、肠道病毒感染诊疗指南、医师定期考核相关卫生法律法规及实施办法等进行了综合培训，培训内容与加强医疗机构医务人员的管理、季节性传染病的诊治紧密结合，得到了兵直医疗机构医护人员的一致好评。

为巩固医院管理年活动成果，继续深化医院管理，持续改进医疗服务质量，不断提高医院管理水平。为贯彻落实卫生部2008年深化医院管理年活动暨医政工作会议精神，新疆生产建设兵团卫生局成立了以兵团卫生局局长王国建、食品药品监督局局长雷诚为组长的综合督查组。此次督查从卫生行政部门和二、三级医院共抽调管理专家13人，组成南北疆2个组，采取南北疆医疗机构交叉督查和评价的方式，即达到了学习交流、取长补短、共同提高的目的，又使参加督导的医院管理者获得了培训的机会。为保证综合督查质量并确保综合评价客观公正，督查前对专家进行了集中培训，就督查标准、督查流程、评分细则等进行了深入的学习和讨论。对医院管理年活动进展的督查，按照《医院管理评价指南（2008年版）》6大项、289条，设计总分1000分的标准，通过听汇报、实地检查、逐项评价、核实资料、走访群众等程序，进行量化评分。每名专家对在督查中发现的工作亮点，查出的问题，改进的建议等向受检医院中层以上干部进行集中反馈，并以书面形式留下反馈意见。同时，这次督查还跟踪了解了2007年医院管理年活动中存在问题的整改落实情况，强调了2008年医院管理年活动的五项重点工作。

二、医疗服务的规范化培训

为加强兵团系统医院感染管理监控工作，有效预防和控制医院感染的发生，保障患者就医安全，保障医务人员职业安全，2008年4月组织兵、师二级医院负责医院感染管理的人员到湖南省参加全国医院感染监控培训基地举办的培训班，6月组织兵、师、团三级医院负责医院感染的院领导及工作人员在石河子大学医学院一附院举办了兵团第二期医院感染管理高级培训班，通过培训便于各级医疗机构制定并落实医院感染管理的规章制度和工作规范，严格执行有关技术操作规范和工作标准，使医院感染专（兼）职人员提高了管理和控制预防医院感染的专业知识，并加强了兵团系统各师（市）级医院的经验交流。

按照卫生部《医疗机构临床实验室管理办法》的要求，为了进一步加强全兵团医疗机构实验室管理，提高检验结果的准确性，结合2007年督导检查情况，组织召开2008年兵团临检工作会议，会议对2007年全兵团医疗机构检验科质量管理检查情况、75所项目单位团场医院实验室质量管理评价体系建设工作情况做了通报，对兵团团场医院室间质量评价活动结果存在问题进行了分析，并安排了2008年兵团开展临检工作的具体内容。举办了医学实验室质量管理培训班，对团场医院检验科负责人，兵、师两级需出具检验报告的门诊部、诊所的检验科负责人进行了《医疗机构临床实验室管理办法》实施细则和具体要求、临床实验室质量控制目标和基本要求、实验室室内质量控制失控原因分析和纠偏措施等内容进行了专题培训。

三、日常医师执业注册工作及医疗广告审批

组织了兵直医疗机构2007年度医师执业医师资格考试的资格审查工作；按乌市卫生局统一要求，及时收集、整理上一年度考取医师资格的34名人员的医师资格证申报办理资料；认真完成各师医院及兵直医疗机构238名执业医师注册和132名医师变更工作。

严格按照《医疗广告管理办法》的要求核准医疗广告申报材料，及时将核准的《医疗广告产品样件表》审查原件与《医疗广告审查证明》分别抄送兵团卫生监督所、医疗机构发证机关及自治区工商局，为各地工商、卫生行政部门打击非法医疗广告提供依据。

四、传染病的医疗救治管理工作

为做好麻疹流行病人的医疗救治工作，维护人民群众健康，及时下发了《关于加强麻疹病人医疗救治工作的紧急通知》，并转发了上级相关文件，为有效控制季节性麻疹流行疫情，防止医疗机构内交叉感染打好了基础。为认真预防控制季节性麻疹流行申请了兵团麻疹病人医疗救治经费，现医疗救治经费补助资金已下发到各师。为加强规范医疗机构对传染病诊断治疗工作，新疆生产建设兵团卫生局及时转发卫生部新制定的《人禽流感诊疗方案（2008版）》、《基孔肯雅热诊断和治疗方案》等文件。

五、加强血液管理，保证用血安全

宣传和推动无偿献血工作，注重固定自愿无偿献血队伍的建设和管理。在第5个世界献血者日，根据卫生部、中国红十字会总会《关于开展2008年世界献血者日宣传活动的通知》要求，新疆生产建设兵团卫生局紧紧围绕世界献血者日“定期献血”的主题，在兵团范围内开展了丰富多彩、形式多样的宣传活动。兵团卫生局党组书记、局长王国建带头进行无偿献血，通过示范作用和多种媒体广泛宣传，并以奥运为契机巩固和加强了固定自愿无偿献血者队伍，提高了职工群众无偿献血意识，确保无偿献血工作稳定健康发展。

为全面落实《血站管理办法》、《血站质量管理规范》、《血站实验室管理规范》和《新疆维吾尔自治区合格输血科建设基本要求》，利用2007年艾滋病防治项目（血液质量安全）资金，举办了2期血液质量管理体系建设培训班，对兵团各血站质量管理人员，兵、师、团三级医院输血科工作人员进行了培训，保证血液质量管理体系的有效运行和持续改进，从血液采集、检测的源头和临床科学合理用血两方面保障血液安全。

为推进兵团血站规范化建设，根据《山东省血液中心对口支援新疆生产建设兵团血站工作协议》的内容，2008年5月选派兵团血站系统的第三批专业技术人员共4人赴山东省血液中心进修学习；7月4—10日，山东省血液中心的专家来兵团进行调研和指导工作，分别对七师奎屯血站、九师额敏血站、十师北屯血站的基本情况、质量管理体系的建立和执行情况进行调研和工作指导，针对山东省血液中心的专家发现部分血站质量体系建设过程中存在的缺陷，已派兵团中心血站的专家对这几家血站做具体的指导，现兵团各血站已以获得自治区颁发的采供血机构的《执业许可证》。

六、婴幼儿自奶粉事件处理

在兵团食用含三聚氰胺奶粉婴幼儿致泌尿系统结石领导小组的领导下，科学指挥，统一调配，积极部署和安排了全兵团的医疗救治工作，有序地开展了兵团辖区内奶粉事件致婴幼儿泌尿系结石诊疗工作，及时转发了卫生部下发的指导性文件和传达了卫生部会议的精神，为医疗救治工作的顺利开展提供了依据。认真做好医疗救治和数据信息报送工作，完成了长达64天的日报零报和21天的周报零报工作，完成了住院患儿治疗方式、重症患儿、确诊患儿情况统计表和各阶段医疗救治费用的财务报表，完成了患儿信息数据的核实和上报工作，完成了兵团奶粉事件患儿数据库的建立工作。

截至2008年12月3日，全兵团累计筛查儿童37113例，累计报告病例509例，累计住院治疗患儿126例，累计治愈患儿126例，无症状较重的患儿，无仍住院患儿。根据卫生部的安排和部署，后续医疗工作以及补偿工作也按要求如期进行。

七、护理工作

“5·12”《护士条例》正式颁布和实施，届时举办了一期《护士条例》培训班，宣传学习和贯彻落实《护士条例》。并专门购置了两千多元的相关书籍在培训班上免费发给各学员。外派了6所医院的护理部主任参加卫生部医院管理研究所举办的《护士条例》培训班。组织了以石河子大学医学院第一附属医院代表兵团参加了全国卫生系统护士岗位技能竞赛复赛活动，在全国41所医院的参赛中取得了金奖的优异成绩，为兵团争得了荣誉。

首次开展兵团医疗卫生机构护理人力资源情况调查工作，此项工作的开展将为卫生行政部门和各级医疗卫生机构的护理人力资源规划及管理提供理论依据，从而更好地开展护理服务，提高护理质量。按照《中国护理事业发展规划纲要（2005—2010）》和《新疆生产建设兵团卫生局贯彻落实〈中国护理事业发展规划纲要（2005—2010）〉实施方案》，举办了ICU专业护士培训班。

审核了500多份兵团2008年度护理和助产专业生参加护理初级（士）专业技术资格考试的资格。

八、残疾人康复工作

根据《全国访盲治盲规划（2006—2010年）》和《视力残疾康复“十一五”实施方案》提出的工作任务，结合兵团视力残疾康复工作实际，确定一师阿拉尔市、八师石河子市创建“全国白内障无障碍县”。根据《卫生部医政司关于确定微笑列车唇腭裂修复慈善项目合作医院的通知》精神，正式确立兵团医院等四所医院为兵团的各项目医院，同时签订了《关于加强微笑列车唇腭裂修复慈善项目合作医院管理的协议》。现各项目医院按照要求积极开展项目手术。配合兵团慈善总会与国家访盲组、北京同仁医院、澳门明德慈善总会达成的协议暨“光明行动”，行程2000公里，对五师、六师、七师、八师、十二师、建工师等单位进行白内障病人筛查计800余例，为贫困白内障患者免费实施复明手术258例。统计上报了2005、2006年兵团范围儿童先天性疾病和贫困白内障复明救治项目完成及专项资金执行情况，为项目方案的下一步实奠定了基础。

九、信访工作

2008年接（信）访29件，接访141人次，督查率100%。积极主动联系并委托中华医学会对农一师一起医疗纠纷进行了鉴定。加强了与兵团信访办的信息联系，难以解决的问题得到了他们的帮助，在接待走访人员上同信访办商议后在接访大厅，这样就杜绝了在办公室接待走访人员导致医政工作不能正常进行的现象发生。加强了同各师局接访工作的沟通，杜绝了重复上访和非正常上访事件的发生。加强处理问题的力度，减少重访。对上访人员过激语言和行为给予充分理解，讲明政策，积极帮助协调有关部门解决，及时向领导汇报信访工作，以取得对信访工作的理解和支持。

十、对口支援工作

在山东省卫生厅的的高度重视、精心组织、周密安排和大力支持下，其对口支援新疆生产建设兵团卫生工作实施已经2年，山东省卫生厅派出了12个省属、2个市属医疗卫生机构对口支援相应的兵团医疗卫生单位，截止2008年底据不完全统计共有21批、计41人到兵团20家兵、师二级医院、疾病控制中心、中心血站进行对口支援工作。为加大、加快人才培养力度和速度，培养一批留得住的专家队伍，许多对口支援单位就把专业人员的队伍建设作为对口支援的中心任务认真落实，派出了81名医疗卫生专业人员赴山东省各支援单位免费进修学习。支援医院的专家以高尚的医德，精湛的医术，良好的作风赢得了受援医疗卫生单位同仁们的尊敬和崇拜，受到了患者的信任和爱戴，也以实际行动展示了山东各医疗卫生单位良好的形象和作风，专家们用实际行动诠释了“一段援疆路，一生兵团情”的深远涵义。计不完全统计专家门诊量18594次；手术量1247次；疑难危重病人大查房3471人次；举办各类学术讲座548次；并参与专业科室疑难危重病历讨论和全院扩大会诊，并针对各支援单位的实际情况，提出了合理化建议。通过实行“请进来，走出去”的办法，实现了对口支援兵团卫生工作的最大效益。

十一、万名医师支援农村卫生工程项目

2008年兵团2所三级甲等医院和14所师医院的医师对口支援13家边境、国家贫困、新型合作试点团场医院。项目工作的开展使受援医院管理水平、学科建设明显上了一个新台阶。培训了一批人材，受援医院的诊疗范围不断拓宽，技术实力明显增强，服务水平稳步提升，取得了良好的社会效益和经济效益，各项工作逐步规范。

十二、支援西部卫生工作项目

2008年部属（管）医院支援西部地区卫生工作项目的配合和实施，2008年8—11月通过多方努力安排各师相关人员9人参加了北京大学精神卫生培训班、四川大学急救培训班、中南大学重点县医院院长和卫生局局长培训班、华中科技大学管理培训班，此项目的培训工作对培养兵团精神卫生、急救医学专业技术中坚及学科带头人，提高兵团医院管理水平发挥积极的作用。

（金二澄　孟长征）

十三、抗震救灾医疗卫生工作

“5·12”汶川特大地震发生后，新疆生产建设兵团成立了以卫生局主要领导为组长的抗震救灾医疗卫生救援工作领导小组，制定了应急救援工作方案，积极做好抗震救灾的各项卫生应急救援准备工作。2008年5月18日—7月3日，兵团应急医疗卫生救援队共计3批次，60余人携带近100万药品、物资参加重灾区四川省阿坝藏族羌族自治州茂县的卫生救援和防疫工作。救援队共救治伤病员5200人，消杀灭面积20万平方米；举办专题培训班32期，培训1180人；受教育人数13600人次，发放宣传单16360张，制作了5块永久性宣传展板；并向当地捐赠价值31.1万元的药品、医疗用品和随队携带的8顶帐篷，完成了四川重灾区茂县的医疗救援、卫生防病任务。

（金二澄　孟长征）

医院工作

北京大学人民医院

院　长：王　杉
副院长：陈　红、黎晓新、刘玉兰、毛　汛、魏　来
党委副书记：赵　越　陈红松
纪委书记：朱继业

王　杉　1960年出生，医学博士、主任医师。2006年任北京大学人民医院院长。

北京大学人民医院创建于1918年1月27日，当时定名为北京中央医院，是第一家由中国人自己筹资、建设、管理的现代综合性医院，中国现代医学先驱伍连德博士为首任院长。在90年的发展历程中，医院几经更名，2000年定名为北京大学人民医院。

在医院的悠久历史中，伍连德、钟惠澜、林巧稚、关颂韬、谢元甫、孟继懋、谢志光、司徒展、吴阶平、林斯馨、冯传汉、黄萃庭、陆道培等老一辈医学名家为医院的发展付出了智慧与心血，他们是医院骄傲的旗帜。在一代代勤恳敬业、精益求精、热忱负责的“人民人”共同努力下，医院已经从创建之初仅有床位150张、日均门诊量200人次的较小规模逐渐发展为拥有床位1448张、年均门（急）诊量150余万人次，集医疗、教学、科研为一体的大型综合性医院。

医院第一住院部位于北京市西城区西直门南大街11号（西直门立交桥西南角），第二住院部位于西城区阜内大街133号（白塔寺）。目前，医院有正式职工2396人，其中中国工程院院士1名、高级职称专家442名。医院设有38个临床科室、13个医技科室，其中血液内科、心血管内科、骨科、妇产科、眼科、泌尿外科、儿科、皮肤科、风湿免疫科、肾内科等10个学科为国家级重点学科。医院还附设血液病研究所、肝病研究所、关节病研究所、应用碎石研究所等4个北京大学校级研究所。

北京大学人民医院的90年历史，是中国90年医学进步历程的见证。亚洲第一例、世界第四例异体同基因骨髓移植在这里获得成功；中国第一支乙肝疫苗在这里研发，使中国的乙肝预防事业进入了崭新的历史时期；中国第一台体外震波碎石设备在这里诞生，填补了我国泌尿系结石微创治疗领域的空白。

医院承担着繁重的医疗任务，医疗水平处于全国先进行列。在造血干细胞移植、肝移植、肾移植、白血病、胃肠道肿瘤、恶性骨肿瘤保肢化疗、妇科恶性肿瘤、脊柱功能重建、骨与关节损伤、胸部微创手术、视网膜玻璃体手术、血液透析、快速心律失常、心血管疾病、自身免疫性疾病、内分泌系统疾病、糖尿病眼底病、突聋等方面的诊断治疗均有独到之处。

在不平凡的2008年，医院迎来了她90岁的生日，全院职工秉承“本仁恕博爱之怀，导聪明精微之智，敦廉洁醇良之行”的院训精神，励精图治、锐意进取，在医、教、研、运营管理等方面为医院发展再添浓墨重彩的一笔。医院财务状况及职工福利待遇不断改善。从医疗、教学、科研及运营方面一连串辉煌的数字，反映出医院实力整体的进步：2008年医院门、急诊量169万人次，比2007年同期增长20.9%；出院4万人次，比2007年同期增长13.51%；医院成为北京大学医学部唯一的国家级“人才培养模式创新试验区”和“十一五”期间第二类特色专业建设点。外科教学团队获得国家级教学团队。《眼科学》成为医院第三门国家级精品课程，北京大学人民医院临床医学教育水平已跻身国内第一方阵。2008年度医院共负责、参加科研项目101项，已获批科研基金总额3165余万元，连同已通过初审的三项国家及北京市科技课题，本年度获得的科研基金再次超过亿元，发表SCI论文73篇，医院“研究与发展基金”新投人金额308.4万元，资助开展了70项科研课题。随着建筑面积达39488平方米的新病房楼启用，老病房楼西侧改建工程完工，实现了合理化结构分区。设备更新1.6亿元，随着启动大型公立医院资源规划（HRP）系统，使物流模式更加规范，资产管理更加灵活，同时在后勤管理社会化、医院信息化建设等方面进行了多项有益的尝试，充分保障医院的发展。

2008年，北京大学人民医院与国家同呼吸共命运，共同经历了很多值得中华民族永远铭记的重大事件：胶济铁路重大事故、“5·12”汶川特大地震、北京奥运、“奶粉事件”结石患儿救治等。医院领导高度重视，全院职工积极配合，在其中做出了应有的贡献。先后派出7批医疗队22人参加了抗震救灾医疗队，其中SICU主任安友仲教授奋战在四川地震灾区执行危重伤员救治任务长达47天。仅仅几天全院职工募捐资金达93万余元，将价值达103.7万余元的急救药品、医疗设备及器械送往灾区；在“4·28”胶济铁路重大事故中受伤的患者在医院接受了精心治疗和护理；卫生部医政司安排

5名河北省结石患儿转往医院治疗，除1名合并免疫系统疾病的患儿先行治疗原发病外，其余4名患儿均成功接受了经皮肾镜碎石取石微创手术，结石排出率为100%，此举得到卫生部领导的充分肯定。医院抽调多名精兵强将承担奥运服务任务，其中赛会志愿者75名，负责6个训练场馆、1个竞赛场馆在内的应急医疗工作，还有部分人员参与奥运村内的奥运中心区和奥运综合诊所的医疗工作。城市志愿者69名，负责北京市海洋馆南广场站点的游客和市民的应急医疗工作。为确保日常医疗服务的正常运行，医院专门配备了院内志愿者48人，对奥运大家庭患者就诊采取“奥运一站式服务，全程无障碍陪同，24小时全覆盖”的服务流程，最终光荣地完成了奥运医疗服务工作。

2008年，医院践行科学发展观，积极探索医疗服务新模式，进行多项有益的尝试，充分保障医院的发展。

一、以人为本，服务于民，前瞻性进行医院改革模式的探索

1. 探索医疗服务新模式，追求无缝隙、综合的医疗保健服务

在深化医疗卫生体制改革的今天，北京大学人民医院不忘公立医院本色，勇担社会责任，积极参与新时期医院及医疗卫生体制改革模式的探索，为解决市民看病难看病贵的社会性难题，前瞻性提出并在西城区试点实践了“整合型医疗卫生服务共同体”模式，将中心医院、区属医院、居民社区和功能社区医疗机构整合为统一的区域医疗卫生服务体系。该模式从2007年9月正式运行以来，共同体模式的实践运行取得良好的社会效果，引起各级政府和社会的认可和赞誉。2008年12月17日丁向阳副市长率北京市政府和北京市卫生局相关领导，北京市发改委、财政局、劳动保障局、人事局等有关委办局主管卫生工作领导和16家市区县卫生局负责人以及21家三级医院院长来医院进行调研。

为彰显医院坚持以病人为中心、坚持“科学发展”的本色，真正让“人民得实惠”，目前，共同体已覆盖了包括西城区和昌平区的9所二级医院、7个街道社区服务中心、48个居民社区和3个村医务室在内的各级医疗服务机构。2009年5月，医院再次将服务延伸到功能社区的建立，扩大服务范围，为居住不在一起，但医疗关系在一起的群体提供服务，目前有11家单位在试用共同体模式，已有4家正式启动了该模式，这种新型服务模式在大型综合医院和功能社区机构之间共筑起保障人民群众健康的桥梁，在减少繁琐路径、方便就医的同时，及早发现亚健康因素，提早预防，促进健康，让人民群众真真切切地得到实惠。

2. 病人未到，信息先行，提高急救效率和成功率

由医院历经3年研发的“急救信息平台”作为“首都急救医学救援科技工程建设研究”的科技成果之一，已被作为奥运遗产。中共北京市委书记刘淇同志对此项研发项目给予了极大的关注和支持。北京市副市长丁向阳和卫生局党组书记金大鹏亲自率队来院视察。此项成果将逐步接入到首都的普通急救体系。目前已经实现急救的全程信息化。2008年底，这项重大的科研成果将首先在北京50辆急救车上试点，并逐渐在全市推广，真正服务于市民生命与健康。

二、切实落实“以病人为中心”的服务理念

医院解放思想，积极创新，通过启动“医疗质量持续改进工程”、推行“文明服务缺陷管理”，把“以病人为中心”的服务理念落实到医疗服务的各个环节和医院工作的各个方面。

创新管理，打造“进一步改善医院服务质量和水平，深入构建和谐医患关系”的抓手。医院以缺陷管理作为切入点，依托现代信息技术，于2007年7月2日启动了以“您的满意，我们的追求”为主题的“北京大学人民医院文明服务缺陷管理体系”的建设和实践。这一体系基于新型现代医院服务理念，以缺陷管理作为切入点，依托现代信息技术，全面透视医院各项服务中的薄弱环节，运用高效的问题处理机制进行实时和全程管理、优化流程、纠正和预防缺陷，最终实现医院服务质量管理的持续性改进。实施18个月来，共收到有效信息1926条。针对缺陷产生的原因进行分析，共改进和完善167项服务，大大提高了医院服务的终末质量和环节质量，使医院患者满意度大幅度提升。

医院在国内率先启动“构建大型公立医院资源规划(HRP)系统”项目，开创了国内大型综合医院财务、业务一体化运营管理的先河；并在此基础之上，构建BI系统，实现从总体上实时掌握医院的财务、物流以及人员情况，如利用财务中的预算管理进行运营分析，给医院各方面科学合理决策提供依据；同时以全面推行DRGs试点工作为切入点，确定疾病分类诊断系统以及试点科室试点病种临床路径，从而深入探索降低医疗成本，提高经济效益，规避经济风险，建立有效的经济成本核算的管理体系，充分保障医院的高速发展。

三、重视服务质量的管理和职工基本技能的提高

医院务求实效，在实际工作中深入学习贯彻科学发展观，重视服务质量的管理和职工基本技能的提高。除了在医院层面继续加强医疗质量管理体系的建设，强化了临床科主任医疗管理评估制度、科间会诊质量监管、突发事件应急流程，还进一步完善护理质量控制管理体系、病历质量监督管理、药事管理等质量控制。在2009年，以医院为主导、依托工会平台，开展“爱心在手”职工技能系列活动，通过趣味竞赛、寓教于乐的方式开展财务技能、基础护理操作、控感防护、内科外科基本技能的一系列竞赛活动，调动广大职工的积极性和参与性，在全院营造提高素质、重视基本技能、提高服务水平的良好氛围，带动医院全面协调发展的良性循环。

四、满足病人的多层次医疗服务需求

北京大学人民医院作为大型综合医院，在面对应接不暇的大量门诊和病房患者的情况下，在医疗实践中体现生物治疗、心理疏导和社会关怀，在实践上存在客观困难。因此医院解放思想、突破瓶颈，提出并筹建起医务社会工作部，让专业医务社会工作进入到医院体系中，由专业的医务社会工作者从社会健康角度对患者及其家庭的社会和心理需要给予诊断并提供帮助，实现不同专业间的合作，实现由传统医疗模式向现代“生物—心理—社会”医疗模式转变，在医疗工作中贯彻科学发展观。经过近期的实践，由医护人员、管理人员、医学生和北京大学社会学系的学生等志愿组成的医务社会工作者，给予病患生理—社会—心理全方位的照顾，取得了良好的社会效益，体现了科学发展观以人为本的核心要求，为构建和谐社会、和谐医院起到积极的推动作用。

五、开展创建“节约型医院”活动

在深入学习实践科学发展观过程中，着力解决影响和制约医院发展过程中所遇到的突出问题，认真谋划医院各项事业科学持续发展，通过改进和加强管理向内部挖潜，厉行节约，防止浪费，建设节约型医院，最大限度地降低成本、提高效益。在全院范围内分四个阶段开展创建“节约型医院”活动。通过集思广益，充分调动医院所有职工深刻认识落实科学发展观创建“节约型医院”活动的重要意义，并通过各种宣传渠道，号召医院全体职工积极参与，发掘身边的奢侈浪费现象，认真分析，查找原因，提出整改措施并认真落实。通过检查验收、表彰总结等环节确保活动落实在实处，并作为医院的一项制度长期不懈的执行下去。

奏响和谐新曲，靠创新铺筑发展之路。北京大学人民医院全体职工将一如既往地为广大人民群众提供优质的医疗健康服务，全力实现建设医、教、研、运营管理与国际接轨的大学医院的战略目标，力争成为面向全国的疑难急重症诊疗中心、临床医学教育创新示范基地、临床医学科学研发基地、医院和医疗卫生体制改革模式的探索实验及示范基地。

（王　杉）

北京大学第一医院

院　长：刘玉村
书　记：刘新民
副院长：金　杰、杨尹默、丁　洁、张庆林、李敬伟
副书记：杨　柳
纪委书记：马兰艳

刘玉村　1960年6月10日出生，博士学位，教授，主任医师。2006年6月16日任北京大学第一医院院长。

北京大学第一医院目前开放床位1487张，近三年床位使用率始终保持在95%左右，而平均住院日逐年下降，2008年控制到了12.78天，年出入院三万余人。医院设有临床科室36个，医技科室17个，研究所6个，其中国家级和北京市级重点学科11个，卫生部重点实验室1个（肾脏疾病），国家药品临床研究基地13个专业。医院职工3001人，其中院士1人，具有正高职称的170人（博导63人），具有副高职称的241人。1977—2007年医院累计培养本科生2506人，研究生1509人（其中硕士1004人，博士881人，博士后52人）。医院从2002年至2007年，累计科研课题677项，科研经费10816.5万元；累计科技成果获奖40项，包括国家科技进步二等奖2项，教育部科技进步一等奖4项，中华医学科技一等奖2项；累计发表论文5904篇，仅2007年就发表论文1223篇；SCI收录论文篇数累计406篇，仅2007年就收录论文达158篇，其中论著101篇。

近三年来，刘玉村院长率领新一届领导班子坚持“厚德尚道”的院训，以“继承、创新、和谐、竞争”为办院方针，明确发展方向，要把医院办成“员工工作的乐园，人才培养的沃土，科学研究的殿堂，医疗服务的圣地，国际交流的中心”。医院2008年在奋力投入抗震救灾工作、圆满完成北京奥运医疗保障任务的前提下，以抓医疗质量为核心，全面促进医院各项工作协调发展，在继续深入推进医院管理年活动中，推出三项重大举措：即架构“三三三一”质量管理体系，全面加强急诊科建设，护理服务创立了“五心工程”。

一、架构“三三三一”质量管理体系

北京大学第一医院开拓思路，继续创新，以提高医疗质量为工作重点和中心，全面促进医院各项工作，架构了“三三三一”质量管理体系，即三级医疗质量监控管理，三级会诊质量监控管理，三级投诉管理，和一项院长查房制度。

医疗质量三级管理是在质量控制办公室的组织下，组建64人的质控员队伍，由全院各病房高年资主治医师以上医师组成，开展一级“病历质量监控”，通过病历质量监控，对全院的医疗行为规范进行监控，从而降低医疗风险，保证医疗质量，保证病人安全。检查形式为每周一次，每次一个病房，以讲评式、开放式对运行病历进行检查，受到临床医师的普遍欢迎。由医疗科主任组成的二级管理，定期召开会议，听取一级质控的工作汇报，汇总、分析医疗指标，查找医疗工作中的问题，提出整改方案。医疗质量管理委员会作为第三级质量管理组织，对全院医疗质量工作进行监督，对医疗不良事件进行监控、分析，查找原因，提出解决方案。

会诊三级管理是把会诊分为两类三级管理。一类是急会诊，另一类是普通会诊。一级会诊是科际间的普通会诊，由主治医师承担。二级会诊由医疗科主任承担，主要针对疑难病、危重症、多学科会诊。三级会诊由科主任承担，主要针对干部保健人员和特殊人员。会诊实施三级管理以来，大大提高了会诊质量，缩短了会诊时间，满足了临床和患者的需求。

投诉三级管理是指患者投诉一级管理在科室，二级管理在职能处室，三级管理在“零投诉”小组。强化首次投诉负责制，积极处理好各种投诉，保障医患关系的和谐。

院长查房制度主要是每天都有院级领导参加一个科室的早交班，59个病区都要轮流参加，发现问题及时解决。院长查房实质上就是院级领导轮流督查各科室工作，现场办公，解决临床一线的工作难题。

2008年2月14日—4月16日，医院分别举行了7次医疗质量管理培训和病历书写规范培训。培训范围广，对医疗主任、科室质控员、副主任医师、主治医师、住院医师（临床研究生、01级八年制研究生、专科培训医师）、学生（02、03级八年制研究生）等共计600余人进行了全面培训。

二、全面加强急诊科建设

医院2008年在医院管理年活动中，全面加强了急诊科建设，成效特别突出。

（一）加强急诊管理推出了四项重要举措：

1. 完善首诊负责制，即护士有绝对的分诊权力，任何科室不得推诿，坚决执行首诊负责制；特别对于归属不清疾病的诊治问题严格执行首诊负责制。

2. 严格执行疑难病例讨论制度，每周一次急诊全科大查房，每天均有三线医生负责查房，保证了医疗质量，甚至为了解决疑难问题，由门诊部组织全院各专科的专家会诊。

3. 建立会诊制度，各个专科均设立相应的专科会诊排班制度，负责急会诊。

4. 建立危重病救治绿色通道，包括急性冠脉综合症、脑卒中、危重病孕产妇救治等都建立了绿色通道。

（二）建立了急诊急救人员培训制度：

1. 建立科内培训制度，尤其加强了新住院医生到岗前的培训，包括急诊急救工作方法、传染病防治和上报、以及心肺复苏、抗生素合理应用等；医院急诊科作为北京市急诊专科医生培训基地和北京市护理专科基地，还为北京市培养了大批专科专业人员。

2. 为了提高护理质量，每周安排一次全科护理人员教学讲课，急诊科的护士要承担各种护理任务，与病房专科护理的单一性不同，急诊科护理要求全面，所有内科疾病和外科疾病的护理均要清楚，还有各种操作和急救技术，所以，急诊科特别开展了全科护理培训。

3. 医护配合，急诊科的护理学习还定时请本科医生讲解各种知识和技能，进一步提高急诊护理水平。

4. 为了更好地做好护理工作，急诊科派出多人次脱产学习，获取各种资格证书，包括ICU专科资质，全面提高了护理人员的专业技术水平。

（三）加强急诊学科建设：

1. 建立急诊外科：2008年年初，由大外科轮流派人担当急诊外科二线人员，接诊各种外科系统病人，确保所有就诊外科的患者均能及时得到救治；急诊外科二线人员行政管理上由急诊科管理，业务上归属外科亚科管理。

2. 急诊科2009年从8年制外科毕业生中确定了第一批3人留院，作为急诊外科人员培养，完全按照急诊住院医师规范化培训，为今后建立新型急诊科打下坚实基础。

3. 医院确定从2009年开始，全院各专科主治医师升副高职称前必须到急诊科轮转半年，一是加强急诊科的专科力量，另外也充实了专科病房今后的急救力量。

（四）增加了急诊科的设备设施：

1. 医院一直不断加强急诊科必要的急救仪器设备的更新和配备，确保急诊科急救设备设施保障及时，安全有效。

2. 急诊科目前的环境和建筑结构已不能适应现代医学的发展和人民群众的就医需求，医院已积极着手急诊科的改扩建工程。

三、护理服务创立了“五心工程”

北京大学第一医院护理系统在管理年活动中营造了“以病人为中心”的护理文化，护理部在深入落实“三从”护理要求的同时，深刻理解韩启德副委员长“把爱洒向人间”题词所蕴含的人文理念，创立了“五心工程”，倡导护士以“爱心、诚心、耐心、细心、责任心”对待每一位患者，全心全意做好每一项工作。2008年1月9日“五心工程”启动仪式之后，全院各护理单元结合病房护理工作及专业特点，制定了“五心工程”工作计划，在“专业护理服务”方面进行了创新和改进。全年向住院患者发放护理工作满意度调查问卷2448张，对出院患者进行电话访问214人次，患者对护理工作总体满意度为94.5%，比2007年有了明显的提高，收到表扬信1316封、锦旗和牌匾193面（块）。

2008年“5·12”汶川地震发生后，医院4名护士奔赴灾区一线参与抗震救灾工作；奥运期间，医院共有26名护士参加体育场馆的志愿者服务；55名护士作为城市志愿者为奥运服务。外科护士徐征获“首都劳动奖章”；儿科监护室护士长蒙景雯、外科护士徐征获首都护士“发扬成绩　奥运建功　新北京　新奥运‘双千日’文明优质服务”系列活动“奥运护理之星”称号；急诊科护理团队获首都护士“发扬成绩　奥运建功　新北京　新奥运‘双千日’文明优质服务”系列活动“先进集体”。2008年医院还荣获了卫生部全国卫生系统护士岗位技能竞赛铜奖。

2008年12月，北京市护理质量控制与改进中心护理质量专项督导考核小组对医院护理工作进行了考核，督导考核小组对医院护理工作给予了很好的评价。

（刘玉村）

吉林省结核病医院

院　长：李浩宇
副院长：董亚军

李浩宇　2003年3月任吉林省结核病医院院长。

吉林省结核病医院始建于1952年，隶属吉林省卫生厅，现经过几代人的不懈努力，已发展成为吉林省内唯一一家以治疗结核为主，兼教学、科研和预防为一体的三级专科传染病医院，是吉林省结核病诊断、治疗中心和防痨医师培训基地。医院现开设床位401张，设有呼吸内科、胸外科、综合外科、介入科、核磁CT科等20多个重点医疗和医技科室。

2008年吉林省结核病医院在新任领导班子的通力合作和全院职工的共同努力下，各项工作实现了持续、稳定、健康、和谐、快速地向前发展，实现了医疗、护理、科研、教学等专业技术水平的稳步提高，实现了社会效益和经济效益的持续增长。医院在院容院貌、基础设施建设、人才梯队培养、科技兴院等方面步入了历史发展的最好、最快时期。

1. 门诊诊疗病人30894人，同比增加11143人，同比增长了56.4%；住院病人数3887人，同比增长373人，增长率10.9%；手术病人801人，同比增加133人，增长了19.3%；床位使用率68.6%，同比增加了9.4个百分点；治愈好转率达87.3%，实际开放总床日达146766天。2008年全年业务总收入4114.94万元，首次突破4000万大关，创下历史新高，较去年同比增长了28%。

2. 2008年继续深入开展"医院管理年"活动，为充分发挥全省结核病诊治中心在疾病诊断、治疗、预防、科研和教学方面的整体优势，努力确定科学化、规范化、标准化、专业化的医疗服务体系，进一步建立健全医护人员各项规章制度，加强了对医务人员的职业道德、业务技术能力培训，规范了医疗行为。狠抓诊断质量、治疗质量、安全质量、书写质量、服务质量五方面工作，严格执行首诊医师负责制。加强医院药剂质量管理，认真做好医院药品的采购、验收、供应和保管工作，杜绝了假药、劣药现象的发生，确保了患者用药的安全、有效、经济和适当。加强了药品不良反应监管工作。

顺利完成2008年专业人员继续教育的登记、自检自查及省卫生厅继教办的检查验收验证工作。并在九台市18个乡镇社区范围内进行科普知识及健康教育的宣传和指导，使广大市民对结核病的预防和治疗的意识有了普遍的提高。

3. 2008年院党委按照省卫生厅党组和九台市委组织部的要求，以党的十七大精神为指导，认真贯彻落实"三个代表"重要思想，全面落实科学发展观，积极围绕医院中心工作抓党建，抓落实。加强理论中心组学习，进一步解放思想、转变观念、振奋精神，为推动医院各项工作奠定了坚定的思想基础；坚持民主集中制和党委议大事制度；认真定期召开领导班子民主生活会。

4. 在优化医院内部管理，提升服务水平方面：进一步深入加强医院内部管理，对各个业务科室进行综合质量考核，层层签定目标责任书，每月检查、考评一次，使医院的管理工作具有全面性、可操作性和可持续性；认真做好后勤保障和四防安全工作，加强了节假日的四防安全管理，并开展了突发事件的救灾演练活动，加强院内社会治安管理工作，对来院就诊人员进行人身、财产安全提示，增强职工、患者四防安全意识。

医院的发展和进步，凝聚着广大患者和社会各界朋友的大力支持和热忱帮助。我们将一如继往地坚持"以病人为中心，以质量为核心，以特色为优势"的办院方针，秉承"博爱、诚信、优质、敬业、求精、创新"的办院宗旨，以高尚的医德、精湛的医术、优质的服务和整洁的环境迎接省内外患者的到来，为把医院建设成为技术一流、服务一流、管理一流、人才一流的现代化结核病专科医院而努力奋斗，力争为吉林省防痨事业做出更大的贡献！

（李浩宇）

复旦大学附属中山医院

院　长：王玉琦
党委书记：秦新裕
党委副书记：牛伟新、沈　辉
纪委书记：牛伟新
副院长：张志勇、樊　嘉、高　鑫、汪　昕、朱同玉、阎作勤

王玉琦　1947年出生，教授，博士生导师。复旦大学附属中山医院院长。

2008年是复旦大学附属中山医院实施“十一五”发展规划的关键一年。在卫生部、上海市卫生局和复旦大学的领导下，中山医院党政领导带领全体员工，贯彻落实党的十七大精神，坚持以科学发展观全面指导医院各项工作，按照年初提出的“扭住目标、严格管理、狠抓基础、科学发展”的工作方针，在医疗、教学、科研、管理等方面进行了积极探索和实践，取得了显著成绩。

一、学习贯彻党的十七大精神，出色完成抗震救灾、医院管理年活动等各项任务

2008年，中山医院以高度的社会责任感和使命感，全力做好抗震救灾医疗支援和伤员收治工作。上级部门对医院在抗震救灾中的突出表现给予充分肯定，医院荣获上海市卫生系统抗震救灾先进集体称号，医疗队队长牛伟新同志荣获上海市“五一”劳动奖章，队员陈增淦、任金兰、东莉也被评为上海市卫生系统抗震救灾先进个人。

医院继续将管理年活动的各项要求落到实处，不断完善服务流程，使服务水平和管理水平上了一个新台阶。2008年，医院荣获2005—2007年度全国医院管理年活动先进单位称号。医院不断加强党建工作，组织开展多种形式的学习活动，探索党员学习的长效机制；以“迎世博”为契机，从多角度入手，深入开展医德医风建设和职业道德建设，贯彻落实“三重一大”制度。2008年，中山医院荣获全国卫生系统思想政治工作先进单位称号。

二、保障医疗安全，改善服务质量，工作量继续攀升

医院进一步加强住院、手术、门诊、急诊、医保等方面的管理，确保医疗工作的安全和优质。同时在门诊医疗服务方面做了大量细致的工作，从细节入手，开展以人性化服务为重点的门诊系统工程建设。积极做好医疗应急工作，出台《重大突发事件院内救治应急预案》，重视各种预案的制定和演练，出色完成汶川大地震伤员救治任务和奥运火炬传递等多项重大活动的医疗保障任务。

医院主要业务指标在连续四年大幅增长的基础上持续攀升。2008年，门急诊病人为221万人次，住院病人5.5万人次，住院手术病人2.4万人次，平均住院天数10.32天，比2007年缩短0.61天。各类内窥镜检查例数亦居全国领先。

三、坚持科技兴院，全面推进科研工作

2008年，中山医院共获得科研项目178项，其中国家自然科学基金项目21项。医院启动管理科学基金项目，资助行政干部从事专项研究工作。医院科研成果丰厚，并继续保持高水准和广泛的社会影响力及实用价值，樊嘉教授的“肝癌门静脉栓形成机制及多模式综合治疗技术”获得国家科技进步二等奖；葛均波教授的“冠状动脉介入治疗后再狭窄的机理及干预研究”获得高等学校科技进步一等奖。

在学科建设方面，医院以平台建设为重点，提高学科水平。肝肿瘤和心血管病两个学科被列入“211”三期重点建设项目，并通过各种渠道主动探索与国外知名科研院所合作开展相关领域的研究。

四、加强国内外交流，促进医院文化建设

在国际交流方面，医院主办第五届上海国际呼吸病研讨会等高水平国际学术会议，接待芬兰劳动和经济部常务副部长Erkki Virtanen带领的参访团等多个国外代表团，以及多位国外著名学者。另外，医院还成功召开了庆祝上海市心血管病研究所建所50周年学术研讨会等国内重要会议，接待北京协和医院等30多批次的国内同行来院参观访问。在文化建设方面，医院获得全国医院文化建设先进单位和全国医院人文管理荣誉奖等多个荣誉称号。

总之，2008年中山医院在医疗、教学、科研、管理等各个方面都取得了新的发展和进步。在新的一年中，医院将认真贯彻落实科学发展观，坚持以人为本、深化改革、加强内涵建设，不断提高医疗质量和服务水平，实现医院的可持续发展。

（王玉琦）

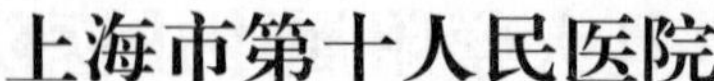

上海市第十人民医院

院　长：王兴鹏
党委书记：费　苛
副院长：谭江平、陈正启、程英升、郑军华
党委副书记：沈迎春

王兴鹏　1965年3月生，医学博士、留德博士后（洪堡奖学金获得者）、教授、主任医师、博士研究生导师，博士后流动站联系导师。现任上海市第十人民医院院长、同济大学附属第十人民医院院长。

2008年，上海市第十人民医院全体干部职工经受了各种突发事件等的严竣考验：年初全国的雪灾，医院主动向铁路部门请战；5月的汶川地震，医院积极响应上级号召，开启未使用的病房新大楼，收治伤病员，派出专家赴灾区救援，涌现了成佳景、张翔宇、朱开元等先进个人，医院荣获上海申康医院发展中心抗震救灾先进集体。下半年医院新的领导班子调整充实到位，外科病房医技综合楼正式启用。全院职工齐心协力，努力拚搏，各项业务指标增长迅速，尤其是下半年，居上海申康系统增幅前列，良好完成了全年的医教研任务。

医疗业务。全年完成门急诊120.97万，同比增长14.62%；年出院病人3.42万，同比增长25.56%；完成手术13462台，同比增长31.06%；床位使用率118.08%，同比增长9.04%；平均住院日10.99天，同比下降6.71天。药占比45%。

教学工作。全年共完成2020学时的本科教学任务，其中，医学院临床医学本科1027学时，口腔医学院487学时，成人教育学院506学时。接受并管理同济大学、中医大、上海交通大学、苏州大学等16所医学院校临床、护理及医技类实习生共339人，进行实习生临床技能操作培训以及社会实践活动，并在同济大学各类比赛中获奖。负责研究生的教学管理，2008年级新生入学30人，其中博士生7人，硕士生23人。在读学生94人，毕业18人。

科研工作。全年承担科技部、教育部重大项目、博士点基金等124项，其中获得国家自然基金5项，获得市科委项目8项，内分泌科李虹博士获上海市科委青年科技启明星计划。医院全年获得各类资助金额为774.95万元；获得成果奖励3项；完成7个上海市各级科研项目验收和4个教改课题的验收工作。发表论文总数383篇，其中SCI论文11篇。完成21个继续教育项目，其中国家级14项，市级7项。

学科建设。完成了新一轮医院重点学科、新兴学科、特色学科的动态调整工作；2008年经医院推荐和各位专家们的努力，新增医学会国家级委员1人、市级委员7名。年内新增博士研究生导师4名，新增硕士研究生导师3名，使博导人数达到9名，硕导人数增至39名。

基本建设。继医院外科医技综合楼正式启用，内科病房综合楼及地下车库工程项目顺利立项；虬江路第二门诊部改建成上海市第十人民医院颜德馨中医医院方案得到了申康医院发展中心和上海市卫生局正式批复，目前均已进入施工阶段。

精神文明建设。积极推广挂号收费通柜服务和电子叫号系统，优化医疗服务流程。坚持“以病人为中心”的服务理念，不断深化、落实十项人性化便民服务措施，完善医患沟通制度和公众监督制度，医院顺利通过文明单位复审，蝉联卫生系统、上海市文明单位。

其他工作。医院通过国家药监局组织的药物临床试验基地现场验收，14个临床专业通过资格认定；护理部获得全国卫生系统护士岗位技能竞赛金奖，召开了上海首届国际护理质量管理学术会议，进一步提升了护理学科的学术地位；医院举办“世界抗癌日”肿瘤防治大型专家义诊等活动，得到了社会各界的广泛好评。

（王兴鹏）

湖北省天门市第一人民医院

院　长：何正在

副院长：邓云特、徐必生、陈杰、涂乐新、陈友平、王春秀

何正在　主任医师，天门市第一人民医院党委书记、院长。

2008年，湖北省天门市第一人民医院完成门诊50.4万人次，比2007年增长10.8%；出院病人3.37万人次，比2007年增长15.1%，其中医保、农合分别为2415人、13721人，分别增长22.83%和22.32%，业务收入1.9亿元，比2007年增长18.75%。

一、从严治院，着力培养良好院风

2008年3月，医院重新修订了《医德医风、劳动纪律考评细则》，加大了对违纪违规的处罚力度，将扣分标准增加了5—10倍。全年总监督岗扣分9371分。对科主任实施责、权、利相结合的科学管理方法，实行科主任绩效考核。制定了医疗事故一票否决、医疗纠纷和科室人员严重违纪违规连带责任制度，同时提高科主任职务津贴标准，取消原津贴中的固定部分，全部实行浮动绩效考核，并将津贴中的20%留存，年终考核发放，强化科室质量严管力度及科主任第一责任人的责任和义务，使医疗质量管理的环节控制重心下移到科，科内的环节质量得到有效控制。为保证质量管理工作有序进行，修订了《医院工作质量管理细则与考评标准》等6项质量管理文件，提高了中层干部加强科室管理的积极性。

二、把握主题，持续改进医疗质量

医疗质量是医院管理工作的主线，规范的管理是医疗质量的保证。医院狠抓医疗质量，建立了以分管院长牵头，相关职能科配合，按条块分工负责的质量监管体系。实行院长周督查（周值）制度，每周进行3次以上的质控检查，每次不少于3个科室，发现问题，及时督促整改，并由值周院长对上周质控情况在每周一的中层干部会上进行通报，扣分到人。院质控办常规组织季度检查，全年质控扣分58153分。为确保各级各类人员规范操作，医务科修订出台了医疗安全管理的7项制度，按标准对临床抗生素使用情况每月进行一次专项检查，并将检查情况在《医务通讯》上通报。统一授权委托书、输血同意书、病历格式、规范疑难危重病例讨论和死亡病例讨论填写内容，督促人人参与质量控制，强化全员工作责任感，全年无医疗事故的发生。

院感办制订、修改了医院感染管理28项制度，坚持了每季一次的感染例会和每月一次的质量控制，重点加强特殊区域的管理。为推动全市感染管理工作的平衡发展，制订了《天门市医疗废物处理流程图》，以卫生局文件形式下发到全市各医疗机构。根据手足口病流行的情况，及时改建了发热门诊与病区，编辑了《手足口病预防措施》及《消毒隔离方法》，坚持环境卫生学监测，全年采样827份，报告手足口病例304例，在省、市组织的检查中均受到好评。

护理部按照三级医院评审标准，增设了两名科护士长，形成了三级护理管理体系，补充完善了173项护理工作制度、37项岗位职责、196种疾病护理常规、114项护理应急程序和操作流程、74种质量标准和工作标准，同时翻印了238种护理健康教育资料，修订《护理质量考核标准及实施方案》，设计了护理质量持续改进反馈追踪表，实行护理质量目标管理。全年组织质控68次，夜查房133次，并将结果以《护理质量月简报》形式公示。为保证护理安全，围绕《2008年度患者安全目标》，出台十项安全管理措施，如危重病人使用手腕带，高浓度电解质药物上锁，输血病人挂血型卡等，以上举措有力地保障了患者安全。为规范护士长的管理，修改了《护士长手册》，推行了护理行政查房。

药剂科在坚持执行临床药师制度，坚持执行不合理用药及药品使用市场调查公示制度的同时，2008年调整药品采购与结算方式为医院节支近100万元；规范抗生素使用的管理一年可为医院增收240多万元，门诊抗生素使用小于40%，抗菌药物不良反应率下降50%，成为2008年医院管理年工作的一个亮点，受到省内同行的关注；制剂室确保了16个自制制剂批准文号的合法性，在人员减少近1/2的情况下，年效益突破500万元。

三、立足长远，大力加强学科建设

一是加强继续医学教育。选派90人次到上级医院进修和短期培训；临床检验、护理两个专业申报了省Ⅰ

类学分培训项目。制定了《住院医师规范化培训办法》。

二是加大人才培训力度。倡导专业技术骨干走精专道路，向“科有特色，人有专长”的目标迈进，支持和鼓励学科带头人有针对性参加高端技术培训，开展新技术、新业务，着力引进高素质后备人才，保证人才贮备，满足学科发展需要。坚持每周三的业务学习，组织新知识、新技术讲座4次；质量报告会和业务专题讲座10次。医务科组织临床、医技各科开展临床医技技能比武竞赛共5次，临床医技联系会3次，药剂科开展“不合理用药竞赛，中药鉴别比较”2次；急诊科编写了每个病种的抢救流程，并对全体人员进行急诊抢救系统培训。药剂科组织开展“中药鉴别比武”，检验科组织技术比武，护理部组织了11期新知识新技术讲座和护理操作培训，9次理论和操作竞赛。2008年4月承办“天门市护理岗位技能培训班及大赛”，医院派出6名选手参赛，1人获一等奖，2人获二等奖，3人获三等奖的优异成绩。

三是积极开展科研创新。2008年，有136篇论文在省级以上刊物发表，其中中华级13篇，省级以上学术交流21篇；组织对省、市级科研成果项目申报及评审工作，66项获得市级科技成果，其中Ⅰ类科技情报查新检索中心进行检索，已有1项获得国家实用型专利并获省级科研成果证书，4项获省级科技成果。

四是不断更新设备。DR投入临床，使放射拍片速度快、质量好、图像清晰；眼底荧光造影和激光投入临床运行良好，为临床提供更加准确的诊断依据；大型生化分析仪及五分类血球仪的引进，极大提升了医院的临床检验水平。

五是专业分科更细致、更科学。新增心内B、神经内科B、肿瘤B、血液、内分泌等7个专科，新聘任18名正、副科主任，9名副护士长，使学科建设、专科发展呈良性循环发展。

四、抓住机遇，促进经济健康发展

经济管理关系到医院的发展速度。2008年，医院加强了财务预算的管理力度，合理调配资金，确保内科大楼等重点项目的用款。按省卫生厅要求，进行会计核算软件升级，对支出类科目进行分类、调整，费用项目进行细化。规范门诊、住院收费流程。制订了《农合、医保病人医药费结算的管理规定》，使相关部门的职责更加明确，部门协调更加灵活。积极争取物价政策，向上申报新业务新项目价格，接受物价部门对医疗价格的监督和医疗收费执行情况检查，按要求对医院制剂有关品种的价格重新进行了申报，仅此一项，为医院增收10余万元。强化审计职能，纠正错、漏、串2744笔；电算中心配合新住院楼建设，进行网络工程策划，铺设了622个网络工作站点和62个网络监控点的桥架和线路。

五、打造品牌，树立医院良好形象

一是坚持以病人为中心，打造医院服务品牌。门诊一站式服务为病友导诊、咨询、健康教育和便民服务，病房病友服务中心，发放新病人慰问卡，出院病人满意度问卷调查及陪检、陪送等服务；继续开展“五个一”亲情服务、“给您家一般方便”的便民服务，出院病人电话回访等服务活动，坚持两月一次的出院病人代表座谈会，对病友提出72条建议和意见，落实整改56条。对病人关心的费用问题，实施了“住院费用一日清单制”，让病人明明白白消费，这些措施有力地提升了医院服务品牌。

二是以文化为载体，打造医院文化品牌。2008年是第三届医院文化艺术节，按年初的计划，医院认真组织实施“趣味运动会”、“5?4”迎奥运环城长跑、“系列篮球对抗赛”、“改革开放30年中老年舞蹈展示”、参加了全市组织的“美丽五月、美丽天使”的“5?12”文艺汇演，医院承担了晚会的礼仪服务，并获得组织奖和表演二等奖；院长何正在参加荆州奥运火炬传递，医院啦啦队统一行动、统一服装，自发到现场助威；新住院楼的亮化工程将成为天门的一大亮点，室内标识更为人性化，显现了医院的文化特色；向社会征集“天医精神”、“天医理念”、天医“广告语”，共收到社会各界30人计50余件作品。

三是加大宣传和市场开发力度，打造医院形象品牌。2008年，医院与《天门日报》、天门电视台、《楚天声屏报》、天门电台及乡镇电视台合作，利用各媒体平台对新业务、新技术和先进典型进行宣传。2008年全市十佳医生、十佳护士和全市十佳青年评选，医院有7人当选，并在《天门日报》进行报道。积极组织开发新的医疗市场，与城区6家医疗机构签订了合作协议，与净潭、马湾、胡市等7家卫生院进行联合义诊，培训讲课，免费接诊3000余人次。利用肾病日、世界肝病日、爱眼日、糖尿病日及全市科技周开展义诊咨询和“健康讲堂”。深入学校、单位及社区开展健康体检，全年体检2.7万人次，体检金额150余万元。汶川地震发生后，全院职工踊跃捐款8万余元，党员以“特殊党费”的形式捐款1.15万元，捐献棉衣2000余件。

四是努力改善住院条件，打造医院环境品牌。重新对院内各个区域的绿化进行了统一规划，医院绿化面积达3万平方米；新住院楼总建筑面积2.6万平方米，预计投资9000万元，配备电梯5部及喷淋和气体灭火，物流传输设施，每个病房有电视机、空调、中心供氧及负压吸引，整栋大楼监控摄像头达60余个。加强医院周边“医托”的打击力度，制作打击“医托”警示牌30块。配合公安、卫生等部门，查处聘请“医托”的两家医疗机构，并在《天门日报》、《楚天声屏报》、天门电台等媒体进行曝光。

在综合治理和安全生产方面，经常组织全院性大检查，及时消除安全隐患。计划生育工作坚持抓好出生性别比专项治理和育龄妇女“三查”，认真做好财务、医保、农合、病案综合信息统计等工作。

（何正在）

湖北省襄樊市中医院

院　长：段华汛

副院长：乐才文、胡思荣

段华讯　本科学历，主任医师，硕士生导师，2001年任襄樊市中医院院长。

一、医疗工作完成情况

2008年，湖北省襄樊市中医院共收治门、急诊病人420092人次，同比上升6.3%，出院病人18352人次，同比上升27%，手术病人数4612人，同比上升24%，病床使用率85.6%，患者平均住院天数13.3天，住院病人平均费用4750元。医院全年总收入达到14688万元，比2007年增长34.5%；其中：药品收入为5913万元（含前进分院、电力门诊339万元），占医疗业务收入的40.3%，固定资产23947万元，比2007年增加28.9%。

二、制定发展规划，不断持续改进，促进医院快速发展

按照"改革再深入，管理再加强，质量再提高，服务再创新"的总体要求，医院将创建三级优秀医院、省级文明单位、平安医院及2008年医院管理年活动四项工作（简称"三创一活动"）有机结合起来，强化管理，狠抓落实，持续改进，取得良好的成效。

（一）制定发展规划。2007年年初医院新住院大楼投入使用后，院领导班子及时调整了医院的发展思路和工作目标，力争在三年内将医院建成功能完善、环境优美、设施完备、管理规范、技术精湛、竞争能力强的地市级中医医院。召开了六届第二次职代会，通过了《2008—2010年三年发展规划》。为能顺利完成这一目标，又召开了第二届医院发展研讨会，把"中医特色如何做强做大"，实行"差异性的发展"作为这次会议主题进行了探讨。大家广开言路，统一思想认识，达成共识；只有发挥中医的特色优势，以特色带动综合，以综合强化特色，形成自身的差异性发展，达到"中医水平站前沿，现代医学跟得上"的境界，才是医院健康发展的基本保障。

（二）不断持续改进。为扎实开展"三创一活动"，一是医院成立了领导小组，下设工作专班，全面负责部署、检查、督办等日常工作。同时，成立以各分管领导和相关职能科室负责人组成的行政管理、医疗业务管理和绩效管理三个专业组，形成了由领导小组——专业管理组——业务科室组成的三级管理网络。明确工作职责和任务，做到了组织、人员、责任三落实。二是制定了《实施方案》，多次召开全院干部职工动员大会，统一思想认识，全面落实医院管理的"三个转变"，（即医院职工从被动开展工作向主动自觉做好各项工作的转变，医院管理工作由"突击管理"向日常、规范化管理的转变，从停留在面上的抓管理向深度抓管理的转变）。按照"从严、从细、从实"的原则，制定了《全院贯彻落实"三创一活动"工作的奖罚规定》和《"三创一活动"终结奖励办法》，强化管理措施；将"三创一活动"的工作检查与院内每月的常规检查考核结合起来，利用晚上时间，在全院开展了三次大型自查活动。针对存在问题及不足，分别召开专题会议，对责任进行划分，除限期进行整改外，并严格按制度管理，层层追究相关管理人的责任。三是狠抓各项核心制度落实，强化"三基三严"训练，每月按不同岗位，不同专业，不同层次人员，分门别类进行业务知识考试，每月开展一次处方点评和院感知识培训讲座，不断提高医护人员的质量意识、细节意识、安全意识和服务意识。全年基础护理合格率达98%以上，住院感染率2.1%，感染漏报率8.5%。健康教育覆盖率达100%。在2008年12月16日省卫生厅医院管理评审检查团对医院在近几年的快速发展和严格管理给予了高度评价。

（三）改善门诊就医环境。2008年元月在住院大楼启用之后，医院又投资2000余万元，对门诊楼进行了彻底改造装修，已经改造的新门诊，已是中医特色和中医文化浓厚，从功能性、环保性、效能性上体现人性化，达到了一医一患一诊室，保护病人隐私，患者就医方便的标准。

为了满足医院发展需求，医院经过两年多的努力，多次向市委、市政府领导汇报划拨原人大办公区土地对中医院发展的重要性，得到市政府领导的重视、理解和支持，已将与医院邻近的原市人大办公区14.2亩土地有偿划拨给医院。

三、深化医院改革，规范医院管理，着力提高医院的管理水平

医院的发展源于创新，创新源于思想的大解放。为此，结合医院现状，对业务发展不断的改革创新，取得了良好的成效。

（一）率先推行跨病区收治病人的管理模式。2008年1月，新病房大楼投入使用后，医院的业务量和住院病人不断增加，虽然医院病区增加，床位增多，但按原有的管理模式仍不能满足病人的需求，出现了有的病区患者满员需要加床，医护人员超负荷运转，而有部分病区业务不饱和，有空床现象。为了达到医疗资源最佳利用的效果，提高现有床位使用率，均衡各住院病区护理人员的劳动强度，让所有患者都能享受优美的住院环境和规范专科的医疗服务。通过到国内有关医院的考察和学习，医院率先在省内实行住院病人可以跨病区收治的新型管理模式，对全院住院病人实行统一调度，让专业医生跟着病人走。经过一年的运行，此管理模式促进了医院业务量不断增加，出院病人较2007年同期增加了近27.3%，医院资源得到充分利用，降低了医院运行成本，取得了良好的成效。

（二）开展了后医疗服务管理。为了真正体现“以病人为中心”的服务理念，医院在转变服务模式，创新服务内容，优化服务质量上下功夫，2008年初引进了后医疗服务平台管理系统，将患者的信息资料输入管理系统，实行了出院随访病人、告知医疗信息和开展健康教育及康复指导等多项服务，真正架起了医院与患者之间直接沟通与互动的桥梁，通过后医疗服务管理系统2008年共随访咨询8185人次，发布医疗信息近万条。

（三）实行内镜统一使用管理。为了规范医院管理，充分利用现有的窥镜设备，加强院内感染控制，保障医疗安全，2008年7月医院一次性购置四套内镜洗消设施，成立了独立的门诊内镜室，实行内镜集中管理，保证了门诊内镜检查治疗在环境、消毒和相关科室配合上达到最佳状态。

（四）成立静脉输液药物配置中心。为保证用药更加合理、安全，有效的降低病人治疗费用，2008年9月成立了静脉输液药物配置中心，将原分散在各科的静脉用药集中到符合“药品生产质量管理规范”标准的无菌间配置，实行统一发放。同时，也充分发挥药师参与临床用药管理，监控临床用药，加强院内感染控制，杜绝不良用药事件发生。目前静脉输液集中配置已逐步覆盖所有住院病区。

四、狠抓专科建设，注重人才培养，积极开展临床科研和制剂开发

一是抓好重点专科建设。按《襄樊市中医医院重点专科建设管理暂行规定》，对重点专科实行全方位的动态管理。按照国家中医药管理局重点专科建设要求，完成2个国家级专科重点病种临床诊疗方案；申报了国家中药制剂能力建设项目；完成了湖北省“十五”中医重点专科（脑病科、儿科）项目建设评审验收工作；完成糖尿病科、肺病科、肝病科、肾病科、肿瘤科、肛肠科、妇产科、推拿科、皮肤科、儿科国家中医药管理局“十一五”重点专科协作组成员单位申报工作；完成了6个市级重点专科建设单位的相关工作。

二是注重人才培养。医院采取多种形式进行人才培养，一是培养高资医师，医院加大投入费用，培养全国中医临床人才，又有1名正高职医师被确立为全国第二批优秀中医临床人才项目培养对象；二是继续开展青年医师导师制工作，定期进行考核，严格进行管理，真正达到传、帮、带的作用；三是抓好继续教育工作，提高医务人员技术水平，提高了外出进修学习、参加学术活动资金投入；四是采取请进来的方式，进行学术讲座，多次邀请上级医院专家、领导对全院干部职工进行专题讲座；五是举办每月中医讲座，由获得国家优秀中医临床人才和名医讲授中医四大经典，2008年医院投入培训费50余万元，参加国家、省级学术会议100余人次。全院发表论文90余篇，完成了与湖北中医学院联合培养研究生工作。全年共举办业务讲座30余次，培训4000余人次。

三是加强临床科研管理。为贯彻实施“科教兴院”战略，下发《襄樊市中医医院关于进一步加强科研管理工作的补充规定》，完善科研组织体系，实行科主任负责制；对重点专科和一般科室分别提出科研目标、考核方案和奖励标准，调动科研人员的积极性和创造性。积极组织肿瘤科、糖尿病科申报国家“十一五”科技支撑课题；组织骨伤专科申报湖北省中医科技攻关建议项目；组织心病科、肺病科申报湖北省卫生厅科研基金项目；组织儿科、肺病科、正骨科申报湖北省卫生厅中西医结合科研项目，其中儿科、肺病科项目申请已获批准；完成市级科技攻关项目的申报工作，骨伤科“襄樊市中医骨伤临床研究中心”被确立为市2008年重大科技计划项目；心病科“强心饮治疗慢性心力衰竭患者心功能影响及基础研究”等12项科研课题被市科技局立项；肿瘤科“化积镇痛膏外敷治疗癌症疼痛临床研究”等4项课题通过鉴定并达到国内领先水平；组织医院脑病科、脾胃病科2项成果参加市科技进步奖评奖，其中脾胃病科《中药肠康胶囊治疗腹泻型肠易激综合症的临床研究》被评为襄樊市科技进步二等奖。

四是加大资金投入，开发中药制剂。在原有的制剂净化生产车间的基础上，又投入60多万元引进大批中药加工生产设备，加大临床专科用药的开发和剂型改革力度，开发新的制剂25种，全年制剂收入407.67万元，比去年增长102.5%。全年中草药及院内中药制剂使用率达到30%左右。

五、加大宣传力度，拓宽医疗市场，全面提升为社会服务的功能

（一）完成了“中医中药中国行”大型科普宣传走进襄樊活动。2008年10月医院作为承办单位，为了让市民认识中医、了解中医，弘扬中医文化，按照省卫生厅的要求，精心策划，周密部署，积极筹备，使活动办得有声有色。启动仪式上，邀请了襄樊市委、市政府、

市人大、市政协领导及部分政府职能部门的领导参加，来自襄樊市直综合医院的中医科、各县市中医医院及襄樊市中医院共60余名中医专家参加义诊活动，据统计共接待咨询人员5000余人；并对全市260名基层中医人员进行了中医知识培训，开展了社区健康讲座。此活动除在当地媒体报道外，还分别在《人民日报》海外版、新华网、《健康报》、《中国中医药报》、《健康时报》、《中国劳动保障报》、湖北新闻网等15家媒体报道，获得了“2008中医中药中国行”全国组委会“最佳创意奖”。

（二）加大医院宣传力度。利用院网站、院报、宣传手册等形式和通过“襄樊中医”、“杏林一叶”、“杏林苑”、“中医与健康”等专题节目，传播中医药知识，在各级新闻媒体共报道医院新闻600余条，从多个角度和不同侧面加大医院宣传，扩大了医院的社会影响，提高了医院的知名度和信誉度。特别2008年全市实行“120”急救集中统一管理以后，医院未设急救站点，急诊病人急剧减少，为了使医院的急诊业务不再下滑，医院采用多种渠道大力宣传医院急救工作，实行了市区内急诊病人免费接诊的便民举措。同时，广泛与社会各界沟通，采取了不同形式的联手行动，得到广大市民和社会的认可，经过努力，2008年下半年医院急诊工作量逐步恢复。

（三）继续抓好基本医疗保险和商业保险工作。严格按照市医保的政策规定，加强对临床科室的指导和监管力度，不断与市医保处进行沟通，争取政策，维护医保病人及医院的利益，2008年又被市劳动社会保障局授予“医保先进定点医院”；开展了工伤医保和全市低保医疗救助工作，较好地完成与各县市农村合作医疗的转诊工作。巩固了与各商业保险公司的合作关系，并获得了“湖北省商业保险医疗服务先进单位”荣誉称号。

（四）医院积极参加卫生下乡支农、对口扶贫、抗震减灾等社会公益活动。承担了公共卫生的救治工作。2008年义诊20余次，出诊专家150余人，义务献血20000多毫升，向汶川地震灾区捐款15万余元，交纳“特殊党费”33680元。同时，医院还派出一辆救护车和三名司机参加抗震救灾工作。开展“双联双促”中，医院出资5万元对口扶贫，解决了谷城石门村农民的饮水、行路和就医困难，被襄樊市委评为2007年度“襄樊市双联双促工作先进单位”。积极参加手足口病防治和参加奶粉事件的筛查救治工作，成立专班、专家组，制定了就诊流程，共接诊手足口病患儿200余人次，承担襄樊市辖区三个县（市）区的重症病人会诊、转诊30余人次，参加襄樊市传染病院手足口病患儿查房500余人次。共筛查奶粉事件患儿2967名，确诊结石患儿25名，收住院20名。

六、进一步加强了党建工作，构建和谐医院

2008年医院党委充分发挥党组织的政治核心和监督保障作用，为确保医院的快速发展，提供了思想和组织的保证。

（一）抓党建工作，充分发挥党组织的战斗堡垒作用。2008年4月，医院党委分别对9个党支部，进行了党务工作调研，听取和了解掌握各党支部对医院发展、建设及管理上的想法和建议，针对各支部提出的问题，结合医院实际，集中力量着力解决三个方面的问题。开展以党员教育形式和知识竞赛活动，教育党员干部以身作则，积极向上，着力解决党员在医院发展工作中示范作用发挥不够明显的问题；采取走出去的方式，学习外省中医医院的先进管理经验，着力解决部分党员、干部对医院发展认识不深、对科室发展信心不足，观念滞后的问题；利用“三创一活动”和开展效能建设，着力解决党员、干部责任意识、执行意识、工作作风等问题，出台了《襄樊市中医医院关于加强和规范对中层以上干部管理的（补充）规定》，明晰了干部岗位的责、权、利，自上而下实行连带管理，责任倒查，严格管理；对群众不支持的干部，按照《干部管理条例》进行免职，真正体现干部能上能下，同时，更加增强干部自律意识和责任意识。

（二）抓好各党派、无党派人员的学习。为促使医院各党派人员更多地了解党的方针政策，定期组织由党委成员、支部书记、各党派骨干成员组成的中心学习，加强了中心组的学习，定期进行学习交流。同时，根据市委《在无党派人士中开展以“自觉接受中国共产党的领导，坚持走中国特色社会主义道路”为主题的政治交接教育活动实施方案》精神，对无党派人士每人发放《学习资料汇编》，组织其参加全市的学习培训。

（三）抓党员教育，坚定共产党的信念。医院采取多种形式，开展党员教育，特别是汶川特大地震中，医院党委把抗震救灾的典型事例作为教育党员的好教材，医院三名司机亲临震灾现场，不怕苦、不怕死，全身投入抗震救灾的战斗中，在火线上申请入党，表现突出，被党委吸收为中国共产党员，并号召全院党员干部职工把他们的这种精神作为推动医院发展的动力。

（四）抓好医德医风教育。定期召开医患沟通会，及时征求意见，全面了解病人的需求。2008年共看望新入院病人14211人次，收感谢信70余封，锦旗10面，拒收红包35人次，金额达12450元；积极参加中医药报举办的“五五”普法知识答题活动，被国家中医药报社评为组织奖。同时，医院在重大问题上，实行民主管理和监督，成立了招标办，对进院的物品、设备等统一招标，实行院务公开。

（五）全面抓好工会、计划生育、社会治安综合治理、消防安全、档案管理、住宅小区的管理、离退休老干部管理工作。

（段华汛）

四川凉山州第一人民医院

院　长：胡玉川

书　记：穆建生

胡玉川　在职硕士研究生，凉山州第一人民医院院长、党委副书记。

2008年，四川凉山州第一人民医院顺利通过四川省医院等级评审委员会组织的三级甲等医院评审，成为全省民族地区第一家三级甲等综合医院。

一、业务经济指标稳步增长

（一）2008年院本部完成情况：

1、完成门诊745907人次，比2007年增加46957人次，增长6.72%，完成全年计划的120.47%，日均门诊2038次；其中专家门诊235101人次。

2、“120”急救中心在医院共派车4464次，院前急救3616人次；急诊留观57878人次，较2007年增长8.32%；急诊抢救成活率97.96%。

3、平均开放床位734张（含分院）。出院22876人次，较2007年同期增长2.40%，完成全年计划的120.62%。住院病人平均住院日11.80天。病床使用率120.41%。病房抢救成功率95.02%。无重大医疗事故发生，无重大院感事件发生。

4、手术室共完成手术5，965台次，比去年增加230台次，增长4.01%。

（二）马道分院完成情况（按医院整体安排，分院业务暂时萎缩）：完成门诊34668人次；“120”出车急救527人次；出院3433人次；手术室完成手术149人次。

（三）全院业务总收入27070万元，较去年增长16.83%。

二、举全院之力，深入开展“三甲”医院创建工作

（一）2008年省卫生厅恢复省内医院等级评审，医院立即启动创建工作，州委、州政府和州卫生局高度重视创建工作，成立了以州政府副州长和州卫生局局长为领导的“凉山州一医院创建三甲领导小组”，加强了创建的领导和组织。在创建三甲领导小组的领导下，医院各级管理组织、全院职工积极投身三甲创建工作，确保医院创建三甲有效稳步的开展。

（二）医院对照《医院管理评价指南》、《四川省医院复查和管理评价标准》和《四川省综合医院评审标准》的要求，在开展医院管理年的基础上，紧密结合“三甲”医院创建，认真进行自查和整改。认真学习“标准”，划分责任科室，明确责任人；按标准进行自查打分，责成相关科室和责任人限期整改；定期召开创建三甲工作会议，对照标准提出进一步的整改意见；在三甲医院的创建过程中，医院按照标准共组织了三次自查和整改，通过不断整改，医院在评审前已基本达到三甲医院标准。医院整改主要集中在依法执业、基础医疗质量改进，医疗缺陷管理，医院感染控制，院内灾害事故防范，病人的“三权”维护，服务流程改进等多个方面。建立和健全了一系列保障质量、安全的制度及制度的落实、监督和管理措施。

（三）2008年11月17日，四川省卫生厅医院等级评审委员会成员按照《三级医院评审标准》，以千分制的方式，对医院在医院管理、医疗质量与持续改进、医院服务、医疗安全、诊疗效果、技术水平、社会公益性和持续改进等八方面进行了全面而严格的评审，均给予了高度评价。专家组认为近年来医院的管理能力不断增强，诊疗技术不断进步，床位规模不断扩大，队伍素质不断提高，综合实力不断增强，并对管理年督察中发现的问题进行了认真的整改，取得了较大的进步。对医院近几年通过一系列的创建活动取得的成绩和对凉山医疗卫生事业做出的贡献给予了充分的肯定，并针对评审中发现的薄弱环节和问题从安全管理、基础管理、能力建设三方面提出宝贵的意见和建议。

三、努力开展新业务、新技术，发展学科建设、形成专科特色和优势

加强学科带头人队伍及重点专科建设，继2007年儿科被省卫生厅批准为“四川省医学甲级重点专科”后，心内科2008年被省卫生厅列为“四川省医学重点专科”建设项目。

制定业务技术创新发展规划，把引进新技术、开展新项目、拓展服务领域作为科室建设重点，努力使更多的新技术、新成果用于临床服务于病人。成功开展两期诱导联合推迟强化方案治疗小儿急性淋巴细胞性白血病、咪达唑仑治疗癫痫持续状态和顽固频繁发作的癫

痫；连续性肾替代治疗全身炎性反应综合症；胃镜下色素染色胃间质瘤剥离术、门失驰胃镜下扩张术；纤维支气管镜冷冻治疗；记忆合钉治疗髌骨骨折、肩关节置换术、微粒植皮术；漏斗胸NUSS术、介入肺动脉瓣狭窄扩张术、肺段切除术；术中区域化疗在宫颈癌子宫广切术中的应用、腹腔镜子宫全切术、显微镜下输卵管吻合术等二十余项新技术、新项目。

四、科教兴院、加大人才培养力度、吸引和稳定卫生人才队伍

（一）建立了《卫生专业技术人员梯队建设规划》、《住院医师规范化培训制度》等制度和规划，有计划、有步骤的完成卫生专业技术人员梯队建设。从规范住院医师培训，培养扎实的基础队伍抓起，全面推行总住院医师制度。

（二）积极选派人员外出进修学习、参加培训。年内医院外派到华西等上级医院进修学习118人次，外出参加学习班、学术会110人次。举办各种培训班8期。

（三）健全和落实继续教育制度，加强卫生人员的在岗培训。举办院内学术讲座59次、远程会诊9次。举办《先心病的诊断及介入封堵治疗》和《儿科临床基础与新进展》学习班，完成《凉山州医务人员艾滋病个防知识和技能培训》6期，承办凉山州消化疾病论坛和泸州医学院第十一届临床教学会，与北大人民医院合作完成皮肤病流行病学调查。对新入人员进行了岗前培训。

（四）进一步加强“三基三严”的培训和考核。组织全院住院医师进行“三基”考试，举行护理技术操作培训和护理技能比赛，促进医务人员基础理论和基本技能的提高。

（五）培养和引进优秀的专业技术人才，制定了优惠的激励政策，积极引进研究生，制定了《凉山州第一人民医院引进硕士研究生具体措施》，对于国家计划内招收的硕士研究生在工资、奖金、住房补助、职称、进修等待遇上给予倾斜。2008年共有6名硕士研究生到院上班。三年来共接收10名硕士研究生。目前医院共有硕士研究生13名，并已有7名医务人员考上北京医科大学、泸州医学院等医学院校的研究生，正在学习期间，医院学历结构得到不断改善；

（六）支持职工撰写论文，按医院规定报销一定比例的版面费。2008年医院专业技术人员在各级、各类期刊、杂志上发表论文89篇。

（七）加大科研力度。申报省科研项目4项，立项2项，申报凉山州科研立项11项，立项4项。申报2006—2007年度科技进步奖4项。

五、承担政府突发性公共卫生事件和突发性灾害事件的医疗救援工作

（一）“5·12”汶川大地震后，医院立即启动灾害事故应急预案，并在州委州政府的领导下积极投入抗震救灾工作。分别于5月14日和5月16日派出由骨科主任和院长为医疗队长的医疗救援队奔赴德阳和汶川灾区。赴汶川医疗队行程8天，共救治病员187人，参加查房97人，普查400多人，召开村民会7次，向当地村民讲授灾后防病知识数十次。并向当地的卫生院、理县人民医院捐赠药品、耗材共计14.15万元，捐款3.06万元；赴德阳医疗队在德阳市医院和省人民医院工作期间，共完成手术76台次，到旌南分院筛查手术病人50余人。医院同时组织职工为灾区捐款228924.5元，衣物1000余件，并按照省抗震救灾指挥部、省卫生厅及州卫生局安排做好接收伤病员的准备。

（二）“8·30”攀枝花市一会理县地震，医院按照州委、州政府和州卫生局的统一安排和部署，启动医院地震灾害应急预案，做好医疗安全、安全保卫、后勤服务、信息通畅等工作，并由主要领导亲自带队，先后共有15名医护人员在会理县灾区开展医疗救援工作。

（三）医院在省卫生厅和州政府安排和部署下，落实“两免政策”，承担全州“问题奶粉事件”婴幼儿的筛查和诊治，共计筛查7000多人次，接受住院14人次，获得良好的社会效益。

医院以高度的社会责任感和使命感积极投身抗震救灾工作，真正体现了“灾降之际，量已之力，伸出援手，始于善小，止于至善”的大爱精神，医院抗震救灾工作受到各级党委、政府和医院好评，医院被四川省委授予“抗震救灾先进基层党委”称号，州委、州政府授予“抗震救灾先进党组织、先进集体”称号；省“抗震救灾优秀红十字团体”和“抗震救灾三八红旗集体”称号；并被推荐为省委、省政府表彰“抗震救灾先进集体”；一人被卫生部授予“抗震救灾先进个人”。多人被凉山州委授予“抗震救灾优秀党员”称号，凉山政府授予“抗震救灾先进个人”称号。

六、按照上级要求，认真完成教育扶贫和对口支援工作

（一）全面启动“万名医师支援农村”工作，派出医疗队到昭觉县医院和普格县医院进行医疗支援。继续开展对口支援乡镇卫生院和流动医院工作。派出骨科高年资医生到甘洛县医院进行3个月的定点扶贫。按照“高层次人才智力支持计划”，完成对布拖县的医疗技术援助工作，完成越西县安全分娩技术培训班的培训工作。按照省卫生厅安排，派出外科医生一名到四川省卫校附属医院进行支援。

（二）认真开展昭觉县龙沟乡的教育扶贫工作。制定医院对龙沟乡教育扶贫的长远规划；向乡政府捐赠2台19吋液晶屏电脑；为龙沟乡各村小学校捐助二十几套办公桌、椅、书柜等。按照州委、州政府“送温暖、献爱心”活动安排，医院为昭觉县龙沟乡募捐御寒衣物2298件，捐款870元。

七、认真开展医疗安全百日行动

按照省卫生厅《关于开展医疗安全百日行动的通

知》精神，结合州卫生局《凉山州医疗安全百日行动方案》要求，全面启动医疗安全百日行动工作。成立了“医疗安全百日行动”领导小组，制定了《医疗安全百日行动方案》，实施了“患者十大安全目标实施细则”，明确了百日安全行动的目标及重点，召开重点部门人员动员大会。根据医院实际，提出以科室为单位的实施原则，要求各部门、各科室广泛动员，人人知晓行动的目的、意义、要求。制定科室的工作计划，责任到人，保证医疗安全百日行动深入人心，全面开展。结合创建“三甲”医院工作，对相关医疗法律法规、工作制度、岗位职责、医疗核心制度和医疗操作规范和反复组织学习和考试。

八、加强民主政治建设和精神文明建设，强化医德医风教育

（一）加强医院的民主建设，增强集体议事的力度，建立健全了医院重大经济事项集体决策的责任制和追究制，加强职工代表大会的职权，召开第一届第三次职工代表大会，医院重大决策和年度预决算由职代会讨论通过，充分发挥民主管理和民主监督作用。进一步加强医院院务公开和科务公开工作。

（二）自觉接受社会监督，定期听取医德医风监督员的意见，继续开展温馨谈话活动，采取邀请医德医风监督员参与温馨谈心、工休座谈会和对医院服务进行明察暗访等多种形式，进一步加强医疗行风监督，提高服务质量和服务态度，强化医德医风教育和监管。

（三）加强文化建设，营造和谐氛围。成立职工活动中心；举办第十一届职工运动会；举办以“创建三甲、天使有爱”为主题的“5·12”演讲和护理技能比赛活动，加强护理质量与安全，构建和谐医患关系；开展“迎奥运、促和谐”健身登山比赛活动。

（四）按照州委“勤政、廉洁、团结、学习”的要求开展领导“四好班子”创建工作，被州委授予“凉山州2006—2007年度‘四好’活动先进班子”。

（胡玉川）

四川省雅安市人民医院

院　长：姚有贵
党委副书记、纪委书记：蒲道深
副院长：李生、何满西

姚有贵：医学博士，主任医师，2002年任雅安市人民医院任院长。

2008年，四川省雅安市人民医院业务量都有明显增长，与2007年相比，住院人次增长24.8%，达19943人次；门诊人次增长9.2%，达243564人次；手术台次增长8.1%，达7253台；病床使用率增长44.4%，达206.4%；业务收入增长33.3%；职工个人收入同比增长16.85%。

一、积极应对突发事件

2008年5月12日汶川特大地震发生后，医院立即启动了突发事件应急预案，立即成立了医院抗震救灾指挥部。全院干部职工在院班子的领导下，全面开展抗震救灾各项工作。

“5·12”当天，在通讯中断的情况下，凭着有效的现场指挥和组织，医务人员有序地将全院1000多名患者疏散、转移到安全地带，无一例在院病人受到地震伤害。

在地震伤员的医疗救治中，集中了全院最好的医生和医疗设备，为地震伤员提供最好的治疗和康复条件，有效地降低了地震伤员的死亡率和致残率。

截至2008年12月底，医院共收治地震伤员107人，其中住院伤员64人，除转诊上级医院5人，死亡2人外，其他伤员均康复和痊愈出院。

医院还积极开展疾病预防控制工作。在条件简陋，工作环境差的情况下，高度重视传染病疫情的防控，制定印发了《关于加强抗震救灾医院感染控制的紧急通知》，在临时病区采取切实有效措施，重点指导，强化管理，开展消、杀、灭工作，确保了大灾之后无大疫。

在医院医务人员人手紧张的情况下，先后抽调34名医护人员，组成7支医疗队，分赴汉源县、德阳市、绵竹市等重灾区进行医疗救治工作，为重灾区的医疗救治提供了有力地援助。

2008年手足口病和“三鹿”奶粉事件中，作为本地最大的医疗机构，医院责无旁贷地担当起责任，出色地完成了各项任务，稳定了民心，受到了市委、市政府领导的好评。

二、大力推进医院建设

2008年，省卫生厅恢复并启动等级医院评审工作，医院也迎来了全面推进医院工作发展的一次机遇。等级医院创建工作已通过自查和持续改进，进入申报评审阶段。

医院的发展也得到了全市各界的关注。2008年5月9日，市委领导一行30余人来院进行卫生工作调研。对医院近年的工作成绩给予了充分的肯定和认可，对医院在发展中遇到的问题和困难也做了重要的指示解决，并勉励全院职工要“以创三甲夯实发展基础，以创特色崛起区域中心”。

2008年，医院认真贯彻执行各项医疗卫生法律法规，特别是完善了医院感染管理组织，成立了独立的医院感染管理科，加强了医务人员院感知识的培训和考核，开展了手卫生规范的培训和考核，全年无爆发性医院感染事件发生。

2008年，医院投入建设资金500多万元，添置安装了ECT、呼吸机、血透机及康复治疗仪器等大型医疗设备，启动了污水处理站的改造工程，加快了雅安市传染病医院建设进度。12月15日，市传染病医院项目正式破土开工。

三、加快人才建设

2008年，医院在全员聘用制改革的基础上，完成了全员续聘工作，与665人签订了聘用合同，并打破职务身份界限，高职低聘15人，低职高聘1人。

在干部聘用方面，医院坚持竞争上岗和培训制度，以德才兼备，以德为先的干部选拔标准，任命聘用了136名中层干部，这些中层干部大专以上学历达80%。

医院还新上任和继续担任的中层干部进行了管理知识培训，举办了培训班，对激发潜能、培养团队精神、打造凝聚力战斗力、提高综合素质起到了事半功倍的作用。

对护理人员的管理和培训一直是市人民医院重视的工作。2008年，医院加强“三基”培训和急诊急救管理，对相关科室进行了肠道病毒 EV71 感染疾病相关知识的培训。全年共派出 20 名科室护士长参加四川省护理管理培训班学习。同时还派临床护理人员前往华西医院、川北医学院附属医院等进行专科护理培训。

医院按照“三甲”医院临床科室技术标准的要求，先后选派 14 名医务人员外出进修学习。

在一系列措施的落实下，医院医护人员人才梯队建设日趋合理，并涌现出许多优秀的专业人才。2008 年，医院推荐参加省卫生厅高评委专家库 1 人，推荐参加国家政府特殊津贴评选 1 人，推荐参加四川省学术技术带头人及后备人选评审 5 人，2 名高级专家被四川省卫生厅评选为学术技术带头人后备人选。

四、不断提升医疗技术

2008 年，医院积极开展医疗安全百日行动，建立了医疗技术风险预警机制，对新开展医疗技术的安全、质量、疗效、费用等情况进行全程追踪管理和评价。把病历质量的提高作为医疗质量管理的首要任务，纳入每月的质量考核和讲评。2008 年全年无医疗事故和重大差错发生。

为适应医疗技术水平建设的需要，医院开展了“血液透析滤过（HDF）”、“新生儿缺血缺氧性脑病的早期干预治疗”、“后腹腔镜肾切除术”、“腔镜下甲状腺瘤切除术”、“包裹窦汇和静脉窦丛的复杂巨大脑膜瘤切除术”等 10 项新技术新项目。

结合医院工作实际，对临床科室进行医疗小组构建，科室之间进行专业细分，对发展较好的科室实行独立设科，从中培养学术技术带头人。

2008 年申报省科技厅科研项目 1 项，省卫生厅科研项目 1 项，市级科研 24 项，取得省卫生厅科研项目立项拨款 1 项，市级科研立项拨款 3 项。申报 2008 年四川省医学科技进步奖 3 项，市级科技进步奖 1 项。重点专科建设项目新生儿重症监护已通过省卫生厅复查验收，成为省级乙类重点专科，耳鼻咽喉—头颈外科通过评审，被省卫生厅列为省级甲类重点专科建设项目。

五、构建和谐医患关系

在 2007 年构建和谐医患关系活动的基础上，2008 年，医院进一步深化其内涵，增强了医患沟通办公室的力量，配备充实了工作人员，进一步完善了医患沟通制度和医患争议处理机制及预案。

2008 年 1—12 月，医院解决处理医疗争议或纠纷 10 起，未出现群体闹事上访事件。

门急诊是医院最大的服务窗口。为此，医院建在 2008 年引进四川大学华西医院急诊急救专业硕士研究生一名，配备了足够的急救医护人员，增强了急诊科的急救能力，提高了急诊科的急救技术水平。此外，还制定了公共突发应急预案，开展了急诊急救理论知识和技能培训 6 次。建立起了急诊急救“绿色通道”，为挽救患者的生命争取了宝贵的时间。

2008 年，医院 120 共出诊 1827 次，急诊急救病员 6422 人次，较好地完成了各种重大的急救医疗服务。

六、加强周边合作

在过去的一年中，医院继续充分发挥自身的医疗技术和设备优势，加强与市内及周边医院的沟通联系和技术合作，已与 40 多家基层医院建立了双向转诊及技术协作关系。而每年一届的院长联谊会，更是加强了与区县乡镇医院和周边医院的沟通与交流，加深了医院之间的合作与友情。

主动组织参加惠民活动。2008 年，医院开展医疗卫生“三下乡”和社区义诊活动 53 次，义诊体检 8800 人次。充分利用医院人才和技术优势，分批投入资金和物资，帮助名山县马岭乡中岭村建立了党员活动室和办公室。全院职工为受灾群众捐款 58436.4 元，交纳特殊党费 33336 元。还积极参与各项社会活动，承担各种公益性医疗保健任务 17 次，组织无偿献血活动一次。

（姚有贵）

兰州大学第一医院

院　长：严　祥

党委书记：贾宝全

严　祥　1952年8月出生，大学本科毕业，主任医师、教授，博士生导师，兰州大学第一医院院长。

一、基本工作完成情况

2008年，兰州大学第一医院共接待门诊患者570678人次（含急诊33658人次），比2007年增长了33.67%，日均门诊量1563人次。全年共接待住院患者29241人次，比2007年增长了24.56%；实施各类手术9222例，比2007年增长了6.67%，治愈好转率为97.7%；平均住院日为12.9天，床位使用率为112%，病床工作日数276.37天。济困病床共接诊患者2641人次；共计减免床位费用580658元、住院费用13823752.06元；人均减免费用5454.15元。

教学工作。按照学校调整医学教育体制的部署，临床教学部全年负责1281名学生的教学、实习、就业、社会实践等学生工作，共安排3个年级6个专业24门临床课程4554学时的理论授课和3679学时的临床见习课。安排医院6个专业621名本科生进入5个教学医院进行临床实习，组织了199名实习生撤点返校工作。完成了2008届本科毕业生的毕业资格认定，制作并发放学历学位证书465份，完成67名学生的推免工作，至2008年7月1日毕业生就业率为56%，考研比例达27.5%。顺利完成对10个专业465名实习生的日常管理。根据《关于进行2008年“兰州大学学生创新创业行动计划”申报工作的通知》要求，申报获得学生创新创业项目立项和经费支持项目16个，获得本科生创新能力支持项目2项。研究生科通过导师和学生双向选择，接收2008级硕士研究生104名，博士研究生5名。组织应届硕士研究生毕业相关工作，组织论文答辩会30余场，124名硕士研究生顺利通过学院学位分委员会及兰州大学学位委员会评定，领取了兰州大学毕业证书和学位证书。招收同等学力课程进修班学员55名，接管原临床医学院2007级课程进修班学员36名。推荐2名优秀研究生参加兰州大学2009年公派留学生项目。

科研工作。2008年医院从国家、省、厅局级各部门争取到科研课题41项，其中国家自然科学基金项目2项、省级课题19项、厅局级课题8项、兰大医学基金12项，共计获得下达和横向科研经费423万元。院内青年基金批准项目20项，资助金额10万元。完成科研课题30项，并通过省科技厅鉴定。获各级科研成果奖项12项，其中省科技厅二等奖1项、三等奖3项；省卫生厅二等奖3项、三等奖1项；市科技局二等奖3项、三等奖1项。全院职工共出版专著5部，发表科研论文286篇，其中SCI收录期刊文章7篇，CSCD收录期刊文章56篇，CSTPCD收录期刊文章99篇，其他期刊库收录文章124篇。

预防保健工作。全面完成了社区儿童、成人计划免疫工作，全年注射、接种、投服各类糖丸、疫苗8340人次；严格麻醉药品管理，办理麻醉病历专用卡80份；不定期到科室了解育龄妇女计划生育情况，晚婚晚育率、独生子女领证率均达100%。儿保中心迁入新址、着力扩大加强，为医院开展科学全面的儿童保健工作提供了平台。家庭病床全年收治病人472人次，出院368人次，无差错事故及医疗纠纷。体检中心全年接待体检单位677家，完成健康体检69346人次，制定健康管理报告382人次，有针对性地派出专家到单位免费授课70学时，积极提高体检质量，全面实施人性化服务，取得了良好的社会效益。

指导基层工作。医院在为基层集中举办各类培训班及各学科专家亲临基层会诊指导外，积极响应省卫生厅“千名医师支援农村卫生工程”的号召，动员全院医务人员积极参加此项工作，精心组织，2008年共选派41名医疗队员组成4支医疗队赴夏河县、东乡县、清水县、会宁县等基层医院开展工作。医疗队员们克服了各方面的困难，安心于基层，开展了业务查房、手术演示、学术讲座等技术帮带工作。并与当地医务人员一道，接诊当地就医群众，达到了该工程的预期目标。

2008年“微笑列车”项目在医院开展，口腔科共为来自白银、定西、临夏、天水、陇南、平凉、庆阳、武威、酒泉、嘉峪关等地区的先天性唇腭裂患者免费实施各类整复手术227例。医院眼科医疗队利用卫生部“光明行动”配备的流动手术车，赴张家川回族自治县、会宁县、康乐县实施白内障复明手术约480例。

二、全力应对国家重大突发事件，积极做好医疗救治和医疗保障工作

2008年5月12日，四川汶川发生8级特大地震。医院领导小组连续发出《告全体职工书》和《告全体病员书》，院领导身先士卒，广大职工临危不乱、认真履则，妥善完成病员疏散及人员安置工作，确保包括13名手术患者、多名重症监护患者在内的全院人员无一人伤亡，保证了正常医疗秩序和人员稳定。在救灾工作中，医院按照上级部门安排，先后组织、派出4支医疗救治队、1名心理医师、多名专科医师至一线灾区开展救援工作，配合巴基斯坦、印度尼西亚两支国际医疗队圆满完成救援任务，共诊疗伤病员2500余名，为灾区运送急救药品16400支，先后转诊、收治灾区伤员16名，保证伤员全部康复出院、返回家乡。灾后重建工作中，医院专业心理调查组于10月深入陇南灾区，发放调查问卷600余份、回收549份，密切关注灾后群众心理健康，帮助受灾群众进行心理重建。全院职工发扬人道主义精神，为灾区捐赠急救和麻醉药品价值27000余元，职工捐款15.087万元，缴纳特殊党费6.81万元，捐赠棉被、毛毯、衣物、用具等6000余件。针对16名转诊伤员情况，30名青年志愿者不间断为转诊伤员及家属开展心理疏导，机关各部门主动开展"我们是一家人"活动关注伤员及家属伤情治疗和生活情况。生殖中心两次派专家深入灾区，为地震中痛失子女的群众开展免费筛查，承诺为部分符合生育政策的群众免费培育试管婴儿。

2008年9月中旬，针对我国发生的"三鹿"婴幼儿配方奶粉重大安全事故，医院积极承担了食用相关奶粉婴幼儿的筛查诊断和致病患儿的救治工作。成立了应对婴幼儿配方奶粉重大安全事故救治工作领导小组和专家小组，设立"三鹿"奶粉事件专门挂号窗口、开通绿色通道、设立专门诊室、固定专家24小时值班、调拨4台B超机和专业技术人员支持筛查诊断，超声诊断科、小儿外科、泌尿外科、门诊部等科室人员延长每日工作时间、取消休假，组织医护人员和志愿者帮助维持秩序、进行心理疏导。克服时间紧迫、筛查人群基数大、部分家长情绪失控等困难，保证了筛查诊断工作稳妥有序、及时合理地进行。医院全年共接诊食用含三聚氰胺奶粉婴幼儿4932例，最高日接诊量达470人；累计确诊患儿188例，住院17例，16例康复出院。医院多次派出儿科专家，协助兰州大学第二医院等兄弟单位进行危重患儿救治工作。

三、深入开展医院管理年、全国百姓示范医院动态管理考核活动，积极配合学校做好医学教育和医院管理体制的相关改革

医院针对卫生部提出的2008年"以病人为中心，以提高医疗服务质量为主题"的宗旨，在过去三年工作的基础上，2008年医院加大各项准备工作力度，以提高病历书写质量、缩短平均住院日、提高服务质量作为工作重点，将活动方案及《医院管理评价指南（2008版）》印制成学习手册下发至全院职工，并专门组织全院中层干部及主诊医师认真学习、深入研讨，同时要求所有科室积极讨论、明晰标准。为了深入开展医院管理年活动，医院将活动内容逐条分解，要求标准进科、责任到人，并由主管院长分组进行督查，通过全院中层干部周会每两周一次定期公布各科室各项指标完成和达标情况，将存在问题及时进行反馈，督促相关科室进行整改。

医院结合医院管理年活动的深化开展，积极准备全国百姓放心示范医院动态管理第二周期和第三批创建医院考核活动。在召开动员大会，组织学习、细化讨论考核标准的同时，将中国医院协会《2008年患者安全目标》、《考核办法及评分标准权重说明》装订印发至各业务科室及相关行政科室，要求业务科室广泛张贴并组织学习讨论、严格把关，督促医护人员随时学习、熟记熟用。配合该项活动的进行，医院狠抓医疗质量和医疗安全，全力落实各项医疗指标的考核和达标。

医院积极落实学校调整医学教育和医院管理体制相关安排，全力配合学校调研工作，结合医院并校四年来发展及改革实际情况，实事求是，就实际工作中遇到的体制和机制方面的问题予以总结，提出了对建设兰州大学医学教育体系和完善医院管理体制的建议和措施。

按照甘肃省卫生厅、省纠风办的要求，2008年医院认真开展了民主评议行风工作，成立了院行风评议领导小组和办公室，制定下发《开展民主评议医院行风工作实施方案》，分阶段将评议内容逐条分解，由专人负责落实。通过开展自查自纠、院务公开、收费公示、开设医院行风热线、专栏、网页、公布举报电话、受理群众投诉等方式，拓宽社会监督的渠道和范围。2008年11月省卫生系统民主行风代表来医院对行风评议情况和行风建设方面取得的成绩给予了较好的评价，对存在问题逐一进行了反馈。

四、强化环节质量管理，加强感染管理，提高医疗质量、保障患者安全

针对2008年医院电子病历的全面使用，医疗质量监控办公室加强了对医院核心制度落实情况的监督，并借助电子监控系统，对病房新入院患者病历的8小时首次病程、24小时住院病历、其他病程记录等的完成情况进行预警监控；除日常病历检查外，全年累计抽调检查病历6000余份，查处乙级病历52份，评选并奖励6位病历优秀的医师，处罚缺陷病历，对病历书写质量问题较多的科室进行病历质量专项检查；组织了四次临床用药管理专家对医院合理用药情况进行评审，加强临床合理用药，尤其是抗菌素的临床应用管理；每月编辑刊发《医院质量管理》刊物，从病历质量、医疗护理质量、药费材料费比例、临床科室工作量统计等多方面全面反映医院运行情况，截至2008年底已刊发60期。

根据卫生部《进一步加强医院感染管理工作的通知》等文件精神，医院加强医院感染管理，主管院长和

医务部部长定期召开医院感染管理工作会议，不定期到相关科室现场办公，专项研究，讨论分析存在的问题和具体整改措施，每月定期到各科室进行院内感染控制的监督、检查、指导。感染管理科制定了《兰大一院抗菌药物临床应用管理的预警制度》、《兰大一院多重耐药菌的感染管理制度》、《兰大一院院内感染爆发处理流程》及《医务人员手卫生制度及规范》等规章制度，并制定专用考核表对无菌技术操作、洗手和手消毒、消毒器械的管理、抗生素的使用管理，一次性医疗用品的使用及使用后的分类、运送、登记及无害化处理等进行监督检查，每月进行质量考评；每月对重点科室包括手术室、重症监护病房、小儿科（NICU）、产房、内镜室、血液透析室、等消毒、灭菌效果进行抽样监测；结合西安交大附一院 8 例新生儿感染死亡事件，成功举办了“风险管理与感染控制”等培训班，组织多次感染管理培训，对全院工作人员进行了感染管理相关知识的培训，要求各科室组织学习和讨论，并结合本科室情况开展自查自纠，提出整改措施并积极整改。全年监测全院住院病人 13966 例，感染病例 437 例次，感染率 3.1%。

护理工作继续实行护理质量三级管理体系，完善了各项护理质量考核标准，强化科护士长的管理职责，对各科室护理工作和质量进行随时、动态监控。组织护理病历评比，规范护理文书书写，每月定期组织护理专题讲座、举办教育学习班，提高护理人员专业技术水平。2008 年组织讲座 24 次，培训 3800 人次；举办护理理论考试 38 场，共 2208 人参加；进行护理操作 14 场，考核 1111 人次。组织 6 名选手代表甘肃省赴北京参加全国卫生系统护士岗位技能竞赛复赛，获得铜奖。

五、践行“以病人为中心”的服务理念，为患者提供温馨、优质、高效的人性化服务

针对门诊挂号处、收费处、医保办公室等窗口科室服务量大、服务对象众多等实际情况，要求各窗口制作、张贴信息牌，公布服务人员姓名、工号，并配置个人彩色照片和服务感言，主动接受公众监督，在积极提高工作效率、稳定部分服务对象焦躁情绪等方面收到良好效果。在继续执行收费公示制度的基础上，2008 年医院在门诊大厅设置了 47 英寸液晶电子显示屏，向病人公示更为详尽的医疗服务收费和药品的售价。

根据卫生部“患者安全十大目标”管理要求，医院自 2007 年 12 月 1 日起对入院的患者统一佩戴标识腕带，杜绝差错事故的发生，使得各项操作的查对更为便捷、更加人性化。医疗质量监控办公室制定了《患者入院 48 小时告知书》，让患者明白其入院后的权利和义务以及注意事项，主动加强与患者的交流。实现各种计算机传输报告统一打印，患者一次可领取全部检查报告结果，为患者节约时间、节省费用。护理部在各病区实行了患者健康教育评价表，健康教育覆盖率进一步提高。医疗辅助服务部全年接、送诊病人 7854 人次，帮助病人预约特殊检查 44854 人次，取送各类标本 130267 人次，取送各类检查、检验报告单 179627 人次，节约了病人就诊时间。医院加大便民服务和健康咨询工作力度，公共事务科积极制作医院简介及健康教育处方，并在门诊服务台对就医者宣传科学的健康观念和疾病预防知识，至目前共发放健康教育处方 21000 余份；开设预约挂号、预约会诊和电话咨询业务，方便患者及时就诊，全年预约挂号 1496 人次，预约会诊 48 人次，接听并解答电话咨询 2137 人次。取消了对材料费加价 5%的收费项目，实现零利润销售。同时，积极开展各种义诊、咨询活动，免费为群众提供健康指导。

医院坚持出院病人回访制度，以信件、电话方式对当月出院患者进行回访，关注患者出院后身体状况、康复情况，2008 年共回访出院患者 21456 人次，整理意见 214 条，回访率达到 88%。医院在院周会上公布回访信息，督促相关科室接收意见、调查落实投诉、改进服务质量。多次组织全体医护人员学习《医疗事故处理条例》，邀请法律专家和医疗法律顾问进行讲座、交流，完善医院医疗纠纷投诉接待与处理程序、修订《医疗纠纷预防和处理方案暨预案》，积极妥善地处理医疗纠纷。医院医疗安全监督办公室 2008 年共接待投诉 278 起，无医疗事故，无积压投诉案件。

六、不断加强对外学术交流，业务创新、技术革新，提升医院整体竞争能力

2008 年医院利用外请专家讲座、会议和组织人员到兰州大学及其他单位进行科研培训共 14 次；派出 190 人参加各类学术活动，引进新技术，新方法和新经验，不断开展新项目以满足临床需要。国际“心连心”组织 14 名国内外专家来院，减免部分医疗费用为 11 名患儿实施了心脏矫治手术，并给予心连心基金约 13 万元补助贫困儿童心脏病手术治疗，医院至今已利用该基金救治患儿 100 余人。

医院生殖医学中心在第一、二代试管婴儿技术稳定开展的技术上，针对不孕、不育和有遗传缺陷的育龄夫妇，实施了首例使其得到健康的后代的第三代试管婴儿技术（胚胎种植前遗传学诊断 PGD）并获成功，2008 年共实施各类试管婴儿术 1403 例。经卫生部专家组现场论证和评审，正式运行供精人工授精技术。同时中心遗传实验室发现世界首报染色体异常核型 2 例。

（严　祥）

青海大学附属医院

院　长：刘红星
副院长：邓　勇、李占全、达　嘎
党委书记：李福安

刘红星　1953 年出生，研究生学历，主任医师。青海大学附属医院院长。

2008 年以来，青海大学附属医院根据中国医院协会《关于创建第三批全国百姓放心示范医院的通知》精神，并以此为契机，按照"端正办院方向，提高医疗质量，加强科学管理，把医院建成社会认可，百姓满意的现代化医院"的原则，紧紧围绕患者安全目标的各项要求，从基础性工作入手，抓制度、抓管理、抓质量，逐步形成了医院安全管理的长效机制。

一、加强领导，健全组织，明确职责是创建百姓放心医院的组织保证

创建"全国百姓放心示范医院"活动开展以来，青海大学附属医院为加强对创建工作的领导，成立了以院长为组长、分管院长为副组长，医务、护理、院办、党办、财务、院感科等职能科室负责人为成员的创建活动领导小组。制定了《创建全国百姓放心示范医院实施方案》和《阶段性工作安排》，同时把创建工作任务分解到各部门，指定专人负责，做到了三个"明确"，即明确了责任人，明确了工作任务，明确了创建活动应达到的效果。

二、宣传工作到位、思想认识统一是创建活动的重要手段

为使创建活动深入人心，得到社会各界的关心和支持，2008 年 5 月，在全院召开了创建全国百姓放心示范医院活动动员大会。向全院印发了创建活动《考核细则》及其他相关资料，做到层层组织学习讨论、层层抓落实检查。同时，为切实营造好创建氛围，通过横幅、报纸、电子屏幕、展架、宣传栏、编辑简报等多种形式，对创建活动特别是对患者安全目标多渠道进行广泛持久地宣传，使老百姓对创建工作有所了解，主动接受社会监督。

三、抓住核心、突出重点，保障患者安全是创建活动的永恒主题

医疗质量是医院生存和发展的主题，也是创建百姓放心医院《患者安全目标》的核心内容，因此按照《患者安全目标》的实施方案和评分标准，加大核心制度的落实力度，制定了急诊与各病房之间、急诊与手术室之间、手术（麻醉）与 ICU 之间、产房与病房之间的管理流程与交接规范、《手术查对制度》、《三查七对制度》、《临床实验室危急值报告制度》、《医护人员手部卫生管理制度》等一系列规章制度，同时对一些核心制度按照新的要求进行了修订，并汇编成《创建全国百姓放心医院患者安全目标管理制度》下发到全院各临床、医技科室。一系列医疗质量与安全等核心内容的规范，形成了一套较为完善的制度监控体系。同时为进一步确保医疗安全，在全院推行了"腕带"使用制度，制定了医疗、护理不良事件报告制度，强化了医师资格、手术资格、有创操作资格、新技术新项目的准入制度，提高了病房与门诊用药的安全性，为落实创建目标创造了良好条件。

为进一步加强用药安全管理力度，根据卫生部关于抗菌药物使用规范，制发了三个抗菌药物使用管理制度，并汇编成册下发全院执行。同时加大培训力度，全院先后集中举办贯彻《患者安全目标》培训班 8 次，编写了《贯彻患者安全目标培训材料》3000 册下发全院，做到了人手一册，人人知晓。

四、科学管理，狠抓落实，在提高医疗服务质量上狠下功夫是创建百姓放心示范医院的重要举措

为规范医疗执业行为，突出医疗质量管理在整个医疗活动中的核心地位，按照医疗卫生有关法律法规以及诊疗护理规范、常规等，进一步加强内控机制建设，成立了质控办公室，建立制约考核机制，使医院的管理工作有了机制保障；通过院长行政查房、季度医疗质量检查、病历质量检查和不定期的抽查，加强了对盲点、重点部位、临床科室及危、重病人抢救过程的监控，使首诊负责、三级医师查房、疑难病历讨论、危重患者抢救、死亡病例讨论、术前讨论、分级护理等各项制度和措施得到进一步落实。

大力开展"三基三严"培训，医务部、护理部定期

对全院医生、护士进行基础理论、基本知识、基本技能的考核和测评，有效地促使医务人员在临床操作中严格执行基本规章制度与各项技术操作规程。根据《患者安全目标》的要求，加强了护理质量监控，保证了患者护理安全。

五、以病人为中心，提高服务意识，营造患者安全环境是创建全国百姓放心示范医院的根本出发点

为加强职业道德，改善服务态度，提高服务水平，营造良好的就医环境，在全院开展了“文明行医、患者满意”的优质服务活动和“抓作风建设、促工作落实”的主题实践活动，同时组织全体医务人员重温“医师誓言”和“护士誓词”通过系列活动的开展，服务意识明显增强，医德医风明显改善。同时，把提高患者安全目标落实在每个细微环节上，如在患者容易发生危险的场所设立友情提示板，在病床旁悬挂“防止坠床”警示牌，提醒医务人员及患者家属，防止不良事件、意外事件发生。补充制定了患者识别制度流程、腕带标识制度与操作流程、手术患者确认制度、药品存放管理制度、重点药物观察制度和观察程序、输入药物安全管理制度等多个制度，对特殊药品进行了规范化管理，确保了患者的医疗安全。

六、加强自律，完善监督机制，自觉接受社会监督是创建百姓放心示范医院的内在动力

创建全国百姓放心医院是把医院交给社会评价、百姓评判的活动，按照创建要求，建立了完善的社会监督机制，聘请省人大、省政协、省消费者协会、新闻媒体等部门有关人员做为社会监督员，对创建活动进行全程监督。

一方面，在《青海日报》进行了创建全国百姓放心示范医院社会公示，另一方面，在院内通过电子屏幕、展板进行了公示。并确定了患者安全目标联络员和新闻发言人，主动接受社会监督。

创建全国百姓放心医院是近年来医院提升医疗质量和医疗安全的重大举措，为医院管理年活动和医疗质量万里行活动的深入开展起到了积极的助推作用，也为青海大学附属医院的建设和发展积累了经验，积蓄了力量。

（刘红星）

社 会 团 体

中国医院协会

2008年中国医院协会工作

一、坚持科学发展观，在理论和实践中引领广大会员协调可持续发展

中国医院协会组织广大会员单位认真学习贯彻中共十七大会议精神，进一步解放思想、实事求是、改革创新，在医院管理工作中增强贯彻落实科学发展观的自觉性和坚定性，为医院又好又快地科学发展做出贡献。

一是领导干部率先带头落实科学发展观。中国医院协会会长曹荣桂在“2008年中国医院院长论坛”等会议上，多次阐述医院的可持续发展必须坚持科学发展观。强调医院的发展规模与床位数量、学科建设与人才培养、绩效考评与工资分配、产权改革与社区服务等都要坚持科学统筹规划，结合当地经济社会发展需要和人民群众对健康服务的不同需求，制定科学的发展战略，构筑科学的发展模式，坚持科学的发展道路。从当前、近期、长远三个方面制定具体措施，以解决突出问题为重点，在重点工作上取得实质性进展。

二是在科学发展观活动中勇于实践。县市医院分会在落实十七大精神，贯彻科学发展观的实践中，抓典型、重实效、出成绩、宜推广。在建立和完善农村三级医疗卫生服务网络，充分发挥县市级医院在网络中的龙头带动作用。确定了安徽省定远县横向到边，纵向到底的服务模式，在全国不同区域、不同经济卫生状况的12个县进行试点推广。2008年在安徽省定远县召开了“全国农村三级医疗卫生服务网络建设现场交流会”。来自全国的有关地区卫生局领导、县市级医院院长等眼界大开，耳目一新，认为定远县的先进经验很值得借鉴和推广。截止到年底，安徽省、山东省、河北省、浙江省、甘肃省的部分县市已推广定远模式。

三是在落实科学发展观的工作中解决问题。企业医院在医药卫生体制改革的过程中，遇到如主辅分离、产权改革、纳入医保等实际问题。企业医院分会在困难和问题面前不气馁、不埋怨，带领会员医院调查研究，科学分析企业医院在不同经济地区如何又好又快地发展，实事求是地向行业主管部门和当地政府提出合理化建议，将企业医院特点与当地医疗服务需求相结合，走出了一条可持续发展的生存之道，得到了会员的拥护。

四是在实践过程中不断创新。医院建筑分会在医院建设上坚持科学发展观，在会员医院中推行科学决策，严格审评，节能环保，功能适用的先进建筑设计理念，处理好医院建筑与城市功能的关系。参与汶川地震灾区医院重建标准的制定工作，向主管部门提出了医院建筑系统整体规划和设计纳入防灾减灾的建议，受到有关部门领导同志的高度重视，并采纳了这个建议，发挥了行业指导的积极作用。

二、服从服务于国家大局，在灾害救治方面立新功

第一，积极支持、组织急救中心分会承担着奥运会、残奥会的急救保障工作，在卫生部医政司的指导下，制订了奥运主（协）办城市紧急医疗救援演练方案。规范和强化院前医疗应急救援程序，及时、有效、妥善处理奥运会期间的各类突发公共卫生事件。举办了奥运期间紧急医疗救援联盟活动，全国37个城市的38家急救中心、400多家网络医院参加紧急医疗救援活动，顺利完成了对奥运观众的保障服务，受到奥组委和社会各界的好评，为医疗卫生行业争了光，为奥运会的成功举办做出了贡献。

第二，在汶川大地震发生后，中国医院协会在第一时间发出了致全国医院管理者的慰问信，在协会网站上开辟“抗震救灾”专栏，号召全国医院管理工作者和所属分支机构，立刻行动起来，坚定信心，团结协作，发扬救死扶伤、无私奉献的光荣传统，以实际行动打好抗震救灾、重建家园这场硬仗，再现我们医务人员的英雄本色。协会全体工作人员为地震灾区进行了捐款，门急诊分会、急救中心分会、企业医院分会、县市医院分会等领导同志，均随本单位组建的医疗队奔赴灾区，发挥各分支机构的业务专长为灾区群众提供医疗服务。特别是医疗技术分会主任委员、中国工程院院士、解放军骨科研究所所长卢世璧院士、门急诊分会主任委员、解放军总医院副院长陈晓红少将、企业医院分会副主任委员、煤炭总医院院长王明晓同志、县市医院分会副主任委员、都江堰市人民医院院长高仲榜等同志都战斗在抗震救灾第一线。中国医院协会副会长、华西医院院长石应康同志更是不分昼夜，沉着指挥救治工作。急救中心分会由于平时狠抓技术练兵，120系统在这次抗震救灾医疗救治工作中发挥出了特殊的作用，受到了社会各界的好评。这些英雄事迹已载入共和国英模史册。

三、按时完成政府委托的事务

2008年，中国医院协会承接以及完成了卫生部医政司、法规司、全国人大法工委等政府部门委托的工作。

一是协会完成了卫生部交办的对北京地区十六所三级甲等医院检查工作，并向卫生部提交了《北京地区十六所三级甲等医院质量与安全报告》；完成了卫生部医政司交办的“医疗安全（不良）事件报告系统”及“单病种质量管理评价系统”；完成了卫生部医政司交办的《医疗机构急诊科设置》等五个管理规范（送审稿）；并参加修订《医院管理评价指南（2008版）》、《2008年医院管理年活动方案》等任务。接受医政司的委托，组织医药专家编写了《国家处方集（初稿）》以及建立全国合理用药监测网的工作；协会自律维权部接受卫生部政法司的委托，开展了乡镇卫生院、乡村卫生室和城市社区卫生服务机构实施强制医疗责任保险研究课题、公立医院医疗欠费情况调研课题等。药事管理专业委员会接受医政司的委托开展了抗菌药物的临床应用调查，并起草了《加强抗菌药物临床应用管理的若干规定》。完成了2007年抗菌药物临床应用监测网的工作；为贯彻落实卫生部“2008年以病人为中心，以提高医疗服务质量为主题的医院管理年”活动方案，举办了第二届中国医院质量大会，并且发布了有关“患者安全目标”评价结果和“六个单病种质量”的评价结果。

二是及时总结灾害救治中的经验教训。受医政司委托，由协会急救中心（站）管理分会，通过召开座谈会，针对南方冰雪灾害医学紧急救援、“4·28”胶济铁路交通事故医学救援、“5·12”汶川大地震的医学紧急救援、“9·20”深圳特大火灾医学紧急救援、“7·21”昆明公交车连环爆炸医学救援等自然灾害和突发公共卫生事件案例，进行了总结分析并提出对建立国家对灾难医疗救援体系和应急管理应采取的措施。

三是配合医院管理年活动实施患者安全目标。在医院管理年活动中，中国医院协会不断深化百姓放心医院活动，推行患者安全目标。在第三批百姓放心医院活动中，把医院管理年标准作为基础标准，把患者安全目标作为考核标准，并实施《手术安全核查表》与《手术风险评估表》，并连续举办了三期实施“患者安全目标活动骨干”培训班，近500所医院的900余名医院管理工作者参加了培训，并将培训班讲课内容制作成光盘发到500多所医院，收到非常显著的效果。

四、服务政府、服务会员的能力不断提升

一是针对在医疗纠纷案件中的审判和鉴定工作的热点及难点问题，协会自律维权部及时召开座谈会，搭建与法院、鉴定机构、医院进行沟通的桥梁。并将各方面的意见进行分析汇总，向最高人民法院、北京市高级人民法院、卫生部提出进一步做好医疗纠纷处理及进行鉴定的建议。

二是反映广大医务人员的立法意愿。全国人大法工委在起草《侵权责任法》时，对于是否要加入医疗侵权的内容，协会自律维权部就这一问题，邀请有关官员、法官、律师、医疗专家、医院管理者进行了座谈，并就立法内容提出具体意见，同时向全国人大法工委和卫生部提出了医疗侵权是否应当单独立法，或者设立单独“医事法”的立法建议。

三是反映医改方案的意见。受卫生部法规司的委托，协会连续召开三次医改座谈会，曹荣桂会长还带领有关人员到郑州等地调查研究，就公立医院如何坚持公益性、基本药物在不同医院使用范围、选择不同地区、不同经济状况的公立医院先行试点、公立医院收支两条线等建议，上报法规司。

四是为中西部地区医院传经送宝。西部地区的医院院长和中层干部对现代医院管理知识十分渴望，针对这一需求，协会学术与培训部、病案管理专业委员会、血液净化中心管理分会等先后组织北京、上海、广东等地区大型医院的院长和专业管理者深入到西部地区的县市医院传经送宝，讲授现代医院管理技能、手术操作分类、血液净化治疗指南解读等适宜技术知识。共有2000余人受益，当地群众称赞说，你们真是雪中送炭，帮助我们解决了实际问题。

五是举办各类学术会议，加强交流。依据职能定位和继续医学教育项目的要求，举办各类培训班。2008年中国医院协会共完成国家级继续医学教育项目28项，7853人参与学习；完成中国医院协会继续医学教育项目40项，8222人参与学习。项目涵盖了各专业分会和专业委员会的学术年会、专业管理领域培训项目，形式多样，学术水平高，受到与会者的欢迎。举办了一年一次的中国医院协会品牌院长论坛，召开了“缩短平均住院日，提升医疗服务效能院长高层论坛”以及全国医院感染管理学术年会、全国临床化学检验质量保证学术研讨会等。开展多种如医院技术科室主任培训项目，医院文化专业委员会为配合医院管理年工作，举办人文医学培训班；医疗法制专业委员会根据医院的需求，在全国举办医疗纠纷处理、医患沟通、医院相关法律知识的培训班等。

六是为会员搭建对外交流的平台。为促进国际间友好往来，学习和借鉴国外同行先进的管理理念，协会2008年共组织8批分别前往法国、捷克、希腊、日本、澳大利亚、新西兰等国家和港澳地区进行交流。共有216人参团。同时还邀请哈佛医学院的两位高级学者分别与沈阳、北京、广州、南京、杭州的卫生行政官员、院长就领导力、医院人才建设、医院学科发展、以患者为中心的医疗服务安全体系等内容分享了成功经验。

2008年，协会新发展团体会员89家，总数达1868家；新发展个人会员175人，总数达7915人；新发展企业会员6家，总数达40家。

五、加强制度建设，以制度提升协会发展能力

2008年，协会自觉遵守各项法律法规和规章制度，主动接受业务主管单位和登记管理机关的指导和监督。按照章程规定，召开了第一届第三次常务理事会，增补刘晓勤等8人为理事；增补陈志荣等4人为常务理事；撤销刘松涛、孙正义的理事职务。2008年民政部批准了医院医疗保险分会和医疗技术应用分会两个分支机构；共有两个分会顺利进行了换届选举，康复分会举行了成立大会。

六、做好宣传报道工作，弘扬正气，表彰先进

协会信息出版部进一步完善了社会新闻媒体和专业新闻媒体主流记者数据库，共与18家主流媒体的25位重点联系记者建立了经常性联系。协会领导和专家还接受了新华社、中新社、CCTV、中央人民广播电台、凤凰卫视、北京电视台、人民网、光明日报、中国青年报和美国华尔街日报、日本朝日新闻等国内外媒体的采访。据不完全统计，2008年各媒体共发表我会相关新闻报道1176条。

2008年2月，中国医院协会网站进行了全面改版和升级，升级后的网站功能更加强大，技术安全可靠，外观庄重大方，布局科学实用。英文版的开启，架起了国际间相互了解、相互交流的桥梁，点击量明显上升。据权威单位统计，一年来，网站总点击量达到近3000万次，独立的IP地址达近50万个，每月点击量约为340万次，日均点击量近12万次。国内外点击人数均占50%。分支机构的网站访问人数也不断增加，起到了宣传政策、传播知识、服务会员、鼓舞士气的作用。

2008年，中国医院协会期刊管理工作继续实施报刊精品战略，抓两头带中间，着力解决部分期刊编辑出版和内部管理规范化问题。经过一年的努力，协会主办期刊规范化管理不断加强，期刊质量普遍有所提高。《中国病案》、《中国卫生质量》成为核心期刊，到目前为止，九种期刊中除两种新办期刊外，已有七种进入核心期刊行列。我会根据《中国医院协会系列期刊社长/主编考核办法》，启动了期刊社长/主编年度考核工作。一是各刊社领导进行自检，撰写述职报告，在工作会议上进行述职。二是建立日常监督机制，发现问题及时解决。2008年对个别出现问题的刊社领导分别进行了告诫谈话、责令改正、免除职务等处理措施。开展了优秀文稿编辑奖评选工作。妥善处置了《中国医疗前沿》发生的涉密事件。协会举办的内部资料《中国医院法治》2008年出版四期，针对医院工作中出现的各种法律问题进行研讨，采用案例分析、患者之声、法官说法、法律知识讲座等形式，帮助医务人员了解法律知识，增强法律观念，获得医院好评。组织专家编写出版了《患者安全目标手册》、《单病种质量管理手册》，翻译出版了《美国医疗机构评审国际联合委员会医院评审标准（第三版）》等专著。

2008年度中国医院“先声杯”突出贡献奖和优秀院长表彰活动得到卫生部、国家中医药管理局、总后卫生部重视和支持，得到各省、自治区、直辖市医院协（学）会、解放军、武警、新疆生产建设兵团等单位的全力配合与大力支持，已成为医院管理行业的知名品牌，在广大医院管理者中有着广泛的影响力和美誉度。协会严格按照评选标准和程序经各省、自治区、直辖市医院协（学）会推荐，评审委员会投票产生，再由常务理事会审定，自下而上，认真讨论评选出5名突出贡献奖、97名优秀院长。

七、财务工作

协会严格按照会计制度和有关法规掌握收、支，按章纳税；接受政府部门的监督，根据卫生部办公厅关于对“社会组织开展规范服务和收费行为专项治理工作的通知”精神进行了自查并接受会计师事务所和税务师税务所的审计，因工作细致受到了表扬。

（贾晓莉　连晓敏）

2008年中国医院协会工作纪事

1月1日　中国医院协会会长曹荣桂发表新年寄语。

1月3日　2008年第一次办公例会。

1月5日　应卫生部纪检委邀请，自律维权部郑雪倩副主任参加在卫生部召开的“医药代表规范”制定研讨会。

1月8日　中国医院协会发〔2008〕1号文件《关于“建立全国安全合理用药监测网”的通知》。

1月5—12日　由中国和澳大利亚政府合作的中国西藏卫生支持项目，邀请中国医院协会给与专家支持，协会医院感染管理专业委员会派专家李六亿同志，赴藏参与了医院感染管理知识的培训工作。对自治区第一人民医院、第二人民医院、拉萨市妇幼保健院等医务人员进行了“医务人员职业防护”知识的专题培训，参加培训的人员近200人次。

1月6—20日　遵照卫生部医政司《关于委托中国医院协会组织开展体检工作专项检查的函》的要求。协会组织专家检查组，历时15天对北京、上海、浙江、山东四省市的18家体检机构，包括公立医院、民营医

院、民营门诊部、民营体检中心进行了体检工作专项检查。

1月9日　中国医院协会召开编写《国家处方集》核心专家组会议。

1月10日　中国医院协会发〔2008〕2号文件《关于“征订<中国医院年鉴>2007卷”的通知》。

1月11—12日　《区域医院管理交流与合作项目》在上海拉开帷幕。来自华北、华南地区的37位医院院长应邀对上海、浙江两地的医院进行了参观、学习与交流。

1月14日　中国医院协会发〔2008〕3号文件《关于“召开编写<国家处方集>启动会暨编委会第一次会议”的通知》。

1月16日　由中国医院协会、西安杨森制药有限公司及强生（中国）医疗器材有限公司共同设立的“现代医院科学管理培训项目科研基金”项目，北京地区课题中期检查会议在北京召开。

1月17日　召开2008年迎新春工作联谊会议。中国医院协会在京理事、北京各大医院院长、协会各分支机构负责同志以及卫生部、总后卫生部领导、各兄弟协会领导近200人欢聚一堂，曹荣桂会长在联谊会上致词，他向各位简要通报了中国医院协会2007年工作情况和2008年工作计划。

1月18—21日　遵照卫生部（卫医疗便函〔2007〕177号）文件要求，中国医院协会在现有“全国医药经济信息网”的基础上建立“全国安全合理用药监测网”。潘学田常务副会长亲自带队，到我国医疗卫生水平较发达的上海、浙江、江苏、广州等华东四省市召开布扩网工作会议。来自各大医院的主管院长、信息中心负责人、药剂科主任总计200余人参会。

1月18日　医疗法制专业委员会在协会召开2008年“针对朝阳西院发生的李丽云事件等热点问题及相关案件的研讨会”，曹荣桂会长、潘学田常务副会长、李月东秘书长，卫生部医政司赵明钢处长、政法司赵宁处长、信访办张鸣处长，北京市第二中级人民法院法官白松、朝阳法院法官陈征以及在京的医疗法制专业委员会常务委员40余人参加了会议。

1月23日　受卫生部医政司委托由中国医院协会负责起草《国家处方集》，在北京召开编写《国家处方集》启动会暨编委会第一次会议。卫生部医政司司长王羽，中国医院协会会长曹荣桂，副会长潘学田、章友康，中国工程院院士郭应禄、陆道培、孙燕以及《国家处方集》编委会专家共100余人参加了会议。

1月23日　召开了“中国医院协会2008年工作计划通报会”。多年与协会合作的医药企业代表出席了会议。潘学田副会长向与会代表介绍了2007年协会的工作情况和2008年工作计划。李月东秘书长对中国医院协会2008年拟开展的重点活动逐项作了介绍。

1月25日　中国医院协会与卫生部医政司、卫生部医院管理研究所共同举办联谊活动。

1月29日　在北京召开了“中国医院协会分支机构2007年工作总结会”。李月东秘书长主持会议，曹荣桂会长、潘学田常务副会长参会并讲话。35名分支机构的代表参加了会议，其中22人分别代表本机构做了关于2007年工作总结和2008年工作计划的汇报。

2月1日　自律维权部承担了卫生部政策法规司委托的《乡镇卫生院、乡村卫生室和城市社区卫生服务机构实施强制医疗责任保险研究》课题研究工作。

2月14日　2008年第二次办公例会。

2月20日　中国医院协会医院情报图书管理专业委员会首次召开在京常委会议，研究本专业委员会的科研立题，组织了4个科研课题组。

2月21日　中国医院协会发〔2008〕4号文件《贯彻落实卫生部医政司关于加强全国医药信息管理工作的通知》。

2月22日　2008年中国医院协会报刊工作会议在北京召开。会议由中国医院协会副秘书长兼信息出版部主任张宝库主持，中国医院协会会长曹荣桂、副会长潘学田、秘书长李月东，卫生部新闻办公室主任邓海华以及协会主办的9个正式期刊和4个内部资料性出版物负责人等出席会议。

2月23日　中国医院协会第一届第三次常务理事会暨工作联席会在北京召开。卫生部办公厅主任尹力、人事司副司长王苏阳、国家食品药品监督管理局办公厅主任秦怀金、总后卫生部医疗局局长李清杰出席了会议。协会常务理事，各二级机构负责人，各省、自治区、直辖市医院协（学）会领导127人参加会议。会议由中国医院协会曹荣桂会长主持。潘学田副会长向大会做了题为《中国医院协会2007年工作总结及2008年工作要点》的报告。会议通过了李月东秘书长做的《中国医院协会组织工作情况汇报、人事调整意见和组织工作发展规划》的报告，与会代表就医院管理和协会工作进行了热烈的讨论。

2月25日　中国控制吸烟协会和中国医院协会在北京联合召开了“无烟医院标准修订研讨会”。曹荣桂会长在研讨会上讲话。卫生部妇社司、医政司、世界卫生组织驻华代表、国际防痨和肺部疾病联合会控烟部的领导出席会议并致词。

2月27日　中国医院协会医院建筑系统研究分会副主任委员联席会在北京召开。

2月28日　受卫生部科教司邀请，中国医院协会秘书长李月东列席全国医学教育工作会议。

3月3—7月　受北京奥组委和北京市卫生局委托，由中国医院协会大学附属医院分会秘书处牵头负责各国运动员代表团队医师资格审核工作。自3月至7月之间，共审核完成了205个国家和地区的NOC（奥委会）随队医师、物理治疗师930名（含14名NBC人员），NPC（残奥会）随队医师、物理治疗师、护士245名，注册备案NOC、NPC随队医务人员总计1175人。

3月3日　中国医院协会发〔2008〕5号文件《关于举办“2008年中国医院协会院长论坛”的通知》。

3月5日　中国医院协会医疗质量管理专业委员会

组织在北京部分常委，在河北召开座谈会，对目前医疗质量与安全的热点问题进行研讨。

3月6日　自律维权部和医疗法制专业委员会针对“卫生部转发江苏省南京市律师协会医疗纠纷法律事务委员会对于朝阳西院事件提出的律师意见”，在华卫律师事务所联合召开讨论会，邀请北京市医学会医鉴办庄立君主任、华大方瑞司法鉴定所王彦、北京化工大学龚赛红教授以及部分医院医务处处长、法院法官等进行了讨论。提出了不同看法并形成文字上报卫生部。

3月11日　2008年第三次办公例会。

3月16日　由中国医院协会主办，中国医科大学附属第一医院与西安杨森制药有限公司协办的沈阳现代医院科学管理培训班正式开班，吸引了医院院长及医院管理者近300人参加，项目将在一年半时间内，完成八个模块的学习。

同日　自律维权部郑雪倩副主任应邀参加在北京市疾控中心召开的因服用糖丸引发小儿麻痹赔偿问题讨论会，为《北京市脊髓灰质炎疫苗预防接种异常反应补偿办法（试行）》的起草和出台提供了意见和建议。

3月17日　中国医院协会会长曹荣桂等出席《中国医院年鉴》2008卷编委会议。

3月19日　为响应世界卫生组织世界患者安全联盟发起的“全球患者安全挑战”行动，协会在京召开了“2008年患者安全目标行动大会”。活动得到卫生部医政司、总后卫生部医疗管理局、国家中医药局医政司的支持，并受到全国各级各类医院的热烈响应，北京地区300余名医院代表参加会议。会议由李月东秘书长主持，曹荣桂会长做了重要讲话。

3月20日　中国医院协会发〔2008〕6号文件《关于“创建第三批全国百姓放心医院或示范医院”的通知》。

同日　中国医院协会发〔2008〕7号文件《关于发布和实施＜2008年度患者安全目标＞的通知》。

同日　中国医院协会血液净化中心管理分会在北京举行“透析治疗管理模式研讨会”，会议邀请了美国纽约肾脏病研究所所长、血液透析界的知名教授等进行了国外透析治疗管理模式的演讲。卫生部医政司、北京市卫生局及各区县卫生局、北京医保中心及部分医院院长、透析中心主任等共40余人参加了会议。

3月20—23日　“中国医院协会血液净化中心管理分会2008年学术年会”在北京召开。中国医院协会李月东秘书长应邀出席会议并在开幕式上讲话。参会代表近600人。

3月22日　中国医院协会会长曹荣桂应辽宁省医院协会的邀请，在辽宁出席《辽宁省医院协会首次会员代表大会暨成立大会》并发表了热情洋溢的讲话。大会讨论通过了《辽宁省医院协会章程》、《辽宁省医院协会会费管理办法》；选举产生了辽宁省医院协会首届理事会理事，常务理事，副会长、秘书长，吕德成同志当选为会长。

3月27—29日　中国医院协会会长曹荣桂出席在无锡举行的“第九届中国医院发展战略高级论坛”，作了关于《中国医疗质量与患者安全》的主题报告。

3月29日　中国医院协会秘书长李月东应邀出席北京市卫生工作会议。

4月1日　由中国医院协会信息管理专业委员会主办的2008“英特尔杯”中国医疗信息化大奖赛活动今天拉开帷幕。

4月2日　中国医院协会发〔2008〕8号文件《关于“评选2008年度优秀院长和医院管理突出贡献奖”的通知》。

4月7日　中国医院协会会长曹荣桂应邀出席首都医科大学附属北京朝阳医院隆重举行的建院五十周年庆典暨国家呼吸病学重点学科和第二十九届北京奥运会肺功能实验室揭牌仪式并致贺词。

同日　应卫生部医政司邀请，评价与评估部主任王吉善出席“研究医师多地点执业问题”的会议。

4月8日　“中国医改回顾与展望院长论坛”在北京朝阳医院举行。李月东秘书长主持会议，来自全国各医院院长及医院管理者近200人参加了论坛。

同日　中国医院协会县（市）医院管理分会和中国宋庆龄基金会在北京共同举办了“建立和完善农村三级医疗卫生服务网络推广仪式暨中国宋庆龄基金会资助仪式”。协会潘学田副会长应邀出席大会，曹荣桂会长作了重要讲话。

4月12日　中国医院协会学术与培训部首次在北京举办医院专业科主任管理培训（第一期）。来自华北及东北地区的114位医院专业科室科主任参加了培训。

4月14日　按照卫生部医政司的要求，中国医院协会组织北京地区三级医院院长、医务处处长30人，对《医院管理评价指南（2008年版）（征求意见稿）》的修订开展了热烈的讨论。卫生部医政司医疗服务处赵明钢处长到会听取意见。

4月15日　2008年第四次办公例会。

4月16日　中国医院协会副会长潘学田应卫生部办公厅邀请，出席卫生部人体器官移植技术临床应用委员会第四次会议。

4月18日　卫生部“启动专科医师试点工作会议”在北京召开。中国医院协会会长曹荣桂应邀出席会议并在讨论试点工作中发表了讲话。会议对专科医师的培训、考核、考试、准入等项工作进行研究部署。

同日　中国医院协会办公会议审议通过了《中国医院协会网站管理制度》，正式下发通知，要求各部门遵照实行。制度包括，中国医院协会网站稿件发布流程和中国医院协会网站栏目分工。

同日　中国医院协会自律维权部与卫生部信访处共同召开建立“法律工作者参与信访劝导工作机制”研讨会，潘学田常务副会长、卫生部办公厅毛群安副主任、信访处张鸣处长、北京市海淀区司法局马副局长、律管科科长、朝阳区卫生局、西城区卫生局医政科长、北京市律协、石景山法院王萍庭长、丰台区法院邢丽华法官等参加了会议。

4月18—20日 《2008年支援西部地区医院管理讲演》活动的第一站在贵州贵阳举行，来自贵州省县级以上200余名医院院长参加了活动。

4月28日 中国医院协会应中华慈善总会邀请，出席在人民大会堂召开的"唤真情献爱心"主题"白血病患者援助计划"启动仪式暨新闻发布会。

4月28—29 中国医院协会副会长潘学田应卫生部医政司邀请，出席控制医疗机构医药费用增长工作研讨会。

5月6—8日 中国医院协会医院建筑系统研究分会在北京举办《综合医院建设标准》和《综合医院建筑设计规范》培训班。来自全国各相关医院、建筑设计院、工程咨询公司负责人共120余人参加了培训。

5月9—11日 中国医院协会院长论坛在厦门举行。论坛的主题是：医药卫生体制改革—机遇与挑战、任务和策略。来自全国各地的医院协（学）会领导、医院院长和医院管理人员、有关专家、学者近500人参加了会议。中国医院协会会长曹荣桂、中国人民解放军总后卫生部部长李建华等出席会议。

5月10日 缩短平均住院日项目进展研讨会在厦门召开。

5月12日 四川省汶川县发生8.0级强烈地震，给人民生命财产造成巨大损失。中国医院协会领导和全体人员心急如焚，立即多次致电四川省医院协会、华西医院等表达问候。

5月13日 中国医院协会网站开通了"向战斗在抗震救灾一线的医务工作者致敬"的通栏，发出全国医院抗震救灾信息和感人事迹。并给抗震救灾第一线的全体医护人员发出慰问信，要求全国各级各类医院紧急行动起来，抢救受灾群众。

5月14日 中国医院协会致信各分支机构和各省、自治区、直辖市医院协（学）会，号召大家全力投入抗震救灾工作并注意收集抗震救灾工作中医务人员的先进事迹。

5月15日 在中国医院协会会长曹荣桂的带领下，协会机关工作人员举行了为四川汶川地震灾区捐款活动。

同日 2008年第5次办公例会。

5月15—17日 中国医院协会县（市）医院管理分会在山西平遥召开"医院文化建设与文化品牌战略研讨会"。

5月16日 向中国医院协会主办的杂志社发出捐款通知，两天内协会病案管理专业委员会、中国药房杂志社等10家单位共捐款9万余元。捐款已汇入中国红十字会向社会公布的银行账户。

5月19日 为表达对四川汶川大地震遇难同胞的深切哀悼，14时28分协会领导带领全体机关工作人员集体默哀。

同日 向中国医院协会各分支机构下发"关于征集抗震救灾先进事迹的通知"，并抄送各省、自治区、直辖市医院协（学）会。

5月22日 自律维权部和医疗法制专业委员会共同承担了中国医院协会《公立医院医疗欠费情况的调查研究》，并召开了课题研究启动会。

5月25日 应邀出席"医疗体制改革的法律保证"座谈会，卫生部政法司陈宁姗处长参加了会议。

5月27日 中国医院协会医院信息管理专业委员会和卫生部医院管理研究所发布了《中国医院信息化发展研究报告（白皮书）》。

6月3日 中国医院协会发〔2008〕17号文件《关于开展"奥运紧急医疗救援联盟活动"的通知》。

同日 2008年第6次办公例会。

同日 中国医院协会发〔2008〕18号文件《关于会员医院认真学习与贯彻落实卫生部＜2008年"以病人为中心，以提高医疗服务质量为主题"的医院管理年活动方案＞、＜医院管理评价指南（2008年版）＞的通知》。

同日 中国医院协会发出致全国医院医护人员的一封公开信，向战斗在抗震救灾一线的医务工作者及全国医务人员致谢！并号召大家继续发扬救死扶伤、不怕困难、顽强拼搏的崇高精神，为夺取抗震救灾全面胜利再立新功。

6月13日 中国医院协会传染病医院管理分会第二届全国会员代表大会在北京召开。中国医院协会会长曹荣桂、秘书长李月东、副秘书长张宝库以及来自全国传染病医院的62位会员代表出席了会议。

6月14—15日 中国医院协会药事管理专业委员会全体委员会议暨2008临床药师论坛在南京召开。药事管理专业委员会委员及临床药师培训试点基地、临床药师制试点医院相关部门负责人近200人参加了会议。

6月18日 中国医院协会应卫生部医政司邀请，出席在北京召开的"灾难事件紧急医学救援工作研讨会"。

6月23—26日 受卫生部医政司委托，中国医院协会急救中心（站）管理分会在北京召开了"制定奥运主办、协办城市紧急医疗救援演练方案"专家研讨会。

6月24日 受卫生部医政司委托，组织研究起草《医院急诊科设置和管理规范》，协会评价与评估部在北京召开了"医院急诊科设置标准规范"讨论会。

6月25日 应卫生部办公厅信访处邀请，在北京出席"医疗纠纷处理第三方援助机制"座谈会，北京卫生法学会医疗纠纷调解中心、福建福鼎市卫生局、浙江省宁波市卫生局、云南省卫生厅等就第三方调解问题进行了发言，约有50余人参加了讨论。

6月26—27日 由中国医院协会医院信息统计专业委员会主办的"区域协同医疗服务示范工程项目大会暨现代医疗服务业发展论坛"在北京召开。中国医院协会会长曹荣桂、卫生部以及各省、自治区、直辖市卫生厅（局）的有关领导、医院院长和医院信息中心主任300余人参加了会议。

6月26—27日 中国医院协会自律维权部郑雪倩副主任应邀出席卫生部政法司在杭州召开的"2008年卫生立法专题理论探讨会"，会上就病人知情同意权、鉴定专家出庭质证、行政作为与不作为、医师多地点执业、精神病患者强制治疗、医疗机构出租承包与托管的法律特征、医疗机构与住院患者的法律关系以及医疗机构涂改、伪造病历的法律责任等问题进行了探讨，卫生部政法司汪建荣副司长、法规处赵宁处长、部分省厅法规处及医政处长，部分法学家等参加了讨论。会后就上述讨论问题书写书面意见上交卫生部。

6月28—29日　中国医院协会法制专业委员会在山西大同举办“2008年医院管理干部法律知识培训班”。中国医院协会会长曹荣桂、卫生部办公厅综合处长杨建立出席会议并讲了话。全国人大法工委行政法办公室副主任张世诚介绍了新出台的涉及医院人事劳动管理的《劳动合同法》中的6个问题与大家进行了探讨。最高人民法院法官林文学，从法官的角度就医疗纠纷诉讼的特点、医疗纠纷审判实践中存在的问题进行讲解，约100名代表参会。

6月28日　中国医院协会企业医院分会在平煤医疗集团召开了分会第三届第二次主任委员扩大会议，会议就更名后的工作重点进行了研究。

6月29—30日　中国医院协会口腔医院管理分会受卫生部医政司委托，完成《全国口腔诊所/口腔门诊部基本标准意见》修订工作，在浙江杭州召开了“《基本标准》讨论与修订工作会议”。11月初已将《基本标准》修订稿上报卫生部医政司。

6月30日　截止当日协会已收到来自全国医务工作者抗震救灾的感人事迹材料300余篇，并随时通过协会网站进行宣传。

7月2日　中国医院协会发〔2008〕20号文件《关于召开“全国百姓放心示范医院2008动态管理”暨“创建第三批百姓放心医院启动”工作会议的通知》。

同日　应全国人大法工委民法室邀请，自律维权部郑雪倩副主任出席“关于制定侵权责任法”座谈会，就医疗侵权责任是否加入立法问题进行讨论，其中对医疗侵权范围的界定、是采用过错推定责任还是过错责任原则、医疗行为的免责情形，医疗损害赔偿项目和标准应如何规定计算等内容进行了深入探讨。

7月2—6日　中国医院协会急救中心（站）管理分会在云南省昆明市举办了第二届“挪度杯”全国急救中心急救技能大赛。

7月5日　中国医院协会学术与培训部在宁波举办医院专业科主任管理培训（第二期）。来自华东地区67位医院专业科室科主任参加了培训。

同日　中国医院协会会长曹荣桂出席中国医院协会医院建筑系统研究分会在解放军总医院召开的“现代医院建设的实践性和前瞻性院长高峰论坛”并发表重要讲话。

7月7日　应卫生部政策法规司邀请，自律维权部郑雪倩副主任出席关于“医疗侵权责任问题立法”座谈会。

7月8日　在北京召开了北京地区医院院长“抗震灾　迎奥运”工作座谈会。曹荣桂会长、潘学田副会长、李月东秘书长参加了会议，卫生部医政司焦亚辉副处长、北京医院协会张建会长出席会议并讲话，来自北京地区24家奥运定点医院及其他医院的院长和相关负责同志40余人出席了会议。

7月10日　“从我做起，我为奥运做贡献”暨“奥运期间紧急医疗救援联盟”成立新闻发布会在卫生部多功能厅举行。曹荣桂会长、潘学田副会长、李月东秘书长以及相关负责同志出席会议，另有中央、北京、专业、财经、网络近40家媒体参加了新闻发布会。

7月11—13日　中国医院协会区域医院药事管理交流与合作项目在北京举办。项目分别在北京医院、首都医科大学宣武医院、北京积水潭医院内举行，来自全国十九个地区的二级甲等以上医院的药剂科负责同志107人参加了会议。

7月11日　为推动临床药师制试点工作，中国医院协会药事管理专业委员会受卫生部委托，在宁波市召开了“临床药师制试点工作研讨会”，卫生部医政司领导和15个省、自治区、直辖市卫生厅医政处处长及有关专家共计38人参加会议。

7月14日　自律维权部郑雪倩副主任受卫生部政法司的邀请，担任“卫生政策相关课题评审”工作的评审专家，对参评的课题项目进行了审核。

7月16日　中国医院协会受卫生部医政司委托，组织研究起草《医院重症监护病房设置和管理规范》，协会评价与评估部在京召开了“医院重症监护病房设置和管理规范”讨论会。北京地区部分医院ICU科主任、护理专家30余人参加会议。卫生部医政司医疗机构处李大川副处长到会听取意见。

7月18—19日　“区域医院院长管理交流与合作项目”在大连市举办。卫生部医政司医疗服务处焦雅辉副处长出席会议并讲话，来自全国各地30多位医院管理者参加会议。

7月19日　中国控制吸烟协会和中国医院协会在京联合举办了修订《创建全国无烟医院技术指南》研讨会。卫生部分管控烟的领导、控烟专家以及部分创建无烟医院的院长和医院管理者参加了会议。中国控制吸烟协会会长、中国医院协会会长曹荣桂做了重要讲话。

7月19—20日　中国医院协会科技发展部在天津举办了医院科室规范管理暨技能提升——设备管理与技能提升经验交流会。

7月22日　中国医院协会发〔2008〕23号文件《关于在全国百姓放心示范医院的第三批创建医院中建立“新闻发言人制度”的意见》。

同日　中国医院协会发〔2008〕24号文件《关于更换“全国百姓放心示范医院”标牌及证书的决定》。

同日　中国医院协会发〔2008〕25号文件《关于增补“全国百姓放心示范医院”决定》。

同日　中国医院协会发〔2008〕26号文件《关于增补“全国百姓放心示范医院优秀管理者”的决定》。

7月25日　自律维权部与中国医院协会医疗法制专业委员会在京联合召开了“医疗侵权立法问题专题研讨

会”。曹荣桂会长、潘学田副会长、李月东秘书长、自律维权部郑雪倩副主任、中国人民大学杨立新教授、全国人大法工委民法室一处杜涛处长、卫生部政法司法规处赵宁处长、信访处张鸣处长、医政司范晶及有关专家、教授、部分法官、部分医院院长、书记、管理者、临床科主任等出席会议。会后汇总大家意见，向全国人大法工委民法室、卫生部提出书面建议。

同日　应国家发改委价格司邀请，出席关于开展《廉价短缺药品价格问题》专题研究成果座谈会。

7月26日　医院专业科主任管理培训第三期项目在哈尔滨举办。曹荣桂会长，卫生部人事司王苏阳副司长出席会议并讲话，章友康副会长、学术与培训部副主任姚洪出席会议。

7月28日　中国医院协会副会长潘学田应卫生部医政司邀请，出席“进一步规范抗菌药物合理使用”研讨会。

7月28—29日　应邀出席卫生部新闻办公室在沈阳市举办的卫生部主管报刊工作会议暨举办中国医药卫生期刊评估标准培训班。

7月31日　受卫生部医政司委托，中国医院协会评价与评估部在北京组织召开了手术安全核对表和手术风险评估表（试行草案）研讨会。北京地区部分三级甲等医院的护理部主任、手术室护士长20余人参加了会议。卫生部医政司护理处郭燕红处长到会听取意见。

同日　中国医院协会应邀出席卫生部医疗器械集中采购信息发布会。

8月1日　“全国百姓放心示范医院2008动态管理”暨“创建第三批百姓放心医院启动”工作会议在深圳召开。中国医院协会会长曹荣桂、卫生部新闻发言人、办公厅副主任毛群安、卫生部医政司副司长周军等领导出席会议。另有中国医院协会各分支机构负责同志，全国各省、自治区、直辖市医院协（学）会负责同志以及来自全国700余所医院的近千名医院管理者参加了会议。

8月5日　召开“医疗纠纷鉴定工作中有关问题”座谈会，卫生部、中华医学会医疗事故技术鉴定工作办公室领导、区级医学会医疗事故技术鉴定工作办公室、司法鉴定机构、区县法院以及部分医院代表参加座谈。

同日　中国医院协会自律维权部与北京市医学会医鉴办联合召开“医疗纠纷鉴定工作中有关问题”座谈会，曹荣桂会长、李月东秘书长、自律维权部郑雪倩副主任、卫生部信访处张鸣处长、卫生部医政司以及北京市医学会医疗事故技术鉴定办公室、各区县医学会会长、医疗事故技术鉴定办公室主任、北京市部分司法鉴定机构主任，北京市高法、部分区级法院庭长、法官以及部分医院代表参加座谈。会后就司法实践中存在患者拒绝鉴定，法院判决医院败诉的相关案例向最高法院、卫生部提出书面意见。

8月5—27日　由中国医院协会主办，中国医院协会急救中心（站）管理分会承办的“奥运紧急医疗救援联盟”活动成功举办，活动在全国37个城市的38家急救中心、400多家网络医院内全面展开，先后为15名发生意外的奥运观众提供了先期咨询、医疗救治、费用垫付和后续理赔为一体的绿色通道服务。

8月9日　中国医院协会秘书长李月东应邀出席奥林匹克精神与控烟—中国控烟形势与医生责任大会。

8月16日　在北京召开2008年优秀院长和医院管理突出贡献奖评审会议。曹荣桂会长任评审委员会主任委员，担任评委的还有部分副会长、秘书长和副秘书长，国家卫生部医政司和人事司、国家中医药管理局医政司、总后卫生部医疗管理局以及健康报社的领导也出席了评审会议。

8月21日　中国医院协会发〔2008〕32号文件《关于“开展中国医院协会系列期刊优秀文稿编辑奖评选活动”的通知》。

8月28日　应卫生部办公厅邀请，出席在北京召开的“2008年深化医院管理年活动暨2008年全国医政工作会议”。会议的主要任务是：深入贯彻落实党的十七大和全国卫生工作会议精神，总结三年医院管理年活动和2007年医政工作，研究部署2008年下半年医政工作。

同日　中国医院协会发〔2008〕30号文件《关于召开第三届医疗保险与医院管理院长沙龙——“做好准备，应对医疗保险结算模式改变的挑战”的通知》。

9月2日　2008年第7次办公例会。

9月6日　医院专业科主任管理培训第四期项目在成都举办。来自西南地区的68位医院专业科室主任参加了培训。卫生部人事司王苏阳副司长、医政司张宗久副司长参会并讲话，协会章友康副会长等出席会议。

同日　由中国医院协会主办，四川省医院协会承办、西安杨森制药有限公司协办的“现代医院科学管理培训项目”成都班于2005年12月17日开班至今日结业。有181名学员结业，中国医院协会曹荣桂会长、卫生部人事司王苏阳副司长等领导出席了结业典礼。

9月11—12日　中国医院协会《2008年支援西部地区医院管理讲演》活动的第二站在内蒙古呼和浩特市举行。活动由内蒙古卫生厅、内蒙古自治区医院管理协会承办。中国医院协会曹荣桂会长任团长，章友康、张衍浩副会长任副团长。讲演团成员分别来自广东省7家大型医院的院长和教授。内蒙古地区各盟、市、旗、县，近280余名医院院长及医院管理者参加了会议。

9月11日　中国医院协会门急诊管理专业委员会受卫生部、中国医院协会委托在北京召开了《急诊科（室）设置与规范》研讨会。卫生部医政司周军副司长、李大川处长、中国医院协会王吉善副秘书长出席会议。

同日　中国医院协会发〔2008〕37号文件《关于“表彰奥运期间紧急医疗救援联盟活动先进个人和先进集体的决定”》。

9月16日　由中国医院协会主办，青岛市医院管理学会、青岛大学医学院附属医院承办，西安杨森制药有限公司协办的现代医院科学管理培训项目青岛班开班。来自青岛大学医学院附属医院等青岛地区30余家医疗机构的近300名中、高层医院管理干部参加了这一模块的学习。

同日　中国医院协会发〔2008〕35号文件《关于任免<中国医疗前沿>杂志社社长的通知》。

同日　中国医院协会发〔2008〕36号文件《关于转发<卫生部办公厅关于同意<中国医疗前沿>杂志复刊的通知>的通知》。

9月17—22日　中国医院协会精神病医院管理分会在山东青岛市举办了“全国精神病医院管理理论与实践高级研讨会”，来自全国各地各级各类精神病医院的代表共135名出席研讨会。

9月18日　协会学术与培训部召集在京部分学术委员，召开专题学术工作会议。会议通报了2009年中国医院协会国家级CME项目申报情况，对新申报的国家级继续医学教育项目（15个单位33项）进行了评审，最终确定了其中的30个项目向全国继续医学教育委员会上报。会议还就2009年中国医院协会国际交流与合作论坛的方案等进行了讨论。

同日　中国医院协会发〔2008〕38号文件《奥运期间紧急医疗救援联盟活动总结报告》，上报卫生部医政司。

9月19日　中国医院协会会长曹荣桂应邀出席重庆市医院管理学会成立大会，并发表了关于“履行学会职能　服务广大会员”的讲话。

9月22日　中国医院协会医院文化专业委员会和中国企业文化研究会医药卫生委员会在厦门市联合举办第六届“中国医院文化论坛（2008）”。

9月24—28日　中国医院协会医院情报图书管理专业委员会2008年学术年会在广西桂林市召开。中国医院协会曹荣桂会长出席大会并做了重要讲话；桂林市卫生局凌霄局长莅临大会并致欢迎词。中国医院协会医院情报图书管理专业委员会苏元福主任委员致开幕词。来自全国各省市的350多位代表参加了会议。

9月26日　第二届中国医院质量大会（贯彻落实卫生部“2008年以病人为中心，以提高医疗服务质量为主题的医院管理年”活动方案）在桂林举行。来自全国各医院的200多名医院院长、副院长、医疗管理者参加了会议。曹荣桂会长参会并讲话，他对如何开展“患者安全目标”与“单病种质量管理”方面的工作作了详细的解读。会议分别由中国医院协会潘学田常务副会长、刘国华副会长、上海仁济医院范关荣院长、北京医科大学第三医院贺蓓书记主持。

10月7日　评价与评估部在北京召开了关于“死亡病历质量检查用表修改稿讨论会”。此次会议是为2008年度北京地区十六所三级甲等医院例行检查工作所作的前期准备。来自北京地区三级甲等医院的医院病案科主任、医务处处长16人参加了讨论会。

同日　中国医院协会发〔2008〕40号文件《中国医院协会关于在会员医院推行<医疗纠纷处理程序（试行）>的通知》。

10月9日　由中国医院协会与哈佛《商业评论》（中文版）共同主办的“对话—哈佛医院管理高峰论坛”在北京召开。曹荣桂会长、潘学田常务副会长、李月东秘书长出席会议。50余位医院院长参与活动，并与中外专家进行了交流。活动还分别在沈阳、广州、南京、杭州举办，参与人员达300人。

10月10—11　“区域医院院长管理交流与合作项目”在北京举办。章友康副会长、李月东秘书长出席开幕式并讲话。来自全国各地区138位医院院长参加了会议。会议在中国人民解放军总医院文化活动中心和北京大学人民医院科教楼多功能厅举行，代表们还参观了两家医院的特色科室。

10月10日　在北京举办“2008医院发展论坛”。来自全国各地区医院院长参加了会议，会后参观了与卫生部国合司合办的第17届中国国际医用仪器设备展览会。

10月11—12　由中国医院协会主办、拜耳中国医院发展基金协办的“缩短平均住院日，提升医疗服务效能院长高层论坛”在北京举行。曹荣桂会长、潘学田副会长、卫生部医政司王羽司长以及来自全国各大医院的300多位医院院长、医院管理工作者出席论坛。会议主要议程是报告中国医院协会组织的缩短平均住院日大型研究项目的主要成果。曹荣桂会长在论坛开幕式上介绍了缩短平均住院日大型研究项目的背景、目标、研究方法、主要内容和进展情况。何梦乔副会长作了论坛总结。

10月12日　医院专业科主任管理培训在上海举办。此次项目是继北京、宁波、哈尔滨、成都举办后的第五期项目。曹荣桂会长、卫生部人事司王苏阳副司长出席会议并讲话。卫生部医政司张宗久副司长、医疗服务处赵明钢处长、中国医院协会章友康副会长出席了会议。来自华东地区的临床科主任参加了培训。

10月13日　中国医院协会发〔2008〕41号文件《关于“表彰2008年度突出贡献奖和优秀院长”的决定》。

10月14—16日　中国医院协会会长曹荣桂、秘书长李月东出席中国医院协会病案管理专业委员会在天津市举办的以“中国病案管理发展20年”为主题的第17届全国病案管理学术会议。来自北京、上海、天津等25个省、自治区、直辖市的210名代表参加会议，收到论文170篇。

10月15—19　中国医院协会医院感染管理专业委员会在武汉召开“中国医院协会第十五届全国医院感染管理学术年会”。大会由李六亿常务副主任委员主持，朱士俊主任委员致开幕词。中国医院协会李月东秘书长、卫生部医政司护理处郭燕红处长到会并讲话，来自全国30个省、自治区、直辖市近500名专业人员参加了盛会。会议主题是“耐药菌医院感染控制和患者安全”。

10月17日　由中国医院协会与上海市医院协会主办，上海交通大学医学院附属新华医院与《中国医院》杂志承办，拜耳中国医院发展基金协办的“转型期医院改革与发展专题论坛”在上海国际会议中心举行。卫生部部长陈竺发来贺信，曹荣桂会长、上海市政协副主席蔡威、上海市卫生局局长徐建光、上海市医院协会会长陈志荣等参会并致辞，来自全国三级甲等医院的院长以及医院管理专家等近300人参加了论坛，卫生部医政司司长王羽，中华医学会副会长、上海医学会会长刘俊等分别作了专题报告。

10月18日　中国医院协会会长曹荣桂应中国卫生法学会邀请，在北京国际会议中心出席第十七届世界医学法学大会开幕式。

同日　由中国医院协会主办，北京大学第三医院协办的《财务管理论坛》在京召开。

10月18—21日　应中国卫生法学会邀请，自律维权部郑雪倩副主任出席“世界卫生法学大会”，并在大会上发言，同时担任分会场主持工作。

10月22—24日　《2008年支援西部地区医院管理讲演》活动的第三站，在青海举行。中国医院协会副会长、上海市医院协会副会长何梦乔率9位上海地区的医院院长、专家赴青海地区进行义务讲学。

10月23日　按照卫生部办公厅来函的要求，中国医院协会在北京召开了“关于深化医疗卫生体制改革的意见（征求意见稿）座谈会。曹荣桂会长、潘学田副会长、李月东秘书长以及来自北京协和医院、北大人民医院等部分二、三级医院的院长21人参加了座谈会。与会代表对《征求意见稿》进行了积极、认真地讨论，提出了16条建议，上海中山医院、四川华西医院等省市的医院院长报来书面意见。协会将征求意见结果上报卫生部。

10月24日　中国医院协会发〔2008〕42号文件《关于上报医院院长对<关于深化医药卫生体制改革的意见（征求意见稿）>的意见与建议》。

10月24—28日　中国医院协会临床检验管理专业委员会在湖北省武汉举办科主任临床实验室管理培训班，有450人参加了培训。

10月28日　中国医院协会医疗康复机构管理分会在中国康复研究中心召开成立大会和第一次常委会。会议通过了分会主要工作项目；确定了6个专业组；制定了2009年工作计划。

10月30—31日　《2008年支援西部地区医院管理讲演》活动的第四站，在宁夏举行，浙江省医院管理学会会长杨泉森同志率10位浙江地区的医院院长、专家赴宁夏地区进行义务讲学。

10月31日　应中华医学会和国际健康评估与促进学会邀请，章友康副会长出席中国健康产业论坛暨第23届国际健康评估与促进学术论坛。

同日　中国医院协会医学影像中心管理分会召开“2008中国医学影像管理与技术论坛暨中国医院协会第三届医学影像中心管理分会学术交流大会”。

11月1—2日　中国医院协会与卫生部新闻办公室、人民日报科教文部、人民网在河南郑州联合举办“2008中国医院院长高层论坛暨医院管理创新座谈会”。会议主题是“以人为本　创新管理”。曹荣桂会长出席会议并发表讲话。

11月4日　2008年第8次办公例会。

同日　中国医院协会药事管理专业委员会召开“抗菌药物应用评价标准专家审定会”，会议就成员单位临床使用抗菌药物的评价标准进行了审核修改。

同日　自律维权部完成了卫生部政法司委托的《乡镇卫生院、乡村卫生室和城市社区卫生服务机构实施强制医疗责任保险研究》课题研究工作，并将课题报告上报卫生部政法司。

11月6—13日　中国医院协会后勤管理专业委员会为配合节能工作，在云南省举办了“医院后勤管理与综合节能技术”培训班。

11月7日　“奥运期间紧急医疗救援联盟表彰大会”在辽宁丹东举行。会上分别对获得“最佳督导奖”、“最佳筹备奖”、“最佳服务奖”、“最佳专业奖”、“最佳案例奖”、“突出贡献奖”、“活动组织奖”的单位和个人进行了表彰。卫生部、中国医院协会、各地卫生主管部门、医院、急救中心等相关领导和代表270余人出席了大会。

11月7—8日　自律维权部与医疗法制专业委员会联合主办的“中国医院协会第三届自律与维权大会暨2008年医疗法制专业委员会第一届学术年会”在海口召开。曹荣桂会长、潘学田常务副会长、李月东秘书长、卫生部卫生政策法规司副司长汪建荣、卫生部办公厅信访处处长张鸣等出席会议并讲话。来自全国各省、自治区、直辖市卫生厅（局）办公室主任、医院协（学）会负责人以及部分医院院长、医务处处长、信访负责人等医院管理工作者200余人参加了大会。曹荣桂会长作了题为“自律为民所系　维权为民所用”的工作报告，并就第三方调解机制建立，医患关系设计的法律问题进行研讨。

11月8—9日　由中国医院协会医院经济管理专业委员会主办、中国医科大学附属盛京医院承办的“全国医院经济管理与信息系统建设高峰论坛”在沈阳召开。来自全国30多个省、自治区、直辖市的近300家医院领导、卫生经济界专家参加了会议。

11月9日　由中国医院协会县（市）医院管理分会主办，江苏省邳州市人民医院承办的“全国农村三级医疗网络建设暨2008医院管理学术年会”在江苏省邳州市召开。来自全国120余名医院管理者参加了会议。

11月10日　中国医院协会县（市）医院管理分会召开“第三届换届选举会议”，按照《中国医院协会分支机构组织管理办法》的规定，选举产生了新一届县（市）医院管理分会委员会，葛立三同志当选为主任委员。

11月12—14日　由中国医院协会传染病医院管理分会主办，江苏省医院协会和南京市第二医院承办的“中国医院协会传染病医院管理分会第六届年会”在南京召开。来自全国传染病医院及相关领域的260余名代表参加了会议。

11月13日　由中国医院协会评价与评估部与临床误诊误治杂志社主办，江苏恒瑞医药股份有限公司协办的“全国医院质量管理会议”在北京召开。会议主题为网络建设在医院质量管理中的作用。卫生部医政司医疗服务处副处长焦雅辉、中国医院协会秘书长李月东、副秘书长王吉善等出席会议并讲话。来自全国各医院的60多位医院管理者参加会议。

11月14日　由中国医院协会和健康报共同主办的“2008年度中国医院‘先声杯’突出贡献奖、优秀院长”表彰大会在人民大会堂举行。丁义涛、向月应、刘运祥、张建、陈规划5位医院管理突出贡献奖获得者和丁宝国等97名优秀院长受到表彰。全国人大常委会副委员长周铁农、总后卫生部部长张雁灵、国家卫生部副部长刘谦、武警卫生部副部长丁建华、中国医院协会会长曹荣桂出席表彰大会并为获奖者颁发奖章、奖牌和荣誉证书。卫生部人事司副司长王苏阳、张闽元、医政司副司长周军、健康报社社长王硕、先声药业集团董事长任晋生等出席了大会。卫生部、国家中医药管理局、总后卫生部、武警卫生部及有关部门的领导、医院管理者、新闻界朋友600人参加了大会。中国医院协会潘学田副会长主持大会。李月东秘书长宣读颁奖词。

11月18—28日　“全国百姓放心示范医院动态管理第二周期暨第三批创建医院2008患者安全目标培训班”在天津连续举办三期。近500所医院的900余名主管院长、医务科、护理部、门诊部、药剂科等相关科室人员参加了培训。李月东秘书长出席开班仪式并做了题为“医疗安全责任重于泰山，保障患者安全刻不容缓”的开班讲话。

11月19日　受北京市卫生局医政处委托，中国医院协会大学附属医院分会秘书处于10月17日和11月19日，两次组织召开了北京地区医院临床科室、医院管理专家及区县卫生局医政科领导参加的研讨会，分别有32名、39名专家参会，对5000余种手术项目进行了难度分级，起草完成了2500字的《北京地区各级医院手术分级管理办法（征求意见稿）》并已上报北京市卫生局。

11月20—21日　中国医院协会《2008年支援西部地区医院管理讲演》项目的第五站在云南省昆明市举行。潘学田副会长率领来自北京市、上海市、广东省、辽宁省、黑龙江省的7家大型医院院长组成的演讲团，赴昆明进行义务讲学。来自云南地区176位医院院长及医院管理者参加了会议。

11月20日　中国医院协会自律维权部召开卫生部关于制定《医药代表管理规定》讨论会，来自北京协和医院、北京大学第一医院、北京积水潭医院、北京友谊医院、垂杨柳等部分医院的医院管理者参加了讨论会，并提出修改意见，上报卫生部。

11月28日　中国医院协会医院建筑系统研究分会为加强地震灾区医疗建筑援建设计方案的先进、适宜性，在上海召开了“2008抗震救灾医疗建筑援建设计工作（上海）交流会”。

12月2日　在北京召开了2008－2009年度企业联席会。中国医院协会各部门主任、项目负责人以及30余家企业的执行董事、副总裁、项目经理、政府事务经理和驻京办事处主任、全国关键客户经理近60人参加了会议。会议由李月东秘书长主持。潘学田常务副会长作了2008年度主要工作回顾的报告。协会各部门主任就本部门工作职能、2009年主要工作计划、大型活动等进行了介绍。

12月3日　受卫生部医政司医疗机构管理处委托，在北京召开《医疗机构急诊科设置与管理规范》研讨会。卫生部医政司医疗机构管理处李大川副处长到会听取意见并讲话，中国医院协会王吉善副秘书长主持会议。来自北京地区二、三级医院的院长、医务处处长、急诊科主任20余人参加了研讨会。

12月6日　在杭州召开“医院管理专题座谈会”，李月东秘书长、学术与培训部副主任姚洪出席会议。

同日　中国医院院长实战案例咨询项目总结会议在三亚召开。会议由潘学田常务副会长主持，曹荣桂会长以及中国医院院长实战案例咨询项目专家咨询委员会部分专家出席了会议。会议听取并审议了中国医院协会副秘书长、《中国医院》杂志社社长兼主编张宝库同志关于项目执行情况的汇报。

12月17日　召开协会各部门总结会。汇报2008年工作的落实情况，提出2009年工作计划。

同日　中国医院协会门急诊管理专业委员会在上海举办“门急诊管理论坛”专题培训班，共50家医院87名门急诊管理者参加。

12月18日　医院评价与评估会议在珠海召开，中国医院协会常务副会长潘学田、秘书长李月东等出席了会议。

12月20日　中国医院协会会长曹荣桂应河北省医院协会邀请，赴石家庄出席“河北省医院协会第二届会员代表大会暨换届大会”，并作了关于“履行协会职能　服务广大会员”的讲话。

同日　中国医院协会秘书长李月东应邀出席上海市医院协会《第一届医院管理学术年会》。

12月20—23日　中国医院协会妇幼保健院管理分会在厦门召开“2008年省级妇幼保健管理培训班”，卫生部妇幼保健与社区卫生司杨青司长、妇卫处处长张伶俐、儿卫处处长曹彬、中国疾病预防控制中心妇幼保健中心主任张彤、厦门市卫生局副局长姜杰等出席开幕式，来自全国各省、自治区、直辖市及计划单列市的近40位院长参加了培训。

12月25日　中国医院协会秘书长李月东在苏州出席卫生部节能调研会。

12月26日　中国医院协会自律维权部与中国医院协会医疗法制专业委员会联合召开《孕期保健注意义务和告知义务相关法律问题》研讨会及新年联谊会。中国医院协会副会长潘学田、秘书长李月东、自律维权部副主任郑雪倩以及医疗法制专业委会在京副主任委员、副秘书长，部分常委、委员，最高法院、北京市高级法院、第一、二中级法院、海淀区法院部分庭长、法官，部分司法鉴定机构、北京市医学会医鉴办，部分法学教授、医院院长、医务处处长、妇产科专家等参加讨论。

12月29—31日　肿瘤医院管理分会在云南省昆明市召开了三届四次常委会。来自全国13个常委单位的常委和代表出席了会议。

12月30日　在北京召开“中国医院协会分支机构2008年工作总结会”。分支机构代表28人出席会议，其中20人做了关于2008年工作总结和2009年工作计划的汇报与交流。中国医院协会秘书长李月东主持了会议，曹荣桂会长参会并讲话。

（连晓敏　贾晓莉）

2008年中国医院协会Ⅰ类学分继续医学教育项目（第一批）

项目编号	项目名称	主办单位	举办期限起止日期	举办地点	授予学员学分	教学对象	拟招生人数	备注（举办次数等）
2008—001	中国医院协会医院管理义务讲学项目	中国医院协会学术与培训部	5月—11月 2天/期	西藏、吉林、内蒙古、新疆、贵州	2	院长及中层以上管理干部	300/期	6
2008—002	区域医院管理交流与合作项目	中国医院协会学术与培训部	3月—12月 1.5天/期	东北、山东等地	1.5	院长及中层以上管理干部	50/期	4
2008—003	区域医院管理论坛	中国医院协会学术与培训部	6月—9月 1天/期	东北、华北、华东、华中、西南区	1	院长及中层以上管理干部	50/期	5
2008—004	医院质量南北论坛	中国医院协会评价与评估部	8月10日—8月12日3天	青海	3	院长、医务科长	100	
2008—005	医院财务管理、绩效考核	中国医院协会科技发展部	1月—12月 4天	北京或其它城市	3	财务、人事、考核办等负责人	100	
2008—006	医院科室规范管理暨技能提升	中国医院协会科技发展部	1月—12月 2天	北京或其它城市	2	院长、科主任、护士长等	100	
2008—007	“临床工程师”高级培训班	中国医院协会科技发展部	3、6、9、11月8天	北京或其它城市	7	医疗机构设备管理、维修人员、从业人员等	30/期	4
2008—008	临床药师论坛暨年会	中国医院协会药事管理专业委员会	6月5日—6月9日 5天	待定	5	医疗机构药剂师	300	
2008—009	临床药师培训带教师资培训班	中国医院协会药事管理专业委员会	1月10日—1月15日6天	北京	5	临床药师培训基地带教药师	110	
2008—010	临床药师制试点单位药师培训	中国医院协会药事管理专业委员会	1月5日—1月8日 4天	北京	4	临床药师制试点单位药师	80	

项目编号	项目名称	主办单位	举办期限起止日期	举办地点	授予学员学分	教学对象	拟招生人数	备注（举办次数等）
2008—011	医院药师与临床用药安全	中国医院协会药事管理专业委员会	3月10日—3月13日4天	待定	4	相关专业的继续医学教育对象	150	
2008—012	药物与治疗学委员会学术交流会	中国医院协会药事管理专业委员会	3月1日—3月5日5天	待定	4	医院主管院领导与药学部门负责人	100	
2008—013	“基层抗菌药物临床应用培训”师资培训班	中国医院协会药事管理专业委员会	4月10日—4月13日4天	北京	4	各省师资	250	
2008—014	全国基层医疗机构抗菌药物合理应用“星火”培训项目	中国医院协会药事管理专业委员会	2月10日—11月30日4天	60个地区	4	相关专业的继续医学教育对象	2000	
2008—015	全国首届中医医院文化论坛	中国医院协会医院文化专业委员会	3月6日—3月11日6天	北京	4	各级中医院中高层管理干部	100	
2008—016	第五届全国医院文化建设经验交流大会暨先进表彰会	中国医院协会医院文化专业委员会	4月7日—4月12日6天	厦门	4	各级医院中高层管理干部	180	
2008—017	第三届全国护理文化与护理管理高层研讨会	中国医院协会医院文化专业委员会	10月12日—10月17日6天	深圳	4	相关专业的继续医学教育对象	100	
2008—018	精神病医院医患和谐及危机管理	中国医院协会精神病医院管理分会	8月15日—8月19日5天	新疆乌鲁木齐市	5	全国各精神病医院管理者	100	
2008—019	信息员培训班	中国医院协会职工医院管理分会	4月或5月1天	暂定北京	1	企业医院信息员	30—40	
2008—020	节能培训班	中国医院协会后勤管理专业委员会	4月—10月3天/期	海南	3	医院后勤管理人员	100	3
2008—021	2008年学术研讨会	中国医院协会后勤管理专业委员会	10月3天	西安	3	医院后勤管理人员	300	
2008—022	县市医院医院文化建设研讨会	中国医院协会县（市）医院管理分会	4月2天	山西	2	院长，书记，党群干部	100	
2008—023	县市医院护理高研班	中国医院协会县（市）医院管理分会	5月2天	北京	2	护士长	80	2

项目编号	项目名称	主办单位	举办期限起止日期	举办地点	授予学员学分	教学对象	拟招生人数	备注（举办次数等）
2008—024	县市医院临床适宜技术培训班	中国医院协会县（市）医院管理分会	6月3天	北京	3	院长，医务科	80	4
2008—025	第二届中国县市医院发展战略高峰论坛暨县市医院分会学术年会	中国医院协会县（市）医院管理分会	9月2天	山东	2	院长，管理干部	200	
2008—026	《医院信息系统基本功能规范》培训班	中国医院协会医院信息统计专业委员会	1月—12月 2天/次	全国范围	2	医院信息统计工作者	200	5至10
2008—027	医院信息中心主任培训班	中国医院协会医院信息统计专业委员会	1月—12月 4天/次	全国范围	4	医院信息统计工作者	100	12
2008—028	医院统计方法培训班	中国医院协会医院信息统计专业委员会	1月—12月 2天/次	全国范围	2	医院信息统计工作者	50	6
2008—029	社区医院信息化培训班	中国医院协会医院信息统计专业委员会	1月—12月 2天/次	全国范围	2	医院信息统计工作者	50	10
2008—030	法制专业委员会学术年会暨自律维权大会	中国医院协会法制专业委员会	11月1日—11月3日3天	海南	2	相关专业中级或以上人员	300	
2008—031	2008中国医院协会医院情报图书管理学术年会	中国医院协会医院情报图书管理专业委员会	10月3天	待定	3	医院情报图书管理人员	150	
2008—032	口腔种植技术临床应用和管理学习班	中国医院协会临床技术应用管理专业委员会（筹）	每月一期5天/期	北京	5	口腔科医师	20/期	12
2008—033	全国人工关节置换技术学习班	中国医院协会临床技术应用管理专业委员会（筹）	5月9日—5月11日	3天	北京	3	相关专业的继续医学教育对象	100
2008—034	第六届全国医疗卫生技术应用管理研讨会	中国医院协会临床技术应用管理专业委员会（筹）	6月13日—6月15日3天	北京	3	相关专业中层以及上管理人员	200	

项目编号	项目名称	主办单位	举办期限起止日期	举办地点	授予学员学分	教学对象	拟招生人数	备注（举办次数等）
2008—035	医院付费制度改革与临床路径管理	《中国医院》杂志社	4月24日—4月27日、8月21日—8月24日4天/次	北京	3	医院各级管理人员	100/次	2
2008—036	《中国医院》发展战略论坛	中国医院杂志社/江苏省医院协会	3月27日—3月30日4天	江苏无锡	3	医院管理人员	200	
2008—037	全国“医药分开”专题研讨会	中国药房杂志社	3月5天	深圳	5	相关专业中级或以上人员	350	
2008—038	“医院药学的过去、现在与未来”专题研讨会	中国药房杂志社	5月5天	重庆	5	相关专业中级或以上人员	500	
2008—039	全国药物经济学与医院合理用药专题研讨会	中国药房杂志社	6月3天	上海	3	相关专业中级或以上人员	300	
2008—040	中国临床药师论坛—药师如何服务于临床	中国药房杂志社	7月3天	广州	3	相关专业中级或以上人员	280	
2008—041	全国第八届医院药剂科管理工作研讨会、港、澳、台、浙两岸四地医院药事工作高级研讨会	中国药房杂志社	10月4天	杭州	4	相关专业中级或以上人员	300	
2008—042	抗肿瘤药物的新进展及其药物警戒专题研讨会	中国药房杂志社	4月3天	北京	3	相关专业中级或以上人员	400	
2008—043	全国第二届医院药事管理工作高级研讨会	中国药房杂志社	11月3天	东莞	3	相关专业中级或以上人员	300	
2008—044	全国心脑血管合理用药专题研讨会	中国药房杂志社	5月3天	成都	3	相关专业中级或以上人员	250	
2008—045	全国消化系统药物临床应用及不良反应学术研讨会	中国药房杂志社	6月3天	贵州	3	相关专业中级或以上人员	250	
2008—046	全国第二届医院用药评价与分析专题研讨会	中国药房杂志社	11月2天	广州	2	相关专业中级或以上人员	200	

项目编号	项目名称	主办单位	举办期限起止日期	举办地点	授予学员学分	教学对象	拟招生人数	备注（举办次数等）
2008—047	全国中药合理应用及不良反应监测专题研讨会	中国药房杂志社	4月3天	北京	3	相关专业中级或以上人员	200	
2008—048	全国中药及天然药物创新研讨会	中国药房杂志社	12月3天	广州	3	相关专业中级或以上人员	200	
2008—049	全国医院中药房管理及关系维护研讨会暨全国中药制剂（注射剂）质量控制专题学术研讨会	中国药房杂志社	8月3天	成都	3	相关专业中级或以上人员	300	
2008—050	护理管理技能培训	中国卫生质量管理杂志社	1月—6月3天	西安、天津	3	护理部主任及护士长	300	3
2008—051	营养支持研讨会	中国药物与临床杂志社	9月13日—9月14日2天	山西省太原市	2	相关专业的继续医学教育对象	300	
2008—052	患者安全目标培训	百姓放心医院活动办公室	2008年4月—7月3天	待定	3	各医院院长、主任等人员	1200人	

（赵　萍）

2008年中国医院协会Ⅰ类学分继续医学教育项目（第二批）

项目编号	项目名称	主办单位	举办期限起止日期	举办地点	授予学员学分	教学对象	拟招生人数	备注（举办次数等）
2008—054	全国医院网络管理及医疗质量评价会议	中国医院协会评价与评估部	10月19日—10月22日　4天	北京	4	医院管理人员	200	
2008—055	大学附属医院病人安全管理	北京大学医学部医院管理处中国医院协会大学附属医院分会	10月下旬或11月上旬　2天	北京	2	北京地区医院管理干部	80	
2008—056	医院经济管理与信息化建设高峰论坛	中国医院协会医院经济管理专业委员会	10月11日—10月12日　2天	沈阳	2	院长及医院经济部门负责人	150	

项目编号	项目名称	主办单位	举办期限起止日期	举办地点	授予学员学分	教学对象	拟招生人数	备注（举办次数等）
2008—057	全国医院有效医患沟通艺术研究班	中国医院协会医疗法制专业委员会	7月11日—7月12日 2天	南京	2	院长、副院长、医务主任	150—200	
2008—058	全国首届医院经营管理创新大会	中国医院协会医疗法制专业委员会	9月5日—9月6日 2天	南京或青岛	2	院长、副院长、医务处、办公室	150—200	
2008—059	中国医疗改革新形势下医院如何发展研讨会	中国药房杂志社	9月 3天	东莞	3	相关专业中级或以上人员	250	
2008—060	全国口腔黏膜及牙周疾病临床合理用药工作学术研讨会	中国药房杂志社	9月 3天	贵州省贵阳市	3	相关专业中级或以上人员	250	
2008—061	第二期全国医学论文写作提高班	中国血液净化杂志社	8月30日—9月1日 1.5天	北京大学人民医院	1.5	医务人员	200	
2008—062	医疗保险付费制度改革与临床路径	中国医院杂志社	9月19日—9月21日 3天	北戴河	3	医院和医疗保险机构管理人员	100	

（赵萍）

2008年国家级继续医学教育项目表

项目编号	项目名称	主办单位（远程为申报单位）	举办期限起止日期	举办地点（远程为教学网站）	授予学分	教学对象	拟招生人数	备注
临床内科学（3）项								
2008—03—05—022（国）	中国医院协会血液净化中心管理分会2008年学术年会	中国医院协会血液净化中心管理分会	2008—03—20—2008—03—24 5.0天	长春	10分	相关专业中级职称或以上人员	500	
2008—03—06—102（国）	全国内分泌科主任管理及技能论坛	中国医院协会科技发展部	2008—04—10—2008—04—14 5.0天	北京	10分	相关专业中级职称或以上人员	150	备案
2008—03—07—136（国）	全国神经内科主任管理及技能论坛	中国医院协会科技发展部	2008—05—18—2008—05—22 5.0天	北京	10分	相关专业中级职称或以上人员	150	备案
妇产科学（1）项								
2008—05—03—056（国）	全国妇产科主任管理及技能论坛	中国医院协会科技发展部	2008—12—10—2008—12—14 5.0天	北京	10分	相关专业中级职称或以上人员	150	备案

项目编号	项目名称	主办单位（远程为申报单位）	举办期限起止日期	举办地点（远程为教学网站）	授予学分	教学对象	拟招生人数	备注
影像医学学科（1）项								
2008—09—02—102（国）	血管超声和介入性超声提高班	中国医院协会医学影像中心管理分会	2008—05—06—2008—05—12 7.0天	北京天坛医院	10分	相关专业中级职称或以上人员	60	备案
医学检验（6）项								
2008—11—00—056（国）	中国医院协会临床检验管理专业委员会第五届学术会议	中国医院协会临床检验管理专业委员会	2008—05—15—2008—05—19 5.0天	陕西省西安市	10分	相关专业的继续医学教育对象	1200	
2008—11—00—057（国）	全国临床化学检验质量保证学术研讨会	中医院协会临床检验管理专业委员会	2008—04—04—2008—04—08 5.0天	湖北武汉	10分	主管检验技师以上人员	1200	
2008—11—00—058（国）	临床实验室信息技术与自动化应用交流会	中国医院协会临床检验管理专业委员会	2008—10—09—2008—10—12 4.0天	四川成都	8分	主管技师以上	500	
2008—11—00—059（国）	临床实验室主任管理培训班	中国医院协会临床检验管理专业委员会	2008—03—09—2008—03—12 4.0天	上海	8分	检验科主任	1000	
2008—11—00—060（国）	全国临床微生物室间质评总结暨新技术新进展研讨会	卫生部临床检验中心	2008—09—15—2008—09—20 6.0天	新疆乌鲁木齐市	10分	主管检验技师以上人员	500	
2008—11—00—061（国）	全国临床HLA基因检测室间质评总结暨新技术新进展研讨会	中国医院协会临床检验管理专业委员会	2008—05—12—2008—05—16 5.0天	北京	10分	主管技师以上人员	100	
公共卫生与预防医学（2）项								
2008—12—07—123（国）	全国医院感染管理及新法规高级培训班	中国医院协会医院感染管理专业委员会	2008—08—23—2008—08—27 5.0天	太原	10分	医院感染专职中级以上人员	200	
2008—12—07—124（国）	中国医院协会第15届全国医院感染管理学术年会暨全国医院感染管理高级研讨班	中国医院协会医院感染管理专业委员会	2008—10—18—2008—10—22 5.0天	兰州	10分	相关专业中级职称以上人员	400	
药学（3）项								
2008—13—01—039（国）	临床药师参与调脂药物治疗的药学监护	山东省千佛山医院	2008—04—23—2008—04—26 4.0天	山东省济南市	8分	相关专业的继续医学教育对象	50	
2008—13—04—013（国）	抗菌药物合理应用管理方法学研讨班	中国医院协会药事管理专业委员会	2008—03—13—2008—03—15 3.0天	合肥	6分	相关专业中级职称或以上人员	150	备案
2008—13—04—007（国）	抗菌药物临床用药监测与评估研讨班	中国医院协会药事管理专业委员会	2008—01—15—2008—01—17 3.0天	长沙	6分	相关专业的继续医学教育对象	100	2008年6月15—17日在山西太原举办第二期，共举办2期。

项目编号	项目名称	主办单位（远程为申报单位）	举办期限起止日期	举办地点（远程为教学网站）	授予学分	教学对象	拟招生人数	备注
医学教育与卫生管理（22）项								
2008—15—01—003（国）	2007年“涉及医院相关法律”院长培训班	中国医院协会自律维权部	2008—11—01—2008—11—03 3.0天	海南省海口市	6分	医院院长	200	备案
2008—15—01—048（国）	2007年全国病案管理学术会议	中国医院协会病案管理专业委员会	2008—10—13—2008—10—15 3.0天	天津市	6分	相关专业中级职称或以上人员	200	备案 2008年全国病案学术会议（17届）
2008—15—01—049（国）	国际疾病分类ICD—10师资培训班	中国医院协会病案管理专业委员会	2008—05—19—2008—05—24 6.0天	北京市	10分	相关专业中级职称或以上人员	25	备案
2008—15—01—050（国）	病案科主任培训班	中国医院协会病案管理专业委员会	2008—05—12—2008—05—16 5.0天	宁夏自治区银川市	10分	相关专业中级职称或以上人员	60	备案
2008—15—02—094（国）	“医疗纠纷的法院诉讼技巧”与“医疗事故处理的法律适用”培训班	中国医院协会医疗法制专业委员会	2008—05—23—2008—05—25 3.0天	山西省大同市	6分	医务部、医患办、门诊部主任	150	
2008—15—02—095（国）	国际疾病分类（ICD—10）学习班	中国医院协会病案管理专业委员会	2008—04—14—2008—04—21 8.0天	北京市	10分	相关专业中级职称或以上人员	60	举办2期
2008—15—02—096（国）	病案质量监控的研究与进展	中国医院协会病案管理专业委员会	2008—05—26—2008—05—28 3.0天	青海省西宁市	6分	相关专业中级职称或以上人员	60	2期
2008—15—02—150（国）	医院特殊洁净单元（手术部、ICU、白血病房、隔离病房）建筑项目	中国医院协会建筑分会	2008—05—10—2008—05—12 3.0天	北京或外阜	6分	相关专业中级职称或以上人员	50	备案
2008—15—02—151（国）	《综合医院建设标准》和《综合医院建设设计规范》培训	中国医院协会建筑分会	2008—03—24—2008—03—25 2.0天	北京或外地	4分	相关专业中级职称或以上人员	50	备案
2008—15—02—152（国）	病案管理新进展学习班	中国医院协会病案管理专业委员会	2008—10—08—2008—10—12 5.0天	天津市	10分	相关专业中级职称或以上人员	80	备案
2008—15—02—153（国）	全国医疗质量管理2007学术年会	中国医院协会医疗质量管理专业委员会	2008—10—24—2008—10—26 3.0天	广州市	6分	相关专业中级职称或以上人员	100	备案
2008—15—02—154（国）	运行病历与医疗质量专题研讨会	中国医院协会医疗质量管理专业委员会病案质量监控学组	2008—07—19—2008—07—21 3.0天	昆明	6分	相关专业中级职称或以上人员	100	备案

项目编号	项目名称	主办单位（远程为申报单位）	举办期限起止日期	举办地点（远程为教学网站）	授予学分	教学对象	拟招生人数	备注
2008—15—02—155（国）	电子病历质量专题研讨会	中国医院协会医疗质量管理专业委员会病案质量监控学组	2008—09—19—2008—09—21 3.0天	北京	6分	相关专业中级职称或以上人员	100	备案
2008—15—02—156（国）	2007年中国医院协会医院管理院长论坛	中国医院协会	2008—04—26—2008—04—27 2.0天	重庆	4分	相关专业中级职称或以上人员	400	备案 年度变更为2008年
2008—15—02—157（国）	现代医院科学管理培训项目	中国医院协会	2008—04—12—2008—04—27 16.0天	四川、江苏、辽宁	10分	相关专业中级职称或以上人员	120	备案
2008—15—02—097（国）	医院质量评价标准	中国医院协会评价与评估部	2008—05—16—2008—05—18 3.0天	北京	6分	中层以上管理干部	100	举办两至三期
2008—15—02—098（国）	心内科主任管理暨技能提升	北京高血压防治协会	2008—05—17—2008—05—21 5.0天	北京	10分	院长 医疗管理干部 科主任	500	2008年5月17—21日/ 2008年10月17—21日共举办2期
2008—15—02—099（国）	中国医院文化论坛	中国医院协会医院文化专业委员会	2008—08—20—2008—08—23 4.0天	呼和浩特市	8分	医院管理干部	200	
2008—15—02—100（国）	门急诊管理学习班	中国医院协会门急诊管理专业委员会	2008—09—20—2008—09—24 4.5天	四川	9分	相关专业的继续医学教育对象	150	拟举办2期
2008—15—02—101（国）	综合医院建设标准及设计规范培训班	中国医院协会医院建筑系统研究分会	2008—04—15—2008—04—17 3.0天	北京或外埠	6分	相关专业中级职称或以上人员	100	3期
2008—15—02—102（国）	分离或改制后企业医院现状专题讨论会	中国医院协会职工医院管理分会	2008—06—16—2008—06—17 2.0天	未定	4分	企业医院院长和医院领导	100	
2008—15—02—103（国）	医院专业技术科主任管理培训	中国医院协会学术与培训部	2008—03—08—2008—03—08 1.0天	北京、成都、浙江、东北地区	2分	医院专业技术科室主任等	50	共举办四期
全科医学与康复医学（2）项								
2008—16—00—075（国）	全国全科医师骨干培训班	中国全科医学杂志社	2008—04—04—2008—04—06 3.0天	北京	6分	相关专业中级职称或以上人员	150	备案 全年拟举办4期培训
2008—16—00—076（国）	心脑肺血管疾病全科医学诊疗模式培训班	中国全科医学杂志社	2008—05—30—2008—06—01 3.0天	石家庄	6分	相关专业中级职称或以上人员	150	备案

（赵　萍）

医疗卫生人物

卫生部系统

卫生部部长、副部长

部　长	陈　竺
副部长	高　强
	黄洁夫（正部长级，2008 年 1 月任）
	王国强
	马晓伟
	陈啸宏
	邵明立（2008 年 3 月任）
	刘　谦
	尹　力（2008 年 9 月任）

副部长　黄洁夫

副部长　黄洁夫

黄洁夫，男，汉族，1946 年出生，江西吉安人。1969 年毕业于广州中山医学院，1982 年获中山医科大学外科学硕士学位，1984－1987 年赴澳大利亚悉尼大学医学院外科作博士后研究。归国后历任中山医科大学附属第一医院肝胆外科主任，副院长、院长，中山医科大学副校长、校长兼党委书记。学术研究方向为肝脏移植和肝胆道肿瘤外科治疗，主编外科学专著 16 部，在国内外发表论文 500 多篇，主持国内外重大学术会议 30 余次，作为课题负责人曾获得 8 项国家、省、部级以上科研成果，并于 2008 年获得国际器官移植协会（TTS）重要贡献奖。现担任中国医学科学院北京协和医院肝外科主任，是国外多间著名大学的客座或名誉教授，如哈佛大学、麻省理工学院、悉尼大学等。他曾担任过美国中华医学基金会（CMB）国际医学教育指导委员会的中国委员，现为英国爱丁堡皇家外科学院院士、香港医学专科学院院士、美国器官移植学会中国会员、亚洲肝胆胰外科协会中国理事。2001 年 11 月任卫生部副部长兼保健局局长、党组成员，是中国共产党第十五、十六届中央候补委员。现任中央保健委员会副主任（正部长级）兼卫生部副部长，第十一届全国政协委员。

副部长　邵明立

邵明立，男，汉族，1951年10月出生，山东济南人，1968年12月参加工作，中共党员，1976年山东医学院药学系毕业，中央党校研究生学历，研究员。曾任山东医科大学药学系政治辅导员、团总支书记、党总支副书记、书记、校党委副书记；卫生部药政管理局副局长、局长；国家药品监督管理局副局长、党组副书记；国家食品药品监督管理局副局长、党组副书记；2005年6月起任国家食品药品监督管理局局长、党组书记；2008年3月起任卫生部副部长、党组成员，国家食品药品监督管理局局长、党组书记。中共第十七届中央纪委委员。

副部长　尹　力

尹力，男，汉族，山东临邑人，1962年8月生于济南市，1983年6月加入中国共产党，研究生学历，医学哲学博士。1980年至1986年山东医科大学医学系学习，1986年至1988年山东医科大学卫生系社会医学与卫生事业管理专业硕士研究生，1988年至1993年前苏联社会卫生、经济与卫生事业管理科研所博士研究生。1993年至2003年在国务院研究室工作，历任教科文卫司副处长、处长，社会发展司副巡视员、巡视员；期间，2002年9月至2003年4月在美国哈佛大学公共卫生学院作访问学者。2003年5月调卫生部工作，任办公厅副主任。2003年10月任国际合作司司长，并于2004年1月至2005年5月担任世界卫生组织执委会执委和当选执委会副主席。2006年7月任卫生部办公厅主任。2008年9月任卫生部党组成员、副部长。

卫生部正、副司（局）长、主任

机构改革后的司（局、办）正、副司（局）长、主任

办公厅

主　任	尹　力（2008年9月兼）
副主任	毛群安（2008年10月兼）
	孙家海
	薛晓林（兼）

人事司

司　长	秦小明（女）

副司长　王苏阳
　　张闽元

规划财务司
司　长　赵自林
副司长　于德志（2008 年 10 月兼）
　　何锦国
　　王炼（2008 年 3 月任，挂职半年）

政策法规司
司　长　刘新明（2008 年 12 月任）
副司长　汪建荣（2008 年 12 月任）
　　高卫中（2008 年 12 月任）

卫生应急办公室（突发公共卫生事件应急指挥中心）
主　任　陈贤义
副主任　梁东明
　　张国新（2008 年 4 月任）

疾病预防控制局（全国爱国卫生运动委员会办公室）
局　长　齐小秋
副局长　肖东楼
　　于竞进
　　郝　阳
　　白呼群
　　孔灵芝（女）
　　马秀珍（女，2008 年 3 月任，挂职半年）

农村卫生管理司
司　长　徐　科（女）
副司长　张朝阳
　　聂春雷

妇幼保健与社区卫生司
司　长　杨　青
副司长　张　斌（2008 年 10 月免）
　　秦　耕

医政司
司　长　王　羽
副司长　张宗久（2008 年 10 月免）
　　周　军（2008 年 10 月免）
　　赵明钢（2008 年 10 月任）

医疗服务监管司
司　长　张宗久（2008 年 10 月任）
副司长　周　军（2008 年 10 月任）

食品安全综合协调与卫生监督局
局　长　赵同刚（2008 年 12 月任）
副局长　苏　志（2008 年 12 月任）
　　于　军（2008 年 12 月任）
　　王雪凝（2008 年 12 月任）

药物政策与基本药物制度司
司　长　郑　宏（2008 年 10 月任）

科技教育司
副司长　何　维（2008 年 4 月任）
　　孟　群
　　刘登峰

国际合作司（港澳台办公室）
司　长　任明辉（2008 年 12 月任）

副司长　王立基（2008年12月任）
保健局
局　长　黄洁夫（兼）
常务副局长　王捍峰（女，2008年1月免）
杜治琴（女，2008年4月任）
副局长　李　宁
杜治琴（女，2008年4月免）
吴　军（2008年4月任）
离退休干部局
局　长　訾乃庆（2008年10月免）
张　斌（2008年10月任）
副局长　李林康
驻卫生部监察局
局　长　王大方
副局长　申红中
关跃进
机构调整中更名的司（局）正、副司（局）长
卫生政策法规司
司　长　刘新明（2008年12月免）
副司长　汪建荣（2008年12月免）
高卫中（2008年12月免）
卫生监督局
局　长　赵同刚（2008年12月免）
副局长　苏　志（2008年12月免）
于　军（2008年12月免）
王雪凝（2008年12月免）
国际合作司
司　长　任明辉（2008年4月任）
任明辉（2008年12月免）
副司长　任明辉（2008年4月免）
王立基（2008年12月免）

卫生部直属单位行政正、副职领导

中国医学科学院
院　长　刘德培
副院长　李立明（兼，正司局级）
宋学民
何　维（2008年4月免）
詹启敏
赵玉沛（兼）
北京协和医学院
院　长　刘德培
副院长　李立明（兼，正司局级）
宋学民
何　维（2008年4月免）
詹启敏
赵玉沛（兼）
中国疾病预防控制中心
主　任　王　宇

副主任	沈　洁（女，兼）
	侯培森
	杨功焕（女）
	杨维中
	刘剑君
卫生部卫生监督中心	
主　任	南俊华
副主任	陈永祥
中国健康教育中心（卫生部新闻宣传中心）	
主　任	毛群安（2008年10月任）
卫生部统计信息中心	
主　任	饶克勤
副主任	高　军（2008年6月免）
	王才有
卫生部党校	
校　长	高　强（兼）
常务副校长	王宇东
副校长	吴庆义
	唐剑安
卫生部干部培训中心	
主　任	王宇东
副主任	吴庆义
	唐剑安
卫生部卫生经济研究所	
所　长	张振忠
卫生部项目资金监管服务中心	
主　任	于德志（2008年10月任）
卫生部北京医院	
院　长	林嘉滨
副院长	张爱莉（女，兼）
	王建业
	韩绥生
	汪　耀
中日友好医院	
院　长	许树强
副院长	郑　宏（兼，2008年10月免）
	姚树坤
	王云亭
	高海鹏
	彭明强
卫生部机关服务中心	
主　任	薛晓林
副主任	胡　光
	马爱宁
国家医学考试中心	
主　任	李建国
副主任	王县成
	郭京萍（女，2008年10月任）
健康报社	
社　长	王　硕（女）
副社长	赵书贵（兼）
	蔡顺利

总编辑　王　硕（女，兼）
常务副总编辑　黄泽民（正司局级）
副总编辑　邢远翔（女）
周　冰

人民卫生出版社
社　长　胡国臣
副社长　施妈麟（兼）
程舜乾（女）
韩立华（女）
总编辑　胡国臣（兼）
副总编辑　夏泽民
杜　贤

卫生部医院管理研究所
所　长　梁铭会

卫生部国际交流与合作中心
主　任　李洪山
副主任　田　民
马　杰（女）
原晋林
邢高岩（女）

卫生部人才交流服务中心
主　任　李　峰
副主任　张学高

卫生部医药科技发展研究中心
主　任　黄琼丽（女）

机构调整中更名的直属单位行政正、副职领导

卫生部国外贷款办公室
主　任　朱宝铎（2008 年 10 月免）
副主任　刘运国（2008 年 6 月免）

各省、自治区、直辖市正、副卫生厅（局）长

北京市卫生局
局　长　金大鹏（2008 年 3 月免）
方来英（2008 年 3 月任）
常务副局长　梁万年
副局长　郭积勇
邓小虹（女）
于鲁明
赵春惠（女）

天津市卫生局
局　长　程津新
副局长　张伯捷（2008 年 1 月免）
张桂祥
田惠光（女）
林立军
申长虹

河北省卫生厅
厅　长　王玉梅（女，2008 年 3 月免）
杨新建（2008 年 3 月任）

副厅长	高春秋
	李建国
	梁占凯
山西省卫生厅	
厅　长	高国顺（2008年4月任）
	李俊峰（2008年4月免）
副厅长	郝光亮（2008年8月免）
	李书凯
	王　峻
	韩　敬
	刘　星（2008年7月任）
内蒙古卫生厅	
厅　长	杨成旺
副厅长	白宝玉
	乌　兰（女）
	贺丰奇
	许宏智
辽宁省卫生厅	
厅　长	姜　潮
副厅长	韩明惠
	董德刚
	曾晓飞（女）
吉林省卫生厅	
厅　长	李殿富
副厅长	张　义
	邱德亮
	侯明山（2008年4月任）
黑龙江省卫生厅	
厅　长	李　斌
副厅长	索天仁
	王国才
	赵忠厚
上海市卫生	
局　长	徐建光
副局长	韩慰军
	夏　毅
	王龙兴（2008年10月任）
	李卫平（2008年4月任）
	马　强（2008年4月免）
	蔡　威（2008年1月免）
江苏省卫生厅	
厅　长	郭新华
副厅长	吴坤平
	黄祖瑚
	姜锡梅（女）
	胡晓抒
	陈　华（女）
浙江省卫生厅	
厅　长	李兰娟（女，2008年2月免）
	杨　敬（2008年2月任）
副厅长	杨　敬（2008年2月免）

张　平
叶　真
王国敬
马伟杭
杨泉森（2008 年 1 月免）

安徽省卫生厅
厅　长　　高开焰
副厅长　　徐恒秋
杜昌智
李劲风
武琼宇

福建省卫生厅
厅　长　　杨　平
副厅长　　张守臣
林才经
陈秋立
陈文加
阮诗玮
林圣魁（2008 年 10 月任）

江西省卫生厅
厅　长　　李　利
副厅长　　张建华（女）
刘富林
曹　麒
关晏民

山东省卫生厅
厅　长　　王天瑞（2008 年 2 月免）
包文辉（2008 年 2 月任）
副厅长　　包文辉（2008 年 2 月任）
刘　奇
刘玉芹（女）
仇冰玉
李仲军（2008 年 9 月任）

河南省卫生厅
厅　长　　马建中（2008 年 10 月免）
刘学周（2008 年 10 月任）
副厅长　　刘学周（2008 年 10 月免）
夏祖昌
秦　省（女）
周学山
黄　玮
黄红霞（女，2008 年 10 月任）

湖北省卫生厅
厅　长　　朱忠华（2008 年 2 月免）
焦　红（女，2008 年 2 月任）
副厅长　　杨有旺（2008 年 2 月任）
姚　云
张　瑜（2008 年 5 月任）
张俊超（2008 年 6 月任）
孙　兵（2008 年 11 月任）
胡菊萍（女，2008 年 2 月免）

	黄利鸣（2008 年 2 月免）
	杨绪春（2008 年 1 月免）
湖南省卫生厅	
厅　长	刘家望（2008 年 3 月免）
	张　健（2008 年 3 月任）
副厅长	陈小春
	林安弟
	黄顺玲（女）
	肖策群
广东省卫生厅	
厅　长	姚志彬
副厅长	黄小玲（女）
	张寿生
	彭　炜（女）
	耿庆山（2008 年 8 月任）
	廖新波
	黄　飞
广西壮族自治区卫生厅	
厅　长	高　枫（2008 年 3 月免）
	李国坚（2008 年 3 月任）
副厅长	王　勇（2008 年 3 月任）
	尤剑鹏
	许亚南（女，2008 年 10 月免）
	韦　波（2008 年 8 月免）
海南省卫生厅	
厅　长	梁简盛（2008 年 2 月免）
	白志勤（2008 年 2 月任）
副厅长	白志勤（2008 年 2 月免）
	隋枝叶（女）
	严朝君
重庆市卫生局	
局　长	屈　谦
副局长	龚　智（2008 年 4 月免）
	陈卫平
	周英杰
	方明金
	刘克佳
四川省卫生厅	
厅　长	沈　骥
副厅长	颜丙约
	赵晓光
	王正荣
	赵万华（女）
	王　雪（女）
贵州省卫生厅	
厅　长	何崇远（2008 年 5 月免）
	王建富（2008 年 5 月任）
副厅长	周惠明（女）
	杨克勤
	朱征明
	花继明

云南省卫生厅

厅　长	陈觉民
副厅长	段　鸿
	付新安
	杨鸿生
	徐和平（女）

西藏自治区卫生厅

厅　长	阿　登（2008 年 1 月免）
	普布卓玛（女）（2008 年 1 月任）
副厅长	张志全
	代欣言（女）
	喜　乐
	李路平
	金生国

陕西省卫生厅

厅　长	刘少明
副厅长	黄立勋
	梁宝林
	范　兵
	杨芙英（女）

甘肃省卫生厅

厅　长	侯生华（0208 年 3 月免）
	刘维忠（2008 年 3 月任）
副厅长	王晓明
	常继乐
	郭玉芬（2008 年 4 月任）
	李存文
	韩克茵（2008 年 3 月免）

青海省卫生厅

厅　长	陈资全
副厅长	张海明
	王　炼
	颉学辉
	亢泽峰

宁夏回族自治区卫生厅

厅　长	刘天锡
副厅长	叶　旭
	李寿芬（女，2008 年 3 月免）
	马秀珍（女）
	李春虹（女）
	王　炜

新疆维吾尔自治区卫生厅

厅　长	买买提明・牙森（2008 年 2 月免）
	买买提・牙森（2008 年 2 月任）
副厅长	殷宇霖（2008 年 2 月任）
	张咏中
	马　龙（2008 年 8 月任）
	王小燕（女）
	帕尔哈提・克力木（2008 年 12 月任）
	朱洪彪（2008 年 9 月任）

柯　丽（女，2008 年 2 月免）
刘殿奎（2008 年 8 月免）
朱新安（2008 年 9 月免）

新疆生产建设兵团卫生局
局　长　　王国建

各计划单列市卫生局长

大连市　　徐立新
宁波市　　何一天
青岛市　　曹　勇
深圳市　　江悍平
厦门市　　黄如欣

全国爱国卫生运动委员会系统

全国爱国卫生运动委员会主任、副主任、办公室主任

主　任　　吴　仪（女，2008 年 4 月免）
李克强（2008 年 4 月任）
副主任　　高　强（2008 年 4 月免）
汪光焘（2008 年 4 月免）
杜青林（2008 年 4 月免）
胡振民（2008 年 4 月免）
徐绍史（2008 年 4 月免）
陈　竺（2008 年 4 月任）
姜伟新（2008 年 4 月任）
孙政才（2008 年 4 月任）
周生贤（2008 年 4 月任）
翟卫华（2008 年 4 月任）
毕井泉（2008 年 4 月任）
王　谦
办公室主任　　王陇德（兼，2008 年 7 月免）
陈啸宏（兼，2008 年 7 月任）

各省、自治区、直辖市爱国卫生运动委员会主任

北京市　　丁向阳
天津市　　陈质枫
河北省　　孙士彬（女）
山西省　　胡苏平（女）
内蒙古　　罗啸天（2008 年 1 月免）
辽宁省　　滕卫平
吉林省　　李　斌（女）
黑龙江省　　程幼东

上海市	杨定华（女）
江苏省	何　权
浙江省	盛昌黎（2008 年 1 月免）
	郑继伟（2008 年 1 月任）
安徽省	赵树丛（2008 年 8 月免）
	谢广祥（2008 年 8 月任）
福建省	汪毅夫（2008 年 1 月免）
	陈　桦（2008 年 1 月任）
江西省	胡振鹏（2008 年 9 月免）
	谢　茹（女，2008 年 9 月任）
山东省	黄　胜（2008 年 5 月免）
	王随莲（女，2008 年 5 月任）
河南省	王菊梅（女，2008 年 5 月免）
	宋漩涛（2008 年 5 月任）
湖北省	罗清泉
湖南省	甘　霖（女，2008 年 3 月免）
	郭开朗（2008 年 3 月任）
广东省	雷于兰（女）
广西壮族自治区	李　康（女，2008 年 5 月任）
	刘新文（女，2008 年 5 月免）
海南省	林方略
重庆市	谢小军
四川省	张中伟（2008 年 12 月免）
	陈文华（2008 年 12 月任）
贵州省	刘鸿庥（女，2008 年 1 月免）
	刘晓凯（2008 年 1 月任）
云南省	高　峰
西藏自治区	德　吉（女）
陕西省	罗振江（2008 年 8 月免）
	郑小明（2008 年 8 月任）
甘肃省	咸　辉
青海省	邓本太
宁夏回族自治区	郑小明
新疆维吾尔自治区	司马义·铁力瓦尔地（2008 年 7 月免）
	努尔·白克力（2008 年 7 月任）
新疆生产建设兵团	阿勒布斯拜·拉合木（2008 年 8 月免）
	宋建业（2008 年 8 月任）

各计划单列市爱委会主任

大连市	夏德仁
宁波市	成岳冲
青岛市	胡绍军
深圳市	许宗衡
厦门市	郭振家

（张建兵）

国家食品药品监督管理局系统

国家食品药品监督管理局局长、副局长、驻局纪检组组长

局长、党组书记	邵明立
副局长、党组副书记	刘　怡（副部级）
副局长、党组成员	张敬礼
	吴　浈
中央纪委驻局纪检组组长、党组成员	李东海（2008 年 12 月任）
	曲淑辉（女，2008 年 8 月免）

国家食品药品监督管理局正、副司（局）长、主任、巡视员、稽查专员

办公室（规划财务司）	
主　任（司长）	秦怀金
副主任	江德元
	徐景和
	陈枋为
	王桂忠
办公室秘书（副司级）	孔繁圃
巡视员	朱国富
政策法规司	
司　长	刘　沛（女）
副司长	许嘉齐
	颜江瑛（女）
食品许可司	
司　长	童　敏
副司长	张晋京
副巡视员	李　勤（女）
食品安全监管司	
司　长	孙咸泽
国家食品药品稽查专员（正司级）	钟秀明
副巡视员	赵黎力（女）
药品注册司（中药民族药监管司）	
司　长	张　伟
国家食品药品稽查专员（正司级）	冯树生
副司长	杨　威
医疗器械监管司	
司　长	王宝亭
副司长	王兰明
	王云鹤
副巡视员	高国彪
药品安全监管司	
司　长	边振甲
国家食品药品稽查专员（正司级）	毛振宾
副司长	王者雄

副巡视员 高　峰

稽查局

局　长 王立丰

国家食品药品稽查专员（正司级） 贾建国

副局长 崔恩学

邢　勇

巡视员 韦建华（女）

副巡视员 卜长生

人事司

负责人 王双林（兼）

副司长 郁正兵

副巡视员 廖沈涵（女）

国际合作司

司　长 徐幼军（女）

巡视员 常文佐

副巡视员 陈星宇（女）

直属机关党委

常务副书记 张耀华

直属机关纪委

书　记 冯俊钢

中央纪委监察部驻国家食品药品监督管理局纪检组监察局

副组长、监察局局长 王双林

离退休干部局

局　长 陶新时（女）

副局长 王耀宗

宁广荣（女）

刘桂芬（女）

国家食品药品监督管理局直属单位正副职领导

中国药品生物制品检定所

所长、党委书记 李云龙

常务副所长 金少鸿

副所长 王军志

雷殿良

党委副书记 丁丽霞（女）

纪委书记 张永华（女）

国家药典委员会

秘书长 吴　浈（兼）

副秘书长 周福成

王　平

张象麟（女）

国家食品药品监督管理局药品审评中心

主　任 李国庆

副主任 杜晓曦（女）

张培培（女）

国家食品药品监督管理局药品认证管理中心

主　任 张爱萍

副主任 曹　彩（女）

刘　渊

国家中药品种保护审评委员会办公室

主　任 黄建生

副主任　张　晶（女）
杨甲禄
郭维加

国家食品药品监督管理局药品评价中心
主　任　金少鸿（兼）
副主任　武志昂
张承绪

国家食品药品监督管理局医疗器械技术审评中心
主　任　张志军
副主任　曹国芳

国家食品药品监督管理局机关服务中心
主　任　谢冠超
副主任　胡中文
焦自力
王温正
楚威昆

国家食品药品监督管理局信息中心
主　任　肖　岩（女）
副主任　洪晓顺

国家食品药品监督管理局培训中心
主　任　李武臣
副主任　曹立亚（女）
刘吉英（女）

国家食品药品监督管理局执业药师资格认证中心
主　任　吴阊云
副主任　石绍起

中国医药报社
社　长　翟启运
总编辑　方贤业
副社长　许　靖
张冀湘
副总编辑　汪彦斌

中国医药科技出版社
社　长　吴少桢
副社长　王应泉

中国医药国际交流中心
主　任　赵亚军
副主任　薛　斌
常永亨

国家食品药品监督管理局南方医药经济研究所
所　长　林建宁
副所长　陶剑虹（女）

国家食品药品监督管理局一四六仓库
主　任　张茂才
副主任　钟　政
吕忠艳（女）

中国药学会
秘书长　李少丽（女）
副秘书长　胡　茵（女）
陈　兵

（郭惠普）

国家中医药管理局系统

国家中医药管理局局机关副司级以上行政领导

国家中医药管理局局长、副局长

局　长	王国强
副局长	房书亭（2008 年 10 月免）
副局长	吴　刚
副局长	于文明
副局长	李大宁
副局长	马建中（2008 年 10 月任）

国家中医药管理局司长、副司长、主任、副主任

办公室（财务司）

主　任	王志勇
副主任	蒋　健（女）
副主任	徐皖生

人事教育司

司　长	姜在旸
副司长	洪　净（女）

政策法规与监督司

司　长	闫树江
副司长	桑滨生

医政司

司　长	许志仁
副司长	查德忠

科技司

副司长	苏钢强（女）

国际合作司

司　长	张　奇
副司长	王笑频（女）

离退休干部办公室

主　任	王新云（女，2008 年 10 月免，退休）

机关党委

机关党委常务副书记	杨　锐

国家中医药管理局直属单位正、副职领导（2008 年 12 月）

国家中医药管理局机关服务中心

主　任	孙　涛
副主任	张秀英（女）
副主任	杨友群

中国中医科学院

党委书记	李怀荣
院　长	曹洪欣
副院长	刘保延
党委副书记	仇芙林（女，兼纪委书记）

副院长　梁菊生（2008年8月免，退休）
党委副书记　麻　颖
副院长　刘伯尧
副院长　黄璐琦（2008年10月任）
副院长　范吉平（2008年10月任）

中华中医药学会
秘书长　李俊德
副秘书长　曹正逵

中国中医药报社
社　长（兼总编辑）　陈贵廷（2008年12月任总编辑）
副社长（兼副总编辑）　王华章（2008年8月免，退休）
副社长（兼副总编辑）　濮传文
副总编辑　胡京京（女）
副社长　陆　静（女，2008年10月任）
副总编辑　王淑军（2008年12月任）

中国中医药出版社
社　长（兼副总编辑）　王国辰
副社长（兼副总编辑）　张年顺（2008年8月免，退休）
副社长　范吉平（2008年10月免，调任中国中医科学院副院长）
副总编辑　吴少祯（2008年2月免）
副社长　林超岱（2008年10月任）
副社长　李秀明（2008年10月任）

中国中医药科技开发交流中心
主　任　莫用元
副主任　杨德昌

国家中医药管理局对台港澳中医药交流中心
主　任　王承德
副主任　郭育兰（女，2008年3月免）

国家中医药管理局中医师资格认证中心
主　任　王北婴（女）
副主任　张建华
副主任　郑跃先（女）

国家中医药管理局传统医药国际交流中心
主　任　沈毓龙

（张为佳）

军队卫生系统

总后勤部卫生部领导

部　长　张雁灵
副部长　陈新年
王玉民

总后勤部卫生部机关业务局室领导

综合局局长	李瑞兴
副局长	徐勤耕
	宋益平
科技训练局局长	周先志
副局长	黄殿龙
	李云波
卫生防疫局局长	主　皓
副局长	马纯钢
医疗管理局局长	李清杰
副局长	王　扬
	刘名华
药品器材局局长	彭东平
副局长	石　虹
	滕光生
保健和计划生育局局长	任国荃
副局长	王大龙
	席立锁

（郭　进）

社会团体

中国医院协会会长、副会长、秘书长名单

会　长	曹荣桂
常务副会长	潘学田
副会长	王　羽　王发强　石应康　刘　兵　刘　谦　刘国华 刘树涛　吕玉波　何梦乔　张衍浩　周英杰　金大鹏 钟道友　唐维新　秦银河　章友康　董先雨　戴建平
秘书长	李月东

（张春华）

中国医院协会30个分支机构名称及主任委员名单

中国医院协会病案管理专业委员会	刘爱民
中国医院协会医院感染管理专业委员会	朱士俊
中国医院协会药事管理专业委员会	颜　青
中国医院协会信息管理专业委员会	梁铭会
中国医院协会后勤管理专业委员会	刘晓勤
中国医院协会医疗质量管理专业委员会	李学旺
中国医院协会门（急）诊管理专业委员会	陈晓红
中国医院协会临床检验管理专业委员会	申子瑜
中国医院协会医院文化专业委员会	周凤鸣

中国医院协会医学影像中心管理分会	戴建平
中国医院协会血液净化中心管理分会	王　梅
中国医院协会口腔医院管理分会	赵铱民
中国医院协会儿童医院管理分会	李仲智
中国医院协会肿瘤医院管理分会	赵　平
中国医院协会精神病医院管理分会	肖泽萍
中国医院协会企业医院分会	王甫群
中国医院协会县（市）医院管理分会	韩子刚（2008 年 11 月卸任）
	葛立三（2008 年 11 月当选）
中国医院协会民营医院管理分会	于宗河
中国医院协会急救中心（站）管理分会	赵永春
中国医院协会传染病医院管理分会	赵春惠
中国医院协会妇幼保健院管理分会	李长明
中国医院协会大学附属医院分会	王德炳
中国医院协会医院经济管理专业委员会	许树强
中国医院协会医院信息统计专业委员会	高燕婕
中国医院协会医院情报图书管理专业委员会	苏元福
中国医院协会医疗法制专业委员会	潘学田
中国医院协会医院建筑系统研究分会	于　冬
中国医院协会医疗康复机构管理分会	李建军
中国医院协会医院医疗保险管理专业委员会	郑静晨
中国医院协会医疗技术应用专业委员会	卢世璧

（张春华）

表　彰

卫生部、国家食品药品监督管理局、国家中医药管理局、总后勤部卫生部关于授予北京赴四川抗震救灾医疗队等 175 个单位“抗震救灾医药卫生先进集体”称号和授予于鲁明等 1400 名个人“抗震救灾医药卫生先进个人”称号的决定

为表彰先进，弘扬抗震救灾精神，激励广大干部职工更好地为人民健康服务，卫生部、国家食品药品监督管理局、国家中医药管理局、总后勤部卫生部决定：授予北京赴四川抗震救灾医疗队等 175 个单位“抗震救灾医药卫生先进集体”称号和授予于鲁明等 1400 名个人“抗震救灾医药卫生先进个人”称号。

抗震救灾医药卫生先进集体名单

北京市

北京赴四川抗震救灾医疗队
北京赴四川抗震救灾急救转运医疗队
卫生部抗震救灾工作领导小组前方综合协调组
中国医学科学院北京协和医院
中国医学科学院输血研究所
中国疾病预防控制中心传染病预防控制所
中国疾病预防控制中心农村改水技术指导中心
中国疾病预防控制中心抗震救灾防病首批工作队
中国疾病预防控制中心抗震救灾防病应急保障工作组
卫生部卫生监督中心
卫生部北京医院
中日友好医院
健康报社新闻中心
中国卫生政促会白求恩抗震救灾医疗队
清华大学无偿献血志愿服务队
国家食品药品监督管理局赴四川灾区行政援助组

中国药品生物制品检定所
中国中医科学院望京医院
北京中医药大学东直门医院
国家中医药管理局北京中医医疗队
天津市
天津市支援四川抗震救灾医疗救援队
天津市支援四川抗震救灾卫生防疫队
河北省
河北省疾病预防控制中心
河北省卫生厅卫生监督局
唐山市支援四川抗震救灾医疗卫生队
山西省
山西省抗震救灾医疗卫生总队
山西省抗震救灾医疗队太原市中心医院分队
内蒙古自治区
内蒙古自治区医疗卫生救援队
内蒙古自治区疾病预防控制队
辽宁省
辽宁省首批赴川抗震救灾医疗队
辽宁省抗震救灾医疗卫生救援总队
沈阳市抗震救灾医疗卫生救援队
吉林省
吉林省卫生系统赴四川抗震救灾驻华西医院医疗队
吉林大学第一医院
吉林省疾病预防控制中心
黑龙江省
黑龙江省突发公共卫生事件应急指挥中心
哈尔滨医科大学
上海市
复旦大学附属华山医院中德红十字会野战医院
上海市疾病预防控制中心
上海市食品药品监督管理局对口支援都江堰市灾后重建食品卫生监督工作队
江苏省
江苏省疾病预防控制中心
南京市第一医院
浙江省
浙江省人民医院
浙江省疾病预防控制中心
安徽省
合肥市疾病预防控制中心
安徽省立医院
安徽省卫生厅卫生监督所
福建省
福建省卫生厅医疗卫生救援队
福建省疾病预防控制中心
江西省
江西省卫生厅抗震救灾第一批医疗队
江西省疾病预防控制中心
宜春市人民医院
山东省
山东省卫生厅驻川抗震救灾指挥部
济南市疾病预防控制中心
烟台市疾病预防控制中心抗震救灾卫生防疫队
河南省
河南省人民医院
河南省疾病预防控制中心
湖北省
湖北省医疗卫生防疫队
湖北省疾病预防控制中心
宜昌市抗震救灾医疗救援队
湖南省
湖南省医疗防疫救援队
中南大学湘雅医院
广东省
广东省人民医院
南方医科大学附属南方医院
深圳市人民医院
佛山市疾病预防控制中心
广西壮族自治区
广西抗震救灾防病工作队
广西壮族自治区疾病预防控制中心
广西壮族自治区卫生监督所
海南省
海南省疾病预防控制中心
海口市疾病预防控制中心
重庆市
重庆医科大学附属第一医院
重庆市疾病预防控制中心
重庆市卫生局卫生监督所
梁平县人民医院
重庆市中西医结合医院
重庆市食品药品监督管理局
四川省
成都市卫生局
成都市疾病预防控制中心
绵竹市汉旺人民医院
绵阳市卫生局
绵阳市抗震救灾医疗救治分指挥部
广元市卫生局
广元市第一人民医院外科
南充市中心医院
阿坝州卫生局
阿坝州茂县人民医院
四川省人民医院急救中心/四川省急救中心
四川省疾病预防控制中心
四川大学华西医院地震伤员医疗康复中心
雅安市汉源县中医院
四川省骨科医院
四川省食品药品监督管理局

成都市食品药品监督管理局
德阳食品药品监督管理局
阿坝食品药品监督管理局
贵州省
贵州省赴川抗震救灾医疗队
贵州省赴川抗震救灾疾病控制、卫生监督队
云南省
云南赴川医疗队成都点
昭通市卫生局
云南省绥江县食品药品监督管理局
西藏自治区
西藏卫生防疫队
陕西省
陕西省卫生厅抗震救灾指挥部
宝鸡市疾病预防控制中心
宝鸡市疾病预防控制中心赴四川抗震救灾防疫队
汉中市略阳铁路医院
陕西省宝鸡市食品药品监督管理局陈仓区分局
甘肃省
甘肃省人民医院
兰州大学第二医院
甘肃省疾病预防控制中心
甘肃省陇南市卫生局
甘肃省甘南藏族自治州卫生局
甘肃省陇南市食品药品监督管理局
青海省
青海省人民医院
青海省疾病预防控制中心
宁夏回族自治区
宁夏医疗卫生防疫救援队
新疆维吾尔自治区
新疆维吾尔自治区疾病预防控制中心
克拉玛依市疾病预防控制中心
新疆生产建设兵团
新疆生产建设兵团应急医疗卫生救援队
沈阳军区
第二〇二医院抗震救灾医疗队
第四六三医院抗震救灾医疗队
沈阳军区抗震救灾北川野战医院
沈阳军区疾病预防控制中心抗震救灾防疫队
北京军区
第二五五医院
第二六一医院抗震救灾医疗队
北京军区总医院抗震救灾医疗队
兰州军区
第三二三医院抗震救灾医疗队
第四五一医院抗震救灾医疗队
兰州军区疾病预防控制中心抗震救灾防疫队
新疆军区疾病预防控制中心抗震救灾防疫队
济南军区
71282 部队医院
71897 部队医院
第四五六医院抗震救灾医疗队
济南军区抗震救灾野战方舱医院
济南军区总医院抗震救灾医疗队
济南军区疾病预防控制中心抗震救灾防疫队
南京军区
第八十五医院抗震救灾医疗队
第八十五医院四一一临床部抗震救灾医疗队
第四五五医院抗震救灾医疗队
广州军区
广州军区武汉总医院抗震救灾医疗队
广州军区疾病预防控制中心抗震救灾防疫队
成都军区
第四十二医院抗震救灾医疗队
第四十四医院抗震救灾医疗队
第三二四医院抗震救灾医疗队
第四五二医院
成都军区总医院
成都军区昆明总医院抗震救灾医疗队
成都军区成都药材仓库
成都军区疾病预防控制中心抗震救灾防疫队
成都军区联勤部卫生部
海　军
海军总医院冯理达抗震救灾医疗队
空　军
第四五七医院抗震救灾空降医疗队
空军总医院抗震救灾医疗队
成都军区空军后勤部卫生处
第二炮兵
第五三七医院抗震救灾医疗队
第二炮兵总医院抗震救灾医疗队
总后勤部
第二军医大学抗震救灾医疗队
第二军医大学抗震救灾防疫队
第三军医大学抗震救灾医疗队
第三军医大学抗震救灾防疫队
第四军医大学抗震救灾医疗队
第四军医大学抗震救灾防疫队
解放军总医院抗震救灾医疗队
解放军总医院抗震救灾都江堰野战医院
第三〇二医院抗震救灾医疗防治队
军事医学科学院抗震救灾防疫队
军事医学科学院抗震救灾人兽共患病专家防疫队
第一六一医院抗震救灾医疗队
总后卫生部药品仪器检验所抗震救灾野战卫生装备抢修队
总装备部
第五二〇医院

第三〇六医院抗震救灾医疗队

武警部队

武警重庆市总队医院抗震救灾医疗队

武警四川省总队医院

武警陕西省总队医院抗震救灾医疗队

武警部队后勤部疾病预防控制中心抗震救灾防疫队

抗震救灾医药卫生先进个人名单

北京市

于鲁明	北京市卫生局副局长
刘晓光	北京大学第三医院副院长
吕　刚	北京天坛医院主任医师
杜　斌	中国医学科学院北京协和医院主任医师
吴新宝	北京积水潭医院主任医师
万立东	北京急救中心副主任
许　媛（女）	首都医科大学附属北京同仁医院主任医师
覃迅云	北京德坤瑶医医院院长
武迎宏（女）	北京大学人民医院副研究员
沈　壮	北京市疾病预防控制中心主任医师
李小宇（女）	首都医科大学宣武医院副主任医师
马　弘（女）	北京大学第六医院副主任医师
杨甫德	北京回龙观医院副院长
孙　奇	北京急救中心驾驶员
刘亚林	卫生部北京医院副主任医师
刘　双（女）	北京安贞医院主任医师
席修明	首都医科大学附属复兴医院主任医师
王云亭	中日友好医院副院长
王　强	北京儿童医院主任医师
崔　宁	北京市石景山区卫生局副局长
张兴平	中国中医科学院望京医院副主任医师
林　涛	首都医科大学附属北京安定医院主治医师
雷仲民	首都医科大学附属北京中医医院主任医师
李京生	北京华信医院副主任医师
郝　伟	首都医科大学附属北京朝阳医院主治医师
王广发	北京大学第一医院主任医师
林方才	北京电力医院主任医师
李　妍（女）	中国医学科学院肿瘤医院护师
毛群安	卫生部办公厅副主任
许培海	卫生部办公厅新闻宣传办公室副主任
何锦国	卫生部规划财务司副司长
刘　魁	卫生部规划财务司基建装备处处长
梁东明	卫生部卫生应急办公室副主任
李正懋	卫生部卫生应急办公室应急处理处主任科员
苏　志	卫生部卫生监督局副局长
包大跃	卫生部卫生监督局医疗服务监督一处处长
张旭东	卫生部卫生监督局食品化妆品监督管理一处副处长
张宗久	卫生部医政司副司长
高光明	卫生部医政司医疗机构管理处处长
赵明钢	卫生部医政司医疗质量评价管理处处长
王　毅	卫生部医政司血液管理处副主任科员
于明珠	卫生部疾病预防控制局综合处处长
梅　扬	卫生部疾病预防控制局综合处主任科员
贺青华	卫生部疾病预防控制局传染病预防控制管理处处长

王　璐（女）	卫生部疾病预防控制局传染病预防控制管理处主任科员
王文杰	卫生部疾病预防控制局结核病预防控制管理处处长
陈　朝	卫生部疾病预防控制局血吸虫病防治管理处副主任科员
李　珣	卫生部疾病预防控制局慢性病预防控制与营养管理处调研员
金同玲	卫生部疾病预防控制局精神卫生管理处主任科员
曹智理	中国医学科学院北京协和医院副主任医师
张国庆	中国医学科学院阜外心血管病医院驾驶员
牟　莉（女）	中国医学科学院整形外科医院护师
李　黎	中国疾病预防控制中心免疫规划中心副主任
王　健	中国疾病预防控制中心传染病所副所长
陶　勇	中国疾病预防控制中心改水中心副所长
白雪涛	中国疾病预防控制中心环境所副所长
王俊起	中国疾病预防控制中心环境所副主任技师
王竹天	中国疾病预防控制中心营养食品所副所长
王晓春	中国疾病预防控制中心性艾中心研究员
曹建平	中国疾病预防控制中心寄生虫病所副所长
邵宪章	中国疾病预防控制中心辐射安全所主管技师
段招军	中国疾病预防控制中心病毒病所副研究员
李雨波	中国疾病预防控制中心健教所助理研究员
潘晓平	中国疾病预防控制中心妇幼保健中心研究员
胡伟江	中国疾病预防控制中心职业卫生所助理研究员
王卉呈	中国疾病预防控制中心慢病中心主治医师
张志强	卫生部卫生监督中心检验技术规范处处长
高国彪	国家食品药品监督管理局医疗器械司副巡视员
丁建华	国家食品药品监督管理局药品注册司处长
王志刚	国家食品药品监督管理局药品市场监督司处长
郭清伍	国家食品药品监督管理局药品安全监管司副处长
安抚东	国家食品药品监督管理局人事教育司副处长
丁丽霞（女）	中国药品生物制品检定所党委副书记
周　勇	中国药品生物制品检定所副研究员
马仕洪	中国药品生物制品检定所助理研究员
邹文博	中国药品生物制品检定所助理研究员
赵　玲（女）	中国医药报社记者、编辑
查德忠	国家中医药管理局医政司副司长
刘文军	中国中医科学院广安门医院主任医师
綫永悦	中国中医科学院西苑医院住院医师
俞　兴	北京中医药大学东直门医院副主任医师
于国泳（女）	北京中医药大学东直门医院医务处副处长
巨　锋	中国中医药报社影像网络部主任
天津市	
申长虹	天津市卫生局副局长
华　勇	天津市卫生局医政处副处长
王金环	天津市第一中心医院副院长
冯世庆	天津医科大学总医院教授
王海珍（女）	天津市人民医院主管护师
李　强（女）	天津市第三中心医院副院长
陈　璐（女）	天津市疾病预防控制中心主管医师
宋诗铎（女）	天津医科大学第二医院教授
万春友	天津市天津医院主任医师
侯　颖（女）	天津市胸科医院护师
杨　帆	天津市环湖医院副主任医师

张朝晖	天津中医药大学第二附属医院副主任医师
隋　兵	天津市急救中心驾驶员
魏　健	大港油田总医院院长
王　楠	南开区卫生防病站医师
王学东	蓟县卫生防病站健康教育科科长

河北省

李建国	河北省卫生厅副厅长
姜建明	河北省卫生厅医政处副处长
朱会宾	河北省疾病预防控制中心主任
杨永朝	河北省卫生厅卫生监督局局长
宋敬珍（女）	河北省人民医院主管护师
赵增仁	河北医科大学第一医院副院长
刘怀军	河北医科大学第二医院副院长
潘进社	河北医科大学第三医院副院长
李　锋	石家庄市第三医院副院长
万建设	保定市第一中心医院副院长
孙建立	唐山市卫生监督所所长
赵　川	石家庄市疾病预防控制中心常务副主任
张　倜	廊坊市疾病预防控制中心技师
邓　健	邯郸市疾病预防控制中心副主任
王立彬	沧州市疾病预防控制中心副主任
杨运辉	衡水市疾病预防控制中心科长
张新贞	邢台市疾病预防控制中心副主任
陈　明	河北省疾病预防控制中心医师
陈素良	河北省疾病预防控制中心副主任
吴殿华	河北省冀州市职工医院院长

山西省

贾融和	阳泉市第一人民医院主任医师
常谊林	长治市人民医院副院长
陈德国	大同市卫生局卫生监督所副所长
李海潮	大同市第三人民医院副院长
刘培华	忻州市疾病预防控制中心副主任医师
刘洁民	晋中市第二人民医院副院长
宋子书	吕梁市疾病预防控制中心副主任
白月奎	运城市中心医院副院长
李雪荣（女）	晋城市疾病预防控制中心主任
王振林	临汾市人民医院副院长
贾小梅（女）	太原市疾病预防控制中心党委书记
张武山	太原市中心医院副院长
田守伟	朔州市卫生局办公室副主任科员
刘　强	山西医科大学第一医院副院长
王　峻	山西省卫生厅副厅长
冯立忠	山西省卫生厅疾病控制处处长
苏云星	山西省人民医院纪委书记
张宇平	山西医科大学第二医院校园规划办公室副主任
王俊田	山西省肿瘤医院肿瘤研究所副所长
阴康生	山西省第二人民医院副院长
王文忠	山西省中西医结合医院主治医师
肖共兴（女）	山西省卫生厅卫生监督所主任医师
乔　玫（女）	山西省疾病预防控制中心副主任医师
仝海波	山西医科大学第一医院主任医师

内蒙古自治区	
白宝玉	内蒙古自治区卫生厅副厅长
张立新	内蒙古自治区卫生厅医政处副处长
徐玉平	内蒙古自治区卫生厅法监处副处长
田　军	内蒙古自治区卫生厅医政处主任科员
马　力	内蒙古自治区卫生厅应急办主治医师
屈志国	内蒙古自治区医院副院长
范蒙光	内蒙古地方病防治研究中心副主任
富春雨	内蒙古医学院附属医院主任医师
胡贵荣	内蒙古医学院附属人民医院主治医师
杨　慧（女）	包头市中心医院护士
张　丽（女）	包钢医院副主任医师
杨志平	巴彦淖尔市医院副院长
辽宁省	
董德刚	辽宁省卫生厅副厅长
王天宇	辽宁省卫生厅厅长助理
宋文舸	辽宁省卫生厅医政处处长
王大庆	辽宁省卫生厅医政处副处长
张　岩	辽宁省卫生厅医政处主任科员
付维利	辽宁省卫生厅中医管理局副调研员
刘　伟	辽宁省卫生厅疾控处副处长
洪　源	辽宁省卫生厅监督处副处长
李　壮	辽宁省卫生厅办公室副主任科员
魏安明	辽宁省卫生厅应急办主任科员
付　强	沈阳市卫生局处长
董志扬	大连市友谊医院主任医师
汤艳清（女）	中国医科大学附属第一医院副教授
姚　丽（女）	中国医科大学附属第一医院副教授
杨　军	中国医科大学附属盛京医院副教授
赵作伟	大连医科大学附属第一医院教授
刘长宏	大连医科大学附属第二医院主任医师
邹建军	辽宁省人民医院主任医师
王树诚	辽宁省疾病预防控制中心副主任
刘洪德	辽宁省卫生监督所党委书记
吉林省	
侯明山	吉林省卫生厅副厅长
朱庆三	吉林大学中日联谊医院主任医师
范　明	吉林省卫生厅疾病控制处处长
张兴义	吉林大学第二医院副院长
姜春浩	吉林省人民医院主任医师
杨国慧	长春市中心医院副院长
张　羽	一汽总医院院长助理
金英姬（女）	延边大学附属医院副主任医师
闫　闯	吉林省卫生厅卫生监督所所长
潘　力	吉林市疾病预防控制中心副主任
苗　雨	四平市疾病预防控制中心副主任
黑龙江省	
李晓阳	哈尔滨市第一医院副院长
金哲秀	黑龙江省医院主任医师
冯立民	黑龙江省疾病控制中心消毒监测所副所长

迟继铭	黑龙江省中医研究院主任医师
于凯江	哈尔滨医科大学附属第二医院副院长
赵鸣雁（女）	哈尔滨医科大学第一临床医学院副主任医师
邢济春	黑龙江省卫生厅疾控处处长
张晓炬	黑龙江省卫生厅医政处处长
刘　学	黑龙江省卫生监督所副主任医师
魏新刚	黑龙江省卫生厅办公室主任
上海市	
许　迅	上海市第一人民医院副院长
范存义	上海市第六人民医院副院长
叶志斌	华东医院主任医师
张海音	上海市精神卫生中心主任医师
牛伟新	复旦大学附属中山医院党委副书记
汪志明	复旦大学附属华山医院副院长
马　巍	复旦大学附属儿科医院副主任医师
管佳琴（女）	复旦大学附属肿瘤医院护士
陈尔真	上海交通大学医学院附属瑞金医院主任医师
王　坚	上海交通大学医学院附属仁济医院党委副书记
戴尅戎	上海交通大学医学院附属第九人民医院主任医师
许　洁（女）	上海交通大学医学院附属第三人民医院副主任医师
郭　蔚	上海中医药大学附属曙光医院副主任医师
张　霆	上海中医药大学附属龙华医院副主任医师
张晓庆	同济大学附属同济医院副教授
赵华强	上海市卫生局卫生应急管理办公室副主任
刘晓东	上海市医疗急救中心驾驶员
解　炯	上海市医疗急救中心急救科副科长
李力达	上海市卫生局卫生监督所副所长
卢　伟	上海市疾病预防控制中心副主任
周晓农	中国疾病预防控制中心寄生虫病预防控制所副所长
杨　浩	嘉定区卫生局卫生监督所医师
许海民	宝山区大场医院副主任医师
徐旭东	闵行区中心医院主任医师
汤　显	虹口区疾病预防控制中心主管医师
吴卫华	松江区医疗急救中心副主任
庄川珍（女）	金山区中心医院主管护师
吴　平	上海市崇明县医疗急救中心驾驶员
张　磊	上海市食品药品监督所副主任医师
黄嘉华	上海市医疗器械检测所所长
江苏省	
赵翰林	江苏省人民医院主任医师
顾　民	江苏省人民医院主任医师
王黎明	南京市第一医院副院长
陆　巍（女）	南京市鼓楼医院副主任护师
汪宝林	南京医科大学第二附属医院副院长
王　琰（女）	江苏省中医院主管护师
汤文浩	东南大学附属中大医院主任医师
吉云兰（女）	南通大学附属医院主管护师
陈连生	江苏省疾病预防控制中心党委书记
周明浩	江苏省疾病预防控制中心副主任
张爱军	江苏省疾病预防控制中心主管医师
甄世祺	江苏省疾病预防控制中心主管医师

陈胤忠　盐城市疾病预防控制中心副主任医师
杨海兵　苏州市疾病预防控制中心副主任医师
王　仪　淮安市疾病预防控制中心书记
李延平　江苏省卫生监督所所长
王振球　南京市卫生监督所所长
王成东　淮安市卫生监督所副所长
何南江　淮安市急救中心副主任
周广益　江苏省中西医结合医院总务科副科长
赵　军　常州市医疗急救中心驾驶员
胡晓抒　江苏省卫生厅副厅长
李少冬　江苏省卫生厅医政处处长
袁家牛　江苏省卫生厅应急办副主任

浙江省

曹日芳　杭州市疾病预防控制中心副主任医师
李　卡　富阳市疾病预防控制中心党支部书记
袁北方　杭州市卫生局医政处副处长
孙乐波　宁波市李惠利医院副主任医师
范学富　宁波市北仑区小港医院驾驶员
胡爱党　温州市卫生局副局长
王福元　金华市义乌復元私立医院总裁
陈　强　金华市疾病预防控制中心团支部书记
李兴周　金华市永康市卫生局副局长
冯智斌　嘉兴市急救中心驾驶员
宋建强　嘉兴市海盐县疾病预防控制中心副主任
潘国绍　绍兴市疾病预防控制中心副主任
王宏达　绍兴市卫生局医政处处长
方春福　衢州市疾病预防控制中心主任
朱成楚　浙江省台州医院院长
冯济富　台州市疾病控制中心主任
张德勇　丽水市疾病预防控制中心副科长
胡　东　湖州市急救中心驾驶员
沈益妹（女）　湖州市疾病预防控制中心科长
楼世峰　舟山市卫生局处长
陈　进　浙江医院主治医师
陈恩富　浙江省疾病预防控制中心免疫预防所所长
姚　强　浙江省疾病预防控制中心社区公卫办主任
蒋贤根　浙江省卫生监督所科长
韦天星　浙江省卫生厅卫生监督局副局长
夏时畅　浙江省公共卫生工作委员会办公室常务副主任
徐少文　浙江大学医学院附属第二医院副院长
潘　红（女）　浙江省卫生厅疾病控制处主任科员

安徽省

贾司改　淮北市卫生局副局长
苏　杰　蚌埠市第三人民医院副主任医师
董建政　淮南市卫生局卫生监督所副所长
史庆来　滁州市卫生局卫生监督所监督二科副科长
左传宏　六安市人民医院副主任医师
丁承松　马鞍山市人民医院主治医师
王向阳（女）　巢湖市卫生局副局长
何建刚　芜湖市疾病预防控制中心急传科科长
任先权　宣城市疾病预防控制中心办公室主任

张胜马	铜陵市卫生局卫生监督局监督二科科长
包明胜	池州市人民医院主治医师
郑向明	安庆市卫生局卫生监督局局长助理
朱志强	安徽省立医院副主任医师
胡少华（女）	安徽医科大学第一附属医院主管护师
侯　勇	安徽中医学院第一附属医院副院长
黄发源	安徽省疾病预防控制中心副主任
孙玉东	安徽省卫生厅卫生监督所副所长
马尔健（女）	合肥市疾病预防控制中心主任
福建省	
林　强	福州市卫生局卫生监督所副主任医师
张振清	厦门大学附属中山医院副院长
洪照宽	漳州市疾病预防控制中心主任技师
洪思让	泉州市疾病预防控制中心副主任
周剑平	莆田市疾病预防控制中心副主任
朱克文	三明市第二医院主任医师
孙家敏	龙岩市第二医院主任医师
薛　文	南平市人民医院副主任医师
李永志	福安市疾病预防控制中心医师
朱鹏立	福建省立医院副院长
谢　宁	福建省卫生厅卫生监督所副所长
王灵岚	福建省疾病预防控制中心主任技师
王美容（女）	福建医科大学附属第一医院主任护师
魏　洪	福建省中医学院附属第二人民医院药士
吴兆燊	福建省卫生厅疾病控制处处长
洪　涛	福建省卫生厅医政处主任科员
江西省	
冯小武	南昌市疾病预防控制中心副主任医师
吴崇杰	九江市第一人民医院副院长
吴集才	景德镇市疾病预防控制中心副主任
刘美金	萍乡市疾病预防控制中心副主任
徐陆益	新余市卫生监督所副所长
王长胜	鹰潭市疾病预防控制中心副主任医师
饶兰云（女）	赣州市卫生局主管医师
曹盛生	宜春市人民医院主任医师
孙志坚	上饶市卫生监督所主管医师
曾晓星	吉安市疾病预防控制中心副主任
姜　苇	抚州市卫生监督所副所长
汤晓正	江西省人民医院主任医师
张敏秋（女）	南昌大学第一附属医院主管护师
吴　凯	南昌大学第二附属医院主任医师
李卫国	江西中医学院附属医院副院长
刘成伟	江西省疾病预防控制中心主任技师
李志龙	江西省卫生监督所副主任技师
何晓军	江西省卫生厅疾病控制处处长
曾传美	江西省卫生厅医政处处长
刘月辉	南昌大学第二附属医院副院长
山东省	
刘青先	济南市卫生局卫生监督所所长
宗瑞杰	青岛市急救中心主任医师
郭　平	淄博市疾病预防控制中心副主任

张海路	枣庄市卫生局卫生监督所副所长
李效民	东营市卫生局车队队长
李树文	烟台市卫生局副局长
于建乐	潍坊市疾病预防控制中心主任医师
张宝玉	济宁市疾病预防控制中心副主任医师
张国祥	泰安市卫生局卫生监督所副所长
张忠松	荣成市人民医院主任医师
韩文彬	日照市卫生局副局长
谭文贵	莱芜市卫生局副局长
孙承建	临沂市卫生局副局长
商怀君	德州市卫生局副局长
李战来	聊城市卫生局副科长
刘　冰	滨州市卫生局副局长
冯　峰	菏泽市卫生局副局长
牛　军	山东大学齐鲁医院主任医师
周东生	山东省立医院主任医师
张成琪	山东省千佛山医院副院长
刘爱华（女）	山东中医药大学附属医院主治医师
左　毅	山东省卫生厅干部保健局副局长
河南省	
王传中	河南省卫生厅医政处副处长
周庆兰（女）	新乡医学院第一附属医院主管护师
王树凯	郑州大学第一附属医院主任医师
李铁强	河南大学淮河医院副院长
那建华（女）	郑州大学第二附属医院副主任护师
杨建军	河南中医学院第一附属医院主任医师
张思森	郑州人民医院主任医师
乔伍营	郑州市紧急医疗救援中心副主任
武　宏（女）	河南省卫生厅应急办副主任
王增甲	河南省卫生厅规财处高级会计师
任　武	南阳市中心医院副院长
宋亚辉	信阳市中心医院主任医师
任书伟	信阳市中心医院副院长
张建功	河南省卫生厅医政处副处长
杜俊甫	濮阳市疾病预防控制中心副主任
胡家录	潢川县疾病预防控制中心主任
王　哲	河南省疾病预防控制中心副主任
李新民	河南省疾病预防控制中心副主任医师
张伟平	河南省卫生监督所副所长
张小随	焦作市疾病预防控制中心副主任
周玉东	郑州市卫生局局长助理
韩同武	郑州市疾病预防控制中心副主任
吕亚奇	开封市疾病预防控制中心副主任医师
白世选	洛阳市卫生监督中心副主任医师
刘　红（女）	新乡市卫生局副局长
张卫源	鹤壁市疾病预防控制中心副主任
赵　伟	周口市疾病预防控制中心副主任
卢千超	南阳市疾病预防控制中心副主任医师
武恕星	三门峡市疾病预防控制中心副主任
邢海平	安阳市疾病预防控制中心主任
范冠宇	河南省卫生厅疾病控制处副主任科员

湖北省

张定宇	武汉市普爱医院副院长
高明福	武汉市江岸区疾病预防控制中心副主任
范垂明	武汉市卫生局卫生监督处处长
吴利达	宜昌市第二人民医院副院长
张　培	宜昌市疾病预防控制中心副主任
许宝华	宜昌市卫生局卫生监督局副局长
郭荣辉	襄樊市中心医院技师
李少平	襄樊市疾病预防控制中心副主任
申克庆	襄樊市卫生监督局副局长
戢翰升	十堰市人民医院主任医师
李　勤	荆州市第一人民医院驾驶员
陈昌喜	荆州市疾病预防控制中心纪委书记
聂　刚	荆州市卫生监督局局长
钱足庶	黄石市疾病预防控制中心副主任
熊俊勇	孝感市疾病预防控制中心医师
王官松	荆门市卫生监督局局长
刘继红	华中科技大学同济医学院附属同济医院副院长
姚尚龙	华中科技大学同济医学院附属协和医院副院长
陶海鹰	湖北省人民医院副主任医师
潘振宇	武汉大学中南医院主治医师
宋　毅	湖北省疾病预防控制中心主管医师
刘家发	湖北省疾病预防控制中心主任助理
李汉帆	湖北省疾病预防控制中心副主任
赵　亢（女）	湖北省卫生厅卫生监督局局长助理

湖南省

刘君武	湖南省卫生厅党组成员（省中医药管理局局长）
易冬华	湖南省卫生厅血防办主任
李康华	中南大学湘雅医院主任医师
赵丽萍（女）	中南大学湘雅二医院主管护师
黄进华	中南大学湘雅三医院院长助理
易惠军	湖南省马王堆疗养院副主任医师
李灼日	湖南省人民医院副院长
高立冬	湖南省疾病预防控制中心副主任医师
涂　俊	湖南省卫生监督所主管医师
杨　林	南华大学附属第一医院副院长
丑　克	长沙市中心医院副主任医师
王　进	长沙市疾病预防控制中心药剂师
唐正瑞	株洲县疾病预防控制中心副主任
萧福元	湘潭市疾病预防控制中心副主任
全晓斌	衡阳市中心医院驾驶员
肖庭华	常德市卫生局卫生监督局副局长
唐平均	邵阳市第一人民医院驾驶员
贺述柒	娄底市疾病预防控制中心主任医师
彭　璞	郴州市第一人民医院副主任医师
陈伯中	永州市疾病预防控制中心副主任
周启发	怀化市卫生监督所副所长
岳春林	益阳市卫生局卫生监督所副主任科员
高建宝	岳阳市第二人民医院驾驶员
石金泉	湘西自治州疾病预防控制中心副主任医师
邓　博	湖南中医药大学第一附属医院主治医师

刘振云	湖南中医药大学第二附属医院副主任医师
邹　震	湖南省中医药研究院附属医院副主任医师
广东省	
廖新波	广东省卫生厅副厅长
伍岳琦	广东省卫生厅应急办主任
冯宏祥	广东省卫生厅医政处副处长
昌耘冰	广东省人民医院副主任医师
刘勇鹰	广东省疾病预防控制中心副主任医师
甘日华	广东省卫生监督所主任科员
鞠洪斌	广州市第一人民医院主治医师
崔淑曼（女）	广州市中医院主管护师
胡海澜	广州医学院第二附属医院副主任医师
陈　蓟	深圳市人民医院副主任医师
杨欣建	深圳市第二人民医院主任医师
李维克	深圳市南山区疾病预防控制中心主管医师
徐　郁	珠海市疾病预防控制中心科长
黄建晖	汕头市疾病预防控制中心副主任
王学明	佛山市禅城区中心医院主任医师
张鸿雁	佛山市卫生监督所科长
黎东红（女）	佛山市三水区人民医院护师
黄兆鹏	惠州市卫生监督所主任科员
何仲佳	东莞市人民医院副院长
徐晓明	东莞市南城医院医师
叶世南	中山市卫生局副科长
刘海川	中山市博爱医院驾驶员
梁南灵	江门市卫生局科员
伍　立	肇庆市疾病预防控制中心科员
刁冬梅（女）	中山大学附属第二医院护师
李　平	中山大学附属第一医院副主任医师
徐如祥	南方医科大学珠江医院副院长
孔　畅	广州中医药大学第二附属医院副主任医师
李　想	广东省中医院主治医师
吴　聪	韶关市卫生监督所副科长
张明辉	湛江市卫生监督所副所长
广西壮族自治区	
王　勇	广西壮族自治区卫生厅副厅长
张益民（女）	广西壮族自治区卫生厅医政处副调研员
韦志福	广西医科大学第一附属医院副科长
蓝志相	广西壮族自治区人民医院副主任医师
丁　伟	南宁市卫生监督所所长
陈正其	玉林市卫生监督所副所长
唐振柱	广西壮族自治区疾病预防控制中心副主任
柳智豪	百色市疾病预防控制中心主任
海南省	
王善青	海南省疾病预防控制中心副主任
李朝勇	三亚市疾病预防控制中心副主任
逯吉国	海口市疾病预防控制中心副主任
张　英	海南医学院附属医院副主任医师
钟蓬堂	海南省卫生厅行政审批办副主任
重庆市	
肖明朝	重庆医科大学附属第一医院副院长

张　玲（女）	重庆医科大学附属第二医院副院长
张正洪	重庆市第二人民医院副院长
沈　庆（女）	重庆市第三人民医院副主任医师
李邦春	重庆市急救医疗中心主任医师
轩若亮	重庆市中山医院副院长
蒋国庆	重庆市精神卫生中心副主任医师
王显科	重庆市卫生信息中心团支部书记
王豫林	重庆市疾病预防控制中心主任
谷　政	重庆市卫生局卫生监督所所长
陈建中	万州区疾病预防控制中心副主任
曹　勇	涪陵区疾病预防控制中心副主任
王正松	江北区疾病预防控制中心副主任
罗柏生	北碚区疾病预防控制中心主任
万清忠	巴南区卫生局卫生监督所副所长
徐　丰	合川区卫生局卫生监督所副所长
郭　洪	永川区卫生局卫生监督所技师
蔡万华	璧山县卫生局卫生监督所副所长
戴晓稳	梁平县卫生局局长
方明金	重庆市卫生局副局长
刘克佳	重庆市卫生局副局长
李志丹	重庆市卫生局疾病预防控制处科员
代茂利	重庆市卫生局应急办科员
王　铀	重庆市中西医结合医院主任医师
李晓进	重庆市食品药品监督管理局食品安全监察处处长
四川省	
梁益建	成都市第二人民医院副主任医师
张　力	成都市第三人民医院副院长
赵　平	成都铁路中心医院副主任医师
袁　茵（女）	成都市第四人民医院副主任医师
林永红	成都市第五人民医院副院长
郑　强	成都市第六人民医院院长
贾　勇	成都市疾病预防控制中心副主任
李志春	成都市疾病预防控制中心主管医师
彭　楠（女）	成都市疾病预防控制中心主管医师
王乃红（女）	成都市血液中心主任
苗　挺	成都市急救指挥中心副主任医师
侯为道	成都市卫生执法支队副主任医师
吴　坚	三六三医院副院长
孙建昌	成都心血管病医院副院长
肖　红	都江堰市卫生局局长
高榜仲	都江堰市人民医院院长
陈　明	都江堰市卫生执法监督所副主任医师
杨吉太	都江堰市向峨乡卫生院院长
王春芳（女）	都江堰市中医医院主管护师
黄龙蓉（女）	彭州市卫生局局长
宁交陶	彭州市中医医院院长
周世根	彭州市疾病预防控制中心主管医师
梁幸鹏	彭州市磁峰镇卫生院院长
罗　君	彭州市小鱼洞镇公立卫生院院长
方　敏	崇州市卫生局局长
龚丽霞（女）	崇州市妇幼保健院院长

王家贵	成都市大邑县卫生局局长
顾晓凤（女）	邛崃市医疗中心医院主管护师
卢洪岩	成都市卫生局处长
甄　英（女）	成都市卫生局处长
杨　昆	自贡市第四人民医院副院长
樊丽英（女）	自贡市中医医院护师
张　斌	自贡市疾病预防控制中心医师
郭　伟	自贡市卫生执法监督所副所长
石　滨	攀枝花市卫生监督局党总支书记
甘全洲	攀枝花市中心医院副主任医师
程　广	攀枝花中西医结合医院副主任医师
白永华	攀枝花市疾病预防控制中心副主任
汤仲成	泸州市疾病预防控制中心主管医师
龚建强	泸州市古蔺县中医医院中医主治医师
但尚平	泸州市第二人民医院（泸县人民医院）副主任医师
熊志全	泸州市江阳区卫生执法监督大队大队长
杨兆华	德阳市卫生局局长
林明福	德阳市卫生局医政科科长
陈达英（女）	德阳市人民医院主管护师
刘跃洪	德阳市人民医院副主任医师
唐运涛	德阳市第二人民医院院长
施小敏（女）	德阳市第二人民医院副院长
蔡　懋	德阳市中西医结合医院办公室主任
蔡学依	德阳市第五人民医院副主任医师
陈兴华	德阳市第六人民医院院长
刘　辉	德阳市紧急救援指挥中心副主任
吴壮弟	德阳市卫生执法监督支队支队长
吴　陈	德阳市疾病预防控制中心主任
谭大华	德阳市疾病预防控制中心主管技师
蔡　萍	绵竹市卫生局副局长
王晓平	绵竹市疾病预防控制中心主任
钟昌焱（女）	绵竹市卫生执法监督所
雷文学	绵竹市人民医院主任医师
冯　波	绵竹市西南镇卫生院院长
吴小平	绵竹市中医院院长
桂逢春（女）	什邡市中医院院长
刘　灿	什邡市卫生局局长
曾祥武	什邡市第二人民医院院长
邓家全	什邡市疾病预防控制中心副主任
陈　健	什邡市红白镇卫生院院长
陈传英（女）	什邡市红白镇卫生院护士
牟　云	什邡市湔氐镇卫生院院长
李永林	德阳市旌阳区孝泉镇卫生院院长
唐　岩（女）	德阳市旌阳区中医院副院长
俸　伟	广汉市卫生局局长
杨中俊	德阳市罗江县中医院副院长
丁　勇	德阳市中江县卫生局局长
雷百灵（女）	绵阳市卫生局局长
王　羽	绵阳市中心医院副院长
王　军	绵阳市中心医院主任医师
钟　伟	绵阳市第三人民医院纪委书记

蒋　涛　　绵阳市第三人民医院副主任医师
王利民　　四川绵阳四〇四医院院长
王继相　　四川绵阳四〇四医院副院长
李　培　　绵阳市中医院院长
王和文　　绵阳市中医院副主任医师
张光贵　　绵阳市疾病预防控制中心副主任
谢　华　　绵阳市疾病预防控制中心团支部书记
蒋文茂　　绵阳市卫生执法监督所科长
曾贤文　　绵阳市涪城区卫生局副局长
童　立（女）　　绵阳市肿瘤医院中医主治医师
王宗华　　绵阳市游仙区卫生局局长
李昌坤　　江油市人民医院副主任医师
冉连辉　　江油市中医院副院长
覃有国　　江油市卫生执法监督所所长
钟智清（女）　　江油市第四人民医院主治医师
龙保林　　绵阳市三台县卫生局局长
邹兴贵　　绵阳市安县人民医院院长
张加宇　　绵阳市安县中医院院长
夏万俊　　绵阳市安县秀水中心卫生院院长
刘　林　　绵阳市安县桑枣中心卫生院院长
任思标　　绵阳市盐亭县卫生局局长
龚绍琴（女）　　绵阳市梓潼县卫生局局长
张天禄　　绵阳市平武县卫生局局长
赵万荣　　绵阳市平武县人民医院院长
杨荣弟　　绵阳市平武县南坝中心卫生院中医主治医师
徐　丽（女）　　绵阳市北川羌族自治县人民医院主治医师
韩　玲（女）　　绵阳市北川羌族自治县中医院中医师
罗　琴（女）　　绵阳市北川羌族自治县疾病预防控制中心医师
秦晓明　　绵阳市抗震救灾卫生防疫分指挥部办公室副主任
郭　屏　　广元市青川县人民医院
李自清　　广元市青川县疾病预防控制中心主任
董润泽　　广元市青川县中医院院长
袁正华　　广元市青川县卫生执法监督大队大队长
李　泓　　广元市青川县沙洲镇中心卫生院院长
杨　刚　　广元市中心血站
谭　飞　　广元市紧急救援中心副主任
杨晋平　　广元市第一人民医院院长
王　义　　广元市第一人民医院副主任医师
周跃金　　广元市旺苍县疾病预防控制中心副主任医师
陈铭东　　广元市旺苍县中医院医师
边恩元　　广元市利州区卫生局局长
贾天贵　　广元市中医医院院长
秦　刚　　广元市中医医院副主任中医师
赵家贵　　广元市朝天区卫生局局长
马安银　　广元市朝天区羊木中心卫生院院长
罗　丽（女）　　广元市妇幼保健院院长
吴志生　　广元市元坝区红岩镇卫生院副院长
姚国荣　　广元市第二人民医院副院长
刘昌志　　广元市第三人民医院副院长
王琼莲（女）　　广元市中心医院副主任护师
贾　涛　　广元市中心医院主治医师

郭建军	广元市剑阁县卫生局局长
孙在茂	广元市剑阁县人民医院主治医师
严　涛	广元市剑阁县中医院副主任医师
王　华	广元市苍溪县卫生局局长
李树怀	广元市苍溪县红十字医院院长
温开杰	广元市疾病预防控制中心主任医师
李　勇	广元市疾病预防控制中心副主任
刘　刚	遂宁市卫生局局长
沈　宁	遂宁市中医院院长
唐志斌	遂宁市卫生监督支队副支队长
刘文武	遂宁市疾病预防控制中心副主任
周　楠	内江市第一人民医院副院长
蓝景华（女）	内江市中医院副主任护师
徐　勇	内江市疾病预防控制中心医师
胡声宇	内江市隆昌县卫生执法监督所副所长
王建国	乐山市人民医院副院长
曾发兵	乐山市疾病预防控制中心副主任
汪　良	乐山市卫生执法监督支队主管医师
谢　东	峨眉山市人民医院主治医师
郑和平	南充市卫生局副局长
赵　林	南充市疾病预防控制中心主管医师
蒋志强	南充市卫生监督执法支队大队长
李　多	南充市中医医院副院长
冯胜刚	南充市中心医院副院长
蒲晓兵	阆中市人民医院副院长
张　浩	宜宾市卫生执法监督支队科长
周秀仁	宜宾市卫生局副局长
张　平	宜宾市高县疾病预防控制中心主任
孙广运	宜宾市第一人民医院副院长
高　山	广安市疾病预防控制中心副主任
胡兆洋	广安市人民医院主治医师
熊发友	广安市广安区疾病预防控制中心工人
张世东	广安市武胜县中医医院主治医师
白学松	达州市中心医院副主任医师
靳　松	达州市卫生执法监督所办公室副主任
谢世清	达州市大竹县中医院院长
唐联勇	达州市渠县人民医院副院长
尹治才	巴中市卫生局副局长
赵俊明	巴中市卫生局副局长
江　平	巴中市卫生局党委副书记
巨洪平	巴中市疾病预防控制中心主管医师
罗友军	巴中市巴州区人民医院副院长
任　纪	巴中市通江县卫生执法监督大队医师
古　劲	雅安市雨城区卫生局局长
郑　尧	雅安市名山县车岭中心卫生院副院长
樊正康	雅安市荥经县卫生局局长
李　华（女）	雅安市汉源县人民医院医师
丁国平	雅安市汉源县疾病预防控制中心副主任
曹培蓉（女）	雅安市石棉县宰羊中心卫生院院长
罗　静	雅安市天全县卫生局驾驶员
王承祥	雅安市芦山县疾病预防控制中心主任

杨维虎	雅安市宝兴县卫生局局长
王贤波	雅安市人民医院副主任医师
刘海礼	雅安市疾病预防控制中心主任
杨绍开	雅安市卫生监督执法所支部书记
杨雅康	雅安市中心血站站长
熊敏强	雅安市紧急救援中心主任
王迎九	雅安职业技术学院附属医院主治医师
贾　勇	中国人民解放军第三十七医院主治医师
郑　剩	雅安食品药品监督管理局科长
王吉宏	眉山市疾病预防控制中心主任
冷　军	眉山市疾病预防控制中心医师
刘　忠	眉山市卫生执法监督支队副主任医师
何亚伟	眉山市彭山县卫生执法监督所医师
张同钦	简阳市人民医院副主任医师
罗　明	资阳市卫生执法监督支队稽查许可大队大队长
唐晓初	资阳市第一人民医院副主任医师
顾　谦	资阳市疾病预防控制中心主管医师
崔　彬	阿坝州汶川县映秀镇中心卫生院院长
叶明涌	阿坝州汶川县中医院院长
陈　红（女）	阿坝州汶川县疾病预防控制中心主任
王松柏	阿坝州汶川县人民医院院长
张家萍（女）	阿坝州理县卫生局局长
吉建军	阿坝州理县疾病预防控制中心主任
王彩兰（女）	阿坝州理县人民医院医师
包希福	阿坝州茂县中医院副主任医师
张前鸿	阿坝州茂县疾病预防控制中心办公室主任
左昌明	阿坝州茂县人民医院院长
李　忠	阿坝州松潘县疾病预防控制中心中级工
杜　明	阿坝州松潘县岷江乡卫生院院长
易代军	阿坝州九寨沟县人民医院主治医师
罗尔基	阿坝州黑水县疾病预防控制中心主任
金发林	阿坝州黑水县瓦钵乡卫生院院长
王永国	阿坝县妇幼保健站副主任医师
邓　斌	阿坝州若尔盖县疾病预防控制中心副主任
周　芹（女）	阿坝州红原县刷经寺中心卫生院实习护士
李庆琼（女）	阿坝州壤塘县人民医院
贺玉超	阿坝州金川县卫生局副局长
郭自强	阿坝州小金县美兴镇卫生院医师
泽让甲	阿坝州小金县中藏医院实习藏医士
蒋永德	阿坝州马尔康县中藏医院院长
张　建	阿坝州卫生局局长
周德智	阿坝州卫生局技师
陶步云	阿坝州人民医院副院长
蒲俊贵	阿坝州人民医院医师
安泽南	阿坝州疾病预防控制中心主任
曹佳能	阿坝州疾病预防控制中心医师
邓显国	阿坝州卫生执法监督所科员
郭　华（女）	阿坝州卫生执法监督所
李启勇	阿坝州中心血站中级工
林艳伟	阿坝州卫生执法监督所所长
陈云兵	甘孜州人民医院副主任医师

谢春英（女）	甘孜州炉霍县卫生局局长
张建成	凉山州卫生局局长
胡玉川	凉山州第一人民医院院长
南　磊	凉山州疾病预防控制中心副主任
陈德秀（女）	凉山州雷波县人民医院主管护师
叶桂英（女）	四川省科学城卫生局局长
韦　虎	九〇三医院院长
马　悦（女）	九〇三医院护理部主任
董永超	四川省卫生厅监察室主任
苏　林	四川省卫生厅应急办主任
马步钢	四川省卫生厅农卫处处长
王天贵	四川省卫生厅疾控处处长
黄新生	四川省卫生厅执法监督处处长
梁　志	四川省卫生厅医政处处长
江　涛	四川省卫生厅办公室副主任
谭　玲（女）	四川省卫生厅计财处副处长
古　熙	四川省卫生厅政策法规处主任科员
李　冰	四川省卫生厅应急办主任科员
李元峰	四川省人民医院院长
肖邦榕	四川省人民医院主任医师
曾　俊	四川省人民医院主任医师
王　跃	四川省人民医院主任医师
肖静蓉（女）	四川省人民医院副主任护师
陈晓泸（女）	四川省人民医院护士
唐国民	四川省肿瘤医院副院长
张　虹（女）	四川省肿瘤医院副院长
黄凤翔（女）	四川省肿瘤医院护师
赵　杰	四川省第四人民医院院长
余兴泽	四川省第五人民医院驾驶员
宁宗礼	四川省疾病预防控制中心党委书记
蒲川桂	四川省疾病预防控制中心处长
肖　宁	四川省疾病预防控制中心研究员
刘青恋（女）	四川省疾病预防控制中心副主任医师
罗湘蜀	四川省疾病预防控制中心主任医师
李永春	四川省卫生执法监督总队副支队长
喻昭蓉（女）	四川省卫生执法监督总队副调研员
周军海	四川省卫生执法监督总队主任科员
谭代荣	四川省卫生执法监督总队科员
熊　庆	四川省妇幼保健院院长
钟　海	四川省卫生学校高级讲师
甘华平	四川省医学情报研究所所长
王明举（女）	四川省人工晶体研究所所长
曾孝鹏	四川省医疗卫生技术咨询所副书记
万礼仪	泸州医学院附属医院教授
雷正元	泸州医学院附属医院副教授
杨海帆	泸州医学院附属医院医师
郭世莉（女）	泸州医学院附属口腔医院主管护师
雷　勇	川北医学院附属医院驾驶员
任　权	川北医学院附属医院副主任医师
谭　竞	川北医学院附属医院医师
唐铁龙	川北医学院附属医院主治医师

肖　莉（女）	四川省卫生厅项目管理中心副主任科员
雷　敏（女）	四川省卫生建筑设计所副所长
郑忠伟	中国医学科学院输血研究所所长
郑尚维（女）	四川大学华西临床医学院/华西医院党委书记
王一平	四川大学华西临床医学院/华西医院主任医师
石　钢	四川大学华西第二医院主任医师
张彩林（女）	四川大学华西第四医院主管护师
汤　炜	四川大学华西口腔医院副主任医师
樊均明	四川大学医学管理处教授
罗才贵	成都中医药大学附属医院院长
汪亚强	成都中医药大学附属医院副主任医师
刘晓春（女）	成都中医药大学附属医院副主任护师
张汾生	成都中医药大学附属医院副主任医师
虞亚明	四川省骨科医院院长
刘　波	四川省骨科医院主任中医师
才让加	四川省中医药科学院附属医院总务科长
宋玉萍（女）	四川省中医药科学院附属医院主任医师
罗先本	四川省中医药科学院中医研究所副主任中药师
王泽琛	泸州医学院附属中医院主治医师
李晓斌	泸州医学院附属中医院副主任医师
贾建勋	四川省中医药管理局办公室副主任
韩友祥	四川省中医药管理局办公室副调研员
邵志宁	四川省中医药管理局办公室调研员
李　春（女）	四川省中医药管理局医政处处长
刘伟德	四川省食品药品监督管理局副局长
陈　勇	四川省食品药品监督管理局副局长
徐健康	四川省食品药品监督管理局副局长
钟光德	四川省食品药品监督管理局副巡视员
曾治文	四川省食品药品监督管理局食品安全监察专员
聂全江	四川省食品药品监督管理局药品注册处主任科员
杜　宇	四川省食品药品监督管理局药品注册处主任科员
曹　力（女）	四川省食品药品监督管理局医疗器械处处长
吴　锐	四川省食品药品监督管理局药品安全监督处处长
谢　伟	四川省食品药品监督管理局药品市场监督处处长
安冬梅（女）	四川省食品药品监督管理局药品市场监督处主任科员
李　翔	四川省食品药品监督管理局规划财务审计处处长
杨建康	四川省食品药品监督管理局纪检监察室主任
王振平	四川省食品药品监督管理局机关党委专职副书记
郝苏力（女）	四川省食品药品监督管理局离退休人员工作处副调研员
何　珣	四川省食品药品监督管理局食品药品稽查总队队长
熊成基	四川省食品药品监督管理局服务中心职工
郑　慰	成都市食品药品监督管理局药品市场监督处处长
张从信	成都市都江堰食品药品监督管理局副局长
郑义刚	彭州食品药品监督管理局食品安全协调监察科科长
谯斌宗	成都市食品药品检测中心主任助理、副主任技师
魏世华	自贡食品药品监督管理局局长
赵　勇	攀枝花食品药品监督管理局党组书记
刘　鹏	泸州食品药品监督管理局局长
肖业强	德阳食品药品监督管理局局长
唐　敏	德阳食品药品监督管理局副局长
罗显平	德阳市绵竹食品药品监督管理局局长

杨　雨（女）	德阳市什邡食品药品监督管理局局长
王　涛	绵阳食品药品监督管理局局长
牛云伯	绵阳市北川食品药品监督管理局副局长
任　俊	绵阳市江油食品药品监督管理局局长
张　云	绵阳市安县食品药品监督管理局局长
冯治勤	广元食品药品监督管理局局长
陈代泉	广元食品药品监督管理局药品市场科科长
韩保文	广元市青川食品药品监督管理局局长
冯子福	广元食品药品检验所职工
李　伦	遂宁食品药品监督管理局局长
张　彦	遂宁食品药品监督管理局纪检组长
狄志凯	内江食品药品监督管理局局长
吴学明	乐山食品药品监督管理局局长
吕艳（女）	乐山市市中区食品药品监督管理局稽查大队科员
李　春	南充食品药品监督管理局局长
李　卫	宜宾食品药品监督管理局局长
李中庚	广安食品药品监督管理局纪检组长
黎仁海	达州食品药品监督管理局局长
何永健	巴中食品药品监督管理局局长
王　波	雅安食品药品监督管理局局长
王正华	雅安市汉源食品药品监督管理局局长
王学银	雅安市汉源食品药品监督管理局副局长
彭　锋	眉山食品药品监督管理局局长
周　俊	资阳食品药品监督管理局局长
王树云	阿坝食品药品监督管理局局长
王科尧	阿坝食品药品监督管理局稽查支队副支队长
严木初	阿坝州汶川食品药品监督管理局局长
刘永平	阿坝州茂县食品药品监督管理局局长
宁　荣	阿坝州理县食品药品监督管理局局长
姚再明	甘孜食品药品检验所副所长
余德才	凉山食品药品监督管理局局长
周亚莉（女）	四川省食品药品安全监测及评审认证中心主任
裴　英（女）	四川省食品药品安全监测及评审认证中心医疗器械审评认证科科员
王书林	四川省食品药品学校校长
王　野（女）	四川省食品药品检验所所长
高向军	四川省食品药品检验所监督科科长
李　炎	四川省食品药品检验所生检室药师
刘　峰	四川省食品药品检验所化验室药师
周登钊	四川养麝研究所所长
吕　勇（女）	四川养麝研究所财务科长
汪晓郓	四川养麝研究所养熊场副场长

贵州省

孙兆林	贵州省人民医院院长
李　波	贵州省人民医院主任医师
王小林	贵阳医学院附属医院院长
尚显文	贵阳医学院附属医院主任医师
王玉明	遵义医学院附属医院副院长
王　波	遵义医学院附属医院主任医师
刘昭兵	贵州省疾病预防控制中心主管医师
黄　艳（女）	贵州省疾病预防控制中心副主任医师

王蓓蓓　　贵州省卫生厅监督局局长
田德茂　　贵州省卫生厅监督局主任科员
杨　威　　贵阳市口腔医院主任医师
王　健　　遵义市红花岗区卫生局副局长
陈　琼（女）　　安顺市卫生监督所副主任医师
吴文富　　黔南州卫生监督所副所长
金鸣昌　　黔东南州卫生局局长
申明霞（女）　　铜仁地区卫生监督所主管医师
刘放鸣　　毕节地区疾病预防控制中心副书记
吕　武　　六盘水市人民医院副院长
陆洪潮　　黔西南州疾病预防控制中心副主任
李家伟　　贵阳市疾病预防控制中心副书记
刘　刈　　湄潭县疾病预防控制中心副主任
陈祖府　　黔南州疾病预防控制中心副主任
陈　建　　安顺市疾病预防控制中心副主任
罗　涛　　黔东南州疾病预防控制中心副主任

云南省

王昆华　　云南省第一人民医院副院长
马林昆　　昆明医学院第一附属医院副院长
凌　斌　　云南省第二人民医院副院长
闫　东　　昆明医学院第二附属医院副院长
杨庆秋　　云南省第三人民医院副主任医师
叶建州　　云南省中医医院副院长
卢　韬　　云南省急救中心副主任
江　波　　昆明市中医医院副主任医师
杨　军　　云南省疾病预防控制中心副主任
王见昆　　云南省地方病防治所纪委书记
周红宁　　云南省寄生虫病防治所副所长
杨汝松　　玉溪市疾病预防控制中心医师
高学军　　红河州疾病预防控制中心主管医师
段炳华　　云南省大理州疾病预防控制中心办公室主任
董西明　　文山州疾病预防控制中心科长
孙明远　　云南省卫生厅卫生监督所所长
洪仁伟　　普洱市卫生局卫生监督所所长
熊建云　　楚雄州卫生局卫生监督所副所长
王　勇　　保山市卫生局卫生监督所副科长
孔德森　　曲靖市卫生局卫生监督局办公室主任
董保锐　　德宏州卫生监督支队支队长
柏建武　　怒江州卫生局卫生监督所副所长
梅安功　　昭通市食品药品监督管理局党组书记、局长

西藏自治区

张福生　　西藏自治区卫生厅疾病控制处副主任科员
丹　增　　西藏自治区卫生厅法规与监督处主任科员
顿珠多吉　　西藏自治区疾病预防控制中心医师
郭林海　　西藏自治区卫生监督所办公室主任

陕西省

蒋建荣　　汉中市卫生局办公室主任
李宝明　　南郑县疾病预防控制中心主治医师
张　进　　勉县卫生局局长
黎明亮　　宁强县卫生局局长
马永杰　　略阳县卫生局局长

赵汉民	汉中市疾病预防控制中心科长
谭东新	汉中市人民医院技师
张克俭	宝鸡市疾病预防控制中心副主任
张宏利	宝鸡市卫生监督所主管医师
周晓庆	宝鸡市中医医院主治医师
高世杰	延安市卫生监督所办公室主任
徐生慧	安康市卫生监督所科长
褚炳军	商洛市卫生监督所主任科员
刘建平	渭南市卫生监督所监督员
张军胜	咸阳市疾病预防控制中心主管医师
杨存栓	铜川市疾病预防控制中心主管医师
贺　江	延安市疾病预防控制中心主治医师
李树仲	榆林市疾病预防控制中心主管医师
刘　岭	陕西省疾病预防控制中心副主任
徐增康	陕西省疾病预防控制中心副主任医师
李　强	安康市疾病预防控制中心副科长
柳　明	西安市疾病预防控制中心副主任
曾　云	渭南市疾病预防控制中心副科长
王　锐	商洛市疾病预防控制中心党总支书记
李劲松	西安市卫生监督所副所长
陈学文	陕西省卫生厅医政处处长
杨亚鹏	陕西省卫生厅规划财务处副处长
王岐山	陕西省人民医院副院长
凌　鸣	陕西省人民医院主任医师
白　宁	陕西省人民医院麻醉科副主任
吕　毅	西安交通大学第一附属医院副院长
马　巍	西安交通大学第一附属医院教授
贺西京	西安交通大学第二附属医院副院长
曾维惠（女）	西安交通大学第二附属医院副主任医师
高　亚	西安交通大学第二附属医院教授
许建秦	陕西省第二人民医院党组书记
冯　伟	陕西省第二人民医院副主任医师
焦东平	西安医学院附属医院副院长
王双全	西电集团医院业务副院长
李　卫	西电集团医院副主任医师
高碧奇	陕西省建材医院副主任医师
刘桂玲（女）	陕西省建材医院副主任医师
张正湘	陕西省博爱医院副院长
吴季鹏	陕西省博爱医院主治医师
冯关力	西安市中心医院副院长
慕为民	西安市中心医院业务副院长
崔晓刚	西安市中心医院副主任医师
韩　啸	西安市第四医院副院长
安丽娜（女）	西安市第四医院主管护师
高卓平	西安市第四医院主任医师
周劲松	西安市红十字会医院副院长
王建文	陕西汉中市食品药品监督管理局党组书记、局长

甘肃省

李存文	甘肃省卫生厅副厅长
李玉堂	甘肃省卫生厅党组成员
郭玉芬（女）	甘肃省卫生厅副厅长

赵鹏程	甘肃省卫生厅人事处处长
曹义武	甘肃省卫生厅农村卫生处处长
鄢卫东	甘肃省卫生厅中医管理局局长
方剑平	甘肃省卫生厅卫生应急办公室主任
杨敬科	甘肃省卫生厅办公室副主任
胡原生	甘肃省卫生厅规划财务处副处长
吕玉兰（女）	甘肃省纪委驻卫生厅纪检组副调研员
王之虎	甘肃省卫生厅办公室副主任科员
袁　博	甘肃省红十字会办公室主任
王　军	甘肃省红十字会组织宣教处副主任科员
王　斌	甘肃省人民医院副主任医师
郭士方	甘肃省人民医院副主任医师
鄢卫平	甘肃省中医院脊柱骨三科副主任
杨宏武	甘肃省中医院副主任医师
周云霞（女）	甘肃省中医院中医主治医师
余　勤	兰州大学第一医院副院长
文新忠	兰州大学第一医院副主任医师
王秉义	兰州大学第二医院副主任医师
程志斌	兰州大学第二医院主任医师
李　冬	甘肃省第二人民医院副主任医师
袁治国	甘肃省第二人民医院主任医师
郭豫学	甘肃省紧急医疗救援中心主任
牛天平	甘肃省紧急医疗救援中心副主任
徐宏伟	甘肃省卫生厅卫生监督所所长
张　强	甘肃省卫生厅卫生监督所副所长
甘培尚	甘肃省疾病预防控制中心主任
张建伟	甘肃省疾病预防控制中心纪检书记
李　慧（女）	甘肃省疾病预防控制中心副主任
徐维安	甘肃省肿瘤医院副主任医师
李兴文	甘肃省肿瘤医院主任医师
戴恩来	甘肃中医学院附属医院副院长
张晓刚	甘肃中医学院附属医院主任医师
王　军	甘肃省红十字血液中心主任
薛双林	甘肃省红十字血液中心体采科副科长
安　平（女）	甘肃省健康教育所所长
王冠华	甘肃省健康教育所办公室副主任
姚晓煜	甘肃省两当疗养院院长
李志强	兰州市疾病预防控制中心主任
刘务华	兰州市第一人民医院副院长
史俊清	天水市卫生局局长
李西林	天水市卫生局副局长
刘宝录	天水市疾病预防控制中心主任
安虽奋	天水市秦州区卫生局局长
文具科	天水市麦积区卫生局局长
张吉俊	酒泉市卫生局局长
王建东	张掖市人民医院副主任医师
冉映霞（女）	武威市卫生局卫生监督所科长
李江涛	白银市疾病预防控制中心科长
雷学峰	平凉市人民医院副院长
王振乾	庆阳市合水县卫生局局长
刘　明	定西市卫生局卫生监督所科长

朱继舟	陇南市卫生局局长
付　斌	陇南市卫生局卫生监督所副所长
王福彩	陇南市疾病预防控制中心科长
李生春	陇南市中心血站站长
李进元	陇南市第一人民医院主治医师
张文祥	陇南市第二人民医院院长
邵凤蓉（女）	陇南市徽县疾病预防控制中心主任
王慧霞（女）	陇南市康县第一人民医院院长
李树德	陇南市武都区第一人民医院主任
苟永平	陇南市文县铁楼乡卫生院院长
周寿科	甘南藏族自治州卫生局局长
陈明智	甘南藏族自治州卫生局副局长
尕旦木甲	甘南藏族自治州红十字会专职副会长
李周才	甘南藏族自治州舟曲县卫生局局长
赵怀云	甘南藏族自治州卓尼县卫生局局长
马永成	临夏回族自治州卫生局纪检组组长
孔同信	临夏回族自治州人民医院副主任医师
王思远	天水市食品药品监督管理局科长、主管药师
青海省	
张海明	青海省卫生厅副厅长
公保才旦	青海省人民医院党委副书记、副院长
达　嘎	青海大学附属医院副院长
王晓勤	青海省心脑血管病专科医院院长
张世杰	青海省疾病预防控制中心党委书记
王汝荣	青海省血液中心主任
聂宝利	西宁市第一人民医院副主任医师
贾永仑	海北州疾病预防控制中心副主任医师
李有贵	互助县疾病预防控制中心副主任
宁夏回族自治区	
刘天锡	宁夏回族自治区卫生厅党组书记、厅长
叶　旭	宁夏回族自治区卫生厅副厅长
张　波	宁夏回族自治区卫生厅疾病控制处处长
夏　清	宁夏疾病预防控制中心副主任
胡文生	石嘴山市卫生局纪委书记、副局长
新疆维吾尔自治区	
曹儒牛	新疆维吾尔自治区卫生厅人事处处长
童苏祥	新疆维吾尔自治区疾病预防控制中心主任医师
戈小虎	新疆维吾尔自治区人民医院主任医师
王喜艳	新疆医科大学第一附属医院常务副院长
高　枫	乌鲁木齐市疾病预防控制中心传染病防制科副主任
刘　岩	克拉玛依市疾病预防控制中心副主任医师
新疆生产建设兵团	
殷泰平	新疆生产建设兵团卫生局办公室主任
袁德安	新疆生产建设兵团医院常务副院长
史晨辉	石河子大学医学院第一附属医院副院长
巴玲辉	农二师疾病预防控制中心主任
沈阳军区	
董　刚	第二〇一医院院长
丁维平	第二〇一医院妇产科副主任医师
李鸿国	第二〇一医院五官皮肤科副主任

吴彩中	第二〇二医院医务处助理员
吴昌竹	第二〇二医院耳鼻喉科主任
汤志宏	第二一〇医院骨科主治医师
谭宝慧	第二二二医院神经内科主治医师
王　雷	第四六三医院医务处副主任
姜铁夫	第四六三医院药剂科副主任
杨金宝	沈阳军区总医院医务部副主任
许在华	沈阳军区总医院神经外科副主任
梁延春	沈阳军区总医院心血管内科副主任医师
谷凤文	沈阳军区疾病预防控制中心卫生监督科主任
刘成刚	沈阳军区联勤部卫生部综合计划处助理员
邢安辉	沈阳军区联勤部卫生部卫生防疫处处长
北京军区	
张建武	66325 部队医院院长
郑晓东	第二五五医院副院长
刘树新	第二五五医院医务处主任
杨克强	第二五五医院外二科副主任
安　琳（女）	第二五五医院麻醉科护士长
张　松	第二六一医院院长
郑永军	第二六一医院医务处副主任
张小澍	第二六一医院神经内科主任
孙天胜	北京军区总医院副院长
唐国初	北京军区总医院院务部办公室主任
王　昕（女）	北京军区总医院急诊科护师
邓　兵	北京军区疾病预防控制中心消毒防治科主任
申诚民	北京军区联勤部卫生部副部长
李　滨	北京军区联勤部卫生部卫生防疫处助理员
兰州军区	
罗芳（女）	联勤第二十七分部卫生处处长
魏敦宏	联勤第二十八分部卫生处处长
李晓云	第一医院副院长
姜文雄	第一医院骨科神经外科主治医师
张守信	第三医院副院长
杨焕杰	第五医院麻醉外科主治医师
李　阳	第三二三医院副院长
程晓峰	第三二三医院副院长
贺显建	第三二三医院麻醉手术科医师
陆向东	第三二三医院泌尿外科主任医师
韩嵩梅（女）	第三二三医院五官科护士长
白　翎	第四五一医院副院长
闫自强	第四五一医院副院长
杨　普	第四五一医院神经外科副主任医师
朱望东	第四五一医院医学影像科主治医师
朱晓峰	第四五一医院检验科主管技师
荔志云	兰州军区兰州总医院神经外科副主任
周　林	兰州军区疾病预防控制中心副主任
施耀勇	兰州军区疾病预防控制中心副主任
马德新	新疆军区疾病预防控制中心消杀灭科副研究员
济南军区	
徐光富	71622 部队医院院长
刁训启	71823 部队卫生队队长

柴亚起	71960 部队卫生队队长
左　威	71320 部队后勤部卫生处助理员
汪宁华	71320 部队门诊部副主任
张海静（女）	71988 部队卫生队队长
薛长立	71988 部队卫生队医师
翟金峰	71282 部队后勤部卫生科科长
张相安	71282 部队医院院长
胡伟强	71282 部队医院主治医师
沙兆华	71352 部队后勤部卫生科科长
何宗战	71352 部队医院副院长
管振华	71620 部队卫生队队长
陈志林	71407 部队卫生队队长
彭和元	71811 部队后勤部卫生科科长
赵良辰	71998 部队卫生队队长
何春雨	71426 部队卫生队主治医师
许迎喜	71521 部队后勤部卫生处处长
赵　斌	71521 部队后勤部卫生处助理员
李灿勇	第八十八医院副院长
王永清	第八十八医院医务处主任
刘　卫	第八十八医院药剂科主任
刘国庆	第九十一医院外科主治医师
白　晶（女）	第九十一医院外科护士
冯聪勤（女）	第一五〇医院麻醉科护士长
黄咏梅（女）	第一五〇医院器材科护士长
郭伟平（女）	第一五二医院妇产科主治医师
张志伟	第一五三医院传染科主治医师
苏黎兰（女）	第一五三医院心胸外科护士长
周世林	第一五四医院副院长
姜　波	第一五九医院检验病理科主管技师
姚立东（女）	第一五九医院心胸泌尿外科主治医师
王锦波	第三七一医院普外科主任
姚德胜	第三七一医院呼吸消化科主任
张亚斌	第四五六医院医务处助理员
赵永更	第四五六医院创伤外科副主任医师
单建华	济南军区总医院副院长
刘恩靖	济南军区总医院医务部主任医师
贺青卿	济南军区总医院普外科副主任医师
孙海宁	济南军区总医院骨病科副主任医师
张荣伟	济南军区总医院神经外科副主任
谢志勇	济南军区总医院医学影像科副主任技师
车吉泊	济南军区疾病预防控制中心办公室主治医师
付留杰	济南军区疾病预防控制中心疾病监控科副主任
李　君（女）	济南军区医学科技情报研究中心副研究员
王清刚	济南军区联勤部卫生部部长
徐承金	济南军区联勤部卫生部卫生防疫处处长
罗耀钦	济南军区联勤部卫生部医疗管理处副处长
刘乃兵	济南军区联勤部卫生部药品器材处副处长
南京军区	
刘卫平	联勤第十三分部卫生处处长
汪　勇	第八十一医院医务处助理员
卢振宇	第八十五医院医学工程科助理工程师

严力生	第八十五医院四一一临床部骨科主任
沈　彬	第八十五医院四一一临床部心内科主治医师
施建安	第一〇二医院医务处主任
徐　茂	第四五五医院医务处主任
栾建凤（女）	南京军区南京总医院输血科主任
娄振山	南京军区杭州疗养院空勤疗养区心理科主任
龚自力	南京军区疾病预防控制中心副主任
尹志强	南京军区联勤部卫生部医疗事故技术鉴定办主任
广州军区	
浦金辉	广州军区武汉总医院院长
刘幼英	广州军区武汉总医院副院长
王启全	广州军区武汉总医院专家组主任医师
林武延	广州军区武汉总医院专家组主任医师
唐博恒	广州军区疾病预防控制中心主任
傅建国	广州军区疾病预防控制中心主任医师
成都军区	
罗安强	四川省军区后勤部战勤处处长
邹忠进	77100 部队后勤部卫生处助理员
石美祥	77105 部队卫生队队长
姜　平	77116 部队卫生队队长
黄忠义	77126 部队后勤部卫生科科长
陈良飞	77200 部队后勤部卫生处处长
刘　力	77221 部队卫生队队长
陈克久	77223 部队卫生队队长
张金淑（女）	77225 部队卫生队队长
刘入仓	77226 部队卫生队队长
朱自强	77283 部队医院院长
许章权	77293 部队卫生队队长
宋　航	78438 部队卫生处处长
陈　宏	78638 部队 31 分队卫生员
郎志钢	第三十七医院神经科主任
谭祖春	第四十二医院院长
刘子文	第四十二医院医务处主任
罗　婷（女）	第四十二医院信息科助理员
宋朝理	第四十二医院干部病房主治医师
张　翔	第四十四医院心胸神经普通外科主任
郑鸣谷	第四十四医院肝胆烧伤皮肤外科医师
谭　云（女）	第四十四医院麻醉科非现役文职护士
王　军	第三二四医院院长
董　民	第三二四医院政治委员
朱　艳（女）	第三二四医院副院长
童　莉（女）	第三二四医院干部病房护士长
张　聪	第四五二医院院长
张德云	第四五二医院医务处助理员
仇晓峰（女）	第四五二医院护理部主任
姚一民	第四五二医院矫形外科主任
王　革	第四五二医院肾病内科医师
朱龙社	第四五二医院药剂科药师
高国民	成都军区总医院副院长
李　勇	成都军区总医院医务部主任
吴　凡	成都军区总医院医务部医疗科助理员

杨晓媛（女）	成都军区总医院护理部主任
李　晋	成都军区总医院急诊科主任
徐朝霞（女）	成都军区总医院急诊科护士长
杨立斌	成都军区总医院神经外科主治医师
周　凯	成都军区总医院胸心外科副主任医师
黎冬暄	成都军区总医院普通外科副主任医师
安　虹（女）	成都军区总医院麻醉科护士长
杨正辉（女）	成都军区总医院神经内科护士长
梁　萍（女）	成都军区总医院耳鼻喉科护士长
史云政	成都军区昆明总医院政治委员
唐　斌	成都军区昆明总医院副院长
徐昕明	成都军区昆明总医院医务部计划科助理员
汪新民	成都军区昆明总医院急诊科副主任
贺建昌	成都军区昆明总医院药剂科主管药师
王治安	成都军区昆明疗养院疗养科主任
彭文华	成都军区峨眉疗养院都江堰疗养区疗养一科副主任
范泉水	成都军区疾病预防控制中心主任
马　峰	成都军区疾病预防控制中心疾病监控科主任
王　毅	成都军区疾病预防控制中心卫生信息科主任
卢　豪	成都军区疾病预防控制中心医师
张贡民	成都军区联勤部药品仪器检验所供应计量中心主任
陈　瑛	成都军区成都药材仓库主任
田　涛	成都军区成都药材仓库供应站站长
侯　怡	成都军区成都药材仓库政治处干事
张　为（女）	成都军区联勤部卫生部部长
叶　文	成都军区联勤部卫生部综合计划处助理员
王云峰	成都军区联勤部卫生部药品器材处处长
罗自力	成都军区联勤部卫生部卫生信息中心主任
颜　励（女）	成都军区联勤部卫生部医疗事故技术鉴定办助理员
海　军	
曹中应	92057 部队后勤部卫生科科长
何　勍	海军总医院骨科副主任
张　超	海军总医院骨科主治医师
田海涛	海军总医院干部病房一科主治医师
刁利华（女）	海军总医院医学心理科主任护师
张志敏（女）	海军总医院呼吸内科护士长
李厚恩	海军总医院耳鼻喉科副主任医师
殷　明（女）	海军后勤部卫生部副部长
空　军	
罗　斌	95607 部队卫生队队长
汪振喜	95829 部队后勤部卫生处副处长
徐　轩	95900 部队后勤部卫生科科长
张　志	95971 部队后勤部卫生科科长
陈建华	95942 部队后勤部卫生科科长
魏崃琪	沈阳军区空军后勤部卫生防疫队医师
俞苏蒙	北京军区空军后勤部卫生防疫队队长
丁聚忠	兰州军区空军后勤部卫生处卫勤计划办公室主任
汤国庆	南京军区空军后勤部卫生防疫队医师
田泽维	广州军区空军后勤部卫生处医疗防疫办公室主任
金国辉	成都军区空军后勤部卫生处处长
何　强	成都军区空军后勤部卫生处副处长

肖同亮	成都军区空军后勤部卫生防疫队队长
李菊成	第四五七医院院长
刘庆元	空军总医院体检队队长
王　君（女）	空军总医院干部病房护师
武国城	空军航空医学研究所六室研究员
柴光军	空军后勤部卫生防疫队疾病监控科主任
孙焕冬	空军后勤部卫生防疫队卫生监督科主任
岳伟东	空军后勤部卫生防疫队副主任医师
郑巨军	空军后勤部卫生部副师职研究员
第二炮兵	
刘德立	96501 部队后勤部卫生科助理员
刘　伟	96531 部队后勤部卫生科科长
高宗科	第五三七医院院长
王长江	第二炮兵总医院骨科副主任
张　麟	第二炮兵总医院干部病房医师
郑金福	第二炮兵防护防疫环境监测队副队长
刘全斌	第二炮兵防护防疫环境监测队卫生监督科主治医师
孟　芳（女）	第二炮兵后勤部卫生部助理员
总参谋部	
刘昌人	总参谋部管理保障部卫生局副局长
总后勤部	
黄伟灿	第二军医大学副校长
苏均平	第二军医大学训练部副部长
包尔基	第二军医大学政治部副主任
朱仁心	第二军医大学海军医学系副主任
田文华	第二军医大学卫生勤务学系副主任
严　进	第二军医大学护理系心理学教研室教授
孙颖浩	第二军医大学附属长海医院副院长
范群铭	第二军医大学附属长海医院医教部副主任
钟海忠	第二军医大学附属长海医院医教部副主任
缪晓辉	第二军医大学附属长征医院副院长
徐丽萍（女）	第二军医大学附属长征医院医教部副主任
刘铁永	第二军医大学附属长征医院医教部副主任
王登高	第三军医大学校长
赵先柱	第三军医大学副校长
张朝宁	第三军医大学副政委
王云贵	第三军医大学训练部副部长
曹　佳	第三军医大学预防医学系主任
邹仲敏	第三军医大学预防医学系防原医学教研室副主任
吴　军	第三军医大学附属西南医院副院长
金锡御	第三军医大学附属西南医院泌尿科教授
任小宝	第三军医大学附属西南医院急救部主治医师
王小平	第三军医大学附属新桥医院副政治委员
周　跃	第三军医大学附属新桥医院骨科主任
周　政	第三军医大学附属新桥医院神经外科副主任
黄旭东	第三军医大学附属大坪医院院长
姚元章	第三军医大学附属大坪医院急诊科副主任
曾春雨	第三军医大学附属大坪医院心内科副主任
苗丹民	第四军医大学航空航天医学系心理学教研室主任
陈景元	第四军医大学军事预防医学系主任
闫永平	第四军医大学军事预防医学系流行病学教研室主任

于维国	第四军医大学护理士官系政治部主任
熊利泽	第四军医大学附属西京医院副院长
宋振顺	第四军医大学附属西京医院肝胆外科副主任
郭　征	第四军医大学附属西京医院骨科教授
苏景宽	第四军医大学附属唐都医院医教部主任
金晓天（女）	第四军医大学附属唐都医院政治部副主任
秦怀洲	第四军医大学附属唐都医院神经外科副教授
曹　猛	第四军医大学附属口腔医院医教部医疗科副科长
陈晓红（女）	解放军总医院副院长
卢世璧	解放军总医院专家组成员、工程院院士
江朝光	解放军总医院医务部副主任
孔繁鑫	解放军总医院政治部副主任
李春喜	解放军总医院院务部副部长
赵　炜	解放军总医院外科临床部副主任
余新光	解放军总医院神经外科副主任
米卫东	解放军总医院麻醉手术中心副主任
张梅奎	解放军总医院远程医学中心主任
栾复新	解放军总医院第三〇四临床部副主任
张　玲（女）	解放军总医院第三〇四临床部护理部助理员
李贵堂	解放军总医院第三〇九临床部副主任
王业东	第三〇二医院副院长
吕宏宇（女）	第三〇二医院医务部计划科副科长
庄英杰	第三〇二医院医务部感染控制科主任
张　昕	第三〇二医院感染一科医师
徐　池（女）	军事医学科学院科技部综合计划处参谋
赵家齐	军事医学科学院政治部副主任
高祀忠	军事医学科学院院务部部长
曹务春	军事医学科学院微生物流行病研究所所长
黄留玉	解放军疾病预防控制所所长
夏志平	军事医学科学院军事兽医研究所科技处副处长
李敬中	第一六一医院骨科副主任医师
李　靖	第一六一医院肾内科主治医师
徐绍敢	第一六一医院心胸外科主治医师
邓　蔚	第一六一医院五官科主治医师
徐　松	第四七七医院精神病科医师
付炳才	总后勤部卫生部综合局助理员
刘久成	总后勤部卫生部卫生防疫局副局长
李清杰	总后勤部卫生部医疗管理局局长
张　晖（女）	总后勤部卫生部药品器材局助理员
李　杰	总后勤部卫生部药检所综合仪器检测室副主任
总装备部	
张庭武	63820 部队后勤部卫生处处长
苗雪荣（女）	63839 部队管理处卫生科副主任医师（职员）
曲险峰	63850 部队后勤部防检所所长
高巧珍（女）	第五一七医院医务处助理员
肖　庆	第五二〇医院医务处主任
杨慎柯	第五二〇医院外科副主任
邹德威	第三〇六医院院长
常李荣	第三〇六医院医务部医疗科科长
贺建华（女）	第三〇六医院骨科护士长
冯瑞娟（女）	第三〇六医院干部病房护士长

李　茜（女）	第三〇六医院理疗科主任
王武芳	总装备部后勤部防疫大队副主任医师
毛彦杰	总装备部后勤部防疫大队助理研究员
赵会锋	总装备部后勤部卫生局助理员

武警部队

吴秀琳（女）	武警重庆市总队医院内三科主治医师
康　宁	武警四川省总队医院院长
吴明阳	武警四川省总队卫生处副处长
张小兵	武警陕西省总队医院院务处副处长
陈万禄	武警甘肃省总队陇南市支队卫生队队长
汤予锋	武警 8651 部队卫生队队长
杜志明	武警 8690 部队后勤部卫生科助理员
吴兴敏	武警 8740 部队医院副主任医师
唐　萍（女）	武警黄金第三总队十支队卫生队医师
苏培源	武警黄金第三总队门诊部医师
何明玉	武警四川省森林总队后勤部副部长
陈慧芳（女）	武警水电指挥部后勤部卫生处处长
赵亚军	武警交通第一总队后勤部卫生科科长
韩慧娟（女）	武警医学院附属医院护理部主任
赵建业	武警医学院附属医院消化内科医师
杨　轶	武警总医院医务部医疗科助理员
姜　川	武警总医院关节四肢外科主治医师
李增德	武警部队后勤部疾病预防控制中心主任
亓立安	武警部队后勤部疾病预防控制中心医师
时立强	武警部队后勤部卫生部部长
宋　冬（女）	武警部队后勤部卫生部助理员
郭　辉	武警部队后勤部卫生部助理员

人力资源社会保障部、卫生部关于表彰第二批卫生系统抗震救灾英雄集体和抗震救灾英雄的决定

为表彰先进，振奋精神，进一步激励卫生系统广大干部职工全力投入抗震救灾工作，人力资源社会保障部、卫生部决定授予四川省华西医院等 8 个集体“卫生系统抗震救灾英雄集体”荣誉称号；追授余国林“卫生系统抗震救灾英雄”荣誉称号；授予赵华等 3 人“卫生系统抗震救灾英雄”荣誉称号，享受省部级劳动模范和先进工作者待遇。

卫生系统抗震救灾英雄集体名单

四川大学华西医院	广东省抗震救灾医疗防疫救援队
四川省人民医院	江苏省抗震救灾医疗防疫救援队
四川省汉源县人民医院	浙江省抗震救灾医疗防疫救援队
中国疾病预防控制中心	河南省抗震救灾医疗防疫救援队

卫生系统抗震救灾英雄名单

余国林	四川省茂县中医院医生
赵华四	川省北川县卫生局副局长
张泮林	四川省什邡市第二人民医院主任医师
李银先	四川省绵阳市第三人民医院副主任医师

开展向冯理达学习活动

海军总医院原副院长、主任医师冯理达同志，1925年11月生，1947年参加革命工作，1975年12月加入中国共产党，2008年2月逝世。曾任全国政协第八届常委和第七、第九、第十届委员，中国和平统一促进会常务理事。

冯理达是我国优秀的医学专家，是爱国知识分子的榜样，是科教文卫战线共产党员的楷模，她对党无限忠诚，理想信念坚定，始终以党和人民的利益为重，几十年如一日，努力学习党的理论和路线方针政策，牢记党的根本宗旨，模范履行党员义务，自觉践行党员先进性要求，为党的事业生命不息、战斗不止，用毕生精力实现了“把一生献给党”的誓言。她长期从事免疫学理论研究与实践，刻苦钻研，勇于创新，组建了新中国第一个消毒研究室和我军第一个免疫学研究中心，编著学术著作8部，发表论文60余篇，获军队科技进步奖3次，29次带队赴传染病疫情地区和地震灾区指导防疫治疗工作，被国务院、中央军委授予“有突出贡献的早期归国定居专家”称号。她品德高尚，淡泊名利，团结协作，甘为人梯，对工作精益求精，对患者满腔热忱，赢得了广泛赞誉。她热爱人民，奉献社会，服务基层，生活简朴，把扶贫帮困作为人生最大的幸福，无偿捐助灾区人民、癌症患者及孤残儿童钱物达300多万元，长期为基层连队和街道社区义务宣讲科学健康知识。作为著名爱国将领冯玉祥将军的女儿，她广泛联系海内外爱国人士，努力推动海峡两岸民间交往，为促进祖国统一大业作出了积极贡献。

胡锦涛等中央领导做出批示，高度赞扬冯理达同志的崇高精神，要求总结表彰宣传她的先进事迹。中共中央组织部决定，追授冯理达同志“全国优秀共产党员”称号；人力资源社会保障部、卫生部决定，追授冯理达同志“白求恩奖章”荣誉称号；中共中央组织部、中共中央宣传部、人力资源社会保障部、卫生部、解放军总政治部、解放军总后勤部决定，在广大党员干部、知识分子和全军官兵中广泛开展向冯理达学习的活动。

（刘怡呈）

2007—2008年度卫生部有突出贡献中青年专家名单

经过单位推荐、省级卫生行政部门初选和卫生部评审，授予于金明等80人2007—2008年度“卫生部有突出贡献中青年专家”称号。

2007—2008年度卫生部有突出贡献中青年专家名单

于金明	山东省肿瘤防治研究院
马长生	首都医科大学附属北京安贞医院
马柏林	延安大学附属医院
孔维佳	华中科技大学同济医学院附属协和医院
毛　萌	四川大学华西第二医院
毛　颖	复旦大学附属华山医院
牛俊奇	吉林大学第一医院
王学峰	重庆医科大学附属第一医院
王拥军	上海中医药大学脊柱病研究所
王晞星	山西省中医院
丘小庆	四川大学华西医院
丛海波	山东省文登整骨医院
冉丕鑫	广州医学院
包　可	云南省中医医院
厉有名	浙江大学医学院附属第一医院
宁　琴	华中科技大学同济医学院附属同济医院
田家玮	哈尔滨医科大学附属第二医院
刘　平	上海中医药大学
刘天锡	宁夏回族自治区卫生厅
刘国荣	内蒙古包头市中心医院
孙立忠	中国医学科学院阜外心血管病医院
朱正纲	上海市瑞金医院
朱立国	中国中医科学院望京医院
毕胜利	中国疾病预防控制中心病毒病预防控制所

何志旭	贵阳医学院附属医院
张　林	四川大学
张　梅	山东大学齐鲁医院
张劲松	中国医科大学附属第四医院
张澍田	首都医科大学附属北京友谊医院
李　平	卫生部中日友好医院
李　龙	首都儿科研究所
李　英	河北医科大学第三医院
李　超	青海省地方病预防控制所
李　冀	黑龙江中医药大学基础医学院
李大金	复旦大学附属妇产科医院
李坤成	首都医科大学宣武医院
李青峰	上海交通大学医学院附属第九人民医院
李凌江	中南大学湘雅二医院
李新钢	山东大学齐鲁医院
杨　洁	天津医科大学
杨　森	安徽医科大学第一附属医院
杨正林	四川省医学科学院/四川省人民医院
杨延宗	大连医科大学附属第一医院
杨杏芬	广东省疾病预防控制中心
汪　华	江苏省疾病预防控制中心
汪建平	中山大学附属第六医院
辛　彦	中国医科大学附属第一医院
邱　勇	南京鼓楼医院
陈文祥	北京医院
陈仲强	北京大学第三医院
陈孝平	华中科技大学同济医学院附属同济医院
陈谦明	四川大学华西口腔医院
卓家同	广西壮族自治区疾病预防控制中心
周晓农	中国疾病预防控制中心寄生虫病预防控制所
房静远	上海交通大学医学院附属仁济医院
林　野	北京大学口腔医学院
林江涛	卫生部中日友好医院
林建华	福建医科大学附属第一医院
苗　毅	江苏省人民医院
金征宇	北京协和医院放射科
姜格宁	上海市肺科医院
洪　葵	南昌大学第二附属医院
胡娅莉	南京大学医学院附属鼓楼医院
贺浪冲	西安交通大学医学院
赵　群	中国医科大学
赵玉沛	北京协和医院
赵春华	中国医学科学院基础医学研究所
赵家军	山东省立医院
唐北沙	中南大学湘雅医院
翁建平	中山大学附属第三医院
高秀梅	天津中医药大学
曹云霞	安徽医科大学
梁朝朝	安徽医科大学第一附属医院
黄龙祥	中国中医科学院针灸研究所
黄晓军	北京大学人民医院

斯拉甫·艾白	新疆维吾尔自治区维吾尔医医院/维吾尔医药研究所
游苏宁	中华医学会杂志社
韩明哲	中国医学科学院血液学研究所
雷　燕	中国中医科学院
赫　捷	中国医学科学院肿瘤医院

（王　忱）

中国医院协会和健康报社联合表彰2008年度突出贡献奖和优秀院长

2008年10月13日，中国医院协会与健康报社联合，在卫生部、中医药管理局和总后卫生部的支持下，经过严格的推荐评选程序，决定对2008年度5名突出贡献奖获得者和97名优秀院长进行表彰，并颁发奖章、奖牌和荣誉证书。

2008年度受表彰的人员是由各省、自治区、直辖市医院协（学）会、总后卫生部、武警卫生部和新疆建设兵团卫生局推荐评选，由中国医院协会和健康报社组织专家评议，经常务理事会审定通过。整个推荐评审工作严格按照《评选标准》进行，充分体现了公开、公正、公平的原则。

2008年度突出贡献奖名单（按姓氏笔画排序）

丁义涛	南京大学医学院附属鼓楼医院院长
向月应	中国人民解放军第181医院院长
刘运祥	烟台毓璜顶医院院长
张　建	首都医科大学宣武医院院长
陈规划	中山大学附属第三医院院长

2008度年优秀院长名单（按姓氏笔画排序）

丁宝国	山东省胶南市人民医院院长
马友范	山东省东营市人民医院院长
马旭东	福建省漳州市医院院长
马集云	新疆生产建设兵团医院院长
王子锡	广西壮族自治区凤山县人民医院院长
王玉国	哈尔滨二四二医院院长
王　林	江苏省口腔医院院长
王国顺	湖北省广水市第一人民医院院长
王明晓	煤炭总医院院长
王　炜	宁夏回族自治区人民医院院长
王学生	黑龙江省农垦总局宝泉岭分局中心医院院长
王深明	中山大学附属第一医院院长
孔抗美	汕头大学医学院第二附属医院院长
石庆泉	河南省濮阳市油田总医院院长
叶广春	广州医学院第一附属医院院长
白爱萍	北京中医药大学附属护国寺中医医院院长
成建国	西藏自治区第二人民医院院长
吕长俊	山东省滨州医学院附属医院院长
朱启星	安徽医科大学第一附属医院院长
朱建民	上海市徐汇区中心医院院长
任国胜	重庆医科大学附属第一医院院长
刘义成	山东省泰安市中心医院院长
刘沈林	江苏省中医院院长
刘海朝	河北省邯郸市中心医院院长
许洪元	新疆伊犁州友谊医院院长
孙立忠	吉林省神经精神病医院院长
苏振武	河北省哈励逊国际和平医院院长

李长河	山西省运城市第二医院院长
李文增	山西省原平市第一人民医院院长
杨正文	湖南省株洲市妇幼保健院院长
李松林	民航总医院院长
何小舟	江苏省常州市第一人民医院院长
何伟生	广西壮族自治区民族医院院长
沈　洪	黑龙江省密山市人民医院院长
宋兴福	湖北省宜昌市中心人民医院院长
宋晓平	新疆阿克苏地区第一人民医院院长
宋　康	浙江省中医院院长
张大平	湖北省荆州市中心医院院长
张三定	陕西省汉中市中心医院院长
张永寿	青海省海晏县人民医院院长
张延祥	浙江省杭州市第三人民医院院长
张兆光	首都医科大学附属北京安贞医院院长
张苏展	浙江大学医学院附属第二医院院长
张秀治	河北省南皮县人民医院院长
张晓友	大庆油田总医院院长
张　展	郑州大学第三附属医院院长
陈少仕	海南省中医院院长
陈凤娴	重庆市妇幼保健院院长
陈仲强	北京大学第三医院院长
陈　园	江西省南昌市第一医院院长
陈明清	昆明医学院第一附属医院院长
林方才	华北电网有限公司北京电力医院院长
欧景才	广东省第二人民医院院长
岳庆祝	山东省济南市第四人民医院院长
周广鑑	江苏省海安县人民医院院长
周云峰	武汉大学中南医院院长
周延安	福建省泉州市儿童医院/妇幼保健院院长
周科选	陕西省宝鸡市中心医院院长
庞国明	河南省开封市第一中医院院长
赵玉亭	河南省南阳市中心医院院长
赵守健	甘肃省静宁县人民医院院长
赵劲民	广西医科大学第一附属医院院长
赵铱民	中国人民解放军第四军医大学口腔医院院长
赵　聪	四川省成都市第二人民医院院长
郝培来	山东省临沂市沂水中心医院院长
胡玉川	四川省凉山彝族自治州第一人民医院院长
柏　和	辽宁省肿瘤医院院长
姜合作	中国人民解放军第二炮兵总医院院长
祝益民	湖南省儿童医院院长
姚美芬	浙江省武义县第一人民医院院长
贾亚丁	山西省眼科医院院长
顾小萍	上海市第十人民医院院长
徐　克	中国医科大学附属第一医院院长
徐建光	复旦大学附属华山医院院长
郭天康	甘肃省人民医院院长
高方方	内蒙古自治区第四医院院长
唐植忠	湖南省长沙市第三医院院长
焉寿金	吉林省白山市中心医院院长

黄旭东	中国人民解放军第三军医大学第三附属医院院长
曹荣辉	山西省长治市人民医院院长
龚圣济	上海交通大学医学院附属第三人民医院院长
崔　泽	河北省第六人民医院院长
麻生文	山西省大同市第五人民医院院长
董爱民	辽宁省抚顺市中心医院院长
蒋均远	中国人民武装警察部队北京市总队第二医院院长
韩景献	天津中医药大学第一附属医院院长
程齐波	中国人民解放军北京军区总医院院长
舒占坤	云南省曲靖市罗平县人民医院院长
曾定邦	江西省南丰县人民医院院长
富景春	内蒙古自治区妇幼保健院院长
谢荣秋	湖南省耒阳市人民医院院长
靳建宁	宁夏石嘴山市中医医院院长
虞　婕	河南省郑州市中医院院长
蔺广东	陕西省志丹县人民医院院长
戴　夫	安徽省合肥市第一人民医院院长
魏云志	天津市蓟县人民医院院长
魏　健	大港油田总医院院长

（张春华）

医院工作纪事

2008年医院工作纪事

1月1日　卫生部部长陈竺、卫生部党组书记高强在《求是》杂志上联合撰文《走中国特色卫生改革发展道路使人人享有基本医疗卫生服务》，要求全国卫生系统认真学习领会十七大对医疗卫生工作提出的新目标和新要求，用科学发展观指导我国卫生事业的改革与发展，建立覆盖全民的基本医疗卫生制度，实施"健康中国2020"战略，提高全民健康水平。

1月2日　人事部、卫生部、国家中医药管理局联合作出关于表彰全国卫生系统先进集体、先进工作者和"白求恩奖章"获得者的决定。

1月4日　卫生部部长陈竺签发卫生部令第58号《单采血浆站管理办法》。并自2008年3月1日起施行。

同日，卫生部印发《关于加强适宜卫生技术推广工作的指导意见》。

1月7—8日　2008年全国卫生工作会议在北京召开。国务院副总理吴仪出席会议并讲话，充分肯定了五年来卫生工作取得的显著成就，总结了五年来卫生工作积累的宝贵经验，要求全国各级卫生部门和广大医务工作者以党的十七大精神为指引，把握正确方向，逐步建立中国特色基本医疗卫生制度，为实现人人享有基本医疗卫生服务而奋斗。卫生部部长陈竺作了题为《深入贯彻落实党的十七大精神，努力开创中国特色卫生事业发展的新局面》的工作报告。卫生部党组书记高强作了会议总结报告。

1月11—12日　《区域医院管理交流与合作项目》在上海拉开帷幕。来自华北、华南地区的37位医院院长应邀对上海、浙江两地的医院进行了参观、学习与交流。

1月16日　第四次全国卫生应急工作会议在江苏省南京市召开。卫生部部长陈竺出席会议并作题为《贯彻落实党的十七大精神，依法全面推进我国卫生应急工作》的讲话。

同日，卫生部发布《肺结核诊断标准》、《霍乱诊断标准》、《钩端螺旋体病诊断标准》、《麻风病诊断标准》等4项强制性卫生行业标准，并于2008年8月1日起实施。

1月19日　卫生部印发《卫生部甲类大型医用设备配置审批工作制度（暂行）》。

1月23日　卫生部、国家中医药管理局联合印发《关于加强医疗机构价格管理控制医药费用不合理增长的通知》。

1月31日　国务院总理温家宝签署国务院令第517号《护士条例》，并自2008年5月12日实施。

2月19日　卫生部印发《人粒细胞无形体病预防控制技术指南（试行）》。

2月25日　中国控制吸烟协会和中国医院协会在北京联合召开了"无烟医院标准修订研讨会"。卫生部妇社司、医政司、世界卫生组织驻华代表、国际防痨和肺部疾病联合会控烟部的领导出席会议并致词。

2月27日　卫生部印发《放射工作人员个人剂量监测技术服务机构资质审定条件》和《关于加强以麻疹为主的冬春季呼吸道传染病预防和控制工作的通知》。

2月28日　卫生部发布《流行性和地方性斑疹伤寒诊断标准》等14项强制性卫生行业标准，并自2008年9月1日起实施。

3月　国务院任命邵明立为卫生部副部长、国家食品药品监督管理局局长。

3月4日　卫生部公布审核批准的开展人类辅助生殖技术102家机构和设置人类精子库10家机构名单（截至2007年12月31日）。

3月7日　卫生部、国家中医药管理局联合印发《关于台港澳医师获得大陆医师资格有关问题的通知》。

3月10日　卫生部印发《无烟医疗卫生机构标准（试行）》。

3月11日　卫生部发布《地方性氟骨症诊断标准》为强制性行业标准，并自2008年9月30日起实施。

3月12日　卫生部发布《工业γ射线探伤放射防护标准》、《外照射个人剂量系统性能检验规范》等3项职业卫生标准，并自2008年10月1日起实施。

3月17日　卫生部印发《包虫病外科治疗项目管理办法》（试行）和《包虫病外科治疗项目技术方案》（试行）。

3月19日　卫生部印发《关于加强奥运会期间病原微生物实验室生物安全管理工作的通知》和《关于进一步加强抗菌药物临床应用管理的通知》。

3月20日　卫生部印发《关于进一步加强医疗服务与血液安全监督工作的通知》。

同日，中国医院协会血液净化中心管理分会在北京举行"透析治疗管理模式研讨会"，会议邀请了美国纽约肾脏病研究所所长、血液透析界的知名教授等进行了国外透析治疗管理模式的演讲。卫生部医政司、北京市卫生局及各区县卫生局、北京医保中心及部分医院院长、透析中心主任等共40余人参加了会议。

3月25日　卫生部、中央社会治安综合治理委员会办公室、中共中央宣传部、公安部、民政部、国家工商总局、国家中医药管理局等7部门联合印发《全国"平安医院"创建工作考核办法及考核标准》。

3月26日　卫生部印发《国家级卫生国际合作项目管理细则》。

3月27日　卫生部印发《卫生部业务主管境外基金会代表机构管理规定》。

4月1日　卫生部印发《关于加强肝素钠注射剂临

床使用管理的通知》。

4月3日 卫生部印发《公共卫生项目支出绩效考评暂行办法》。

4月8日 “中国医改回顾与展望院长论坛”在北京朝阳医院举行。中国医院协会李月东秘书长主持会议，来自全国各医院院长及医院管理者近200人参加了论坛。

同日，中国医院协会县（市）医院管理分会和中国宋庆龄基金会在北京共同举办了“建立和完善农村三级医疗卫生服务网络推广仪式暨中国宋庆龄基金会资助仪式”。

4月9日 卫生部印发《关于加强高致病性病原微生物有毒有害危险化学品和放射源安全管理工作的通知》。

4月10日 卫生部印发《中西部地区儿童先天性疾病和贫困白内障患者复明救治项目管理办法（试行）》和《营养工作规范》。

4月12日 中国医院协会学术与培训部首次在北京举办医院专业科主任管理培训（第一期）。来自华北及东北地区的114位医院专业科室科主任参加了培训。

4月17日 卫生部印发《关于加强神经外科手术治疗精神疾病管理有关问题的通知》。

4月18日 卫生部印发《在碘缺乏病高危地区采取应急补碘措施的实施意见（试行）》。

同日，卫生部印发《关于加强以霍乱为重点的肠道传染病防控工作的通知》。

4月22日 卫生部印发《关于进一步做好预防艾滋病母婴传播工作的通知》。

4月24日 卫生部、国家发展改革委、教育部、财政部和食品药品监管局联合召开全国扩大国家免疫规划工作电视电话会议。卫生部部长陈竺，国家发展改革委副主任穆虹，教育部党组成员、部长助理杨周复，财政部党组成员、部长助理张通，食品药品监管局副局长吴浈出席会议并分别讲话。

4月28日 胶济铁路特别重大交通事故发生后，卫生部副部长刘谦随中共中央政治局委员、国务院副总理张德江紧急赶赴事故现场，按中央领导指示，对救治工作做出全面部署，并成立全国专家组，组织部分重伤员运至三甲医院加强救治力量度，安排4名法国伤员赴北京协和医院治疗，强调信息上报和防止次生灾害发生，卫生系统的工作得到张德江副总理肯定。

同日，卫生部印发《关于做好贯彻实施〈中华人民共和国政府信息公开条例〉工作的通知》，印发各类卫生信息公开目录和编制规范。

4月29日 农业部、卫生部、国家工商行政管理总局联合印发《关于加强活禽经营市场管理做好禽流感防控工作的通知》。

同日，卫生部印发《关于加强手足口病等肠道病毒感染性疾病防控工作的通知》。

4月30日 卫生部印发《肠道病毒（EV71）感染诊疗指南（2008年版）。

5月1日 卫生部副部长刘谦率卫生部工作组赴安徽阜阳市指导手足口病防控工作。

5月2日 卫生部将手足口病纳入丙类法定传染病管理。

5月3日 卫生部成立手足口病防控工作领导小组，由卫生部部长陈竺任组长，卫生部党组书记高强、副部长马晓伟、刘谦任副组长。

5月6日 卫生部、财政部联合印发《关于开展乡镇卫生院招聘执业医师试点工作的指导意见》。

同日，卫生部部长陈竺签发卫生部令第59号《护士执业注册管理办法》，并自2008年5月12日起施行。卫生部召开全国手足口病防控电视电话会议，卫生部部长陈竺出席会议并讲话。

5月6—8日 中国医院协会医院建筑系统研究分会在北京举办《综合医院建设标准》和《综合医院建筑设计规范》培训班。来自全国各相关医院、建筑设计院、工程咨询公司负责人共120余人参加了培训。

5月9日 卫生部印发《关于加强手足口病疫情管理工作的通知》。

5月9—11日 中国医院协会院长论坛在厦门举行。论坛的主题是：医药卫生体制改革—机遇与挑战、任务和策略。来自全国各地的医院协（学）会领导、医院院长和医院管理人员、有关专家、学者近500人参加了会议。

5月11日 卫生部决定对中国医学科学院北京协和医院等46所2005—2007年度全国医院管理年活动中的先进单位予以表彰。

5月12日 国际护士节，主题为“提高社区护理品质，引领初级卫生保健”。卫生部与国家中医药局、总后卫生部及中华护理学会在北京联合召开贯彻实施《护士条例》暨庆祝“5·12”护士节电视电话会议，卫生部副部长马晓伟出席会议并讲话。

同日，卫生部在北京人民大会堂举行中国公民健康素养促进行动启动仪式暨《健康66条——中国公民健康素养读本》首发式，全国政协副主席张梅颖出席会议，卫生部副部长刘谦出席会议并讲话。卫生部印发《2008年“以病人为中心，以提高医疗服务质量为主题”的医院管理年活动方案》。

5月13日 卫生部联合科技部、公安部、监察部、人口计生委、国家食品药品监管局、国家中医药局、总后勤部卫生部召开全国打击非法行医专项行动和非法采供血专项整治工作总结电视电话会议。卫生部副部长马晓伟出席会议并作题为《巩固成绩，强化监督，切实保障人民群众就医和用血安全》的讲话。

同日，卫生部、国家发展改革委联合印发《2008—2010年全国正电子发射型断层扫描仪配置规划》。卫生部印发《关于切实做好抗震救灾医疗卫生应急救援和食品药品安全监管工作的紧急通知》及《医院管理评价指南（2008版）》。

5月15日 卫生部印发《“5·12”四川汶川地震抗震救灾医疗救治有关标准的紧急通知》和《关于加强抗

震救灾医疗卫生组织领导和信息报送工作的通知》。

5月15—17日　中国医院协会县（市）医院管理分会在山西平遥召开“医院文化建设与文化品牌战略研讨会”。

5月18日　卫生部印发《关于做好四川地震灾区部分伤员转出和接收工作的紧急通知》和《关于做好地震灾区食品和饮用水卫生监督管理工作的紧急通知》。

5月19日　卫生部印发《四川汶川大地震灾区医院感染预防与控制指南》、《紧急心理危机干预指导原则》、《关于进一步做好四川地震灾区医疗救治工作的通知》、《关于开展地震灾区疫情监测信息应急手机报告工作的通知》、《关于报送抗震救灾医疗卫生救援信息的紧急通知》、《关于抽调卫生监督员赴四川开展抗震救灾卫生防疫工作的紧急通知》以及《关于向四川省地震灾区增派卫生防疫队的紧急通知》。

5月20日　卫生部印发《关于进一步加强抗震救灾卫生防疫队工作的通知》。全国爱国卫生运动委员会下发《关于大力开展灾后爱国卫生运动的紧急通知》。

5月22日　卫生部印发《四川汶川地震伤员转送工作方案》和《地震灾区预防接种指南》。

5月25日　卫生部印发《关于进一步做好抗震救灾医疗救治和卫生防疫工作的意见》。

5月26日　卫生部印发《四川汶川地震伤员出院指导原则》。

5月27日　卫生部印发《四川汶川地震伤员康复工作方案》。

同日，中国医院协会医院信息管理专业委员会和卫生部医院管理研究所发布了《中国医院信息化发展研究报告（白皮书）》。

5月28日　卫生部印发《地震伤员康复指导规范》。

5月29日　卫生部印发《人禽流感诊疗方案（2008版）》和《基孔肯雅热诊断和治疗方案》。

5月31日　卫生部、民政部、财政部联合印发《关于妥善解决接收四川地震灾区伤病人员有关问题的通知》。卫生部印发《关于做好四川汶川地震转送伤员医疗救治和康复工作的通知》和《关于做好接收四川地震灾区伤病人员有关问题的紧急通知》。

6月1日　卫生部印发《关于做好四川汶川地震转送伤员信息报送工作的紧急通知》。

6月2日　卫生部印发《梭菌性肌坏死（气性坏疽）诊疗意见》。

同日，卫生部印发《关于报送四川灾区伤员医疗救治信息的通知》。

6月3日　卫生部印发《关于加强对医疗卫生系统抗震救灾资金物资监管的通知》和《医院向内部职工公开的信息目录》。

6月6日　卫生部发布《职业性哮喘诊断标准》等5项强制性国家职业卫生标准，并自2008年12月1日起实施。卫生部印发《关于加强抗震救灾医疗卫生救援安全管理工作的通知》。

6月10日　卫生部印发《基孔肯雅热预防控制技术指南（试行）》。

6月13日　中国医院协会传染病医院管理分会第二届全国会员代表大会在北京召开。中国医院协会会长曹荣桂、秘书长李月东、副秘书长张宝库以及来自全国传染病医院的62位会员代表出席了会议。

6月14—15日　中国医院协会药事管理专业委员会全体委员会议暨2008临床药师论坛在南京召开。药事管理专业委员会委员及临床药师培训试点基地、临床药师制试点医院相关部门负责人近200人参加了会议。

6月21日　卫生部印发《综合医院建设标准》等14个医疗卫生机构建设与装备指导标准。

6月22日　卫生部转发《灾难后临床常见精神卫生问题处置原则》。

6月24日　卫生部印发《卫生部关于医疗机构审批管理的若干规定》和《新型农村合作医疗管理信息系统基本规范（2008年修订版）》。

6月26日　卫生部作出决定，授予上海市疾病预防控制中心等50个单位全国丝虫病防治先进集体荣誉称号，授予王磐石等600人全国丝虫病防治先进个人荣誉称号。

6月26—27日　中国医院协会医院信息统计专业委员会主办的“区域协同医疗服务示范工程项目大会暨现代医疗服务业发展论坛”在北京召开。中国医院协会、卫生部以及各省、自治区、直辖市卫生厅（局）的有关领导、医院院长和医院信息中心主任300余人参加了会议。

6月28—29日　中国医院协会法制专业委员会在山西大同举办“2008年医院管理干部法律知识培训班”，约100名代表参会。

7月3日　卫生部印发《灾后不同人群心理卫生服务技术指导原则》。

7月8日　卫生部发布《职业卫生标准制定指南第1部分：工作场所化学物质职业接触限值》等5项推荐性国家职业卫生标准，并自2008年12月30日起实施。

7月10日　卫生部印发《世界卫生组织人体细胞、组织和器官移植指导原则（草案）》。

7月11—13日　中国医院协会区域医院药事管理交流与合作项目在北京举办。项目分别在北京医院、首都医科大学宣武医院、北京积水潭医院内举行，来自全国十九个地区的二级甲等以上医院的药剂科负责同志107人参加了会议。

7月12日　卫生部印发埃博拉出血热、黄热病、拉沙热、裂谷热、西尼罗热、马尔堡出血热等6种传染病预防控制指南和临床诊疗方案。

7月17日　卫生部、教育部、民政部、财政部、人力资源和社会保障部、国家人口和计划生育委员会、中国残疾人联合会、中国红十字会总会等8部门联合印发《关于做好脊髓灰质炎疫苗相关病例鉴定及善后处理工作的指导意见》。

同日，卫生部印发《关于进一步加强医疗广告管理的通知》和《援外医疗队员选拔和出国前培训暂行规定》。

7月18日　卫生部、中国人民解放军总后勤部卫生部联合印发《军地突发公共卫生事件应急处置合作机制》。

7月19日　中国控制吸烟协会和中国医院协会在京联合举办了修订《创建全国无烟医院技术指南》研讨会。

7月21日　国家食品药品监管局、卫生部联合印发《关于将A型肉毒毒素列入毒性药品管理的通知》。

同日，卫生部印发《灾后妇幼卫生服务应急方案》。

7月28日　卫生部、国家食品药品监督管理局、国家中医药局、总后勤部卫生部等4部门联合印发《关于组织开展抗震救灾医药卫生先进集体和先进个人评选工作的通知》。

8月1日　卫生部印发《关于做好奥运期间医疗卫生保障相关信息报告工作的通知》、《关于进一步加强奥运医疗卫生保障工作的通知》及《乡村医生考核办法》。

同日，"全国百姓放心示范医院2008动态管理"暨"创建第三批百姓放心医院启动"工作会议在深圳召开。中国医院协会会长曹荣桂、卫生部新闻发言人、办公厅副主任毛群安、卫生部医政司副司长周军等领导出席会议。另有中国医院协会各分支机构负责同志，全国各省、自治区、直辖市医院协（学）会负责同志以及来自全国700余所医院的近千名医院管理者参加了会议。

8月6日　卫生部发布《食物中碘的测定砷铈催化分光光度法》为强制性卫生行业标准，该标准自2009年2月1日起实施。

8月7日　卫生部印发《关于进一步做好医疗机构传染病防治工作的通知》。

8月16日　中国医院协会在北京召开了2008年优秀院长和医院管理突出贡献奖评审会议

8月18日　卫生部、教育部联合印发《医学教育临床实践管理暂行规定》。

8月25日　卫生部印发《卫生行业科研专项经费管理暂行办法》。

8月28—29日　卫生部在北京召开2008年深化医院管理年活动暨全国医政工作会议。卫生部部长陈竺、党组书记书记高强、副部长马晓伟出席会议并讲话。

8月29日　卫生部、国家中医药管理局、公安部、工业和信息化部、国家保密局联合印发《医师资格考试突发事件应急预案》。

9月11日　卫生部部长陈竺签发卫生部令第60号《预防接种异常反应鉴定办法》，并自2008年12月1日起施行。

同日，卫生部印发《关于报送有三鹿牌婴幼儿配方奶粉喂养史患泌尿系统结石婴幼儿有关情况的通知》和《与食用受污染三鹿牌婴幼儿配方奶粉相关的婴幼儿泌尿系统结石诊疗方案》。

9月12日　卫生部印发《关于加强婴幼儿奶粉安全监督管理的紧急通知》和《关于做好与食用受污染三鹿牌婴幼儿配方奶粉相关的婴幼儿泌尿系统结石诊疗工作的通知》。

9月13日　卫生部成立婴幼儿泌尿系统结石诊疗专家组。

同日，卫生部印发《关于食用含三聚氰胺奶粉婴幼儿泌尿系统结石诊疗有关问题的通知》。

9月15日　卫生部印发《关于进一步做好食用含三聚氰胺奶粉婴幼儿泌尿系统结石诊疗与宣传解释工作有关问题的通知》。

9月16日　卫生部召开关于做好三鹿牌婴幼儿配方奶粉重大安全事故医疗救治工作电视电话会议。卫生部副部长马晓伟出席会议并讲话。

9月17日　卫生部印发《肾综合征出血热疫苗接种工作方案（试行）》和《关于进一步做好食用含三聚氰胺奶粉婴幼儿医疗救治工作的通知》。

9月17—22日　中国医院协会精神病医院管理分会在山东青岛市举办了"全国精神病医院管理理论与实践高级研讨会"，来自全国各地各级各类精神病医院的代表共135名出席研讨会。

9月19日　卫生部印发《关于做好地震灾区医疗卫生机构放射卫生防护工作的通知》及《关于在全国开通三鹿奶粉事件健康咨询热线电话的紧急通知》。

9月22日　卫生部、国家食品药品监督管理局、国家中医药管理局、总后勤部卫生部联合作出决定，授予北京赴四川抗震救灾医疗队等175个单位抗震救灾医药卫生先进集体称号，授予于鲁明等1400人抗震救灾医药卫生先进个人称号。

同日，卫生部印发《关于加强婴幼儿奶粉事件婴幼儿筛查诊断工作的通知》。

9月25日　卫生部印发《食用含三聚氰胺奶粉致婴幼儿泌尿系统结石诊疗方案（修订版）》。

9月26日　第二届中国医院质量大会（贯彻落实卫生部"2008年以病人为中心，以提高医疗服务质量为主题的医院管理年"活动方案）在桂林举行。来自全国各医院的200多名医院院长、副院长、医疗管理者参加了会议。

9月30日　卫生部印发《关于婴幼儿奶粉事件死亡病例处理程序有关问题的通知》、《关于加强婴幼儿奶粉事件重症患儿医疗救治工作的通知》、《婴幼儿阪崎肠杆菌感染诊疗指南》及《婴幼儿阪崎肠杆菌感染宣教要点》。

10月9日　卫生部印发《关于西安交通大学医学院第一附属医院发生严重医院感染事件的通报》。

同日，由中国医院协会与哈佛《商业评论》（中文版）共同主办的"对话—哈佛医院管理高峰论坛"在北京召开。50余位医院院长在会上与中外专家进行了交流。活动还分别在沈阳、广州、南京、杭州举办，参与人员达300人。

10月10日　卫生部印发《关于做好黑龙江省完达山药厂生产的刺五加注射液不良反应事件有关医疗工作

的紧急通知》。

同日，“2008医院发展论坛”在北京召开。来自全国各地区医院院长参加了会议，并参观了中国医院协会与卫生部国合司合办的第17届中国国际医用仪器设备展览会。

10月14—16日　中国医院协会病案管理专业委员会在天津市举办了以“中国病案管理发展20年”为主题的第17届全国病案管理学术会议。来自北京、上海、天津等25个省、自治区、直辖市的210名代表参加会议，收到论文170篇。

10月15—19日　中国医院协会医院感染管理专业委员会在武汉召开“中国医院协会第十五届全国医院感染管理学术年会”。此次会议的主题是“耐药菌医院感染控制和患者安全”。来自全国30个省、自治区、直辖市近500名专业人员参加了会议。

10月16日　卫生部、国家食品药品监管局联合印发《关于规范医疗机构临床使用便携式血糖检测仪采血笔的通知》。

10月17日　由中国医院协会与上海市医院协会主办，上海交通大学医学院附属新华医院与《中国医院》杂志承办，拜耳中国医院发展基金协办的“转型期医院改革与发展专题论坛”在上海国际会议中心举行。卫生部部长陈竺发来贺信，来自全国三级甲等医院的院长以及医院管理专家等近300人参加了论坛。

10月20日　民政部、人力资源社会保障部、卫生部、财政部联合印发《关于进一步加强优抚对象医疗保障工作的通知》。

10月24日　卫生部印发《关于进一步做好婴幼儿奶粉事件重症患儿医疗救治工作的通知》和《关于规范新型农村合作医疗健康体检工作的意见》。

10月28日　人力资源社会保障部、卫生部、国家中医药管理局联合决定评选首届国医大师。

11月1—2日　中国医院协会与卫生部新闻办公室、人民日报科教文部、人民网在河南郑州联合举办了“2008中国医院院长高层论坛暨医院管理创新座谈会”。本次会议的主题是“以人为本 创新管理”。

11月14日　卫生部印发《关于暂停使用上海达美医用塑料厂生产的一次性使用静脉输液针的通知》。

同日，由中国医院协会和健康报共同主办的“2008年度中国医院‘先声杯’突出贡献奖、优秀院长”表彰大会在人民大会堂举行。丁义涛、向月应、刘运祥、张建、陈规划5位医院管理突出贡献奖获得者和丁宝国等97名优秀院长受到表彰。

11月19日　卫生部印发《手足口病诊疗指南(2008年版)》。

11月21日　卫生部印发《关于报送婴幼儿奶粉事件住院患儿治疗方式相关情况的紧急通知》。

12月1日　第21个世界艾滋病日，主题为“遏制艾滋，履行承诺”。

同日，卫生部印发《各级疾病预防控制机构基本职责》和《疾病预防控制机构工作绩效评估标准》。

12月3日　卫生部决定表彰第20期援几内亚医疗队等34个单位为全国援外医疗工作先进集体，李耘等100人为全国援外医疗工作先进个人。卫生部印发《关于做好婴幼儿奶粉事件后续医疗工作的通知》、《食用含三聚氰胺奶粉致泌尿系统结石患儿急性终结期后可能出现的相关疾病关联性判定要点》和《宣教提纲》、《卫生应急队伍装备参考目录（试行）》。

12月4日　卫生部决定授予邓长福等200名乡村医生2008年全国优秀乡村医生荣誉称号，并奖励每名优秀乡村医生人民币5000元。

同日，卫生部印发《关于规范新型农村合作医疗二次补偿的指导意见》、《2008—2009年“以病人为中心”医疗安全百日专项检查活动方案》。

12月5日　卫生部在人民大会堂举办纪念中国援外医疗队派出45周年活动，表彰近5年来援外医疗工作的先进集体和先进个人。中央政治局常委、国务院副总理李克强接见了与会代表并作了重要讲话。全国人大副委员长韩启德出席了会议。卫生部党组书记高强出席了纪念活动并讲话。

同日，卫生部印发《北方八省（区、市）鼠疫联防工作方案（2009—2012年)》。

12月7日　卫生部部长陈竺、商务部部长陈德铭联合签发卫生部第61号令《〈中外合资、合作医疗机构管理暂行办法〉的补充规定二》，并自2009年1月1日起施行。

12月11日　卫生部、中国人民解放军总后勤部卫生部联合印发《关于军队护士职业注册有关事宜的通知》。

同日，卫生部召开北方八省（区、市）鼠疫联防扩大会议。卫生部部长陈竺出席会议并做题为《总结过去，应对挑战，实现鼠疫联防联控科学发展》的讲话。卫生部印发《关于停止使用法国美德医用导管研制集团生产的一次性使用中心静脉导管的紧急通知》及《脊髓灰质炎诊断标准》、《流行性脑脊髓膜炎诊断标准》等10项强制性卫生行业标准。

12月17日　中国医院协会门急诊管理专业委员会在上海举办“门急诊管理论坛”专题培训班，共50家医院87名门急诊管理者参加。

12月18日　中国医院协会在珠海召开了医院评价与评估会议。中国医院协会潘学田常务副会长、李月东秘书长等出席了会议。

12月19日　卫生部印发《关于做好婴幼儿奶粉事件患儿随诊工作的通知》。

12月23日　卫生部、国家发展改革委、工业和信息化部联合印发《实现消除碘缺乏病目标县级考核评估方案》。

同日，卫生部印发《关于违规装备大型医用设备处理的意见》。

12月24日　卫生部、国家食品药品监督管理局、国家中医药管理局联合印发《关于进一步加强中药注射剂生产和临床使用管理的通知》。

12 月 25 日　中宣部、科技部、司法部、农业部、文化部、卫生部、国家人口计生委、中国科协等 8 部门会同中共安徽省委、省政府在安徽省肥西县举行全国文化科技卫生“三下乡”活动启动仪式。卫生部副部长马晓伟出席了启动仪式并代表卫生部向当地捐赠了价值 30 万元的医疗设备、医学书籍等。

12 月 29 日　全国爱国卫生运动委员会印发《国家卫生城市考核命名和监督管理办法》和《国家卫生镇（县城）考核命名和监督管理办法》。

12 月 31 日　卫生部印发《2008 年扩大国家免疫规划项目管理方案》和《关于做好婴幼儿奶粉事件随诊及住院患儿医疗救治信息上报的通知》。

医院统计信息

说　　明

一、为确保印刷时效 2008 年部分数据为初步统计数，调整数据见《中国卫生统计年鉴—2009》。

二、全国性统计指标均未包括香港、澳门特别行政区和台湾省数据。

三、卫生机构、卫生人员和诊疗人次均不包括村卫生室数据，村卫生室单独统计。

四、本资料主要来源于统计年报和抽样调查。香港、澳门特别行政区和台湾省数据及附录摘自《中国统计年鉴》和《世界卫生统计》。

五、“—”表示无数字；“…”表示数字不详；“#”表示其中项。

六、东部地区包括北京、天津、河北、辽宁、上海、江苏、浙江、福建、山东、广东、海南 11 个省、直辖市，中部地区包括黑龙江、吉林、山西、安徽、江西、河南、湖北、湖南 8 个省，西部地区包括内蒙古、广西、重庆、四川、贵州、云南、西藏、陕西、甘肃、青海、宁夏、新疆 12 个省、自治区、直辖市。

医疗服务

医疗机构诊疗人次及入院人数

Number of Visits and Inpatients in Medical Institutions

年份 Year	诊疗人次（亿次） Number of Visits（100 Million）			入院人数（万人） Number of Inpatients（10 000）		
		医院 Hospital	卫生院 Health Center		医院 Hospital	卫生院 Health Center
1980	25.53	10.53	…	2247	2247	…
1985	24.11	13.11	11.00	4331	2560	1771
1990	25.59	14.94	10.65	5140	3182	1958
1991	26.14	15.32	10.82	5292	3276	2016
1992	25.69	15.35	10.34	5222	3262	1960
1993	22.05	13.07	8.98	4921	3066	1855
1994	22.42	12.69	9.73	4992	3079	1913
1995	21.90	12.52	9.38	5033	3073	1960
1996	22.39	12.81	9.58	5023	3100	1923
1997	21.57	12.27	9.30	5044	3121	1923
1998	21.25	12.39	8.86	4995	3238	1759
1999	20.82	12.31	8.51	5073	3379	1694
2000	21.23	12.86	8.37	5297	3584	1713
2001	20.87	12.50	8.37	5464	3759	1705
2002	21.45	12.43	7.30	5991	3997	1654
2003	20.96	12.13	7.10	6092	4159	1626
2004	22.03	13.05	7.03	6676	4673	1621
2005	23.05	13.87	6.99	7184	5108	1641
2006	24.46	14.71	7.25	7906	5562	1858
2007	28.42	16.38	7.87	9827	6487	2699
2008	31.08	17.82	8.62	11483	7392	3355

注：①1993 年以前诊疗人次及入院人数系推算数字；②2002 年以前医院含妇幼保健院和专科疾病防治院数字；③本表医疗机构不含诊所、医务室、卫生所和村卫生室数字。

2008 年各类医疗机构诊疗人次及入院人数

Number of Visits and Inpatients in Medical Institutons in 2008

机构名称 Institutions	诊疗人次（亿次） Visits（100 Million）			入院人数（万人） Inpatients（10 000）		
		非营利 Nonprofit	营利 Profit		非营利 Nonprofit	营利 Profit
总计 Total	35.32	30.97	4.29	11483	11168	308
医院 Hospital	17.82	17.02	0.79	7392	7094	294
#综合医院 Genaral Hospital	13.41	12.88	0.52	5872	5680	188
中医医院 TCM Hospital	2.75	2.71	0.05	889	874	15
专科医院 Specialized Hospital	1.39	1.19	0.19	550	468	82
疗养院 Sanatorium	0.02	0.02	-	36	36	-
社区卫生服务中心（站） Health Service Center for Community	2.57	2.48	0.08	141	135	6
卫生院 Health Center	8.62	8.60	0.01	3355	3350	2
#乡镇卫生院 Township Health Center	8.27	8.25	0.01	3313	3309	1
门诊部 Outpatient Department	0.51	0.23	0.28	12	6	5
诊所（卫生所．医务室．护理站） Clinic	4.24	1.08	3.13	-	-	-
妇幼保健院（所、站） MCH Center	1.36	1.36	-	519	519	-
专科疾病防治院（所、站） Specialized Disease Prevention & Treatment Institute	0.18	0.18	-	3	28	-

2008 年医院分科门诊人次、出院人数及构成

Number and Percentage of Outpatients & Inpatients by Department in Hospitals in 2008

科别 Department	门诊人数（万次） Outpatients（10 000）	构成%	出院人数（万人） Inpatients（10 000）	构成%
总计 Total	159730	100.0	7373	100.0
#内科 Internal Department	36709	23.0	1786	24.2
外科 Surgical Department	15799	9.9	1523	20.7
儿科 Pediatric Department	14969	9.4	750	10.2
妇产科 Gyn. & Obs. Department	14987	9.4	1016	13.8
眼科 Ophthalmology Department	5147	3.2	165	2.2
耳鼻咽喉科 Otorhinolaryngology Department	5029	3.1	137	1.9
口腔科 Stomatological Departmen	5275	3.3	35	0.5
精神科 Psychiatry Department	1973	1.2	90	1.2
传染科 Infectious Disease Department	1898	1.2	141	1.9
肿瘤科 Tumor Department	1074	0.7	223	3.0
中医科 TCM Department	32209	20.2	927	12.6

综合医院分科门诊人次构成（%）

Percentage of Outpatients by Department in General Hospitals

科别 Department	2000	2005	2007	2008
合计 Total	100.0	100.0	100.0	100.0
#内科 Internal Department	30.9	30.7	30.8	30.3
外科 Surgical Department	12.3	13.5	13.5	12.9
妇产科 Gyn. & Obs. Department	8.4	10.4	11.3	11.3
儿科 Pediatric Department	6.9	8.1	9.0	9.7
中医科 TCM Department	8.3	6.3	4.5	4.4

医院医师日均担负诊疗人次和住院床日
Daily Visits and Inpatients Per Doctor in Hospital

指标 Indicator	1995	2000	2005	2007	2008
医师日均担负诊疗人次 Daily Visits Per Doctor					
合计 Total	4.4	4.8	5.3	6.0	6.5
卫生部属 Hospital of MOH	5.2	8.5	7.8	8.4	9.1
省属 Province Hospital	4.5	6.2	6.6	6.9	7.1
地级市属 Hospital of City at Prefecture	4.7	5.0	5.7	6.4	6.7
县级市属 Hospital of City at County Level	4.5	4.7	5.0	6.0	6.8
县属 County Hospital	4.1	3.9	4.3	5.1	5.4
医师日均担负住院床日 Daily Inpatients Per Doctor					
合计 Total	1.5	1.4	1.6	2.0	2.1
卫生部属 Hospital of MOH	1.6	1.8	2.3	2.4	2.4
省属 Province Hospital	1.6	1.8	2.1	2.2	2.4
地级市属 Hospital of City at Prefecture	1.7	1.5	1.9	2.2	2.3
县级市属 Hospital of City at County Level	1.4	1.2	1.4	1.7	1.8
县属 County Hospital	1.5	1.2	1.4	1.8	2.1

注：本表系卫生部门综合医院数字。

2008年各地区医院诊疗人次及入院人数
Number of Visits and Inpatients in Hospitals by Region in 2008

地　区 Region	诊疗人次（万次）Visits（10 000）	住院人数（万人）Inpatients（10 000）	地　区 Region	诊疗人次（万次）Visits（10 000）	入院人数（万人）Inpatients（10 000）
总　计 Total	178167.0	7392.0	河　南 Henan	9237.4	485.3
北　京 Beijing	7953.2	144.4	湖　北 Hubei	6502.6	316.2
天　津 Tianjin	3174.2	77.1	湖　南 Hunan	5061.3	342.9
河　北 Hebei	6638.9	413.3	广　东 Guangdong	25027.3	568.7
山　西 Shanxi	3305.8	175.0	广　西 Guangxi	5410.5	220.0

地　区 Region	诊疗人次（万次）Visits（10 000）	住院人数（万人）Inpatients（10 000）	地　区 Region	诊疗人次（万次）Visits（10 000）	入院人数（万人）Inpatients（10 000）
内蒙古 Inner Mongolia	2531.1	124.2	海　南 Hainan	986.8	39.1
辽　宁 Liaoning	6110.0	297.4	重　庆 Chongqing	3037.5	132.7
吉　林 Jilin	3254.4	164.7	四　川 Sichuan	8406.5	409.0
黑龙江 Heilongjiang	4038.9	219.0	贵　州 Guizhou	2054.3	148.1
上　海 Shanghai	8478.7	171.8	云　南 Yunnan	4791.9	240.8
江　苏 Jiangsu	12809.7	438.7	西　藏 Tibet	325.0	9.3
浙　江 Zhejiang	13012.5	358.9	陕　西 Shaanxi	4216.7	220.1
安　徽 Anhui	4487.9	285.8	甘　肃 Gansu	2390.2	115.9
福　建 Fujian	5069.1	193.8	青　海 Qinghai	638.3	33.5
江　西 Jiangxi	3879.9	204.5	宁　夏 Ningxia	993.4	44.1
山　东 Shandong	10704.3	594.0	新　疆 Xinjiang	3238.6	203.6

2008 年各地区非营利性医院诊疗人次及入院人数

Visits and Inpatients in Non-profit Hospitals by Region in 2008

地　区 Region	诊疗人次（万次）Visits（10 000）	入院人数（万人）Inpatients（10 000）	地　区 Region	诊疗人次（万次）Visits（10 000）	入院人数（万人）Inpatients（10 000）
总　计 Total	170196.31	7094.09	河　南 Henan	8877.36	471.71
北　京 Beijing	7655.98	138.97	湖　北 Hubei	6294.48	308.79
天　津 Tianjin	3040.34	73.60	湖　南 Hunan	4857.43	332.71
河　北 Hebei	6260.71	393.77	广　东 Guangdong	23650.74	534.27
山　西 Shanxi	3064.39	162.84	广　西 Guangxi	5279.63	217.24
内蒙古 Inner Mongolia	2389.26	118.51	海　南 Hainan	956.17	38.34
辽　宁 Liaoning	5934.11	289.60	重　庆 Chongqing	2901.20	125.30
吉　林 Jilin	3078.31	157.04	四　川 Sichuan	7965.91	389.26
黑龙江 Heilongjiang	3853.31	211.43	贵　州 Guizhou	3853.31	211.43
上　海 Shanghai	8253.91	168.64	云　南 Yunnan	4346.14	221.83

地　区 Region	诊疗人次（万次） Visits（10 000）	入院人数（万人） Inpatients（10 000）	地　区 Region	诊疗人次（万次） Visits（10 000）	入院人数（万人） Inpatients（10 000）
江　苏 Jiangsu	12164.57	414.25	西　藏 Tibet	290.95	8.96
浙　江 Zhejiang	12691.61	346.11	陕　西 Shaanxi	3995.78	212.89
安　徽 Anhui	4771.43	280.06	甘　肃 Gansu	2318.05	113.32
福　建 Fujian	4899.91	187.99	青　海 Qinghai	624.94	31.78
江　西 Jiangxi	3800.54	199.09	宁　夏 Ningxia	902.15	41.08
山　东 Shandong	10281.72	579.17	新　疆 Xinjiang	2954.78	191.55

2008 年医疗机构病床使用情况

Utilization of Beds in Medical Institutions in 2008

机构名称 Institutions	病床使用率（%） Utilization Rate（%）			出院者平均住院日 Average Stay Days in Hospital		
		非营利 Non-profit	营利 Profit		非营利 Non-profit	营利 Profit
总计 Total	74.7	75.8	47.9	8.6	8.6	7.8
医院 Hospital	81.5	83.4	48.1	10.7	10.8	8.1
#综合医院 Genaral Hospital	82.1	83.8	47.2	10.1	10.2	7.6
中医医院 TCM Hospital	77.3	78.2	47.3	10.5	10.5	10.6
专科医院 Specialized Hospital	82.2	87.2	49.4	17.6	19.1	8.8
疗养院 Sanatorium	49.7	49.7	6.6	11.3	11.3	12.3
社区卫生服务中心（站） Health Service Center for Community	57.6	57.4	56.4	8.5	8.7	2.7
卫生院 Health Center	55.8	55.8	53.1	4.5	4.5	5.8
#乡镇卫生院 Township Health Center	55.8	55.8	49.3	4.4	4.4	6.1
门诊部 Outpatient Department	28.4	29.8	26.0	3.7	5.7	2.2
妇幼保健院（所、站） MCH Center	69.0	69.0	61.9	5.4	5.4	6.6
专科疾病防治院（所、站） Specialized Disease Prevention & Treatment Institute	58.6	58.8	24.7	16.3	16.4	7.2

卫生部门医院和卫生院病床使用率（%）

Utilization Rate (%) of Beds in Hospitals and Health Centers of Health Sector

机构名称 Institutions	1985	1990	1995	2000	2005	2007	2008
医院 Hospital	87.9	85.6	70.2	64.5	75.3	84.3	88.1
综合医院 General Hospital	87.0	85.7	70.8	65.0	76.6	85.6	89.6
中医医院 TCM Hospital	83.9	73.6	57.4	50.7	65.7	73.2	78.6
口腔医院 Stomatological Hospital	…	…	30.5	26.3	42.5	55.6	56.7
肿瘤医院 Tumor Hospital	86.2	96.8	85.7	80.7	97.4	107.0	109.0
妇产（科）医院 Obs. & Gyn. Hospital	…	…	57.2	61.5	70.9	86.0	84.4
儿童医院 Children Hospital	91.6	88.1	79.3	73.4	96.6	109.6	107.9
精神病医院 Psychiatric Hospital	98.2	95.3	82.2	73.6	87.0	94.3	94.7
传染病医院 Hospital for Infectious Disease	76.9	83.4	57.5	50.4	64.7	73.6	78.5
结核病医院 Tuberculosis Hospital	94.0	86.3	56.8	51.5	67.6	75.2	81.9
卫生院 Health Center	46.0	43.4	40.3	33.1	37.8	48.8	56.2
#乡镇卫生院 Township Health Center	46.0	43.4	40.3	33.2	37.7	48.8	56.2

注：2000年及以前医院包括妇幼保健院和专科疾病防治院。下表同。

卫生部门医院和卫生院出院者平均住院日

Average Stay Days in Hospitals and Health Centers of Health Sector

机构名称 Institutions	1985	1990	1995	2000	2005	2007	2008
医院 Hospital	15.4	15.5	14.2	11.6	10.6	10.5	10.6
综合医院 General Hospital	13.3	13.5	12.6	10.5	9.8	9.8	9.9
中医医院 TCM Hospital	23.3	18.0	13.9	11.4	10.8	10.4	10.5
口腔医院 Stomatological Hospital	…	…	14.3	13.4	12.1	12.2	11.0
肿瘤医院 Tumor Hospital	44.8	42.4	35.5	26.7	20.6	19.0	18.4
妇产（科）医院 Obs. & Gyn. Hospital	…	…	9.0	7.7	7.2	7.1	7.0
儿童医院 Children Hospital	11.9	11.1	9.5	8.0	7.7	7.9	8.1
精神病医院 Psychiatric Hospital	92.2	80.9	66.9	52.4	44.2	46.0	46.4
传染病医院 Hospital for Infectious Disease	29.5	34.1	28.1	23.7	21.9	20.9	20.5
结核病医院 Tuberculosis Hospital	82.9	67.0	39.4	24.3	24.3	23.5	22.4
卫生院 Health Center	5.9	5.2	4.6	4.6	4.6	4.8	4.5
#乡镇卫生院 Township Health Center	5.9	5.2	4.6	4.6	4.6	4.8	4.4

注：2000年及以前医院包括妇幼保健院和专科疾病防治院。下表同。

2008 年各地区医院病床使用情况
Utilization of Beds in Hospitals by Region in 2008

地　区 Region	病床使用率（%） Utilization Rate（%）	平均住院日 Average Stay Days	地　区 Region	病床使用率（%） Utilization Rate（%）	平均住院日 Average Stay Days
总　计 Total	81.5	10.7	河　南 Henan	82.6	10.5
北　京 Beijing	83.0	15.0	湖　北 Hubei	87.3	10.7
天　津 Tianjin	75.5	13.2	湖　南 Hunan	86.7	10.4
河　北 Hebei	76.4	9.0	广　东 Guangdong	84.6	9.5
山　西 Shanxi	69.7	11.3	广　西 Guangxi	81.9	9.8
内蒙古 Inner Mongolia	71.4	11.0	海　南 Hainan	72.9	9.7
辽　宁 Liaoning	76.5	12.0	重　庆 Chongqing	82.2	11.4
吉　林 Jilin	67.5	10.7	四　川 Sichuan	87.5	10.6
黑龙江 Heilongjiang	68.8	11.3	贵　州 Guizhou	79.3	9.8
上　海 Shanghai	99.5	15.5	云　南 Yunnan	81.9	10.8
江　苏 Jiangsu	89.0	11.4	西　藏 Tibet	71.7	14.3
浙　江 Zhejiang	89.8	11.3	陕　西 Shanxi	74.6	10.7
安　徽 Anhui	83.3	11.3	甘　肃 Gansu	72.8	10.5
福　建 Fujian	92.7	10.4	青　海 Qinghai	73.5	10.0
江　西 Jiangxi	80.6	9.1	宁　夏 Ningxia	82.6	11.2
山　东 Shandong	78.8	9.8	新　疆 Xinjiang	82.4	10.4

2008 年各地区非营利性医院病床使用情况
Utilization of Beds in Non-profit Hospitals by Region in 2008

地　区 Region	病床使用率（%） Utilization Rate（%）	平均住院日 Average Stay Days	地　区 Region	病床使用率（%） Utilization Rate（%）	平均住院日 Average Stay Days
总　计 Total	83.4	10.8	河　南 Henan	83.9	10.5
北　京 Beijing	86.6	15.2	湖　北 Hubei	88.6	10.8
天　津 Tianjin	76.6	13.7	湖　南 Hunan	88.2	10.4
河　北 Hebei	78.3	9.1	广　东 Guangdong	86.6	9.6
山　西 Shanxi	71.4	11.5	广　西 Guangxi	83.1	9.8

地　区 Region	病床使用率（%）Utilization Rate（%）	平均住院日 Average Stay Days	地　区 Region	病床使用率（%）Utilization Rate（%）	平均住院日 Average Stay Days
内蒙古 Inner Mongolia	71.4	11.0	海　南 Hainan	74.8	9.8
辽　宁 Liaoning	77.8	12.1	重　庆 Chongqing	84.1	11.6
吉　林 Jilin	69.3	10.8	四　川 Sichuan	89.9	10.7
黑龙江 Heilongjiang	70.4	11.5	贵　州 Guizhou	82.6	10.2
上　海 Shanghai	101.9	15.6	云　南 Yunnan	84.8	11.0
江　苏 Jiangsu	92.1	11.6	西　藏 Tibet	71.9	14.4
浙　江 Zhejiang	91.4	11.5	陕　西 Shanxi	76.6	10.8
安　徽 Anhui	84.1	11.3	甘　肃 Gansu	73.3	10.5
福　建 Fujian	95.5	10.5	青　海 Qinghai	74.2	10.3
江　西 Jiangxi	81.6	9.2	宁　夏 Ningxia	88.4	11.4
山　东 Shandong	81.5	9.8	新　疆 Xinjiang	86.9	10.6

2008 年东中西部地区医院工作量

Medical Services in Hospitals by East，Midlle & West Region in 2008

指标 Indicator	合计 Total	东部 East	中部 midlle	西部 West
诊疗人次（亿次） Number of Visits（100 Million）	17.8	10.0	4.0	3.8
入院人数（万人） Number of Inpatients（10 000）	7392.0	3297.2	2193.4	1091.4
病床使用率（%） Utilization Rate（%）	81.5	83.6	79.3	80.3
平均住院日 Average Stay Days	10.7	10.8	10.6	10.6

2008年三级医院工作量

Medical Services in Hospitals by Different Levels in 2008

级别 Level	诊疗人次（亿次）Visits（100 Million）	住院人数（万人）Inpatients（10 000）	病床使用率（%）Utilization Rate（%）	医师日均担负诊疗人次 Daily Visits Per Doctor	医师日均担负住院床日 Daily Inpatients Per Doctor
总计 Total	17.8	7392.0	81.5	6.3	2.0
＃三级医院 Third Level	6.2	2326.8	100.5	7.3	2.5
＃甲等 1st Class	4.7	1704.1	103.2	7.6	2.5
乙等 2st Clas	1.2	486.1	94.8	6.4	2.4
二级医院 Secondary Level	8.3	4061.3	80.1	5.8	2.0
＃甲等 1st Class	6.1	3018.4	84.7	6.0	2.0
乙等 2st Class	1.7	792.8	69.0	5.3	1.7
一级医院 Primary Level	1.6	392.2	53.6	6.7	1.3

2008年政府办医院收入和支出

Income and Expenditure of Government Hospitals in 2008

指标 Indicator	医 院 Hospital		
		综合医院 General Hospital	中医医院 TCM Hospital
医院数 Number of Hospitals	9598	5701	2223
平均每所医院总收入（万元）Income Per Hospital（10 000 yuan）	6345.3	8162.6	3290.4
＃业务收入 Business Income	5813.7	7549.2	2982.8
＃医疗收入 Medical Income	3036.3	3985.0	1422.1
药品收入 Drug Income	2671.4	3435.0	1499.8
平均每所医院总支出（万元）Expenditure Per Hospital（10 000 yuan）	6142.3	7900.1	3202.6
＃业务支出 Business Expenditure	5994.5	7739.3	3110.3
＃医疗支出 Medical Expenditure	3415.8	4440.7	1662.5

指标 Indicator	医院 Hospital	综合医院 General Hospital	中医医院 TCM Hospital
药品支出 Drug Expenditure	2512.3	3218.3	1421.7
年内病人欠费率% % of Outstanding Payment among Patients	1.03	1.02	1.34
门诊病人人均医疗费（元） Medical Expense per Visit (yuan)	141.4	143.9	113.6
出院者人均住院医疗费（元） Medical Expense per Inpatient (yuan)	5413.6	5413.8	4144.2

2008 年卫生部门综合医院收入与支出

Income and Expenditure of Genaral Hospitals of Health Sector in 2008

指标 Indicator	合计 Total	卫生部属 Hospital of MOH	省属 Province Hospital	地级市属 Hospital of City at Prefecture	县级市属 Hospital of City at County Level	县属 County Hospital
平均每所医院总收入（万元） Income per Hospital (10 000 yuan)	9283.1	116818.2	47022.5	15284.8	5510.3	3530.4
#业务收入 Business Income	8614.7	108667.5	44125.0	14137.4	5123.5	3236.2
医疗收入 Medical Income	4545.4	56859.9	23024.5	7491.1	2684.5	1739.6
药品收入 Drug Income	3924.5	49586.0	20412.4	6435.4	2334.5	1441.5
其他收入 Others	144.8	2221.5	688.1	210.9	104.5	55.0
平均每所医院总支出（万元） Expenditure per Hospital (10 000 yuan)	8987.7	114101.7	45499.2	14888.1	5312.8	3378.3
#业务支出 Business Expenditure	8808.2	111297.2	44616.3	14540.3	5232.3	3321.5
医疗支出 Medical Expenditure	5055.3	64625.9	25250.3	8364.9	3011.6	1918.9
药品支出 Drug Expenditure	3675.2	45868.7	19008.2	6062.5	2168.4	1363.7
其他支出 Others	77.7	802.6	357.7	113.0	52.2	38.9
门诊病人人均医疗费（元） Average Medical Expense per Outpatient (yuan)	146.5	281.5	219.8	152.6	117.8	98.9
#药费 for Drug	74.0	157.6	116.9	78.2	57.4	44.3
出院者人均医疗费（元） Average Medical Expense per Inpatient (yuan)	5463.8	13980.7	11084.1	6557.1	4115.3	2712.0
#药费 for Drugs	2400.4	5677.5	4849.0	2844.6	1852.0	1236.5
检查治疗费 for Examination & Treatment	1361.1	3761.0	2712.1	1739.3	945.9	631.9

统计范围：4873 个卫生部门综合医院。

综合医院门诊病人次均医药费用

Average Medical Expense per Outpatient in General Hospital

年份 Year	次均医药费用（元）Medical Expense per Capita（yuan）			占医疗费用% % of Medical Expense	
		药费 Drug	检查治疗费 Examination & Treatment	药费 Drug	检查治疗费 Examination & Treatment
合计 Total					
1995	39.9	25.6	9.1	64.2	22.8
2000	85.8	50.3	16.8	58.6	19.6
2005	126.9	66.0	37.8	52.0	29.8
2007	136.1	68.0	42.4	50.0	31.2
2008	146.5	74.0	45.3	50.5	30.9
卫生部属 Hospital of MOH					
1995	82.7	55.4	14.4	67.0	17.4
2000	140.9	86.3	24.9	61.3	17.7
2005	247.1	136.7	61.8	55.3	25.0
2007	281.5	159.3	66.5	56.6	23.6
2008	281.5	157.6	68.5	56.0	24.3
省属 Province Hospital					
1995	65.8	43.1	13.5	65.5	20.5
2000	134.5	84.2	26.0	62.6	19.3
2005	192.5	102.0	52.9	53.0	27.5
2007	200.0	104.4	56.8	52.2	28.4
2008	219.8	116.9	62.1	53.2	28.3
地级市属 Hospital of City at Prefecture					
1995	43.3	27.9	10.2	64.4	23.6
2000	92.2	54.9	17.6	59.5	19.1
2005	130.7	69.3	38.9	53.0	29.8
2007	139.2	70.1	43.8	50.4	31.5
2008	152.6	78.2	46.7	51.2	30.6
县级市属 Hospital of City at County Level					
1995	34.6	22.2	8.2	64.2	23.7
2000	68.9	38.4	12.7	55.8	18.4
2005	105.2	53.5	33.3	50.9	31.7
2007	112.5	54.6	37.1	48.5	33.0
2008	117.8	57.4	38.4	48.7	32.6

年份 Year	次均医药费用（元）Medical Expense per Capita（yuan）			占医疗费用% % of Medical Expense	
		药费 Drug	检查治疗费 Examination & Treatment	药费 Drug	检查治疗费 Examination & Treatment
县属 County Hospital					
1995	24.8	15.2	6.3	61.3	25.4
2000	54.9	29.3	12.7	53.4	23.1
2005	84.2	41.0	27.9	48.7	33.1
2007	93.2	42.1	32.7	45.2	35.1
2008	98.9	44.3	36.0	44.8	36.4

注：本表系卫生部门综合医院数字。

综合医院出院病人人均医药费用

Average Medical Expense per Inpatient in General Hospitals

年份 Year	人均医药费用（元）Medical Expense per capita（yuan）			占医疗费用% % of Medical Expense	
		药费 Drug	检查治疗费 Examination & Treatment	药费 Drug	检查治疗费 Examination & Treatment
合计 Total					
1995	1667.8	880.3	507.3	52.8	30.4
2000	3083.7	1421.9	978.5	46.1	31.7
2005	4661.5	2045.6	1678.1	43.9	36.0
2007	4973.8	2148.9	1734.6	43.2	34.9
2008	5463.8	2400.4	1887.0	43.9	34.5
卫生部属 Hospital of MOH					
1995	5026.5	2787.0	1271.0	55.4	25.3
2000	8584.2	3710.8	2823.9	43.2	32.9
2005	12650.9	5089.9	4797.2	40.2	37.9
2007	13117.4	5360.8	4728.9	40.9	36.1
2008	13980.7	5677.5	5140.3	40.6	36.8
省属 Province Hospital					
1995	3915.9	2070.1	1224.9	52.9	31.3

年份 Year	人均医药费用（元）Medical Expense per capita（yuan）	药费 Drug	检查治疗费 Examination & Treatment	占医疗费用% % of Medical Expense 药费 Drug	检查治疗费 Examination & Treatment
2000	6513.8	3043.8	2199.5	46.7	33.8
2005	9871.2	4186.1	3573.4	42.4	36.2
2007	10200.6	4340.5	3548.4	42.6	34.8
2008	11084.1	4849.0	3849.7	43.7	34.7
地级市属 Hospital of City at Prefecture					
1995	2205.8	1136.5	691.1	51.5	31.3
2000	3718.0	1697.5	1207.0	45.7	32.5
2005	5452.4	2374.6	1994.3	43.6	36.6
2007	5892.5	2515.5	2109.1	42.7	35.8
2008	6557.1	2844.6	2312.1	43.4	35.3
县级市属 Hospital of City at County Level					
1995	1291.1	687.3	443.3	53.2	34.3
2000	2279.6	1062.6	663.9	46.6	29.1
2005	3380.9	1544.6	1187.4	45.7	35.1
2007	3774.9	1693.3	1257.6	44.9	33.3
2008	4115.3	1852.0	1350.4	45.0	32.8
县属 County Hospital					
1995	880.6	472.5	261.6	53.7	29.7
2000	1592.3	751.1	473.0	47.2	29.7
2005	2266.5	1057.8	780.9	46.7	34.5
2007	2491.9	1107.6	851.0	44.4	34.2
2008	2712.0	1236.5	911.9	45.6	33.6

注：本表系卫生部门综合医院数字。

居民两周就诊情况
Two-week Visits

指标 Indicator	合计 Total		城市 Urban		农村 Rural	
	2008	2003	2008	2003	2008	2003
两周就诊率（‰） Two-week Visit Rate（‰）	145.4	133.8	127.2	118.1	151.9	139.2
男性 Male	131.3	121.5	113.0	102.6	137.6	127.8
女性 Female	159.5	146.2	140.4	132.9	166.6	151.0
两周未就诊率（%） Two-week Non-visit Rate（%）	38.2	44.0	47.9	52.3	35.6	41.9
男性 Male	38.1	43.3	47.8	52.8	35.7	41.2
女性 Female	38.2	44.6	48.0	51.8	35.4	42.7

居民住院情况
Status of Hospitalization

指标 Indicator	合计 Total		城市 Urban		农村 Rural	
	2008	2003	2008	2003	2008	2003
住院率（%） Hospitalization Rate（%）	68.4	36.0	70.8	42.4	67.5	33.8
男性 Male	60.4	31.7	65.8	41.1	58.5	28.6
女性 Female	76.4	40.4	75.6	43.6	76.7	39.3
平均住院天数（天） Average Stay Days in Hospital	11.8	12.6	16.6	18.1	10.1	10.2

卫生部门城市医院住院病人前10位疾病构成
Percentage of 10 Main Diseases of Inpatients in City Hospitals of Health Sector

顺序 Rank	2007		2008	
	疾病种类 Disease（ICD-10）	构成%	疾病种类 Disease（ICD-10）	构成%
1	损伤、中毒和外因 Injury，Poisoning & External Causes	12.82	呼吸系病 Diseases of the Respiratory System	12.32
2	呼吸系病 Diseases of the Respiratory System	11.49	消化系病 Diseases of the Digestive System	11.09
3	消化系病 Diseases of the Digestive System	10.55	损伤、中毒和外因 Injury，Poisoning & External Causes	10.94
4	妊娠、分娩和产褥期病 Pregnancy，childbirth& the Puerperium	9.96	妊娠、分娩和产褥期病 Pregnancy，childbirth& the Puerperium	9.13

顺序 Rank	2007		2008	
	疾病种类 Disease（ICD-10）	构成%	疾病种类 Disease（ICD-10）	构成%
5	恶性肿瘤 Malignant Neoplasms	6.31	泌尿生殖系病 Disease of the Genitourinary System	6.22
6	泌尿生殖系病 Disease of the Genitourinary System	5.52	恶性肿瘤 Malignant Neoplasms	5.97
7	脑血管病 Cerebrovascular Disease	5.25	脑血管病 Cerebrovascular Disease	5.30
8	缺血性心脏病 Ischaemic Heart Disease	4.06	缺血性心脏病 Ischaemic Heart Disease	4.00
9	内分泌.营养和代谢疾病 Endocrine, Nutritional & Metabolic Diseases	3.14	内分泌.营养和代谢疾病 Endocrine, Nutritional & Metabolic Diseases	3.23
10	传染病和寄生虫病 Certain Infestious & Parasitic Diseases	2.91	传染病和寄生虫病 Certain Infestious & Parasitic Diseases	3.12
	十种死因合计 Total	72.01	十种死因合计 Total	71.32

卫生部门县医院住院病人前10位疾病构成

Percentage of 10 Main Diseases of Inpatients in County Hospitals of Health Sector

顺序 Rank	2007		2008	
	疾病种类 Disease（ICD-10）	构成%	疾病种类 Disease（ICD-10）	构成%
1	损伤、中毒和外因 Injury, Poisoning & External Causes	17.39	呼吸系病 Diseases of the Respiratory System	16.60
2	妊娠、分娩和产褥期病 Pregnancy, childbirth & the Puerperium	17.35	妊娠、分娩和产褥期病 Pregnancy, childbirth & the Puerperium	15.55
3	呼吸系病 Diseases of the Respiratory System	14.64	损伤、中毒和外因 Injury, Poisoning & External Causes	15.43
4	消化系病 Diseases of the Digestive System	12.95	消化系病 Diseases of the Digestive System	13.00
5	脑血管病 Cerebrovascular Disease	5.18	脑血管病 Cerebrovascular Disease	5.24
6	泌尿生殖系病 Disease of the Genitourinary System	4.48	泌尿生殖系病 Disease of the Genitourinary System	4.78
7	传染病和寄生虫病 Certain Infestious & Parasitic Diseases	3.45	传染病和寄生虫病 Certain Infestious & Parasitic Diseases	4.00

顺序 Rank	2007		2008	
	疾病种类 Disease（ICD-10）	构成%	疾病种类 Disease（ICD-10）	构成%
8	缺血性心脏病 Ischaemic Heart Disease	2.94	缺血性心脏病 Ischaemic Heart Disease	2.83
9	恶性肿瘤 Malignant Neoplasms	2.36	围生期病 Disease Originating in the Perinatal Period	2.59
10	围生期病 Disease Originating in the Perinatal Period	2.36	恶性肿瘤 Malignant Neoplasms	2.37
	十种死因合计 Total	83.10	十种死因合计 Total	82.39

农村和社区卫生

乡镇卫生院医疗服务及病床使用情况
Medical Services and Utilization of Beds in Township Health Centers

年份 Year	诊疗人次（亿次）Visits (100 Million)	入院人数（万人）Inpatients (10 000)	病床周转次数（次）Turnover of Beds (times)	病床使用率（%）Utilization Rate (%)	平均住院日（日）Average Stay Days
1985	11.00	1771	26.4	46.0	5.9
1990	10.65	1958	28.6	43.4	5.2
1995	9.38	1960	29.9	40.3	4.6
1996	9.44	1916	28.6	37.0	4.4
1997	9.16	1918	25.8	34.5	4.6
1998	8.74	1751	24.2	33.2	4.6
1999	8.38	1688	24.2	32.8	4.6
2000	8.24	1708	24.8	33.2	4.6
2001	8.24	1700	23.7	31.3	4.5
2002	7.10	1625	28.0	34.7	4.0
2003	6.91	1608	28.1	36.2	4.2
2004	6.81	1599	27.0	37.1	4.4
2005	6.79	1622	25.8	37.7	4.6
2006	7.01	1836	28.8	39.4	4.6
2007	7.59	2662	36.7	48.4	4.8
2008	8.27	3313	42.0	55.8	4.4

2008 年各地区乡镇卫生院诊疗人次及入院人数
Visits & Inpatients in Township Health Centers by Region in 2008

地 区 Region	诊疗人次（万次） Visits（10 000）	入院人数（万人） Inpatients（10 000）	地 区 Region	诊疗人次（万次） Visits（10 000）	入院人数（万人） Inpatients（10 000）
总 计 Total	82680.1	3312.7	河 南 Henan	6069.2	329.1
北 京 Beijing	751.7	3.5	湖 北 Hubei	3378.5	120.7
天 津 Tianjin	601.3	13.2	湖 南 Hunan	3511.7	212.5
河 北 Hebei	3699.0	156.3	广 东 Guangdong	7483.5	178.4
山 西 Shanxi	1400.1	47.0	广 西 Guangxi	3354.2	217.2
内蒙古 Inner Mongolia	1134.4	36.0	海 南 Hainan	639.1	14.0
辽 宁 Liaoning	1215.6	73.8	重 庆 Chongqing	2817.1	115.4
吉 林 Jilin	1001.3	35.9	四 川 Sichuan	7588.2	399.1
黑龙江 Heilongjiang	979.1	56.8	贵 州 Guizhou	1598.4	139.3
上 海 Shanghai	-	-	云 南 Yunnan	2791.3	95.2
江 苏 Jiangsu	6886.6	148.7	西 藏 Tibet	328.5	2.4
浙 江 Zhejiang	5852.0	28.3	陕 西 Shaanxi	1890.5	54.0
安 徽 Anhui	4165.1	176.0	甘 肃 Gansu	1584.2	52.8
福 建 Fujian	1858.8	119.0	青 海 Qinghai	249.2	11.0
江 西 Jiangxi	2380.0	189.5	宁 夏 Ningxia	437.1	5.8
山 东 Shandong	5954.7	222.3	新 疆 Xinjiang	1079.6	59.5

2008 年各地区乡镇卫生院病床使用情况
Utilization of Beds in Township Health Centers by Region in 2008

地 区 Region	病床使用率（%） Utilization Rate（%）	平均住院日 Average Stay Days	地 区 Region	病床使用率（%） Utilization Rate（%）	平均住院日 Average Stay Days
总 计 Total	55.8	4.4	河 南 Henan	65.0	4.6
北 京 Beijing	34.4	8.2	湖 北 Hubei	58.2	5.9
天 津 Tianjin	61.6	3.9	湖 南 Hunan	62.2	4.7

地　区 Region	病床使用率（%） Utilization Rate（%）	平均住院日 Average Stay Days	地　区 Region	病床使用率（%） Utilization Rate（%）	平均住院日 Average Stay Days
河　北 Hebei	51.6	4.9	广　东 Guangdong	57.0	4.5
山　西 Shanxi	41.4	5.5	广　西 Guangxi	69.5	3.5
内蒙古 Inner Mongolia	39.4	4.0	海　南 Hainan	33.5	4.5
辽　宁 Liaoning	43.5	4.0	重　庆 Chongqing	71.4	4.8
吉　林 Jilin	36.2	4.0	四　川 Sichuan	62.9	4.2
黑龙江 Heilongjiang	51.6	3.8	贵　州 Guizhou	63.0	3.0
上　海 Shanghai	-	-	云　南 Yunnan	51.4	5.0
江　苏 Jiangsu	51.8	5.9	西　藏 Tibet	29.6	5.2
浙　江 Zhejiang	36.4	6.6	陕　西 Shanxi	41.7	5.9
安　徽 Anhui	56.0	4.6	甘　肃 Gansu	51.9	5.2
福　建 Fujian	60.9	3.5	青　海 Qinghai	52.3	3.3
江　西 Jiangxi	68.2	2.8	宁　夏 Ningxia	48.4	4.5
山　东 Shandong	48.1	4.6	新　疆 Xinjiang	64.5	5.0

2008 年东中西部地区乡镇卫生院工作量

Medical Services in Township Health Centers by East，Midlle & West Region in 2008

指标 Indicator	合计 Total	东部 East	中部 midlle	西部 West
诊疗人次（亿次） Number of Visits（100 Million）	8.3	3.5	2.3	2.5
入院人数（万人） Number of Inpatients（10 000）	3312.7	957.5	1167.5	1187.7
病床使用率（%） Utilization Rate（%）	55.8	50.3	58.4	59.0
平均住院日 Average Stay Days	4.4	4.7	4.4	4.2

社区卫生服务中心（站）工作量

Medical Services in Health Service Centers for Community

年份 Year	社区卫生服务中心 Health Service Centers for Community				社区卫生服务站诊疗人次（万次） Visits in Health Service Stations for Community
	诊疗人次（万次） Visits（10 000）	入院人数（万人） Inpatients （10 000）	病床使用率（%） Utilization Rate（%）	平均住院日（日） Average Stay Days	
2002	3588.0	10.6	68.1	19.1	
2003	3804.4	10.3	67.1	23.8	3611.9
2004	4615.6	15.2	61.2	21.0	5095.5
2005	5938.5	26.6	60.7	17.2	6281.5
2006	8285.5	43.6	57.9	15.5	9378.9
2007	12712.4	74.3	59.6	13.1	9875.0
2008	17247.3	103.3	58.7	13.4	8425.1

2008 年各地区社区卫生服务中心诊疗人次及住院人数

Number of Visits & Inpatients of Health Service Center for Community by Region in 2008

地　区 Region	诊疗人次（万次） Visits（10 000）	住院人数（人） Inpatients	地　区 Region	诊疗人次（万次） Visits（10 000）	住院人数（人） Inpatients
总　计 Total	17247.3	1032788	河　南 Henan	137.4	18037
北　京 Beijing	1123.9	5075	湖　北 Hubei	794.8	81623
天　津 Tianjin	682.2	9097	湖　南 Hunan	285.7	41919
河　北 Hebei	257.7	55826	广　东 Guangdong	728.8	37064
山　西 Shanxi	98.5	13630	广　西 Guangxi	28.1	1811
内蒙古 Inner Mongolia	179.1	21532	海　南 Hainan	2.7	130
辽　宁 Liaoning	366.5	55186	重　庆 Chongqing	84.6	17271
吉　林 Jilin	42.5	1487	四　川 Sichuan	594.2	114924
黑龙江 Heilongjiang	74.0	9136	贵　州 Guizhou	91.3	35618
上　海 Shanghai	5724.1	142172	云　南 Yunnan	136.4	17290
江　苏 Jiangsu	2189.9	142819	西　藏 Tibet	-	-
浙　江 Zhejiang	2232.4	29107	陕　西 Shaanxi	41.8	2492
安　徽 Anhui	205.3	40610	甘　肃 Gansu	100.7	7766
福　建 Fujian	348.8	30735	青　海 Qinghai	54.3	5784
江　西 Jiangxi	259.5	39207	宁　夏 Ningxia	9.1	252
山　东 Shandong	217.0	45806	新　疆 Xinjiang	156.1	9382

2008年各地区社区卫生服务中心病床使用情况

Utilization of Beds in Health Service Center for Community by Region in 2008

地　区 Region	病床使用率（%） Utilization Rate（%）	平均住院日 Average Stay Days	地　区 Region	病床使用率（%） Utilization Rate（%）	平均住院日 Average Stay Days
总　计 Total	58.7	13.4	河　南 Henan	43.0	8.5
北　京 Beijing	32.4	17.6	湖　北 Hubei	49.3	9.8
天　津 Tianjin	23.0	20.3	湖　南 Hunan	40.0	7.1
河　北 Hebei	48.6	6.9	广　东 Guangdong	68.9	9.7
山　西 Shanxi	64.8	19.3	广　西 Guangxi	30.8	9.1
内蒙古 Inner Mongolia	51.5	17.0	海　南 Hainan	1.6	0.9
辽　宁 Liaoning	58.8	11.1	重　庆 Chongqing	41.2	7.4
吉　林 Jilin	37.9	10.4	四　川 Sichuan	63.8	7.7
黑龙江 Heilongjiang	59.6	26.5	贵　州 Guizhou	42.2	3.7
上　海 Shanghai	84.3	40.0	云　南 Yunnan	43.5	9.2
江　苏 Jiangsu	47.7	9.1	西　藏 Tibe	-	-
浙　江 Zhejiang	55.8	18.3	陕　西 Shanxi	20.4	9.7
安　徽 Anhui	51.2	7.0	甘　肃 Gansu	60.9	7.5
福　建 Fujian	47.7	3.4	青　海 Qinghai	62.2	8.2
江　西 Jiangxi	41.8	5.6	宁　夏 Ningxia	25.7	17.3
山　东 Shandong	52.6	6.6	新　疆 Xinjiang	51.7	11.3

妇幼保健

妇幼保健情况

Conditions of Maternal and Children Health Care

年份 Year	住院分娩率（%） % of Hospitalized Delivery			产前检查率（%）% of Antenatal Examination	产后访视率（%）% of Postnatal Interview	3岁以下儿童系统管理率（%）% of Systematic Management Children Under 3-year
	总计 Total	市 Urban	县 Rural			
1985	43.7	73.6	36.4	…	…	…
1990	50.6	74.2	46.0	…	…	46.3
1995	58.1	70.7	50.2	78.7	78.8	53.3
2000	72.9	84.9	65.2	89.4	86.2	73.8
2005	85.9	93.2	81.0	89.8	86.0	73.9
2006	88.4	94.1	84.6	89.7	85.7	73.9
2007	91.7	95.8	88.8	90.9	86.7	74.4
2008	94.5	97.5	92.3	91.0	87.0	75.0

监测地区孕产妇死亡率（1/10万）

Maternal Mortality Rate in Surveillance Region（per 100 000 Live Births）

年份 Year	总计 Total	城市 Urban	农村 Rural
1990	88.9	45.9	112.5
1995	61.9	39.2	76.0
2000	53.0	29.3	69.6
2005	47.7	25.0	53.8
2006	41.1	24.8	45.5
2007	36.6	25.2	41.3
2008	34.2	29.2	36.1

补充资料：解放前孕产妇死亡率为150/万。

Note：The Maternal Mortality Rate before 1949 was 150 per 10000 live births.

2008年监测地区孕产妇死亡原因

Cause of Maternal Death in Surveillance Region in 2008

疾病名称 Disease	合计 Total			城市 Urban			农村 Rural		
	位次 Rank	孕产妇死亡率 Maternal Mortality Rate 1/100000	构成%	位次 Rank	孕产妇死亡率 Maternal Mortality Rate 1/100000	构成%	位次 Rank	孕产妇死亡率 Maternal Mortality Rate 1/100000	构成%
总计 Total		34.2	100.0		29.2	100.0		36.1	100.0
产科出血 Obstetrics Hemorrhage	1	11.5	33.5	1	7	23.8	1	13.2	36.7
羊水栓塞 Amniotic Fluid Embolism	2	4.4	12.9	3	3.5	11.9	2	4.8	13.2
心脏病 Heart Disease	3	3.1	9.2	2	3.7	12.7	4	2.9	8.0
妊高征 Pregnancy Induced Hypertention	4	3.1	9.0	4	2.3	7.9	3	3.4	9.3
静脉血栓形成及肺栓塞症 Plumonary Embolism in Pregnancy	5	1.5	4.3	5	1.9	6.3	5	1.3	3.6
肝病 Liver Disease	6	1.1	3.3	6	1.4	4.8	6	1	2.8

监测地区5岁以下儿童死亡率

Mortality Rate of Children Under 5-year in Surveillance Region

指标 Indicator	1991	1995	2000	2005	2007	2008
总计 Total						
新生儿死亡率（‰） Newborn Mortality Rate (Per 1000 Live Births)	33.1	27.3	22.8	13.2	10.7	12.0
婴儿死亡率（‰） Infant Mortality Rate (Per 1000 Live Births)	50.2	36.4	32.2	19.0	15.3	14.9

指标 Indicator	1991	1995	2000	2005	2007	2008
5 岁以下儿童死亡率（‰）Mortality Rate of Children Under5-year (Per 1000 Live Births)	61.0	44.5	39.7	22.5	18.1	18.5
城市						
新生儿死亡率（‰）Newborn Mortality Rate (Per 1000 Live Births)	12.5	10.6	9.5	7.5	5.5	5.0
婴儿死亡率（‰）Infant Mortality Rate (Per 1000 Live Births)	17.3	14.2	11.8	9.1	7.7	6.5
5 岁以下儿童死亡率（‰）Mortality Rate of Children Under 5-year (Per 1000 Live Births)	20.9	16.4	13.8	10.7	9.0	7.9
农村 Rural						
新生儿死亡率（‰）Newborn Mortality Rate (Per 1000 Live Births)	37.9	31.1	25.8	14.7	12.8	12.3
婴儿死亡率（‰）Infant Mortality Rate (Per 1000 Live Births)	58.0	41.6	37.0	21.6	18.6	18.4
5 岁以下儿童死亡率（‰）Mortality Rate of Children Under 5-year (Per 1000 Live Births)	71.1	51.1	45.7	25.7	21.8	22.7

疾病控制

法定报告传染病发病及死亡率
Reported Incidence and Death Rate of Infectious Diseases

年份 Year	发病率 Incidence Rate (1/100 000)	死亡率 Death Rate (1/100 000)	病死率 (%) Deaths per 100 Patients
1985	872.33	2.00	0.23
1990	292.22	1.15	0.40
1995	176.24	0.34	0.19
1996	167.05	0.34	0.21
1997	192.11	0.33	0.17
1998	194.80	0.31	0.16
1999	197.63	0.27	0.14
2000	185.98	0.26	0.14
2001	188.62	0.29	0.15
2003	192.18	0.48	0.25
2004	244.66	0.55	0.22
2005	268.31	0.76	0.28
2006	266.83	0.81	0.30
2007	272.39	0.99	0.36
2008	268.01	0.94	0.35

注：1990年以前报告的传染病包括鼠疫、副霍乱、白喉、流脑、百日咳、猩红热、麻疹、流感、痢疾、伤寒副伤寒、病毒性肝炎、脊髓灰质炎、乙脑、疟疾、黑热病、森林脑炎、恙虫病、出血热和钩端螺旋体病19种；1990-1995年包括24种传染病（病种见后页，不包括新生儿破伤风和肺结核）；1996-2002年包括26种传染病（病种见后页，不包括传染性非典型肺炎）。

Note: The reported infectious diseases before 1990 included plague , paracholera , diphtheria, pertusis, epidemic encephalitis, scarlet fever, measles, influenza, dysentery, typoid & paratyphoid fever, viral hepatitis, poliomyelitis, encephalitis B, malaria, kalaarza, forest encephalitis, tsutsugamushi disease, hemorrhage fever & Leptospirosis. The reported infectious diseases from 1990 to 1995 were 24 kinds (listed in the next page, except newborn tetanus & pulmonary tuberculosis) . The reported infectious diseases from 1996 to 2002 were 26 kinds (listed in the next page, except SARS) .

2008 年 27 种法定报告传染病发病及死亡率

Reported Incidence & Death Rate of 27 Infectious Diseases in 2008

疾病名称 Disease	发病率 Incidence Rate (1/100 000)	死亡率 Death Rate (1/100 000)	病死率 (%) Deaths per 100 Patients
总计 Total	268.01	0.94	0.35
鼠疫 The Plague	0.00	0.00	100.00
霍乱 Cholera	0.01	*	*
病毒性肝炎 Viral Hepatitis	106.54	0.08	0.07
痢疾 Dysentery	23.65	0.00	0.02
伤寒副伤寒 Typhoid & Paratyphoid Fever	1.18	0.00	0.04
艾滋病 AIDS	0.76	0.41	53.57
淋病 Gonorrhea	9.90	0.00	0.00
梅毒 Syphilis	19.49	0.00	0.02
脊髓灰质炎 Poliomyelitis	*	*	*
麻疹 Measles	9.95	0.01	0.08
百日咳 Pertussis	0.18	0.00	0.04
白喉 Diphtheria	*	*	*
流脑 Epidemic Encephalitis	0.07	0.01	11.93
猩红热 Scarlet Fever	2.10	*	*
出血热 Hemorrhage Fever	0.68	0.01	1.14
狂犬病 Hydrophobia	0.19	0.18	96.23
钩端螺旋体病 Leptospirosis	0.07	0.00	2.09
布氏杆菌病 Brucellosis	2.10	*	*
炭疽 Anthrax	0.03	0.00	0.30
乙脑 Encephalitis B	0.23	0.01	4.77
血吸虫 Schistosomiasis	0.22	*	*
疟疾 Malaria	1.99	0.00	0.08
登革热 Dengue Fever	0.02	*	*
新生儿破伤风 Newborn Tetanus	0.10	0.01	10.69
肺结核 Pulmonary Tuberculosis	88.52	0.21	0.24
传染性非典型肺炎 SARS	*	*	*
人禽流感 HpAI	0.00	0.00	100.00

注：①新生儿破伤风发病率和死亡率单位为‰；②＊无发病及死亡病例。

2008年部分市县前10位疾病死亡专率及死亡原因构成（合计）

Death Rate of 10 Main Diseases in Certain Region in 2008（Total）

顺位 Rank	市 City			县 County		
	死亡原因 Cause	死亡专率 Death Rate 1/100000	构成%	死亡原因 Cause	死亡专率 Death Rate 1/100000	构成%
1	恶性肿瘤 Malignant Neoplasms	166.97	27.12	恶性肿瘤 Malignant Neoplasms	156.73	25.39
2	心脏病 Heart Disease	121.00	19.65	脑血管病 Cerebrovascular Disease	134.16	21.73
3	脑血管病 Cerebrovascular Disease	120.79	19.62	呼吸系病 Diseases of the Respiratory System	104.2	16.88
4	呼吸系病 Diseases of the Respiratory System	73.02	11.86	心脏病 Heart Disease	87.1	14.11
5	损伤及中毒 Injury & Poisoning	31.26	5.08	损伤及中毒 Injury & Poisoning	53.02	8.59
6	内分泌营养和代谢疾病 Endocrine, Nutritional & Metabolic Diseases	21.09	3.43	消化系病 Diseases of the Digestive System	16.33	2.65
7	消化系病 Diseases of the Digestive System	17.6	2.86	内分泌营养和代谢疾病 Endocrine, Nutritional & Metabolic Diseases	11.05	1.79
8	泌尿生殖系病 Disease of the Genitourinary System	6.97	1.31	泌尿生殖系病 Disease of the Genitourinary System	5.7	0.92
9	神经系病 Disease of the Nervous System	6.34	1.03	神经系病 Disease of the Nervous System	4.35	0.70
10	精神障碍 Mental Disorders	3.69	0.60	精神障碍 Mental Disorders	4.27	0.69
	10种死因合计 Total		92.36	10种死因合计 Total		93.46

2008 年部分市县前 10 位疾病死亡专率及死亡原因构成（男）

Death Rate of 10 Main Diseases in Certain Region in 2008 (Male)

顺位 Rank	市 City			县 County		
	死亡原因 Cause	死亡专率 Death Rate 1/100000	构成%	死亡原因 Cause	死亡专率 Death Rate 1/100000	构成%
1	恶性肿瘤 Malignant Neoplasms	204.00	30.00	恶性肿瘤 Malignant Neoplasms	204.6	29.32
2	脑血管病 Cerebrovascular Disease	127.78	18.79	脑血管病 Cerebrovascular Disease	140.76	20.17
3	心脏病 Heart Disease	123.45	18.15	呼吸系病 Diseases of the Respiratory System	110.15	15.84
4	呼吸系病 Diseases of the Respiratory System	83.41	12.26	心脏病 Heart Disease	88.15	12.63
5	损伤及中毒 Injury & Poisoning	38.46	5.66	损伤及中毒 Injury & Poisoning	67.59	9.69
6	消化系病 Diseases of the Digestive System	20.19	2.97	消化系病 Diseases of the Digestive System	20.64	2.96
7	内分泌营养和代谢疾病 Endocrine, Nutritional & Metabolic Diseases	18.72	2.75	内分泌营养和代谢疾病 Endocrine, Nutritional & Metabolic Diseases	9.71	1.39
8	泌尿生殖系病 Disease of the Genitourinary System	7.26	1.07	泌尿生殖系病 Disease of the Genitourinary System	6.64	0.95
9	神经系病 Disease of the Nervous System	6.62	0.97	神经系病 Disease of the Nervous System	4.37	0.63
10	精神障碍 Mental Disorders	3.21	0.47	精神障碍 Mental Disorders	3.65	0.52
	10 种死因合计 Total		93.09	10 种死因合计 Total		94.10

2008年部分市县前10位疾病死亡专率及死亡原因构成（女）

Death Rate of 10 Main Diseases in Certain Region in 2008（Female）

顺位 Rank	市 City			县 County		
	死亡原因 Cause	死亡专率 Death Rate 1/100000	构成%	死亡原因 Cause	死亡专率 Death Rate 1/100000	构成%
1	恶性肿瘤 Malignant Neoplasms	129.22	23.49	脑血管病 Cerebrovascular Disease	127.31	23.85
2	心脏病 Heart Disease	118.49	21.54	恶性肿瘤 Malignant Neoplasms	107.05	20.06
3	脑血管病 Cerebrovascular Disease	113.66	20.66	呼吸系病 Diseases of the Respiratory System	97.66	18.30
4	呼吸系病 Diseases of the Respiratory System	62.44	11.35	心脏病 Heart Disease	86.02	16.12
5	损伤及中毒 Injury & Poisoning	23.92	4.35	损伤及中毒 Injury & Poisoning	37.9	7.10
6	内分泌营养和代谢疾病 Endocrine，Nutritional & Metabolic Diseases	23.51	4.27	消化系病 Diseases of the Digestive System	12.43	2.33
7	消化系病 Diseases of the Digestive System	14.96	2.72	泌尿生殖系病 Disease of the Genitourinary System	11.86	2.22
8	泌尿生殖系病 Disease of the Genitourinary System	6.68	1.21	内分泌营养和代谢疾病 Endocrine，Nutritional & Metabolic Diseases	4.92	0.92
9	神经系病 Disease of the Nervous System	6.05	1.10	神经系病 Disease of the Nervous System	4.37	0.89
10	精神障碍 Mental Disorders	4.18	0.76	精神障碍 Mental Disorders	4.34	0.81
	10种死因合计 Total		91.45	10种死因合计 Total		92.60

2004-2005 年前 10 位恶性肿瘤死亡率（1/10 万）

Mortality Rate of 10 Main Malignant Neoplasms From 2004 to 2005（per 100 000 Persons）

顺位 Rank	合计 Total		男 Male		女 Female		城市 Urban		农村 Rural	
	疾病名称 Disease	死亡率 Death Rate	疾病名称 Disease	死亡率 Death Rate	疾病名称 Disease	死亡率 Death Rate	疾病名称 Disease	死亡率 Death Rate	疾病名称 Disease	死亡率 Death Rate
1	肺癌 Lung Cancer	30.61	肺癌 Lung Cancer	41.14	肺癌 Lung Cancer	19.63	肺癌 Lung Cancer	39.94	肝癌 Liver Cancer	26.93
2	肝癌 Liver Cancer	26.06	肝癌 Liver Cancer	37.36	胃癌 Stomach Cancer	16.43	肝癌 Liver Cancer	24.41	肺癌 Lung Cancer	25.71
3	胃癌 Stomach Cancer	24.52	胃癌 Stomach Cancer	32.29	肝癌 Liver Cancer	14.30	胃癌 Stomach Cancer	22.5	胃癌 Stomach Cancer	25.59
4	食管癌 Oesophagus Cancer	15.04	食管癌 Oesophagus Cancer	20.46	食管癌 Oesophagus Cancer	9.38	食管癌 Oesophagus Cancer	10.63	食管癌 Oesophagus Cancer	17.34
5	结直肠癌 Colon & Rectum Cancer	7.35	结直肠癌 Colon & Rectum Cancer	8.32	结直肠癌 Colon & Rectum Cancer	6.34	结直肠癌 Colon & Rectum Cancer	9.72	结直肠癌 Colon & Rectum Cancer	6.11
6	白血病 Leukemia	3.82	白血病 Leukemia	4.24	女性乳腺癌 Female Breast Cancer	5.86	胰腺癌 Pancreatic Cancer	4.29	白血病 Leukemia	3.68
7	脑瘤 Brain Cancer	3.11	脑瘤 Brain Cancer	3.50	子宫癌 Uterus Cancer	4.32	白血病 Leukemia	3.9	脑瘤 Brain Cancer	2.80
8	女性乳腺癌 Female Breast Cancer	2.88	胰腺癌 Pancreatic Cancer	2.91	白血病 Leukemia	3.39	女性乳腺癌 Female Breast Cancer	3.71	女性乳腺癌 Female Breast Cancer	2.35
9	胰腺癌 Pancreatic Cancer	2.59	膀胱癌 Blandder Cancer	2.12	脑瘤 Brain Cancer	2.72	脑瘤 Brain Cancer	2.06	子宫癌 Uterus Cancer	2.32
10	骨癌 bone Cancer	1.69	鼻咽癌 Nasopharunx Cancer	2.04	宫颈癌 Cervix Uteri Cancer	2.84	胆囊癌 Gallbladder Cancer	1.28	胰腺癌 Pancreatic Cancer	1.70
	总计 Total	134.80	总计 Total	169.19	总计 Total	98.97	总计 Total	146.57	总计 Total	128.63

资料来源：2004-2005 年中国恶性肿瘤死亡抽样回顾调查。

Source：Retrospective Sampling Survey on Malignant Tumor in China from 2004 to 2005.

一岁儿童免疫报告接种率（%）

Immunization Rate of Infants（%）

项目 Item	1990	1995	2000	2006	2007
卡介苗 BCG	96.0	92.0	97.8	99.2	99.0
百白破 DPT	95.0	92.0	97.9	99.0	99.0
脊　灰 OPV	96.0	94.0	98.0	99.0	99.1
麻　苗 MV	95.0	93.0	97.4	98.6	98.6

2008年血吸虫病防治情况

Schistosomiasis Control Status in 2008

地区 Region	流行县（市、区）个数 Number of Endemic Areas	流行村人口数（万人） Population in Epidemic Villages (10 000)	年底实有病人数（万人） Number of Patients（10 000）	年内治疗病人数 Number of Treated Patients	累计达到传播消灭标准县（市/区） Cumulative Areas Reaching Criteria of elimination
总计 Total	450	6781.1	41.3	519823	265
上海 Shanghai	9	301.2	0.0	2	9
江苏 Jiangsu	71	1317.8	0.2	101	53
浙江 Zhejiang	55	956.0	0.1	1073	55
安徽 Anhui	50	676.9	3.7	114267	17
福建 Fujian	16	79.7	0.0	2	16
江西 Jiangxi	39	477.2	9.0	84417	20
湖北 Hubei	63	987.0	17.9	254902	21
湖南 Hunan	35	635.5	9.3	62556	4
广东 Guangdong	13	42.2	0.0	0	13
广西 Guangxi	19	101.9	0.0	0	19
四川 Sichuan	62	1035.9	0.9	2074	27
云南 Yunnan	18	169.8	0.2	429	11

2008 年地方性氟中毒防治情况
Endemic Fluorosis Control Status in 2008

项目 Item	病区县数 Number of Epedemic Counties	病区县人口数（万人） Population in Epedemic Counties (10 000)	氟斑牙人数（万人） Cases of Dental Flurosis (10 000)	氟骨症人数（万人） Cases of Skeletal Flurosis (10 000)	控制县数 Number of Counties in Control	累计防治受益人口（万人） Cumulative Population Benefited (10 000)
饮水型 Drinking Water	1135	57131.4	2360.2	140.1	182	4132.9
煤烟污染型 Burning Coal Pollution	178	9366.3	1616.3	184.2	24	1303.7

2008 年克山病、大骨节病、碘缺乏病防治情况
Keshan Disease，Kashin-Beck Disease，Iodine Deficiency Disorders Control Status in 2008

疾病名称 Diseases	病区县数 Number of Epedemic Counties	病区县人口数（万人） Population in Epedemic Counties (10 000)	现症病人（万人） Current Patients (10 000)	累计控制（消除）县数 Cumulative Counties under Control
克山病 Keshan Disease	327	13202.89	4.12	257
大骨节病 Kashin-Beck Disease	366	10528.34	71.48	208
碘缺乏病 Iodine Deficiency Disorders	2787	125805.34	42.27	

注：①克山病现症病人数为潜在型、慢型、亚急型及急型克山病现患病人之和；②碘缺乏病病区县数和病区县人口总数系指开展碘缺乏病防治工作的县数及人口数，并非碘缺乏病历史病区县数及人口数；③碘缺乏病现症病人数为II度甲状腺肿患者、克汀病人之和。

卫生监督

2008 年被监督单位基本情况

The Basic Situation of Inspected Field in 2008

项目 Item	单位数（个） Number of Case	有效卫生许可（资质）证（份） Number of Valid Health License	从业人员（人） Number of Staff	持健康证（资质）人数 Staff with Health Certification
食品卫生 Food Hygiene	5838649	5915209	20831273	20414846
公共场所卫生 Public Place Hygiene	999834	1005779	5077847	4920858
饮用水卫生 Drinking Water Hygiene	67286	53112	313331	298614
学校卫生 School Health	291402	-	-	-
职业卫生 Occupational Health	220297	-	-	-
职业卫生技术服务机构 Technical Service Institution for Occupational Health	2530	4707	158732	-
放射卫生 Radiation Health	47606	47968	215080	161082
涉水产品 Water Related Products	2836	-	61104	-
化妆品 Cosmetic	1621	1749	22312	21845
消毒产品 Disinfection Products	4803	4835	66209	-

2008 年卫生监督和检测情况
Health Supervision & Surveillance in 2008

项目 Item	卫生监督户次数 Units of Health Supervision	合格率 Qualification Rate (%)	卫生监测件数 Cases of Health Surveillance	合格率 Qualification Rate (%)
食品卫生 Food Hygiene	16394144	91.26	1150766	91.59
公共场所卫生 Public Place Hygiene	2446233	90.90	3689559	92.85
饮用水卫生 Drinking Water Hygiene	253754	85.65	375406	88.64
化妆品 Cosmetic	168882	93.84	30510	95.72
消毒产品 Disinfection Products	401655	94.15	460666	94.85
餐具消毒 Food Utensil Disinfection	-	-	8259083	84.64
涉水产品 Water Related Products	-	-	3194	94.15

2008 年建设项目卫生审查情况
Hygience Examination of Construction Project in 2008

项目 Item	建设项目数（个） Number of Construction Project	选址卫生审查（个） Hygiene Examination of Project Location Selection		设计卫生审查（个） Hygiene Examiniation of Project Design		竣工验收卫生审查（个） Hygiene Examination of Constrcution Qualification	
		通过 Pass	未通过 Fail	通过 Pass	未通过 Fail	通过 Pass	未通过 Fail
总计 Total	406553	309598	5498	316055	10274	326933	10069
食品卫生 Food Hygiene	263002	203234	4580	206693	8672	215553	8390
公共场所卫生 Public Place Hygiene	109905	97155	534	99191	1262	101249	1197
饮用水卫生 Drinking Water Hygiene	4146	2332	86	2950	55	2946	73
职业卫生 Occupational Health	24059	3056	221	3474	220	3120	281
放射卫生 Radiation Health	4924	3404	71	3298	64	3596	114
化妆品 Cosmetic	517	417	6	449	1	469	14

2008 年卫生行政处罚情况

Administrative Punishment Cases in 2008

项目 Item	案件数（件）Number of Case	处罚决定 Punishment					行政措施（起）Administrative Measure		行政复议（件）Cases of Administrative Reconsideration	行政诉讼（件）Cases of Administrative Lawsuit
		警告（件）Warning	罚款（件）Fine	没收违法所得金额（万元）Confiscating illegal gains (10000 yuan)	责令停产停业（件）Ordering to Stop Producing & Marketing	吊销卫生许可证（件）Revoking Hygiene Licenses	责令改正 Rectification	取缔 Ban		
食品卫生 Food Hygiene	276626	63810	191110	330.50	8944	628	141369	21614	326	12
公共场所卫生 Public Place Hygiene	42214	14177	24886	-	221	7	17100	396	50	4
饮用水卫生 Drinking Water Hygiene	2341	-	1267	-	-	-	1437	-	2	0
学校卫生 School Health	4269	1468	-	-	-	-	2509	-	1	0
职业卫生 Occupational Health	7652	5558	1451	0.01	-	-	4583	-	27	9
放射卫生 Radiation Health	2890	1682	1077	-	-	6	1805	-	3	0
化妆品 Cosmetic	2702	754	1675	46.60	224	0	1004	-	1	0
传染病防治 Prevention & Control of Infectious Diseases	29509	10369	23610	23.40	-	7	16579	196	6	5
医疗卫生 Medical Service	104467	23351	72189	675.10	18608	232	881	17000	57	14
采供血卫生 Blood Collection & Supply	221	128	57	0.18	1	0	146	0	0	0

医疗保障制度

新型农村合作医疗情况
Conditions of New Cooperative Medical System

指标 Indicator	2004	2005	2006	2007	2008
开展新农合县（区、市）数 Number of Counties Implementing of NCMS	333	678	1451	2451	2729
参合人口数（亿人） Number of Enrollees（100 Million）	0.80	1.79	4.10	7.26	8.15
参合率（%） Enrollment Rate（%）	75.2	75.7	80.7	86.2	91.5
当年筹资总额（亿元） Total Fund Raised at Current Year（100 million yuan）	40.3	75.4	213.6	428.0	785.0
人均筹资（元） Per Capita Premiums（yuan）	50.4	42.1	52.1	58.9	96.3
当年基金支出（亿元） Payout at Current Year（100 million yuan）	26.4	61.8	155.8	346.6	662.0
补偿受益人次（亿人次） Number of Beneficiaries from Reimbursement（100 million）	0.76	1.22	2.72	4.53	5.85

城镇居民基本医疗保险情况
Conditions of Basic Medical Insurance of Urban Population

指标 Indicator	2004	2005	2006	2007	2008
城镇职工基本医疗保险 Basic Medical Insurance of Employees					
参保人数（万人） Number of Enrollees（100 Million）	12404	13783	15732	18020	20048
在职职工 Employees	9045	10022	11580	13420	

指标 Indicator	2004	2005	2006	2007	2008
退休人员 Retirees	3359	3761	4152	4600	
基金收入（亿元） Revenue (100 million yuan)	1140.5	1405.3	1747.1	2214.2	
基金支出（亿元） Payout (100 million yuan)	862.2	1078.7	1276.7	1551.7	
累计结存（亿元） Balance at Years-end (100 million yuan)	957.9	1278.1	1752.4	2440.8	
城镇居民基本医疗保险 Basic Medical Insurance of Residents					
试点市（地）个数 Number of Cities Implementing				88	317
参保人数（万人） Number of Enrollees (100 Million)				4291	11650

资料来源：《中国统计年鉴》。*Source*: *China Statistical Yearbook*.

居民社会医疗保险构成（%）

% of Social Medical Insurance

项目 Item	合计 Total		城市 Urban		农村 Rural	
	2008	2003	2008	2003	2008	2003
城镇职工基本医保 Basic Medical Insurance of Employees	12.7	8.9	44.2	30.4	1.5	1.5
公费医疗 Government	1.0	1.2	3.0	4.0	0.3	0.2
城镇居民基本医保 Basic Medical Insurance of Residents	3.8	-	12.5	-	0.7	-
新农合 NCMS	68.7	-	9.5	-	89.7	-
其他社会医保 Others	1.0	12.0	2.8	15.2	0.4	10.9
无社会医保 No Social Medical Insurance	12.9	77.9	28.1	50.4	7.5	87.3

资料来源：《中国统计年鉴》。*Source*: *China Statistical Yearbook*.

医疗救助情况

Conditions of Medical Relief

指标 Indicator	2004	2005	2006	2007	2008
医疗救助人次（万人次）	641	970	1746	3338	4247
number of Medical Relief (10 000 Persons)					
城镇居民 Urban		115	187	442	513
农村居民 Rural	641	855	1559	2896	3734
医疗救助支出（亿元）	4.4	11.0	21.2	42.5	59.3
Expenses of Medical Relief (100 million yuan)					
城镇居民 Urban		3.2	8.1	14.4	23.5
农村居民 Rural	4.4	7.8	13.1	28.1	35.8

注：本表系政府医疗救助数（不含社会医疗救助）。

卫生资源

卫生机构数

Number of Health Institutions

机构名称 Institution	1950	1980	1990	2000	2005	2007	2008
总计 Total	8915	180553	208734	324771	298997	298408	278337
医院 Hospital	2803	9902	14377	16318	18703	19852	19712
综合医院 Genaral Hospital	2692	7859	10424	11872	12982	13372	13119
中医医院 TCM Hospital	4	678	2080	2591	2620	2720	2688
专科医院 Specialized Hospital	85	694	1362	1543	2682	3282	3437
其他 Others	22	671	511	312	419	478	468
卫生院 Health Center	-	55413	47749	49777	41694	40679	39860
＃乡镇卫生院 Township Health Center	-	55413	47749	49229	40907	39876	39080
社区卫生服务中心（站） Health Service Center for Community	-	-	-	17128	27069	24260	
疗养院（所） Sanatorium	60	470	650	471	274	237	210
门诊部（所） Outpatient Department & Clinic	3356	102474	129332	240934	207457	197083	180752
妇幼保健院（所/站） Health Center	426	2745	3148	3163	3021	3051	3011
专科疾病防治机构 Specialized Disease Prevention & Treatment Institute	30	1138	1781	1839	1502	1365	1310
疾病预防控制中心 CDC	61	3105	3618	3741	3585	3585	3534
卫生监督所 Health Supervision Institute	-	-	-	-	1702	2553	2675
其他 Others	2179	5306	8079	8528	3931	2934	3013

注：①2005 年起卫生机构数不再包括高中等医学院校和药检机构，1990 年及以前卫生机构数不含私人诊所；②门诊部（所）包括门诊部、诊所、卫生所、医务室和护理站。

2008 年各地区卫生机构数（1）

Number of Health Institutions by Region in 2008（1）

地区 Region	合计 Total	医院 Hospital	卫生院 Health Center	社区卫生服务中心（站） Health Service Center for Community	门诊部（所） Outpatient Department & Clinic	妇幼保健院（所、站） MCH Center	专科疾病防治院（所、站） Specialized Disease Prevention & Treatment Institute	疾病预防控制中心（防疫站） Center for Disease Control & Prevention	卫生监督所 Health Supervision Institute	其他 Others
总　计 Total	278337	19712	39860	24260	180752	3011	1310	3534	2675	3223
东　部 East	108499	7569	10960	14289	70752	938	560	1096	768	1567
中　部 Middle	79527	6249	12335	6816	49838	969	545	1091	818	866
西　部 West	90311	5894	16565	3155	60162	1104	205	1347	1089	790
北　京 Beijing	6497	529	123	1282	4355	19	26	31	20	112
天　津 Tianjin	2784	247	181	776	1435	23	16	24	16	66
河　北 Hebei	15632	1111	1958	983	10989	185	7	190	167	42
山　西 Shanxi	9431	1025	1569	531	5854	132	12	131	89	88
内蒙古 Inner Mongolia	7162	471	1329	690	4168	115	49	137	100	103
辽　宁 Liaoning	14627	854	1062	796	11277	111	91	133	62	241
吉　林 Jilin	9659	568	802	2290	5664	70	53	68	36	108
黑龙江 Heilongjiang	7928	911	938	359	5065	136	111	192	132	84
上　海 Shanghai	2822	299	0	469	1906	24	19	22	20	63
江　苏 Jiangsu	13357	1094	1429	1846	8290	104	45	168	109	272
浙　江 Zhejiang	15290	635	1871	5168	6989	87	27	101	98	314
安　徽 Anhui	7837	720	1845	917	3854	119	44	127	102	109
福　建 Fujian	4478	332	871	251	2705	85	27	87	48	72

2008 年各地区卫生机构数（2）

Number of Health Institutions by Region in 2008（2）

地区 Region	合计 Total	医院 Hospital	卫生院 Health Center	社区卫生服务中心（站） Health Service Center for Community	门诊部（所） Outpatient Department & Clinic	妇幼保健院（所、站） MCH Center	专科疾病防治院（所、站） Specialized Disease Prevention & Treatment Institute	疾病预防控制中心 Center for Disease Control & Prevention	卫生监督所 Health Supervision Institute	其他 Others
江　西 Jiangxi	8229	491	1545	628	5023	111	112	137	108	74
山　东 Shandong	14973	1253	1755	959	10314	149	126	177	75	165
河　南 Henan	11683	1174	2089	533	7239	167	21	181	128	151
湖　北 Hubei	10305	593	1203	1115	6871	99	109	110	93	112
湖　南 Hunan	14455	767	2344	443	10268	135	83	145	130	140
广　东 Guangdong	15819	1028	1399	1695	10948	126	150	136	137	200
广　西 Guangxi	10427	450	1258	302	7985	103	47	100	106	76
海　南 Hainan	2220	187	311	64	1544	25	26	27	16	20
重　庆 Chongqing	6265	355	1041	116	4579	40	13	43	42	36
四　川 Sichuan	20738	1144	4818	578	13441	201	37	208	204	107
贵　州 Guizhou	5848	475	1459	278	3263	90	8	105	96	74
云　南 Yunnan	9249	692	1396	165	6396	148	32	152	146	122
西　藏 Tibet	1326	99	665	7	412	57	0	81	2	3
陕　西 Shaanxi	8812	816	1733	197	5596	117	5	123	106	119
甘　肃 Gansu	10534	377	1333	320	8140	100	7	104	87	66
青　海 Qinghai	1582	126	406	157	744	22	1	56	54	16
宁　夏 Ningxia	1629	148	239	81	1056	22	0	25	25	33
新　疆 Xinjiang	6739	741	888	264	4382	89	6	213	121	35

2008 年医疗机构数

Number of Medical Institutions in 2008

机构名称 Institution	合计 Total	政府办 Govern-ment	社会办 Society	私营 Private	合计中：Among Total	
					非营利性 Non-profit	营利性 Profit
总计 Total	269375	68258	64174	136943	125770	141731
#医院 Hospital	19712	9777	6048	3887	15650	4038
综合医院 General Hospital	13119	5830	5060	2229	10856	2245
中医医院 TCM Hospital	2688	2244	158	286	2403	285
中西医结合医院 TCM-WM Hospital	236	96	48	92	139	97
民族医院 Monority Hospital	191	170	8	13	175	16
专科医院 Specialized Hospital	3437	1422	763	1252	2048	1383
护理院 Nursing Hospital	41	15	11	15	29	12
疗养院 Sanatorium	210	96	113	1	208	2
社区卫生服务中心（站） Health Service Center for Community	24260	8598	12464	3198	22392	1167
卫生院 Health Center	39860	38636	920	304	39764	43
街道卫生院 Urban Health Center	780	749	15	16	774	5
乡镇卫生院 Township Health Center	39080	37887	905	288	38990	38
门诊部 Outpatient Department	6975	469	3074	3432	2739	4186
诊所（卫生所、医务室、护理站）Clinic	173777	6373	41315	126089	40523	132250
妇幼保健院（所、站）MCH Center	3011	2912	96	3	3006	4
专科疾病防治机构 Specialized Disease Prevention & Treatment Institute	1310	1203	87	20	1288	19

2008 年医院等级

Number of Hospitals by Grade in 2008

级别 Level	医院 Hospital	综合医院 General Hospital	中医院 TCM Hospital	中西医结合医院 TCM-WM Hospital	专科医院 Specialized Hospital	妇幼保健院 MCH Center	专科疾病防治院 Specialized Disease Prevention & Treatment Center
总计 Total	19712	13119	2688	236	3437	1780	224
三级 Third Level	1192	732	193	20	244	43	7
#甲等 1st Clas	722	450	124	13	132	25	1
乙等 2nd Class	328	223	58	5	42	12	0
丙等 3rd Class	12	8	0	0	4	1	1
二级 Second Level	6780	4404	1598	61	641	452	46
甲等 1st Class	3662	2402	937	32	261	235	16
乙等 2nd Class	2246	1527	495	19	178	134	12
丙等 3rd Class	89	60	12	2	12	6	1
一级 First Level	4989	4064	240	38	608	618	21
其他 Others	6751	3919	657	117	1944	667	150

按床位数分组医院数
Number of Hospitals by Beds

分组 Group	1990	2000	2005	2007	2008
医院合计 Total Hospital	13489	15446	18703	19852	19712
＜100 张（Beds）	7787	7898	11156	12075	11725
100-199 张（Beds）	2872	3976	3746	3700	3572
200-499 张（Beds）	2389	2762	2777	2869	3020
500-799 张（Beds）	441	661	740	814	907
≥800 张（Beds）	-	149	284	394	488
#综合医院 General Hospital	9760	10781	12982	13372	13119
＜100 张（Beds）	5442	5505	7524	7951	7609
100-199 张（Beds）	2163	2667	2526	2346	2223
200-499 张（Beds）	1872	2042	2060	2072	2153
500-799 张（Beds）	283	496	620	658	716
≥800 张（Beds）	-	71	252	345	418
中医医院 TCM Hospital	2037	2461	2620	2720	2688
＜100 张（Beds）	1571	1396	1483	1455	1343
100-199 张（Beds）	342	807	773	834	832
200-499 张（Beds）	122	243	317	367	428
500-799 张（Beds）	2	13	37	46	58
≥800 张（Beds）	-	2	10	18	27

卫生机构床位数
Number of Beds in Health Institutions

指标 Indicator	1950	1980	1990	2000	2005	2007	2008
床位总数（张）Number of Beds	119119	2184423	2925390	3177000	3367502	3701076	4038707
医院 Hospital	99800	1195750	1868905	2166739	2445012	2675070	2882862
#综合医院 General Hosptal	84617	941143	1369014	1640885	1834747	1971551	2112792
中医医院 TCM Hospital	119	49977	175655	259253	287732	321597	350257
专科医院 Specialized hospital	7401	128711	219500	250800	292079	343743	377694
卫生院 Health Center	-	775413	722877	741224	689918	763190	865383
#乡镇卫生院 Township Health Center	-	775413	722877	734807	678240	747156	846856
社区卫生服务中心（站）Health Service Center for Community	-	-	-	-	25018	76588	98036
疗养院 Sanatorium	6000	67941	123048	96884	51550	42838	38217
门诊部（所）Outpatient Department & Clinic	-	81695	94454	25231	10891	10533	7583
妇幼保健院（所、站）MCH Center	2840	16431	46567	71153	94105	106189	117261
专科疾病防治机构 Specialized Disease Prevention & Treatment Institute	-	27276	30977	28377	33437	25939	26351
其他卫生机构 Other Institution	10479	19917	38562	47392	17571	729	3014
每千人口医疗机构床位（张）Beds of Medical Institute Per 1000 Population in					2.62	2.83	3.05
每千人口医院和卫生院床位（张）Beds of Hospital & Health Center Per 1000 Population	0.18	2.02	2.32	2.38	2.45	2.63	2.83

医院分科床位数及构成

Number and Percentage of Beds by Departments in Hospitals

分科 Department	实有数（张）Number of Beds			构成（%）		
	2000	2007	2008	2000	2007	2008
总计 Total	2206669	2779219	3002397	100.0	100.0	100.0
内科 Internal Department	553924	646908	692246	25.1	23.3	23.1
外科 Surgical Department	469350	604005	629735	21.3	21.7	21.0
儿科 Pediatric Department	128621	183565	189705	5.8	6.6	6.3
妇产科 Gyn. & Obs. Department	208096	292026	316350	9.4	10.5	10.5
眼科 Ophthalmology Department	44296	49737	52819	2.0	1.8	1.8
耳鼻咽喉科 Otorhinolaryngology Department	33496	40171	42894	1.5	1.4	1.4
口腔科 Stomatological Department	14509	15994	17111	0.7	0.6	0.6
精神科 Psychiatry Department	109105	151588	165697	4.9	5.5	5.5
传染科 Infectious Disease Department	93572	86055	90934	4.2	3.1	3.0
结核病科 Tuberculosis Department	26506	22341	20330	1.2	0.8	0.7
肿瘤科 Tumor Department	48808	83505	99590	2.2	3.0	3.3
中医科 TCM Department	317537	400335	421102	14.4	14.4	14.0
其他 Others	158849	202990	263884	7.2	7.3	8.8

注：①本表包括妇幼保健院和专科疾病防治院床位数；②中医科包括民族医学科和中西医结合科。

2008年医疗机构床位数

Number of Beds in Medical Institutions in 2008

机构名称 Institution	合计 Total	政府办 Government	社会办 Society	私营 Private	合计中：Among Total	
					非营利性 Non-profit	营利性 Profit
总计 Total	4036483	3302475	549625	184383	3854429	178299
#医院 Hospital	2882862	2234880	484153	163829	2709948	170957
综合医院 General Hospital	2112792	1594908	418704	99180	2009166	101915
中医医院 TCM Hospital	350257	327976	9872	12409	339151	11106
中西医结合医院 TCM-WM Hospital	27990	20264	3360	4366	24212	3778
民族医院 Monority Hospital	8694	8088	320	286	8303	391
专科医院 Specialized Hospital	377694	280695	51076	45923	324937	52511
护理院 Nursing Hospital	5435	2949	821	1665	4179	1256
疗养院 Sanatorium	38217	18570	19548	99	38155	62
社区卫生服务中心（站） Health Service Center for Community	98036	66128	23170	8738	94436	2796
卫生院 Health Center	865383	842451	14800	8132	863611	801
街道卫生院 Urban Health Center	18527	17768	352	407	18160	367
乡镇卫生院 Township Health Center	846856	824683	14448	7725	845451	434
门诊部 Outpatient Department	7490	1644	2694	3152	4133	3349
妇幼保健院（所、站）MCH Center	117261	115500	1626	135	117110	151
专科疾病防治机构 Specialized Disease Prevention & Treatment Institute	26351	22627	3443	281	26185	166

2008 年各地区医疗机构床位数

Number of Beds by Region in Medical Institutions in 2008

地区 Region	床位总数（张） Number of Beds	医院卫生院 Hospital & Health Center	每千人口医疗机构床位 Beds Per 1000 Population in Medical Institutions	医院卫生院 Hospital & Health Center
总　计 Total	4036483	3748245	3.05	2.83
东　部 East	1704780	1568102	3.47	3.20
中　部 Middle	1250431	1163769	2.78	2.59
西　部 West	1081272	1016374	2.82	2.65
北　京 Beijing	86153	81894	6.99	6.64
天　津 Tianjin	46054	41142	4.72	4.22
河　北 Hebei	213965	197791	3.00	2.78
山　西 shanxi	127263	118947	3.69	3.45
内蒙古 Inn Mongolia	81068	73205	3.32	2.99
辽　宁 Liaonin	182972	166501	4.30	3.91
吉　林 Jilin	99329	93496	3.66	3.45
黑龙江 Helongjiang	135600	125977	3.52	3.27
上　海 Shanghai	97352	77174	7.01	5.55
江　苏 Jiangsu	236541	222108	3.20	3.01
浙　江 Zhejiang	160873	149590	3.43	3.19
安　徽 Anhui	159724	150593	2.36	2.23
福　建 Fujian	88579	82302	2.55	2.37
江　西 Jiangxi	105106	93890	2.28	2.04
山　东 Shangdong	319905	297345	3.40	3.16
河　南 Henan	268004	252197	2.54	2.39
湖　北 Hubei	167673	153920	2.73	2.51
湖　南 Hunan	187732	174749	2.70	2.51
广　东 Guangdong	250497	231583	3.03	2.80
广　西 Guangxi	118365	109730	2.30	2.13
海　南 Hainan	21889	20672	2.53	2.39
重　庆 Chongqing	81950	77918	2.50	2.38
四　川 Sichuang	243746	229984	2.74	2.58
贵　州 Guizhou	83103	78129	2.05	1.93
云　南 Yunnan	127560	119011	2.88	2.69
西　藏 Tibet	8720	8344	3.13	3.00
陕　西 Shaanxi	125189	118327	3.27	3.09
甘　肃 Gansu	76581	72315	2.85	2.69
青　海 Qinghai	17352	16408	3.25	3.08
宁　夏 Ningxia	20891	19750	3.34	3.16
新　疆 xinjiang	96747	93253	4.63	4.47

注：2008 年各地区人口数系推算数。

卫生人员数
Number of Health Personnel

指标 Indicator	1950	1980	1990	2000	2005	2007	2008
总　计 Total Personnel	611240	3534707	4906201	5591026	5426851	5907052	6169050
卫生技术人员 Health Professional	555040	2798241	3897921	4490803	4460187	4787610	5030038
执业（助理）医师 Registered Doctor & Assistant Doctor	380800	1153234	1763086	2075843	1938272	2012914	2082258
＃执业医师 Registered Doctor	327400	709473	1302997	1603266	1555658	1644467	1714670
注册护士 Registered Nurse	37800	465798	974541	1266838	1349589	1543257	1653297
药剂师（士）Pharmacist	8080	308438	405978	414408	349533	325212	330525
检验师（士）Laboratory Technician	-	114290	170371	200900	211495	206487	305292
其他 Others	128360	756481	583945	532814	611298	699740	658666
其他技术人员 Other Technical Personnel	-	27834	85504	157533	225697	243460	255149
管理人员 Manager	21877	310805	396694	426789	312826	356569	356854
工勤技能人员 Support Service Worker	34323	397827	526082	515901	428141	519413	527009

注：①2005年以前，卫生人员数不包括高中等医学院校本部和药检机构人员数；执业（助理）医师系医生数，执业医师系医师数，注册护士系护师（士）数；②2007年起，卫生人员包括返聘本单位半年以上人员，药剂员和检验员从卫生技术人员划归工勤技能人员中。以下各表同。

分市县卫生技术人员数
Health Professionals of City and County

指标 Indicator	1980	1990	2000	2005	2007	2008
卫生技术人员数 Number of Health Professional	2798241	3897921	4490803	4460187	4787610	5030038
市 City	1313493	2185285	2834757	3006222	3315851	3490185
县 County	1484748	1712636	1656046	1453965	1471759	1539853
执业（助理）医师 Registered Doctor & Assistant Doctor	1153234	1763086	2075843	1938272	2012914	2082258
市 City	526828	977635	1267888	1291209	1374189	1425688
县 County	626406	785451	807955	647063	638725	656570
＃执业医师 Registered Doctor	709473	1302997	1603266	1555658	1644467	1714670
市 City	349136	803033	1059405	1098196	1189113	1242485
县 County	360337	499964	543861	457462	455354	472185
注册护士 Registered Nurse	465798	974541	1266838	1349589	1543257	1653297
市 City	299561	633988	897774	1003604	1165456	1247694
县 County	166237	340553	369064	345985	377801	405603
每千人口卫生技术人员 Health Professionalper 1000 Population	2.85	3.44	3.63	3.48	3.66	3.80
市 City	8.03	6.59	5.17	4.96	5.35	5.57
县 County	1.81	2.15	2.41	2.16	2.13	2.21
执业（助理）医师 Doctor & Assistant Doctor	1.17	1.56	1.68	1.51	1.54	1.57
市 City	3.22	2.95	2.31	2.13	2.22	2.28
县 County	0.76	0.98	1.17	0.96	0.92	0.94
＃执业医师 Doctor	0.72	1.15	1.30	1.21	1.26	1.30
市 City	2.14	2.42	1.93	1.81	1.92	1.98
县 County	0.44	0.63	0.79	0.68	0.66	0.68
注册护士 Nurse	0.47	0.86	1.02	1.05	1.18	1.25
市 City	1.83	1.91	1.64	1.66	1.88	1.99
县 County	0.20	0.43	0.54	0.51	0.55	0.58

注：①市包括直辖市、地级市和县级市；②2008年人口数系推算数。

2008 年各地区卫生人员数

Number of Health Personnel by Region in 2008

地区 Region	卫生人员 Total Personnel	卫生技术人员 Health Personnel	执业（助理）医师 Doctors	注册护士 Nurses	每千人口 Per 1000 Population 执业（助理）医师 Doctors	每千人口 Per 1000 Population 注册护士 Nurses
总　计 Total	6169050	5030038	2082258	1653297	1.57	1.25
东　部 East	2754381	2239598	918165	764436	1.87	1.56
中　部 middle	1915224	1552799	633224	500017	1.41	1.11
西　部 west	1499445	1237641	530869	388844	1.39	1.02
北　京 Beijing	194307	150411	59053	55411	4.79	4.50
天　津 Tianjin	85886	65161	25890	21979	2.65	2.25
河　北 Hebei	303232	247451	109968	69038	1.54	0.97
山　西 shanxi	191152	159591	72259	48765	2.10	1.42
内蒙古 Inn Mongolia	131175	109727	49542	31459	2.03	1.29
辽　宁 Liaonin	274890	217904	90714	80470	2.13	1.89
吉　林 Jilin	162303	127905	57523	41066	2.12	1.51
黑龙江 Helongjiang	203528	161939	66771	51353	1.74	1.33
上　海 Shanghai	162160	127471	51047	48758	3.67	3.51
江　苏 Jiangsu	360845	291125	119461	100736	1.62	1.36
浙　江 Zhejiang	288340	242908	101893	78284	2.17	1.67
安　徽 Anhui	227438	187770	73826	60856	1.09	0.90
福　建 Fujian	124213	103341	43013	37760	1.24	1.09
江　西 Jiangxi	168472	139764	55187	48241	1.20	1.05
山　东 Shangdong	438009	375817	159809	122866	1.70	1.31
河　南 Henan	396078	309923	119316	96571	1.13	0.92
湖　北 Hubei	284832	233823	92037	80614	1.50	1.31
湖　南 Hunan	281421	232084	96305	72551	1.38	1.04
广　东 Guangdong	479817	384134	144467	135922	1.75	1.64
广　西 Guangxi	190152	155620	60825	55992	1.18	1.09
海　南 Hainan	42682	33875	12850	13212	1.49	1.53
重　庆 Chongqing	109014	88744	39415	26799	1.20	0.82
四　川 Sichuang	324525	267591	121851	77892	1.37	0.87
贵　州 Guizhou	106038	89313	38830	28642	0.96	0.71
云　南 Yunnan	151859	126237	57276	42011	1.29	0.95
西　藏 Tibet	11680	9435	4376	1920	1.57	0.69
陕　西 Shaanxi	183510	148328	58264	46918	1.52	1.23
甘　肃 Gansu	104179	87633	36176	24950	1.35	0.93
青　海 Qinghai	25568	21745	9414	7280	1.77	1.37
宁　夏 Ningxia	31571	26415	11444	8897	1.83	1.42
新　疆 xinjiang	130174	106853	43456	36084	2.08	1.73

中高级卫生技术人员数

Number of Middle and High level Health Professionals

指标 Indicator	1990	1995	2000	2002	2005
总计 Total	729070	974678	1139664	1182449	1280293
主任医、药、护、技师 Chief Health Professional	11792	28516	30938	37748	45667
医师 Doctor	10879	26393	28848	34790	42206
护师 Senior Nurse	116	223	250	889	1051
药师 Pharmacist	467	1155	1008	833	1244
技师 Technician	330	745	832	1236	1166
副主任医、药、护、技师 Assistant Chief Health Professional	91778	139432	182726	196063	216025
医师 Doctor	82339	123206	161063	172061	187775
护师 Senior Nurse	1640	4698	6449	8791	12815
药师 Pharmacist	4174	5847	8205	6407	7128
技师 Technician	3625	5681	7009	8804	8307
主治（管）医、药、护、技师 Health Professional in Charge	625500	806730	926000	948638	1018601
医师 Doctor	459030	553777	546336	508743	539479
护师 Senior Nurse	91664	145396	240018	282649	337840
药师 Pharmacist	39689	55154	68263	60888	65558
技师 Technician	35117	52403	71383	96358	75724

2005 年卫生技术人员年龄及学历构成

Percentage of Health Professionals By Age and Educational Level in 2005

分组 Group	合计 Total	医院 Hospital	乡镇卫生院 Township Health Center	妇幼保健院（所、站） MCH Center	疾病预防控制中心 CDC
总计 Ttotal	100.0	100.0	100.0	100.0	100.0
按年龄分 By age					
25-	7.0	7.4	6.1	7.8	3.7
25-34	37.9	36.5	45.2	40.0	29.3
35-44	31.2	32.6	26.7	30.7	35.9
45-54	19.7	19.9	16.4	19.4	26.2
55-59	3.1	2.6	4.4	1.8	4.2
60+	1.1	1.0	1.2	0.3	0.7
按学历分 By Educational Level					
博士 Doctor's Degree	0.3	0.5	-0.1	0.1	
硕士 Master's Degree	1.3	1.9	-0.7	0.9	
大学 University	15.5	20.3	2.2	14.6	14.6
大专 Junior College	29.0	31.2	20.3	32.5	34.5
中专 Secondary Technical School	43.9	38.8	59.0	46.6	40.0
高中及以下 High School and Below	10.0	7.3	18.5	5.5	9.9

2005年执业（助理）医师年龄及学历构成

Percentage of Doctors By Age and Educational Level in 2005

分组 Group	合计 Total	医院 Hospital	乡镇卫生院 Township Health Center	妇幼保健院（所、站） MCH Center	疾病预防控制中心 CDC
总计 Ttotal	100.0	100.0	100.0	100.0	100.0
按年龄分 By age					
25-	2.5	2.6	2.6	2.7	1.6
25-34	36.7	36.3	42.6	37.5	24.9
35-44	32.8	34.7	27.9	32.9	37.3
45-54	20.8	19.9	18.5	23.5	29.7
55-59	5.1	4.4	6.6	2.9	5.6
60＋	2.1	2.1	1.9	0.5	0.9
按学历分 By Educational Level					
博士 Doctor's Degree	0.8	1.3	-	0.1	0.1
硕士 Master's Degree	2.8	4.4	-	1.3	0.9
大学 University	29.3	42.1	3.9	26.3	16.9
大专 Junior College	32.2	32.0	29.0	37.2	36.0
中专 Secondary Technical School	29.5	17.6	54.4	33.1	39.5
高中及以下 High School and Below	5.5	2.7	12.7	2.0	6.6

分科医师数及构成

Number and Percentage of Doctors by Departments

科别 Department	医师数（人） Number of Doctors			构成（%）		
	1990	2000	2005	1990	2000	2005
总计 Total	1298062	1408787	1607673	100.0	100.0	100.0
内科 Internal Department	387730	338985	301023	29.9	24.1	18.7
外科 Surgical Department	154715	207264	189803	11.9	14.7	11.8
儿科 Pediatric Department	56661	65995	63704	4.4	4.7	4.0
妇产科 Gynecology and Obstetric Department	92359	127864	163449	7.1	9.1	10.2
眼科 Ophthalmology Department	20262	23606	18460	1.6	1.7	1.1
耳鼻咽喉科 Otorhinolaryngology Department	17619	20335	22325	1.4	1.4	1.4
口腔科 Stomatological Department	23725	36378	51012	1.8	2.6	3.2
精神科 Psychiatry Department	11570	14875	19130	0.9	1.1	1.2
传染科 Infectious Disease Department	22954	24109	36218	1.8	1.7	2.3
结核病科 Tuberculosis Department	10002	11729	7840	0.8	0.8	0.5
皮肤病科 Dermatology Disease Department	10752	16086	14088	0.8	1.1	0.9
肿瘤科 Tumor Department	6950	12428	14140	0.5	0.9	0.9
影像科 Radiation Department	32397	46087	66191	2.5	3.3	4.1
中医科 TCM Department	239602	228943	229910	18.5	16.2	14.3
其他 Others	210764	234103	410380	16.2	16.6	25.5

注：①本表不包括诊所、卫生所和医务室医师数；②中医科包括民族医学科和中西医结合科；③2005年医师为执业（助理）医师数，其中预防保健科96048人，全科医疗科51065人。

妇幼保健机构及床位、人员数

Number of MCH Institutions，Beds and Personnel

指标 Indicator	1990	1995	2000	2005	2007	2008
儿童医院数（个） Number of Children Hospitals	33	35	36	58	69	68
床位数（张）Beds	7866	9407	9835	14353	17184	19104
人员数（人） Number of Personnel	15730	18279	18219	25109	28951	31219
#卫生技术人员 Health Professional	11551	13476	13642	19507	23119	25132
#执业（助理）医师 Registered Doctor & Assistant Doctor	3818	4585	4812	6719	7917	8234
注册护士 Registered Nurse	5262	6128	6193	8752	10242	11355
妇产医院数（个） Number of Gyn. & Obs. Hospitals	…	49	44	127	214	257
床位数（张）Beds	…	8665	7532	11961	17188	18869
人员数（人） Number of Personnel	…	13829	12455	18789	29376	31627
#卫生技术人员 Health Professional	…	10403	9570	14590	22715	24450
#执业（助理）医师 Registered Doctor & Assistant Doctor	…	3436	3379	5378	8069	8572
注册护士 Registered Nurse	…	4504	4270	6268	9651	10554
妇幼保健院（所/站）数（个） Number of MCH Centers	3148	3178	3163	3021	3051	3011
床位数（张）Beds	46567	51321	71153	94105	106189	117261
人员数（人） Number of Personnel	120333	134395	168302	187633	111	219892
#卫生技术人员 Health Professional	96945	108484	136843	153153	167605	179918
#执业（助理）医师 Registered Doctor & Assistant Doctor	49164	55859	70176	73288	76555	80239
注册护士 Registered Nurse	19788	27544	37753	44949	53769	59770

农村乡镇卫生院及床位、人员数

Number of Township Health Centers, Beds and Personnel

指标 Indictor	1990	2000	2005	2007	2008
乡镇数 Number of Town and Township	55838	43735	35509	34369	34301
机构数（个）Number of Centers	47749	49229	40907	39876	39080
中心卫生院 Town Health Centers	10054	9631	10025	10396	10400
乡卫生院 Township Health Centers	37695	39598	30882	29480	28680
床位数（张）Number of Beds	722877	734807	678240	747156	846856
中心卫生院 Town Health Centers	293963	285638	281456	317022	356601
乡卫生院 Township Health Centers	428914	449169	396784	430134	490255
人员数（人）Number of Personnel	889219	1169826	1012006	1032921	1074900
卫生技术人员 Health Professional	776925	1026244	870500	863662	903725
#执业（助理）医师 Registered Doctor & Assistant Doctor	358770	514119	398848	396181	405023
注册护士 Registered Nurse	115884	182208	164412	175713	187544
平均每院床位数 Beds Per Center	15.1	14.9	16.6	18.7	21.7
平均每院人员数 Personnel Per Center	18.6	23.8	24.7	25.9	27.5
卫生技术人员 Health Professional	16.3	20.8	21.3	21.7	23.1
#执业（助理）医师 Registered Doctor & Assistant Doctor	7.5	10.4	9.8	9.9	10.4
注册护士 Registered Nurse	2.4	3.7	4.0	4.4	4.8
每千农业人口乡镇卫生院床位 Beds Per 1000 Rural Population	0.81	0.80	0.78	0.85	0.96
每千农业人口乡镇卫生院人员 Personnel Per 1000 Rural Population	0.99	1.28	1.16	1.18	1.22

注：2008 年农业人口数系推算数，下表同。

2008 年各地区农村乡镇卫生院及床位、人员数

Number of Township Health Centers, Beds and Personnel by Region in 2008

地区 Region	机构数（个）Number of Centers	床位数（张）Number of Beds	人员数（人）Number of Personnel	每千农业人口 Per 1000 Rural Population		乡镇数（个）Number of Township
				床位 Beds	人员 Personnel	
总　计 Total	39080	846856	1074900	0.96	1.22	34301
东　部 East	10491	292308	400633	1.06	1.45	9227
中　部 middle	12149	285806	394183	0.90	1.24	10377
西　部 west	16440	268742	280084	0.93	0.97	14697
北　京 Beijing	123	2848	7123	1.03	2.57	182
天　津 Tianjin	180	2964	4998	0.77	1.30	136
河　北 Hebei	1958	48688	46244	1.00	0.95	1961
山　西 Shanxi	1527	24884	28795	1.07	1.23	1196
内蒙古 Inner Mongolia	1324	14400	19264	0.99	1.33	640
辽　宁 Liaoning	1014	23161	24830	1.07	1.15	941
吉　林 Jilin	790	14191	25229	0.95	1.69	621
黑龙江 Heilongjiang	919	14804	21867	0.74	1.10	898
上　海 Shanghai	0	0	0	0.00	0.00	112
江　苏 Jiangsu	1396	55538	78386	1.42	2.00	1039
浙　江 Zhejiang	1709	17748	46167	0.54	1.40	1193
安　徽 Anhui	1825	47368	57644	0.90	1.10	1269
福　建 Fujian	860	20131	21165	0.87	0.92	928
江　西 Jiangxi	1529	25034	38813	0.74	1.15	1397
山　东 Shandong	1636	74186	88307	1.29	1.53	1381
河　南 Henan	2085	69307	88264	0.84	1.07	1889
湖　北 Hubei	1155	38418	65878	1.03	1.77	943
湖　南 Hunan	2319	51800	67693	0.95	1.24	2164
广　东 Guangdong	1306	41622	74754	1.06	1.90	1150
广　西 Guangxi	1242	33660	40148	0.79	0.94	1126
海　南 Hainan	309	5422	8659	1.02	1.63	204
重　庆 Chongqing	1014	23754	26792	1.01	1.13	871
四　川 Sichuan	4804	80489	76326	1.20	1.14	4409
贵　州 Guizhou	1448	21201	19531	0.62	0.57	1449
云　南 Yunnan	1394	28540	24029	0.77	0.65	1305
西　藏 Tibet	665	2759	2281	1.20	0.99	682
陕　西 Shaanxi	1704	24044	29495	0.87	1.07	1579
甘　肃 Gansu	1326	18386	17536	0.92	0.88	1225
青　海 Qinghai	404	2646	3020	0.71	0.81	366
宁　夏 Ningxia	239	2099	3397	0.53	0.86	191
新　疆 Xinjiang	876	16764	18265	1.42	1.54	854

社区卫生服务中心（站）及床位、人员数

Number of Township Health Centers, Beds and Personnel

指标 Indicator	2004	2005	2007	2008
街道数（个）Number of Street Community	5904	6152	6434	6524
社区卫生服务中心（个）Health Service Center for Community	1128	1382	3160	4036
床位数（张）Number of Beds	18137	25018	56298	76317
人员数（人）Number of Personnel	35269	44426	106098	149515
#卫生技术人员 Health Professional	29177	36730	86934	123568
#执业（助理）医师 Doctors & Assistant Doctors	14109	17220	39142	54216
社区卫生服务站（个）Health Service Stations for Community	13025	15746	23909	20224
卫生技术人员（人）Health Professional	48945	59138	62813	61512
#执业（助理）医师 Doctors & Assistant Doctors	18237	22744	27694	28208

村卫生室及人员数

Number of Village Clinics and Personnel

指标 Indicator	1985	1990	1995	2000	2005	2007	2008
行政村数（个）Number of Villages	940617	743278	740150	734715	629079	612712	600914
#设置卫生室的村数 Villages with Clinic	625992	646529	655105	652923	583209	543360	535822
占行政村% % of Villages	66.6	87.0	88.5	89.8	85.8	88.7	89.2
村卫生室数（个）Number of Village Clinics	777674	803956	804352	709458	583209	613855	613143
村办 Set-up by Village	305537	266137	297462	300864	313633	340082	342692
乡卫生院设点 Branch of Township Health Center	29769	29963	36388	47101	32396	33797	40248
联营 Joint	88803	87149	90681	89828	38561	33726	31698
私人办 Private	323904	381844	354981	255179	180403	186841	180157
其他 Others	29661	38863	24840	16486	18216	19409	18348
执业（助理）医师 Doctors	-	-	-	-	103863	117238	119646
乡村医生和卫生员数 Village Doctors & Assistants	1293094	1231510	1331017	1319357	916532	931761	938313
#乡村医生 Village Doctors	643022	776859	955933	1019845	864168	882218	893535
平均每村乡村医生和卫生员 Village Doctors & Assistants Per Village	1.80	1.64	1.81	1.81	1.40	1.52	1.56
每千农业人口乡村医生和卫生员 Village Doctors & Assistants Per 1000 Rural Population	1.55	1.38	1.48	1.44	1.05	1.06	1.06

注：2008年农业人口数系推算数，下表同。

2008年各地区村卫生室及人员数

Number of Village Clinics and Personnel by Region in 2008

地区 Region	行政村（个） Number of Village	村卫生室（个） Number of Village Clinics	设卫生室的村占行政村% % of Villages with Clinic	乡村医生和卫生员（人） Village Doctors & Assistants	每千农业人口乡村医生和卫生员 Village Doctors & Assistants Per 1000 Rural Population
总　计 Total	600914	613143	89.2	938313	1.06
东　部 East	231868	216943	80.2	341424	1.24
中　部 middle	195687	216915	94.8	339249	1.06
西　部 west	173359	179285	94.8	257640	0.90
北　京 Beijing	3951	3123	79.0	3747	1.35
天　津 Tianjin	3838	1653	43.1	3921	1.02
河　北 Hebei	48504	58852	100.0	69539	1.43
山 西 Shanxi	28144	22081	78.5	30150	1.29
内蒙古 Inner Mongolia	9071	11556	100.0	13652	0.94
辽　宁 Liaoning	11729	19973	100.0	24229	1.12
吉　林 Jilin	9111	8888	97.6	13238	0.89
黑龙江 Heilongjiang	9057	12797	100.0	21772	1.09
上　海 Shanghai	1780	1495	84.0	1776	1.05
江　苏 Jiangsu	16626	16586	99.8	50945	1.30
浙　江 Zhejiang	30451	14167	46.5	10797	0.33
安　徽 Anhui	15870	19335	100.0	49383	0.94
福　建 Fujian	14421	17470	100.0	29452	1.28
江　西 Jiangxi	16868	25772	100.0	38574	1.15
山　东 Shandong	80183	54189	67.6	111672	1.94
河　南 Henan	47414	61899	100.0	110973	1.35
湖　北 Hubei	25674	21753	84.7	37084	0.99
湖　南 Hunan	43549	44390	100.0	38075	0.70
广　东 Guangdong	17831	27138	100.0	32866	0.84
广　西 Guangxi	14356	21209	100.0	33428	0.79
海　南 Hainan	2554	2297	89.9	2480	0.47
重　庆 Chongqing	8967	9770	100.0	20762	0.88
四　川 Sichuan	46769	50089	100.0	65655	0.98
贵　州 Guizhou	17537	18356	100.0	25469	0.75
云　南 Yunnan	12463	12893	100.0	33987	0.92
西　藏 Tibet	5261	3418	65.0	2220	0.96
陕　西 Shaanxi	27413	24138	88.1	32255	1.17
甘　肃 Gansu	16213	14742	90.9	16278	0.81
青　海 Qinghai	4156	4212	100.0	5053	1.35
宁 夏 Ningxia	2340	2512	100.0	3176	0.81
新　疆 Xinjiang	8813	6390	72.5	5705	0.48

注：北京、天津、浙江等地区部分农村基本医疗服务由社区卫生服务站提供。

疾病预防控制中心及人员数

Number of Centers for Disease Control and Prevention and Their Personnell

年份 Year	机构数（个）Number of CDC	人员数（人）Number of Persennel	卫生技术人员 Health Professional	医生 Doctors
1980	3105	103592	80874	50072
1990	3618	179498	143648	95903
2000	3741	219144	170868	113713
2005	3585	206485	158450	91943
2007	3585	197209	148512	83697
2008	3534	197106	148519	81736
省属 Province CDC	31	11928	7913	3587
地级市属 CDC of City at Prefecture	390	41787	30968	17610
县级市属 CDC of City at County Level	1097	57323	43934	24326
县属 County CDC	1611	74743	57511	31566
其他 Others	405	11325	8193	4647

注：本表包括预防保健中心数字。

医学专业招生及在校学生数

Medical Entrants and Enrolments

年份 Year	招生数 Entrants		在校学生数 Enrolments	
	普通高等学校 Colleges	中等职业学校 Secondary Schools	普通高等学校 Colleges	中等职业学校 Secondary Schools
1978	47320	75377	112990	158673
1980	31277	65719	139569	244695
1985	42919	87925	157388	221441
1990	46772	93261	201789	308394
1991	48943	95700	202344	298540
1992	58915	106215	214285	311040
1993	66877	138168	231375	355410
1994	66105	127874	247485	364700
1995	65695	133357	256003	402319
1996	68576	141868	262665	432216
1997	70425	152717	271137	462396
1998	75188	168744	283320	499117
1999	108384	175854	329200	534161
2000	149928	179210	422869	567599
2001	190956	197565	529410	647800
2002	227724	252455	656560	678833
2003	284182	359361	814741	1081853
2004	332326	388142	976261	1108831
2005	386905	468960	1132165	1226777
2006	422283	491784	1384488	1328663
2007	410229	477527	1514760	1371676
2008	443433	538974	1655075	1442658

注：普通高等学校招生和在校生数包括研究生（含研究机构）、本科生及大专生，不含成人本专科生；中等职业学校包括普通中专和成人中专，不含职高和技校学生。下表同。

资料来源：中国教育统计年鉴。*Source*：*Chinese Education Statistical Yearbook*.

医学专业毕业人数
Number of Medicine Graduates

年份 Year	普通高等学校 Colleges	中等职业学校 Secondary Schools
1950-1952	6393	31263
1953-1957	25918	96042
1958-1962	60135	169545
1963-1965	72882	69513
1966-1970	78246	100956
1971-1975	44167	126437
1976-1980	116612	256473
1981-1985	152054	329218
1986-1990	179431	392637
1991-1995	243052	464913
1996-2000	305437	625354
2001-2005	673667	1277051
2001	69630	141989
2002	88177	161151
2003	123563	302174
2004	170315	340554
2005	221982	331183
2006	279667	350700
2007	332842	360584
2008	404893	409167

补充资料：1928-1947 年高等医药院校毕业生 9499 人，解放前中等医药学校毕业生 41437 人。

Note：Graduates of medical colleges from 1928 to 1947 was 9499. Before 1949，graduates from medical secondary schools was 41437.

资料来源：中国教育统计年鉴。*Source*：*Chinese Education Statistical Yearbook*.

卫生总费用
Total Health Expenditure

指标 Indicator	1980	1990	1995	2000	2005	2006	2007
卫生总费用（亿元）Total Health Expenditure (100 million yuan)	143.2	747.4	2155.1	4586.6	8659.9	9843.3	11289.5
政府预算卫生支出 Government Health Expenditure	51.9	187.3	387.3	709.5	1552.5	1778.9	2297.1

指标 Indicator	1980	1990	1995	2000	2005	2006	2007
社会卫生支出 Social Health Expenditure	61.0	293.1	767.8	1171.9	2586.4	3210.9	3893.7
个人卫生支出 Personal Health Expenditure	30.3	267.0	1000.0	2705.2	4521.0	4853.5	5098.7
卫生总费用构成（%）% of Health Expenditure	100.0	100.0	100.0	100.0	100.0	100.0	100.0
政府卫生支出 Government Health Expenditure	36.2	25.1	18.0	15.5	17.9	18.1	20.4
社会卫生支出 Social Health Expenditure	42.6	39.2	35.6	25.5	29.9	32.6	34.5
个人卫生支出 Personal Health Expenditure	21.2	35.7	46.4	59.0	52.2	49.3	45.2
卫生总费用占 GDP% % of GDP	3.15	4.00	3.54	4.62	4.73	4.64	4.52
人均卫生总费用（元）Per Capita Health Expenditure	14.51	65.4	177.9	361.9	662.3	748.8	854.4
城市 Urban	…	158.8	401.3	828.6	1122.8	1248.3	1480.1
农村 Rural	…	38.8	112.9	209.4	318.5	361.9	348.5

注：①卫生总费用为测算数；②按当年价格计算。

Note：① Health expenditure is estimated；② The date are calculated at current prices.

香港和澳门特别行政区与台湾省卫生状况

香港特别行政区医疗卫生条件
Conditions of Health in Hong Kong Special Administrative Region

指标 Indicator	1990	1995	2000	2005	2006	2007
医师数（人）Number of Doctors	6260	8122	10130	11505	11739	11961
注册中医（人）Registered Chinese Medicine Practitioners				5133	5268	5540
牙科医师（人）Number of Dentists	1532	1625	1826	1941	1976	2025
护士数（人）Number of Nurses	28660	35051	40388	35465	36444	36965
每千人口医师数（人）Doctors Per 1000 Population	1.1	1.3	1.5	1.7	1.7	1.7
医疗机构（所）Number of Medical Institutions	88	88	102	99	103	103
医床数（张）Number of Beds	25282	29328	35100	34119	34532	34928
每千人口病床数（张）Beds per 1000 Population	4.4	4.7	5.2	4.9	5.0	5.0

资料来源：《中国统计年鉴》。*Source*：*China Statistical Yearbook*.

澳门特别行政区医疗卫生条件
Conditions of Health in Macao Special Administrative Region

指标 Indicator	1990	1995	2000	2005	2006	2007
医师数（人）Number of Doctors	537	…	997	1105	1235	1323
护士数（人）Number of Nurses	594	684	943	1134	1212	1335
每千人口医师数（人）Doctors Per 1000 Population	1.6	…	2.3	2.1	2.2	2.3
医院数（所）Number of Hospitals	2	2	2	2	3	3
医床数（张）Number of Beds	974	880	923	984	980	1014
每千人口病床数（张）Beds per 1000 Population	3.5	…	2.1	2.0	1.9	1.9

资料来源：《中国统计年鉴》。*Source*：*China Statistical Yearbook*.

台湾省医疗卫生条件
Conditions of Health in Taiwan Province

指标 Indicator	1990	1995	2000	2005	2006	2007
从业医务人员（人）Number of Health Personnel	91153	118248	159212	199734	206959	214748
每千人口医务人员（人）Health Personnel Per 1000 Population	4.48	5.54	7.15	8.7	9.0	9.4
医疗机构（所）Number of Medical Institutions	12902	16109	18082	19433	19682	19900
医院病床数（张）Number of Beds	89151	112379	126476	146382	148962	150628
每千人口病床数（张）Beds Per 1000 Persons	4.38	5.26	5.68	6.43	6.51	6.56

资料来源：《中国统计年鉴》。Source：*China Statistical Yearbook*.

附　　录

索 引

附录 1：主要国家卫生状况

人口状况
Population Status

国家 Country	人口数 Population（1000）2006	人口年增长率 Annual Growth Rate（%）1996-2006	城镇人口比例（%）% of Urban Proportion 2006	期望寿命（岁）Life Expectancy at Birth 2006	
				Male	Female
澳大利亚 Australia	20530	1.2	88	79	84
巴西 Brazil	189323	1.4	85	68	75
加拿大 Canada	32577	1.0	80	78	83
中国 China	1328474	0.8	42	72	75
埃及 Egypt	74166	1.8	43	66	70
法国 France	61330	0.5	77	77	84
德国 Germany	82641	0.1	75	77	82
印度 India	1151751	1.7	29	62	64
意大利 Italy	58779	0.2	68	78	84
日本 Japan	127953	0.2	66	79	86
墨西哥 Mexico	105342	1.2	76	72	77
尼日利亚 Nigeria	144720	2.6	49	48	49
波兰 Poland	38140	-0.1	62	71	80
俄罗斯 Russian	143221	-0.4	73	60	73
南非 South Africa	48282	1.3	60	50	53
泰国 Thailand	63444	0.9	33	69	75
土耳其 Turkey	73922	1.5	68	71	75
英国 UK	60512	0.4	90	77	81
美国 USA	302841	1.0	81	75	80

资料来源：2008 年《世界卫生统计》。Source：*World Health Statistics* 2008.

妇幼卫生状况

Status of Maternal and Child Health

国家 Country	总和生育率 Total Fertility Rate2006	婴儿死亡率（‰）Infant Mortality Rate（Per 1000 Live Births）2006	孕产妇死亡率（1/10 万）Maternal Mortality Rate（Per 100000 Live Births）2005	1 岁儿童疫苗接种率 Immunization Coverage Among 1-year-olds 2005		
				麻苗 Measles	百白破 DTP3	乙肝 HepB3
澳大利亚 Australia	1.8	5	4	94	92	94
巴西 Brazil	2.3	19	110	99	99	97
加拿大 Canada	1.5	5	7	94	94	14
中国 China	1.7	20	45	93	93	91
埃及 Egypt	3.0	29	130	98	98	98
法国 France	1.9	4	8	87	98	29
德国 Germany	1.4	4	4	94	90	86
印度 India	2.9	57	450	59	55	6
意大利 Italy	1.4	3	3	87	96	96
日本 Japan	1.3	3	6	99	99	…
墨西哥 Mexico	2.3	29	60	96	98	98
尼日利亚 Nigeria	5.5	99	1 100	62	54	41
波兰 Poland	1.2	6	8	99	99	98
俄罗斯 Russian	1.3	10	28	99	99	98
南非 South Africa	2.7	56	400	85	99	99
泰国 Thailand	1.8	7	110	96	98	96
土耳其 Turkey	2.2	24	44	98	90	82
英国 UK	1.8	5	8	85	92	…
美国 USA	2.1	7	11	93	96	92

资料来源：2008 年《世界卫生统计》。*Source*：*World Health Statistics* 2008.

卫生设施
Health Facility

国家 Country	农村安全饮用水普及率（%）% 0f Improved Drinking Water Sourcesd in Rural 2006	农村卫生厕所普及率（%）% of Improved Sanitation in Rural2006	每千人口 Per 1000 Population 2000-2006		
			医师 Doctors	护士 Nurses	病床 Beds
澳大利亚 Australia	100	100	3.6	9.7	4.0
巴西 Brazil	58	37	2.3	3.8	2.6
加拿大 Canada	99	99	3.1	10.1	3.4
中国 China	81	59	1.5	1.0	2.2
埃及 Egypt	98	52	2.7	3.4	2.2
法国 France	100	…	4.1	8.0	7.3
德国 Germany	100	100	4.2	8.0	8.3
印度 India	86	18	0.7	1.3	…
意大利 Italy	…	…	4.2	7.2	4.0
日本 Japan	100	100	2.8	9.5	14.1
墨西哥 Mexico	85	48	2.8	0.9	1.0
尼日利亚 Nigeria	30	25	0.4	1.7	0.5
波兰 Poland	…	…	2.3	5.2	5.2
俄罗斯 Russian	88	70	4.6	8.5	9.7
南非 South Africa	82	49	0.9	4.1	2.8
泰国 Thailand	97	96	0.6	2.8	…
土耳其 Turkey	95	72	1.9	2.9	2.7
英国 UK	100	…	3.3	12.8	3.9
美国 USA	94	99	4.2	9.4	3.2

资料来源：2008 年《世界卫生统计》。*Source*：*World Health Statistics* 2008.

卫生费用

Health Expenditure

国家 Country	卫生总费用占 GDP% Total Health Expenditure as % of GDP 2005	卫生总费用构成（%） % of Health Expenditure 2005		政府卫生支出占财政支出% Health Expenditure % of Government Expenditure 2005	人均卫生费用（美元） Per Capita Health Expenditure (US$) 2005
		政府卫生支出 Government Health Expenditure	个人卫生支出 Private Health Expenditure		
澳大利亚 Australia	8.8	67.0	33.0	17.0	3181
巴西 Brazil	7.9	44.1	55.9	6.7	371
加拿大 Canada	9.7	70.3	29.7	17.5	3430
中国 China	4.7	38.8	61.2	1.0	81
埃及 Egypt	6.1	38.0	62.0	7.3	78
法国 France	11.2	79.9	20.1	16.6	3819
德国 Germany	10.7	76.9	23.1	17.6	3628
印度 India	5.0	19.0	81.0	3.5	36
意大利 Italy	8.9	76.6	23.4	14.1	2692
日本 Japan	8.2	82.2	17.8	17.8	2936
墨西哥 Mexico	6.4	45.5	54.5	12.5	474
尼日利亚 Nigeria	3.9	30.9	69.1	3.5	27
波兰 Poland	6.2	69.3	30.7	9.9	495
俄罗斯 Russian	5.2	62.0	38.0	10.1	277
南非 South Africa	8.7	41.7	58.3	9.9	437
泰国 Thailand	3.5	63.9	36.1	11.3	98
土耳其 Turkey	5.7	71.4	28.6	13.9	383
英国 UK	8.2	87.1	12.9	16.2	3064
美国 USA	15.2	45.1	54.9	21.8	6350

资料来源：2008 年《世界卫生统计》。Source：World Health Statistics 2008.

附录 2：我国主要人口与社会经济指标

全国行政区划（2008 年底）

Division of Districts in China (End of 2008)

地　区 Region	地级区划数 Number of Regions at Prefecture Level		县级区划数 Number of Regions at CountyLevel			
		地级市 Cities at Precture Level	合计 Total	县级市 Cities at County Level	市辖区 Districts under the Jurisdiction of Cities	县数 Number of Counties
总　计 Total	333	283	2859	368	856	1635
北　京 Beijing	-	-	18	-	16	2
天　津 Tianjin	-	-	18	-	15	3
河　北 Hebei	11	11	172	22	36	114
山　西 Shanxi	11	11	119	11	23	85
内蒙古 Inner Mongolia	12	9	101	11	21	69
辽　宁 Liaoning	14	14	100	17	56	27
吉　林 Jilin	9	8	60	20	20	20
黑龙江 Heilongjiang	13	12	128	18	64	46
上　海 Shanghai	-	-	19	-	18	1
江　苏 Jiangsu	13	13	106	27	54	25
浙　江 Zhejiang	11	11	90	22	32	36
安　徽 Anhui	17	17	105	5	44	56
福　建 Fujian	9	9	85	14	26	45
江　西 Jiangxi	11	11	99	10	19	70
山　东 Shandong	17	17	140	31	49	60
河　南 Henan	17	17	159	21	50	88
湖　北 Hubei	13	12	102	24	38	40
湖　南 Hunan	14	13	122	16	34	72
广　东 Guangdong	21	21	121	23	54	44
广　西 Guangxi	14	14	109	7	34	68
海　南 Hainan	2	2	20	6	4	10
重　庆 Chongqing	-	-	40	-	19	21
四　川 Sichuan	21	18	181	14	43	124
贵　州 Guizhou	9	4	88	9	10	69
云　南 Yunnan	16	8	129	9	12	108
西　藏 Tibet	7	1	73	1	1	71
陕　西 Shaanxi	10	10	107	3	24	80
甘　肃 Gansu	14	12	86	4	17	65
青　海 Qinghai	8	1	43	2	4	37
宁　夏 Ningxia	5	5	21	2	8	11
新　疆 Xinjiang	14	2	98	19	11	68

注：县包括自治县（旗）、2 个特区（贵州）和 1 个林区（湖北）。

人口数

Population

年份 Year	总人口（万人）Total Population (10000)	按城乡分 By Residence		按性别分 By Sex		城镇人口% % of Urban Population	性比例 Sex Ratio
		城镇 Urban	乡村 Rural	男 Male	女 Female		
1978	96259	17245	79014	49567	46692	17.9	106.2
1980	98705	19140	79565	50785	47920	19.4	106.0
1985	105851	25094	80757	54725	51126	23.7	107.0
1990	114333	30195	84138	58904	55429	26.4	106.3
1991	115823	31203	84620	59466	56357	26.9	105.5
1992	117171	32175	84996	59811	57360	27.5	104.3
1993	118517	33173	85344	60472	58045	28.0	104.2
1994	119850	34169	85681	61246	58604	28.5	104.5
1995	121121	35174	85947	61808	59313	29.0	104.2
1996	122389	37304	85085	62200	60189	30.5	103.3
1997	123626	39449	84177	63131	60495	31.9	104.4
1998	124761	41608	83153	63940	60821	33.4	105.1
1999	125786	43748	82038	64692	61094	34.8	105.9
2000	126743	45906	80837	65437	61306	36.2	106.7
2001	127627	48064	79563	65672	61955	37.7	106.0
2002	128453	50212	78241	66115	62338	39.1	106.1
2003	129227	52376	76851	66556	62671	40.5	106.2
2004	129988	54283	75705	66976	63012	41.8	106.3
2005	130756	56212	74544	67375	63381	43.0	106.3
2006	131448	57706	73742	67728	63720	43.9	106.3
2007	132129	59379	72750	68048	64081	44.9	106.2
2008	132802	60667	72135	68357	64445	45.7	106.1

注：①总人口包括现役军人；②2008 年 0-14 岁人口 25166 万人，15-59 岁人口 91647 万人，60 岁及以上人口 15989 万人。
资料来源：《中国统计年鉴》。*Source*：*China Statistical Yearbook*.

各地区人口数
Population By Region

地区 Region	总人口（万人） Total Population (10000)		按城乡分 By Residence 2007		城镇人口% % of Urban Population 2007	性比例 Sex Ratio 2007
	2000	2007	城镇 Urban	乡村 Rural		
总　计 Total	126583	132129	59379	72750	44.9	106.2
北　京 Beijing	1382	1633	1380	253	84.5	99.1
天　津 Tianjin	1001	1115	851	264	76.3	100.3
河　北 Hebei	6744	6943	2795	4148	40.3	103.7
山　西 Shanxi	3297	3393	1494	1899	44.0	103.9
内蒙古 Inner Mongolia	2376	2405	1206	1199	50.2	103.1
辽　宁 Liaoning	4238	4298	2544	1754	59.2	101.2
吉　林 Jilin	2728	2730	1451	1279	53.2	102.6
黑龙江 Heilongjiang	3689	3824	2061	1763	53.9	102.1
上　海 Shanghai	1674	1858	1648	210	88.7	99.3
江　苏 Jiangsu	7438	7625	4057	3569	53.2	95.6
浙　江 Zhejiang	4677	5060	2894	2166	57.2	104.7
安　徽 Anhui	5986	6118	2368	3750	38.7	102.5
福　建 Fujian	3471	3581	1744	1837	48.7	101.1
江　西 Jiangxi	4140	4368	1738	2630	39.8	104.6
山　东 Shandong	9079	9367	4379	4988	46.8	100.9
河　南 Henan	9256	9360	3214	6146	34.3	103.9
湖　北 Hubei	6028	5699	2525	3174	44.3	103.4
湖　南 Hunan	6440	6355	2571	3784	40.5	106.3
广　东 Guangdong	8642	9449	5966	3483	63.1	103.7
广　西 Guangxi	4489	4768	1728	3040	36.2	108.6
海　南 Hainan	787	845	399	446	47.2	110.0
重　庆 Chongqing	3090	2816	1361	1455	48.3	102.6
四　川 Sichuan	8329	8127	2893	5234	35.6	101.1
贵　州 Guizhou	3525	3762	1062	2700	28.2	107.1
云　南 Yunnan	4288	4514	1426	3088	31.6	106.3
西　藏 Tibet	262	284	80	204	28.3	96.4
陕　西 Shaanxi	3605	3748	1522	2226	40.6	101.6
甘　肃 Gansu	2562	2617	827	1790	31.6	102.8
青　海 Qinghai	518	552	221	331	40.1	102.7
宁　夏 Ningxia	562	610	269	341	44.0	103.1
新　疆 Xinjiang	1925	2095	820	1275	39.2	103.5

资料来源：《中国统计年鉴》。Source：China Statistical Yearbook.

人口年龄构成（%）
Composition of Population by Age

年龄组 Age Group	合计 Total			男 Male			女 Female		
	1990	2000	2007	1990	2000	2007	1990	2000	2007
合计 Total	100.00	100.00	100.00	51.45	51.53	50.70	48.55	48.47	49.30
0-4	10.30	5.55	5.05	5.39	3.03	2.79	4.91	2.52	2.26
5-14	17.40	17.35	12.83	9.00	9.15	6.95	8.40	8.20	5.88
15-24	21.84	15.90	14.93	11.23	8.12	7.65	10.61	7.79	7.28
25-34	16.63	19.71	13.76	8.58	10.11	6.72	8.05	9.61	7.03
35-44	13.26	15.32	19.46	6.89	7.92	9.66	6.37	7.41	9.80
45-54	8.38	11.97	14.18	4.41	6.18	7.11	3.97	5.80	7.07
55-59	3.69	3.73	6.16	1.94	1.94	3.11	1.75	1.80	3.05
60-64	3.01	3.36	4.29	1.55	1.74	2.18	1.46	1.61	2.11
65-69	2.33	2.80	3.35	1.14	1.41	1.71	1.19	1.39	1.64
70-74	1.59	2.06	2.80	0.73	1.00	1.38	0.86	1.06	1.42
75-79	0.97	1.28	1.77	0.44	0.58	0.85	0.53	0.70	0.92
80-84	0.48	0.64	0.95	0.18	0.26	0.42	0.30	0.39	0.53
85+	0.21	0.31	0.48	0.06	0.11	0.19	0.15	0.21	0.32

资料来源：《中国统计年鉴》。Source：China Statistical Yearbook.

人口文化程度
Population by Educational Level

	1964	1982	1990	2000
绝对数（万人）Population（10 000）				
大专及以上 Junior College & Above	288	602	1613	4402
高中和中专 Senior Secondary/Secondary Technical School	912	6648	9113	13828
初中 Junior Secondary School	3235	17828	26465	422387
小学 Primary School	19582	35516	42011	44161
文盲人口 Illiter	25805	22996	18003	8699
每十万人口（人）Per 100 000 persons				
大专及以上 Junior College & Above	416	615	1422	3611
高中和中专 Senior Secondary/Secondary Technical School	1319	6779	8039	11146
初中 Junior Secondary School	4680	17892	23344	33961
小学 Primary School	28330	35237	37057	35701
文盲率（%）Illite rate（%）	33.6	22.8	15.9	6.7

补充：2005 年 1%人口抽样调查结果，大专及以上人口为 6764 万人，高中和中专人口为 15083 万人，初中人口 46735 万人，小学人口 40706 万人。

资料来源：《中国统计年鉴》。Source：China Statistical Yearbook.

五次全国人口普查数

Number of Population on National Population Census in 1953，1964，1982，1990 **&** 2000

指标 Indicator	1953	1964	1982	1990	2000
总人口 Total Population	601938035	723070269	1031961384	1160017381	1295330000
大陆 Mainland	582603417	694581759	1008175288	1133682501	1265830000
台湾省 Taiwan Province	7591298	12041544	18272749	20155830	22280000
香港、澳门特别行政区 Hong kong & Macao Special Administrative Region	…	3867000	5457500	6130000	7220000
性比例 Sex Ratio	107.6	105.5	106.3	106.6	106.7
各年龄组人口（%）% of Population By Age Group					
0-14	36.3	40.7	33.6	27.7	22.9
5-64	59.3	55.7	61.5	66.7	70.1
65+	4.4	3.6	4.9	5.6	7.0
民族人口% % of Nationality Population					
汉族 Chinese	93.9	94.2	93.3	92.0	91.6
少数民族	6.1	5.8	6.7	8.0	8.4
城乡人口（万人）Population By Residence（10 000 persons）					
城镇 Urban	7726	12710	21082	29971	45844
乡村 Rural	50534	56748	79736	83397	80739

资料来源：《中国统计年鉴》。Source：China Statistical Yearbook.

2007 年按人口分组城市数

Number of Cities by Population Size in 2007

	市数（个）Number of Cities	人口数（万人）Population (10 000)	人口数构成 % of Population
按总人口分组 Group by Total Population	656	61925	100.0
<100 000	8	53	0.1
100 000-	70	1505	2.4
300 000-	119	4980	8.0
500 000-	271	19206	31.0
1 000 000-	148	19630	31.7
2 000 000-	27	6835	11.0

	市数（个） Number of Cities	人口数（万人） Population (10 000)	人口数构成 % of Population
4000 000+	13	9716	15.7
按非农业人口分组 Group by Non-agriculture Population	656	31602	100.0
<100 000	63	460	1.5
100 000-	335	6143	19.4
300 000-	118	4567	14.5
500 000-	82	5602	17.7
1 000 000-	35	4811	15.2
2 000 000-	14	3945	12.5
4000 000+	9	6074	19.2

注：本表系户籍人口数。

国内生产总值和财政收支

Gross Domestic Product，Budgetary Revenue and Expenditure

年份 Year	国民总收入（亿元） Gross National Income (100 million yuan)	国内生产总值（亿元） Gross Domestic Product (100 million yuan)	人均国内生产总值（元） GDP per capita (yuan)	财政收入（亿元） Government Revenue (100 million yuan)	财政支出（亿元） Government Expenditure (100 million yuan)
1952	679	679	119	…	…
1960	1457	1457	218	572	654
1965	1716	1716	240	473	466
1970	2253	2253	275	663	649
1975	2997	2997	327	816	821
1980	4546	4546	463	1085	1213
1985	9041	9016	858	1866	1845
1990	18718	18668	1644	3313	3452
1995	59811	60794	5046	6242	6824
2000	98001	99215	7858	13395	15887
2001	108068	109655	8622	16386	18903
2002	119096	120333	9398	18904	22053
2003	135174	135823	10542	21715	24650
2004	159587	159878	12336	26396	28487
2005	184089	183217	14053	31649	33930
2006	213132	211924	16165	38760	40423
2007	251483	249530	18934	51322	49781
2008		300670	22640	61317	62427

资料来源：2008 年以前数字摘自《中国统计年鉴》。2008 年数字摘自《2008 年国民经济和社会发展统计公报》和《2008 年中央和地方预算执行情况及 2009 年中央和地方预算草案的报告》。

居民消费价格与商品零售价格指数（上年＝100）
Consumer Price and Retail Price Index (preceding year＝100)

指标 Indicator	1995	2000	2005	2006	2007
居民消费价格指数 Consumer Price Index	117.1	100.4	101.8	101.5	104.8
医疗保健品 Medical Articles	111.3	100.3	99.5	100.2	102.1
医疗器具及保健品 Medical Instrument & Articles	115.7	99.5	97.4	97.2	98.2
中药材及中成药 Traditional Chinese Medicine	111.2	105.2	96.5	99.9	107.9
西药 Western Medicine	111.0	97.0	97.7	98.4	99.1
医疗保健服务费 Health Care Services	111.1	111.1	105.2	103.0	102.2
商品零售价格指数 Retail Price Index	114.8	98.5	100.8	101.0	103.8
中西药品及医疗保健用品 Traditional Chinese & Western Medicines	111.5	100.0	99.5	99.1	102.0
中药及中成药 Traditional Chinese Medicine	111.6	104.6	96.5	100.0	108.0
西药 Western Medicines	111.0	97.3	97.7	98.4	99.0
医疗用品 Medical Articles	114.9	99.6	100.0	98.3	98.5

注：2008年全国居民消费价格指数为105.9。

资料来源：《中国统计年鉴》。Source：China Statistical Yearbook.

医疗卫生行业风采录

中国医院年鉴理事单位

济宁医学院附属医院

徐汇区中心医院

复旦大学附属中山医院

新疆巴音郭楞蒙古自治州人民医院

广东省廉江市人民医院

大连大学附属新华医院

郑州市中医院

北京市昌平区红十字会北郊医院

昆明医学院第一附属医院

锦州市中心医院

山西省儿童医院、山西省妇幼保健院

呼和浩特市第一医院

深圳市布吉人民医院

中南大学湘雅医院

天津市南开医院

贵州省金沙县中医院

乌兰察布市卫生局

济宁医学院附属医院

2006年"3.15"消费者维权晚会上，全国人大常委会副委员长成思危为武广华院长颁发"3.15"特别贡献奖

济宁医学院附属医院是集医疗、教学、科研、预防、保健、康复为一体的省属大型综合性医院，始建于1951年。医院占地面积65758平方米，建筑面积126000平方米，资产总额9.62亿元，开放床位1813张，其中一级监护病床139张，有70多个临床医技科室，6个省、市级重点学科，其中心血管疾病研究诊疗中心、神经内科为省级重点学科。医院具有雄厚的医疗技术及管理力量，一批资深教授及高学历中青年技术骨干已经形成了一支医德高尚、医术精湛、奉献爱心蔚然成风的医疗队伍。由澳大利亚著名建筑设计师设计的新医疗大楼面积6.57万平方米，该楼配有中央空调、中心供氧、楼宇监控、影像传输等智能化自动控制系统，功能齐全、布局合理、人性化设计，是国内体现"以病人为中心"理念医院建筑的典型代表。医院拥有西门子双源CT、GE64排CT、3台大型先进血管造影机、14台高端彩超等医疗设备1297余台件，医院设备总值达2.82亿元。2008年，门诊量达到82.6万人次，出院病人为5.2万人次，病房手术2.1万人次。

2008年9月3日，原中共山东省委书记、省人大常委会主任赵志浩（中）、原省委政研室副主任李继坤（左一）莅临医院视察

医院不断瞄准国际医疗新技术，开展技术攻关和创新，卓有成效地开展了一批在国内和省内具有领先水平的疑难病症诊疗项目。1999年5月27日，医院成功开展了山东省首例同位异体心脏移植手术。2002年12月13日，开展了鲁西南首例肝脏移植手术。近几年，医院已在心血管、脑血管、脊柱、关节、胸外、糖尿病、儿科、烧伤整形、影像诊断、重症新生儿监护、病理、产科等众多学科具有较高水平，部分学科步入国内先进行列。医院拥有坚强的组织领导，各部门协同配合能力突出，视医疗质量为生命，尤其是在急危重症病人抢救、监护和重大突发事件应急处理等方面在省内外享有盛誉。

武广华院长与卫生部新闻发言人毛群安就单病种限价和医院改革经验做客央视新闻会客厅节目

医院坚持以病人为中心，以质量为核心，全方位开展了以方便、快捷、优质、价廉为主题的承诺服务，创造性地推出了多项在全国拥有较好影响的服务举措，尤其是从2004年初开始，为缓解看病贵、看病难问题，积极探索实施病种付费，向社会公开承诺对128种疾病实行单病种限价收费，限价病种总体费用平均降幅达33%。这一病种付费的改革，在全国产生强烈反响，并起到了全面带动作用。自2005年以来面向全国开展"爱心医疗救助工程"，每年免费救治100例特困家庭的先心病患儿，截至2008年12月底，已成功完成400例，受到社会各界的广泛赞誉和人民群众的热烈欢迎。第五批爱心手术正在进行。2007年9月，中央电视台《春暖2007》节目对医院多项慈善救助工作进行了现场直播。

济宁医学院附属医院开展"爱心医疗救助工程"，自2005年开始，每年面向全国免费为100例家庭贫困的心脏病患儿实施手术，截至2008年底，已成功完成400例。

山东省医院协会和附院联合举办"限价·减负——病种质量管理和单病种限价报告会"

医院先后被评为省、市级文明单位，全省卫生系统先进单位，全省医德医风示范医院，全国卫生系统先进集体，被山东省总工会授予"富民兴鲁"劳动奖状，被中华医院管理学会推荐为全国首批百姓放心示范医院，被中华全国总工会授予"五一劳动奖状"。医院党委被评为全国先进基层党组织。济宁医学院党委、济宁市委市政府和山东省卫生厅先后发出了向济宁医学院附属医院学习的决定。

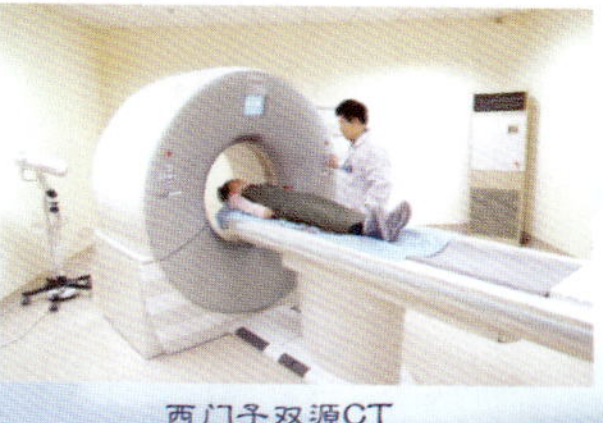
西门子双源CT

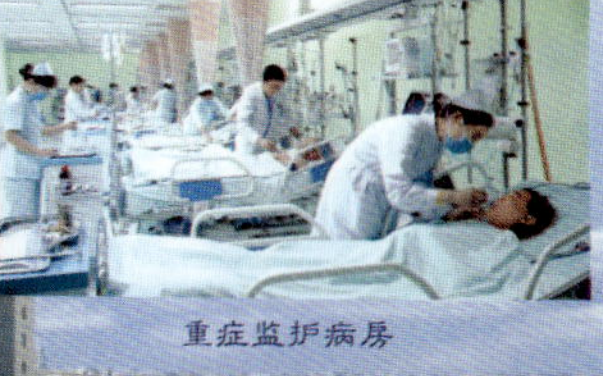
重症监护病房

地址：济宁市古槐路79号　邮编：272029
总机：0537－2903399　2903398　传真：0537-2213030
网址：www.jyfy.com.cn

荣誉的背后
——记徐汇区中心医院的党政管理团队

院长：朱建民

2008年11月14日，在北京的人民大会堂举行了全国百佳医院院长的颁奖典礼，来自上海徐汇区中心医院院长朱建民坐在第一排的座位上，谁都知道这是离领奖台最近的位置，其实能够走到这里他和他的团队整整用了5年。获得这一荣誉的在上海唯有4人。朱院长回到上海，面对向他贺喜的同事和职工说：荣誉不是我个人的，是整个团队、全体员工的。的确荣誉不是他个人，而属于整个管理团队。

“两难”下的永恒追求

2003年5月有着30年临床、5年政府卫生部门管理经验和诸多荣誉称号的朱建民，来到徐汇区中心医院。他认识到：医院管理是一个综合性的科学，尤其是如何探索出一套适合中国特色的公立医院管理体系，缺乏经验、缺乏现有模式，是难题更是挑战。

眼下医院管理面临着两难：市场化的改革趋势，医院的总体经营、管理必须面对市场，如水电、排污、人员等成本价格的市场化，以至患者满意度的市场化测评等等，而所有收入却是行政化管制，以及日益显著的公益化倾向。在这一困境下的管理者如何面对？又能做什么？朱院长确定的理念就是：让病人满意、放心，需要服务硬件的一流、服务态度的优秀，更需要医疗水平的优秀、诊断技术的领先、医疗质量的一流，无论市场化、行政化、公益性唯有提高医疗质量才是医院永恒的主题，唯有永恒才值得我们追求。五年来他们的管理理念、各项举措就是围绕这一理念而推出的。

正是在这一理念的实施中，越加体现出一个学者型管理者对于医院科研、学科建设的专业、领先、独到，体现出这个管理团队的远见、创新、作为。五年来他们的口号始终如一：

从此医院管理的举措一项项出台，使中心医院的医疗、管理、科研、服务水平，精神文明建设都取得了前所未有的成绩。在医院管理年活动和万人问卷中，连续三年在全市同级医院中名列前茅。

学科在传承中发展

朱院长来到中心医院的第一件事不是否定是肯定；不是批评是传承。对于以前的成绩大加赞赏；对于已有的特色科室千方百计来传承。心内科经过十多年的建设已经成为上海医院中的佼佼者。在传承中谋求更好的发展，成了他和他的团队的新政。在经过调查以后，发现医院最有特色的领先学科心内科缺少后续人才，于是他们引进高级专业人才，强化扶持政策，使该科室的高级人才从1人到3人，从能够从事一个顶级手术到3个 。

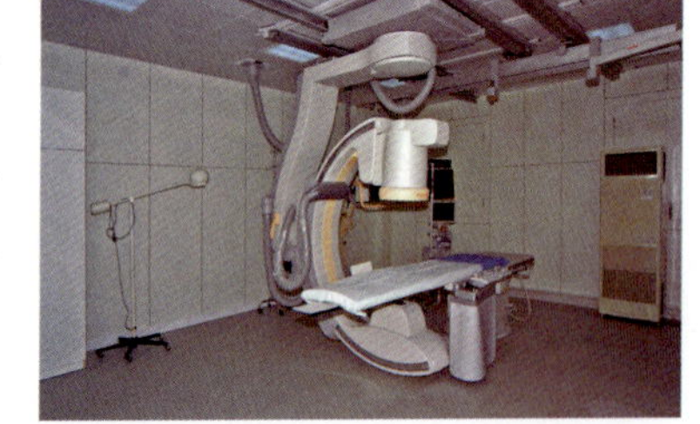

接着管理的谋篇布局全面落子：作为一家综合性医院，要有几个强的科室，但也要有一批好的科室，将强的科室更强，弱的科室变强，无的科室变有，让每一个来就诊的病人放心。他的创意是请来上海最强的专科医院：上海胸科医院、肿瘤医院、儿科医院、第一妇婴院分别与中心医院相应的科室对接，引进专科医院的技术人才到这些科室看病、带教、示范，并参加对方医院的学术讲座和交流，而且衍生为双向合作，相互转诊，从而使医院的就诊人次、病床周转率大幅度提升，进一步满足病人需求，同时提升了医疗水平，推动了医院发展。

流程在改革整合中完善

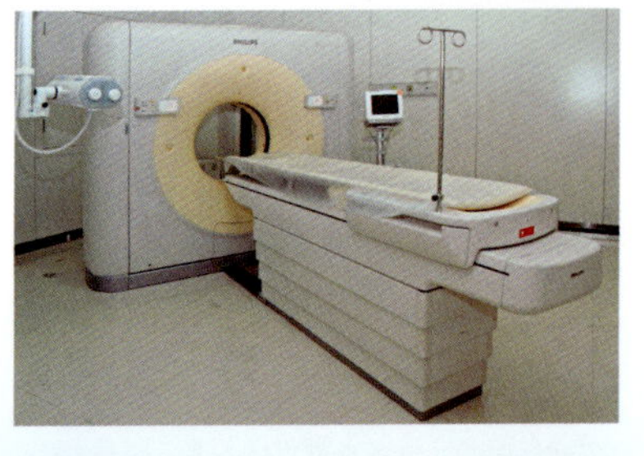

管理需要流程，而流程体现了管理。过去中心医院的妇科、外科、内科、门诊都有自己的手术室、监护病房。这样建设、使用标准难免不一，管理有了盲点，医疗质量就有可能存在隐患，病人的放心和满意也就会有疑虑。于是一项新的改革举措出台了，撤除各个科室的手术室，建立全院集中统一的标准手术室、以及重诊监护病房，并且取代了家属护理，代之以统一的医工护理。从而使手术室和监护病房面貌一新。整个医院对于手术室的管理更为有序，提高的是医务质量，满意的是广大病人。

同时建立科学制度、合理举措降低医疗事故，近五年来，共修订了陈旧、不适合的制度86项，新制定了适合医院发展稳定、提升医院管理水平的制度10项。医院每半年召开一次医疗护理质量专题会议，把医疗安全的关口前移，从源头上预防了医疗事故的发生。去年医疗纠纷同比下降45.7%。

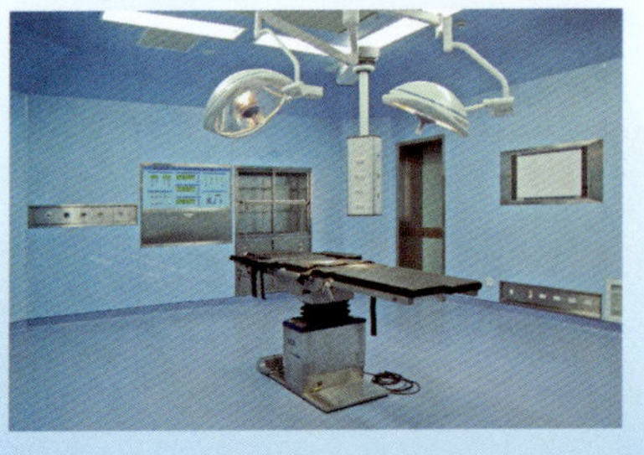

整体水平在科研中提升

作为一家二级医院要不要抓科研，又如何来抓？这里充分显示出朱建民作为学者型的领导，和具有丰富行政管理经验医疗专家的长处。使中心医院的科研具有鲜明的特色，始终与临床应用、与实际需求结合；既不好高骛远又得以领先。

2004年中心实验室与汇中细胞生物科技公司合作的市科委科研项目“CD4细胞计数芯片的研发”获市医学科技三等奖。 CD4细胞在维持机体的细胞免疫和体液免疫中具有枢纽作用，而HIV在体内攻击的主要细胞正是CD4细胞，目前CD4细胞计数的测定已广泛应用于HIV感染者的临床

荣誉的背后

——记徐汇区中心医院的党政管理团队

管理中，此研究利用生物芯片技术，开发一种操作方便、专一灵敏、测试成本低廉并易于推广的CD4细胞计数方法，满足艾滋病防治工作的迫切需要，在全世界对艾滋病防治高度重视的今天具有非常重要的意义，已于2005年3月通过了上海市医疗新技术的临床应用准入。

实施科研奖励条例以鼓励医务人员撰写论文、参加院外学术交流，收到明显效果。医院每半年召开一次科研工作会议，每年设立院级科研课题基金，充分发挥国家药物临床试验机构作用。获上海市医学科技奖三等奖1项，2项科研成果被鉴定为国内先进，还获得国家专利1项、申请国家专利4项。在论文发表方面：1-11月，全院共发表论文168篇，其中SCI论文4篇（影响因子总计为11.514分），中华系列论文7篇，核心期刊论文48篇，普通期刊杂志论文109篇。在学科建设方面：中医科被国家中医药管理局批准为"十一五"重点专科（偏头痛专病），心内科和康复科以优异成绩通过了重点学科验收。2008年在ISSN杂志上发表论文125篇，其中刊登在国家核心期刊上的有76篇，SCI收录6篇。三年来，共获市区级课题18项，上海医学科技奖3项，发明专利7项。

正是医院科研水平的大幅度提升，得以和临床诊断、应用结合，得以极大开拓了医务人员的视野，能够和国内外一流的医疗机构、科研院所宣读论文、交流成果。

廉政在系统管理中保证

医院在药品采购中的问题是管理的一个难点，而中心医院在近几年来却卓有成效，不是靠个别人、靠一二项规定，而得益于管理的系统化，得益于制度的完善，仅在2007年就新制订和修订完善的防控商业贿赂的管理制度和措施近20 项。除了常规的制度以外，还有医院重大经济事项领导负责制和责任追究制、医院议事决策会议制度、医院物资采购质量、价格监管制度、医院领导干部行风巡查值班制度等等。

同时对全院所有的药品供应商进行梳理，订立医院药品采购规范和流程；对在采购关键岗位的人员实行定期轮岗；订立对于所有供应商的统一接待日；实行独立的内部审计；对于非药品的采购也实行供应商遴选制和招标制。去年5月国家卫生部督导组在对中心医院的医药购销领域不正当交易行为进行了检查评估，督导组表示了充分肯定和满意。

人文在民主管理中体现

中心医院一向以严格管理闻名，管理的权威哪里来？来源于在重大事项上公正、公平、公开的程序和民主的决策过程。

医院实行的是在关系到员工切身利益和医院管理的重大问题上广泛听取全体员工的意见。"医院奖惩条例"是医院管理中涉及到每一位员工的基本大法，该条例每年要经职代会讨论、修订一次。为保证公正、公平、公开，还制定了回避制度和听证制度。每月医院奖惩评审小组召开例会一次，奖惩依据就是"医院奖惩条例"，评审结果报院党政联席会议讨论并最后决定，无论谁、无论哪个部门受到处罚，都会心甘情愿。就是因为这个大法制定的"三公"和民主。

人才是医院的宝贵资源也是品牌的重要组成。医院党政领导大力倡导尊重知识、尊重人才，鼓励冒尖，给人才以充分施展才华的舞台。为了在全院形成浓厚的学习氛围，全面提高和增强全体员工的人文素养，医院举办的医院论坛定期邀请著名的专家教授到医院作专题讲座，该论坛不仅坚持了整整五年，而且以其视野广、知识宽、针对性强而好评不断。

近五年人才培养已初具成效。为进一步深化干部人事制度改革，探索新型的用人机制，制订了医务人员行政岗位挂职交流制度；竞争上岗制度；科主任评估制度；科主任轮值班制度、50岁以上的科主任配备行政副主任制度、以及护士长翻班制度和设立护士长助理制度等等。增强了医务人员的竞争意识和上进心。通过实行岗位挂职交流，使临床与职能科室联系更加紧密，加强了医院管理力度和制度的执行力，同时发现和培养了一批管理人才。

复旦大学附属中山医院

扬帆奋进 继往开来

复旦大学附属中山医院是中国人创办的第一所规模较大的综合性教学医院，如今已经发展成为一所卫生部属的重要三级甲等综合性教学医院，先后获得全国百佳医院、全国卫生系统先进集体、全国医院文化建设先进单位、全国科普工作先进集体、全国模范职工之家、全国厂（院）务公开先进单位、上海市花园单位、上海市爱国卫生标兵单位、上海市医务工会抗非典先进集体等荣誉称号，并连续十届20年获得上海市文明单位称号。七十载的不懈努力，七十载的积淀，同样孕育出丰厚深邃、富有强大生命力的中山文化。

院训：严谨、求实、团结、奉献

捐骨髓、献爱心

优秀的医院文化源于一支高素质的职工队伍。经过多年探索，中山医院已经逐步形成了一套行之有效的职工培养模式。新职工入职的第一天，就必须接受院史教育，领会一代代优秀中山人身上所共同体现的“一切为了病人”的中山精神；住院医师培训阶段，每位年轻医生都会由导师带领他们实践中山精神。近年，医院还投入上百万元开办了中层管理干部高级研修班、护士长培训班，200多位科主任、职能部门负责人和护士长接受了管理知识、人文修养、哲学等方面的培训。通过这种系统和全覆盖的培训，“严谨、求实、团结、奉献”的院训已经渗入中山人的日常行为中，内化为一种中山文化，成为了中山人区别于其他医院同行的最鲜明的标志。

优秀的医院文化离不开强有力的思想武器。多年来，中山医院始终坚持用马列主义、毛泽东思想、邓小平理论和“三个代表”重要思想、科学发展观武装干部和职工的头脑。医院围绕十七大开展了多种形式的学习活动，组织职工观看《苍生大医》、《生死托付》等影片，利用多种形式学习华益慰、郭春园、王玲、陈海新等同志的先进事迹。同时，通过报告会、座谈会、院报、闭路电视等形式，大力宣传以汤钊猷、王承棓、吴志全、薛张纲等为代表的先进个人和以肝癌研究所为代表的先进集体等身边榜样的事迹。

优秀的医院文化需要不断创新和拓展。近年，中山医院在原有《中山医院报》、中山有线电视台和中山广播台的基础上，大力建设网络文化平台，先后创办了中山医院网、中山党建网、中山青年网、研究生之家等网络文化平台。平台既是浏览国内外、院内外医学信息的重要渠道，也是医务人员彼此交流、共享的文化家园，还是医患沟通的桥梁。此外，医院还积极开展多种多样的职工文化活动。除每年举办艺术节、体育节、杜鹃花节等活动外，还先后组建电影协会、话剧社、礼仪队、小乐队等社团组织，丰富职工生活。2007年是中山医院七十周年院庆，医院开设了院庆专题网站，出版了《跨世纪的辉煌-中山医院志》、《中山掇英》等一批反映中山医院七十年辉煌历程的书籍，制作了纪录片《廊迴中山》，还组织了包括院史知识竞赛、辩论赛、特奥会志愿者、多米诺骨牌日、登洋山、“70个瞬间”摄影与书画作品展、“院庆纪念品创意”设计大赛等大量活动，让职工感受中山的活力和精彩，让职工融入中山大家庭，凝聚在中山大家庭，和谐在中山大家庭。

优秀的医院文化的最终目标是为社会多作贡献。中山医院自办院之初就始终坚持公益性医院的办院宗旨，积极投身公益事业。医院在持续15年举办“健康教育纳凉晚会”的基础上，2006年又推出了健康教育新品牌——中山大讲堂健康论坛，同时成立了以全国首席健康教育专家杨秉辉教授为团长的中山医院健康教育专家讲师团。2007年全年共举办了96场讲座，受益者数万人，深受病家的欢迎。近年，医院先后组织了志愿加入中华骨髓库、为云南女孩献爱心、为背着母亲上大学的孝子刘霆母亲慈善手术、为藏族女大学生再造左耳等数十项公益活动。作为上海慈善基金会的成员单位，医院还成立了上海医务义工大队中山分队，积极开展志愿服务。中山人积极响应国家号召，每年派出骨干人员支援新疆、云南等地卫生事业发展，参加特奥会、F1大奖赛等志愿服务等。在“非典”、印度洋海啸、汶川地震等突发重大事件中，都活跃着中山人的身影。

门急诊大楼外观

“一切为了病人”的中山精神、“严谨、求实、团结、奉献”的院训是中山文化的精髓和主旨所在，也是中山医院持续发展的动力源泉，激励着新时期的中山人继续奉献医学、奉献祖国、造福社会、造福人民，为建设成为国际知名的综合性医院而努力奋斗。

复旦大学附属中山医院

扬帆奋进 继往开来

2008年是复旦大学附属中山医院实施“十一五”发展规划的关键一年。在卫生部、上海市卫生局和复旦大学的领导下，中山医院党政领导带领全体员工，贯彻落实党的十七大精神，坚持以科学发展观全面指导医院各项工作，按照年初提出的“扭住目标、严格管理、狠抓基础、科学发展”的工作方针，在医疗、教学、科研、管理等方面进行了积极探索和实践，取得了显著成绩。

中山医院赴四川抗震救灾医疗队出发

一、学习贯彻党的十七大精神，出色完成抗震救灾、医院管理年活动等各项任务

2008年，中山医院以高度的社会责任感和使命感，全力做好抗震救灾医疗支援和伤员收治工作。上级部门对医院在抗震救灾中的突出表现给予充分肯定，医院荣获上海市卫生系统抗震救灾先进集体称号，医疗队队长牛伟新同志荣获上海市五一劳动奖章，队员陈增淦、任金兰、东莉也被评为上海市卫生系统抗震救灾先进个人。

医院继续将管理年活动的各项要求落到实处，不断完善服务流程，使服务水平和管理水平上了一个新台阶。2008年，医院荣获2005-2007年度全国医院管理年活动先进单位称号。医院不断加强党建工作，组织开展多种形式的学习活动，探索党员学习的长效机制；以“迎世博”为契机，从多角度入手，深入开展医德医风建设和职业道德建设，贯彻落实“三重一大”制度。2008年，中山医院荣获全国卫生系统思想政治工作先进单位称号。

复旦大学普外科研究所在中山医院揭牌（左二为复旦大学常务副校长王卫平，右二、右一分别为复旦大学附属中山医院院长王玉琦和书记秦新裕）

二、保障医疗安全，改善服务质量，工作量继续攀升

医院进一步加强住院、手术、门诊、急诊、医保等方面的管理，确保医疗工作的安全和优质。同时在门诊医疗服务方面做了大量细致的工作，从细节入手，开展以人性化服务为重点的门诊系统工程建设。积极做好医疗应急工作，出台《重大突发事件院内救治应急预案》，重视各种预案的制定和演练，出色完成汶川大地震伤员救治任务和奥运火炬传递等多项重大活动的医疗保障任务。

医院主要业务指标在连续四年大幅增长的基础上持续攀升。2008年，门急诊病人为221万人次，住院病人5.5万人次，住院手术病人2.4万人次，平均住院天数10.32天，比2007年缩短0.61天。各类内窥镜检查例数亦居全国领先。

三、坚持科技兴院，全面推进科研工作

2008年，中山医院共获得科研项目178项，其中国家自然科学基金项目21项。医院启动管理科学基金项目，资助行政干部从事专项研究工作。医院科研成果丰厚，并继续保持高水准和广泛的社会影响力及实用价值，樊嘉教授的肝癌门静脉栓形成机制及多模式综合治疗技术获得国家科技进步二等奖；葛均波教授的冠状动脉介入治疗后再狭窄的机理及干预研究获得高等学校科技进步一等奖。

在学科建设方面，医院以平台建设为重点，提高学科水平。肝肿瘤和心血管病两个学科被列入“211”三期重点建设项目，并通过各种渠道主动探索与国外知名科研院所合作开展相关领域的研究。

四、加强国内外交流，促进医院文化建设

在国际交流方面，医院主办第五届上海国际呼吸病研讨会等高水平国际学术会议，接待芬兰劳动和经济部常务副部长Erkki Virtanen带领的参访团等多个国外代表团，以及多位国外著名学者。另外，医院还成功召开了庆祝上海市心血管病研究所建所50周年学术研讨会等国内重要会议，接待北京协和医院等30多批次的国内同行来院参观访问。在文化建设方面，医院获得全国医院文化建设先进单位和全国医院人文管理荣誉奖等多项荣誉称号。

总之，2008年中山医院在医疗、教学、科研、管理等各个方面都取得了新的发展和进步。在新的一年中，医院将认真贯彻落实科学发展观，坚持以人为本、深化改革、加强内涵建设，不断提高医疗质量和服务水平，实现医院的可持续发展。

在西部荒漠中开拓健康绿洲

——记新疆巴音郭楞蒙古自治州人民医院院长朱其银

院长：朱其银

巴州人民医院位于新疆南部重镇——库尔勒市中心位置，作为新疆唯一获得全国百佳医院称号的二甲医院，巴州人民医院在浩瀚的沙海中开垦出一片健康的绿洲，为边疆人民的和谐生活撑起了一片绿荫。在医院的发展和建设中，朱其银院长呕心沥血，大胆创新，勇于开拓，为医院的建设发展做出了不可磨灭的贡献。作为院长、党委副书记、主任医师，他先后多次荣获优秀党员、优秀党务工作者、自治区先进工作者等荣誉称号，2004年被自治州授予“建设开发巴州”金质纪念章，2008年被自治区卫生厅评为医院管理年活动先进个人。

积极创新—揭开医院发展历史的新篇章

创新，是朱其银院长留给我们的最深印象。他深知：唯有在理念上、管理上、技术上的不断创新，才能使医院进入更高更快的发展。自2002年调入巴州人民医院始，朱其银院长在创新的道路上从未间断过。

院长朱其银（右三）陪同卫生厅领导在医院视察

2003年，修改、调整了《综合目标管理实施细则》；成功完成“非典”医院建设及各项任务，工作受到中央政治局委员、自治区党委书记王乐泉的肯定。

2004年，实施了《人事与分配制度改革实施方案》。首次进行中层干部和护士长竞聘上岗工作；新外科楼落成使用；提出团结奉献，科技强院，与时俱进，创新发展的医院精神。

2005年，全员岗位聘任制在医院铺开，专业技术职称实行评聘分开。

2006年，深化医院管理年活动各项工作，强化了全院质量、安全意识。

2007年，实施了第二次中层干部和护士长竞聘上岗工作；主持编纂了《医院管理手册》，制度建设再上台阶。

2008年，增加专业科室设置，全院编制科室达到80个。医院被评为自治区医院管理年活动先进单位。

短短6年间，医院的快速发展得到社会各界的瞩目，与2001年相比，2007年医院门急诊人次增加24%，住院人次增加74%，手术人次增加68%，开放床位数增加到1200张，职工总人数增加到1400人。

院长朱其银（右一）陪同中国工程院院士、解放军301医院著名肾脏内科专家陈香美及北京、上海等各大城市专家在医院进行参观

确保安全—为医疗服务贴上满意的标签

医疗安全不仅关系到患者的健康，关系到医患和谐，而且关系到医院的生存和发展。朱其银院长深深知道医疗安全的重要性，在狠抓医疗安全的工作中，求真务实的个性使医院很多人既“怕”他，又敬他，也使医院在规模快速发展的同时，把好了方向，掌稳了舵，保证了医疗质量和安全。每周的行政业务查房，朱其银院长风雨无阻，遇到问题，他总能雷厉风行，现场办公，迅速将问题解决。针对医院管理年活动的要求，在他的主持下，医院先后修改、完善了《医疗事故防范和报告制度》、《临床医师开展医疗活动准入管理制度》、《医疗质量规范标准》、《三基考核实施方案》等三十多项规章制度；为了使医院管理步入科学化、规范化的轨道，每年都组织相关部门修订完善《综合管理实施细则》，使医院管理中的这些根本规定得以有效运行，为医院的建设和发展产生了积极深远的影响。在3年的医院管理年活动中，医院完善的规章制度得到了自治区评审专家的一致好评。

倡导学习—融于职工意识的成长优势

医疗工作是知识、科技密集型职业。不学习，集体就没有进步的动力，不学习，职工就缺乏提高的优势。朱其银院长注重学习中外成功企业的管理经验，针对创建学习型组织具有相当的理解。对于学习，他认为不仅是吸收知识或是获得信息，真正的学习，能够使我们做到从未能做到的事情，扩展创造未来的能量。坚持科技强院就必须注重学习，他不仅认真要求全院职工积极学习，同时自己用实际行动作出了表率。在医院举办的各种学习班中，总能见到他的身影；在科室开展新项目、新技术时，总能听到他评析的声音。制度上，为了创造人才涌现的良好氛围，先后制定了《关于对科技进步奖进行奖励的规定》、《关于外出参加学术会议、学习班的若干规定》、《继续医学教育管理的若干规定》、《关于鼓励开展新技术、新项目的规定及管理办法》、《人才培训的若干规定》等。多年的实践使他深深体会到：医院要提升社会形象和地位，要提高医疗服务质量，要有一支不断探索学习的人才队伍，会学习的人才才是医院事业发展的永恒支柱。多年来，医院先后取得科研成果38项，绝大多数科室和专业的技术水平代表了本地区的实力和水平。他本人的一项科研成果也获得自治州科技成果三等奖，受到表彰。

积极创新，体现了朱其银院长不断超越自我的一种勇气。确保医疗安全，彰显了朱其银院长求真务实的稳健个性；倡导学习型组织，为医院不断发展注入了永久的活力。在这浩瀚的沙漠边缘，巴州人民医院搭起的这片健康绿荫倾注了朱其银院长的智慧和汗水，他就像沙海中的胡杨，用它不屈的精神向人们昭示着自己的价值。在为人民群众造福的同时，也给自己的人生留下了华美的篇章。

新疆巴州人民医院

花园式的病区

新疆巴州人民医院（又称新疆巴音郭楞蒙古自治州人民医院）是新疆维吾尔自治区巴音郭楞蒙古自治州境内规模较大、水平相对较高的一所综合性医疗机构。是国家二级甲等医院、全国百佳医院。始建于1954年，其前身是新疆省立第八医院。承担着全州八县一市、石油、兵团、铁路及南疆各族群众的医疗、预防、保健、康复任务。是新疆医科大学、石河子大学医学院、湖北省郧阳医学院、巴州卫校等院校的教学实习医院，也是继续医学教育项目的定点医院。长期以来，医院与北京中日友好医院、北大医院、朝阳医院、积水潭医院、阜外医院、宣武医院、上海东方肝胆医院、华西医科大、解放军301医院、新疆维吾尔自治区人民医院建立了业务指导关系。同时，先后与北京协和医院、新疆医科大学第一附属医院建立了医疗协作关系。

经过近半个世纪的发展，医院由小到大，由弱到强，发展至今，已成为一所集医疗、教学、科研、康复、保健于一体的综合性医院，锻造了一支具有较高思想水平和医疗技术水平的专家队伍，凝炼了“团结奉献、科技强院、与时俱进、创新发展”的医院精神，医院各项建设快速、稳步发展。

医院拥有职工1400人，高级职称214人，中级职称288余人，有硕士研究生21人，聘用专家22人。具有硕士学位、本、专科毕业学历的医师占总人数的85%以上。编制床位820张，实际开放床位数1200张。全院设有80个科室，先后成立了18个中心。年门诊量34万人次，出院病人3万人次，完成各类手术例数7300余例。

全院占地面积8.2万平方米，建筑面积约18万平方米，其中医疗建筑面积8.5万平方米，主要医疗建筑有：内科综合大楼、外科综合大楼、急救中心大楼、门诊楼、特检综合楼、行政综合楼等。

院长朱其银（右二）陪同参加2008年包虫病国际高峰论坛分会的专家在医院参观

多年来，医院根据医疗业务发展的需要，立足于各族患者的保健需求，瞄准科技前沿，先后引进核磁共振、螺旋CT、大C型臂、三维彩超、DR、CR、数字摄影成像系统、罗氏全自动生化免疫电发光检验系统、直线加速器、SRI全身热疗系统、激光手术刀（头颅脑垂体定向系统）、电子关节镜、腹腔镜、输尿管镜、火激光碎石机、宫腔镜、结肠镜、DDN远程会诊系统等万元以上先进设备835余件套，这些先进设备的应用，极大地促进了医院临床医学的快速发展。以上设备的购置，为科室开展新技术、新项目，不断占领医疗市场的制高点提供了先进平台。

科技进步是立院之本。医院重视加强智力投资和人才培养，不断向高难新技术领域发起冲击，绝大部分科室的技术领域代表了本地区的实力和水平。神经外科、神经内科、创伤外科和脊柱关节外科颇具优势，开展的纤维镜下颅内动脉瘤夹闭术和颅底肿瘤切除术、超选择动脉内接触性溶栓治疗急性心梗、数字减影全脑血管造影术在脑血管病变中的应用、膝关节结核继发关节伸直骨性强直畸形的人工全膝关节置换术；经皮椎体成形术治疗椎体骨质疏松性骨折、椎体血管瘤；颈椎前后联合入路脊髓减压内固定植骨融和术；颈椎结核经前路全椎体切除脊髓减压病灶清除植骨、前路颈椎钢板内固定、各术式胰十二指肠切除术、高位食道癌三切口根治术、中心性肺癌切除加纵膈淋巴清扫、胶原酶溶解术治疗腰椎间盘突出症、微创定向置管吸引术治疗高血压脑出血、宫腔镜下行粘膜下子宫肌瘤和子宫内膜息肉切除术等技术项目，在南疆地区具有公认的能力与水平。其中经颈椎后路C2—6全椎板切除脊髓减压、C2－4脊髓前方蛛网膜囊肿切除、C2—6侧块螺钉钢板内固定术、持续血液滤过、经皮微创气管切开术、急性心梗急诊经皮冠状动脉介入治疗（PCI）的临床应用、后腹腔镜下肾上腺肿瘤切除术、后腹腔镜下肾切除术、青光眼小梁非穿透性引流器植入术、腰部鞘孔疝修补术等项目在自治区处于领先水平。

医院先后取得科研成果44项。其中国家科技进步三等奖1项，国家发明专利2项，自治区科技进步奖2项，自治州科技进步奖30项。省级以上杂志上发表论文2500余篇。享受国务院特殊津贴1人，自治区优秀科技工作者2人，自治州科技拔尖人才7人，自治州优秀科技工作者8人。

近年来，医院在州委、州人民政府和上级主管部门的正确领导下，紧扣医院发展这个主题，坚持以人为本，以病人为中心，解放思想，深化医院各项改革，不断加强医院管理，不断提高医疗护理质量，不断加大精神文明建设和纠风工作力度。开展“塑形工程”，美化服务环境，改善服务态度，简化服务流程，改革服务模式，努力为病人提供“安全、优质、高效、价廉”的医疗服务。医疗设施日臻完善，医院内涵建设成效明显，服务功能、服务半径逐年扩大，业务技术管理进一步科学化、规范化，经济效益和社会效益显著提高。在支援基层医疗机构、支农扶贫、重大灾害事故医疗救护以及日常医疗、保健、科研、教学工作中都出色地完成了任务，多次受到州委、州人民政府的表彰。1994年被卫生部评定为国家二级甲等医院以来，先后荣获全国百佳医院、全国模范职工之家、全国卫生系统先进集体、自治区十佳医院、自治区文明单位、爱婴医院、自治区卫生行业作风建设先进集体、自治区“AAA”诚信单位、自治州纠风工作先进单位等诸多荣誉称号。

面临前所未有的发展机遇和挑战，巴州人民医院将竭尽全力地担负起时代赋予我们的责任，牢固树立“以病人为中心”的服务理念，提高服务质量、转变服务态度、简化服务流程、优化就医环境，改善医患关系，人人争做维护人民群众健康的忠诚卫士，努力把医院建设成为一座现代化、高水平、百姓信赖的医院。

广东省廉江市人民医院

医院领导班子

近年来，广东省廉江市人民医院在“三个代表”重要思想的指导下，以科学发展观为统领，创新管理理念、创新管理体制，围绕打造“百姓医院、平安医院、和谐医院”的目标，落实多种便民惠民利民措施，有力地缓解了当地群众看病难看病贵的难题，建设了一个充满活力、医患和谐、内部团结、发展稳定的健康新型医院。医院先后被评为全国首批管理创新示范单位、全国健康扶贫先进单位、全国医院人文管理荣誉奖、广东省文明单位、广东省百家文明医院、广东省白求恩式先进集体、广东省创争活动先进单位、广东省优秀护理集体等荣誉称号。医院进入了建院以来和谐发展的最佳时期，为提高当地人民群众卫生健康水平、促进和谐社会的发展作出了积极的贡献。

雄厚的实力

医院始建于1934年，地处雷州半岛北侧，毗邻广西壮族自治区，坐落于拥有160万人口、具有“中国红橙之乡”、“中国电饭煲之乡”美誉的廉江市区。经过70年的发展，特别是改革开放以来，医院的基本设施建设、医疗技术、服务流程和服务水平均有了较大的提高，成为粤西一所功能齐全、设备先进、人才和技术力量雄厚、环境幽雅、服务一流，集医疗、科研、教学、预防保健于一体的二级甲等综合性医院、爱婴医院。医院现定编病床900张，现有在职职工968人，其中硕士研究生5人，本科学历218人，高级职称71人，中级职称182人。

医院设有23个职能科室，40多个二级专业临床科室，9个医技科室。年门诊量达32万人次，住院病人超过2.8万例。

医院首批成立了县级中西医结合研究所、中西医结合学会全国肝病研究临床基地、消化疾病专业胃肠诊疗咨询中心、糖尿病教育咨询中心、广东省新生儿护理抢救廉江分中心。诊治向高专业化、全数字化和微创方向发展。诊疗技术日臻完善，急性脑血管病介入溶栓技术、复杂骨伤手术诊疗、宫颈癌扩大根治术、肿瘤介入治疗、乳腺外科临床技术、骨质疏松性腰椎压缩性骨折椎体成形术、胸外科技术、白内障继发青光眼手术、消化内镜下早期癌诊疗技术、新生儿超低重诊疗技术、肾内科血液净化治疗技术与扩展、超声引导下介入诊疗技术、宫颈癌前病变细胞学检查、钛网颅骨修补、心脏冠脉造影、心脏起博、恶性胸积液胸膜腔介入局部化疗、经皮气管切开、氧气雾化吸入乌体林斯治疗XOPD性期、普米克令舒联合万托林压缩雾给治疗等新技术的应用达到了国内先进水平。

医院拥有双排螺旋CT、1000毫安平板数字减影机、高清晰数字化DR机和双靶乳腺机、奥林巴斯高清电子腹腔镜系统、肿瘤结合治疗系统（射频消融、氩氦刀、冷冻、粒子植入系统、热疗及热灌注化疗系统）等多种进口先进仪器，有百级层流及洁净手术室10间，固定资产达1.5亿元。在粤西地区首家引进胶囊内窥镜，只服一粒小小的“胶囊”，就能对胃、小肠、大肠等进行全面细致的检查，开创了消化领域检查的新纪元。

医院致力于科技创新，服务至上的办院理念，采用人性化和职业化管理手段，努力通过利民、惠民的医疗服务系列活动，全体员工正以饱满的激情投身医院的改革和发展的事业之中，用现代科技手段提高技术和服务水平。医院充分发挥好中国健康扶贫工程定点医院、新型农村合作医疗定点医院、城镇居民（职工）医疗定点医院的作用，把医院铸造成县、镇、村三级初级医疗卫生保健的龙头。

近年来，医院获省市级科技立项课题30余项，获得广东省科技进步三等奖1项，湛江市科技进步二等奖2项，三等奖4项。其中乙型肝炎组织病理学及中西药抗乙肝纤维化系列研究成果，获得2007年度湛江市科技进步二等奖，全院近年来发表高水平的科研论文40余篇。

科学的管理

医院历届班子坚持解放思想，创新思维，科学规划，协调发展，特别是2007年医院调整新班子以来，确立了“一二三四五六七”的发展思路与计划：

一个中心：科学规划，确立发展医院成为区域性诊疗技术中心的地位，承担起农村县—镇—村三级初级医疗卫生保健网络的龙头作用。

二个依靠：依靠多层次的培训来强化员工的思想文化素质；依靠多元文化建设来提升人气和凝聚力。

三个坚持：坚持国有公立医院的公益性质；坚持以病人为中心的服务理念；坚持以社会效益优先的经营理念。

四个感恩：感恩父母给我身体；感恩单位给我工作；感恩患者给我信任；感恩社会给我尊重。

广东省廉江市人民医院

2007年12月25日中国初级卫生保健基金会、中国健康扶贫工程组委会为医院被评为中国健康扶贫工程定点医院揭牌

五个满意：满意的员工；满意的客户；满意的患者；满意的家属；满意的政府。

六个谋化：目标平民化——创百姓医院，面向全廉江160万多百姓。管理职业化——适应市场，职业规划，员工成长，医院规划，分步实现。质量安全化——以提供百姓安全为标准的各环节，细节、流程的质量体系及评价体系。服务人性化——领导为职工提供人性化服务；临床一线为患者提供人性化服务。保障效能化——行政工勤人员提高效率和工作重心下移，前移变修为检，主动服务；提高保障能力，包括药品、理疗、耗材及其他方面；降低成本，力行节约，防止浪费。文化多元化——五湖四海皆兄弟姐妹；员工来自20个省市区；天南地北廉医人；十几个民族组成大家庭；鼓励多元文化的交融、提升；倡导家和万事兴的理念。

七个优势：雄厚的业务基础；政策与市场提供的难得机遇；全体员工投身事业的激情与热情；领导班子的向心力和凝聚力；医院准确的发展定位（初级医疗卫生保健龙头）；政府的有力支持；创建和谐社会民生主题。

医院全面落实科学发展观，深入开展文化年、服务年建设活动，通过落实人文管理，提高文化素质，提高服务能力，改善服务态度，规范医疗行为，外树形象，内强素质，促进了医患关系的和谐，促进了医疗业务的发展，创造了良好的社会效益。

医院以病人为中心，秉承公立医院的公益性质，坚持社会效益最大化的理念，立足现状，着眼长远，坚定走平民化的路子，竭力为群众提供安全、有效、方便、价廉的医疗服务，较好地满足了人民群众的健康需求，促进了当地医疗事业的发展。

牢牢抓住发展主线。医疗事业的发展是社会发达程度的重要标志。为了实现构建和谐廉江的目标，医院把维护全市160万群众的健康作为己任，为和谐社会的建设保驾护航。根据发展的需要，大刀阔斧进行了卓有成效的改革：引进新技术、新设备，尽可能满足医疗市场的需求；发展湛江地区重点专科，注重医疗专科品牌建设；加强基础设施建设，改善就医环境；完善具有公平激励和管理监控效应的绩效管理体系。在改革中，把创建平民化医院的思路贯穿于整个工作主线。如在2008年进行了文化年建设活动，使员工在“文化家园”中感受优秀的医院文化起到主流引导作用，开启了广大员工的文化胸怀，增强医院的凝聚力。形成辐射力，向外界展现了医院的独特的文化魅力，让公众感受到独特的医院文化氛围。

一系列的措施促进了医院业务的发展。2008年完成门诊量313795人次、住院量28069例、业务收入13953万元，与2007年同期相比，门诊量增长41.19%，住院量增长20.45%，业务收入增长38.14%。

质量是医疗的生命线，医疗质量事关医院的发展前途，更关乎人民的生命安全。在医疗工作中，医院把提高医疗质量放在医疗工作的首位，把医疗质量作为开展一切工作的出发点和立足点，形成全院上下人人抓质量，处处抓质量，时时抓质量的良好局面。通过加强各项规章制度建设，明确各级人员职责，规范技术操作，确保医疗质量再上新台阶。2009年4月，医院在上海专家的指导下，重新修订和执行了新的《医疗质量检查量化标准》，把医疗质量考核摆在更重要的位置。实践证明，该标准符合医院质量管理要求，符合各科室的工作实际，考核内容更为详细、全面，为质量评价提供了有力的评价依据，对加强医疗质量管理，促进医疗质量的持续提高发挥了重要的作用。治愈好转率、住院危重病人抢救成功率、门诊与出院诊断符合率、入院与出院诊断符合率、术前与术后诊断符合率、入院三日确诊率、无菌手术甲级愈合率均有了较大的提高，各项医疗指标达到国家标准。

医院专科建设不断发展。为了更好地为病人提供优质的医疗服务，医院花大力气，在就医环境的改造上深下苦功。争取市委、市政府的支持，新增医疗用地2.7万平方米，缓解了医疗用地紧张的难题，为医院的发展壮大打下了基础；调整科室布局，增设新科室，满足了各类患者的需要，2008年以后，先后开设了肾内科、颅脑二科、颌面外科、骨三科及肿瘤科，搬迁了高压氧治疗室、健康体检中心、消化内科、中西医结合科、五官科、乳腺外科等科室，通过新设、扩大和调整临床科室，使科室布局更加合理，诊治范围更加宽广，诊疗功能更加完善，诊治技术更具专业化，特别是肿瘤科、腹腔镜中心，高起点、高规范、高标准地与与广州军区总医院、中山大学肿瘤医院、广州医学院第一附属医院等技术力量雄厚，设备先进的大医院协作，为打造医院的专科品牌打下了基础。2009年5月，医院与广州医学院附属第一医院签订支援合作协议书，共建 广州医学院附属第一医院廉江市人民医院微创外科中心。广医附一院派出专家长驻医院挂职指导工作，各科专家到医院会诊手术推广腔镜微创外科技术，并建立双向医疗转诊制度，使当地患者不出县城，便能接受省城大医院的治疗，有力缓解了百姓看病难的问题。

发展根基不断巩固。把人才兴院、科技兴院作为发展建设的根基，重视人才队伍建设，重视科技开发。为提高服务本领，医院以“创建学习型组织、争做知识型职工”活动为契机，推行全院培训，组织开展学习

高压氧舱治疗专科

2008年12月16日，医院和广州军区总医院结为军民共建医院

2009年3月19日，医院开展深入学习实践科学发展观动员大会

医院与武警廉江消防大队警民共建双拥单位

广东省廉江市人民医院

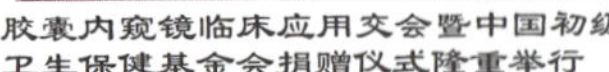

胶囊内窥镜临床应用交会暨中国初级卫生保健基金会捐赠仪式隆重举行

2009年5月10日，医院和广州医学院第一附属医院支援合作签字仪式

“一站式服务”门诊输液厅

型科组、学习型职工等活动。在建立优秀的学科带头人和合理的人才梯队上狠下功夫。根据员工的工作岗位，灵活、合理安排培训内容。年轻医师进行住院医师规范化培训，高年资医师或科主任再次选取到全国有名的医院培进修，2007年以来，选派到北京、广州等各大医院进修55人，到上级进行短期培训学习256人，组织急救技能培训15次，“三基”考核共1566人次，合格率100%；新上岗人员心肺复苏及气管插管培训考试187人次。开展新技术、新项目22项，如杨柳明院长主持的《乙型肝炎组织病理及中西药抗乙肝纤维系列研究》获湛江市科学技术进步二等奖，邓锦有主持的《新生儿缺氧缺血性脑病患儿血清中IL-18，ICAM-1水平变化及其相关性研究》已通过湛江市科委结题，《COPD加重期患者血清IL-13和TNF-a在治疗前后的变化及与FEV1相关性研究》、《超声引导下介入治疗良性甲状腺结节的临床应用》等多项课题已通过湛江科委同意立项，发表省级论文85篇，市级论文31篇。此外还开展如下新技术和新项目：胶囊内窥镜、引进一台全自动生化分析仪、鼻内窥镜鼻窦外科手术、应用固尔治疗新生儿急性肺损伤，布洛芬治疗早产儿导脉未闭、经尿道前列腺电切、经尿道膀胱肿瘤电切、阴式子宫肌瘤剔除及宫腔镜下COOK导丝通液术、腹水浓缩静脉内回输等。新技术和科研成果取得了良好的疗效，在创造巨大社会效益的同时，也促进了医院的经济效益。

医院十分重视临床教学工作，重新调整了四级教学管理机构，形成一级抓一级，级级抓落实的工作格局，教学质量有了显著提高。2007年以来，接收广东医学院、广西右江民族医学院、遵义医学院、湛江卫校、廉江卫校实习生共333人，镇医院进修生91人，为社会培训输送了优质的人才。

此外，医院十分注重开发人力资源，不断提高劳动者的素质。在人力资源开发方面，近3年，医院引进了一大批大中专毕业生，大部分是本科毕业生和大中专护理人员。2009年，医院招收了40多个大中专毕业生，其中30个是按科室发展规范进来的，还有10多个是定向的，“3+1”网络费用生，准备下一步对乡镇卫生工作的支持。医院根据发展状况和未来的需要及乡镇医院的实际，做了大量的人才储备工作，准备在未来的3—5年为乡镇配备3—5名本科生，配备全科医生，为乡镇解决人才储备的同时，为廉江解决了大学生就业困难的问题，为廉江作出一定的贡献。

跨越的发展

2002年，医院率先在广东省进行了人事制度改革，在全院职工中实行了全员聘用合同制，打破了事业单位普遍存在的“一职定终身”的现象。通过机制的转变，极大地增强了职工的责任感、危机感和紧迫感，使原有的人力资源得到了充分开发和利用，为人才的合理配置、结构优化提供了人事保证，同时也促进了职工队伍素质和医院整体功能的提高，全面提升了现代化医院的执行能力，使医院管理更具科学化、精细化、合理化。

在分配制度的改革上，坚持效率优先、按劳分配、兼顾公平的原则，实行了绩效工资分配制度。2008年4月，医院又在上海专家的指导下，完善了绩效工资分配体系。新的绩效体系，引进了更多的非经济类指标，不再是经验管理，不再是只看收入多少，真正把客户满意、患者满意、医疗服务质量、学习作为考核和影响分配的主要维度，合理拉开分配档距，向高技术、高风险、高责任、高贡献岗位倾斜，鼓励多劳多得、优劳优得，使职工与医院风险共担、责任共负、效益共创、利益共享，充分体现医疗行业高技术、高责任、高风险的特点，解决了临床科技人才贡献与收入相差太大的矛盾，实现了改革促进医院增量、增收、增效的目的。

2009年3月21日，湛江医学会在医院举行骨科研讨会

改革像一股温暖的春风，吹拂了每个人的心田，每个人的心里都暖洋洋的，这所具有70多年悠久历史的老院又焕发了勃勃生机。改革的成功解放和发展了生产力，增强了医院的综合实力，提高了职工的生活水平，促进了医院经济的高速增长。

在服务理念上，真正树立起全心全意为病人服务的理念。2009年，医院提出“健康大家·服务年”的服务口号，向社会提供技术服务、管理服务、保障服务、效能服务、亲情服务、文化服务，全面推行人性化服务，进一步让医护人员从内心深处尊重每一位病人，急病人之所急，帮病人之所需，杜绝单纯治病、忽视关爱现象的发生，全力营造一个健康、和谐、发展的医院形象。

在倡导优质服务中强化医务人员的人文精神，下大决心改革传统的、低效率的、以方便医院为前提的服务流程，凡事站在病患者的角度着想，最大限度地为病人提供方便。把加强沟通、回报社会作为全体医护人员的职业要求，开展了全方位的健康服务。

开通“120”免费直通车、开设午间门诊、夜间门诊，群众“看病难、看病贵”问题得到了缓解，2008年以来，医院抓住中国初级卫生保健基金会定为中国健康扶贫工程定点医院的良机，利用上级支持的医疗仪器设备为群众提供优质的医疗服务。组织医疗队，开展了“与村医同行肩并肩，与农民朋友面

住院大楼

广东省廉江市人民医院

对面”下乡巡回义诊活动。准备用二年的时间，走遍全市383个行政村（社区），为老百姓义诊一次，另外，还开展了一系列关爱活动。“三八”节开展关爱妇女健康活动，检查项目有亚健康检测系统、尿沉渣分析仪、钼铑双靶乳腺拍片及液基薄层细胞学检测等，共为6835名妇女体检，让利1640400元；开展关爱老人体检健康大行动，上门为百岁老人免费体检，对60-80岁老人，80-90岁老人分别8折和5折体检优惠，共为1500多名老人体检，让利153400元；此外，每年还为三级医疗网络转诊患者支付镇医院救护车油费16万元，充分发挥了县、镇、村三级医疗了生网络单位的龙头作用，医务人员为病人服务的自觉性大大增强，获得了社会的广泛好评。

2007年，医院建起了帮扶孤儿的爱心家园

医院专家组每星期两次送医送药下乡义诊

医院始终坚持科学发展的战略方针，遵循市场发展规律，很好地解决了生存与发展的关系，用持续发展来保证医院的生存，促进医院的再发展，走的是一条自我发展的道路。在加速医疗卫生资源整合的同时，拓宽内部市场，加强紧密合作，通过整体规模优势，增强了竞争能力和抵御风险的能力。以服务患者、服务群众、服务社会为宗旨，以资源共享、平等互利、优势互补、相互支持、互通有无、共同发展为原则，走出了一条可持续的良性的发展道路。

近两年来，是医院历史上改革力度最大、发展速度最快、社会效益和经济效益最显著的时期。短短两年时间，医院的业务收入翻了一翻，医院已逐步进入了可持续发展的良性循环。

处处显和谐

为了营造和谐，医院首先从领导班子抓起，狠抓党风廉政建设工程，把党风廉政建设作为“一把手”工程来抓，级级落实党风廉政责任。通过纪律教育月活动，引导职工树立良好的思想作风、工作作风和生活作风，增强了员工的服务意识、大局意识、依法执业意识和党性观念，巩固了行风建设成果；以“七一”党日活动、杏林清风——中秋诗会活动为契机，大力弘扬白衣天使救死扶伤、廉洁行医的精神风貌；利用医院网站和宣传专栏，将院务、党务每季度定期公开，增加行政透明度；开门纳谏，设立院长专线和留言信箱，拓宽员工建言献策渠道，增加员工参政议政机会，调动员工工作积极性；阳光采购，对药品和医疗器械的采购在网上公开招标，2008年全年网上招标采购药品951种，金额4501万元，通过招标让利患者1313万元；健全信访接待和病人投诉处理制度，做到件件有着落，事事有回音。通过抓党风、政风，促进了行风的好转，把医务人员的注意力和创造力吸引到提高医疗技术水平上来，增强了向心力。门诊、住院病人满意度调查达到98%以上，处处呈现医患关系和谐的景象，有效地推进了医院的各项工作。

和谐要以平安为前提。为了实现医院内部的平安，医院本着“花小钱、保大钱，花钱保平安”的原则，继续加强院内的社会治安防控体系的建设。一是成立了经警分队，加强对财务现金押送的保安力量，确保经济财产的安全。二是从技防方面加大力度，分期安装了闭路电视监控系统，布控点包括院内各楼层以及重点部门、重点部位；规划建设院内通道、停车场等交通设施。在连结门诊部与住院部的通道旁铺设病人转送通道，实施人车分流，既方便了住院病人的转送，又保障了车辆行驶及停放的秩序，保证了抢救生命的绿色通道畅通无阻。三是投资更新和整改院内的消防设施。全面更换住院部东翼楼原有的不符合要求的消防管和消防栓；对全院的灭火器进行检修，对失效、损坏的灭火器进行重新填装或更换；对门诊大楼消防设施进行了消防自动喷水灭火系统的安装，消防控制中心迁至保卫科，方便集中管理。多次在门诊大楼、住院大楼和消防大队官兵举行了消防演练，大大增强了全院员工的消防安全意识，收到了明显效果。院内发生治安案件大大下降，院内治安防控工作有了明显好转，确保了医院的人员和财产安全，人防、物防、技防水平都得到了全面的提高。

文化建设在医院的现代化管理中发挥着越来越重要的作用。为全面提高医务人员的文化素质，医院开展了一系列丰富多彩的文化活动。邀请全国知名医院管理专家刘庭芳作文化构建讲座；举办职工形象大赛；开展“情系奥运，快乐大家”迎奥运活动；邀请广州狼群集团对员工进行野外拓展训练……这些活动对改善职工形象、加强文化交流、增长见识，开阔视野，起到了极大的促进作用。

为了打造一支关系融洽，凝聚力强的队伍，医院从职工关心的问题入手，关心职工，爱护职工，营造温馨的“家”。一是继续发展和壮大爱心基金，以帮助困难职工解决生活上的困难。二是坚持探访住院员工、为员工贺生日制度。逢员工生日，为员工送上生日蛋糕和生日礼物；逢职工生病住院，院领导主动慰问。三是建设健康饭堂，提高职工福利。首先确保饭堂的食品安全。通过加强与固本强基工作联系点——河唇镇上村村委的联系，购买该村村民猪肉；在该村建立无公害蔬菜基地，为食堂供应绿色食品。其次为临床一线值班的医务人员主动送饭，让职工干得开心，食得放心。一个个察民情的举止，一桩桩暖民心的实事，拉近了干群之间、员工之间的距离，形成了强大的工作合力。

廉江市人民医院“杏林清风”中秋诗词朗诵文艺晚会

2007年6月1日医院创建“平安医院”启动仪式

奥运2008健康大家文化年启动仪式

2009医院元旦晚会

大连大学附属新华医院

同舟共济 续写辉煌

医院领导班子

2008年对新华人来说是一个非常值得骄傲的一年，诸多经历耐人回味，既有付出汗水的辛苦，亦有收获的兴奋。全院职工努力克服诸多困难，实现了再跨大步、再上台阶、再谱新篇蓬勃发展的良好局面，创造了非凡的业绩，整体工作充分体现了医院可持续发展的后劲，表现了珍贵的“新华精神”，得到了上级领导的肯定和社会群众的赞誉。

一、医院社会服务成效突出

1、“5·12”汶川大地震，给了新华人展现“新华精神”的平台，地震信息就是命令，政治的敏锐性，让新华医院领导班子在第一时间内，连夜组织医疗队，向上级领导请战；新华医院在大连市卫生系统中行动最快，在第一时间内发起向灾区捐款献爱心职工募捐行动，5月13日就将总额124960元的第一批捐款送到了大连市慈善总会。在中央组织部发出号召党员缴纳特殊党费支援灾区重建活动中，医院300余名党员缴纳特殊党费228650元，再次向灾区人民献爱心。值得一提的是，离退休老党员有的已经80余岁，自己行动不便，让儿女将捐款也于第一时间内两次交到医院党委，真的让人感动，展示了新华人的精神风范。

虽然新华医院医务人员没能争取到第一时间内奔赴抗震救灾第一线，但是，当医院领导接到收治汶川地震伤员12人（陪同家属11人）的任务时，立即决定把刚刚装修好的南楼病房腾出建立“连心病房”，投资20余万元全新装备，抽调最好的医生护士，委派返聘的老院长亲任“连心病房”主任，做好迎接灾区伤员准备工作。当第一批接收伤员的救护车到达时，新华医院有序的接运工作，得到了现场围观的数百名群众的热烈掌声，赞美之情溢于言表。由于航班的原因，第二批、第四批灾区伤员到达时，已经是半夜时分，老主任和院领导亲自带领医护人员组织会诊，制定治疗护理方案，从检查诊断、治疗手术、医疗护理、生活护理、心理宣教、饮食特点等，到组建医院四川籍工作人员和大学生志愿者护理队、行动方便的伤员及亲属到市内观光旅游、中秋之夜的安排等活动，可谓细致入微，精心呵护，亲情乡情带来的是新华人的一片真情。短短的50余天，辛勤伴随着欣慰，辛苦伴随着欢乐，就是这平凡的工作，给了灾区伤员们家一样的感觉。经过精心手术10例次等治疗，12位伤员全部治愈，按照卫生部出院标准，分四批次，经航空、铁路输送回四川，圆满完成任务。其中一名70岁老人，因脊柱外伤后行动不便，医院派专医、专护经沈阳乘火车陪送回四川，受到省卫生厅领导的表扬。在这期间，辽宁省卫生厅、大连市政府、市卫生局、大连大学等各级领导都曾到医院视察并慰问灾区伤员和医务人员，对新华医院的工作给予充分肯定和高度评价。

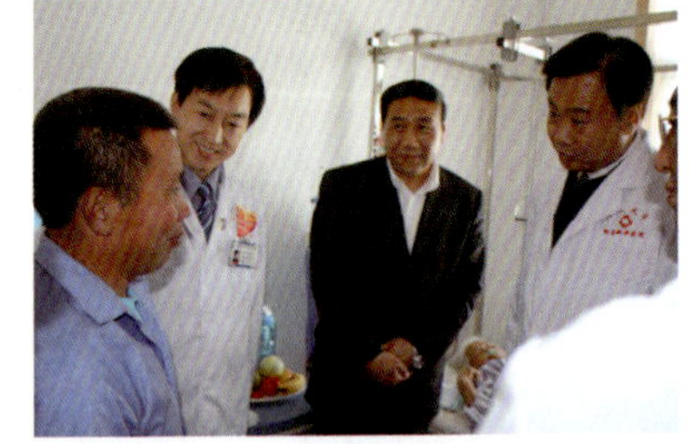
夏德仁市长视察并慰问伤员

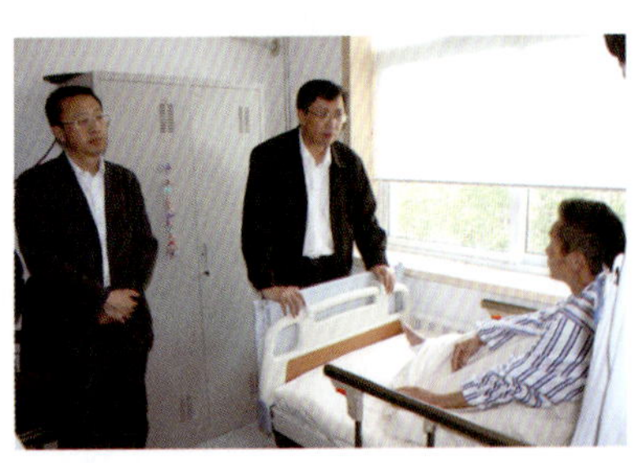
省卫生厅厅长姜潮视察并慰问伤员

真情的付出总会有回报。金秋十月，新华医院独立组建辽宁省第四批赴四川安县

大连大学附属新华医院

同舟共济 续写辉煌

整形门诊大厅

卫生工作队支援灾区重建。医疗队员冒着随时可能遇到泥石流、山体滑坡和余震的风险，辗转在安县山区乡间巡回医疗一个月，参加查房会诊45次，病例讨论28次，门诊诊察病人835人次，手术33例（其中胃癌根治术1例），培训医务人员32人次，专题业务讲座11次，对安县医疗卫生重建工作做出了一定的贡献。医疗队的工作得到当地政府、四川省卫生厅的好评和辽宁省、大连市政府的表扬，获得大连市抗震救灾优秀组织奖。

2、认真执行卫生部关于大医院扶持社区医疗的决定。从2008年7月开始，医院对口支援辖区内5个社区卫生服务中心：南沙街社区卫生服务中心、长兴街社区卫生服务中心、富国街社区卫生服务中心、民权街社区卫生服务中心、联合路社区卫生服务中心。在人员紧张的情况下，克服困难，挤出时间，委派副高职以上专家出诊64人次，诊治病人300余人次，双向转诊9人次，为辖区百姓方便就医做了一定的贡献。同时举办专题业务讲座5次，召开座谈会3次，召开专题工作会议1次。免费接收社区服务中心医生短期进修培训2人次，帮助社区卫生服务中心提高业务技术水平和管理水平，一定程度上促进了社区卫生事业的发展。

3、2008年9-10月在关于含三聚氰胺奶粉中毒事件的筛查工作中，医院很好的完成了任务。医院共筛查患儿167例次。同时组织专家到金州区医院指导、复查、技术把关筛查患儿100余例次，得到了市卫生局的好评。

美容外科护士站

4、履行社会责任开展义诊和健康宣教活动。医院作为大连市慈善总会蓓蕾生命救助工程定点医院，一直坚持先心病儿救治工作。2008年先后到北三市义诊3次，全年共收治先天性心脏病儿30余例。参加社会义诊活动6次。对辖区内居民和部分住院患者集中进行科普健康宣教讲座活动30余次，内分泌科、呼吸科、心血管内科、神经内科常年坚持此项工作，提高了医院的社会声誉。

二、医疗工作稳定发展

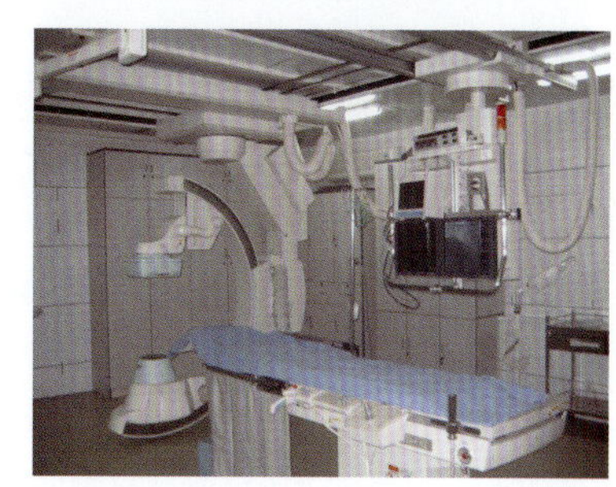
层流手术室

1、为了缓解因医院场地不足、医疗环境差所造成的患者就医不舒适、不方便和住院难的局面，院领导在医院资金困难的情况下，仍然想办法投入资金500余万元，装修改造了门诊大厅和近全院二分之一的病房，扩大场地面积4300平米，增设病床140张。同时全年共购入设备及器械累计700余万元，大大缓解了设备不足的矛盾，有效保障了医疗质量和医疗安全，提高了社会效益和经济收益。场地建设与环境改造改变了过去破旧不堪的环境，造就了温馨舒适的就医条件，缓解了老百姓住院难的局面，有了肛门周围病专病病房，方便了老百姓就医，吸引病人的能力增强，医院医疗指标大幅度提升。2008年除了2月份、8月份受季节因素影响，其他月份医疗工作均处于高效率运行状态。全年病床周转次数24.65次；病床使用率107.32%；出院病人数同比增长13.69%；手术例数同比增长23.36%；门急诊人数同比增加18.96%；医院总收入增长24.09%。肛肠科医疗指标变化突出，出院病人增加29.97%，门诊人数增加12.96%，手术例数增加30.23%；医疗收入增长24.28%。这些数字是在全年大面积装修改造的同时所取得，实在是难能可贵。

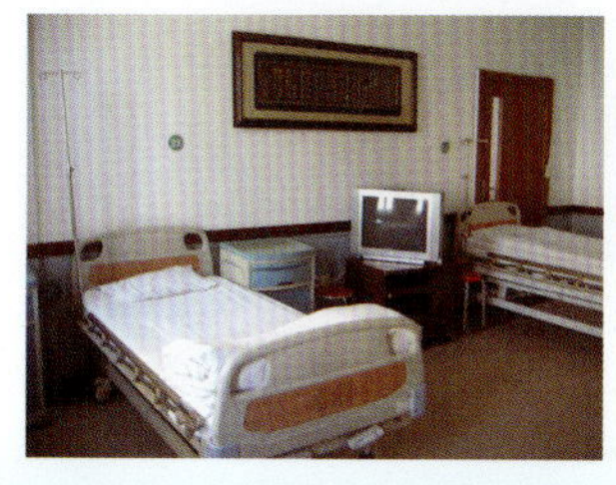
病房一角

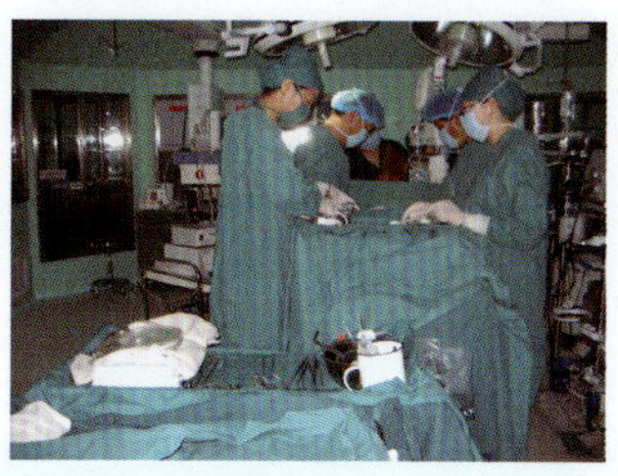
小儿心脏手术

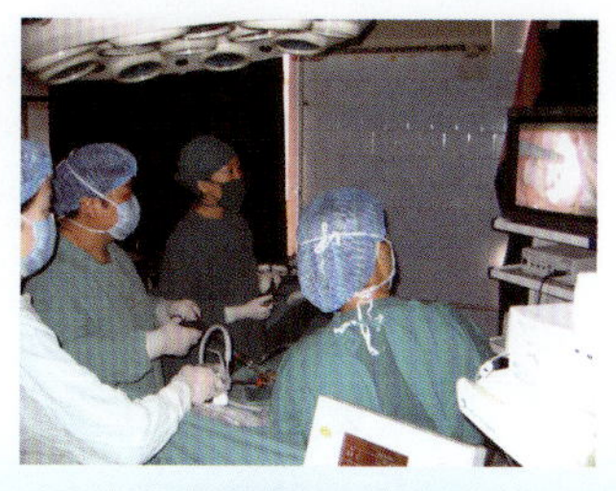
腹腔镜手术

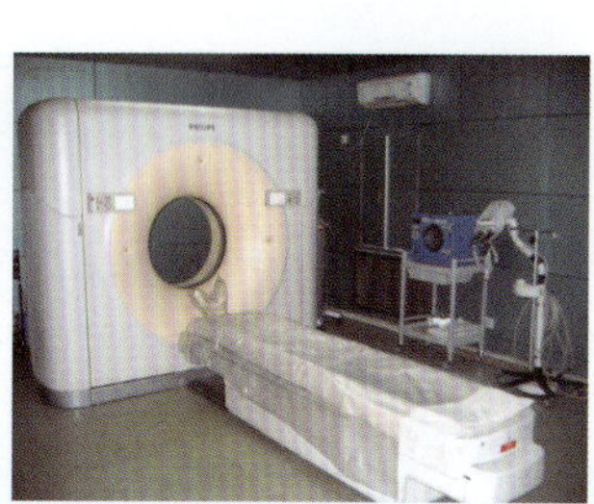
螺旋CT

大连大学附属新华医院

同舟共济 续写辉煌

百姓放心示范医院考核组来院视察

2、抓好医疗管理，提高医疗质量，保障医疗安全。强化医疗核心制度管理，重点抓好三级医师查房制度、会诊制度和病历书写基本规范制度，进行集中式制度培训3次，结合日常监控与集中检查，抓好核心制度的落实工作。全年业务院长查房40余次，带领医务科、护理部、感染科、病案室、药剂科等职能业务科室，进行全方位全面质量管理，结合创建“全国百姓放心示范医院”活动，落实卫生部和中国医院协会提出的“2008患者安全目标十大措施”。业务院长、医务科参加院内会诊36人次，全年病历检查3000余本，检查处方5万余张，采取现场指导和会议讨论等形式，规范医疗行为，强化医疗风险意识，加强医疗安全管理，促进医疗质量的不断提高。

3、信访工作是近几年来医院越来越重要的一项工作，直接关系到医院的稳定发展。一年来，通过改变思路，强调及早发现隐患、及早预防、及早处理，改变被动受访情况，使纠纷逐步减少，积案得到解决，医院工作环境相对改善。另一方面，通过加强培训和指导，使员工进一步明确发生纠纷的主要原因以及应对措施，有效降低了医疗纠纷的发生率。创新制度，医疗纠纷听证会制度是国内医院首创，建立听证会制度以来对医疗运行过程中发生的严重纠纷和医疗过失，组织医院专家委员会成员对当事人进行听证，全年召开听证会6次，听证了13个病例，坚持不明原因不放过，不落实整改措施不放过的原则，达到了教育本人警示大家共同吸取经验教训的目的，有效的遏制了重大医疗过失的发生。2008年医疗纠纷同比下降8.9%，纠纷赔付额度同比下降26.41%。

辽宁省科技成果鉴定

连心病房集体合影

4、为了加强医保管理，扩大医院医疗服务范围，提高社会声誉，促进医院“两个效益”的增长，医院委派党委书记亲自主抓医保工作。2008年，经过医保科和各部门协助下的艰苦工作，在原有市内医保定点的基础上，全力协调关系，开拓医保病定点空白，拓展了庄河市、普兰店市、长海县、金州区、旅顺口区等医保定点单位，随着医院整体服务能力的提高，医保管理力度的不断加强，2008年收治医保病人数同比增幅为18.0%，其中外阜医保病人数占5%。

三、文化建设与优质服务再创佳绩

1、为落实“质量立院、人才强院、文化兴院、依法治院”的办院方略，使全院职工进一步树立“以病人为中心”的主动服务意识，立足本职，尽职尽责，实现创大连市优质服务品牌医院的目标，医院领导班子2007年6月决定：在全院开展“创医院优质服务工程”活动，2008年是组织实施的关键一年。

蓓蕾工程发布会

在此进程中，医院大胆创新，成立了医疗服务中心，通过中心的工作人员，从接诊、住院、出院到家庭访视，与病人近距离接触，既拉近了感情，又提高了医院服务的美誉度。“关怀以诚，服务至上”是医院服务中心的宗旨，中心工作人员是医院人文关怀的使者，全年新入院病人访视率100%，出院病人电话随访占出院病人的82%，出院病人家庭访视21人次，住院病人生日问候18人次，接待病人来电话咨询1181人次。这些简单的数字蕴含着新华人的心血，她们的汗水淋浴着新华医院优质服务再

肛肠科50周年

优质服务经验交流会

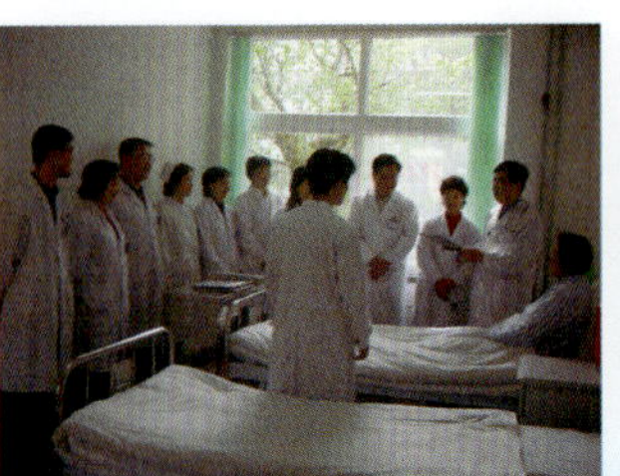
医疗查房

技能竞赛

大连大学附属新华医院

同舟共济 续写辉煌

为四川地震死亡者默哀

跨大步、再上台阶。同时通过每月一次医德医风查房、每季度召开一次患者座谈会、每半年一次社会监督员座谈会、发放患者（门诊、住院）满意度问卷调查表等方式，架起医患之间沟通的桥梁，真诚地征求患者的意见，及时反馈并持续改进行风工作。在省市行风工作检查中，医院行风工作多次得到上级领导好评，并在市卫生系统行风工作会议上进行经验交流。

2008年社会对医院满意度92%，患者对检验科满意度95.26%，患者对医学影像满意度92.30%，患者对药学部门满意度91.15%，患者对医院后勤满意度90.7%，出院患者对医疗服务满意度94.2%。

2、文化建设形式多样有声有色。开展了系列医院文化活动，举办了4期讲座培训：邀请大连大学东北史研究中心王禹浪教授作“东北的历史与文化”讲座；大连大学高教研究所王洪斌教授作“南丁格尔精神与医院文化”讲座；邀请南京中医院李俭院长作“现代医院品牌发展战略”报告；邀请原辽宁省人民医院整形外科高景恒教授作“学科带头人的培养”报告。从不同层次、不同角度多方位培育全体员工的文化素养，提高整体素质，提升文化品位，以文化建设提升医护人员医学人文理念、优质服务理念、关爱病人理念，努力实现让每一个人都成功的核心理念，起到了积极的促进作用。

3、加强制度建设。制度是医院运行的基本保证，制定医院各种制度是医院可持续发展和医院在医疗市场运行中主体建设目标的需要。卫生部颁布的《医院管理评价指南》是从宏观的层面上规范医院的组织与行为，制度建设则是在微观上建立医院的组织行为架构，亦是医院文化建设的载体。2008年医院把制度建设作为医院文化建设的重点工作内容之一。

2008年医院制度建设的实际效果是：整改岗位职责137项，医疗护理常规300余项，修订各种工作制度356项；其中：整改236项，新建130项，创新10项。同时组织培训，加强检查督导，不断提高全体员工的执行力，注重实际效果。

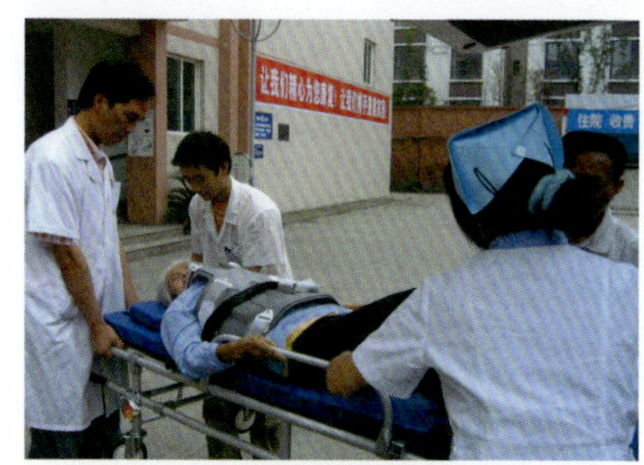
护送伤员

四、科研教学同步发展

1、圆满顺利的完成了医学院和体育学院的本科授课和课间见习的教学任务，创新了本科教育一对一导师制。年度内完成25门课程、1216学时的教学任务，完成讲座25次50学时，参加听课学生2000人次；获大连大学教学成果二等奖1项，获辽宁省教育厅教学软件大赛优秀奖1项。本院2008届毕业生统招研究生考取率54.3%.

为了加快高学历人才的培养，2008年在完成本科生教学任务的同时，开拓研究生教育，医院在读统招硕士生人数增加到36人，在职学位研究生37人。现有导师62人，加强对硕士生导师的培训，按照计划招肿瘤学专业硕士研究生规范硕士研究生复试和入学专业素质教育，加大力度培育和申报临床肿瘤学精品课，强化了研究生授课教师遴选和试讲制度，对研究生导师和授课教师举办研究生授课教师多媒体授课大赛检查及问卷调查等形式，评估教学水平，保证教学质量。

为医疗队送行

2、2008年，全院申报各级各类科研课题103项，获得立项26项，其中国家级项目1项、省自然科学基金项目1项、省教育厅项目3项、市局级项目13项、卫生局新技术项目8项。科研成果与论文：通过辽宁省科技厅成果鉴定1项，专家评价达到国际先进水平；通过大连市科技局成果鉴定1项，专家评价达到国内先进水平；获大连市政府科技进步三等奖1项。发表科研论文96篇。

最后，值得一提的是，目前医院几十年不变的占地面积和建筑面积都达不到医院发展需求标准，严重制约了医院的可持续发展。2008年经过反复调研和论证，在大连大学领导的关心关怀和努力下，大连市政府已经同意医院换建搬迁，建设新医院势在必行，新华人几十年的夙愿终于见到了希望。

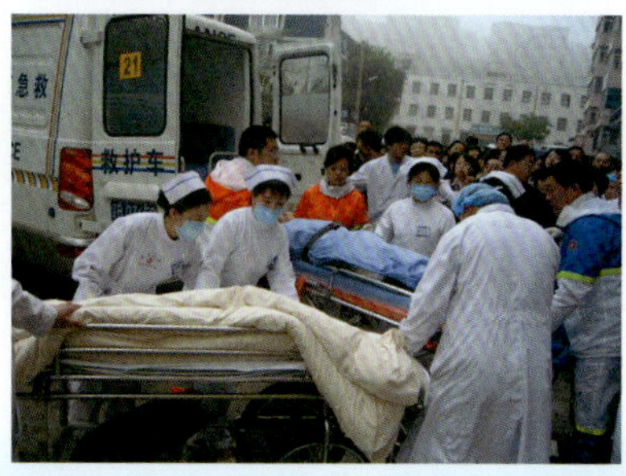
接收四川伤员

弘扬中医国粹　服务人民健康

郑州市中医院

中医药作为中国国粹有着几千年的悠久历史，郑州市中医院人在中医药事业的崛起中，抓住国家发展中医药事业的战略机遇，在传统的中医沃土上深耕细作，开拓发展，用自己的心血、汗水和力量，崇古纳新、厚德精医，使独具中医特色优势的飞针技术、国术点穴、火攻疗法等传统技术，占据了河南乃至全国这一专科领域的旗舰地位。医院形成的脑病、心病等国家、河南省及郑州市一批重点专科，日益聚集成中医院品牌，深受国内外患者的追捧，使中医国粹在这里发扬光大，呈现绚丽多姿，结出累累硕果。

郑州市中医院历尽了50年的探索、建设和发展，不断引入新思维、新技术，创造性地继承和弘扬祖国医学，形成了中医特色突出、中西医结合并举、集中医医疗、科研教学、预防保健、社区服务为一体的大型综合性医院。形成了既有一个求真务实、与时俱进、艰苦创业的领导班子，又有一支特别能战斗的中层干部队伍；既有一支内、外、妇、儿、骨、中西医技术精湛的知名专家队伍，又有一支精明能干的护理队伍；既有一支技术高超的医技队伍，又有一支雷厉风行的后勤保障队伍；既有高、精、尖先进的医疗设备，又有功能齐全的制剂中心的医疗优势格局。先后被评为全国示范中医院、三级甲等中医院、全国爱婴医院、全国巾帼文明示范岗、河南省文明中医院、最受河南人民喜爱的"十佳医院"、河南省卫生系统思想政治工作先进单位、郑州市组织工作十佳单位、郑州市职业道德十佳单位、"廉医、诚信、为民、和谐"医院、郑州市"花园式单位"等80多项荣誉称号。

坚持中医特色，彰显国粹神奇

中医药是中华文化的瑰宝和结晶，为中华民族的繁衍生息和繁荣发展做出了巨大贡献。作为世界医学宝库的一朵奇葩，中医药也促进了人类文明的进步和发展。郑州市中医院注重培植中医特色技术和重点专科，拓展中医传统技术在现代医疗市场中的生存空间和发展空间，形成了核心竞争优势，展示了中医国粹的神奇疗效。

当美国教育代表团走进郑州市中医院的门诊科室，目睹了中医院独特的火攻疗法，飞针技术。无不称赞中国中医真神！

在2008年第十届亚洲艺术节期间，郑州市中医院为参会的新加坡、越南、蒙古、柬埔寨、缅甸、泰国等6个国家代表团150多人的外宾提供医疗保障服务，10月1日，柬埔寨代表团团长毛根先生突患急性筋膜炎，疼痛难忍，无法行走，经周晓卿医生施以针灸、拔罐治疗后，疼痛立刻缓解，毛根团长及随行人员禁不住为中医的神奇拍手称赞。9日凌晨，柬埔寨代表团离郑前夕，毛根团长因劳累过度导致疾病再次复发，周晓卿医生又立刻给予针灸治疗，半小时后疼痛缓解，行走改善。看到针灸有如此神效，该团的其它人员也纷纷要求一试，经针灸、拔罐治疗后两位副团长的颈椎病、背部疼痛明显改善，两位随行成员的关节扭伤也大大减轻，他们纷纷竖起了大拇指，赞叹中医的博大精深，中医院的医生很棒！

西班牙籍安娜女士，因颈部疼痛和头晕来到郑州市中医院就诊，经过采用推拿手法治疗30分钟的治疗后，当即症状基本消失，安娜女士感到十分神奇，称赞中医疗法自然，治疗效果灵验，就像上帝赋给了自己健康，原打算第二天上午9时乘机离郑，为巩固疗效决定改签乘机时间，再进行一次巩固治疗，第二天一早，安娜准时来到医院，再次进行了中医推拿治疗，所有不适症状全部消失，两个月后，她带领妹妹专程到中医院求治。

郑州市中医院几代人用快速发展传承中医事业。国术点穴是我国现存的唯一不同于针灸穴位理论，不同于推拿按摩手法的独特传统诊疗科目，它的"点、拨"手法技术独特。受到了国内外同行的关注，多次接待来河南省考察参观的外国同行朋友，成为了全国及河南省中医中药方面接待外宾观看的保留项目。

"药酒火攻"别具一格，以药借酒力，酒借火力，使药物迅速渗透到病变部位，达到治疗颈肩腰腿痛，脱发、痘痕等多种疾病的目的，成为了医院传统中医的又一大亮点。

郑州市中医院的针灸，不同于其他医院的针刺手法，它因快速的弹射进针而独树一帜，以快速、无痛、得气明显、疗效显著为特点，被国内外的朋友誉为"飞针"，受到广大患者的称赞。

浮针疗法是在继承传统针灸宝贵经验的基础上结合现代医学针刺理论研究的最新成果，善治各种慢性病。其刺激皮下疏松结缔组织的面积达到了传统针刺的20-30倍，每次只要一两个进针点即可，减少了针刺的穴位数量，治疗的次数仅为3-4次，大大缩短了疗程，提高了治疗疗效。

在郑州市中医院，中医特色的触角已伸入各科室。儿科配制的多种疗效高、副作用小、价格低廉的丸、散、膏、丹中药制剂，中药直肠滴入、推拿按摩、膏药贴敷等治疗方法，成为治疗小儿哮喘、脑瘫、黄疸、癫痫、厌食、抽动秽语综合征、脑瘫等疾病的优势科室，研制的"湿毒净洗剂治疗小儿外阴阴道炎"已获郑州市科技技术进步二等奖，省科技技术进步三等奖。

妇产科为产妇配置的中药"三黄汤"、"生化汤"和"排气汤"有效地预防和治疗了新生儿黄疸，帮助和促进产妇乳汁分泌及子宫恢复得到了群众的认可。皮肤科坚持辨证与辩病的整体辩证治疗，祛风换肌丸治疗神经性皮炎，解毒消炎散治疗痤疮，抗敏止痒丹治疗顽固性瘙痒，祛白换肤丸治疗白癜风等使许多顽固性皮肤病得到康复。这些传统中医治疗项目的保持和发展，奠定了中医院坚实的信誉基础。

在中医特色的基础上，开展专科专病程序化、标准化和数据化的体系建设，形成一个个优势科室协同和持续运行的格局。脑病科发挥具有特色的针灸技术优势，结合老中医临床经验，研制开发出"脑血通口服液"、"中风康正丸"、"通脉降酯口服液"等近十种专科制剂用于临床，特别是引进的矫形支具治疗，解决了中风后致残病人

弘扬中医国粹　服务人民健康

郑州市中医院

的功能锻炼和康复等问题，形成了中医治疗方法突出，临床疗效良好的专科科室，受到患者及家属好评。该科在河南省率先建立起了中风病从急性期到康复期的全程康复治疗，成为国家级重点中医专科建设单位和省、市两级重点专科。

卫生健康大讲堂

专科建设精品迭出。医院心病科是河南省重点中医专科建设单位、郑州市重点临床科室，经过长年的临床实践，总结出了一套独具鲜明中医特色的治疗模式，如用于胸痹急症舌下喷雾的“九香气雾剂”，高血压病人使用的具有长效降压作用的“复方降压胶囊”，抗心律失常的纯中药“黄松胶囊”，具有强心利尿、纠正心衰的“心衰合剂”及“双参口服液”，冠心病人使用的“冠心宁胶囊”、“冠心贴膜”等，治疗手段多样，临床疗效突出。

呼吸内分泌科突出中医治疗特色，研制了行之有效的系列治疗糖尿病、慢性咳喘病的纯中药制剂如消渴宁、消渴固本丸、益元降糖丹、益脉康胶囊和双息咳喘胶囊、双息咳喘膏、四季败毒胶囊等，方法独特，疗效显著。这些专科制剂的使用促进了专科专病的建设，满足了社会群众就诊的需要，提高了医院的发展竞争能力。

2009年中医知识竞赛获奖队合影

医院专科专病的发展突破了单纯的中医中药范围，加大了现代医学的比重，走上了中西医结合特点突出，中医特色明显的道路。在术前积极使用中药，调整病人的顺应性，纠正合并症，显著的改善了病人的术前状况，提高了病人对手术的耐受力，保证了手术的成功率。在术后应用中医药改善患者的机体功能，在控制感染，缩短刀口愈合期，防止并发症等方面起到了明显效果。独立开展的冠脉造影、搭桥术、脑干肿瘤摘除等高难度手术，融入中医中药，解决了术前书后的并发症，改善了病人的机体条件，为手术的成功奠定了基础，即坚持了中医中药治疗的优势，又强化了适应手术疾病的诊治能力，赢得了社会的广泛认可。

坚持诚信服务，和谐医患关系

把亲情和爱心融入医疗服务的全过程，医院开展了创建百姓放心示范医院“双十温情”服务活动，做到微笑服务在脸上，文明用语在嘴上，勤快动作在手上。为患者提供忠诚服务成为医院新的发展亮点，不断完善服务方式，为患者提供从生理到心理、从治疗到康复全方位的优质服务，满足患者不同层次的就医需求。推行问诊、体格检查、合理辅助检查、正确诊断及合理治疗“五步接诊法”。实施门诊弹性工作制，开展午间门诊、夜间门诊、延时门诊等服务；开展为孕产妇提供“六餐制”服务、免费为新生儿首次洗澡活动等特需服务；免费为门诊患者测血压；免费提供针线、老花镜、笔、纸等服务；实施无节假日制度，全年365天，天天应诊，24小时时时服务。

在与患者进行持续性关系建设中，坚持把病人及其亲属当朋友，使医院和患者建立起较强的信任关系，达到病人和家属对服务是满意的，甚至感到是超值的，做到诊治一个病人，结交一个朋友，从而留住老患者、吸引新患者、提高患者对医院的忠诚度和贡献度。

走进郑州市中医院会看到大屏幕、触摸屏、公示栏对医院医疗服务项目、药品价格、一次性耗材等公示信息，公示率达100%。对贵重药品、特殊检查和医保、新农合自费项目等坚持征求患者意见，患者知情同意率100%，让老百姓明白消费。医院严格控制药品收入比例、平均处方费用和住院总费用，定期抽查功能检查阳性率，以目标合约的形式防止乱检查、滥用药、高收费等现象的出现。医院通过落实百元处方签字制度、处方评析制度、住院一日清单制度等，使门诊和住院费用得到有效控制，日均住院费用下降了，平均住院日期缩短了，真正减轻了群众的医药费用负担，赢得了广大患者的信赖。

医院制定的医患沟通制度，把医患沟通纳入医院质量考核体系并独立做为质控点，在沟通过程中要求坚持做的“一个技巧”多听病人和家属几句，细听宣泄和倾诉，耐心准确作出解释。“两个掌握”掌握病情、检查结果和治疗情况；掌握医疗费用及患者和家属的社会心理状况。“三个留意”留意沟通对象的教育程度、情绪状态；留意沟通对象的认知程度和期望值；留意自身的情绪反应，学会自我控制。“四个避免”避免使用刺激对方情绪的语气、语句；避免压抑对方情绪、刻意改变对方的观点；避免过度使用不宜听懂的专业词汇；避免强求对方立即接受医生的意见和事实。医患的沟通率达100%，患者对沟通满意率达90%以上，通过广范围的医患沟通，达到了病人的满意，和谐了医患关系。

坚持厚德精医，不断开拓进取

伴随着医疗改革的不断深入，医疗市场的竞争已从单一的技术水平竞争、服务水平竞争、价格水平竞争，升级到医院综合素质管理的竞争。郑州市中医院在改革的发展中，审时度势，创新理念，大胆改革，以昂扬的锐气、蓬勃的朝气、与时惧进的精神状态，齐心协力，克服困难，从“抓重点、争亮点”着手，内强素质、外塑形象，以求真务实的作风和无私奉献的精神实践优美环境、优质服务、优良秩序，让人民群众满意的目标，创建百姓放心示范医院。

在多年的探索和实践中，医院凝炼出了“四严、四气、四实”的治院精神。“四严”即严出责任心，严出战斗力，严出好作风，严出高标准；“四气”即班子有锐气，干部有骨气，职工有朝气，技术有名气；“四实”即重实际，讲实话，做实事，求实效。通过三级医师查房制度、会诊制度、术前讨论制度、疑难病例讨论制度、死亡病例讨论制度等制度的落实，从源头上防止了医疗差错的发生。结合“医院质量管理年”评价标准和医院等级管理标准，制定了医院和科室的质量标准，实施院、科两级的质量管理。以全成本核算作为基础，把质量管理和成本核算结合起来，形成全面的绩效管理考核方案。

郑州市中医院在不断创新管理机制的同时，通过强化管理理念，来提升管理水平。利用卫生系统核心团队学习，党政联席会、晨交班会、院周会、每日督导检查、月通报会等时机，进行管理教育，规范管理意识，交流管理心得，使管理工作做到“五化”，即常规工作程序化、日常工作秩序化、各项要求标准化、技术操作规范化、监督检查经常化。

郑州市中医院在人事改革中，将竞争机制引入干部队伍建设管理中，实行“双向选择聘用”，经过组织动员、公布方案、公开报名、资格审查、理论考试、民主测评、演讲答辩、组织考察、确定人选、任前公示、决定任命等环节，完成中层干部和护士长竞争上岗工作，使一批思想素质好、业务能力强、技术水平高、有一定组织能力、管理水平、精力充沛、干劲十足、勇于创新、德才兼备、群众公认的干部走上了领导岗位。

在改革发展中耕耘收获的郑州市中医院，在新的历史起点上，坚持科学发展观，正阔步迈向新的辉煌。

立足百姓健康需求　践行科学发展观

北京市昌平区红十字会北郊医院

医院领导班子

近年来，随着北郊医院周边生活小区的迅速崛起，回龙观和天通苑周边地区约120万人口的就医难问题凸显。面对新的形势，北郊医院新一届领导班子审时度势，深入学习领会科学发展观丰富的思想内涵，牢记医院为人民健康服务的根本宗旨，针对周边百姓的就医需求，调整医院发展战略，加快综合科室建设，狠抓基本功，夯实医院各项工作基础，在上级领导和社会各界的支持下，倾力打造昌平南部区域性医疗中心，解决百姓看病难和看病贵问题。

一、狠抓基本功，夯实医院各项工作基础

万丈高楼平地起，千里之行足下始。从基础做起，从细节着手，扎扎实实，一步一个脚印，提高业务技能，改善服务态度，增强责任心，这既是医院的既定方针，也是医院全体员工不断强化的思想意识。把落实科学发展观，体现在日常工作当中，医院有层次，分步骤地开展工作，从提高人员素质，转变思想观念，到规范管理制度，提高管理水平；从狠抓基础训练，规范诊疗行为，到夯实临床技能培训，提升业务水平；医院职工亲身感受到了，医院正在迅速地走向规范化和科学化，每个人都有一种前所未有的压力感和紧迫感：如果不努力提高个人素质，跟上医院发展的步伐，就必将在医院快速前进的进程中被淘汰。

新门诊大楼效果图

为练好内功，提高管理水平，医院借鉴了国际通用的企业标准化管理ISO认证体系的方法，结合医院工作的实际，开展了质量、环境和职业健康安全“三标一体化”整合管理体系的认证。医院的指导思想很明确：认证的目的不是为了拿到认证通过的证书后，给自己的产品贴上一个耀眼的标识好去出售，而完全是在认证的过程中提高自身的管理水平。因此，不急于去通过认证，而是在这个过程中，结合各部门的特点，逐步、逐条地对全院管理制度，流程进行梳理，形成科学、规范的管理模式。

医院发展的关键就是人才，管理制度最终要靠高素质的人员去发挥其效能，院委会在持续加大人才引进力度的同时，通过各种方式对员工进行培训和教育，组织全体员工参加了打造冠军团队训练营活动，围绕责任心、爱心、感恩的心，团队精神等主题内容，以期造就一支综合素质过硬的员工队伍。在全院范围内持续开展内容丰富的“百日无争议”活动，包括“亲情服务、文明示范岗、文明服务标兵”；“提高业务技能、苦练基本功”——临床技能大比武；“兑现承诺、共创和谐”；“送健康、进社区”在昌平区方炎副区长的的大力支持下，深入到回龙观、北七家等地区，积极进行健康促进工作；“赢在北郊、打造冠军团队”演讲比赛；“宏扬人道、广施德善、共建和谐”——心连心募捐等十个主题活动。以达到医院所有员

原市卫生局党组书记金大鹏在方炎副区长的陪同下来医院视察工作

北七家镇联合开展全面健康促进活动启动大会

送健康进回龙观社区

抗震救灾转运伤员

立足百姓健康需求　践行科学发展观

北京市昌平区红十字会北郊医院

北郊医院今后五年发展规划效果图

工与患者之间无争议、医院员工相互之间无争议、科室与部门之间无争议，实现“四不要”和“四为零”的目标，即工作不要在我这里中断，问题不要在我这里出现，患者不要在我这里失望，医院形象不要在我这里受损；医患之间“零距离”，医疗护理“零缺陷”，患者心理“零负担”，医疗质量“零投诉”。构建和谐医患关系，共建和谐医院。正如医院院长、党总支书记王振全指出的那样：练好内功，夯实医院基础工作，就是要打造出一支业务过硬、服务质量上乘、团结协作的员工队伍，以高度的责任心，想方设法为病人提供优质服务，从根本上解决老百姓看病难、看病贵的问题，为医院自身的建设，为周边老百姓造福打下坚实的基础。

二、打造特色科室，促进中医药事业发展

国家新医改方针政策的制定和实施，不仅推动了中国卫生事业的改革和建设，也为北郊医院寻求新的发展空间提供了机遇。

为落实新医改的方针政策，继承和弘扬祖国传统医学，推动昌平区中医药事业的发展和北郊医院的专科建设，发挥中医药在防治疾病、保健、康复中的独特功效，切实解决百姓常见病、多发病和看病难、看病贵的实际问题，把科学发展观真正落在实处，医院经过多方调研和论证，针对直接影响人们生活起居和工作，严重危害着百姓的身体健康，常见而且多发颈肩腰腿痛等慢性疾病，医院决定，在科学发展观的统领下，从百姓健康实际出发，在原来仅有中医骨伤科门诊的基础上，扩建病房，引进技术人才，购进先进设备和仪器，着力打造安全性高、损伤小、治疗效果显著的微创治疗中心。

医疗技术是打造特色科室的核心。医术高超、手到病除、人才济济、阵容整齐的科室，本身就对病人具有强烈的吸引力。而这也正是北郊医院要打造理想的特色科室标准和目标。为此，医院从2008年下半年开始，在着手改扩建骨伤科门诊与病房的同时，招贤纳士，引进研究生18人，主动与中国人才研究会骨伤人才分会和全国高等中医院校骨伤教育研究会的相关负责人密切接触，经过多次洽谈、考察，最后终于达成共识，在北郊医院建立了中国高等中医院校骨伤专业全国微创治疗中心和中国高等中医院校骨伤专业研究生教学基地、中国骨伤颈腰椎病微创技术临床教学科研基地、中国骨伤病特需专家会诊基地，世界骨伤专家协会主席、中国人才研究会中医骨伤学会会长宋一同教授等多名全国知名专家、博士生导师担任医院特需专家，定期在医院坐诊、会诊、手术。北郊医院还先后三次组织和协办全国性的骨伤科微创手术、多种针刀治疗颈肩腰腿痛、全国整脊医学、全国颈肩腰腿痛学术交流会等大型活动。开拓了医务人员的视野，提高了医院业务技能，作为骨科学会的微创教学基地，正在带教骨伤专业研究生11名。

功夫不负有心人，中医骨伤科自扩建以来，

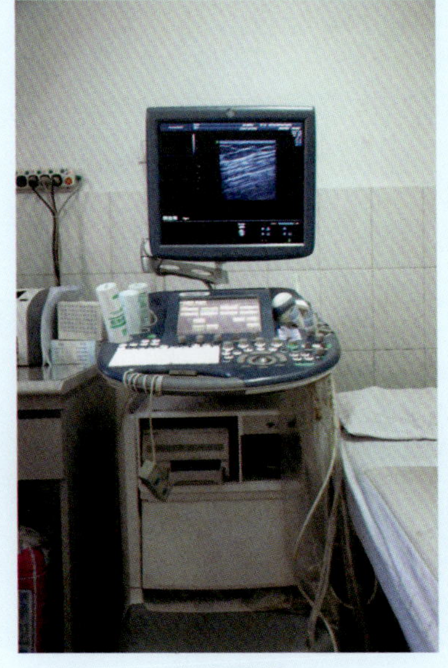
大型E8彩超

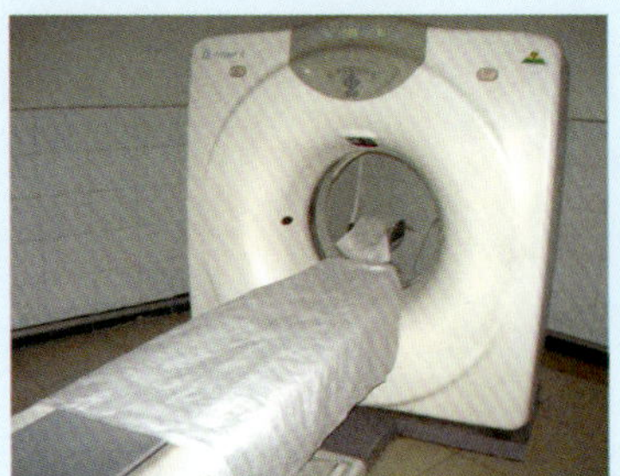
美国GE双螺旋CT

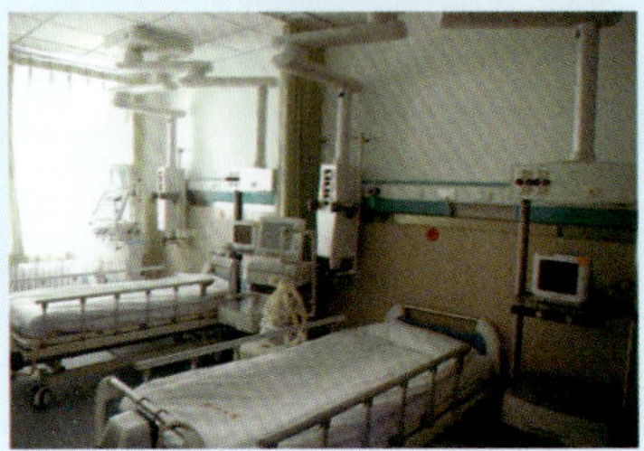
重症监护室

立足百姓健康需求　践行科学发展观

北京市昌平区红十字会北郊医院

院长、党委书记：王振全

除了采用中医手法和理疗、牵引等无创方法治疗颈肩腰腿痛外，积极开展了颈、腰椎病的各项微创治疗，如PLLD（经皮激光椎间盘减压术）、臭氧髓核消融术、射频治疗术等。如今，作为北郊医院重点发展建设的中医骨伤科，正在为解决困扰社区居民健康的难题，发挥着越来越大的作用。

三、关爱儿童，守护儿童健康未来

儿童是祖国的未来。保障儿童健康和快乐成长是医务人员的责任和义务，也是每个家长的美好心愿。党和国家高度重视儿童健康问题，医院在科学发展观指引下，结合周边居民中儿童人数众多、就医不方便和儿科疾病自身特点等情况，把儿科列为医院优先重点发展科室，改扩建了门诊和病房，改善了就医环境，加强了技术力量。

儿科设有普通门诊、专家门诊，保健科门诊（包括智力测定、微量元素测定等），开展托幼机构儿童的体格检查、生长监测、喂养及营养指导、智力筛查及智力发育监测、学前儿童免费健康体检等儿童保健工作。除诊治儿童常见病、多发病外，开设儿童哮喘、小儿神经等专科门诊，着重对儿童哮喘、神经系统疾病及新生儿疾病做了重点攻关，科室拥有一支团结向上富有爱心、技术力量雄厚的队伍，在北京儿童医院刘世英主任医师等专家的指导下，全科人员共同努力，儿科在飞速地发展，高质量的医疗服务赢得了广大患者的信赖和认可，就诊人数日益增多，住院病房爆满，前来就诊的病员覆盖了昌平南部及海淀北部地区，如今已经成为本地区家长信赖的服务周到，技术精湛的特色专科。

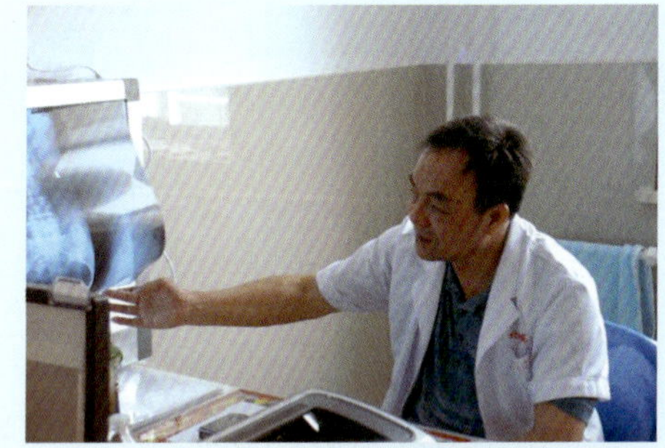

中医骨伤专家宋一同教授

四、关注弱势群体，着眼解决看病难题

随着社会经济的快速发展，人们生活节奏的加快和生活压力的增加，精神疾病的患病人数迅速增加。关注弱势群体，促进社会和谐，解决好精神病人的救治工作，已经成为各级政府迫在眉睫的任务，也是医疗部门落实科学发展观，关注弱势群体疾苦义不容辞的职责。北郊医院精神病分院作为医院的一个特色专科成立于1986年，二十几年来，为北京市的社会稳定与和谐做出了积极的努力。伴随着医院综合各科室的大力发展，精神专科也发生了巨大的变化，尤其是在精神病

精神卫生及心理学专家宋长慧

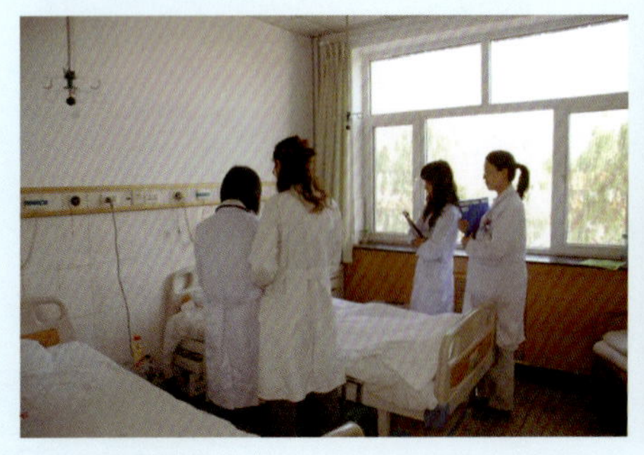

安贞医院杜昕副主任医师在内一科查房

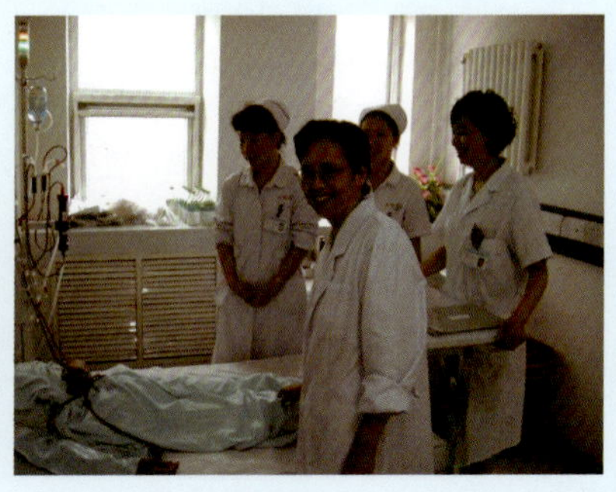

中日友好医院肾内科专家付芳婷在内三科查房

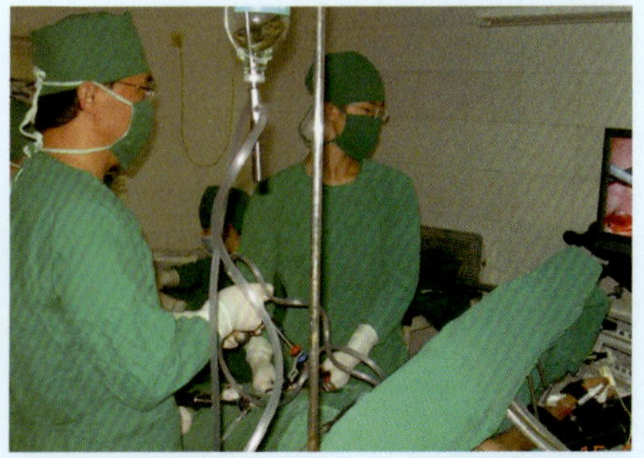

普通外科邱国峰副主任医师在为患者做腹腔镜下胆囊切除手术

立足百姓健康需求　践行科学发展观

北京市昌平区红十字会北郊医院

北郊医院全国微创治疗中心成立大会

人合并躯体疾病（包括传染病）的诊疗上形成了自己的鲜明特色，实现了内、外、妇等各科主任、专家、检查、会诊、手术、治疗、康复等一条龙式服务，从根本上解决了专科精神病医院不愿治疗躯体病、综合医院无法收治精神病的难题。

自建科以来，收治精神病人合并躯体病者2000余人，接受安定医院、回龙观医院等专科医院转来的合并烧伤、骨折、糖尿病、脑外伤等严重躯体疾病的精神病人约400余人，在北京地区树立了以“诊治精神病合并躯体病”为特色的品牌。精神科床位由当时的20张增加至1500张，由当时的1个病区现已发展到12个病区，设有精神病合并躯体病病区、老年病区、普通精神病病区、救助精神病病区、传染病区等，日平均在院病人数1500余人。2001年北郊医院精神病分院被市残联指定为北京市精神残疾人康复基地，在全市18个区县一年一度的康复工作评比检查中，北郊医院连续2次荣获第一。精神分院在2008年北京奥运和2009祖国60年大庆的安全保障工作中发挥了突出的作用，完成了数千名精神病人的收治和管理工作，为维护稳定，构建和谐社会，保障人权做出了自己应有的贡献。得到了公安部、民政部、北京市政府的表彰，为祖国和人民交上了一份满意的答卷。

全国中医骨伤界专家在北郊医院基地揭牌

目前，北京市尚无收治精神病合并传染病病人的定点医院，这类病人的“住院难”问题受到了关注，在区委、区政府的大力支持下，2009年北郊医院新建6800平方米、床位380张的精神病合并传染病的病区，已开工建设，工程预计年底完工，届时将满足精神病合并传染病病人的住院要求，切实保障了他们的合法权益。随着传染病区的建成和医疗水平的提高，其医疗特色必将得到进一步弘扬，为北京市乃至全国的精神病人的救治工作发挥更大的作用。

乘风破浪会有时，直挂云帆济沧海。立足百姓健康，落实科学发展观，夯实基础，发挥优势，树立品牌，全力打造昌平南部区域医疗中心，北郊医院已经迈出了坚实的一步，并不断取得新的成绩，必将为周边百姓提供更优质的医疗服务，为人民健康事业做出自己应有的贡献。

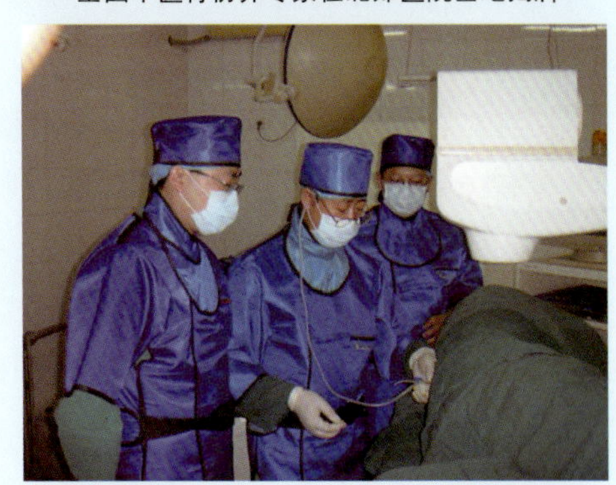

骨科微创专家在进行激光消融治疗腰椎间盘突出症手术

（撰稿：欧阳秀革　刘志国　赵　磊）

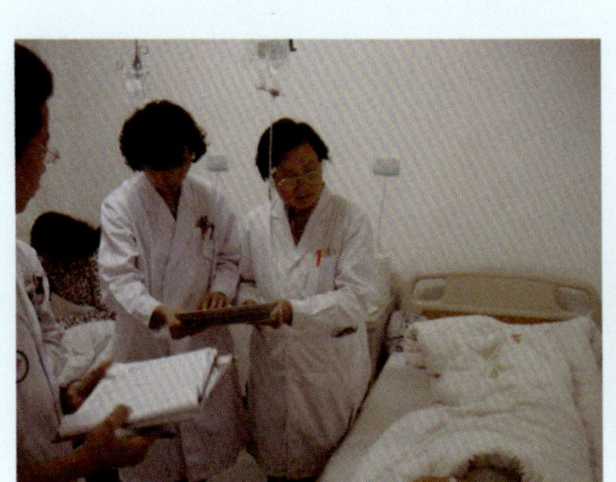

北大人民医院内分泌科专家在查看住院病人

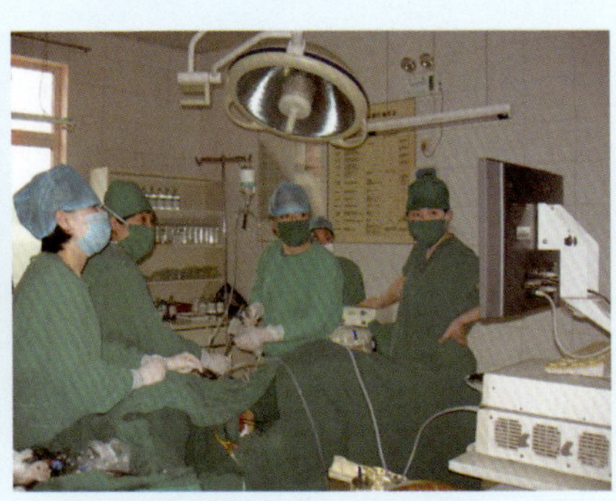

妇产科在腹腔镜下做子宫次全切除手术

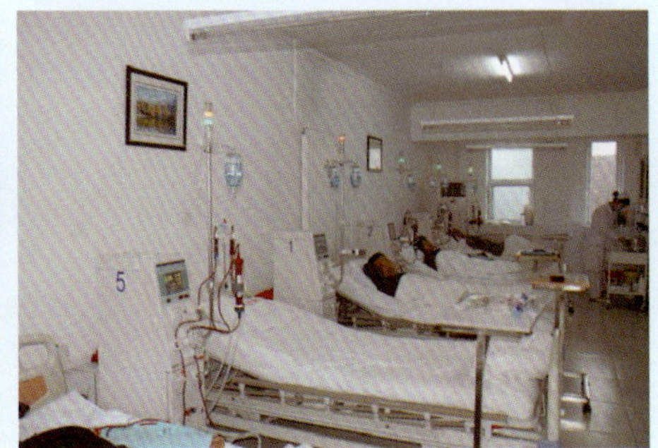

患者在血液透析中

昆明医学院第一附属医院

First Affiliated Hospital of Kunming Medical University

昆明医学院第一临床医学院

No.1 School of Clinical Medicine, Kunming Medical University

1948年云南大学医学院附属医院大门

昆明医学院第一附属医院是一所集医疗、教学、科研、干部保健于一体的大型综合医院。始建于1941年，原为国立云南大学医学院附属医院（即云大医院），是昆明医学院最早设置的附属医院。2000年挂牌为第一临床医学院。1993年1月被卫生部首批评定为三级甲等医院。

医院占地面积104亩，建筑面积10万平方米，固定资产9.397亿元，其中诊疗仪器、设备总价值达4.24亿多元。

医院现有职工2030人，其中高级职称约414名；博士生导师11名，二级学科博士点1个；有硕士生导师132人，二级学科硕士点19个；从德国、法国、日本及国内名牌大学毕业的86名博士学成归来在医院服务；有国家级和省级突出贡献者19人；全国劳模2人，省部级劳模5人；全国优秀教师2人；全国中青年医学科技之星1人；享受国务院和云南省政府特殊津贴27人。医院的卫生技术人员占职工总数的85%。

2008年，总诊疗人次达到169.78万人次，较2007年增长5.52%；住院人数达到5.69万人次，较2007年增长24.50%；手术台次2.91万台次，较2007年增长31.08%；平均住院日为11.7天；病床使用率为128.47%，比2007年增长8.94%。人均门诊费用123.94元；住院人均费用2008年1-11月8781.65元；药品收入占医药收入比2008年1-11月药品收入占业务收入44.09%，较2007年上升了0.3%；总收入2008年增长至8.59亿元，与2007年相比增长2亿元，增长了30.35%。

设有临床、医技科室51个，其中外科18个，内科21个，医技科室12个。医院实际开放床位1800张，年住院病人近5.7万人次；年门诊病人近170万人次。设有20个教研室，承担着昆明医学院8个专业39门课程的临床教学和部分学生生产实习任务；建院以来，为全省乃至全国培养合格的高级医学人才近4万人。

拥有6个省级重点学科（临床医学、眼科学、内科学、精神病与精神卫生学、妇产科学、肿瘤学）；4个省级研究所（云南省心血管病研究所、云南省神经与精神医学研究所、云南省骨科研究所、云南省皮肤病性病研究所）；16个省级研究中心（云南省精神病学研究中心、云南省神经病学研究中心、云南省急诊医学研究中心、云南省口腔颌面外科学研究中心、云南省妇幼保健围产医学研究中心、云南省眼视光学研究中心、云南省医学影像临床研究中

昆明医学院第一附属医院
First Affiliated Hospital of Kunming Medical University
昆明医学院第一临床医学院
No.1 School of Clinical Medicine, Kunming Medical University

医院领导班子

心、云南省儿童内科疾病研究中心、云南省器官（肝、肾）移植研究中心、云南省老年医学研究中心、云南省医学实验诊断研究中心、云南省神经外科研究中心、云南省耳鼻喉科研究中心、云南省病毒性肝炎研究中心、云南省呼吸疾病研究中心、云南省内分泌代谢病研究中心），1个省级研究室（云南省小儿神经病研究室）。拥有12个省级重点专科（心血管内科、神经内科、血液内科、消化内科、皮肤科、儿科、心脏外科、口腔颌面外科、神经外科、耳鼻喉科、产科、妇科）。昆明医学院优先建设学科2个（内科学、皮肤病与性病学）、重点建设学科1个（眼科学）。医院重点发展学科6个（医学影像中心、心脏内科、皮肤与性病科、急诊科、骨科、器官移植科），优势发展学科15个（眼科、精神科、神经外科、心脏外科、泌尿与性医学科、妇产科、呼吸内Ⅰ科、呼吸内Ⅱ科、神经内科、儿科、内分泌与代谢病科、糖尿病科、麻醉科、消化内科、耳鼻喉科）。有云南省创新团队2个（昆明医学院第一附属医院-光线性皮肤病-省创新团队、昆明医学院第一附属医院-器官移植-省创新团队）。科研项目及科技成果数连续多年名列全省卫生系统榜首。近5年共获得国家自然科学基金项目20项，省级科研项目120余项，厅级科研项目200余项。外来科研经费2100余万元。从1991年至今，医院先后共获得云南省科学技术奖252项（其中主持获得云南省科学技术奖科技进步类一等奖1项、二等奖10项、三等奖229项，自然科学类三等奖9项；参与获得科技进步类一等奖1项、二等奖1项，自然科学类一等奖1项）；获得厅级科技成果奖130项。9个专业被认定为具有药物临床试验资格，长期承担多项新药临床研究和国际多中心药物临床研究。医院获得云南省继续医学教育基地17个。

医院重视人才培养，积极引进博士生，选拔培养学科带头人、骨干教师，重视跨世纪青年学科技术带头人培养。目前，已有23位医教师成为国家级及省级中青年学术和技术带头人及后备人才。每年选派医疗技术及管理人员100余人赴北美、西欧、亚太等地区留学，进行学术交流、科研合作、考察和培训，并通过国际交流与合作促进医院重点、优势学科发展及项目开展。

医院被卫生部定为国际紧急救援中心（SOS）网络医院，承担着全省危重病人的救治、部分高级干部及外宾医疗保健和为境外人士提供紧急救援任务。在历次抢险救灾、支前、科技扶贫、援外等重大医疗服务中成绩卓著，并多次受到上级嘉奖，被卫生部评为中国援外医疗队先进集体。

医院以病人为中心，以优质服务为宗旨，以社会效益为准则，积极开展精神文明建设，营造良好的医院文化氛围，提高广大职工的素质，倡导全心全意为人民服务的精神，积极培养职工爱岗敬业、无私奉献的精神。

进入新世纪，医院将以占地544亩，编制床位2000张的呈贡新区医院的建设为契机，高举邓小平理论伟大旗帜，以“三个代表”重要思想为指导，以科学发展观统揽医院发展全局，抓住机遇，坚持以改革求发展、以管理增效益、以质量创一流，全面实施科教兴院、依法治院和树名医、创名科、建名院的发展战略。努力实现医院发展集团化、医院管理科学化、医疗服务人性化、质量监控标准化、科研工作开放化、后勤服务社会化、人才培养国际化的发展目标，努力把医院建设成为省内领先、全国先进、在周边国家有一定影响的现代化医院。

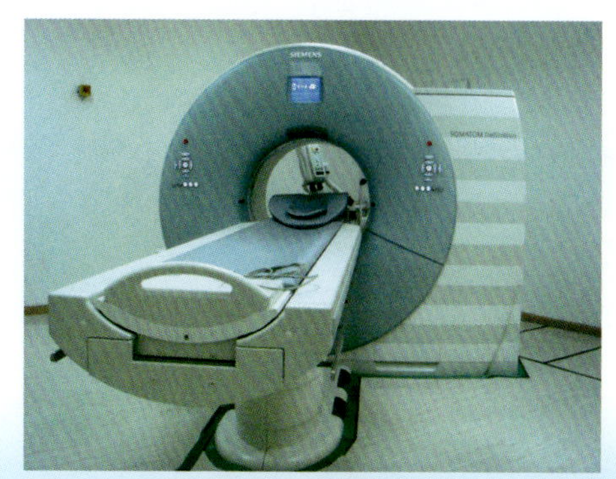

双源64层螺旋CT

深化制度建设 积极应对各项突发事件

昆明医学院第一附属医院

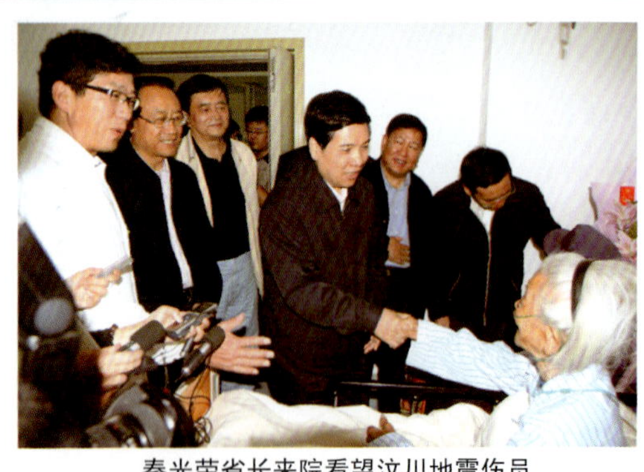
秦光荣省长来院看望汶川地震伤员

2008年，昆明医学院第一附属医院按照人事聘用原则和程序，任命了240名副科级以上干部。举办了科级以上干部医院管理培训会议。此外，还邀请了新加坡高燕萍女士就“提高现代医院执行力”，北京知名律师就“和谐医患关系，防护医疗纠纷”进行了专题讲座。外事管理方面接待了来自8个国家的21名外籍进修生到医院进修、实习；共接待14个国家和地区代表团146人来院参观、访问等；派出29人赴国外进行学术交流、留学等；选拔8人申报各类公派出国留学，4人取得留学资格；办理57人自费赴20个国家和地区参加国际学术会议、培训和学习。

加大信息公开力度，积极推行“四项制度”。医院组织了信息公开全省统一考试，出台相关文件，将信息进行公开，并在医院网站上建立专栏。同时，制定出台了《行政负责人问责制实施办法》、《服务承诺、首问责任制、限时办结制实施办法》，使医院工作更加透明。

加快了医院信息化建设，完成了医院信息系统硬件平台的集成建设，开始实施PACS系统建设工作，完成了影像中心门诊系统上线。完成了门诊信息系统软件系统和硬件平台的建设，门诊信息系统上线试运行，2009年2月将全部使用电子处方。

加强了探访制度管理工作。医院于8月初奥运会时严格执行了“住院病区患者陪客制度及规定探视时间”，对努力构建和谐病房、平安医院意义重大。

继续抓好“万名医师支援农村卫生工程”。派出第四批39名医疗队员前往开展工作。自2005年以来，医院先后派出近200名高年资医生到对口贫困县进行医疗帮扶工作。

继续抓好“医院管理年”工作。在前几年医院管理年工作的基础上，成立了昆医附一院2008年“医院管理年”领导小组、督导小组等组织机构，制定出台了《2008年实施方案》。组织6个督查组对全院进行了督导检查，同时接受了省卫生厅督导检查，有效巩固了“医院管理年”取得的成果。

新建扩建临床科室。新成立了肿瘤治疗中心、微创神经外科、乳腺外科、血管外科、乳腺普查办公室、疼痛治疗科、头颈外科7个科室；扩建了肿瘤放疗科住院病区、手术麻醉科扩建了麻醉复苏室；原成立的糖尿病科、风湿免疫科正式开科收治住院病人。新开科室均开诊收治病人，各项指标完成情况良好。

加强了门诊管理，挂号室7个窗口全部开放，开展现场预约挂号服务，缓解了门诊高峰排队现象；调整流程、增加设备，缩短了妇产科B超、CT室、心脏彩超等预约时间；采取增加诊室、保证专家出诊数、限定专家号数量、天天门诊、部分科室午间门诊、开设特色门诊等措施，保证了门诊的工作质量及有效运转；完成远程可视医疗会诊261例，简易门诊量19.5万人次。

加强护理管理,实施了“三级质量控制”，加大了护理质量监控力度，做到抢救物品良好率达100%，病区管理合格率100%，分级护理合格率100%，护理文件书写合格率≥90%，常规器械消毒灭菌合格率达100%，护理技术操作考核合格率达97%，重点部门管理合格率100%。

灾区伤员出院前为医院赠送锦旗表示感谢

认真执行医保政策，完成了省级离休医保信息系统、省级大学生医保系统.完成了医院医保信息系统自2001年启动以来的历史数据库迁移。

规范了病案管理，为政府决策提供了准确数据。完成了对全院ICD-10疾病编码的培训工作；完成了省卫生厅49个指标数据的收集、整理和填报工作。从11月起，在云南省首家开始病案翻拍工作。

完成了昆明医学院、海源学院、继续教育学院8个专业、3个年级、55个班级、26门临床课程总计12900学时的理论和见习课教学任务。参与授课教研室达20个，授课教师297人，副高以上职称教师任课率达90.3%；完成了医学院临床专业、影像专业、眼视光专业、麻醉专业、楚雄高等专科学校及市卫校284人实习及临床综合技能多站出科考试和综合鉴定工作。8名教师获昆明医学院第六届中青年教师讲课

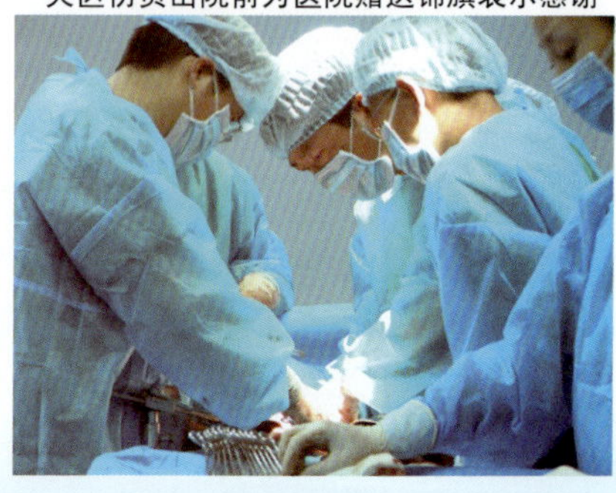
手术中

深化制度建设 积极应对各项突发事件

昆明医学院第一附属医院

比赛一、二、三等奖。初步完成《医院管理学》课程建设。全年发表教学研究论文48篇，13篇收入第五届西部临床教学研讨会论文集；组织3门课程申报云南省精品课程。积极做好“走进西部”基层医师培训工作，第一期37名学员已到医院临床实习2个月。

2008年获得国家级项目，如国家自然科学基金等共12项；省级项目，如云南省国际合作项目等42项；昆明市社会发展重点项目2项；共获得外来科研项目118项，资助金额达650.67万元。遴选为云南省首批创新团队1个，2人遴选为云南省第十一批中青年学术技术带头人后备人才；完成成果鉴（评）定20项；获得云南省卫生厅内设研究所4个、研究中心16个、研究室1个；2008年作为第一完成单位历史上首次获得云南省科技进步一等奖1项，云南省科技进步三等奖6项，云南省自然科学三等奖3项，共获得云南省科技成果奖10项。

呈贡新区医院建设进程。2009年1月29日呈贡新区医院隆重举行开工奠基仪式，拉开了新区医院建设的序幕。签订了《合作协议》框架和《补充协议》约定。启动了一期建设的三通一平工程，努力实现2009年3月31日开工单体建设。

院内规划基础建设，影像中心楼12月举行了奠基仪式，并正式开工建设；组织干部医疗保健楼完成全套方案设计；建设场地老建筑物基本拆除，力争今年底开工建设。完成了16排CT机房改造、双排CT机房改造等13个院内项目改造工程。

完成了后勤保障的成本核算；完成了洗涤中心的改扩建、设备的采购安装和低压配电的改造；手术室200多套洁净空调过滤器的更换；完成了油改汽和陪护培训中心的申报工作；增加了各类饮食、商业服务项目和服务时限，为职工生活、患者就医提供了更好的服务。

为临床科室配置了肝脏储备功能分析系统、床旁血液滤过器、超声吸引手术系统、皮肤科激光治疗系统、放射科数字血管平板机配套设备等医疗设备，为提升医院实力做出贡献。

医院积极响应政府号召，认真做好抗震救灾工作。全力支援四川“5·12”汶川大地震抗震救灾工作。先后派出了三批69名医疗队员，配置近100万元的医疗器械、药品及后勤保障物资赴四川抗震救灾；为灾区捐款34万余元，交纳特殊党费24万余元；收治灾区伤员16人，所收伤员全部康复出院返回家乡。盈江地震后，医院紧急组建了2批医疗队，赴灾区开展抗震救灾工作。

认真组织开展“食用含三聚氰胺奶粉婴幼儿泌尿系统结石”诊查及救治工作。投入医疗费用39万多元，各种医用耗材7.5万元，调拨彩色B超6台，抽调医护人员73人，筛查婴幼儿4872人次，B超检查3787人次，确诊患儿76例，住院治疗48例，住院结石患儿全部康复出院。

认真处置完达山刺五加注射液药害事件。黑龙江完达山刺五加注射液药害事件发生后，医院紧急制定应急预案，积极组织专家组到达事发医院指导工作。同时，完成了省食品药品监督所抽检样品检测及回顾性调查工作。

全力救治“7·21”公交车爆炸伤员。共收治伤员17名，除1人在送往医院途中因伤势过重抢救无效死亡外，其余16人均康复出院。

地址：云南省昆明市西昌路295号　邮编：650032

网址：www.ydyy.cn　总机：0871-5324888　传真：0871-5321934

锦州市中心医院

贯彻落实《患者安全目标》 推进百姓放心示范医院建设

院长：王伟

王伟，男，中共党员，1961年出生，山东沂水县人。1984年锦州医学院本科毕业留校任教，1990年中国医科大学硕士毕业，1996年同济医科大学临床骨外科博士毕业，2007年军事医学科学院博士后出站。现任锦州市中心医院院长、党委副书记，辽宁医学院第五临床学院院长，辽宁医学院骨科研究所副所长，教授、主任医师，硕士、博士研究生导师，博士后合作导师，国务院政府特殊津贴获得者。先后承担了国家自然科学基金，国家博士后基金，辽宁省创新团队项目，辽宁省科技计划项目，辽宁省自然科技基金项目，辽宁省高等学校科研计划项目等多项科研项目。因工作业绩突出，入选辽宁省百、千、万人才工程的“百人层次”，并先后被授予辽宁省五·一奖章、辽宁省劳动模范、辽宁省优秀青年科技创业奖、锦州市劳动模范、锦州市十大杰出青年岗位能手、锦州市十大科技先锋、锦州市科学技术进步特别贡献奖、锦州市首批学术和技术领军人。先后当选为中华医学会骨科学会创伤骨科学组委员、中华医学会骨科学会足踝外科学组委员、中华医学会创伤学分会骨与关节损伤学组委员、中华医学会骨科学会辽宁省分会副主任委员、辽宁省康复医学会副会长。作为第一完成人获省科技进步二等奖、三等奖多项，获市科技进步一等奖4项，科技成果多项；在省、国家级刊物以第一作者发表文章40余篇；著书3部；已申请国家发明专利2项。并被《中国医师进修杂志》、《中国临床康复》、《生物骨科材料与临床研究》、《中国继续医学教育》聘为常务编委、编委，锦州医学院学位委员会委员和辽宁省学科评审委员会委员。先后多次被清华大学、北京医大、中国医大聘请为博士、硕士生答辩专家。

锦州市中心医院自1948年10月15日成立至今，历经60余载的风雨历程，已经发展成为一所集医疗、教学、科研、预防、保健、急救、康复为一体的大型综合性三级甲等医院。同时，她也是辽宁医学院第五临床学院、辽宁中医药大学临床教学医院、赤峰学院临床教学医院。

医院占地面积3万余平方米，建筑面积7万余平方米，拥有开放床位1000张，年均门诊量60余万人次，年均住院患者3万余人次；设有45个临床医技科室，内、外、妇、儿、眼耳鼻喉、口腔6个临床教研室；拥有万元以上大型医疗设备600余台（件），包括具有世界先进水准的新一代多层螺旋CT、1.5T超导核磁共振、e-scan0.2四肢关节核磁共振、电子直线加速器、数字减影血管照影系统、CR－X线成像系统、DRX光机、IE33彩超、微机操控高压氧舱治疗机、国内尖端的外科各种微创手术及检查内窥镜系统等，特别是罗氏生化全自动分析仪及其管理系统的引进，使医院医疗检验的标准化程度和水平与国际接轨。

60余年来，锦州市中心医院秉承“家乡人的医院，服务好家乡人”的服务宗旨，依托“以人为本科技创新”的管理理念，建立了一支力量雄厚的医疗专业技术人才队伍。目前，医院拥有享受国务院特殊津贴专家5人，国家、省医学会各学科委员74人，博士后2人，博士21人，硕士研究生146人，高级技术专家、教授232人，博士、硕士研究生导师9人，并有辽宁医学院、辽宁中医药大学任职、兼职教师78人，形成了一支高层次、高素质、高能级的精英团队。

医院专业设置齐全，许多科室达到了卫生部颁布的三甲医院重点专科标准。神经外科、神经内科、眼科、心外科、心内科、骨外科、泌尿外科、消化内科、耳鼻喉科、康复科等曾先后被评为市重点专科和特色专科。特别是心血管疾病诊治中心、介入检查治疗中心、耳鼻咽喉诊治中心、骨关节病治疗中心、内外科ICU重症监护治疗中心、健康管理中心、康复中心和紧急救援中心成为辽西地区的医疗品牌。

多年来，医院积极引进开发新技术，全国第一例脑血栓介入溶栓治疗，开拓了国内脑血栓治疗的先河；角膜移植等20余项技术填补了辽宁省内该领域的空白；心导管手术等10余项技术处于国内领先水平，微创治疗技术也得到了广泛的开展和应用。医院科研成果丰硕，参加国家攻关项目及卫生部科研课题多项，获省、市级科技进步奖100余项。近年来承担国家自然基金课题、省科技厅、省教育厅攻关课题多项。

医院连续荣获全国卫生系统先进单位、全国百姓放心示范医院、全国医学人文管理荣誉奖、辽宁省文明医院、辽宁省卫生系统诚信服务标兵单位和锦州市文明单位等近百项荣誉称号。

锦州市中心医院

贯彻落实《患者安全目标》 推进百姓放心示范医院建设

院领导班子

2007-2008年是全国百姓放心示范医院动态管理第二周期，新一届领导班子成立两年来，医院按照中国医院协会的统一部署，认真贯彻落实全国百姓放心医院《患者安全目标》，规范医疗行为，提高医疗质量，保障医疗安全，降低医疗费用，真正树立“以病人为中心”的服务理念，不断将百姓放心示范医院创建工作推向深入。下面结合医院落实《患者安全目标》有关情况向各位领导、各位同仁作以简要汇报，不妥之处恳请各位批评指正。

一、医院基本概况

作为辽西中心城市的中心医院——锦州市中心医院（辽宁医学院第五临床学院）自1948年成立至今，历经60余载的风雨历程，已经发展成为一所集医疗、教学、科研、预防、保健、急救、康复为一体的大型综合性三级甲等医院。医院占地面积3万余平方米，建筑面积7万余平方米，拥有开放床位1000张，设有45个临床医技科室，内、外、妇、儿、眼耳鼻喉、口腔6个临床教研室；拥有职工1302名，卫生技术人员1047名，高级专业技术职称232名，中级专业技术职称378名，博士21人，硕士147人。设备600余台（件）。2008年均门诊量40余万人次，年均住院患者2万余人次，平均住院天数12.93天，甲级病志率96.6%，药品收入占业务收入43%左右；2008年医院实现总收入超过2亿元，各项指标均突破历史最高水平。

二、加强组织领导，健全组织机构，层层落实责任

医院领导班子对示范医院动态管理第二周期《全面贯彻患者安全目标》的工作给予了高度重视，为使活动深入人心，医院按照活动的具体工作要求，医院于2008年8月8日，召开院长办公会，传达了会议精神，研究部署相关工作；8月18日召开了全院动员大会，会上由主管领导传达了百姓放心示范医院活动的要求，对医院创建工作进行了部署，院长王伟亲自作了动员讲话，并对此项活动提出了具体要求，使全院职工都充分的了解到了活动的目的、意义、方式，统一了思想，提高了认识，为开展第二周期活动打下了坚定的思想基础。同时，为加强对“全国百姓放心示范医院”活动的组织领导，迎接中国医院协会对医院“全国百姓放心示范医院”第二周期的考核验收工作，2009年经院长办公会研究决定，医院调整了百姓放心示范医院活动领导小组，下设由一名院领导任主任的专项活动办公室，并根据贯彻实施细则，将活动的各项相关工作进行了任务分解，责任到人，定期反馈总结，遇到问题及时解决。

为提高对此项工作的认识，医务部、护理部多次召开了全院科主任、护士长会议，对《患者安全目标》的内容进行了详细解读，并将《患者安全目标》的内容印发到各科室，要求各科室认真学习，并坚决执行落实。此外，医务部还与各科室签订了落实《患者安全目标》工作的责任书，将任务落实到科，分解到人。护理部成立了以护理部主任为组长的患者安全目标管理落实机构，建立健全了保证护理安全的规章制度，成立了护理质量控制组、重点科室管理组、褥疮管理组，召开了落实此方案的全院护理人员大会，并对相关工作做了详细的部署，重新修订了切实可行的检查与考核细则，使各项指标细化、量化、全面化，编写了护理管理手册和常见护理问题汇编，使各项工作有章可循。同时积极加强护理质量监控，提高专业护理水平和队伍综合素质。

通过广泛动员和全员参与，为此项工作的顺利实施提供了有力的组织保障。

三、广泛宣传，强化监督，畅通沟通信息渠道

医院在门诊大厅摆放悬挂了“全国百姓放心示范医院”率先贯彻落实《患者安全目标》的宣传图；在院内和病区张贴中国医院协会活动办公室统一印刷的《患者安全目标》的有关宣传品和活动宣传词；在门诊设立此次活动相关的问卷调查意见箱，向患者发放全国百姓放心示范医院第二周期活动问卷调查3300份，并及时进行了统计汇总；为了便于社会监督，医院在锦州日报上刊登了此次活动的介绍，向社会公示的同时，在《锦州日报》、《辽西商报》、《锦州晚报》，进行了有关医院贯彻《患者安全目标》的报道共35篇，在省民心网上发表相关报道4篇。为更好的建立与社会及患者有效沟通，根据中国医院协会相关文件的精神，医院于2007年率先设立了医院新闻发言人，指定一名院领导担任，2008年又在此基础上进一步建立健全了新闻发言人制度，派人员参加了中国医院协会主办的培训；多年来，医院一直坚持聘请锦州市部分人大代表、政协委员、新闻媒体及社会各界知名人士为医院社会监督员，并坚持每半年召开一次社会监督员座谈会，每季度召开一次医患情感交流会，真诚接受社会监督，虚心听取改进意见；为了更好地、更加广泛地接受社会各界监督，医院将继续实行医疗服务信息公示制度、收费标准公开制度、一日一清单制度，进一步畅通沟通渠道，促进了工作的全面开展，社会反响良好。

锦州市中心医院

贯彻落实《患者安全目标》 推进百姓放心示范医院建设

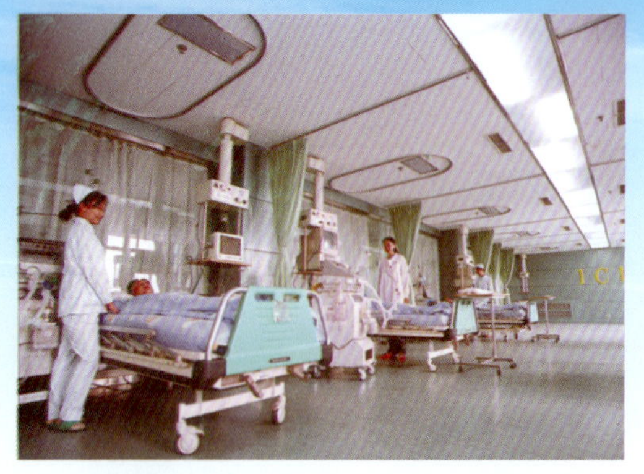

四、强化危机管理，完善制度建设，确保医疗安全

百姓放心医院活动开展以来，医院紧紧围绕活动各阶段主题，以医院管理年活动为契机，全面贯彻落实《患者安全目标》，树立全员质量和安全意识，采取切实有效的管理措施，狠抓核心制度落实，促进医疗质量提高。两年来，先后出台了《锦州市中心医院总住院医师制度（试行）》、《锦州市中心医院手术分级管理制度》、《锦州市中心医院医疗纠纷、事故防范及处理相关规定》、《锦州市中心医院临床检验危急值报告制度》、《锦州市中心医院医疗不良事件报告制度》、《锦州市中心医院抗菌药物分级管理制度》、《锦州市中心医院围手术期医疗质量管理相关规定》等规章制度，并组织学习、贯彻落实，用制度规范医疗服务行为，进一步提高了医疗质量、确保了医疗安全。

五、结合实际，深入调研，使《患者安全目标》工作落到实处

1、医院职能部门结合《患者安全目标》工作任务深入临床一线，开展调查研究，根据查出的薄弱环节定期督导检查落实情况。对检查中存在的医疗隐患和薄弱环节进行总结分析，为下一步有效改进提供依据。为加强落实效果，两部门还以“问卷调查”的形式组织各科室全体医护人员对《患者安全目标》中要求的应知应会的内容进行了考核，将《患者安全目标实施标准》逐条对照纳入总体工作运行之中。

2、严格执行三查七对制度，提高对患者识别的准确性。督促临床医护人员学习掌握患者识别制度和查对制度，特别是强调落实了患者识别制度、医嘱查对制度、输血查对制度、手术查对制度、操作查对制度（服药、输液、注射查对制度）、三查七对制度、手术前访视制度（术前沟通制度）、手术前患者确认制度（术前四方核对）。在病房对于手术、昏迷、神志不清、无自主能力的重症患者一律使用腕带标识。尤其是ICU、CCU、手术室、急诊抢救室、新生儿、儿科，一律使用腕带，按腕带使用程序操作，进行各种处置前查对识别。

3、提高病房与门诊用药的安全性。药剂科重新建立健全了药品管理制度、毒、麻药品管理制度、安全用药管理制度、药剂科用药咨询与合理用药管理制度、高危药品的管理规范等规章制度。对病房药品的存放、使用、限额、定期核查制定了病房药品管理制度，并认真执行和落实。定期检查毒、剧、麻醉药品的管理、登记及核查情况，检查高危药品的存放，并制作了统一的醒目标识。在门诊药房设立了药物咨询窗口，并配备药师为门诊患者用药提供合理用药方法指导。

临床药师跟随医生参加临床查房，参加疑难、危重病例和死亡病例的讨论，对临床医生药物治疗及时提出指导性意见，为患者建立药历，提供药学信息咨询，深入临床观察药物不良反应。并开展医院围手术期抗菌药物应用调查，Ⅰ类切口术后抗菌药应用情况调查分析，骨科部分病区围手术期患者抗菌药物应用调查分析，左氧氟沙星注射液使用调查分析，门诊抗菌药物使用情况处方分析等。

为了进一步加强对临床用药的监督管理，由医院计算机中心自行研发的“药品预警软件”于08年上半年成功在临床科室试运行，成效显著。此项工作得到了省卫生厅的认可，作为行风创新项目被登载在辽宁省行风简报上，向全省推介。

医院在原有的HIS系统中，嵌入了合理用药管理系统，经过调试、验收，此系统已经在临床应用。

多项措施的出台，为提高病房与门诊用药的安全性起到了积极的促进作用。

4、建立与完善在特殊情况下医务人员之间、医患之间的有效沟通，正确执行医嘱。在进一步健全了临床实验室危急值的报告制度和完善医患沟通制度、医护沟通制度的基础上，制定了特殊情况下的有效沟通制度，规定了住院患者实名制预案，充分尊重病人的权利，同时完善了对患者及家属的告之制度。制作了病人入院须知和儿科门诊患儿输液知情同意书，大大减少了医疗隐患。

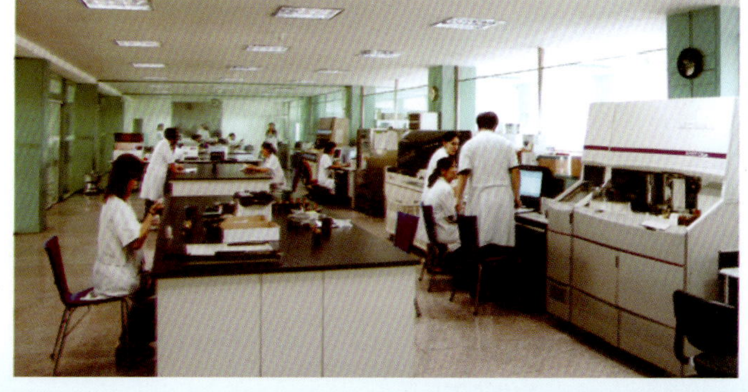

5、严格遵循手部卫生与手术后废弃物管理规范。制定了《手卫生管理制度》及《手卫生规范》，对洗手流程进行了全面的检查与指导，各科室能做到严格执行无菌操作规范，有效的防

锦州市中心医院

贯彻落实《患者安全目标》　推进百姓放心示范医院建设

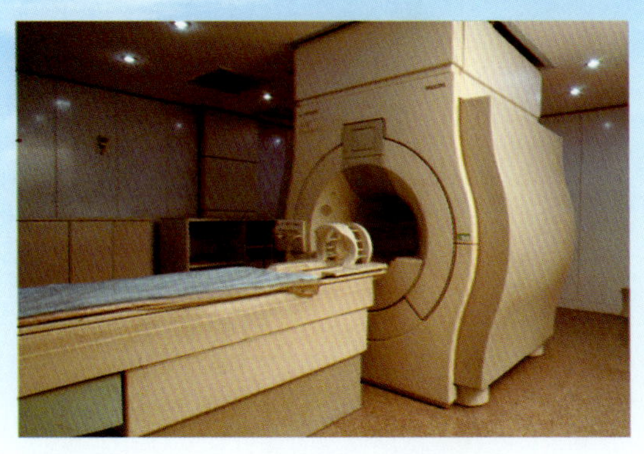

控了医院感染，提高了医护人员无菌操作的依从性。同时手部卫生设备和设施配备齐全，手术中使用的无菌医疗器械严格按照医院感染控制要求进行使用和处理。对手术后废弃物进行了专项检查，废弃物的分类、分装严格，标记清楚，有专人收取、运送及处理。

六、优化服务流程，改善就医环境，为患者提供安全便捷的医疗服务

1、优化流程，简化环节。为了简化患者就医环节，缩短病人的等候时间，医院将影响患者就医的各个环节进行相应的改造，优化了工作流程。根据患者就诊的时间特点，医院采取了窗口弹性工作机制，在对患者的流量进行动态跟踪的前提下，随着患者流量增减，增减服务窗口，既满足了患者的需求，又使医院的人力资源得到科学、有效的利用。同时通过医院HIS系统的不断完善，医院取消了划价这一中间环节，医生诊视后在工作站下达的各种检查、处方在收费处微机自动生成，减少了患者的麻烦，受到了患者的热烈欢迎，通过医院有效的工作，医院完全消灭了三长一短的现象，窗口等候时间均在10分钟以内。2008年初医院完成了国内先进、省内一流的洁净手术部的改造，并投入使用，成效明显，达到预期效果。门诊整体布局的改造，急诊急救绿色通道、心脑血管急诊绿色通道、公安干警绿色通道流程的建立，极大的提高了急诊救治的成功率。挂号、收费流程的调整、儿科病房的改造、透析中心的搬迁，更加方便了患者就医。

2、改善就医环境，提供便民措施。为了方便患者就医，医院首先从患者进入医院的第一项工作做起，加强了一站式服务、门诊导诊、方便门诊、新农合接诊的工作，使医院工作人员做到，热情接待每一位遇到问题的患者并细心解答，在各楼显要位置和各诊室设置明显的指示标识，在各候诊大厅设置候诊椅、饮水设施、轮椅、担架等，随时为可能需要的患者提供方便。为了给患者提供更加体贴的人文服务，医院还组建了由40余位具有一定专业知识的护士组成的陪检队伍，全程免费为患者提供导诊陪检服务，极大地方便了患者的就医，受到了患者的好评和欢迎。

3、确保患者隐私安全，完善相关设施。随着时代的发展，人们对自身秘密保护意识越来越强，作为为患者提供医疗服务的医院来说也面临着如何保护患者私密权益的问题。根据医院管理年的要求，医院对凡涉及患者私密保护的各个部门、诊室、检查治疗室等进行了充分地摸底调查，根据各自特点调整了科室的室间布局，增设了用以遮档的拉帘、屏风等，并努力做到诊室内一医一患，私密检查室与普通诊室分开，有效的保护了患者的权益。

七、强化“三基三严”培训，增强安全意识

为了强化医疗护理基础质量，医院采取多种有效手段，从各种临床基础知识、基本技能、基本操作的培训抓起，从医疗纠纷的防范做起，做到每月一次，分层次举办了包括临床医技科室主任、主治医师、住院医师及护理人员的培训。并组织每月一次护理安全大检查，护理部专项检查3次，设立了自检自查表并征求护士长建议。定期召开护士长例会，反馈结果，提出整改措施，确保护理安全。

2009年，医院又举办了医疗和护理技能大赛。无论是培训还是大赛医院都严格实行了考勤制度，整个过程中全体人员积极踊跃参加，认真听课认真记录，除值班人员外，基本参加了培训，出勤率高于以往任何培训，表现了前所未有的培训热情，收到了很好的效果，促进了全院医疗技术水平的整体提高。

八、通过全面贯彻患者安全目标，医院各项工作取得可喜成效。

医院管理体系不断得到改进；各项机制、制度、程序不断得到完善；规范操作、准确识别患者、感染防控、安全用药、医患沟通等均得到较好落实和提高；医院环境、布局、流程持续调整和完善；进一步规范了医疗行为，提高了医疗质量；医疗纠纷（2008年）同比下降33%，（2009年）同比下降57%。

实践证明，《患者安全目标》是医院一项非常重要的工作，正是因为坚持、有效地开展此项活动，使医院在原来跨越式发展的基础上，呈现出安全、有序、和谐发展的新局面。但医院深知，医院的工作与上级卫生管理部门要求还有一定差距，医院将以此次复审为契机，以科学发展观为统领，以全新的面貌为锦城百姓提供满意、优质的医疗服务，构建和谐的发展环境，推动医院工作再上新台阶。

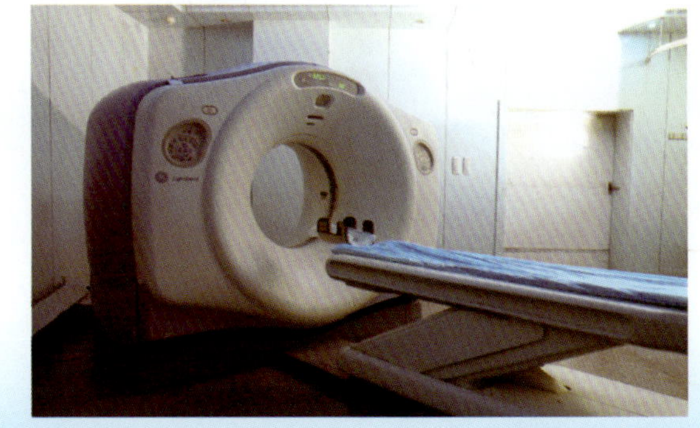

山西省儿童医院
山西省妇幼保健院

院长：白继庚

医院领导班子

山西省儿童医院（山西省妇幼保健院）创建于1947年，是山西医科大学、内蒙古医学院、长治医学院等院校的教学医院，是一所集医疗、保健、科研、教学、业务技术指导为一体的三级甲等医院，实行两院一体的党政管理体制。

医院现编制床位800张，现有在编职工1100余名，其中有300余名高级卫技人员；拥有近百名博、硕士研究生人才、40名省级名优专家和享受国务院政府特殊津贴者10余人；有88个医疗、保健、医技、门诊科室和行政科室，具有6万余平方米医疗业务用房。

医院拥有1.5T核磁共振、16排螺旋CT、钼靶乳腺X光机、心血管造影机、数字胃肠机、数字化X线拍片系统、美国GE生命体征监护网络系统、菲利浦IU22等9台彩超、电子胃镜、肠镜、支气管镜、德国STORZ腹腔镜、宫腔镜、全自动系列生化分析仪、流式细胞议、PCR扩增仪、全自动血凝分析仪、微量元素测定仪、德国百康过敏源检测治疗系统、准分子激光治疗仪等价值过亿的大型医疗设备。

近年来，全院干部职工在以白继庚院长为首的领导班子带领下，不断创新服务理念和服务意识，努力为广大妇女儿童提供优质、安全、高效、便捷的服务。门诊和病房设立了医生工作站，全部实行无纸化办公；药房配备了自动取药机取药，缩短了患者拿药时间，保证了用药的准确安全；使用了统一的VI识别系统，使就诊患者享受舒适安全的服务；能容纳200余名患儿同时输液治疗的门诊输液大厅实行了集中配液，保证了用药安全；医院开通了医学数据库和24小时医学频道，供医务人员查阅资料和进行业务学习；在内网建立了OA系统，全院实现了网上自动化办公；自筹资金1000万元，增建了2500平方米的感染性疾病门诊，进一步规范了感染性疾病诊治流程；采取多种措施全面提高自身应对突发性公共卫生事件的应急能力，建立了完整的应急体制和应急流程，先后圆满完成了“手足口病”防控、“三鹿奶粉”受害患儿的筛查、救治与山西省首例人感染“禽流感”患儿的救治任务等几起突发公共卫生事件，获得了上级领导的肯定和社会各界及患儿家长的一致好评；新开工建设的漪汾院区占地面积约50亩，设置床位800张，在医院环境、设施设备、医院管理、业务技术、医疗服务等方面要跨入全国先进医院行列，预计2011年投入使用；医院请进了战略培训团队，使全体员工在工作间隙得到了MBA课程的培训，人员素质大大提高；医院、科室、个人根据自身实际制定了《三年战略规划》，并指导具体工作的流程；确立了现代化的经营管理理念，实行了绩效考核系统、全成本核算系统、物流管理系统、财务预算管理系统、固定资产管理系统等；新引进硕士以上学历人才100余名，使医院人才结构发生了显著变化；创建了“精益求精、医德为天”的院训、“厚德、博学、自强、至爱”的医院精神、“专业品质、专家呵护、专注健康”的医院文化和“诚信仁爱、求实创新、团结奉献、和谐进取”的价值观；创办了《山西妇幼保健信息网》和《院刊》等，进一步扩大了医院的影响和知名度；由医院牵头，引进现代经营理念，整合有效资源，成立了山西省妇幼保健协作体系和山西省妇幼保健协会，担负起指导全省妇幼保健事业发展的重任。

医院近年来先后获卫生部爱婴医院、全国百姓放心示范医院、全国卫生系统思想政治工作先进集体、全国卫生三下乡先进集体、全国纠风工作先进集体、三级甲等医院、山西省直文明和谐单位标兵、山西省文明和谐单位、山西省实施妇女儿童发展“十五”规划标兵单位、山西省卫生系统先进集体、太原市爱婴医院三级单位、山西省卫生系统职业道德建设先进集体、山西省科技创新示范医院等荣誉称号。

医院健康快速的发展和进步都得益于医院有一个团结创新、奋力拼搏的领导班子和高素质的员工团队，大家团结一致、奋力拼搏，为满足全省妇女儿童不同层次的医疗保健需求而努力。

医院全景

山西省儿童医院
山西省妇幼保健院

2008年，山西省副书记、省长王君来院视察工作

2008年，山西省委常委宣传部长胡苏平、卫生厅厅长高国顺看望三鹿奶粉受害患儿

2008年8月，张建欣副省长、高国顺厅长等视察医院

高国顺厅长、王峻副厅长看望医院参加救治首例禽流感患儿专家

山西省委常委宣传部长胡苏平参加山西省妇幼保健协会成立会议

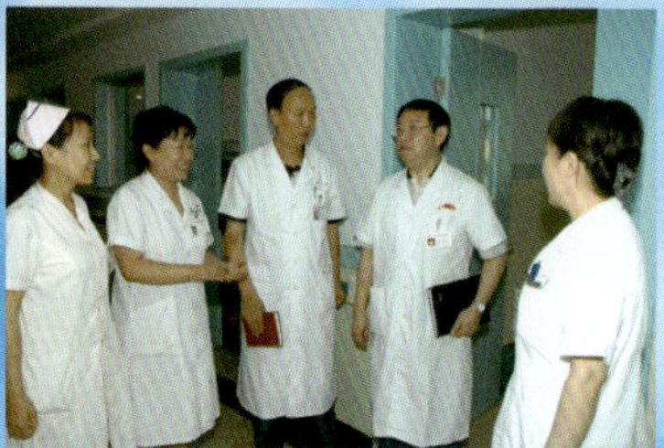

白继庚院长查房

白继庚院长会见法国专家

白继庚等院领导在应县指导远程医疗工作

医院漪汾园区模型图

外科四病区开诊

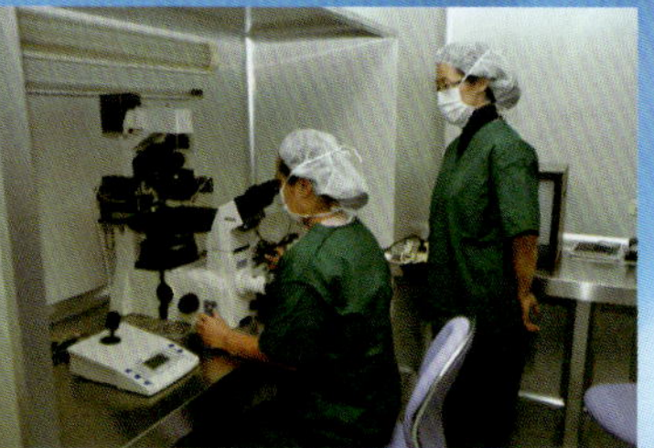

获得国家准入许可的辅助生殖实验室

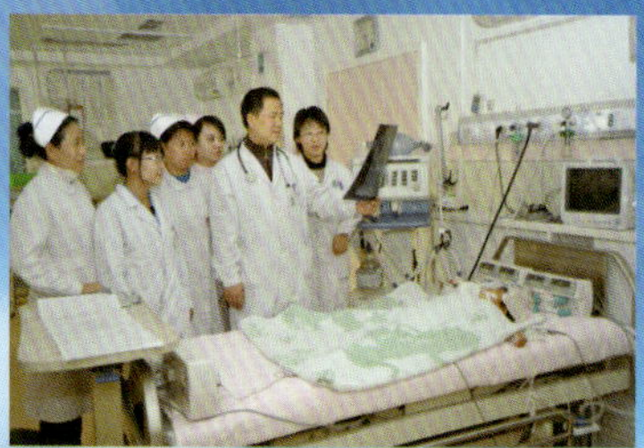

心脏介入中心

呼和浩特市第一医院

医院前身为归绥公教医院

呼和浩特市第一医院始建于1921年，前身是比利时公教医院，1937年改名为归绥公教医院。1949年，归绥市人民政府正式接管公教医院，命名为绥远市立人民医院。1954年，归绥市改名为呼和浩特市，医院遂改名为呼和浩特市医院。

呼和浩特市第一医院是内蒙古地区历史最悠久的医院，医院秉承“求真务实，服务至上”的院训，始终坚持“以病人为中心，以质量为核心”的服务宗旨，大力推行人性化服务，用自己的言行诠释了新时期医务人员的高尚情操。

一、以人为本，加强医院基础设施建设

2007年，医院开工建设医院新楼群，新大楼占地面积约260亩，建筑面积124000万平方米。医院大楼配有完善的中央空调系统、气动物流系统、信息网络系统、安全监控系统、医疗呼叫系统等硬件设施，先进水平达到全自治区一流水平。大楼内配套完善的宾馆式病房，并有超市、银行自动取款机、花店、咖啡店、理发店，增添了人性化的内涵，不但功能齐备而且充满人性关怀。医院的设计巧妙地结合了外景元素，医院外部具有开放式园林化设计使得医院整体建筑生动活泼，充满情趣。

2008年初，医院微机室完成了医院的HIS软件与市“金宝工程”软件接口工作。目前，医院是呼和浩特市三级医院接口程序使用工作开展最顺利的一家。门诊药房并入医院软件管理系统，标志着全部西药由软件进行统一管理，极大地方便了医院对药品的进、销、存的统筹安排。医院信息系统建立了数据的应急救援措施，可实现大型灾难恢复。

二、加大科技投入，提高医疗质量

为了增强医院的优势、提高医院的竞争力，医院坚持“科技兴院”的方针，实施重点学科建设。医院专科齐全，呼吸内科、神经内科、妇产科、普外、泌尿内科是医院的五个重点科室。泌尿内科现有进口设备血液透析机

呼和浩特市第一医院

党委书记、院长申作宏工作照

36台，目前是内蒙古地区最大的血液净化中心。该科室对急、慢性肾衰，药物中毒，腹水回流，心衰病人的单纯超滤、电解质紊乱等疾病治疗已达到自治区领先水平。产科是全区首创开展陪伴分娩和无痛分娩项目的科室。放射科开展了恶性肿瘤、子宫肌瘤、股骨头坏死等十几项介入治疗，其中消化道、胆道、尿道良恶性狭窄的支架植入治疗，疗效均达国内领先水平。心内科新增国际先进仪器并不断派出医务人员外出学习。一年来，成功地为4位病人植入临时起搏器，无一例并发症发生。还与内蒙古医学院附属医院合作对10多名患者实施了冠脉造影、冠脉球囊扩张术、冠脉支架置入术，均获得成功，患者反映良好。同时，医院开展神经康复工程以来，通过“绿色通道”招纳了具有丰富神经康复临床经验的康复医师和语言治疗技师，开展和完善失语症、构音障碍、吞咽障碍等神经康复评定和治疗工作。

医院设备总值近亿元，拥有气动物流、高压氧舱、16排螺旋CT、数字血管造影机、数字胃肠造影机、直接数字化X光（DR）机、彩色超声检查仪、血气分析仪、全自动免疫发光仪、全自动生化分析仪、微机控制牵引治疗仪、EPX-2000型电子内镜、可视人流镜、阴道镜、内窥镜、电子胃镜、乳腺AlphaRT、日本原装UF-1000全自动尿沉渣分析仪、美国BT呼吸机、静脉输液微量泵、关节镜系统、变态反应筛查系统和36台血透机的大型血透中心可以为患者提供全方位优质服务。

三、完善组织领导，加强领导班子队伍建设

领导班子成员注重职能分工，七位院长强化责任意识，签署了工作责任状，明确了分管范围，细化了职责。院党委开展思想道德和党风廉政建设，落实权力制衡工作，开展民主管理和民主监督，形成深入、务实的工作作风，切实为医院的发展做出杰出贡献。进一步明确医院党政领导班子成员、中层干部的责任，实行“谁主管、谁负责”以及责任追究，确保各项工作有人抓、有人管，能落到实处。

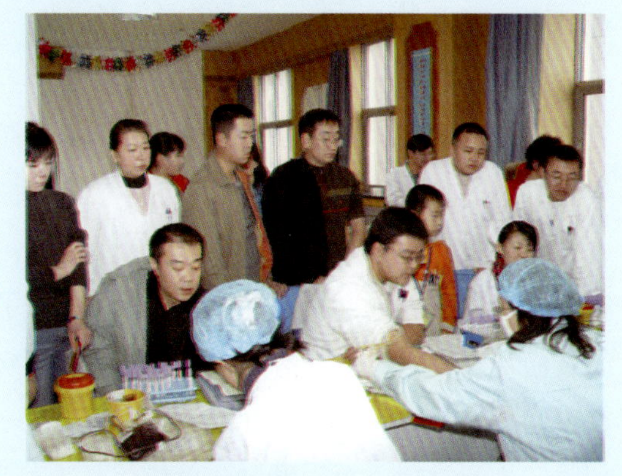
每年组织多次义务献血活动

医院加强领导，健全组织，明确职责成立了由院领导任组长、各职能科室人员任成员的医疗质量、护理质量、医疗服务、药品质量、就医环境、医疗收费等多个活动小组，各小组就怎样做到让病人满意、放心入手，制定了详细的活动方案和奖惩措施，确保医院各项工作落实到位。

四、强化质量管理，确保医疗安全

呼和浩特市第一医院树立全新经营理念，积极落实“以病人为中心，以提高医疗质量为核心”为主题的医院管理年活动的要求。进一步增强全院职工的率先意识、创新意识、机遇意识、服务意识、质量意识。医院通过强化内部管理，深化机制改革，提高竞争实力，加强

医护人员为农民工进行义诊

呼和浩特市第一医院

抗震救灾医疗队

廉政与行风建设来提升医院形象，进一步朝着规范化、科学化迈进。

医院逐步建立医院管理评价指标体系，从医院服务、医院管理、医疗质量管理与持续改进、医院安全、医院绩效五个方面进行。医院围绕着患者医疗安全目标，从制订医疗事故防范预案和处理程序，重大医疗过失行为和医疗事故报告制度等各项制度入手及时报告、分析、处理重大医疗过失行为和医疗事故；严格执行查对制度，提高医务人员对患者身份识别的准确性；提高用药安全；建立和完善在特殊情况下医务人员之间的有效沟通，做到正确执行医嘱；严格防止手术患者、手术部位及术式发生错误；严格执行手术卫生，落实医院感染控制的基本要求；建立医疗不良事件报告等多项制度，确保患者医疗安全。

“求真务实、服务至上”是医院对工作的最高要求，为了向这个方向迈进，医院实行了全面的质量策划与改进，建立了相应的奖惩措施，有效地提高了医务人员的积极性。

医院始终坚持做到“有诉必接、有诉必查”。2008年共办理了22起投诉，办结率达100%，未出现重复上访现象。

五、重视人才培养，加强医院文化建设

医院密切跟踪医学专科前沿，形成了院有重点、科有特色、人有专长的特点。医院加快人事、分配改革。本着坚持按需设岗、公开公平的原则，公开招聘和选拔人才。通过“绿色通道”引进具有丰富经验的专家。组织开展各种医师基本技能岗位训练和竞赛等活动，建立人才培养与奖励机制。

科技兴院是医院发展的主要手段，为此，医院继续深入开展科研工作。2008年医院对《中晚期肺癌的射频消融临床治疗研究》、《经皮肺癌的放射性粒子永久植入术的临床治疗研究》、《尿激酶对中颅窝骨折合并脑脊液漏及面神经损伤的临床治疗研究》、《糖尿病患者血红蛋白与大血管病变的关系》和《透析患者钙磷代谢及继发性甲旁亢与左心室结构和功能关系》5项科研课题申报立项，其中《中晚期肺癌的射频消融临床治疗研究》已申报到内蒙古科技厅立项。2008年医院医技人员撰写各级学术论文178篇，其中国家级杂志15篇，省部级杂志65篇，拟发表的论文51篇。

2008年是医院历年来承担课间实习任务最多的一年，学生总人数为3985人次。2009年，医院选送长短期进修人员154人，也是近4年来送出进修培训力度最大的一年，投入培训资金67余万元。

医院领导在重视医院的硬件建设的同时更加注重提高医院的文化实力，相继确定了以人为本并且代表医院发展理念的院徽、院歌、院训，并加大医院文化影响力建设，

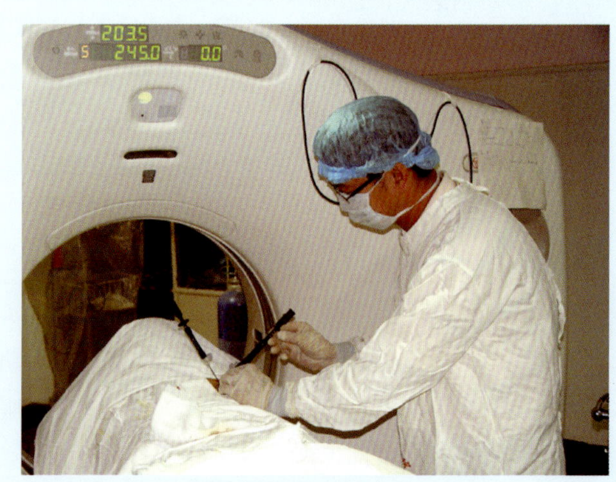

医院开展的肺癌射频消融术

呼和浩特市第一医院

2008首府百姓最满意品牌颁奖典礼

形成了强大的精神合力激励广大干部、职工共同打造医院更加辉煌的未来。

六、建立健全医患沟通制度，院务公开制度

医院定期召开社会监督员会、病人座谈会等，加大社会监督和宣传力度，自觉接受并正确对待群众的监督和评议，争取社会各界的支持与配合，并以此为契机，加强与群众的沟通，增进相互理解与信任，树立医院新形象，营造良好的外部环境。

同时，利用互联网这一媒体，医院创办了内容丰富的医院网站，很大程度上方便了医院同患者的交流与沟通。

医院制定了新闻发布制度和新闻发言人制度，进一步加强与人民群众的联系和沟通，有效实行政务公开，改进和规范政府重大新闻的发布行为，保障人民群众对政府工作的知情权，接受社会各界对政府工作的监督，更好地调节公共关系、处理公共事务，为自治区经济社会发展创造良好的舆论环境。这一制度方案详细、具体受到了卫生部领导的高度评价。

七、不懈追求，硕果累累

翻开医院的荣誉史册，看到的是一块块熠熠生辉的奖牌：连续七年在内蒙、呼市两级医保考核中获得三级定点医疗机构考核第一名，先后荣获全国百姓放心医院、内蒙古自治区百佳医院、患者信得过医院、明码标价示范医院、2008年首府百姓最满意的品牌、最受公众信赖奖等荣誉称号。这些既是社会各界对医院的认可与肯定，也是医院艰辛付出的足迹的有力见证，更彰显着他们对于人类伟大事业孜孜不倦地追求。

院长简介：

申作宏，男，1953年生人，1970年来到内蒙古生产建设兵团担任卫生员；1975年以优异的成绩考上了内蒙古医学院；1978年在托县医院工作，历任内科主任、党支书记、院长；现任呼市第一医院任党委书记、院长，主任医师，第十一届内蒙人大代表。

在30多年的临床一线工作中，申作宏积累了丰富的诊疗经验，救治了无数危重病人，不仅成为呼市卫生系统和呼市地区心血管内科的学术带头人，而且在医院的领导岗位上，带领院领导班子成员大胆推行科学管理和配套改革，使医院的发展达到了改革开放以来的历史最好水平，业绩有口皆碑。他先后获得全国卫生系统先进工作者、自治区优秀公仆、自治区优秀院长、自治区劳动模范、呼市十佳市民、自治区抗击“非典”先进个人，同时连续十年获得了呼市劳动模范等多项荣誉称号。他撰写的学术论文，先后有10多篇在国家级和省级学术刊物上发表，有的还在国际学术会议上宣读。

党委书记、院长：申作宏

深圳市布吉人民医院

认真贯彻落实患者安全目标
创建百姓放心政府满意社会认可医院

深圳市布吉人民医院是政府举办的一所非营利综合性医疗机构，位于布吉街道吉华路，系国家二级甲等医院、国家爱婴医院、广东省高等医学院校教学医院、广东省住院医师规范化培训基地、广东省创伤救治科研中心骨创伤科临床研究基地。开放病床400张，开办社区健康服务中心34间，可向辖区100平方公里、150万人口及周边地区提供全面、固定、连续的医疗、护理、预防保健及康复服务。

医院人才济济，现有职工1350人，其中主任医师、副主任医师138人，中级医、护、药、技师298人，博士2人，硕士36人，大部分医务人员毕业于卫生部属重点医学院校。门诊部开设专科齐全，年门诊量140余万人次。设有内、外、妇、儿等11个住院病区。龙岗区重点专科为骨科、儿科。在广东省第一批开设艾滋病初筛实验室、临床基因诊断实验室。医疗设备、设施先进，拥有日产CT、岛津数字化X光机、美国产柯达CR900（计算机X线摄影）、GEV-730型彩超、日本产奥林巴斯、潘太克斯系列电子内窥镜、美国产贝克曼全自动生化分析仪、荷兰菲利浦DR系统、美国柯达图像存储与传输系统（PACS）等，建有900平方米可满足不同手术级别需要的层流净化手术室等。

布吉人民医院以病人为中心，推行优质、高效、低耗的经营管理模式，狠抓医疗质量，不断加强医德医风建设，积极投入卫生改革，致力于建立起有责任、有激励、有约束、有竞争、有活力的运行机制。连续十余年荣获龙岗区卫生局综合目标管理考核一等奖，在社区健康服务、基本医疗保险、药剂管理、院内感染管理、医疗质量管理、精神文明建设等方面取得了优异成绩，先后被授予深圳市绿色医院、深圳市基本医疗保险优质服务免检单位、龙岗区精神文明建设示范单位、深圳市医疗服务质量整体评估A级医疗服务单位、龙岗区区长质量奖等荣誉称号。

深圳市布吉人民医院

认真贯彻落实患者安全目标
创建百姓放心政府满意社会认可医院

张浚院长（左四）作创建动员报告

深圳市布吉人民医院创建于1958年，1995年被卫生部评定为二级甲等医院、国家爱婴医院，是广东省高等医学院教学医院，广东省临床住院医师规范化培训基地，广东省创伤救治中心骨创伤科临床研究基地。现分别为广东药学院、吉首大学医学院、遵义医学院、湘南大学医学院、育才医学院临床教学基地。医院现有员工1350人，其中高级职称专业技术人员137人，中级职称专业技术人员225人；实际开放床位400张，行政职能科室18个；临床科室14个（其中一级科室8个，二级科室6个）；医技科室8个。骨创伤科、儿科是深圳市龙岗区重点医学专科。医院服务人口150余万人，年门急诊量140余万人次，年住院1.4万余人次，2008年度医疗业务收入2.2亿元。

为进一步加强医院管理，提高医疗服务质量，确保医疗安全，医院决定向中国医院协会申请开展创建第三批"全国百姓放心示范医院"活动，并获得批准，2009年2月，医院正式开始创建"全国百姓放心示范医院"活动。按照CHA创建办要求，医院精心组织，周密部署，科学安排，认真扎实开展各项工作，较好地贯彻了《患者安全十大目标》，完成了创建活动的各项任务。下面结合医院开展创建活动的实际情况，总结如下：

一、加强领导，健全组织，制定创建方案及实施细则

为把创建"全国百姓放心示范医院"、贯彻《患者安全目标》各项工作落到实处，加强对创建工作的组织领导，医院专门成立了创建活动领导小组，院长亲自担任创建领导小组组长，领导小组下设办公室，负责创建活动的具体工作。

刘映红副院长为医护人员作患者安全目标知识培训

根据CHA创建百姓放心医院活动办公室"2009患者安全十大目标"要求，结合医院实际，创建办详细制定了创建活动工作方案及设施细则，同时为贯彻落实好《患者安全十大目标》具体工作要求，根据创建活动的重点内容，按医务科、护理部、院感科、药剂科、宣教科、总务科、创建办等职能部门的工作性质详细分解、落实了各项目标任务，创建工作开展有条不紊。

二、广泛宣传，全院动员，营造良好创建氛围

创建工作宣传栏

为使创建活动深入人心，医院采取召开不同层次动员大会、新闻媒体报道、医院OA网、标语、公示牌、张贴画等丰富多彩的形式向职工和群众大力宣传创建"全国百姓放心示范医院"活动，在门诊和住院部向病人发放了《患者安全十大目标》宣传彩色活页近2万份，使社会群众和全院职工广泛知晓，形成了浓厚的创建氛围。

三、狠抓落实，加强监查，促医疗质量全面提高

完善的工作制度是做好医院各项工作的重要保证，医院按照《CHA患者安全目标》的实施方案和评分标准，从源头入手，从基础抓起，对医疗质量、护理质量、医疗服务、药品质量等各方面重新制定或完善了规章制经统计，共有47项制度、12个流程的各项规章制度得到进一步完善。例如严格执行查对制度，提高医务人员对患者身份识别的准确性，结合医院开通了"深医通挂号系统"（深圳市门诊病人信息系统）的工作实际，在患者身份识别时规定门诊病人就诊时还必须核对、确认所持门诊病人信息卡（深医通），做到人卡相符。对于医疗保险参保人就医时还必须核对、确认所持医疗卡（社保卡）和身份证，做到人卡相符。

制度完善后，分三个层次对全员进行了系统性培训学习。一是创建办组织全院职工进行全员培训、学习，解读《患者安全十大目标》工作任务、自我评价及考核评分标准。二是各个职能部门分类别组织相关科室员工进行目标、制度、流程培训。

深圳市布吉人民医院

认真贯彻落实患者安全目标
创建百姓放心政府满意社会认可医院

认真核对，确保患者用药安全

三是由各科室主任、护士长，根据科室业务特点，组织科内人员进行重点培训。实现边培训学习，边贯彻执行，学以致用，在实际工作中起到了立竿见影的效果。

为保证各项规章制度落实到位，创建办结合医院每年的医疗服务质量整体评估工作，围绕创建活动，对全院落实、执行各项规章制度情况进行检查、督导。督查有办法、有细则、有评分、有记录。各职能部门每月、每周到科室进行督导检查。同时遵循“谁报告（接收）、谁记录、谁负责”的原则，责任到人，只要谁不按制度执行，哪一环节出了问题，追究谁的责任进行批评、教育。对检查、督导过程中发现的各类问题，均在医院周会上责令相关科室主任、护士长限期整改，做到建立和完善制度到位、制度落实执行到位、检查督导到位，使《患者安全十大目标》各项规章制度得以顺利贯彻、执行。

举办患者安全目标知识竞赛

同时还采取了一系列措施和办法，加强了社会监督和自我约束，并广泛征询社会各界的意见和建议，及时改进工作。一是在全院公开举报电话，在原来的投诉箱基础上，再设立意见箱；二是主动征求卫生主管部门、人大、政协、医院协会对医院各项工作的意见。实行“三级承诺”、“四级监督”即：职工个人向科室承诺、科室向医院承诺、医院向全社会承诺；职工个人之间相互监督、科室对个人监督、医院对科室监督、社会对医院监督。在活动期间，先后召开院外医德医风监督员、离退休职工、服务单位等不同层次座谈会3次，每月不定期向住院病人发放调查表共达3000多份，广泛听取了社会各界的意见和建议。

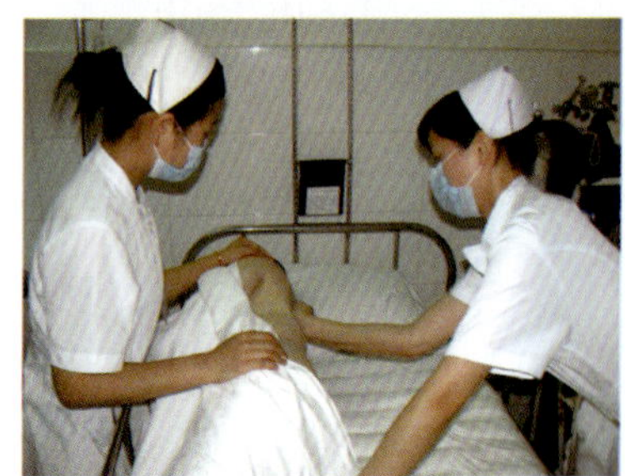
严防患者发生压疮

四、大力加强医疗安全文化建设

创建“全国百姓放心示范医院”、贯彻《患者安全目标》需要有良好的医院安全文化，为将《CHA患者安全目标》落实在每个工作环节，医院加大了宣传工作力度，采取多种形式学习宣传，在门诊大厅悬挂了“落实CHA患者安全目标”的宣传标语；对于存在的安全隐患，设置警示标识，提醒医务人员，杜绝麻痹大意思想，防止不良事件、意外事件发生。在患者容易发生危险的场所设立安全提示板，帮助患者及家属提高安全防范意识；严格执行诊疗、手术的身份确认、医患沟通、安全核查等制度和其他医疗安全核心制度；医院自动化办公系统上建立了医疗安全（不良）事件报告通道；同时医院还指导医务人员参加中国医院协会医疗安全（不良）事件报告系统网上报告活动。2009年4月，按照CHA创建办总体部署安排，医院在全院范围内根据团队精神、安全氛围、工作满意度、工作条件、工作压力、医院管理六个方面进行了一次医院安全文化调查，获得了较高的满意率。

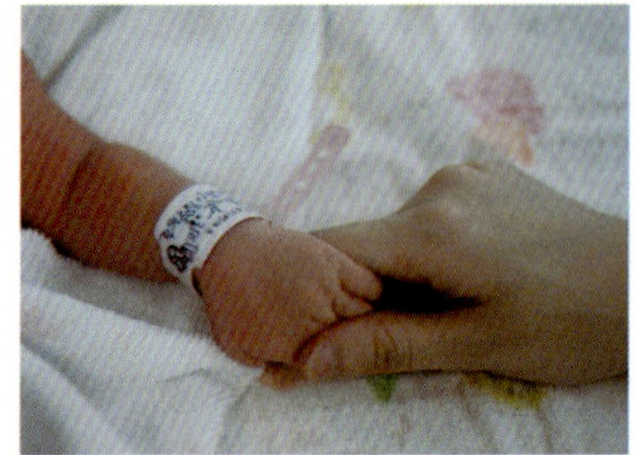
认真落实患儿腕带识别

同时以纪念“五.一二国际护士节”为契机，结合创建“全国百姓放心示范医院”活动，医院护理部、创建办举办了以“2009CHA《患者安全目标》”为主题的知识竞赛。6月又举行了全员考试，考试题目分为医疗、护理、医技、药剂、行政后勤五大类。各类人员均取得好成绩，平均92.5分。

通过创建活动，全院干部职工进一步加深了对医疗安全的认识和理解，形成了主要领导亲自抓，主管领导重点抓，各部门、各科室齐心协力，全院人人参与的良好医疗安全氛围。

深圳市布吉人民医院

认真贯彻落实患者安全目标
创建百姓放心政府满意社会认可医院

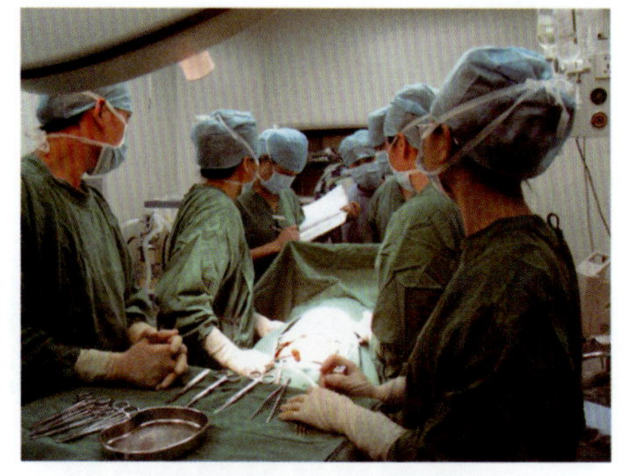

认真落实患者手术查对制度

五、全员参与，齐抓共管，活动取得显著成效

为使创建活动稳步推进，并真正在活动中发现问题，解决问题，创建办先后召开院、科级活动专题会议6次，按照方案不断分解任务、总结经验，做到千斤重担大家挑，人人肩上有目标，各级人员分工合作，全院职工齐抓共管，取得了可喜成绩。

医院在这次创建活动中完善了服务功能、建立健全了各项规章制度，严格控制了质量指标，形成了系列规范的运行机制，医院管理步入健康发展、良性循环的轨道。这一点获得了中国医院协会审核小组的高度肯定。

医疗质量得到提高。医院强化“三基三严”训练，加强基础医疗质量管理，保障医疗安全，始终狠抓医疗工作中各项规章制度的落实。不断完善医疗、护理质量管理细则，做到安全检查、安全治疗、安全护理、安全用药。严格要求提高医务人员对患者识别的准确性，严格执行身份核对制度；提高门诊与病房用药的安全性；建立与完善在特殊情况下医务人员之间的有效沟通，做到正确执行医嘱；建立临床实验室“危急值”报告制度；鼓励主动报告医疗不良事件；鼓励患者参与医疗安全等措施减少患者安全隐患，实现安全目标。坚持每月对住院病人进行问卷调查，每季度对出院病人进行跟踪调查，每月进行医德医风质量考评。坚持以人为本，把病人放心作为目标，把群众满意作为标准，朝着医疗护理质量零缺陷，服务质量零投诉的方向努力。

服务观念得到转变。医院以创建活动为契机，结合“服务年”活动，对全院职工进行了规范化服务培训，强化规范化服务达标，以提高服务质量，确保服务效果。采取了各种有力措施，如根据病人数量变化，弹性调节门诊挂号、收费人员和门诊医师人数，使挂号、收费、取药等服务窗口等候时间原则上不超过10分钟；严格执行首问负责制，做到态度和蔼、热情耐心、有问必答。为患者提供礼貌、主动、周到的服务，让来院就诊的患者体会到医院的温暖，感受到医务工作者的真情，拉近了医患距离，和谐了医患关系。

为百姓提供方便快捷服务。突出医院基层医院，服务基层的特点，结合医院实际，依托34间社康服务中心，开展社区健康教育工作，提高社区居民防病意识，指导社区居民健康生活。除切实做好社区医疗卫生服务外，大力加强与辖区居委会、社区工作站团结合作，开展社区健康知识讲座活动；定期举办义诊活动；同时充分发挥信息化网络平台作用，积极推进社康中心——医院双向转诊工作，减少患者辗转求医环节，方便患者住院治疗，节约患者的医疗费用，解决部分患者“看病难”的问题，赢得了百姓的肯定，赢得了社会的赞誉。创建百姓放心示范医院，是医院内强素质、外树形象的一项重要举措，始终把患者安全放在首位。

面对新的机遇与挑战，布吉人民医院在上级领导部门的正确领导下，在医院领导班子的带领下，努力实践科学发展观，确保良好的医德医风和扎实的医疗服务质量，打造一个现代化的、百姓放心的“品牌”医院，不断地与时俱进、开拓创新，为辖区民众的身心健康和地方经济建设提供健康保障。

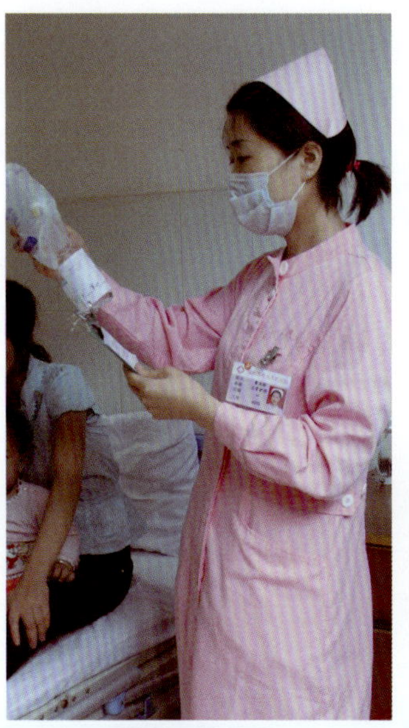

用药前严格核对

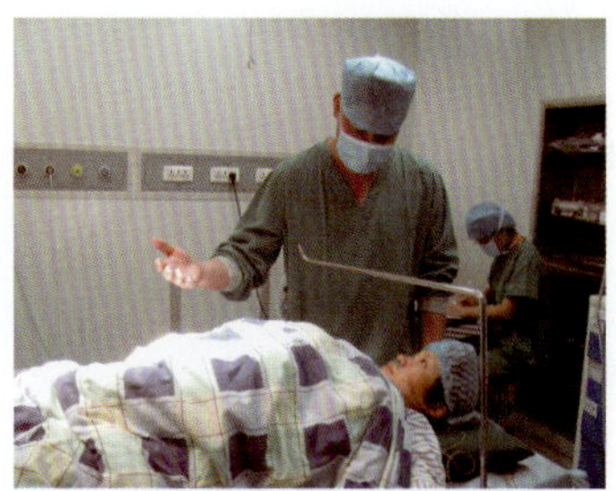

麻醉前麻醉师与患者进行术前沟通

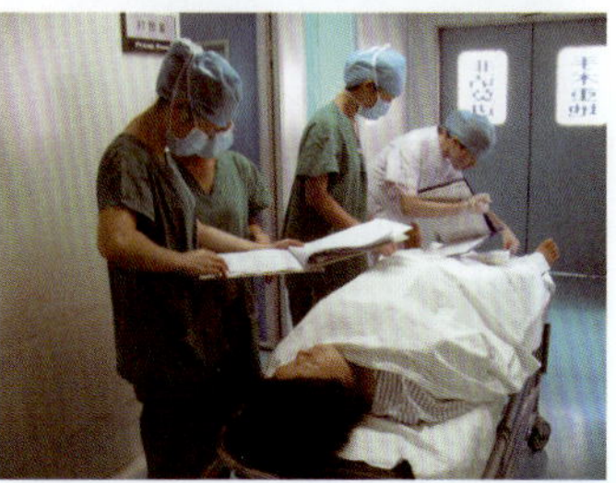

按术前识别制度进行入室时核对

中南大学湘雅医院

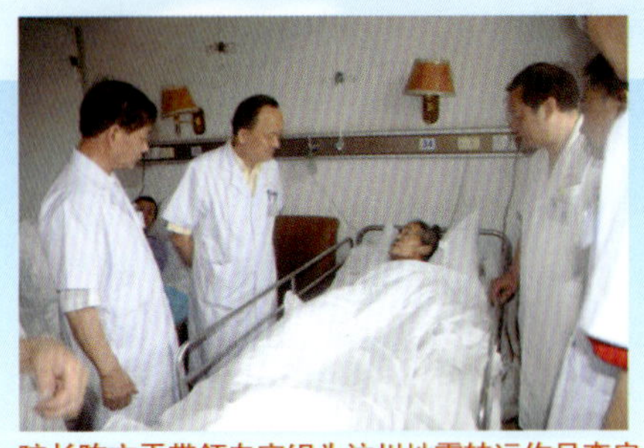

院长陈方平带领专家组为汶川地震转运伤员查房

中南大学湘雅医院是美国雅礼协会与湖南育群学会在中国创办最早的西医院之一，素以治院严谨、医术精湛、人才辈出名扬海内外，培养造就了张孝骞、汤飞凡、李振翩等一大批现代医学泰斗，享有“南湘雅”之盛誉。2000年更名为中南大学湘雅医院后，湘雅人秉承“公勇勤慎、诚爱谦廉、求真求确、必邃必专”的湘雅精神，始终坚持为人民健康事业服务的宗旨，开创了医院工作的新局面。今天的湘雅医院已发展成为卫生部直管，集医疗、教学、科研于一体的现代化大型综合性医院和我国重要的医疗服务、医学教育和医学、生物研究中心。近年来相继荣获全国卫生系统先进集体、全国百佳医院、全国科普工作先进集体、全国行风建设先进集体、全国卫生系统护理巾帼文明岗等一大批国家级荣誉称号，为中国现代医学和国家卫生事业的发展做出了重大贡献。

一、奋力拼搏，医疗水平稳步提高

改革开放以来，医院医疗水平不断提升，医疗业务量逐年增加。目前年门急诊量高达140余万人次，住院病人6万余人次，手术3万余台次。每年开展诊疗新技术100余项，其中器官移植、大面积烧伤治疗、颅底肿瘤切除、内镜微创手术、血液疾病治疗、鼻咽癌诊治、心脑血管疾病诊治等方面居国内领先地位，如建立神经系统遗传病基因诊断技术平台、磁纳米粒化疗联合差频热疗治疗技术等达到了国际先进水平；医院成功实施了中南地区首例亲属活体肝移植；同时，呼吸内科、麻醉科等2个国家级专科内镜培训基地成功落户医院，居中南地区首位。医院积极开拓医疗市场，率先在全省实施了增开午间门诊以及节假日不停门诊、手术等便民措施；成立了湘雅健康体检中心，完善了健康体检管理；实施了预约门诊、预约检查、预约住院、预约体检、预约手术的“湘雅便民卡”服务等等。

医院领导班子

在2008的抗击冰雪灾害工作中，中南大学湘雅医院派出多支医疗队上高速公路送医送药，接诊伤员近百人。四川汶川大地震发生后，医院立即作出响应，作为湖南抗震救灾第一医疗队率先抵达四川，累计派出12批医疗队40余名医护人员赴灾区一线开展医疗救援工作，同时还接收和救治灾区转运伤员51名。“手足口病”、“问题奶粉”和人禽流感事件出现后，投入大量人力、物力和财力开展相关救治工作，共筛查、救治患者1600余例，均痊愈出院。春节期间，医院成功救治省内首例成人人禽流感患者，这是全球所有人禽流感患者获救病例中病程最短、康复时间最快、救治费用最低的一次，在国内外产生了广泛影响。医院被评为全国抗震救灾、重建家园工人先锋号，李康华教授荣获全国抗震救灾英雄模范称号和全国“五一”劳动奖状。

川湘一家，湘雅情深

二、注重管理，教学工作成绩显著

医院临床医学、中西医结合均为一级学科博士学位授权专业和博士后流动站，有博士生导师71名，每年培养来自世界各地的留学生。目前，医院诊断学、临床麻醉学、传染病学、神经病学为国家级精品课程，总数居全国医院首位；临床内科学教学团队为国家级教学团队；顺利完成了临床技能训练中心二期工程建设，申报首批国家级临床技能实验教学示范中心获得成功，全方位地构建了临床实践教学平台；每年承担2000多名各类学生的教学培养任务，购置了原长沙市警备区用地和用房，又另投入1000多万元对其进行维修改造，为医院学生管理工作进一步规范化创造了良好条件。

百年湘雅红楼

三、开拓创新，科技实力快速提升

“建名科、铸名院”是湘雅医院一贯的发展思路和目标。继2001年神经病学被评为国家级重点学科后，2007年，耳鼻咽喉学科和普通外科学科分别被评为国家重点学科和国家重点（培育）学科；医院还拥有省级重点学科2个（神经外科学、中西医结合临床）；中西医结合临床脑病科被评为国家中医药管理局“十一五”重点专科，中西医结合研究室被评为国家中医药管理局“十一五”重点研究室；医院近6年来中标科研项目925项，总经费达5711万元，其中国家自然科学基金项目92项；国家自然科学基金中标项目数近几年一直稳定在15-20项，名列中南大学二级单位之首；2003年医院获国家杰出青年科学基金B类资助，实现了医院国家杰出青年科学基金零的突破；近年来发表的自然科学论文数在全国同类医院的排名连续保持第8位，雄踞省内各医疗单位之首；医院药物临床试验机构获得SFDA资格认定，为开展临床多中心研究构建了良好的平台；医院与美、日、法等20多个国家和地区有着广泛的合作交流，医院综合竞争力居国内医院前列。

正在建设中的新医疗区大楼

现在，一座建筑面积达28万余平方米，集门诊、急诊、住院、检查于一体的现代化医疗大楼已拔地而起，预计2009年10月建成使用，为湘雅医院新的辉煌征程提供了良好的发展平台。届时，医院将定位于集医疗、教学、科研于一体的现代化大型综合性医院和我国重要的医疗诊治、医学教育和医学研究中心。红墙碧瓦的古典红楼见证了百年湘雅无比辉煌的业绩，宏大现代的新医疗城蕴含了百年湘雅更加美好的未来。相信在党和政府的亲切关怀和支持下，湘雅医院将立足三湘，服务全国，为全国人民的健康作出应有的贡献。

1906年的雅礼医院

天津市南开医院

医院概况：

天津市中西医结合医院暨南开医院始建于1947年，是一所以中西医结合为主要特色，以中西医结合临床外科为龙头学科，各学科门类齐全的三级甲等综合性医院，是全国重点中西医结合医院，全国百姓放心示范医院，系天津医科大学和天津中医药大学教学医院。天津中西医结合研究院挂靠在医院。著名外科学专家吴咸中院士为名誉院长，著名中医针灸学专家李平教授为院长。

南开医院经过几代人历时六十年的发展，确立了在天津市乃至全国中西医结合领域的主导地位。作为一所集医疗、科研及教学为一体的综合性诊疗中心，现设有临床医技科室40余个，并且设有中西医结合外科博士后流动站及天津市中西医结合急腹症研究所。近些年来，医院的学科发展取得了长足的进步，业已建立由多个学科组成的优势学科群。而且形成了各自的专业特色。中西医结合临床外科被教育部和国家中医药管理局确定为重点学科并居全国领先地位。国家中管局确定的全国中西医结合胆胰疾病诊疗中心、全国中西医结合胃肠专科基地、全国中西医结合脑病专科基地、全国中西医结合急诊临床专科基地已达全国先进水平。医院还有四个专科在天津市确立了领先地位，包括天津市中西医结合胃肠疾病诊疗基地、天津市微创外科中心、天津市中西医结合外科危重症专科及天津市中西医结合肿瘤综合治疗专科等。另外，心脏科开展的心脏介入治疗，以及妇产科在天津市率先开展的妇科疾病微创技术，已达到天津市领进水平。医院拥还有一支高水平的专家队伍，包括工程院院士1名，国家级突出贡献专家1名，国家“百千万”人才2名，政府特贴专家14名，正高级职称专家44名，副高级职称专家95名，博士生导师7名，硕士生导师47名。

南开医院效果图

此外，医院还拥有一批先进的诊疗设备，包括16排CT，DSA，CR机，数字胃肠机，内窥镜诊断设备，彩超，多功能麻醉机，全自动生化分析仪，ICU、CCU监护系统及医院计算机管理网络系统等。在天津市委、市政府大力支持下，南开医院扩建工程已经启动，医院将成全国规模最大的中西医结合诊疗中心。

院长简介：

院长：李平

李平教授现任天津市中西医结合医院·天津南开医院院长、天津市中西医结合研究院常务副院长（法人）、医学博士、主任医师、教授、博士生导师、卫生部突贡专家、国务院特贴专家；兼任中国中西医结合学会常务理事、中国针灸学会理事、天津针灸学会副会长、天津市青联常委等职；先后荣获卫生部授予的全国首届中青年医学科技之星、全国卫生系统青年岗位能手、有突出贡献中青年专家、全国优秀中医医院院长、全国百名杰出青年中医等荣誉称号，并荣获天津市“八五”立功奖章、天津市劳动模范等荣誉称号。

李平教授1998年入选科技部、人事部“百千万人才工程”第一、二层次人选，先后被天津市科委确定为针灸学科跨世纪学科带头人，被国家教育部和国家中医药管理局确定为针灸学科后继学科带头人。2000年被确定为天津市“131”人才工程第一层次人选。

李平教授二十多年来致力于中医针灸的临床、科研、教学及促进传统医学与现代医学相结合的事业，在中风病及机理研究、老年期痴呆、针刺手法量学研究、针灸适应症研究以及中医高级人才培养模式研究等方面取得了一批富有创造性的成果。

李平教授在临床实践中勤于思考、精于辨证、针药并用、中西汇通，非常注重手法，对脑病及周围神经系统疾病等疑难杂症的治疗颇有心得。并先后作为项目负责人或主要研究人员承担并完成国家级、省部级科研项目逾20项，获得省部以上科技奖励近20项，多项成果达到国际先进和领先水平。目前正在承担国家“十五”攻关计划项目、国家自然科学基金、教育部博士学科点专项基金、国家中管局科技基金、天津市科技发展计划重点攻关项目等10余项科研课题。

李平教授共指导博士研究生10余人、硕士近50余名，主编及参编《中西医结合神经病学》、《中医纲目》、《现代针灸治疗学》、《内科疾病诊断与治疗》和《汉英双解针灸大辞典》等学术著作6部，在国内外发表学术论文50余篇。李平教授精通英语，曾多次赴美国、德国、日本等国家进行访问、讲学及学术交流，为弘扬祖国医学、促进中医针灸走向世界做出了突出贡献。

良好医风温暖万户民心

贵州省金沙县中医院

院长：罗庆军

贵州省金沙县中医院始建于1984年。二十多年来，以“关爱生命、保护健康”为发展宗旨，坚持以“病人为中心”为服务理念，坚持中医特色、中西并重的建院发展方向，通过不懈的努力和探索，金沙中医院从无到有、从弱到强，现已发展成为全省规模较大，设备领先的集医疗、教学、预防、康复、急救为一体的二级乙等综合性县级中医院。医院占地面积4000平方米，建筑面积5000平方米，现有职工196人，专业人才队伍中有9名副高职称学科带头人和35名中级职称医疗技术骨干。人才结构合理，科室配置齐备，设有20多个科室和10多个专病专科门诊，有病床450张，使用率达80%以上，医院配置有螺旋CT、彩超、碎石机、电子胃镜等医疗设备。

金沙中医院紧紧围绕“一流人才、一流疗效、一流管理、一流服务、一流设施”的现代化中医院建设方向，发挥中医中药特色，走中西结合道路，以打造“温馨中医院”为抓手，带动医院在继承中创新、在发挥优势中突出特色，大胆开拓、与进俱进、内抓管理、外塑形象，积极拓展医疗市场，全面提高了医院的综合服务能力，扩大了医院的影响力和知名度，实现了跨越式发展目标，综合实力持续提升。2005年业务收入突破2000万元大关，比建院初增长了20倍，是2000年的7倍，医院投入资金500余万元，购进螺旋CT、彩超、X光机等先进医疗设备，引领黔西北医疗技术水平前沿，奠定了在黔西北医疗行业的龙头地位。2000-2008年，医院由151张床位发展到450张，2006年实际开放180张；门诊量由2000年的1.8余万人次增加到2008年的5.9万余人次；固定资产总值由150万元增加到1223万元，业务收入由2000年359万元增加到2008年2988万元，居全省县级中医院前茅，并继续保持全省领先优势。先后获得全省卫生系统行业作风建设先进集体，贵州省超声诊断40周年先进组织奖、毕节地区医院发展进步奖、医院管理先进奖、2006年获毕节地区医院管理年活动一等奖等荣誉称号，多次被县委、县政府评为先进集体。

由于建院时间短、底子薄、投入少，金沙中医院人不等、不靠、不要，鼓足干劲、开拓创新、大胆突破，在专业技术人员匮乏的情况下，坚持把创新服务作为推进医院建设的不竭动力，自觉强化创新意识，努力提高创新能力，积极投身创新实践。在医院的服务发展定位上，选择了“差异化”的创新服务模式，突出特色学科，提升传统学科；以“绝、优、特”为理念，巩固医院发展优势，带动全院整体发展。具体做法是：在服务对象上，由病人群体向亚健康群体和健康群体转变；在服务方式上，针对不同的社会群众、不同的健康需求，采取了不同的服务措施，提供包括预防、保健、医疗、康复、咨询等健康服务；在服务过程上，真正体现了人文关怀理念；在服务流程上，加强了对服务流程改进，建立高效、便捷、有序的诊疗路径，缩短挂号、就诊、检查、收费、取药、治疗的等待时间；在服务信息上，针对常见病、多发病、流行病、慢性病等社会人群普遍关心的疾病，开展健康咨询进机关、进社区活动，举办健康教育讲座，普及人民群众对疾病的预防、保健、治疗、康复等相关知识；在医患沟通上，实行首席责任接待制，公示投诉电话，公开受理程序，定期召开行风、物价等监督会议和举办各种形式的联谊活动，增进了医患之间的相互了解，构建了诚信、和谐的医患关系，实现了1000天无医患纠纷的目标。

2003年，金沙中医院根据把医疗工作放到农村去的精神，结合万名医生帮扶乡镇卫生院的要求，抓住机遇，抢先在较为边远、就医条件艰苦、群众基础较好的沙土镇创办了一个新型体制下的金沙中医院沙土分院，解决了条件艰苦的革命老区乡镇群众看病就医难的实际问题，这为繁荣农村医疗卫生事业做出了积极贡献，也是做大做强做活金沙中医院的一个成功尝试。积极参加送医送药送设备“三下乡”和送卫生健康进村进社区活动，开展健康知识讲座、咨询、义诊30余次，接受咨询服务10000余人次，发放健康资料20万余份，累计投入资金20万元，帮扶农村党建和新农村建设及计划生育“三结合”工作，为贫困患者减免医药费50余万元，向困难患者免费手术20余人次，减免手术费用60余万元，真诚回报社会，在情系“三农”中作出了积极贡献。

以罗庆军为首的院领导班子率先垂范，树立廉洁务实、诚信高效的领导形象，把倡导人文关怀作为工作重点落实到医疗服务的各个环节，形成了一个尊重人、关心人、理解人、人人爱护医院、人人关心医院、人人热爱医院的良好氛围。

认真治理行业不正之风，纯洁干部队伍建设。院党组织旗帜鲜明地坚决执行治理医药购销领域商业贿赂工作，成立了以院长为组长的治理商业贿赂专项领导小组，建章立制，从认清不正之风的危害和特点入手，采取药品动态监测、院务公开、公开招投标等措施，从源头上狠抓落实，不给任何人滋生腐败行为留有余地。自开展治理商业贿赂工作以来，由于工作措施得力，全院没有人员收受“红包、回扣”等不法行为发生，得到了广大人民群众的充分肯定，受到了各级各部门的表彰。2000年被省卫生厅评为全省卫生系统行业作风先进集体，2000-2006年连续六年被县纪委评为行风评议先进集体。

医院处处体现“以人为本”的现代管理理念，做到了“全员额、全时间、全过程”服务，在思想、技术、作风、质量上过得硬，首推天天开诊、天天手术、天天记帐结帐，推出划价、交费、取药一站通等优质服务，大大地方便了患者朋友。

万里征蓬竞，青山路更遥。金沙县中医院将继续坚持“以人为本”的服务理念，以科学严谨的态度、高尚的医德、精湛的医术、优质的服务赢得广大人民群众的满意和信赖。全院职工决心团结进取、深化改革、励精图治，在为给广大人民群众提供更有效的医疗保健服务中再铸辉煌。

医院外景

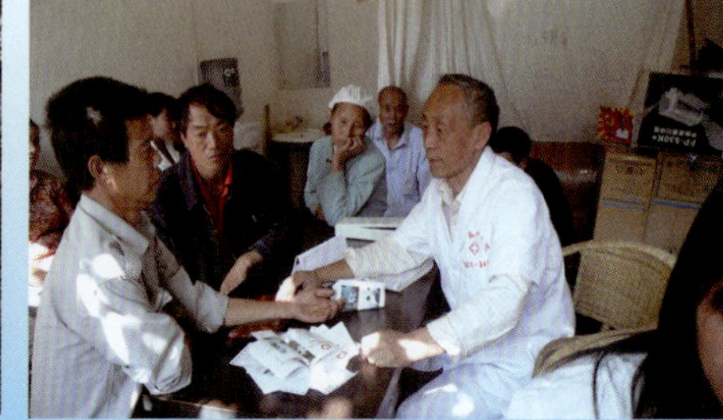

专家会诊

突出重点　狠抓落实

乌兰察布市卫生局

局长：兰永奋

一、倡导并主持召开流动现场会，全力推进各项卫生工作

2008年，先后二次就农村牧区卫生、合作医疗工作分别在察右后旗、察右前旗、丰镇市、凉城县和卓资县、兴和县、商都县召开流动现场会，邀请旗县市区分管领导、市财政局、发改委等部门领导参加，有力地推动了全市卫生工作的发展。

二、实施卫生对口帮扶

为推动工作实施，局领导联系旗县、二级单位；县级以上医疗单位包扶乡镇卫生院的三年对口帮扶工作。在技术、资金物质上帮，促进乡镇卫生院“125”发展目标的如期实现。

三、主动出击，积极争取国家卫生项目、争取政策支持

2008年，在市主要领导、分管领导的带领下和班子成员一道积极争取到国家、自治区的项目投资4770万元，占全区对盟市投资总数的14.01%人，同时又积极争取香港中国健康工程引发基金会无偿援助100万元新建的卓资、兴和两所乡镇卫生院的建设项目并如期完工。工程质量、进度都受到卫生厅、基金会的赞誉。在政策支持方面，市委、市政府先后出台了《乌兰察布市加快推进农村牧区卫生和城市社区卫生体系建设的实施方案》和《关于进一步加强农村牧区卫生工作的意见》等一系列文件。明确提出了落实卫生事业各项补助和加大公共卫生资金投入政策。通过全市卫生工作会议、二次流动现场会，市人大、市政府督察，整体推进了全市农村牧区卫生工作的发展。目前全市农村牧区卫生基础设施建设、新农合两项重点工作得到了自治区卫生厅的肯定。2009年11月20日在全区农村牧区卫生工作会议上，乌兰察布市作为12个盟市唯一代表进行了大会经验交流。公共卫生体系和基本医疗服务不断健全，农村牧区三级卫生服务网络建设取得新成效，卫生服务能力明显改善，人民健康水平不断提高。

四、总结经验、实施有效指导、推动各项卫生工作的全面落实

1、全面加强了农村牧区三级卫生服务网络建设。一是加强县级医疗机构基础设施建设。全市11个旗县医院全部争取到国债项目支持，总投资1.188亿元。完成兴和、化德、凉城、商都、卓资5个旗县住院、门诊大楼建设，其他6所医院在建。二是强化苏木乡镇卫生院建设。全面实施苏木乡镇卫生院建设，“125”工程提出的房屋、设备、人才队伍建设三配套，对全市124所卫生院进行基础设施建设。为87所卫生院配备了医疗设备，为86所卫生院争取救护车86辆。投资44万元对兴和县11所村卫生室进行了基础设施建设，全市统筹规划嘎查村卫生室1442所，计划分阶段逐步新建和改造。三是进一步深化了苏木乡镇卫生院管理体制和内部运行机制改革。全市推行了院长招聘制和技术人员聘用制。落实了苏木乡镇卫生院人员编制和苏木乡镇卫生院人员工资。四是加强了卫生院人才队伍建设。

2、新型农村牧区合作医疗稳步实施。按照自治区新农合工作方案要求落实了新农合经办机构人员编制，市、县两级经办机构工作经费。在全区率先实行了新型农村牧区合作医疗报销“一证通”。2008年参合人数为140万人，按常住人口统计达100%，全年共为54.91万人次报销门诊医药费796.08万元，为6.25万人次报销大病医药费10761.02万元。

3、加大了卫生执法监督力度。全市各地认真落实市卫生局《关于进一步加强卫生监督工作的意见》。8个旗县市均在苏木乡镇卫生院成立了卫生监督分所，配备专兼职卫生监督人员42人，填补了农村牧区卫生监督空白。开展了小餐饮业、学校食堂、公共场所、医疗市场专项整治行动。检查学校食堂75户，对卫生设施和卫生制度不到位的单位进行了严格整改，消除了卫生安全隐患。

围绕保障北京奥运会成功举办，制定了食品卫生、生活饮用水等一系列保障方案和应急方案，开展了专项检查活动，在自治区卫生厅组织开展的“卫生监督万里行”活动中，乌兰察布市获得优秀组织奖。派出两组医疗队赴四川抗震救灾，派出2名卫生监督员参加北京奥运会卫生保障工作，受到了北京卫生局、自治区卫生厅表扬，市卫生监督所被评为奥运会保障先进集体，为2008年高考出动监督员29人次。

4、卫生扶贫工作。一年来，市卫生局充分发挥卫生部门的专业优势，集中财力为广大群众办好事、办实事。狠抓扶贫工作落实。一是投资7万元，为兴和县团结乡大5号村、凉城县大圪楞行政村建卫生室一所，并为大圪楞卫生室配备了显微镜、B超、尿八项等医疗设备，价值3.5万元。二是在2009年1月初为凉城县六苏木镇大圪楞行政村低保户、五保户购买白面50袋，发放现金2000元，解决了部分困难群众的衣食。购买化肥、籽种合款8000元解决春播问题。近日，为响应市委、市政府号召，为大圪楞村12户特困户购买烤火煤6吨，价值3600元，元旦前还将对困难群众进行慰问。三是市卫生局在全市范围内发放医疗扶贫救助卡6386张，贫困患者持医疗扶贫救助卡到定点医院可享受床位费、手术费等减免15%大型检查，全市减免费用95万。四是与市民政局联合提出关于在农村牧区合作医疗报销中对贫困户进行补助的意见，在全市范围内开展了特困农牧民医疗救助，对低保户、五保户和优抚对象在合作医疗报销的基础上，由民政部门给予大病医疗救助。五是在县级以上医院建立扶困门诊和扶困病房，经过三年的努力，二级以上医院济困病房和床位平均达到10%。六是积极开展“万名医师支援农村牧区卫生工程”和二级以上医疗机构对口帮扶乡镇苏木卫生院活动，全市二级以上医院共组织21支医疗队对21所苏木乡镇卫生院进行了对口帮扶。各级医疗卫生单位积极开展卫生下乡和卫生对口帮扶活动，县及县以上的61个医疗卫生单位与61所乡镇卫生院签订了对口帮扶协议书，确定了三年帮扶期和帮扶目标。

航空工业中心医院

新建综合医疗大楼

航空工业中心医院位于北京市亚运村北，毗邻国家奥林匹克公园。1997年晋升为二级甲等综合性医院，是卫生部授予的爱婴医院，现有床位600张，新建3.5万平方米综合医疗大楼正式投入使用，北京市卫生局规划成为北苑边缘集团区域医疗中心。

医院拥有16排螺旋CT、核磁共振、直线加速器、大型血管造影机、彩超、中央监护系统等先进设备，2008年医疗设备总价值9934.91万元，万元以上医疗设备495台。医院在职副主任医师以上的专业技术人员126人，硕士、博士研究生115人。全年门急诊583592人次。

医院认真贯彻落实"十七大"精神和科学发展观，不断加强二级医院内涵建设，依据三级医院功能任务和市场需求，不断加强学科建设,向三级医院迈进。根据近年临床学科发展新趋势，打破内外科界限，按照系统疾病进行治疗模式，积极寻求技术合作，探索学科发展新途径。先后成立了脑血管病诊疗中心、肾病泌外中心、医学影像中心、ICU重症监护病房、呼吸科、肿瘤科，骨科分设2个病区。心血管内科获得冠心病介入和起搏器安装2项介入技术资格。努力打造国内一流优势学科，创建一座现代化的三级医院是航空工业中心医院奋斗的目标！

医院领导班子

北京市卫生局副局长邓小虹慰问医院参加抗震救灾同志

骨科专家与灾区患者合影

第四届中美心脑论坛

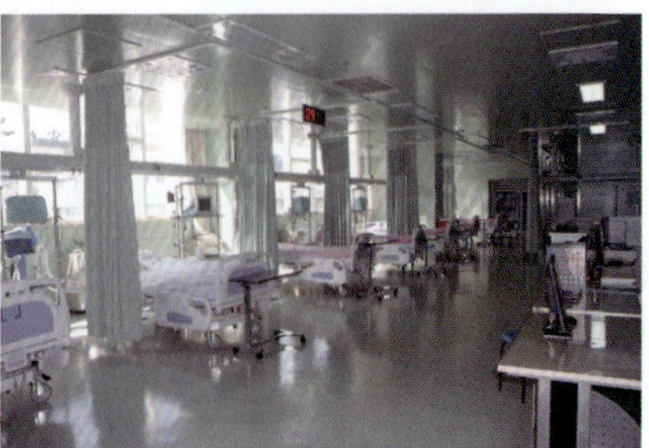
ICU重症监护病房

北京市隆福医院

院长：卢艳丽

院领导班子

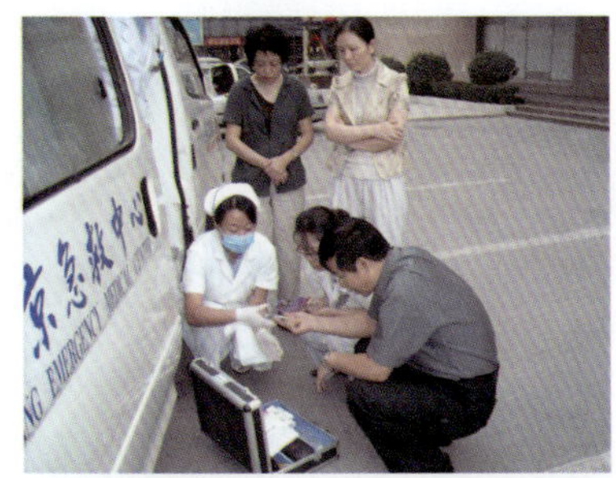
院长书记参加急救演练

北京市隆福医院始建于1950年。1992年定为北京中医药大学教学医院，2001年经国家中医药管理局和教育部批准为全国百佳医院之一，2001—2004年被中国医院管理学会评为“明明白白看病”、“医疗优质高效”、“绿色医疗环境”医院，2004年被评为全国百姓放心示范医院，是一所以老年病为特色的二级甲等综合医院。

现任卢艳丽院长，副主任医师，2008年起任院长职务。她在工作中始终坚持“患者至上，无私奉献，团结进取，勤俭办院”的办院宗旨，努力倡导“医院创品牌，科室建特色，人人有专长”的战略方针，在她与党政一班人的努力下，医院先后获得文明单位标兵十五连冠、百姓放心示范医院先进单位等荣誉称号，她本人也获得了优秀院长称号。

卢艳丽院长具有清晰的工作思路和组织实施能力。她坚持从管理入手，运用科学管理理论指导工作，形成了以管理创新为特征的工作思路，向管理要效益，促进了医院内涵建设，在用人制度上，实行竞争机制，大胆启用青年干部，增强了医院发展的后劲。通过采取一系列措施，不断开创了医院工作的新局面。推进了医院各项工作的改革并取得成效。

地址：北京市东城区美术馆东街18号
电话：010-64011133

医护技联席会加强沟通

每月1次的全院病例讨论

有朝气的年轻医师赛后合影

合作课题国际间交流剪影

与残联合作为残疾人服务

学雷锋日义诊咨询

上海市第一人民医院

医院获全国医德建设先进单位，许迅获医德标兵称号

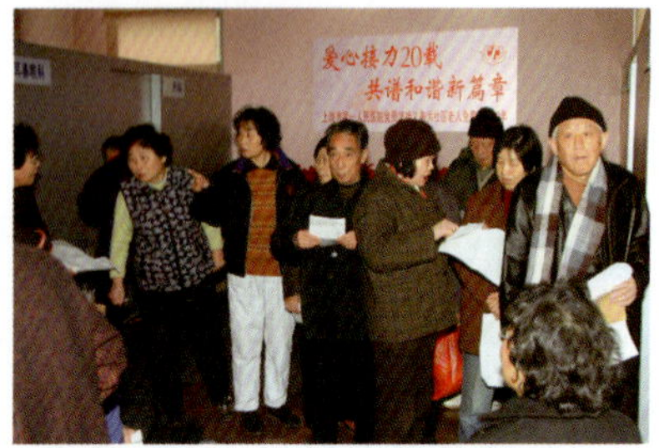

门急诊党支部爱心接力二十载——自1987年始每年义务为社区免费体检

2008年，上海市第一人民医院在上海市委市政府、市卫生局和申康医院发展中心领导下、坚持以邓小平理论和“三个代表”重要思想为指导，深入学习贯彻科学发展观，积极认真组织全院广大干部和职工学习贯彻党的十七大和市委九届四次会议精神，全面推进了医院“十一五”发展规划；继续以新一轮医院管理年活动为抓手，加强了医院科学管理，努力提高医疗质量、服务质量和医疗安全；进一步加强学科和人才队伍建设，科研工作取得重大进展，“科教兴院”战略有了实质性的推进；进一步加强精神文明、职业道德和文化建设，改善了就医环境和就医流程，营造了医院和谐、平安氛围；积极组织医疗队奔赴四川抗震救灾第一线，进一步弘扬抗震救灾精神，各项工作取得了实质性进展。

2008年医院取得了上海市文明单位十二连冠。被评为2007-2008年度上海市职工最满意企（事）业单位，先后获得全国医德建设先进单位、全国模范职工之家、市模范职工之家等荣誉称号。医院抗震救灾医疗队被中华全国总工会评为抗震救灾重建家园全国工人先锋号。邹海东医师获得卫生系统第十一届“银蛇奖”一等奖，张哲教授获第五届中国医师协会医师奖。

2008年全院门急诊人次210万，较2007年同比增长15.4%；住院病人数5.4万；住院手术总数约3.1万次，较2007年同比增长20%以上；平均住院床日11.23天，较2007年同比下降8%左右；药占比44.8%，较2007年同比下降5%左右。2008年医院获国家科技进步二等奖1项、上海市科学技术奖二等奖1项、三等奖1项、上海医学科技奖三等奖2项。2008年发表各类学术论文近700篇，SCI期刊论文收入数均超过2007年15%以上。

2008年医院共收到病人的锦旗、锦匾和表扬信700余封（面），病人满意度始终保持在98%以上。

1月18日，许迅教授团队荣获2007年度上海市科技进步一等奖

3月7日，美国托莱多大学EMBA代表团来医院访问

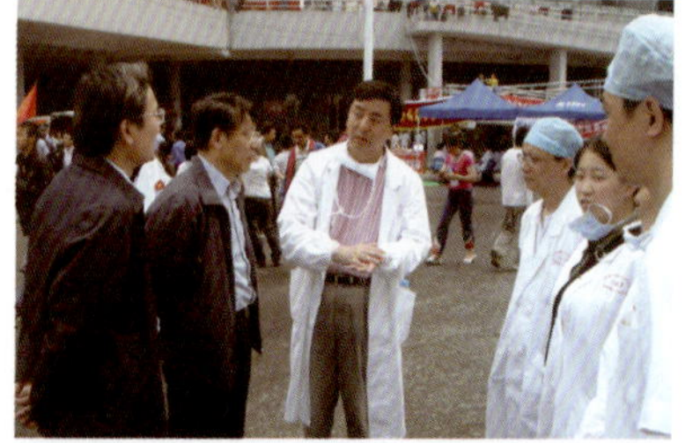
5月21日，上海市政府、市卫生局领导到绵阳慰问医院医疗队

5月26日，卫生部副部长、国家中医药管理局局长王国强在绵阳看望医院抗灾医疗队成员

7月17日，上海交大党委书记马德秀来院慰问高温一线医务人员

9月4日，宝山区上海第一人民医院社区卫生服务集团签约挂牌

5月14日，医院迅速组建18人医疗队奔赴灾区

5月22日、5月29日、6月7日医院赴汶川地震灾区医疗救援队分三批凯旋

新松江路医院南部休闲廊——心灵之约

新松江路医院南部全景

9月1日，医院骨科马金忠教授参加残奥会火炬传递

海宁路医院北部广场

新松江路医院南部科教中心

上海市中医医院

芷江路总院

门诊大厅

上海市中医医院的前身为上海市立中医门诊部，始建于1954年，是新中国成立后第一批市级中医医疗机构。其后因历史原因几易其名，1979年正式改名为上海市中医医院。经过55年的发展壮大，上海市中医医院已发展成为一所中医特色浓厚、临床科室齐全、医学人才汇聚，集医、教、研为一体的三级甲等综合性中医医院，是上海中医药大学附属医院。近年来，医院以科学发展观为指导，发扬中医药传统特色，从中医确有独特疗效的单病种入手，不断加强学科建设，走出了一条凸显中医药特色，发挥中医药优势的发展道路。

目前医院设有上海市名老中医诊疗所和上海市中医中西医结合专家诊疗所两个专家诊疗中心，云集以国医大师裘沛然、颜德馨为代表的70余位中医界最高水平的专家为病人服务，并且成立了上海名老中医学术经验研究中心，以此为平台，挖掘、整理、推广、应用名老中医经验，培养中医理论扎实、有较强创新能力的复合型中医临床学科带头人。

医院通过完善制度、扶管并重、培养人才等举措，不断加大对专科的建设力度，取得一定成果。现医院拥有国家中医药管理局重点专科1个（儿科）；上海市中医临床优势专科3个（中医睡眠疾病专科、中医小儿哮喘专科、肿瘤科）；上海中医药大学临床优势专科2个（中医睡眠疾病专科、小儿消化专科）；中医失眠症特色专科、中医红斑狼疮特色专科、中医小儿厌食症特色专科、中西医结合治疗帕金森氏综合症特色专科、中医综合治疗腰椎间盘突出症特色专科5个上海市中医特色专科；“申康”市级医院中医特色专科建设项目1个（中医肿瘤特色专科）。

医院中医药科研工作以临床实践为基础，以现代科技为手段，不断提高科研水平。近五年来，医院共承担国家自然基金项目5项，国家中医药管理局项目4项，教育部项目2项，上海市科委项目10项，上海市教委项目17项，上海市卫生局项目29项，申康医院发展中心项目4项，校区级项目39项。国家中医药管理局三级实验室1个，并为国家食品药品监督管理局GCP基地。

医院核定床位450张，实际开放床位500张。全院在职职工中有全国名老中医和上海市名中医2人，享受国务院津贴15人，具有正副高级职称133人，其中博士生导师4人，硕士生导师56人，博士点3个、硕士点10个，博士后流动站2个，全院医师中硕、博士占50%。

医院坚持鲜明的中医特色，中药饮片使用在全市中医院位居第一。2008年医院门急诊人次增长迅速，门急诊人次近125万人次，同比增长15.21%，每医生门诊人次居市级综合性医院第一位。2008年出院病人数达7607人次，较2007年同期增长9.4%，均次费用在全市三级综合性医院最低。医院拥有64排螺旋CT、超声刀、DSA等仪器设备，为病人科学的诊断、治疗提供了保障。

中医药因其具有“简、廉、便、验”的特点，深受群众欢迎。我院作为三级甲等综合性中医医院积极推进“中医进社区”工作，与宝山、临汾等八家社区服务中心建立全面合作关系，在上海率先提出并施行了“双向转诊绿色通道”、“双向转诊优惠减免制度”、三级医院主任医师担任全科医师队首席医师等举措，以适宜技术推广、学术交流、人才培养等为手段，实实在在为区域民众提供优质、高效、便捷、低价的中医服务。在北京、上海、广州、深圳四大城市共同举办的2008年中国健康年度总评榜中，上海市中医医院荣获上海地区最受欢迎的中医医院。

医院以迎世博为契机，推出“服务百分百，医患零距离”服务理念，被评为全国医院（卫生）文化建设先进单位，并多次获得上海市文明单位、爱国卫生先进单位等称号。

面对未来，医院职工将继续秉承“厚德、博学、传承、创新”的院训，坚持中医医院的办院方向，以深化医疗卫生体制改革为契机，以临床实践为核心，创建名院、打造名科、培养名医，建设一所体现中医药特色、上海品牌的中医医院。

上海长海医院
第二军医大学第一附属医院

院长：李静

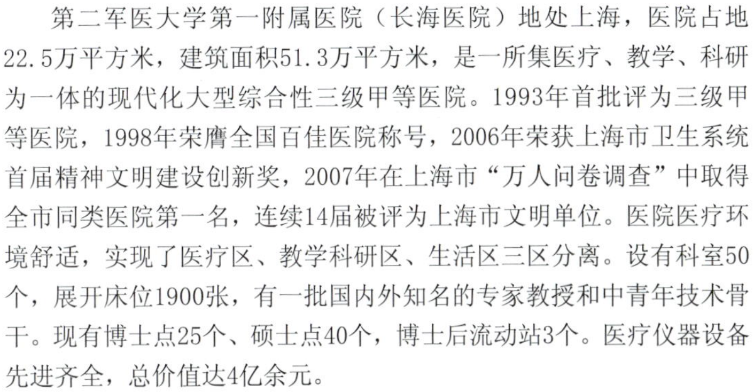

第二军医大学第一附属医院（长海医院）地处上海，医院占地22.5万平方米，建筑面积51.3万平方米，是一所集医疗、教学、科研为一体的现代化大型综合性三级甲等医院。1993年首批评为三级甲等医院，1998年荣膺全国百佳医院称号，2006年荣获上海市卫生系统首届精神文明建设创新奖，2007年在上海市“万人问卷调查”中取得全市同类医院第一名，连续14届被评为上海市文明单位。医院医疗环境舒适，实现了医疗区、教学科研区、生活区三区分离。设有科室50个，展开床位1900张，有一批国内外知名的专家教授和中青年技术骨干。现有博士点25个、硕士点40个，博士后流动站3个。医疗仪器设备先进齐全，总价值达4亿余元。

2008年，在院长李静及校党委的坚强领导下，医院党委全面深化和谐医院建设，团结一致、拼搏进取，以医教研为中心的各项工作取得了丰硕成绩，医院建设保持了持续、快速、健康、科学发展的良好势头。

“健康军营行”医疗队授旗仪式

山西大寨为医疗队赠送锦旗

影像楼

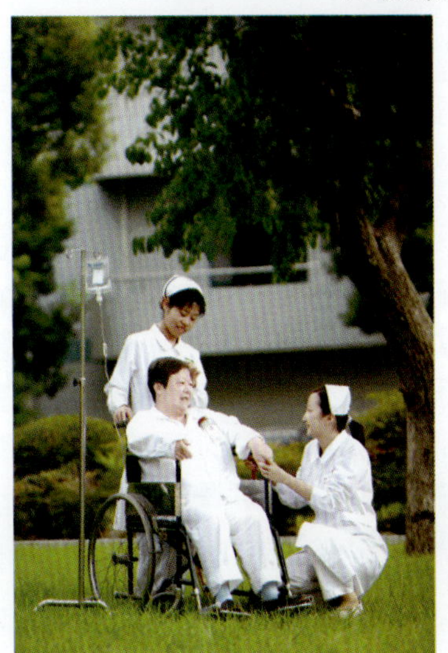

和谐医患关系

新门诊大楼

四川抗震救灾

广东药学院附属第二医院
广州新海医院

医院领导班子

创建“全国百姓放心示范医院”活动

广东药学院附属第二医院（广州新海医院）是一所集医疗、教学、科研、康复、预防、保健为一体的综合性国家二级甲等医院，在区内享有较高声誉。

多年来，医院始终坚持开拓创新，积极进取，保持了较快发展速度。医院目前是国家爱婴医院、广东省高等医学院校非直属附属医院、广州市“120”急救中心指定医院、广州市医疗保险定点医院、广州市工伤保险和生育保险定点医疗机构、华南地区高级船员医护培训中心。内一科、急诊科分别被评为广东省青年文明号、中央企业青年文明号称号，医院先后被评为中国海运文明单位、广东省“争创学习型组织、争做知识型职工”活动先进单位、中央企业抗击非典型性肺炎工作先进基层党组织，2001-2007连续7年保持广东省直属机关文明单位称号。

2008年8月，作为广东省唯一一家被中国医院协会推荐为2008年创全国百姓放心医院的二级医院，新海医院正式启动创建工作。一年来，医院将创建工作作为工作的重中之重，严格贯彻执行《2008年患者安全目标》，成立督导组，定期对患者安全目标的各个环节进行检查指导；加强患者安全质量控制，建立患者安全目标长效机制；加强内涵建设和品牌建设，努力提高医疗服务质量和技术水平；继续开展服务创新工作，真心诚意地为群众办实事；坚持合理检查、合理用药，满足不同患者的就医需求……严格按照标准做好创建工作。2009年6月，中国医院协会专家组对医院创建“百姓放心示范医院”工作进行了评审。在患者座谈会上，一位即将出院的老病号说，虽然新海医院只是二级甲等医院，但自己宁可住走廊都愿意住新海医院。因为这儿的医务人员视病人如亲人，在这儿治疗感到放心、舒心。

医院负责人简介：刘丽娅，教授，硕士生导师。毕业于江苏南通医学院（现为南通大学），获得中国人民大学商学院—香港工商管理学院MBA学位证书。现任中国医院协会企业医院分会副主任委员，中华医学会航海医学分会副主任委员。曾获得全国巾帼建功模范院长、全国职工医院优秀院长称号。

医院地址：广州市海珠区新港西路167号（中山大学东侧）　邮政编码：510300
客服电话：020-84105258　急诊电话：020-84105120
医院网址：http://www.gzxhyy.com　电子邮箱：gzxhyy@vip.163.com

济宁市第二人民医院

济宁市第二人民医院暨济宁市骨科医院，始建于1947年，是一所集医疗、教学、科研、康复、保健为一体的二级甲等综合医院。近年来，医院发展进入快车道，整体面貌发生了翻天覆地的变化。医院占地面积2.2万平方米，医疗用房建筑面积4.6万平方米，开放床位600张，设有33个临床医技科室，在职职工600人，其中卫生技术人员490人，高级职称113人，一批资深专家及中青年技术骨干已经形成了一支医德高尚、医术精湛的医疗队伍。医院在创伤综合治疗方面积累了丰富的临床经验，尤其是骨外科、手足外科、胸部微创治疗等专业在鲁西南有较大影响，是济宁市的知名学科，“看骨伤到二院”已在广大群众中广为流传。

2009年3月启用的新外科大楼功能齐全、设施一流，建筑面积为2.3万平方米，配有中央空调、中心供氧、中心吸引、护士呼叫、空气净化、消防自动报警、自动喷淋和智能化自动控制等系统，手术室、重症监护室设施配备均达到国内先进水平，体现了以人为本的设计理念，能充分满足患者的诊疗需求。医院装备有GE磁共振、螺旋CT、GMM数字胃肠X光机、爱克发X光数字成像系统、西门子数字减影X光机、史赛克胸腔镜、腹腔镜、施乐辉关节镜、富士能电子胃镜、东芝数字彩色多普勒超声诊断仪、Drager呼吸机、纽邦呼吸机、人工肾机、莱卡手术显微镜、大型全自动生化分析仪等医疗设备。医院骨科在全市较早开展了全膝、髋、肩关节置换术、伽玛钉内固定治疗股骨近端骨肿瘤等手术；能够熟练实施严重性骨盆骨折、多发性四肢骨折、粉碎性关节内骨折、高龄老年髋部骨折、各种脊柱损伤的手术治疗；对风湿、类风湿关节炎、痛风、老年性骨质疏松的诊治有独到之处。手足外科率先成功完成了八指完全离断再植手术，创下齐鲁大地一项新的纪录，并已达到国内领先水平，20多年来完成断指再植手术3000多例，成功率始终保持在99.8%的国内外最好水平。

胸心外科运用胸腔镜微创方法治疗肺、食管、纵隔、胸腺疾病；普外科可开展胃癌淋巴结廓清技术、全直肠系膜切除、低位保肛手术和保护性功能的直肠癌根治术、肝胆系肿瘤切除术；神经外科开展重型颅脑损伤、动脉瘤的手术治疗，动静脉畸形、烟雾病、各种肿瘤、高血压脑出血、三叉神经痛、面肌痉挛等显微手术治疗。在独立开展多项手术的同时，与北京协和医院、301医院、中日友好医院、积水潭医院、齐鲁医院、山东省立医院等上级医院建立了密切的业务关系，建立了网络会诊、手术指导、专家互访机制。

在“仁爱、敬业、严谨、创新”医院精神的鼓舞下，开拓创新，奋发图强，医院先后获得山东省消费者满意单位、山东十大百姓放心品牌医院、济宁市文明单位、市卫生系统职业道德建设先进单位、新型农村合作医疗先进单位、慈善爱心单位等荣誉称号。

山东省聊城市人民医院

对外交流

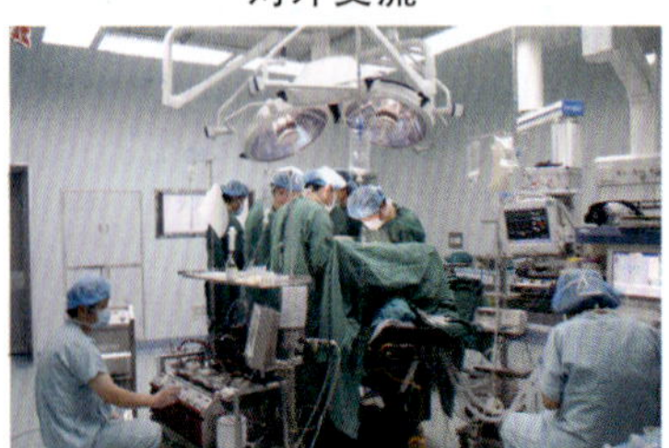
心脏手术

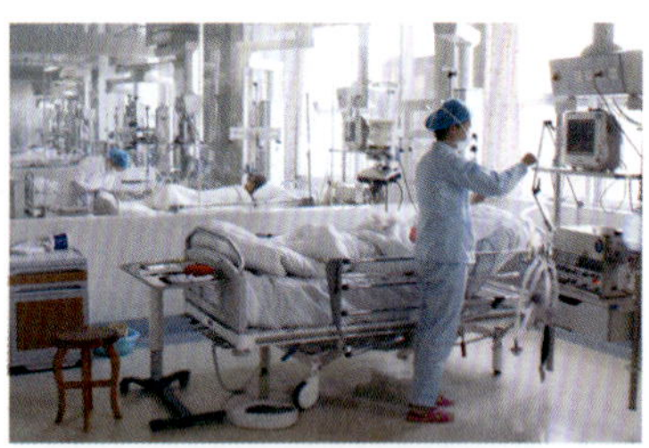
中心重症监护室

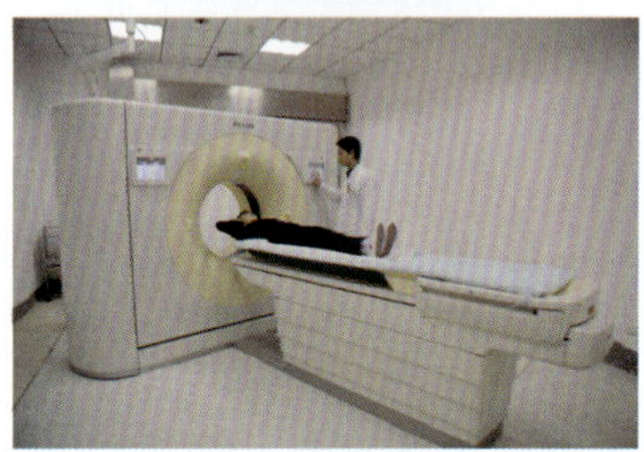
256层螺旋CT

聊城市人民医院是一所集医疗、教学、科研、预防、保健于一体的三级综合性医院，是泰山医学院临床学院，澳大利亚查尔斯特大学研究生培养基地，山东大学医学院研究生培养基地，徐州医学院麻醉学硕士研究生培养基地，泰山医学院口腔系设在该院，医院的综合实力已经处于省内同级医院的先进行列。

医院业务用房23万平方米，其中，医疗保健中心大楼建筑面积11万平方米，是全省单体建筑面积最大的现代化医疗建筑。设有72个临床、医技科室，81个病区，实际开放床位2600张，年门诊量136万余人次，年出院病人8.4万余人次。职工3000余人，其中高级专业技术人员550人，博士、硕士及同等学力人员600人。拥有神经内科、心内科、心外科等8个省级特色专科和重点专业。

医院设有9个市级医学研究机构，5个临床实验室，11个硕士研究生培养点。拥有256层螺旋CT、3.0T磁共振、SPECT/CT等万元以上大型医疗设备2300余台(件)。

医院坚持开放式办院，与美国、英国、澳大利亚、荷兰、日本、韩国、新加坡等国外医学院校开展实质性合作。大力实施“介入、微创技术”、“组织、器官移植技术”、“急危重症救治技术”、“疑难病症诊疗技术”等技术项目，开展了腔镜下心脏手术、肩关节置换术、颈内动脉内膜切除术、颅外-颅内动脉搭桥术、神经功能外科手术、半相合异基因骨髓移植术等高新技术，在区域内形成了技术优势。承担国家“十一五攻关课题”、“863计划”、国家自然科学基金项目等课题30余项，获得省、部级科技进步奖16项。

医院秉承“强基础，重服务，育名医，创名院”的办院理念，弘扬“修己以敬，诚信载物”的医院精神和“奉献、创新、责任、荣誉”的价值观。先后获得全国“五一”劳动奖状、全国精神文明建设工作先进单位、全国百姓放心示范医院等荣誉称号。

医院医疗保健中心

太原市妇幼保健院

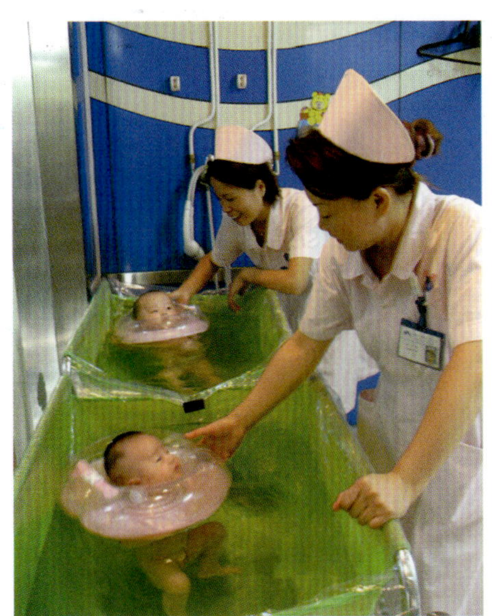
新生儿游泳

太原市妇幼保健院始建于1984年，是一所集妇幼保健、医疗、预防、科研、教学为一体的三级甲等妇幼保健专科医院，是全市妇幼保健业务指导中心，是首批国家级爱婴医院。医院先后荣获了全国医院文化建设先进单位、山西省文明和谐单位、两度荣获山西省实施妇女儿童发展规划先进集体，是全市首批绿色十佳医院。

医院占地面积1.2万平方米，建筑面积1.15万平方米。床位编制180张，实际开放床位150张，在职职工310人，专业技术人员占89%。医院拥有腹腔镜、宫腔镜、母婴监护仪、远红外影像诊断仪、全自动生化分析仪、三维彩超、500MA-X光机等总价值2000多万元的现代化医疗仪器设备。

妇女儿童保健医疗是医院的特色，妇产科、儿科是太原市重点专业学科，率先开展的妇科腹腔镜手术、可视人工流产、新生儿颅脑超声诊断技术、小儿肾穿刺技术等达全市一流水平。妇科宫颈病变检测实验室配备了最先进的液基薄层细胞学检测设备，使宫颈癌真正做到早检查、早发现、早诊断、早治疗，造福广大女性。儿童心理咨询、儿童口腔保健、儿童眼保健治疗训练给孩子一个最佳的人生开端；儿科无陪病区、新生儿游泳、爸爸剪脐带、新生儿实时录像、孕期拍摄宫内胎儿百日照、免费婚检、孕妇学校免费授课等一系列人性化特色服务项目深受广大市民欢迎；“袋鼠式”育儿屋、“温馨输液室”以及各科特色亲情护理小组以优良的服务质量赢得了社会赞誉。医院认真落实科学发展观，以加强管理和文化建设为保障，推进医院管理的科学化、规范化、标准化建设，形成了管理特色和发展模式，以精湛的医疗技术和先进的医疗设备，为广大妇女儿童提供现代化的医疗保健服务。

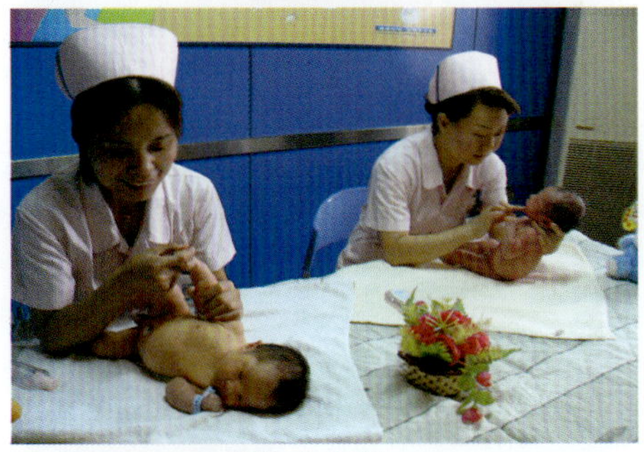
新生儿抚触

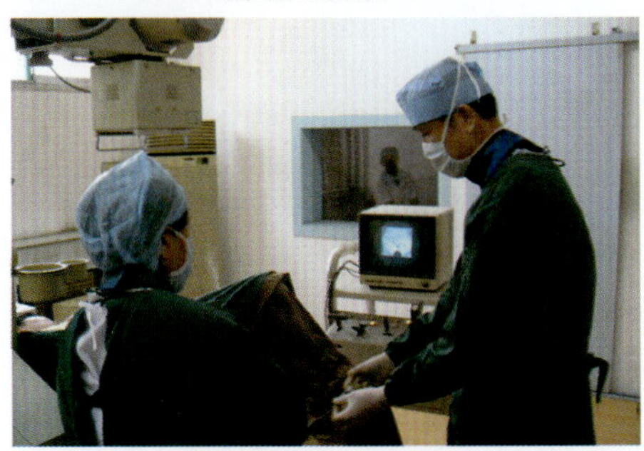
输卵管导丝技术

门诊大厅为您服务中心

院景

三亚市人民医院

三亚市政协副主席、医院法人：邢孔祥

三亚市人民医院位于海南省三亚市解放路，创建于1948年，1988年升格为地级市人民医院，1995年通过二级甲级医院评审，同年成立爱婴医院。

医院现有在职职工780人，高级职称专家56人，市优专家3人，博士后1人，硕士研究生6人，中级职称162人。目前编制病床580张，设置9个职能科室，16个一级临床科室，12个医技科室和24个二级专业及ICU、CCU病床，新增健康体检中心、康复理疗中心、微创外科、心导管室，和1个社区医疗服务中心。门诊部设置12个专科诊室和7个专家诊室。先后与北京大学第三医院、北京安贞医院、北京积水潭医院、北京协和医院、意大利都灵医科大学、中山医科大学、广州医学院等院校建立协作医院关系，承担海南医学院、辽宁医学院、湖南岳阳护理学院、海南省第一、二卫生学校、黑龙江省卫生学校等院校的临床医疗和护理实习教学任务，接受基层卫生院全科医生的进修培训，对口支援农村卫生院。是琼南地区最早的一所集医疗、急救、预防、保健、教学和科研为一体的综合性“二甲”医院。业务服务范围主要在琼南地区以及来三亚旅游观光的中外游客，包括三亚市52万常住人口和周边市县360万人民群众，以及每年到三亚游泳观光的600多万游客人员。

医院先后被评为全国百姓放心示范医院、海南省卫生先进单位、海南省优质服务十佳模范单位、海南省优质服务先进单位，海南省百姓满意医院、三亚市文明单位、三亚市抗击非典先进单位、三亚市科技突出贡献单位和三亚市知识分子先进单位、中国改革开放三十年全国卫生系统先进集体和中国改革开放三十年最具社会责任感品牌企业；医院法人邢孔祥被评为全国百姓放心示范医院优秀管理者称号、中国改革开放三十年全国卫生系统模范人物、中国改革开放三十年企业改革与管理十大杰出成就奖和海南省服务行业十大功勋人物等诸多荣誉。

医院坚持和落实科学发展观，以发展为第一要务，强化医院管理，大力发展人才战略，突出专科优势，加强医疗行业作风建设，转变服务理念。以人为本，以病人为中心，以提高医疗服务质量为核心，为广大人民群众和国内外宾客提供全程优质的医疗服务，与国际医疗急救网络接轨，为三亚市建设国际性热带滨海旅游城市提供强有力的医疗急救保障。先后开展“明细清单制”、“病人选择医生护士”、“首诊负责制”、“药品集中招标采购”、参加全国百姓放心医院的“医疗优质高效”、“绿色医疗环境”等一系列创建工作，发动职工倡导开展“积极主动提供全程优质医疗护理服务”活动，变“被动服务”为“积极主动提供优质医疗护理服务”，转变服务理念，一切为群众所想，让群众看得起病，看得好病的办院宗旨，积极倡导“以院为家，爱岗敬业，院兴我荣，院衰我耻”的思想，在院领导班子的领导和全院职工的不懈努力下，医院建设取得了前所未有的发展。

目前，医院拥有固定资产42735万元，其中设备10226万元，房产23850万元，土地价值8659万元。设备主要有美国16排高速螺旋CT、核磁共振、大C臂、日本岛津CT、日本岛津电视遥控数字减影500mx光机、美国阿克松全身彩超、超霸B超、美国贝克曼C-9型全自动生化分析仪、美国欧美达麻醉呼吸机、德国西门子呼吸机、CCU和ICU西门子监护系统、日本潘太克斯电子胃镜、德国蛇牌颅钻、MDI多媒体20万倍显微诊断仪、体外震波碎石机、高压氧舱等中高档医疗设备93件套，价值8126万元，万元以下的设备640件，价值2100多万元。以色列贷款购置核磁共振、大C臂、1000MA数字减影X光机、四维彩超、全自动生化分析仪等一批高新设备2000多万元。其中美国贝克曼CX-9全自动生化分析仪，能快速准确检测电解质、总蛋白肌酐、尿素氮、糖能等指标，该分析仪一次性能容纳80个检验项目的检测；多媒体显微诊断仪，显微20万倍，采集人体“一滴血”、“一滴分泌物”便可以评估人体的健康状况；美国全身彩色多普勒超声仪，对心脏疾病，表浅组织器官、血管、肝脏等的检查，尤其对胎儿期检查，特具保护功能，消除超声对胎儿神经系统等的损害及影响，确认率高；数字化脑电地形图仪，利用脑电图与脑地形图相结合，为确认中枢神经等疾

医院门急诊综合大楼

住院区林荫小道

康复护士站

贵宾疗养区

新落成的医技外科大楼

病提供了保障；日本潘太无斯电子胃镜、支气管镜、纤维结肠镜有助于内消化系统、呼吸系统疾病的诊断与治疗；眼科现引进最新型日本全自动验光仪，全自动非接触性眼压测量仪等先进设备，为开展白内障摘除术、人工晶体植入术、斜视矫正术等眼科手术提供了技术保障；动态血压仪、运动心电图仪用于高血压、潜伏的心脏疾病的诊断；皮肤美容配置EX-MT微波治疗仪、奥林巴士显微镜、超高倍显微镜、基因诊断系统、德国蛇牌高频电刀等设备，开展皮肤美容外科治疗、各种美容整形手术。医院目前开展的检验项目有肝功能全项、肾功能全项、心肌酶谱、血脂全项、免疫全项、尿酸、淀粉酶、酮体，其中引进的时间分辨荧光免疫技术（TRE）检测甲状腺功能五项，性激素、肿瘤标记物、HCG及糖尿病等检测，病理方面利用冰冻切片技术开展病理检测等。

医院多年来通过多种途径培养医疗技术骨干，引进人才，不断开展新技术新项目，拓宽业务范围，在琼南地区是一所医疗水平较高的“二甲”医院。神经外科、骨外科、微创外科、心内科、消化内科、妇产科等确立了琼南地区的专科优势，开设肝病、肾病、哮喘、皮肤美容、性病、儿童营养健康检查和心理咨询等7个优势专科；开设具有中医特色医疗的康复理疗中心，以满足国内外客人的需求；开展复杂的颅脑肿瘤摘除术、左肝叶切除术、肺叶切除术、全胃切除术、全结肠切除术、介入治疗；骨科开展脊柱外科手术，如腰椎间盘手术、胸椎、腰椎结核手术、关节置换术、人工股骨头、髂关节置换术；心血管内科开展心房调搏术、24小时动态血压监测、急性心肌梗塞早期静脉溶栓、心脏临时起搏、有创血压监测；泌尿科开展经尿道气化电切术，妇产科开展无痛分娩、无痛人流手术；外科开展恶性肿瘤新法止痛、颅脑显微外科手术、阴道成形术等高难精细手术，对心脑血管疾病和心肺肾三衰及高血压、寇心病等重疾病的治疗具有显著疗效，危重病人抢救成功率达92.6%。甲状腺手术治疗水平高、效果好，闻名省内外。

医院不断加强与外院合作，开展高血脂、脑血栓、寇心病等特色治疗。同时与北京大学、北京中医院、中山医科大学、天津肿瘤医院等国内知名医院开通远程会诊系统用于教学，制定长期培训计划，不断强化培训；不定期邀请合作医院专家到医院讲学，通过合作充分利用名院资源，做到优质医疗资源共享，通过合作提高医院知名度，不断提升医院的整体诊疗水平。

医院积极开展科研工作，省部级重点攻关课题立5个，已通过省部级鉴定达到国内先进水平2项。获市厅级科技进步一等奖5项、二等奖10项、三等奖12项、四等奖15项。在国际医学刊物上发表学术论文6篇，参加国际学术交流12次，在国家级和省级医学期刊发表学术论文585篇，参加编著出版医学专著20多部。

在三亚市委市政府的支持下，医院进行整体改扩建，现在创建1000张病床的现代化三甲医院和琼南地区区域性医疗中心。购置设备，引进和培养人才，发展重点学科。新建的门诊急救综合楼和医技、外科住院楼，设施配备齐全，凸显现代化医疗急救的优势，全面提升医院的医疗、急救保障整体水平，与三亚市创建国际热带滨海旅游城市相适应。现筹建二期工作程，拟在原住院部的基础上建高级病房、高档次豪华星级病房，将普通、中、高档病床增至1000张，并配备功能齐全的设施、设备，集治疗、康复、疗养于一体，以满足不同层次的医疗需求。与北京、天津、上海、广州等地著名医院、医学院校合作，重点发展神经内科、心血管内外科、胸外科、骨科、眼科、消化内科、呼吸内科、内分泌向科、妇产科、儿科、特色治疗、老年病研究和治疗专科。

随着三亚旅游城市的高速发展，医院迎来一次前所未有的机遇，医院整体改扩建项目被列为省级重点建设工程。依据三亚市国际热带滨海旅游城市的功能定位，政府及医院通过多方筹措资金，实施医院整体改扩建工程，全面提升医院的整体水平，医院抓住发展机遇，积极创建“三甲”医院和琼南地区龙头医院，乃至成为国内外多门专科水平领先的集医疗、急救、保健、教学、科研、康复、疗养一体化的国际化、现代化的综合性大医院。新世纪里，三亚市人民医院的领导和全院职工决心发扬“爱岗敬业，以院为家，院兴家荣，院衰我耻”的精神，树立“以人为本”的服务理念，充分调动社会各界力量，以求实、创新的信念，携手共创新的辉煌，为海南省、三亚市的医疗卫生事业谱写新篇章。

输液大厅

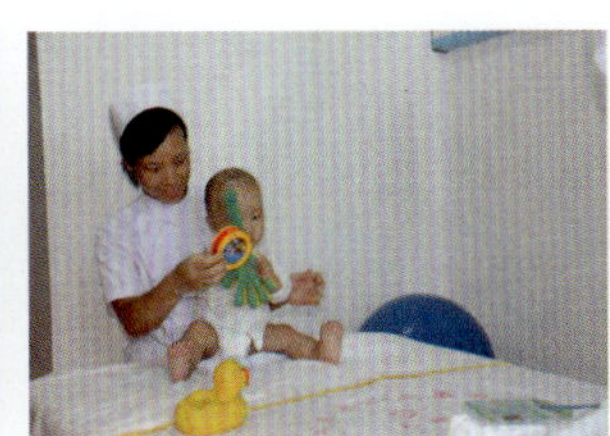
小儿康复训练

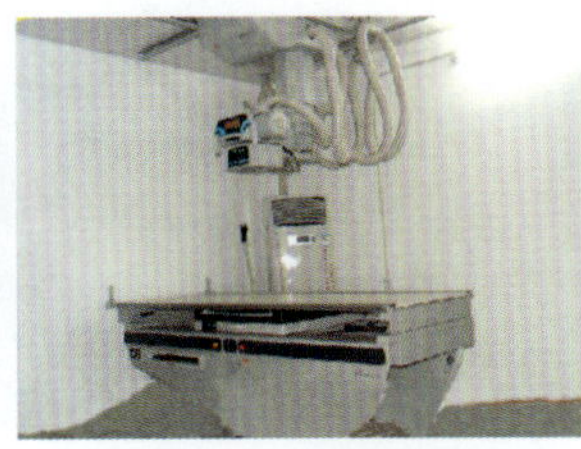
全数字化多功能摄片机DR

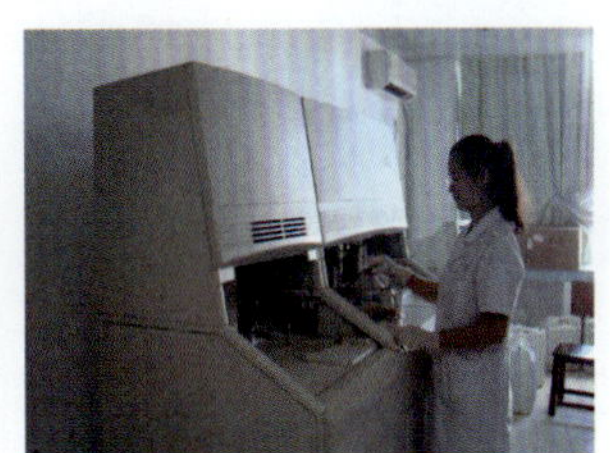
全自动生化分析仪

重庆市巴南区人民医院

仁在先　药自真

医院门诊前花坛

门诊大厅

医道七十年，咏歌弹指间。一代又一代的巴医人团结奋斗、励精图治、勇于创新。举医循道、大医精诚，医护人员以真情细微的服务诠释了巴南区人民医院“全心全意为群众健康服务”的核心价值观和“认认真真做事、踏踏实实做人”的工作作风。

历史悠久，功能完善

重庆市巴南区人民医院位于重庆主城南郊鱼洞，距市中心20余公里。医院始建于1940年，名巴县卫生院。1995年巴县撤县设区后更名巴南区人民医院。拥有70年历史的巴南区人民医院，目前占地2.2万平方米,业务用房4.7万平方米。编制床位300张,实际开放床位600张。在岗人员598人，其中高级技术人员68人，现有博士、硕士研究生18人。

医院设呼吸消化、心血管、神内、脑外、泌尿、骨科、普外、妇科、产科、儿科、感染、中医等12个病区。拥有美国GE16排螺旋CT、C型臂数字减影血管造影机、德国KARL-STORZ输尿管镜气压弹道碎石系统、胎儿远程监护仪、德国贝朗血液透析机、进口内窥镜等成套先进设备。至2008年，医疗专用设备资产达4500万元人民币。500平方米的层流净化手术室，可同时进行7台手术。设有变频式中央空调的门诊部、住院部，配有彩电、沙发、微波炉、开水器、卫生间的病房为病人提供了家一般舒适方便的就医环境。

骨科：国际著名骨关节专家张中南教授所带领的一支优秀团队，能迅速、有效地救治各类复杂损伤。新开展脊柱及关节微创手术。在全市率先推行人本位医疗服务模式，施行无陪护护理。

心血管、内分泌病区：开展的心脏介入治疗位居重庆市同级医院前列，现能独立开展起搏器安置术、冠状动脉造影及支架植入术、射频消融术、先天性动脉导管未闭封堵术。

妇科：技术力量雄厚，能熟练诊治妇科各类疑难危重病例，内窥镜微创手术占总手术量的70%，开展的介入手术深受广大患者的好评。

产科：巴南区妇产科质量控制中心、巴南区重点学科。开放床位60张，规模位居全市同级医院首位。2006年11月3日，医护人员为一位产后大出血产妇展开生死大营救的感人事迹被中央电视台《人与社会》栏目以“为了母亲的微笑”为题进行了专题报导，得到了社会各界的高度赞扬。

儿科：巴南区内唯一的儿科专科，部分专业技术水平已达专科医院水准。对儿童及新生儿各种疾病有丰富的临床救治经验。

神经内科：由具有博士、硕士学位的临床医生组建的一支高学识水平的团队，对各类神经内科疾病的诊治达到市级先进水平。卒中单元及脑血管造影的开展为脑血管病人带来福音。

铸就品牌，惠及民生

在区政府及主管局的关心支持下，30年改革开放，20年创新发展，铸就出闪亮的德技双馨品牌。

1999年8月，卫生部、国家中医药管理局、中国人民解放军总后勤部卫生部授予医院全国百佳医院称号。

2000年9月，中华全国总工会、全国职工职业道德领导小组授予医院全国职工职业道德先进单位称号。

2001年，医院启动由全国人大指导、全国政协监督、中华医院管理学会主办的创建“全国百姓放心示范医院”活动。通过“明明白白看病、医疗优质高效、绿色医疗环境”三个主题历时三年多的创建。2004年7月，医院荣获全国首批百姓放心示范医院称号。

2005年，新一届领导审时度势，提出了“抓质量、抓管理，打造医院核心竞争力”，深化品牌铸造。2006年3月重庆市委、市府授予医院市级文明单位标兵称号。

“中国巴医•百年品质”。品牌的铸就，不仅彰显了医院物质文明、精神文明、政治文明、生态文明建设协调发展，诠释出“全心全意为人民健康服务”的医院核心价值观，更重要的是惠及了广大病员百姓。近10年来，业务收入从2360万元增长到1.2亿元，增长率为408%。总资产从4231万元增长到1.41亿元，增长率为233%。药品收入占医疗业务总收入的比例从51.6%下降到43.3%。

为有效缓解群众所关心的“看病难、看病贵”问题，医院设立平价口腔科，部分诊疗项目在物价部门规定的价格基础上下调20%—50%；开设便民门诊和济困病房，便民门诊对病员的门诊挂号费、诊疗费全免；对70岁以上老人，城乡低保户、农村五保户、农村特困户、城乡重点优扶对象中患病需要住院治疗的病人实行“八免”、“十减半”、“四优惠”；积极开展各种义诊活动，免费发放药品；开展金秋助学，为灾区群众、特困病员募捐等活动。据重庆市卫生局统计显示：2008年医院门诊人平费用比全市41家同级医院低12%，出院患者人平费用低25%。10年中与同级医院平均费用相比，为病员减负亿余元人民币，受到患者的广泛赞誉。来自周边江津、綦江、万盛、大渡口、沙坪坝、南岸、长寿等地区的就诊人数已超过医院总诊疗人数的20%，医疗覆盖面不断延伸扩展。

人文关怀，服务至上

把医院文化融入“爱医院做主人，爱岗位作贡献，爱病人送温暖”的活动，体现出巴医人行医德于先，治病注重人、服务特性化的医院文化内涵，折射出巴医人矢志不移地追求医院文化建设。形成了医院文化人文关怀和谐共享、德高业精止于至善的鲜明特色。

在重庆市同级医院中设立最早、巴南区规模最大、设置最全的一站式服务中心，按照以人为本的医疗服务理念进行运作。优秀的专业导医团队可以为患者简化就医流程，减少等候和排队的时间，为患者提供差异化、个性化的服务。中心还备有雨伞、轮椅等，提供免费健康热线，设立院长代表，受理投诉和相关事宜，为患者复印各种医疗文件，邮寄检查报告，预约专家看病。各类医保需要的手续在这里一站式完成。请患者填写满意度调查表，把建议和意见及时反馈相关部门或院长以改进工作。

体检中心实现了由传统的健康体检向健康管理的变革和转型。积极派遣人员参加国家健康管理师的培训，过去的体检人员已经成为了一支具有较高健康管理专业水平的团队。体检，更重要的是健康管理。体检中心给每一位体检者都要建立健康档案，为患者需要就医时提供方便。健康管理师还将根据患者的生活习惯和体检结果，提出注意事项和改进意见，定期电话回访等。为团队提供常规体检和招工体检，并免费提供营养早餐。体检后组织上门答疑、既有结合团队共性的健康知识宣讲、也有根据个人特点的健康生活处方。

一站式服务中心

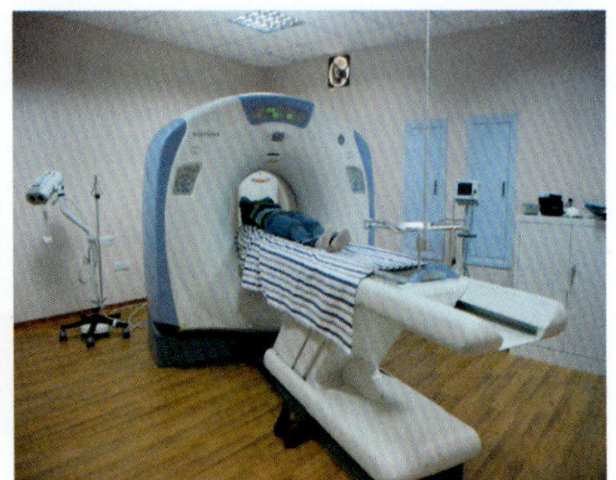
16排螺旋CT

体检中心前台

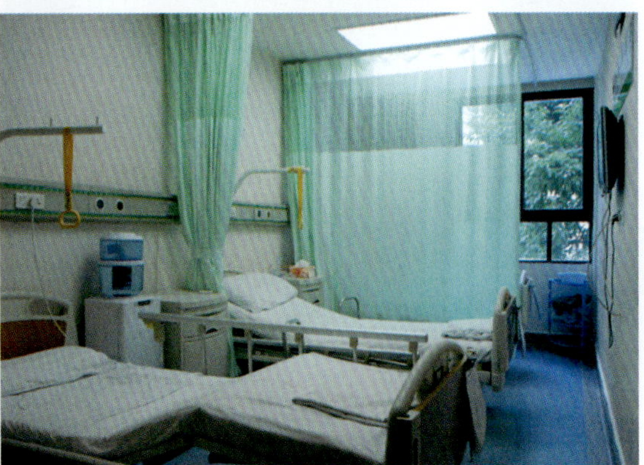
病房

按照“规范化社区卫生服务中心”标准建设的江滨路社区卫生服务中心，设病床30张。实现了“小病进社区，大病进医院”的目标。

汶川地震医院收治了50名灾区伤员。震灾面前，救伤之中，医护人员不怕疲劳，连续作战。党员们更是率先垂范，当中组部发出“交一次特殊党费”的号召时，党员主动交的特殊党费已由医院党委转送到了医院收治的每一位伤员手中。青年志愿者走上街头，顶着烈日演讲、歌唱，向社会募集到救灾款11万余元……

医院邀请美籍华人、国际著名骨关节专家张中南教授和上海长航医院刘杰教授先后来院为伤员查房、会诊和手术。邀请美籍华人、病人心理支持专家蔡学仪博士、沈东郁博士、李伟博士来院对员工进行心理知识培训以对伤员心理支持。经过四个月生理和心理双重治疗，50名伤员全部治愈出院。灾区伤员及家属对住院条件、医疗服务、生活安排都非常满意，给了他们战胜灾难、恢复健康、重建家园的精神和力量。医院荣获重庆市抗震救灾先进单位称号。

科学管理，改革探索

2005年,医院进行了“待遇向关键岗位、关键人才倾斜，优化内部人力资源配置”的人事薪酬制度改革。打破原有职称界限,强化服务和岗位。按工作的技术含量、风险程度、服务优劣设立不同的绩效工资系数，积极探索分配制度改革新模式。

医院推行“首席专家制”，改变过去学术专业人才任行政管理干部，导致学术不能精、管理又不好的现象。推行“首席专家制”，实现学术和管理两条腿走路，把专家从事务管理中解脱出来，让管理干部学会管理，建立人尽其才，扬长避短的用人机制。

选派20多名干部参加卫生部卫生事业管理研修班、清华大学西部医院高级管理研修班学习。逐步形成了医院管理职业化的格局，院领导、科室主任组成经营医院一条线，首席医师、业务骨干组成学科建设一条线，实现经营和业务双轮驱动。

每年一届的“中干论坛”，主题鲜明，别具匠心，特色突出。以“点燃激情，追求卓越——假如我是院长”为主题的医院中干论坛，中层干部皆以“院长”身份登台演义，围绕抓机遇、迎挑战、做行业领跑者，展开深纵论、广横述。既是“解放思想、扩大开放”思想碰撞大讨论，也是医院建设学术交流百家鸣，又是院长问责于己、求计于民管理风格的再体现。以“励志、创新、发展”为题的中干论坛，参坛者袒露心扉，广扬睿智，引经据典，博论厚叙，立医苑高处论道，卧杏林丛中觅途。体现出医院干部深化学习提高理论水平、交流沟通立志创新思维，形成共识面对严峻挑战，坚定信心把握市场机遇，团结一致同襄医院建设的心志。

扩大医疗服务半径，探索城乡医疗统筹。兼并巴南区一品中心医院后，派出中层干部和业务骨干对一品医院进行管理和技术上的指导，使其在管理水平、医疗质量、服务能力等方面都有了较大的提高，赢得了社会的赞誉和病人的青睐。2007年8月，设施完善、环境优美的业务综合大楼投入使用，彻底改变了当地群众的就医条件。被重庆市卫生局命名为中医药特色乡镇卫生院，获巴南区诚信医院称号。

处处以病人需求出发，改善服务流程和服务细节。对医院环境按无致敏要求进行绿化美化的同时，增加了疾病预防知识、专家介绍、新技术新项目等内容的宣传栏。全院统一的绿色标识，给人赏心悦目的感受，有效缓解患者的心理压力。医疗收费项目一律上墙公布，在全市率先推行住院病人一日清单制，门诊病人费用清单制，让患者明明白白消费。病人入院第一天，即有专人送去鲜花和“院长致病友公开信”。派专人主动向合同单位、干部保健对象、出入院患者等发放满意度调查表，收集意见建议，不断改进服务态度和服务质量。每天有工作人员询问病人及家属的需求，医护人员的热心、精心、细心让每位患者真正有了宾至如归的感受。

实施人本位医疗新模式

巴南区人民医院积极学习并引进先进的医疗理念，致力于打造专业领先的医院品牌，在重庆市首家推行“人本位医疗”新模式。为提高医疗质量和服务水平注入了新的活力。

医院聘请美籍华人、国际著名骨关节专家张中南教授为名誉院长，担纲医院人本位医疗服务的实施。张中南，有着显赫的专业背景和国际知名度。他的论文《环锯法治疗半月板无血运区损伤》，是至今惟一获国际理查德•欧考那奖的亚洲人。他发明的“长骨骨折复位手术机器人”获美国专利。他所倡导的“人本位”医疗模式是在中国医疗观念经历了只注重生理疾病治疗的“病本位”和医疗市场化“利本位”的第三次观念变革，得到了卫生部的高度重视。

人本位医疗服务，是一个整体概念。即在治疗疾病的过程中高度关注病人，减少并发症，尽量满足病人在情感、心理、功能等方面的个性化需求，提高人们在身体、心理等方面的社会适应能力。包括依靠证据的科学诊断、身心伤害最小化的准确治疗、确保医疗安全的整体护理、实现安全和疗效最大化的康复、以病人感受为主导的服务五个方面的内容。从2008年12月开始，医院多次派出人员前往山东济宁医院、上海长航医院和江苏人民医院等地培训学习，于2009年3月正式在骨科率先开始了这一模式的变革。建立了完备的工作制度和诊疗流程，其呈现出来的四个特色和优势在重庆市独树一帜，赢得了广大病员的高度赞扬。

设立科秘书一职。其主要职责是专管医疗服务，关注病员生活细节，成为医患沟通桥梁，及时反馈患者信息，同时对科室医护人员工作进行监督，致力于医患和谐和人文关怀的建设。医护人员主要关注点在疾病的治疗上，

张中南教授对全院职工进行“人本位医疗”培训

中干论坛

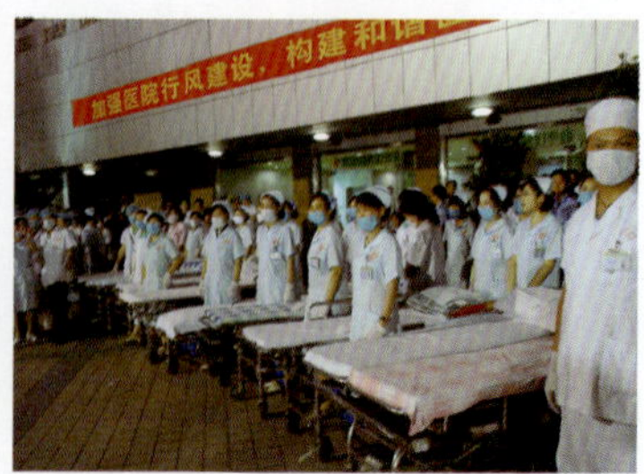
抗震救灾，严阵以待

而科秘书可以弥补除身体疾病治疗之外的精神需求。高度关注病人，给予情感、心理、情绪上的沟通和交流，满足病员的心理需求，用科学的手段辅助医护人员做出诊断，并且对医护人员进行监督，包括对用药、病员康复情况的查验，用药不能过度，必要的医技检查不能少，不必要的检查不能有，避免过度治疗。同时对整个科室的内部和外部环境进行观察，促进科室各项工作和相关部门的和谐运行。这样的职位设置和管理理念在重庆市医疗系统中无疑是第一个。

精细化管理病人。在病房装修上，由专业人员进行色彩的协调搭配，病床经过专门设计，增加了防病人不慎落下的床档、减少动作幅度的活动餐桌以及保障安全的扶手设计，连厕所马桶安装都做了专门处理。病房里热水器、饮水机一应俱全，呼叫器快速连通病人的需要和护士的帮助。无微不至的细节设计与缜密安排，两张病床间挂了令人神清气爽、心情疏朗的淡绿色围帘，此围帘可在需要时拉开隔断两床位间的视线以保护病人隐私。进入病房你会看到墙上贴有一个1—7的数字标志，经询问才知道这是一个疼痛评分表，每个数字对应一个从安静平和到痛苦的程度。因病人不能确切地表达自己的疼痛程度，为帮助医护人员掌握病人疼痛的程度，便借助这样一个量表来衡量自己感受到的疼痛程度，而医护人员也可据此来做出是否采取相应措施的判断。一般当病人感觉到了“3”这个点位的疼痛时医生便会采取止痛措施了。因为这个点位的疼痛已经让病人食欲不振、情绪低落、心情烦燥等，影响到病人的正常生活。这就改变了传统观念对疼痛“能忍则忍”的漠视。

全国百姓放心示范医院

中国百佳医院

给病人康复指导缩短住院时间。医院拥有专业完善的康复锻炼治疗服务和现代医疗理念。传统的观念是“伤筋动骨一百天”，即伤筋动骨的伤病要静养很长时间，尽量减少运动。而康复锻炼却打破这一传统模式，根据病情科学选择时间进行康复训练。一般手术第二天便由康复师引导病人下地进行康复锻炼，极大地缩短了康复时间。这一新的医疗方式可以有效的预防并发症的产生，带来更好的康复效果，为病人节约医疗费用。而传统的卧床静养引发的深静脉血栓和肺炎的发病率是很高的，而这里的并发症率几乎为零。

无陪护生活护理，是人本位医疗服务体系中一个非常重要的部分，这对于患者来说也是一个新的概念，在重庆也是首次推行。无陪护生活护理，即病人在住院期间的吃、喝、拉、洗、动、静等全部由经过专业化、规范化培训的护理人员完成，根据病人病情的需要，提供科学全程的管理，无需因一人生病而使一家人疲于奔劳。护理人员通过对病人平时生活情况的掌握，能用专业的知识和科学的行为在病情发生细小变化的情况下及时告知医生采取相应的措施，早期观察到病灶，预防疾病，抑制并发症的产生，确保病人安全，加快病人康复。而未经过专业培训的病人家属或普通陪护是做不到这点的，例如病人咳痰，一般陪护人员可能把痰接住丢掉就处理完了，而专业陪护人员不但要教会病人怎样咳才能更好的咳出痰，在处理痰液的过程中还要通过了解痰的多少、颜色、气味等性状判断病人是否有肺部感染和掌握病情变化情况。另一方面可以为病人及家属减轻心理压力和生活压力，病人家属可以将病人放心托付给医院，而不必兴师动众，尤其当亲人不在身边时这种方式尤为重要。

医院在7月份接收了一位93岁高龄的女性患者，因车祸造成胫腓骨骨折，卧床休息过久会造成慢性病高发，诸如褥疮、肺部感染等，护理人员通过细心专业的观察和护理，通过病人脚步肿胀、食欲不佳、呼吸不好等现象了解到病情的微妙变化，及时采取措施，防止了并发症的产生，现在病人已经康复，状态良好。56岁的王先生，对无陪护护理给予了很高的评价。他的儿女在外地，妻子也不能长期在医院照顾他，而是全权交给了护理人员，这种方式可以解脱家庭压力，心理很放松，护理精细、环节严谨，流程分工设计科学，他非常赞同这种现代护理理念。医院在医疗服务中最大限度的减少肢体暴露和暴露时间，尤其是隐私部位，尊重患者的心理感受和各项权利，减轻病人的心理压力；“不加床”的规定（应对突发公共卫生事件例外），因为无限止地增加病人会减少医护人员对病人的平均关护力度，容易出现患者不安全因素；严格控制用药量，不得过度用药，而骨科自实行这一医疗服务模式以来最低一个月的药占比仅15%，没有了“以药补医”的弊端。

正如“人本位医疗”的执着追求者和推进者院长饶刚所说：人本位医疗，作为医院的一种服务模式、管理理念、行为准则，是医院科学发展不可或缺的创新，在精细的服务中发挥着巨大的力量，给病人和健康需求者带去了更多的方便与实惠。

追求卓越，勇争一流的巴医人，立健康中国高度、践和谐医患建设，正在科学发展的轨道上不断创新，为新医改目标的实现发挥他们作为中国百佳医院、全国百姓放心示范医院的领军作用。

二级甲等医院

中华人民共和国卫生部

二甲医院

文明单位标兵

Civilized Unit Model

中共重庆市委

重庆市人民政府

2006年3月

市级文明单位标兵

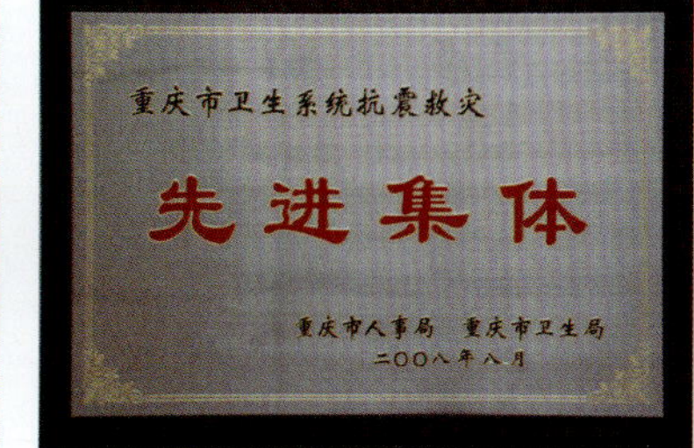

抗震救灾先进

内蒙古乌海市海南区人民医院

院长：杭铁虎

内蒙古乌海市海南区人民医院是拉僧仲地区唯一的一所二级乙等综合性医院。医院设有内儿科、外科、妇产科、五官科、中医皮肤科等临床科室；有B超、放射、心电、化验等附注科室。

医院通过近几年来与内蒙古自治区医院的协作，同时通过转变经营理念，实行改革取得了巨大的成效。尤其是医疗设备的投入使用和医疗技术水平的提高方面都发生了质的飞跃。现在医院拥有全身CT机一台、500MAX光机1台、彩色超声波机1台、B型超声波机1台、全自动生化分析仪1台、24小时动态心电图机（HOLTER）1台、手术显微镜1台、电子胃镜1台、宫腔镜1台、CR1台、多参数监护仪6台、除颤起搏仪2台、呼吸机2台、光疗仪1台、超声波机1台、电离子机1台、光量子血疗仪1台。内蒙古自治区医院多年来免费为医院培训内、外、妇、CT、X光、彩超、皮肤、检验等专业的医疗技术人员38名，这些人返院后均成为各专业的技术骨干，开展了32项医学医学新技术，填补了医院的技术空白，极大地提高了医院的医疗技术水平。现在医院能诊断和治疗各种常见病、多发病外，还在骨科、内科、普外、妇产科、口腔、中医等专业具有一定的技术优势。骨科能开展四肢骨折及腰椎骨折的内固定手术，并且采用最新固定材料，疗效好，患者痛苦轻，治疗时间明显缩短；心内科开展溶栓治疗心肌梗塞，治愈率达100%；普外科能开展肝、胆、胰、脾、胃、肠等脏器手术；妇产科能开剖宫产术、子宫、卵巢手术及各种计划生育手术；口腔科新近开展了畸烤瓷牙等新技术；中医科开展肛肠手术及刃针小针刀治疗骨质增生、腰椎盘及关节等新技术。

救护车整装待发

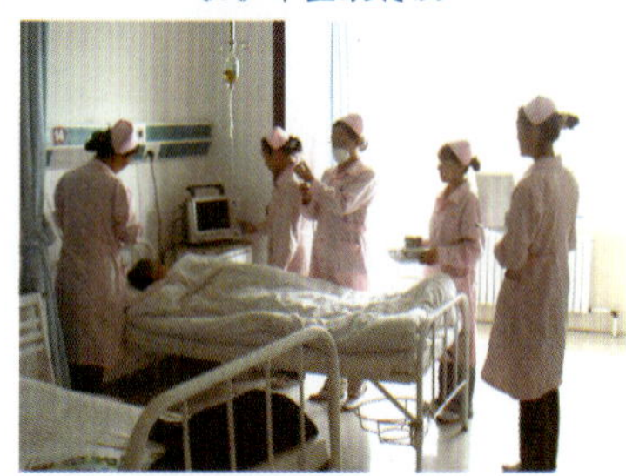
无微不至的护理服务

凡来医院就医的患者若患有疑难病症时，协作医院的专家也随时请到，及时来医院为患者治疗疾病或施行手术，专家的联络费、差旅费、食宿费等均由医院承担。

海南区人民医院的全体员工将竭诚为社会服务，欢迎广大患者前来就诊。

甘肃省康复中心医院

甘肃省康复中心医院主体楼外景

甘肃省康复中心医院是由省编委批准成立的全省唯一一家集康复与医疗为一体的多功能、综合性的康复医疗服务机构，隶属省残联，为全额预算事业单位；同时为全国康复人才培训基地、全省卫生专业继续教育基地、兰州大学教学医院、全省“5·12”地震灾害伤残人员康复定点机构、新型农村合作医疗省级定点机构及省市城镇职工医疗保险定点医院。2009年2月被卫生厅授予三级甲等康复专科医院，4月被卫生部、中国残联、人保部定为省级三级残疾人康复中心，均为全国第一。

医院1991年筹建、1994年开业，经过15年的建设和发展，目前拥有业务用房面积近1.3万平方米、固定资产7800万元，设有康复病床300张；有工作人员398人，其中事业编制202人、聘用人员196人；专业技术人员占职工总数的85%，其中高级技术职务的42人、中级技术职务69人、初级技术职务211人；有硕士研究生8人。设有党委和工青妇组织、10个职能科室、20个业务科室，眼科和听力语言康复科为全国重点学科，中医科为全省重点中医药建设单位；省听力语言康复中心、省眼科流动医院、省残疾人社区康复指导中心、省残疾人康复学会均设在医院。

医院主要业务有：开展各项残疾人康复服务，包括听力语言康复、神经康复、肢体康复、智力康复、视力康复、精神康复、心理康复、老年病康复等；承担中国残联、省残联安排的主要康复项目；指导全省残疾人康复工作，深入基层为残疾人提供经济有效的延伸服务；培训全省的康复技术骨干和社区康复员；开展残疾预防、康复研究和与康复有关的医疗工作。

医院拥有CR、美国GE螺旋CT、大型碎石机、进口彩超、肌电图、高压氧舱、日立牌全自动生化分析仪、脑功能重建治疗仪、步态分析治疗仪、美国最新一代准分子激光仪、超声乳化仪、博士伦玻璃体切割机、眼底激光治疗仪、海德堡眼底造影仪、进口数字测听仪等万元的大型康复医疗设备200多台（件）。

医院成立以来，为80万人次残疾人提供了不同层次的医疗康复服务，每年深入省各县市区免费实施白内障复明手术4000-6000例。抢救危重病人1364人次、成功率95%；通过白内障医疗队免费手术和对住院门诊病人优惠，共减免费用7000多万元。举办各类康复技术骨干培训班40期，培训康复技术骨干1000人次；举办盲人医疗按摩培训班14期，培训盲人按摩师780人。在国际国内专业杂志发表论文136篇，取得经省科委鉴定的科研成果36项，有10项获得省级科技进步一等奖。

香港著名实业家、慈善家李嘉诚先生视察医院时给予高度评价，卫生部原部长高强、中国残联主席邓朴方和中国残联各位领导莅临医院，对医院工作给予了充分的肯定。先后被国务院残工委授予“残疾人之家”荣誉称号，被中国残联评为全国最好的省级康复中心，被省委省政府表彰为民族团结进步模范集体，被兰州市委、政府授予精神文明先进单位。

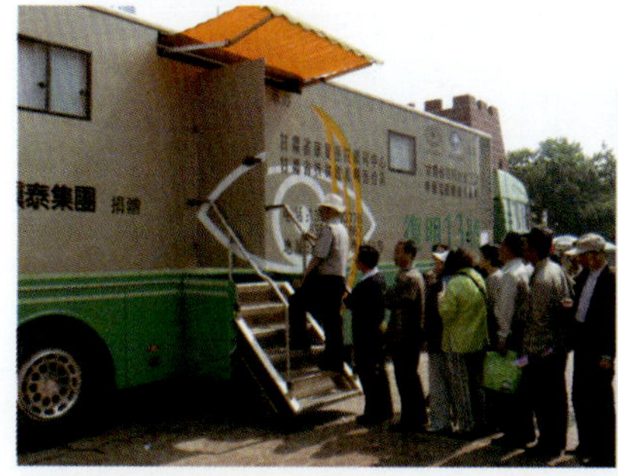

眼科医疗队复明13号手术车在助残日免费为兰州市民检查眼疾

2009年4月21日甘肃省省长徐守盛来中心视察工作，并与正在接受听力语言康复的患儿合影

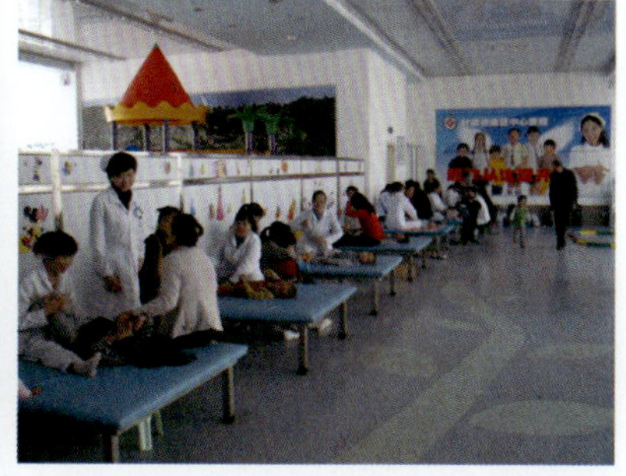

康复治疗科儿童部的工作人员为患儿进行PT治疗

吉林省结核病医院

吉林省结核病医院始建于1952年，隶属吉林省卫生厅，现经过几代人的不懈努力，已发展成为吉林省内唯一一家以治疗结核病为主，兼教学、科研和预防为一体的三级专科传染病医院，是吉林省结核病诊断、治疗中心和防痨医师培训基地。医院现开设床位401张，设有呼吸内科、胸外科、综合外科、介入科、核磁CT科等20多个重点医疗和医技科室。

医院领导班子

建院57年来，医院形成了处于相对优势的专业人才队伍，为全省防痨事业做出了重大贡献。全院共收治肺结核、骨结核等患者230余万人次，外科手术治疗结核病人5万余例，尤其对各型重症肺结核、耐多药肺结核、结核性脑膜炎、结核性胸膜炎、结核性腹膜炎、肺结核大咯血、骨与关节结核、脊柱结核合并瘫痪等治疗，均处于省内乃至国内领先水平。胸外科对肺化脓症、肺肿瘤、脓胸、淋巴结核、胸壁结核、胸外伤等疾病的治疗均有很好的疗效，得到广大患者的认可。医院规模、技术水平位居全国各省级结核病医院的前列。医疗诊治设备齐全，为更好地为广大患者服务，医院新引进中美合资核磁共振成像系统、美国GE双排螺旋全身CT扫描仪、彩超、结核菌快速培养仪、全自动系列化仪、DSA、加拿大产DR等大型设备。

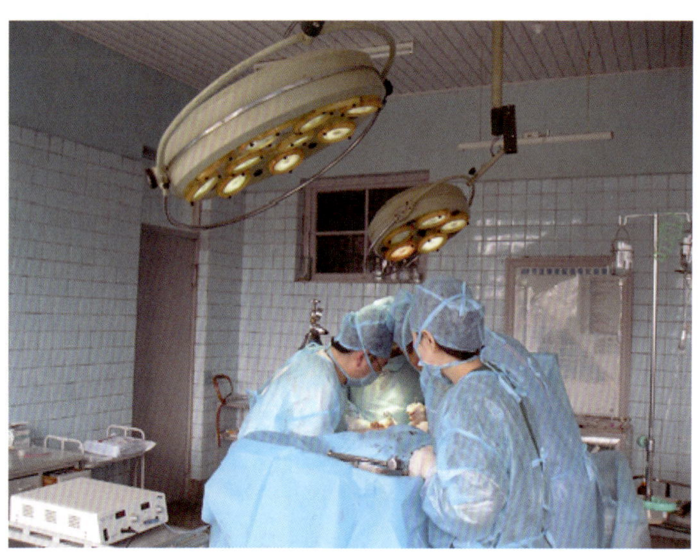
骨结核术中

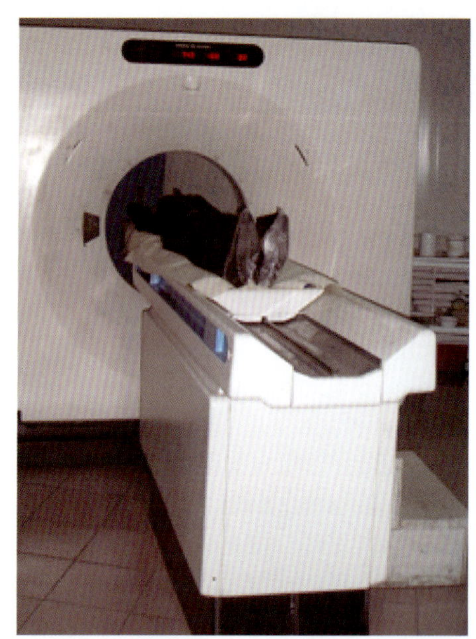
全身高档CT扫描机

长春市儿童医院
Changchun Children's Hospital

院长：张晓杰

长春市儿童医院始建于1957年6月1日，是吉林省唯一一所集儿童疾病预防、医疗、科研、教学、康复为一体的综合性儿童医院。1994年被卫生部命名为三级甲等医院，2000年经吉林省卫生厅批准成立了吉林省儿童重症疾病治疗中心。现为北京儿童医院专家会诊中心，城镇职工基本医疗保险定点医院，学生保险定点医院，省、市新型农村合作医疗定点医院，吉林大学教学基地，国际紧急救援中心网络医院。

医院技术力量雄厚，专业技术人员805人，其中医生191人，护士381人。正高23人，副高76人，中级234人，博士3人，硕士56人。编制床位数506张，建筑面积为33218平方米；年门诊量近50万人次，住院病人1.8万人次。临床科室24个，医技科室8个。ICU、新生儿内科是吉林省重点专科。神经、循环、呼吸、血液、消化、中医内科等也有很强的优势。外科设普外、新生儿外科，泌尿、烧伤、骨外科，心胸外科，眼耳鼻喉科。心胸外科成功实施手术500多例，其中最小患儿仅6个月，体重4.2公斤。诊断为室间隔缺损、房间隔缺损、肺动脉高压，手术治疗后愈后良好。填补省内小年龄、低体重儿先天性心脏病手术治疗的空白；独立完成“肺静脉异位引流、法鲁式四联症”手术，同时开展了胸腔镜脓胸的治疗。

除设有急诊科、各专科门诊外，还设有特色门诊，如脑瘫康复、矮小肥胖、哮喘、癫痫、儿童保健、心理咨询、儿童驱铅、儿童女科、近视弱视及眼病治疗、口腔正畸、物理治疗中心等。

2006年，医院投资8000多万元，新建建筑面积为21010平方米的综合门诊楼，功能齐全，设施完备。2008年9月完成面积为7000平方米内科住院楼的整体改造，普通疗区设有6个高间，将原有8人病房，变为2人和4人房间，增加监控设备，更新消防设施。重点对新生儿内科、重症监护病房的进行了改造，为患儿提供安全、舒适的就医环境。更新仪器设备，有全身螺旋CT、彩超、体外循环机、小儿麻醉机、小儿呼吸机、动态脑电图仪等一大批国内外先进医疗设备，已全面投入使用。医院以优美的环境，精湛的医术，竭诚为全省儿童提供一流的服务。

北京博辉铅镉分析仪

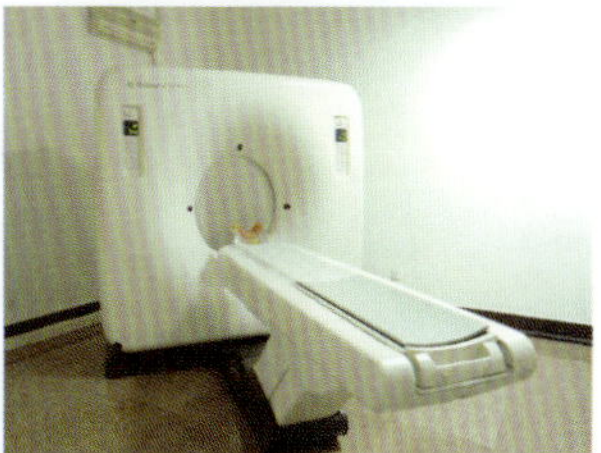
手术室

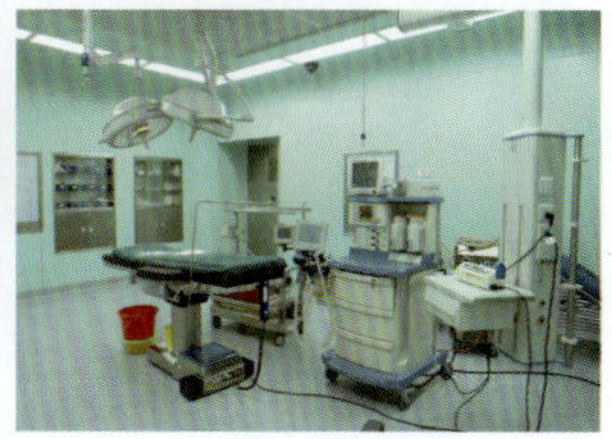
放射线

河北省青龙满族自治县医院

院长：白广仁

院长简介：

白广仁，男，51岁，副主任医师，中国共产党党员，1980年毕业于承德医学院医疗系，曾任青龙满族自治县人民医院内科主任、党总支书记兼副院长，现任青龙满族自治县人民医院院长。由于工作成绩突出，白广仁先后15次受到市委、市卫生局及县政府的表彰，10次被市、县两级授予优秀共产党员、优秀知识分子、医德医风先进个人、知识分子工作先进个人等称号，被评选为秦皇岛市“151人才工程”医学专业跨世纪学术技术带人后备人才、秦皇岛市医学科研工作先进个人。2003年被评为中华医院管理学会理事，同年被河北省医院管理学会评为优秀医院管理工作者。2006年被评为秦皇岛市十佳优秀人民公仆。

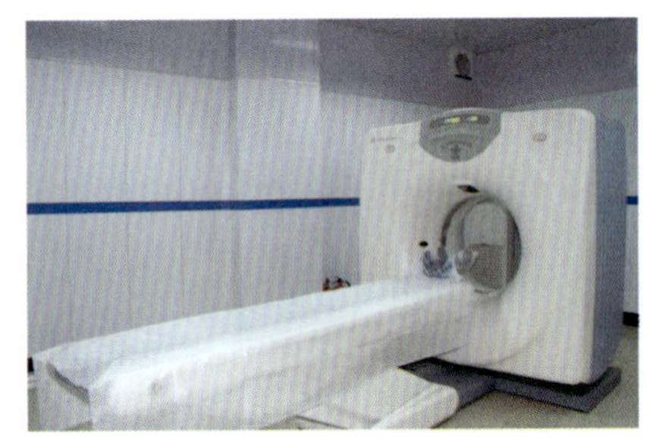

医院正门

医院简介：

河北省青龙满族自治县医院成立于1950年，固定资产6500万元，有床位499张。在职职工450人，其中大学本科以上毕业105人，专科毕业244人，中专毕业141人，医技人员361人，副高级职称以上人员24人，中级职称人员155人，初级职称182人。医院设有25个科室，14个病区（内一科、内二科、内三科、内四科、内五科、外一科、外二科、外三科、外四科、外五科、妇产科、儿科、五官科、急诊科）。年门诊量27万多人次，住院病人1.8万多人次，年完成手术4500余台次。医院占地53亩，建筑面积2.3万平方米，其中门诊楼3880平方米，医技楼4000平方米，急诊楼4000平方米，住院楼7200平方米。医院建有洁净手术间7间，能满足日常手术的需要。医院集临床医疗、科研、教学、健康体检、预防保健于一体，是全县卫生工作的龙头单位，为全县社会稳定，经济发展，人民群众的身体健康起到保驾护航的作用。

双排螺旋CT

医院于1994年被卫生部评为二级甲等综合性医院；1996年建成河北省爱婴医院；2000年被河北省人事厅、总工会、卫生厅评为全省卫生系统先进单位；2001年建成河北省深化改革优质服务“百佳医院”；2001年7月被河北省质量技术监督局评为全省计量先进单位；2005年被评为全国百姓放心示范医院。此外，医院还先后十几次受到省、市、县各级党委及政府的表彰。

医院门诊楼和新建的急诊楼

吴忠市中医医院

院长：王季春

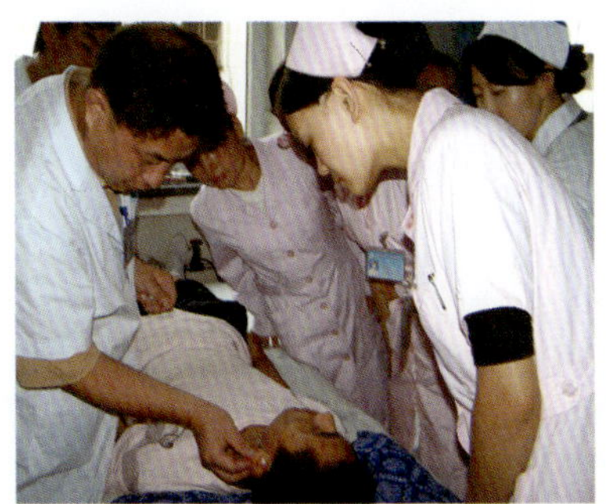

中医特色疗法——针灸

情系灾区群众组织捐款活动

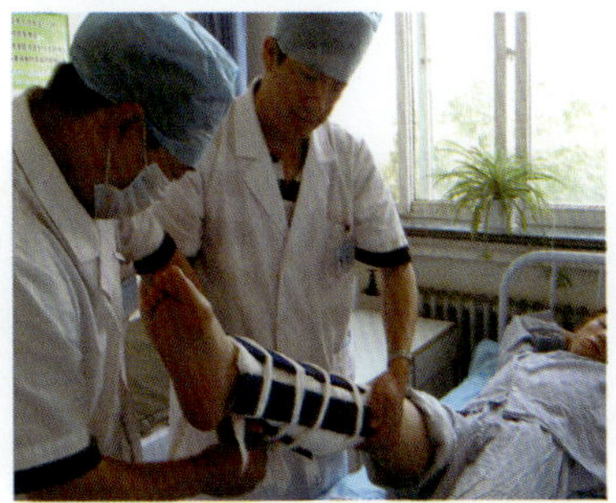

重点专科——骨伤科

吴忠市中医医院始建于1980年，现已发展成为一所集医疗、教学、预防、保健、康复为一体的二级甲等中医医院，是宁夏医学院教学实验基地和国家医师资格实践技能考试基地，是全区唯一通过首批全国百姓放心示范医院验收的中医医院，是医疗保险、新型农村合作医疗定点医院。

医院坐落于吴忠市中心朝阳步行街东段，现有在岗189人，其中正高职称4人，副高职称11人，中级职称27人。医院拥有中医、西医专科专病科室14个，形成了6个特色专科：国家级重点专科心脑血管病专科，自治区级重点专科肾病专科、感染疾病专科，市级重点专科针灸推拿科、骨伤科、肛肠科。

在市委市政府的关心支持下，吴忠市中医医院2007年迁建项目获得国家发改委的批准。拟建的吴忠市中医医院计划占地70亩，总建筑面积11250平方米，该项目已于2008年6月开工建设，计划到2010年5月完工。项目建成后，吴忠市中医医院将建设成为一个中医药特色明显、医疗服务功能完备、人才结构合理、重点学科突出的地级市中医医院。

新建院区规划图

综合门诊楼

新疆农二师焉耆医院

以病人为中心，以病人安全为重点，全面提高医疗服务质量，构建和谐医患关系

院领导班子成员

一、医院概况

新疆农二师焉耆医院位于巴音郭楞蒙古自治州焉耆县城开都河南岸。前身为中国人民解放军步兵六师休养所，组建于1947年2月，1950年3月18日正式建院。是以收住农二师各团场医院、巴州北四县医院及各乡场医院转诊病人为主要业务的二级综合医院。现有专业技术人员424人，正高职称2人，副高职称41人，中级职称138人。

医院设有外科、内科、妇产科、儿科、五官科、传染科、急诊科、精神病科、康复等14个临床科室及医学检验、放射与CT、功能检查、药械、病理等9个医技科室。年均门诊量90000余人次；收治住院病人年11000余人次；开放床位500张。从2008年12月30日截至2009年5月30日，医院入院病人6013人，出院人数5879人，平均床位使用率114%，出院者平均住院日11.7天，平均病床周转次数16.8次，门诊就诊40754人次，急诊2174人次。城镇医保和新农合就医人数已达到住院人数的75%以上。

经过近六十年的发展，医疗技术水平得以长足的进步。从建院前的战伤外科，已发展到如今的多学科、多功能的综合性医院。内科学如呼吸、循环、消化、泌尿、内分泌、血液、神经内科系统已形成完整的防治体系。

近年来院党委结合医院周边的形势，及医院所处的地域环境，形成了“突出特色、稳步做强”为主要目标的工作思路。突出了神经外科、消化内窥镜的诊治、精神卫生治疗与康复、传染病的治疗与防治等一批有特色的专业。为医院今后的发展方向打下了坚实的基础。特别是医院的精神卫生疾病防治专业是巴州地区唯一一家从事精神卫生疾病防治的专业学科。目前，农二师精神心理康复中心，已在医院挂牌成立。

二、医院创建百姓放心示范医院活动总体做法

农二师焉耆医院是一所有着光荣历史的老医院，是孕育巴州医疗卫生系统的摇篮。如何在新时期，紧跟时代的步伐，办好让农二师放心，让巴州人民满意的医院，是时代赋予的责任，也是医院生存发展的需求。2008年初，院党委结合医院的实际，积极参与争创第三批全国百姓放心示范医院的活动。

（一）加强领导、健全组织、制定明确的实施方案

为加强对创建工作的领导，确保创建“活动”的顺利开展，医院多次召开专题会议，研究创建活动事宜。于2008年5月22日召开了创建百姓放心医院动员大会，并以院党发【2008】19号文件的形式对创建活动进行了全面安排，制定相应的实施方案，成立由院长张兴华任组长，院党委书记周喜元任副组长，其他的副院长、医务科、护理部及科室负责人为成员的创建工作领导小组，对创建活动的各环节进行指导和协调。

（二）质量与技术并重，夯实患者安全基础

2007—2008年全国百姓放心示范医院动态管理进入第二周期。近两年时间，医院按照中国医院协会的统一部署，认真贯彻落实全国百姓放心医院《CHA患者安全目标》，规范医疗行为，提高医疗质量，保障医疗安全，降低医疗费用，真正树立“以病人为中心”的服务理念，使患者安全、有效、疗效/费用比高的医疗服务，不断将百姓放心示范医院创建工作推向深入。

医疗质量与技术是医院生存发展的永恒主题，也是《CHA患者安全目标》的核心内容。医院以医院管理年活动、医疗安全百日专项检查活动及创建全国百姓放心示范医院为契机，全面贯彻落实《CHA患者安全目标》，强化全员质量和安全意识，采取切实有效的管理措施，注重细节管理，对医疗服务全过程实施有效的质量管理、监控、评价和反馈，不断提高整体诊疗水平。

1、抓核心制度的落实，促医疗质量提高。医院把《CHA患者安全目标》各项分解到部门，责任落实到人，按照实施方案和评分标准，从制度的落实抓起，重点抓《首诊负责制》、《三级医师查房制》、《分级护理制度》、《疑难病历讨论制度》、《会诊制度》等13项医疗核心制度的落实。提高医疗质量，保证医疗安全，涉及到医院各个部门，体现在每一个工作环节，在各项制度的实施过程中，根据《CHA患者安全目标》的要求，各部门相互配合协调，加强细节管理，从三级医师查房到实习生管理，从技术操作到病历书写，从护理分级管理到病人专收专治，从药物应用到医疗废物处理等规定的落实都得到了加强，并出台和完善了急诊与各病房之间管理流程和交接规范、急诊与手术室之间管理流程和交接规范、手术（麻醉）与ICU之间管理流程和交接规范、产房与病房之间的管理流程和交接规范，保证患者在各科室、各环节的无缝转运和交接。检验、放射、CT、超声、放射治疗、高压氧治疗查对制度及患者识别流程、《手术查对制度》、《三查七对制度》、《术前患者沟通制度》、《术前患者确认制度》、《医患沟通制度》、《紧

服务少数民族

学雷锋活动

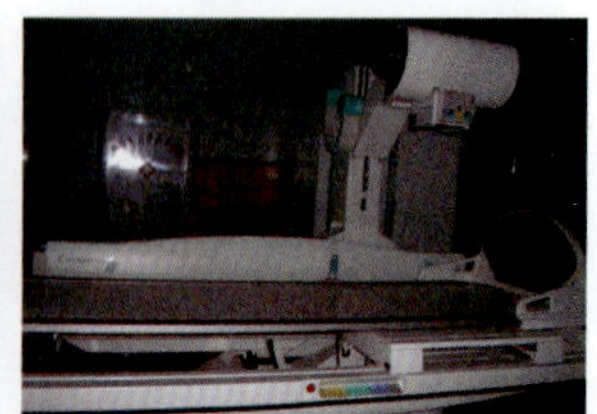

美国长青800AM数字化X光机

医院住诊楼

急抢救急危重症患者时的口头医嘱执行制度》、《临床实验室危急值报告制度》、《手术风险评估制度》等规章制度，避免发生因流程落实不到位而发生的误诊、误治，漏诊、漏治等不良事件的发生。上述一系列医疗质量与安全等核心制度的出台，形成了一套较为完善的质量监控体系，保证了患者的医疗安全。

2、为将《CHA患者安全目标》落实在每个工作环节，医院加大了宣传教育工作力度，采取全院集中学，科室分散学，个人业余自学等多种形式学习，力争使每位职工熟悉目标，了解标准。在门诊大厅悬挂了“全国百姓放心示范医院率先落实CHA患者安全目标”的大幅喷绘图，在门诊和病区张贴中国医院协会办公室统一印制的宣传标语，让患者知晓创建工作。对于存在的安全隐患，医院设置警示标识，提醒医务员，杜绝麻痹大意思想，防止不良事件、意外事件发生。在患者容易发生危险的场所设立温馨提示板，提示患者及家属注意安全。加强了安全防护措施，建立了患者坠床与跌倒报告制度，对危重病人、躁动病人的病床设立了保护栏，在卫生间安装了扶手，并在水房、走廊等处放置了防滑跌倒警示牌；每个科室配备地面防滑标识；在各个护理操作台前，设立“为了病人安全，请认真三查七对”；在危重病人床头悬挂“单时翻身”、“双时反身”、“防止坠床”警示牌，提醒医务人员及患者家属，杜绝麻痹大意思想，预防不良事件发生；为确保患者安全，对昏迷、无自主能力的重症监护患者、重症监护病房、手术室急诊抢救、新生儿及儿童按照不同病种使用腕带标识，使医疗护理安全在每个环节得到落实。依据《CHA患者安全目标》，将安全目标列入质量考核标准，多次督导检查，每月一期的《患者安全简报》，通报发现的问题，要求及时纠正和整改，检查结果与科室科室成绩及个人绩效挂钩。

3、进一步完善了护理工作的相关制度和规范，补充制定了患者识别制度流程、腕带标志制度与操作流程、手术患者确认制度、药品存放管理制度、重点药物观察制度和观察程序、静脉用药物安全管理制度等多个制度，对特殊药品进行了规范化管理，确保医疗护理安全。各临床科室按照“用药后观察制度”、“高危药品的管理规范”、“重点药物的观察制度和观察程序”、“毒麻药品管理制度”规范操作；对高浓度电解质制剂、肌肉松驰剂、细胞毒性，注射药、内服药、外用药按不同颜色的要求统一分类标识。各科室治疗室已全部放置用药配伍禁忌表。

4、在全院范围内发放手部卫生实施规范。经过反复培训及考核“洗手六步法”，全院医务人员对手部卫生管理的依从性知晓率达95%。全院各科室手卫生设备和设施均已更换脚踏式水龙头及烘干手设备，有效防止了洗后的再次污染。对手术室术后废弃物的分类、运送、暂放和处理严格按照医院感染控制要求及废弃物管理办法进行管理和执行。

（三）加大投入广泛宣传，使创建活动深入人心

创建“全国百姓放心医院”是一项社会性的系统工作，需要得到社会各界的关心和支持。农二师焉耆医院随后还成立了创建“全国百姓放心医院”活动监督小组，并明确了监督小组的工作职责。医院在2008年8月22日再次召开全院职工动员大会，医院党委书记周喜元亲自向全院职工讲解创建“全国百姓放心医院”活动的重要意义。创建活动进入了实质性开展阶段，为动员社会力量的参与加强对创建活动的社会监督，医院聘请了北四县农牧团场有影响力的人员作为医院的社会监督员。同时，利用当地电视台、报刊等新闻媒体进行创建活动的宣传制作专题片一部，在巴州电视台播放数日。院内醒目处悬挂标语牌、张贴宣传画200幅，使百姓对医院“创建全国百姓放心医院”活动有所了解、有所监督。2008年，医院投资1500余万元新建了洁净手术室、重症监护病房和精神心理康复中心，在硬件设施方面保证了手术患者和精神康复患者医疗安全。继续实行药品价格公开，医疗收费标准公开，住院病人医疗费用每日清单制，急危重病人先抢救后交费“绿色通道”的开通。从而为百姓营造了一个明明白白看病、医疗优质高效、绿色医疗环境的就医环境。

向少数民族团场捐赠医疗设备

三、创建活动，促进医院又快又好的发展

1、创建百姓放心医院活动使医院各项工作更规范，各项规章制度更健全，各项医疗指标得到了严格控制，形成了良性、有效的运行机制。在兵团医疗机构校验实际审核与医院管理年活动督导检查中，医院取得了位居兵团同级医院排前茅的好成绩。

农二师焉耆医院护士风采

2、提高了医疗水平，增强了竞争意识。在创建活动中，打破传统的思维约束，正确认识曾有过的荣誉和辉煌。使“以病人为中心”的观念、主动服务的观念、医疗市场的观念、实力竞争的观念、两个效益同步发展的观念得到强化，如心内科、神经外科、精神科、消化内镜室等科室分别针对本科特点，敢于争先，积极引进新的技术，开展新业务，敢于争先，取得了社会、经济效益同步发展。

3、医德医风建设进一步加强。通过活动的开展，医患之间的沟通更规范、有效。医疗纠纷明显减少，病人满意度始终保持在96%以上。自2008年起，医院建立健全了职工医德医风档案，院、科室成立了医德医风考评小组，每个季度考评一次，变一次性考核为日常监督，医患关系明显改善。

整装待发

四、按照创建要求，规范程序

积极参与“全国百姓放心医院”的指导和培训工作，2008年8月党委书记周喜元参加了中国医院协会第三批“全国百姓放心医院”活动启动会，设立了新闻发言人和联络员。

医院积极完成创建“全国百姓放心医院”活动所指导的内容要求，2009年元月，全院各科室在醒目处张贴了创建“全国百姓放心医院”活动标示挂图，营造创建活动氛围。2009年3月2日在当地政府报《巴音郭楞日报》的头版进行了第三批“全国百姓放心医院”的社会公示，让社会公众对创建活动进行监督。在规定的时间内完成了2000人/份患者问卷调查和医院安全文化调查及自查评估工作。

医院创建“全国百姓放心医院”活动，是在夹缝中求发展，能更好为当地各族患者提供优质、高效的服务，无愧于当地患者赞誉医院“开都河畔母亲医院”的称号。

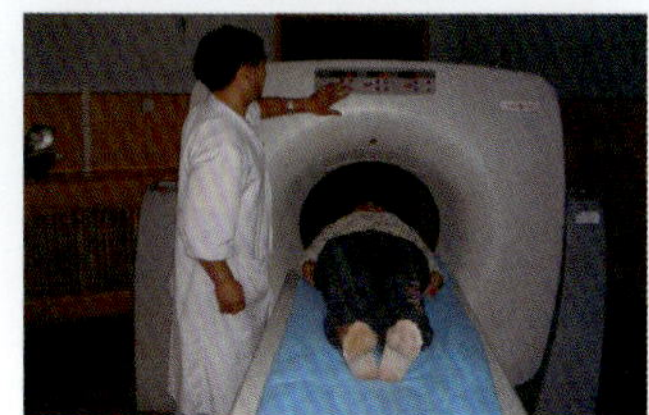
以色列螺旋CT

青海大学附属医院

刘红星院长在全国百姓放心示范医院创建启动仪式上发言

创建全国百姓放心医院活动办公室来院指导工作

医院创建活动动员大会

心肺复苏技能比赛

青海大学附属医院是青海省首家综合性三级甲等医院，1998年12月被卫生部授予全国百佳医院称号，曾先后荣获省级文明单位标兵、全国职业道德建设先进单位、全国创建文明行业先进单位等多项荣誉称号。

医院现有职工1860人，专业技术人员1714人，其中高级专业技术人员256人，中级专业技术人员604人。护理人员811人。全院享受政府特殊津贴专家19人，省级医学首席专家5人，院内医学首席专家16人，省级优秀专家4人，医学博士5人，医学硕士75人。全院编制床位1300张，实际开放病床位1500张，病床平均利用率达100%以上，全院年均住院病人3万余人次。危重病人抢救成功率、治愈好转率达95%以上，完成各类手术万余例，年门诊量百万人次以上。

医院有44个临床、医技科室。建有5个省级医疗中心、6个省级名科、5个省级医学重点学科、3个省级特色专科，青海大学附属肿瘤医院设在院内，是目前青海省比较领先的肿瘤诊疗中心，在西北地区享有盛誉。普外科、泌尿科、消化内科3个医学专业，被中华医学会确定为卫生部内镜诊疗技术培训基地。

医院领导深入科室督导医疗安全工作

包头医学院第一附属医院

包头医学院第一附属医院坐落于美丽的草原钢城——包头，自1957年建院至今，经过半个多世纪的建设和发展，现已成为集医疗、教学、科研、急救、预防、保健和康复为一体的大型综合性三级甲等医院。

医院开放床位1200张。医院教职工1096人，其中高级职称医护人员254人，硕士生导师47人，硕士生258人，博士生5人。医院设有临床科室39个，医技科室13个，职能科室30个，临床教学教研室27个，临床医学研究室（所）17个，还设有ICU、CCU和高标准层流病房、层流手术室。

医院肾内科、风湿免疫科、神经外科、麻醉科、心血管内科、骨科、内分泌科、呼吸内科、耳鼻喉科、妇产科等学科诊疗水平在包头市乃至内蒙古西部地区处于领先地位。其中肾内科、风湿免疫科为内蒙古自治区重点学科，肾内科、麻醉科、中医科为包头市领先学科。

医院现拥有进口64排CT、3.0T磁共振、高强度聚焦超声治疗系统、彩色多普勒仪、日本岛津CT机、MN069乳腺机、日本BP-3000大C型臂X光机、CR、D150LC-FX遥控X射线机、准分子激光治疗系统、耳鼻喉内窥镜系列、宫腹腔镜、泌尿外科高频电凝切镜、碎石机、全自动生化分析仪、全自动化学发光检测系统等高精尖设备，为临床诊断治疗的高效准确提供了有力保证。

医院始终以“弘扬‘厚德精医、求真创新’的精神，坚持医、教、研并重的原则，建设科学文明、人道和谐的现代化服务型医院”的办院理念，牢固树立科学发展观的思想，坚持“以病人为中心、全心全意为人民服务”的宗旨，经过全院职工的共同努力，医院呈现出“发展、稳定、创新、和谐”的新局面。近年来医院获得全国“五一”劳动奖状、全国先进基层党组织、全国卫生系统纪检监察先进集体、中华全国总工会“工人先锋号”、全国百姓放心示范医院、全国医院文化建设先进单位、自治区文明单位标兵、自治区百姓口碑金奖医院、包头市先进集体等多项荣誉称号。

鄂尔多斯市广厦医院

院长：王永平

鄂尔多斯市广厦医院是一所内蒙古自治区规模最大的以肿瘤综合治疗为特色，集医疗、科研、教学、康复为一体的民营综合医院。2003年落户鄂尔多斯，医院注册资金5000万元，建筑面积22000平方米，配备了普、中、高档病房，设置床位280张，现开放床位220张。医院始终要求医务工作者要时刻以病人为中心，视患者为亲人，心为患者所想，情为患者所系，福为患者所造，从医疗实践中发现不足，广泛借鉴先进经验，适时完善医疗体系，情真意切树立白衣天使形象。2007年度被鄂尔多斯市卫生局医院质量管理年活动评为甲级单位。2005年、2006年、2007年、2008年连续四年被内蒙古日报社及内蒙古品牌协会通过民意调查评为“金牌形象使者”、百姓口碑最佳医院、百姓口碑金奖医院。

内蒙古自治区卫生厅厅长杨成旺、政府副市长曹郅琛、乌兰察布市卫生局局长李永明与院领导合影

内蒙古自治区副主席乌兰来医院视察

内蒙古自治区卫生厅厅长杨成旺、政府副市长曹郅琛、鄂尔多斯市卫生局局长李永明来院视察

医院外景

乌兰察布市察右前旗人民医院

院长：刘万全

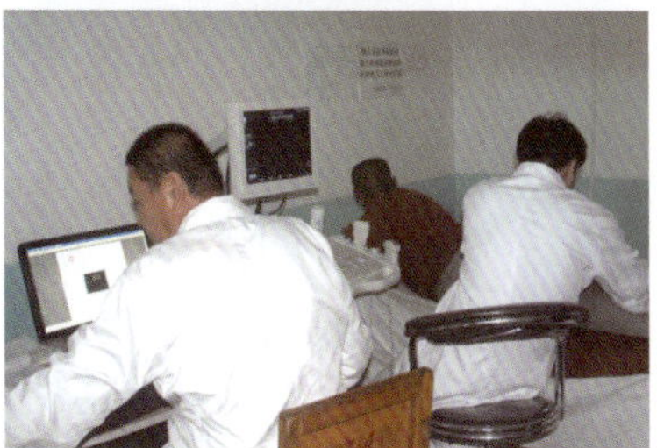

乌兰察布市察右前旗人民医院始建于1953年，是一所集医疗、教学、科研、预防于一体的综合性二级乙等医院，现占地一万余平方米，建筑面积5800平方米，现有固定资产856万元，编制床位120张，实际开放床位80张，全院设临床、医技、职能科室20个，现有在职职工143人，其中专业技术人员123人，工勤管理人员20人。专业技术人员中高级职称17人，中级职称50人，初级职称56人。

主要设备有：CT诊断仪、彩超、500MAX光机、X线数字影像处理系统（CR）、全自动生化分析仪、尿液分析仪，血球计数仪、麻醉机、呼吸机、心电监护仪等。

为了更好的适应医疗卫生体制改革的需要，发挥前旗医院在农村三级医疗卫生网中的龙头作用，满足全旗人民群众日益增长的基本医疗需求，依托市中心医院的人才、技术、设备优势，实现资源共享，2009年4月察右前旗医院划归乌兰察布市中心医院管理，成立了乌兰察布市中心医院察右前旗分院，原察右前旗人民医院建制仍保留，实行一套人马两块牌子的模式。

分院成立以来，医院管理、医疗设备、医疗技术水平都有显著提高，我们坚信，在旗委、政府及市中心医院的领导和支持下，近期一定把医院建设成为一流质量、一流水平、一流服务的二级甲等医院。

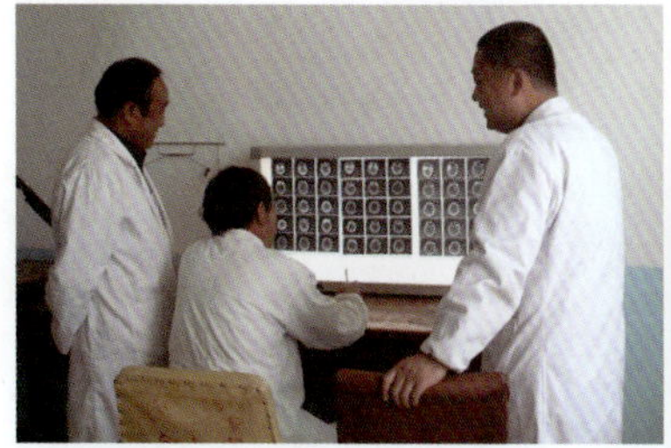

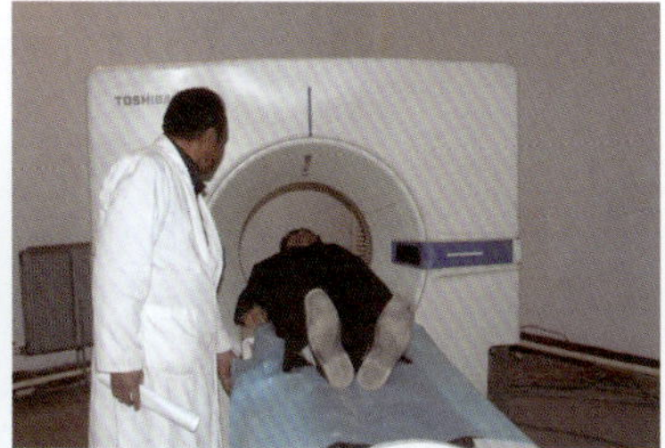

地　　址：乌兰察布市察右前旗土贵乌拉镇新体路1号
电　　话：0474—3902465
传　　真：0474—3909788
急救电话：0474—3909707

医院门诊大楼

乌兰察布市察哈尔右翼中旗医院

院长：包若希

内蒙古自治区乌兰察布市察哈尔右翼中旗医院始建于1948年，现占地面积10868平方米，建筑面积4712平方米（新建病房楼3000平方米即将投入使用），现有固定资产1470万元，医院编制床位100张，实际开放70张，现在职工118人。其中高级职称人员4人，中级职称人员48人，初级职称人员63人，普工3人。医院每年承担约3万人次的门诊量及近3千人次左右的住院患者的诊治任务。

医院现设临床科有内科、外科、儿科、预防保健科、康复理疗科、妇产科、中医科、五官科、蒙医科、手术室共9个；医技科有影像科、心脑电图室、B超室、脑彩超室、药械科、检验科共6个。是属非盈利性的，集医疗、教学、康复、预防保健为一体的全旗综合性中心医院。

医疗设备主要有CT诊断仪、彩色多普勒超声诊断系统、电子胃镜、纤维支气管镜、电子结肠镜、遥控胃肠X光机、全自动生化分析仪等。

医院2009年继续实行“内引外联”的业务开展形式，2008年加入了内蒙医学院第一附属医院集团医院，包钢职工医院是万名医师下乡在医院的定点医院，内蒙第四医院是对医院扶贫的医院。第二附属医院、内蒙中蒙医院、内蒙古医院、乌兰察布市第一中心医院是与医院开展横向联系活动的指定医院，引进技术，完善了各种医疗技术力量。

一是开展“万名医师支援农村牧区卫生工程”活动；二是将纠正行业不正之风，加强医德医风建设与医院管理年活动相结合，深化内部管理，完善管理的科学化、制度化、规范化；三是本着便民、利民、为民的办院方向，进行下乡巡回医疗，义诊服务。每年义务诊治达8000人次，减免费用达10万元，每年走遍了全旗10个乡镇苏木所在地，在力所能及的情况下，2009年医院走遍全旗所有的行政村，服务到千家万户。

内蒙古察右中旗医院1989年被自治区评为文明医院，1997年被自治区卫生厅评为爱婴医院，1998年被自治区级评为二级乙等医院，1999年被旗政府评为成绩突出单位，2003年被评为全盟卫生系统抗击“非典”先进集体，2006年被市卫生局评为先进单位，2007年、2008年连续被评为全市开展医院管理年活动先进集体。

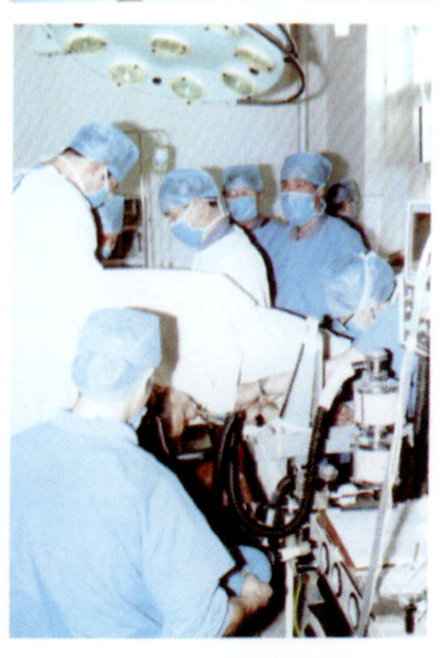

上海市第一人民医院院长　刘国华

院长：刘国华

刘国华，主任医师、教授、博士生导师、硕士研究生学历。1992-1993 年作为访问学者赴美国宾西法尼亚大学费城儿童医院学习。2006年3月至今担任上海市第一人民医院党委书记、院长。曾任上海市新华医院院长、上海市卫生局副局长。目前兼任中国医院协会副会长、上海市医院协会副会长。

3月10日，上海市副市长沈晓明来医院调研

3月7日，美国托莱多大学代表团与医院进行国际交流

5月14日，刘国华院长向抗震救灾医疗队队长许迅副院长授旗并送行

7月21日，国际著名眼科专家何志平教授来院访问

上海市第十人民医院院长 王兴鹏

医院班子成员

王兴鹏，医学博士、留德博士后（洪堡学者）、教授、主任医师、博士研究生导师。享受国务院政府特殊津贴。兼任美国及亚太地区胰腺病学会委员，中华医学会、上海市医学会消化病学分会等副主委、主委多职，担任美国《Pancreas》杂志编委（SCI刊物）、《中华胰腺病学杂志》等国内外核心学术期刊常务编委、总编等职，先后获德国政府洪堡奖学金，上海市科技启明星、国家教育部新世纪优秀人才等人才基金计划8项，获省部级以上科技进步奖8项；以项目负责人主持课题15项；发表学术论文等180余篇，其中国外杂志发表38篇，SCI全文收录15篇。主编学术专著8部，副主编学术专著2部。

医院班子成员：党委书记费苛；副院长谭江平、陈正启、程英升、郑军华；党委副书记沈迎春（兼纪委书记、工会主席）。

GCP项目现场验收，国家药监局专家莅临指导

医院组织抗震救灾医疗队赴汶川震区实施救援工作

举办"世界抗癌日"肿瘤防治大型专家义诊，市统战部部长杨晓渡、市卫生局局长徐建光等领导出席

召开上海国际护理质量管理学术会议

加强廉政建设，三项工程项目三方共同签订"双优"责任书

"心"大楼迎接四川地震伤病员

外科医技综合楼落成并正式投入使用

山东省文登整骨医院院长 谭远超

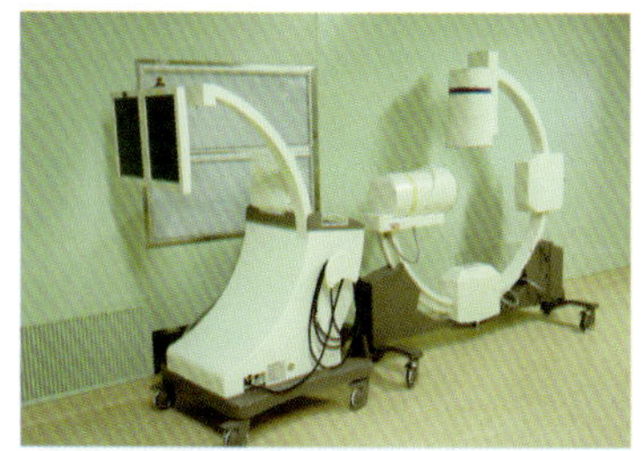

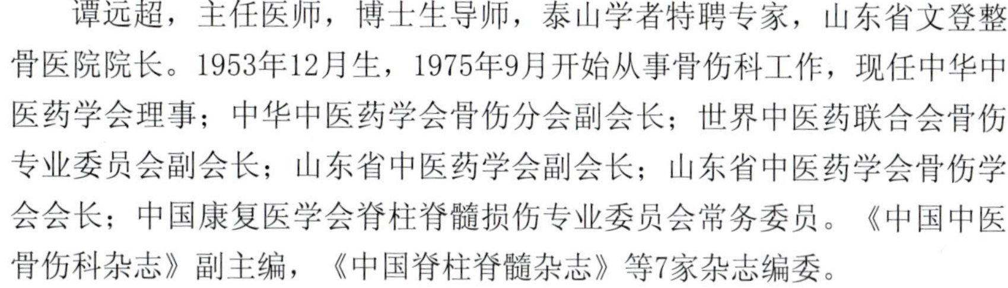

谭远超，主任医师，博士生导师，泰山学者特聘专家，山东省文登整骨医院院长。1953年12月生，1975年9月开始从事骨伤科工作，现任中华中医药学会理事；中华中医药学会骨伤分会副会长；世界中医药联合会骨伤专业委员会副会长；山东省中医药学会副会长；山东省中医药学会骨伤学会会长；中国康复医学会脊柱脊髓损伤专业委员会常务委员。《中国中医骨伤科杂志》副主编，《中国脊柱脊髓杂志》等7家杂志编委。

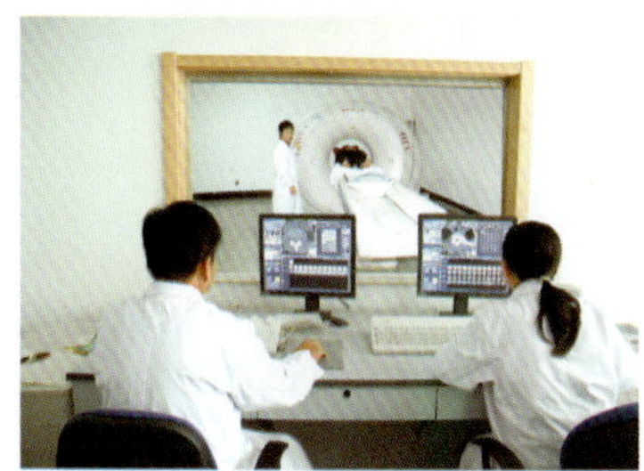

先后发表论文120余篇，专著8部。获国家、省部级科技进步奖13项，其中国家科技进步二等奖1项，国家科技进步三等奖1项，省科技进步二等奖9项，国家中医药管理局科技进步一等奖1项、三等奖1项。被安徽中医学院、泰安医学院聘为硕士研究生导师，被福建中医学院聘为山东省唯一的中医骨伤科博士生导师。

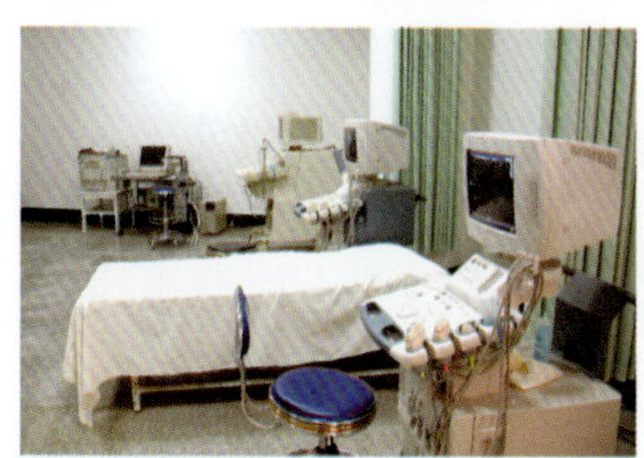

1998年2月被国务院批准享受政府特殊津贴；1999年被评为威海市科技拔尖人才；2001年4月被评为威海市劳动模范；2002年8月被卫生部评为全国有突出贡献的中青年专家；2003年10月被山东省人事厅、卫生厅授予山东省名中医药专家称号；2003年5月被评为山东省劳动模范，10月被山东省人事厅、卫生厅荣记二等功，11月被评为百名山东省有突出贡献的中青年专家；2004年4月被全国总工会授予全国“五一”劳动奖章；2005年4月荣获全国先进工作者称号；2006年9月被评为山东省卫生系统杰出学科带头人；2008年2月被确定为泰山学者特聘专家。

济宁市第二人民医院院长　崔 涛

崔涛，男，汉族，硕士研究生学历，高级政工师。1966年12月出生，1987年7月加入中国共产党，2005年任济宁市第二人民医院院长。他上任以来，带领全院职工，用智慧、激情和汗水，走“发展特色、壮大特色”之路，短短几年，医院“创伤外科”便成为叫响了鲁西南的医疗特色品牌，他也从一名普通的“行政领导”转变为有突出贡献的医疗卫生管理专家，发表了多篇医院管理、运营实践方面的论文，并多次被区委、政府记功表彰。2008年被评为山东十大管理创新人物。

有特色才有竞争力，有竞争力才能创造品牌，才能持续发展。在“人无我有，人有我新，人新我精，人精我特”的思路指导下，崔涛院长首先对全市的医疗市场进行充分的调研和分析，从医院收入结构进而调整药品收入所占比例入手，实施改革。将100余种价格高且有普药可替代的高价新药清出药架，常用药品实行降价、平超市价格销售。医院的医疗技术性收入比例迅速上升，药品占医院总收入的比例随即降了下来，减轻了患者的负担，业务量大增，医院发展有了活力；他同时抓医院人才梯队建设，因为他知道一个有活力的医院必须要有一支技术过硬、医德高尚的医疗队伍。他主持制定了一系列的纳贤政策，培养出一批学科带头人，为医院业务质量、管理水平的提高打下了坚实的基础。

要驾驭风云变幻的市场，决策者不仅需要有敏锐的洞察力，也要有战略的眼光和开拓创新的能力。崔涛就是一个不墨守成规，敢于改革，善于创新的人，他被业内和媒体誉为“有思路、有爱心、有魄力的院长”。

吉林大学第二医院民康医院院长　赵春萍

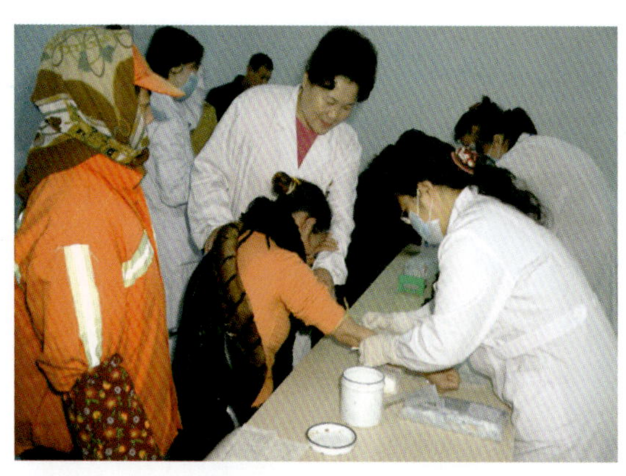

赵春萍，女，汉族，1956年4月出生于辽宁，大学文化，1987年9月加入中共党，1976年11月参加工作，现任吉林大学第二医院民康医院院长兼党总支书记。

1976年11月至1990年2月，出任南关区中西医结合医院团支部书记、药剂科科长；1990年2月至1998年2月，担任南关区卫生局团委书记、精神文明办主任、党办主任；1998年2月至2004年2月，任南关区中西医结合医院院长；2004年2月至2005年3月，任南关区卫生局副局长；2005年3月至今任吉林大学第二医院民康医院院长兼党总支书记。

赵春萍曾先后获得第五届全国改革创新十大杰出医院院长、吉林省卫生系统精神文明先进个人、吉林省三八红旗手标兵、长春市第十三届人大代表、长春市劳动模范、长春市最佳支持民主管理工作经营管理者等荣誉称号。

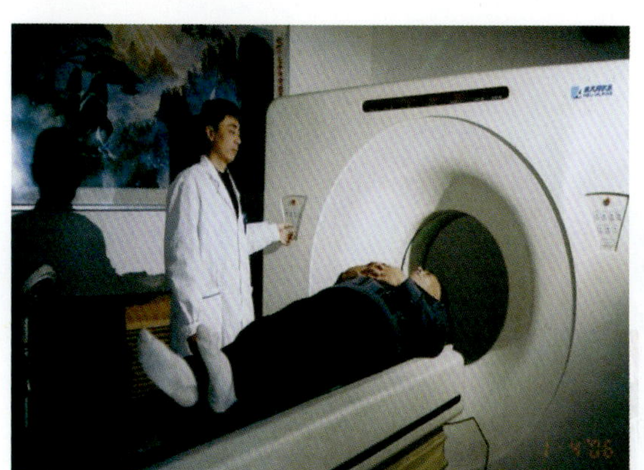

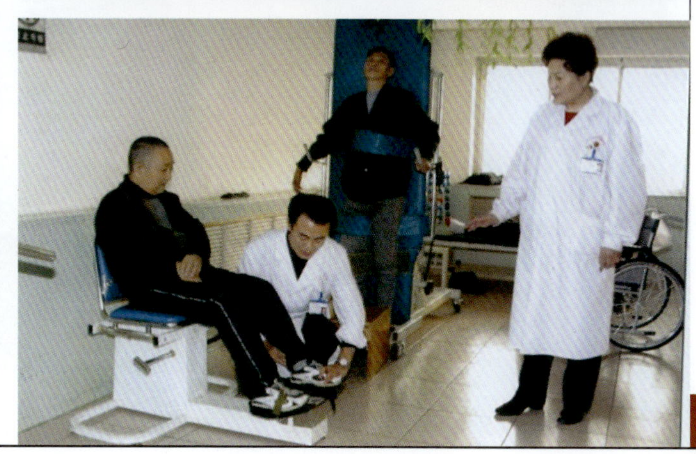

吉林省前卫医院院长 陈德兴

陈德兴，主任医师，微创外科专家，中国医科大学第五十九期毕业生。中国医科大学毕业后，一直从事普外科临床工作已32年。临床科研工作中不断总结在国家级核心期刊上发表了十余篇学术论文，取得省部级科研成果6项，获得省部级科学技术进步奖4项，作为副主编，编写了《外科手术规范化操作与配合（普通外科分册）》，由人民军医出版社出版。作为主编编写了《胆道微创外科手术学》，由人民卫生出版社出版。

1993年5月，陈德兴院长成功开展了东北三省首例腹腔镜下胆囊切除术，此后突破了一个又一个微创手术的瓶颈，并创建了吉林省微创外科研究所，2007年经卫生厅组织专家评审，该院普外科被批准为吉林省重点专科——腹部微创外科。从主任医师到吉林省微创外科研究所所长，从长春市第四批有突出贡献专家到恩德思医学课程学技术奖获得者，从吉林省微创外科诊治中心主任到国家卫生部内镜技术普外科专业培训基地主任，一批批优秀的医务人才师出其手。

陈德兴院长带领着吉林省前卫医院，一步步走向辉煌。普外科年手术达2000余例，微创外科手术约占总手术的90%左右。截止至2009年，陈教授本人共完成手术达10000余例，微创外科手术已经在肝、胆道、胰腺、脾脏、胃肠、甲状腺、疝、膈等脏器疾病得到了广泛应用。

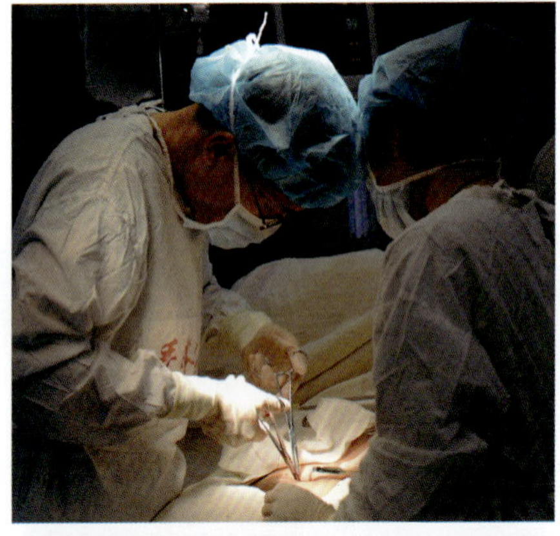

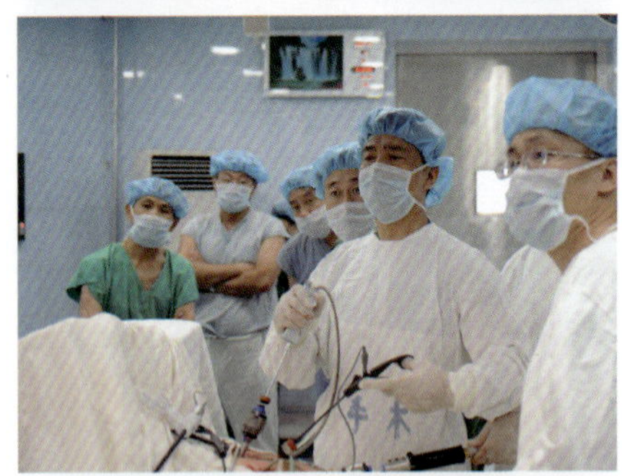

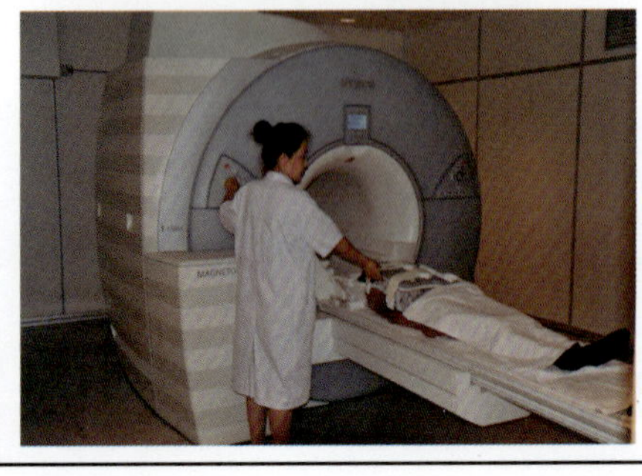

甘肃省肿瘤医院院长 陈学忠

陈学忠，男，汉族，中共党员，研究生学历，胸外科主任医师，教授，硕士生导师，甘肃省卫生系统首批中青年跨世纪学科带头人。1954年10月出生，甘肃静宁人。2006年6月至今，任甘肃省医学科学研究院、甘肃省肿瘤医院院长、党委委员、兰州大学肿瘤中心主任。兼任中华医学会肿瘤学分会常务理事、中华医学会甘肃分会胸外专业委员会委员、中华医学会甘肃分会肿瘤学分会副主任委员、甘肃省抗癌协会副理事长、甘肃省医师协会副会长、甘肃省预防医学会肿瘤流行病学专业委员会副主任委员、甘肃省司法鉴定委员会常务委员、甘肃省医疗事故鉴定委员会委员等职务。

三甲医院授牌

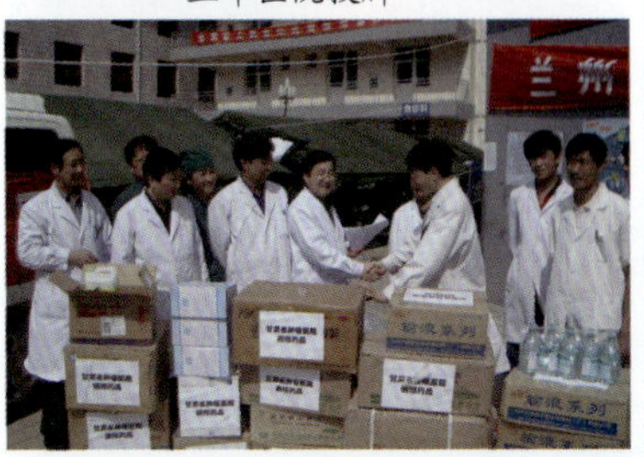
为地震灾区捐药品和医疗器械

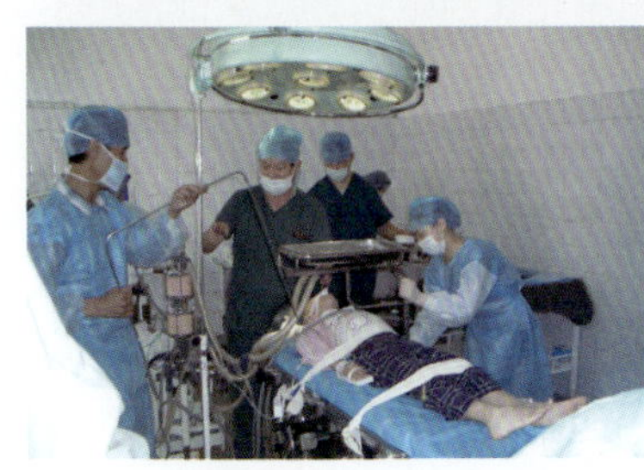
积极参加抗震救灾

20多年来，陈学忠先后主刀开展了以食管癌、肺癌、乳腺癌、胃癌、纵隔肿瘤等为主的各类手术1000余例，主刀完成了全食管切除咽胃吻合消化道成形术、各类肺癌切除、支气管成型术、巨大胸腹腔肿瘤切除术、小儿胸腔肿瘤等各类重大疑难手术数百例。在食管癌的手术及综合治疗领域有较高的造诣，尤其对胸部肿瘤围手术期并发症处理方面有深入的研究。根据甘肃省肿瘤的发病特点，开展了一系列以消化道肿瘤诊断、治疗为主攻方向的科研课题，主持完成了省级科研课题6项，获得甘肃省科技奖2项、医学奖5项；在国内外学术期刊上撰写、发表学术论文40余篇，其中SCI杂志2篇，国家级6篇；出版医学专著《胸心血管外科要览》，该书作为临床医生的参考书，得到较高的评价；获得国家发明专利1项；多次赴美、欧、日本参加国际学术会议；他主持完成的动脉泵导向化疗结合手术高压氧治疗进展期胃癌临床研究、手术后早期β粒子内照射治疗进展期胃贲门癌临床研究等研究成果已广泛应用于临床，取得了良好的治疗效果。近年来，陈学忠与他人合作，主持完成了甘肃省科技厅重大科技项目《胃癌早期诊断试剂盒2-CL的研发和临床研究》，该课题已通过鉴定，其科研成果达到国际先进水平，填补了国内外在这一领域的空白；与中国科学院近代物理研究所联合开展的科研项目《重离子治疗肿瘤临床研究》，取得了初步的临床效果，其科研成果已通过专家组鉴定，达到国际先进水平。2007年初，主持、承担了国家“十一五”科技支撑项目《甘肃省慢性非传染性疾病等疾病的防治技术研究》。

门诊住院综合楼效果图

三河市妇幼保健院院长 李洪丽

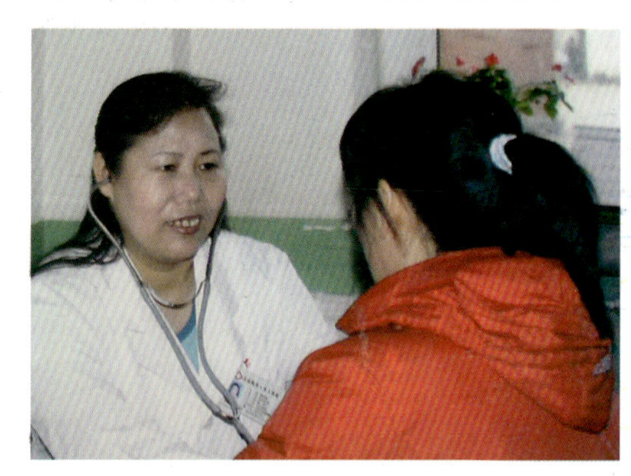

李洪丽，女，汉族，1962年5月出生，中共党员，大学文化，1983年7月参加工作，1997年至今任三河市妇幼保健院院长。鉴于她的突出业绩，先后被河北省、廊坊市和三河市授予河北省妇幼卫生先进个人、河北省先进工作者、廊坊市劳动模范、廊坊市巾帼建功明星、廊坊市巾帼十杰、抗击“非典”先进个人、三河市优秀党务工作者、三河市十佳共产党员等荣誉称号；2001年当选为中共廊坊市第三次代表大会代表；2003年当选为廊坊市第四届人民代表大会代表；2004年当选为河北省劳动模范；2005年荣获优秀党务工作者称号；2006年被评为“十五”期间妇幼卫生工作先进个人；2007年被中华全国总工会授予全国“五一”劳动奖章。

作为一名医生，她医技精湛，孜孜不倦。先后撰写《河北省佝偻病大面积防治效果调查报告》、《河北省三河县1-3岁小儿缺铁性贫血591例调查》、《儿童血液锌原卟啉（ZPP）与铁、铅和其他必需元素（钙、锌、镁、铜）相关性研究》等多篇论文，曾先后获得优秀论文一等奖和优秀医学科技成果三等奖。她率先在当地引进新式剖宫产术、无痛人流术、无痛分娩、胎儿监护应用、TCT等技术，极大地提高了当地妇女儿童的医疗保健水平。

几十年来，李洪丽一直从事热爱的妇幼保健事业，始终坚持临床诊疗与保健工作，她以严谨求实的科学精神，不断探索创新，以高超的医术，使无数患者受益，保持了一名优秀知识分子的本色；她给予患者无微不至的关怀和帮助，把每一个患者的悲喜挂念于心，时刻履行着为人民服务的神圣职责。在平凡的工作岗位上取得了极不平凡的业绩，李洪丽展现出新时期共产党员的良好形象和白衣战士的崇高风范。

唐河红会医院院长 申春林

申春林，西医外科副主任医师，本科学历，毕业于华中科技大学同济医学院，从事普外临床、教研工作20多年，先后在卫生部北京医院普外科、中国医学科学院肿瘤医院腹部外科进修学习，曾担任县人民医院外三科主任、县人民医院副院长等职务，具有丰富的临床经验和卓越的外科专业技术，为南阳市各级医院培养和带教大批优秀外科专业人才，曾先后获得唐河县首批青年科技人才、卫生系统专业技术拔尖人才、南阳市学术、技术带头人、南阳市劳动模范等荣誉称号。在省级、国家级医学期刊发表学术论文10余篇。获市科技成果二等奖2项。

申春林院长擅长普外科各类手术，尤其在肝癌肝叶切除术、肝不规则切除术、腹腔镜下胆囊切除术、胆总管切开取石术、巨大先天性胆总管囊肿切除胆肠吻合术、胆管癌根治性切除术、甲状腺癌根治性切除术、大肠癌/直肠癌/胃癌根治术、乳腺癌根治术、巨脾切除术、脾破裂修补术、联合脏器切除术、Dixon术等方面技术领先，有较高的造诣，已开展手术数千例，享有极高的声誉。

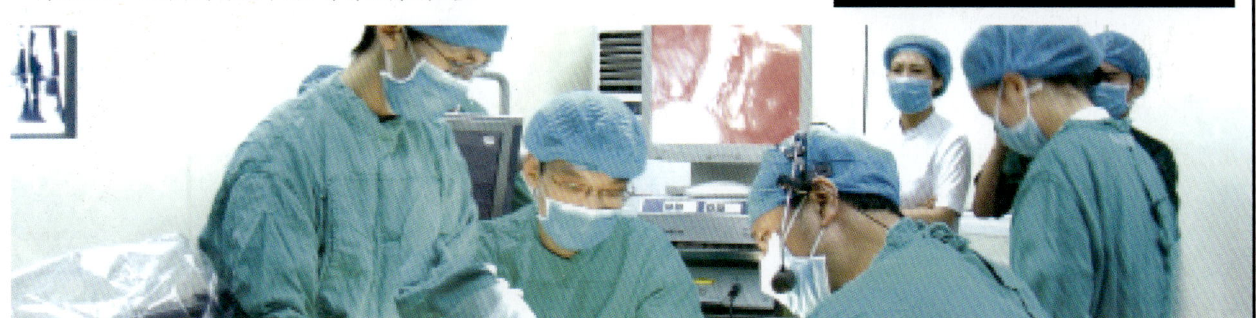

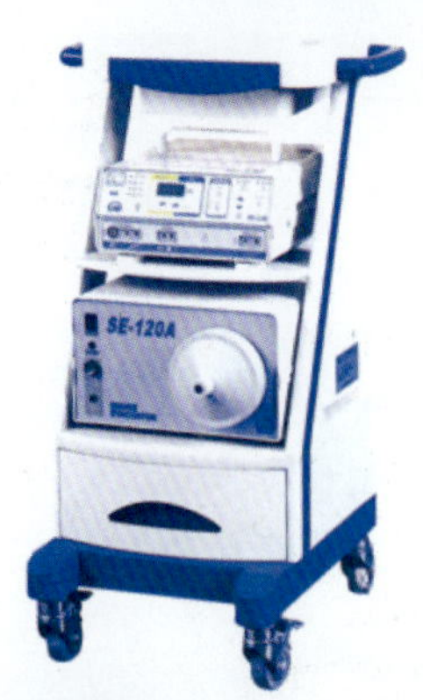

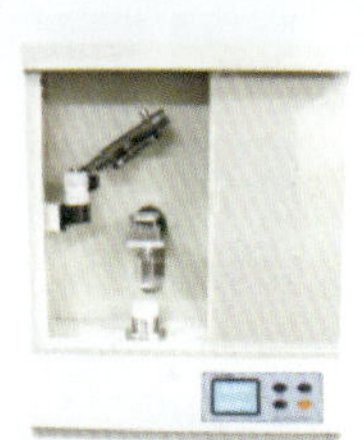

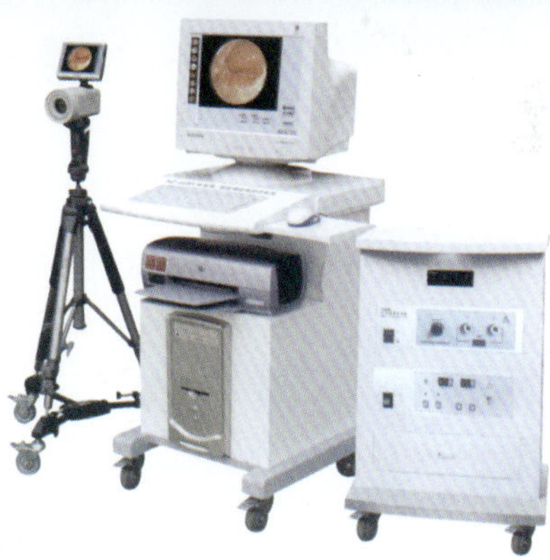

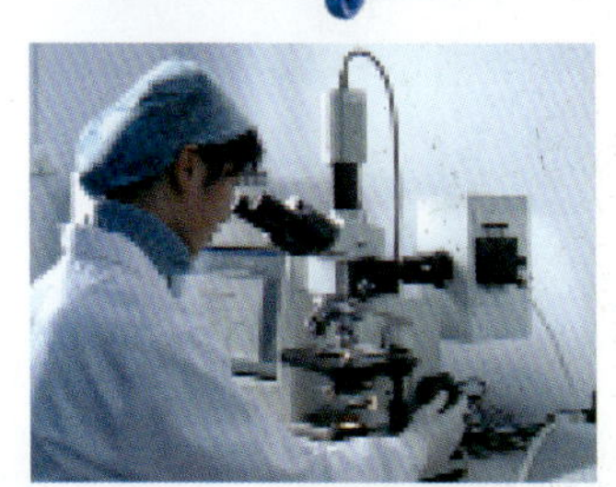

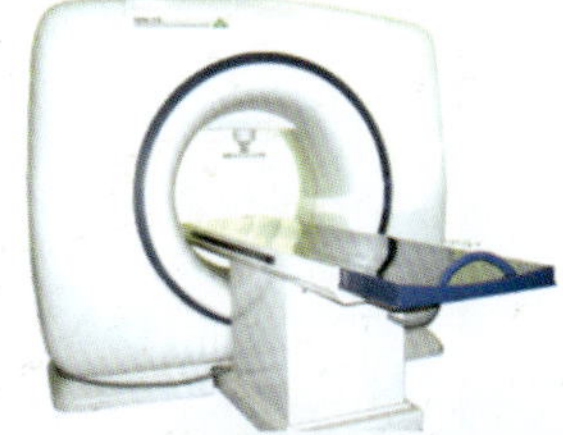

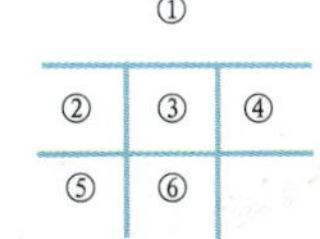

	①	
②	③	④
⑤	⑥	

② LLEP刀治疗系统
③ TCT宫颈癌筛查系统
④ 宫、腹腔镜诊疗系统
⑤ 荧光显微镜分析
⑥ 体外电容场治疗仪

沈阳军区赤峰二二〇医院院长 李 强

李强，男，汉族，1965年3月出生于内蒙古呼伦贝尔盟，1989年8月毕业于内蒙古医学院医疗系，并同期特招入伍。1986年1月入党，现任中国人民解放军沈阳军区赤峰二二〇医院院长，副主任医师职称，专业技术八级，上校军衔。历任沈阳军区赤峰二二〇医院普外科见习医师、医师、主治医师、医院办公室主任、医务处主任等职务。从事医疗管理工作10多年，现已攻读法国里昂大学医院管理硕士研究生，对医院医疗质量管理、学科建设发展、以人为本服务理念等方面造诣较深，为推动医院全面建设发展做出了突出贡献。在做好为兵服务的基础上，发挥军队医院优良传统，认真践行全心全意为人民服务的宗旨，积极支援驻地农牧区建设，努力做好医疗服务和扶贫慈善事业，所在医院2006年被选树为全国、全军卫生支农重大典型，2007年被评为国家级拥政爱民模范单位。他本人先后被授予中华慈善总会先进慈善个人、沈阳军区联勤保障先进个人、内蒙古自治区拥政爱民先进个人、首届感动内蒙古人物等荣誉称号，荣立三等功2次。

武警新疆总队医院院长 庄仕华

庄仕华院长在板房沟为牧民看病

庄仕华经常到牧区为牧民看病、宣传防病常识

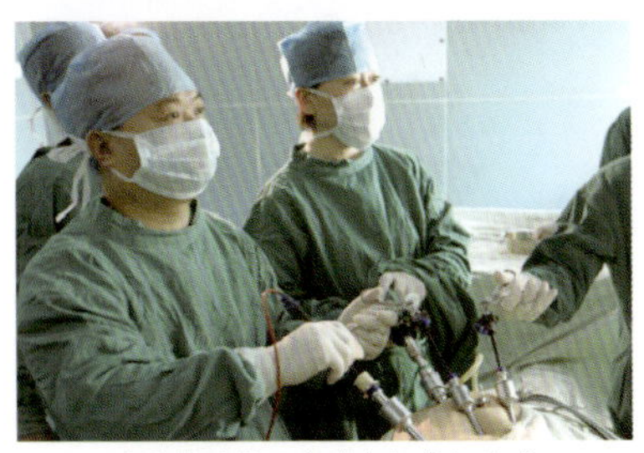

庄仕华院长正在进行胆囊切除术

庄仕华，男，汉族，中共党员，四川简阳县人。1956年12月出生，1973年12月入伍，本科文化，主任医师，专业技术4级，大校警衔，现任武警新疆总队医院院长。

入伍35年来，庄仕华热爱本职敬业，刻苦钻研医术，拼搏进取奉献，扎根边疆为民，始终把小小手术台作为维护边疆民族团结、为兵为民服务的大舞台，模范实践人民军队全心全意为人民服务的根本宗旨。他勇于创新，完成了全国首例腹腔镜下肝包虫内囊摘除手术，7项成果填补了国内空白，为数十万贫困患者解除了病痛，创造了腹腔镜下胆囊切除手术8万多例无一失败的医学奇迹；他情注边疆，上高原、进大漠、爬雪山、越戈壁，跑遍了天山南北，行程38万多公里，为基层官兵和各族群众巡诊26万人次；30年来，他先后捐助乌拉孜和残疾青年阿合买等60多户贫困患者，并长年资助阿依拉、阿力瓦热等10名少数民族失学儿童，化解民族纠纷60多起；他一心为兵为民，从当医生到院长，一直坚持在医疗第一线，每天至少亲自上20台手术，最多时一天要做37台，每天还坚持晚上9点开始准时查病房(每晚查一次病房3000米，2-3个多小时)，长年的劳累，导致他出现了球结膜出血及经常性低烧等病痛，但他却从没有因此而耽误接诊病人和手术；他廉洁自律，始终心系患者，为解决患者就医难就医贵的问题，对内实施院务公开，对外倡导“阳光工程”，使药品成本最多降低了70%，总体标准比自治区医保规定的范围还低了16%，并坚持为有生活困难的患者亲自送饭，先后为患者捐款15万多元，还为哈萨克族牧民阿黑亚、维吾尔族帕塔木汗和古力沙等贫困户家盖起了新房……他立足岗位用无私情怀演绎了“白衣战士”对党的无比忠诚，充分发挥了共产党员服务群众、凝聚人心的模范作用，赢得了各族群众的信任，为部队建设和维护边疆稳定、民族团结、构建和谐社会做出了突出贡献。先后荣立一等功1次、二等功 1 次、三等功9次，16次被评为优秀党员，14次被新疆维吾尔自治区表彰为民族团结先进个人、学雷锋先进个人和双拥先进个人，被自治区授予优秀专业技术干部和拥政爱民十佳好军人称号，当选为自治区第十届人大代表。2005年，他荣获中国医师最高奖—中国医师奖。2006年，他先后荣获首届感动新疆十大人物、自治区十大优秀共产党员，中国守信院长、全国百姓放心医院院长荣誉称号，并被评为中国骄傲第五届十大时代新闻人物；7月，《军医庄仕华扎根边疆奉献为民事迹感人》在新华社内参《国内动态清样》刊发后，李长春、刘云山和军委副主席徐才厚、总政治部主任李继耐作出重要批示，要求在全国、全军宣扬庄仕华的先进事迹。2007年1月12日，新疆维吾尔自治区人民政府作出了开展向庄仕华同志学习的决定；同年，他先后荣获和谐中国十大健康卫士、推动行业发展十大杰出人物、中国武警十大忠诚卫士、全国道德模范提名奖等荣誉称号，并光荣出席了全军英雄模范代表大会和党的十七大。2008年，先后被评为新疆维吾尔自治区首届道德模范、民族团结进步模范个人，荣获全国拥政爱民模范称号；5月4日，国务院总理温家宝、中央军委主席胡锦涛亲自签署命令给庄仕华记一等功。2009年以来，他先后被评为全国十佳医院院长、全国医疗卫生事业卓越功勋人物、中国改革十大新闻人物、荣登中国好人榜，并被驻地十余家政府单位和学校聘请为德育辅导员。

庄仕华任院长以来，医院先后被表彰为全国百家诚信医院、全国A级守信医院、全国百姓放心医院；被解放军总政治部、总后勤部表彰为全军先进医院、全军信息化建设先进医院；医院连续4年被总队评为基层建设先进单位、先进党委、“一对好主官”。

青岛医学院附属医院

医院西区（青岛西海岸医疗中心）全貌